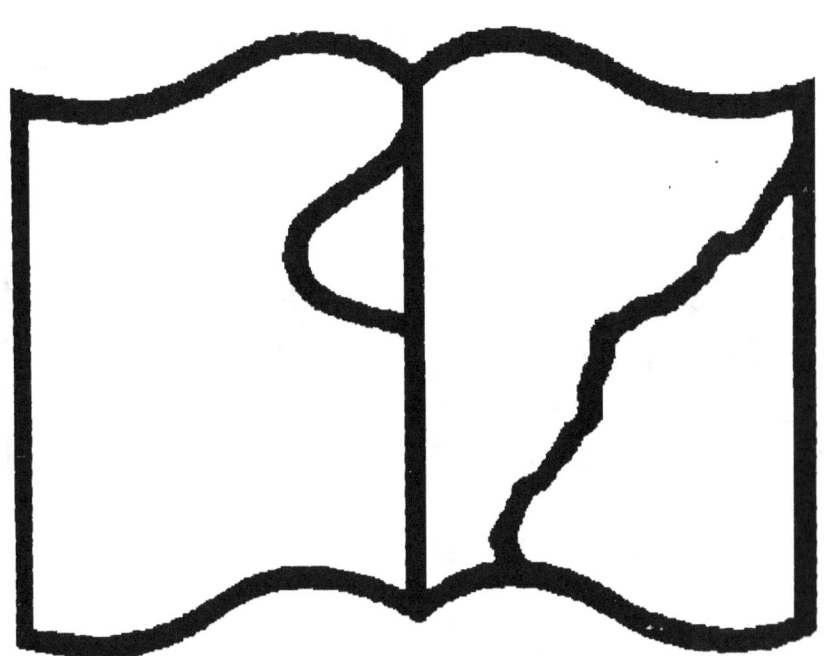

Texte détérioré - reliure défectueuse
NF Z 43-120-11

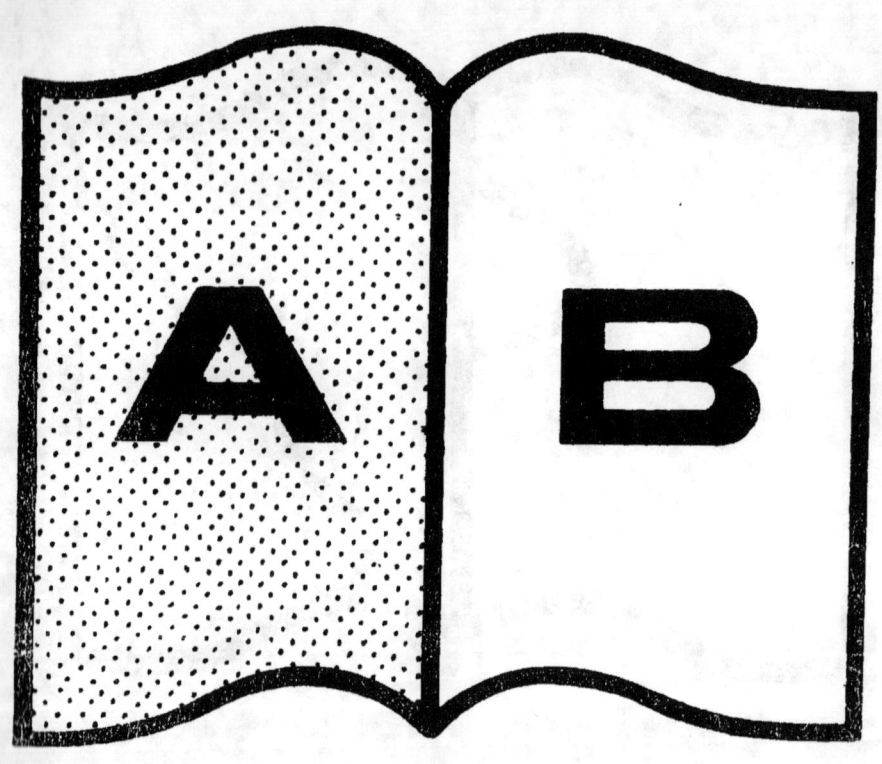

Contraste insuffisant

NF Z 43-120-14

GLOSSARIUM
MEDIÆ ET INFIMÆ LATINITATIS

—

TOMUS X.

GLOSSARIUM
MEDIÆ ET INFIMÆ LATINITATIS
Conditum a CAROLO DU FRESNE
DOMINO DU CANGE
AUCTUM
A MONACHIS ORDINIS S. BENEDICTI
CUM SUPPLEMENTIS INTEGRIS
D. P. CARPENTERII
ADELUNGII, ALIORUM, SUISQUE
DIGESSIT
G. A. L. HENSCHEL
SEQUUNTUR
GLOSSARIUM GALLICUM, TABULÆ, INDICES AUCTORUM ET RERUM, DISSERTATIONES

EDITIO NOVA aucta pluribus verbis aliorum scriptorum
A
Léopold **FAVRE**
Membre de la Société de l'Histoire de France et correspondant de la Société des Antiquaires de France.

TOMUS DECIMUS

NIORT
L. FAVRE, IMPRIMEUR-ÉDITEUR
—
1887
TOUS DROITS RÉSERVÉS

731

INDICES.

INDEX

SEU

NOMENCLATOR SCRIPTORUM

MEDIÆ ET INFIMÆ LATINITATIS.

In hoc parando condendoque *Indice* onus mihi longe majus imposui quam primo constitueram. Nam cum quidam ex familiaribus meis animadverterent, complures in hoc nostro Glossario laudari scriptores quorum nec esset apud literatos usus omnino communis, neque nomina ipsa satis explorata, rem haud ingratam lectoribus facturum me existimarunt, si et ætatem qua singuli vixere, et ubinam typis editi reperirentur, levi calamo adnotarem : cum ex iis nonnulli non seorsim vulgati, sed in aliorum auctorum majoribus voluminibus, vel in scriptorum alicujus literariæ facultatis, aliisque ejusmodi collectionibus quodammodo delitescant. Sed dum monentibus morem gerere, remque ipsam aggredi statui, intervenere ecce alii, qui cæteros etiam illaudatos inferioris latinitatis scriptores, laudatis adjungendos censerent, ævo pariter quo quisque floruit breviter indicato : cum præsertim res sit ab instituto nostro haud aliena, scireque intersit, in quorum gratiam, quibusve elucidandis nostra hæc qualiscumque lucubratio insudarit. Parendum igitur mihi utcumque fuit amicis etiam atque etiam id efflagitantibus, licet imparato, et qui ad hoc argumentum nihil fere comparaveram, imo neglexeram, quibus poterat aliquatenus adornari. Huc accedit, quod plerosque ex rarioribus mutuo acceptos ab amicis, vel ex majoribus desumptos bibliothecis, ac redditos libros hanc in rem consulere haud jam promptum esset, et quod urgente acrius typographo ad id aggrediendum haud satis superesset otii ac temporis. Ne tamen eorum exspectationi non responderem, operi manum admovi, licet serius quam argumenti dignitas postularet, Indicemque hunc ita digessi, ut lector inde potius primis quasi labris rem delibet, quam satiatus abscedat, cum aliæ occupationes et temporis angustia neque prolixiorem neque accuratiorem esse sinerent. Nominatos enim fere duntaxat inveniet, neque omnes tamen, etsi plerosque, mediæ ætatis latinos scriptores, adjunctis annorum quibus vixere characterismis, sumptoque initio a collabente latinitate, quod circa Antoninorum AA. tempora accidisse constat, ad medium usque quintum decimum sæculum, quo studiosorum opera rursus Latini eloquii splendor effloruit. Sed et interdum quo ex iis aliquot, maxime qui in Glossario nostro laudantur, loco reperiantur, obiter indicamus. Id enim satis esse existimamus ad institutum nostrum, cum liceat plura nosse cupientibus illos consulere, qui de bibliothecis commentarios conscripsere, quorum nomina congessit Philippus Labbeus, eo in libello quem BIBLIOTHECAM BIBLIOTHECARUM inscripsit. In eo quippe recensentur qui catalogos scriptorum, vel secundum scientiarum artiumque facultates, vel secundum nationes, vel denique secundum dignitates, ac religiosorum ordinum sodalitates contexuere. Quæ quidem in hoc Indice fere semper hunc in finem adnotare curavimus, ut lector qui alia de quolibet scriptore, vel quæ ille scripserit, rescire voluerit, continuo ad ejusmodi catalogos confugere valeat : interim, dum exsurgat vir aliquis eruditus qui tot jam publicata de scriptoribus volumina in unum quasi fascem cogat, non prætermissis etiam qui a veteribus laudantur scriptoribus, ignotis modo et temporum injuria absumptis, et qui supersunt hactenus ineditis, quorum prostant indices evulgati, quamquam fateor id non exigui esse studii ac laboris.

Sed et huic catalogo ex iis quos subinde laudamus, librorum indices aliquot subjunximus, quorum auctores hactenus incerti : præterea codicum manuscriptorum, latinorum, græcorum et vernaculorum : gallicorum etiam scriptorum, italicorum, hispanicorum, qui superioribus sæculis vixere, editique prostant : catalogum tabulariorum, seu, uti vocant, chartulariorum, unde desumptæ tot, quæ adducuntur, veteres tabulæ : ac denique recentiorum scriptorum, qui complura alia diplomata ac vetera monumenta suis inseruere lucubrationibus, ac proinde nobis suppeditarunt. Quos quidem indices absit ut ad multiplicis lectionis ostentationem annectamus, quod suspicari quis posset, quando in his consultum esse voluimus unius commodo lectoris, qui etiam expensa laboris nostri molestia, si in immenso hoc quasi pelago a recta interdum via forte deflexerimus, indulgentius condonabit. Tametsi non dissimulandum, hosce perinde indices non ea accuratione digestos, ut multa, quæ in eos debuissent referri, non elapsa sint : cum id consilii, ut attigimus, serius ab amicis, sed et ab ipso typographo suggestum sit, ac editione ferme confecta. Proindè non miretur quis si alia interdum laudata in Glossario deprehendat quæ in indicibus non reperiantur.

Hic denique monendus lector, in auctorum mediæ ætatis nomenclatore, cum conciliorum volumina laudantur, Labbeanam, utdum citatur Bibliotheca Patrum, postremam, hoc est, Lugdunensem editionem intelligi debere.

MONITUM CARPENTERII.

Rem certe gratissimam literatis omnibus præstitit Cangius, cum hunc scriptorum mediæ ætatis Indicem immenso composuit studio : nondum quippe, ut verbis ipsius utar, exsurrexerat vir eruditus Fabricius, qui undique accurata prorsus diligentia conquisitos scriptores, editos, inedilosve, in unum quasi fascem collegit, perfecitque tandem quod optabat Cangius, hujus laboris æquus æstimator ; quo confecto, et ubi necesse fuit, emendato, illos tantum a nobis laudatos auctores in indice adjiciendos censuimus, quos non vidit vir doctissimus, quia tum non erant editi, aut alio quolibet casu consulere non potuit. Non ingens quidem eorum numerus, cum potiorem operam dederimus in evolvendis manuscriptis codicibus, unde ampliorem et minus tritam messem demetendam non temere existimavimus. Horum codicum, regestorum pariter et chartulariorum justo prolixiorem, ut quibusdam forte videbitur, subjungimus notitiam, in quo lectori consultum voluimus, ut facilius et expeditius quæ sibi judicaret utilia, sive in re judiciaria, sive litteraria, posset reperire. Scriptorum vero qui diplomata veteraque monumenta nobis suppeditarunt, catalogum, quem a prænominibus instituit Cangius, a cognominibus potius ducendum putavimus, quod plerique iis magis noti sunt quam illis. Accedunt postea auctores et opera quorum lectiones in Glossario et Supplemento emendantur, ut unum sub aspectum subjectas cum lector habuerit cujusque editoris vitiosas lectiones, eas in libris suis manu corrigere possit, aut si typis iterum mandentur, typographus vitia quæ debeat vitare continuo cognoscat.

A

Abbo, Floriacensis Abbas, vix. an. 970. *tom. 2. Analect. Mabillonii pag.* 248. *et tom.* I. *Miscell. Baluzii pag.* 409. *Vide Hist. Academ. Paris. tom* I. *pag.* 513.

Abbo, Monachus S. Germani Paris. vix. an. 892. *tom.* 2. *Hist. Franc. pag.* 499. *in Normannicis Duchesnii pag.* 35. *etc. tom.* 9. *Spicileg. pag.* 79.

Abedoc Clerici vetus Canonum Collectio, scripta Haëlhucar Abbate Hiberno dispensante, *in Bibl. Sangerman. Cod.* 572. *Vide Spicil. tom.* 9. *pag.* 232. *et Marten. Anecd. tom.* 1. *pag.* 492.

Ablavius, scriptor Historiæ Gothorum, *laudatur a Jornande.*

Absalon, Abbas S. Victoris, scripsit sermones, *in Bibl. Victoriana.*

Absalon, Spinchirbacensis in diœcesi Trevir. Abbas, vix. an. 1120. vel rectius 1210. ut putat Fabricius *in Bibl.* ; *edit. Colon. an.* 1534.

Acca (S.), Hagulstadensis Episcop. ob. an. 740. *Vide Cod.* 141. *Bibl. Sangerman.*

Accoldus, Florentinus, Ordin. Prædic. vix. an. 1260.

Accursius, Florentinus Jurisconsultus, vix. an. 1226. ob. an. 1259.

Acerbus MORENA, Laudensis, Historiam Ottonis Morenæ patris continuavit. *Edit. a Felice Osio.*

Achardus, Bridlingtonensis Canonicus Regularis, ex Abbate S. Vict. Paris. factus Episc. Abrinc. an. 1162.

Achardus, Clarevallensis Monachus, de Vita S. Gotselini Eremitæ, edit. Duaci, an. 1626. vix. circ. an. 1140.

Achardus, Abbas S. Victoris, scripsit sermones. Idem Fabricio qui supra Bridlingtonensis.

Achelnotus (S.), vel EGELMOTUS, aut verius ÆTHELNOTUS, sive ETHELNOTHUS, Cantuariensis Archiepiscopus, obiit, 3 Kal. Novembr. an. 1038.

Acholius, qui scripsit Acta Valeriani Imp. vix. sub Claudio. *Vopisc.*

Actonus DOMINICANUS, Anglus, Ordin. Præd. vix. an. 1440.

A Cutheis, de Gestis Spalatinorum, desinit in an. 1452. *Edit. a Jo. Lucio in Hist. Dalmat.*

Adalardus (S.), Abbas Corbeïensis, vix. an. 820. *tom.* IV. *Spicileg. pag.* 1 ; *tom.* 5. *SS. Ordinis Benedic. pag.* 757.

Adalbero, Elwangensis Abbas, scriptor vitæ S. Hariolphi Abbat. Elwang. ob. an. 909.

Adalbero, qui et ASCELINUS, Episcopus Laudunensis, an. 977. vix. sub Roberto Rege. *Ejus carmen edit. ab Hadriano Valesio.*

Adalbertus, Diacon. auctor Speculi ex Moralibus S. Gregorii MS. *in Bibl. Victoriana. Vide Marten. tom.* 1. *Anecd. pag.* 84.

Adalbertus, Floriacensis Monach. *tom.* VIII. *Bol. pag.* 302.

Adalbertus, Spaldingensis in Anglia Monachus, vix. an. 1160.

Adalgisus, Monach. S. Theodorici Remensis, vix. sæculo XII. *tom.* 1. *SS. Ord. Bened. pag.* 622.

Adamannus, vel ADAMNANUS, auctor Itinerarii Terræ Sanctæ, vix. an. 690. *Edit. a Gretzero, et Mabillonio tom.* 4. *SS. Ordinis Bened. pag.* 499.

Adamantius MARTYRIUS, Grammaticus, quem non semel laudat Cassiodorus.

Adamantius, Scotus, scriptor vitæ S. Columbæ, *tom.* 5. *Canisii.*

Adamus, Anglicus, Theologus Parisiensis.

Adamus BARCHINGENSIS, Shirbornensis in Anglia Monachus, vix. an. 1217.

Adamus DE BASSEIA, Canonicus Insulensis. *Vide Sander. pag.* 138.

Adamus DE BOCFELD, Anglus, Ord. Min. Philosophus, sæculo XIV. *Wadd.*

Adamus, Bremensis Canonicus, vix. circa an. 1080. *Edit. non semel.*

Adamus BUCFELDUS, Anglus, Mathematicus, non distinguendus, ut putat Fabricius, ab Adamo *de Bocfeld* supra.

Adamus BURLEUS, Anglus, Philosophus, circa an. 1337.

Adamus CARTHUSIANUS, Anglus, Theologus, vix. an. 1340.

Adamus, Cisterciencis Ord. Monachus, Anglus, vix. an. 1366.

Adamus, Clericus Claromontani Episcopi, auctor Chronici ab an. 1218. ad an. 1270. MS. *in Bibl. Carmelit. Claromont.*

Adamus, Dorensis, in Anglia Monachus, vix. an. 1200.

Adamus ESTHONUS, Londinensis et Herefordensis Episcopus, Theologus, vix. an. 1390.

Adamus, Eveshamensis, Anglus, vix. an. 1160.

Adamus GODDAMUS, Anglus, Ord. Min. Theolog. vix. an. 1320. Idem Fabricio, qui infra *Adamus Vodehamensis.*

Adamus HEMLINGTONUS, Anglus, Carmelita, Theolog. ob. an. 1420.

Adamus HIBERNICUS, Ord. Min. Theolog. vix. an. 1320.

Adamus LITTLETON, in Diction. Latino-Barbaro, vix. an. 1533.

Adamus DE MARISCO, Anglus, Eliensis Episcop. vix. an. 1257.

Adamus MURENUTHENSIS, Londinensis Canonic. Hist. vix. ann. 1380. scripsit ab an. 1302. ad an. 1336. *Vide caveum ad an.* 1342.

Adamus NIZARDUS, Anglus, Grammaticalia quædam scripsit, vix. an. 1340.

Adamus, Abbas de Persenia, Ord. Cisterc. Episc. Cenoman. vixit ante ann. 1100. [circa 1190.] *Vide Baluz. tom.* 1. *Miscell. pag.* 423.

Adamus, Ord. Præd. scripsit in Magist. Sentent. vix. an. 1355.

Adamus, Ord. Præmonstrat. vix. circa an. 1100. ob. an. 1180. *Edit. Paris. an.* 1518. *fol.*

Adamus SAXLIGHAMUS, Anglus, Carmel. Theol. vix. circa an. 1350.

Adamus, Silvanectensis Episc. ab an. 1230. ad 1250. scripsit Homil. *Vide Oudin. tom.* 3. *pag.* 156.

Adamus DE S. SULPITIO, in Job. *Vide Sander. part.* 2. *pag.* 171.

INDEX AUCTORUM.

Adamus DE S. VICTORE, Canon. Regul. S. Vict. Paris. ob. 8. Jul. an. 1177.
Adamus WODEHAMENSIS, Anglus, Ord. Min. Theolog. ob. an. 1358. Vide supra *Goddamus*.
Adelagus, Bremensis Archiepiscopus, vix. ætate Flodoardi, ad quem Epist. scripsit. *Edit. in Bibl. Patr. tom.* 17.
Adelardus, Anglus, Benedict. Bathon. circa an. 1100. *in Cod. Thuano.* 530. *Vide Marten. tom.* 1. *Anecd. pag.* 292.
Adelbertus, Abbas Heidenheimensis, vix. sub Eugenio III. *Edit. a Gretzero cum Philippo Eystetensi pag.* 318.
Adelbodus, Episcopus Trajectensis, ob. an. 1027. *tom.* 5. *Bol. pag.* 542. *Vide Sigeb. c.* 138.
Adelmannus, Leodiensis Scholasticus, Sigeberto Almannus, Episcopus Brixiensis, an. 1061. *tom.* 1. *Analect. Mabillonii pag.* 420. *in Bibl. Patrum.*
Adelmus, vel ADALHELMUS, Sagiensis Episcop. vix. an. 880. *tom.* 4. *SS. Ordinis Bened. pag.* 220. *tom.* 11. *Bollandi pag.* 62. *et tom.* 11. *Gall. Christ. col.* 679.
Adelphus, Abbas Ord. Bened. vix. circ. an. 1150.
Ademarus, Cabanensis Monach. S. Eparchii, vix. an. 1030. *tom.* 2. *Bibl. Labbei, pag.* 151. 271. *tom.* 1. *Analect. Mabillonii pag.* 418. *in Normannicis Duchesnii, pag.* 19.
Ademarus, aliis ADELMUS, Francorum Historicus, vix. sub Carolo Magno. *Vide Aimoin. lib.* 4. *extremo, et Vossium.*
Adenulfus, Archiepisc. Capuanus, ob. an. 1050. *tom.* 6. *Ughelli pag.* 514. *tom.* 2. *Boll. pag.* 551.
Adeodatus (S.), PP. ob. 26. Jun. an. 676. *Vide Concilia.*
Adilredus, Abbas Ord. Cisterc. ob. an. 1166.
Ado, Trevirensis, cui Martyrologium adscribit Lipomanus, vix. an. 1070.
Ado, Viennensis episcopus, ob. 16. Decembr. an. 874. *Vide tom.* 6. *Canisii pag.* 444. *et tom.* 12. *Spicileg. pag.* 135.
Adrevaldus, Monach. Floriacensis, vix. anno 859. *tom.* 8. *Bol. pag.* 305. *tom.* 12. *Spicileg. pag.* 30. *tom.* 2. *SS. Ord. Benedict. pag.* 333. *in Bibl. Floriac. etc.*
Adrianus, Præpositus Malbod. in Hist. Translat. S. Aldegundis.
Adrianus DE VETERI-BUSCO. Monach. S. Laur. de Rebus Leodiens. *tom.* 4. *Ampl. Collect. Marten.*
Adso, Monach. Dervensis, ob. an. 992. *tom.* 2. *SS. Ord. Bened. pag.* 67.
Adso, cogn. HERMIRICUS, Abbas Luxoviensis, circa an. 1050. *tom.* 5. *SS. Ord. Bened. p.* 451.
Adto, Monachus Casinensis. Agnetis Imperatricis Capellanus, vix an. 1070. *Petr. Diac.*
Ægidius ASSISIAS, Ord. Min. scripsit *Verba aurea*, ob. an. 1262. *Edit. Antverp. an.* 1534.
Ægidius, Aureæ vallis Monachus, de Gestis Episcop. Leodiensium, vix. an. 1251. *tom.* 2. *Historiæ Leodiens. pag.* 1.
Ægidius DE BELLAMERA, Episcop. Avenion. in Comment. ad decret. etc. ob. an. 1392.
Ægidius, Doctor Bononiensis, cujus est Ordo Judiciarius de Foro Ecclesiastico, *in Bibl. Sangerm. c.* 243. 435.
Ægidius CARILLUS ALDORNOTIUS, Hispanus, Cardinal. ob. an. 1364. Fabricio, *Ægidius Albornotius de Carrino*, Archiep. Tolet. et Caid. ob. an. 1377.
Ægidius CARLERIUS, Decan. Cameracensis, ob. an. 1472. *Ejus elogium edidit Jo. Launoius, ubi de ejus scriptis. Vide tom.* 3. *Canisii part.* 2. *pag.* 189. *tom.* 12. *Concil. pag.* 1159.
Ægidius COLUMNA, Archiepisc. Bituricensis, ob. 22. Decemb. an. 1316.
Ægidius, Corboliensis, Medicus, vixit sub Philippo Augusto, non an. 700, ut vult Trithemius. *Vide Hist. Academiæ Parisiensis tom.* 2. *pag.* 718. *et Naudæum de Antiquit. Scholæ Medicæ, pag.* 35.
Ægidius DE FOSCARIIS, Bononiensis, Jurisconsult. vix. an. 1220.
Ægidius DE FŒNO, Anglus, Philosophus, vix. an. 1350.
Ægidius GUILLELMUS MISSALIUS, Aquitanus, Ord. Min. Theolog.
Ægidius HISPANUS, Ord. Min. scripsit Sermones Sanctorum.
Ægidius DE LUGNACO, Ordin. Min. Theologus.
Ægidius LUSCINUS, Ordinis Prædic. Theologus, vix. anno 1270.
Ægidius MUSIUS, Abbas S. Martini Tornac. Chronicon perduxit ad an. 1343. quo vixit. MS. *Vide Sander. pag.* 128.
Ægidius PARISIENSIS, Auctor Poëmatis inscripti ad Ludovicum, Philippi Aug. Reg. Franc. filium. MS. *Vide Miscellanea Labbei et Naudæum de Antiq. Scholæ Medicæ Paris. pag.* 36. 37, *et supra in Ægid. Corboliensi.*
Ægidius, Archiepisc. Rotomagensis, vix. an. 1315. *tom.* 4. *Spicileg. pag.* 270. Alius Ægidius Rotomagensis Archidiaconus vixit an. 1113.
Ægidius DE ROMA, Augustinianus, Archiepiscop. Bituricensis, ob. 22. Decemb. an. 1316. Idem qui supra *de Columna*.
Ægidius DE ROYA, Abbas Montis-Regalis, Chronicon perduxit usque ad an. 1478. *Edit. ab Andr. Schoto.*
Ælfricus, vel Alfricus, Abindonensis Abbas, deinde Cantuariensis Archiepiscopus, ob. an. 1006. *Ejus Grammaticam Anglo-Saxonico-Latinam edidit Somnerus.*
Ælius DONATUS, Grammaticus, præceptor sancti Hieronymi.
Ælius LAMPRIDIUS, *edit. inter Scriptores Historiæ Augustæ*, vix. sub Constantino Magno.
Ælius MAURUS, vix. sub Severo ac Caracalla. *Vide Vossium.*
Ælius SABINUS, Historicus, sub Pupieno et Balbino AA. *Capitolin.*
Ælius SPARTIANUS, Scriptor Historiæ Aug. vix. sub Diocletiano. *Vide Casaubon. Salmasium et Vossium.*
Ælnothus Cantuariens. Monach. de Vita et Passione S. Canuti Regis Daniæ. *Edit. a Meursio* an. 1631. vix. an. 1105.
Ælredus, Rievallensis in Anglia Abbas, ob. an. 1166. *Edit. Duaci* 1616. *etc.*
Æmilianus PARTHENIANUS, Histor. *laudatur a Vulcatio Gallicano in Avidio Cassio.*
Æneas, Parisiensis Episcopus, vix. an. 860. *tom.* 7. *Spicil. pag.* 1. *tom.* 8. *Concil. pag.* 476.
Æsopus, Interpres Callisthenæ, vix. sub Constantino Imp. *Vide Gaun. ad Lib. De Vita Mosis pag.* 225.
Æthicus, Cosmographus, vix. post Constantinum Magnum. *Vide Voss. de Hist. Lat. pag.* 692. *et quæ observamus in Constantinopoli Christiana.*

Agatho (S.) PP. ob. 10 Jan. an. 682. *Vide Concil. Baron. etc.*
Aggenus URBICUS, *edit. inter Agrimensores.*
Agnellus, Episcopus, scripsit contra Arrianos.
Agnellus, Ravennensis Episcopus, vix. circa an. 824. *Edit. in Bibl. Patrum, tom.* 5.
Agnes ASSISIAS, Virgo, Germana S. Claræ Monialis, vix. an. 1220. *Willot.*
Agobardus, Archiepiscopus Lugdunensis, vix. an. 840. *Edit. a St. Baluzio.*
Agrœtius, Grammaticus, scripsit de Orthographia ad Eucherium Episcopum. *Edit. inter Grammat. Putschii.*
Ahyto,, Basileensis Episcopus, vix. an. 822. *tom.* 6. *Spicil. pag.* 691.
Aidanus AUVINAS, Northumbrensis, Lindisfarnensis Episcop. ob. prid. Kal. Sept. an. 651.
Aigradus, Monach. Fontanellensis, vix. sæculo VIII. *tom.* 2. *SS. Ord. S. Bened. pag.* 1048.
Aigradus, Monach. de Vita S. Ansberti Archiepisc. Rotomag. ob. circ. an. 700. *tom.* 4. *Bollandi pag.* 347.
Aileranus (S.) Scoto-Hibernus, cogn. *Sapiens*, vix. circa sæculum VII. *in Bibl. Patr. tom.* 12. *et in Operibus S. Columbani edit. Lovan. an.* 1667.
Ailmerus, vel ELMERUS, Cantuariensis Monach. ob. an. 1130.
Aimarus, Lugdunensis Episcopus, an. 1282. *tom.* 8. *Spicileg. pag.* 253.
Aimericus DE PEIRACO, Abbas Moissiacensis, de Gestis Caroli Mag. ad Joan. Ducem Ituric. *in Cod. Reg.* 1344.
Aimerici PICAUDI, Rythmus de S. Jacobo Apostolo, *in Bibl. Sangerman. Cod.* 608.
Aimoinus, Floriacensis Monachus, patria Petricorius, vix. an. 986. *in Bibl. Floriac. tom.* 8. *Bol. pag.* 324. *tom.* 3. *Hist. Franc. etc. Vide Sigeb. c.* 101.
Aimoinus, Monach. S. Germani Paris. scriptor miraculor. ejusdem S. Germani, vix. an. 890. *tom.* 2. *SS. Ord. S. Bened. pag.* 359. *tom.* 5. *pag.* 643. *Vide Vossium, pag.* 308.
Aio, Croilandensis Monachus, Histor. ob. an. 974.
Aithonus, Armenus, Aithonis Armeniæ Regis nepos, an. 1290. *Edit. a Reineccio et aliis.*
Alanus, Teukesburiensis Abbas, ob. an. 1201.
Alanus BEAUCLIFFUS, Anglus, Theolog. an. 1230.
Alanus DE INSULIS, ob. an. 1294. *Ejus Opera omnia edita Antverpiæ, an.* 1654. *Vide Hist. Academiæ Paris. tom.* 2. *pag.* 719.
Alanus DE LINNA, Anglus, Carmel. Theologus, ob. an. 1420.
Alanus DE RUPE. *Vide Sander. part.* 2. *pag.* 84.
Albanus, Anglus, ad S. Albanum Monachus.
Albericus, Diacon. Cardin. Monach. Casinensis, vix. ann. 1084. *Vide Paul. Diac. et J. B. Marum, Bolland.* 22. *Jan.*
Albericus GENTILIS, JC. de Jure Canonico.
Albericus DE ROSATE, Bergomensis, Jurisconsult. vix. an. 1350.
Albericus, Monachus Trium Fontium, ejus Chronicon, MS. desinit in an. 1242.
Albericus VEERUS, ex Comitum Oxoniensium familia, vix. an. 1250.
Alberius, vix. circa an. 1230. *tom.* 6. *Ughelli, pag.* 25.
Albertanus, Brixiensis Causidicus, *De arte loquendi et tacendi, edit. an.* 1483 *et* 1491. vix. an. 1246 al. 1208.
Albertinus, Ordin. Min. scripsit Sermones, etc.
Albertinus, Mantuanus, August. Theologus, vix. an. 1400.
Albertinus MUSSATUS, Patavinus, de Gestis Henrici VII. Imp. etc. *Edit. a Felice Osio an.* 1636. ob. prid. Kal. Jul. an. 1329. *Vide Vossium pag.* 792. *Portenar. in Patavio pag.* 273 *et Murat. tom.* 10. *Script. Ital.*
Albertus, scriptor Vitæ S. Guillelmi Eremitæ, cujus fuit discipulus. *Vide Bollandum, tom.* 4. *p.* 448.
Albertus, Aquensis Ecclesiæ Canonic. et Custos, vix. an. 1110. *in Gestis Dei pag.* 184. *et apud Reineccium.*
Albertus, Argentinensis, Chronicon perduxit ad an. 1378. *Edit. ab Urstisio.*
Albertus ARNHEMIUS, cognomento RIVET, Cartusianus, ob. an. 1444.
Albertus A BONSTETTEN, scriptor Vitæ S. Nicolai Tolentini, qui excessit an. 1306. *Vide Sur.* 10 *Septemb.*
Albertus, aliis ALBERTONUS, Brixianus, Ord. Præd. vix. an. 1340. *Vide Sander. pag.* 180. 189.
Albertus E DREPANO, Siculus, Carmelita, ob. an. 1297. vel 1307.
Albertus, Frisingensis Episcop. scriptor Vitæ SS. Kiliani, Colomani et Tornani, ob. an. 1359.
Albertus Galioti, Parmensis, Jurisconsultus, vix. circa an. 1230.
Albertus, Halberstadensis Episcop. Theolog. ob. an. 1365.
Albertus LEODIENSIS, Monach. vix. an. 880. idem Fabricio, qui *Lobiensis*, Abbas Gemblac. circ. an. 980.
Albertus MAGNUS, Ord. Prædicat. Episcop. Ratisponensis, vix. an. 1280. *Ejus opera Lugduni edita* 21. *vol.*
Albertus, Metensis Monach. Benedict. Historic. vix. an. 1038. *Sigebert. Trith.*
Albertus, Augustinian. Montis Vinearum Patavii Prior, scriptor Vitæ B. Beatricis Atestinæ, etc. vix. an. 1230.
Albertus PATAVINUS, Augustinian. Ægidii Romani discipulus, ob. an. 1328
Albertus PATAVINUS, cogn. NOVELLUS, Augustin. Theolog. vix. an. 1293. [1492.] *Vide Portenarium in Patavio pag.* 452.
Albertus, Patriarcha Hierosolymitan. auctor Regulæ Carmelitarum, vix. an. 1190.
Albertus PISANUS, Ord. Min. Magister Gener. ob. an. 1239. *Wadd.*
Albertus SARTIANUS, Mediolanens. Ord. Min. ob. an. 1450.
Albertus, Saxo, Augustin. Theolog. vix. circa an. 1031. [1332.] *Possev. Vice Fabr. Bibl.*
Albertus, Sigebergensis, Bened. Theol. vix. an. 1450.
Albertus, Stadensis Abbas. Chron. perduxit ad an. 1256. *Edit. a Steinhemio an.* 1587.
Albertus SUHOVIUS, Osnabrugensis Decanus, vix. an. 1445.
Albricius Londinensis, vix. an. 1217. *Edit. inter Script. Mytholog.*
Albuinus, Presbyter, de Virtutibus et Vitiis, MS. *Vide Marten. tom.* 1. *Anecd. pag.* 668.
Alcuinus, Abbas S. Martini Turon. ob. 10 Maii,

an. 804. *Edit. a Duchesnio. Vide præterea tom. 2. Spicileg. pag.* 631. *tom.* 9. *pag.* 111. *tom.* 2. *SS. Ord. Bened. pag.* 189. *tom.* 3. *pag.* 601. *et tom.* 1. *Miscell. Baluz. pag.* 365.

Alderisius, in Geographia Nubiensi.

Aldhelmus, vel ALTHELMUS, Abbas Malmesburiensis, deinde Episcop. Schireburnensis, ob. 28. Maii an. 709. *In Epist. Hibernicis Usserii, tom.* 5. *Canisii part.* 2. *pag.* 798. *in Bibl. Patr. tom.* 13. *etc.*

Aldobrandinus CAVALCANTES, Florentinus, Augustinian. Theol. *Possevin.*

Aldobrandinus PAPARONUS, Ord. Præd. an. 1287. *tom.* 8. *Bol. pag.* 181.

Aldricus, Senonensis Episcopus, ob. an. 840. *Vide Epistolas Lupi Ferrariensis.*

Aldricus, Anglus, Jurisconsult.

Alexander I. PP. ob. 3. Maii an. 132. *Vide Concil. etc.*

Alexander II. PP. ob. 21. April. an. 1073. *Vide Concil. etc.*

Alexander III. PP. ob. 27. Aug. an. 1181. *in Concil. post Petrum Cellensem, tom.* 5. *Spicileg. pag.* 572. *tom.* 24. *Biblioth. Patr. pag.* 1519. *etc. Vide Lud. Jacob.*

Alexander IV. PP. ob. 25. Maii an. 1261. *in Concil. tom.* 6. *Spicileg. pag.* 485. *Vide Lud. Jacob.*

Alexander V. PP. ob. 3. Maii an. 1410. *Vide Lud. Jacob.*

Alexander ALEMANNICUS, Saxo, dictus *Doctor illibatus*, Ord. Min. Theolog.

Alexander DE ALEXANDRIA, Ord. Min. General. Minister, Theolog. ob. an. 1314.

Alexander DE ANCILLA, Florentinus, Decret. Doctor, vix. an. 1355. *Vide Lambec. lib.* 2. *Bibl. Cæsar. pag.* 385.

Alexander, Aquicinctensis Abbas, scriptor Vitæ Sancti Gossuini Abbatis, vix. circa ann. 1100. [1200.] *Edit. Duaci* an. 1620.

Alexander, Abbas S. Augustini Cantuar. vix. an. 1217.

Alexander DE CAMPO-LONGO, Patavinus, Jurisconsult. Prior Sancti Leonardi Patavii, ob. anno 1405. *Scard.*

Alexander, Cantuariensis Monach. vix. an. 1120.

Alexander, Celesini, rectius Telesini, Cœnobii Abbas, de Rebus Rogerii Comitis Siciliæ, sub quo vix. *tom.* 3. *Histor. Hispan.*

Alexander, Essibiensis, Canon. Regular. vix. anno 1220.

Alexander DE HALES, Anglus, Ord. Min. Theolog. insignis, ob. 6. Kal. Sept. an. 1250.

Alexander MANIUS, cognom. BASSANUS, Patavinus, Jurisconsult. vix. circa an. 1400. *Vide Scardeon. pag.* 242.

Alexander, Monach. auctor Chronici Monasterii S. Bartholomæi de Carpineto, vix. sub Celestino III. PP. *tom.* 9. *Ughelli pag.* 1231.

Alexander NECKAM, Anglus, Abbas Verolamensis, ob. an. 1227. multa scripsit, quorum quædam edita. *Vide Historiam Academiæ Paris. tom.* 2. *p.* 725.

Alexander DE S. ELPIDIO, Italus, Augustin. Eremitar. Magister General. vix. ann. 1330.

Alexander DE TARTAGNIS, Imolensis, JC. obiit anno 1487.

Alexander DE VILLA-DEI, Dolensis, Ord. Min. auct. Doctrinalis, vix an. 1240.

Alexander, Vulturnensis Episcopus, de Vita S. Alberti Episc. etc. *tom.* 9. *Bollandi pag.* 434.

Alexander WENDOCUS, seu WENEDOTIUS, Cambrensis, ob. an. 1238.

Alexandri II. Regis Scotiæ Statuta, *edita a Joan. Skenœo in LL. Scotic.* ob. an. 1249.

Alexandri, Cicestrensis Canonici, Laus Sapientiæ divinæ, *In Bibl. Sangerman. Cod.* 798.

Alexandri, ConventrensisEpiscopi,Constitutiones, sub an. 1237. *tom.* 11. *Concil. pag.* 515.

Alfredus, Beverlacensis Ecclesiæ Thesaurarius, Historicus, ob. an. 1136.

Alfredus, cognom. MAGNUS, Angliæ Rex, cujus multa habentur, ob. an. 901. *Vide Pitseum, Bromptonum, Lambardum, tom.* 9. *Concil. Bedam edit. Anglo-Saxon. etc.*

Alfredus, Malmesburiensis Abbas, deinde Cridiensis Episcopus, vix. an. 990.

Alfredus, Osvii Nordamhumbrorum Regis filius nothus, ob. an. 705.

Alfredus, cogn. PHILOSOPHUS, Anglus, vix. an. 1270.

Algerus, Leodiensis Scholasticus, vix. an. 1130. *in Biblioth. Patr. tom.* 21. *tom.* 1. *Analector. Mabillon. pag.* 303.

Aliphas, Anglus, Gregorii Ariminensis auditor, in 1. Sentent.

Almannus, Monach. Altivillarensis, vix. an. 868. *tom.* 1. *SS. Ord. Bened. pag.* 368.*tom.* 2. *Analect. Mabillonii, pag.* 89. *in Metropoli Remensi tom.* 1. *p.* 402. *Sigebert. cap.* 98.

Alphanus, vel ALPHARUS, Hispanus. Ord. Min. vix. anno 1320.

Alphanus, Monachus Casinensis. Archiep. Salernitanus, Gregorio VII. PP. cœvus. *Ejus Carmina edidit Ughellus tom.* 2. *pag.* 1085. *Vide Paul. Diac. J. B. Marum, Vossium, etc.*

Alphonsi I, Lusitaniæ Regis, *Constitutiones militum S. Michaelis, sive de Ala*, an. 1166.

Alphonsi Philosophi Clericalis Disciplina. *In Bibl. Sangerm. Cod.* 798.

Alphonsus BONIHOMINIS, Hispanus, Ord. Præd. vix. an. 1336. *Vide Sander. part.* 2. *pag.* 107.

Alphonsus X. Castellæ Rex, scriptor Tabularum Astronomicarum, vix. an. 1270

Alphonsus CICARELLUS de Menavia, *in Bibl. Mss. Labbei.*

Alphonsus, Hispalensis Episcopus, Augustinianus, vix. an. 1340.

Alphonsus TOSTATUS, Episcopus Abulensis, obiit anno 1454.

Alphonsus VARGAS, Archiepiscop. Hispalensis, ob. 26 Decembr. an. 1366.

Altfridus, Episcopus Mimigardefordensis, vixit an. 848. *tom.* 8. *Bol. pag.* 642. *tom.* 5. *SS. Ord. Benedict. pag.* 15.

Alvardus Cadurcensis. Ordinis Prædicat. Theolog. ob. circa an. 1334.

Alvarotus Patavinus, Jurisconsult. obiit 27. Jun. anno 1453.

Alvarus Cordubensis, scriptor Indiculi luminosi, et Vitæ S. Eulogii, vix. an. 854. *tom.* 1. *Bibl. Patr. tom.* 7. *Bol. pag.* 90.

Alvarus PELAGIUS, Ord. Min. Episcopus Silvensis, auctor libri de Planctu Ecclesiæ, etc. vix. an. 1340.

Aluisius MARSILLUS, Italus, August. Theologus, vix. anno 1380.

INDEX AUCTORUM.

Alulfus, Monach. S. Martini Tornac. auctor Gregorianæ, *editæ tom.* 1. *Analect. Mabillonii p.* 312.

Alypius Antiochenus, in Descript. Orbis.

Amalarius FORTUNATUS, Archiepiscop. Trevirensis, ob. an. 814. *in Bibl. Patr. tom.* 2. *Capitul. Baluzian. pag.* 1352. *tom.* 1. *Analector. Mabillon. pag.* 419. *tom.* 2. *pag.* 96. *tom.* 7. *Spicileg. pag.* 164. *tom.* 14. *Bibl. Patr.* Perperam edit. *Attularius* apud *Sigebert. cap.* 87

Amalarius, Metensis Episcopus, auctor Regulæ Canonicorum in Concilio Aquisgr. an. 816. etc.

Amalricus AUGERII, scriptor Chronici Pontificalis, vix. sub Urbano V.

Amandus, Prior Monasterii Aquicinctin. vix. an. 1113. scripsit de Vita et morte Odonis Episcop. Camerac. MS.

Amatus, Episcopus, et Casinensis Monach. scripsit Histor. Normannorum ineditam, vix. an. 1070. *Vide Paul. Diac. et J. B. Marum.*

Ambrosius AUTBERTUS. Vide *Autbertus.*

Ambrosius CALEPINUS. Augustin. obiit 30. Novemb. anno 1510.

Ambrosius, Camaldulensis Abbas, Italus, vix. an. 1450. [Alterum quem an. 1340. vixisse scribit Cangius, nullum fuisse asserit Fabricius.]

Ambrosius (S.), Episcopus Mediolanensis, ob. 4. April. an. 397.

Ambrosius, Mediolanensis, scriptor Chronici Ord. Prædic. *Leander Albert.*

Ambrosius MERLINUS, vix. an. 480.

Amedeus, Monach. Cisterciensis, Episcopus Lausannensis, vix. ann. 1144. *Edit. a Theophilo Rainaudo, et tom.* 20. *Bibl. Patr. pag.* 1278.

Ammianus MARCELLINUS, cujus exstat Historia, vix. sub Gratiano et Valentiniano.

Amphibalus junior, cogn. SIMENUS, Britannus, vix. anno 569.

Amulo, Archiepiscopus Lugdunensis, vix. an. 850. *Ejus Epistolas cum Agobardo edidit Steph. Baluzius, in Bibl. Patr. tom.* 14. *pag.* 329.

Anastasius I. PP. ob. 27. April. an. 402. *Vide Concil. et Lud. Jacob. et tom.* 5. *Spicileg. p.* 582.

Anastasius, Abbas Romanus, S. E. R. Bibliothecarius, vix. an. 876. *Ejus Complura extant. Vide tom.* 12. *Bibl. Patr.*

Anastasius, Presbyter et Apocrisarius Romæ, vix. an. 665. *In Collectaneis Anastasii Bibl. et tom.* 12. *Bibl. Patr. p.* 858.

Anatolius, Alexandrinus, Laodicensis Episcopus, vix. sub Caro et Probo AA. *Vide Bucherium in Canone Paschali, pag.* 439.

Andoinus DE ROCCA, Abbas Cluniacens. Cardin. ob. anno 1369.

Andreas AGNELLUS, Ravennensis Archiepiscop. sub Ludovico Pio. Vide *Hieron. Rubeum.*

Andreas, Arelatensis, de Orig. et Gestis Francor. *In Bibl. Puteana, Cod.* 1138.

Andreas, Aulæ Regiæ Capellanus, vix. an. 1170. *Ejus Amatoria edita Dortmundæ, an.* 1610.

Andreas BILIUS, Mediolanensis, Augustin. vix. an. 1420. *Vide Murat. tom.* 19. *Script. Ital.*

Andreas, Monachus Fontebraldensis, de morte Roberti de Arbrissello, edit. cum Vita ejusdem Roberti, vix. an. 1150.

Andreas DANDULUS, Venetorum Dux, Chronicon Venetum MS. perduxit ad an. 1253. [1280. *Edit. apud Murat. tom.* 12. *Script. Ital.*]

Andreas, Hispanus, Episcopus Megarensis, Cardinalis, vix. an. 1437.

Andreas HORNUS, Anglus, Jurisconsult. vix. sub Edw. I. circa an. 1320.

Andreas LEUCANDER, alias WHITEMANNE, Ramesiensis in Anglia Abbas, vix. an. 1020.

Andreas DE LUXEMBURGO, Cardin. Episcop. Cameracan. 1396. *tom.* 9 *Spicil. pag.* 294.

Andreas SYLVIUS, Prior Marcianensis, ob. an. 1194. *Ejus Chronicon edit. a Raph. de Beauchamps in Hist. Merovingica.*

Andreas, Palatioli in Monte viridi in Etruria Abbas 3. de Vita S. Vualfridi Abbat. ejusdem Monasterii, *tom.* 4. *Boll. pag.* 842. *et tom.* 4. *SS. Ord. Bened. pag.* 196.

Andreas MORELLUS, in Epist. Amstel. an. 1702.

Andreas, Ratisponensis Presbyter, auctor Chronici Ducum Bavariæ, vix. sub Sigismundo Imper. *tom.* 4. *Anecd. Pezii part.* 3. *pag.* 275.

Andreas REDUSIUS, scriptor Annalium Tarvisinorum, ad an. 1420. quo vixit. Ejus Chron. Tarvis. edidit Murat. *tom.* 19. *Script. Ital.*

Andreas A SANCTA-CRUCE, Patricius Romanus, scripsit Collat. Concilii Florent. *Edit. inter Concil.*

Andreas, S. Victoris Parisiis Monachus, Anglus, vix. an. 1150. *Vide Cod. Thuan.* 275. *et Pitseum.*

Andreas SAUSSAYIUS, in Martyrol. Gallic.

Andreas SUENONIS, Archiepisc. Lundensis, circa an. 1110. *Ejus habentur Leges Scanicæ.*

Andreas THEVETUS, in Cosmographia.

Andreas, Trajectensis, Monachus Spanheimensis, vix. an. 1445.

Andreas DE YSENIA, JC. in Comment. utriusque Juris.

Angelicus GRIMALDI E GRISACO, Gallus, Card. ob. 16. Kal. Apr. an. 1387.

Angelomus, Lexoviensis Monachus, vix. an. 855. scripsit in Libros Regum. *t.* 15. *Bibl. Patr. pag.* 307. *Sigebert. c.* 86.

Angelus ACCIAIVOLUS, Episcopus Ostiensis, Cardin. ob. an. 1407. Diversus ab Angelo Acciajolo, Episcopo Florentino, qui obiit an. 1357.

Angelus E CINGULO, *Clarenus* dictus, Italus, Ordin. Min. ob. an. 1294. [post an. 1317.]

Angelus A NUCE, in Notis ad lib. Leon Ostiensis.

Angelus RUMPLERUS, in Hist. Monast. Formbac. *tom.* 1. *Anecd. Pezii.*

Angelus SALVETTUS, Senensis, Ord. Minor. Minister Generalis, ob. an. 1423.

Angelus TANCREDUS, Aretinus, Ordin. Minor. scriptor Miracul. S. Francisci, vix. circa an. 1246.

Angelus DE UBALDIS, Perusinus, Jurisconsult. Baldi frater, vix. an. 1423.

Angilbertus, Abbas Corbeiensis, an. 865. *tom.* 2. *Analect. Mabillonii p.* 657.

Anianus, Vir spectabilis, jubente Athalarico Theodosianum Codicem compegit, et aliquot Joannis Chrysostomi Homilias in Latinam linguam vertit. *Edit. post Bedam in Epistola S. Pauli, et cum Joan. Chrysost.*

Anianus, Abbas Aldeburgensis, scripsit Chron. ad an. 1457. *Vide Sander. p.* 225.

Anianus MAGISTER, Auctor Computi edit.

Anicius, MANL. TORQUAT. SEVER. BOETIUS, in Consolatione Philosophiæ, *edit. an.* 1656. ob. an. 524.

Annibaldus CECCANUS, Neapolitanus Archiep. Card. Tusculan. vix. an. 1327.

Ancharius, primus Archiepisc. Bremensis, *tom. 4. SS. Ord. Bened. pag.* 401.

Anscherus, Abbas Centulensis, vix. sæculo XI. *tom.* 5. *Bollandi pag.* 101 : *tom.* 5. *SS. Ord. S. Bened. pag.* 123.

Ansegisus, Abbas Lobiensis, vix. an. 840.

Ansegisus, Luxoviensis et Fontanellensis Abbas, vix. sub Carolo Magno et Ludovico Pio, quorum Capitularia collegit.

Anselli Archidiaconi Glossulæ super Psalterium, MSS. in Bibl. Vatic. non alius forte ab Anselmo Laudunensi, ut suspicatus est Jac. *le Long.*

Anselmi, Ord. Minor. Descriptio Terræ Sanctæ, *tom.* 6. *Canisii pag.* 1289.

Anselmi DE MONTE LEONIS Glossæ in Matheum MSS. *Cod. Reg.* 246. idem qui infra *Laudunensis.*

Anselmi Peripatetici Rhetorimachia MS. *Cod. Thuan.* 589.

Anselmus BOOT , in Hist. Lapidum , *edit. Adr. Tollii.*

Anselmus (S.), Archiep. Cantuariensis, obiit 21. April. an. 1109. *Ejus opera collegit et edidit Gabriel Gerberonus Benedict.*

Anselmus, Gemblacensis Abbas, Chronicon Sigeberti deduxit ad an. 1135. quo vixit. *Edit. a Miræo.*

Anselmus Havelbergensis Episcopus, non longe ab Albi flu. vix. an. 1146. *Edit. tom.* 13. *Spicileg. p.* 88. *Vide Eisengr.*

Anselmus, Laudunensis Decanus et Scholasticus, vix. an. 1110. *Vide Henric. Gandav. Sander. part.* 2. *pag.* 171, *etc.*

Anselmus, Leodiensis Canonicus, scripsit Histor. Episcop. Traject. et Leodiens. vix. an. 1050. *tom.* 1. *Hist. Leod. pag.* 99.

Anselmus, Episcopus Lucensis, S. R. E. Cardin. ob. 18. Mart. an. 1086. *tom.* 6. *Canisii pag.* 202. 285. *in Bibl. Patr. tom.* 27. 28. *Vide Sigeb. c.* 161.

Anselmus , Episcopus Marsicanus , *edit. Colon.* 1570.

Anselmus, Mon. Remensis, vix. an. 1050. scripsit Itinerarium Leonis IX. PP. a Roma in Galliam. *Vide Sigeb.* cap. 152.

Anselmus DE RIBODIMONTE, an. 1100. *tom.* 7. *Spicil. pag.* 191.

Anso, Abbas Lobiensis, ob. an. 801. *tom.* 10. *Bollandi p.* 560. *tom.* 11. *p.* 375. *tom.* 3. *SS. Ord. Bened. pag.* 564.

Anterus PP. ob. 3. Jan. an. 238. *Vide Concil. et Lud. Jacob.*

Antoninus (S.), Ord. Prædic. Archiepisc. Florentinus, ob. 2 Maii an. 1459. *Edit. seorsim.*

Antoninus, qui Gennadio *Honoratus*, Constantinæ in Africa Episcopus, *apud Baron. an.* 437. *tom.* 8. *Bibl. Patr. p.* 665.

Antoninus PLACENTINUS, Monach. in Itiner. Hieros. *edit. Andegav. an.* 1640.

Antonius ANDREAS, Ord. Min. ob. circa an. 1320. *Edit. Venet. an.* 1578.

Antonius DE BUTRIO, Bononiensis, JC. ob. an. 1408. non. Octob. *Fichard.*

Antonius CARTOLARUS, vel CARTULARIUS, Patavinus, de Vita et Moribus Philosophorum, ob. an. 1440.

Antonius CORARIUS, Venetus, Episcopus Bononiensis, et Patr. Constantinop. Cardin. ob. an. 1445.

Antonius DE CREMONA, Ord. Minor. scripsit Quadragesimale.

Antonius DUGDALIUS, in Antiquit. Warvic.

Antonius FABRICIUS BLEYNIANUS, JC. in Institutionibus rei beneficiariæ.

Antonius FRANCISCUS GORI, in Columbario Libertorum et Servorum Liviæ.

Antonius GAYNERUS , Papiensis , Medicus , vixit anno 1440.

Antonius, Genuensis, Augustinian. vix. an. 1418.

Antonius GODUS, Vicentin. Chron. scripsit ab an. 1194. ad an. 1260. *Edit. cum Albertino Mussato a Felice Osio et a Murat.* tom. 8. *Script. Ital.*

Antonius ILERDENSIS, Ord. Minor. Philosophus et Theologus.

Antonius LOISELLUS, in Tract. de Ordinibus.

Antonius LUCENSIS, Ord. Min. vix. an. 1320.

Antonius MASSANUS, Etruscus, Ord. Min. vix. an. 1430. *Wadd.*

Antonius MATTHÆUS, de Nobilitate, de Principibus. *Amstel. an.* 1636.

Antonius A MONTEFALCONE, Italus, Ord. Min. scriptor Vitæ B. Claræ a Montefalcone. *Vide Wadding.* ann. 1308. et 1491.

Antonius DE PADUA (S.), Lusitanus, Ord. Minor. ob. 13. Jun. an. 1231. *Ejus habentur Conciones.*

Antonius DE PARMA, Monachus Camaldul. vix. anno 1420.

Antonius RAUDENSIS, seu RAUDINUS, Italus, Ord. Min. vix. circa an. 1420. *In Bibl. Thuana.*

Antonius DE RIPALTA, in Annal. Placent. ab. ann. 1401. ad 1463. *tom.* 20 *Murat. Script. Ital.*

Antonius A S. ANGELO, Patavinus, JC. vix. an. 1394.

Apollonius, Romanæ urbis Senator, sub Commodo Imp. *Hieron.*

Apponius, vix. sæculo VII. *In Bibl. Patr. tom.* 14. *pag.* 98.

Aprigius, Episcopus Pacensis, vix. anno 530. *Isidor. etc.*

Apuleius MADAURENSIS, vix. sub Antoninis Marco et Philosopho.

Aquila, Romanus, *edit. inter Rhetores.*

Aquilius SEVERUS, Hispanus, sub Valentiniano. *Vide S. Hieron.*

Arator, S. R. E. Subdiaconus, Poeta Christianus, vix. an. 534. *Edit. seorsum, et tom.* 10. *Bibl. Patr. Vide Sirmond. ad Ennodium pag.* 99.

Archangelus NEAPOLITANUS, Cavæ, seu S. Justinæ de Padua Monachus, auctor Hist. Monast. Cavensis.

Arcimboldus, Mediolanensis, auctor Catalogi Hæreticorum.

Arculfus, Episcop. auctor Itinerarii Terræ Sanctæ, quod a Beda abbreviatum est. *Vide eundem Bedam lib.* 5. *Hist. cap.* 16.

Ardo, seu SMARAGDUS, Mon. Anianensis, vix. circa an. 824. *tom.* 4. *Bollandi pag.* 610. *tom.* 5. *SS. Ord. Benedict. pag.* 191.

Arialdus , Casinensis Presbyter, vix. an. 1080. *Petr. Diac.*

Aribo, Episcopus Frisingensis, sub exitum sæculi VIII. *tom.* 3. *SS. Bened. pag.* 500.

Aribo, Archiepiscop. Moguntinus, ob. an. 1031. *Vide Sigeb. cap.* 140.

INDEX AUCTORUM.

Arlottus DE RAINONE, Vicentinus, scriptor Hist. Vicentinæ.
Arlotus, Ordinis Minor. Magister Generalis, Etruscus, vix. an. 1290. Apud Fabric. ob. an. 1287.
Arlunus BERNARDINUS, Historicus. *Vide Vossium.*
Arnaldus ALBERTINUS, Majoricensis, Pacensis Episcopus.
Arnaldus DE VERDALA, Episcopus Magalonensis, ob. an. 1352. *de Episcopis Magalon. tom.* 1. *Bibl. Labbei pag.* 793.
Arnaldus DE VIA, Cadurcensis diœcesis, Joannis XXII. nepos, Cardin. ob. an. 1338.
Arno, Archiepiscop. Saltzburgensis, vix. sub Carolo Magno. *Edit. tom.* 2. *Canisii, et in Metropoli Salisburg. tom.* 2. *pag.* 484.
Arnobius, Afer, Siccensis, Rhetor, scribebat an. 297. vix. usque ad an. 326.
Arnobius Junior, vix. circ. an. 460. *Edit. Coloniæ an.* 1596. *et in Bibl. Patr. tom.* 8. *pag.* 203.
Arnoldus, Altahensis Monach. scriptor Vitæ S. Godeharti, *editæ a Surio tom.* 7. vix. an. 1030.
Arnoldus, Carnotensis, Abbas Bonæ Vallis, vixit an. 1170. *Edit. an.* 1609. *et tom.* 22. *Bibl. Patr. pag.* 1260. *Vide Henr. Gandav.*
Arnoldus, Corbeiensis in Saxonia Monachus, vixit anno 1030.
Arnoldus, Lubecensis Abbas, Chronicon Slavorum Helmoldi perduxit ad Ottonem IV. Imp. *Edit. a Reineccio, ejusque Appendix ab Erpoldo Lindenbrogio in Hist. Slavica.*
Arnoldus, Archiepiscop. Narbonensis, de Victoria ad Navas Tolosæ, anno 1212. *tom.* 1. *Ughelli pag.* 191.
Arnoldus DE ROTERODAMIS, seu de HOLLANDIA, Canon. Regular. vix. an. 1424.
Arnoldus DE VILLANOVA. Medicus, vix. an. 1305.
Arnoldus, Vogburgensis, S. Emerammi Monac. de Miraculis ejusdem Sancti, tom. 2. *Canisii* p. 35. vix. sub Henrico IV. *Vide Aventin.*
Arnulfus SAGIENSIS, *tom.* 3. Murat. Script. Ital. an idem qui mox *Arnulphus Lexoviensis* ?
Arnulphus, Aretinus, Canonicus ac Diaconus; circ. an. 1080. scripsit Vitam SS. Floridi et Amantii, *in Cod. Naudæano* 27.
Arnulphus, Lexoviensis Episcop. ob. 3. Aug. an. 1182. *Ejus Epist. editæ an.* 1588. *Vide tom.* 2. *Spicil. et post tom.* 13. *pag.* 246. *et tom.* 22. *Bibliot. Patr.*
Arnulphus, Monachus, Poeta. *Vide Sigeb. c.* 157.
Arnulphus A MONTE S. ELIGII. Canonic. Regularis ejusdem Monast. *Vide Valer. Andr.*
Arsenius, Leodiensis, S. Mariæ de Florentia Abbas, vix. an. 1442.
Arvodolphus, scriptor Vitarum aliquot Sanctor. circ. an. 1160. *Wicelius.*
Asaphus (S.), Episcopus, Britannus, vix. an. 590.
Asclepiodotus, Historicus, vix. sub Diocletiano. *Vide Vopiscum.*
Asclepius, Afer, Episcopus Vagensis, seu Baiensis, vix. an. 440. *Gennad.*
Astesanus, Ord. Minor. Theologus, vix. an. 1317.
Astesanus alter, Ordinis Minor. Theologus, vixit eodem sæculo.
Astronomus, qui vitam Ludovici Pii scripsit ab an. 776. ad 840. *Edit. a Pithæo, Duchesnio tom.* 2. *et tom.* 6 *novæ Collect. Hist. Franc.*

Athelardus, vel ADELARDUS, Bathonensis in Anglia Monachus, Mathematicus, vix. an. 1130.
Athelstanus, Angliæ Rex, ob. an. 939. *Hujus Leges habentur apud Bromptonum et Lambardum.*
Atilius FORTUNATIANUS, *edit. inter Grammaticos Putschii.*
Atto II. Episcopus Vercellensis, vix. an. 945. *tom.* 8. *Spicileg. pag.* 1.
Auctus, Florentinus, Vallis Umbrosæ Monach. scriptor Vitæ Bernardi Uberti Cardinal. etc. vix. sub Lothario II. circ. an. 1147.
Audentius, Episcopus Hispanus, *de quo Gennad.*
Audoenus (S.), qui et Dado, Archiepiscop. Rotomagensis, auctor Vitæ S. Eligii, ob. anno 672. *tom.* 5. *Spicileg. pag.* 147. 301.
Audradus, Monachus, vix. sub Carolo Calvo, *tom.* 2. *Hist. Franc.* 390. *Vide Bibl. MSS. Labbei pag.* 57.
Augustinus (S.), Episcop. Hipponens. ob. 28. Aug. anno 430.
Augustinus DE ANCONA, qui et TRIUMPHUS dictus, Augustin. Archiep. Nazarenus, ob. anno 1328. *Edit. Romæ* 1590.
Augustinus PATRICIUS DE PICCOLOMINIBUS, in Hist. Conc. Basil. *tom.* 13. *Concil. Labbei.*
Augustinus DE ROMA, primus Cantuariensis Archiep. ob. an. 604.
Augustinus DE ROMA, Augustinian. Archiep. Nazarenus, ob. an. 1443.
Avitus, presbyter Hispanus, vix. circa ann. 418. *Gennad.*
Avitus, Viennensis Episcop. ob. 5. Feb. an. 520. aut 521. *Edit. a Sirmondo et al. Adde eundem Sirmondum ad Ennod. pag.* 67. *tom* 5. *Spicileg. pag.* 110. *Bibl. Labbei tom.* 1. *pag.* 226. *et tom.* 1. *Miscell. Baluz. pag.* 355.
Auminus KELDUS, Scotus, Episcopus electus, obiit an. 1298. *Demsterus.*
Aunarii Episcopi Epistola ad Stephanum Presbyterum, de scribenda S. Germani Episcopi Autisiodorensis Vita, *in Bibl. Sangerman. Cod.* 633.
Aurelianus, Arelatensis Episcop. anno 550. *inter Epistolas tom.* 1. *Hist. Franc. in Regulis Monasticis Holstenii.*
Aurelianus, Clericus Remensis, Musicus, vix. an. 900. *Vide Sigebert. cap.* 110. *et Barthium l.* 45. *Advers. cap.* 7. 21.
Aurelius APOLLINARIS, Numeriani Imp. Vitam iambis scripsit. *Vopisc.*
Aurelius FESTIVUS, scriptor Vitæ Firmi Tyranni, vix. sub Aureliano. *Vopisc.*
Aurelius MACROBIUS, in Saturnalibus.
M. **Aurelius** OLYMPIUS NEMESIANUS, Carthaginensis Poeta, auctor Cynegetici, *editi a Pithæo, etc.* vix. sub Caro Imp.
Aurelius PHILIPPUS, scriptor Vitæ Alexandri Imp. *Vide Lamprid.*
Aurelius VERUS, scriptor Vitæ Alexandri Severi, *laudatur a Lampridio.*
Aurelius VICTOR, ab Andrea Schotto editus, vix. sub Constantio et Juliano Impp. *Vide eundem Schottum et Vossium.*
Ausonius, Burdegalensis, Consul Romanus, obiit circa an. 394.
Autbertus in Apocalypsim, *ex Bibl. alias Thuana.*

Autbertus, Abbas Casinensis, de Vita SS. Paldonis, Tatonis, etc. *tom. 6. Ughelli pag.* 458. ob. an. 837. Kal. Mart. *De aliis scriptis vide Paul. Diac. et J. B. Marum.*
Autbertus, cogn. AMBROSIUS, Abbas S. Vincentii ad Vulturnum, ob. an. 778. *tom. 3. SS. Ord. Benedict. pag.* 423. *tom.* 13. *Bibl. Patr. pag.* 403. *Vide Sigeb. cap.* 91.
Auxilius, de Translationibus Episcoporum et Ordinationibus a Formoso PP. factis, *in Append. tom.* 12. *Annal. Baronii, apud Morinum, t.* 17. *Bibl. Patr. p.* 1. *Vide Sigebert. c.* 112.
Azo, Bononiensis, jurisconsult. vix. circa an. 1200. *Vide Fichard.*
Azo, vel Asso, Dervensis Monach. scriptor Vitæ SS. Bercharii, Frodeberti, etc. ob. an. 992.

B

Bachiarius, vel BACCIARIUS, vix. tempore S. Augustini, *tom.* 6. *Bibl. Patr. pag.* 88. *Vide Gennad. etc.*
Bagarotus, JC. vix. an. 1200.
Balbus MENSON, *edit. inter Gromaticos.*
Baldricus Aurelianensis, ex Burguliensi apud Andegavos Abbate, Episcopus Dolensis ; adeoque neutiquam in duos distrahendus, ut docet Fabricius, ob. an. 1131. *Ejus carmina, edita tom.* 4. *Hist. Franc. pag.* 251. *Adde Gest. Dei pag.* 81. *tom.* 7. *Spicileg. pag.* 196. *tom.* 4. *Bol. pag.* 758. *tom.* 5. *pag.* 603.
Baldricus, Noviomensis Episc. ob. ult. Maii. an. 1112. Ejus Chron. Camerac. edidit Colvenerius. *Vide tom.* 8. *Spicil. pag.* 169.
Balduinus DE AVENIS, vix. c. an. 1285. *Ejus Genealogiæ editæ tom.* 7. *Spicileg. pag.* 584.
Balduinus Imp. Constantinopol. ob. an. 1205. Ejus exstant Epistolæ de Urbis expugnatione, *apud Arnold. Lubecens. Innocentium III. Doutremannum, etc.*
Balduinus DEVONIUS, Angl. Cantuariens. Archiep. ob. an. 1193.
Balduinus DE MARROCHIO. *Vide Sander. in Bibl. MSS. Belg. pag.* 202.
Balduinus, Ninivensis, Ord. Præmonstr. scripsit Chron. a Christo nato ad an. 1294. quo ipse obiit, MS. *Valer. Andr. Sander. pag.* 22.
Balduinus PADERBORNENSIS, Parochus, Histor. vix. anno 1418.
Balduinus, Sordensis Abbas, *in Bibl. Victor.*
Baldus, Perusinus, Jurisconsultus, ob. 28. April. anno 1400.
Baltharius, vel BALTHERUS, Seckinganus Monach. auctor Vitæ S. Fridolini, quam Notkero Balbulo inscripsit circa an. 900. *Vide Alamannica Goldast. tom.* 2. *pag.* 195. *tom.* 6. *Bol. pag.* 433.
Banchinus, Londinens. Monach. Theolog. vixit anno 1382.
Banck, in Taxa Cancellariæ Romanæ.
Barberinus in Documentis amoris cum glossis Ubaldini.
Barduccius PETRUS DE CANIGARIIS, an. 1380. *tom.* 11. *Bol. pag.* 959.
Barnabas BRISSONIUS, de Verborum jurid. significatione.

Bartholomæus BREM, Angl. Philosoph.
Bartholomæus, Brixianus, Juriscons. et Histor. vix. an. 1240. ob. an. 1250.
Bartholomæus DE BRUGIS in Aristotelem, *ex Bibl. Victor.*
Bartholomæus CAPOVACENSIS, Patavinus, JC. vix. anno 1348.
Bartholomæus, Cartusiensis, vix. an. 1446.
Bartholomæus CASTELLUS, in Lexico medico a J. P. Brunone aucto. *Lipsiæ an.* 1713.
Bartholomæus, Cluniacensis, scripsit Sermon. *Sander. pag.* 180.
Bartholomæus, Duniacensis. *Vide Sander. in Bibl. MSS. Belg. part.* 351. Leg. auctore Fabricio, *Cluniacensis.*
Bartholomæus FACIUS, Genuens. Histor. vixit anno 1440.
Bartholomæus FLORARIUS, auctor Florarii, Angl. vix. an. 1420.
Bartholomæus GAETANUS, scriptor Historiæ Brixiensis, ob. an. 1404.
Bartholomæns GLAUNVILLUS, cogn. ANGLICUS, Ordinis Minor. auctor libri de Propriet. rerum, editi, etc. vix. an. 1360.
Bartholomæus GRAUWISE, Anglus, Ord. Min. vix. circa an. 1360.
Bartholomæus, Iscanus, id est, Exoniensis Episcopus, ob. an. 1184. *Vide Pœnitentiale Theodori edit. a Jac. Petito.*
Bartholomæus DE LUCA, in Chron. MS. ex Bibl. Vaticanæ Cod. 574. *Laudatur a Ghirardacco in Hist. Bononiensi l.* 6.
Bartholomæus NEOCASTRENSIS, Siculus, auctor Poematis quod *Messana* inscribitur, seu de Rebus a Petro Aragoniæ Rege in Sicilia adversus Carolum I. gestis. *Meminit Surita.*
Bartholomæus, Ordin. Minor. ob. 4. Novemb. circa an. 1380.
Bartholomæus OSA, Bergomensis, scripsit Hist. Romanor. Pontificum et Imper. vix. an. 1340.
Bartholomæus DE PISIS, Ord. Præd. de Casibus conscientiæ, *in Bibl. Victor.*
Bartholomæus ROQUACALLIUS, Carmelitarum Ordinis Magister Generalis, et Massiliensis Episcop. vix. anno 1433.
Bartholomæus, Ruræmundanæ Cartusiæ Prior, ob 4. Id. Jul. an. 1446.
Bartholomæus DE SALICETO, JC. vix. an. 1390.
Bartholomæus DE S. CONCORDIO, Ordin. Prædicat. Pisanus dictus, ob. circa an. 1347. *Vide Sander. pag.* 209.
Bartholomæus SCRIBA, in Annal. Genuens. *tom.* 6. *Murat. Script. Ital.*
Bartholomæus DE TOLOMÆIS, scriptor Vitæ B. Luthesii, *Edit. tom.* 11. *Boll. pag.* 597.
Bartholomæus VICENTINUS, Ord. Prædic. vix. an. 1260. *Vide Leand. Albert.*
Bartholomæus, Episcop. Urbinensis, Augustinianus, vix. an. 1410. *Vide Cod. Reg.* 428.
Bartholomæus DE YANO, Ord. Min. *Vide Wadding. an.* 1435.
Bartholus DE SAXOFERRATO, JC. celebris, ob. anno 1355. ætat. 45.
Basilius, Ancyræ Episc. scripsit Latine contra hæreses, vix. sub Constantio. *Vide Socrat. lib.* 2. *cap.* 30.

Bassatius, Abbas Casinensis, ob. 16. Kal. April. an. 856. *Vide Petr. Diacon.*
Bassetus, in Aresta Parlamenti Dalphinalis.
Baudemondus, Mon. Elnonens. aliis Blandinens. Abbas, scriptor Vitæ S. Amandi, vix. anno 657. *Ed. tom.* 3. *Bol. pag.* 848. *tom.* 2. *SS. Ord. Bened. p.* 710.
Baudovinia, Monialis, scripsit Vitam S. Radegundis, Reginæ Franc. sub qua vixit, id est, circa an. 590. quo Radegundis obiit, *tom.* 1. *SS. Ord. Bened. p.* 326. *Surius* 13. *Aug.*
Beatus, Presbyter, adversus Elipandum Toletanum Episc. *in Auctario Stewartii.*
Bebianus, Poeta, *edit. cum Victore Massiliensi,* an. 1560. *pag.* 96.
Beda, cogn. VENERABILIS, ob. 26 Maii an. 735. *Ejus opera* 3. *tom. edita. Vide præterea tom.* 7. *Spicileg. pag.* 126. *tom.* 2. *SS. Ord. Bened. pag.* 1001. 1031. *Jacob. Waræum, etc. Bolland. tom.* 1. *pag.* 943. *tom.* 8. *pag.* 97.
Bellator, Presbyter, Origenis Latinus Interpres, vix. an. circ. 530. *Cassiodor. de Divin. lect. cap.* 6. *Sigebert. cap.* 88. *Trithem. etc.*
Bellesarius, Scholasticus, *tom.* 1. *Analector. Mabillonii pag.* 361. *tom.* 5. *Bibl. Patr. pag.* 472.
Beltramus DE MIGNANELLIS, Senensis, vix. an. 1416. *Vide Lambec. lib.* 2. *Bibl. Cæsar. pag.* 977.
Benedictus 1. (S.) PP. ob. 30. jul. an. 579. *Vide Concil. et Lud. Jacob.*
Benedictus II. PP. ob. 7. Maii an. 685. *Vide Conc. et Lud. Jacob.*
Benedictus III. PP. ob. 26. Febr. an. 858. *Vide Concil. et Lud. Jacob.*
Benedictus VII. PP. ob. 10. Jul. an. 984. *Vide Lud. Jacob. et Lambec. tom.* 2. *Bibl. Cæs. pag.* 645.
Benedictus VIII. PP. ob. 28. Febr. an. 1024. *Vide Lud. Jacob.*
Benedictus XI. PP. ob. 6. Jul. an. 1304. *De ejus scriptis vide Lud. Jacob.*
Benedictus XII. PP. ob. an. 1342. 25. April. *Ejus Statuta Benedictina edidit Brolius post Chron. Casinense. De aliis scriptis vide Lud. Jacob.*
Benedictus (S.), Ord. sui nominis Fundator, ob. 21. Mart. an. 543. *tom.* 9. *Bibl. Patr. etc.*
Benedictus, Anianæ Abbas, in Concordia regularum, ob. an. 821. *Vide Menard. et sæc.* 3. *Bened.*
Benedictus, Abbas, scripsit Histor. Henrici II. Regis Angl. sub quo vixit.
Benedictus BACCHINIUS, in Hist. Monast. Podolironensis.
Benedictus BISCOPIUS (S.), Wiremuthensis Abbas, cujus Vitam scripsit Beda, ob. an. 703.
Benedictus, Icenus, seu Nortfolcensis, Augustin. Cardicensis Episcopus, ob. an. 1340.
Benedictus, Abbas Massiliensis, scripsit lib. de Fide Catholica et potestate Ecclesiæ, *MS. in Bibl. reg.*
Benedictus, Petroburgensis Monachus, Anglus, scriptor Vitæ S. Thomæ Cantuar. et Gestorum Henrici II. et Ricardi I. ab an. 1170. ad 1199. *Edit. Hearnii* anno 1735.
Benedictus RAIMUNDUS, filius Raphaelis Cumani, JC. vix. an. 1447.
Benedictus SALA, Patavinus, JC. vix. an. 1445.
Benedictus TARACREDUS, Fabricio, TAMACEDUS, TOMACREDUS, vel TOMACELLUS aliis, Perusinus, Ord. Prædic. vix. an. 1260.

Benedictus, Veronensis, Ord. Præd. Theolog. vix. anno 1420.
Benedictus, Urbevetanus, Ord. Prædicat. Theol. vix. an. 1260. *Vide supra Ben. Taracredus.*
Benno, Cardinalis, scripsit de Vita Hildebrandi, seu Gregorii VII. PP. sub quo vixit. *Edit. a Reineccio: de quo vide Baron. Nomenclatorem, et al.* vix. an. 1092.
Bentivenga DE BENTIVENGIS, DE AQUASPARTA, Umber, Ordin. Minor. Episcop. Tudertinus, Cardin. sub Nicolao III. PP.
Benvenetus DE CAMPESANIS, Poeta. *Vide Vossium de Hist. Lat. pag.* 795.
Benvenutus DE REMBALDIS, Imolensis, auctor *Augustalis* editi cum Petrarcha, vix. sub Carolo IV. Imperat.
Berardus, Monachus Celestinus, S. Petri Celestini discipulus, scripsit ejusdem PP. Vitam. *Exstat MS.*
Bercharii Presbyteri Hist. Episcopor. Virdunensium, ad ann. 888. quo vixit. *Edit. t.* 12. *Spicilegii Acheriani p.* 251.
Berchtoldus HOCHBERGERUS, Campidonensis Abbas, de Laude Martyrum, vix. an. 1181.
Berengarius, Hæresiarcha, an. 1052. *tom.* 2. *Spicileg. pag.* 510. *Vide Sigeb. cap* 154. *et al.*
Berengarius STEDELLI, Vasco, Episcop. Biterrens. Cardinal. Tusculan. ob an. 1321. *Vide Sander. part.* 2. *pag.* 116. *et Possevin.*
Berengaudi, viri Ecclesiastici, expositio in Apocalypsin, *in Bibl. Sangerman. Cod.* 556. *et in Bibl. Reg. Cod.* 864.
Berengosus, Abbas S. Maximini Trevirensis, de Inventione S. Crucis, vix. circa an. 1110. t. 12. *Bibl. Patr. pag.* 349.
Berlini liber Abaci, *in Bibl. Victoriana.*
Bernaldus, Constantiensis Presbyter, vix. sub Gregorio VII. PP. *Edit. a Tengnagelio et Gretzero.*
Bernaldus, Gallus, Archidiac. Bracarensis, de Vita B. Geraldi Archiep. Bracar. cujus fuit coætaneus, *t.* 3. *Miscel. pag.* 179.
Bernardinus DE BUSTO, Ord. Min. scripsit *Mariale* Alex. VI. PP. inscriptum, ob. post annum 1500. *Edit. Mediol.* an. 1494.
Bernardinus DE ROMA, Carmelita, Episc. Sutrensis, Cardinalis, vix. an. 1324.
Bernardinus DE ROSERGIO, ex Canonico Regulari, Archiep. Tolosanus, vix. an. 1460.
Bernardinus (S.), Senensis, Ord. Minor. ob. 20. Mart. an. 1444. *Ejus opera seorsim edita.*
Bernardus ALBERTUS, De Variis morbis, MS. *in Bibl. Mss. Lab. pag.* 50.
Bernardus DE AMBASIA, Carmelita, et Cardinal. vix. anno 1364.
Bernardus ANGRIANUS, Bononiensis, Carmelita, vix. anno 1390.
Bernardus AYGLERIUS, Abbas Lerinensis, deinde Casinensis, et S. R. E. Cardin. ob. an. 1282.
Bernardus BALBIUS, Episcop. Papiensis, ob. anno 1213. tom. 1. *Ughelli,* pag. 1097.
Bernardus DE BESSA, Aquitanus, Ord. Minor. vix. anno 1278.
Bernardus BISSUS, Monachus Casinensis, in Hierurgia.
Bernardus DE BREYDENBACH, Decanus Mogunt. an. 1488. in Itinere Hierosolymit.
Bernardus, Abbas Casinensis, vix. circ. an. 1350. Vide supra *Bern. Ayglerius.*

Bernardus Monachus Casinensis, scripsit Vitam B. Amici, vix. ann. 1120. *Petr. Diac. c.* 37.

Bernardus E Castro S. Vincentii, Italus, Ord. Præd. vix. an. 1316. *Vide Leandr.* Idem Fabricio, qui infra *Bernardus Guidonis.*

Bernardus (S.), Abbas Clarevallensis, ob. 20. Aug. anno 1153. *Edit. seorsim. Vide tom.* 13. *Spicileg. pag.* 165.

Bernardus, Claromontanus, Ord. Præd. Theolog. vix. anno 1292.

Bernardus, Cluniacensis, de Contemptu Mundi, metro. *Vide Sander. pag.* 225.

Bernardus, Mon. Cluniacensis, deinde Episcop.... vix. an. 1050. scripsit Consuetudines ejusdem Ord. MSS. *in Bibl. Sangerman. Vide Henric. Gandav.* et infra *Bern. Morlanensis.*

Bernardus, Presbyter, Compostellanus, JC. vix. anno 1250. *Vide Simler. et Miræum,* pag. 302.

Bernardus, Mon. Corbeiensis in Saxonia, vixit anno 1070.

Bernardus, Dapifer, Mon. Melicensis, vix. anno 1362. *apud Lambecium, tom.* 1. *Bibl. Cæsareæ, p.* 628.

Bernardus Desclos, in Hist. Catalaniæ.

Bernardus Dorna, natione Provincialis, JC. Azonis, auditor, vix. an. 1240.

Bernardus, Fontis Calidi Abbas, contra Valdenses, vix. sæculo XII. *Edit. a Gretzero,* et *tom.* 24. *Bibl. Patr. pag.* 1585.

Bernardus L Franchoven, scriptor Homiliar. vix. an. 1240. [circ. 1410. *Vide Echard. tom.* 1. *pag.* 752.]

Bernardus, Abbas S. Galli, circa an. 883. *tom.* 5. *Canisii, part.* 2. *pag.* 728.

Bernardus de Godornio, medicus Monspessul. circa an. 1305. *in Bibl. Victor. Vide Sander. part.* 2. *pag.* 89.

Bernardus Guidonis, Ordin. Prædic. Episc. Lodovensis, vix. an. 1320. *apud Catellum in Comitibus Tolosanis, part.* 2. *pag.* 37. *tom.* 1. *Bibl. Labbei, pag.* 629. *tom.* 2. *pag.* 265. 275. 511. *tom.* 4. *Bol.* pag. 711.

Bernardus, Hildesheimensis Episcopus. *Vide Possevin.*

Bernardus Lombardus, Grammaticus. *Vide Sander. pag.* 203.

Bernardus, Monachus, cognom. *Sapiens,* in Itinerario Terræ Sanctæ, an. 970. *Edit. tom.* 1. *SS. Ord. Bened. pag.* 523. *Vide Pitseum, pag.* 827.

Bernardus, Mon. de Discipl. Musicæ artis, vixit anno 1124.

Bernardus de Montfaucon, Benedictinus, in Diario Italico, Antiquitate explicata cum Suppl. Bibliotheca Bibl. etc.

Bernardus, Morlanensis, Anglus, Monachus Cluniacensis, cujus liber exstat de Contemptu Mundi, vix. an. 1140. *Edit. Bremæ, an.* 1597. *et Luneburgi,* anno 1640.

Bernardus Noricus, Monachus in Chremsmunster, de Rebus Boiorum, *laudatur ab Aventino. Vide Pez. tom.* 1. *Scrip. Austr. pag.* 1296.

Bernardus Parentinus, Ord. Prædic. Theolog. vix. anno 1340.

Bernardus Pezius, Benedictinus Mellicensis, in Thesauro Anecd. ann. 1721 et seqq.

Bernardus, Prior Cartusiæ *Portarum,* ob. anno 1152. *Ejus Epistolas aliquot edidit Petrus Franciscus Chiffletius.*

Bernardus, Ord. Præd. in 4. libros Sentent. vix. anno 1292.

Bernardus de S. Blasio, German. vix. circ. an. 1066. *Simler. Possevin.*

Bernardus, Monachus, Saxo, scripsit contra Henricum IV. Imp. *Sigebert. cap.* 165.

Bernardus, cogn. Silvester, Ultrajectensis Clericus, in Theodulum comment. scripsit, etc. Is forte qui ut Poeta eximius laudatur a Gervasio Tilesberiensi. *Vide Sigebert. cap.* 156. *Sander. part.* 2. *pag.* 327.*Cod. Reg.* 954. *Bibl. Victor. et Glossar. in* Cisimus.

Bernardus Thesaurarius, de Acquisitione T. S. ab an. 1095. ad 1230. *Edit. tom.* 7. *Murat. Script. Ital.*

Bernardus de Trillia, Nemausensis, Ord. Prædic. Theolog. vix. an. 1291. *in Bibl. Victor.*

Bernardus de Ubertis, Florentinus, Abbas Vallis Umbrosæ, S. R. E. Cardin. ob. an. 1133.

Bernensis, Ord. Præd. vix. an. 1314.

Bernitius, Lincolniensis, Anglus, *Vide Pitseum, pag.* 827.

Berno, Augiæ Divitis Abbas, ob. 7. Jan. an. 1014. *t,* 18. *Bibl. Patr. Vide Alamann. Goldasti, pag.* 198. *et Sigeb. c.* 156. *Consule Fabr. Bibl.*

Bernoldus, Constantiensis Ecclesiæ Presbyt. vix. an. 1060. *Edit. a Gretzero et Tengnagelio. Vide infra in* Bertholdus.

Bertha, Sanctimonialis, de Vita S. Adelheidis Abbatissæ Vilicensis, vix. sub Conrado II. Imp. Sur. 5. *Febr. tom.* 3. *Bollandi, pag.* 714.

Bertharius, Abbas Casinensis, auctor libri *Anticimenon,* ob. an. 883. *Vide Glossar. in v.* Sabbatum.

Bertholdus, Constantiensis Presbyter, vix. anno 1110 : *Ejus Chron. edidit Urstisius.*

Bertholdus, Mon. S. Galli, vix. an. 1281. *apud Goldast. in Alamann. tom.* 1. *pag.* 150.

Bertholdus de Maisbergh, Philosophus, vix. anno 1320. [circa 1454. *Vide Fabr. Bibl.*]

Bertholdus, Monach. Miciacensis, vix. sub Jona Aurelian. Episc. *tom.* 1. *SS. Ord. Bened. pag.* 591.

Bertholdus, Abbas Zuifaltensis, scripsit de Origine ejusdem Monasterii. *Vide Alam. Goldasti, tom.* 2. *pag.* 199.

Bertholdus, Ratisbonensis, Ord. Min. Philosophus et Theologus, ob. an. 1272.

Bertramus de Alem. *V. Sander. part.* 2. *p.* 213.

Bertramus, Presbyter et Monach. vix. an. 830. *Vide Sigebert. et Miræum c.* 95.

Bertramus Fizalanus, Anglus, Carmelita, Theol. ob. 17. Mart. an. 1424.

Bertramus, Gallus, Ord. Præd. Episc. Tefelicensis, et Suffraganeus Metensis, ob. 13. Kal. Februar. anno 1383.

Bertramus Reoldus, scriptor Vitæ S. Francæ Virg. *Edit. tom.* 11. *Bollandi pag.* 380. vix. an. 1326.

Bertrandus Agerius de Turre, Cadurcens. diœces. Ord. Minor. Archiep. Salernitan. Cardinal. ob.circ.an. 1324. *Vide Fabricium.*

Bertrandus, Aquensis Advocatus, in Consiliis.

Bertrandus Argentræus, in Consuet. Brit. *Edit.* anno 1608.

Bertrandus, Casæ Dei Monach. scriptor Vitæ B. Roberti Fundator, et Abbat. Casæ Dei, vix. anno 1160. *tom.* 2. *Bibl. Labbei pag.* 637. *tom.* 11. *Bol. pag.* 326.

Bertrandus de Deucio, Uticensis diœces. Cardin. ob. 21. Oct. an. 1355.

Bertrandus Lagerius de Figiaco, Ord. Min. Episcop. Glandatensis, S. R. E. Cardin. ob. 6. Id. Nov. anno 1392.

Bertrandus, Ord. Minor. Mediolanensis, Cardinalis, vix. ann. 1325.

Bertrandus Montis Faventini, JC. ob. an. 1348.

Bertrandus Parayte, Tolosanus, Augustin. Theol. circa an. 1420.

Bertrandus Pastoris, Tolosanus, Augustin. Philosophus, vix. an. 1390.

Bertrandus e Trillia, Ord. Præd. Theolog. vix. an. 1296. Vide supra *Bernardus de Trillia*.

Bertrandus de Turre, Aquitanus, dictus *Doctor famosus*. Ord. Min. Cardinal. ob. an. 1334. *Vide supra Bertr. Agerius.*

Bertrusius, Idem videtur Fabricio, qui *Bertruccius*, Medicus Lipsiensis, circa an. 1452. *Vide Sander. part. 2. pag. 89.*

Besoldus, de Ordine equestri.

Beulanus, Presbyter, Britannus, Nennii Magister, vix. an. 600.

Bindus Senensis, Ord. Min. vix. an. 1300.

Blandinus, Monachus, de Miracul. S. Agathæ, *tom. 3. Bollandi pag.* 643.

M. Blasii, Ordin. Min. Circius, *in Bibl. Sangerm. Cod. bis.*

Blasius Andromari, aliis Andernarius, Gallus, Carmelita, Theologus, an. 1378.

Blasius, Cæsenas, Rituum Pontificii Sacelli Magister, scripsit *Diaria Pontificia, MS.*

Blasius Ortyzius, in Decretis Doctor et Canonicus Toletanus, in Itinerario Adriani VI. PP. an. 1523. *tom. 3. Miscel. Baluz. pag.* 351.

Blegabridus Languaridus, Cambrensis, qui Hoeli Bon. Regis Walliæ Leges in Latinum vertit. *Edit. in Concil.* vix. an. 914.

Bobolenus, Presbyter, de Vita S. Germani Abbat. Grandival. *tom. 5. Bolland. pag.* 264. *et sæc. 2. Benedict.*

Bodinus de Republica, *edit. Paris.* an. 1577.

Boetius de Dacia, Ord. Prædic. circa an. 1350. *Vide Sander. pag.* 197.

Boisilus (S.), Anglus, Mailrosensis Abbas, vixit anno 702.

Bomeologninus e Gabiano, Bononiensis, Ordin. Præd. Theolog. vix. an. 1320.

Bonacursius, qui scripsit de hæresi Catharorum, vix. circa an. 1160. *tom.* 13. *Spicileg. pag.* 63.

Bonaguida, Aretinus, JC. vix. an. 1230. appellatus *Vicedominus*.

Bonaventura Aesinus, Ord. Min. Concionator.

Bonaventura Baduarius de Peraga, Patavin. Ord. S. Augustini, Cardinal. ob. an. 1389.

Bonaventura Brixianus, Ord. Min. de Regula Musicæ.

Bonaventura e Callio, Ord. Min.

Bonaventura (S.) Fidanza, Balneoregiensis, Minorita, Cardinalis, ob. 15. Jul. an. 1274.

Bonaventura, Patavinus, Augustinianus, Cardin. Theologus, vix. an. 1320.

Boncompagnus, Bononiensis, circa an. 1215. scripsit. Artem dictaminum, MS. et de Obsidione Anconæ, *tom. 6. Script. Ital. Murat.*

Bonetus, Ord. Min. Theologus, vix. sub Clemente V. PP.

Bonifacius (S.) I. PP. ob. 25. Oct. an. 423. *Vide Concil. et Lud. Jacob.*

Bonifacius II. PP. ob. 17. Oct. an. 531. *Vide Concil. etc.*

Bonifacius III. PP. ob. 12. Nov. anno 606. *Vide Concil.*

Bonifacius (S.) IV. PP. ob. 8 Maii an. 614. *De ejus scriptis vide Lud. Jacob.*

Bonifacius V. PP. ob. 25. Oct. an. 625. *V. Concil.*

Bonifacius VIII. PP. ob. 11. Oct. an. 1303. *De ejus scriptis vide Lud. Jacob. et al.*

Bonifacius IX. PP. ob. an. 1404. 1. Oct. *De ejus scriptis vide Lud. Jacob.*

Bonifacius, scriptor Vitæ S. Livini, *tom.* 2. *SS. Ord. Bened. pag.* 448.

Bonifacius (S.), Moguntinus Archiep. ob. 5. Jun. an. 754. *Habentur ejus Epistolæ, apud Baronium, Serrarium, et al. Vide præterea tom.* 9. *Spicil. pag.* 63.

Bonifacius Ferrarius de Valentia, Catalanus, Cartusianus, frater S. Vincentii Ferrarii, vix. an. 1420.

Bonifacius de Morano, in Chronico Mutinensi, *tom.* 11. *Script. Ital. Murat.*

Bonifacius in Areslis parlamenti Provinciæ.

Bonitus, Subdiacon. Eccles. Neapolit. de Vita S. Theodori Ducis, vix. sub Gregorio Archiep. *tom.* 4. *Bolland. pag.* 30.

Bonizo, Placentinus Episcopus, auctor *Paradisi Augustiniani*, ob. an. 1089. *Vide Lambec. lib.* 2. *Bibl. Cæsar. pag.* 790.

Bonominus, Bergomensis Medicus, vix. an. 1350.

Bonsemblantes, Patavinus, Augustin. Theolog. *Hujus ut æqualis meminit Petrarcha.*

Bostonus, Buriensis in Anglia Monachus, Historicus, vix. an. 1410.

Bouhier, Præses parlam. Burgundici, in Disquisitione in marmora Græca D. *Le Bret.*

Braulio, Episc. Cæsaraugust. vix. an. 650. *Ed. tom.* 1. *SS. Ord. Bened. pag.* 206.

Brencmannus, in Historia Pandectarum.

Brenlanlius, Britannus, Astrologus, vix. an. 1340.

Bricmorus, Anglus. cogn. *Sophista*, Philosophus Oxoniensis.

Bridfertus, Ramesiensis, in Anglia Monachus, vix. anno 980.

Bristanus, Croylandensis, in Anglia Monachus, vix. an. 870.

Brithwaldus (S.), vel Berthwaldus, Glasconiensis in Anglia Monach. scriptor Vitæ S. Egwini Wigorn. Episc. ob. an. 731.

Britonis Militis Regulæ amoris. *Vide Sander. part.* 2. *pag.* 213.

Brocardus, Argentoratensis, Ord. Præd. auctor Descriptionis Terræ Sanctæ. *Edit. an.* 1519. *et a Canisio tom.* 6. *et alibi non semel.*

Brodæus, in Consuet. Paris. secundæ edit.

Brunetus Latinus, Dantis præceptor, auctor libri, qui *Thesaurus* inscribitur, ob. an. 1295.

Bruno (S.), Ordinis Cartusiensis Institutor, ob. 6. Octob. an. 1101.

Bruno, Coloniensis Archiep. ob. an. 965. scripsit in Pentateuchum. *Vide Sixtum Sen.*

Bruno, Herbipolensis Episcop. ob. 17. Maii anno 1045. *tom.* 18. *Bibl. Patr. pag.* 65.

Bruno, Monachus, scriptor Hist. Belli Saxonici, *edit. a Frehero inter Hist. German.* vix. an. 1082.

Bruno, Mon. Casin. Episcop. Signiensis, Cardinalis, ob. 28. Jan. an. 1125. *Ejus opuscula edita Venetiis*

an. 1651. *Vide tom.* 12. *Spicileg. pag.* 79. *et Petr. Diac. c.* 33. *tom.* 20. *Bibl. Patr. pag.* 1294.
Bruno, Rhutenorum Archiep. Germanus, obiit anno 1008.
Brutius, Historicus, *laudatur ab Hieronymo in Chronico Eusebiano.*
Bulgarus, JC. vix. circ. an. 1190. *Vide Fichard.*
Burchardi, Balernensis Abbatis subscriptio in Vitam S. Bernardi, *in Bibl. Sangerman. c.* 584.
Burchardus, Argentinensis, Cappellanus Alex. VI. PP. cujus acta ab an. 1492. ad 1505. scripsit. *Edit. ab Eccardo tom.* 2.
Burchardus, Dorcestrensis, Giribennensis, in Anglia Monachus, vix. an. 870.
Burchardus, Mon. S. Galli, vix. an. 1204. *Edit. in Alemannicis Goldasti.*
Burchardus MANGEPHELDIUS, Compilator Wichbildi Magdeburgensis, vix. sub Ottone IV. Imperat.
Burchardus, Notarius Friderici I. Imp. de ejus Victoria ad Mediolanum. *Edit. inter Script. Germ.*
Burchardus (S.), Nuisscellensis in Anglia Monac. ob. 2. Febr. an. 791.
Burchardus, Wittenbergensis, in Epistola de Balsamationibus corporum.
Burchardus, Episcop. Wormaciensis, ob. 14. Oct. anno 1026.

C

Cadocus VENTOLUGIUS, Britannus, vix. an. 570.
Caducanus, Britannus, Monachus Durensis, obiit anno 1225.
Cœlius AURELIANUS, Siccensis, Medicus, Galeno superior, cum illius non meminerit.
Cæsarius (S.), Arelatensis Episcop. ob. 27. Aug. an. 543. *Edit. seorsim, et tom.* 8. *Bibl. Patr.*
Cæsarius, Monachus in *Heisterbach,* Teutonicus, vix. an. 1220. Alius *Cæsarius ex Abbate Prumiensi. Vide Hist. Trevir. Joan. Nic. ab Hontheim.*
Caffarus, in Annalibus Genuens. *apud Murat. tom.* 6. *Script. Ital.*
Cajetanus, patria Vicennius, Canonicus Patavin. vix. an. 1430.
Caius (S.) PP. ob. 22. April. ann. 296. *Vide Concil. et Lud. Jacob.*
Calixtus I. (S.) PP. ob. 14. Sept. an. 226. *Vide Concil. et Lud. Jacob.*
Calixtus II, PP. ob. 13. Decembr. an. 1124. *tom.* 20. *Bibl. Patr. pag.* 1278. *De ejus scriptis vide Lud. Jacob.*
Calvinus, in Lexico Juridico.
Camerarius SCOTICUS, in Itinere.
Camillus PEREGRINUS, in Hist. Principum Langob. *tom.* 2. *Script. Ital. Murat.*
Campanus, Lombardus, Astronomus, vixit anno 1030.
Candidus, Arrianus, ad Marium Victorinum Rhet. de Generatione divina. *Vide Sander. pag.* 140.
Candidus, Monachus Fuldensis, scriptor Vitæ S. Egilis, vix. sub Lothario I. Imp. *tom.* 5. *SS. Ord. Bened. apud Browerum de Siderib. Germaniæ, et in Antiq. Fuld. Vide Pitseum pag.* 828.
Candidus, in Dict. de Imagine Mundi, *in Bibl. Sangermanensi Cod.* 561.

Canisius, de Antiquis lectionibus.
Canuti Regis leges, *apud Bromptonum, Lambardum, Spelmannum et Labbeum,* vix. an. 1032.
Cappidus, Stauriensis, Rerum Frisicarum scriptor, vix sub Henrico Aucupe. *Siffrid.*
Capreolus, Episcopus Carthaginensis, vix. anno 432. *Ejus Epistolam ad Vitalem edidit Sirmondus. Edit. etiam in Bibl. Patr. tom.* 7.
Caradocus, Lancarvanensis, Britannus, vixit anno 1150.
Caroli de Aquino Lexicon militare.
Caroli SAXI, Doctoris Parisiensis Sermo de S. Bernardo, *in Bibl. Sangermanensi Cod.* 603.
Carolus Calvus Imp. ob. an. 877. *Ejus Capitularia edita a Sirmondo et Baluzio.*
Carolus Magnus Imp. ob. an. 814. *Ejus Capitularia edita a Pithœo et aliis, ut et liber de Imaginib. etc. Epistolæ vero in Codice Carolino.*
Carolus IV. Imp. Vitam suam scripsit, *editam a Reineccio et Frehero,* ob. an. 1378.
Cassiodorus, Senator, ob. post an. 562.
Castellus DE CASTELLO, in Chronico Bergomensi, *tom.* 16. *Script. Ital. Murat.*
Castertonus, Norwicensis Monachus, Theolog. vix. anno 1382.
Cataldinus DE BOXIS COMPAGNIS, vix. tempore Concilii Basileensis.
Catharina (S.) SENENSIS, Ord. S. Dominici, ob. 29. April. an. 1380. *Ejus opera edita.*
Cato SACCUS, Papiensis, JC. quem audivit Jaso de Maino circa an. 1465.
Caveus, in Scriptoribus Ecclesiasticis. *Genev. an.* 1705.
Cedmonus, cogn. SIMPLEX, Monachus Pharensis in Anglia, ob. an. 676. *Beda lib.* 4. *Hist. c.* 24.
Celestinus I. (S.) PP. ob. 6. April. an. 432. *Vide Concil. et Lud. Jacob.*
Celestinus III. PP. ob. 8. Jan. 1198. *Vide Concil. et Lud. Jacob.*
Celestinus IV. PP. ob. 8. Mart. an. 1244. *Vide Lud. Jacob.*
Celestinus V. (S.) PP. antea PETRUS DE MURRONE dictus, ob. 8. Jun. an. 1296. *Ejus scripta edita Neapoli an.* 1640. *tom.* 25. *Bibl. Patr. pag.* 754.
Celestinus VI. PP. ob. 8. Octob. an. 1341. *V. Lud. Jacob.*
Celestinus Pelagianus. *Vide Gennad.*
Celsus, Armachanus Episcopus, vix. anno 1120. *Simler.*
Cencius DE SAVELLIS, S. R. E. Cardinalis et Camerarius, auctor Ceremonialis Romani, qui laudatur a Baronio et Nic. Alamanno non semel, et exstare dicitur in Bibl. Barbarina. Idem qui Honorius III. PP. *Vide infra.*
Censorinus scriptor libri de Die natali, vix. an. 238. *Edit.*
Ceolfridus, Abbas S. Petri et Pauli, dehinc Wiremuthensis et Girovicensis in Anglia, ob. apud Lingonas in Gallia an. 716. cujus vitam scripsit S. Wicbertus. [Gangius abbatem S. Petri et Pauli diversum facit ab abbate Wiremuthensi.]
Cerealis, Castulensis in Mauritania Africæ Episc. vix. circa an. 490. *In Bibl. Patr. tom.* 8. *pag.* 671. *Gennad.*
Charlonyus, ad Hist. Inculism. Corliæi.
Chartuitius, Episcopus Ungarus, scriptor Vitæ

S. Stephani, Regis Ungariæ, *editæ a Surio* 20. *Aug. et in Script. Hungar. pag.* 268. vix. circa an. 1100.

Chilienus, Monach. Inis-kiltrahensis Cœnobii, de Vita S. Brigidæ. metro, *tom.* 3. *Bol. pag.* 141.

Chimentellus, de Honore Bisellii, *Bononiens. an.* 1666.

Chrasonius GORIPPUS, auctor Joannidos. *Laudatur a Cuspiniano.* [Fl. Cresconius Corripus.]

Chrisconius, Africanus Episcop. auctor Breviarii Canonum. *Edit. seorsim, et in Bibl. Patr.* vix. sub Leontio Imp. *Vide Cedren. in eodem Leontio, et Labb. tom.* 6. *Concil. p.* 1381.

Chrisolanus, Archiep. Mediolanensis.

Christiani, Abbatis S. Petri in Valle Carnot. Sermones et Flores Scripturarum. *In Bibl. Sangerman. Cod.* 769. *et tom.* 3. *Analect. Mabil. pag.* 351.

Christianus, Aquitanus, in Evangelium Matthæi; neutiquam, Fabricio teste, distinguendus a Christiano Druthmaro, Mon. Corb. qui vix. an. 855. *Edit. anno* 1530. *et in Bibl. Patr. tom.* 15. *pag.* 86. *V. Sigebert. cap.* 72.

Christianus, Moguntinus Archiep. Friderici I. Archicancellarius, ejus Vitam scripsit, vix. an. 1170.

Christianus DE SCALA. scripsit Vitas S. Ludomillæ et S. Wencesl. vix. an. 990. *V. Bohusl. in Hist. Boh. lib.* 1. *c.* 10.

Christianus SCHLEGELIUS, in Dissert. de Nummis Ienensibus an. 1697. et in alia de Num. antiq. Gothanis etc. *Francof. an.* 1717.

Christophorus DE BONDELMONTIBUS, vix. ann. 1422. *In Cod. Reg.* 1214. *Thuano* 42.

Christophorus DE CASTILIANO, Mediolanensis, JC. vix. an. 1420.

Christophorus MARCELLUS, Editor Ceremonialis romani vix. sub Pio II PP. [Leone X.] cujus fuit amanuensis.

Christophorus MOLHUSENSIS, Angl. Ord. Prædicat. Theolog. vix. circa an. 1350.

Christophorus MULLERUS, in Introduct. ad Hist. Canoniæ Sand-Hippolyt. *tom.* 1. *Miscel. Duellii.*

Chrodogangus, vel GRODEGANGUS, Episcop. Metens. vix. an. 767. *tom.* 1. *Spicileg. pag.* 205. *et in Conciliis Labbeanis tom.* 7. *pag.* 1443. *Vide Meurissium.*

Chromatius, Episcop. Aquileiensis, ob. 2. Dec. circ. an. 410 *tom.* 5 *Bibl. Patr. pag.* 976.

Ciampinus, in Examine libri Pontificalis, seu Vitarum Rom. Pontificum, an. 1689.

Cicardi Abbatis Chronicon MS. dicitur asservari *in Bibl. S. Galli.*

Cinus, Pistoriensis, ex nobili Simbaldorum familia, JC. vix. an. 1330.

Clara (S.), Assisias, Ord. Min. ob. an. 1253.

Clarembaldus, Atrebatensis Diaconus, in Boetium de Trinitate.

Claricon MAGISTER. *Vide Sander.* pag. 198.

Clarius Monach. Floriacensis, deinde S. Petri Vivi, auctor Chronici ejusdem monasterii S. Petri, quod desinit in an. 1284. *tom.* 2. *Spicileg. pag.* 705.

Claudianus, Poeta, vix. sub Honorio.

Claudianus MAMERTUS, Viennensis Episcopus, vix. sub Zenone.

Claudius CASTELLANUS, Canon. Paris. in Vocabul. Hagiologico, *edit. tom.* 1. *Diction. Menag.*

Claudius CLEMENS, Scotus, Bedæ discipulus, vixit an. 810. *Vide Simler.*

Claudius, ejus Chronicon *edit. tom.* 1. *Bibl. Labb.* vix. an. 814.

Claudius EUSTHENIUS, Historicus, vix. sub Diocletiano. *Vopisc.*

Claudius, Hispanus, Taurinensis Episcopus, ob. circa an. 824. *tom.* 14. *Bibl. Patr. pag.* 139. 197. *tom.* 1. *Analect. Mabillonii pag.* 30. *Vide Bibl. MSS. Labb. pag.* 24.

Claudius MAMERTINUS, Auctor Panegyrici Maximiano, sub quo vixit, dicti. *Edit. inter Panegyr.*

Claudius MAMERTUS, Presbyter, S. Mamerti Viennensis Episcopi frater, ob. circa an. 466.

Claudius MARIUS VICTOR, aliis VICTORINUS, Rhetor Massiliensis, vix. sub Theodosio et Valentiniano, *t.* 8. *Bibl. Patr.*

Claudius MENESTERIUS, de Arte Heraldica.

Claudius, Taurinensis Episcopus, vixit sub Lud. Pio. *Vide Dugdalum.* Idem Fabricio, qui supra *Hispanus.*

Clavius, de Algebra seu scientia numerorum.

Cledonius, Romanus senator, Constantinopolitanus Grammaticus, *inter Grammaticos Putschii.*

Cleiracus ad Leges maris Oleronenses.

Clemens II. PP. ob. 9. Octob. an. 1047. *V. Concil.*

Clemens III. PP. ob. 26. Maii an. 1181. *De ejus scriptis vide Lud. Jacob.*

Clemens IV. PP. ob. 29. Novemb. an. 1268. *De ejus scriptis vide Lud. Jacob. et Opusc. Loiselti pag.* 688.

Clemens V. PP. ob. mense Aprili an. 1314. *De ejus scriptis consulendus Lud. Jacob.*

Clemens VI. PP. ob. 6. Decemb. an. 1352. *De cujus scriptis vide Lud. Jacob. præterea tom.* 4. *Spicileg. pag.* 271. *tom.* 10. *pag.* 221.

Clemens, de Vita Caroli M. *Laudatur a Lazio in lib. de Republ. Romana.*

Clemens, Claudiocestrensis, Langthoniensis Canonicus Regularis, ob. an. 1170.

Climitonus LANGLEIUS, Anglus, Philosophus et Astronom. vix. an. 1350.

Cluverius, in Antiqua Germania.

Cogitosus, de Vita S. Brigidæ Virg. *t.* 5. *Canisii part.* 2. *pag.* 625. *tom.* 3. *Bol. pag.* 129. *De ætate, vide Vossium.*

Colmannus, cogn. SAPIENS, Anglus, vix. an. 1200.

Columbanus (S.), vix. circa an. 565. *Vide Regulas Monastic. Holstenii, Epist. Hibernicas Usserii, tom.* 1. *Canisii, tom.* 12. *Bibl. Patr. pag.* 1. *etc.*

Commodianus, Gazæus, vix. temporibus Silvestri I. PP. *Edit. a Rigaltio, et tom.* 7. *Bibl. Patr. Vide Gennad.*

Conantius, Palentinus in Hispania Episcopus, vix. sub Cindasuindo Rege. *Ildefons.*

Congellus, Britannus, vix. an. 530.

Connovitius, Sacerdos, de Vita S. Hildegundis, vix. anno 1190. *tom.* 10. *Bol. pag.* 782.

Conradi Fabularius MS. laudatur.

Conradus ALPENDORF, Germanus, Carmelita, Arotensis Episcop. Historic. vix. an. 1390. *Vide Fabric.*

Conradus DE ALTZEIA, Moguntinensis diœcesis, vix. an. 1370. *Simler.*

Conradus, Brawillerensis Monachus, de Vita B. Wolphelmi Abbat. ejusd. Monast. vix. circa an. 1130. *Edit. tom.* 11. *Bollandi pag.* 77 *et apud Sur.*

Conradus, Dalmata, de Laudibus S. Crucis, vixit anno 1156.

Conradus DE FABABIA, Presb. S. Othmari, *edit. a Goldasto in Alamannicis.*
Conradus, Germanus, Ord. Præd. scriptor Vitæ S. Dominici, circ. an. 1290. *Vide Leandrum.*
Conradus DE HALBERSTAD, Ord. Præd. qui primus Concordantias Bibliorum scripsit, vix. an. 1290.
Conradus Hildeshemensis Episcopus, vix. circa anno 1221.
Conradus, Monach. Hirsaugiensis, vix. an. 1190.
Conradus A LICHTENAW, Uspergensis Abbas, Chron. perduxit ad an. 1229. *Edit. inter Scriptor. German.* ob. an. 1240.
Conradus DE MARBURCH, de Vita S. Elizabeth Reginæ Hungariæ, cui a confessionibus fuit. *Edit. in Symmictis Allatii pag.* 269.
Conradus, Mildeviensis Abbas, Concionator. *Possevin.*
Conradus, Episcopus, scriptor Chronici Moguntini ab an. 1140. ad an. 1250. *Edit. inter Scriptores German.*
Conradus DE MONTE PUELLARUM, Canonicus Ratisponensis, scripsit contra Beghardos an. 1337. *Edit. a Gretzero in Valdensib. et tom.* 1. *Bibl. Labbei pag.* 235. *Baron. tom.* 1. *pag.* 541.
Conradus A MURE, Cantor et Canonicus Tigurinens. vix. an. 1273.
Conradus, Romanorum et Siciliæ Rex, ejus Epistolæ, *tom.* 1. *Miscel. Baluz. pag.* 479.
Conradus DE RONDENBERG, Rinaugiensis Abbas, ob. an. 1486.
Conradus E SAXONIA, Ord. Min. Theolog.
Conradus, Scheurnensis vel Schyrensis Monach. auctor Chronici, quod laudatur ab Aventino et aliis, vix. circ. an. 1240.
Conradus, Sereni montis in Saxonia Presbyter, scriptor Chronici Lauterbergensis usque ad an. 1225. *Edit. in 4.*
Conradus S. UDALRICI, Historiam universalem perduxit ad an. 1331.
Conradus Verdensis Episcopus, Theolog. vixit anno 1395.
Conradus, Baro *de Zimbern*, Germanus, Ord. Bened. vix. an. 1427.
Consentius, V. C. Grammatic. *inter Grammaticos Putschii.*
Constantinus PP. ob. 9. April. an. 714. *Vide Lud. Jacob.*
Constantinus, de Nataris liquidorum, etc. *Simler.*
Constantinus, Monachus Casinensis, natione Afer, vix. an. 1070. *Ejus opera Medica edita in fol. Vide Petr. Diac. et J. B. Marum.*
Constantinus, Presbyter Lugdun. scriptor Vitæ S. Germani, vix. circ. an. 450. *Isid.*
Constantius, Urbevetanus, Ord. Præd. scriptor Vitæ S. Dominici, vix. an. 1248.
Coperius MAGISTER, scriptor rerum Vicentinarum.
Cordus, Historicus, vix. sub Maximis et Gordianis. *Capitolin.*
Corippus, Africanus, Grammaticus, vix. sub Justino Juniore, cujus laudes scripsit carmine. *Edit. a Dempstero cum notis.*
Cornelius (S.) PP. ob. 14. Sept. an. 255. *Vide Concil.*
Cornelius CAPITOLINUS, Histor. vixit sub Claudio. *Trebell.*

Cornelius VAN-ALKEMADE, de Duellis.
Cornelius ZANTFLIET, Monach. Bened. Leodiens. in Chronico. *tom.* 5. *Ampl. Collect. Marten.*
Coronatus, Notarius, scriptor Vitæ S. Zenonis Episcopi Veronensis. *Ughell. tom.* 5. *pag.* 555. *Bolland. tom.* 10. *pag.* 70.
Cosmas. Materiensis, circa an. 950. cujus Carmina edidit *Ughellus* tom. 2. pag. 139.
Cosmas, Pragensis Ecclesiæ Decanus, Chronicon Regum Bohemiæ perduxit ad an. 1086. *Edit. a Frehero, an.* 1602. *V. Bohuslaum in Hist. Bohem.* pag. 211.
Crastonius CORRIPPUS. Vide *Chrasonius* et *Cresconius Afer poeta.*
Crescentius ÆSINUS, Ord. Min. Minister General. Episcop. Assisias, vix. sub Innocentio IV. PP.
Crescimbeni, in Hist. S. Mariæ in Cosmed. *Romæ anno* 1715.
Cresconius, al. CRISCENTIUS, Afer, Poeta, scripsit carmine Gesta Justin. Imp. in Africa. *Gesner.* Vide an alius sit a Corippo.
Cresconius, sive CRISCONIUS, Africanus Episc. auct. breviarii Canonum. *Edit. seorsim et in Bibl. Patr.* vix. sub Leontio Imp. *V. Cedren. in eodem Leontio et Labb. tom.* 6. *Concil. pag.* 1381.
Cruindmeli Excerpta ex multis Grammaticorum libris, cum ejus Præfat. metric. *In Bibl. Sangerman. Cod.* 540.
Cumbertus, vel CIMBERTUS, Reidfordensis Monach. Anglus, *cujus meminit Beda*, vix. an. 730.
Cummianus, Hibernus, vix. an. 650. scripsit de Controversia Paschali. *Edit. inter Epist. Hibernic. Usserit.* Idem forte cum *Cummeneo Albo* scriptore Vitæ S. Columbæ Abbat. Hiensis in Anglia. *Epist. tom.* 1. *SS. Ord. Bened. pag.* 361.
Curius FORTUNATIANUS, scriptor Vitæ Maximi, qui et Pupienus dicitur. *Vide Capitolin.*
Cuthbertus GERVICIUS, Girvensis Monachus, scriptor Vitæ Bedæ, vix. an. 740. *Edit. tom.* 3. *SS. Ordin. Bened. pag.* 534.
Cuthbertus (S.), Hagustaldensis Episcopus, obiit anno 688.
Cuthbertus MAGESETUS, Cantuariensis Archiepisc. ob. an. 760.
Cyprianus (S.), Carthaginensis Episc. Martyr, ob. 14. Sept. an. 258. *Edit. seorsim.*
Cyprianus, Monach. Casinensis, vix. an. 760. *Vide Petr. Diacon. cap.* 7.
Cyprianus, Episcopus Tolonensis, scriptor Vitæ S. Cæsarii Episcop. Arelatensis, vix. an. 542. *Edit. in Chronolog. Lerinensi, et tom.* 1. *SS. Ordin. Bened. pag.* 658.
Cyrillus, Carmelitarum Minister Generalis, vixit anno 1200.

D

Dacriani Speculum Monachorum. *Vide Sander. part.* 2. *pag.* 213.
Dagelius FUSCUS, Galieni Imp. et Tyrannorum illorum temporum gesta conscripsit.
Damaldutius, vel DIMALDUTIUS, Foroliviensis, Augustinian. vix. an. 1336. *Possev. pag.* 477. *Pamphil.*
Damasus I. (S.) PP. ob. 11. Decemb. an. 384. quem elegantem in versibus componendis fuisse ait Hierony-

mus, quorum complures habentur *in Inscript. Christ. apud Gruterum, et tom. 4. Bibl. Patr. pag.* 635. *t.* 8. *pag.* 888. *De aliis ejus operibus multa Lud. Jacob.*

Damianus de Padua, qui et Carrariensis, Ord. Min. ob. an. 1401.

Daniel Arvonius (S.), Britannus, Banchorensis Episcop. vix. an. 563.

Daniel Chinasius, Tarvisinus, Histor. vix. an. 1381.

Daniel ab Ecclesia, Anglus, vix. an. 1180.

Daniel Morleius, Anglus, Mathematicus, vixit anno 1190.

Daniel, Wintoniensis Episcopus, ob. an. 746.

Dantes Aligerus, Florentinus, ob. ann. 1321.

Datius (S.), Episcop. Mediolan. ob. 14. Jan. ann. 552. Hujus nomine laudatur Chronicon, *de quo vide Ughellum tom.* 4. *pag.* 137. *et Mabillon. tom.* 1. *Analect. pag.* 3.

David de Augusta, Ordin. Minor. vix. ann. 1240. *tom.* 25. *Bibl. Patr. pag.* 867. *Vide Sander. part.* 2. *pag.* 136.

David Boisius, Cambrensis, Carmelita, ob. an. 1450.

David (S.), Britannus, ob. circ. an. 544.

David de Dinanto, citatur in *Summa Alberti Magni. Vide Marten. tom.* 4. *Anecd. pag.* 163.

David Obuge, Hibernus, Theolog. vix. an. 1320.

David Scotus, Wirtzeburgens. Ludimagister, Marian. Scoti socius. *Aventin. Vide Gesnerum.*

Davidis I. Regis Scotiæ Leges Burgor. Scoticor. *editæ a J. Skenæo* an. 1609. ob. an. 1153.

Davidis II. Regis Scotiæ Leges, *editæ ab eodem Skenæo*, ob. an. 1370.

Deoduinus, Leodiensis Episcopus, aliis Durandus dictus, sed minus bene. *Vide Fabr. Bibl.* Vix. sæc. XI. *tom.* 18. *Bibl. Patr. pag.* 531.

Desiderius (S.), Episcop. Cadurcens. ob. 19. Nov. an. 660. *Ejus Epistolæ editæ a Canisio tom.* 5.; *t.* 1. *Hist. Franc. tom.* 8. *Bibl. Patr. pag.* 579.

Desiderius, Longobardus, circ. an. 1260. cujus sunt Disputationes contra statum Monachorum. *Laudatur a S. Thoma.*

Deus-Dedit (S.) PP. ob. 8 Novembr. an. 617. *Vide Concil.*

Deus-Dedit Frithona, Westsaxo, Cantuariensis Archiepisc. ob an. 664.

Deus-Dedit, S. R. E. Cardinal. S. Petri ad vincula, vix. an. 1086. ob. an. 1099.

Dexter, Paciani, qui Barcilonensis Episcopus fuit, filius, vix. sub Theodosio M. cujus nomine *editum a Bivario Chronicon fictitium.*

Diemo, Ordin. S. Bened. scripsit. Vitas SS. vixit anno 1131.

Diethmarus, Helmovardiensis Abbas, scriptor Vitæ S. Modoaldi, vix. an. 1107. [rectius, cujus rogatu Stephanus abb. Leod. hanc vitam scripsit. *Vide Fabr. Bibl.*]

Dinamius, Patricius, de quo *Gregor. Turon. lib.* 6. *c.* 7 11. *tom.* 2. *Bol. pag.* 774. *Sigeb. cap.* 114. *edit. in Chronolog. Lerinensi*, tom. 1. *SS. Ord. Bened.* pag. 105. *Vide Gloss. in Patricius.*

Dinus de Garbo, Florentinus, Medicus. vix. circa anno 1300.

Dinus Mugellanus, JC. vix. circ. an. 1301.

Diocleates, Presbyter, de Regno Slavorum, *edit. Lat. a Jo. Lucio in Histor. Dalmatica, et Ital. ab Orbino.*

Diomedes, in Arte grammatica.

Dionotus Avonius, Britannus, Banchorensis Abbas, ob. an. 603. *Pitseus.*

Dionysius (S.) PP. ob. 26. Decemb. an. 272. *Vide Concilia, etc.*

Dionysius, Exiguus dictus, natione Scytha, Romanus Abbas, vix. circ. ann. 533. *Vide Concil. tom.* 2. *Analect. Mabillonii pag.* 1. *etc.*

Dionysius, Historicus, *cujus meminit Jornandes de Reb. Getic. c.* 19. [nec Latine scripsit, nec historicus est. *Vide Fabr. Bibl.*]

Ditmarus, Mersburgensis Episcop. *cujus Chronic. edit. inter Hist. German.* vix. an. 1010.

Dodechinus, Presbyter *in Longeustein*, vix. an. 1010 *Edit. inter Scriptor. German.*

Dolabella, Agrimensor, *edit. inter Gromaticos.*

Dominicus de Barta, Aquitanus, Ord. Minor. ob. ann. 1343.

Dominicus Bonaventura Fessis de Fabriano. Picenus, Ord. Min vix. an. 1340. *tom.* 11. *Bol. p.* 984.

Dominicus Capranica, Romanus, Cardin. obiit anno 1458.

Dominicus Foroliviensis, Ord. Min. de Officio Inquisitorum.

Dominicus Georgius Rhodiginus, de Liturgia Rom. Pontif. in solemni celebratione Missarum, *Romæ anno* 1731.

Dominicus de Gravina, in Chronico ab anno 1333. ad 1350. *tom.* 12. *Script. Ital. Murat.*

Dominicus Macrus, in Hierolexico, *Romæ anno* 1667.

Dominicus Pantaleo, Florentinus, Ord. Min. Theol. ob. an. 1376.

Dominicus de S. Germiniano, JC. vix. an. 1430.

Dominicus Sinazza, e Fabriano, Ord. Præd. vix. anno 1314.

Dominicus, Tolosanus, Ord. Præd. Theolog. et Episcop. Apamiensis circa ann. 1330.

Domnizo, Presbyter, et Mon. Bened. qui Vitam Comitissæ Mathildis heroico carmine scripsit, vix. sub Henrico IV. *Edit. a Tengnagelio* an. 1612 *et tom.* 5. *Script. Ital. Murat.*

Donatus, a quo Donatiani Hæretici, sub Constante et Constantio. *S. Hieron.*

Donatus, Monachus, cujus exstat Regula ad Virgines, inter Holstenianas, vix. an. 660. *V. Ildefons.*

Donatus, Diacon. Ecclesiæ Metensis, tom. 2. *SS. Ord. Bened. pag.* 1069.

Donatus e S. Agatha, Ord. Min.

Dorotheus Monoeus, Hibernus. *Wadd.*

Draco, seu Drogo, Monach. Bergensis, vix. sæculo XI. *tom.* 3. *SS. Ord. Bened. pag.* 301.

Dracontius, Hispanus, poeta Christianus, vix. sub Theodosio Jun. circa an. 440. *Edit. an.* 1560 *et tom.* 9. *Bibl. Patr. pag.* 724.

Drepanius Florus, Poeta, quem Baronius eum esse putat, cujus meminit Sidon. *l.* 5. *Ep.* 11. *Edit. a Morello an.* 1560. *et tom.* 8. *Bibl. Patr. pag* 667.

Drogo, Hostiensis Episcopus et Cardinalis, vixit tempore S. Bernardi, *tom.* 21. *Bibl. Patr. pag.* 341.

Drogo, Morinensis Episcopus, scriptor Vitæ S. Codelevæ Mart. *editæ a Surio* 6. *Jul.* ob. an. 1079.

Dubricius (S.), cogn. Guainius, Britannus, obiit anno 522.

Drusianus, Florentinus, Medicus, vixit circa anno 1300.

Dudo, Decanus S. Quintini, vix. sub Roberto Rege.

Edit. in Normannicis Duchesnii p. 49. *Vide Hemereum, p.* 107. 111.

Dungalus, Diaconus, vix. sub Carolo M. et Ludovico Pio. *Edit. a Massono, et tom.* 14. *Bibl. Patr. pag.* 196. Idem forte cum
Dungalo Recluso, qui vix. pariter sub Carolo M. *Edit. tom.* 10. *Spicileg. pag.* 143.

Dunstanus (S.), Cantuariensis Archiepisc. ob. an. 988. vel 1001. *Vide Pitseum.*

Durandus Campanus, Gallus, a confessionibus Reginæ Franciæ et Navarræ, vix. an. 1340.

Durandus a S. Porciano, Ordin. Prædic. Episcop. Aniciensis, deinde Meldensis, ob. 23. Sept. an. 1333.

Durandus, Troarnensis Abb. vix. an. 1060. *Edit. post Lanfrancum Acherii, et tom.* 18. *Bibl. Patr. pag.* 419.

E

Eadmerus, cogn. Cantor, Cantuariensis Monach. vix. an. 1121. *Edit. a Seldeno, et inter Opera S. Anselmi ult. Edit. tom.* 3. *SS. Ord. Bened. pag.* 196. *tom.* 10. *Bollandi pag.* 866. *tom.* 11. *pag.* 293. *Vide Pitseum.*

Ealredus, vel Alredus, Rievallensis Abbas, obiit prid. Id. Januar. an. 1166. *De ejus scriptis multa Pitseus, et Seldenus ad Script. Anglic. pag.* 27. *Edit. in eod. vol. et apud Bolland. tom.* 1. *pag.* 293.

Eambaldus junior, Senioris in Eboracensi Archiepiscopatu successor, vix. an. 800.

Ebbo, Presbyter et Monachus, scripsit Vitam S. Ottonis, Episc. Bamberg. *apud Gretzer. et tom.* 1. *Jul. pag.* 425.

Eberhardus, Altahensis, Archidiacon. Ratispon. Chronic. perduxit ad an. 1305. *Edit. tom.* 1 *Canis et apud Freher.*

Eberhardus (S.), discipulus S. Harvici Salisburg. Episcop, cujus Vitam scripsit, *editam tom.* 2. *Canisii*, vix. an. 1030. *Vide Fabr. Bibl.*

Eberhardus Mainardus, Moguntinus, Carmelita, vix. an. 1408.

Eberhardus de Parentinis, Ord. Præd. Tolosanus, vix. an. 1339. *Vide Lambec. lib.* 2. *de Bibl. Cæsarea pag.* 775.

Ebrardus, Betuniensis, vix. anno 1212. *Edit. a Gretzero in Valdensib. et tom.* 24. *Bibl. Patr. pag.* 1525. *Vide Præfat. nostram n.* 45.

Ecco a Repgow, auctor Speculi Saxonici, vix. sub Ottone IV et Friderico II.

Echardus, in Bibliotheca Fratrum Præd.

Echardus Lubinus, in Antiquario, *edit. Amstel.* anno 1594.

Eckardus, primus Abbas S. Laurentii Uraugiensis in diœcesi Herbipolensi, vix. an. 1130. *Vide Trith.*

Eckbertus, Schonaugiensis Abbas, vix. an. 1160. *In Bibl. Patr. tom.* 23. *pag.* 600. *Vide Trith.*

Eckbertus, Clericus Leodiensis, vix. an. 1060.

Eckehardus junior, Monach. S. Galli, vix. sub Lothario II. Imp. *tom.* 2. *Alaman. Goldasti pag.* 196. *tom.* 5. *Canisii part.* 2. *post pag.* 728. *tom.* 6. *p.* 934.

Eckehardus minimus, Decanus S. Galli, vix. circ. an. 1220. *Vide Alamannica Goldasti pag.* 232. *Canisium, Bolland. tom.* 9. *pag.* 579.

Eckhardus, Theutonicus, Ord. Præd. vix. anno 1430.

Edgarus, Angliæ Rex, ob. an. 975. *Ejus Leges habentur apud Bromptonum et Lambardum, in Concil. Anglic. et Labbeanis. Vide Selden. in Not. ad Eadmer.*

Edmundi, Angliæ Regis, Leges, *apud Bromptonum, Lambardum, in Concil. Anglic. et Labbeanis, etc.* vix. circ. an. 944.

Edmundus Alboxus, Anglus, Monachus, vix. an. 1340. *Pitseus.*

Edmundus (S.), cogn. Rich, Archiepisc. Cantuariensis, ob. 16. Nov. 1240. *in Bibl. Patr. tom.* 25. *pag.* 316. *Vide Fabric. in Eadmundus.*

Edmundus Dinterus, cujus exstat Chron. Brabant. MS. ob. an. 1448.

Edmundus, Monachus, Anglus, vix. an. 1120. Idem Fabricio, qui supra *Eadmerus.*

Edmundus Stuttonus, Glasconiensis in Anglia Monachus.

Edwardus, Anglus, Historiam perduxit ad annum 1202.

Edwardus (S.), Angliæ Rex, Confessor, cujus Leges Latine editæ exstant, ob. prid. Non. Jan. an. 1066.

Edwardus, Cantuariensis, Monachus, qui Vitam S. Thomæ scripsit, vix. an. 1171.

Edwardus Cokus, Anglus, ad Litletonem.

Edwardus Dinleius, Anglus, Carmelita, vix. anno 1450.

Edwardus Kirketonus, Anglus, Sermones scripsit.

Egbertus. Archiepisc. Eboracensis, vix. an. 766. *Edit. apud Warœum in Epist. Bedœ, tom.* 6. *Concil. pag.* 1586. *et seqq. apud Morin. post libros de Pœnit. pag.* 21. *Vide Pitseum.*

Egbertus, Anglus, Episcopus Lindisfarnensis, ob. an. 698. vel potius an. 730. Fabricio rectius an. 821. *Vide Angl. Sacr. tom.* 1. *pag.* 698.

Egbertus, Monachus Lindisfarnensis, Anglus, ob. an. 729.

Egbertus, Leodiensis Clericus, Poeta. *Vide Sigeb. cap.* 146.

Egehardus, Uraugiensis Abbas, auctor Chronici de Episcopis Hildesheimensib. *editi a Broweroan.* 1616. vix. an. 1290.

Egesippus, vide infra *Eugesippus.*

Egilwaldus, S. Burchardi Wirceburgensis diœcesis Monachus, vix. c. an. 1000. *Edit. tom.* 3. *SS. Ord. Bened. pag.* 700.

Eginhardus, Abbas Seligenstadiensis, scriptor Vitæ Caroli M. et Annal. Franc. obiisse dicitur 25. Jul. anno 843.

Eginus, Monach. de Vita S. Ansovini Episc. Camerini, vix. an. 963. *tom.* 7. *Bol. pag.* 322.

Egwinus Wiccius (S.), Anglus, Auctor Vitæ, cujus Vita edita a S. Bercivaldo Cantuariensi Archiep. ob. an. 716. *Vide Pits. et Vossium.*

Einhardus, Spirensis Episcopus, de Ecclesiæ Ceremoniis, vix. an. 1058.

Elbodus, Britannus, Venedotarum Archiep. vel potius Venetorum Episc. in Anglia, vix. an. 610.

Eldadus, seu Heldanus, Britannus, Glocestrensis Episcop. vix. an. 490.

Eldefonsus, Episcopus, vix. an. 845. *Edit. a Mabillonio cum Dissert. de Azymo.*

Elerius, Monachus in Cambria, vix. an. 660.

Eleutherius (S.) PP. ob. 26 Maii an. 194. *Vide Concil.*

Eleutherius (S.), Episc. Tornacensis, ob. ann. 529. Ejus exstant Sermones, *editi ab Andræa Schotto, et tom.* 8. *Bibl. Patr. pag.* 1124. *Vide Sander. pag.* 308.

Elias DE ANNIBALDIS, A S. HEREDIO, seu DE S. IRIER, apud Lemovicenses, Ord. Min. Episcopus Uticensis, Cardin. ob. an. 1367.

Elias CORTONENSIS, Ord. Min. ob. an. 1253.

Elias, Dunensis Abbas. *Sander. pag.* 180. ob. anno 1203.

Elias DE EVESHAMO, Angl. Monach. Bened. Histor. vix. an. 1270.

Elias, Presbyter, auctor Florilegii, etc. vix. sæculo XII. tom. 22. *Bibl. Patr. pag.* 736. Male inter Latinos refertur, cum Græce scripserit. *Vide Fabr. Bibl.*

Elias RUBEUS, Anglus, vix. an. 1280.

Elias SCHEDIUS, de Diis Germanorum.

Elias TRICKINGHAMUS, Anglus, Bened. Historic. vix. anno 1270.

Eligius (S.), Episcop. Noviomensis, ob. 2. Decemb. an. 665. Habentur ejus Sermones *in Bibliot. Patrum tom.* 12. etc.

Elizabeth, Sanctimonialis in Schonaugia, soror Ecberti Abb. Florini Schonaug. non, ut monet Fabricius, Regis, *ejus Visiones variæ laudantur*, vix. circ. an. 1140.

Elizabetha (S.), Hungariæ Regis filia, cujus exstant Revelationes, an. 1227.

Eluodugus, cognomine PROBUS, Britannus, vix. an. 590.

Emannus DE VALLE DE MOURA, de Incantationibus seu Ensalmis, *Eboræ* an. 1620.

Emericus, Elephantiacensis vel Etwangensis in Germania Monachus, scriptor Vitæ S. Magni, vix. sæculo IX.

Emicho, Schonaugiensis Abbas, scripsit carmine Vitam S. Elizabeth Virg. et Abbatissæ, vix. circ. an. 1200.

Emmo, de Qualitate vitæ futuræ. *Vide Sander. pag.* 271.

Emporius, Rhetor. *Edit. inter Rhetores.*

Encolpius, Historicus, vix. sub Alexandro Imp. *Vide Lamprid.*

Enervinus. vel potius EVERVINUS, Steinveldensis Præpositus, vix. sub S. Bernardo. *Vide Sander. pag.* 309.

Engelbertus, Abb. Admontensis, vix. an. 1177. *Vide Chron. MS. Alberici hoc anno, edit. a Schotto, et tom.* 15. *Bibl. Patr. pag.* 362.

Engelbertus, Abb. Ord. Cisterc. scriptor Vitæ S. Hadwigis Ducissæ, *editæ a Surio* 15. *Octob.* vix. circ. an. 1260.

Engelbertus CULTIFEX. *Vide Sander. part.* 2. pag. 214.

Engelbertus, S. Matthiæ Trevirensis Abbas, Poeta, vix. an. 987.

Engelbertus MAGHE, Abbas Bonæ Spei in Hannonia, Chronicon sui Monasterii edidit an. 1704.

Engelhardus, Lanchaimensis Abbas, scriptor Vitæ S. Mechtildis Abbatissæ Dissenensis, vix. circ. an. 1200. *tom.* 5. *Canisii.*

Engelmodus, Suessionensis Episc. vix. sæculo IX. *tom.* 14. *Bibl. Patr. pag.* 353.

Ennodius, Ticinensis Episcop. ob. 17. Jul. an. 521. *Edit. Basileæ, deinde a Sirmondo, et tom.* 6. *Bibl. Patr. pag.* 312.

Ephibius, Abbas, an. 696. *tom.* 12. *Spicileg. pag.* 101.

Epiphanius, Salaminæ Cypri Episcop. vix. circa an. 400. *Vide Epist.* 60 *Hieronymi.*

Epiphanius SCHOLASTICUS, clarus circa an. 510. scripsit Hist. Ecclesiast. quam *tripartitam* appellavit. *Edit.*

Erchamberti Fragmentum de Majorib. domus, *edit. tom. Hist. Franc. pag.* 780.

Erchamberti Annotat. in Evangel. S. Joannis, MSS.

Erchembertus, al. HEREMBERTUS, Diacon. Monach. Casinensis, auctor Hist. Longobard. ad an. 880. Edit. ab Anton. Caracciolo an. 1626. vix. sub Carolo III. Imp. *Vide Petr. Diacon. et J. B. Marum, præterea Bibl. MSS. Labbei pag.* 10.

Erchinfredus, Abbas Melicensis, vix. circa an. 1136. *tom.* 2 *Bibl. Cæsareæ pag.* 611.

Ercombertus, Angl. Ord. Bened. Grammaticus.

Erganbaldus, Abbas, de Vita S. Trudperti, etc. *tom.* 11. *Bollandi pag.* 427.

Erhardus, Monachus Benedictinus, vix. circ. an. 1030.

Ericus X, Daniæ Rex, auctor narrationis de Origine gentis Danorum, *editæ ab Erpoldo Lindenbrogio*, ob. an. 1459.

Ericus OLAUS, Decanus Upsaliensis, vix. an. 1448. *Ejus Hist. Suecica edita a Loccenio an.* 1654.

Ermanricus, Abbas Elwangensis, vix. post an. 800. *tom.* 4. *Canisii pag.* 544. 732. *tom.* 4. *SS. Ord. Bened. pag.* 419.

Ermengardus, seu ERMENGAUDUS, contra Valdenses, *edit. a Gretzero, et tom.* 24. *Bibl. Patr. p.* 1602.

Ermenoldus, Diacon. et Monach. *tom.* 4. *Canisii pag.* 544. 732.

Ermentarius, Abbas Trenorchiensis, vix. ann. 843. *Edit. a Chiffletio in Tornutio, et tom.* 5. *SS. Ord. Benedicti pag.* 537.

Ermoldus NIGELLUS, Poeta, vix. sub Ludovico Pio, cujus Gesta versibus elegiacis scripsit. *Vide Lambecium lib.* 2. *Bibl. Cæsareæ pag.* 359. *et Murat. tom.* 2. *p.* 2. *Script. Ital.*

Ernestus, Abbas Ord. S. Bened. de Laude Martyrum, vix. an. 1048.

Ernulfus, Episc. Roffensis, an. 1115. *tom.* 2. *Spicileg. pag.* 410 431.

Esaias, Abbas sæc. VII. *tom.* 11. *Bibl. Patr. pag.* 384. scriptor Græcus, de cujus ætate non constat. *Vide Fabr. Bibl.*

Ethardus, Monach. Bened. in Pentateuchum, vix. an. 1050. idem Fabricio, qui supra *Erhardus.*

Ethelbertus, Cantiorum in Anglia Rex, ob. 24. Febr. an. 616.

Ethelredi, Angliæ Regis, Leges, *apud Brompton. Lambardum*, *Spelmannum*, *Labbeum*, *etc.* vix. anno 1012.

Ethelredus, Wardensis in Anglia Abbas, ob. an. 1220.

Ethelulfus, Rex Angliæ, Egberti Magni Regis Filius, ob. an. 857.

Ethelwerdus, Patricius, regio Anglorum sanguine natus, *cujus Historia edita exstat inter Histor. Anglic.* vix. an. 1090.

Ethelwodus, Anglus, Wintoniensis Monach. vix. an. 980. An alius sit a sequenti, incertum.

Ethelwoldus (S.), Wintoniensis Episcop. ob. 1. Aug. an. 984.

Ethelwolfus, Monachus Anglus, vix. an. 750. *Edit. tom.* 6. *Act. SS. Bened. pag.* 302.

Etherius, Episcop. Uxamensis, adversus Elipandum Toletan. *Edit. a Stewartio in Auctario et tom.* 13. *Bibl. Patr. pag.* 353.

Evagrius, Interpres Vitæ S. Antonii scriptæ a S. Athanasio. *tom.* 2. *Bolland. pag.* 120. *etc.*

Evagrius, Monach. *Edit. ab Holstenio, et in Bibl. Patr. tom.* 27. *pag.* 469.

Evantus, Abbas, circ. an. 590. *Edit. tom.* 5. *Canisii part.* 2. *pag.* 553. *et in Bibl. Patr. tom.* 11. *p.* 1092.

Evaristus (S.) PP. ob. 26. Octob. an. 121. *Vide Concilia.*

Eucherius (S.) junior, Archiep. Lugdun. ob. 22. Jun. an. 454. *In Chronolog. Lerinensi et alibi, tom.* 2. *Agobardi pag.* 155. *in* S. *Paulino Chiffletii pag.* 86. *tom.* 2. *Bibl. Labbei pag.* 665. *tom.* 6. *Bibl. Patr. etc.*

Everhelmus, Altimontensis, deinde Blandiniens. Abbas, ob. an. 1069. *Sur.* 25 *Maii, tom.* 2. *Bolland. pag.* 638.

Everwinus, Sancti Mauritii in agro Trevirensi Monach. et dehinc Abbas S. Martini Trevir. scriptor Vitæ S. Simeonis Syracusani, vix. an. 1040. *Vide Acta SS. tom.* 1. *Jun. pag.* 89.

Everwinus, Steinfeldensis Monast. præpositus circ. an. 1146. *Vide Bibl. Præmonstr. pag.* 305.

Eveshamensis Monachus, Anglus, scripsit Hist. Richardi II. ab. an. 1377. ad 1399. *Edit. ab Hearnio anno* 1729.

Eugenius I. (S.) PP. ob. 2. Jun. an. 657. *Vide Concil.*

Eugenius II. (S.), PP. ob. 11. Aug. an. 827. *Vide Ludov. Jacob.*

Eugenius III. PP. ob. 8. Jul. an. 1153. *Vide Lud. Jacob.*

Eugenius IV. PP. ob. 23. Febr. an. 1447. *Vide Lud. Jacob.*

Eugenius, Carthaginiensis Episcop. sæc. V. tom. 8. *Bibl. Patr. pag.* 683. *Vide Gennad. etc.*

Eugenius junior, Toletanus Episcop. sæcul. VII. de quo S. Ildefonsus et alii. *Edit. a Sirmondo, et tom.* 12. *Bibl. Patr. pag.* 344.

Eugesippus, de Distantiis locorum Terræ Sanctæ, *edit. ab Allatio in Symmictis part.* 1. *pag.* 104. vix. anno 1040.

Eugippius, Afer, Abbas, auctor Thesauri ex S. Augustino, etc. vix. ante mille annos. Hunc fictum a Sigeberto expungit Fabricius in Bibl.

Eugippius, Abb. Luculanensis, ob. circ. an. 578. scripsit Vitam S. Severini, *quam primus edidit Welserus, deinde Canisius tom.* 6. *et Bollandus tom.* 1. *pag.* 484.

Eulogius (S.), Martyr et Episcop. Cordubensis, ob. 11. Mart. an. 859. *Edit. tom.* 4. *Hispaniæ Illustr. et tom.* 15. *Bibl. Patr. pag.* 242. *tom.* 10. *Bol. p.* 565.

Eumenius, Augustodunensis, scriptor Panegyrici in Constantinum M. sub quo vixit.

Evodius, Uzalensis Episcop. in Africa, S. Augustini discipulus, vix. an. 420.

Evrardi DE TREMANGONIO, J. U. Doctoris, propositum factum an. 1371. etc. *In Biblia Sangermanensi cod.* 645.

Evrardus, Decanus Rotomagensis, an. 1438. *Ejus elogium et scripta vide apud Joannem Launoium in Hist: Collegii. Navarrei.*

Eusebius (S.) PP. ob. 26. Septemb. an. 311. *Vide Concilia.*

Eusebius, vulgo EMISSENUS, aliis GALLICANUS, dictus, cujus Sermones non semel editi, tandem ab Andr. Schotto recensiti, *et tom.* 6. *Bibl. Patr. sub sæculo* 5.

Eusebius, Episcop. Mediolanensis, vix. an. 450. *Trith. Vide Bibl. Patr. tom.* 27. *pag.* 479.

Eusebius, Vercellensis Episcop. de quo S. Hieron. et alii, vix. sæc. IV. *Edit. in Fragm. S. Hilarii, et tom.* 5. *Bibl. Patr.*

Eusignius, Scriptor Vitæ S. Basilisci Mart. *Boll. tom.* 1. *Mart. pag.* 237. *et* 3. *pag.* 241.

Eustachius DE BALNEO REGIO, Gardin. Albanensis, ob. an. 1283. Idem prorsus atque S. *Bonaventura* supra.

Eustachius LEUSIUS, Vallis Serenæ Abbas, vix. anno 1216.

Eustathius, Interpres Literarum S. Basilii, edit. ad calcem operum ejusd. an. 1721. *Vide Cassiod. de Divin. Lect.* vix. circ. an. 440.

Eutropius, Abbas, de Remediis contra vitia, etc. *tom.* 27. *Bibl. Patr. pag.* 480.

Eutropius, Presbyter, circ. an. 430. *V. Gennad.*

Eutropius, Presbyter, Longobardus, vix. an. 900. *tom.* 1. *Monarch. Goldasti pag.* 9.

Eutropius, Valentinæ Ecclesiæ in Hispania Episcopus, vix. sub Mauricio A. *Isidor.*

Eutropius, Sophista, Italus, scriptor Breviarii Rerum Romanarum, vix. sub Valente Imp.

Eutyches, Grammaticus, Prisciani auditor, *edit. a Putschio inter Grammatic.*

Eutychianus (S.) PP. ob. 8. Dec. an. 283. *Vide Concilia.*

F

Fabianus (S.) PP. ob. 20. Jan. an. 253. *Vide Concilia.*

Fabius CECILIANUS, Historic. *apud Vopiscum.*

Fabius MARCELLINUS, Scriptor Vitæ Alexandri Severi, *laudatur a Lampridio.*

Fabrettus, in Inscriptionibus.

Facetus, seu auctor Poematis sic inscripti, laudatur ab Ugutione. *Edit. cum Theodolo, et al.*

Facundus, Hermianensis Episcop. vix. an. 550. *Edit. a Sirmondo an.* 1629. *et in Bibl. Patrum tom.* 10. *pag.* 109. *Vide præterea tom.* 3. *Spicileg. pag.* 106.

Falckenstenius, in Antiquit. Nordgavensibus.

Falco BENEVENTANUS, auctor Chronici Beneventani, quod perduxit ad an. 1140. *Edit. a Caracciolo an.* 1626 *et a Murat. tom.* 2. *et* 5. *Script. Ital.*

Falco, Monach. auctor Chronici Trenorchiensis, *editi a Chiffletio in Trenorchio.*

Fastidius PRISCUS, Britannus, vix. anno 420. *Gennad.*

Faustinus BUTURINUS, scripsit Carmen de Genere vestimentorum, MS. *Labb. in Bibl. MSS. pag.* 207.

Faustinus, Diacon. Schismaticus, vix. an. 392. *Vide tom.* 5. *Bibl. Patr. pag.* 637.

Faustinus, Episcop. *tom.* 6. *Spicileg. p.* 89. 118.

Faustinus, Presbyter, vix. sub Theodosio M. *Vide Gennad.*

Faustus, Monach. discipulus S. Benedicti, scriptor Vitæ S. Mauri Abb. vix. an. 600. *Bolland. tom. 1. pag.* 1039. *tom.* 1. *SS. Ord. Bened. pag.* 274.

Faustus, Monach. Lerinensis, deinde Reiensis Episcop. ob. 27. Jan. circ. an. 480. *tom.* 5. *Canisii part.* 2. *pag.* 428. *tom.* 8. *Bibl. Patr.*

Faustus, Mon. scriptor Vitæ S. Severini Abbat. Agaun. cujus fuit discipulus, *tom.* 1. *SS. Ordin. Benedict. pag.* 568.

Fredericus CHRYSOGONUS, Jadertensis, de Modo colegiandi, *Venet. an.* 1528.

Felicis FABRI Historia Suevorum.

Felix I. (S.) PP. ob. 30 Maii an. 275. *Vide Concilia.*
Felix II. (S.) PP. ob. 29. Jul. an. 358. *Vide Concil.*
Felix III. (S.) PP. ob. 25. Febr. an. 492. *Vide Concilia.*
Felix IV. (S.) PP. ob. 12. Octob. an. 530. *Vide Concilia.*

Felix, Croylandensis Monachus, Angl. vix. anno 730. Ejus Vita S. Guthlaci, *edita tom.* 10. *Bolland. pag.* 38.

Felix MANILIUS, de Vita 1. S. Gebhardi Episcop. Constantiens. *tom.* 6. *Canisii pag.* 477.

Felix, Episcop. Toletanus, vix. an. 693. *tom.* 6. *Bollandi pag.* 785. *post Ildefons. de Script. Eccles.*

Ferius HILFERICUS, heroico carmine descripsit congressum Caroli M. et Leonis PP.

Ferrandus, Diacon. Carthagin. scriptor Vitæ S. Fulgentii, et Breviar. Canonum, vix. an. 548. *Vide Appendicem ad Isidor. cap.* 11.

Ferreolus (S.), Ucetiensis Episcop. *in Regulis Monast. Holstenii.*

Ferreolus LOCRIUS, in Chronico Belgico.

Ferretus VICENTINUS, Historicus, vix. ann. 1317. *Vossius.*

Festus RUFUS, V. C. scripsit *Historiæ Romanæ Compendium ad Valentinianum Imp.*

Ficardus, Cirencestrensis, *Speculum Historiale.*

Filesacus, de Idololatria magica.

Flavius CLAUDIUS GORDIANUS FULGENTIUS, V. C. lib. 24. scripsit per singulos literis singulis diminutis, id est, in quorum singulis aliqua semper deest litera, etc. *Vide Sander.* 2. *part. pag.* 23.

Flavius VOPISCUS, Syracusius, *editus inter Scriptores Historiæ Augustæ*, vix. sub Constantino M.

Fleta, seu Commentarius Juris Anglici scriptus circ. an. 1340. *Edit. Londini an.* 1647.

Flodoardus, vel FRODOARDUS, Canonicus Remens. ob. 28. Mart. an. 966. edit. non semel. *Vide Sigebert. cap.* 131. *et Præfat. ad tom.* 2. *SS. Ordin. S. Benedicti,* § 64.

Florentius, Abbas, scriptor Vitæ S. Judoci. *Edit. a Surio* 13. *Decemb.*

Florentius, Presbyter Tricastinus, *tom.* 2. *SS. Ord. Bened. pag.* 139.

Florentius, Wigorniensis Monachus, Historiam deduxit ad an. 1119. *Edit. inter Hist. Angl.* ob. eodem an. Non. Jul.

Florianus DE S. PETRO, Bononiensis, JC. vix. an. 1435.

Florus MAGISTER, Diaconus Lugdunensis, vix. sub Lothario I. Imp. *tom.* 1. *Analect. Mabillon. pag.* 388. *tom.* 12. *Spicileg. pag.* 48. *tom.* 15. *Bibl. Patr. Vide Hist. Acad. Paris. tom.* 1. *pag.* 579.

Flotildæ Virginis in territorio Remensi Visiones sub an. 940. *edit. tom.* 2. *Histor. Franc. pag.* 624.

Folcardus Beneventanum Chronicon ab an. 1113. perduxit ad an. 1140. *Laudatur a Baronio.* Idem Fabricio, qui supra *Falco Beneventanus.*

Folcardus, Monachus Bertinianus, circ. an. 1050. scripsit Vitas SS. Audomari et Bertini. *Vide tom.* 3. *SS. Ord. Bened. pag.* 433.

Folcardus, Angl. S. Salvatoris Cantuariensis Monachus, vix. an. 1066.

Folmarus, Præpositus Trieffenstenii, seu Petræ Stillantis in Franconia, vix. sub Alexandro III. PP. *Edit. a Gretzero in Valdensib. tom.* 1. *pag.* 329. 338.

Fontanella, JC. de Pactis nuptialibus.

Fontanini Antiquitates Hortæ. De Corona ferrea an. 1719. Discus argenteus votivus veter. Christ. an. 1727. *etc.*

Formosus (S.) PP. ob. 14. Decemb. an. 896. *Vide Concilia.*

Fortanerius, seu SERTORIUS VASSELLI, Aquitanus, Ord. Min. Patriarcha, Gradensis, Cardin. ob. an. 1362.

Fortunatianus, natione Afer, Episcopus Aquileiensis, sub Constantino Imp. *S. Hieron.*

Fortunatus, seu VENANTIUS HONORIUS CLEMENTIANUS FORTUNATUS, Italus, Episcopus Pictaviensis, vix. an. 565. *Edit. seorsim, et tom.* 8. *Spicil. pag.* 391. *tom.* 1. *SS. Ord. Bened. pag.* 108. 234. 319. *tom.* 2. *pag.* 1100. *Bolland. tom.* 1. *pag.* 790. *tom.* 6. *pag.* 57. *tom.* 10. *pag.* 427.

Franciscus DE ABBATE, de civitate Astensi, Ordin. Min. *Sander. pag.* 180.

Franciscus DE ACCOLTIS, Aretinus, JC. vixit an. 1300.

Franciscus, Accursii JC. filius, Florentinus, JC. vixit circ. an. 1276. *Vide Seldenum ad Fletam pag.* 525. *etc.*

Franciscus AB AQUA PUTRIDA, Neapolitanus, Philosophus, Ord Min. vix. circ. an. 1340.

Franciscus DE AREGATIS, Cremonensis, Ordin. Min. ob. an. 1427.

Franciscus ASCULANUS, dictus *Doctor succinctus*, Ord. Min. vix. an. 1344.

Franciscus (S.), Assisias, fundator Ord. Min. ob. 4. Octob. an. 1226.

Franciscus DE BACHONO, Catalanus, Carmelita, vix. circ. an. 1410.

Franciscus BERNARDUS, Ferrariensis, de Antiq. ecclesiast. epistol. genere.

Franciscus DOMINICUS BENCINUS, in Dissert. de Literis encyclicis, *Taurini an.* 1728.

Franciscus FABRIANENSIS, Ordin. Min. ob. an. 1322.

Franciscus GOTHUS, Ordin. Min. Theolog.

Franciscus GRATIANUS vel GRAVANUS, Genuensis, Ordin. Præd. vix. an. 1312.

Franciscus DE LUCHANIS, ejus *Liber de Justitia*, exstat in Cod. Reg. 1837.

Franciscus MARTINI, Carmelita, Catalanus, vix. an. 1390.

Franciscus MAYRONIS, Scotus, Minorita, Joannis Scoti auditor, ob. an. 1325.

Franciscus, Patritius Venetus, ob. an. 1454.

Franciscus PETRARCHA, Italus, ob. 18. Jul. an. 1374. Ejus opera Latina edita prostant.

Franciscus PIPINI, de Bononia, Ord. Præd. Itiner. Terræ Sanctæ, an. 1320. *Vide Sander. pag.* 284.

Franciscus DE PLATEA, Cremonensis, Ordin. Min. Canonista, vix. an. 1442.
Franciscus, Pragensis Canonicus, scripsit Hist. sui temporis, vix. an. 1325.
Franciscus RICHARDUS de Mediavilla, Franciscanus, scripsit Quodlibeta, *in Bibl. Victor.*
Franciscus RUBEUS DE PIGNANO, Picenus, Ord. Min. Theol. vix. circ. an. 1300.
Franciscus DE SACRA-QUERCU, in Etymolog.
Franciscus SIXTUS, Senensis, in Bibliotheca Sancta.
Franciscus XIMENIUS, Elnensis Episcopus, et Patriarcha Hierosol. vix. circa an. 1400.
Franciscus ZEBARELLA, Patavinus, Cardin. JC. ob. an. 1417.
Franco, Afflighemensis Abbas, vix. an. 1109. *tom. 21. Bibl. Patr. pag. 293.*
Franco, Scholasticus Leodiensis, vix. an. 1060. *Vide Sigeb. c. 164.*
Freculfus, Episcop. Lexoviensis, ob. an. 850. *Exstat ejus Chronicon seorsim edit. et tom. 14. Bibl. Patr.*
Fredegarius, Scholasticus, Chronicon Francicum perduxit, jubente Childebrando Comite, ad Pipini consecrationem. *Edit. tom. 1. Hist. Franc. cum ejusdem Chronico jussu Nebelongi Comitis continuato.*
Fredegisus, Diaconus, de Nihilo et Tenebris, *tom. 1. Miscel. Baluz. pag. 403.* vix. sub Carolo M. et Ludov. Pio.
Fretulfus, Boiorum antiquus Hist. *Laudatur ab Aventino.*
Fridegodus, Cantuariensis Monach. Angl. scriptor Vitæ S. Wilfridi Episcop. Eborac. vix. an. 959. *tom. 3. SS. Ord. Bened. pag. 169. tom. 5. pag. 722. Vide Pitseum.*
Fridericus II. Imp. ob. an. 1254. Ejus exstat liber *de Arte venandi per falcones. Vide Baluz. tom. 1. Miscell. pag. 446.*
Fridericus Closnerus, Scriptor rerum Argentinensium usque ad an. 1362.
Fridericus SANDEUS, in Consuet. feudales Gelriæ.
Frischii Vocabularium Latino-Germ.
Frisingfeldus, Anglus, Grammaticus.
Frotharius, Episcop. Tullensis, an. 813. *Ejus Epistolæ editæ tom. 2. Hist. Franc. pag. 712.*
Fructuosus (S.), Bracarensis Episc. ob. an. 665. *In Regul. Monast. Holstenii.*
Frutolphus, S. Michaelis Bambergæ Monachus, vixit an. 1144.
Fulbertus, Episcop. Carnotensis, ob. 10. April. an. 1028. *Ejus opera edita. Vide præterea tom. 2. Spicil. pag. 827.*
Fulbertus, Monach. Rotomagensis, *tom. 2. SS. Ord. Bened. pag. 952. Vide Sur. 15. Septemb.*
Fulcherius, Carnotensis, scriptor Historiæ Hieros. ab an. 1095. ad an. 1127. *Edit. in Gestis Dei, et tom. 4. Hist. Franc. pag. 816.*
Fulcoius, Subdiaconus Meldensis, auctor Vitæ metricæ S. Pharonis, *in Bibl. Sangerman. Cod. 738.*
Fulconis Historia viæ Hierosolimit. *tom. 4. Hist. Franc. pag. 890.* vix. circa an. 1100.
Fulconis, Comitis Andegavensis, Hist. Comitum Andegav. *Edit. tom. 10. Spicileg. p. 392.*
Fulcuinus, Abbas S. Bertin. *Vide Valer. Andream.* Idem qui mox

Fulcuinus, Abbas Lobiensis, vix. an. 990. *tom. 6. Spicileg. pag. 541. tom. 5. SS. Ord. Bened. pag. 622. tom. 10. Bol. pag. 563.*
Fulcus, Episcopus Papiensis, cujus Sermones laudantur, *in Hist. Eccl. Placentinæ tom. 2. pag. 141.* ob. an. 1229.
Fulgentius FERRANDUS, Carthaginensis Eccles. Diacon. vix. sæc. VI. *Edit. a P. F. Chiffletio, et tom. 6. Bibl. Patr.*
Fulgentius (S.), Episcop. Ruspensis, ob. 1. Jan. an. 529. vel 533. *Ejus opera habentur.*
Fulvius ASPRIANUS, Historicus, *cujus meminit Vopiscus in Carino.*

G

Gabriel BARELETA, Ord. Præd. circa an. 1470. in Sermonibus, *edit. Lugd. an. 1516. et 1527.*
Gabriel CLAUDERUS, in Methodo balsamandi.
Gabriel DE SPOLETO, Augustinianus, vix. an. 1417. *Trith.*
Galbertus, Notarius, scriptor Vitæ S. Caroli Comit. Flandriæ, vix. an. 1130. *tom. 6. Bollandi, p. 179.*
Galfredus BABION, Anglus.
Galfredus, Burtonensis Abbas, Anglus, vix. an. 1216.
Galfredus CHAUCERUS, Poeta, nobilis Angl. pleraque Anglice scripsit, quædam Latine, ob. 25. Oct. an. 1400.
Galfredus EGLINUS, Anglus, Mathematicus.
Galfredus, vel GODEFRIDUS DE FONTIBUS, Angl. Ord. Min. Theologus, dictus *Doctor Venerandus.*
Galfredus GRANDFELDUS, Anglus, Augustinian. Theologus, ob. an. 1340.
Galfredus HARDIBIUS, Anglus, Monachus, Theolog. ob. circa an. 1360.
Galfredus HEMLINGTONUS, S. Albani in Anglia Monachus, vix. an. 1150.
Galfredus LINGIUS, Anglus, Ord. Min. auctor Chronici, vix. an. 1390.
Galfredus MARSHALLUS, Anglus, Monachus Glasconiensis, Philosophus.
Galfredus, Monumethensis Archidiaconus, dehinc Episcop. Asalphensis, cujus exstat Chronicon Britann. vix. an. 1152.
Galfredus ROMEVALLIS, Angl. Ord. Cisterc.
Galfredus DE VINOSALVO, Poeta, cujus passim habetur Poetria MS. vix. an. 1199.
Galfredus WATERTONUS, Buriensis in Anglia Monachus, Theol. vix. an. 1350.
Gallus ANTIPATER, Historicus, *de quo Pollio in Claudio.*
Gallus, Abbas Aulæ Regiæ in Bohemia, vix. circ. an. 1370. *Trith.*
Gallus (S.), Confessor, ob. 16. Octob. an. 640. *tom. 5. Canisii part. 2. pag. 896. tom. 2. Bibl. Patr.*
Galo, Parisiensis Episcopus, et S. R. E. Cardinal. vix. an. 1104.
Galonis, S. R. E. Cardinalis, Constitutiones, sub an. 1208. *tom. 11. Concil. pag. 32.*
Galvaneus FLAMMA, Mediolanens. Ord. Præd. cujus laudantur Chronicon majus et Manipulus florum, a Puricello et aliis, vix. an. 1336. *Vide Vossium de Hist. Lat. pag. 498. 512. Possevin. et Murat. tom. 12. Script. Ital.*

Gargillus Martialis, Scriptor Vitæ Alexandri Imp. *Vide Lamprid.*

Garidellus, in Hist. Plantarum Aquensium.

Garinus, Abbas S. Victoris Paris. scripsit Sermones, *in Bibl. Victor.*

Garinus, Ord. Præd. de Vita B. Margaretæ Hungaricæ, vix. an. 1340. *tom.* 2. *Bol. pag.* 900.

Garnerius, Mon. scriptor Vitæ S. Valeriani, *edit. a P. Chiffletio in Trenorchio.*

Garsias, Hispanus, JC. vix. an. 1290.

Gaspar, Veronensis, de Gestis Pauli II. PP. MS. *Laudatur a Lud. Jac.*

Gaspardus Barthius, in Glossario, *tom.* 3. *Reliq. MSS. Ludewigi.*

Gaspardus de Soif, Monach. Valcellensis, scripsit circa initia sæculi XV. Compendium super Gestis Abbatum ejusd. Monast.

Gasparinus, Bergomensis, Grammaticus, vix. circ. an. 1420. *In Bibl. Victor.*

Gaudentius, Episcop. Brixiæ, ob. an. 418. aut circiter, de quo Baron. an. 386. n. 6. etc. *tom.* 5. *Bibl. Patr. pag.* 942.

Gaufredi Carmen de 5. Partibus Rhetoricæ, *laudatur ut MS.*

Gaufredi de Grimovilla Summa, *in Bibl. Sangerm. Cod.* 344.

Gaufredus Alievantus, Anglus, Carmel. Theolog. vix. an. 1340.

Gaufredus, Altacumbæ Abbas in Cantica Cantic. de Vita S. Petri Tarantasiensis Episc. et de Vita S. Bernardi, vix. an. 1180. *Vide Sander. pag.* 268. *Sur.* 8. *Maii.*

Gaufredus, Autisiodorensis, Abaelardi auditor, vix. circa an. 1209. [1142.] *Vide Alberici Chronicon MS. hoc anno.*

Gaufredus de Bello-Loco, Ord. Præd. de Vita et conversat. S. Ludovici IX. Regis Franc. cui fuit a confessionibus. *Edit. tom.* 5. *Hist. Franc. pag.* 444.

Gaufredus, Episcop. Carnotensis, an. 1132. *tom.* 3. *Spicileg. pag.* 154.

Gaufredus Grossus, Mon. scriptor Vitæ S. Bernardi Abb. Tiron. vix. an. 1130. *Edit. a J. B. Soucheto, et Boll. tom.* 10. *pag.* 222.

Gaufredus Malaterra, scriptor rerum in Apulia a Germanis gestarum, vix. circ. an. 1100. *Edit. a Surita, tom.* 4. *Script. Hispan. apud Murat. tom.* 5.

Gaufredus de Monte, Abbas S. Honorati, de potestate et auctoritate Concilii Basiliensis. *Vide Sander. part.* 3. *p.* 39.

Gaufridus de Trano, Papæ Capellanus, vix. an. 1290. [ob. an. 1247.] *Trith. Sander. pag.* 204. *Vide Henr. Gandav. p.* 55.

Gauterius, de Bellis Antiochenis, *edit. in Gest. Dei pag.* 441. vix. an. 1115.

Gauterius, Monach. Cluniac. de Miracul. B. M. Virg. *tom.* 1. *Bibl. Labbei pag.* 279.

Gebehardus, Augustanus Episc. vix. an. 1016.

Gebehardus, Episc. Constantiensis. *Vide Alamannica Goldasti pag.* 196. 198.

Gebhardus, Salisburgensis Episcop. an. 1088. *Edit. cum Domnizone an.* 1612.

Gelasius (S.), I. PP. ob. 21. Nov. an. 496. *Ejus opera edita cum Conciliis, et tom.* 8. *Bibl. Patr.*

Gellius Fuscus. Historicus, cujus meminit Trebell. Pollio.

Gennadius, Massiliensis Presbyter, vix. an. 490.

Gentilis Fulginas, Medicus, vix. an. 1310. *Trith. Linden.*

Gentilis de Monteflorum, Picenus, Ord. Min. Cardinal. ob. an. 1312.

Gentilis, de Jure et Dignitate Patriciorum.

Georgius Agricola, de Pondere et temperatione monetarum.

Georgius, Altaichensis in Bavaria Mon. auctor Chronici ejusdem Monasterii.

Georgius Benignus, Ragusæus, Ordin. Minor. Archiep. Nazarenus, Theologus, vix. an. 1400. Fabricius emendat 1500.

Georgius Chadleius, Anglus, Theolog. vix. an. 1366.

Georgius Grævius, in Notis ad Isidori Glossas.

Georgius Hickesius, in Thesauro linguarum Septentrionalium.

Georgius Stella, in Annal. Genuens. *tom.* 17. *Script. Ital. Murat.*

Georgius a Tensera vel Tempseca, Brugensis, Histor. *laudatur a Meiero et Locrio.*

Geraldus II. Episcopus Cadurcensis, an. 1096. *tom.* 8. *Spicileg. pag.* 360.

Geraldus, Grandimontanus Prior, de Vita S. Stephani Fundat. Ord. Grandimont. *tom.* 4. *Bollandi pag.* 205.

Geraldus, Lemovicensis, Ord. Præd. vix. an. 1256. *Edit. Duaci* 1619. 4º.

Geraldus, Medicus. *Vide Sander. pag.* 194.

Gerardi Maurisii, Vicentini, Historia Eccelini tyranni, *edita cum Alb. Mussato. Vide Vossium p.* 467.

Gerardus, Mon. Afflighemensis, de Statu Mundi.

Gerardus de Alvernia, cujus exstat Chron. ad an. 1274. *In Bibl. Putean. an.* 1185.

Gerardus Bergomensis, Augustinianus, Savonensis Episcop. vix. sub Clemente VI. PP.

Gerardus Blancus de Gainaco, Parmensis, Cardin. ob. an. 1315.

Gerardus de Bononia, Carmelita, ob. an. 1317.

Gerardus Capogistus Niger, Mediolanensis, scripsit libros feudorum, vix. sub Friderico I.

Gerardus de Castris, Carmelita, vix. an. 1424.

Gerardus Coloniensis, Ordin. Præd. vix. an. 1314.

Gerardus e Cussaco, Aginnensis, Carmelita, vix. an. 1346.

Gerardus Domarus, Lemovicens. Ord. Præd. Cardin. ob. an. 1345.

Gerardus Frachetus, Lemovicens. Ord. præd. ob. an. 1271. scripsit de Vitis Fratrum Prædic. *Edit. Duaci.* scripsit etiam Chron. Lemovicense, MS.

Gerardus Haucinus, Ord. Præd. Theolog. vix. an. 1312.

Gerardus Joannes Vossius, de Vitiis Sermonis, an. 1645.

Gerardus, Leodicensis, Ordin. Cisterc. vix. ann. 1140. *Vide Valer. Andr.*

Gerardus, Ord. Præd. Lector Leodicensis, vix. circ. an. 1300. *Vide Henric. Gandav. Valer. Andr. et Vossium.*

Gerardus Machetus, Episcopus Castrensis, ob. an. 1448. *Ejus Elogium et scripta vide in Hist. Navarrei Collegii.*

Gerardus Magnus, Daventriensis, Theolog. ob. 20. Aug. an. 1384.

Gerardus Mindensis, Ord. Præd. vix. an. 1314.

Gerardus, Mon. vel Abb. S. Medardi Suession. *Vide Analecta Mabillonii tom. 1. pag. 107.*
Gerardus A NAZARETH, Laodicens. Episcopus, vix. an. 1140. *Vide Vossium de Hist. Lat. pag. 779.*
Gerardus, Ordin. Prædic. Prior Leodiensis, vix. an. 1270.
Gerardus ODONIS, Ruthenensis, Ord. Min. Minister Generalis, ob. an. 1349.
Gerardus, Mon. S. Quintini in Insula, vix. circ. an. 1270. *Vide Henric. Gandav. Trith. etc.*
Gerardus, Episcopus Savonensis, Bergomensis, Augustinianus, vix. an. 1340.
Gerardus, Abbas Sylvæ majoris, de Vita Adalardi Abb. Corbeiensis, *tom. 5. SS. Ord. Bened. Bolland. tom. 1. pag. 111.*
Gerardus SCHIDANUS, al. SHEDANUS, dictus, ob. ann. 1444. *Val. Andr.*
Gerardus DE SENIS, Italus, Augustinian. JC. vix. an. 1340.
Gerardus, Zutphaniensis, cogn. *Zerbolt*, ob. an. 1398. *Trith. Valer. Andr. tom. 26. Bibl. Patr. p. 234.*
Gerbertus, Scholasticus, Archiepisc. Remensis, deinde Silvester II. PP. *Ejus editæ Epistolæ a Massono, tom. 2. Hist. Franc. tom. 17. Bibl. Patr. vide tom. 2. Analect. Mabillon. pag. 212.*
Gerinus, Glasconiensis in Anglia Monachus.
Gerochus, seu GEROHUS, Reicherspergensis, de Henricis IV. et V. Imp. et de Gregorio VII. PP. *Edit. a Gretzero an. 1611.*
Gervasius, Cicestrensis, vix. an. 1160.
Gervasius, Dorobernensis, seu Cantuariensis Monach. cujus *exstat Hist. edita inter Hist. Angl.* an. 1652. vix. an. 1200. *Vide Seldenum in Præfat. pag. 42.*
Gervasius MELKELEIUS, Anglus, Mathematicus, vix. an. 1219.
Gervasius RICOBALDUS, Ferrariensis, Ravennensis Canonicus, Vitas PP. perduxit usque ad an. 1300. *Hier. Rubeus.*
Gervasius DE PARCO, Eboracensis Monach. vixit an. 1150.
Gervasius, Remensis Archiep. *Bolland. tom. 1. pag. 333.*
Gervasius, Præmonstratensis Abbas, deinde Sagiensis Episcop. vix. an. 1213. *Ejus Epistolæ editæ.*
Gervasius, Tilleberiensis, Anglus, Henrici II. regis Angliæ nepos, Marescallus regni Arelatensis, *tom. 3. Hist. Franc. pag. 375. et tom. 1. Script. Brunsvic. Leibnit.* vix. sub Ottone IV. Imperat. an. 1210.
Gesnerus, in Historia Animalium quadrupedum.
Gibuini, Lingonensis (al. Catalaunensis) Episcopi, Rythmi de Paradiso laudantur, vix. an. 962.
Gilbertus DE AQUILA, Medicus. *Vide Sander. pag. 194.*
Gilbertus, Mon. Ordin. Cisterciencis, et Abbas, vix. an. 1200.
Gilbertus CRISPINUS, Abb. Westmonaster. ab ann. 1084. ad 1117. *Edit. cum Lanfranco Acherii.*
Gilbertus FOLIOTUS, Londinens. Episcop. ob. an. 1187.
Gilbertus DE HOLLANDIA, Angl. Swinsetensis in agro Lincolniensi Abbas, vix. an. 1200. *Vide Sand. pag. 162.*
Gilbertus LEGLEUS, Angl. Medicus, vix. an. 1210.
Gilbertus MAGNUS, Angl. Ordin. Cisterc. Theolog. ob. Tolosæ an. 1280.

Gilbertus, Medicus. *Vide Bibl. Labbei pag. 205.*
Gilbertus, cogn. PORRETANUS, Episcop. Pictav. ob. an. 1154. *Vide Oper. Boetii, Cod. Reg. 1571. 1579. Thuan. 275.*
Gilbertus SEGRAVIUS, Angl. Philosophus, et Theolog. ob. circ. an. 1316.
Gilbertus (S.) DE SEMPRINGHAM, Ordinis sui nominis institutor, *cujus habetur Regula edita in Monastico Angl. tom. 2. ob. an. 1189.*
Gilbertus DE THORNTON, sub Edw. I. Angliæ Justiciarius, Abbreviator Bractonis. *Vide Seldenum ad Fletam c. 2. § 1. 4.*
Gilbertus, sive GISLEBERTUS, S. Waltrudis in Montibus Præpositus, scripsit Chron. VIX. ann. 1170. *Miræus.*
Gilbertus URGALIUS, Carmelita, Theologus, vix. an. 1330.
Gilbertus, Westmonasteriensis, Abb. ob. an. 1117.
Gildas ALBANIUS (S.), S. Patricii discipulus, vix. an. 512.
Gildas, hujus nominis quartus, Monach. Banchorensis in Anglia, vix. an. 860.
Gildas BADONICUS, qui et SAPIENS, Angl. de Excidio Britanniæ, ob. circ. an. 583. *Edit. seorsim, et tom. 8. Bibl. Patr. vide Bolland. tom. 2. pag. 952. Pitseum, Vossium, etc.*
Gilduinus, primus Abb. S. Victoris Paris. scriptor libri Ordinis S. Victoris. Ejus obitus notatur in ejusdem Monasterii Necrologio, Ibid. April. ubi *Canonicum ordinem, qui pene defecerat, reparasse* dicitur.
Gilla, Linconiensis Episcopus, *de Usu Ecclesiæ.*
Gillebertus, Decanus S. Andreæ Elnonensis, de Incendio Monast. S. Amandi, MS. *V. Bolland. tom. 1. Febr. pag. 896.*
Gillebertus, Lunicensis, Episcop. vix. circ. an. 1090. vel 1130. *Exstat in Epistol. Hibernicis Usserii.*
Gilo, Cluniacensis Mon. scriptor Vitæ S. Hugonis Abb. Cluniac. vix. circ. an. 1222.
Gilo PARISIENSIS, scripsit Historiam Viæ Hierosolymitanæ, *edit. tom. 4. Hist. Franc. Vide Sander. pag. 50. et Marten. tom. 3. Anecd.*
Giraldus BARRIUS, vulgo CAMBRENSIS dictus. Vide infra Silvester.
Giraldus, Aurelianensis. *Vide t. 4. Hist. Franc. pag. 79.*
Gisbertus, Alexandrinus, Ord. Præd. an. 1287. *tom. 8. Boll. pag. 181.*
Giselbertus, Præpositus Westmonaster. S. Anselmi Cantuar. auditor, vix. an. 1090. *Vide Bibl. Labbei pag. 26. Pitseum, etc.*
Gislebertus, scriptor Vitæ S. Romani Abbat. *In Bibl. Floriac. et tom. 1. SS. Ord. Bened.*
Gislebertus, Abbas Aureæ-Vallis. *Vide Labbei p. 59.*
Gislebertus, Diaconus Autisiodorensis in Hieremiam, MS. laudatur.
Gislebertus, Decanus et Monach. Elnonensis, ob. an. 1095. *tom. 3. Bol. pag. 895. Valer. Andr.*
Glaber RODULPHUS, Cluniacensis Monachus, Autisiodor. forte natus, Historiam, fabulis, prout ferebat ætas, interjectis, ab anno 900. usque ad an. 1045. scripsit, ob. circa an. 1050. *tom. 4. Hist. Franc. tom. 10. Collect. Hist. Franc. Vide Acta SS. tom. 1. Jan. pag. 57. et Comment. Acad. Inscript. tom. 8. pag. 549.*
Gobelinus, Germanus, Carmelit. vix. an. 1305.

INDEX AUCTORUM.

Gobelinus PERSONA, Bilefeldensis Decanus, auctor *Cosmodromi* editi, vix. an. 1418.

Gobertus, Laudunensis, de Vita Clericorum. *Vide Sander. part.* 2. *pag.* 240.

Godefridi Remensis Carmina varia. *Vide Bibl. Labbei pag.* 59.

Godefridus CALVUS, Bituricensis Archiepiscop. scriptor Vitæ S. Guillelmi Briocensis Episcopi, *editæ a Surio* 29. *Jul. et tom.* 7. *Jul. Act. SS.* vixit sæculo XIII.

Godefridus CORNUBIENSIS, Anglus, Carmelita, Philosophus, vix. an. 1320.

Godefridus, qui scripsit contra Mendicantes, vix. an. 1283. *Vide Hist. Academiæ Paris. tom.* 3. *p.* 680.

Godefridus DE FONTANIS, Cameracensis Episcop. ob. an. 1238. *Vide Hist. Academiæ Paris. tom.* 3. *pag.* 680.

Godefridus, ad S. Pantaleonem Coloniæ Mon. Chron. perduxit ad an. 1237. *Edit. inter Scriptor. German.*

Godefridus, Spirensis Episcop. vix. an. 938.

Godefridus A S. VICTORE, scripsit Microcosmi libros tres et Sermones, *in Bibl. Victor.*

Godefridus, Abbas Vindocinensis, ob. circ. an. 1130. *Edit. a Sirmondo, et tom.* 21. *Bibl. Patr.*

Godefridus Viterbiensis, Presbyter, auctor *Panthei*, *edit. inter Scriptor. German.* vix. sub Friderico I.

Godefridus Wintoniensis, Monachus, ob. an. 1107.

Godelbertus, Presbyter, vix. an. 500.

Godelbertus, Sacerdos, Britannus, vix. an. 498.

Godescalcus, Canonicus Leodiensis, vix. circ. an. 770. *tom.* 3. *SS. Ord. Bened. tom.* 1. *Hist. Leodiensis pag.* 321.

Godricus (S.), Eremita, Anglus, ob. an. 1171. *Vide Math. Paris. Pitseum, etc.*

Godwinus, Sarisberiensis Ecclesiæ Canon. et Præcentor, vix. an. 1272.

Goffridus BAION, Andegavensis. *Vide Sander. part.* 2. *pag.* 23.

Goldscherus, S. Matthiæ Trevirensis Monach. vix. an. 990. *tom.* 2. *Bollandi pag.* 918.

Gombandus DE ULIGIA, Aragon. Ord. Præd. Theolog. vix. an. 1420.

Gomesanus, Presbyter Pampilonensis, *in Cod. Reg.* 1183.

Gondisalvus DE VALLEBONA, Gallecus, Ord. Minor. Minister Generalis, ob. an. 1313.

Gordianus, Placidi Martyris et aliorum Vitam scripsit, sed quæ ex eo circumferuntur dubiæ habentur fidei. *Vide Mabil. sæc. I. Bened. pag.* 45.

Gordianus CÆSAR, pater, scripsit versibus Antoniniada, seu Vitam Antonini Pii, et Antonini Marci. *Capitolin.*

Gordoni, Monachi S. Germani Paris. Commentar. in Evangelium S. Joannis. *In Bibl. Sangerman. Cod.* 90.

Gorius, in Inscriptionibus antiquis.

Gosberti Epitome Prisciani laudatur.

Goslenus, Suessionum Episcop. medio sæc. XII. in Symbolum et Orat. Domin.

Gosselinus, Monach. Anglus, vix. an. 1000 *tom.* 3. *Bolland. pag.* 348. *tom.* 10. *pag.* 37. *Vide Pits.*

Gossuinus BOSSUTUS, Villariensis in Brabantia Monachus, de Vita Arnulfi Conversi, qui ob. an. 1228.

Gosuini Carmen, quomodo capta fuit Alcasar, *apud Ant. Brand. in Lusit. Monarch. l.* 4. *pag.* 265.

Gotescalcus, Monachus Orbacensis. *Vide Bibl. Labbei pag.* 59.

Gothardus, Hildesheimensis Episcopus, vix. ann. 1024.

Gotofredus RULMANUS, Auctor Operis diplomatici.

Gotselinus, Monach. S. Bertini, de Miraculis S. Galli. *Vide Alamannica Goldasti tom.* 2. *pag.* 195.

Goudefridi DE FONTIBUS. Theol. tractatus Quodlibetici. *In Bibl. Sangerman. c.* 628.

Gratianus, Monachus S. Felicis Bononiæ, Canonum compilator, obiisse dicitur an. 1151.

Gratianus, Florentinus, Augustin. Theolog. vix. an. 1431.

Gregorius I. (S.), cogn. MAGNUS, PP. ob. 12. Mart. an. 604. *De ejus operib. multa Lud. Jacob.*

Gregorius II (S.) PP. ob. 11. Februar. an. 731. *Vide Concil. et Lud. Jacob.*

Gregorius III. (S.) PP. ob. 28. Novemb. an. 741. *Vide Concilia.*

Gregorius IV. PP. ob. an. 843. *Vide Concil.*

Gregorius V. PP. ob. 18. Febr. an. 998. *Vide Lud. Jacob.*

Gregorius VII. PP. ob. 24 Maii an. 1085. *Ejus Epist. editæ in Concil.*

Gregorius VIII. PP. ob. 16. Decemb. an. 1187. *Vide Concil.*

Gregorius IX. PP. ob. 22. Aug. an. 1241. *Ejus Opera seorsim edita.*

Gregorius X. PP. ob. 10. Jan. an. 1276. *Vide Lud. Jacob.*

Gregorius XI. PP. ob. 27. Mart. an. 1378. *Vide Lud. Jacob.*

Gregorius XII. PP. ob. 4. Jul. an. 1415. *Vide Lud. Jacob.*

Gregorius DE ARIMINO, Ord. S. Augustini Generalis, ob. an. 1358. *Edit.*

Gregorius BÆTICUS, Eliberitanus Episcop. vivebat adhuc an. 392.

Gregorius BRIDLINGTENSIS, Anglus, Canonicus Regularis.

Gregorius BRITANNUS, Ord. Præd. *Edit. Venetiis, etc.*

Gregorius, Monach. Casinensis, Tarracinensis Episc. vix. sub Alexio Comneno Imp. *Vide Petr. Diacon. et J. B. Marum.*

Gregorius, Monachus Casinensis, Episcop. Suessanus, Poeta, vix. an. 1120. *Petr. Diac.*

Gregorius HUNTINGTONUS, Angl. Ramesiensis Monach. vix. an. 1255.

Gregorius, Monach. in Chronico Farfensi ab an. 681. ad an. 1104. *tom.* 2. *part.* 2. *Script. Ital. Murat.*

Gregorius NOELLUS, Angl. Theologus.

Gregorius TRAPEZUNTIUS, Secretar. Apostol. vix. an. 1435.

Gregorius, Episcopus Turonensis, ob. 17. Nov. an. 595. vel 600. ut aliis placet. *Non semel edit. demum in Bibl. Patr. tom.* 3 ; *Bolland. tom.* 1. *pag.* 168.

Gregorius, Wintoniensis, Angl. Monach. Bened. Historicus, vix. an. 1290.

Griffinus, Cambrensis, Theologus, Ordin. Prædic. circ. an. 1500.

Grimlaicus, Sacerdos, cujus exstat *Regula Solitariorum edita ab Acherio et Holstenio*, vix. sæc. IX.

Grimoaldus, Abbas Benedictin. de Sacramentis,

edit. a Pamelio cum Sacramentario Gregorii M. anno 1571.

Grupenius, in Originibus Pyromontanis.
Gruterus, in Inscriptionibus supposititiis.
Guaiferius, Salernitanus, Monachus Casinensis, vix. an. 1060. *Vide Petr. Diac. c.* 29. *edit. apud Ughell. tom.* 7. *pag.* 1363. *tom.* 4. *Bolland. pag.* 531. *tom.* 6. *pag.* 304.
Gualdo, Corbeiæ veteris Mon. de Vita S. Anscharii Archiepisc. Hamburg. versu, vix. an. 1070. *t.* 3. *Bolland. p.* 427.
Gualo, Cambrensis, Poeta, vix. an. 1170.
Gualterus, cogn. ANGLICUS, Panormitanus Archiepisc. ob. an. 1177.
Gualterus, Aurelianensis Episcop. *cujus exstant Capitula, apud Cellotium, Baluzium, et tom.* 8. *Concil. Labbei.*
Gualterus BAKERUS DE SWINBORN, Anglus, Augustin. Histor. vix. an. 1320.
Gualterus BEDERICHWORTUS, Anglus, Buriensis Monach. Theolog. ob. circ. an. 1350.
Gualterus, BIBLIOTHECARIUS interdum appellatus, vix. an. 1181. Idem Fabricio, qui *Gualterus*, Anglus, S. Albani Monachus circ. an. 1180.
Gualterus BRINKLAUS, Angl. Ord. Min. Theolog. vix. an. 1310.
Gualterus BRITHO, vel BRITTE, Angl. Mathematicus, vix. an. 1390.
Gualterus DE BRUGIS, Ord. Min. Episcopus Pictavensis, ob. 22. Jan. 1307. *Valer. Andr.*
Gualterus BUCDENUS, Anglus, Ordin. Prædic. Theologus.
Gualterus BURLAUS, Anglus, Theologus, multa scripsit, ex quibus quædam edita prostant, vix. ann. 1337. *Vide Sander. pag.* 202.
Gualterus DE CASTELLIONE, Insulanus, scriptor *Alexandreidos*, editæ an. 1513. 1558. *Henr. Gandav.*
Gualterus CATHCHEPOLLUS, JC. Anglus.
Gualterus CATTONUS, Anglus, Ordin. Minor. Theol. ob. an. 1343.
Gualterus CEPTONUS, Anglus, Ordin. Minor. Theologus.
Gualterus, Constantiensis, Angl. Lincolniensis Episcop. deinde Archiepiscop. Rotomagensis, vixit an. 1199.
Gualterus, Conventriensis Monachus, Historicus, vix. an. 1270.
Gualterus CORNUTUS, Archiepisc. Senonensis, de susceptione Coronæ spineæ, etc. an. 1239. *t.* 5. *Hist. Franc. p.* 407.
Gualterus DANIEL, Rievallensis Monach. ob. an. 1170. al. 1270.
Gualterus DISSÆUS, Anglus, Carmelita, Theolog. ob. an 1404. 25. Jan.
Gualterus DUFFELDIUS, Angl. Philosophus.
Gualterus DURIDENTIS, Angl. Theolog.
Gualterus ELVEDENUS, Anglus, Mathemat.
Gualterus ESTONUS, Anglus, Carmelita, Theolog. vix. an. 1350.
Gualterus Eveshamensis Monachus, Angl. vix. an. 1240.
Gualterus, Excestrensis, Angl. Ord. Præd. Histor. vix. an. 1301.
Gualterus, alias DE INSULIS dictus, Flander. Episcop. Magalonensis, vix. an. 1129. *Trith. Henric. Gandav. Sammarth. Vide tom.* 1. *Analector. Mabillonii pag.* 289.
Gualterus GALENIUS, aliis CALENIUS, Oxoniensis Archidiac. ob. an. 1120.
Gualterus HEMMINGFORDIUS, Angl. Canon. Regular. Historic. ob. an. 1347.
Gualterus HILTONUS, Angl. Ord. Cartus. Theolog. vix. an. 1433.
Gualterus JORSIUS, al. JOYCE, Ord. Præd. Theolog. vix. an. 1310.
Gualterus KELLANUS, Angl. Carmelita, Theolog. vix. an. 1367.
Gualterus MAPUS, Angl. Oxoniensis Archidiaconus, Poeta, vix. an. 1210. *Vide Seldenum ad Fletam pag.* 524.
Gualterus, Abbas S. Martini Laudunensis, an. 1148. *tom.* 2. *Spicilegii pag.* 145. 446.
Gualterus DE MAURITANIA, Episcopus Laudun. vix. an. 1156. *Vide t.* 2. *Spicileg. p.* 459 *et Cod.* 656. *Bibl. Sangerman.*
Gualterus DE MONTE, vel DE MONTIBUS, Anglus, Lincolniensis Eccles. Cancellarius vix. an. 1210.
Gualterus MORGANIUS, Angl. Philosophus, vix. an. 1219.
Gualterus PARCHERUS, Anglus, Sacerdos.
Gualterus PICTAVENSIS. Vide *G. de Brugis.*
Gualterus RECLUSUS, Anglus, vix. an. 1280.
Gualterus REGINALDUS, Anglus, Wigorniensis Episcop. Theolog. ob. an. 1327.
Gualterus DE S. ALBANO, Anglus, Historicus.
Gualterus A S. VICTORE, ejusdem Monasterii Monachus, *cujus exstant libri* 4. *MSS. contra Abaelardum, in Bibl. Victorina*, vix. an. 1180. *V. Hist. Acad. Paris. tom.* 2. *pag.* 404. 629.
Gualterus TERINGTONUS, Anglus, JC.
Gualterus, Tervanensis Archidiacon. scriptor Vitæ S. Caroli Comit. Flandriæ, vix. an. 1127. *Edit. a Sirmondo et Bollando tom.* 6. *pag.* 163.
Gualterus WIDUANUS, Angl. Ordin. Min. vix. an. 1367.
Gualterus WINTERBORNUS, Angl. Ord. Præd. Cardinalis S. Sabinæ, Theologus, ob. an. 1305.
Guarnerius, Abbas Resbacensis, *tom.* 5. *SS. Ord. Benedict. pag.* 644.
Guerricus, Abbas Igniacensis, obiit 19. Aug. circ. an. 1157. *Edit. an.* 1539. *et tom.* 23. *Bibl. Patr. pag.* 169.
Guiardus, seu GUIDO DE LAUDUNO, Episcopus Cameracensis, an. 1247. *Valer. Andr.*
Guibertus, Abbas Gemblacensis, vix. an. 1137. *Apud Lambecium tom.* 2. *Bibl. Cæsar. pag.* 904. Idem qui mox
Guibertus MARTINUS, Abbas Gemblacensis, ob. an. 1208. *Valer. Andr.*
Guibertus, Novigenti Abbas, *cujus Opera seorsim edita ab Acherio*, ob. an. 1124.
Guibertus, Sommersetensis in Anglia Monachus, Philosophus et Historic.
Guibertus, Tornacensis, Ord. Min. vix. an. 1263. *Vide Henric. Gandav. Sander. pag.* 162. *Valer. Andr. tom.* 5. *Bolland. pag.* 196. *Histor. Academiæ Paris. tom.* 3. *pag.* 682. *etc.*
Guido, Ambianensis Episcop. ab an. 1058. ad 1076. de Gestis Guillelmi Nothi regis Angliæ. *Laudatur a Guillelmo Gemeticensi l.* 6. *c.* 43.

Guido, Aretinus, Monach. Musicus, vix. an. 1028. *Sigeb. et alii.*

Guido BAISIUS, Concordiensis Episc. ob. an. 1347.

Guido DE BASOCHIS. *Vide Sander. pag.* 215.

Guido DE BAYFO, Archidiaconus Bononiensis, JC. vix. an. 1290.

Guido, Bobiensis Abbas, scripsit *Statuta Canonicorum Regularium*, vix. an. 1039.

Guido BONATUS, Forojuliensis, Astrologus, vix. an. 1284. *Edit. Venet. an.* 1506.

Guido, Bononiensis Archid. in Decret. *Vide Sand. pag.* 177.

Guido, Episcopus Cameracensis, circ. an. 1309. *Valer. Andr.*

Guido, Casinensis Presbyter et Monach. vix. an. 1115. *Vide Petr. Diac. c.* 41.

Guido, Cisterciensis Abbas, S. R. E. Cardinalis,an. 1187. *Vide Privileg. Ord. Cisterc.*

Guido, Clarevallensis Abbas, *tom.* 2. *Miscell. Baluzii.*

Guido COLUMNA, Siculus, auctor Chronici, vixit an. 1287.

Guido, Abbas Monast. de Cruce S. Leufredi in Normannia, vix. an. 1030. idem qui infra *Guitmundus.*

Guido, Abbas S. Dionysii in Francia, scripsit Sanctuarium, *in Bibl. Victor.*

Guido, Ebroicensis, Ord. Præd. vix. sub Carolo VI. *Vide Sander. pag.* 181.

Guido, Abbas Farfensis circa an. 1095. *In veteri Discipl. Monast. pag.* 37.

Guido, Ferrariensis Ecclesiæ Presbyter, al. Ordin. Præd. vix. an. 1310. *Vide Trith. et Possevin.*

Guido FLONOCHETUS, Ord. Prædic. Magister, auctor Chronici, ob. an. 1452.

Guido FOLLA, Angl. Theol. et Episcopus Eliensis.

Guido FULGINAS, Ord. Min. vix. an. 1300.

Guido, Gallus, Ord. Prædicat. Doctor Parisiensis, vix. an. 1440.

Guido GENETIUS, Bononiensis, Ordin. Præd. Philosophus, vix. an. 1314. vel 1386.

Guido, Abb. S. Germani Autisiod. de Gestis Abbatum ejusdem Monast. ad an. 1180. *Edit. tom. I. Bibl. Labbei pag.* 570.

Guido MARCHENSIS, vel DE MARCHIA, Anglus, Ordin. Minor

Guido DE MONTE ROTHERII, vix. an. 1030. *Vide Trith. Sander. pag.* 171.

Guido, Narbonensis Archiepiscop. an. 1226. *tom.* 11. *Concil. pag.* 793.

Guido DE PERPINIANO, Carmelita, Episcopus Elnensis, vix. circ. an. 1330. *Edit. vide Cod. Reg.* 1164.

Guido DE PLANTIS, de Historia Trojana. MS. Idem Fabricio, qui supra *Guido Columna.*

Guido RAVENNAS, scriptor Hist. Gothor., etc. vix. an. 886.

Guido DE SUZARIA, JC. vix. circ. an. 1250.

Guidonis FABE Dictamina exstant *in Bibl. Victor.*

Guidonis, Ord. Min. Collectio Decretalium, *Cod.* 774. *Bibl. Sangerman.*

Guidonis, Ord. Præd. Sermones, *in Bibl. Sangerm.*

Guigo, al. *Guido*, Valentinus, Cartusiensis Prior quintus, de Vita S. Hugonis Episcop. Gratianopol. ob. an. 1137. *tom.* 9. *Rol. pag.* 35. *Sur.* 1. *April. tom.* 22. *Bibl. Patr. pag.* 1163.

Guigo II. Prior Cartusiæ, ob. an. 1188. *Edit. a P. Chiffletio. Vide Regul. Cartusiens. et tom.* 1. *Analect. Mabillonii pag.* 331. *tom.* 24. *Bibl. Patr. pag.* 1473.

Guilleberti, Episcopi, Capitula, *tom.* 2. *Capitul. Baluzii pag.* 1377.

Guillelmus, Accursii filius, super libros Institut. *in Bibl. Victor.*

Guillelmus, Afflighemensis Abbas, vix. an. 1260. *Vide Sander. part.* 2. *pag.* 149.

Guillelmus DE AGRIFOLIO, Gallus, Archiep. Cæsaraugustanus, Card. ob. an. 1405.

Guillelmus AIMOINUS, Ord. Minor. Theolog.

Guillelmus, Abbas Albæ ripæ de Numeris. *Vide Sander. pag.* 202. de Sacramentis Minorum, *in Cod. Thuano* 787.

Guillelmus ALTONUS, Anglus, Theologus, vixit an. 1330.

Guillelmus ALVEWICUS, Angl. Ord. Min. Theolog. ob. an. 1332.

Guillelmus, Andrensis Abbas, scriptor Chronici ejusdem Monasterii ab an. 1082. ad an. 1238. *tom.* 9. *Spicil. pag.* 339.

Guillelmus ANGLICUS, Ord. Præd. S. R. E. Cardinalis. vix an. 1373.

Guillelmus, Apuliensis, de Reb. a Normannis in Apulia gestis lib. 5. carmine, *edit. Rotom. an.* 1582. vix. circ. an. 1100.

Guillelmus, Armoricus, Philippi Aug.Capellanus, ejusdem Vitam scripsit, *edit. tom.* 5. *Histor. Franc. pag.* 68.

Guillelmus, S. Arnulfi Metensis Abbas, vix. an. 1070. *tom.* 1. *Analect. Mabillonii pag.* 247.

Guillelmus ASKETELLUS, Anglus, Histor. vixit an. 1320.

Guillelmus AUGERUS, Angl. Ord. Min. Theolog. ob. an. 1404.

Guillelmus, Antisiodorensis Episcop. deinde Parisiensis, ob. 23. Novemb. an. 1223.

Guillelmus BADBIUS, Carmelita, Wigorniensis Episcop. vix. an. 1380.

Guillelmus DE BAISIO, Bononiensis Archid. vixit an. 1300.

Guillelmus DE BALDENZEEL, scripsit *Hodœporicum Terræ Sanctæ*, an. 1337. *Edit. tom.* 5. *Canisii part.* 2. *pag.* 96.

Guillelmus BATEROMBUS vel BADECOMBUS. Angl. Mathematicus, vix. an. 1420.

Guillelmus, Bathonensis, Anglus, Homiliarum scriptor.

Guillelmus BECCLEIUS, Angl. Carmelita, Theol. ob. an. 1438.

Guillelmus BEWFU, Anglus, Carmelita, Theol. ob. an. 1390.

Guillelmus BERTONUS, Anglus, Theologus, vixit an. 1381.

Guillelmus BESSINUS, Benedictinus, in *Concil. Provinciæ Rotomag.*

Guillelmus BODERISHAMENSIS, Angl. Ordinis Præd. Theol. vix. an. 1262.

Guillelmus DE BOUGEVILLA, Neustrius, Beccensis Monach. Chronicon perduxit ab an. 1000. ad 1280. quo vixit.

Guillelmus BREMENSIS vel BRENENSIS, Ord. Præm. Canonic. Theolog. vix. an. 1332.

Guillelmus BRITO, Armoricus, Capellanus regius, scripsit *Philippidem*, seu Vitam Philippi Aug. reg.

Franc 12. lib. carmine, quam Ludovico filio dicavit, edit. a Pithœo, Duchesnio et Barthio, a quo notis illustratus. Vide Comment. Acad. Inscript. tom. 8. pag. 536.
Guillelmus Britonus, Cambrensis, Ord. Min. auctor Vocabularii Biblici, MS. etc. ob. an. 1356.
Guillelmus Brunyardus, Anglus, Ord. Præd. Theolog. vix. an. 1350.
Guillelmus Burtonius, ejus λείψανα vet. linguæ Persicæ, cum notis Henr. Van-Seelen.
Guillelmus Butlerus, Anglus, Ord. Minor. Theol. vix. an. 1410.
Guillelmus Buttonius, Anglus, Hist.
Guillelmus de Caioto, Ordin. Prædic. vix. circa an. 1340.
Guillelmus Calculus, Gemeticensis, Monachus, auctor Historiæ Norman. Edit. in Normannicis Duchesnii pag. 215. vix. circ. an. 1100.
Guillelmus, Califfordiensis, Angl. Carmelita, vix. circ. an. 1380.
Guillelmus de Campellis, Catalaunensis Episcop. vix. sæc. XII. Edit. tom. 20. Bibl. Patr. pag. 1884.
Guillelmus, Carnotensis, Ordin. Præd. de Vita et Conversatione S. Ludovici, reg. Franc. cujus fuit Capellanus, tom. 5. Hist. Franc. pag. 432.
Guillelmus Celdonensis, rectius Redonensis, Ordin. Præd vix. an. 1295.
Guillelmus de Centuaria, Cremonensis, Ord. Min. Theolog. ob. an. 1404.
Guillelmus, Cestriensis Monachus, qui S.Anselmi laudes scripsit, vix. an. 1110.
Guillelmus Chevestunus, Angl. Philosophus.
Guillelmus, Clarevallensis Monach. scripsit Vitam S. Bernardi, vix. an. 1140.
Guillelmus Cockisfordus, Angl. Carmelita, Theol. vix. an. 1380.
Guillelmus de Conchis, de Philosophia, in Cod. Thuan. 463. 669. Vide Possevin.
Guillelmus, Minorita, Constantiensis Episcop. an. 1240. tom. 25. Bibl. Patr. pag. 329.
Guillelmus Copingerus, Oxoniensis Professor.
Guillelmus et Albrigetus Cortusii, in Histor. de Novitatibus Paduæ et Lombardiæ ab an. 1256. ad ann. 1464. Edit. cum Albert. Mussato.
Guillelmus Coventriensis, Angl. Carmelita, vixit an. 1360.
Guillelmus de Cremona, Ordin. S. August. Episcop. Novariensis, Cardinal. vix. an. 1340.
Guillelmus de Cumo, sive de Cunio, Gallus, JC. vix. an. 1310.
Guillelmus Dalingus, Anglus, Philosophus.
Guillelmus Daltonus, Anglus, Medicus.
Guillelmus Dandus, aliis Anglicus dictus, Ordin. Servorum Mon.
Guillelmus Dastinus, Anglus Philosophus.
Guillelmus Dei, ejus Synodale Tutelensis Ecclesiæ, in Bibl. Sangerman. Cod. 799.
Guillelmus, S. Dionysii Monachus, vix. circa an. 1220.
Guillelmus Dorocinus, Anglus, Mathematic. vix. an. 1360.
Guillelmus Durandus, seu Duranti, vulgo Speculator dictus, Episcop. Mimatensis. ob. 1. Novemb. an. 1296.
Guillelmus Edon, Ord. Minor. Theolog.

Guillelmus Egmundanus, Vide Valer. Andr. et infra Guillelmus, cog. Procurator.
Guillelmus Egmundus, Angl. Augustin. Theol. vix. an. 1390.
Guillelmus Encurtus, Angl. Ord. Præd. Theol. vix. an. 1340.
Guillelmus Episcopi, Abbas S. German. a Pratis, ejus commentaria in vetus Testamentum, in Bibl. S. Germ. Cod. 55.
Guillelmus Exoniensis, vel de Excestria, Theolog. vix. an. 1330.
Guillelmus de Falgario, Tolosan. Ord. Min. vix. an. 1290.
Guillelmus Farinerius, Aquitanus, Ordin. Minor. Minister Generalis et Cardinal ob. an. 1361.
Guillelmus Flet.eus, Anglus, August. obiit an. 1380.
Guillelmus Folvillus, Anglus, Ord. Minor. obiit an. 1384.
Guillelmus Fulginas, Ord. Min. Volaterr.
Guillelmus Gainesburgus, Angl. Ord. Min. Wigorniensis Episcop. vix. an. 1310.
Guillelmus Catadeghus, Parmensis, S. R. E. Cardinalis, Bibliothecarius Apostol. ob. circa an. 1256.
Guillelmus Gillinghamus, Angl. Cantuariensis Monach. Historic. vix. an. 1390.
Guillelmus Petri de Godino, vel Godivo, Baionensis diœcesis, Ord. Præd. ob. an. 1336.
Guillelmus, Gratianopolit. Eccl. Canon. scripsit an. 1163. Vitam Margaretæ comitissæ Albon. Edit. a Salvaingo et Chifflet. Vide tom. 6. Ampl. Collect. Marten. pag. 1201.
Guillelmus Grisauntus, Angl. Philosoph. et Medicus, pater Urbani V. PP. vix. an. 1350.
Guillelmus Guarronis, Ord. Min. Præceptor Joan. Scoti, vix. an. 1270.
Guillelmus Hamerus, Novesianus, Ord. Præd. vix. an. 1264. Longe junior est, Fabricio auctore.
Guillelmus Hanabergus, Anglus, Carmelita, Theol. vix. an. 1311.
Guillelmus Harsiccus, Anglus, Carmelita Theolog. vix. an. 1413.
Guillelmus Hauckius, Anglus, Theologus.
Guillelmus Hentisberius vel Heytisbury, Angl. Philosophus, vix. an. 1380.
Guillelmus Herbertus, Anglus, Ord. Min. Theolog. ob. an. 1333.
Guillelmus Hervius, Buriensis in Anglia Monach. Theologus.
Guillelmus, Hirsaugiensis Abbas, ob. 3. Non. Jul. an. 1091.
Guillelmus Holmus, Angl. Ordin. Min. Med. vix. an. 1416.
Guillelmus Hothunus, vel Hodonus, vel de Odone, Anglus, Ordin. Præd. Theolog. ob. an. 1298. Idem qui infra Guillelmus Odo.
Guillelmus Huet, Anglus, Ord. Min.
Guillelmus de Janicea, Ord. Min. Idem forte qui mox Guillelmus de Lancea.
Guillelmus Jordanus, Anglus, Ordin. Præd. Theologus, vix. an. 1370.
Guillelmus Kingeshamensis, Angl. Ord. Præd. vix. an. 1262.
Guillelmus de la Mare, vel Lamarensis, Angl. Theolog. Ord. Min. vix. an. 1290.

Guillelmus DE LANCEA, Aquitanus, Ordin. Min. de Diæta salutis. *Vide Sander. pag.* 356.
Guillelmus LANCHTONIENSIS, Angl. Canonicus Regular. vix. an. 1230.
Guillelmus LEMESTERUS, Angl. Ordin. Minor. Theologus.
Guillelmus DE LICHEFELDIA, Angl. Theolog. obiit an. 1447.
Guillelmus LIDLINGTONUS, Anglus, Carmelita, Theolog. ob. an. 1309.
Guillelmus LINCOLNIUS, Anglus, Carmelita, vix. an. 1360.
Guillelmus LINDWODUS, Angl. JC. Episc. Menevensis, cujus habentur editi *Commentarii in Constitut. Cantuar. etc.* ob. an. 1446.
Guillelmus LISSEIUS, vel LISSOVIUS, Anglus, Ordin. Minor. Theol. vix. an. 1340.
Guillelmus LOMBARDUS, de Orthographia. *Vide Sander. pag.* 204.
Guillelmus LUBBENHAMUS, Angl. Carmelita, Philosophus. ob. an. 1361.
Guillelmus, Ord. Præd. Lugdunensis Archiepisc. falso reputatus, ob. ante annum 1260. *Trith. Sander. pag.* 181. *part.* 2. *pag.* 89.
Guillelmus MACLEFELDUS, Angl. Ordin. Præd. obiit an. 1304. Idem qui infra *Guillelmus Messelechus.*
Guillelmus major, Andegavensis Episc. an. 1290. *tom.* 10. *Spicileg. pag.* 247. *et tom.* 13. *post indicem pag.* 227. *tom.* 11. *pag.* 211.
Guillelmus, Malmesburiensis Monachus, cogn. *Somersetus,* an. 1125. 1148. *inter Histor. Anglic.; tom.* 5. *SS. Ord. Bened.* pag. 726.
Guillelmus DE MANDAGOTO, Archiepisc. Ebredun. dehinc Aquensis, Cardinal. ob. an. 1324.
Guillelmus MANUSFELDUS, Angl. Ordin. Prædicat. Theol. vix. an. 1320. Idem qui supra *Maclefeldus.*
Guillelmus, S. Martini Tornacensis Monachus, scriptor *Bernardini,* vel *Florum S. Bernardi,* vix. sæcul. XIII. *Vide tom.* 1. *Analect. Mabillonii pag.* 318. *Sander. pag.* 141. *Valer. Andr. etc.*
Guillelmus MAULIUS, Anglus, Monachus.
Guillelmus DE MAURITANIA, vix. an. 1120. *Vide Notas ad Robertum Pullum pag.* 332.
Guillelmus MESSELECHUS, Angl. Ord. Præd. Theol. vix. circ. an. 1304.
Guillelmus DE MILITONA, vel MELITONA, Ordin. Min. Theolog. vix. an. 1260. *in Bibl. Victor.*
Guillelmus MILVERLEIUS, Angl. Philosoph. vixit an. 1350.
Guillelmus, Moguntinus Archiepiscop. ob. an. 968. Chronicon scripsit.
Guillelmus DE MONTE LAUDUNO, Abbas Majoris Monasterii, vix. an. 1210. *Trith. Vide Sander. pag.* 129.
Guillelmus DE MONTE, vel DE MONTIBUS, Anglus, Lincolniensis Eccles. Cancellarius, vix. an. 1210. *Vide Sander. part.* 2. *pag.* 172.
Guillelmus DE NANGIACO, S. Dionysii in Francia Monach. fidus quidem, sed intricatus scriptor Vitæ S. Ludovici et Philippi ejus filii; scripsit et duo chronica, quorum unum ab anno 1113. ad an. 1301. editum est tom. 11. Spicileg. p. 405. alterum hactenus ineditum, cujus versio Gallica, ipsomet Guillelmo interprete, notissima est. Obiit post annum 1300. *Vide tom.* 5. *Hist. Franc. pag.* 326. *et Comment. Acad. Inscript. tom.* 8. *pag.* 560.

Guillelmus NEUBRIGENSIS. Vide infra *Guillelmus Parvus.*
Guillelmus NORTHONUS, Angl. Ordin. Minor. vixit an. 1403.
Guillelmus NOTTINGHAMUS, Anglus, Ordin. Minor. Theolog. ob. an. 1336.
Guillelmus OCCAMUS, Angl. Ordin. Minor. Joannis Scoti auditor, multa scripsit, ex quibus quædam edita. ob. secundum quosdam 20. Septembr. an. 1320. at secundum alios 10. Aprilis an. 1347. *Vide Pitseum, et Monarchiam Goldasti.*
Guillelmus ODO, seu DE ODONE, Ordin. Prædic. Dublinensis Archiepisc. ob. an. 1298. *Vide supra Hothunus.*
Guillelmus DE OONA, Angl. Theolog. dictus *Doctor Fundatus,* circ. an. 1270. Idem qui infra *Guillelmus de Waria.*
Guillelmus DE OPPENBACH, Theutonicus, vix. circ. an. 1390.
Guillelmus PACHENTONUS, Anglus, Historicus, vix. an. 1380.
Guillelmus PAGHAMUS, aliis de PAGULA dictus, Anglus, Carmelita, Theolog. vix. an. 1280.
Guillelmus DE PAGULA, Anglus, Theolog. ob. circ. an. 1350.
Guillelmus PARIS, Anglus, Sacerdos.
Guillelmus, Parisiensis Episcop. ob. 30. Mart. an. 1249. *Ejus opera Venetiis edita. Vide Bibl. Patr. pag.* 329.
Guillelmus PARVUS, Anglice *Little,* Neubrigensis vulgo dictus, Canonicus Regularis, *cujus exstat Hist. Anglor. edita a Picardo et al.* vix. an. 1200.
Guillelmus PAVILLON, in Observat. ad Dianam Monmorenc. *Paris.* 1603.
Guillelmus PEPINUS, Ebroicensis, Ord. Præd. vix. an. 1500. *Edit. Paris. an.* 1624.
Guillelmus PERALT, Ord. Prædic. Gallus, vix. an. 1280. *Trith. Sander. pag.* 191.
Guillelmus, cogn. PEREGRINUS, Anglus, vix. an. 1200.
Guillelmus PETRI, Cardin. et Episcop. Sabiniensis, ejus tractatus *de Potestate Papæ et Prælatorum Ecclesiæ, in Bibl. Sangerman. Cod.* 294.
Guillelmus, Petroburgensis, Ramesiensis Monachus, vix. an. 1188.
Guillelmus PICTAVENSIS, de Professione Monastica, *in Bibl. Sangerman. Cod.* 400.
Guillelmus PICTAVENSIS, Lexoviorum Archidiac. de Gestis Guillelmi Ducis Normannor. et Regis Anglor. sub quo vixit, *edit. in Normannicis Duchesnii pag.* 178.
Guillelmus, Placentinus, Medicus, vix. an. 1240.
Guillelmus DE PODIO LAURENTII, scripsit Hist. Bellorum contra Albigenses usque ad an. 1271. *edit. a Catello, et tom.* 5. *Hist. Franc. pag.* 666.
Guillelmus, cogn. PROCURATOR, Egmundanus Monachus, Chronici Egmundani continuator, vix. an. 1332. *edit. ab Andr. Schotto, etc.*
Guillelmus RADINGIUS, Anglus, Carmelita, vixit an. 1312.
Guillelmus DE RAMESEY, Angl. Croylandensis Abbas, ob. an. 1180.
Guillelmus READ, Theologus Oxoniensis, Episcop. Cicestriensis, vix. an. 1367.
Guillelmus REMINGTONUS, Anglus, Ord. Cisterciens. Theologus, vix. an. 1390.

Guillelmus Rievallensis, Monachus, scriptor Historiæ Angl. vix. an. 1160.
Guillelmus RISHANGERUS, Angl. ad S. Albanum Monach. *cujus exstat Historia post Matth.* Paris obiit an. 1312.
Guillelmus ROTHWELLUS, Anglus, Ordin. Prædic. Theologus, vix. an. 1360.
Guillelmus DE RUBIONE, Aragonius, Ord. Min. vix. an. 1333. *Edit.*
Guillelmus RUYSBROKIUS, Angl. Ordin. Min. vix. an. 1293. vel 1253.
Guillelmus DE SACCOVILLA, scripsit Sermon. *Sander. pag.* 183.
Guillelmus SAFONTIS, Tolosanus, Augustin. Theol. vix. an. 1350. vel 1433.
Guillelmus DE SAMUCO, Carmelita, Gallus, vixit an. 1280.
Guillelmus, S. Albani Monachus, cujus Vitam scripsit, vix. an. 1170.
Guillelmus DE S. AMORE, Theolog. Paris. vix. an. 1270. *Vide Hist. Acad. Paris. tom. 3. pag.* 685.
Guillelmus DE SANCTA FIDE, Angl. Carmelita, Theolog. ob. an. 1372.
Guillelmus A S. GODIALDO, Mathematicus, vixit an. 1293.
Guillelmus DE S. LO, Abbas S. Vict. Paris. scripsit Sermones. ob. an. 1349. *in Bibl. Victor.*
Guillelmus S. Theodorici Abbas, auctor Vitæ S. Bernardi, etc. vix. an. 1140. *Vide Bibl. Cisterc. et tom.* 22. *Bibl. Patr.*
Guillelmus DE SAUVILLIACO, Tolosanus, Carmelita, Theologus, ob. an. 1348.
Guillelmus, Rex Scotiæ, ejus Assisæ et Statuta, *edita a Skeneo in Legib. Scoticis an.* 1609. obiit an. 1214.
Guillelmus SEITONUS, cognom. *Eximius*, Medic. Oxon.
Guillelmus SENGHAMUS, Anglus, Theologus, vixit an. 1260.
Guillelmus SHIRBURNUS, Anglus, Theolog. vixit an. 1390.
Guillelmus SHIRWODUS, Anglus, Theologus, obiit an. 1249.
Guillelmus SLADIUS, Angl. Devoniensis Monachus, Philosophus, vix. an. 1380.
Guillelmus SOMNERUS, in Glossario, etc.
Guillelmus DE SOUTHAMPTONIA, Anglus, Ord. Prædic. Theolog. vix. an. 1340.
Guillelmus STARNEFELDIUS, Anglus, Carmelita, Theolog. Histor. vix. an. 1390.
Guillelmus STEPHANIDES, seu STEPHANUS, Londinensis, Cantuariensis Monachus, scriptor Vitæ S. Thomæ Cantuar. vix. an. 1190.
Guillelmus SUDBERUIS, Westmonasteriensis Monachus.
Guillelmus SUDRE, Lemovicensis, Ordin. Præd. Episcopus Massiliensis, Cardin. ob. an. 1373.
Guillelmus SUTTONUS, Anglus, Mathematicus, vix. an. 1450.
Guillelmus, S. Theodorici Remensis Abbas, scriptor Vitæ S. Bernardi Clarevall. cujus æqualis fuit. *Surius* 20. *August.*
Guillelmus DE THOCO, Ordin. Præd. scriptor Vitæ S. Thomæ Aquin. *tom.* 6. *Bol. pag.* 657.
Guillelmus THORNE, Augustiniani Cantuariæ Cœnobii Monachus, vix. an. 1380. *Edit. Londini an.* 1652.
Guillelmus DE THOSAN, Ord. Cisterc. *Vide Sander. pag.* 171.
Guillelmus DE TORNACO, Ord. Præd. Theolog. vix. circ. an. 1292. *Valer. Andr.*
Guillelmus DE TORTONA, Ord. Min. Philosoph.
Guillelmus TRIPOLITANUS, Ord. Præd. vixit an. 1273. *tom.* 5. *Hist. Franc. pag.* 432. *et in Bibl. Victor.*
Guillelmus, Tyri Archiepiscopus, adhuc superstes an. 1188. *Edit. in Gestis Dei, et alibi.*
Guillelmus VENTURA, in Chronico Astensi, *tom.* 11. *Script. Ital. Murat.*
Guillelmus DE WARIA, Anglus, Ordin. Minor. vix. an. 1270. Idem qui supra *de Oona.*
Guillelmus WELS, alias FONTANUS, Angl. August. Theolog. ob. 9. Kal. April. an. 1421.
Guillelmus WETHLEIUS, Angl. Boetii Commentator, vix. an. 1310.
Guillelmus WICCAMUS, Angl. Eboracensis Archiepiscopus, ob. an. 1285.
Guillelmus WILTONUS, Anglus Philosophus.
Guillelmus WITTLESEIUS, Angl. Cantuariensis Archiepiscopus, ob. an. 1374.
Guillelmus WODFORDUS, Angl. Ordin. Min. Theolog. ob. an. 1397.
Guillelmus WORCESTRIUS, Anglus, Medicus et Historicus, circ. an. 1380.
Guillimannus, in Expositione vocum inferioris ævi.
Guinibertus scripsit rationem prognostici, *in Bibl. Victor.*
Guitelinus, Londinensis Episcop. vixisse dicitur an. 444.
Guitmundus, Gallus, Archiepiscop. Aversanus, S. R. E. Card. vix. an. 1060. *in Bibl. Patr. tom.* 18.
Guntherius, Elnonensis Monach. Scriptor Martyrii SS. Cyrici et Julittæ, carmine, vix. an. 1090. *Sigeb. c.* 168.
Guntherus, Bambergensis Episc. an. 1064. scripsit *Itinerarium Terræ Sanctæ.*
Guntherus, Monach. Parisiensis in Helvetia, *de Expugnat. C. Poleos an.* 1204. *tom.* 5 *Canisii part.* 2. *pag.* 358. vix. an. 1210. idem creditur Auctor *Ligurini editi inter Hist. Germ.*
Gurdestinus, Monach. de Vita S. Winwaloei Abbat. *tom.* 6. *Bol. pag.* 256.

H

Hadrianus I. PP. ob. 26 Decemb. an. 795. *Habentur ejus Epistolæ in Cod. Carolino, in Concil. etc. Vide Lud. Jacob.*
Hadrianus II. PP. ob. 1. Novemb. an. 872. *In Concil. tom.* 6. *Canisii pag.* 413. 438.
Hadrianus III. PP. ob. 9. Maii an. 885. *Vide Synodum VIII.*
Hadrianus IV. PP. ob. 1. Septemb. an. 1159. *Vide Lud. Jacob.*
Hadrianus V. PP. ob. 18. Aug. an. 1276. *Vide Nomenclat. Cardinal. et Lud. Jacob.*
Hadrianus, Cartusiensis, scripsit *de Remediis for-*

tuitorum, edit. vix. an. 1410. *Vide Sander.* 2. *part. pag. 42. etc.*

Hagano, Episcopus Bergomensis, an. 840. *tom.* 2. *Analect. Mabillonii pag.* 81.

Haimeranus, Reginaburgensis Præpositus, de scriptoribus Ecclesiasticis, vixit sub Henrico IV. *Aventin.*

Haiminus, Mon. S. Vedasti Atrebat. Alcuini discipulus, de Miracul. S. Vedasti *tom.* 3. *Bolland. p.* 801.

Haimo, Cantuariensis Archidiaconus, ob. 9. Octob. an. 1054.

Haimo, Eboracensis Monach. Scriptor Martyrii S. Abbonis Floriacensis, vix. an. 1010.

Haimo DE FEVERSHAM, Angl. Ord. Min. Minister Generalis, ob. an 1270. aliis an. 1244.

Haimo, Halberstadensis Episc. ob. 27. Mart. an. 853. *Vide tom.* 12. *Spicileg. pag.* 27.

Haimo, Hirsaugiensis Monachus, Scriptor Vitæ B. Willelmi Abbat. Hirsaug. vix. an. 1092.

Haldoinus, Abbas Monast. Altivillarensis, vix. c. an. 852. *tom.* 1. *Analect. Mabillonii pag.* 416.

Halitgarius, Episc. Cameracensis, ob. 25. Jun. an. 830. vel 832. *Ejus pœnitentiale edit. a Canisio tom.* 5. *part.* 2. *pag.* 227. *Menardo in Sacrament. Gregorii M. Morino in lib. de Pœnitentia, tom.* 14 *Bibl. pag.* 926.

Haltausius, in Calendario Germanico medii ævi.

Hannibaldus DE CECCANO, Romanus, Archiepisc. Neapolitan. Cardinal. ob. an. 1350.

Hannibaldus HANNIBALDENSIS DE MOLAVIA, Romanus, Ord. Prædic. Cardinal. ob an. 1272.

Harigerus, Lobiensis Abbas, ob. an. 1007. *tom.* 1. *Hist. Leodiensis pag.* 1. *tom.* 8. *Bol. pag.* 35.

Hariulphus, Abbas Aldenburgensis, de Miracul. S. Petri apud Aldenburgum. *Vide Sander. pag.* 225. Duos Hariulphos sequentes ab eo minime distiguendos esse censet Fabricius in Bibl.

Hariulphus, scriptor Chronici Centulensis ab an. 625. ad an. 1088. *tom.* 4. *Spicileg. pag.* 419. *tom.* 5. *Boland. p.* 98.

Hariulphus, Abbas Aldeburgensis. *Vide Valer. Andr.*

Harmannus, Abbas S. Galli, cujus Historia *laudatur ab Eckehardo Jun. c.* 4.

Harthmannus, Monach. S. Galli, *tom.* 5 *Canisii part.* 2 *post pag.* 728. *Vide Conrad. de Fabaria c.* 3.

Hasmonius, Monach. de Abbreviatione Historiarum. MS.

Hebernus, vel HERBERNUS, Turonensis Archiep. de Miraculis S. Martini, etc. vix. an. 887. *Vide Baluz. tom.* 7 *Miscel. pag.* 169. *Sander. part.* 2. *pag.* 217.

Hedda (S), vel HEDDIUS, aliis HEADA, Anglus, Wintoniensis Episcop. ob. circa an. 707. *Pits.*

Heddius, cogn. STEPHANUS, Angl. Monachus Cantuar. vix. an. 720. *ejus de Vita S. Wilfridi liber edit. tom.* 5. *SS. Ord. Bened. pag.* 674.

Hedericus, Monach. Italus, vix. an. 640.

Hegesippus, de Bello Judaïco et Excidio Hierosolymitano, vix. post Constantinum M. *Vide Henr. Valesium ad Ammianum pag.* 108. *et Vossium de Hist. Lat. pag.* 707.

Hegesippus junior. *Vide supra Eugesippus.*

Heidenricus, Hallensis in Saxonia Præpositus, de Cura Pastorali, vix. an. 1137.

Heimericus DE CAMPO, Germanus, Theologus, vix. an. 1438. *Vide Sander. part.* 2. *pag.* 166.

Heisterius, in Institutionibus Chirurgicis.

Helgaldus, sive HELGAUDUS, Monach. Floriacensis, scripsit Vitam Roberti, regis Franc. *Edit. a Pithœo, et Duchesnio tom.* 3. *Hist.* vix. sub eod. Rege.

Hellas DE ROFIACO, Monach. Capellanus Henrici, regis Angl. vix. an. 1164. *tom.* 2 *Bibl. Labbei p.* 237.

Helinandus, Monach. Frigidi Montis, vix. sub Philippo Aug. *Ejus Chronic. edit. in Bibl. Cisterciensi.*

Helizabeth, Abbatissa Schonaugiensis, obiit an. 1165.

Helmodus, Canonicus Butsoniensis, vix. an. 1168. *Edit. cum Arnoldo Lubecensi.*

Helpericus, Sigeberto c. 145. CHILPERICUS, Monach. S. Galli, de Computo Ecclesiastico, vix. an. 980. *Vide Analect. Mabillonii tom.* 1. *pag.* 113.

Helvidus, Auxentii discipulus, adversus quem scripsit S. Hieronymus, *quem vide, ut et Gennad.*

Helwicus, Turingus, auctor *Rationarii Austriæ, etc.* an. 1265. 1275. *tom.* 2. *Bibl. Lambecii pag.* 627.

Hemoaldus PROVIDUS, Anglus, an. 740.

Henricus DC ALEMANNIA, super Ethica. *Vide Sanderum pag.* 199.

Henricus DE AMONDIVILLA, Chirurgus Philippi IV. regis Franc. an. 1306. de Chirurgia.

Henricus DE ANDERNACO, Carmelita, Theolog. vixit circ. an. 1390.

Henricus I. Rex Angliæ, cogn. BELLO-CLERICUS, cujus Leges exstant editæ, ob. an. 1135.

Henricus II. Rex Angliæ, ob. an. 1189. *Vide Pitseum.*

Henricus DE AQUILA, Germanus, Carmelita, Theol. vix. an. 1330.

Henricus AQUILONIPOLENSIS, Poeta, auctor Adolpheidos et Poem. de Primordiis Lubicanæ Urbis, *edit. ab H. Meibomio an.* 1620 vix. circ. an. 1460.

Henricus DE ARENA, Anglus, Carmelita, ob. an. 1399. Fabricius emendat 1299.

Henricus, Augiæ divitis Abbas, scriptor Vitæ S. Pirminii, vix. an. 1220.

Henricus DE BALMA, vel DE PALMA. *Vide Sander. pag* 171.

Henricus BEDERICUS, Angl. Clarensis Monachus, Theologus, vix. an. 1380.

Henricus BLAUFORDUS vel BLANCFORDUS, ad S. Albanum in Angl. Monach. Histor. *Laudatur a Thoma Walsinghamo an.* 1125. *Edit. ab Hearnio an.* 1729.

Henricus BODO, auctor Chronici Gandesheimensis.

Henricus BOYCK, Germanus, Carmelita, Croatiensis Episcopus, vix. an. 1360.

Henricus BOIK, vel BOUINC, Brito Armoricus, Leonensis, Decretista, vix. c. an. 1390. scripsit an. 1349.

Henricus DE BOYO, Brito, Carmelita, Theolog. vix. an. 1450.

Henricus DE BRACTON, JC. Angl. vix. sub Henrico Rege an. 1240. *Edit. an.* 1569. *Vide Pitseum et Seldenum ad Fletam c.* 2. § 2.

Henricus, Britenawiensis Abbas, Philosophus, Orator et Poeta, vix. an. 1132.

Henricus BRUNDSHAW vel BRADSHAUS, Angl. Monach. Bened. scriptor Vitæ S. Uneburgæ [Werburgæ] Virg. vix. an. 1346. [ob. an. 1513.]

Henricus DE BRUXELLIS, Monachus Affleghem. Compotista, vix. circ. an. 1310. *Henric. Gandav. et Trith.*

Henricus DE CALETO, Ord. Min. Lucanus Episcop. Theolog. vix. an. 1316.

Henricus CALTLIZENIUS. *Vide Henr. Kalteyzen.*

Henricus, Cantuariensis Archiepiscop. an. 1422. tom. 12. *Concil. pag.* 343. 350. 439.
Henricus CHICHILERUS, S. R. E. Cardinalis, obiit an. 1445.
Henricus, Abbas Clarevallensis, deinde S. R. E. Cardinalis, Episcopus Albanus, sub Alexandro III. PP. *Vide tom.* 12. *Baronii.*
Henricus I. Abbas Cluniacensis, vix. an. 1308. *in Bibl. Cluniac. pag.* 1542.
Henricus A CLINGENBERG, Constantiensis Episcop. scriptor Histor. Comitum Habspurgensium, vixit an. 1300.
Henricus CONSTANTIENSIS, vix. an. 1368.
Henricus COSSEIUS, vel COSTESAIUS, Anglus, Ordin. Min. Theolog. ob. an. 1336.
Henricus DE COSVELDIA, Teutonicus, Cartusiensis, Theol. ob. an. 1410. *Trith. Sander. part.* 2. *pag.* 173.
Henricus CRIATEDUS vel CRIXTEDUS, Anglus, Monach. in Regulam S. Benedicti.
Henricus DANIEL, Angl. Ord. Præd. Philosophus, vix. an. 1379.
Henricus DE DOLENDORPIO, Carmelita, Theolog. vix. an. 1340.
Henricus, Archiepisc. Ebredunensis, Cardinal. vulgo *Hostiensis* dictus, vix. an. 1250. Vide infra *Henr. de Segusia.*
Henricus DE EIMECK, dictus *Magister Angelus*, Saxo, Theol. ob. an. 1430.
Henricus DE ERFORDIA, Mindensis, Ord. Præd. vix. an. 1355.
Henricus ESSEDURNUS, Angl. Ord. Præd. vixit an. 1280.
Henricus FERRARIENSIS, Ord. Præd. vix. an. 1390.
Henricus DE GANDAVO, Archid. Tornacensis, ob. 8. Sept. an. 1293. *Edit. Vide Valer. Andr. et Possevinum.*
Henricus DE GAUDA, Teutonicus, Theologus, vixit an. 1435.
Henricus GORRICHEN, Germanus, Theolog. vixit an. 1430.
Henricus GULPEN, Abbas S. Ægidii Nurembergensis, Theol. vix. an. 1417.
Henricus DE HACHEMBURG, Ord. Præd. Theol. vixit an. 1400.
Henricus DE HANNA, vel DE HARENA, Anglus, Carmel. ob. an. 1299.
Henricus HARCLEIUS, Anglus, Theologus, vixit an. 1396.
Henricus HARPHIUS, Ord. Min. *Vide Sander. part.* 2. *pag.* 137.
Henricus DE HUDA, Angl. Ord. Min. vix. an. 1350.
Henricus HUNTINDONENSIS, Archidiac. Lincolniensis, vix. an. 1150. *Exstat inter Histor. Anglic. Adde tom.* 8. *Spicileg. pag.* 178. *et Cod. Reg.* 511. *Vide Pitseum et alios.*
Henricus IV. Imper. ejus Epistolæ aliquot editæ in *Reinneccio, cum illius Vita*, ob. an. 1106.
Henricus ISNENSIS, Abbas Benedictinus in Suevia, vix. an. 1348.
Henricus KALKARIENSIS, cogn. ÆGER, Cliviensis, Cartusianus, vix. an. 1408.
Henricus KALTEYZEN, Confluentinus, Ord. Præd. Archiep. Nidrosiensis et Cæsariensis, vix. an. 1433. ob. an. 1465. *tom.* 4. *Canisii part.* 2. *pag.* 1. *tom.* 12. *Concil. pag.* 1249.
Henricus KNYGHTON, Angl. Canonicus Regularis Leicestrensis, *cujus Historia edita inter Histor. Anglic. an.* 1652. vix. an. 1395. *Vide Selden. in Præfat. pag.* 47.
Henricus DE LANGENSTEIN, dictus *de Hassia*, Teutonicus, Theolog. ob. an. 1428.
Henricus DE MALINIS, scripsit Speculum Divinorum, *in Bibl. Victor.*
Henricus, Marionowensis, Germanus, Carmelita, Episcopus, vix. an 1440.
Henricus MAUNSFELDIUS, Angl. in Boetium.
Henricus A MONTEJARDINO, Genuensis, Ordin. Min. Theolog. vix. an. 1350.
Henricus OXONIENSIS, Angl. Ord. Min.
Henricus, Rebdorffensis Monachus, annales ab an. 1295. ad an. 1362. quo vixit, perduxit. *Edit. a Frehero.*
Henricus ROSLA, Nieubergensis, Saxo, vix. an. 1287. *Edit. a Meibomio an.* 1652.
Henricus Saltereiensis in Anglia Monachus, vixit an. 1140.
Henricus DE SEGUSIA, Ord. Præd. Gallus, Archiep. Ebredun. deinde Cardinalis Ostiensis, ob. an. 1281. Ejus est *Summa*, quæ vulgo *Ostiensis* dicitur.
Henricus SELDERUS, an. 1340. *In Cod. Reg.* 1090.
Henricus, Archiepiscop. Senonensis. an. 1132. *tom.* 3. *Spicileg. pag.* 158.
Henricus DE SNIRENBERG, *de Sphæra*, etc. *Vide Sander. pag.* 193.
Henricus STAIN, Utinensis Præpositus, Histor. *Vide Aventin. lib.* 4.
Henricus STEPHANI, ejus Thesaurus Græcus.
Henricus STERONIS, Monach. Altahensis, scripsit annales ab an. 1152. ad an. 1273. *tom.* 1. *Canisii pag.* 279. *et apud Freher.*
Henricus SUINESIUS, Glasconiensis Abbas, Poeta, vix. an. 1190.
Henricus SUSO, Suevus, Ordin. Prædic. ob. 23. Jan. 1365.
Henricus THEUTO, Ord. Præd. Alberti M. discipulus vix. an. 1290.
Henricus, Canonicus Tornacensis, scriptor Vitæ Eleutherii Episcop. Tornac. circ. an. 1140.
Henricus, ex Scholastico Trevirensi Episcop. Vercellensis, vix. sub Gregorio VII. *Sigebert. c.* 160.
Henricus DE VERLIS, Teutonicus, Ordin. Minor. Theolog. vix. an. 1390 ; 1440. ex emendatione Fabricii.
Henricus DE LA VILE, Anglus, Philosophus.
Henricus DE VRIMARIA, Augustinianus, Theologus, vix. an. 1340.
Henricus VRIMARIUS, seu FRIMARIUS, Thuringus, Augustin. *Edit.*
Henricus WICHINGHAMUS, Angl. Carmelita, Theologus, ob. 2. Mart. an. 1447.
Henricus, Wintoniensis Episcopus, circ. an. 1190. scripsit *de Inventione corporis Arthuri.*
Hepidannus, Mon. S. Galli, vix. an. 1072. ut ipse testatur in Præfat. ad Vitam S. Wilboradæ. *Edidit Goldastus, et ex eo Duchesn. tom.* 3. *Histor. Franc. pag.* 141.
Herardi Turonensis Archiepiscopi, Capitula, *tom.* 8. *Concil. pag.* 637. vix. an. 866.
Herbernus. Vide supra HEBERNUS.
Herbertus, Turrium Sardiniæ Archiepiscopus, de Miracul. *edit. a P. Chiffletio in S. Bernard.* vixit an, 1178.

Herbordus, Scholasticus, scripsit Vitam S. Ottonis Bamberg. Episcopi, *apud Gretzer. in Divis Bamberg.*

Herebertus BOSHAMUS, Anglus, scriptor *Vitæ S. Thomæ Cantuar.* vix. an. 1181.

Herempertus LOZINGA, Trifordiensis Episcop. ob. an. 1120.

Herempertus, auctor Hist. Longobardicæ, *edit. a Caracciolo an.* 1626.

Herenus DE BOIO, Armoricus, Carmelita, Theologus, vix. circ. an. 1330.

Hericus, Monac. Altisiodor. vix. sub Carolo C. *tom.* 1. *Bibl. Labbei pag.* 531. *Vide tom.* 1. *Analect. Mabillonii pag.* 413. 415. *Vide Codd.* 547. 632. 633. *Bibl. Sangerman.*

Herigerus, Abbas Laubiensis, cujus sunt Gesta Episcoporum Leodicens. ob. an. 1107. *Val. Andr.*

Herimannus, Abbas S. Martini Tornacensis, scriptor Historiæ ejusdem Monast. ad an. 1160. *tom.* 12. *Spicileg. pag.* 358.

Heriveus, Remensis Archiepiscop. Caroli Simplicis Cancellarius, obiit an. 922. *tom.* 17. *Bibl. Patr. pag.* 246.

Hermannus, scripsit de Astrolabio, etc. *Vide Sander. pag.* 199. Idem qui mox *Hermannus Contractus. Vide Fabr. Bibl.*

Hermannus, Altaichiensis Abbas, scripsit de Rebus Bavaricis. *Laudantur ab Aventino.*

Hermannus, Augustanus, Ord. Prædic. Theolog. vix. an. 1355.

Hermannus BRUCHER, Northusianus, Ordin. Min. vix. an. 1376.

Hermannus DE CAMPO-VETERI, Westphalus, Ordin. Cisterciensis, vix. an. 1440.

Hermannus, Monach. Cisterciensis Ordin. vixit an. 1440.

Hermannus CONTRACTUS, Monachus S. Galli, vix. an. 1040. *Ejus Chronicon edit. a Canisio tom.* 1. *et aliis.*

Hermannus, Eremitarum in Noricis, seu Waldsassensis Abbas, Theolog. vix. an. 1214. Laudatur ab Ægid. Gelenio in Colonia.

Hermannus DE LERBEKE, Ordin. Prædic. Auctor. Chronici Comitum Schawenburgensium, *editi ab H. Meibomio an.* 1620. vix. an. 1414.

Hermannus Mindensis, Ord. Præd. vix. an. 1270. a præcedente neutiquam diversus, auctore Fabricio.

Hermannus, Monach. de Miraculis S. Mariæ Laudun. ad Bartholomæum Episc. Laudun. *Edit. post Guibertum p.* 526.

Hermannus NEUVALDS, de Proba aquæ frigidæ.

Hermannus DE PETRA, Ord. Cisterc. ejus Sermones. *Vide Sander. pag.* 314.

Hermannus DE SAXONIA, Ordin. Minor. de Casib. conscientiæ.

Hermannus DE SCHILDIS, Augustinianus, Theolog. vix. an. 1340.

Hermannus PETRA DE STUTDORP, Cartusiensis, Theologus, ob. an. 1428.

Hermias, Philosoph. Christianus, Græce scripsit, cujus versio Latina exstat. *tom.* 4. *Bibl. Patr.*

Heroldus, Hirsaugiensis Monachus, de Laude Martyrum, vix. an. 1149.

Herrandus, aliis STEPHANUS, Germanus, Abbas Ilsemburgensis, al. Episcopus Halberstadensis, ob. an. 1107. *Vide Trith.*

Hervardus, Archidiac. Leodicens. vix. an. 1200. *tom.* 2. *Analect. Mabillonii pag.* 536.

Herveus, Dolensis Monach. in Isaiam, ad Joan. Abbat. Dolensem, MS. vix. an. 1130.

Herveus NATALIS, Armoricus, Ord. Prædic. Prior Gener. ob. Narbonæ an. 1325. *Vide Sander.* 2. *part. pag.* 39. *Bellarm.*

Hesso, Scholasticus, vix. an. 1120. *edit. a Tengnagelio cum Domnizone an.* 1612.

Hetto, Abbas Augiensis, deinde Episcopus Basileensis, vix. an. 924. *tom.* 5. *SS. Ord. Bened. p.* 263.

Hieremiæ JUDICIS, Compendium Moralium notabilium. *Vide Sander. pag.* 225. Idem cum sequente.

Hieremias DE MONTANIONE, Patavinus JC scripsit Compendium sapientiæ, ob. an. 1300. *Scardeon Sander. pag.* 199.

Hieronymus MAGIUS, in Miscellaneis suis.

Hieronymus DE MONTE BRIXIANO, de Finibus regundis.

Hieronymus OTHO, Perpiniacensis, Carmelita, Episcop. Elnensis, vix. an. 1420.

Hieronymus, Pragensis, Eremita Camaldulensis, de Vita S. Romualdi, ob. an. 1440. *tom.* 4. *Bolland. pag.* 124.

Hieronymus A SANCTA FIDE, ex Judæo Christianus, sæc. XV. *tom.* 25. *Bibl. Patr. pag.* 528.

Hieronymus DE S. MARCO, Anglus, Ordin. Minor. Philosophus.

Hieronymus (S.), Stridoniensis, Presbyter, ob. 30. Septembr. an. 420.

Hieronymus VALLENSIS, Patavinus, Poeta, vixit an. 1443.

Hieronymus VITALIS, in Lexico mathematico.

Hieronymus ZANETTI, in Dissert. de Origine et antiquitate monetæ Venetianæ, an. 1750.

Higinus, auctor *Prædestinati*, ut ex Hincmaro et aliis quidam volunt. *Edit. a Sirmondo, et tom.* 27. *Bibl. Patr. p.* 543.

Hilarius (S.), Archiepisc. Arelat. ob. 5. Maii ann. 454. vel 449. *Edit. seorsim, et tom.* 2. *Bol. pag.* 17.

Hilarius (S.), Pictavensis Episcopus, ob. 13. Jan. an. 367. aut seq.

Hilarus (S.), PP. ob. 10. Sept. an. 467. *in Concil.*

Hilda, Abbatissa, in *Heretheu*, in Anglia, obiit anno 680.

Hildebertus, Moguntinus Archiep. vix. anno 938. scripsisse dicitur aliquot Vitas Sanctorum.

Hildebertus, Episcopus Cenomanensis, deinde Archiepisc. Turonensis, ob. 18. Decemb. an. 1139. *Vide tom.* 4. *Spicileg. pag.* 244. *tom.* 13. *in Append. p.* 260. *tom.* 1. *Analect. Mabillonii pag.* 293. *Bibl. Cluniac. pag.* 414. *tom.* 21. *Bibl. Patr. etc. tom.* 9. *Bol. pag.* 83. *tom.* 11. *pag.* 634.

Hildefonsus, Archiep. Toletanus, vix. an. 662. *tom.* 12. *Bibl. Patr. tom* 1. *Spicileg. p.* 310.

Hildegardis, Abbatissa S. Ruperti in diœcesi Moguntina, cujus exstant Revelationes, ob. an. 1180. *Vide Chron. MS. Alberici an.* 1140. 1153. 1169. 1170. *Trith. et Sander. part.* 2. *pag.* 168. *tom.* 23. *Bibl. Patr. pag.* 535.

Hildegarius, Episcop. Meldensis, vix. sub Carolo C. *tom.* 2. *SS. Ord. Bened. pag.* 610.

Hildemarus, in Regulam S. Bened. *in Bibl. Sangerman. Cod.* 667.

Hildericus, Pauli Diaconi Aquileiensis auditor, Abbas Casinensis, ob. an. 834. *Vide Petr. Diacon. etc.*

Hilduinus, Anglus, Theologus.
Hilduinus, Abbas S. Dionysii, cujus exstant *Areopagitica*, obiisse dicitur 30. Oct. an. 842.
Hilduinus, Abbas Laubiensis, deinde Episcop. Veronensis, et Archiepiscop. Mediolan. scripsit Gesta Abbat. Laubiensium, vix. an. 920.
Hildwardus. Episcop. Halberstadensis, vixit an. 990. *tom.* 1. *Bibl. Labbei pag.* 682.
Hillinus, Monachus Corbeiensis, de Martyrio S. Foliani.
Hincmarus, Episcop. Laudunensis, vivebat adhuc an. 868. *Edit. cum Hincmaro Remensi.*
Hincmarus, Archiepisc. Remensis, ob. 23. Dec. an. 882. *Edit. a Sirmondo* 2. *tom. Vide præterea Concilia Labbei tom.* 8. *pag.* 568. 1732. 1901. *etc. tom.* 2. *Spicileg. pag.* 882.
Hippolytus, Florentinus, Ord. Min. scriptor Miraculor. S. Æmilianæ de Circulis, vix. an. 1248.
Hippolytus, Portuensis Episcopus, seu Martyr, vix. an. 229. *apud Bucherium in Canone Paschali pag.* 289.
Hoeli Boni, Principis Walliæ, Leges, *tom.* 9. *Concil. p.* 600. *et in Concil. Anglic.* vix. an. 940.
Homobonus. Cremonensis Episc. an. 1223. *tom.* 7. *Bolland. pag* 753.
Honoratus, Constantinæ in Africa Episcopus. *Gennad.*
Honoratus, Massiliensis Episcop. scriptor Vitæ S. Hilarii Arelat. etc. *Gennad.*
Honorius (S.) I. PP. ob. 11. Oct. an. 638. *Vide Concil. et tom.* 12 *Bibl. Patr.*
Honorius II. PP. ob. 14. Febr. an. 1130. *Vide Concilia.*
Honorius III. PP. ob. 18. Mart. an. 1227. *De ejus Epistolis aliisque scriptis, vide Lud. Jacob.*
Honorius IV. PP. ob. 11. April. 1287. *Vide Lud. Jacob.*
Honorius, Augustodunensis, cogn. Solitarius, quibusdam Scholasticus, aliis Presbyter, aliis denique Abbas Ord. S. Benedicti dictus, vix. an. 1130. secundum al. an. 1220. *Ejus Opera edita ab Andr. Schotto, et tom.* 20. *Bibl. Patr. p.* 963.
Honorius, Monachus Anglus, vix. an. 1090.
Honorius, Scholasticus, vix. sæculo VI. *tom.* 1. *Analect. Mabillonii pag.* 367.
Horatii vetus Interpres, a Cruquio editus an. 1579. *Vide Concilia.*
Hormisda (S.) PP. ob. 6. Aug. an. 523. *Vide Concilia.*
Hroswita, Monialis Gandersheimensis, vix. sub Ottone M. Imp. *Ejus Opera edita an.* 1501.
Hubertinus de Casali, Ord. Minor. deinde Cartusiensis, vix. an. 1300.
Hubertus de Bobio, JC. vix. circa an. 1230.
Hubertus de Bonacurso, Ital. JC. vix. c. an. 1230.
Hubertus Gualterus, Anglus, Cantuariensis Archiepiscop. ob. an. 1205.
Hubertus, scriptor Vitæ S. Gudilæ Virg. vix. post an. 1047. *Bolland. tom.* 1. *pag.* 514.
Hubertus, Ord. Præd. in Regulam S. August. *In Bibl. Victor.*
Hucarius, Levita, Anglus, Cornubiensis, vixit an. 1040.
Hucbaldus, Elnonensis Monach. ob. 1. Jul. an. 937. vel 930. *Edit. tom.* 2. *Bolland. pag.* 1040. *tom.* 2. *SS. Ord. Bened. p.* 710. 937. *Vide Sigeb. c.* 107. *Trith. Val. Andr. Vossium, etc.*

Hugo, Argentoratensis, Ord. Præd. Theolog. vixit an. 1296.
Hugo Atratus, Anglus, S. R. E. Cardinalis, obiit an. 1287.
Hugo Blancus, Tridentinus, Cardinalis, vix. sub Clemente III. Antipapa.
Hugo Candidus, anglice Withe, Anglus, Petroburgensis Monachus, vix. an. 1217.
Hugo, Carnotensis, circa an. 1055. scripsit adversus Adelmannum Brixiensem Episcopum.
Hugo de Castronovo, Ord. Min. dictus *Defensor Doctoris Subtilis*, Theolog. circa an. 1315.
Hugo de Cleris, Miles, de Majoratu et Senescallia Franciæ, etc. vix. sub Ludov. VI. reg. Franc. *Edit. in Notis ad Goffrid. Vindocin. et tom.* 4. *Hist. Franc.*
Hugo, Abbas Cluniacensis, *Bibl. Clun. pag.* 491. *tom.* 2. *Spicil. pag.* 401. 447. *etc.*
Hugo III. Abbas Cluniac. an. 1157. *tom.* 2. *Spicil. pag.* 400.
Hugo V. Abbas Cluniac. ab an. 1199. ad 1236. *Bibl. Cluniac. pag.* 1458.
Hugo, Compostellanus Archidiac. de Translat. S. Fructuosi, etc. *tom.* 10. *Bolland. pag.* 436.
Hugo de Dina, Gallus, Ord. Min. vix. an. 1280.
Hugo de Dittona, vel Ductona, Anglus, Ord. Præd. Theolog. vix. an. 1340.
Hugo Eterianus, Tuscus, vix. an. 1177. *in Bibl. Patr. tom.* 22. *pag.* 1176.
Hugo Falcandus, de Calamitatib. Siciliæ a Rogerio Comite Siciliæ ad Guillelmum II. Reg. sub quo vixit. *Edit. a Tornaceo et a Murat. tom.* 7. *Script. Ital.*
Hugo Farsitus, de Miracul. S. Mariæ Suession. vix. an. 1132. *Edit. a Mich. Germano Bened. cum Hist. ejusdem Monasterii.*
Hugo, Abbas Flaviniacensis, antea Mon. S. Vitoni Virdun. scripsit Chronicon, quod vulgo Virdunense inscribitur, quod perduxit ad an. 1102. quo vixit, *edit. tom.* 1. *Bibl. Labbei, p.* 75.
Hugo, Florefliensis, Ord. Præmonstr. vix. an. 1227. *Bolland. tom.* 1. *pag.* 863. *vide Valer. Andr.*
Hugo, Floriacensis Monach. scripsit Chron. *edit. tom.* 3. *Hist. Franc. pag.* 142.
Hugo de Folieto, Gallus, Prior S. Laurentii in Agro Ambian. ex Monacho Corbeiensi Cardinal. vix. an. 1120. *Cod. Reg.* 1830. *Trith. Sander. pag.* 191. 224.
Hugo Francigena, Mon. Salvaniensis circa an. 1170. de Exordio ejusd. Monast. *tom.* 3. *Miscel. Baluz. pag* 205.
Hugo de Hibernia, Ord. Min. vix. an. 1360.
Hugo Kirkestedus, Monach. Ord. Cisterc. Hist. vix. an. 1220.
Hugo Legattus, ad S. Albanum Monachus, Architrenii et Boetii Commentator, vix. an. 1400.
Hugo Lingonensis Episcop. vix. an. 1031 *Edit. post Lanfrancum Acherii, et tom.* 18. *Bibl. Patr. Vide Cod. Reg.* 1831. *et Saugerman.* 588.
Hugo, Archiep. Lugdunensis, an. 1094. *tom.* 5. *Spicil. p.* 552.
Hugo Manchestrensis, Angl. Ord. Præd. Theol. vix. an. 1294.
Hugo Matisconus, Anglus, de Gestis Clarorum Militum, MS.
Hugo Metellus, Canonic. Regularis, vix. ætate S. Bernardi.
Hugo de Miromari, Archidiac. Magalon. dehinc Car-

tusianus, circa an. 1220. de Miseria Hominis, *in Cod. Thuano* 73.

Hugo, Milisconensis (male pro Matisconensis) de Gestis Militum memorabilibus lib. 8. metrice. *Sander. pag.* 185.

Hugo NARBONENSIS, Ord. Min. Theologus.

Hugo NOVANTUS, Neustrius, Coventriensis Episc. ob. an. 1098. *Vide Vossium de Hist. Lat. pag.* 782.

Hugo DE NOVOCASTRO, Dunelmensis, Ordin. Minor. Theolog. vix. anno 1284 Idem qui supra de *Castronovo*.

Hugo DE ORCINIS, Auctor libri quem inscripsit *Musa*, in hac voce.

Hugo A PALMA, Cartusianus, de Triplici via, etc.

Hugo PANCERA, Ord. Min. de Contemptu Mundi, vix. an. 1312.

Hugo DE PETRIBURGO, Anglus, Historic. Vide supra *Hugo Candidus*.

Hugo, Pictavinus, scriptor Hist. Vezeliacensis ab an. 816. ad an. 1147. *tom.* 3. *Spicil. pag.* 468.

Hugo, Portugalensis Episc. Historic. *cujus meminit Vasæus c.* 4.

Hugo, Præmonstratensis Abbas primus, scripsit Vitam S. Norberti. *Edit. a Surio* 17. *Jul.*

Hugo DE PRATO, Etruscus, Ordin. Minor. vixit an. 1312.

Hugo, Prior S. Jacobi Paris. in Genesim, *ex Bibl. Victor.*

Hugo, Readingensis Abbas, vix. an. 1181.

Hugo, Rotomagensis Archiep. ob. an. 1164. *Edit. post Guibertum Acherii pag.* 690. *et tom.* 22. *Bibl. Patr.*

Hugo DE S. CARO, seu DE S. THEODORICO, Ord. Præd. vulgo dictus *Hugo Cardinalis*, obiit 19. Mart. an. 1260.

Hugo DE S. LAURENTIO, ejus Columba deargentata laudatur. *Vide supra Hugo de Folieto.*

Hugo DE S. NEOTO, Angl. Carmel. Theolog. obiit an 1340.

Hugo A S. VICTORE, natione Saxo, ob. 11. Febr. an. 1140. *Henr. Gandav. Trith. Bellarm. etc.*

Hugo SEGUINUS, Ord. Præd. Archiep. Lugdun. et Cardin. ob. an. 1328.

Hugo, Senensis, Italus, Medicus, vix. an. 1430.

Hugo, Archidiac. Turonensis, sub Roberto Rege, *tom.* 2. *Analect. Mabillonii pag.* 439. *Vide Bibl. Labbei pag.* 200.

Hugo, Sletstadensis, vix. circ. an. 1400.

Hugo SOTOVAGINA, Eboracensis Archidiaconus.

Hugo SUETHUS, Anglus, Ord. Præd. Theologus, sæculo XV.

Hugo VIRLEIUS, Anglus, Carmel. Theolog. vixit an. 1344.

Hugolinus, JC. vix. c. an. 1190.

Hugolinus, Patriarcha Constantinop. August. vix. an. 1290.

Hugolinus DE SANCTA MARIA IN MONTE, Picenus, Ord. Min. *Wadd.*

Humbertus V. Generalis Præd. ob. an. 1276. *tom.* 25. *Bibl. Patr. pag.* 424.

Humbertus, Abbas Pruliacensis, in lib. 4. Senten. vix. an. 1377. *Vide Sander. pag.* 168. *part.* 2. *pag.* 217.

Humbertus, Silvæ Candidæ Episcopus, Cardin. Monach. Tullensis, vix. an. 1054. *tom.* 11. *Baronii, tom.* 6. *Canisii pag.* 114. *tom.* 18. *Bibl. Patr.*

Humelbergius ad Serenum Sammonicum.

Humfredus, Glocestrensis Dux, et Pembrochiæ Comes, ob. an. 1447.

Hunfredus NECTONUS, Angl. Carmelita, Theol. ob. an. 1303.

Hunfredus WANLEIUS, de Antiquit. Literarum Septentrional.

Hunibaldus, *cujus Francorum Historia dubiæ fidei circumfertur*, vix. sub Justino juniore.

Hyginus, Gromaticus. *Edit. a Scriverio et Rigaltio.*

Hyginus (S.) PP. ob 11. Jan. an. 158. *Vide Concil.*

I

Jacobus, Alexandrinus, Ord. Min. Philosophus, idem forte, qui infra, *Jacobus de Blanchis*.

Jacobus DE ALTAVILLA, Abbas Ebirbacensis, Ordin. Cisterc. vix. an. 1360. *Vide Trith. Sander. pag.* 168. *etc.*

Jacobus, cogn. ANGLICUS, Ordin. Cisterc. vixit an. 1270.

Jacobus AQUINAS, Ord. Præd. scripsit contra Guillelmum de S. Amore.

Jacobus I. Rex Aragon. edidit an. 1247. *Foros regni Aragonum*, in urbe Oscæ. *Edit. cum Foris Aragon. an.* 1624. *etc.*

Jacobus DE ARENA, Parmensis, J. C vix. an. 1300.

Jacobus, Atrebas, Abbas S. Martini in diœcesi Camerac. vix. an. 1220. *Valer. Andr.*

Jacobus AURIAS, in Annal. Genuens. *apud Murat. tom.* 6. *Script. Ital.*

Jacobus BALDUINI, JC. Odofredi auditor, vixit an. 1240.

Jacobus DE BELVISIO, vel DE BELLOVISO, JC. vixit an. 1270.

Jacobus DE BENEDICTIS, dictus JACOPONUS, Tudertinus, Ord. Min. ob. 1306. *Vide Cod. Reg.* 880.

Jacobus BERTALDUS, Vegiensis Episcop. scripsit Jus Consuetudinarium Reip. Venetæ an. 1245. *Vide Lambec. lib.* 2. *de Bibl. Cæsar. pag.* 953.

Jacobus DE BLANCHIS, sive DE ALBIS DE ALEXANDRIA, Ord. Min. vix. sub Roberto rege Siciliæ. Idem forte, qui supra *Jacobus Alexandrinus*.

Jacobus BOURGOING, de Origine et Usu vulgarium vocum.

Jacobus BRACELLIUS, Genuensis, Auctor *Histor. Belli Hispaniensis, etc* vix. sub an. 1440.

Jacobus A BRUGIS, Flander, Carmelita, vix. an. 1310. *Valer. Andr.*

Jacobus DE BUTRIGARIIS, JC. Bartholi Præceptor, vix. an. 1320.

Jacobus CAJETANUS DE STEPHANESCIS, Romanus, S. R. E. Card. scripsit Vitam S. Petri Celestini PP. et Coronationem Bonifacii VIII. PP. ob. an. 1343. *Vide Bzovium in Bonif. et tom.* 25. *Bibl. Patr. pag.* 936.

Jacobus, Caroliloci Abbas, scripsit Quodlibeta, etc. *in Bibl. Victor.* Idem f. qui infra *Jacobus de Thermis.*

Jacobus DE CESSULIS, Ordin. Præd. vix. an. 1295. *In Bibl. Reg. Vide Lambec. lib.* 2. *de Bibl. Cæsar. pag.* 848.

Jacobus COLUMNA, Ord. Præd. Auctor Chronici ad an. 1340. Male, ut monet Fabricius, pro *Joannes de Columna*. Vide infra.

Jacobus DE DELAYTO, in Annal. Estensibus ab anno 1393. ad 1409. *tom. 8. Script. Ital. Murat.*
Jacobus DE DONDIS, Patavinus, Medicus, dictus *Aygregator*, vix. an. 1355.
Jacobus, Forliviënsis, Medicus, vix. an. 1430.
Jacobus DE FURNO, alias FORNERII, Cardin. ob. anno 1342. *Vide Hist. Academ. Paris, tom. 4. pag. 994.*
Jacobus GELU, Archiep. Turon. an. 1414. in Vita sua, *tom. 3. Anecd. Marten. col. 1947.*
Jacobus GOTHOFREDUS, ad Codicem Theodosianum.
Jacobus GRUITROEDIUS, Leodiensis, Cartusiensis Theolog. ob. an. 1472. *Vide Sander. part. 2. pag. 81. Valer. Andream, etc.*
Jacobus GUISIUS, Ordin. Min. *cujus sunt Annales Hannoniæ*, MSS. ob. an. 1398.
Jacobus HENRICUS DE ALBA, Italus, Ordin. Min. vix. an. 1340.
Jacobus HENRICUS BORN, in Commentariis. *Lipsiæ an.* 1742.
Jacobus IZELGRINUS, Ordin. Min. de Rhetorica. *Vide Sander. pag. 204.*
Jacobus LAUDENSIS, Ordin. Minor. Theolog. vixit an. 1350.
Jacobus DE LAUSANNA, Ord. Præd. vix. circa an. 1370. *Trith. Possevin. Vide Sander. 2. part. pag. 135. 181. et Cod. Sangerman. 242. 435.*
Jacobus A LEOCATO, Siculus, Carmelita, Theolog. circa an. 1490.
Jacobus DE LOBEL, Insulensis, in Historia Plantarum.
Jacobus MAGNI, Toletanus, [Tolosanus ex emendatione Fabricii], August. vix. an. 1415.
Jacobus MALVETIUS, Brixiensis, Medicus, vixit an. 1432. Exstat ejus Chronicon, *tom. 14. Script. Ital. Murat.*
Jacobus E MEVANIA, Ord. Præd. ob. an. 1301.
Jacobus DE MUNEIO, JC. *in Bibl. Victor.*
Jacobus ODO, *Perusinus*, Ord. Min. Auctor *Francischinæ, etc.*
Jacobus DE OSANA, Ord. Præd. ob. an. 1314. Idem videtur qui supra *de Lausanna.*
Jacobus DE PARTIBUS, Canonicus Tornacensis et Parisiensis, Medicus, vix. sub Carolo VII. rege Francor. *Vide Lindenum.*
Jacobus PASSAVANTIUS, Florentinus, Ordin. Prædic. ob. an. 1357.
Jacobus PICININUS, Dux Venetus, in Comment. rerum ab ipso gestarum an. 1452. *tom. 20. Script. Ital. Murat.*
Jacobus, Presbyter, de Miracul. S. Zenonis Episc. Veron. *tom. 10. Bolland. pag. 76.*
Jacobus DE RAVENNA, Locharingus,JC. vix. an. 1300.
Jacobus REDUFFUS, JC. Gallus, ob. 21. Mart. anno 1428.
Jacobus RICKIUS, JC. de Defensione probæ aquæ frigidæ, etc.
Jacobus DE S. ANDREA, Senensis, Ordin. Prædic. Theolog. vix. an. 1262.
Jacobus SCALZA, Urbevetanus, vix. an. 1262.
Jacobus DE SENIS, cogn. DE TUNDO, Ord. Min. Histor. vix. an. 1330.
Jacobus SOLDIUS, Florentinus, Ordin. Servorum, Theolog. ob. an. 1440.
Jacobus SUEDORICUS, Germanus, Ordin. Minor. vix. an. 1439.
Jacobus DE SUSATO, Ordin. Præd. Histor. vix. circ. an. 1415.
Jacobus DE THERAMO, Aversanus Archidiacon. vixit an. 1390. *Trith. Vide Sander. part. 2. pag. 38. 39.*
Jacobus DE THESSALONIA, Ordin. Prædic. vixit circ. an. 1410.
Jacobus DE THERMIS, Abbas Caroli-Loci, Diœces. Silvanect. vix. an. 1312. *Vide Sander. part. 2. p. 106.*
Jacobus DE VITERBIO, Neapolitanus,Archiepisc. August. vix. an. 1310.
Jacobus A VITRIACO, Episcopus Acconensis, et Cardin. ob. 30. April. 1244. *Vide Marten. tom. 3. Anecd. pag. 268.*
Jacobus DE VORAGINE, Ord. Præd. Archiepisc. Genuensis, ob. an. 1294. al. 1298.
Jacobus WILLELMUS IMHOFF, in Genealogiis, etc.
Jacobus ZINIDOLUS, Placentinus, Ord. Præd. Theol. vix. an. 1420.
Januarius NEPOTIANUS, Breviator Valerii Maximi. *Vide tom. 1. Bibl. Labbei pag. 669.*
Janus FREY, in libro cui titulus: *Admiranda Galliarum, Paris. an.* 1628.
Janus GUILLELMUS LAURENBERGIUS, in Antiquario, *Lugdun. an.* 1622.
Janus A SUOLA, JC. et Theolog. vix. an. 1331.
Jaroslaus, Canon. Præmonst. Bohemus, scripsit Hist. Bohem. vix. an. 1160.
Idacius CLARUS, Episcop. Hispanus, vix. an. 386. *tom. 5. Bibl. Patr. pag. 726. Vide Isid.*
Idacius, Lemicensis, Aquarum Flaviarum Episcop. Chronicon perduxit ad an. 467. *Edit. a Sirmondo, Labbeo, etc.*
Idalus, Episcopus Barcinonensis, an. 680. *tom. 1. Spicileg. pag. 316.*
Idiota, Liber sic inscriptus, cujus auctor post an. 800. vixisse dicitur. *Vide Raimundus Jordanis* in Bibl. Fabricii.
Jesse, Episcopus Ambianensis, vix. an. 802. *in Bibl. Patr. tom. 14. pag. 67.*
Iglacus, Monach. Anglus, de Vita Sigwini Abbat. vix. an. 740.
Ignatius MARIA COMI, in Opusculis Philologicis, *Venet. an.* 1733.
Ildefonsus (S.), Archiepisc. Toletanus, ob. 23. Jan. an. 667. vel 669.
Iltutus, seu ELCUTUS, Morganensis, Britannus, vix. an. 520.
Imbrico, Herbipol. Episc. obiit ann. 1309. [1147]. *Miræus.*
Inas, Anglorum Occidentalium Rex, *cujus Leges Latine habentur apud Bromptonum, Spelmann, Lambardum in Concil. etc.* ob. an. 724.
Ingelrannus, Abbas Centulensis, vix. an. 1035. *tom. 2. SS. Ordin. Bened. pag. 201. tom. 11. Boland. pag. 459.*
Ingobertus, Caroli M. scriba. *Vide Alemannum de Lateranensibus Parietinis pag. 116. 123. 134.*
Ingulfus, Londiniensis,Croylandensis Abbas, cujus monasterii Historiam scripsit. *Edit. inter Histor. Angl.* ob. an. 1109.
Innocentius I. (S.) PP. ob. mense Jul. an. 417. *Vide Concilia.*
Innocentius II. PP. ob. 24. Sept. an. 1143. *Vide Concil. tom. 2. Spicileg. a pag. 458. et Lud. Jacob.*
Innocentius III. PP. ob. 16. Jul. an. 1216. *Ejus Opera seorsim edita.*

INDEX AUCTORUM.

Innocentius IV. PP. obiit 13. Decemb. an. 1254. *Ejus Opera seorsim edita.*

Innocentius V. PP. ob. 22. Jun. an. 1276. *Ejus Opera seorsim edita.*

Innocentius VI. PP. ob. 12. Sept. an. 1362. *De scriptis, vide Nomenclat. et Lud. Jacob.*

Innocentius VII. PP. ob. 6. Novemb. an. 1406. *De scriptis, vide Lud. Jacob. etc.*

Innocentius, Agrimensor, vix. sub Constantio, edit. *a Rigaltio. Vide Ammianum.*

Joachimus, Abbas, Florensis in Calabria, vix. an. 1201. *Vide Chron. MS. Alberici hoc anno et Trith.*

Joannes I. (S.) PP. obiit 21. Maii ann. 526. *Vide Concilia.*

Joannes II. (S.) PP. ob. 26. Jun. an. 535. *Vide Concilia.*

Joannes IV. PP. ob. 12. Oct. an. 641. *Vide Concil. tom. 12. Bibl. Patr.*

Joannes V. PP. ob. 2. Aug. an. 686. *Vide Concil. et Lud. Jacob.*

Joannes VII. PP. obiit 18. Octob. ann. 707. *Vide Concilia.*

Joannes VIII. PP. ob. 15. Decemb. an. 882. *Ejus Epistolæ complures editæ in Concil. tom. 9.*

Joannes IX. PP. ob. an. 903. *Vide Concil.*

Joannes X. PP. ob. an. 928. *Vide Lud. Jacob.*

Joannes XI. PP. ob. an. 937. *Vide Lud. Jacob.*

Joannes XII. PP. ob. prid. Idus Maii an. 964. *Vide Concil. et Lud. Jacob.*

Joannes XIII. PP. ob. an. 975. *Vide Concil. etc.*

Joannes XV. PP. ob. 7. Maii an. 996. *Vide Concil. et Lud. Jacob.*

Joannes XVI. aliis XVIII. PP. obiit 18. Jul. anno 1009. *Vide Lud. Jacob.*

Joannes XVIII. vel XIX. PP. ob. 8. Novemb. ann. 1033. *Vide Lud. Jacob.*

Joannes XIX. vel XXI. PP. ob. 19. Maii an. 1277. *Varia ejus scripta edita, inedita, recenset Lud. Jacob.*

Joannes XXI. vel XXII. PP. ob. 4. Decemb. ann. 1334. *De ejus Scriptis et Epistolis editis et MSS. Ludovicus Jacob.*

Joannes XXIII. PP. ob. an. 1419. *Vide Lud. Jacob.*

Joannes, Abbas, qui vix. circ. an. 1070. ejus libellus de scripturis et verbis collectus. *Vide tom. 1. Analect. Mabillonii pag. 133.*

Joannes, Abbas, Scriptor Vitæ S. Glodesindis Virg. *apud Surium 25. Jul. et tom. 1. Bibl. Labbei pag. 724.*

Joannes, Episcop. Abrincensis, deinde Rotomag. Archiepiscop. *de Offic. Eccles. edit. Rotomagi, obiit an. 1079.*

Joannes ACTONIUS, vel DE ACTONA, Anglus, vixit an. 1290.

Joannes ÆGIDIUS seu DE S. ÆGIDIO, Anglus, Theol. vix. an. 1253.

Joannes ÆGIDIUS, August. *Vide Bibl. Labbei pag. 205.*

Joannes ÆGIDIUS, Zamorensis, Ordin. Minor. vixit an. 1300.

Joannes AGNUS, Gandensis, Ord. Præd. ob. an. 1296. *Valer. Andr.*

Joannes AILINUS MANIACUS, Notarius, de Bello Forojuliensi, an. 1387. *Vide Murat. tom. 3. Antiq. Ital. med. ævi col. 1189.*

Joannes ALDARUS, Anglus, historiographus.

Joannes DE ALEMANNIA, Augustin. *Vide Sander. part. 2. pag. 137.*

Joannes DE ALERIO, Tolosanus; Carmelitarum Magister Generalis ob. an. 1342.

Joannes DE ALES, Anglus.

Joannes DE ALTONO, Anglus, JC. Idem qui supra *Joannes de Actona.*

Joannes AMALIN, AMALIUS, sive AMELINUS, Gallus, Ord. Min. Theolog. *Vide Wadd.*

Joannes AMELINUS, S. R. E. Cardin. vix. an. 960. Fabricio ignotus.

Joannes AMUNDISHAMUS, ad S. Albanum in Anglia Monach. vix. an. 1450.

Joannes DE ANANIA, Archidiac. Bononiens. JC. ob. circ. an. 1455.

Joannes DE ANCONA, Canonista, *Vide Sanderum, pag. 117.*

Joannes ANDEVERUS, Anglus, Theologus.

Joannes ANDREÆ, Bononiens. JC. obiit 7. Jul. an. 1348.

Joannes ANDREAS PALATIUS, Scriptor Vitæ S. Constantii Mart. *edit. a Surio et Bolland. tom. 2. p. 932.*

Joannes, Rex Angliæ, cujus exstant Statuta varia, ob. an. 1217.

Joannes ANGLICUS, Ordin. Minor. Theolog. *Vide Wadding.*

Joannes ANGLICUS, qui in Universalia Scoti scripsit, edit. vix. an. 1390.

Joannes DE ANNOSIS, *Vide Sanderum, part. 2. pag. 218.*

Joannes ANTONIUS CAMPANUS, Apruntinus Episcop. ob. an. 1477. *tom. 26. Bibl. Patr.*

Joannes, Archicantor Romanus, vixit ann. 679. *Possevin.*

Joannes ARDERNUS vel ANDERNUS, Angl. Medic. vixit an. 1370.

Joannes S. Arnulphi Metensis Abbas, de Vita Joan. Abbat. Gorziensis, *apud Labbeum, et tom. 5. Bolland. pag. 690.*

Joannes ASCULANUS, Ord. Minor. vix. an. 1270.

Joannes ASSERIUS, Menevensis in Anglia Monach. Shirburensis Episcop. vix. an. 909.

Joannes AVONIUS, Angl. Carmelita, Theol. et Mathemat. ob. an. 1350.

Joannes DE AURBACH, Bambergens. Presbyter, vix. circ. an. 1415. [1469.]

Joannes BACONDORPIUS, aliis DE BACONE, Angl. Carmelita, Theol. multa scripsit, *de quibus Pitseus, et alii,* ob. an. 1346.

Joannes DE BADO-AUREO, Angl. de Armis et insignibus, *ed. ab Edw. Bissæo.*

Joannes BALBUS, Genuensis, Ord. Præd. Theolog. vix. an. 1280.

Joannes BALISTARII, Catalanus, Carmelit. Magister Generalis, ob. an. 1374.

Joannes BAMPTONUS, Angl. Carmelita, Theolog. vix. an. 1341.

Joannes BANDINUS DE BARTHOLOMÆIS, in Hist. Senensi, *tom. 20. Script. Ital. Murat.*

Joannes, Burensis Archidiacon. de Translat. S. Nicolai, etc. de Inventione S. Sabini, vix. an. 1100. *t. 7. Ughelli p. 860.*

Joannes BARNINGHAMUS, Angl. Carmelita, Theol. ob. 22. Jan. an. 1448. Idem qui infra *Bernegamus.*

Joannes Barwicanus, Ordin. Minor. Theolog. vixit an. 1340.
Joannes Basileensis, Augustinian. Theolog. ob. 15. Octob. an. 1371. [1391.]
Joannes Basilius, Patavinus, de Familiis Patavinis, vix. sub Henrico VII. Imper.
Joannes Basingstochius, Angl. vix. an. 1252.
Joannes Bassetus, Anglus, Historicus.
Joannes de Bassineo, Doctor, Prophetia, *in Bibl. Victor.*
Joannes Bassolius, Ordin. Min. discipulus Joannis Scoti, vix. an. 1322.
Joannes Batus, Anglus, Carmelita, Theolog. ob. 7. Kal. Febr. an. 1429.
Joannes, S. Davonis in Flandria Abbas, vix. circ. an. 1390.
Joannes a Bayono, de Abbatibus Mediani-Monasterii.
Joannes de Bazano, in Chronico Mutinensi, *tom.* 15. *Script. Ital. Murat.*
Joannes de Beka, Trajectensis Canon. scriptor Historiæ Episcoporum Trajectensium, *bis editæ*, vix. ann. 1350.
Joannes Beletus, floruit in Ecclesia Ambianensi, an. 1182. ut auctor est Albericus in Chron. MS. *edit. cum Durandi Rationali. Vide Henric. a Gandavo, Trith. et Pits. pag.* 869.
Joannes Belmeis, Anglus, Eboracensis Thesaurarius, vix. an. 1194.
Joannes de Belna, Inquisitor Carcassonensis, an. 1318. *Vide Baluz. tom.* 1. *Miscel. pag.* 211.
Joannes Berardi, scriptor Chronici Casauriensis, ab an. 854. ad an. 1182. *tom.* 5. *Spicileg. pag.* 361. *et tom.* 3. *Hist. Franc. pag.* 544.
Joannes Berberius, in Vocabul. utriusque juris.
Joannes Bernegamus, Anglus, Carmelita, Theolog. vix. an. 1430. Idem qui supra *Barninghamus.*
Joannes Bertachinus, de Firmo, JC. vix. an. 1465.
Joannes Bertinianus Monach. de Vita S. Bernardi Pœnitent. *tom.* 10. *Bol. pag.* 675.
Joannes Bestonus, Anglus, Carmelita, Theologus, ob. an. 1428.
Joannes Bever, Anglus, Westmonasteriensis Monachus, Historicus, vix. an. 1306. Ejus Chronicon edidit Hearnius an. 1735.
Joannes Beverlacius (S.), Eboracensis Archiep. ob. Non. Maii an. 723.
Joannes Beverlaius, Anglus, Carmelita, Theolog. vix. an. 1390.
Joannes, Biclariensis in Hispania Abbas, deinde Gerundensis Episcopus, Chronicon perduxit ad ann. 594. *Edit. a Canisio, et tom.* 4. *Hist. Hispan. Vide Isid.*
Joannes Blacweius, Anglus, Ordin. S. Trinitat. Grammaticus, vix. an. 1447.
Joannes de Blanasco, Burgundus, JC. Bononiensis, vix. an. 1256. *in Bibl. Victor.*
Joannes Blomendal, vel Brumendal, Germanus, Ord. Min. vix. an. 1330.
Joannes Blondus, Anglus, Theologus, ob. an. 1248.
Joannes Bloxhamus, Anglus, Carmelita, Theologus, ob. an. 1334.
Joannes Bloxhamus, Oxoniensis Doctor, vixit an. 1394.
Joannes Bocatius de Certaldo, Italus, Florentinus, ob. an. 1376.
Joannes Bockinghamus, Anglus, Theologus, vixit an. 1398.
Joannes Bondus, de Aquilegia, ejus Usus seu Ars dictandi literas, *in Bibl. Sangerman. Cod.* 531.
Joannes de Bononia, ejus Summa Tabellionatus officii, etc. MS.
Joannes Bonus, Patavinus, scripsit de Familiis Patavinis, vix. an. 1334.
Joannes Bosianus, Cremonensis, JC. Azonis præceptor, vix. an. 1200.
Joannes, Bossinensis in Hungaria Episcopus, Friburgensis, Ord. Præd. vix. an. 1250.
Joannes Bostok. Vide infra *Joannes Whetamstedus.*
Joannes Botleshamensis, Anglus, Ord. Præd. Theol. vix. an. 1388.
Joannes Botrellus, Angl. Carmel. Philosoph. vixit an. 1400.
Joannes Brammart, Aquensis, Carmelita, vix. circ. an. 1350.
Joannes Brando, Monachus, Dunensis, scripsit Chron. ad an. 1431. *Sander. pag.* 183.
Joannes Brevicoxa, Episcop. Gebennensis, ann. 1449. *Ejus elogium et scripta vide in Histor. Collegii Navarræi.*
Joannes, Bridlingtonensis Abbas, Anglus, ob. 6. Id. Octob. an. 1379.
Joannes Bromardus, Angl. Ord. Præd. Theologus, cujus quædam edita, vix. an. 1390.
Joannes Bromius, Anglus, Augustin. ob. an. 1449.
Joannes Bromptonus, Jornallensis, Abbas, Chronicon Angl. perduxit ad an. 1198. *edit. an.* 1652. *ubi de eo multa Seldenus.*
Joannes Burchardus vel Bucchardus, Ceremoniarum Papalium Magister, vix. sub Julio II. PP. *Lud. Jacob.*
Joannes Burgensis, Petroburgensis in Anglia Abbas, Histor. vix. an. 1340.
Joannes de Burgo, Anglus, Auctor libri inscripti *Pupilla oculi* editi, etc. ob. an. 1386.
Joannes Buridanus, super Librum Esther, *in Bibl. Victor.*
Joannes Buriensis, Abbas, Anglus, Historicus, ob. an. 1280.
Joannes Burlæus, Anglus, Carmelita, Theolog. ob. an. 1333.
Joannes Buschius, Canonicus Regul. an. 1475. de Reformat. Monast. *apud Leibnit. tom.* 2. *Scrip. Brunsvic.*
Joannes Buschius, scriptor Chronici Windeselmensis, edit. a Rosweido, vix. an. 1470.
Joannes Cacheng, Friburgensis, Ordin. Prædic. Theolog. vix. an. 1335.
Joannes, Cæsaraugustanus Episcop. vix. sub Sisebuto et Suinthilane Regibus. *Ildefons.*
Joannes Calderinus, Bononiensis, JC. Joannis Andreæ filius adoptivus, vix. an. 1340.
Joannes a Calvisiano, Ordinis Prædicat. *Vide Possevin.*
Joannes e Cambico, Ord. Præd. vix. an. 1295.
Joannes Cameniata, de Excidio Thessalonicæ.
Joannes Campensis, Carmelita, Theolog. vixit an. 1404.
Joannes Campscenus, aliis Campsensis, et Canscon, Anglus, Carmelita, Theol. vix. circa an. 1341.
Joannes Canales, Italus, Ordin. Min. vix. an. 1450.

INDEX AUCTORUM.

Joannes, cogn. CANONICUS, Ord. Min. Joannis Scoti auditor, vix. an. 1320.
Joannes, Canonicus, Regularis, Anglus, vixit an. 1250.
Joannes CANTIANUS, Anglus, Ordin. Minor. vixit ann. 1248.
Joannes CAPISTRANUS, Ord. Min. ob. 3. Octob. ann. 1456. *edit.*
Joannes CAPREOLUS, Ord. Prædic. Theol. vixit ann. 1415. *edit.*
Joannes E CARCASSONA, Narbonens. August. Theol. vix. an. 1350.
Joannes DE CARDALHACO, Archiep. Tolosanus, scripsit sermones et orationes MS. ob. an. 1390.
Joannes CARMESSONUS, scriptor Vitæ B. Thomasi Patr. CP. vix. ann. 1360. *Vide Acta SS. tom. 2. Jan. pag.* 995.
Joannes, Cartusiensis ex Monasterio Portarum, vix. an. 1150. *Edit. a P. Chiffletio, et tom. 24. Bibl. Patr. pag.* 1505.
Joannes DE CASANOVA, Aragonius, Episcopus Elnensis, Ordin. Præd. S. R. E. Cardinal. ob. an. 1436.
Joannes, Abbas Casinensis, an. 915. *Vide Petr. Diac. et J. B. Marum.*
Joannes CASSIANUS, Monachus, ob. 23. Jul. circ. an. 448. *Edit. a Gazeo, et tom. 7. Bibl. Patr.*
Joannes, Castellensis in Diœcesi Eystetensi Mon. vix. circa an. 1390.
Joannes CAXTONUS, Anglus, Ord. Min.
Joannes, Auctor Chronici Fossæ novæ, vix. an. 1217. *Edit. tom. 1. Ughelli.*
Joannes CHARLERIUS, a patria GERSONUS cognominatus, Doctor et Cancellarius Parisiensis, ob. ann. 1429. 12. Jul.
Joannes CHELMESTONUS, Anglus, Carmel. Theolog. vix. an. 1290.
Joannes CUILLINGWORTHUS, Angl. Medic. et Mathemat. vix. an. 1360.
Joannes CHILMARCUS, Angl. Math. vix. an. 1390.
Joannes E CHINIVETO, Gallus, Carmelita, Theol. vix. an. 1340.
Joannes CHRISTOPHORI, Moguntinus, Ordin. Prædic. Theol. vix. an. 1260.
Joannes CHRISTOPHORUS OLEARIUS, In Isagoge ad Numophylacium Bracteatorum.
Joannes, Cimeliarcha Ecclesiæ Neapolit. vix. an. 1362. *tom. 9. Bollandi pag. 34. et apud Chifflet. in S. Paulino.*
Joannes CLIPSTON, Anglus, Carmelita, Theolog. ob. ann. 1378.
Joannes CLYN, Hibernus, Ordin. Min. Histor. vixit ann. 1349.
Joannes COLLÆUS, Carmelita, vix. an. 1440.
Joannes DE COLLEMEDIO, Archidiac. Morinensis, vix. an. 1140. *tom. 2. Bol. pag.* 794.
Joannes COLTON, Anglus, vixit an. 1410. Male ex Fabricio; nam defunctus erat an. 1404.
Joannes DE COLUMNA, Ord. Præd. Messanensis Archiepisc. scripsit *Mare Historiarum*, vix. an. 1255.
Joannes E CONDETO, Hannoniensis, Carmelit. Theolog. vix. an. 1380.
Joannes CONSTABLIUS, Anglus, Poeta, etc.
Joannes, Cornubiensis dictus, et *Magister Joannes. Petr. Diac. c.* 38.
Joannes CRESEIUS, Angl. Carmelita, ob. an. 1450.
Joannes CUSPINIANUS, Medicus et Poeta, in Epistolicis Questionibus, ob. 29. Apr. an. 1529. *Vide Lambecii Bibl. Cæsar. tom.* 1. *pag.* 32.
Joannes DE DACIA, de Philosophia, etc. *Vide Sander. pag.* 193. 204.
Joannes DANCK, de Saxonia, Philosophus, vixit an. 1330.
Joannes DANIEL SCHŒFFLINUS, in Alsatia illustrata, Dissertat. de Bracteatis. etc.
Joannes DASTINUS, Anglus, Philosophus.
Joannes DATUS, Imolensis Episcopus, Augustin. Theolog. ob. an. 1360. [1460.]
Joannes DECRTUS, Viconiensis, Ord. Præm. Canonic. vix. an. 1384.
Joannes DEDECIUS, Anglus, Philosophus.
Joannes DEIRUS, Angl. Theol. vix. an. 1360.
Joannes DEMUSSIS, in Chronico Placentino, *tom.* 16. *Script. Ital. Murat.*
Joannes DE DEO, Hispan. Decretista, vix. Bononiæ an. 1347. *Vide Sander. pag.* 177. *et Pœnitentiale Theodori edit. a Petito pag.* 377. *Trith. etc.*
Joannes DERCLINGTONUS, Anglus Ord. Præd. Theol. Archiep. Dublinensis, ob. an. 1284.
Joannes DESTICIUS, Anglus, de Vocabulis Bibliorum.
Joannes DIACONUS, Casinensis, scriptor Vitæ S. Gregorii M. vix. an. 874. *tom.* 1. *SS. Ord. Bened. pag.* 398. *tom.* 7. *Bol. pag.* 139.
Joannes, Diacon. et Monach. Casinensis, Poeta, vix. an. 1170.
Joannes, Diaconus Neapolitanus, Auctor Chronici Episcopor. Neapolit. vix. circa an. 890. *Vide tom.* 7. *Bollandi pag.* 22. *tom.* 8. *pag.* 32. *et Murat. tom.* 1. *part.* 2. *Script. Ital.*
Joannes DIACONUS, Veronensis Canonic. Hist. scripsit a Julio Cæsare ad Henricum VII. Imp.
Joannes DE DICTAMINIBUS, Canonista, *Sanderum, pag.* 177.
Joannes DIEPPURG, dictus *de Francfordia*, vixit an. 1430.
Joannes DIVINUS, de Doctrina cordis. *Vide Sander. pag.* 359.
Joannes DOMINICI, Florentinus, Ordin. Præd. Card. ob an. 1420. *Vide Trith.*
Joannes DOMINICUS AULISIUS, in Opusculis.
Joannes DONDUS, seu HOROLOGIUS, Patavinus, Medicus et Mathemat. ob. an. 1380.
Joannes DRIBROCUS, JC. Angl.
Joannes DRITONUS, seu DE ARIDA-VILLA, Angl. Philosoph. vix. an. 1260.
Joannes DUMBLETONUS, Anglus, Theol. vix. an. 1320.
Joannes DUNS, a villula *Dunstane* in Northumbria, ubi natus est, sic dictus, cognomine Scotus, Ord. Min. Doctor Subtilis, ob. 8. Nov. an. 1308.
Joannes DE DUREN, Ordin. Min. vix. circa an. 1412.
Joannes EBORACENSIS, Carmelita, Theol.
Joannes EDÆUS, Guallensis, Ord. Min. Theolog. ob. an. 1406.
Joannes EITONUS, Anglus, de Usura MS.
Joannes ELIGERUS DE GONDERSLEVEN, Teuton. Philosoph. circa an. 1330.
Joannes ELINUS, vel HELINIUS, Angl. Carmel. Theol. ob. an. 1379.
Joannes EREMITA, scriptor Vitæ S. Bernardi, *editæ a P. Chiffletio an.* 1660. vix. circa an. 1180.
Joannes DE ERFORDIA, Thuringus, Ord. Minor. vix. circa an. 1350. *Trith. Sander. pag.* 204.
Joannes ERNESTI, Teuton. Theol. vix. an. 1440.

Joannes DE ESCULO, Ord. Min. Generalis Minister, vix. an. 1270.
Joannes ESTWODUS, Anglus, Mathematicus, vixit an. 1360.
Joannes EVERISDENUS, Anglus, Buriensis Monachus, Theol. et Histor. ob. circ. an. 1336.
Joannes FABER, JC. Inculismensis diœcesis, vixit an. 1340.
Joannes FABRI, Abbas, S. Vedasti, deinde Episcopus Carnotensis, ob. an. 1390.
Joannes DE FABRIANO, Theol. et Philosophus, Bononiensis, ob. an. 1348.
Joannes FELMINGHAMUS, Anglus, Philosophus.
Joannes FELTONUS, Angl. Theolog. vix. an. 1440.
Joannes FERRARIENSIS, Ord. Min. scripsit Annales Estenses ab an. 1409. ad 1454. *tom. 20. Script. Ital. Murat.*
Joannes, Abbas Fiscanensis, ob. an. 1078. *tom. 1. Analect. Mabillonii pag.* 221.
Joannes FLETUS, Westmonasteriensis Monachus, Historicus.
Joannes FOLSHAMUS, Angl. Ord. Carmel. Theolog. ob. 18. April. an. 1348.
Joannes FORDON, vel DE FORDUN, Angl. Abbas Fordensis, [qui Joanni Anglorum ab an. 1199. ad 1216. regi a confessionibus fuit. Alius vero est *Joannes Fordun*, Scotus,] auctor Scotichronici [usque ad an. 1066.] vix. an. 1360. *Vide Seldenum ad Scriptores Anglic. pag.* 19. *et Fabricii Bibl.*
Joannes FORTESCUE, Capitalis Justitiarius et Cancellarius Angl. vix. an. 1460. sub Henrico VI. *Edit. an.* 1599. *et* 1616.
Joannes FRANCIOGIA, de Abbatisvilla, ex Archiep. Bisuntino Cardinal. ob. circ. an. 1240.
Joannes DE FRARINO, de Eucharistia et aliis Christianæ religionis Mysteriis, *in Bibl. Sangerman. C.*330.
Joannes FRASQUETI, Monachus S. German. Autis. scipsit Chronicon, MS.
Joannes FRIBURGENSIS, Ordin. Prædic. Episcopus Ossunensis, [Bossinensis, emendante Fabricio,] in Hungaria, ob. [eodem teste, an. 1252.] an. 1314. *Edit. Vide Lambec. lib.* 2. *Bibl. Cæsar. pag.* 814. 873.
Joannes FRIHITORIS, Parisiensis, Theologus, Ordin. Præd. vix. an. 1290. Fabricio circ. an. 1379.
Joannes FRUMENTARIUS, Monachus Glocestrensis, Theologus, vix. an. 1440.
Joannes FUST, Teutonicus, Carmelita, vix. circa an. 1370.
Joannes GANWER, Teutonicus, Carmelita, vixit an. 1440.
Joannes DE GARLANDIA, Angl. vix. an. 1040. *Ejus Synonyma edita an.* 1495. *Chymica an.* 1560.
Joannes GASCOINIUS, Anglus, Theolog. vix. an. 1382.
Joannes GASTISDENUS, Angl. Medic. vix. an. 1320.
Joannes GATTUER, cogn. TEUTONICUS, Carmelita, vix. an. 1440. Idem qui supra *Ganwer*.
Joannes DE GEDUNO, de Anima. *Vide Sander. part.* 2. *pag.* 89.
Joannes GEORGIUS ECCARDUS, in Leg. Salic. in Comment. de Rebus Franc. Orient. *Edit. Wirceburg. ann.* 1729. *etc.*
Joannes GEORGIUS KEYSLERUS, in Antiquit. Septentr. et Cellicis, an. 1720.
Joannes GERBRANDUS A LEYDIS, Carmel. Chronicon Hollandiæ perduxit ad an. 1417. *Edit. a Sewertio an.* 1620.

Joannes GERSEN, Abbas Vercellensis, auctor libri *de Imitatione Christi.*
Joannes GERSON, Remensis diœcesis, Doctor Parisiensis, ob. an. 1429. *Ejus opera seorsim edita.*
Joannes GLUEL, Teutonicus, Carmelita, vixit circ. an. 1390.
Joannes DE GMUNDEN, Germanus, Mathematicus, ob. an. 1442.
Joannes GOBII, junior, Ordin. Prædic. *Sanderum, pag.* 191.
Joannes GODARDUS, Angl. Cisterc. Mathematicus, vix. an. 1250.
Joannes GODWICUS, Angl. Augustin. Theolog. obiit circa an. 1360.
Joannes GOLDESTONUS, Angl. Carmelita, Theologus, vix. an. 1320.
Joannes GOLEIN, Normannus, Carmelita, vix. circ. an. 1370.
Joannes, Abbas Gorziensis, *tom.* 5. *SS. Ord. Bened.* Idem qui supra *Joannes Abbas S. Arnulphi Metensis.*
Joannes GOWERUS, Nobilis Angl. Historicus, etc. ob. an. 1402.
Joannes GRAMMATICUS, Angl. vix. an. 1270.
Joannes GRANDISONUS, Angl. aliis Burgundus, Exoniensis Episcopus, vix. an. 1370.
Joannes GRAUNER, Carmelita, Theolog. vixit ann. 1440. Idem qui supra *Joannes Granwer.*
Joannes GRAYUS, Angl. Norwicensis Episcop. etc. ob. an. 1217.
Joannes GRITSCH, Basileensis, Ord. Min. Theolog. vix. an. 1430.
Joannes, cogn. GROSSUS, Carmelitarum Prior Generalis, vix. an. 1400. *edit.*
Joannes GUALENSIS, vel WALLEIS, Anglus, Ordin. Min. multa scripsit, e quibus quædam edita, vixit an. 1260.
Joannes CUALLENSIS, junior, Anglus, Theolog. vixit an. 1346.
Joannes GUENTUS, Cambrensis, Ordin. Min. Theol. ob. an. 1348.
Joannes GUIJONIUS, in Dissertat. de Magistrat. Augustodun. fori.
Joannes GULDENER, Germanus, Carmelita, Theologus, vix. an. 1340.
Joannes, Hagustaldensis, vel Hagulstadensis Prior, *cujus Historia edita inter Anglic. ann.* 1652. vix. an. 1190.
Joannes DE HAIDA, Angl. Poeta, vix. an. 1280.
Joannes HAINTONUS, Angl. Carmelita, Theolog. obiit an. 1428.
Joannes HAUTIVILLENSIS, in Anglia natus, ad S. Albanum Monachus, auctor *Architrhenii*, vix. an. 1180. *Vide Pitseum.*
Joannes HEREFORDENSIS, Anglus.
Joannes HERINGIUS, de Molendinis.
Joannes DE HESDINIO, Ord. Hospital. S. Joan. Hierosol. vix. an. 1390.
Joannes DE HESE, Trajectensis Presbyter, cujus exstat *Itinerarium Judicum*, an. 1389. *Edit. an.* 1565.
Joannes HICKELEIUS, Anglus, Augustin. obiit ann. 1381.
Joannes DE HIDA, Anglus, Wintoniensis, Monachus, vix. an. 1284.
Joannes HILDESEMENSIS, Carmel. vix. an. 1370.

INDEX AUCTORUM.	XLIII

Joannes Hiltonus, Anglus, Ordin. Minor. obiit ann. 1376.
Joannes Hintonus, cogn. Sophista, Anglus Philosophus.
Joannes, Hispalensis, de Astrologia, *edit*.
Joannes, Hispanus, in Decretales, *in Cod. Thuano* 162.
Joannes Hocsemius, Leodiensis Canonicus, de Gestis Pontificum Leodiensium, vix. an. 1348. *Edit. tom.* 2. *Histor. Leodiens. pag.* 273.
Joannes Hofmannus, Misnensis Episcopus, vixit an. 1418.
Joannes Holibrocus, seu de Sacro Fonte, Anglus, Mathematicus, vix. circ. an. 1450.
Joannes Horingerus, Anglus, vix. an. 1310.
Joannes, Horitensis Archidiaconus, circ. an. 1170.
Joannes Hornebius, Anglus, Carmelita, vixit an. 1374.
Joannes Hovedenus, Londinensis, Theolog. vixit an. 1275.
Joannes de Janua, Ord. Præd. *Catholicon*, seu Lexicon absolvit an. 1286. *Vide Præfat. Cangii num.* 47.
Joannes de Imenhusen, Germanus, Theolog. vixit an. 1300.
Joannes de Imola, JC. ob. 18. Febr. an. 1435.
Joannes de Indagine, Erphordiensis, Cartusianus, auctor Chronici, ob. an. 1475.
Joannes Joliahan, Anglus, Carmelita, Theologus, vix. an. 1348.
Joannes Yorkus, Anglus, Carmelita, Theolog.
Joannes Iperius, Abbas S. Bertini, cujus est Chron. ejusdem monasterii ab an. 590. ad an. 1294. ob. ann. 1303. Fabricio an. 1387.
Joannes, Italus, Monach. Cluniac. scripsit Vitam S. Odonis Abbat. Cluniac. cujus fuit discipulus. *In Bibl. Cluniac. p.* 14.
Joannes Keningalus, Angl. Carmelita, ob. 28. April. an. 1451.
Joannes de Kikulleu, de Gestis Ludovici Hungariæ regis, cui fuit a secretis, *edit. cum Twroczio, pag.* 92.
Joannes Kyllyngworth, ejus Canones tabularum. *Vide Sander. part.* 2. *pag.* 37.
Joannes Kininghamus, Anglus, Carmelita, Theolog. ob. 4. Id. Maii an. 1399.
Joannes Langdenus, Anglus, Cantuariensis Monachus, dehinc Episcop. Roffensis, Histor. ob. an. 1420.
Joannes Langhamus, Angl. Augustin. Philosoph.
Joannes Kangtonus, Anglus, Carmel. Histor. obiit an. 1434.
Joannes Lathberius, Angl. Ordin. Min. Theologus, vix. an. 1406.
Joannes, Laudensis Monach. discipulus S. Petri Damiani, cujus Vitam scripsit. *Inter Opera Petri Damiani, et tom.* 5. *Bol. pag.* 416.
Joannes Launoius, Doctor Sorbonicus, in variis Opusculis.
Joannes Lelandus, cogn. Senior, Grammatic. Angl. ob. penult. April. an. 1428.
Joannes Lemovicensis, alias Launha, de Stylo Dictionario, etc. vix. sub Theobaldo Navarræ rege. *Vide Sander. pag.* 204. 302.
Joannes Leo, Romanus, Ord. Præd. de Gestis Concilii Basileensis, MS.
Joannes Le Lievre, in Statutis Eccl. Viennensis.
Joannes Ligdatus, Buriensis in Anglia Monachus, Theolog. multa scripsit, *de quibus Pitseus*, obiit an. 1440.
Joannes Lignanus vel de Ligniano, JC. Bononiensis, vix. an. 1380. 1400. *Mantua. Vide Cod.* 294. *Bibl. Sangerman.*
Joannes de Ligneriis, Philosoph. vix. an. 1330.
Joannes, Lombariensis Episcop. Basileensis, vixit circ. an. 1420.
Joannes Londinensis, Auctor Chronici Anglici.
Joannes Loneius, Anglus, Carmelita, Theologus, ob. an. 1390.
Joannes Longiacus, Aquitanus, vixit sub Clemente VII. PP.
Joannes Lossensis, Ord. Bened. scripsit Leodicensem Hist.
Joannes Lous, Angl. Augustin. Theologus, obiit an. 1436.
Joannes Luccus, Angl. Theolog. vix. an. 1420.
Joannes Ludovicus de La Cerda vocabula Latino-Barbara excerpsit, quæ Petro Cellensi nuncupavit, ex Adversar. Sacr. cap. 180. et 183.
Joannes Ludovicus Lambertarius vel Lambertacius, Patavinus, JC. Auctor Statutor. P: vin. vix. an. 1382. *Mantua.*
Joannes Lutterellus, Oxoniensis Academiæ Cancellarius, Theol. vix. an. 1340.
Joannes, Macrobii deflorator, de differentiis Græci Latinique sermonis, *edit. inter Grammaticos Putschii pag.* 2770.
Joannes Major, Angl. Theolog.
Joannes Malverneus, Anglus, Histor. vix. an. 1342.
Joannes de Mandevilla, Nobilis Angl. cujus habetur *Itinerarium*, etc. ob. Leodii 17. Nov. an. 1372.
Joannes Mandwithus, Anglus, Mathematicus, vixit an. 1346.
Joannes Marcanova, Patavinus, Poeta, Medicus et Antiquarius, vix. an. 1445.
Joannes Marchinellus, Carmelita, Leodicensis, Theolog. vix. an. 1410.
Joannes de Marcia. *Vide Sander. part.* 2. *p.* 170.
Joannes Marfeldus, Anglus, Medicus, circa an. 1490.
Joannes Markeleius, Angl. Ordin. Min. Theolog. ob. an. 1376.
Joannes de Marliano, Medicus, vix. an. 1430.
Joannes Marro, vel de Mare, Anglus, Carmelita, Theolog. ob. 18. Mart. an. 1407.
Joannes Marsicanus, S. R. E. Cardinal. Episc. Tusculanus, ob. sub Paschali II. PP.
Joannes de Matiscona, JC. scripsit super 4. lib. Institut. *In Bibl. Victor.*
Joannes Mathias Florinus, in Opusculis.
Joannes Mauburnus, sive a Bruxella. *Vide Sander. part.* 2. *pag.* 56.
Joannes Maxentius, Scytha, et Presbyter Antiochenus, vix. an. 525. *Edit. cum S. Fulgentio et tom.* 10. *Bibl. Patr.*
Joannes Mearus, Norwicensis Monach. Theolog.
Joannes a Mechlinia. *Vide Sander. part.* 2. *p.* 56.
Joannes de Mediolano, scripsit Floreas Medicinæ, *in Bibl. Victor.*
Joannes, Mercius dictus, quia in Regno Merciorum natus, vix. an. 1150.
Joannes Michael Heineccius, de Veteribus Germanorum aliorumque Nationum Sigillis, *Francof. an.* 1709.

Joannes Minius, seu de Muro-Vallium, Picenus, Ordin. Minor. Minister Generalis, deinde Cardinal. obiit an. 1312.

Joannes Miræus, qui et Lillesuclus, Anglus, Monachus, vix. an. 1403.

Joannes Molinetus, in Calendario.

Joannes de Molinis, Gallus, Carmelita, vixit an. 1360.

Joannes Monachus, Diœcesis Ambian. Episc. Meldensis, et Cardinal. Fundator Collegii sui nominis Parisiis, ob. 22. Aug. an. 1313.

Joannes, Monach. Casinensis, Medicus, Constantini Africani discipulus, ob. an. 1072. *Petr. Diacon. c.* 35.

Joannes Monachus, Ord. Celestinorum, ac S. Petri Celestini discipulus.

Joannes, Monachus Majoris monasterii, Scriptor Vitæ Gaufredi ducis Normann. et Gestorum Consulum Andegavensium, vix. sub Ludovico VII.

Joannes de Monte Casale, Genuensis, Ord. Minor. Theol. vix. circ. an. 1300.

Joannes de Montesono, Ord. Præd. sub Urbano VI.

Joannes Morlandinus [rectius, teste Fabricio, *de Molinis*, vel *de Molendinis*], Lemovicensis, Ord. Præd. Cardin. ob. an. 1358.

Joannes Moven, Londinensis Episcopus.

Joannes Multonus, Anglus, Carmelita, obiit an. 1400.

Joannes de Muris, Pilseo de Muris, Anglus, de Musica. *Cod. Reg.* 384.

Joannes a Naone, de Familiis Patavinis, *laudatur a Felice Osio*.

Joannes Nider, Ordin. Præd. Teutonic. vixit ann. 1430. Scripsit Tractatum *de Timorata Conscientia.* Vide *Timoratus* in Gloss.

Joannes Noblet, Gallus, Carmelita, vixit circa an. 1435.

Joannes Nonantulanus, scripsit Vitam S. Fortunati Episcopi Eugubini, *tom.* 1. *Ughelli pag.* 707.

Joannes Noviomensis, ejus Summa, *in Bibl. Collegii Claromontani Paris.*

Joannes Nuscensis, Montis Virgin. Monac. scriptor Vitæ S. Guillelmi, vix. circ. an. 1200.

Joannes Oczko, Bohem. Archiep. Pragensis et Cardin. ob. an. 1381.

Joannes Olveius sive Olney, Angl. Ord. Cartusiens. vix. an. 1350.

Joannes Ovinhellus, Angl. Carmelita, Theolog. ob. an. 1438.

Joannes Oxfordius, vel de Oxonio, Norwicensis Episcop. ob. an. 1200.

Joannes Oxraccus, Anglus, Philosophus.

Joannes Canonic. de Novo Burgo, Angl. Histor. vix. an. 1257.

Joannes de Palencia, in Ordinario Fratrum Prædicat.

Joannes Palmerus, Angl. JC. vix. an. 1433.

Joannes de Paloma, Barcinocensis Archidiac. vixit an. 1420. Idem qui mox *Polemarius.*

Joannes de Parisiis, cogn. Pungens-Asinum, Ordin. Prædic. vix. an. 1303. *tom.* 2. *Monarchiæ Goldasti.* Vide *Trith. et Hist. Academiæ Paris. tom.* 4. *pag.* 967.

Joannes Parisis, dictus Qui-Dort, de Potestate Regia et Papali, et de Christo et Anti-Christo. *In Bibl. Sangerman. Codd.* 294. 602. Vide *Fabricii Bibl.*

Joannes de Parma, Bononiensis, Ordin. Minor. Minister General. vix. an. 1260.

Joannes Paschallus, Angl. Carmelita, Theol. obiit an. 1361.

Joannes Peccamus, Anglus, Ordin. Minor. Theolog. multa scripsit, *de quibus Pitseus, et alii*, obiit an. 1292.

Joannes de Persico, Cremonens. Augustinian. Theologus.

Joannes Perusinus, Auctor *Description. Terræ Sanctæ*, MS.

Joannes Philotechnus, de Triangulis, etc. *Vide Sander. pag.* 200. infra *Jordanus.*

Joannes Picus, Histor. Angl. vix. an. 1115.

Joannes Plaetii, Teutonic. Professor Hildebergensis, vix. an. 1430.

Joannes de Plano Carpini, Ord. Min. S. Francisci discipulus, vix. an. 1246.

Joannes Polemarius, Barcinonensis Archidiacon. vix. an. 1433. *Edit. tom.* 4. *Canisii tom.* 12. *Concil. pag.* 1364.

Joannes Polestedus, Angl. Carmelita, Theolog. ob. an. 1341.

Joannes de Poliaco, Doctor Paris. scripsit Quodlibeta, vix. an. 1321. *in Bibl. Victor.* Vide *Marten. t.* 1. *Anecd. col.* 1368.

Joannes Polus, Angl. Scriptor Vitæ S. Walburgæ, ob. an. 1410. Vide *Acta SS. tom.* 3. *Febr. pag.* 523.

Joannes Prædicator, Canonista. *Sander. p.* 177.

Joannes, Præmonstratens. Abbas secundus, vixit an. 1260.

Joannes, Pragensis Archiepisc. S. R. E. Cardinal. cujus exstat Oratio post Mortem Caroli IV. Imp. habita, *edita a Frehero.*

Joannes Prichesius, Viconiensis, Ord. Præm. Abbas, Theol. vix. an. 1320.

Joannes, Prior S. Joannis de Vineis, de Claustro Animæ, *in Cod. Reg.* 1830.

Joannes, Ragusinus, Dalmata, Ord. Præd. Cardin. vix. an. 1433. *Edit. a Canisio tom.* 3. *et tom.* 12. *Concil. pag.* 1013.

Joannes Raimundi, Convenensis, Episcop. Tolosan. Cardinal. ob. an. 1349.

Joannes Ravennas, scripsit de Familia Carrariensi, vix. an. 1420.

Joannes de Regno, Gallus, Carmelita, vixit circa an. 1330.

Joannes Repingalus, Anglus, Carmelita, Theolog. ob. an. 1350.

Joannes Rhodius, Medicus, Danus, in Dissertat. de Acia.

Joannes Ridevallus, Anglus, Augustin. Theologus, vix. an. 1330.

Joannes Robinus, Anglus, Mathematicus.

Joannes Rochefordus, Nobilis Anglus, Historicus, vix. an. 1406.

Joannes Rode, Abbas S. Matthiæ Trevirensis, obiit an. 1439.

Joannes Rodingtonus, Angl. Ord. Min. Theol. obiit an. 1348. Vide *Sander. pag.* 168.

Joannes Rufus, vulgo Read, Angl. Ordin. Prædic. Historicus, vix. an. 1284.

Joannes de Rupella, Ord. Min. Theolog. vixit an. 1250. *Trith. Sander. etc.*

Joannes de Rupescissa, Ordin. Minor. Theologus, vix. an. 1340. al. 1240.

Joannes RUYSBROKIUS, Canonic. Regular. ob. 2. Decembr. an. 1390.
Joannes DE SACROBOSCO, Angl. HOLIWOOD, Mathematicus insignis, ob. an. 1256.
Joannes SALENTINUS, Siculus, Ord. August. Magist. Generalis, vix. an. 1430.
Joannes DE S. ALDINO, in Magistrum Sentent. *in Bibl. Sangerman. Cod.* 318.
Joannes DE S. AMANDO, Grammatic. *Vide Sander. pag.* 204.
Joannes DE S. EDMUNDO, Angl. Carmelita, Theolog. vix. an. 1350.
Joannes DE S. FIDE, Angl. Carmel. Theolog. ob. 18. Septembr. an. 1359.
Joannes DE S. GEMINIANO, Ordin. Prædicat. vixit circ. an. 1300.
Joannes A S. GEORGIO, Bononiensis JC. vixit an. 1437.
Joannes DE SANCTO OMERO, Norfolcensis, vixit an. 1220.
Joannes A S. VICTORE, in Chronico, scripsit Memoriale Hist. a mundo condito ad an. 1322. *in Biblioth. Victor.*
Joannes SARACENUS. *Vide Sander. pag.* 164.
Joannes SARISBERIENSIS, Episcopus Carnotensis, ob. an. 1182. *Vide Pitseum.*
Joannes DE SAXONIA, Ord. Min. vix. an. 1340. *Trith. Sander. pag.* 178. 199.
Joannes SAXONIUS, Ordin. Servitarum, vixit ann. 1412. *Vide Vossium de Hist.*
Joannes SCHADLANT, Ordin. Prædicat. Coloniensis [Culmensis, ex emendatione Fabricii, inde Hildesheimensis, mox Wormatiensis ac denique Augustanus] Episcopus, vix. anno 1365.
Joannes SCHEFFERUS, ad Chron. Upsaliense, de Re vehiculari, etc.
Joannes SCHODEHOVEN, rectius *Schonhoven*, Carmelita Mechliniensis, vix. circ. an. 1390.
Joannes DE SCHONHOVIA, Ord. Canon. Reg. in Viridivallo juxta Bruxellam, ob. an. 1413. [1431.]
Joannes SCHRIVELIUS, in Brevi regularum algebræ Descriptione.
Joannes SCOTUS, cogn. ERIGENA, cujus scripta habentur, ob. an. 884. *Vide Pitseum et Hist. Academiæ Paris. t.* 1. *p.* 611.
Joannes SEGUARDUS, Anglus, vix. an. 1420.
Joannes SEMUR, Ordin. Minor. Idem qui mox *Somerius.*
Joannes SERLO, dictus MAGISTER SERLO, Abbas Fontanus in Anglia, Poeta, vix. an. 1160. *Vide Pitseum.*
Joannes SETONUS, Senior, Anglus, Philosophus.
Joannes SEVERLÆUS, Angl. JC.
Joannes SHARPUS, Angl. Philosophus et Theologus, ob. an. 1390.
Joannes, Episcop. Signiensis. *Ughell. tom.* 1. *pag.* 964.
Joannes SIMONETA, scripsit Gesta Franc. Sfortiæ ducis Mediol. ab an. 1421. ad 1466. *tom.* 21. *Script. Ital. Murat.*
Joannes SINTHEMIUS, Doctrinalis Alexandri de Villa Dei Commentator.
Joannes, Sithivensis Monachus, de Vita S. Erkembodonis, *tom.* 10 *Bollandi pag.* 93.
Joannes SKENÆUS, de Verborum Significatione.
Joannes SOMERIUS, vel SUMMER, Angl. Ordin. Min. Mathematic. vix. an. 1390. al. 1300.

Joannes SOMMERTONUS, Anglus, Ordin. Prædicat. Theologus.
Joannes SORETHUS, Carmelitarum Magister Generalis, in Regul. Carmelit. *Edit.*
Joannes STABULANUS, Monachus S. Laurentii Leodic. scripsit Chron. Leodic. ad an. 1449. quo obiit.
Joannes STAFFORTUS, Angl. Ord. Min. Historic. vix. an. 1380.
Joannes STIERNHOOKUS, de Jure Sueonum.
Joannes STOCCUS, Anglus, Ordin. Prædic. vixit an. 1374.
Joannes STOVUS, Angl. Ord. Bened. vix. an. 1440.
Joannes STRATFORDUS, Cantuariensis Archiepiscop. ob. an. 1348. *Multa illius exstant.*
Joannes STRINGARIUS, Augustin. Theologus, vixit an. 1430.
Joannes STUCCHEIUS, Norwicensis Monachus, Theologus.
Joannes, S. R. E. Subdiac. vertit de Græco in Lat. librum unum de Vita Patrum, *edit. a Rosweido.*
Joannes SULMONENSIS, Augustin. Theologus.
Joannes SWAFFAMUS, Angl. Carmelita, Theologus, Banchorensis Episcop. vix. an. 1394.
Joannes TACESPHALUS, Angl. Carmelita, Theol. ob. circ. an. 1420.
Joannes TALANGERNUS, Wigorniensis Monach. Theolog. vix. an. 1448.
Joannes DE TAMBACO, Argentinensis, Ord. Prædic. an. 1386. al. 1320. *Vide Trith. Sander. pag.* 172. 247.
Joannes TARTAIUS, Anglus, Philosophus.
Joannes DE TENERÆMUNDA, Cartusiensis, vix. circ. an. 1439.
Joannes TEUTONICUS, Glossator Decreti Gratiani, vix. circ. an. 1270.
Joannes TEUXBURIENSIS, Anglus, Philosophus, vixit an. 1350.
Joannes THANATENSIS, Anglus, Cantuariensis Monachus, ob. an. 1330.
Joannes THAULERUS, Germanus, Ordin. Prædic. vix. an. 1370.
Joannes THORESBIUS, Anglus, Theologus, Oxoniensis, ob an. 1374.
Joannes THORPE, Anglus, Carmelita, Theologus, ob. an. 1440.
Joannes TIBURTINUS, Monach. Casinensis, vix. an. 1120. *Petr. Diac. c.* 46.
Joannes TILLESBERIENSIS, Anglus, Presbyter, vixit an. 1190.
Joannes TILVÆUS, Angl. Carmelita, Theologus, vix. an. 1430.
Joannes TINMOUTHENSIS, vel TINNEMUTHENSIS, Anglus, ad S. Albanum Monach. Theolog. vix. an. 1366. scripsit Vitam S. Paterni, Venetensis Episcopi, *edit. a Bollando.*
Joannes TISSINGHTONUS, Angl. Ord. Min. Theologus, ob. an. 1395.
Joannes TITLESHADUS, Angl. Carmel. Theolog. obiit Romæ an. 1354.
Joannes TOMSONUS, Angl. Carmelita, Theolog. vix. an. 1380.
Joannes TORTELLIUS, Aretinus, vix. an. 1420.
Joannes TREVISA, Angl. Presbyter, vix. an. 1399.
Joannes TRICLOUS, Anglus, Histor. vel TROKELOWE, auctor Annalium Edwardi II. *Edit. ab Hearnio an.* 1729. vix. initio sæc. XIV.

Joannes Tungrius, Viconiensis, Ordin. Præmonst. Abbas, Theol. vix. an. 1304.
Joannes de Turrecremata, Hispanus, Ordin. Præd. ob. an. 1468.
Joannes Valeis, alias Galensis. Idem qui supra *Joannes Gualensis.*
Joannes Vatæus, Anglus, Mathematicus.
Joannes de Veris, Monachus, scripsit *Chronodromum,* seu Chron. ad an. 1463. *Vide Sander. p.* 224.
Joannes Verrochius, Florentinus, Ordin. Min. Philosoph. ob. an. 1413. *Julianus,* non *Joannes* appellandus, teste Fabricio.
Joannes Vignolius, in Inscriptionibus vett.
Joannes de Villario, Ordin. Cisterciensis, *Sander. pag.* 181.
Joannes de Vineta, seu Vinetus, Armoricus, Carmelita, vix. circ. an. 1348. Miræo an. 1238. Auctor Chronici sui Ordinis. *Vide Fabricii Bibl.*
Joannes Vitalis a Furno, Ordin. Min. Cardinalis, an. 1386. [1312.] *In Cod. Thuano* 164. *Edit. Vide Fabricii Bibl.*
Joannes Vitoduranus, Ordin. Min. Historiam scripsit ab an. 1215. ad an. 1348. *Edit. in Thes. Histor. Helvet.*
Joannes Ultricuria, Angl. Theol. ob. an. 1392.
Joannes Uptonus, Carmelita, ob. an. 1442.
Joannes Waldebius, Angl. Augustin. Theolog. ob. an. 1393.
Joannes Walensis, idem qui supra *Joannes Gualensis* vel *Walleis.* Vide *Communiloquium* in Gloss.
Joannes Wallingfordus, Angl. Histor.
Joannes Walsinghamus, Angl. Carmel. Theol. obiit an. 1310.
Joannes Walterus, Anglus, Mathemat. obiit circa an. 1412.
Joannes Wanifletus, Angl. Carmelita, Theologus, vix. an. 1418.
Joannes Wellis, Ramesiensis in Anglia Monach. Theolog. vix. an. 1382.
Joannes de Werdena, Germanus, Ordin. Min. vixit an. 1330.
Joannes Whetamstedus, ad S. Albanum in Anglia Monachus, Theologus, multa scripsit *de quibus Pitseus,* vix. an. 1440. *Bostok* primum a villa, ubi in lucem editus est, cognominatus, scriptor Chronici Anglicani, *editi ab Hearnio an.* 1732. ob. an. 1464.
Joannes Wiccanus, Anglus, Theologus.
Joannes Wichinghamus, Angl. Ordin. Minor. vixit an. 1362.
Joannes Wiltonus, Senior, Angl. Augustin. Theolog. et Philosophus, ob. an. 1310.
Joannes Wiltonus, junior, Anglus, Westmonasteriensis Monach. Theol. vix. an. 1360.
Joannes Winchelsæus, Angl. Ord. Min. Theolog. et Philosophus, ob. an. 1326.
Joannes Wratingus, Angl. Walthamensis Canonic. Theologus.
Joannes Wrothamus vel Wrotarius, Angl. Carmel. Theologus, ob. an. 1407.
Joannes de Ymenhusen, Teutonicus, circ. an. 1360.
Joannicius, in Artem Galeni, *in Bibl. Victor.*
Joanninus de Mantua, Ordin. Prædic. vixit ann. 1300. *Vide Hist. Albertini Mussati pag.* 70.
Jocelinus Braclandus, Anglus, vix. an. 1214.
Jocelinus, Monachus de Furnesio, de Vita S. Patricii, vix. circ. an. 1130. *tom.* 7. *Bolland. pag.* 540.

Jodocus Willichius, de Arte magirica.
Johel, Monach. S. Petri ad Culturam apud Cenomanos, de Miraculis S. Nicolai, ad Natalem Abbatem S. Nicolai Andegav. *In Biblioth. Sangermanens. Cod.* 470. 636.
Jonas, Episcopus Aurelianensis, ob. an. 841. aut seq. *tom.* 1. *Spicileg. pag.* 1. *tom.* 5. *SS. Ord. Bened. pag.* 293. *tom.* 14. *Bibl. Patr.*
Jonas, Italus. Monach. Bobiensis, vixit ann. 665. *tom.* 2. *SS. Ord. Bened. pag.* 116. 123. 160. 439. *tom.* 7. *Bol. pag.* 43. *tom.* 8. *pag.* 786.
Jonas, Monach. Fontanellensis, Scriptor Vitæ S. Vulfranni, vix. sæculo VIII. *tom.* 3. *SS. Ord. Bened. pag.* 355.
Jonas, Caroli C. Imp. Notarius. *Vide tom.* 4. *Spicil. p.* 496.
Jonas, Scriptor Vitæ S. Hueberti, Episcopi Leodiensis.
Jordanus, Augustinian. vix. an. 1410.
Jordanus Brich, Judex major Provinciæ. an. 1433. *tom.* 3. *Miscel. Baluz. pag.* 303.
Jordanus Magister, vix. an. 1320. Ejus Chronicon edit. a Schardio. *Vide Vossium pag.* 788.
Jordanus Nemorarius, Mathematic. vix. an. 1235. *Edit. Paris. an.* 1496. etc.
Jordanus Philotechnus, qui Cangio minus recte *Joannes* dictus, idem forte cum præcedenti *Nemorario,* de Triangulis, etc. *Vide Sand. pag.* 200.
Jordanus Quedelinburgius, Saxo, August. an. 1441. al. 1389. [rectius circa an. 1325. ex Chron. Magdeburg.] scripsit Vitas Patrum sui Ord. *Romæ edit. an.* 1587. *Vide Sander.* 2. *part. pag.* 56. 82. *et Miræum.*
Jordanus Ruffus, Calaber, de Cura equorum ad Fridericum Imp. MS. *exstat etiam Gallice.*
Jordanus Saxo, vel de Saxonia, Ord. Præd. Theol. Parisiensis, ob. Magister. Gener. sui Ord. an. 1237. *Edit. Romæ an.* 1587. *Vide Fab. Bibl.*
Jornandes Ravennensis Episc. vix. sub Justiniano Imp. *Edit. seorsim, et tom.* 11. *Bibl. Patr.*
Josephus de Aguirre, Cardinalis, in Concil. Hispanicis.
Josephus Barbarus, Venetus, cujus exstant *Itineraria ad Tanaim, et in Persiam, an.* 1446. *Edit. post Persica Bizarri.*
Josephus Garampi, in Disquisit. de Sigillo Garfagnano et in Dissert. ad Legendam B. Chiaræ (Claræ) Ariminensis.
Josephus Iscanus, seu Excestrensis, Anglus, Poeta, cujus exstat *Poema de Bello Trojano, etc.* vixit anno 1173. seu, ut vult Pitseus, an. 1210. *Vide Hist. Academiæ Paris. tom.* 2. *pag.* 751.
Josephus Laurentius, Lucensis S. T. D. in Amalthea, *Lugd. edit. an.* 1664.
Josephus Parez, in Dissert. Ecclesiasticis.
Josephus, Sacerdos, ann. 846. *tom.* 12. *Spicileg. pag.* 600.
Josselinus de Cassanis, Decretista.
Irenæus (S.), Episcop. Lugdunens. obiit ann. 201. *Incertum Latinene an Græce scripserit.*
Irnerius, JC. dictus Lucerna Juris, obiit circa ann. 1190. *Fichard.*
Isaac ex Judæo, cujus *Librum fidei edidit Sirmond.* vix. ante an. 400. *Edit. etiam tom.* 20. *Bibl. Patrum, Vide Gennad.*
Isaaci, Episcopi Lingonensis, Canones, *editi a Sir-*

mondo, *Labbeo*, *Baluzio*, etc. *Vide Cod.* 658. *Bibl. Sangerm.*

Isaacus, Abbas de Stella, Ordin. Cisterc. vixit sub finem sæculi XII. *tom.* 1. *Spicileg. pag.* 345. *Vide Possevinum.*

Isidorus ASTURICENSIS, vix. ann. 675.

Isidorus (S.), Episcop. Cordubensis, vel Pacensis, ut alii volunt, Cæsaraugustanus, quem vulgo *Seniorem* vocant, ut ab Hispalensi distinguatur.

Isidorus (S.), Episcop. Hispalensis, ob. 4. Aprilis, an. 636. *Ejus opera seorsim edita. Vide tom.* 1. *Spicileg. pag.* 286.

Isidorus MERCATOR, quem Possevinus eumdem cum Hispalensi esse putat. *Vide Concil.*

Isidorus, Episcopus Pacensis, vixit an. 754. *Ejus Chronicon edit. a Sandovallio an.* 1615.

Iso MAGISTER, Monach. S. Galli, obiit ann. 871. *Vide Alamannica Goldasti tom.* 1. *pag.* 230. *et Prudentium Wetsii in Not. pag.* 771.

Juhellus, Archiep. Turonensis, an. 1233. dehinc Remensis ad an. 1250. quo obiit, *tom.* 2. *Spicileg. pag.* 606. *tom.* 11. *Concil. pag.* 476.

Julianus, seu JULIUS, Anglus, JC.

Julianus ANTECESSOR, vixit circa tempora Justini junioris.

Julianus, Capuanus Episcopus, Pelagianus, obiit sub Valentiniano. *Gennad.*

Julianus POMERIUS (S.), Episcop. Toletanus, ob. 8. Mart. an. 690.

Julianus, Toletanus Episcop. diversus a Juliano Pomerio, vix. circa an. 680. *Edit. tom.* 1. *Hist. Franc. pag.* 821. *tom.* 12. *Bibl. Patr. pag.* 590. *tom.* 2. *Bol. pag.* 536.

Julianus VERROCHIUS. Vide supra in *Joannes.*

Julius (S.) I. PP. obiit 12. Aprilis, ann. 352. *Vide Concilia.*

Julius ATERIANUS, Historicus, de quo *Trebellius Pollio.*

Julius CÆSARINUS, Romanus, Episcop. Grossetanus, Cardin. ob. an. 1444.

Julius CAPITOLINUS, *Edit. inter Scriptores Historiæ Augustæ*, vix. sub Constantino M.

Julius FIRMICUS MATERNUS, de Erroribus prophanarum Religionum, vix. an. 340. *Edit. seorsim.*

Julius FLORUS, Auctor Chronici de Rebus Aquitanicis a Carolo C. ad an. 1140. *Miræus.*

Julius POMERIUS, natione Maurus, Abbas Arelate, vix. an. 500. non diversus, Fabricio teste, a *Juliano Pomerio* supra.

Julius SEVERIANUS, *edit. inter Rhetores.*

Julius TITIANUS, pater Titiani qui junioris Maximini præceptor fuit. *Vide Vossium.*

Julius URGELITANUS. Vide infra *S. Justus.*

Junckerus, in Introductione ad Geographiam medii ævi.

Juncta BEVAGNAS, Ord. Min. vix. an. 1350. *Bolland. tom.* 5. *pag.* 300.

Junilius, Episcop. Africanus, vix. circa ann. 552. *In Bibl. Patr. tom.* 10. *pag.* 339.

Ivo, Episcop. Carnotensis, ob. 23. Decemb. an. 1115.

Justinianus (S.), Episcop. Valentinus in Hispania, vix. an. 540. *Vide Isidor. etc.*

Justinus Argentoratensis Episc. vix. an. 680.

Justinus LIPPIENSIS, scripsit *Lippiflorium*, seu Poema de Rebus gestis Comitum Lippiensium, *edit. ab H. Meibomio an.* 1620. vix. sub Simone Episc. Paderborn. an. 1274.

Justus, Cisterciensis Abbas, an. 1300. *tom.* 26. *Biblioth. Patr.*

Justus, Toletanus Episcop. vixit ann. 633. *Vide Ildefons.*

Justus (S.), Episcopus Urgelitanus, vixit ann. 540. *tom.* 9. *Bibl. Patr. p.* 731. *et tom.* 3. *Spicil. p.* 1111.

Juvencus, Hispanus, Presbyter et Poeta, vivebat anno 329.

K

Kambertus PRIMATIUS, Bononiensis, Ord. Prædic. Castellanus Episc. vix. an. 1314. Aliis, ut monet Fabricius, *Lambertus*, sive *Rambertus Primaditius.*

Kebius CORINIUS, Cornubiensis, vix. an. 380.

Kenethi, Regis Scotorum, Leges Ecclesiasticæ, *tom.* 7. *Concil. Labbei pag.* 1777. vix. an. 840.

Kentigernus, Episcopus Glascoensis, vixit anno 566.

Kero, Monach. S. Galli, vix. sub Pipino Rege, *ejus Glossas in Regulam S. Benedicti edidit Goldastus in Alemannicis.*

Kilianus, in Etymologico Teutonico.

L

Laborans, Cardin. tit. S. Mariæ, trans Tiberim an. 1182. *Vide Bibl. MS. Labbei pag.* 51.

Lactantius FIRMIANUS, Crispi Cæsaris Magister, vivebat adhuc ann. 328. *Edit. non semel. Vide Miscel. Baluz. tom.* 2.

Lambertus, Ardensis Ecclesiæ Presbyter, Scriptor Hist. Comitum Guinensium, vixit sub Philippo Aug. *Edit. a Duchesnio in Histor. Guinensi*, *ex Cod. Thuano* 240.

Lambertus, Episcopus Atrebatensis, ann. 1093. *tom.* 5. *Spicil. pag.* 543.

Lambertus DE LEGIA, Poeta, vix. ann. 1080. *Vide Trithem.*

Lambertus PARVUS, Mon. S. Jacobi in urbe Leodic. scripsit Hist. Rerum Leodiens. ab an. 988. ad an. 1194. quo obiit, MS.

Lambertus, Schaffnaburgensis, Monach. Bened. vix. an. 1077. *Exstat inter Historic. Germ.*

Lambertus, Trevirensis Monach. de Invent. corpor. S. Matthiæ, vix. an. 1127. *tom.* 5. *Bol. pag.* 448.

Lambertus, Tuiliensis Monachus, de Vita S. Heriberti, Archiep. Coloniensis, vix. an. 1260. *tom.* 7. *Bol. pag.* 467. *Vide Vossium.*

Lambertus WATERLOS, Canon. S. Autberti, scripsit Hist. Episc. Cameracens. ab Odone Episc. ad an. 1160. quo vixit, MS.

Landenulphus, Capuanus, Monach. Casinensis, vix. an. 1050. *Vide Petr. Diac.*

Landenulphus, Mon. Casinensis, vix. an. 1060. *Petr. Diac. c.* 40.

Landulfus CARACCIOLUS, Amalphitanus Archiep. Theolog. ob. circa an. 1350.

Landulfus DE COLUMNA, qui et SAGAX, Canon. Carnotensis, Auctor Histor. Miscellæ et Chronici, quod Joanni PP. XXII. dicavit. *Vide Fabricii Bibl.* [Cangius

Landulphum Sagacem Hist. Misc. auctorem sub Lothario I. vixisse scripserat.]
Landulfus DE S. Paulo, Scriptor Chronici Ecclesiæ Mediolan. pene totus exscriptus ab *Ughello a pag.* 159. *tom.* 4. ab an. 1096. ad an. 1142.
Lanfrancus, Archiepisc. Cantuariensis, obiit 14. Maii an. 1089. *Ejus opera edidit Acherius.*
Lanfrancus DE MEDIOLANO, de Arte Chirurgica, vix. ann. 1300.
Lanfrancus PIGNOLUS, in Annal. Genuens. *tom.* 6. *Script. Ital. Murat.*
Lantfridus, Vintoniensis Monach. Scriptor Vitæ S. Swithuni Vintoniensis Episcopi, vix. an. 980.
Lapus DE CASTELLIONE, JC. sequentis discipulus. *Vide Possevin.*
Lapus FLORENTINUS, Abbas S. Miniatis, JC. vixit ann. 1347.
Largius DESIGNATIANUS, Medicus, *edit. cum Marcello Empirico.*
Latinus FRANGIPANUS, qui et MALABBANCA et URSINIUS, Romanus, Cardinalis, Episc. Ostiensis, Ord. Præd. ob. ann. 1294.
Latinus PACATUS DREPANIUS, Auctor Panegyrici Theodosio M. sub quo vixit, dicti, *edit. inter Paneg.*
Latronianus, Hispanus, Poeta, ob. ann. 385. *S. Hieronym.*
Laurentii DE AQUILEIA, Practica Dictaminis laudatur, MS.
Laurentius, cogn. ANGLICUS, ob. an. 1260.
Laurentius BONINCONTRIUS, Miniatensis, scripsit Annales rer. Florent. et Hist. utriusque Siciliæ, *edit. a Murat. tom.* 21. *Script. Ital. et a Lamio in Delic. erudit.*
Laurentius BONONIENSIS, Italus, Ord. Serv. Theol. vix. an. 1390.
Laurentius BRANCOFORDIUS, Placentinus, Ord. Præd. Theol. vix. an. 1420.
Laurentius BYZINIUS, Cancellarius Pragensis, scripsit Diarium Belli Hussitici, ab an. 1414. ad 1423. *Edit. tom.* 6. *Relig. MSS. Ludewigii.*
Laurentius, Monachus Casinensis, vixit circa an. 950. *Vide Petrum Diac.*
Laurentius, Dunelmensis Abbas, vixit an. 1166. *In Cod. Thuano* 428. *Bolland. tom.* 3. *pag.* 172. *Vide Pitseum.*
Laurentius GUATHIUS, Florentinus, Scriptor Vitæ Hugonis Comitis Magdeburgensis, vix. an. 1430.
Laurentius HOLBECCUS, Ramesiensis Monach. vixit ann. 1410.
Laurentius JUSTINIANUS, Patr. Venetiarum, obiit 8. Jan. an. 1455. *Ejus Opera seorsim edita.*
Laurentius, Leodiensis Monach. scripsit Histor. Episcoporum Virdunensium, a Theodorico 40. ad Adalberonem, *tom.* 12. *Spicil. pag.* 274.
Laurentius, cogn. MELLIFLUUS, Archiep. Mediolanensis, vix. ann. 707. *In Bibl. Patr. tom.* 9. *et tom.* 2. *Analector. Mabillonii pag.* 18.
Laurentius DE MONACIS, Venetus, Cancellar. Cretensis, vix. an. 1419. *Vide Mussatum Osii pag.* 79.
Laurentius, Decanus Pictavensis, vixit an. 1154. *Edit. a Bestio in Episc. Pictavens. pag.* 103.
Laurentius DE ROMA, ejus Dictamina, *in Bibl. Victor.*
Laurentius SOMERCATUS, Anglus, vix. an. 1240.
Laurentius VADUS, Cantuariens. Monac. Scriptor Vitæ S. Thomæ Cantuar.

Laurentius VALLA, civis Romanus, Canonicus Lateranensis, ob. Romæ an. 1457.
Laurentius UBALDINUS, Florent. Ordin. Præd. vixit ann. 1418.
Laurentius Veronensis, Petri Archiep. Pisani Diaconus, vix. an. 1104. *Ughell. tom.* 3. *pag.* 897.
Laurentius, Abb. Westmonasteriensis, an. 1160. *tom.* 2. *Spicil. pag.* 455.
Lazarus SCHONERUS, de Algebra.
Leander (S.), Archiepisc. Hispalensis, obiit 3. Id. Mart. an. 607. *Baron. an.* 589. *n.* 12. *tom.* 12. *Bibliot. Patr. pag.* 999.
Lebuinus (S.), Ripensis in Anglia Monach. obiit ann. 740.
Lechbertus, Anglus, Ord. Canon. Regul. Abbas, vix. an. 1210.
Leidradus, Archiepisc. Lugdunensis, vix. an. 800. *Ejus Epist. editæ cum Agobardo Baluzii, et tom.* 14. *Bibl. Patr.*
Lentwardinus, Anglus, Theologus.
Leo I. (S.) PP. cogn. MAGNUS, ob. 11. April. an. 461. *Seorsim edit.*
Leo II. (S.) PP. ob. 28. Jun. an. 684. *In Concil. etc.*
Leo III. PP. ob. 16. Jun. an. 816. *In Concil. etc.*
Leo IV. (S.) PP. ob. 17. Jun. an. 855. *In Conc. tom.* 10. *Baron. etc.*
Leo VI. PP. obiit ann. 929. *Vide Concil. Ludov. Jacob. etc.*
Leo VII. PP. obiit ann. 939. *Vide Concilia Ludovic. Jacob. etc.*
Leo IX. (S.) PP. ob. 19. April. an. 1054. *Vide Conc. Trith. Lud. Jacob. etc.*
Leo, Episcopus Atinens. ob. an. 1072. *apud Ughell. tom.* 6. *pag.* 651.
Leo, Marsicanus, Mon. Casinensis, deinde Cardin. Ostiensis Episc. ob. 11. Kl. April. an. 1115. *Ejus exstat Chronic. Vide Petr. Diac. et. J. B. Marum.*
Leo, Archiepisc. Ravennensis, vix. an. 1000. *apud Ughell. tom.* 2. *pag.* 353.
Leo, TUSCUS, vix. an. 1170.
Leo URBEVETANUS, in Chronic. Pontif. et Imper. *edit. a Lamio in Delic. erudit.*
Leonardus, in Speculo Lapidum.
Leonardus BERTEPAGLIA, Patavinus, Medicus, scripsit de Chirurgia, etc. vix. circa ann. 1400. *Vide Portenar. in Patavio pag.* 261.
Leonardus BRUNUS, Aretinus, ob. an. 1443. *Edit.*
Leonardus, Giphonensis, seu ex Jovis Phano, Apulus, Ord. Minor. Card. ob. an. 1405. Idem Fabricio qui mox *de Rubeis.*
Leonardus JUSTINIANUS, Venetus Patricius, vixit ann. 1430.
Leonardus, PISANUS, Mathematicus, vix. an. 1400.
Leonardus PISTORIENSIS, Ordin. Prædic. Theolog. vix. an. 1280.
Leonardus DE RUBEIS, Italus, Ordin. Minor. Magister Generalis, ob. an. 1405. Vide supra *Leonardus Giphonensis.*
Leonardus STATIUS, Florentinus, Ord. Præd. Magister Generalis, ob. an. 1425.
Leonardus UTINENSIS, Ordin. Præd. vix. an. 1445.
Leoninus DE PORTA S. PETRI, Scriptor Historiæ Vicentinæ, vix. an. 1354.
Leonius, Presbyter, Canonicus S. Victoris Paris. scripsit metro Historias veteris Testamenti. *In Bibl. D. Jolii Cantoris Paris. Eccl. et Victor.*

Leonius LEOTARDUS, de Usura.
Leontius, Arelatensis Episcopus, vixit ann. 460. *tom. 5. Spicileg. pag. 578.*
Leontius, Nicopolitanus, vitiose, teste Fabricio, pro Neapolitanus, in Insula Cypro Episcop. vixit ann. 610.
Leovigildus, Cordubensis Presbyter, vix. an. 716. duobus fere sæculis junior est ex Nic. Antonio. *Vide Fabr. Bibl.*
Leporius, Presbyter, Britannus, vixit ante S. Augustin. *Edit. a Sirmondo, et tom. 7. Bibl. Patr. Vide Gennad.*
Letaldus, Monachus, vix. an. 990. *tom. 2. Bolland. p. 762. tom. 1. SS. Ord. Bened. p. 598. tom. 5. p. 434. Cod. Reg. 541. 627.*
Letbertus, Canonicus Insulensis, deinde S. Rufi Abbas. *Sander. pag. 154. Vide Pitseum pag. 295.*
Leti Epistolæ.
Leuckfeldus, in Antiquit. Gandersh. etc.
Levoldus, Northovius, cujus Chronic. Markanum desinit in an. 1358. *Edit. a Meibomio.*
Liberatus, Carthaginensis Diacon. vixit circa ann. 570. *Edit. in Concil. et nuper cum Notis J. Garnerii.*
Liberius (S.) PP. ob. 9. Sept. an. 367. *Vide Concil. Bibl. Patr. Lud. Jacob. etc.*
Liberius, Poeta, de Sedulio Acrostich. scripsit, *edit. cum Sedulio.*
Licentius, Hipponensis, cujus exstat carmen ad S. Augustin. *Edit. cum eod. Augustino, et a P. Pithæo, etc.*
Licinianus , Episcop. Carthaginis Spartariæ , vixit sub Mauricio August. *Isid. Vide tom. 2. Spicileg. pag. 368.*
Licinius RUFINUS, Auctor Collationis Legum Mosaïc. *Edit. a Pithæo.*
Lintbertus, Hirsaugiensis Abbas, vix. an. 840.
Lios (f. Eliæ) Monachi, Libellus Sacerdotalis heroïco, sed rudi carmine compositus, *in Bibl. Sangerman. Cod. 634.*
Lisiardus, Episcopus Suessionensis, de Vita S. Arnulphi, Episcop. Suession. *edit. a Surio* 15. *August.* ob. an. 1127.
Liudgerus, Episcopus Mimigardensis, vixit ann. 781. *t. 4. SS. Ord. Bened. pag. 319.*
Livinus, Episcopus et Martyr, vix. ann. 633. *Inter Epist. Hibernicas Usserit. Vide tom. 2. SS. Ordin. Bened. pag. 404.*
Livinus, Gallus, Ord. Min. vix. an. 1345.
Loccenius, in Antiquit. Sueo-Gothicis.
Lollius URBICUS, Historicus, vixit sub Macrino et Heliogabalo. *Vide Vossium.*
Lombardus SIRICHIUS, Pataviensis, Petrarchæ discipulus, *edit. cum Petrarchæ Operibus.*
Lotsaldus, Monachus, de Vita S. Odilonis, Abbat. Clun. *In Bibl. Clun. et apud Bolland. t.* 1. *pag.* 65.
Lovatus, Patavinus, Poeta, vix. sub Henrico VII. Imp. *Vide Vossium de Hist. Lat. pag. 794.*
Lucas ASSISIAS, Ordin. Minor. vix. an. 1440.
Lucas BOSDENUS, Anglus, Carmelita, Theolog. vixit ann. 1340.
Lucas, S. Cornelii Leod. Abbas, Ord. Præm. vixit circ. ann. 1140. *Edit. tom.* 14. *Bibl. Patr.*
Lucas MANNELLUS, Florentinus, Ordin. Præd. Theolog. vix. an. 1345.

Lucas MANZOLUS, Florentinus, Ord. Humiliatorum, Episcop. Fesulan. Cardin. ob. 4. Sept. an. 1411.
Lucas PATAVINUS, Ord. Min. ob. 1245.
Lucas, Tudensis Episcop. ob. an. 1250. *Edit. inter Hist. Hispan. In Valdensib. Gretzeri, t.* 25. *Bibl. Patr. et tom.* 9. *Bolland. pag.* 330.
Lucifer, Episcop. Calaritanus, ob. c. an. 370. *Edit. a Tilio an.* 1568. *et tom.* 4. *Bibl. Patr.*
Lucius l. (S.) PP. ob. 4. Maii an. 257. *Vide Concilia, etc.*
Lucius II. PP. obiit 25. Februar. ann. 1145. *Vide Concilia.*
Lucius III. PP. ob. 25. Novembr. ann. 1185. *Vide Concil. et Lud. Jacob.*
Ludgerus (S.), Episcop. Monasteriensis, obiit 26. Mart. an. 809.
Ludigerius , Cellensis Abbas tertius , circa ann. 1220.
Ludolphus, Augustanus Episcop. de Miraculis S. Udalrici, ob. an. 996.
Ludolphus, Bebemburgius, Bambergensis Episcopus, ann. 1240. *tom.* 26. *Bibl. Patr. pag.* 88. *Vide Lupoldus.*
Ludolphus, Presbyter, de Vita S. Severi, Episcop. Ravenn. *Edit. tom.* 3. *Bolland. pag.* 88. vix. an. 840.
Ludolphus SAXO, Cartusianus, Script. Vitæ Christi, vix. circ. an. 1330.
Ludolphus, Suchensis Ecclesiæ Parochus, scripsit libr. *de Terra Sancta, etc.* an. 1336.
Ludovicus ALAMANNUS, Episcop. Macloviensis, dehinc Archiepiscopus Arelat. Cardin. obiit 6. Septembr. ann. 1450.
Ludovicus BARBO, Abbas S. Justinæ de Padua, vix. ann. 1440.
Ludovicus DE CAERLEON, Guallensis, Mathematic. ob. an. 1369.
Ludovicus DE CASTILIONE ARETINO, Ordin. Min. vix. circ. an. 1320.
Ludovicus MARCHENTUS, Veronens. Poeta , vixit ann. 1330.
Ludovicus LE PELLETIER, in Epitome fundationis S. Nicolai Andegav.
Ludovicus PONTANUS DE ROMA, JC. vulgo Romanus dictus, ob. an. 1439.
Luitbertus, Moguntinensis Archiepiscopus, vixit an. 863. *tom.* 16. *Bibl. Patr. pag.* 764.
Luithprandus, Ticinensis Diac. deinde Episcop. Cremonensis, vivebat adhuc an. 870.
Lullus (S.), Angl. cujus exstant aliquot epistolæ, ob. an. 784.
Lupoldus DE BEBENBURG, Bambergensis Episcopus, Canonista, ob. an. 1363. *Edit.*
Lupus DE OLIVETO, rectius, teste Fabric. *de Olmeto*, vel *Ulmeto*, Hispanus, vix. an. 1420.
Lupus PROTOSPATHA, de Reb. Neapolitanis usque ad an. 1102. *Edit. a Caracciolo.*
Lupus SERVATUS, Abbas Ferrariensis, vixit an. 860. *Edit. a Baluzio et aliis.*

M

Macer, qui de Virtutibus Herbarum scripsit, *edit.* 1. *cum Comment. Guill. Gueroaldi.*

INDEX AUCTORUM.

Machutus Cambrius, aliis Maclovius dictus, Britannus, vix. an. 560.
Macrobius, Presbyter, Donatista, vixit circa ann. 420. *Gennad.*
Mæonius Astyanax, Historicus, vixit sub Gallieno. *Vide Trebell. Pollion. in Macriano.*
Magno, cujus exstat Liber de Notis Juris Regi Carolo (Mag. forte) inscriptus, *inter Grammaticos Putschii.*
Magnus, Richobergensis, Noricus, Scriptor Chronici, vix. sub Henrico VI. *Aventin.*
Magnus, Archiepiscop. Senonensis, de Baptismo. MS. vix. an. 810.
Mago, Agrimensor. *Edit. inter Gromaticos.*
Malachias Hibernicus, Ordin. Minor. vix. an. 1310.
Malleolus (Felix), Doctor Bononiensis, de Exorcismis et adjurationibus, etc. ob. an. 1456.
Malschani Ars, *in Bibl. Sangerm. Cod.* 540.
Manegaudus, in Psalmos et Epistolas S. Pauli. *Henric. Gandav. c.* 28.
Manfredus de Monte Imperiali, de Simplicibus, *in Cod. Reg.* 334.
Manfredus, Potentiæ in Lucania Episcopus, ann. 1119. de Vita S. Gerardi Episcop. Placentini, apud *Ughell. tom.* 7. *pag.* 178.
Manfredus Terdonensis, Ordinum Minor. vixit ann. 1360.
Manni, in Observationibus ad Sigilla antiqua, *Florent. an.* 1739.
Maphæus Vegius, Laudensis, S. Petri in Urbe Canon. ob. an. 1457. *tom.* 26. *Bibl. Patr.*
Marbodus, Cambrensis, si Pitseo credimus, Redonensis Episcop. an. 1123. *tom.* 21. *Bibl. Patr. tom.* 13. *Spicileg. pag.* 395. *tom.* 3. *Bolland. pag.* 487. *tom.* 4. *pag.* 682. *tom.* 11. *pag.* 317. *Vide Hist. Academiæ Paris. tom.* 1. *pag.* 522. *etc.*
Marcellinus (S.) PP. ob. 26. April. an. 304. *Vide Concilia, etc.*
Marcellinus (S.), Anglus, Scriptor Vitæ SS. Swiberti, Willibrodi, etc. vixit ann. 761. *Surius et Bolland.* 1. *Mart.*
Marcellinus Comes, Chronic. perduxit ab an. 379. ad an. 535. *Edit. a Schonhovio, Sirmondo et aliis.*
Marcellus I. (S.) PP. obiit 16. Jan. ann. 309. *Vide Concilia.*
Marcellus Empiricus, vix. sub Theodosio M. *Edit. a Jano Cornario, qui Burdegalensem putat.*
Marcellus, Presbyter, Scriptor Vitæ S. Felicis, quam Leoni Nolano Episcopo dicavit, *tom.* 1. *Bolland. pag.* 946.
Marcerius, Anglus, Historiographus.
Marchelmus, Anglus, S. Marcellini frater, vixit ann. 772.
Marchesinus e Regio Lepidi, Ord. Min. Auctor *Mamotrecti*, vix. circ. an. 1300.
Marchisius Scriba, in Annal. Genuens. *tom.* 6. *Script. Ital. Murat.*
Marculfi Formulæ, *editæ a Bignonio, deinde a Stephano Baluzio,* vixit circ. ann. 660. *Vide Labbeum tom.* 6. *Concilior. pag.* 530.
Marcus (S.) PP. obiit 7. Octob. an. 336. *Vide Concilia.*
Marcus, S. Benedicti discipulus, de quo *vide Petrum Diac. et Martinenghi Poemata tom.* 2.
Marcus de Summa Ripa, Italus, Ordin. Minor. vixit ann. 1419.

Marcus Venetus, scripsit de *Regionibus Orientis*, an. 1272. *Edit. non semel.*
Marcus, Viterbiensis, Ordin. Minor. Cardinalis, ob. an. 1369.
Marcus Ulmensis, Ord. Min. vix. an. 1400.
Marcwardus, Abbas Fuldensis, vixit ann. 1170. *apud Brower. l.* 3. *Antiq. Fuld. c.* 18.
Marcwardus de Wadsassen, Germ. Ordin. Cisterc. vix. an. 1353.
Marianus Florentinus, Ord. Min. scripsit Chronicon sui Ordinis, vix. an. 1430.
Marianus Scotus, obiit ann. 1086. *Ejus Chronicon edit. inter Histor. German. Sigeb. c.* 159.
Marianus, Toletanus Episcop. vix. ann. 527. *Vide Ildefonsum.* Male *Marianus* pro *Montanus*, ut monet Fabricius.
Marinus I. PP. obiit 18. Januar. ann. 884. *Vide Lud. Jacob.*
Marinus II. PP. ob. an. 946. *Vide Lud. Jacob.*
Marinus Sanutus, Venetus, scripsit Secreta Fidelium Crucis. *Edit. in Gest. Dei,* vix. an. 1324.
Marius, Aventicensis, seu Lausanensis Episcopus, vixit ann. 623. *Ejus Chronic. edit. tom.* 1. *Histor. Francor.*
Marius Georgius, Venetus, Ordin. Servitarum, Philosophus et Theolog. an. 1381.
Marius Maximus, Historicus. *Vide Vossium.*
Marius Mercator, vix. an. 430. *Edit. a Jo. Garnerio S. J. Gerberono, tom.* 2. *Concil. p.* 1512. *ult. edit. t.* 27. *Bibl. Patr.*
Marius Plotius, Sacerdos, Romanus, Grammatic. *edit. inter Grammaticos Putschii.*
Marius Victor, seu Victorinus, vixit ann. 430. aut 440. *Vide Bibl. MSS. Labbei pag.* 24. *et Cod. Reg.* 774.
Marquardus Hergott, Monach. S. Blasii, in vet. Disciplina Monastica, *edit. Paris. an.* 1726.
Marsilius ab Ingen, Coloniensis Canonicus, Theol. Heidelberg. ob. 20. Aug. an. 1394. *Edit.*
Marsilius Menandrinus, Patavinus, vix. ann. 1319. *Edit. an.* 1599. *t.* 2. *Monarch. Goldasti, et alibi. Vide Chron. Nangii an.* 1317. *et Lambecium lib.* 2. *de Bibl. Cæsarea p.* 257.
Martianus Minutius Felix Capella, vixit sub Mauritio. *Vide Vossium de Hist. Lat. pag.* 712. *et de Poetis Lat. pag.* 66.
Martinianus, Monachus, de Monachorum laude et institutione, *in Bibl. Sangerman. Cod.* 456.
Martinus I. (S.) PP. ob. 12. Nov. an. 654. *Vide Concil. Collectanea Anastasii et tom.* 7. *Bibl. Patr.*
Martinus II. PP. obiit 29. Mart. ann. 1285. *Vide Lud. Jacob.*
Martinus III. PP. obiit 20. Februar. ann. 1421. *De ejus scriptis vide Lud. Jacob.*
Martinus, cogn. Abbas, JC. vix. temporibus Azonis, hoc est circ. an. 1200. *Vide Wadding.*
Martinus Alvewicus, Anglus, Ordin. Minor. Theol. ob. an. 1336.
Martinus de Arles, in Tract. de superstit *Romæ* ann. 1510.
Martinus de Bosco Galteri, Ordin. Minor. de Vita Mariæ de Malliaco, vixit ann. 1415. *tom.* 8. *Bolland. pag.* 737.
Martinus Bouquet, et Continuatores Benedictini Congregat. S. Mauri, in Collectione Histor. Franc.
Martinus de Clivo, Cantuariensis Monachus.

Martinus Corbenus, Tolosanus, Augustin. Theologus, vix. an. 1330.
Martinus, ex Dumiensi Abbate, Archiepisc. Bracarensis, ob. an. 580. *In Bibl. Patr. et in Concil. t.* 10. *Spicil. pag.* 626. *Vide Sigeb. c.* 127.
Martinus de Fano, JC. vix. an. 1300.
Martinus Junior, de Geometria, etc. MS.
Martinus de Lauduno, Prior Cartusiæ Vallis S. Petri in diœcesi Laudun. *tom.* 27. *Bibl. Patr.*
Martinus Polonus, Ordin. Prædic. Archiepiscopus Gnesnensis, ob. an. 1278. *Habetur ejus Chron.*
Martinus, Presbyter, Auctor Chronici quod perduxit usque ad Innocentium III.
Martinus Raimundi, Ordin. Prædic. Auctor *Pugionis fidei.*
Martinus del Rio, in Disquisitionibus magicis.
Martinus Scultropius, Anglus, Carmelita, Theologus, vix. an. 1430.
Martinus Schmeizel, de Insignibus, vulgo Clenodiis regni Hungarici.
Martinus de Sulmannis, vel Silimani, JC. circa ann. 1300. *Fichard.*
Martonani Liber ad Monachos, MS.
Matronianus, Hispanus, Poeta, cæsus Treveris a Maximo Tyranno. *S. Hieron.* supra *Latronianus.*
Matthæus de Afflictis, in Decisionibus.
Matthæus, Anglus, Monachus S. Albani, obiisse dicitur an. 1159. *Edit. Londini et Paris.*
Matthæus de Aquasparta, Tudertinus, Ord. Minor. Cardin. ob. an. 1302.
Matthæus, Bapalmensis, Episcopus Bononiensis in Gallia, ob. an. 1414.
Matthæus Bononiensis, Italus, Carmelitarum Ord. Magister Generalis, vix. an. 1410.
Matthæus Doring, Saxo, Ord. Min. Theolog. vixit ann. 1446.
Matthæus Ebroicensis, Ordin. Præd. Theolog. sub Carolo VI.
Matthæus Flacius Illirycus, in Collectaneis, *edit. ann.* 1556.
Matthæus, Germanus, Aulæ Regiæ, Monach. vixit ann. 1415.
Matthæus Gritus, Mediolan. Ordin. Prædic. vixit ann. 1262.
Matthæus Laudunensis, de Pœnis Inferni Carmen, MS.
Matthæus Palmerius, Florentinus, Auctor Chronici editi, vix. an. 1449.
Matthæus Paris, Anglus, ad S. Albanum Monach. cujus habetur Historia, ob. an. 1259.
Matthæus Patavinus, Augustin. Theolog. vix. sub Clemente VI. PP.
Matthæus Polonus, Cracoviensis, Card. sub Gregorio XII. ob. an. 1410. *Trith. Sander.* 2. *part. pag.* 77. *Lambec. lib.* 2. *Bibl. Cæsar. pag.* 776.
Matthæus de Rubeis, Ursinus, Romanus, S. R. E. Card. ob. circa an. 1306.
Matthæus Scornus, Ordin. Præmonstr. Ninovensis Abbas, vix. an. 1195.
Matthæus Silvaticus, Mantuanus, Medicus, vixit ann. 1297. *Vide Præfat. nostram.*
Matthæus Villanius, in Annal.
Matthæus Vindocinensis, vixit sub Bartholomæo Archiep. Turon. *Edit. cum Theodolo et al.*
Matthæus Westmonasteriensis Monachus, *cujus Historia habetur inter Hist. Anglic.* vix. an. 1377.

Matthias de Colonia, Carmelita, Doctor Paris. obiit Bruxellis an. 1359.
Matthias, Monach. S. Martini Tornac. in Regul. S. Bened.
Maugantius, Genethliacus, Britan. vix. an. 470.
Mauritii de S. Victore Sermo in Epiphania, *in Bibl. Sangerman. Cod.* 648.
Mauritius, Angl. Ord. Præd. Theol. vix. an. 1290.
Mauritius, Catanæ secundus post pulsos Saracenos Episc. *Bolland. tom.* 3. *pag.* 637.
Mauritius, Ordin. Minor. vixit ann. 1290. *Vide Wadding.*
Mauritius Morganius, Cambrensis, Poeta, vixit ann. 1210.
Mauritius, Parisiensis Episcop. ob. an. 1196. *V. Henric. Gandav. Trith. etc.*
Mauritius Reganus, Angl. scripsit Hist. sui temporis, vix. sub Joanne Rege.
Mauritius, Rotomagensis Archiep. an. 1231. *tom.* 2. *Spicil. pag.* 520.
Mauritius Somersetus, Fordensis in Anglia Monac. Poeta, vix. an. 1193.
Maurus, Quinqueeclesiensis Episc. vix. ann. 1000. *Sur.* 1. *Maii.*
Mawornus, Mon. Britan. vix. an. 636.
Maximianus, Grammaticus, Versificator, qui in Academia Paris. prælegi pueris solebat, vixit ante ann. 1200.
Maximus, Cæsaraugustanus Episc. Scriptor libri de Gestis Gothorum, vix. an. 610. *Isidor.*
Maximus, Taurinensis Episcopus, obiit 25. Jul. circ. ann. 466. *Habentur ejus Sermones editi, et tom.* 6. *Bibl. Patr.*
Maximus Victorinus, Grammaticus, *edit. inter Grammaticos Putschii.*
Mechtildis (S.), Helfeldensis Monialis, vixit circa an. 1300. *Ejus Revelationes editæ. Vide Sander. part.* 2. *pag.* 220.
Medibardus, de Miracul. S. Walburgæ, *edit. a Gretzero cum Philippo Eystetensi pag.* 306. *tom.* 5. *Bol. pag.* 551.
Meginfredus, Magdeburgensis Magister et Præpositus, *tom.* 2. *Canisii pag.* 1. vix. circ. an. 1020.
Meginhartus, Monach. de Vita S. Ferrutii Mart. *apud Sur.* 28. *Octob.* vix. sæculo IX.
Melchiades (S.) PP. obiit 10. Decembr. ann. 313. *Vide Concil.*
Melitonis, Asiani Episcop. Clavis Scripturæ, MS. laudatur.
Menckenii Scriptores Germanici.
Merlinus, Caledonius, vel Silvestris, Britannus, Talesini vatis discipulus, Arthuro regi carus, Auctor libri Prophetiarum, etc. vix. an. 570.
Messianus, Presbyter, Scriptor Vitæ S. Cæsarii Episc. Arelat. cui æqualis fuit. *In Chronol. Lerinensi, et tom.* 1. *SS. Ord. Bened. pag.* 669.
Metellus, Tegernseensis Mon. Auctor Quirinalium, vix. an. 1160. *Edit. tom.* 1. *Canisii et tom.* 3. *SS. Ord. Bened. pag.* 663.
Meursius, in Exercitiis criticis.
Michael Angrianus, Bononiensis, Ordin. Carmelit. Generalis vix. an. 1381.
Michael de Bacúleto, Doctor Coloniensis, an. 1372. *Vide Sander.* 2. *part. pag.* 70.
Michael Blanpain, vulgo Magister cognom. vixit ann. 1230.

Michael Cæsenas, Italus, Ord. Minor. Minister Generalis, ob. an. 1343. *tom.* 2. *Monarch. Goldasti.*
Michael Columbus, de Collegiandi Ratione.
Michael de Furno, Ord. Præd. *Vide Sander. part.* 2. *pag.* 135.
Michael Herbrant de Duren, Ordin. Carmelit. vixit ann. 1410.
Michael de Hombasio, forte pro de Morrosio, ut mox, de Modo significandi, *in Bibl. Sangerman. Cod.* 530.
Michael de Massa, August. vix. an. 1350.
Michael Menotus, Doctor Paris. circ. an. 1500. *Lingua aurea* dictus.
Michael del Molino, Hispanus, in Repertorio.
Michael de Morbosco vel de Morbosio, Grammatic. *Vide Sander. p.* 205.
Michael Rubertus, Florentinus, vixit ann. 1430. [1530.]
Michael Savonarola, Patavinus, Ordin. Milit. S. Joan. Hierosol. Medicus, ob. an. 1431. *Vide Portenarium in Patavio pag.* 271.
Michael, cogn. Scotus, et Mathematicus, Anglus, patria Dunelmensis, Friderico II. Imp. familiaris, multa scripsit, ex quibus quædam edita. *Vide Pitseum et Cod.* 516. *Bibl. Sangerman.*
Michael Smalfeldius, Anglus, Ord. Cisterc.
Michas Madius de Barbezanis, cujus Chronic. desinit in ann. 1330. *Edit. a J. Lucio in Hist. Dalmatica.*
Micrologus, seu ejus Scriptor. *Vide Sander. Bibl. MSS. pag.* 114. *Possev. et Glossar. in hac voce. Edit. in Bibl. Patr. tom.* 14. *An.* 1085. *vixisse volunt.*
Milo Crispinus, Cantor Beccensis, scripsit Vitas aliquot Abbatum Beccensium. *Edit. post Lanfrancum Acherii*, vix. circa an. 1150.
Milo, Monach. Elnonensis sub Carolo C. obiit ann. 871. *Ejus Poema de Calvis edit. Adde tom.* 2. *SS. Ord. Bened. pag.* 719. *Sur.* 6. *Febr. Bolland. t.* 3. *pag.* 873. *Vide Valer. Andr.*
Minutius Felix, Causidicus Romanus, vixit initio sæculi III.
Modestus, de Vocabulis rei militaris.
Modoinus, Augustodunensis Episc. vixit an. 835. *Edit. tom.* 14. *Bibl. Patr.*
Molinæus, ad Consuetud. Paris.
Molinetus, in Historia Summorum Pontificum.
Monachus, Florentinus, Archiepiscop. Acconensis, de Recuperata Ptolemaide, *edit. cum Will. Tyrio* ann. 1564.
Monaldus, Dalmata, Ordin. Min. Archiep. Beneventanus, vix. an. 1330.
Monaldus, Justinopolitanus, Dalmata, Ord. Min. vix. an. 1332.
Monetus, seu Moneta, Ord. Præd. contra Catharos. MS. vix. an. 1225.
Morguesius, in Statuta Provinciæ.
Mundinus, Medicus, de Anatom. vix. an. 1315. ut ipse testatur *pag.* 170. *Edit. an.* 1550.
Munio, Mindoniensis in Hispania Episcop. scriptor Hist. Compostellanæ, obiit ann. 1299. *Vide Vasæum c.* 4 ; circa an. 1130. ut emendat Fabricius ex Nic. Antonio ; annus vero 1299. pertinet ad alium Munionem Ordin. Præd. Generalem et Episc. Palent.
Musæus, Presbyter Ecclesiæ Massiliensis, vix. an. 450. *Gennad. etc.*
Myrsontius Togatus, Agrimensor, *edit. inter Gromaticos.*

N

Nagoldus, Cluniacensis Monach. scriptor Vitæ S. Odonis Abbat. Clun. cujus fuit discipulus.
Naldinus, in Chorographia Ecclesiast. civitat. et diœc. Justinop.
Naldus, Florentinus, Historicus et Poeta, circ. an. 1470. *tom.* 18. *Script. Ital. Murat.*
Nanno Stauriensis, Friso, Philosoph. vix. an. 880.
Nazarius, Auctor Panegyrici Constantino M. Imp. dicti, *edit. cum* 12. *Panegyr.*
Nebridii Epistolæ ad S. Augustinum. *In Bibl. Victor.*
Nellus S. Geminiani, Florentinus, JC. vix. an. 1423.
Nennius, Banchorensis Abbas, *de cujus scriptis Pitseus et alii*, vix. an. 620.
Neotus Aldulphius (S.), Haristocensis in Anglia Mon. ob. pridie Kal. Aug. an. 883.
Nevelonis, Corbeiensis Mon. varia Patrum loca, *in Bibl. Sangerman. Cod.* 394.
Nicetas, Dacorum Episc. cujus non semel meminit S. Paulinus. *Vide Bibl. MSS. Labbei pag.* 26 ; *Gennadio* Niceas Romatianæ civit. episcopus.
Nicetis, Episcopus Trajectensis, an. 563. *tom.* 3. *Spicileg. pag.* 1.
Nicetius, Trevirensis Episcop. vix. ann. 560. *Vide Concilia.*
Nicolaus I. (S.) PP. obiit 13. Novembr. ann. 867. *Ejus Epist. exstant in Concilia. Vide tom.* 12. *Spicil. pag.* 42.
Nicolaus II. PP. obiit 5. Non. Jun. ann. 1061. *Vide Concilia.*
Nicolaus III. PP. obiit 22. August. ann. 1280. *De ejus scriptis vide Lud. Jacob. etc. tom.* 11. *Spicileg. pag.* 356.
Nicolaus IV. PP. ob. 4. April. ann. 1292. *De ejus scriptis vide Lud. Jacob.*
Nicolaus V. PP. obiit 24. Mart. ann. 1455. *De ejus script. vide Lud. Jacob. tom.* 4. *Spicil. pag.* 356.
Nicolaus V. Antipapa, antea *Petrus de Corbario*, ob. 23. Aug. an. 1330. *Vide Lud. Jacob.*
Nicolaus Aimerici, Ordin. Prædic. Inquisit. hæret. *in Bibl. Victor.*
Nicolaus, S. Albani in Anglia Mon. vix. an. 1140.
Nicolaus Albergatus, Ord. Cartusian. Episcop. Lononiensis, Card. ob. an. 1443.
Nicolaus Alexandri de Busco, JC. *in Bibl. Victor.*
Nicolaus Amatus, in 1. et 2. lib. Aristot. vix. ann. 1397. *in Bibl. Sangerman. Cod.* 806.
Nicolaus, Ambianensis, de Fide Catholica. *Vide Sander. pag.* 361. *Ejusdem Chronicon in Cod. Puteano* 125.
Nicolaus ab Aquapendente, Italus, Aug. Theolog. vix. an. 1460.
Nicolaus ab Aquavilla, Ordin. Min. vix. 1317.
Nicolaus de Arimino, Ordin. Min. de vita B. Raynaldi Archiep. Ravennensis, *edit. tom.* 7. *Ughelli pag.* 1210. 1220. vix. an. 1413.
Nicolaus Astonus, Anglus, Theolog. Oxon. Cancel. ann. 1360.
Nicolaus Baiardus, Angl. Ord. Præd. Theol. vixit

INDEX AUCTORUM.

an. 1410. non Anglus, sed Gallus, et ad an. 1250. referendus, auctore Fabricio in Bibl.
Nicolaus DE BIBERA, Teuton. vix. an. 1290.
Nicolaus E BITONTO, Ord. Min. vix. an. 1413.
Nicolaus BOCASINUS (S.), Tarvisinus, Ordin. Præd. Card. ob. an. 1304. 6. Jul.
Nicolaus BOTLESHAMUS, Anglus, Carmel. Theolog. ob. an. 1435.
Nicolaus BOTRONTINENSIS in Albania Episcop. de Rebus gestis Henric. VII. in Italia ab ann. 1310. ad 1315. *tom. 9. Script. Ital. Murat.*
Nicolaus DE BRAIA, scripsit heroico carmine Gesta Ludovici VIII, regis Franc. sub quo vixit. *Edit. tom. 5. Hist. Franc. pag.* 290.
Nicolaus BRECHENDOLUS, Angl. Grammatic.
Nicolaus BRUNFELDUS, Anglus, Histor.
Nicolaus BUNGEIUS, Anglus, Histor. vix. an. 1440.
Nicolaus BURGENSIUS, Eques Senensis, Scriptor Vitæ S. Peregrini, *edit. tom.* 11. *Bol. p.* 837. vix. an. 1330. [circ. an. 1483.]
Nicolaus CAMUSATUS, in Hist. critica diariorum.
Nicolaus, S. R. E. Cardin. et Bibliothecarius, vixit sub Lucio II. PP.
Nicolaus CANTILUPUS, Cambrensis, Carmelit. Theolog. ob. 27. Septemb. an. 1441.
Nicolaus CARACCIOLUS, Neapolit. Ord. Prædic. obiit ann. 1389.
Nicolaus, Carmelitarum Ordin. Prior Generalis, vix. an. 1270.
Nicolaus, Clarevallensis Monach. S. Bernardo ab Epistolis, vix. an. 1152. *In Bibl. Patr. tom.* 22. *et tom.* 2. *Miscel. Baluz.*
Nicolaus DE CLEMENGIS, Doctor Paris. ob. circ. ann. 1440. *Ejus elogium et scripta recensentur in Histor. Academiæ Par. tom.* 5. *pag.* 908. *et in Histor. Collegii Navarrei. Vide tom.* 7. *Spicil. pag.* 138.
Nicolaus DE CURBIO, Ordin. Min. Episcopus Asisinat. scripsit Vitam Innoc. PP. IV. ab an. 1243. ad 1254. *tom.* 7. *Miscel. Baluz. pag.* 353.
Nicolaus DE CUSA, S. R. E. Card. Episc. Brixiensis, ob. prid. Id. Aug. an. 1464.
Nicolaus DINCHELSPUHELIUS, Suevus, vixit tempore Concilii Constantiensis. *Vide Miræum.*
Nicolaus, Dunelmensis, Mon. Cluniacensis, vixit ann. 1169.
Nicolaus DURHAMUS, seu DUNELMENSIS, Carmelita, Theolog. vix. ann. 1370.
Nicolaus EIMERICUS, Gerundensis, Ordin. Prædicat. vix. ann. 1358.
Nicolaus FACHINEHAMUS, Anglus, Ord. Min. Theol. ob. an. 1407.
Nicolaus FALCONUS, vitiose *Salconus*, Aithoni Historiam, jussu Clementis V. in Latinum vertit e Gallico ann. 1307.
Nicolaus FARINULA, Ordin. Præd. Philippi Pulcri, regis Franc. a Confessionib. ob. an. 1323.
Nicolaus FERNEHAM, Anglus, ob. an. 1241.
Nicolaus DE FLII, Dunelmensis Episcop. Historic. Anglus, vix. an. 1201.
Nicolaus, Florentin. Med. obiit ann. 1412. [1012.] *Trith. Sander. pag.* 195.
Nicolaus DE FRACTURA, Abbas S. Vincentii ad Vulturnum, in Reg. S. Bened. scripsit an. 1299. *In Bibl. Sanger. Cod.* 806.
Nicolaus GALLICUS, Carmel. 7. Prior. General. vixit ann. 1270.

Nicolaus GELANTIUS, Episc. Andegav. *ejus Statuta synodalia an.* 1269. *edita tom.* 11. *Spicil. pag.* 201.
Nicolaus GORHAMUS, Anglus, Ordin. Præd. Theolog. multa scripsit *ex quibus quædam edita*, obiit circa ann. 1400.
Nicolaus GORRAUS, Angl. Ord. Præd. vix. an. 1350. *in Bibl. Victor.*
Nicolaus GUERCIS, in Annal. Genuens. *t.* 6. *Script. Ital. Murat.*
Nicolaus DE HANAPIS, ex diœcesi Remensi, Ordin. Præd. Patriarcha Hieros. ob. an. 1288. *Edit. Vide Sander. pag.* 182. 270. 271.
Nicolaus DE HANQUEVILLA, Ord. Min. circa an. 1300. *Vide Sander. pag.* 270.
Nicolaus DE HARCILEG, Friburgensis, Ordin. Præd. Theolog. vix. an. 1355.
Nicolaus HASTIFRAGUS, Anglice *Breakspeare*, obiit ann. 1159. *Ejus quædam edita exstant. Vide Pitseum.*
Nicolaus HOSTRESHAMUS, Anglus, Medicus, vixit ann. 1443.
Nicolaus DE JAMSILLA, de Rebus gestis Friderici II. Imper. *tom.* 8. *Script. Ital. Murat.*
Nicolaus JAQUERIUS, Ord. Prædic. Insulis, vixit an. 1442. scripsit contra Valdenses.
Nicolaus INSULENSIS DE FURNO. *Vide Sander. part.* 2. *pag.* 135.
Nicolaus DE LAINE, S. Gerardi Abbas, obiit ann. 1448.
Nicolaus, Leodiensis Canon. de Gestis S. Lamberti, vix. circ. an. 1120. *tom.* 1. *Hist. Leodiensis pag.* 371. *tom.* 1. *Analect. Mabillonii pag.* 303. *Valer. Andr.*
Nicolaus LINNENSIS, Anglus, Carmelita, Mathemat. vix. an. 1370.
Nicolaus DE LIRA, Ordin. Minor. obiit 23. Octobr. ann. 1340.
Nicolaus LOKMAN, German. Ordin. Minor. Theolog. vix. an. 1440.
Nicolaus LE MAISTRE, de Bonis Ecclesiast.
Nicolaus MANIACUTIUS, Canon. Regular. S. August. circ. an. 1180. *in Bibl. Victor.*
Nicolaus MARIANUS, Mantuanus, Ordin. Præd. vixit ann. 1312.
Nicolaus MONARDUS, in Hist. Simplicium ex novo orbe delatorum, *edit. Clusii.*
Nicolaus, Montignius, Castelli S. Martini ad Scarpum Abbas, Scriptor Annalium Monasterii Viconiensis, etc. vix. an. 1308.
Nicolaus, Mutinensis, JC. vix. an. 1340.
Nicolaus MUTIUS, Venetus, Ordin. Minor. vixit ann. 1238.
Nicolaus DE NEAPOLI, JC. vix. an. 1300.
Nicolaus NUS, vix. circa 1130. *Vide Sander. part.* 2. *pag.* 151.
Nicolaus OCCAMUS, Anglus, Ordin. Min. Theologus, vix. an. 1120. [1320.]
Nicolaus OBESMIUS, Episcop. Lexoviensis, vix. an. 1378. *Ejus elogium contexuit Jo. Launoius in Histor. Collegii Navarrei. Exstat tom.* 26. *Bibl. Patr.*
Nicolaus, Siculus, Panormitanus Episcop. vixit ann. 1435.
Nicolaus DE PENNAFORTI, Auctor *Summæ Theologicæ, in Bibl. Sangerman. Cod.* 525.
Nicolaus PONTIUS, Oxoniensis, Theologus, vixit ann. 1410.

INDEX AUCTORUM.

Nicolaus A PRATO, seu MARTINI, Tuscus, Ord. Præd. S. R. E. Card. ob. an. 1341. [1321.]
Nicolaus RADCLIFFUS, Anglus, ad S. Albanum Monach. ob. an. 1390.
Nicolaus RISTONUS, Anglus, vix. an. 1410.
Nicolaus RITZONIS, Catanensis, Carmel. vixit circa ann. 1390.
Nicolaus ROSELLI, Majoricensis. Ordin. Prædic. ob. ann. 1362.
Nicolaus, S. Crucis in Austria Monachus, vixit circ. an. 1410.
Nicolaus SALCONUS, male pro *Falconus* ; quod vide supra.
Nicolaus A S. MARTINO, ex agro Mantuano, Ordin. Prædic. vix. ann. 1312.
Nicolaus SECUNDINUS, Constantinop. scripsit de Rebus Turcicis usque ad captam Constantinopolim, *edit. Lovanii.*
Nicolaus SMEREGUS, Notarius Vicentinus, Chronic. scripsit ab ann. 1200. ad an. 1279. *Edit. a Felice Osio cum Albertino Mussato ann. 1636. a Murat. tom. 8. Script. Ital.*
Nicolaus SPECIALIS, de Rebus Siculis ab ann. 1282. ad 1337. *in Append. ad Marc. Hispan. et t. 10. Script. Ital. Murat.*
Nicolaus STANFORDIUS, Anglus, Ordin. Cisterciens. vix. an. 1310.
Nicolaus SUAFHAMUS, Anglus, Carmel. Theolog. ob. an. 1449.
Nicolaus, Suessionensis Monach. scriptor Vitæ S. Godefridi Episcop. Ambian. qui ob. ann. 1118. cujus æqualis fuit. *Sur. 8. Novemb.*
Nicolaus DE SUSATO, Teuton. vix. an. 1417.
Nicolaus TEUTONICUS, Ordin. Prædic. Theolog. vixit an. 1355. Idem qui supra *Nicolaus de Harcileg.*
Nicolaus TREVERETH, Ord. Prædic. in Senecæ Tragœd. MS. vix. an. 1360. non diversus a sequenti.
Nicolaus TRIVETTUS, Angl. Ordin. Prædic. Chronic. perduxit ab ann. 1126. ad an. 1307. *Edit. tom. 8. Spicileg. p.* 438. *De aliis scriptis vide Pitseum, qui eum obiisse an.* 1326. *scribit.*
Nicolaus TUDESCHUS, Abbas Siculus, Archiepiscop. Panormit. Cardin. ob. an. 1443.
Nicolaus VEIGELT, Friburgensis, vix. an. 1438.
Nicolaus UPTONUS, Anglus, JC. *cujus Libri editi a Bysseo,* vix. an. 1441.
Nicolaus WALKINGTONUS, Anglus, Kirkehamensis Monach. vix. an. 1193.
Nicolosa SANUTA, pro restitutione ornamentorum matronalium. *Vide Sander. part. 2. pag.* 221.
Nigellus WIREKERUS, Anglus, Monach. et Præcentor Eccl. Christi Cantuar. vix. an. 1220.
Ninianus (S.), Britannus, ob. an. 432. *Sixtus Sen. Pitseus, etc.*
Nithardus, S. Angilberti filius, Caroli M. ex filia nepos scribebat an. 844. *Edit. tom. 2. Histor. Franc. pag.* 359.
Nizo, Mediolacensis Abbas, de Vita S. Basini Trevir. Archiepiscop. vixit circa ann. 1070. *Bolland. tom. 6. pag.* 315.
Norbertus (S.), Ord. Præd. Fundator, Archiepiscopus, Magdeburgensis, obiit 6. Jun. ann. 1134. *In Bibl. Patr.*
Notcherus, Altivillar. Abbas, vixit an. 1095. *tom.* 6. *Act. SS. Bened. pag.* 154.

Notgerus, Leodiensis Episcop. ob. 10. April. ann. 1007. *tom. 1. Hist. Leod. tom. 3. Bol. pag.* 372.
Nothelmus, Londinensis, Cantuar. Archiepiscop. ob. an. 739.
Notingus, Episcopus Constantiensis, ob. an. 934. *Vide Alamannica Goldasti tom. 2. pag.* 154.
Notkerus BALBULUS, Monachus S. Galli, Auctor Librorum 2. de Gestis Caroli M. ob. an. 912. *Vide Alamannica Goldasti tom. 2. pag.* 193. *tom.* 5. *Canisii part.* 2. *post pag.* 728. *tom.* 6. *pag.* 761.
Notkerus *Medicus, tom.* 5. *Canisii part.* 2. *post pag.* 728.
Novatianus, Romanæ urbis Presbyter, Auctor hæresis Novatianorum, vixit sub Gallo et Volusiano. *Hieron.*
Novatus, Catholicus, *edit. in Regul. Holstenii, in Bibl. Patr. tom.* 5.
Nuno SANCIUS, Dom. Rossilionis, an. 1217. *tom.* 8. *Spicileg. pag.* 366.

O

Obertus AB ORTO, cujus crebra in Libris Feudor. mentio, quorum etiam conditor dicitur, vixit sub Friderico I.
Obertus CANCELLARIUS, in Annal. Genuens. *tom.* 6. *Script. Ital. Murat.*
Obertus STANCONUS, in Annal. Genuens. *ibid.*
Octavianus ROMANUS, Auctor libelli *Cato* inscripti, qui in scholis circumfertur, ut censet Goldastus.
Octavianus UBALDINUS, Florent. Cardinalis, obiit ann. 1272.
Octavius HORATIANUS, Afer, Vindiciani, qui sub Valentiniano floruit, discipulus, scripsit Rerum Medicar. lib. 4. *Edit. an.* 1532.
Odericus DE PORTU NAONO, seu DE FORO JULII, Ordin. Min. scripsit Itiner. ann. 1331. etc. *apud Wadding. in Annal. Minor. Bolland. tom. 1. pag.* 986. *tom.* 9. *pag.* 51. an. 1331. 14. Jan.
Oderisius, Abbas Casinensis, ob. 4. Non. Decemb. an. 1105. *Vide Petr. Diac.*
Odilo (S.), Cluniacensis Abbas, ob. 1. Januar. ann. 1049. *in Bibl. Cluniac. pag.* 279. *tom.* 2. *Spicileg. pag.* 386. *tom.* 7. *Bibl. Patr.*
Odilo, Monach. S. Medardi Suession. sub initium sæculi XI. *tom.* 5. *SS. Ord. Bened. pag.* 387. 411.
Odilo, Abbas S. Remigii, vixit ann. 1125. *tom.* 1. *Analect. Mabillonii pag.* 334.
Odingtonus, Eveshamensis in Anglia Monachus, Philosophus, vix. an. 1280.
Odo, Astensis, Monach. Benedict. circ. ann. 1120. *tom.* 20. *Bibl. Patr.*
Odo I. Belvacensis Episcopus, vixit sub Carolo C. *Bolland. tom.* 1. *pag.* 461.
Odo, ex Scholastico Aurelianensi, Abbas S. Martini Tornac. dehinc Cameracensis Episcopus, ob. an. 1113. *Edit. ab Andr. Schotto, in Bibl. Patrum, tom.* 22. etc. *Vide Henr. Gandav.*
Odo, Canonicus Regul. circa an. 1160. *tom.* 2. *Spicileg. pag.* 113.
Odo (S.), Cantianus, Cantuariensis Monach. deinde Abbas Monasterii de Bello, ob. ann. 1160. [1172.] *Vide tom.* 2. *Analect. Mabillonii.*

Odo DE CICESTRE, ejus Summa de Pœnitent. *In Bibl. Sangerman. Cod.* 323.
Odo I. (S.) cogn. MUSICUS, Cluniacensis Abbas, obiit an. 944. 1. Decemb. *Edit. in Bibl. Cluniacens. in Bibl. Patr. tom.* 17. *etc.*
Odo DE DIOGILO, Monach. deinde Abbas sancti Dionysii in Francia, de Profectione Ludovici VII. reg. Franc. in Orientem, sub quo vixit, *edit. a P. F. Chiffletio.*
Odo, Fossatensis Monach. scripsit Vitam Burchardi Comitis Corboilensis, *edit. tom.* 3. *Histor. Franc. pag.* 115. *et a Brolio.*
Odo, Abbas Glannofoliensis, *Bolland.* 15. *Jan. tom.* 1. *SS. Ord. Bened. pag.* 274.
Odo, Abbas Morimundensis. *Vide Bibl. MSS. Labbei pag.* 208. *et Vossium de Hist. Lat. pag.* 782. obiit ann. 1161.
Odo, Episc. Parisiensis, vix. an. 1197. *In Concilia, tom.* 10. *pag.* 1801.
Odo DE SENONIS, JC. de Judiciis possessoriis, *in Bibl. Victor.*
Odo SEVERUS, Cantuar. Archiepisc. ob. an. 959. *tom.* 9. *Concil. pag.* 609.
Odo SHIRTON, vulgo dictus MAGISTER ODO, Ord. Cisterc. Angl. vix. an. 1181.
Odo, de Castro Rodulphi, Abbas Ursicampi, Episc. Tuscul. an. 1249. *tom.* 7. *Spicileg. pag.* 354.
Odo, Abbas Ursicampi, deinde Episcop. Prenestin. sub Eugenio III. PP. ejus laudantur Quæstiones, etc. *Vide Fabric.*
Odofredus, vel OTTOFREDUS, Beneventanus, JC. Bononiensis, Azonis, vel, ut alii, Jacobi Balduini auditor, ob. an. 1265.
Odorannus, Monach. S. Petri Vivi Senon. Chron. perduxit ad ann. 1045. *Edit. tom.* 2. *Histor. Franc. pag.* 636.
Ogerius PANIS, in Annal. Genuens. *tom.* 6. *Script. Ital. Murat.*
Olbertus, Gemblac. Abbas, vix. an. 1008. *tom.* 3. *Bol. pag.* 845. *Vide Sigeb. c.* 142.
Oldonius, Cellæ novæ in Hisp. Monachus, Auctor Rationalis divinorum offic. vix. an. 1227.
Oldradus BISDOMINUS, Senensis, Ord. Prædic. ann. 1287. *tom.* 8. *Bol. pag.* 181.
Oldradus DE PONTE, Laudensis, Italus, JC. Dini auditor, vix. an. 1310.
Oliverius, aliis ELMERUS, Malmesbur. Mon. Mathemat. ob. circ. an. 1060.
Oliverius, S. Bavonis Prior, de Eucharist. vixit ann. 1449.
Oliverius SAXO, Germ. ex Scholastico Coloniensi Episcop. Paderborn. dehinc Sabin. et Cardin. sub Honorio III. PP. de Captione Damiatæ, *edit. in Gestis Dei pag.* 1185. vix. an. 1220.
Olympius, Hispan. Episcop. cujus scripta laudat S. August. vix. an. 405. *Vide Gennad.*
Omnibonus, Leonicenus, vix. an. 1420.
Onesimus, Probi Imp. Vitæ Scriptor, sub eo vixit. *Vopiscus.*
Onofrius, Florent. Archiepiscop. Augustin. vixit an. 1430. [ob. an. 1403.]
Optatianus PORPHYRIUS, scripsit Panegyr. Constant. M. sub quo vix. *Edit. a Velsero, et in veter. Poemat. Pithæi, etc.*
Optatus, Milevit. Episc. ob. 4. Jun. circ. an. 370.

Ordericus VITALIS, Monach. Utic. vixit ann. 1141. *Edit. in Normannicis Duchesnii.*
Orientius (S.), Tarrac. Episcop. vix. an. 517. *Edit. Salmanticæ an.* 1599. *Vide Sigeb.*
Oriesis (S.), Abbas Ægyptius, æqualis S. Pachomii, vix. an. 340. al. 400. *tom.* 5. *Canisii part.* 2. *pag.* 913. *Bibl. Patr. tom.* 8. *etc. Vide Gennad.*
Osbernus, al. OSBERTUS, Cantuar Monach. de Vita S. Elphegi, etc. vix. ann. 1020. ut Pitseus, 1074. *Edit. Bolland. tom.* 10. *pag.* 631.
Osbernus CLAUDIANUS, seu CLAUDIOCESTRENSIS, Mon. Anglus, vix. an. 1140.
Osbertus CLARENTIUS, vel DE STOC CARE, Anglus, Westmonaster. Monach. vix. an. 1136. *Vide Pitseum.*
Osbertus, Carmel. Anglus, vix. circ. an. 1340. ob. an. 1330. ex Fabricio, non diversus a sequenti.
Osbertus PICKENGHAMUS, Anglus, Carmelita, Theol. ob. an. 1330.
Osius, Cordubensis, Episcop. vix. an. 390.
Osmundus, Astoric. Episcop. vix. an. 1059. *tom.* 1. *Analect. Mabillonii pag.* 287.
Ostforus, vel OSFERTUS, Anglus, Wigorn. Episcop. ob. an. 704.
Oswaldus, Cartusianus, Anglus, vix. an. 1450.
Oswaldus ODONIUS, Eborac. Archiepiscop. ob. an. 992. *Vide Pitseum.*
Oswaldus, Wigorn Monach. vix. an. 1010.
Otfridus, Monach. Weissenburg. Rhabani Mauri auditor, vix. ann. 870. *Edit. tom.* 16. *Bibl. Patr. Vide Trith. et Lambec. lib.* 2. *Bibl. Cæs. pag.* 415.
Othelgrimus, scriptor Vitæ S. Ludgeri, cujus discipulus fuit, vix. circ. ann. 830. *Edit. a Sur. Browero, etc.*
Othlonus, Fuldensis Monach. scriptor Vit. S. Pyrminii et S. Bonifacii, vixit ann. 1000. *Edit. a Canisio tom.* 4. *part.* 2. *pag.* 493. *Serrario in Histor. Mogunt. tom.* 4. *SS. Ord. Bened. pag.* 28.
Otto CANDIDUS DE ALERANO, ex Marchionibus Montisf. Cardin. ob. an. 1251.
Otto DE CASTROBODULPHI, Bituric. diœc. Card. Episc. Tuscul. ob. an. 1275.
Otto, Frising. Episcopus, obiit 21. septembr. ann. 1158. *Exstat inter Hist. German. et tom.* 5. *Script. Ital. Murat.*
Otto, Mindensis Episcop. scripsit Itinerarium suum Hierosolim. ob. an. 1324. *Chron. Mindense.*
Otto MOBENA, scriptor Rerum Laud. usque ad ann. 1168. vix. sub Frider. I. Imp. *edit. a Felice Osio.*
Otto DE S. BLASIO, vix. an. 1210. ejus Chron. *editum ab Urstisio.*
Ottobonus SCRIBA, in Annal. Genuens. *tom.* 6. *Script. Ital. Murat.*
Oudarius, Historicus Semilatinus, etc. *Gesner.*
Ovidius DE VETULA, vix. sub Joanne Vatatze Imp. *Edit. ann.* 1534. *et* 1610.

P

Pacianus, Barcinon. Episcop. obiit 9. Mart. circa 360. *S. Hieron. et in Bibl. Patr.*
Palfurius SURA, Historic. vixit sub Valeriano et Gallieno Impp. *Trebell.*
Pandulphus, Capuanus, Presbyt. Casin. vix. an. 1060. *Vide Petr. Diac.*

Pandulphus, Mon. Casin. Ostiensis Episc. obiit an. 1134. *Vide Petr. Diac.*
Pandulfus PISANUS, S. R. E. Card. obiit sub Celestino III. PP.
Papianus, JC. vixit sub Theodorico, rege Ostrogoth.
Papias, Lombardus, Grammaticus clarus an. 1053. scripsit Glossar. *edit. primum Mediol. an. 1476. deinde sæpius alibi.*
Papyrius MASSONUS, in Notitia Galliæ.
Parci Lexicon criticum.
Parisius DE CRETA, Auctor Chronici Veronens. ab an. 1117. ad 1278. *tom.* 8. *Script. Ital. Murat.*
Paschalis I. (S.) PP. ob. 12. Mart. ann. 824. *Vide Lud. Jacob.*
Paschalis II. PP. ob. 18. Januar. ann. 1118. *Ejus Epistolæ habentur in Concil. tom.* 3. *Spicileg. a pag.* 126.
Paschasinus, Lilybei in Sicilia Episc. vixit ann. 448. *Vide Isid. Bucher. in Can. Peschali pag.* 75. *et Concilia.*
Paschasius, S. R. E. Diac. ob. 3. Maii circa ann. 312. *In Bibl. Patr. tom.* 8. *pag.* 807.
Paschasius RATHBERTUS, Corbeiensis Abbas, obiit 26. April. an. 851. *Vide tom.* 12. *Spicileg. pag.* 1. *tom.* 5. *SS. Ord. Bened. pag.* 453. *tom.* 14. *Bibl. Patr. Boll. tom.* 1. *pag.* 96.
Pastor DE ALBERNACO, Gallus, Ord. Min. Archiepisc. Ebred. Card. ob. an. 1354.
Pastor, Episc. contra Priscill. scripsit. *Gennad.*
Paterius, S. R. E. Notarius et Secundicerius, S. Greg. M. discip. vix. an. 600. *Edit. cum eod. Gregorio.*
Patricius (S.), Hibernorum Apost. obiit ann. 492. *Ejus Opusc. edidit Waræus an.* 1656. *Vide Pitseum.*
Paulinus, Auctor Tractatuum de initio Quadragesimæ, etc. *Gennad.*
Paulinus, Aquil. Patriarcha, ob. 11. Jan. an. 802. *In Bibl. Patr.*
Paulinus DIACONUS, scriptor Vitæ S. Ambros. etc. vixit an. 418. *Vide Isid. Bar. hoc an. n.* 12. 13. 14. 15.
Paulinus (S.), Nol. Episcop. ob. 22. Jun. an. 431. *Edit. a Rosweido et P. F. Chiffletio.*
Paulinus PETRICORDIUS, seu PETRICONICENSIS, dictus scriptor Vitæ S. Mart. Nolano junior. *Vide Bibl. MSS. Labbei pag.* 65.
Paulinus, Presbyter, discip. S. Ephrem. *Gennad.*
Paulus I. PP. ob. 28. Jun. an. 767. *Vide Concil. et Lud. Jacob.*
Paulus, vel PAULULUS, scriptor Vitæ S. Erardi Ratisp. Episc. *Bol. tom.* 1. *pag.* 535.
Paulus. Aquileiensis Diac. et Mon. Casin. vix. sub Carolo M. *Vide Petr. Diac. et J. B. Marum ad eumd. ubi de ejus scriptis.*
Paulus, Bernrietensis, Augustin. Episc. Augustan. *edit. Ingolstad. an.* 1610. *tom.* 10. *Bol. pag.* 552.
Paulus BONETUS, Narbonens. Carmelit. vixit circa ann. 1400.
Paulus CARTHAGENA, Episcop. Burgensis, obiit circ. an. 1435.
Paulus DE CASTRO, JC. Bonon. ob. an. 1437. seu, ut alii volunt, 1457.
Paulus, Diac. scriptor Hist. Episc. Metens. *tom.* 6. *Spicil. p.* 661.
Paulus, Emerit. Diac. de Gestis Episcop. Emerit. vixit ann. 650. *Edit. a Bivario in Chronic. Pseudo-maximi a pag.* 515. *tom.* 4. *Bolland. pag.* 64. *tom.* 8. *pag.* 908.
Paulus, Episcop. auctor libri de Pœnitent. *de quo Gennad. etc.*
Paulus FLORUS, Historic. vix. sub Justin. cujus res gestas scripsit carm. ut auctor est Aleman. ad Procop. Anecdot.
Paulus GERARDUS, Florent. Mathematicus, vixit ann. 1327.
Paulus GUALDUCIUS, e Pilestris, Florent. Ord. Præd. Patriarch. Grad. Theolog. vix. an. 1320.
Paulus DE HEREDIA, Hisp. vix. an. 1464.
Paulus DE LIAZARIIS, JC. Joan. Andreæ auditor, vix. an. 1340. *de Lazanis* dicitur in Annal. Victor. MSS. ad an. 1337. Vide *Profundus* 2. in Gloss.
Paulus, e Liguria, seu Genuensis. Mon. Casin. vix. an. 1100. *Vide Petr. Diac. cap.* 36.
Paulus, Diac. Neapolit. sub Carol. M. *tom.* 3. *Bol. pag.* 483. *Vide Sigeb. cap.* 69.
Paulus OROSIUS, Hispan. vixit sub Arcadio et Honorio AA.
Paulus DE PERUSIO, JC. Bibliothec. Roberti regis Siciliæ, vix. an. 1350.
Paulus, Presbyt. Pann. vix. an. 430. *Gennad.*
Paulus DE S. MARIA, ex Judæo Christ. Burg. Episc. vix. an. 1434.
Paulus STOCKMANNUS, in Lexico Hæresum. *Lipsiæ ann.* 1719.
Paulus DE VENETIIS, Augustinian. Theolog. obiit 15. Jun. an. 1428.
Paulus WARNEFRIDUS, Diac. Aquil. obiit circa ann. 801. *Habetur ejus Hist. Longobard.*
Pelagius I. (S.) PP. obiit 4. Mart. ann. 559. *Vide Concilia.*
Pelagius II. PP. obiit 8. Februar. ann. 590. *Vide Concilia.*
Pelagius, Hæresiarches, vix. an. 390. *Gennad.*
Pelagius ALVARUS, Hisp. Ordin. Minor. Silvensis in Lusit. Episc. vix. an. 1320.
Pelagius, Diacon. Eccl. Rom. qui Vitas Patrum in Latinum sermonem vertit, *de quo multa Rosweidus,* vix. circa an. 580.
Pelagius, Ovet. Episc. vix. an. 1100. *Ejus Histor. edit. a Sandovallio an.* 1615. *et* 1634.
Pembogulus, Anglus, Philosophus.
Peregrini, Abbatis Histor. Abbat. S. Mariæ de Font. diœces. Turon. vixit an. 1134. *tom.* 5. *Spicileg. pag.* 105.
Peregrini, Episc. Propugnaculum fidei adversus Hæreses, vix. ann. 970. *Vide tom.* 17. *Bibl. Patr. pag.* 456.
Peregrini, Monac. Speculum Virg. *in Bibl. Sangerm. Cod.* 867.
Peregrinus BONONIENSIS, Ordin. Min. Histor. vixit ann. 1310.
Peregrinus, Germ. Hirsaug. Mon. vix. an. 1100.
Perpetuus, Turon. Episc. an. 474. *tom.* 5. *Spicil. p.* 105. *tom.* 9. *Bol. pag.* 750.
Petrocus (S.) CORINIUS, seu Cornub. vix. an. 564.
Petronii Fragmenta.
Petronius, Bononiensis in Italia Episc. obiit ann. 385. *Gennad. etc.*
Petrus ABAELARDUS, Theolog. notissimus, vixit an. 1140. *Ejus Opera edidit A. Duchesnius.*
Petrus DE ABANO, Patav. Medic. et Philosoph. obiit

an. 1316. *Vide Portenar. in Patavio p.* 272. idem qui mox *Petrus de Apono.*

Petrus ALBERTI, Major Prior Cluniac. vix. an. 1420.

Petrus, Alectensis, Senogall. Episcop. Augustin. Auctor Itinerar. Gregor. XI. PP. sub quo vixit. *Edit. a Bzovio.*

Petrus DE ALIACO, Compendiensis, Episcop. Anic. et Cameracens. obiit 8. August. ann. 1415. *Ejus elogium et scripta vide apud Launoium in Histor. Collegii Navar.*

Petrus ALPHONSUS, ex Judæo Christ. de Discipl. Cleric. etc. vixit ann. 1106. al. 1091. *tom.* 21. *Bibl. Patr. Vide Sander. pag.* 192. 205.

Petrus DE ALVERNIA. *Vide Sander. pag.* 200. 205.

Petrus DE ANCHARANO, Bonon. JC. Baldi auditor, vix. an. 1385. 1399.

Petrus DE ANDLO, vixit sub Friderico III. *edit. a Frehero.*

Petrus ANDREAS DE CASTANEIS, Carmelita, de Vita S. Andreæ Corsini, vixit ann. 1440. *tom.* 2. *Bolland. pag.* 1064.

Petrus DE ANDRIA, Ord. Præd. S. Thomæ discip. vix. an. 1270.

Petrus ANGLICUS, Ordin. Prædicat. Theolog. vixit ann. 1340.

Petrus APOLLONIUS COLLATIUS, Presbyter Novariens. circa ann. 1481. de Excidio Hierosol. *Vide Fabric. tom.* 1. *p.* 132.

Petrus DE APONO, cogn. CONCILIATOR, Patavinus, Philosoph. vix. an. 1310. *Edit. Venet.* 1502.

Petrus AQUILANUS, vel DE AQUILA, cogn. *Scotellus* et *Doctor sufficiens*, Ord. Min. Theolog. *Vide Bibl. Sangerman. Cod.* 321.

Petrus ARGENTORATENSIS, Carmelita, scripsit de Bello Argentin. sub Episcop. Galtero, vix. an. 1270.

Petrus DE ARGENTINA, Augustin. *Vide Sander. part.* 2. *pag.* 246.

Petrus AUREOLI VERBERIUS, Ordin. Minor. Archiep. Aquensis, in libros Sententiarum, vix. an. 1321.

Petrus S. AUTBERTI, Camerac. Canonic. de Martyrio S. Dympnæ, etc. *apud Sur.* 15. *Maii.*

Petrus AZARIUS, Notarius Novariensis, in Chronico ab an. 1250. ad 1360. *tom.* 16. *Script. Ital. Murat.*

Petrus BABION, Anglus, Theologus et Poeta, vixit ann. 1317.

Petrus E BALNEO, Augustinus, Theologus, circa ann. 1390.

Petrus BARCINONENSIS, Ord. Præd. Auctor *Pugionis Judæorum*, vix. an. 1297.

Petrus BASSETUS, Anglus, Historic. vix. an. 1430.

Petrus DE BELLAPERTICA, Burg. JC. Episc. Autiss. et Cancellarius Franciæ, vix. an. 1300.

Petrus BERCTHORII, Mon. Pictav. Prior S. Eligii Paris. scriptor *Breviarii Historiarum Bibliæ*, vixit ann. 1360. *Trith. Vide Bibl. Sangerman. Cod.* 687.

Petrus BERTRANDI, Vivar. diœcesis, Episcop. Autissiod. deinde Heduensis, Card. ob. 24. Jun. ann. 1349. *t.* 26. *Bibl. Patr.*

Petrus Bibliothec. ejus Historia Francor. abbreviata, ab an. 715. ad an. 898. *tom.* 3. *Histor. Francor. pag.* 540.

Petrus BLADUNIUS, Malmesburiens. Monach. vixit ann. 1130.

Petrus BLESENSIS, Archid. Bathoniensis, in Anglia, vix. an. 1200.

Petrus BOERIUS, Abbas S. Aniani Tomeriarum et Episcop. scripsit in Reg. S. Bened. vixit ann. 1360. *In Bibl. Sangerman. Cod.* 454. 664. *Vide Trith.*

Petrus DE BRACHO scripsit Compendium Juris Canonici, *in Bibl. Victor.*

Petrus E BRUNIQUELLO, Augustin. civitatis Novæ in Latio Episcop. Theolog.

Petrus BURMANNUS, in edit. Petronii.

Petrus CALO, Clodiensis Venetus, Ordin. Prædicat. scripsit Vitas SS. c. an. 1300. *Leander.*

Petrus, cogn. CANONICUS, Londin. Archid. Theolog. vixit an. 1230.

Petrus CANTOR, Paris. vix. sub Philippo Aug. *Henric. Gandav. Trith. etc.*

Petrus, Canusinus Archiepiscop. *Ughell. tom.* 7. *pag.* 838.

Petrus CAPUANUS, Amalphit. S. R. E. Cardin. obiit ann. 1208.

Petrus CARNOTENSIS, Cancellarius, in Psalmos et de Ecclesiast. Officiis, vix. an. 1030.

Petrus DE CASA, Lemovic. Ord. Carmel. Cardin. et Patr. Hierosol. ann. 1316. *tom.* 8. *Spicileg. pag.* 276. *Vide Trith.*

Petrus, Casalinus Benedictinus, auctor libri cui titulus *Monotessaron.* Vide Gloss. in hac voce. Obiit an. 1552. ex Necrol. Casal.

Petrus, Mon. Casinensis, S. R. E. Subdiac. vix. an. 1120. *Petr. Diac. c.* 43.

Petrus DE CASTELLIONE, Italus, Ordin. Minor. vixit ann. 1453.

Petrus, Cellensis Abbas, deinde Episc. Carnot. ob. 18. Feb. an. 1187. *Edit. a Sirmondo, tom.* 2. *Spicileg. pag.* 447. *tom.* 3. *pag.* 44.

Petrus CHRYSOLOGUS (S.), Raven. Episc. obiit 2. Decemb. an. 449.

Petrus, Cluniac. Abbas, vix. circa an. 1200.

Petrus DE COLLE, Teut. Ord. Min. vix. an. 1440.

Petrus DE COLUMBARIA, Card. Ostiensis, cujus Itiner. an. 1355. *edit. tom.* 1. *Bibl. Labbei pag.* 354.

Petrus COMESTOR, Decanus Trec. Auctor Hist. Scholast. ob. circa an. 1190.

Petrus DE CONDETO, Capellanus S. Ludov. IX. regis Franc. an. 1270. *tom.* 2. *Spicil. pag.* 551.

Petrus DE CORBOLIO, Senon. Archiepiscop. ob. ann. 1222. *Henric. Gandav. Trith. etc.*

Petrus CORSINUS, Florent. S. R. E. Cardin. obiit 16. Aug. an. 1405.

Petrus DE CRESCENTIIS, Italus, auctor libri de Agricultura, vix. sub Roberto rege Sicil.

Petrus COUSTANTIUS, Benedictinus Congregat. S. Mauri, ad Epistolas Pontif. Rom.

Petrus DE CUNERIIS, Advocatus Philippi VI. reg. Franc. vix. an. 1328. *tom.* 2. *Monarch. Goldasti.*

Petrus CYRNÆUS, de Bello Ferrariensi, *tom.* 21. *Script. Ital. Murat.*

Petrus DE DACIA, Astronomus, vix. an. 1300.

Petrus DAMIANUS, Cardin. Ostiensis, obiit 23. Febr. ann. 1072. *Opera ejus edita. Vide præterea t.* 7. *Spicileg. pag.* 120.

Petrus DANIEL HUET, Episcop. Abrinc. in Originibus Cadomensibus.

Petrus, Diaconus, Mon. et Bibliothecarius Casin. de cujus Operibus idem consulendus lib. de Viris Illustr. Casin. cap. 47. ob. post an. 1140. *Exstat ejus Chron. Casin. et liber de Notis, etc. Vide J. B. Marum, tom.* 8. *Bolland. pag.* 288.

Petrus DUCIS, seu LE DUC, S. Victoris Paris. Abbas,

vix. ann. 1390. *Vide Hist. Academ. Parisiens. tom.* 4. *pag.* 982.
Petrus DE DUSBURG, scripsit Histor. Prussiæ et Ord. Teuton. ab an. 1190. ad 1326.
Petrus DE EBANO, in Aristotelem, etc. *Vide Sander. part.* 2. *pag.* 155.
Petrus DE FALCO. *Vide Sander. pag.* 169.
Petrus FERRANDUS, Hisp. Ordin. Præd. scriptor Vitæ S. Dominici.
Petrus FLANDRINUS, Gallus, Decretorum Doctor, Cardin. ob. an. 1381.
Petrus FERRACHA, Genuensis, Ordin. Prædic. vixit ann. 1310.
Petrus FRANC. TONDUTUS, JC. in Questionibus et Resolutionibus civilibus.
Petrus GASSENDUS, in Vita Peirescii.
Petrus GUDELINUS, de Jure feudorum, *Lovanii ann.* 1624.
Petrus GUILLERMUS, S. R. E. Cardin. Bibliothec. qui Anastasii Vitas PP. prosecutus est usque ad Paschalem II. vix. an. 1073.
Petrus, Hasnoniensis, Monach. de S. Gylida.
Petrus HELIE, Grammat. *Vide Sander. pag.* 205.
Petrus HENHAMUS, Anglus, Monach. Historic. vixit ann. 1224.
Petrus HERENTALIUS, Brabantus, Floreffiensis Monachus, vix. an. 1384. *Vide Valer. Andr.*
Petrus HIEREMIÆ, Panormit. Ord. Prædic. ob. ann. 1434. al. 1444.
Petrus, Hispanus, ejus Regimen sanitatis, *in Cod. Reg.* 1925.
Petrus HONESTUS, S. Mariæ de Portu ad Ravenn. Abb. ob. an. 1119.
Petrus ICKEHAMUS, Anglus, Hist. vix. an. 1274.
Petrus, Igniacensis, Abbas scripsit Visionem, quæ MS. exstat *in Bibl. Longipontis.*
Petrus, Ilerdensis in Hispan. Episcopus. *Vide Append. ad Isid. c.* 12.
Petrus DE INSULA, Ord. Min. dictus *Doctor notabilis*, scripsit in libr. Sentent.
Petrus JOANNES OLIVI, Gallus, Ordin. Minor. ob. 16. Mart. an. 1297.
Petrus JUSTINUS, in Historia Veneta.
Petrus DE LIMOGES, al. de CYPERIA, diœces. Lemovicens.
Petrus, Lodovens. Episcopus. *Vide tom.* 5. *Histor. Franc. pag.* 764.
Petrus LOMBARDUS, MAGISTER SENTENTIARUM dictus, ob. 20. Jul. an. 1164.
Petrus LONGUS [f. pro *Longobardus*], scripsit lib. 4. Sentent. *Sander. pag.* 173.
Petrus DE LUNA, Aragon. Antipapa Bened. XIII. ob. ann. 1424.
Petrus A LUTRA, seu KEYSERLAUTENSIS, Ordin. Præm. Canonicus, Theolog. vix. an. 1330.
Petrus MAINANUS, Mediolan. Augustin. Theologus, circ. an. 1340.
Petrus MALLEACENSIS, Monach. de Antiquitate Malleac. Insulæ, etc. *tom.* 2. *Labbei pag.* 223.
Petrus MALLIUS, Canonicus S. Petri Romæ, cujus Basilicæ Historiam scripsit, vix. an. 1160. *Bzovius an.* 1216. *n.* 15.
Petrus MAMOARDUS, de Triplici Imperio. *Vide Sander.* 2. *part. pag.* 5.
Petrus MAURICIUS, VENERABILIS dictus, Abbas Cluniac.
ob. 25. Decembr. ann. 1157. *Edit. in Bibl. Cluniac. a pag.* 1590. *tom.* 11. *Spicil. pag.* 352.
Petrus MAUROCENUS, Venet. S. R. E. Cardinal. vixit ann. 1418.
Petrus MONACHUS, cujus habetur Præfatio in librum S. Methodii Patarensis Episcopi, *in Biblioth. Sangerman. Cod.* 281.
Petrus DE MORA, Beneventanus, Cardin. sub Innocent. III. PP.
Petrus MORETTUS, de Ritibus dandi presbyterium Papæ, etc. *Romæ an.* 1741.
Petrus Neapolit. Ecclesiæ Subdiac. vix. ann. 890. *tom.* 6. *Ughell. pag.* 76. *tom.* 4. *pag.* 878.
Petrus E NOCENTO, Gallus, Carmel. Theologus, vixit ann. 1404.
Petrus, Novæ Civitatis Episcopus, Augustin. vixit an. 1410. Vide supra *Petrus e Bruniquello*.
Petrus OPMERUS, in Chronologia.
Petrus, Ostiensis, *in Cod. Reg.* 895. non diversus a continuatore Chronic. Leon. Ostiens. auctore Fabricio.
Petrus PALUDANUS, Ord. Præd. Patriarcha Hierosolymit. vix. an. 1330.
Petrus PARISELLI, Monach. S. Germani Prat. ejus Sermones, *in Bibl. Sangerman. Cod.* 396.
Petrus PAROCHIA, vix. post an. 1406. *Vide Launoium in Hist. Collegii Navarrei.*
Petrus PASSERINUS, Utinensis, scriptor Diarii Rerum Forojuliensium, vix. an. 1356.
Petrus PATESHULLUS, Anglus, Augustin. Theologus, vix. an. 1390.
Petrus DE PAULO, Patritius Jadrensis, Auctor Memorialis, quod desinit in ann. 1408. *Edit. a Jo. Lucio in Hist. Dalmatica.*
Petrus PAULUS VERGERIUS, Justinopolit. vixit ann. 1420.
Petrus DE PENNIS, Ordin. Prædicat. *Vide Leandr. Albert.*
Petrus DE PERPINIANO, dictus de RIvo, Catal. Carmel. vix. circ. an. 1320.
Petrus PICTAVIENSIS, Cluniac. Prior major, multa scripsit, *de quibus Possevinus, et Vossius*, vixit ann. 1130.
Petrus, Pictav. Abbas S. Victoris Paris. cujus Pœnit. exstat in Bibl. Victorina. *Vide Pœnitent. Theod. pag.* 341. *et tom.* 22. *Bibl. Patr.*
Petrus, Pictav. Cancell. Eccles. Paris. in Sententias Petri Lombardi, vix. an. 1200. *Vide Hemereum de Acad. Paris.*
Petrus PICTOR, Canonic. Audomar. ejus Carmen de Sacramento Altaris, *in Bibl. Sangerm. Cod.* 658.
Petrus PILICHDORFIUS, contra Vald. *Edit. a Gretzero in Scriptorib. Valdens. et tom.* 25. *Bibl. Patr.*
Petrus, Ord. Præd. Prior Provincialis in Francia, circ. an. 1270.
Petrus DE PRATIS, Doctor in Decretis, Episcop. Regiensis, dehinc Archiepiscop. Aquensis et Cardinalis ann. 1320.
Petrus, Prior S. Joannis Senon. vixit sub Ludovico VI. rege Franc. *Edit. tom.* 4. *Histor. Franc. pag.* 540.
Petrus QUESVELLUS, Anglus, Ord. Min. Theol.
Petrus RAIMUNDI, de Insula Grassa, Gallus, Ordin. Carmel. Prior Generalis, vix. an. 1343.
Petrus, Remensis, Prior Provincialis Ordin. Præd.

scripsit Sermones festivales. *Vide Sander. p.* 128. *part.* 2. *pag.* 166.

Petrus DE RIGA, Remensis Canonicus, Auctor libri inscripti *Aurora*, etc. vixit circ. ann. 1160. *Vide Bibl. MSS. Labbei pag.* 65. *Trith.*

Petrus, Rippon. in Anglia Canon. vix. an. 1190.

Petrus DE ROSENHEM, Mellicensis in Austria Monac. vix. an. 1420.

Petrus RUSSELLUS, Anglus, Ordin. Minor. Theolog. vix. an. 1410.

Petrus DE S. FIDE, Anglus, Ord. Carmel. Theol. ob. 8. Nov. an. 1452.

Petrus DE S. FLORA, Medicus, *in Bibl. Victor.*

Petrus DE SAXONIA, Teut. Ordin. Minor. vixit circa an. 1300. vel 1319.

Petrus SCALA, Veron. Ordin. Præd. auctor Postillæ scholasticæ in Joannem, etc.

Petrus, Senon. Archiepiscop. vix. an. 1356.

Petrus DE SPIRA, Teut. Augustin. vixit circa ann. 1410.

Petrus STOCCUS, seu STOCKES, Anglus, Carmel. Theolog. ob. 28. Jul. an. 1399.

Petrus SUBESTI, de Cultu Vineæ Domini.

Petrus SULPINUS, Tolos. Ordin. Minor. Vasatensis Episcopus, vix. an. 1340.

Petrus SWANINGTONUS, Anglus, Carmelita, vixit ann. 1270.

Petrus, Theanensis, Diac. et Monach. Casin. vixit an. 1080. *Petr. Diac. c.* 39.

Petrus THOMAS (S.), Carmelita, Patriarcha Constantinopol. *cujus exstat Vita edita.*

Petrus TUDEBODUS, Sacerdos Sivriacensis, vix. an. 1100. *Edit. tom.* 4. *Hist. Franc. pag.* 773. *et in Gestis Dei incerto nomine.*

Petrus, Vallis Sarnaii Monach. Ordin. Cisterciens. scripsit Histor. Bellorum contra Vald. usque ad ann. 1218. *Edit. a Camusato, et tom.* 5. *Histor. Franc. pag.* 554.

Petrus DE UBALDIS, JC. Baldi frater, vixit circa ann. 1400.

Petrus, Viconiensis, Ordin. Præm. Canonic. Theol. vix. an. 1323.

Petrus VICTOR, in Descriptione Romæ.

Petrus DE VINEIS, Teut. Friderici II. Imp. Cancell. ob. an. 1249.

Petrus, Vir dissertissimus, ejus Exceptiones Legum Romanarum ad Odilonem, etc. *In Cod. Reg.* 1817.

Petrus URBEVETANUS, in Epist. de Reformatione Ecclesiæ militantis, vix. an. 853. *In Bibl. Victor.*

Philastrius, Brixiæ Episcopus, obiit 1. August. ann. 387.

Philippus AUBINUS, Anglus, Astronomus.

Philippus DE BERGOMO, Ord. S. Benedict. vixit circ. ann. 1350.

Philippus BEVERLAIUS, Anglus, Monachus, Philosophus.

Philippus BOSTONUS, Anglus, Carmelita, obiit ann. 1350.

Philippus BRUSSERIUS, Savonensis, Ord. Min. Hist. vix. an. 1340.

Philippus, Cancellarius Paris. cogn. GREVIUS, vixit an. 1237. *Edit.*

Philippus CORNEUS, Perusinus, JC. ob. an. 1462.

Philippus, 39. Eichstadianus Episcop. de Vita S. Walburgis *edit. tom.* 5. *Canisii part.* 2. *p.* 563. 605.

Philippus, Elnonensis Abbas, *laudatur a Meiero* ann. 1161.

Philippus, Episc. de Paschate, *apud Bucherium in Canone Paschali, pag.* 469.

Philippus, Eystetensis Episc. *edit. a Gretzero an.* 1617. *tom.* 5. *Bol. pag.* 553.

Philippus FERRARIENSIS, Tolos. al. Siculus, Pacensis Episcop. ex Ordin. Carmelitar. vixit circa ann. 1396.

Philippus FLORENTINUS, dictus ULTRANENSIS, Ordin. Min. vix. an. 1313.

Philippus GUALTERUS, Auctor *Alexandreidos*, vixit an. 1175. *edit. Lugduni an.* 1558. *Vide Hist. Academ. Paris. tom.* 2. *pag.* 740.

Philippus HARVENGIUS DE ELEEMOSYNA, Abbas Bonæ spei, an. 1159. *Ejus Opera edita Duaci an.* 1620. *tom.* 2. *Spicileg. pag.* 453. *tom.* 3. *Bol. pag.* 857. *tom.* 10. *pag.* 773.

Philippus A LIMBORCH, in Hist. Inquisit. cui additus est Liber sentent. inquisit. Tolos. ab ann. 1307. ad ann. 1323.

Philippus MAZERIUS, Ambian. diœc. Cancell. regni Cypri, vix. an. 1370. *tom.* 2. *Bol. pag.* 995.

Philippus E MONTE CALERIO, in Subalpinis, Ordin. Min. vix. an. 1344.

Philippus, Otterburgensis Abbas, vixit circa ann. 1410. al. 1430.

Philippus E PERA, Ordin. Præd. vix. an. 1310.

Philippus PERUSINUS, Ordin. Minor. Historic. vixit ann. 1280.

Philippus, Presbyter, S. Hieronymi auditor, obiit Martiano et Avito regnantibus. *Gennad.*

Philippus, Presbyter, in Job, *in Biblioth. Sangerm. Col.* 61.

Philippus REPINGTONUS, Canon. Regul. Lincolniensis Episc. Theol. vix. an. 1408.

Philippus RIBOTI, Catalanus, Carmel. Histor. vix. circa an. 1365. *Edit.*

Philotheus, Monachus, inter opera S. Bernardi.

Phocas, Grammaticus, *edit. inter Grammatic. Putschii.*

Phœbadius, Aginnensis Episcop. vixit ann. 392. *in Bibl. Patr. etc.*

Pignorius, de Servis, *edit. an.* 1674.

Pileus, Modicensis JC. vix. circa an. 1200.

Pileus DE PRATA, Ravennens. Archiep. ann. 1378. *tom.* 4. *Spicil. pag.* 301.

Pithœus, in Excerptis, vett. Formulis, Comit. Campaniæ et Adversariis.

Pius I. (S.) PP. ob. an. 166. vel 167. *Vide Concilia.*

Pius II. PP. qui et *Æneas Silvius*, ob. 15. August. ann. 1464. *Ejus opera seorsim edita. Vide Spicil. tom.* 4. *pag.* 400. *tom.* 7. *pag.* 305. *tom.* 8. *pag.* 292.

Placentinus, Italus, J. C. vix. an. 1200.

Placidi LEGERII, Mon. S. Germani Prat. Sermones, *in Bibl. Sangerman. Cod.* 390.

Pleguinus, Anglus, cujus meminit Beda, vixit ann. 740.

Plinius, Medicus, hujus meminit Marcellus Empiricus, qui utrumque Plinium laudat, *edit. Romæ ann.* 1509. *et alibi.*

Poggius BRACCOLINUS, Florentinus, vixit circa ann. 1420. scripsit Hist. Florent. ab an. 1350. ad 1455. *tom.* 20. *Script. Ital. Murat.*

Polemeius Silvius, cujus *Laterculi fragmenta*

edidit Bolland. in Præfat. ad tom. 1. *cap.* 4. § 3. vix. ann. 448.
Pompeii, Grammatici liber et Commentum artis Donati, *in Bibl. Sangerm. Cod.* 522.
Pontianus, (S.) PP. obiit 19. Novembr. ann. 237. *Vide Concil.*
Pontius, Diac. S. Cypriani, et ejus Vitæ scriptor, ob. 8. Mart. post an. 258.
Pontius CARBONELLUS, Catal. Ord. Min. S. Ludovici Tolos. Episc. magister et rector, Theol.
Porcarius, Abbas. *tom.* 27. *Bibl. Patr. pag.* 483.
Porcellius, Neapolit. Poeta, vix. sæculo XIV.
Possidius, aliis POSSIDONIUS, Afer, Episcopus Calamensis, S. Augustini auditor, cujus Vitam scripsit, vix. an. 430.
Postimianus, Mon. de Conversatione SS. Patrum Ægyptiorum, etc.
Potamius, Episcop. ann. 355. *tom.* 2. *Spicileg. pag.* 366.
Potho, Prumiensis Abbas, vix. an. 1152. *In Bibl. Patr. tom.* 21. *pag.* 489.
Præpositivus, seu MAGISTER PRÆPOSITIVUS, Cancellarius Paris. vix. an. 1217. *Vide Jac. Petitum in Pœnit. Theod. pag.* 365. *et Cod.* 557. *Bibl. Sangerm.*
Primasius, Adrumeti in Africa Episcop. vix. ann. 552. *tom.* 11. *Bibl. Patr. pag.* 142. *Vide Cod.* 94. *Bibl. Sangerman.*
Priscianus, Grammat. vix. sub Justiniano.
Priscillianus, Abilæ Episc. vixit sub Maximo Tyranno. *Hieron.*
Proba FALCONIA, de qua multa Hieronym. et alii. Scripsit Virgilio-Centones, non semel edit. vixit sub Theodosio Jun.
Profacius, Anglus [natione Judæus, patria Massiliensis], Mathemat. vix. an. 1260. [circ. 1350.]
Prosper (S.), Aquitanus, cujus Chronic. perducitur ad ann. 455. *Edit. a Pithœo, Labbeo, etc.* alia scripsit.
Prosper, Regiensis Episc. *tom.* 13. *Spicil. p.* 254. *tom.* 8. *Bibl. Patr.*
Proterius, Patriarcha Alexandrinus, an. 455. *Vide Isid. et Bucher. in Canon. Paschali pag.* 82.
Prudentius AMŒNUS, Hispan. scripsit Diptychon utriusque Testamenti. *Vide edit. Prudentii Clementis an.* 1613. *pag.* 319.
Prudentius AURELIUS CLEMENS, Hispanus, Poeta Christianus, vix. an. 405.
Prudentius CLEMENS MAJOR, Monac. Germ. scripsit Hymnos, vix. an. 780.
Prudentius, Tricassinæ civitatis Episc. obiit ann. 861. *tom.* 15. *Bibl. Patr. pag.* 467.
Ptolemeus DE LUCA, Ordin. Prædicat. Torcellanus Episc. auctor Chron. *edit. Lugd. tom.* 5. *Hist. Franc. pag.* 893. *tom.* 23. *Bibl. Patr.* vix. an. 1342.
Pubwellus, cogn. Sophista, Angl. Philosoph.
Pulex DE CUSTOZA, Vincentinus, Poeta, vix. an. 1310.

Q

Qualichinus, scripsit Historiam Alexandri M. versibus, an. 1236. MS.
Quintianus, Asculanus Episcop. *Vide Bibl. MSS. Labbei pag.* 27.

Quintus JULIUS HILARION, auctor Chron. quod *edit. tom.* 6. *Bibl. Patr. pag.* 373. vix. circa ann. 400. *Vide Lambec. lib.* 2. *Bibl. Cæsar. pag.* 853.
Quiricus, Barcinonensis Episc. vix. an. 650. *tom.* 1. *Spicileg. pag.* 311. *tom.* 2. *Analect Mabillonii pag.* 76.

R

Rabanus MAURUS, Moguntiensis Archiepisc. ob. 4. Febr. ann. 856. *Ejus Opera edita. Vide præterea Stewart pag.* 635. *t.* 6. *Canisii p.* 688. *tom.* 2. *Capitular. pag.* 1378. *tom.* 8. *Concil. pag.* 1845. *tom.* 1. *Miscel. Baluz. etc.*
Radbodus, Noviomens. scripsit Vitam S. Medardi, Episc. Noviom. *Cod. Thuano* 593. *Vide Bolland. tom.* 6. *pag.* 84. *tom.* 10. *pag.* 32.
Radbodus (S.), Ultrajectinus Episc. ob. ann. 917. *Vide Trith. Valer. Andr. etc.*
Radevicus, Frisingensis Canonic. Ottonis Frisingensis sacellanus et continuator, *edit. cum eodem Ottone.*
Radulphus ACTONUS, Anglus, Theol. vix. an. 1320.
Radulphus, S. Albani in Anglia Monachus, vixit ann. 1150.
Radulphus ARDENS, Pictavus, vixit ann. 1100. *Ejus Sermones editi.*
Radulphus BALDOCCUS, Anglus, Londin. Episcop. Histor. ob. an. 1313.
Radulphus BOCKINGUS, Anglus, Ordin. Prædic. vix. ann. 1270.
Radulphus BRITO, ejus Quæstiones super Librum de Anima. *In Bibl. Sangerm. Cod* 327.
Radulphus, Cadomensis, scripsit Gesta Tancredi reg. Sicil. *apud Marten. tom.* 3. *Anecd.*
Radulphus, Coggeshalensis, Anglus, Mon. Cisterc. vix. an. 1228. *Ejus exstat Chronic. Terræ Sanctæ in Bibl. S. Victoris Paris. MS. Edidit Marten. tom.* 5. *Ampl. Collect. Vide Pitseum.*
Radulphus DE DICETO, Anglus, *cujus Historiæ habentur editæ cum Hist. Angl.* vix. an. 1210.
Radulphus, Eleemosynarius, Anglus, Monachus, Westmon. ob. an. 1160.
Radulphus, Flaviacensis Mon. vix. an. 912. *Edit. Col. an.* 1536.
Radulphus FRESBURNUS, Anglus, Carmelit. vixit ann. 1274.
Radulphus DE HENGHAM, Angliæ Justitiarius, obiit ann. 1309. *Edit. Londini, an.* 1616.
Radulphus KELLEIUS, Anglus, an. 1345. Archiep. Casseliensis, ob. 20 Nov. an. 1361.
Radulphus LONDINENSIS, Anglus, Theologus.
Radulphus A LONGO CAMPO, Anglus, scripsit Comment. in Anticlaudianum.
Radulphus MARRHAMUS, Anglus, Augustin. Histor. vix. an. 1380.
Radulphus NIGER, Anglus, vix. an. 1217.
Radulphus, Ord. Præd. de Vita S. Richardi Episc. Cicestr. vix. an. 1270. *tom.* 9. *Bol. pag.* 292.
Radulphus DE PRAELLIS, Magister hospitii Caroli V. reg. Franc. *Vide Bibl. MSS. Labbei pag.* 65.
Radulphus REDIPTORIUS, Anglus, Ord. Min. Theol. vix. an. 1350.
Radulphus REMINGTONUS, Anglus, Histor.

INDEX AUCTORUM.

Radulphus DE RIVO, Tungrensis Decanus, de Gest. Episc. Leodiens. obiit 3. Nov. ann. 1403. *tom.* 3. *Hist. Leod. pag.* 1. *tom.* 26. *Bibl. Patr. pag.* 289. *Vide Valer. Andr.*

Radulphus SPALDINGUS, Angl. Carmel. Philosoph. ob. an. 1390.

Radulphus STRODUS, Anglus, vix. an. 1370.

Radulphus, Trudonensis Abbas, scriptor Chron. ejusd. Monast. et Vitæ Lietberti Episcopi Camerac. vix. circa an. 1078. *tom.* 9. *Spicileg. pag.* 675. *tom.* 2. *Analect. Mabillonii pag.* 499. 535.

Radulphus, Villariensis Mon. *Vide Valer. Andr.*

Radulphus DE ULMONTE. Gallus, vix. an. 1368. *Vide Hist. Acad. Paris. tom.* 4. *pag.* 827. 987.

Ragimbertus, S. Valerici Abbas, de ejusd. S. Valerici Vita, cui prope coævus fuit, *tom.* 9. *Bolland. pag.* 16.

Raimundus DE AGILES, al. DE AGILERS, Canonicus Podiensis, Auctor Histor. Hierosol. in Gestis Dei, vixit ann. 1100.

Raimundus DE ALTOPONTE, Gallus, Augustin. Theol. vix. an. 1402.

Raimundus BOQUIERIUS, Narbonensis, Ord. Carmel. Generalis Magister, ob. an. 1388.

Raimundus DE CANILLAC, Gallus, Archiepisc. Tolos. Card. ob. an. 1373.

Raimundus DE CAPUA, Ord. Præd. Magister Generalis, ob. ann. 1399. *tom.* 10. *Bol. pag.* 792. *tom.* 11. *pag.* 853.

Raimundus DUELLIUS, in Miscellaneis.

Raimundus HUGONIS, Ord. Præd. an. 1368. *tom.* 6. *Bol. pag.* 725.

Raimundus LULLUS, 3. Ord. S. Francisci, obiit 26. Mart. an. 1315.

Raimundus MONTANERIUS, in Chron. Reg. Aragon.

Raimundus DE PENNAFORTI (S.), Ordin. Præd. obiit 6. Jan. an. 1275. *Ejus Summa edita.*

Raimundus, Ord. Præd. *edit. Coloniæ an.* 1502.

Raimundus SEBEIDE, Hispanus, vix. an. 1430.

Rainaldus, Subdiaconus et Monach. Casin. Poeta. *Vide Petr. Diac. cap.* 44. *et J. B. Marum.*

Rainaldus, ex Comitibus Marsorum, S. R. E. Card. ob. ann. 1165.

Rainaldus, Prior S. Eligii in Isaiam, etc. MS.

Rainaldus, Lingonensis Episcopus, de Vita S. Mamantis, *edit. in Bibl. Floriac.*

Rainaldus, ex Vezeliacensi Abbate Lugdun. Archiepiscop. scripsit Vitam S. Hugonis Abbat. Cluniac. *edit. in Bibl. Cluniac. et tom.* 11. *Bol. pag.* 648. *Vide Henric. Gandav.*

Rainaldus I. Remensis Archiep. an. 1093. *tom.* 5. *Spicil. pag.* 519.

Rainaudi GIBBONII, Monac. S. Germani Paris. Commentaria Græca in Lucam, cum Scholiis Latinis. *In Bibl. Sangerman. Cod.* 85. 86. 87.

Rainerius DE ARSENDIS, Foroliviensis, JC. Bartholi præceptor, vix. an. 1330. *Vide Portenarium in Padua pag.* 228.

Rainerus ALEMANNI, Auctor *Faceti*, editi cum Catone et aliis. *Vide Sander. pag.* 206.

Rainerus, Cellensis Monac. scriptor Vitæ Gisleni, vixit sæculo XI. *tom* .2. *SS. Ord. Bened. pag.* 788. 796.

Rainerus SACHONUS, Placentinus, Ordin. Prædicat. contra Valdenses, *edit. a Gretzero et in Bibl. Patr.* vix. an. 1254.

Rainerus, S. Jacobi Leodic. Prior, scripsit Histor. Leodic. ab an. 1194. ad an. 1230. MS.

Rainerus, S. Laurentii prope Leodium Monac. de Gestis S. Lamberti, vix. circa an. 1130. *tom.* 1. *Histor. Leodiensis p.* 411.

Rainerus, scriptor Translat. SS. Eutychetis et Acutii, vix. an. 773. *tom.* 6. *Ughelli p.* 898. *et Caracciol. pag.* 349.

Rainhamus, Anglus, Philosophus.

Ramantius, Ord. Præd. vix. an. 1350.

Rangerius, Lucensis Episcop. scripsit carmine Vitam S. Anselmi Episc. Lucensis. *Domnizo l.* 2. *c.* 3.

Ranulphus DE GLANVILLA, Anglus, vix. sub Henrico II. reg. Angl. an. 1230. *Edit. Londini, ann.* 1604. *Vide Pitseum.*

Ranulphus HIGDENUS, Anglus, Cestrensis Monac. auctor Chron. etc. ob. an. 1377. *Vide Selden. in Præf. ad Script. Angl. pag.* 48. *et Pitseum.*

Ranulphus LOKESLEIUS, Angl. Ordin. Minor. Theolog. vix. an. 1310.

Raphael CUMANUS, al COMENSIS, JC. vix. an. 1416.

Raphael FULGOSIUS, Placentinus, JC. vix. an. 1416.

Raso BONUS-VICINUS, Steinfeldensis, Ordin. Præm. Canon. vix. an. 1238.

Ratherius, Veron. Episc. ob. an. 974. *tom.* 1. *Hist. Leodiensis pag.* 179. *tom.* 2. *Spicil. pag.* 161. *etc. tom.* 12. *pag.* 37. *tom.* 3. *SS. Ord. Bened. pag.* 250. *tom.* 9. *Concil. p.* 1268. *Vide Trith. Valer. Andr. etc.*

Ratpertus TUREGIENSIS, S. Galli Mon. Chron. ejusd. Monasterii perduxit ad an. 783.

Ratramnus, Corbeiensis Mon. circ. an. 860. *tom.* 1. *Spicileg. pag.* 318. *tom.* 1. *pag.* 1. *tom.* 15. *Bibl. Patr. pag.* 442.

Rectunus, scriptor Vitæ S. Margaritæ, cui coævus fuit, MS.

Recuperatus vel RECUPERUS DE PETRAMALA, Aretinus, Ordin. Prædicat. ann. 1287. *tom.* 8. *Bolland. pag.* 181. 210.

Reginaldus, Anglus, Cantuar. Monach. Poeta.

Reginaldus, Eystet. Episcop. Scriptor Vitæ SS. Willibaldi, Nicolai, Blasii et Unibaldi vix. an. 965.

Reginaldus LANGHAMUS, Anglus, Ord. Min. Theologus, vix an. 1410.

Reginaldus DE PIPERNO, Anglus, Theologus.

Reginaldus, Ordin. Prædic. S. Thomæ Aquinat. socius.

Reginaldus DE PUTEOLIS. *Vide Sander. pag.* 169.

Reginaldus UMBER, Ordin. Minor. Theologus, vix. ann. 1300.

Regino, Prumiensis Abbas, vixit usque ad ann. 908. *Ejus habentur Annales et Libri de Eccles. Disciplina.*

Reimannus sive OUSMANNUS, scriptor Vitæ S. Cadroe, Abat. *tom.* 6. *Bolland. pag.* 474.

Reimbaldus, Canonic. Leodiensis. de Vita Canonica, etc. *Vide Sander. part.* 2. *pag.* 255.

Reinhardus DE FRONTHOVEN, Teut. Ordin. Prædic. vix. circ. an. 1415.

Rembertus, Hamburgensis Archiepiscop. de Vita S. Anscharii, cui ille successit, *tom.* 3. *Bolland. pag.* 408.

Remedius, Curiensis Episcop. vix. an. 813. *Vide tom.* 2. *Alamannic. Goldasti pag.* 154. 157.

Remigius, Autissiodorensis Monach. vix. an. 890. *in Bibl. Patr. tom.* 16. *Cod. Reg.* 514. Vide *Sigeb. col.* 123. *Bellarm. etc.*

Remigius, in Donatum. *Vide Sander. pag.* 206.
Renardus, Magister, *in Cod. reg.* 1655.
Renatus Profuturus Frigeridus, Historicus, cujus meminit *Gregor. Turon. l.* 2. *Hist. Franc.*
Renatus, Vindocin. Monachus, Poeta, *in Cod. Reg.* 1069.
Restitutus, Londinens. Archiepiscop. vix. an. 350.
Rhemnius Fannius, Grammatic. et Poeta, Arnobii discipulus, scripsit Carmine de Ponderibus et Mensuris. *edit. a Pithœo et al.*
Rheticius, Augustodunensis Episcop. vix. ann. 313. cujus meminit Gregor. Turon. *Vide Gall. Christian. tom.* 4.
Riccoboni, de Gymnasio Patavino.
Ricerus, Italus, S. Francisci socius, *edit. ann.* 1554. *Lovanii.*
Richardus Adagonista, Anglus, JC. vix. an. 1210.
Richardus, Anglicus, Medicus, vix. an. 1230.
Richardus, Armachanus Archiepiscopus, vix. an. 1357. *Trith. Pits. Vide Cod.* 324. *Bibl. Sangerman.*
Richardus Aungervillus, Dunelm. Episcopus, vix. ann. 1349.
Richardus Barrus, Anglus, Theologus.
Richardus Belgravius, Anglus, Carmel. Theolog. vix. an. 1320.
Richardus, Belliloci Abbas, in Vita S. Rodingi ibid. Abbat. *tom.* 6. *Act. SS. Benedict. pag.* 531. vixit circ. an. 1050.
Richardus Billinghamus, Anglus, Philosophus, vix. ann. 1360.
Richardus Blitonius, Anglus, Carmelita, Theolog. ob. an. 1334.
Richardus de Buri, Dunelm. Episcopus, vixit ann. 1350.
Richardus Cambrius, Histor. Anglus.
Richardus, Canon. Regul. Angl. vix. an. 1200.
Richardus, Cantuar. Archiep. ob. an. 1184.
Richardus, Casinensis Abbas, scripsit in Regul. S. Bened. vix. an. 1256.
Richardus Castriconensis, Anglus, Ordin. Prædic. vix. an. 1270.
Richardus Chefferus, Anglus, Norwicensis, Monachus, vix. an. 1354.
Richardus Chillingtonus, Anglus, Decanus Eccles. Lond. Theol. vix. an. 1360.
Richardus, Cicestrensis, Westmonast. Monachus, Historic. vix. an. 1348.
Richardus Clapoellus, vel Clapwellus, Anglus, Ord. Præd. Theol. vix. an. 1290.
Richardus, Cluniac. Monachus, Historicus, vixit ann. 1160.
Richardus Coninghtonus, Anglus, Ord. Min. Theologus, ob. an. 1330.
Richardus Cornubensis, Anglus, Ordin. Minor. Theologus.
Richardus Cricliaden, Canon. Regular. Theologus, vix. an. 1310.
Richardus Depedalus, Anglus, Carmelita, vixit ann. 1381.
Richardus, Divisiensis, Anglus, Wintoniensis, Monachus, vix. an. 1190.
Richardus Dominicanus, seu Ordin. Prædicat. Theologus.
Richardus, Eliensis Monach. Angl. vix. an. 1220.; ob. an. 1195. ex Fabricii Bibl.

Richardus Estesleius, Anglus, de Vita Pandionæ Virginis.
Richardus Fastolfus, Fontanus in Angl. Abbas, vix. an. 1150.
Richardus Feribrigus, Anglus, Philosophus, vixit ann. 1360.
Richardus Fizacrius, Oxoniensis, Ordin. Præd. ob. an. 1248. [1348. *Vide Fabric.*]
Richardus Flemingus, Lincoln. Episcopus, vixit an. 1430.
Richardus Folsuamus, Norwicensis Monach. vixit ann. 1410.
Richardus e Grandisilva, Gallus, Monac. de Laude Claræ-Vallis, *edit. cum S. Bernardo.*
Richardus Grasdalus, Anglus, Historicus, vixit ann. 1420.
Richardus Greckeladensis, Anglus, Canon. Regul. ob. circ. an. 1310.
Richardus Grimcastrius, Anglus, Histor.
Richardus, Hagustaldensis Monach. et Prior. cujus Histor. *edita inter Hist. an.* 1652. ob. an. 1190.
Richardus Kendallus, Anglus, Grammatic. vixit ann. 1431.
Richardus Lavinghamus, Anglus, Carmelita, Theol. multa scripsit, *de quibus Pitseus,* ob. an. 1381.
Richardus Ledredus, Londinensis, Ordin. Min. ob. ann. 1360.
Richardus, cogn. Magnus, Angl. Theol. Cantuar. Archiep. ob. an. 1231.
Richardus Maidstonus, Anglus, Carmel. Theolog. ob. 1. Julii an. 1396.
Richardus Malumbra, vel de Malumbris, Cremonensis, JC. vix. an. 1310.
Richardus, Medicus. Vide supra *Anglicus.*
Richardus Melcheshamus, Anglus, Ordin. Cisterc. Theologus.
Richardus Midletonus, seu de Mediavilla, Anglus, Ord. Min. Theolog. ob. an. 1300. *in Bibl. Victor.*
Richardus de Montibus. Lincoln. Cancellarius, Theologus.
Richardus Northallus, Anglus, Carmelita, Theol. Archiep. Dubliniensis, ob. an. 1397.
Richardus Nottinghamus, Anglus, Theolog. vixit ann. 1320.
Richardus Parisiensis, de 12. Patriarchis, *in Bibl. Sangerman. Cod.* 199.
Richardus Petronus, Senensis, Cardinal. vixit ann. 1300.
Richardus Phisaia, Anglus, Ord. Præd. vixit ann. 1270. *Vide Rich. Fizacrius.*
Richardus, Pictaviensis, Ord. Cluniac. Histor. vix. circ. an. 1260.
Richardus, Pictaviensis, ejus Chronicon MS. laudatur a Frehero.
Richardus Pluto, Monachus Cantuariensis, vixit ann. 1181.
Richardus Porlondus, Anglus, Ordin. Minor. Theologus.
Richardus, Abbas de Pratellis, Theolog. *in Bibl. Sangerm. Cod.* 607.
Richardus, Præmonstratensis, Anglus, Abbas vix. ann. 1190.
Richardus Radulfus, Armachanus Archiepiscop. ob. an. 1359.
Richardus, Ordin. Min. Remensis Archiepiscop. vix. an. 1270.

Richardus Ringstedus, Anglus, Theologus.
Richardus, cogn. Rollus, dictus etiam Hampolus, Anglus, Eremita, multa scripsit, *de quibus Pitseus*, ob. an. 1349. *Edit. tom.* 26. *Bibl. Patr.*
Richardus Rufus, Anglus, Ord. Min. dictus *Philosophus admirabilis*, vix an. 1250.
Richardus Ruys, Anglus, Ord. Min. Theol.
Richardus (S.), cogn. Sacrista, Anglus, Ord. Cisterc. de Harmonia.
Richardus de S. Angelo, Casin. Monach. in Regulam S. Benedicti, *in Bibl. Sangerm. Cod.* 802.
Richardus de S. Germano, Chron. perduxit ad an. 1243. *Edit. tom.* 3. *Ughelli.*
Richardus a S. Laurentio, Pœnitentiarius Rotomag. de Viris illustr. Ord. Cisterc. MS.
Richardus a S. Victore, natione Scotus, obiit 10. Mart. an. 1173. *Edit. tom.* 2. *Ughelti.*
Richardus, Sarisberiensis Episcop. ejus Constitutiones sub an. 1216. *Edit. tom.* 11. *Concil. p.* 245.
Richardus Scropus, Eboracensis Archiepiscop. ob. 8. Jul. 1405.
Richardus de Senis. *Vide Rich. Petronus.*
Richardus, Sophista. *Vide Sander. pag.* 201.
Richardus Stadleius, Anglus, Ord. Cisterc. Theologus, vix. an. 1336.
Richardus Stravanellius, Angl. Ordin. Præd. vix. ann. 1295.
Richardus Snetishamus, Anglus, Theologus, vixit ann. 1420.
Richardus, Syracusanus, Presbyter, Anglus, vixit ann. 1181. *Rad. de Diceto. Pitseus, etc.*
Richardus Tenettus, Anglus, Carmelita, Philosophus, vix an. 1390.
Richardus Tetfordiensis, Anglus, Theologus.
Richardus, cogn. Theologus, Anglus, Canonicus Regul. vix. an. 1240.
Richardus Ullerstonus, Anglus, Theologus, vixit ann. 1430.
Richardus Wallingfordus, Anglus, ad S. Albanum Monach. Mathemat. obiit an. 1326.
Richardus Wetersetus, Angl. Academ. Cantabrig. Cancellar. vix. an. 1350.
Richardus Wichius, Anglus, Theologus, vixit ann. 1390.
Richardus Wichius, Anglus, Cicestrensis Episcop. ob. an. 1252.
Richardus Wickinghamus, Anglus, Carmelit. Theologus, ob. an. 1381.
Richerius de Licestra scripsit Summam, *in Bibl. Victor.*
Richerius, S. Martini Metensis Abbas, de Vita S. Martini Episcopi Turon.
Richerius, Monachus, Auctor Hist. Abbatiæ Senonensis, vix. an. 1167. *tom.* 8. *Spicileg. pag.* 271.
Ricius Polentonus, Patavinus, vix. an. 1413. *Vide Vossium de Hist. Lat.*
Ricobaldi, Ferrariensis, Chronic. totius orbis, *in Cod. Puteano* 1166. *Edit. tom.* 9. *Script. Ital. Murat.*
Riculfus, Helenensis Episcop. an. 915. *Edit. in Not. ad Reginon. de Eccles. discipl.*
Riculfus, Suessionensis Episcopus, vixit an. 889. *Vide Concilia tom.* 9.
Rigordus, qui Rigoldus et Rigottus dicitur, Occitanus, S. Dionysii in Francia Monachus, Medicus et regis Franc. Historiographus, scriptor accuratus Vitæ Philippi Aug. ab ann. 1179. usque ad ann. 1206. sub quo vixit, *edit. tom.* 5. *Hist. Franc. Vide Comment. Acad. Inscript. tom.* 8. *pag.* 529.

Roberti Anglici Quadrans *in Bibl. Sangerman. Cod.* 615.
Robertus Alingtonus, Anglus, Theologus, Philosophus, vix. an. 1400.
Robertus de Arbrissello, Fundator Ordin. Fontis Ebraldi, ob. an. 1117.
Robertus Avesberiensis, Anglus, Historicus, vixit circ. an. 1340. *Edit. ab Hearnio an.* 1720.
Robertus Baconus, Anglus, Londin.
Robertus Balsacus, Anglus, vix. an. 1450.
Robertus de Bardis, Cancellarius Paris. *in Cod. Reg.* 182.
Robertus Bastonius, Anglus, Carmelita, obiit circ. ann. 1310.
Robertus de Bellofoco, Sarisber. Canon. vixit an. 1190. *Pits.*
Robertus de Bertus, de Sacramentis, in libr. Sentent. de Formula conscribendarum Epistolarum, etc. *in Bibl. Sangerm. Cod.* 334. 661.
Robertus Blondelli, vixit sub Joanne rege Franc. *in Cod. Reg.* 935.
Robertus Bridlingtonus, Angl. Ordin. Cisterciens. Theologus.
Robertus de Brugis, primus Abbas Dunensis, ann. 1138. *Sander. pag.* 182.
Robertus, Cantuar. Archiep. ann. 1300. *tom.* 11. *Conc. pag.* 1402. 1439.
Robertus Canutus, Angl. Canonicus Regular. vix. ann. 1170.
Robertus, Casin. Abbas, vix. an. 1045.
Robertus, Mon. Celestinus, S. Petri Celestini discipulus, cujus Vitam scripsit, MS.
Robertus Cenalis, de Ponderibus et Mensuris, *edit. Paris. an.* 1547.
Robertus Cervinus, al. Carewalli, Anglus, Theol. et Philosoph. vix an. 1326.
Robertus Cestrensis, Anglus, Historicus.
Robertus Chorcon, Cardin. *Vide Jac. Petitum in Pœnit. Theod. pag.* 367.
Robertus Cibollius, Paris. Theol. ob. an. 1459. *Vide Hist. Collegii Navarrei.*
Robertus Colman vel *Colmannus*, Anglus, Ordin. Min. Theol. vix. an. 1428.
Robertus Contonus, alias Cothon, Angl. Ord. Min. Theol. vix. an. 1340.
Robertus Crucius, Anglus, Ord. Min. Theolog. et Philosoph. vix. an. 1300.
Robertus Cursonus vel Curtonus, Mon. Westmon. vix. an. 1218.
Robertus Dodefordus, Anglus, Rames. Mon. vixit ann. 1270.
Robertus Dominicanus, Ordin. Prædicat. Anglus, Theologus.
Robertus Elphatus, Angl. Ord. Min. Theolog. vix. ann. 1340.
Robertus Feribrigus, Anglus, Philosoph. vixit ann. 1350. supra *Richardus* appellatur.
Robertus Fininchamus, Angl. Ord. Min. vixit circa ann. 1460.
Robertus de Flamesborc, Canon. S. Victoris, Auctor Pœnitentialis, *in Bibl. Sangerm. Cod.* 312.
Robertus Foliothus, Angl. Herefordiensis, Episc. vix. an. 1170.

INDEX AUCTORUM.

Robertus, Gallus, Carmel. vix. circ. an. 1350.
Robertus GENTILIS, Angl. Benedictinus, Theol.
Robertus DE GLOCESTRIA, Anglus, Histor.
Robertus, Glocestrensis Dux, vix. an. 1140.
Robertus GOULET scripsit Compendium Jurium et Consuetudinum Universitatis Paris.
Robertus GRIMMUS, Anglus, Benedictin. vixit ann. 1320.
Robertus GROSSETESTE, Anglice GREATHEAD, Lincolniens. Episc. ob. 7. Id. Octob. an. 1153. *Multa scripsit, e quibus quædam edita. Vide Pitseum, Prynneum tom. 3. Libert. Angl. pag.* 1134. 1185. *et ejusdem Roberti librum de Cessatione Legalium, edit. Londini, ann.* 1658.
Robertus HARDERIUS, Anglus, Carmelita, vixit ann. 1450.
Robertus HEREFORDENSIS, Angl. Histor. patria Lotharingus, ob. an. 1095.
Robertus HOLKOT, Angl. Ord. Præd. vix. an. 1349. *Multa scripsit, ex quibus quædam edita.*
Robertus HUMBLETONUS, Anglus, Ord. Præd. Theol. vix. an. 1390.
Robertus HUNDESLAVUS, Angl. Ordin. Sanctissimæ Trinitatis, Theolog. vix. an. 1430.
Robertus IVORIUS, Anglus, Carmelita, Theolog. ob. ann. 1392.
Robertus, Ketensis, Angl. Pampilonensis Archiep. ob. an. 1143.
Robertus KILWARBIUS, Angl. Ord. Præd. Cardin. et Episcop. Port. multa scripsit, ob. an. 1280.
Robertus DE LEICESTRIA, Anglus, Ord. Min. Theol. ob. an. 1348.
Robertus DE LICIO, de Passione Domini. *Vide Sander. part. 2. pag.* 137.
Robertus, Lingonensis Episcopus, *in Cod. Reg.* 153. 862.
Robertus, Lirensis, Mon. in Evang. S. Joannis, *in Cod. Reg.* 2201.
Robertus MAGISTER, de Divinis Officiis. *Vide Sander. pag.* 137.
Robertus MALCHOTIUS, de Hæresibus. *Vide Sander. pag.* 173.
Robertus, S. Mariani Altissiodorensis Mon. cujus Chron. *editum a Camusato,* ob. an. 1212.
Robertus MASCALLUS, Anglus, Carmelita, Hereford. Episcop. ob. 21. Decembr. an. 1417.
Robertus DE MELEDUNO, Episcopus Hereford. obiit an. 1153. *Vide Sander. pag.* 169. *Hist. Academ. Paris. tom.* 2. *pag.* 585. *et alibi.*
Robertus, Abbas de Monte, seu S. Michaelis de Periculo maris, Chron. Sigeberti perduxit ad an. 1148. *Edit. a Miræo, Acherio post Guilbertum et al.*
Robertus, OMESKIRCUS, Angl. Carmel. Theolog. ob. ann. 1382.
Robertus, Archidiac. Ostrevand. de Vita S. Ayberti Presb. vix. an. 1150. *tom.* 9. *Bol. pag.* 673.
Robertus OXFORDIUS, Anglus, Ordin. Prædicat. vix. ann. 1270.
Robertus PAULULUS, Ambianensis, ejus libri 3. de Divinis Officiis, *editi apud Hugonem a S. Victore sub titulo Eruditionis Theologicæ, in Bibl. Sangerm. Cod.* 658.
Robertus PLINTONUS, Angl. Canonic. Regular. vix. ann. 1320.
Robertus PERSCRUTATOR, Anglus, Ordin. Minor. Mathematicus, vix. an. 1326.

Robertus PULLUS, aliis PULLEINIUS, Angl. S. R. E. Card. ob. an. 1146. *Ejus Opera seorsim edita.*
Robertus, S. Remigii Remensis Mon. auctor Hist. Hierosol. *edit. in Gestis Dei, et al.* vixit ann. 1100. vel 1120.
Robertus RIBUERBIUS, Anglus, Theologus, vixit ann. 1250. idem qui supra *Robertus Kilwarbius.*
Robertus RICHIUS, Angl. S. Edmundi Archiep. Cantuar. frater, vix. an. 1248.
Robertus RINGSTEDUS, Anglus, Theologus.
Robertus DE ROMANA, Diac. Saponariæ. *Ughell. tom.* 7. *pag.* 681.
Robertus Rosus, Angl. Carmel. Theol. ob. 16. Decemb. an. 1420.
Robertus DE RUSSIA, Ordin. Minor. Theolog. obiit ann. 1280.
Robertus, S. Vigoris in Neustria Abbas, vixit an. 1087. *tom.* 1. *Analect. Mabillonii pag.* 125.
Robertus SALOPIENSIS, vulgo DE SHROSBERY, Salopiensis Abbas, vix. an. 1140.
Robertus, Sarisberiensis Episcop. dehinc Cardin. vix. an. 1440.
Robertus I. Rex Scotiæ, ejus Statuta, *edita a Skenæo in Legib. Scoticis an.* 1609.
Robertus III. Rex Scotiæ, ejus Statuta, *ibid.* obiit ann. 1406.
Robertus, cogn. SCRIBA, Anglus, Canonicus Regul. vix. an. 1180.
Robertus DE SORBONA, Fundator Collegii sui nominis Parisiis, vix. an. 1252. *In Bibl. Patr. tom.* 8. *Spicileg. pag.* 247.
Robertus DE SOTHINDONA, regi Anglor. Henric. III. ab Epistolis, vix. an. 1250.
Robertus DE SWAPHAM, Anglus, auctor Chron. Monast. Petroburg. vix. sub Henrico III.
Robertus TAVERNERUS, Anglus.
Robertus TUMBLEIUS, Anglus, Croyland. Mon. Philosophus.
Robertus Walciodorensis Monachus, de Vita S. Forannani, *edita tom.* 11. *Bolland. pag.* 808. vixit circa an. 1158.
Robertus WALDEBIUS, seu DE WALBI, August. Eborac. Archiep. Theolog. ob. an. 1399.
Robertus WALSINGHAMUS, Anglus, Carmel. Theolog. ob. an. 1310.
Robertus WANTHAMUS, Angl. Grammat.
Robertus WEISUS, Angl. Bened. Grammat. auctor Catholici Parvi.
Robertus WINCHELSEIUS, Anglus, Theologus, obiit ann. 1313.
Robertus WORSOPUS, Angl. August. Theolog. obiit ann. 1350.
Roboas, Diac. et Monach. Casin. scripsit Vitam S. Leonardi, vix. an. 1120.
Rodericus XIMENES, Tolet. Archiep. *cujus exstant Historiæ, Hispanica et Arabum,* ob. an. 1245.
Rodolphus GOCLENIUS, in Lexico Philosophico, *edit. ann.* 1615.
Rodolphus TORTARIUS, Floriac. Mon. *in Bibl. Floriac. tom.* 8. *Bol. pag.* 336.
Rodulphus E BUSSELLA, Suevus, Theologus, vixit ann. 1430.
Rodulphus ORPHODIUS, Ordin. Prædic. Theolog. vix. an. 1242.
Rofredus, Beneventanus, Jurisconsultus, vixit circ. an. 1215.

Rogerius, Abellinensis Episcop. *tom. 4. Bolland. pag.* 764.
Rogerius CALCAGNINUS, Florent. Ordin. Prædicat. ob. an. 1290.
Rogerius, Casæ Novæ Monach. scriptor. Vitæ B. Placidi Rhodiensis, qui ob. an. 1248. *tom.* 6. *Ughell. pag.* 898.
Rogerius HOVEDENUS, Historiam perduxit usque ad an. 1199. *Edit. inter Hist. Anglic. Vide Pitseum.*
Rogerius IVONIUS, vel JONGUS, Anglus, de Computo.
Rogerius MAGISTER, seu MAGISTER ROGERIUS, de Destructione Hungariæ per Tartaros, an. 1252. *Edit. post Thwroczium.*
Rogerius, Mon. Ord. S. Benedic. scriptor Vitæ S. Brunonis Cartus. vix. circa an. 1040.
Rogerius Trevirens. Archiep. vix. an. 914.
Rogerius VACARIUS, Longobardus, Abbas Beccens. Jurisconsultus, ann. 1149. *Vide Seldenum ad Fletam pag.* 509.
Rogerus ALBANUS, Anglus, Carmelita, Histor. obiit ann. 1450.
Rogerus BACONUS, Anglus, Ord. Min. Philosophus, multa scripsit, *ex quibus quædam edita*, ob. an. 1284.
Rogerus CESTRENSIS, Mon. Angl. Hist. Angl. scripsit usque ad an. 1339. quo vixit.
Rogerus, Cisterciensis Ordin. Monach. Angl. vixit ann. 1181.
Rogerus COMPUTISTA, Burnensis in Anglia Monach. vix. an. 1360.
Rogerus CONWAIUS, Anglus, Ordin. Minor. obiit ann. 1360.
Rogerus, Croyland. Mon. scriptor Vitæ S. Thomæ Cantuar. vix. an. 1214.
Rogerus DIMOCCUS, Angl. Ord. Præd. Theolog.
Rogerus, Fuldensis Mon. Vitas aliquot Sanctorum scripsit circa an. 1156.
Rogerus GLACTONUS, vel GLASTONUS, Anglus, August. Theol. ob. an. 1340.
Rogerus. Hereford. vix. an. 1170. *Vide Pitseum.*
Rogerus IVONIUS, vel de S. IVONE, Anglus, Monach. Theol. vix. an. 1420.
Rogerus MARSUALLUS, Anglus, Mathemat.
Rogerus NIGELLUS, Angl. BLACK, Westmonast. Mon. ob. an. 1241.
Rogerus RUGOSUS, Angl. Ordin. Min. Theolog.
Rogerus, Salisberiensis, vix. an. 1160.
Rogerus SUISETUS, vel SUINSHDUS, cogn. CALCULATOR, Angl. Ord. Cisterc. Mathemat. vix. an. 1350.
Rogerus TUIFORDUS, Angl. Augustin. Theolog. vix. ann. 1390.
Rogerus WALTHAN, Angl. vix. an. 1250.
Rogerus WELPEDALUS, Anglus, Mathematic. vixit circa an. 1368.
Rogerus DE WINDESORA, Angl. Mon. in Cœnobio S. Albani, vix. an. 1255. [ob. an. 1237. ex Fabricii Bibl. cui idem est atque]
Rogerus WINDOVERUS, Angl. Hist. vix. an. 1217.
Rogo FRETELLUS, Antioch. Archidiacon. de Locis et Patriarchis Hierosolym. usque ad Arnulphum III. MS. [Vide Fabric. tom. 2. pag. 204. Græsse tom. 2. part. 3. pag. 1052.]
Rolandinus PATAVINUS, cogn. GRAMMATICUS, cujus exstant *Chron. lib.* 12. *edit. cum Albertino Mussato, et Ars notaria edita Taurini ann.* 1479. *deinde cum Glossis Lugduni,* vix. ann. 1263. *Vide Trith. Voss. et Murat. tom. 8. Script. Ital.*

Romerius, Reginonis Chronic. ab an. 907. ad an. 977. al. 1467. perduxit. *Vide Simler. et Possevin.*
Romualdus (S.), Camaldul. Abbas, ob. an. 1023.
Romualdus, Salernit. Archiep. Chronic. perduxit ad an. 1177. *Exstat MS. in Bibl. Reg. edit. t.* 7. *Script. Ital. Murat.*
Rorici, Monachi, Gesta Francor. a gentis origine ad Chlodovei I. obitum, *edit. tom.* 1. *Hist. Franc.*
Roricus WITTONUS, Anglus, Ord. Min. Theol. scripsit in Evangelia.
Rosetus, scripsit in Sententias. *Vide Sander. pag.* 169.
Rostangnus, Cluniac. Monach. vix. an. 1206. *In Bibl. Cluniac. pag.* 1482.
Roswita, Sanctimonialis in Saxonia, vix. circ. an. 1120. *Ejus opera seorsim edita.*
Roth, Comment. historico-antiquit. de Imagunculis Germano-magicis.
Rudolphus DE FRAMEINSBERG, Bavarus, cujus Itiner. T. S. *exstat tom.* 6. *Canisii*, vixit sub Carolo IV. Imperat.
Rudolphus, Fuld. Monach. circ. an. 850. *tom.* 3. *Bolland. pag.* 512. *tom.* 4. *SS. Ord. Bened. pag.* 245.
Rudolphus, S. Trudonis Abbas, vix. an. 1109.
Ruffinus, V. D. Grammat. Antiochensis, *edit. inter Grammat. Putschii.*
Ruffinus, Aquileiensis Presbyter, obiit circa ann. 418. *Vide Gennad. etc.*
Ruffinus, Palæstinæ provinciæ Presbyter, cujus nomine *edit. a Sirmondo Liber precum, etc., et tom.* 27. *Bibl. Patr.*
Ruffinus SCIFFIUS, Assisias, consanguineus S. Claræ, vix. an. 1248.
Rufierus, Abbas, de Vita S. Martini, carmine, MS. *in Bibl. S. Martini Tornac.*
Rufus FESTUS AVIENUS, cujus habentur Poemata, vixit sub Theodosio M. Imp.
Rulandi Dictionarium chymicum.
Ruodepertus, Magister et Monachus S. Galli. *Vide Alamannica Goldasti tom.* 2. *pag.* 13. 87. *Exstat Ruodberti Vita S. Theodori, Episcopi Sedunensis, in Cod. Thuano* 275.
Rupertus, Lympurgensis in diœcesi Spirensi Abbas, vix. an. 1124.
Rupertus, Ord. Præd. vix. an. 1320.
Rupertus, Tuitiensis Abbas, obiit 4. Mart. ann. 1135. *Opera ejus varia edita. Vide Bolland. tom.* 7. *pag.* 475.
Ruricius, Lemovicensis Episcopus, vix. ann. 506. *Ejus Epistolas edidit Canisius, tom.* 8. *Bibl. Patr.*
Rusticus, S. R. E. Diac. Card. Episcop. Fesulanus, vix. an. 550. *In Bibl. Patr. tom.* 10.
Rusticus ELPIDIUS, V. C. Exquæstor, scripsit picturas veteris ac novi Testamenti, carmine, *edit. a J. Fabricio, et t.* 9. *Bibl. Patr. pag.* 462. *Vide Bibl. MSS. Labbei pag.* 64.
Ruthardus, Hirsaug. Monach. scriptor Vitæ S. Bonifacii, ob. an. 865.
Rutilius CLAUDIUS NUMATIANUS, vir Consularis, cujus exstat Itinerarium carmine scriptum, vix. sub Theodosio et Honorio.
Rutilius LUPUS, *edit. inter Rhetores Pithœi.*

S

Sabbatius, Episcop. provinciæ Gallicanæ. vix. an. 440. *Gennad.*
Salimbenus DE SALIMBENIS, Ord. Minor. Historic. vix. an. 1287.
Saliphilax, Britannus, de Genealogia regum Britannorum. *Vide Pits. pag. 175.*
Salla, Fabricio SABA, MALASPINÆ, de Rebus Siculis ab an. 1250. ad 1276. *tom. 6. Miscel. Baluz.*
Salomon, Constantiensis Episcop. carmina scripsit, *edit. a Canisio tom. 5. et tom. 16. Bibl. Patr.* vix. ann. 895.
Salonius, S. Eucherii filius, Episcop. *tom. 8. Bibl. Patr. pag.* 401.
Salvatus, scriptor Vitæ S. Martini Presbyter. in Lusitania, cujus fuit discipulus, vix. ann. 1160. *Bolland. pag.* 1131.
Salvianus, Massiliensis Presbyter, vix. an. 440.
Salvidienus, scriptor Vitæ Saturn. Tyr. *apud Vopiscum.*
Salvus, Alveldensis Abbas, ob. an. 962. *Vide Miræum de Script. Eccles. pag.* 102.
Samson CORDUBENSIS, Hispan. Abbas S. Zoili, obiit 21. Aug. an. 890.
Samson DEMETA, Britannus, Archiepiscop. vixit ann. 567.
Samson, Dorovernensis, Cantuar. Monach. vixit ann. 1170.
Samuel ANDREAS, de Balsamationibus Veterum.
Samuel BENLANIUS, Britannus, vix. an. 650.
Samuel PITISCUS, in lexico Antiquitatum Romanarum.
Sanctes DE ARDUINIS, Pisaur. Medic. vix. an. 1430.
San-Leodegarius, in Resolut. civilibus.
Saxius, in Pontificale Arelatense.
Saxo, Grammatic. scriptor Histor. Danicæ, *quam illustravit Stephanus Stephanius,* vixit circ. an. 1200.
Schilteri Glossarium Teutonicum et Institutiones Juris publici.
Scipio MAFFEIUS, in Observat. literariis.
Sebastianus, Benedict. Monach. scripsit Vitam S. Hieronymi, ut auctor est Petrus Diac. vixit ann. 560. *Vide Vossium.*
Sebastianus, Salmanticensis Episcop. vix. ann. 870. *Ejus Hist. edita a Sandovallio an.* 1615.
Secundinus, Episcop. S. Patricii ex sorore Daverca nepos. *Vide Waræum in Opuscul. S. Patricii pag.* 146.
Secundus, Historiæ Longobard. scriptor, vix. sub Heraclio. *Warnefrid. lib. 3. cap.* 29.
Sedatus, Episcop. Biterrensis, ut quidam volunt, *tom. 11. Bibl. Patr. pag.* 1093.
Sedulius, Presbyter, Poeta, vix. circ. an. 430. aut 440. scripsit Opus Paschale, *edit. seorsim et tom. 4. Bibl. Patr. pag. 458. etc.*
Sedulius, Scotus, Sacræ Scripturæ interpres, floruisse dicitur an. 818. *Vide Bellarm.*
Sefridus, scriptor Vitæ S. Ottonis Episcop. Bamberg. *apud Cretz. in Divis Bamberg.*
Seherus, primus Abbas Calmosiacensis, de Primordiis ejus. Monast. *tom. 3. Anecd. Marten. col.* 1161.
Seldenus, in Histor. de Decimis ; ejusdem Mare clausum.
Senatus BRAVONIUS, Wigorn. Abbas, ob. an. 1170.
Septimius, scriptor Vitæ Alexandri Severi, *laudatur a Lampridio.*
Serenus SAMMONICUS, ab Antonio Caracalla occisus, multa scripsit, *de quibus Vossius, et Humelbergius ad lib. de Medicina, edit. non semel.*
Sergius I. (S.), PP. ob. 9. Sept. 701. *Vide Concil.*
Sergius II. PP. ob. 12. April. ann. 847. *Vide Lud. Jacob.*
Sergius III. PP. ob. an. 910. *Vide Lud. Jacob.*
Sergius IV. PP. obiit 13. Mart. ann. 1012. *Vide Possev. et al.*
Serlo, Abbas de Eleemosyna in Brabantia, in Orationem Dominicam, *in Bibl. Sangerman. Cod.* 663. *Vide Opera Philipp. ejusdem loci Abbat.*
Serlo, Fontanensis in Anglia Monachus, vix. circa ann. 1160. *Vide Hist. Angl. edit. an.* 1652. *pag.* 331.
Sertorius GUALENSIS, Anglus, Ordin. Min. Magister Gen. Archiepisc. Raven. Patriarcha Gradens. Cardin. designatus ob. an. 1362. *Pits. Trith. Possev.*
Servatius ÆDICELLUS, Agrippinas, Vitam S. Willebrordi metro scripsit.
Servus-Dei, Episcop. vix. an. 480. *Gennad.*
Sevalus, Eborac. Archiepisc. ob. an. 1258.
Severianus, Gabal. Episcop. ob. sub Theod. Jun. *Gennad.*
Severini, Abbatis, Sermones in Natali SS. Innocent. *in Bibl. Sangerm. Codd* 464. 491. 495. 496. 500.
Severinus, Episc. *tom.* 27. *Bibl. Patr. pag.* 478.
Severi, Imp. Historia Vitæ suæ, *laudatur a Capitolino, in Clodio Albino.*
Severus, Malacitanæ Sedis Episcop. vix. sub Mauricio Aug. *Isid.*
Severus, Minoricens. Episcopus, *Vide Bar. ann.* 418. n. 60.
Severus SANCTUS, id est ENDELEICHUS, Rhetor, *inter Poetas Pithæanos pag.* 449. vix. an. 395.
Severus SULPITIUS, vix. circ. an. 400. *Ejus exstant Historia Eccles. et Vita S. Martini, præterea Epistol. tom.* 5. *Spicileg. pag.* 532. *Vide Gennad. etc.*
Sextus AURELIUS VICTOR, alius a Victore, quem *Schotti* vocant, vix. sub Theodosio.
Sextus. de Resurrectione, vix. sub Severo Imp.
Sextus RUFUS, vir Consularis, qui Historiæ Romanæ Epitomen scripsit, vix. sub Valentiniano Imperat.
Siagrius, de Fide adversus Hæreticos scripsit. *Gennad.*
Sibertus DE BEKA, Geldrensis, Carmelita, vixit ann. 1320.
Sibertus, S. Pantaleonis Colon. Prior, vixit ann. 1136. *tom.* 2. *Analect. Mabillonii pag.* 495.
Sibrandus, Frisius, Horti Mariæ Abbas, scriptor Vitæ S. Siardi ejusdem loci Abbatis, ob. an. 1238.
Sicardus, Cremonensis Episcop. Historicus, vixit ann. 1160.
Sidonius APOLLINARIS, Arvernorum Episcop. obiit 23. Aug. an. 482. *Ejus opera illustrarunt Colvius, Savaro, Sirmondus, etc.*
Siffridus, Misnensis Presbyter, Chronicon perduxit ad an. 1307. *Edit. cum Hist. German.*
Sigeardus, S. Albani Monachus, *tom.* 5. *Canisii part.* 2. *pag.* 648.

Sigebertus, Gemblacensis Monach. ob. 5. Oct. an. 1113. *Edit. seorsim. Vide Præterea tom.* 3. *Bolland. pag.* 227. *Sur.* 1. *Febr.* 23. *Maii,* 15. *Novemb. etc. Vide eundem Sigeb. c.* 171.
Sigebertus, cogn. Pius, Orientalium Saxonum in Anglia Rex, ob. an. 652.
Sigibertus, Corbeiensis Monach. scriptor Vitæ S. Voymonis Bremensis Archiepiscop. vix. an. 905.
Sigismundus Meisterlinus, de Rebus Noriberg. *tom.* 8. *Reliq. MSS. Ludewigi.*
Sigoardus, Remensis Canonicus, sub Fulcone Archiepiscopo, *t.* 1. *Labbei p.* 362. *t.* 1. *Hist. Academ. Paris. p.* 288.
Sigwolfus, Monachus, Anglus, vix. an. 790.
Silvester Giraldus, Cambrensis, *edit. cum Histor. Anglic.* ob. ann. 1210. *De ejus scriptis multa Pitseus.*
Silvius Bonus, Britannus, Rhetor et Poeta, vixit ann. 410.
Simeon, Dunelmensis Præcentor et Monach. *cujus habentur scripta inter Histor. Anglic.* vix. an. 1164.
Simon, Afflighemensis Monach. *Vide Henric. Gandav. et Trith.*
Simon Ailwardus, Anglus, Poeta, *de Ludo Scacorum,* vix. an. 1456.
Simon Alcoccus, Anglus, Theol. vix. an. 1380.
Simon Baringuedus, Tolosanus, Augustin. Theolog. vix. an. 1390.
Simon de Borsamo, Archiepisc. Mediolan. Cardinal. ob. an. 1381.
Simon Bredonus, seu Biridanus, Angl. Astrologus, vix an. 1386.
Simon Burnestonus, Angl. Ord. Præd. Theologus, vix. an. 1337.
Simon de Cassia, Augustinianus, vixit ann. 1340. idem qui mox *Fidatus.*
Simon Corbeiensis, al. e Cordilo, Gallus, Carmelit. Theol. vix. an. 1312.
Simon de Covino, an. 1348. *In Biblioth. Reg.*
Simon de Cremona, Augustinianus, ob. an. 1348.
Simon Dominicanus, i. Ord. Præd. Theologus.
Simon Fevershamensis, Anglus, Philosophus, vixit circa an. 1370.
Simon Fidatus, dictus a Cassia, Augustinianus, ob. 2. Febr. an. 1348. Vide paulo ante.
Simon Fraxinus, vulgo Ashe, Herefordiensis Canonicus, Poeta, vix. an. 1200.
Simon Gandavensis, Londiniensis, Theol. Sarisburiensis Episcopus, vix. an. 1298.
Simon, Monach. Hafflighemensis, vix. circa ann. 1310. *Vide Sanderum pag.* 134. Vide supra *Afflighemensis.*
Simon Hentonus, Angl. Ordin. Prædicat. Theolog. vix. an. 1360.
Simon Jacumæus, Gyratii Episcop. deinde Thebanus Archiepiscopus, vix. an. 1400.
Simon de Janua, cujus sunt notæ aliquot marginales in Alexandrum Iatrosophistam, *edit. ann* 1504. *et* 1528. ejusd. Clavis Sanationis, *edit. an.* 1486. 1510. *et* 1514. vix. circa an. 1300. *Vide Cod. Reg.* 334.
Simon Islepus, Cantuariensis Archiepiscop. obiit ann. 1366.
Simon Langhamus, Cantuariensis Archiepiscopus, obiit ann. 1376. *Vide tom.* 2. *Concil. pag.* 2034. *et Pitseum.*
Simon Langtonus, Stephani Cantuar. Archiepiscop. frater, ob. an. 1248.

Simon Mephamus, Cantuar. Archiep. ob. an. 1333.
Simon Southraius, Angl. ad S. Albanum Monach. Theol. vix. an. 1382.
Simon de Spira, German. Carmelita, vixit circa ann. 1340.
Simon Stochius, Angl. Ord. Carmelitarum Magist. ob. 16. Maii an. 1265.
Simon Sudberius, Cantuar. Archiepiscopus, obiit ann. 1381.
Simon de Tornaco, Theologiæ Professor, vix. ann. 1216. al. 1284. *Vide Sand. pag.* 169. *Henric. Gandav. Trithem. etc.*
Simon Tornaquitius, Florentinus, Mon. Bened. [f. leg. Augustin. qui obiit ann. 1429. de quo in Fabricii Bibl.]
Simon Tunstedus, Angl. Ord. Min. Philosophus, ob. ann. 1369.
Simon Wichinghamus, Angl. Carmelita, Theol. vix. ann. 1360.
Simplicianus, Episcopus, S. Augustini familiaris. Gennad.
Simplicius (S.) PP. obiit 2. Mart. ann. 483. *Vide Concilia.*
Simplicius, S. Benedicti discipulus, ob. ann. 576. *Vide Petr. Diacon. et J. B. Marum.*
Sire Raul, de Gestis Frider. I. Imper. *t.* 6. *Script. Ital. Murat.*
Siricius (S.) PP. 22. Febr. an. 398. *Vide Concil.*
Siviardus, Anisolensis Abbas, vix. ineunte sæculo VIII. *tom.* 1. *SS. Ord. Bened. pag.* 642.
Sixtus I. (S.) PP. obiit 6. April. ann. 142. *Vide Concil.*
Sixtus II. (S.) PP. ob. 6. August. ann. 621. *Vide Concil.*
Sixtus III. (S.) PP. ob. 28. Mart. an. 448. *Vide Concil. et tom.* 7. *Biblioth. Patr. pag.* 804.
Sleydanus, in Continuat. Hist. Sacræ Severi.
Smaragdus, alias Ardo dictus, Anianensis Monac. obiit 7. Mart. 843. multa scripsit. *Vide Codd.* 171. 269. 358. 370. 371. 412. 413. 493. 525. *Bibl. Sangerman.*
Smaragdus, S. Michaelis ad. Mosam Abbas, floruit an. 820. *tom.* 5. *Spicileg. pag.* 1. *Vide Honor. Augustod. cap.* 6.
Somniatoris Monachi Postillæ in Evangelia, *in Bibl. Sangerman.* Cod. 709.
Soter (S.) PP. 22. April. an. 179. *Vide Concil.*
Sozomenus, Pistoriensis, scriptor Historiæ universalis, vix. sæc. XIV. *Volaterr. Vide Murat. tom.* 16. *Script. Ital.*
Stantonus, Anglus, Mathematicus.
Stephanardus Flamma, Historiam carmine confecit, ut observat Jovius in Vicecomit. Mediolan. vix. an. 1290. *Vide Galvaneus supra et Possevin.*
Stephanus I. (S.) PP. ob. 2. Aug. ann. 260. *Vide Concilia.*
Stephanus III. PP. ob. 26. April. an. 757. *In Concil. et in Cod. Carolino.*
Stephanus IV. PP. ob. 1. Februar. ann. 772. *Vide Concil.*
Stephanus V. PP. ob. 25. Jan. an. 817. *Vide Lud. Jacob.*
Stephanus VI. PP. ob. an. 891. *Vide Concil.*
Stephanus VII. PP. ob. an. 909. *Vide Concil.*
Stephanus IX. PP. ob. an. 943. *Vide Lud. Jacob.*

INDEX AUCTORUM.

Stephanus X. PP. ob. 28. April. an. 1028. *In Concil. et Bibl. Patr.*

Stephanus, Anglicus, Carmelita, Theologus, vixit ann. 1417.

Stephanus, Anglus, Jurisperitus.

Stephanus, Augustodunensis Episcopus, vix. an. 950. *Edit. in Bibl. Patr.*

Stephanus Bisuntinus, Ordin. Prædicat. Magister Generalis, ob. an. 1294.

Stephanus Brickingtonus, Angl. Cantuariens. Mon. Hist. vix. an. 1380.

Stephanus Brounus, Anglus, Monach. Theol. vix. an. 1340.

Stephanus, Cantuariens. Archiep. an. 1205. *tom.* 3. *Spicil. pag* 55. 137. 179.

Stephanus, Cellæ novæ in Hispania Mon. de Vita S. Rudesindi Dumiensis Episcopi, vix. circa an. 1200. *t.* 6. *Bol. p.* 107.

Stephanus de Chalmeto, Cartusiæ Portarum Monach. *tom.* 2. *Bibl. Patr.*

Stephanus III. Cisterciensis Abbas, Auctor *Chartæ caritatis*, edit. *in Nomastico Cisterc.*

Stephanus de Conty, natus de Ambianis, Monac. ac Officialis Corbeiensis, cujus exstat Historia sui temporis, *in Cod.* 520. *Bibl. Sangerman.* vixit sub Carolo VI.

Stephanus Eitonus, vel Edonus, Angl. Canon. Regularis, Historicus, vix. an. 1320. [Fabricio Eddius vel Heddius *t.* 2. *pag.* 80.]

Stephanus Gilletus, Burgundus, Carmelita, vixit an. 1320.

Stephanus, Grandimontensis Ordinis Fundator, cujus Regula edita Divione an. 1645. ob. an. 1124.

Stephanus, Halberstadensis Episcopus, vixit an. 1107.

Stephanus Hardingus, Shiburnensis Monachus, et primus Molismensis Abbas, ob. an. 1133.

Stephanus Langtonus, Anglus, Theologus, obiit an. 1228.

Stephanus, Monachus et Abbas Leodiensis, de Vita S. Modoaldi, vix. an. 740. *Sur.* 13. *Maii.*

Stephanus, Leodiensis Episc. de Gestis S. Lamberti, vix. an. 903. *tom.* 1. *Hist. Leod. pag.* 351. *Vide Sigebert. c.* 125.

Stephanus, Lugdunensis, Cardinalis.

Stephanus de Mediolano, Ordin. Prædic. de Gestis Mediolanensium, carmine scripsit, vix. circa an. 1262.

Stephanus, Meldensis Episcopus. *Vide Sangerm. Cod.* 514.

Stephanus Messalanus, Anglus, Mathemat.

Stephanus le Moyne, in Notis ad Varia Sacra.

Stephanus, Parisiensis Episc. an. 1277. *tom.* 25. *Bibl. Patr. pag.* 329.

Stephanus Patringtonus, Anglus, Carmel. Theol. ob. an. 1417.

Stephanus, Presbyter Africanus, scriptor Vitæ S. Germani Autissiod. vix. an. 584.

Stephanus de Provincia, JC. vix. an. 1330.

Stephanus, Rhedonensis Episcopus, de Vita S. Guillelmi Firmati, vix. an. 1178. *tom.* 11. *Bolland. pag.* 334.

Stephanus Rotomagensis, Beccensis Monachus, cujus complura habentur *in Bibl. Sangerm. Cod.* 771.

Stephanus de Salanacho, Lemovicens. Ord. Præd. an. 1290. *Vide Bolland. tom.* 6. *pag.* 655.

Stephanus de S. Genovefa, *in Cod.* 16. *Bibl. Sangerman.*

Stephanus, S. Pantaleonis Colon. Monachus, de Inventione S. Maurini Abb. vix. an. 990. *Sur. tom.* 3. 10. *Jun.*

Stephanus, S. Victoris Paris. Canonicus Regular. *tom.* 2. *Spicil. pag.* 691.

Stephanus Scropus, Anglus, Histor. vix. an. 1399.

Stephanus de Senis, Cartusiensis, *tom.* 11. *Bol. pag.* 961.

Stephanus Stampensis, Normannus, S. R. E. Cardinalis, ob. an. 1289.

Stephanus, Trudonensis Monach. vix. an. 1082.

Stephanus a Vicomercato, Mediolanensis, Ordin. Præd. Auctor Chronic. metric. vix. an. 1292. *Leander.*

Stephanus, Ulyssibonensis Eccl. Præcentor, de Mirac. S. Vinc. Mart. *apud Ant. Brandaon. tom.* 3. *Monarch. Lusit. pag.* 298.

Stephanus, Wittebiensis Monach. Anglus, vixit ann. 1080.

Stephelinus, Monach. de Miraculis S. Trudonis. *Vide Sander. pag.* 270.

Steyerus, in Comment. ad Hist. Alberti II.

Struvius, in Actis literariis.

Sueno Aggonis, auctor Historiæ Danicæ editæ a Stephanio, vix. an. 1203.

Suenonis Leges Danicæ Castrenses.

Suetonius Optatianus, Historicus, cujus meminit Vopiscus in Tacito.

Sugerius, Abbas S. Dionysii in Francia, ob. an. 1152. *tom.* 4. *Hist. Franc. pag.* 281. 493. *tom.* 1. *Analect. Mabillonii pag.* 328. *Doublet. etc.*

Sulcardus, Westmonasteriensis Monach. Historic. vix. an. 1070.

Sulpitius Alexander, Historiæ Francorum scriptor, cujus meminit Gregorius Turon. lib. 2. Histor. Franc.

Sulpitius Victor, editus inter Rhetores Pithœanos.

Sylverius (S.) PP. ob. 20. Jun. ann. 540. *Vide Concil.*

Silvester I. (S.) PP. ob. 31. Decemb. an. 335. *Vide Lud. Jacob. Possevinum et alios.*

Sylvester II. (S.) PP. antea Gerbertus, et Archiep. Remensis, ob. 12. Maii ann. 1003. *Multa scripsit, de quibus Lud. Jacob. et alii.*

Symmachus, edit. *a Jureto et aliis. Vide tom.* 5. *Spicileg. pag.* 583. ob. an. 526.

Symmachus (S.) PP. ob. 19. Jul. ann. 514. *Vide Concil.*

Symphosius, Poeta, scriptor Ænigmatum, edit. non semel. *Vide Bibl. Sangerman. Cod.* 598.

T

Tageno, Pataviensis Decanus, scriptor Historiæ Expeditionis Friderici I. in T. S. edit. *inter Hist. German.* vixit sub eodem Imp.

Taio, Cæsaraugustanus Episcop. vix. an. 650. *tom.* 2. *Analect. Mabillonii pag.* 68.

Tancredus, JC. Hetruscus, Bononiæ Archidiac. ob. an. 1240.

Tangmarus, Hildeshemensis Presbyter, de Vita

Bernwardi Hildeshem. Episc. *edit. a¦ Browero*, vixit circa an. 1010.

Tatius CYRILLUS, Historicus, vix. sub Constantino M. *Capitolin.*

Tatwinus, Anglus, Cantuariensis Archiepisc. obiit an. 734.

Terentianus MAURUS.

Terentianus, Vir Consularis, sub Juliano et Joviniano. *Vide Sur. 26. Jun.*

Tertullianus, Afer, ob. circa an. 215. *Ejus Opera illustrarunt præ ceteris Rhenanus, Pamelius, Rigaltius, etc.*

Tervanus, Scotorum Episcopus, vix. an. 440.

Tetradius, Cesarii Arelat. nepos, *tom. 8. Bibl. Patrum.*

Thaddæus, Florentinus Medicus, an. 1280.

Thaddæus, Abbas Scotorum Ratisponæ, vix. an. 1457. *edit. tom. 4. Canisii part.* 2. *pag.* 471.

Thaddæus, Notarius Vincentinus, de Eccelino Romano, *edit. cum Mussato pag.* 32.

Thebaudus, Besuensis Monachus, *tom.* 2. *Bibl. Labbei pag.* 605.

Theganus, Trevirensis Chorepiscopus, de Gestis Ludovici Pii, sub quo vixit, *tom.* 2. *Hist. Fr.*

Thelesinus, vel THELIESINUS *Helius*, Britannus, vix. an. 540.

Theliaus, Londavensis Archiepiscopus, alias *Eliud* dictus, Britannus, vix. an. 563.

Themistius, de Locis dialecticis, *in cod. MS. S. Germani Paris.*

Theobaldus, auctor Vitæ S. Guillelmi Eremitæ, *tom.* 4. *Bollandi pag.* 450.

Theobaldus ANGLICUS, Ordin. Cartusian. vixit an. 1328.

Theobaldus, Stampensis Sacerdos, Angl. S. R. E. Cardinal. ob. circ. an. 1289. ut habet Pitseus, alii circ. an. 1108. *tom.* 3. *Spicileg. pag.* 132.

Theobaldus, Veronensis Episcop. Augustinian. ob. 19. Nov. an. 1331.

Theodemarus, Monach. Bened. vixit sub Carolo M. *edit. a Brolio cum Chronico Casin. pag.* 797.

Theodolus, Italus, Liber carmine scriptus, singulis tetrasticis, edit. cum Catone, Matthæo Vindocin. et al. *Joannes Chrysostom. composuit hoc opus, et vitans arrogantiam, intitulavit nomine Theodoli. Ita apud Sand. pag.* 139. *Vide Sigebert. c.* 135. *Trith. et Vossium* 169. *pag.* 747.

Theodoricus, Abbas Ordin. Benedict. de Vita S. Hildegardis, vix. an. 1200.

Theodoricus, S. Albani apud Moguntiam Mon.

Theodoricus DE APPOLDIA, Erfordiensis, Ord. Præd. Scriptor Vitæ S. Dominici, *edit. a Surio* 4. *Aug.* vixit circ. an. 1300.

Theodoricus, Bernensis, Ord. Præmonstr. vixit circ. an. 1160.

Theodoricus, Casinensis Monach. vix. an. 1012. *Vide Petr. Diac. et J. B. Marum.*

Theodoricus ENGELHUSIUS, auctor Chronici Chronicorum, quod perduxit ad an. 1410.

Theodoricus DE FRIBURGO, Germanus, Ordin. Prædic. Philosophus, vix. an. 1270.

Theodoricus, Hirsfeldensis Monachus, scriptor Vitæ S. Benedicti, etc. vix. an. 1042.

Theodoricus, S. Matthiæ Trevirensis Monach. de Invent. S. Celsi, vix. an. 1000. *tom.* 5. *Bollandi p.* 396. *Sur.* 23. *Febr. Vide Trithem.*

Theodoricus A NIEM, Verdensis Episcop. auctor libri *de Schismate*, etc. editi a Schardio, vixit an. 1380.

Theodoricus, Ordin. Prædic. de Arte equos medicandi, MS.

Theodoricus, Thuringus, Ordin. Prædic. de Vita S. Elizabeth. reg. Hungar. *tom.* 5. *Canisii part.* 2. *pag.* 147. *Vide Lambec. lib.* 2. *Bibl. Cæsar. pag.* 878.

Theodoricus, Trevirensis Archiepiscop. scriptor Vitæ S. Lutrudis, ob. an. 970. *Sur.* 22. *Sept.*

Theodoricus, Trudonensis Abbas, ob. an. 1107. *Sur.* 8. *Jul.* 25. *Nov. tom.* 2. *SS. Ord. Bened. pag.* 394. 1069. *Vide Sigeb. c.* 170. *Trith. etc.*

Theodoricus DE VALLISCOLOR, seu DE VAUCOULEUR, de Vita S. Urbani IV. PP. carmine, edit. a Massono.

Theodoricus URIAS [VRIE], Augustinianus, vixit an. 1412.

Theodorus I. PP. ob. 14. Maii an. 649. *Vide Concil. et tom.* 12. *Bibl. Patr.*

Theodorus, Cantuariensis Archiep. cujus Fragmenta edidit Jac. Petitus, vix. an. 680. *Vide Concilia tom.* 6. *et Concil. Spelmanni, præterea Spicilegium Acher.*

Theodorus EREMITA, seu CAMPENDONENSIS, auctor Vitæ S. Magni seu Magnoaldi, cujus sodalis fuit, obiit sub Pipino Reg. *tom.* 5. *Canisii part.* 2. *pag.* 919. *Vide Alaman. Goldasti pag.* 231.

Theodorus, Scotorum Archiepiscop. auctor Pœnitentialis, de quo Spelmannus in Concil. et Jacob. Petitus. vix. an. 690.

Theodosius MACROBIUS, scriptor Saturnalium, vix. sub Theodosio Imp.

Theodulfus, Aurelianensis Episcop. ob. an. 821. *edit. a Sirmondo et al. adde tom.* 5. *Spicileg. p.* 127. *tom.* 1. *Analect. Mabillonii pag.* 376.

Theonas, Episcop. circ. an. 400. *tom.* 12. *Spicileg. pag.* 545. *Laudatur a Pithæo in Glossar. ad Julian. Antecess.*

Theophanus, Diaconus, Monach. Casinensis, vix. an. 855. *Vide Petr. Diacon.*

Theophilus RAYNALDUS, in Tract. de Monit. et Excommunicat.

Theotinchus, Presbyter, sub Carolo C. *tom.* 2. *Capitular. Baluzii pag.* 1309.

Theudoinus, Catalaunensis Præpositus, vix. circ. an. 868. *tom.* 2. *Analect. Mabillonii pag.* 86.

Theudus, S. Pauli de Radiolo Abbas, scripsit Vitam S. Benedicti, et in ejus regulam, ob. an. 1095.

Thichonius, cujus meminit S. Augustinus et Gennadius, *tom.* 6. *Bibl. Patr. pag.* 49.

Thilmannus DE HACHENBERG, Germanus, Ord. Min. vix. circ. an. 1412.

Thimo, S. Michaelis Bambergensis Monach. vixit an. 1146. Scripsit Vitam S. Ottonis, Episcop. Bamberg. *apud Gretzer. in Divis Bamberg.*

Thiotfridus, Eptarnacensis Abb. vix. ann. 1110. *edit. an.* 1619. *et tom.* 12. *Bibl. Patr.*

Thiuredus DOVERENSIS, Monach. Anglus, Musicus, ob. an. 1371.

Thomæ Chronic. ab Augusto ad Rudolfum Imper. *in Cod. Reg.* 227. *post Martini Poloni Chron.*

Thomas, auctor libri Ænigmatum. *Vide Sigebert. c.* 133.

Thomas ALCHERUS, Anglus, Theologus.

Thomas ALMERICUS, Cremonensis, scripsit Eventus

Italiæ sui temporis et Gesta Frider. I. Imper. vix. circ. an. 1198. *tom.* 1. *Cremonæ liter.*

Thomas ANTONII, Senensis, Ordin. Præd. scriptor Vitæ S. Catharinæ de Senis, vix. an. 1430.

Thomas DE AQUINO (S.), Doctor Angelicus, Ordin. Præd. ob. 7. Mart. an. 1274.

Thomas, Archidiaconus, auctor Historiæ Salonitanæ.

Thomas DE ARGENTINA. Ordin. S. Augustini Generalis Magister, ob. an. 1357. *edit.*

Thomas ARUNDELLUS, Cantuar. Archiepiscopus, ob. an. 1415.

Thomas ASHEBURNUS, Anglus, Augustin. Theolog. vix. an. 1382.

Thomas Bajocensis junior, scriptor Officiarii Eboracensis Ecclesiæ, vix. an. 1169.

Thomas DE BALLIACO, Cancellarius Ecclesiæ Parisiensis, Theolog. ob. an. 1328. *Hemeræus de Academ. Paris.*

Thomas BASINUS, Episcop. Lexov. an. 1447. inter cætera scripsit Breviloquium peregrinat. quod MS. exstat *in Bibl. Victor.* ob. an. 1491. *Vide Gall. Christ. tom.* 11.

Thomas BECCHINGHTONUS, Angius, Theolog. vixit an. 1350.

Thomas BORSTALLUS, Anglus, Augustin. Theolog. vix. an. 1290.

Thomas BRADWARDINUS, Anglus, Mathematicus, multa scripsit, ex quibus quædam edita, obiit circa an. 1350.

Thomas BRINTONUS, vel BRAMPTON, Angl. Norwicensis Monachus, vix. an. 1380.

Thomas BROMIUS, Anglus, Carmelita, Theolog. ob. an. 1380.

Thomas BUCCHINGHAMUS, Exoniensis Theolog.

Thomas BUNGEIUS, Anglus, Ord. Min. Theolog. vix. an. 1290.

Thomas CABHAMUS, Wigorniensis Episcopus, Theologus, vix. an. 1316.

Thomas CANTIPRATANUS, Canonicus Regul. vix. an. 1280. *Edit. a Colvenerio.*

Thomas (S.) Cantuariensis Archiep. ob. 4. Kal. Jan. an. 1171. *Ejus Epistolas aliquot edidit Stapletonus. Vide Pitseum.*

Thomas DE CAPUA, Cardinalis, ob. an. 1243. *In Cod. Reg.* 278. *in Sangerman.* 798. *et in Bibl. Victor.*

Thomas, Cardinalis, tit. S. Petri ad vincula, natione Anglus, Ord. Præd. vix. an. 1380.

Thomas CASTELFORDUS, Angl. Benedictinus, Historicus, vix. an. 1320.

Thomas DE CELLANO, Ord. Min. scriptor libelli de Vita S. Francisci, vix. circ. an. 1230.

Thomas DE CEPERANO, Ord. Min. vix. an. 1250.

Thomas CHILLEDENUS, Anglus, JC.

Thomas CLANTONUS, Angl. Ord. Præd. Theolog.

Thomas COLBIUS, Anglus, Carmelita, Theologus, ob. an. 1406.

Thomas, Cracoviensis, ejus Dialogus de Ratione sumendi Corpus Domini, *in Cod. Thuano* 773.

Thomas CRANLEIUS, Dublinensis Archiepiscopus, ob. an. 1417.

Thomas DAUDO, Anglus, Carmelita, Historic. obiit an. 1436.

Thomas DIACONUS, Flander. Histor. an. 1333.

Thomas DOCKINGUS, Anglus, Ordin. Min. Theolog. vix. an. 1270.

Thomas DONATUS, Venetus, Ord. Prædic. Venetiar. Patriarcha, an. 1492.

Thomas, Abbas Dumdramensis, Scotus, vixit an. 1439.

Thomas, Eboracensis, Angl. Ord. Min. an. 1260.

Thomas ECLESTONUS, Anglus, Ordin. Minor. vixit an. 1340.

Thomas EDWARSTONUS, Angl. Augustin. Theol. ob. an. 1396.

Thomas, Eliensis Monach. vix. an. 1170. *tom.* 2. *SS. Ord. Bened. pag.* 378.

Thomas ELMHAMUS, Angl. Historic. vix. sub Henrico V. *Edit. ab Hearnio an.* 1727.

Thomas ERASTUS, de Divinatrice magia.

Thomas FAZELLUS, de Rebus Siculis.

Thomas DE GARBO, Florentinus, Medicus, vixit an. 1340.

Thomas GRAIUS, Scriptor libri inscripti: *Scala mundi. Vide Vossium.*

Thomas HALENSIS, seu DE HALES, Angl. Ord. Minor. Theol. vix. an. 1340.

Thomas DE HANNEIA, Anglus, Grammatic. vixit an. 1360.

Thomas HASELBACHIUS, Germanus, Theol. vix. sub an. 1410. *Edit.*

Thomas HASILWODUS, Anglus, Canonicus Regular. Historic. vix. an. 1321.

Thomas, Hibernicus. *Vide Sander. pag.* 174.

Thomas HILLEIENSIS, aliis DE ILLEIA, Anglus, Carmelita, Theol. vix. an. 1290.

Thomas HYDE, de Religione Persarum.

Thomas, Ismaelita, Angl. Ord. S. Brigittæ Monac. vix. an. 1430.

Thomas JORSIUS, seu JOYCE, Anglus, Ordin. Prædic. Theol. ob. an. 1311.

Thomas A KEMPIS, Canonicus Regularis Montis S. Agnetis, in Chronic. ejusdem Monaster. obiit an. 1471.

Thomas LANGFORDUS, Angl. Ord. Præd. Theolog. et Histor. vix. an. 1320.

Thomas LANGLEIUS, Hulnensis in Anglia Monachus, Poeta, vix. an. 1430.

Thomas LAVINGHAMUS, Angl. Philosophus.

Thomas DE LENTINO, Ord. Præd. Patriarcha Hierosolymitanus, vix. an. 1260. *Sur.* 29. *April. tom.* 2. *Bol. pag.* 686.

Thomas LILUS, Anglus, Ordin. Prædicat. Theolog. ob. an. 1360.

Thomas, Lincolniensis Archidiacon. Theolog. vix. an. 1253.

Thomas LIBER, Rankwillensis, vix. an. 1200. *Vide Alamannica Goldasti tom.* 2. *pag.* 199.

Thomas LOMBARDUS, Ord. Præd. Cardinalis sub Clemente VII. Antipapa.

Thomas LUMBÆUS, Anglus, Carmelita, Theolog. ob. an. 1390.

Thomas MADOX, in Baronia Anglica et Formul. Anglic.

Thomas MALDONUS, Anglus, Carmelita, Theol. obiit an. 1404.

Thomas, Monemuthensis Monachus, vix. an. 1160.

Thomas DE LA MOORE, Anglus, Miles, cujus Historia edita cum Hist. Anglic. vix. an. 1326.

Thomas NETTERUS, vulgo WALDENSIS, a patria sic dictus, Anglus, Carmel. obiit Rotomagi 3. Novembr. an. 1430.

Thomas Norwodus, Anglus, Ord. Prædic. Theolog. vix. an. 1320.

Thomas de Novomercato, Anglus, Philosoph. Carleolensis Episcop. vix. an. 1410.

Thomas Ocleffus, Anglus, vix. an. 1410.

Thomas Otterbornus, Angl. Ordin. Min. Historic. vix. an. 1411. Auctor Chron. Anglic. *edit. ab Hearnio an.* 1732.

Thomas Palmerus, Anglus, Ord. Præd. Theol. vix. an. 1410.

Thomas Peverellus, Anglus, Carmelita, Theol. ob. an. 1418.

Thomas Philologus, de Modo collegiandi, *Ravennat. an.* 1565.

Thomas Pontius, seu Pontinus, Cantuariens. Monachus, Theolog. vix. an. 1332.

Thomas Radburnus, Menevensis in Anglia Episcop. Historicus, vix. an. 1418.

Thomas Radcliffus, Lincolniensis Episcopus, vixit an. 1370.

Thomas Reinesius, in variis Lectionibus.

Thomas Ringstedus, Banchorensis Episcop. obiit an. 1370.

Thomas Ringstedus junior, Angl. vix. an. 1440.

Thomas a S. Victore, Canonicus Regularis Abb. S. Andreæ Vercellensis, Theolog. ob. an. 1260.

Thomas Sarisburiensis, Theologus, Anglus, *de Arte Prædicandi.*

Thomas, Spalatensis Archidiaconus, scripsit Hist. Episcop. Salonitanorum usque ad an. 1266. *Edit. a Jo. Lucio in Hist. Dalmatica.*

Thomas Spermannus, Angl. Ord. Præd. Theol. vix. an. 1300.

Thomas Sprottus, Angl. Benedict. Historicus, vix. an. 1274. *Edidit Hearnius an.* 1719.

Thomas Stacius, Anglus, Mathematicus, vixit an. 1440.

Thomas Straveshavus, Anglus, Ordin. Min. Theol. ob. an. 1346.

Thomas Stubs, Angl. Ordin. Prædic. cujus exstat liber de Eboracensibus Archiep. inter Historic. Angl. vix. an. 1360. *Vide Pitseum et Seldenum.*

Thomas Stureiensis, Angl. Augustin. Theolog. vix. an. 1370.

Thomas Suttonus, Angl. Ord. Præd. Philosoph. et Theolog. vix. an. 1290.

Thomas Varoye, Scotus, Poeta, an. 1390.

Thomas, Viconiensis, Ord. Præmonstrat. Canon. Theol. vix. an. 1326.

Thomas Virleius, Anglus Theologus.

Thomas Walleis, seu Guallensis, Ord. Præd. multa scripsit de quibus Antonius Senensis, Pitseus et alii, vix. an. 1333.

Thomas Walsinghamus, ad S. Albanum in Anglia Monach. cujus Hist. edita a Camdeno, vix. an. 1440.

Thomas Wiccius, Anglus, Canonicus Regularis, Historicus, vix. an. 1290. Vide mox *Wicket.*

Thomas Wichingamus, Anglus, Carmelita, vixit an. 1372.

Thomas Wicket, Angl. Histor. Canon. Regul. circa an. 1295.

Thomas Winchecumbus, Angl. Eveshamensis Monachus, Historicus.

Thomas Wintertonus, Angl. Augustianus, Theolog. vix. an. 1382.

Thomas Woddrigius, Anglus, Historicus.

Thomasinus, Ferrariensis, Ordin. Prædic. vixit circa an. 1410.

Thomassinus, Oratorianus, de Disciplina Ecclesiastica.

Thomellus, Flander, scripsit de Laudibus Balduini Insulani Comitis Flandriæ, etc. vix. an. 1070.

Thuribius, Astoricensis Episcopus, *apud Ambrosium Moralem lib.* 11. *c.* 26.

Tiberianus, Bæticus, de quo S. Hieron.

Tiberianus, Poeta, sub Constantino M. Præfectus Prætorio Galliar. *Vide Lacarrium.*

Tiberius Claudius Donatus, scriptor Vitæ Virgilii Maronis.

Tichonius, Afer, vix. sub Theodosio M. *Gennad.*

Tidericus Langen, Canonicus Eimbecensis et Goslariensis, vix. an. 1300. *Edit. a Meibomio an.* 1652.

Tirechanus, Episc. Hibernus, vix. post med. sæc. VII. *apud Waræum de Script. Hibern. et tom.* 1. *Jul. Act. SS. p.* 631.

Titianus, Rhetor, Gallus, vixit sub Theodosio. Hujus meminit Ausonius.

Tobias, Monachus, Anglus, ob. an. 722.

Toxotius Senator, Poeta, cujus meminit Capitolinus.

Traimundus, al. Transmundus, Clarevallensis Monachus, vixit sub Ludovico VII. rege Franc. *Ejus Epistolæ editæ tom.* 4. *Histor. Franc. pag.* 477. *Vide Cod.* 798. *Bibl. Sangerman.*

Trebellius Pollio, editus inter Scriptores Historiæ Augustæ, vix. sub Constantino Chloro.

Treterii Diaconi Homiliæ, *in Cod. Thuano* 27.

Trumherus, Lichefeldensis Episcopus, vixit an. 700.

Trusianus, Florentinus, Cartusianus, Medicus, vix. an. 1300.

Trustanus, vel Trustinus, Eboracensis Archiepisc. ob. an. 1139. vel 1140.

Tundalus, Hibernus, Cassellensis, Cartusianus, scripsit librum Apparitionum suarum, vix. an. 1148.

Turdulus Gallicanus, Historic. de quo Vopiscus in Probo.

Turgotus, Dunelmensis Monac. ob. an. 1115.

Turpinus, aliis Tilpinus, Remensis Archiepiscop. vix. sub Carolo M. cujus fabulosa Historia ejusdem Turpini nomine circumfertur, cujus auctor sat antiquus.

Turrigianus, de Cryptis Vaticanis.

Turtius Rufus Asterius Quintus, V. C. Exconsul ordinarius atque Patricius, *post Sedulium Aldinæ edit. Vide Bibl. MSS. Labbei pag.* 23.

Tutelo, Monachus S. Galli, cogn. Itinerarius, Poeta, Pictor et Musicus, circa finem sæc. IX. *tom.* 5. *Canisii part.* 2. *post pag.* 728.

V

Vairus, de Fascinationibus.

Valerianus, Cemelenensis Episc. vix. an. 455. *Ejus Sermones editi a Sirmondo, Rainaudo, etc.*

Valerius, Abbas, scriptor Vitæ S. Fructuosi Bracarensis Episcopi, *tom.* 2. *SS. Ordin. Bened. p.* 581.

Valerius, Asturicensis Archipresbyter, Vitas Patrum Orientalium collegit. *Rosweid.*

Varro, de Lingua Latina, de Re Rustica.

INDEX AUCTORUM.

Ubertinus DE ILIA, Italus, Casalensis, Ord. Minor. vixit ann. 1325. *Vide Wad. et Sander.* 2. *part. p.* 137.

Udalricus de Argentina, Ordin. Prædic. vixit circ. an. 1280.

Udalricus, Augustanus Episc. *Vide Alamannica Goldasti tom.* 2. *pag.* 96. *et Possevinum.*

Udalricus, Cluniacensis Monachus, scriptor Consuetudinum Cluniacensis Monasterii, vix. circa ann. 1100. *Edit. tom.* 4. *Spicil. pag.* 21.

Udalricus, in Commentar. Aponii et Lucæ Abbatis, *tom.* 14. *Bibl. Patr. pag.* 128.

Udalricus, al. HERICUS, HERLINGER A WRMBERG, Abbas, scriptor Chronici sui Monasterii, vix. an. 1253.

Udalricus A LENTZBURG, Curiensis, Episcopus, obiit an. 1355. *Voss.*

Udascalcus, Abbas, vix. circ. an. 1150. *tom.* 2. *Canisii pag.* 203. *Vide Alamannica Goldasti tom.* 2. *pag.* 198.

Vegetius RENATUS, scripsit de Re militar. libros 4. *edit.* VIX. sub Valentiniano.

Vegoia, Agrimensor, edit. inter Gromaticos.

Venericus. Vide infra *Wenericus*.

Verecundus, Africanus Episcop. scripsit carmine de Resurrectione et de Pœnitentia. *Vide Appendicem Isidori.* Laudatur etiam Verecundus Presbyter in Canticum Exodi.

Vernerius, Bononiensis, JC. vix. an. 1200.

Verus, Arausionensis Episcopus, de Vita Eutropii Episcop. vix. circ. an. 760.

Vesputius SPURINNA, de Contemptu sæculi, *apud Barthium lib.* 4. *Adversar.*

Uffingus, Monachus Wertinensis, de Vita S. Ludgeri Episcop. Mimigardensis, etc. vix. sub Ottone II. aut III. circ. an. 1000. *t.* 8. *Bolland. pag.* 639. *Surius* 4. *Sept. Vide Suffridum Petri.*

Victor I. (S.) PP. obiit 28. Jul. ann. 202. *Vide Concil.*

Victor III. PP. ob. 15. Sept. an. 1087. *Ejus Dialogi editi Romæ et Parisiis. De aliis scriptis vide Petrum Diac. de Viris Illustr. Cassin. c.* 18. *Possevin. Lud. Jacob. et al. tom.* 18. *Bibl. Patr.*

Victor, Capuanus Episcopus, scripsit adversus Victorii Canonem Paschalem an. 545. vix. an. 480. *tom.* 3. *Bibl. Patr.*

Victor, Cartennensis in Mauritania Episcop. vixit circ. an. 450.

Victor Tunonensis, vel Tunnonensis, in Africa, auctor Chronici editi non semel, obiit Constantinopoli an. 566.

Victor Uticensis, vel Vitensis, in Africa, obiit 11. August. circ. an. 488. *Edit. ann.* 1569. *et a P. F. Chiffletio.*

Victorianus BUCONIUS, Castellianæ in Mauritania Episcop. vix. an. 450.

Victorinus, Afer, S. Hieronymi in Rhetorica Præceptor, vix. sub Constantio. *Edit. a Sirmondo, et tom.* 4. *Bibl. Patr.*

Victorinus, Gennadio, qui aliis CLAUDIUS MARIUS VICTOR, Rhetor Massiliensis, qui Genesim carmine expressit, vix. sub Theodosio et Valentiniano, *edit. ann.* 1560. *Vide Miræum de Script. Eccl. pag.* 103.

Victorinus (S.), Petabionensis in Pannonia Episcopus, passus 2. Nov. an. 302. vel 303. *Hieron. Bellarm. edit. tom.* 3. *Bibl. Patr.*

Victorius, Trithemio VICTORINUS, Aquitanus, cujus exstat Canon. Paschalis, vix. an. 460. *Gennad.*

Vigilantius, Presbyter, Gallus, Hæreticus, contra quem scripsit S. Hieronymus, etc.

Vigilius (S.) PP. ob. an. 555. *Vide Concil.*

Vigilius, Afer, Tapsensis Episcopus, multa contra Arianos scripsit circ. an. 550. *Edit. a P. F. Chiffletio, et in Bibl. Patr.*

Vigilius Diaconus, Scriptor Regulæ Monachorum.

Vigilius (S.), Tridentinus Episcopus, ob. 26. Jun. an. 400. vel 405.

Vignolius DE MAROLIO, seu D. Bonaventura Cartusianus.

Vilco JAERSMA, Frisius, Historicus, circ. ann. 1120. *Suffrid. Petri. Vossius pag.* 399.

Vincentius BELVACENSIS, Ordin. Prædicat. vix. an. 1240. *Ejus opera* 4. *tom. edita.*

Vincentius CADLUBCUS, Cracoviensis Episcop. Hist. Polonicæ scriptor, ob. an. 1226.

Vincentius CARSULANUS, Ord. Præd. scripsit Histor. PP. *Vide Volaterr.*

Vincentius E CASALI, Ordin. Prædic. Theolog. vix. an. 1217.

Vincentius CIGALTIUS, de Bello Italico.

Vincentius, Conventriensis, Anglus, Ord. Minor. vix. an. 1251.

Vincentius FERRERIUS (S.), Valentinus, Ord. Præd. ob. 5. April. an. 1419.

Vincentius GRUNER, Germanus, vix. an. 1410.

Vincentius, Lirinensis Monachus, cujus exstat Commonitorium adversus Hæreses, etc. vix. an. 434.

Vincentius MARIA FONTANA, in Constitutionibus Fratrum Prædicat.

Vincentius METULINUS, in Notis ad Græcismum.

Vincentius, Presbyter, Gallus, scripsit in Psalmos.

Vindicianus, Comes Archiatrorum sub Valentiniano Aug. *Vide Marcellum Empir. pag.* 26. 253. *Edit. an.* 1536.

Virgilius SOLIVAGUS, Hibernus, ob. an. 784.

Vitalianus (S.) PP. ob. 27. Januar. an. 669. *Vide Concilia.*

Vitalis CANEL, Oscensis Episcopus, vixit sub Jacobo I. rege Aragon. *Vide Molinum in Repertorio pag.* 72. 159.

Vitalis DE FURNO, Vasatensis diœces. Ordin. Minor. Cardinalis, Episcopus Albanensis, ob. 16. Augusti an. 1327.

Vitellius, Afer, vix. an. 360. Idem ac sequens.

Vitellius, Afer, vixit sub Constante, filio Constantini. *Gennad.*

Vitus CORTONENSIS, Etruscus, Ordin. Min. Historic. vix. an. 1250.

Ulmarus, Vedastinus Monachus, *tom.* 5. *SS. Ord. Benedict.*

Ulpho, Vastenensis Monachus, de Vita S. Catharinæ Suecicæ, ob. an. 1433. *tom.* 8. *Bolland. p.* 505.

Ulricus DE¡ ARGENTINA. *Vide Sander.* 2. *part. pag.* 70.

Umno scripsit Vitam S. Arnulfi Episcop. Metens. jussu Caroli M. *Laudatur a Dominico in Ansberti famil. rediviva.*

Voconius, Castellani in Mauritania Episcopus, an. 460.

Volcmarus, Furstenfeldensis Abbas, Boiorum Historicus, cujus meminit Aventinus, vixit circa an. 1314.

Vortius, de Latinitate jure et falso suspecta.

Uranius, Presbyter, qui de obitu S. Paulini Nolani, cui adfuit, scripsit, *edit. a Surio et P. F. Chiffletio in Paulino illustrato pag.* 224.

Urbanus I. (S.) PP. ob. 25. Maii an. 223. *Vide Concilia.*

Urbanus II. PP. ob. 28. Julii. an. 1099. *Vide Concil. et Lud. Jacob.*

Urbanus III. PP. ob. 20. Octobr. ann. 1187. *Vide Concil. et Bibl. Patr.*

Urbanus IV. PP. ob. 2. Octob. an. 1264. *Vide Lud. Jacob. tom.* 25. *Bibl. Patr.*

Urbanus V. (S.) PP. ob. 29. Decemb. an. 1370. *De scriptis, vide Lud. Jacob. tom.* 4. *Spicileg. pag.* 199. *tom.* 9. *pag.* 284.

Urbanus VI. PP. ob. 15. Oct. an. 1389. *Vide Concil. et Lud. Jacob. præterea tom.* 7. *Spicil. pag.* 243.

Ursinus, Monachus, de non rebaptizandis hæretic. vix. an. 440. *Gennad.*

Ursinus, Scriptor Vitæ S. Leodegarii, Augustodun. Episcopi, *tom.* 2. *SS. Ord. Bened. pag.* 698.

Ursio, Altimontensis Abbas, vix. an. 1054. scripsit Vitam S. Marcelli, *edit. tom.* 2. *Bolland. pag.* 9.

Ursus, Ecclesiæ Romanæ Diaconus, Vitam S. Basilii Lat. vertit, *in Vitis Patrum.*

Usuardus, Monachus et Abbas S. Salvatoris Vicecomitis, cujus habetur Martyrologium, vix. circ. an. 806. *Sigeb. c.* 85.

Utho, Argentoratensis Episcopus, de Vita SS. Arbogasti et Amandi, vix. an. 950.

Utredus BOLTONUS, Dunelmensis in Anglia Monachus, Theologus, vix. an. 1380.

Vulcatius GALLICANUS, edit. inter Scriptores Historiæ Augustæ, vixit sub Diocletiano.

Vulcatius TERENTIANUS, Historicus, vixit sub Gordianis. *Vide Capitolin.*

W

Wachterus, in Dictionario Germanico.

Walafridus STRABO, Augiensis Abbas, ob. an. 859. *Vide Alamannica Goldasti tom.* 1. *pag.* 229. *tom.* 2. *pag.* 195. *tom.* 6. *Canisii pag.* 331. 546. 672. *tom.* 2. *SS. Ord. Bened. pag.* 227. *tom.* 4. *pag.* 135. 439. *tom.* 5. *pag.* 272. *tom.* 15. *Bibl. Patr.*

Walbertus, Monachus Marchianensis, circa ann. 1128. de Miraculis S. Rictrudis, *in Act. SS. tom.* 3. *Maii pag.* 118.

Walburga (S.), Angla, SS. Vinibaldi et Willibaldi, cujus Hodœporicum scripsit, soror, vix. an. 780.

Waldewinus, Wigorniensis Episcopus, vixit an. 1200.

Waldramnus, Monach. S. Galli, postea Episcop. Argentor. vix. an. 895. *tom.* 5. *Canisii pag.* 2. *post pag.* 728.

Waldramnus, aliis *Walramus*, Numbergensis Episcopus, vix. an. 1109. *edit. a Schardio. Vide tom.* 1. *Canisii in Appendice.*

Wandelbertus, Prumiensis Diaconus et Monachus, Scriptor Vitæ S. Goaris, et Martyrolog. vix. an. 842. *tom.* 2. *SS. Ord. Bened. pag.* 281. 288.

Wanleius, de Antiquit. liter. Septentr.

Waræus, de Scriptoribus Ilibernicis.

Warinus, S. Ebrulfi Metensis Abbas, *tom.* 1. *Analect. Mabillonii pag.* 225.

Warmannus, Constantiensis Episcopus, de Vita S. Firminii, *edit. tom.* 4. *SS. Ordin. Benedict.* vixit an. 1206.

Warnaharius, de Vita SS. Tergeminorum, vixit an. 630. *tom.* 2. *Bollandi pag.* 74.

Warnerus, al. WARMERUS, cogn. HOMILIARIUS, a libro Homeliarum quem edidit, vix. an. 1314.

Warnerus DE BOTIS, Ordin. Prædicat. Theologus, vix. an. 1314.

Waselinus, S. Laurentii Leodiensis Abbas, ob. an. 1147. *tom.* 1. *Analect. Mabillonii pag.* 339.

Wenceslaus, Altaichiensis Abbas, Historic. cujus meminit Aventinus, vixit sub Henrico IV. Imp.

Wenericus, Germanus, ex Canonico Trevirensi Vercellensis Episcopus, vix. an. 1080. *edit. cum Scriptoribus Germanis.*

Werembertus, Sangallensis Monachus, cujus Liber in Apocalypsin, et Historia Sangallensis laudantur, vix. an. 870.

Werembodus, Hirsaugiensis Monachus, vixit an. 988.

Wesembecius, de Albiensium hæresi.

Wettinus, Monachus S. Galli, de Vita et Miracul. S. Galli, *in Bibl. Sangallensi.*

Wibertus, Archidiaconus, de Vita S. Leonis IX. PP. cui coævus fuit, *edit. a Sirmondo et Bollando, tom.* 10. *pag.* 648.

Wibertus SAXO, scripsit Sermones. *Sander. pag.* 183.

Wicbertus (S.), Anglus, Wiremuthensis Abbas, ob. an. 730.

Wichardus, Salisburgensis Episcopus, Scriptor Chronici Austriæ, ob. an. 1315.

Widradus, Flaviniacensis Abbas, an. 748. *tom.* 3. *SS. Ord. Bened. pag.* 683.

Wigmorus, Anglus, cogn. HOMILIARIUS, ab Homiliis quas edidit. *Vide supra* Warnerus.

Wilbertus ALEMANNUS, Scriptor Historiæ de Partibus Terræ Sanctæ, vix. an. 1336.

Wilfridus, Ripponensis, Eboracensis Archiepiscopus, ob. 8. Kal. Maii an. 710.

Wilkinus DE SPOLETO, Italus, Poeta, vixit sub Friderico Bavaro. *Vide Simler.*

Willebrandi AB OLDENBORG, Canonici Hildeshemensis, Itinerarium Terræ Sanctæ an. 1211. in Symmictis Allatii *pag.* 122. *tom.* 5. *Canisii, vide Bibl. MSS. Labbei pag.* 49.

Willeramus, Merseburgens. Abbas, vix. an. 1070.

Willibaldus, primus Eystetensis Episcop. de Vita S. Bonifacii, cujus discipulus fuit, etc. vix. ann. 860. *tom.* 4. *Canisii part.* 2. *pag.* 341. 481. *tom.* 4. *SS. Ord. Bened. pag.* 136. *Vide Pitseum.*

Willibrordus, Anglus, Ripponensis Monachus, cujus Vitam scripsit Alcuinus, ob. an. 736. vel 739.

Wimundus, Monach. et Presbyter, an. 1060. *tom.* 2. *Spicileg. pag.* 377.

Windignotus, Anglus, Historicus.

Windricus, S. Apri Tullensis Abbas, de Vita S. Gerardi, vix. an. 995. *tom.* 11. *Bolland. pag.* 206.

Wipponis Presbyteri Panegyricus ad Henricum II. Imp. *tom.* 2. *Canisii pag.* 191. *idem de Vita Conradi Salici apud Pistorium*, vix. an. 1040.

Witeckindus, in Polo ecclesiastico.

Witikindus, Corbeiæ Saxonicæ Monach. vix. an. 973. *Ejus exstat Historia Saxonica.*

Witmundus DE CRUCE HELTONIS, Monachus, cogn.

Sapiens, de S. Trinitate, ad Erfastum, *in Bibl. Sangerman. Cod. 724. Vide supra* Guitmundus.

Witrhedus Presbyter, Anglus, vixit an. 730.

Wlphinus BOETHUS, scriptor Vitæ S. Juniani Confessoris, etc. vixit sub Ludovico Pio rege Franc. *tom. 2. Biblioth. Labbei pag. 569. tom. 1. SS. Ordin. Bened. pag. 307. tom. 5. pay. 440.*

Wnwocus, Cambrensis, scriptor Vitæ S. Albani, vix. an. 970.

Wolfardus, Presbyter, Hasenrietanus, de Vita S. Walpurgis, vix. sæculo IX. *tom. 4. Canisii pag. 720. tom. 4. SS. Ordin. Benedict. pag. 287. tom. 5. Bolland. pag. 523. Sur. tom. 7. etc.*

Wolstanus, Wintonensis Monachus, vixit an. 1000.

Wolstanus (S.), Glavorniensis Abbas, deinde Wigorniensis Episcopus ; ob. 4. Kalendar. Februar. an. 1095.

Worgresius, Glasconiensis Abbas, vix. an. 630.

Z

Zachæi, Christiani et Apollonii Philosophi, Consultationum libri tres scripti c. an. 500. *tom. 10. Spicileg. pag. 1.*

Zacharias (S.) PP. ob. 15. Mart. ann. 752. *Vide Concil. et Lud. Jacob.*

Zacharias, Chrysopolitanus Episcop. vix. circ. an. 1110. *tom. 19. Bibl. Patr.*

Zeno (S.), Veronensis Episc. et Martyr, passus 20. April. circa an. 260. *tom. 3. Bibl. Patr. etc.*

Zepherinus (S.) PP. ob. 26. August. an. 221. *Vide Concil.*

Zixilanes, Toletanus Episcop. vix. an. 371. *tom. 2. Bollandi pag. 536. tom. 2. SS. Ord. Bened. p. 517.*

Zozimus (S.) PP. ob. 26. Decembr. an. 418. *Vide Concilia.*

AUCTORES GRÆCI

IN GLOSSARIO LAUDATI.

ANNA COMNENA.
ANTIOCHUS (S.).
ATHANASIUS (S.).
ATHENÆUS.
BASILIUS (S.).
CEDRENUS.
CLEMENS ALEXANDRINUS.
CONSTANTINUS PORPHYROGENITUS.
CYRILLUS (S.).
DIONYSIUS AREOPAGITA (S.).
DUCAS, in Hist. Byzantina.
EPHREM (S.).
EPIPHANIUS (S.).
EVAGRIUS SCHOLASTICUS.
GREGORIUS NAZIANZENUS (S.).
GREGORIUS NISSENUS (S.).
HERO.
HESYCHIUS.
IGNATIUS DIACONUS.
JOANNES CANTACUZENUS.
JOANNES CHRYSOSTOMUS (S.).

JOANNES, Citri Episcopus.
JOANNES EUCHAITA.
JOBIUS Monachus, apud Photium.
JOSEPHUS, in Antiquit. Judaicis.
NICEPHORUS GREGORAS.
NICETAS CHONIATA.
NILUS Monachus.
PACHYMERES.
PAULUS SILENTIARIUS.
PHILOXENUS, in Glossis.
PHRANZES.
PLUTARCHUS.
PORPHYRIUS.
SOCRATES, in Hist. Ecclesiast.
SOPHOCLES.
SOZOMENUS, in Hist. Ecclesiast.
SUIDAS, in Lexico.
SYNAXARIA.
THEODORETUS, Cyri Episc.
THEODORUS BALSAMON.

OPUSCULA ET SCRIPTA

ΑΔΕΣΠΟΤΑ,

SEU QUORUM SCRIPTORES ANONYMI,

QUÆ IN GLOSSARIO LAUDANTUR.

A

Acta Alexandri III. PP. laudantur non semel a Baronio.
Acta Episcop. Cenomanens. tom. 3. Analect. Mabill.
Acta Inquisitionis adversus Petrum de Palude, tom. 1. Miscel. Baluz. pag. 165.
Acta Lipsiensia.
Acta Literaria Suecica.
Acta Exauctorationis Ludovici Pii Imp. tom. 2. Hist. Fr. p. 331.
Acta Murensis monasterii, tom. 2. Script. Bamberg.
Acta Rotomagensium Archiepiscoporum, quorum auctor vixit sub Gregorio VII. tom. 2. Analector. Mabillonii pag. 424.
Acta SS. Tharaci et Sociorum Mart. apud Baronium, an. 290.
Acta Tullensium Episc. quorum auctor vixit initio sæc. XII. tom. 3. Anecd. Marten. col. 989.
Admonitio Synodalis, edita a Baluzio cum Reginone pag. 602. 607. 609.
Alamannicæ Ecclesiæ Anniversarii, t. 2. Alamannic. Goldasti pag. 189.
Amœnitates literariæ Schelhornii, cum Supplemento.
Analecta Cœnobii Flaviniacensis, tom. 1. Bibl. Labbei p. 469.
Annales Cæsenates, tom. 14. Script. Ital. Murat.
Annales Colmarienses ad an. 1303. editi ab Urstisio.
Annales Francici breves ad ann. 790. tom. 2. Histor. Fr. pag. 3.
Annales Francorum ad an. 800. tom. 2. Histor. Franc. pag. 6.
Annales Francorum ad an. 808. ex Cod. Tiliano, tom. 2. Hist. Franc. pag. 11.
Annales Francor. ab an. 769. ad an. 806. tom. 2. Hist. Franc. pag. 21.
Annales Rerum Francicar. plebeii Loiselliani ab an. 741. ad an. 814. tom. 2. Hist. Franc. pag. 24.
Annales Francorum Fuldenses ab an. 714. ad an. 900. edit. tom. 2. Hist. Fr. pag. 531.
Annales Francor. Bertiniani ad an. 882. edit. tom. 3. Hist. Fr. pag. 150.
Annales Rerum Francicar. Metenses ab an. 687. ad an. 904. edit. tom. 3. Hist. Franc. pag. 262.
Annales Francor. ab an. 726. ad an. 796. tom. 2. Bibl. Labbei pag. 733.
Annales Francorum veteres editi a P. Lambecio, lib. 2. Bibl. Cæsar. pag. 366.
Annales Mediolanenses, tom. 16. Script. Ital. Murat.
Annales Mutinenses, tom. 11. ejusd. Murat.
Annales Rerum Pisanarum ab an. 971. ad an. 1176. edit. tom. 3. Ughelli.
Annales Sclavici scripti circa an. 1288. edit. ab Erpoldo Lindenbrogio inter Scriptor. Rer. Septentrionalium.
Anonymus de Rebus Friderici II. Imp. Conradi et Manfredi, filiorum, edit. tom. 9. Ughelli pag. 752.
Anonymus Hasenrietanus laudatus passim a Gretzero in episcopis Eystetensibus.
Anonymus de Suevorum Origine, edit. a Goldasto.
Anonymus de Arte Architectonica, seu Vitruvii Epitome, edit. apud Vascosanum an. 1540.
Anonymus de Constantino M. post Ammianum Valesii.
Antiquitates Vosagenses.
Auctor incertus de Limitibus, edit. inter Gromat.
Auctor Philomelæ carminis.
Auctor Prædestinati, quem Primasio aliqui tribuunt.

B

Benedictio Dei, seu Commentariolus quomodo Deus præcipue per Psalmos benedicendus ac laudandus sit. Edidit Stewartius.
Benedictionalis Rotomagensis Ecclesiæ, edit. a Jacob. Petito cum Pœnitentiali Theodori pag. 281.
Bibliotheca Ascetica.
Bibliotheca Germanica.
Breviarii Casinensis sub an. 1100. Excerpta, edit. a Jacob. Petito cum Theodori Pœnitentiali p. 306.

SCRIPTORES ANONYMI.

Breviarium Historiæ Pisanæ, tom. 6. Script. Ital. Murat.
Breviarium Sarisberiense, edit. an. 1556.
Breviloquus, edit. an. 1482.
Bullarium Casinense.
Bullarium Cluniacense.
Bullarium Fontanellense, seu S. Vandregisili.
Bullarium Romanum magnum et ejusd. continuatio.

C

Canones Hibernienses scripti circa sæculum VIII. tom. 9. Spicileg. pag. 1.
Capitula Monachorum Sangallensium an. 817. tom. 2. Capitul. Baluzii pag. 1382. tom. 5. Vitar. SS. Ordin. Bened. pag. 741.
Capitula Monachorum ad Augiam directorum, tom. 2. Capitul. Baluzii pag. 1380. et tom. 5. Vitar. SS. Ord. Bened. pag. 748.
Capitula data Presbyteris, Diaconis, etc. tom. 2. Capitul. Baluzii pag. 1374.
Carmen de Origine atque primordiis gentis Francorum, cujus auctor vixit sub Carolo C. edit. a Thoma Aquinate Carmelita an. 1644.
Carmen de Laude vitæ Monasticæ, in Notis Sirmondi ad Gotefridum Vindocinensem pag. 69.
Carmen de Laude S. Joan. B. edit. cum Victore Massil. an. 1560.
Carmen de Miseria vitæ humanæ, apud Barthium lib. 44. Adversar. c. 7.
Carmen de Spiritu Sancto, apud eumd. lib. 1. c. 3.
Catalogus brevis Episcoporum Chyemensium, tom. 6. Canisii sub finem.
Catalogus Episcoporum Eboracensium ad an. 971. tom. 1. Bibl. Labbei pag. 322.
Catalogus Abbatum Floriacensium, tom. 1. Miscel. Baluzii.
Catalogus Pontificum Romanorum usque ad Liberium, apud Bucher. in Canone Paschali pag. 269.
Ceremoniale Romanum.
Charta Divisionis Imperii Caroli M. tom. 2. Hist. Franc. pag. 88.
Charta Divisionis Imperii Ludovici Pii, ibidem p. 327.
Chartæ Parensales, edit. cum Marculfo a Bignonio et Baluzio.
Chronicon Monasterii Acutiani, sive Farfensis in Ducatu Spoletano, ab an. 669. ad Ottonem I. Imp. tom. 3. Hist. Franc. pag. 650.
Chronicon Albigensium Episcoporum et abbatum Castrensium, ab. an. 647. ad an. 1211. tom. 7. Spicileg. pag. 355.
Chronicon Monast. S. Albini Andegav. ab an. 929. ad an. 1200. alterum, ab an. 786 ad an. 1106. tom. 1. Bibl. Labbei 4. 275. 280.
Chronicon Andegavense, ab an. 678. ad an. 1254. tom. 1. Bibl. Labbei pag. 283.
Chronicon Anonymi Galli, edit. in Synopsi Merovingica.
Chronicon Anonymi, ab an. 1096. ad an. 1272. apud Catellum post Hist. Tolosan.
Chronicon Aquitanicum, ab an. 834. ad an. 1025. tom. 1. Bibl. Labbei pag. 291.

Chronicon Atinense desin. an. 1356. edit. tom. 1. al. 10. Ughelli, et tom. 7. Script. Ital. Murat.
Chronicon Augiense, tom. 1. Miscel. Baluz. pag. 496.
Chronicon Aulæ regiæ, apud Matth. Paris. Vide infra.
Chronicon Auriliacensis Abbatiæ ad an. 1139. tom. 2. Analector. Mabillonii pag. 237.
Chronicon breve Antisiodorense ad an. 1174. tom. 1. Bibl. Labbei pag. 292. 405.
Chronicon breve Barcinonense, ab an. 885. ad an. 1311. tom. 10. Spicileg. pag. 621.
Chronicon Beccensis Abbatiæ, edit. a Luca Acherio post Lanfrancum.
Chronicon Beneventani Monasterii S. Sophiæ, edit. tom. 8. Ughelli pag. 562.
Chronicon S. Benigni Divionensis ad Cyclos Paschales, ab an. 753. ad an. 1223. tom. 1. Bibl. Labbei pag. 293.
Chronicon Aulæ Regiæ seu Bohemiæ, ab an. 1317. ad an. 1333. edit. inter Histor. Bohem.
Chronicon S. Stephani Cadomensis, ab an. 633. ad an. 1293. in Normann. Duchesnii pag. 1015.
Chronicon Cavense. Vide Bolland. tom. 6. pag. 335. et Murat. tom. 7. Script. Ital.
Chronicon Monasterii Cavensis, edit. tom. 7. Ughelli.
Chronicon Clarevallense, ab ann. 1147. ad ann. 1192. edidit Petr. Franc. Chiffletius cum Odone de Diogilo et aliis an. 1660.
Chronicon Corbeiæ novæ, edit. cum Witikindo ab Henrico Meibomio.
Chronicon Cremonense, ab an. 1096. ad 1232. tom. 7. Script. Ital. Murat.
Chronicon breve S. Dionysii in Francia, ad an. 1234. tom. 2. Spicileg. pag. 808.
Chronicon Divionensis Monasterii, desinens in an. 1135. tom. 1. Spicileg. pag. 353.
Chronicon de Divisionibus et generationibus Gentium, tom. 1. Bibl. Labbei pag. 198.
Chronicon Dolensis Cœnobii, ab an. 917. ad an. 1345. tom. 1. Bibl. Labbei pag. 315.
Chronicon Abbatum Abbatiæ Domni-Martini, seu D. Judoci in Nemore, versibus conscriptum. Vide Stapletonum in S. Thoma Cantuar. pag. 135.
Chronicon Engolismense, ab an. 914. ad an. 991. tom. 1. Bibl. Labbei pag. 323.
Chronicon Estense, tom. 15. Script. Ital. Murat.
Chronicon Fiscamnense, ad an. 1220. t. 1. Bibl. Labbei p. 325.
Chronicon Floriacense ad ann. 1028. tom. 3. Histor. Franc. p. 354.
Chronicon aliud Floriacense, tom. 2. Miscell. Baluz. pag. 305.
Chronicon Fontanellense, seu S. Wandregisili, tom. 2. Hist. Franc. pag. 387.
Chronicon Fontanellensis Abbatiæ ad an. 1053. tom. 3. Spicileg. pag. 183.
Chronicon Fossæ-Novæ ad an. 1217. tom. 7. Script. Ital. Murat.
Chronicon breve Franc. ad Robertum Regem, tom. 3. Hist. Fr. pag. 356.
Chronicon breve Franc. ad an. 1137. t. 3. Hist. Franc. pag. 356.
Chronicon breve in Monasterio S. Galli scriptum, ab an. 748. ad an. 926. tom. 3. Hist. Fr. pag. 466.
Chronicon aliud S. Galli ad an. 814. tom. 1. Miscel. Baluz. pag. 494.

SCRIPTORES ANONYMI.

Chronicon breve Franc. ad an. 810. ex Bibl. S. Dionysii, tom. 3. Hist. Franc. pag. 125.
Chronica Regum Franc. ad an. 855. tom. 1. Bibl. Labbei pag. 330.
Chronicon brevissimum Franc. tom. 1. Histor. Franc. pag. 781.
Chronica Regum Francor. breviter digesta usque ad Ludovici Pii filios, tom. 1. Hist. Franc. pag. 797.
Chronicon Gemblacensis Monasterii, ab an. 922. ad an. 1013. tom. 6. Spicileg. pag. 505.
Chronicon Gottorum seu Lusitanum, tom. 3. Monar. Lusit. pag. 271.
Chronicon Hildensheimense, ab an. 714. ad an. 1138. edit. tom. 3. Hist. Franc. pag. 504.
Chronicon Incerti auctoris ad an. 1167. in Auctario P. Stewartii pag. 717.
Chronicon Kemperlegiense, tom. 1. Miscel. Baluz. pag. 520.
Chronicon Prioratus S. Launomari de Magenciaco apud Arvernos, tom. 6. act. SS. Bened. pag. 254.
Chronicon Laurishamensis Monasterii edidit Freherus tom. 1. Rer. German. et ex eo Duchesnius tom. 3. Hist. Fr.
Chronicon Lemovicense, ab an. 538. ad an. 1037. tom. 1. Bibl. Labbei pag. 332.
Chronicon Leodiense, ab an. 400. ad an. 1132. tom. 1. Labbei pag. 334. 405.
Chronicon Malleacense, seu S. Maxentii in Pictonibus, ad an. 1041. tom. 2. Bibl. Labbei pag. 190.
Chronicon Manniæ Insulæ, edit. in Britann. Camdeni, desinit in an. 1266.
Chronicon S. Martini Masciacensis in Biturigibus, ab an. 722. ad an. 1013. tom. 2. Labbei pag. 732.
Chronicon Abbatiæ S. Medardi Suession. ab an. 947. ad an. 1269. tom. 2. Spicileg. pag. 781.
Chronicon duplex S. Michaelis in Periculo maris tom. 1. Bibl. Labbei pag. 347. 349.
Chronicon S. Michaelis Virdunensis, edit. tom. 2. Analector. Mabillonii pag. 374.
Chronicon Mindense, ab an. 780. ad an. 1474. edit. a Meibomio an. 1620.
Chronicon Modoetiense, apud Murat. tom. 12. Script.
Chronicon vetus Moissiacense ad an. 819. tom. 3. Hist. Franc. pag. 130.
Chronicon Montis-Sereni, seu Lauterbergense, desinens in an. 1225. edit. Vide *Conradus*.
Chronicon Morigniacensis Monasterii, ab an. 1107. ad an. 1147. edit. tom. 4. Hist. Franc. pag. 359.
Chronicon Mosomensis Monasterii, ab an. 971. ad an. 1033. tom. 7. Spicil. pag. 623.
Chronicon Nonantulanum, seu Abbatum ejusdem Monasterii, Appendice ad Ughellum tom. 5. pag. 477.
Chronica Normanniæ, ab an. 1139. ad an. 1259. in Normannicis Duchesnii pag. 977.
Chronicon de Gestis Normannorum in Francia ab an. 823. ad an. 896. tom. 3. Hist. Franc. pag. 524.
Chronicon incerti Auctoris de reb. Normannorum, in Normannicis Duchesnii pag. 32.
Chronicon Novaliciensis Monasterii, ab Hugone et Lothario ad Conradum Salicum, tom. 3. Histor. Franc. pag. 635.
Chronicon Novaliciense, hujus Excerpta edita tom. 1. Hist. Franc. pag. 223.
Chronicon Monachi Paduani, ab an. 1207. edit. cum Albertino Mussato.
Chronicon Parmense, apud Murat. tom. 9. Script. Ital.

Chronicon Monachi Patavini, apud eumd. tom. 8.
Chronicon Ecclesiæ S. Pauli Narbonensis, ab an. 890. ad an. 1332. edit. a Catello post Hist. Tolosan.
Chronicon S. Petri Catalaunensis, ab an. 1009. ad an. 1223. tom. 1. Bibl. Labbei pag. 296.
Chronicon Pisanum, ab an. 698. ad an. 1126. edit. tom. 3. Ughelli.
Chronicon Pisanum, ab an. 1101. ad an. 1267. edit. tom. 3. Ughelli.
Chronicon Placentinum, apud Murat. tom. 16. Script. Ital.
Chronicon Reicherspergense, desinit in an. 1194. edit. a Gewoldo an. 1611.
Chronicon breve Remense ad an. 1190. tom. 1. Bibliot. Labbei pag. 358.
Chronicon Rotomagense ad an. 1344. t. 1. Bibl. Labbei p. 364.
Chronicon Salisburgense, usque ad an. 1475. tom. 6. Canisii pag. 1252. et tom. 2. Miscell. Duellii.
Chronicon Savigniacense, tom. 2. Miscel. Baluz. pag. 310.
Chronica Sclavica, usque ad an. 1487. edit. ab Erpoldo Lindenbrogio inter Scriptores Rerum Septemtrionalium.
Chronicon Siciliæ, apud Marten. tom. 3. Anecd.
Chronicon Tarvisinum, apud Murat. tom. 19. Script. Ital.
Chronicon Trium Tabernarum, edit. tom. 9. Ughelli.
Chronicon Trudonense, desinit in an. 1138. edit. tom. 7. Spicileg. Hujus auctor Rodulphus, Abbas ejusdem Monasterii.
Chronicon Abbatiæ Valciodorensis ad an. 1229. tom. 7. Spicil. pag. 513.
Chronicon Vezeliacense, ab an. 660. ad an. 1316. tom. 1. Bibl. Labbei pag. 394.
Chronicon S. Victoris Massiliensis ad Cyclos Paschales, ab an. 539. ad an. 1563. tom. 1. Bibl. Labbei pag. 339.
Chronicon Villariensis Cœnobii desin. in an. 1222.
Chronicon breve S. Vincentii Massiliensis ab an. 511. ad an. 1279. tom. 1. Bibl. Labbei pag. 344.
Chronicon Monasterii S. Vincentii prope Vulturnum in provincia Capuana, tom. 3. Hist. Franc. pag. 672.
Chronicon Virzionense, ab an. 843. ad an. 1221. tom. 2. Labbei pag. 737.
Chronicon S. Vitoni Virdunensis, ab an. 952. ad an. 1598. tom. 1. Bibl. Labbei pag. 400.
Chronicon Archiepiscoporum Upsaliensium, usque ad an. 1344. edit.
Chronicon Weingartensis Monachi ad an. 1197. tom. 1. Canisii.
Chronicon Wirziburgense, ab an. 687. ad an. 1100. tom. 1. Miscel. Baluz. pag. 501.
Chronologia regum Gothorum Hispanorum ad tempora Caroli Martelli, edit. tom. 1. Histor. Francor. pag. 818.
Chronologia Abbatum Cluniacensium, in Bibl. Cluniac. pag. 1618.
Cisoniensis Ecclesiæ Origo sive Historia, t. 12. Spicileg. p. 488.
Codex Carolinus, seu Epistolarum volumen quas Romani Pontifices miserunt ad reges Francor. Carolum Martellum, Pipinum et Carolum M. edidit Gretzerus, et ex eo Duchesnius tom. 3. Hist. Franc. pag. 701. Vide Lambecium, lib. 2. Bibl. Cæsareæ pag. 320.

Codex diplomaticus regni Poloniæ et magni ducatus Lituaniæ. Vilnæ, an. 1758.
Codices manuscripti regis Angliæ, Lond. an. 1734.
Collatio Legis Mosaicæ, edita a Petro Pithœo.
Collectio antiqua Canonum pœnitentialium, tom. 2. Spicileg. pag. 1.
Collectio Historica Chronographica, ex Anonymo qui sub Alexandro Imp. vixit, et aliis, tom. 2. Canisii pag. 579.
Commentaria Academiæ Inscriptionum.
Commentaria ad Hist. geneal. domus *de Chabannes*.
Commentaria literaria Magnæ Britanniæ.
Concilium Arvernense ann. 1096. tom. 4. Anecdot. Marten.
Constitutiones Neapolitanæ.
Constitutiones Siculæ Friderici I.
Constitutiones Theresianarum.
Constitutum de Monasteriis Regni Francor. tom. 2. Hist. Franc. pag. 323.
Consuetudines S. Augustini Lemovic.
Consuetudines Floriacensis Monast. in Bibl. Floriacens. Joan. a Bosco.
Consuetudines veteres Floriacensis Cœnobii, editæ a Joanne a Bosco in Bibl. Floriacensi pag. 390.
Consuetudines Canon. regul. de Monteforti diœc. Maclov. tom. 4. Anecd. Marten.
Consuetudines et jura Monasterii de Regula an. 977. tom. 2. Bibl. Labbei.
Continuator Aimoini, edit. a Brolio cum Chronico Casinensi. Vide tom. 3. Hist. Franc.
Continuator Historiæ Episc. Virdunensium.
Corpus Diplomaticum.
Corrector, liber sic inscriptus, edit. cum Pœnitentiali Theodor. pag. 358.

D

Decisiones Rotæ.
Declarationes Congregationis S. Justinæ.
Decreta Calomani, S. Ladislai et S. Stephani reg. Hungar.
Depositio Episcoporum, apud Bucherium ad Canonem Paschalem pag. 267.
Descriptio Orbis, a Jacobo Gotofredo edita, quam Alypio Antiocheno quidam adscribunt.
Descriptio Victoriæ Caroli I. regis Siciliæ an. 1266. tom. 5. Hist. Franc. pag. 826.
Detectio Corporum SS. Dionysii, Rustici, et Eleutherii, sub Henrico I. rege Francor. tom. 3. Hist. Francor. pag. 157.
Dialogus creaturarum, *Liber jocundis fabulis plenus, per Gerardum Leeu in oppido Goudensi inceptus, munere Dei finitus est an. Domini 1481.* Ita legitur ad calcem libri.
Diurnus Romanus.

E

Emmæ Anglorum Reginæ, Richardi I. Normannorum Ducis filiæ, Encomium, edit. in Normannicis Duchesnii pag. 163. Auctor cœtaneus.
Ephemerides Monasterii S. Galli, in Alamannicis Goldasti tom. 1. pag. 155.

Epistolæ Obscurorum Virorum.
Epistolarum volumen ad Ludovicum VII. reg. Franc. tom. 4. Hist. Franc. pag. 557.
Exegesis in Missæ Canonem ex Scriptoribus Ecclesiasticis excerptus, edit. an. 1548. hujus auctor Florus Lugdun. Vide Baluzium ad Capitul. pag. 1129.
Exordium Monast. de Tavouca. t. 3. Monarch. Lusit. pag. 284.
Expeditio Asiatica Friderici I. Imp. tom. 5. Canisii part. 2. p. 44.

F

Feoda Normanniæ, in Normannicis Duchesnii p. 1037.
Floretum Philosophicum, Paris. an. 1649.
Flos Florum, chronicon hoc titulo crebro laudatur a Scriptoribus Italicis.
Fori Alcaçonæ æra 1267. tom. 5. Monarch. Lusitan. pag. 307.
Fori Aragonenses, edit. an. 1624.
Fori Beneharnenses et Bigorrenses an. 1095. apud Marcam lib. 9. Hist. Beneharn. c. 6.
Fori Leirenenses, tom. 5. Monarch. Lusit. pag. 282.
Fori Morlanenses an. 1220. apud Marcam lib. 5. Hist. Beneharn. c. 1.
Fori Navarræ, apud Marcam in Hist. Beneharn.
Fori Oscæ.
Formulæ Andegavenses, tom. 4. Analect. Mabill.
Formulæ Baluzianæ, tom. 2. Capitular. pag. 558.
Formulæ veteres Exorcismorum et Excommunicationum, t. 2 Capitul. Baluz. pag. 639.
Formulæ veteres incerti Auctoris, et secundum Legem Romanam, editæ cum Marculfo a Bignonio et Baluzio.
Formulæ Lindenbrogianæ editæ cum Legib. antiq. ab iisdem Lindenbr. et Baluzio.
Formularium Pœnitentiale, apud Jac. Petitum in Pœnitentiale Theodori pag. 347.
Fragmentum Hist. Franc. a Ludovico Pio ad Robertum regem, tom. 3. Hist. Franc. pag. 334.
Fragmentum Hist. Aquitanicæ, tom. 2. Hist. Franc. p. 632. tom. 4. pag. 80.
Fragmentum Hist. Franciæ a Roberto ad Philippum I. tom. 4. Hist. Franc. pag. 85.
Fragmentum Hist. Franc. de Henrico I. rege, tom. 4. Hist. Franc. pag. 148.
Fragmentum de Petragoricensibus Episcopis, tom. 2. Bibl. Labbei pag. 737.
Fragmentum de Statu Saracenorum, an. 1273. tom. 5. Hist. Franc. pag. 432.
Fragmentum de Vita Phil. III. reg. Franc. tom. 5. Hist. Franc. pag. 548.
Funus Joannis Galeaz, tom. 16. Script. Ital. Murat.

G

Genealogia de qua ortus est Carolus. M. tom. 2. Spicileg. pag. 801-803.
Genealogia Francorum regum, ad Dagobertum Juniorem, tom. 5. Spicil. pag. 800.
Genealogia Ludovici VI. tom. 5. Spicil. pag. 805.

SCRIPTORES ANONYMI.

Genealogia Rollonis, Ducis Norman. tom. 5. Spicileg. pag. 806.
Genealogia regum Francor. tom. 1. Histor. Francor. pag. 793-794.
Genealogia B. Arnulfi, Metensis Episcopi, tom. 2. Hist. Franc. pag. 642.
Genealogia Caroli M. tom. 5. Canisii part. 2. pag. 688.
Genealogia Dominorum Bellismensium, tom. 1. Bibl. Labbei pag. 661.
Genealogia Dominorum Dolensium et Castri Radulphi, tom. 2. Bibl. Labbei pag. 740.
Genealogia regum Daniæ, edita a Stephano Stephanio, cujus scriptor vixit circ. an. 1270.
Genealogia Ducum Normannor. in Normannicis Duchesnii pag. 213.
Gesta Balduini de Luxemburgo, Archiepiscop. Trevir. tom. 1. Miscel. Baluz. pag. 93.
Gesta Consulum Andegavensium, quorum auctor creditur Joannes, Monachus Majoris Monasterii, t. 10. Spicileg. pag. 399.
Gesta Dagoberti I. reg. Franc. scripta a Monacho S. Dion. coævo, edita tom. 1. Hist. Franc.
Gesta Dominorum Ambasiensium, tom. 10. Spicileg. pag. 511.
Gesta Francorum, usque ad regem Theodoricum II. perducta, edita tom. 1. Hist. Franc.
Gesta Francorum expugnantium Hierusalem, an. 1095. in Gestis Dei pag. 561.
Gesta Hadriani I. PP. apud Ughellum tom. 2. pag. 113.
Gesta Legationis Ambassiatorum Ludovici Ducis Andegav. ad Judicem Sardiniæ.
Gesta Ludovici VII. reg. Franc. tom. 4. Hist. Francor. pag. 390.
Gesta Philippi Augusti reg. Franc. tom. 5. Hist. Francor. p. 257.
Gesta Ludovici VIII. reg. Franc. tom. 5. Histor. Franc. pag. 284.
Gesta Majoris Episcop. Andegav. tom. 10. Spicileg.
Gesta Manfredi et Conradi, reg. Siciliæ, tom. 8. Script. Ital. Murat.
Gesta Normannor. in Francia, ab an. 837. usque ad an. 896. in Normannicis Duchesnii pag. 1.
Gesta Stephani regis Anglor. in Normannicis Duchesnii p. 927.
Gesta Trevirensium Archiepisc. ab an. 880. ad an. 1455. tom. 4. Ampl. Collect. Marten. col. 141.
Gesta Triumphalia per Pisanos facta de Captione Hierusalem et Civitatis Majoricarum, etc. tom. 3. Ughelli pag. 852.
Glossarium Arabico-Latinum.
Glossarium Cambronense.
Glossarium Theotiscum Lipsii.

H

Historia Afflighemensis Monast. ad an. 1083. tom. 10. Spicil. pag. 364.
Historia Andaginensis Monast. tom. 4. Ampl. Collect. Marten. col. 913.
Historia Antverpiensis, Bruxel. an. 1717.
Historia Episc. Autisiodorensium, cujus scriptor Henricus, auctor Vitæ S. Germ. creditur, tom. 1. Bibl. Labbei p. 409.

Historia Archiepisc. Bremensium, edita cum Scriptoribus Rerum Septemtr. Lindenbrogii, desinit in an. 1380.
Historia Cabilonensis.
Historia fundationis Monast. S. Clementis insulæ Piscariæ, tom. 6. Ughelli pag. 1291.
Historia Condomensis Monast. ad an. 1371. tom. 13. Spicil. pag. 432.
Historia Cortusiorum, tom. 12. Script. Ital. Murat.
Historia Decollatorum 900. Monachorum S. Vincentii Vulturnensis, edita tom. 6. Ughelli pag. 472.
Historia Drocensis.
Historia Pontif. et Comit. Engolismensium, scripta circa an. 1159. tom. 2. Bibl. Labbei pag. 149.
Historia Monast. S. Florentii Salmur. tom. 5. Ampl. Collect. Marten. col. 1081. et tom. 3. Anecd. ejusd. col. 843.
Historia de Fratribus conscriptis, apud Goldast. tom. 2. Alamann. pag. 180.
Historia fundat. Monast. Gozecensis, edita post Chron. Montis Sereni, desinit in an. 1135.
Historia de Guelfis Principibus, auctore Weingartensi Monacho, tom. 1. Canisii.
Historia Hierosolymitana auctoris incerti ab an. 1177. edita in Gestis Dei pag. 1150.
Historia Monast. S. Laurentii Leodiensis, tom. 4. Ampl. Collect. Marten. col. 1035.
Historia Ludovici VI. reg. Franc. tom. 5. Hist. Franc. pag. 412.
Historia erectionis Archiepisc. Magdeburg. edita ab Henr. Meibomio cum Witikindo.
Historia fundat. Monast. Melicensis, edita a Lambecio lib. 2. Bibl. Cæsar. pag. 627.
Historia Monast. S. Michaelis de Passiano, Lucæ an. 1741.
Historia Miscellanea, apud Murat. tom. 1. part. 1. Script. Ital.
Historia brevis Comit. Nivernensium ad an. 1160. tom. 1. Bibl. Labbei pag. 399.
Historia Novientensis Monast. t. 3. Anecd. Marten. col. 1125.
Historia Obsidionis Jadrensis, an. 1344. apud Jo. Lucium de Regno Dalmatico.
Historia Pontesiani vicariatus.
Historia Comit. Provinciæ ex familia Comit. Barcinon. tom. 1. Bibl. Labbei pag. 353.
Historia Rotonensis Monast. in Armorica, tom. 6. Act. SS. Bened. pag. 188.
Historia Episc. Salisburgensium, auctore S. Eberardi discipulo, tom. 1. Canisii pag. 147.
Historia Monast. Selebiensis in Anglia, cujus auctor vixit an. 1154. tom. 1. Bibl. Labbei pag. 594.
Historia Episcopatus Silvæducensis, Bruxel. an. 1721.
Historia Trevirensis ad an. 1122. tom. 12. Spicileg. pag. 196.
Historia Viconiensis Monast. ad an. 1115. tom. 12. Spicileg. pag. 533.
Historia Fundat. Monast. S. Viti in Gladbach, diœces. Colon. scripta circa an. 974. ibid. pag. 622.
Historia Wambæ regis, tom. 2. Hist. Franc.
Homagia Nobilium Bressiæ an. 1272. apud Guichenon. in Hist. Bressensi pag. 14.
Homilia de Decimis, tom. 2. Capitul. Baluzii pag. 1376.
Hymnus Alphabeticus in laudem S. Patricii, edit. a Jac. Wareo cum opuscul. S. Patricii, Secundino Episcop. adscribitur.

I

Index Errorum quibus Valdenses infecti sunt, edit. a Gretzero cum scriptorib. Rer. Valdens. tom. 1. pag. 309.
Institutio Militum Stellæ an. 1351. tom. 10. Spicileg. pag. 215.
Iter Camerarii Scotiæ, edit. a Skeneo an. 1609.
Itinerarium Burdegalense.
Jus Feudale Saxonum, edidit Goldastus.
Jus Municipale vetus comitatus Campaniæ.
Jus Vicentinum.

K

Kalendarium Romanum vetus, sub Constantio Aug. an. 354. apud Bucherium in Canon. Paschali pag. 275. et Lambecium in Bibl. Cæsar.
Kalendarium vetus, seu ordo solaris anni, tom. 10. Spicileg. pag. 130.

L

Laudes domus Auriæ Januensis, apud Murat. tom. 21. Script. Ital.
Laudes Papiæ, apud eumdem tom. 11.
Leges Adelstani regis, apud eumdem tom. 8.
Leges Alvredi regis Westsaxonici.
Leges Edwardi Confessoris reg. Angl.
Leges Henrici I. reg. Angl.
Leges Palatinæ Jacobi II. reg. Majoric. inter Acta SS. tom. 3. Junii.
Leges Inæ reg. Westsax. apud Bromptonum.
Leges Kanuti regis.
Leges regni Poloniæ et magni ducatus Lithuaniæ, edit. an. 1732.
Leges Presbyterorum Northumbrensium circ. an. 978. in Concil. Angl. et Labb.
Lex Angliorum et Werinorum.
Libellus de Remediis peccatorum, tom. 4. Anecd. Marten. col. 21.
Liber de Compositione Castri Ambasiæ et ipsius Dominorum gestis, tom. 10. Spicileg. pag. 511.
Liber Comitis, seu Lectionarius, tom. 2. Capit. Baluzii pag. 1309.
Liber Faceti, edit. an. 1490.
Liber de Morimundensis Cœnobii Desolatione an. 1237. tom. 4. Ughelli pag. 183.
Liber Niger Scaccarii Anglici.
Liber Promission. maleficii.
Liber Usuum Ordinis Cisterciensis, edit.
Libri Sacramentorum Ecclesiæ Rom. edit. Romæ ann. 1680. a Thomasio.

M

Maceriæ Insulæ Barbaræ.
Magna Charta, seu de Libertatibus regni Angliæ an. 9. Henrici III. edita cum Statutis regum Angliæ, Londini an. 1618. 8°.
Manipulus Florum.
Martyrologium Gellonense, tom. 13. Spicil. pag. 388.
Martyrologium S. Hieronymi, tom. 5. Spicil. pag. 617.
Memoriale Potestatum Regiensium, tom. 8. Script. Ital. Murat.
Miscellanea eruditæ Antiquitatis.
Missale Gothicum, Francicum, Gallicanum vetus, edit. Romæ an. 1680.
Modus tenendi Parlamentum Angliæ, tom. 12. Spicil. pag. 559.
Monachus Engolismensis, de Vita Caroli M. Imp. tom. 2. Hist. Franc. pag. 68.
Monachus Malmesburiensis, in Vita Edwardi II. edit. ab Hearnio an. 1729.
Monachus S. Mariani Autisiodor. edit. Camusati an. 1608.
Monachus Sangallensis, de Gestis Caroli M. tom. 1. Canisii pag. 360. et tom. 2. Hist. Franc. pag. 107.
Monumenta inedita Rerum Germanicarum, etc. Lipsiæ an. 1740.

N

Narratio Clericor. Remensium de Ebbone Archiepisc. tom. 2. Hist. Franc. pag. 340.
Narratio de Monacho Cenomanensi ad canonicam Vitam et habitum converso, tom. 2. Capit. Baluzii pag. 1476.
Narratio de Monasterii Malleacensis Devastatione facta a Gaufrido de Liziniano, scripta circ. an. 1230. tom. 2. Bibl. Labbei pag. 238.
Nomina Potestatum Paduæ, edit. cum Mussato p. 120.
Nomina Militum ferentium bannerias, etc. sub Philippo Aug. rege Franc. tom. 5. Hist. Franc. pag. 262. et seqq. Vide Normann. Duchesnii.
Nomina Militum et Armigerorum exercitus Fuxi an. 1271. tom. 5. Hist. Franc. pag. 550.

O

Observantiæ regni Aragonensis.
Obsidio Jadrensis an. 1344. edita a Joanne Lucio in Historia Dalmatica.
Olla Patella, Versus Grammatici recentioris, sic dicti quod ab hisce verbis incipiant, editi cum Synonymis Guidonis de Fontenero, an. 1515.
Ordinarius Præmonst. Ordinis, in Bibl. Præmonstr. pag. 892.
Ordinationes Collegii Orielensis et Statuta Universit. Oxoniens. ab Edwardo VI. sancita, edit. Hearn. an. 1729.
Ordinationes Regum Francorum a DD. *de Lauriere et Secousse* editæ.
Ordinis Cartus. Institutiones, tom. 1. Bibl. Labbei pag. 638.
Ordo Conversationis Monasticæ, qui in Cod. MSS. Memoriale Monachorum inscribitur, edit. ab Haefteno in Disquisit. Monast. pag. 1061. ubi de ejus auctore,

SCRIPTORES ANONYMI.

de quo etiam Mabill. in Præfat. ad tom. 5. Vit. SS. Ord. S. Bened. n. 172.
Ordo qualiter Philippus I. in Regem consecratus est, tom. 3. Hist. Fr. pag. 161.
Ordo Inclusorum, seu Regula, exstat apud Raderum in Bavaria sancta, et Haeft. in Disq. Monast. pag. 83.
Ordo Officii Gothici, tom. 3. Concil. Hispan.
Ordo Romanus, edit. Mabillonii.
Origines Cisterciensis Ordin. tom. 1. Bibl. Labbei pag. 640.
Origines Murensis Monast. ed. Spirembergii an. 1627.
Origo et fundatio Monasterii Windbergensis, Ordin. Præmonst. tom. 6. Canisii pag. 400.
Origo prima Ordinis Vallis Scholarium, tom. 1. Bibl. Labbei pag. 391.
Origo Comitum Vindocinens. tom. 1. Bibl. Labbei pag. 661.

P

Panegyricum Carmen de laudibus Berengarii Augusti, edit. ab Hadriano Valesio.
Passio Domini facta in civitate Attinensi an. 1062. apud Ughell. tom. 6. pag. 854.
Patriarchium Bituricense, seu Historia Patriarcharum Archiep. Bituricensium, auctore Monacho Sansulpitiano, edit. tom. 2. Bibl. Labbei.
Poema de Carolo M. Rege, et Leonis PP. ad eumdem adventu edit. a Canisio et tom. 2. Hist. Fr. p. 188.
Poeta Saxonicus, de Gestis Caroli M. vix. sub Arnulfo Imp. edit. a Reineccio et Duchesnio tom. 2. Hist. Fr. pag. 136.
Polyptychum, Monast. Fossatensis, tom. 2. Capit. Baluz. pag. 1387.
Pomerania Diplomatica, sive Antiquitates Pomeranicæ, Francofurti ad Viadrum an. 1707.
Præclara Francor. facinora, seu Chronicon Simonis, Comitis Montisfortis, ab an. 1201. ad an. 1215. edit. a Catello, et tom. 4. Hist. Fr. pag. 764.
De Præfectis Urbis Libellus, edit. a Cuspiniano, Onufrio, et Bucherio.
Privilegia Ecclesiæ Hammaburgensis, edit. ab Erpoldo Lindenbrogio inter Scriptores rerum German. Septemtr.
Probationes jurium domus electoralis Bavariæ ad regna Bohemiæ et Hungariæ.
De Processione S. Genovefæ Paris. tom. 1. Bibl. Labbei p. 662.
Provinciale Cantuariensis Ecclesiæ.

Q

Quoniam attachiamenta, seu Leges Baronum Scotiæ, edit. a Joan. Skenæo in Legib. Scoticis an. 1609.

R

Recuperatio Terræ Sanctæ, edit. in Gestis Dei tom. 1. pag. 316. cujus auctor fuit Patronus regius causarum Ecclesiasticarum in Ducatu Aquitaniæ.

Refutatio errorum quibus Valdenses distinentur, edit. a Gretzero cum aliis Script. contra Valdenses tom. 1. pag. 291.
Regiam Majestatem, seu Leges Scoticæ, editæ a Joan. Skenæo Edinburgi an. 1609.
Regimina Paduæ, tom. 8. Script. Ital. Murat.
Regula Magistri scripta circ. an. 700. ut observat Mabill. in Præfat. ad tom. 5. SS. Ord. Bened. p. 120.
Regula Tarnatensis, edita ab Holstenio.
Regula cujusdam Patris, edita ab Holstenio.
Regula cujusdam Patris ad Virgines, edita ab Holstenio.
Regula consensoria, edita ab Holstenio.
Relatorium de Capta Santarem ab Alphonso rege Aragon. an. 1185. tom. 3. Monarch. Lusitan. pag. 289.
Relatorium de Fundatione Monast. S. Vincentii ad muros Lisbonæ, ibid. pag. 291.
Revelatio de Statu alterius sæculi, edit. cum Joan. de S. Victore de Utilitate tribulat. auctor vix. an. 1190. Vide c. 30.
Ritus Aniciensis Ecclesiæ.

S

Schelestrati Antiquitates ecclesiasticæ illustratæ.
Schola Salernitana, edit. an. 1622.
Speculum Saxonicum, seu Jus provinciale, edidit Goldastus.
Statuta Abbatum Ord. S. Benedicti in provincia Narbon. an. 1226. tom. 6. Spicileg. pag. 30.
Statuta Academiæ Paris. circ. an. 1370. tom. 6. Spicileg. p. 381.
Statuta Eccles. Æduensis, tom. 4. Anecd. Martenii.
Statuta Eccles. Andegavensis, an. 1423. ibid.
Statuta pro Angliæ regni reformat. an. 1041. tom. 12. Spicil. pag. 559.
Statuta Collegii Ardacensis, tom 1. Miscel. Duellii.
Statuta Eccles. Argentinensis, tom. 4. Anecd. Marten.
Statuta civitatis Astæ.
Statuta S. Audoeni Rotomag. tom. 4. Anecd. Martenii.
Statuta Eccles. Avenion. ibid. et civitatis ejusdem, edita an. 1570.
Statuta Eccl. Aurelian. tom. 7. Ampl. Collect. Marten.
Statuta Eccl. Barchinon. tom. 4. Anecd. Marten.
Statuta Eccl. Biterrensis, an. 1368. ibid.
Statuta Cadubrii.
Statuta Eccl. Cadurcensis, tom. 4. Anecd. Marten.
Statuta Eccl. Cenoman. tom. 7. Ampl. Collect. Marten.
Statuta Monast. S. Claudii auctoritate Nicolai V. PP. edita.
Statuta Eccles. Constant. in Norman. tom. 4. Anecd. Marten.
Statuta Dalphinalia, edit. an. 1619.
Statuta Davidis II. regis Scotiæ.
Statuta Equitum Teuton. lib. 2. Miscel. Duellii.
Statuta Genuæ, edit. Venet. an. 1567.
Statuta Gildæ Scoticæ, edit. a Jo. Skeneo an. 1609.
Statuta Eccles. Leodiensis, tom. 4. Anecd. Marten.
Statuta Eccles. Lugdun. an. 1251. tom. 9. Spicileg. pag. 71.
Statuta S. Martini Turon.
Statuta Massiliensia, edit. an. 1656.
Statuta Mediolanensia.

SCRIPTORES ANONYMI.

Statuta Eccl. Meldensis, tom. 4. Anecd. Marten.
Statuta civitatis Metensis.
Statuta Monast. Montis-Olivi, tom. 1. Anecd. Marten.
Statuta Montis-Regalis, edit. an. 1570.
Statuta Mutinensia.
Statuta Eccles. Nannet. an. 1289. tom. 4. Anecd. Marten.
Statuta regni Neapolitani.
Statuta Eccl. Nemaus. tom. 4. Anecd. Marten.
Statuta Odonis Episc. Paris.
Statuta Ordinis Cisterc. tom. 4. Anecd. Marten. et tom. 6. Annal. Bened.
Statuta Ordinis Grandimont. tom. 4. Anecd. Marten.
Statuta Ordinis Præmonst. an. 1294. in Bibl. Præmonst. pag. 784.
Statuta Ordinis de Sempringham, in Monast. Angl. tom. 2.
Statuta Pallavicinia, edit. an. 1582.
Statuta Perusina.
Statuta Eccl. Pictav. tom. 4. Anecd. Marten.
Statuta Placentiæ.
Statuta Castri Redaldi, edit. an. 1594.
Statuta Riperiæ.
Statuta Roberti I. regis Scotiæ.
Statuta Eccles. Ruthenensis, tom. 4. Anecd. Marten.
Statuta Saluciarum reformata an. 1582. edita Taurini an. 1583.
Statuta civitatis Saonæ.
Statuta Suavii Abb. S. Severi, tom. 1. Anecd. Marten.
Statuta Synod. Eccl. Tornac. edit. Insulis an. 1726.
Statuta Eccl. Trecor. an. 1372. tom. 4. Anecd. Marten.
Statuta Eccl. Tutelensis an. 1328. ibid.
Statuta Vercellensia an. 1334. edit. an. 1541.
Statuta Veronensia.
Supplex Libellus Monachorum Fuldensium Carolo M. oblatus, apud Brouverum in Antiq. Fuld. p. 212.
Synodus Parmensis, tom. 9. Script. Ital. Murat.
Synopsis Criticorum.

T

Thesaurus diplomatum et Numismatum Scotiæ, Edimburgi an. 1739.
Thesaurus historiæ Helveticæ, Tigori an. 1735.
Thuringia sacra, sive Historia Monast. Thuringiæ.
Tractatus singularis de Juris Catalli et Hereoti, edit. Paris. an. 1683.
Traditiones Fuldenses editæ cum M. Chronico Belg.

Triumphus S. Remacli, cujus Auctor vix. an. 1100. tom. 2. Hist. Leod. pag. 517.

V

Valesianus Anonymus de Constantino M.
Visitatio Provinciarum Bituricensis et Burdegalensis per Simonem Archiepisc. Bitur. an. 1284. tom. 2. Anal. Mabill. pag. 613.
Visitatio Thesaurariæ S. Pauli Londin.
Vita Adriani III. PP. tom. 3. Script. Ital. Murat.
Vita Andreæ Abb. Casalis S. Bened. tom. 2. Spicileg. pag. 518.
Vita S. Apollinaris Episc. Valentiæ ad Rhodanum, tom. 6. Ampl. Collect. Marten. col. 777.
Vita S. Bibiani Episc. Sancton. ibid. col. 757.
Vita Garnerii Præpositi S. Stephani Divionensis, apud Perardum in Burgundicis pag. 124.
Vita S. Gilberti de Sempringham, tom. 2. Monast. Anglic.
Vita B. Giraldi de Salis, tom. 6. Ampl. Collect. Marten. col. 989.
Vita S. Godonis Abb. Oyensis in diœces. Trec. ibid. col. 793.
Vita Gregorii PP. X. scripta circ. an. 1290. edit. a Petro Maria Campo Canonico Placentino an. 1651.
Vita Henrici IV. Imper. edit. a Reineccio an. 1581. et Frehero.
Vita Henrici a Zwifaltach Suevi, etc. tom. 5. Canisii part. 2. pag. 670.
Vita Hervei Burgidolensis scripta circ. an. 1111. tom. 2. Spicil. pag. 514.
Vita Lietberii, Episcopi Cameracensis, tom. 9. Spicileg. pag. 675.
Vita Ricciardi S. Bonifacii Comitis, edita a Felice Osio cum Albertino Mussato an. 1636. ob. Ricciardus an. 1253.
Vitæ Patriarcharum Aquileiensium, tom. 3. Anecd. Murat.
Vitas Sanctorum innumeras ab Anonymis conscriptas hic omittimus.
Vocabularium utriusque Juris.

W

Wichbild Magdeburgense, edidit Goldastus.

SCRIPTORES VERNACULI, GALLICI, ITALICI, HISPANICI, ANGLICI, ETC.

Alain Chartier, Historiographe de France sous Charles VII.
Armorial général de la France.
Assises du Royaume de Jérusalem, edit. de la Thaumassière.
Berger, Des grands chemins de l'Empire.
Berry, premier Heraud d'armes en l'Hist. Chronol. des Charles VI. et VII.
Le Blanc, Traité des Monnoies.
Borel, Trésor des antiquités Gauloises et Françoises.
Bouquet, du Droit public de France.
Le Brun, Exposition de la messe.
Brussel, de l'Usage des Fiefs.
La Caille, Histoire de l'Imprimerie.
Cerémonial de l'Eglise de Saint-Brieuc, Bibl. du Roi, col. 1589.
Cheviller, de l'Origine de l'Imprimerie à Paris.
Christine de Pise, Trésor ou Cité des Dames, Vie de Charles V, etc. morte sous Charles VI.
Chronique de Flandres.
Chronique scandaleuse de Louis XI.
Coustumes des Villes de France.
Desmollets, Meslanges Historiques et Littéraires.
Dubos, Histoire critique, et de la Ligue de Cambray.
Enguerrant de Monstrellet en sa Chronique.
Establissemens de S. Louis.
Fabliaux et Contes des Poëtes François, 1756.
Fauchet, de la Milice Françoise.
Favyn, Théâtre d'Honneur.
Foy, Notice des Diplomes relatifs à l'Histoire de France, 1765.
François Rabelais, edit. de 1711.
Geoffroy de Villehardouin, edit. de 1657.
Georges Chastellain en l'Hist. de Jacques de Lalain.
Grand Record de Liege.
Guillaume de Nangis, Annales du regne de S. Louis, edit. du Louvre.
Guillaume Stanford, des Plets de la Couronne.
Histoire d'Artus, Duc de Bretagne, Connétable de France.
Histoire du Mareschal Boucicaut.
Histoire ecclésiastique et civile de Verdun, Paris 1746.
Honorat Bonnor, en l'Arbre des Batailles.
Hosier, des Chevaliers du Saint-Esprit.
Jacques de Hemricourt au Miroir d'Hasban, des Guerres de Liege, vix. an. 1398.
Jacques Moisant de Brieux, Origines des anciennes Coutumes et de différentes façons de parler. Caen 1672.
Jean Bouteiller, en sa Somme rurale, vix. an. 1402.
Jean Britton, Évesque d'Herefort, aux Loix d'Angleterre, mort en 1275.
Jean Froissart, en sa Chronique.
Jean sire de Joinville, en l'Histoire de Saint Louis, edit. de Du Cange et du Louvre.
Jean Juvenal des Ursins, en l'Histoire de Charles VI. etc.
Jean d'Orronville, dit Cabaret, en l'Histoire de Louis III, duc de Bourbon.
Jean de Saintré, edit. de 1724.
Journal des Audiences, edit. de 1707.
Journaux de Trévoux.
Littleton, vix. an. 1533.
Loix de Guillaume le Bâtard, roy d'Angleterre.
Maittaire, Annales typographiques.
Mémoires de Condé, édit. in-4°.
Mercures de France.
Monet, Inventaire des Langues Françoise et Latine.
Nouveau Traité de Diplomatique, par deux Religieux de la Congrégation de S. Maur, 6. vol.
Octavien de S. Gelais, au Vergier d'Honneur, auquel ont eu part André de la Vigne et plusieurs autres Poëtes du même temps, nommé d'abord, *Ressource de la Chrestienté*.
Pierre de Fontaines, en son Conseil.
Poulain, des Monnoies.
Satyre Menippée, edit. de 1699.
Taillepied, Antiquités et Singularités de la ville de Rouen.
Tessereau, Histoire de la Chancellerie.
Triomphes de l'Abbaye des Conards, edit. de Rouen 1587.
Vie de S. Louis, écrite par le Confesseur de la Reine Marguerite, edit. du Louvre.
Wicquefort, Ambassade de Figueroa.
Vocabolario degli Accademici della Crusca.
Albertus Acharisius, in Vocabulario Italico.
Ariostus.
Boccacius.
Dantes.
Franciscus Petrarcha.
Gioanni, Matteo et Filippo Villani Hist. Fiorent.
Il Fiorino d'oro antico illustrato, Florent. an. 1738.
Vita di Ezzelino terzo da Romano, auctore Pietro Gerardo Paduoano suo contemporaneo, in Venetia an. 1560. At Vossius in Hist. Lat. Festum Longinum recentiorem scriptorem, hujusce vitæ auctorem esse observat.
Diccionario de la lengua Castellana, por la real Academia Espanola an. 1726.
Didacus Ximenes, in Lexico Eccles. lingua Hispana.
Franciscus Sobrinus, in Diction. Hispano-Gall.
Sebastianus de Cobarruvias, in Thesauro linguæ Castellanæ.
Conquesta de la Illa de Menorca an. 1286. apud Mich. Carbonellum.
Cronica del Rey En Pedro d'Arago, desinit in an. 1380. edita a Mich. Carbonello.
Cronica de Dom James, primer Rey d'Arago, per En Ramon Montaner, edit. en Barcelona an. 1562.
Cronica del Cid Ruy Dias Campeador, en Salamanca, an. 1546.
Libellus Catalanicus.
Maestro Fray Gonçalo de Berceo, vetus Poeta Castellanus.
Ælfricus, in Glossario Saxonico.
Robertus de Glocester, in Poemate Anglico.
Thomas Blount, in Nomolexico Anglic.
White Kennett, Antiquit. Ambrosden.

LIBRI LATINI MANUSCRIPTI

QUI IN GLOSSARIO LAUDANTUR,

CUM ADNOTATIONE ÆTATIS EORUMDEM.

A

Ægidius Corboliensis, de Virtutibus Antidotorum, sub Phil. Aug. rege Franc.
Ægidius Parisiensis, circa an. 1200.
Alexander Iatrosophista, de Passionibus, anonymo interprete, cum Glossis sæc. XIII. *Cod. Reg.* 6881. (al. 1188.)
Andreas Floriacensis, de Miraculis S. Benedicti, et in Vita S. Gauzlini Archiepisc. Bituric. *Cod. Bibl. Vatic.* 592.
Annales Francorum Victoriani.
Anonymi Dictionarium Juris civilis et canonici. *Cod. Reg.* 4611.
Anonymi Expositio vocabulorum Sacræ Scripturæ. *Cod. Reg.* 346.
Antiquitates Benedictinæ a Stephanotio ex pluribus Tabulariis excerptæ, *ex Bibl. S. Germ. Prat.*
Antiquitates Tricassinæ.
Antonius Colardus in Commentariis Rerum Remensium usque ad annum 1584.
Aratus, Hyginus, Beda, etc. *Cod. alias S. Martialis Lemov. scriptus sæc. XI. exeunte aut XII. ineunte, nunc Reg.* 7887.
Aresta Parlamenti Paris. Literæ Regum Franc.

B

Bestiarius, seu Liber de Natura bestiarum soluta oratione, scriptus XIV. sæc. *Cod. Reg.* 6838. *B.*
Bullæ Pontif. Rom. *Cod. Reg. alias* 9822. 2.

C

Calendarium et Obituarium Eccles. Camerac. scriptum XV. sæc. *ex hujus Tabul.*
Calendarium B. Mariæ Graciacensis.
Calendarium et Ordinarium S. Martialis Lemov. XIII. sæc. *Cod. Reg.* 1138.

Cantatorium Abbat. S. Huberti. *Codex ante* 600. *annos exaratus, ejusd. Monast. Historiam continens.*
Capitula et Statuta Basilicæ SS. Laurentii et Damasi. *Cod. Reg.* 4203.
Catalogus Episcoporum Carnotensium, *ex Tabul. ejusd. Eccl.*
Ceremoniale Eccl. Carnotensis, scriptum paulo post annum 1193. *ex hujus Tabul.*
Ceremoniale, seu Rituale S. Mariæ Crassensis, scriptum ante annum 1200. *Cod. Reg.* 933.
Ceremoniale, seu Ordinarium S. Petri Aureæ-Vallis, scriptum XV. sæc. *Cod. Reg.* 983.
Chartæ authenticæ, *ex Bibl. Regia.*
Chartæ authenticæ tribus voluminibus contentæ, *ex Bibl. S. Germ. Prat.*
Chartæ ad Historiam Francicam spectantes, *Cod. Reg. alias* 8542. 6.
Chartæ ad Ducatum Britanniæ pertinentes. *Cod. Reg. alias* 8542. 3.
Chartæ descriptæ ex authenticis, quæ exstant in castro Nannetensi, *a Nº alias* 8357. 2. *usque ad* 8357. 13. *in Bibl. Reg.*
Chartæ ad Burgundiam pertinentes. *Cod. Reg. alias* 9484. 2.
Chartæ ad diversa spectantes. *Cod. Reg. alias* 8428. 3.
Chronicon ab an. 1107. ad an. 1430. scriptum a Monacho Cisterc. an. 1466. *Cod. Reg.* 5850.
Chronicon Alberici Monachi Trium Fontium, desinens in ann. 1241. nunc edit. tom. 2. *Access. Histor. Leibnit.*
Chronicon Asserii Menevensis, Episcop. Schirebur. qui obiit an. 909. Opus fabulis aliisque ineptiis refertum, non ineleganter tamen transcriptum ex vetustissimo exemplari. *Cod. Reg.* 6236. Editum inter Scriptores Rerum Anglic. Londini, 1691.
Chronicon S. Bertini.
Chronicon Cameracense, *ex Tabul. ejusd. Eccl.*
Chronicon Comodoliacense, *ex Fragm. histor. Stephanotii tom.* 2. *in Bibl. S. Germ. Prat.*
Chronicon Abbatum Corbeiensium, auctore Ant. *de Coulencourt,* Officiali ejusdem Monast. qui scripsit usque ad an. 1529. *ex Tabul. Corb.*
Chronicon Eusebii et Isidori Hispal. a Petro, Bechinni filio, continuatum ad mortem Richardi, reg. Anglor. ann. 1199. ineunte sæcul. XIV. scriptum. *Cod. Reg.* 4999. *A.*

LIBRI LATINI MANUSCRIPTI.

Chronicum Francicum, desinens in Carolo V. *ex Bibl. al. Thuana.*

Chronicon Lemovicense, auctore Gerardo de Fracheto Ord. Præd. mortuo an. 1271. scriptum sæc. XIV. et XV. *Cod. reg.* 5005.

Chronicon Montispessulani, ab an. 1204. ad an. 1502. *Cod. Reg.* 4656.

Chronicon Ecclesiæ Nannetensis.

Chronicon Nonantulanum.

Chronicon Regum Franc. *ex museo D. de Cangé.*

Chronicon Saxonicum seu Magdeburgense, *ex Bibl. S. Germ. Prat.*

Chronicon Sublacense, scriptum circa annum 1380. *ex ead. Bibl.*

Codex scriptus prima manu circa medium sæculum XIII. altera annis centum circiter elapsis, in quo continentur 1° Statuta civitatis Avenionis an. 1243. 2° Chartæ plures, quæ ad regimen, privilegia, pedagia ejusdem spectant. 3° Assignationes hospitiorum pro curia Rom. sub Joanne XXII. PP. in eadem urbe. *Cod. Reg.* 4659.

Codex scriptus an. 1060. in Archivis Eccl. Cathedralis Veronensis.

Codex Eccl. Camerac. continens Epistolas Yvonis Carnot. etc. scriptus ineunte sæcul. XIII. *ex ejus Tabul.*

Codex Eccl. Carnot. ann. circ. 400. *ex ipsius Tabul.*

Codex olim 134. S. Martialis Lemov. *nunc reg.* 3851. A.

Codex Cardinalis Ottobonii.

Codices Regii, olim Duchesnii, 20. 21. 22. 29. 56. 57.

Codices aliquot Sorbonici.

Columnarium, quod et Comœdia sine nomine inscribitur : sex actibus expeditur non ineleganter compositis ; stilo tamen nonnihil impedito : scriptus sæc. XIV. *Cod. Reg.* 8153.

Computus decimæ in Italia collectæ an. 1278. pro subsidio T. S. *Cod. Reg.* 5376.

Computus redituum comitatus Pontivi an. 1554. *ex Tabul. Abbatisvillæ.*

Computi varii Eccl. S. Vulfranni Abbavil. *ex ejus Tabul.*

Computus subsidii a Faydito Guiraudonis collecti annis 1326. et seqq. ad debellandos rebelles et hæreticos partium Italiæ. *Cod. Reg. al.* 9434.

Computus redituum ad fabricam Eccl. Æduensis pertinentium an. 1295. *Cod. Reg.* 5529. *B.*

Computus præpositura Paris. an. 1333. *ex Cam. Comput. Paris.*

Computus Arnulfi *Boucher*, Thesaurarii guerrarum, a 5. Junii 1390. usque ad ult. Januar. 1392. *Cod. Reg. al.* 9436. 3.

Constitutiones regum Aragonum Ildefonsi, Petri I. Jacobi I. Petri II. Alphonsi I. Jacobi II. Alphonsi II. Petri III. Joannis, Martini, Ferdinandi, Alphonsi III. Elienoræ reginæ Petri III. uxoris, et Mariæ reginæ Alphonsi III. uxoris. *Cod. Reg.* 4671.

Constitutiones capitulares Eccl. Barcinonensis sub Francisco Patriarcha Jerosol. et Episc. Barcin. ann. 1423. *Cod. Reg.* 4332.

Constitutiones Ordinis Carmelitarum an. 1462. *Cod. Reg.* 4351.

Consuetudines Arkenses ann. 1231. *ex Tabul. S. Bertini.*

Consuetudines Auxitanæ , *ex meis (Carpenterii) schedis.*

Consuetudines villæ *de Buzet* ann. 1273. scriptæ sæcul. XV.

Consuetudines Cameracenses, *ex Tabul. Eccl. ejusd. urbis.*

Consuetudines Cataloniæ. *Cod. Reg.* 4671.

Consuetudines inter dominos et vasallos in Catalania. *Ex Bibl. al. Thuana.*

Eædem cum Usaticis Barcinonensibus multisque Statutis regum Aragonum. *Cod. Reg.* 4673.

Consuetudines Eccl. Coloniensis, *ex Tabul. Eccles. Atrebat.*

Consuetudines Monasterii S. Crucis Burdegalensis ante an. 1305. *ex Bibl. S. Germ. Prat.*

Consuetudines Divionenses sæcul. XIV. scriptæ *Cod. Reg.* 4653.

Earumdem codex alter, ex museo D. *Marion* Canonici olim Camerac.

Consuetudines Dombenses an. 1325.

Consuetudines Floriacenses.

Consuetudines Fontanellenses.

Consuetudines Furnenses, *ex Tabul. Audomar.*

Consuetudines S. Genovefæ, scriptæ prima manu post annum 1300. *ex Tabul. ejusd. Abbat.*

Consuetudines S. Juliani in Lingonibus.

Consuetudines villæ *de Machau* in pago Regitestensi.

Consuetudines Neapolitanæ cum glossis. *Cod. Reg.* 4624. *A.*

Consuetudines Perpiniani a Jacobo rege Aragonum concessæ, dehinc a Guirardo, comite Russillionis, confirmatæ an. 1172.

Consuetudines Monast. Solemniacensis.

Consuetudo Normanniæ, quam ex Gallico in Latinum sermonem vertit JC. Normannus, circa annum 1250. nonnullis ad ipsas leges explicationis seu exempli gratia additis. *Cod. Reg.* 4651. Hanc edidit Ludewigus ex mendoso codice, tom. 7. Reliq. MSS.

Eadem Gallice, scripta XIV. sæc. *Cod. Reg.* 4652.

Consuetudo Tolosana, *ex museo al. Abb. de Crozat.*

Corrector. *Cod. Bibl. S. Vict. Paris.* 804. Edit. ad calcem Pœnitent. Theodori.

Curiæ generales Cataloniæ, *ex Bibl. al. Thuana.*

Cursus Normanniæ, id est, Jura et Consuetudines quibus regitur Ducatus Normanniæ. Jura ducis. Varia Scacaria ejusdem Ducatus. Quæ notantur scripta an. 1430. *Cod. Reg.* 4653.

D

Dotatio Collegii de Marchia, per Guill. de Marchia et Beuvinum de Wnivilla fundati, ejusdemque Statuta confirmata an. 1423. per Joannem Patriarch. CP. Eccl. Paris. administratorem. *Cod. Reg.* 4221.

E

Elenchus Chartarum quæ continentur in primo et secundo Chartul. Asperimontis, scriptis ineunte sæc. XV. *ex Bibl. Reg.*

Epigrammata. *Cod. Reg.* 8492.

Expositio compendiosa beneficiorum.

F

Fabularius magistri Chuonradi, Cantoris Ecclesiæ Turicensis. dictæ *de Mure*, Constant. diœc. ab eo scriptus an. 1273. in quo ordine alphabetico quidquid ad fabulam spectat exponit. *Cod. Reg.* 8169. *A.*
Festi Vocabularium Latinum. *Cod. Reg.* 7574.
Flos Historiarum. *Cod. Reg.* 5515.
Folquinus, Levita Sithiensis, *ex Tabul. S. Bertini.*
Formulæ instrumentorum in curia Massiliensi usitatæ circa sæculum XIV et XV. *Cod. Reg.* 7657.
Formulæ in foro Senensi usitatæ ann. 1414. *Cod. Reg.* 4726.
Formulare instrumentorum, scriptum post annum 1336. Idem quod Summa notariæ Rollandini. *Cod. Reg.* 4165.

G

Galfridi de Vinosalvo Poetria, *ex Bibl. al. Thuana.*
Gesta quarumdam Sororum Ord. Præd. *Cod. Reg.* 5642.
Glossæ ad Alex. Iatrosophistem. Vide *Alexander.*
Glossæ Biblicæ, *ex Bibl. Reg.*
Glossæ ad Boetium de Consol. *ex Bibl. S. Germ. Prat.*
Glossæ ad Canones Concil. *ex Bibl. Reg.*
Glossæ ad Cod. Theodos. *ex Bibl. Reg.*
Glossæ Corbeienses.
Glossæ Medicæ. *Cod. Reg. al.* 1486.
Glossæ ad Disticha Magistri Cornuti, seu Joannis de Garlandia, *ex Bibl. al. Thuana.*
Glossæ ad Prudentium, *ex Bibl. S. Germ. Prat.*
Glossarium S. Andreæ Avenion. sæc. XII. exaratum, *ex Tabul. hujus Monast.*
Glossarium Aniciense an. circ. 700.
Glossarium Græco-Lat. *ex Bibl. S. Germ. Prat.*
Glossarium Latino-Græc. *ex ead. Bibl.*
Glossarium an. circ. 700. veteri Canonum collectioni præmissum. *Cod. al. Seguerianus.*
Glossarium vetus. *Cod. Reg.* 7613.
Glossarium Lat. scriptum sub finem sæcul. X. *Cod. Reg.* 7641.
Glossarium vetus a litera *A* usque ad verbum *Cavere*; scriptum sæc. XII. *Cod. Reg.* 7646.
Glossarium Latinum literis *A*, *Q*, aliisque subsequentibus mutilum, scriptum circa finem XII. aut initia XIII. sæc. *Cod. Reg.* 7691.
Glossarium antiquum, charactere Longobardico exaratum, *in Bibl. Reg.* (*ex Bibl. D. Jolii Cant. Eccl. Par.*) *et S. Germ. Prat.*
Glossarium Latino-Gall. *ex Bibl. S. Germ. Prat. et ex Bibl. al. Thuana.*
Glossarium Montis S. Eligii Atrebat.
Glossarium Latino-Gall. XIII. sæc. *Cod. Reg.* 7692.
Glossarium Latino-Gall. ex alio minus accurate descriptum sæc. XV. *Cod. Reg.* 7679.
Glossaria duo Latino-Gallica ann. 1348. et 1352. parum accurate scripta sæc. XV. *Cod. Reg.* 4120.
Glossarium Gallico-Lat. scriptum studiose XV. sæc. *Cod. Reg.* 7684.
Glossarium Latino-Italicum, ex museo olim Pr. *de Mazaugues*, ab Italo recentiori linguæ suæ non admodum perito concinnatum et parum accurate scriptum.

Glossarium seu Florilegium Provinciale-Latinum sæc. XIV. *Cod. Reg.* 7657.
Grammaticorum collectio IX. sæcul. facta. *Cod. Reg.* 7530.
Guillelmus Brito Ord. FF. Min. in Vocabulario biblico, scripto circa an. 1356. *Cod. Reg.* 521. *et in Bibl. Corbeiensi.*

H

Hildevaræ Ravennat. Testamentum, *in Bibl. Reg.*
Historia S. Albini Ord. Cisterc. auctore Guill. *Gauthier.*
Historia S. Andreæ Avenion. auctore Claudio *Chantelou, ex Bibl. S. Germ. Prat.*
Historia Beccensis Monasterii.
Historia fundationis Bonæ-Vallis in diœc. Carnot. *ex schedis Duchesnii.*
Historia S. Cypriani Pictav. *ex Bibl. S. Germ. Prat.*
Historia Gemeticensis Monasterii, *ex ead. Bibl.*
Historia B. Mariæ de Blancha.
Historia fundationis Abbat. Miratorii in diœces. Lugd. *ex schedis Andr. Duchesnii.*
Historia Montis-Majoris, auctore Claudio *Chantelou, ex Bibl. S. Germ. Prat.*
Historia Rothonensis Monast. in Armorica, *ex schedis Andr. Duchesnii.*
Historia Monast. S. Tiberii.
Hymni cum glossis, scripti sub finem sæc. XIII. *Cod. Reg.* 1092.

I

Index Beneficiorum Ecclesiæ Constantiensis.
Instrumenta litis cujusdam inter Pontium de Belloforti et Officialem Lingon. an. 1337. et seqq. *Cod. Reg.* 5190.
Inventarium bonorum Ducis Bitur. factum per Archiep. Bitur. an. 1416. *ex Cam. Comput. Paris.*
Inventarium Ecclesiæ Aniciensis.
Inventarium Chartarum Monast. Athanatensis Lugd. vulgo *Aisnay*, an. 1519. *Cod. Reg.* 5421.
Inventarium Ecclesiæ Auxitanæ an. 1360.
Inventarium Ecclesiæ Noviomensis an. 1419.
Inventarium Chartarum regiarum per Lud. *Louet*, factum an. 1482. *Cod. Reg.* 6765.
Inventarium privilegiorum et instrumentorum ad S. R. Ecclesiam spectantium in Palatio Avenionis inventorum, confectum jussu Arnaldi Archiep. Auxit. S. R. E. Camerarii, an. 1366. *Cod. Reg.* 5181.
Inventarium regestorum Cameræ Comput. a Carolo V. usque ad Carolum VIII. *Cod. Reg.* 5991. *A.*
Inventarium Chartarum Castri *de Jaucourt* ann. 1392. *Cod. Reg. al.* 9847.
Inventarium Chartarum ad baroniam de Mercorio spectantium, scriptum circa an. 1500. *ex Bibl. Reg.*
Inventarium Chartarum B. Mariæ Monasteriensis in Argona an. 1309.
Inventarium recens descriptum thesauri Sedis Apost. factum sub Bonifacio VIII. PP. ann. 1295. *Cod. Reg.* 5180.
Inventarium an. 1329. Aliud ann. 1377. *ex Tabul. S. Vict. Massil.*

Inventarium an. 1476. *ex Tabul. D. de Flamarens.*
Joannes Tilleberiensis, *ex Bibl. al. Thuana.*
Joannis Bapt. Cotelerii Observationes Sacræ, *olim in museo Pr. de Mazaugues.*
Jordanus Rufus Calaber, de Medicina equorum, *ex Bibl. al. Thuana.*
Julius Solinus, de Mirabilibus Mundi, ad cujus calcem leguntur carmina, quæ nomina vocum animalium edocent, scriptus XIV. sæc. *Cod. Reg. 6816.*
Jura, reditus et alia quævis bona ad Parochiam de Thoissiaco, Archipresbyteratui Sedelocensi unitam, pertinentia, descripta an. 1383. *Cod. Reg. 5529. B.*

L

Landulfus de Columna, qui et *Sagax* appellatus, Canonicus Carnot. de Pontificali Officio. *Cod. alias Bibl. Colbert.*
Leonius Presbyter, Canonicus S. Vict. Paris. circa an. 1154. *ex Bibl. al. Jolii Cantoris Eccles. Paris.*
Leudæ majores Carcassonæ a Phil. Pulchro an. 1289. ut credunt, concessæ, et vernacule reditæ an. 1544. *ex museo meo (Carpenterii).*
Leudarium seu Charta Leudarum minutarum Carcassonæ an. circ. 1250. quo institutæ putantur, vel circa annum 1356. quo restitutæ sunt, *ex museo meo (Carpenterii).*
Liber albus Domus publicæ Abbavil. *ex ipsius Tabul.*
Liber albus Eccl. Arelatensis.
Liber albus Episc. Carnot. *ex ipsius Tabul.*
Liber anniversariorum Monast. Solemniacensis.
Liber ceremoniarum Eccl. Rom. *Cod. Reg. 938.*
Liber censuum et redituum Castellaniæ Arciacensis ad Albam (*Arcis sur Aube*) an. 1375. *Cod. Reg. al. 9494. 5.*
Liber censuum Episc. Autiss. an. circ. 1290. *ex ejus Tabul.*
Liber censuum Calomontis.
Liber censuum et redituum terræ d'*Estilly* prope Cainonem an. circ. 1430. *Cod. Reg. al. 9493.*
Liber censualis, seu Polypticus, S. Germ. Prat. sub Irminone Abbate, initio sæc. IX. exaratus, *ex ejusd. Monast. Tabul.*
Liber primus pitanciarum S. Germ. Prat. scriptus an. 1259. ubi anniversaria, reditus et census ejusdem Monasterii. Alter scriptus an. 1400. in eod. vol. contentus, *ex eod. Tabul.*
Liber censualis, seu Terrearium, Montis Letherici an. 1548. *Cod. Reg. al. 9493. 6. 6.*
Liber censuum Eccl. Rom. a Cencio camerario compositus an. 1192. *Cod. Reg. 4188.*
Liber Differentiarum, *ex Bibl. S. Germ. Prat.*
Liber flavus Episc. Massil. *ex ejus Tabul.*
Liber homagiorum Episc. Carnot. debitorum, dictus *Le Parchemin de l'Evêché*, *ex ipsius Tabul.*
Liber juramentorum Eccl. Carnot. præstitorum ann. circ. 400. *ex ipsius Tabul.*
Liber niger Episc. Carnot. *ex ipsius Tabul.*
Liber niger Eccl. Paris. *ex ipsius Tabul.*
Liber niger, seu Chartularium Prioratus S. Petri Abbavil. scriptus primum an. 1487. *ex ejusd. Tabul.*
Liber niger primus et secundus Eccl. S. Vulfranni Abbavil. *ex ejus Tabul.*
Liber Ordinis S. Vict. Paris. seu Regula Canonicorum ejusd. Abbatiæ, *ex ipsius Bibl.*
Liber privilegiorum Eccl. Carnot. sign. 69. *ex ejus Tabul.*
Liber Ramesiensis.
Liber ruber Eccl. Arelatensis.
Liber ruber ab an. 1290. ad an. 1336. *ex Cam. Comput. Paris.*
Liber ruber folio magno, item folio parvo Domus publicæ Abbavil. *ex ejus Tabul.*
Liber ruber Eccl. S. Vulfranni Abbavil. *ex ipsius Tabul.*
Liber salicus Eccles. S. Thomæ Argent. *ex ipsius Tabul.*
Liber synodalis Eccl. S. Flori sub Archambaldo Episc. an. 1342. *Cod. Reg. 1595.*
Liber viridis Episc. Carnot. ann. circ. 400. *ex ipsius Tabul.*
Liber viridis Castelleti Paris.
Liber viridis B. Mariæ Crassensis, *ex ejus Tabul.*
Liber viridis Episc. Massil. *ex ejus Tabul.*
Liber primus et secundus Statutorum pro artificibus et mercatoribus Paris. *ex Cam. Comput. Paris.*
Libertates concessæ Barcinonensibus a Petro rege Arag. an. 1285.
Libertates villæ S. Desiderii in Campania an. 1228.
Libertates villæ Montisbrusonis an. 1223.
Litteræ Philippi Pulchri ad senescallum Bellicadri scriptæ, quæ monetas in ea provincia currentes atque milites, quos ad exercitum Flandrensem mittere tenebatur, spectant. *Cod. Reg. alias 8409.*

M

Martinus, Ord. Præd. in Vocabulario Juris Canonici, scripto per Joannem Erlebach de Asschaffenburg an. 1446. *Cod. Reg. 4151.*
Martyrologium Ecclesiæ Aquensis.
Martyrologium seu Obituarium Corboliense, scriptum prima manu post annum 1520. et ante 1523. *Cod. Reg. 5185. E.*
Martyrologium Prioratus S. Fidis de Longavilla diœc. Rotomag. scriptum prima manu sæcul. XIV. *Cod. Reg. 5198.*
Martyrologium et Necrologium Abbat. Hederensis, scriptum XIII. sæc. *Cod. Reg. 5258.*
Aliud XIV. seculi. *Cod. Reg. 5258. A.*
Martyrologium et Necrologium Eccl. Paris. scriptum an. circ. 1300. *Cod. Reg. 5185. C. C.*
Martyrologium Eccl. SS. Stephani et Sebastiani Narbon. scriptum prima manu circa finem sæc. XIII. in capite legitur Testamentum cujusdam Guillelmi Monetarii an. 1213. *Cod. Reg. 5255.*
Memoriale Historiarum, scriptum sæcul. XV. *Cod. Reg. 4948.*
Memorialia Cameræ Comput. Paris.
  A. et A 2. ab an. 1321. ad an. 1322.
  B. ab an. 1330. ad an. 1347.
  B 2. ab an. 1332. ad an. 1345.
  C. ab an. 1346. ad an. 1359.
  D. ab an. 1359. ad an. 1381.
  E. ab an. 1381. ad an. 1394.
  F. ab an. 1395. ad an. 1404.

G. ab an. 1404. ad an. 1412.
H. ab an. 1412. ad an. 1424.
Memoriale sign. *Croix* ejusd. Cam.
Missale antiquum Burdegalense, *Cod. Reg.* 871.
Missale antiquum Carnotense, *ex Tabul. hujus Eccl.*
Missale S. Joannis in Valle, ann. circ. 400. *ex ipsius Tabul.*

N

Necrologium Altorfense in Alsatia.
Necrologium S. Aviti Aurelian.
Necrologium S. Aureliæ Argent.
Necrologium Eccl. Autissiodor.
Necrologium Eccl. Bituric.
Necrologium Eccl. Carnot. vetus. Aliud recens ex antiquioribus aliisve instrumentis compositum a D. *Patin* ejusd. Eccl. Subcantore, qui obiit an. 1711. *ex Tabul. Carnot.*
Necrologium Monast. Casalis S. Bened. *ex ejus Tabul.*
Necrologium Corbeiense, *ex Tabul. ejusd. Monast.*
Necrologium de Cruce S. Leufredi, scriptum prima manu circa finem sæc. XIII. *Cod. Reg.* 5549.
Necrologium Abbat. *de Daoulas*, diœces. Quimperleg.
Necrologium Fratrum Minor. Silvanect. *ex Tabul. eorumdem.*
Necrologium B. Mariæ de Argentolio.
Necrologium S. Martialis Lemov. scriptum XII. sæcul. *Cod. Reg.* 5243.
Aliud ejusd. Eccl. scriptum post annum 1149. *Cod. Reg.* 5244.
Necrologium Eccl. Meldensis, scriptum XV. sæc. *Cod. Reg.* 5185. G.
Necrologium S. Mellani Pontisar.
Necrologium Eccl. Parisiensis.
Necrologium vetus Eccl. Remensis.
Necrologium S. Roberti Cornillionis prope Gratianop. scriptum XIV. sæc. *Cod. Reg.* 5247.
Necrologium Eccles. Rotomagensis, scriptum an. 1329. *Cod. Reg.* 5196.
Aliud scriptum XV. sæc. *Cod. Reg.* 992.
Aliud scriptum an. 1627. *Cod. Reg.* 993.
Necrologium vetus S. Salvatoris Aquensis.
Necrologium S. Saturnini Carnot. ann. amplius 500.
Necrologium Eccl. Tullensis.
Necrologium Eccl. Vivariensis.
Nonii Marcelli Vocabularium, *Cod. Reg.* 7576.
Normanniæ feuda, cum regesto eorumdem feudorum sub Philippo Aug. et Statutis Scacarii Normanniæ, ex antiquiori codice descripta. *Cod. Reg.* 4653. A.
Notitia vetus. *Cod. Reg.* 3562.

O

Obituarium Eccl. Ambianensis, scriptum XV. sæc. *Cod. Reg.* 5535.
Obituarium Eccl. Autissiodorensis, *ex ejus Tabul.*
Obituarium Bellijoci an. circ. 900. vel 1000.
Obituarium vetus Monast. Fiscamnensis.
Obituarium S. Geraldi Lemovicensis.
Obituarium S. Joannis Carnot. scriptum initio XIV. sæc. *Cod. Reg.* 991.
Obituarium Eccl. Lingonensis, scriptum an. 1505. cum additamentis recentioribus. *Cod. Reg.* 5191.
Obituarium Eccl. Lugdunensis.
Obituarium B. Mariæ de Medunta, scriptum circa annum 1350. *Cod. Reg.* 5250.
Obituarium Eccl. Morinensis.
Obituarium S. Petri Insulensis, *ex ejus Tabul.*
Obituarium Eccl. Ambianensis an. 1337.
Ordinarium antiquum Eccl. Cameracensis. Aliud scriptum circa finem XV. sæc. *ex ejus Tabul.*
Ordinarium Capellæ Regis, sæc. XV. *Cod. Reg.* 1435.
Ordinarium S. Firmini Ambian.
Ordinarium Eccl. Lexoviensis sæc. XIII.
Ordinarium Eccl. Lugdunensis.
Ordinarium Abbat. Piperacensis.
Ordinarium Eccles. Rotomagensis sæcul. XV. *Cod. Reg.* 1213.
Ordinarium Eccles. S. Vulfranni Abbavil. XIV. sæcul. scriptum, *ex ejus Tabul.*
Ovidius. Vide *Poema.*

P

Pancharta Abbat. S. Stephani de Vallibus apud Xantones.
Papias, *ex Tabul. Eccl. Bituric.*
Paris de Grassis, de Ceremoniis observatis in celebritatibus capellæ papalis, post annum 1514. scriptus. *Cod. Reg.* 1229.
Pastorale magnum et parvum Eccles. Paris. *ex ejus Tabul.*
Patrimonium S. Petri, scriptum exeunte sæc. XIV. *Cod. Reg.* 4189.
Peregrinus in Speculo Virginum, *ex Bibl. S. German. Prat. sign.* 367.
Petri Cantoris Summa MS.
Petrus Pictor, Canonicus Audomar. circa an. 1200. de Sacramento altaris, *ex Bibl. S. German. Prat. sign.* 658.
Poema versibus hexametris, in quo varia ludorum genera explicantur, seu Pseudo-Ovidius. *Cod. Reg.* 5055.
Pœnitentiale vetus, scriptum sæc. XII. *Cod. Reg.* 3878. *ex Bibl. Thuana.*
Poletus, Gall. *Pouillé*, Matisconensis an. 1513.
Polypticus Eccl. Autissiodor. scriptus XVI. sæcul. *Cod. Reg.* 4812.
Polypticus Abbat. Fiscamnensis, *ex ejus Tabul.*
Pontificale characteribus Saxonicis sæculo IX. ut videtur, scriptum. *Cod. Reg.* 943.
Pontificale Eccl. Autissiodorensis, *ex ejus Tabul.*
Pontificale Eccl. Elnensis, scriptum jussu Hieronymi Episc. per Joan. *de Caudrelies*, Presbyterum Picardum, an. 1423. *Cod. Reg.* 967.
Pontificale Monast. Gemeticensis, *ex ejus Tabul.*
Pontificale Moguntinum sub Christiano Archiepiscop. scriptum manu Friderici monachi Benedictini, circ. an. 1200. *Cod. Reg.* 946.
Pontificale Eccl. Sagiensis. *Cod. Reg.* 1224.
Pontificale provinciæ Senonensis ad usum Eccl. Paris. *Cod. Reg.* 962.
Pontificale Eccl. Virdunensis. *Cod. Reg. al.* 969.
Pontius Provincialis, *ex Bibl. al. Thuana.*

Privilegia et Statuta Ordinis Præmonstratensis sæcul. XIII. *Cod. Reg.* 4394.
Privilegia curiæ Archiepisc. Remensis, scripta ann. 1269. *Cod. Reg.* 5210.
Protocollum vetus, scriptum sæc. XIV. *Cod. Reg.* 4184.

R

Raphanus de Caresinis, Cancellar. Venet. Chronicon Andr. Danduli ab an. 342. perduxit ad ann. 1387. *in Bibl. Reg.*
Regula Fontis-Ebraldi. *Cod. Reg.* 4392.
Reparationes factæ in Senescallia Carcassonæ an. 1435.
Rituale Sacramentorum administrandorum recens, sed eleganter scriptum. *Cod. Reg.* 938.
Rituale hospitalis S. Jacobi Meledunensis, cui subjiciuntur Obituarium ejus domus et Ordinarium Eccl. Senon. sub finem XIII. sæc. *Cod. Reg.* 1206.
Rituale Eccl. Lugdunensis, ut videtur, scriptum recenti manu, sed eleganti. *Cod. Reg.* 940.
Rituale Eccl. Ratzlosseræ vel Ratgosseræ, scriptum sæc. XIII. *Cod. Reg.* 935.
Rituale Ceremoniarum Eccl. Senonensis, scriptum sæc. XIII. *Cod. Reg.* 934.
Rituale S. Stephani Tolosani.
Rituale Eccl. Vivariensis.
Rosarius Arnauldi de Villanova. *Cod. Reg.* 7149.

S

Sacramentarium S. Gregorii, *ex Bibl. Eccl. Belvacens.*
Sermones et Orationes Joan. de Cardalhaco Episcop. Bracharensis, et postea Tolosani, ab anno 1378. ad 1390. *Cod. Reg.* 3294.
Servitium quod debet Episcopus Ebroicensis. *Cod. Reg.* 963.
Simon Januensis Subdiaconus, Capellanus et Medicus Nicolai IV. PP. in Lexico Medicinæ. *Cod. Reg.* 6959.
Smaragdi Grammatica, *ex Bibl. S. Germ. Prat.*
Speculum Dominarum an. 1459. *Cod. Reg.* 6784.
Speculum Sacerdotum a P. B. de Amoribus scriptum an. 1326. *Cod. Reg.* 3445.
Stationes, Processiones et Obitus Eccl. Paris. XV. sæc. *Cod. Reg.* 986.
Statuta Concilii habiti an. 1099. in Ecclesia B. M. de Prato. *Cod. Reg.* 4653.
Statuta Ecclesiæ Aquensis.
Statuta urbis Arelatis.
Statuta synodalia Eccl. Atrebatensis, cum excerptis quorumdam Conciliorum provinciæ Remensis sæc. XV. exeunte. *Cod. Reg.* 1610.
Statuta Capituli Audomarensis, *ex ejus Tabul.*
Statuta Avellæ ex antiquioribus descripta et publicata an. 1496. *Cod. Reg.* 4624.
Statuta Augerii Episc. Conseran. *ex Bibl. S. German. Prat.*
Statuta urbis Avenionis an. 1243. vel 1244. scripta XV. sæc. *ex museo meo (Carpenterii).*
Statuta et Privilegia Universit. Aurelianensis circa finem XIV. sæc. *Cod. Reg.* 4223. *A.*
Statuta Capituli Autissiodor. *ex ejus Tabul.*

Statuta Eccles. Briocensis an. 1450. renovata an. 1471. *Cod. Reg.* 1589.
Statuta synodalia provinciæ Burdegalensis sæcul. XIV. *Cod. Reg.* 1590.
Statuta synodalia Eccl. Carcassonensis. *Cod. Reg.* 1613.
Statuta synodalia Eccl. Carnotensis an. 1526. 1538. 1550. etc. *ex ejus Tabul.*
Statuta Caroli I. regis Siciliæ.
Statuta antiqua Cisterciensis Ordinis, *ex Cod. Clareval. et Hardenhousano.*
Statuta Ordinis Cluniacensis, *ex Tabul. B. M. Deauratæ Tolos.*
Statuta Cumanæ an. 1458. *Cod. Reg.* 4622.
Statuta Facultatis utriusque juris, edita an. 1438. *Cod. Reg.* 7212. *A.*
Statuta Florentiæ, edita et scripta circa annum 1400. *Cod. Reg.* 4621.
Statuta reformationis Ordinis Fontis-Ebraldi. *Cod. Reg.* 4393.
Statuta Ecclesiæ Forojuliensis.
Statuta Gaufridi *Le Marhec* Episc. Corisopit. an. circ. 1380. *Cod. Reg.* 1547.
Statuta Capituli Glandatensis an. 1327.
Statuta synodalia Guidonis Episc. Lexoviensis an. 1321. *Cod. Reg.* 4653.
Statuta hospitalis S. Jacobi de Alto-Passu Paris. ann. circ. 1240. *ex Tabul. Archiep. Paris.*
Statuta Monasterii Lirinensis an. 1453.
Statuta Collegii Magistri Gervasii Christiani, qui obiit 10. Maii an. 1382. *Cod. Reg.* 4354. *A.*
Statuta Mantuæ sub finem XIV. sæc. edita, recentiori sed accurata manu descripta. *Cod. Reg.* 4620.
Statuta Massiliensis civitatis, cum capitulis pacis juratæ inter Carolum Andegaviæ, Provinciæ et Forcalquerii Comitem, et Massilienses, scripta per Joann. Darnaudi, qui vivebat an. 1277. 1295. et 1305. *Cod. ex museo meo (Carpenterii).*
Statuta Montispessulani. *Cod. Reg.* 4656.
Statuta Petri Patriarchæ Jerosolym. Ordin. Prædicat. ann. 1337.
Statuta synodalia Petri de Pradis Episc. Castrensis, an. 1358. edita et scripta. *Cod. Reg.* 1592. *A.*
Statuta antiqua Eccl. S. Petri Rothonensis in Armorica. *Cod. Reg. al.* 9612. *L.*
Statuta Pontii, Episc. Conseranensis, an. 1364. *ex Bibl. S. Germ. Prat.*
Statuta Concilii Pontisaudomarensis ann. 1279. *Cod. Reg.* 4653.
Statuta synodalia Eccles. Reatinæ an. 1303. et 1315. *Cod. Reg.* 1556.
Statuta Monialium S. Salvatoris Massil. *ex Tabul. S. Vict. Massil.*
Statuta Taurini edita an. 1360. accurate, sed recens, scripta. *Cod. Reg.* 4622. *A.*
Statuta Capituli S. Thomæ Argent. *ex ejus Tabul.*
Statuta et Privilegia Universitat. Tolosanæ. *Cod. Reg.* 4222.
Alter 4223. continens ea quæ ad Collegia Tolosæ instituta spectant, descripta ex authenticis a Baluzio.
Statuta Eccl. Tullensis in unum collecta an. 1497. *Cod. Reg.* 4333.
Statuta Eccles. Turonensis Latino simul et Gallico idiomate, in synodo an. 1396. sancita, scripta sæc. XV. *Cod. Reg.* 1237.
Statuta Vallis-Serianæ, scripta et edita an. 1460. *Cod. Reg.* 4619.

Statuta Comitatus Venaissini per Clementem VII. PP. Alia per Eugenium IV. PP. an. 1443. *Cod. Reg.* 4660.
Statuta S. Victoris Massil. *ex ejus Tabul.*
Statuta S. Victoris Paris. recentissime scripta. *Cod. Reg.* 4335.
Stephanus de Infestura, qui partim Italice, partim Latine scripsit de Rebus Romæ habitis a morte Bonifacii VIII. PP. usque ad 4. Februarii an. 1494. *Cod. Reg.* 5158.
Stilus fori Normannici ab anno circ. 1420. ad an. 1480. *Cod. Reg. al.* 9849. 4.
Synodale Ecclesiæ Andegavensis.

T

Templarii. Jnquisitio contra ipsos. *Cod. Reg.* 5376.
Terrearium Apchonii in Arvernia, cujus primum instrumentum est an. 1511. 27. Maii, *ex Biblioth. S. Germ. Prat.*
Terrearium Bellijocense an. 1529. *Cod. Reg.* 6016.
Terrearium villæ *de Busseul* in Arvernia, scriptum circa annum 1410. *Cod. Reg.* 6017.
Terrearium Castellionis ad Sequanam ad authenticum 7. Jul. an. 1491. collatum. *Cod. Reg. al.* 9898. 2.
Terrearium Humberti *de Villars*, domini *de Châtelard*.
Terrearium Insulæ Adami.
Terrearium S. Nicetii deserti in Bressia.
Terrearium Philippi et Stephani *d'Aubeigny*, dominorum *de Nerenx* an. 1418. *Cod. Reg. al.* 9899.
Terrearium Thossiacense.
Tractatus de Febribus, scriptus a Petro de Alamannia an. 1454. Alius de Variolis et Morbillis, scriptus a Lamberto *Nerden. Cod. Reg.* 6983.
Tractatus Guidonis de Vigevano de Papia, medici Henrici Imper. dehinc reginæ Joannæ de Burgundia, cui titulus : *Texaurus regis Franciæ acquisitionis T. S. ultra mare*, scriptus an. 1335. cujus pars secunda est de Machinis bellicis quæ ibi delineantur. *Cod. Reg.*

al. 9640. 3. Ejusdem *de modo conservandi sanitatem Cod. reg. al. Colbertinus* 5080.
Tractatus de Laude et Utilitate Musicæ, a magistro Egidio Carlerii, Decano Cameracens. *Cod. Reg.* 7212. *A*.
Tractatus de Piscibus, auctore anonymo Occitanico, erudite et curiose scriptus. *Cod. Reg.* 6838. *C*.
Tractatus de Re militari et Machinis bellicis eleganter depictis, auctore Paulo Sanctino Ducensi, sub eo tempore quo primum in usu fuit pulvis tormentarius, hoc est circa annum 1330. vel 1340. *Cod. Reg.* 7239.
Twingeri Vocabularium Latino-Germ. et Germanico-Latinum.

V

Valentinensium et Diensium comitum aliquot testamenta et alia quæ ad hos comitatus spectant, recenti et minime accurata manu descripta. *Cod. Reg.* 6008.
Ugutio, Pisanus Episc. *ex Bibl. Collegii Navar. Paris*.
Visitationes seu Diarium Odonis Archiep. Rotomag. ab anno 1248. ad an. 1269. ubi quædam historica nullibi reperienda delitescunt. *Cod. Reg.* 1245.
Usatica regni Majoricarum.
Usatici Barcinonenses. *Cod. Reg.* 4671. *ex Biblioth. Thuana*.
Usus Canonicorum regular. Plenipedens. diœc. Bitur. *ex eorum Tabul.*
Usus Culturæ Cenomanensis, *ex ejus Tabul.*
Usus B. Mariæ Deauratæ Tolos. *ex ejus Tabul.*

W

Warnerius in Scotum Poetam, *ex Bibl. al. Thuana*.

ACTA, MIRACULA, TRANSLATIONES, VITÆ SANCTORUM, MSS.

Acta S. Budoci, Abb. Dolensis.
Acta S. Euflami.
Acta passionis S. Eulaliæ.
Acta S. Golveni.
Acta S. Hamonis, Monachi Savignei.
Acta S. Hoarvei.
Acta S. Hugonis, Episc. Rotomag.
Acta S. Judicaelis, Principis Armorici.
Acta S. Lauri.
Acta S. Maudeti, Solitarii in Armorica.
Acta passionis S. Maximi Mart.
Acta S. Mevennii, Abb. Gaeli in Armorica.
Acta S. Nonani.
Acta S. Petroci, Solitarii in Armorica.
Acta S. Samsonis.
Acta S. Victuri, Episc. Cenoman.
Acta S. Yvonis.
Exceptio S. Florentini apud Latiniacum.
Miracula S. Angilberti.
Miracula S. Florentii.
Miracula SS. Floriani et Florentii.
Miracula S. Victoris.
Miracula Urbani V. PP.
Passio S. Andeoli.

Passio SS. Chrysanti et Dariæ.
Translatio S. Vandregesili, *ex Cod. Reg.* 5506.
Vita S. Amatoris, Episc. Autiss.
Vita S. Arigii, Episc. Vapicensis.
Vita S. Caroli M. jussu Friderici Imp. scripta, *ex Bibl. Reg.*
Vita S. Castoris, Episc. Aptensis.
Vita S. Ermelandi.
Vita S. Firmini, Episc. Ambian.
Vita S. Gaugerici, Episc. Camerac.
Vita S. Gauzlini, Archiep. Bituric.
Vita B. Israelis, Canonici Doratensis.
Vita S. Leonorii, Episc. Armorici.
Vita S. Magnobodi, Episc. Andegav.
Vita S. Martialis, exarata sæc. circ. XI. vel XII. *ex Cod. Reg.* 5576.
Vita S. Montanæ, Abbat. Ferrariarum.
Vita S. Pauli, Episc. Armorici.
Vita S. Rigoberti, *ex Bibl. B. M. Roncensis.*
Vita S. Romani Mart.
Vita S. Romarici.
Vita S. Torpetis Mart. Pisani.
Vita S. Urbani, Episc. Lingon.
Vita S. Wenwaloei, Abb. Landevenec.

LIBRI ALIQUOT GRÆCI MSS.

Στέφανος λέξεων, *ex Cod. Reg.*
Glossæ Nomicæ, *ex Cod. Reg.*
Glossæ Gr. Lat. *ex Bibl. S. Germani Paris.*
Hist. Belisarii.

Lexicon Gr. *Cod. Reg.* 930.
Lexicon Ἰατρικόν. *Cod. Reg.* 1673.
Lexicon κατὰ ἀλφάβητον. *Cod. Reg.* 2062.

SCRIPTORES GALLICI VERNACULI

QUI SOLUTA ORATIONE SCRIPSERUNT, MSS.

Les Assises du Royaume de Jérusalem, *ex Adversariis Peirescianis*.
Brunet Latin.
Cérémonial.
Chronique de Guillaume de Nangis et son Continuateur.
Chronique de France, qui finit en l'an 1322.
La Cité de Dieu, traduction de Raoul de Presles.
Compte des Revenus du Comté de Boulogne.
Compte de Barthelemi du Drach, Trésorier des Guerres en 1350.
Compte d'Estienne de la Fontaine, Argentier du Roi en 1350, 1351.
La vieille Coustume de Normandie, *ex Cam. Comput. Paris*.
Guillaume le Seur, en l'Histoire de Gaston, Comte de Foix, *ex Schedis Andr. Duchesnii*.
Henry de Gauchy [nommé deux fois Henri de Gand dans un MS. de M. le Chancelier Daguesseau], auteur de la traduction de Gilles de Rome. *Vide Comment. Acad. Inscript. tom.* 17. *pag.* 733.
Histoire de France, *ex Bibl. al. Memmiana*.
Histoire des Guerres d'Outremer.
Histoire de la mort de Richard, roy d'Angleterre.
Histoire de li Normant, ou des Normans qui conquirent la Pouille, dédiée a Desidere ou Didier, Abbé du Mont-Cassin, et divisée en dix livres, *ex Adversariis Andr. Duchesnii*.
Hugues Plagon, en la version de Guillaume de Tyr. *Edit. tom.* 5. *Ampl. Collect. Marten*.
Jacques Valere, en son Traité de Noblesse.
Jean de la Gogue, Prieur de Saint Gildas, en l'Histoire des Princes de Deols en Berry.
Jean de Langres de la Consolation de Boece.
Les Instituts en Roman.
Le Lignage de Coucy.
Le livre des Moralités.
Le livre du Secret de l'art de l'Artillerie et Cannonerie, *ex Cod. Reg.* 4653.
Mémoires de Toussaint Carette, écrits en 1575.
Miroir Historial, compilé et ordonné du Latin en François par J. Abbé de Saint-Vincent de Laon, *ex Schedis Andr. Duchesnii*.
Olivier de la Marche.
Philippes de Beaumanoir, auteur de la Coustume de Beauvaisis [en 1283. *ex Cod. ejusd. ætatis, in Museo meo* (Carpenterii).]
Provinciaux, ou recueils de Blazons.
Roman d'Abladane.
Roman de Giron le Courtois.
Roman de Hues de Tabarie.
Roman de la Malemarastre.
Roman de Merlin par Robert Bourron.
Roman de Turpin.
Les sept Sergenteries de la Vicomté du Pontaudemer, *ex Cod. Reg.* 4653.
Sermons d'un anonyme au XIVe siècle, *ex Bibl. S. Vict. Paris. Cod.* 874.
Le Songe du viel Pélerin, par Philippe de Maisieres, composé en 1389.
Statuts des Armoiers et Coustepointiers de Paris.
Statuts des Bénédictines de la Congrégation de Chez-Albenoit, *ex Tabul. S. Germ. Prat*.
Statuts de Gauthier, Seigneur de Commerci, en 1263.
Statuts de l'Ordre de la Couronne de l'Espine.
Statuts de l'Ordre militaire du S. Esprit au droit desir, institué par Louis roi de Naples, en 1352.
Statuts des Echevins de Maizières.
Statuts de la ville d'Yères en Provence, de 1237.
Traité des Tournois de la Table ronde.
Le Trésor de Burnet, *ex Cod. scripto an.* 1323. *in Museo meo* (Carpenterii.)
Vies des Saints, par un anonyme, écrites à la fin du XIII siècle ou au commencement du XIV. *ex Bibl. S. Vict. Paris. Cod.* 28.
Le Voyage d'Outremer du Comte de Pontieu.
Le voyage de Prusse de Guillaume de Lannoy, Seigneur de Villerval.
Les Usages de la Cité d'Amiens.
Les Usages de la Forêt de Brotonne, *ex Cod. Reg.* 4653.
Les Usages de la Vicomté des eaux de rivière de Rouen.

POETÆ GALLICI VERNACULI VETERES, MSS.

Les Adventures arrivées en France depuis 1214. jusques en 1412.
Anonyme, de la Bibl. de S. Germain des Près.
La Bataille du Carême et du Charnage.
La Bataille des Sept Arts.
Baudouin de Condé.
Le Bestiaire, écrit en 1323. *ex Museo meo* (*Carpenterii*).
La Bible de Guiot de Provins.
La Bible de Hugues de Bersi, Moine de S. Germain des Près.
Le Brut d'Angleterre, par maistre Eustace.
Le Caton en Roman.
Le Chariot de Nismes.
Li Chastellains de Coucy.
Chrestien de Troyes, vers 1150.
Chronique de Bertrand du Guesclin.
Chronique de France depuis l'an 1214. jusques en 1296. *ex Tabul. S. Maglorii Paris.*
Colin Muset.
Consolation de Boece, *ex Museo meo* (*Carpenterii*).
Coquillart.
Le Débat du Cœur et de l'Œil.
Le Despirement du Corps.
Le Doctrinal.
Les Enseignemens Trebor de vivre saigement.
Gaces Brulez, Auteur de Chansons du temps de Thibaud, roi de Navarre.
Gasse, Poëte ancien, Auteur de plusieurs Romans.
Gautier de Mets, Auteur de la Mappemonde en 1245. *ex Bibl. Reg.*
Gautier, Moine de S. Médard de Soissons et Prieur de Vic-sur-Aisne, Auteur des Miracles de la Vierge en 1219.
Généalogie de la Vierge, écrite en 1323. *ex Museo meo* (*Carpenterii*.)
Gilles de Viezmesons.
Guillaume Guiart, en son Histoire de France.
Guillaume de la Perene, de la Guerre d'Italie en 1378.
Guillaume de Villeneuve.
Guilloche, Poëte sous Charles VIII. *ex Bibl. Reg.*
Helinand, en son Poëme de la Mort.
Histoire de Jean IV. Duc de Bretagne.
Le Honeste Fortune.
Hugues de Villeneuve.
Jacques Millet, de la Destruction de Troie.
Jean de Condé.
Jean Erard.
Jean de Mehun, en son Testament.
Jean Monjot d'Arras.
Invention de la Sainte-Croix, ancien Poëme.
Lancelot du Lac.
Li Lusidaire.
Martial de Paris, Vigiles de Charles VII, etc.
Nicod, en ses Cantiques.
L'Ordene de Chevalerie de Huë de Tabarie.
Ovide.
Le Pélerinage de humaine lignée, par Guillaume de Guigneville, Moine de Chaalis, composé en 1332. *ex Bibl. Reg.*
Perrin d'Angecourt, auteur de Chansons.
Philippes Mouskes, Evesque de Tornay, en son Histoire de France, *ex Bibl. Reg.*
Pierre de Langtoft, en sa Chronique.
Les Proverbes d'Esope, par Marie de France.
Les Rebours de Mathiolus.
Le Reclus de Moliens. L'auteur du Riche homme et du Ladre le cite avec éloge.
René Mace de Vendôme.
Robert Gaguin, le Passetemps de l'Oisiveté.
Le Roman d'Aie d'Avignon et Garnier.
Le Roman d'Albéric de Bourgogne.
Le Roman d'Alixandres, *ex Cod. Reg.* 7190.
Le Roman d'Amile et d'Amy.
Le Roman d'Artus.
Le Roman d'Athis, par Alexandre de Paris.
Le Roman d'Auberée.
Le Roman d'Aubery.
Le Roman d'Audigier, *ex Bibl. S. Germ. Prat.*
Le Roman de Bertain.
Le Roman de Blanchandin.
Le Roman des Braies.
Le Roman de la Chantepleure.
Le Roman de Charité.
Le Roman de Chastié Musart.
Le Roman du Chevalier au Barisel.
Le Roman du Chevalier Deliberé, composé en 1483.
Le Roman de Cleomades.
Le Roman de Cortois d'Artois.
Le Roman de la Diablerie.
Le Roman du Dit du Chevalier.
Le Roman de Floire.
Le Roman de Florance et de Blanche Flore.
Le Roman de Florimond, par Aymon de Chastillon, en 1180.
Le Roman de la Fontaine des Amoureux.
Le Roman de Fouques de Candie.
Le Roman de Garin le Loherans.
Le Roman de Gautier d'Avignon.
Le Roman de Gaydon.
Le Roman de Girard de Vienne, par Bertrand le Clerc.
Le Roman de la Guerre de Troyes, par Benoist Sainte-More.
Le Roman de Guillaume au Courb-nez (nez aquilin).
Le Roman de Guillaume de Dole.
Le Roman de Guillaume au Faucon.
Le Roman de Guiteclin.
Le Roman de Huon de Mery.
Le Roman de S. Jean-Baptiste.
Le Roman de Jordain de Blaye.

Le Roman de Judas Maccabée.
Le Roman de Kanor.
Le Roman de Sainte Leocade, par un Moine de S. Médard de Soissons.
Le Roman des Miracles du Chevalier.
Le Roman de Narcisse.
Le Roman d'Ogier le Danois.
Le Roman de Parise la Duchesse.
Le Roman de Partenay ou de Lezignan.
Le Roman de Partonopex.
Le Roman de Perceval le Galois.
Le Roman de Philippe de Macédoine.
Le Roman de la Prise de Jérusalem par Titus.
Le Roman de Pyramus et Tysbé.
Le Roman du Renard.
Le Roman de Renaud de Montauban.
Le Roman du Riche homme et du Ladre, par un Chanoine de la Fere sur Oise, en 1352. *ex Bibl. Reg.*
Le Roman de Robert le Diable.
Le Roman de Roncevaux.
Le Roman de la Rose, commencé par Guillaume de Lorris et achevé par Jean de Meun.

Le Roman de Rou et des Ducs de Normandie, composé par Maistre Vacce, Chanoine de Bayeux, natif de l'Isle de Grenezay, en l'an 1160.
Le Roman de Siperis de Vineaux.
Le Roman de Thibaud de Mailly.
Le Roman du Duc Varin au XII° siècle.
Le Roman de la Violette.
Romance d'Aucassin et de Nicolette avec la Chastelaine de S. Gilles.
Le Rosier de S. Denys.
Le Songecreux.
Le Temple de Mars, par Jean Moulinet de Valencienne, qui vivoit en 1477.
Thibaud Roi de Navarre.
Thibaud d'Argies, Auteur de Chansons.
Vie de Jésus-Christ, écrite en 1323. *ex Museo meo (Carpenterii).*
Vie de S. Denis Aréopagite.
Vie de Sainte Marie.
Recueil d'anciens Romans, écrit au XIII° siècle, *in Bibl. S. Germ. Prat.*

POETÆ PROVINCIALES.

Aimery de Sarlat.
Anselme Faidit.
Bertrand d'Allamanon.
Blacasset.
Foulques, Evêque de Toulouse.
Gerard de Borneil.
Guillaume Figuiere, vers 1210.

Guillaume de la Tour.
Lanfranc Cicala.
Pierre de Rouvre.
Rostaing Berenger.
Histoire des Poëtes Provençaux par Chasteuil Gallaust, autrefois du Cabinet de M. le Pr. de Mazaugues.
Chronique de Montpellier, en prose.

TABULARIA, REGESTA.

REGESTA CHARTOPHYLACII REGII PARIS. sign. A. B. C. D. EE. I. L. M. N. in quibus continentur literæ plurium scriniorum.
Regestum I. seu Repertorium Petri de Stampis, continens Chartas antiquiorum regestorum.
Regestum III. in quo intitulationes libri, sine asseribus dicti, et aliquot Chartæ.
Regestum IV. al. III. ann. 1309. et 1314.
Regestum V. ubi Computus Roberti de Seris, clerici seu thesaurarii Radulfi Augæ Comit. ab an. 1332. ad an. 1344.
Regestum XI. ubi plures literæ Alfonsi Comit. Pictav. et Tolos.
Regestum XIII. al. II. vel XV. ann. 1308. et 1309.
Regestum XVI. sub Philippo Pulcro.
Regestum XVII. al. XVI. bis.
Regestum XXIV. seu Terrearium Castellaniæ d'Ybois, factum per Joan. Danglada et Geraldum Bertrandi, notarios, an. 1408.
Regestum XXX. sub S. Ludovico et Philippo III.
Regestum XXXI. ab anno 1234. ad an. 1264.
Regestum XXXIV. sub Philippo Aug.

REGESTA SUB PHILIPPO PULCRO.

XXXIV. bis.
XXXV. et XXXVI quæ ad bellum Flandrense spectant.
XXXVII. ab an. 1302. ad an. 1305.
XXXVIII. ab an. 1299. ad an. 1307.
XL. ann. 1307. et 1308.
XLI. ann. 1308. 9. 10. et 11.
XLII. ann. 1308. et 1309. idem quod supra XIII.
XLIV. ann. 1307. et 1308.
XLV. ann. 1309. et 1310.
XLVI. ann. 1310. 11. et 12.
XLVII. ann. 1309. 10. 11. et 12.
XLVIII. an. 1312.
XLIX. an. 1313.
L. an. 1314. et 1315.

SUB LUDOVICO X.

LII. ann. 1314. et 1315.

SUB PHILIPPO V.

LIII. ann. 1316. et 1317.
LIV. al. XVI. ann. 1316. et 1317.
LV. al. XVIII. ann. 1317. 18. et 19.
LVI. ann. 1317. 18. et 19.
LVII. an. 1316.
LVIII. al. XVII. ann. 1317. 18. 19. et 20.
LIX. ann. 1319. et 1320.
LX. ann. 1320. et 1321.

SUB CAROLO IV.

LXI. ann. 1321. 22. et 23.
LXII. ann. 1323. 24. et 25.
LXIII. deficit.
LXIV. ann. 1325. 26. et 27.

SUB PHILIPPO VI.

LXV. ann. 1327. et 1328.
LXV. bis. ann. 1328.
LXVI. ann. 1329. 30. 31. 32. 33. et 34.
LXVII. ann. 1329.
LXVIII. ab ann. 1331. ad an. 1349.
LXIX. incœptum die Veneris tertia Martii 1334.
LXX. ann. 1336. et 1337.
LXXI. ann. 1337. 38. 39. 40.
LXXII. ann. 1339. 40. 41. 42. et 43.
LXXIII. ann. 1339. 40. et 41.
LXXIV. ann. 1340. 41. 42. 43. et 44.
LXXV. ann. 1342. 43. 44. 45. et 46.
LXXVI. ann. 1345. 46. et 47.
LXXVII. ann. 1347. 48. et 49.
LXXVIII. ann. 1347. 48. 49. et 50.
LXXIX. ann. 1347. 48. 49. et 50.

SUB JOANNE REGE.

LXXX. ann. 1350. et 1351.
LXXXI. ann. 1351. 52. et 53.
LXXXII. ann. 1353. et 1354.
LXXXIII. ann. 1354.
LXXXIV. ann. 1354. 55. et 56.
LXXXV. ann. 1356. et 1357.
LXXXVI. ann. 1357. et 1358.
LXXXVII. ab ann. 1357. ad an. 1360.
LXXXVIII. ann. 1360.
LXXXIX. ab ann. 1356. ad an. 1361.
LXXXX. ab an. 1357. ad an. 1361.
LXXXXI. ann. 1361. 62. et 63.
LXXXXII. ann. 1361. 62. et 63.
LXXXXIII. ann. 1362. et 1363.
LXXXXIV. ann. 1363. et 1364.
LXXXXV. ann. 1363. et 1364.

TABULARIA, REGESTA.

SUB CAROLO V.

LXXXXVI. ann. 1364.
LXXXXVII. ann. 1366. et 1367.
LXXXXVIII. ann. 1364. 65. et 66.
LXXXXIX. ab an. 1360. ad an. 1368.
C. ann. 1368. 1369. et 1370.
CI. ab an. 1363. ad an. 1371.
CII. ann. 1369. 1370. et 1371.
CIII. ann. 1371. et 1372.
CIV. ann. 1372. et 1373.
CV. ann. 1373. et 1374.
CVI. ann. 1374. et 1375.
CVII. ann. 1375.
CVIII. ann. 1375. et 1376.
CIX. ann. 1375. et 1376.
CX. ann. 1376. et 1377.
CXI. ann. 1377.
CXII. ann. 1377. et 1378.
CXIII. ann. 1378.
CXIV. ann. 1378. et 1379.
CXV. ann. 1379.
CXVI. an. 1379. et 1380.
CXVII. ann. 1380.
CXVIII. ann. 1380.

SUB CAROLO VI.

CXIX. ann. 1381.
CXX. ann. 1381. et 1382.
CXXI. ann. 1381. et 1382.
CXXII. ann. 1382. et 1383.
CXXIII. ann. 1383.
CXXIV. ann. 1383. et 1384.
CXXV. ann. 1384.
CXXVI. ann. 1384. et 1385.
CXXVII. ann. 1385.
CXXVIII. ann. 1385. et 1386.
CXXIX. ann. 1386.
CXXX. ann. 1386. et 1387.
CXXXI. ann. 1386. et 1387.
CXXXII. ann. 1387. et 1388.
CXXXIII. ann. 1388.
CXXXIV. ab an. 1380. ad an. 1389.
CXXXV. ann. 1388. et 1389.
CXXXVI. ann. 1389.
CXXXVII. ann. 1389.
CXXXVIII. ann. 1389. et 1390.
CXXXIX. ann. 1390.
CXL. ann. 1390. et 1391.
CXLI. ann. 1391.
CXLII. ann. 1391. et 1392.
CXLIII. ann. 1392.
CXLIV. ann. 1392. et 1393.
CXLV. ann. 1393.
CXLVI. ann. 1394.
CXLVII. ann. 1394. et 1395.
CXLVIII. ann. 1395.
CXLIX. ann. 1395. et 1396.
CL. ann. 1396.
CLI. ann. 1396. et 1397.
CLII. ann. 1397.
CLIII. ann. 1397. et 1398.
CLIV. ann. 1398. 1399. et 1400.
CLV. ann. 1400. et 1401.

CLVI. ann. 1400. et 1401.
CLVII. ann. 1402. et 1403.
CLVIII. ann. 1403. et 1404.
CLIX. ann. 1404. et 1405.
CLX. ann. 1405. ct 1406.
CLXI. ann. 1406. et 1407.
CLXII. ann. 1407. et 1408.
CLXIII. ann. 1408. et 1409.
CLXIV. ann. 1409. et 1410.
CLXV. ann. 1410. et 1411.
CLXVI. ann. 1411. et 1412.
CLXVII. ann. 1412. 13. et 14.
CLXVIII. ann. 1414. et 1415.
CLXIX. ann. 1415. 16. et 17.
CLXX. ab ann. 1415. ad an. 1419.
CLXXI. ab an. 1418. ad an. 1421.
CLXXII. ann. 1420. 21. et 22.

SUB HENRICO VI. REGE ANGLIÆ.

CLXXII bis, ann. 1422. 23. et 24.
CLXXIII. ab an. 1424. ad an. 1427.
CLXXIV. ab an. 1427. ad an. 1430.
CLXXV. ab an. 1430. ad an. 1434.

SUB CAROLO VII.

CLXXVI. ab an. 1440. ad an. 1450.
CLXXVII. ann. 1444. 45. et 46.
CLXXVIII. ann. 1446. et 1447.
CLXXIX. ann. 1447. 48. et 49.
CLXXX. ann. 1449. et 1450.
CLXXXI. ann. 1451. 52. et 53.
CLXXXII. ann. 1453. et 1454.
CLXXXIII. ann. 1455. 56. et 57.
CLXXXIV. ab an. 1442. ad an. 1455.
CLXXXV. ab an. 1450. ad an. 1457.
CLXXXVI. ann. 1449. et 1450.
CLXXXVII. ab an. 1454. ad an. 1458.
CLXXXVIII. ann. 1458. et 1459.
CLXXXIX. ab an. 1454. ad an. 1461.
CLXXXX. ann. 1459. et 1460.
CLXXXXI. ab an. 1453. ad an. 1457.
CLXXXXII. ann. 1460. et 1461.

SUB LUDOVICO XI.

CLXXXXIII. Deficit.
CLXXXXIV. ab an. 1465. ad an. 1473.
CLXXXXV. ab an. 1467. ad ann. 1477.
CLXXXXVI. ann. 1469. et 1470.
CLXXXXVII. ab an. 1468. ad an. 1474.
CLXXXXVIII. ann. 1461. et 1462.
CLXXXXIX. ann. 1463. et 1464.
CC. ab ann. 1466. ad an. 1481.
CCI. ab an. 1466. ad an. 1478.
CCII. ann. 1465. et 1466.
CCIII. ann. 1476. et 1477.
CCIV. ab an. 1473. ad an. 1476.
CCV. ab an. 1477. ad an. 1480.
CCVI. ab an. 1476. ad an. 1483.

TABULARIA, REGESTA.

CCVII. an. 1480. 81. et 82.
CCVIII. ann. 1480. 81. et 82.
CCIX. ab an. 1480. ad an. 1483.

Regesta ex Chartophylaciis regiis Aquensi, Atrebatensi, Monspessulano, Tolosano.
Regestum Joannis de S. Justo, *ex Cam. Comput. Paris.*
Regestum *Pater*, ab ann. 1204. ad ann. 1330. *ex ead. Camer.*
Regestum *Noster*, ab ann. 1256. ad ann. 1315. *ex ead. Camer.*
Regestum *Qui es in cœlis*, ab an. 1223. ad an. 1330. *ex ead. Cam.*
Regestum sign. duplici litera I. rubra, continens homagia feudorum Aquitaniæ annis 1273. et seqq. præstita, *ex ead. Cam.*
Regestum feodorum comitat. Clarimontis ejusque redituum, *ex ead. Cam.*
Regestum feodorum comitat. Pictaviensis, inscriptum *Le Grand Gauthier de Poitou*, in quo continentur recognitiones exhibitæ Joanni duci Bitur. et Alvern. comiti Pictav. *ex ead. Cam.*
Regestum sign. *Vienne*, *ex ead. Cam.*
Regestum sign. *Bel* ann. 1310. et seqq. *ex ead. Cam.*
Regestum donorum Caroli Pulcri et Philippi de Valesio, *ex ead. Cam.*
Regestum Chartarum tempore Joannis ducis Bitur. ab an. 1360. ad an. 1416. *ex ead. Cam.*
Regestum aliud sub eodem duce, ab an. 1395. ad ann. 1413. *ex ead. Cam.*
Regestum forestarum comitat. Alenconii, Perticensis, etc. jussu Mariæ de Hispania, comit. Alencon. scriptum, *ex ead. Cam.*
Regestum Cameræ Comput. Bitur. ab an. 1421. ad an. 1436. *ex ead. Cam. Paris.*
Regestum Cameræ Comput. Paris. cujus initium, *Ordinatio regia an.* 1256. et finis, *Intitulatio eorum quæ continentur in Libro quodam rubro thesauri regii. Cod. Reg. al.* 8406.
Regesta Cameræ Comput. Aquensis.
Regesta *Mandat* et *Probus* Cameræ Comput. Dalphin.
Regestum Chartarum ex eadem Camera recens extractarum, quarum prima est Testamentum Abbonis patricii Rom. *Cod. Reg.* 5456.
Regesta Cameræ Comput. Insul. sign. *le Papier aux ayselles* et *le Papier velu.*
Regesta Cameræ Comput. Provinciæ sign. *Armorum, Columba, Rubei.*
Regestum 2. Parlamenti Paris. sign. *Olim*, scriptum, ut videtur, a Nicolao de Carnoto.
Aliud etiam sign. *Olim*, ab an. 1254. ad an. 1318.
Regesta ejusd. Parlamenti, inscripta *Jugez ou Arrests, Lettres et Commissions*, etc. *ex Museis DD. Pr. Ogier et Durey de Meinieres*, quorum
I. a mense Nov. an. 1319. ad an. 1334.
II. a mense Nov. an. 1343. ad an. 1352.
III. a mense Nov. an. 1338. ad ann. 1343. et 1351.
IV. a mense Nov. an. 1352. ad an. 1363.
V. a mense Nov. an. 1363. ad an. 1369.
VI. a mense Nov. an. 1369. ad an. 1377.
VII. a mense Nov. an. 1377. ad an. 1388.
VIII. a mense Nov. an. 1388. ad an. 1397.
IX. a mense Nov. an. 1397. ad an. 1404. ubi ad calcem de annis 1334. 35. et 36.
X. a 13. Jan. an. 1360. ad an. 1388.
XI. a mense Nov. an. 1404. ad an. 1417.
XII. ab anno 1318. ad an. 1358.
Regesta duo ejusd. Parlamenti, quæ *Manualia placitatorum* nuncupantur, ab anno 1364. ad an. 1391. *ex Museo D. Ogier.*
Regestum Chartarum ab an. 1225. ad ann. 1402. *Cod. Reg. al.* 8448. 2. 2.
Regestum Chartarum sub S. Ludovico pro partibus Occit. expeditarum, quibus aliquot adduntur Phil. III. et IV. *Cod. Reg. al.* 9653. 5. A.
Regestum Philippi Pulcri, ann. 1310. et 1311. *Cod. Reg. al.* 9607. 3.
Regestum, in quo plura authentica continentur, quorum præcipua sunt : Crimina a Ludovico Rom. rege contra Joannem PP. XXII. objecta. Inquisitio contra Templarios, Fragmenta cujusdam Regesti in quo multa ad Ecclesiam Rom. pertinentia. Leges Rotharis, Liutprandi aliorumque regum Italiæ et Longobardiæ. *Cod. Reg.* 5376.
Regestum in quo multa quæ ad domum *d'Albret* spectant. *Cod. Reg. al* 9573. 2. 2.
Regestum Alexandri IV. PP. *ex Bibl. Reg.*
Regestum comitatus Andegavensis.
Regesta capituli Autissiodorensis.
Regestum senescalliæ Bellicadri.
Regestum censuum comitatus Bigorræ.
Regestum constabulariæ Burdegalensis.
Regestum feodorum Burgundiæ.
Regesta capitularia Eccl. Cameracensis.
Regestum in quo plura ad comitat. Campaniæ spectantia, scriptum sæc. XVI. *Cod. Reg. al.* 8312. 5.
Regestum feodorum comitatus Campaniæ.
Regestum de feudis et negotiis senescalliarum Carcass. Bellic. Tolos. Caturc. et Ruthen. ubi præcipue de iis quæ sub Simone et Amalrico comit. Montisf. acta sunt. *Cod. Reg. al.* 8407. 2. 2.
Regesta Capitularia Eccl. Carnotensis.
Regesta Capitularia Eccl. Lugdun. *ex Cam. Comput. Paris.*
Regestum Castri Lidi in Andibus.
Regestum Castri Meliandi.
Regestum, seu Terrearium, comitat. Clarimontis, scriptum circa annum 1320. *Cod. Reg. al.* 9493. 5. 5. A.
Regestum Commerciacense.
Regesta Consilii et Parlamenti, ab anno 1364. ad ann. 1528. *Cod. Reg. al.* 9823.
Regestum communiæ Divion. *ex Bibl. Petav.*
Regestum Domus publicæ Ambianensis.
Regesta Domus publicæ Duacensis. Aliud S. Petri ejusdem urbis.
Regesta Domus publicæ Parisiensis.
Regestum Chartarum ad Eccl. Ebroicensem pertinentium, ab an. 1254. ad an. 1591. *Cod. Reg.* 5201. A.
Regestum feodorum Franciæ.
Regestum Chartarum quæ ad Eccl. Colleg. S. Gengulfi in ducatu Barrensi pertinent, descriptum XVI. sæc. *ex Bibl. Reg.*
Regestum parvum S. Germani Prat. scriptum ante annum 1300. *ex ejus Tabul.*
Regestum redituum comitat. Hannoniæ ann. 1265. *ex Cam. Comput. Insul.*
Regestum Honorii III. PP.
Regestum Inculismense.
Regestum Joannis XXII. PP. ejusdem ætatis. *Cod. Reg.* 4114.

TABULARIA, REGESTA.

Regestum sign. *Abbaye de Josaphat, etc. Cod. Reg.* 5185. I.

Regestum feodorum Eccl. Lingonensis.

Regestum Chartarum ad ducatus Lotharingiæ et Barri spectantium, *ex Bibl. Reg.*

Regestum Ludovici regis Siciliæ et ducis Andegav.

Regestum in quo multa ad jurisdictionem Archiepiscopi, capituli et civitatis Lugdun. pertinentia, scriptum eleganter ineunte XV. sæc. *Cod. Reg. al.* 9852. 3. 3.

Regestum in quo multa ad jurisdictionem ejusd. Eccl. pertinentia. *Cod. Reg. al.* 9872.

Aliud de eadem re, una cum Chartis, quæ ad vicariatum imperii ducibus Sabaudiæ concessum spectant. *Cod. Reg. al.* 9873.

Aliud ad eamdem Ecclesiam pertinens. *Cod. Reg.* 5186.

Regestum authenticum secretariatus Caroli de Alenconio, Archiep. Lugdun. an. 1365. *Cod. Reg.* 5187.

Regestum primum Magnorum dierum Trecensium, ab an. 1367. ad an. 1395. *Cod. Reg. al.* 8357. 4. 4.

Regestum tertium feodorum Episcop. Metensis, *ex Bibl. Reg.*

Regestum sign. *Reprises des fiefs de l'Evêché de Mets. Cod. Reg. al.* 9861. 2. 2.

Regestum Chartarum ad Eccles. Narbonensem spectantium. *Cod. Reg. al.* 9640. 3.

Regestum Nemausensis senescalliæ.

Regestum censuum et redituum Episcop. Nivernensis, an. 1287. exaratum. *Cod. Reg.* 5207.

Regesta Normanniæ.

Regestum sign. *Nostre Dame de Clery*, in quo plures Chartæ Ludovici XI. etc. *Cod. Reg.* 5185. H.

Regestum Nundinarum Trecensium.

Regesta Peiresciana.

Regestum Pinconiense.

Regestum Chartarum scriptum sæcul. XIII. ad cujus calcem habentur Chartæ ad Monaster. Rivipullense spectantes. *Cod. Reg.* 5132.

Regestum ubi Arestum Parlamenti Paris. an. 1390. quo jus feudale in marchionatum Saluciarum Dalphino Viennensi asseritur, Duce Sabaudiæ idem reclamante ; et alia ad id pertinentia. *Cod. Reg.* 6015.

Regestum comitum Tolosæ.

Regestum Parlamenti Tolos. a 15. Nov. ann. 1456. ad 21. Aug. 1465. *Cod. Reg. al.* 9879. 6.

Regestum ubi plura ad urbem Trecensem spectantia. *Cod. Reg. al.* 9827. 4. 4.

Regestum sign. *Varia*, in quo multa quæ ad Brabantiæ ducatum, sub Henrico et Joanne præsertim ducibus, pertinent. *Cod. Reg. al.* 10197. 2. 2.

Regestum de Vouta in diœc. Vivar.

Regestum Chartarum scriptum XIII. sæcul. inter quas habentur anniversaria S. Martialis Lemovic. *Cod. Reg.* 5137.

Regestum sign. *Varia*, in quo plurima promiscue collecta sunt, quæ ex authenticis a 200. circiter annis sunt transcripta. *Cod. Reg.* 5956. A.

Regestum 200. circ. an. in quo varia continentur. *Cod. Reg. al.* 9824. 7.

Acta Inquisitionis Carcassonensis contra Albigenses ann. 1308. et 1309. *Cod. Reg.* 4269.

Acta notarii Senensis, ab an. 1283. ad anp. 1287. *Cod. Reg.* 4725.

Acta publica curiæ præsidialis Ebroicensis.

Assisiæ Campaniæ.

Schedæ Lud. *Aubret* Dombensis historiographi.

Schedæ Joan. Lud. *Brunet*, Paris. Advocati.

Schedæ Joan. Ant. *Chaix*, Aquensis Advocati.

Schedæ D. *Courbon de Terney*, Canonici et Archidiaconi Eccl. Carnot.

Schedæ viri doctissimi *Falconet*.

Schedæ Joan. *Le Beuf*, ex Academia Inscript.

Schedæ doctissimi viri D. *de Foncemagne*.

Schedæ D. *Le Fournier*, S. Vict. Massil. Benedictini.

Schedæ Mabillonii, *ex Bibl. S. Germ. Prat.*

Schedæ D. *le Maréchal de Fricourt*, Bellovacensis prætoris primarii.

Schedæ Cl. V. Præsidis *de Mazaugues*.

Schedæ D. *Mutte*, Ecclesiæ Cameracensis Decani.

Schedæ D. *Pocquet*, juris Gallici Professoris in Academia Andegav.

Schedæ viri doctissimi D. *Schœpflin*, in Acad. Argent. professoris regii.

Schedæ Cl. V. D. *de St. Vincent*, Præsidis in parlamento Provinciæ.

TABULARIA SEU CHARTULARIA

ECCLESIARUM, MONASTERIORUM, ETC.

Tabularium Abbat. Absiensis.
Tabularium Abbat. Accincti, vulgo *Acey*.
Tabularium Abbat. S. Acheoli Ambian.
Tabularium Abbat. S. Albini Andegav.
Tabularium Abbat. Altæ-Ripæ.
Tabularium Abbat. S. Amantii.
Tabularium Eccl. et Episc. Ambianensis.
Tabularium Abbat. S. Andreæ Avenion.
Chartularium Eccl. S. Andreæ Viennensis.
Tabularium Eccl. Aniciensis.
Tabularium Eccl. Aptensis.
Chartularium Abbat. Aquicinctensis.
Tabularium Archiep. Arelatensis.
Tabularium Prior. S. Arnulfi Crispiac.
Tabularium Abbat. de Arovasia.
Chartularium Abbat. Arremarensis, scriptum circ. medium XIV. sæc. *Cod. Reg.* 5432.
Chartularium Abbat. Athanacensis Lugdun.
Tabularium Eccl. et Civit. Audomarensis.
Chartularium Eccl. Augustodunensis.
Chartularium Eccl. S. Aviti Aurelian. scriptum exeunte sæcul. XIII. vel ineunte XIV. *ex Bibl. S. German. Prat.* 446.
Tabularium Abbat. Auriliacensis.
Chartularium Eccl. S. Austregisili Bitur.
Chartularium S. Autberti Camerac.
Tabularium Eccl. et Episc. Autissiodorensis.
Chartularium Eccl. Auxitanæ.
Chartularium Abbat. Barbellensis, transcriptum ex authentico, jubente Colberto. *Cod. Reg.* 5466.
Tabularium Eccl. S. Bartholomæi Bethun.
Tabularium Cartusiæ de Bassavilla.
Tabularium Abbat. Beccensis.
Chartularium Prior. Bellævallis diœc. Tull. *Cod. Reg. al.* 9852. 8.
Tabularium Cartusiæ Belli-Larici.
Tabularium Abbat. Belliloci in Lemovic.
Tabularium Abbat. Belliportus.
Tabularium Eccl. Bellovacensis.
Tabularium Abbat. S. Benigni Divion.
Chartularium Archiep. Bituricensis.
Chartularium Abbat. Blandiniensis seu S. Petri Gandensis, sign. *Privilegia de Harnes*, non una manu scriptum et ex diversis quaternis compactum.
Tabularium Abbat. Bonævallis.
Chartularium Abbat. Boniportus, scriptum sæc. XIV. *ex Bibl. S. Germ. Prat.*
Tabularium Abbat. Bosonisvillæ.
Tabularium Abbat. Brivatensis.
Tabularium Abbat. Burgi-Medii apud Blesas.

Tabularium Abbat. Burguliensis.
Tabularium Abbat. Buzeii.
Tabularium Eccl. Cabilonensis.
Tabularium Eccl. Cadurcensis.
Tabularium Abbat. Calensis.
Chartularium Abbat. Camalariensis diœc. Anic.
Tabularium Senatus Camberiacensis.
Tabularium Eccl. et Civit. Cameracensis.
Tabularium Abbat. Cameræ-Fontis.
Chartularium Campaniæ, sive Liber principum, *ex Cam. Comput. Paris.*
Chartularium Campaniæ, quod *Thuanum* appellat Cangius, scriptum medio circ. XIII. sæcul. *Cod. Reg.* 5992.
Chartularium Campaniæ, ad usum, ut videtur, Blanchæ comitissæ scriptum, ab an. 1199. ad an. 1246. *Cod. Reg.* 5993.
Chartularium Campaniæ. *Cod. Reg.* 5993. A.
Tabularium Abbat. S. Carauni Carnot.
Tabularium Eccl. Carcassonensis.
Chartularium Eccl. Carnotensis, in quo multa quæ ad ritus et consuetudines hujus Ecclesiæ pertinent, an. circ. 300.
Aliud feodorum ejusd. Eccl.
Aliud sign. *de Nobilitate Eccl. Carnot.*
Chartularium cantoriæ Eccl. Carnot.
Tabularium Abbat. Caroli-Loci.
Tabularium Abbat. de Casa Dei.
Chartularium Abbat. Casalis S. Benedicti.
Chartularium Abbat. Casauriensis, in regno Neapolit. scriptum circa annum 1200. *Cod. Reg.* 5412.
Tabularium Abbat. Cassaniensis in Bressia.
Chartularium Eccles. Colleg. de Castellione super Indriam.
Tabularium Castri Brientii.
Tabularium Castri Nannetensis.
Tabularium Castrei Vitreii.
Chartularium Abbat. Celsinianensis, recens ex authentico descriptum et ad illud per Baluzium collatum. *Cod. Reg.* 5454.
Tabularium Abbat. Cervi-Frigidi.
Tabularium Abbat. Clarevallis.
Chartularium Abbat. Clarifontis.
Tabularium Eccl. Colleg. S. Clodoaldi.
Tabularium Abbat. Cluniacensis.
Chartularium ejusd. Abbat. ubi privilegia Rom. Pontif. aliorumque Episcop. immunitates et dona Regum, Principum, Optimatumque huic monasterio concessa ab ipsius incunabulis usque ad ann. 1300. *Cod. Reg.* 5458.

TABULARIA CHARTULARIA.

Aliud, ubi de iis potissime Ecclesiis quæ a Cluniaco dependent, quod ex veteri Chartulario descripsit Baluzius an. 1701. exeunte. *Cod. Reg.* 5459.
Tabularium Abbat. Conchensis in Ruthenis.
Tabularium Abbat. Corbeiensis.
Chartularium magnum nigrum ejusd. Abbat. scriptum a Joan. *Candas* præposito an. 1295.
Aliud sign. *Cæsar*.
Aliud sign. *Daniel*.
Aliud sign. *Esdras*.
Aliud sign. *Ezechiel*.
Aliud sign. *Nehemias*.
Tabularium Episc. Corisopitensis.
Chartularium Abbat. S. Cornelii Compend. scriptum prima manu sub finem XIII. sæc.
Tabularium Abbat. Crisenonensis.
Tabularium Abbat. S. Crispini Magni Suession.
Tabularium Abbat. S. Crispini in Cavea Suession.
Tabularium Abbat. S. Crucis Burdegal.
Tabularium Abbat. S. Crucis Quimperleg.
Tabularium Abbat. S. Crucis Talemontensis.
Tabularium Abbat. Curiæ Dei.
Tabularium Abbat. S. Cypriani Pictav.
Tabularium Eccl. S. Cyrici Nivern.
Tabularium Abbat. Dalonensis in Lemov.
Chartularium Eccles. Colleg. S. Petri Insul. sign. *Decanus*.
Tabularium Abbat. Dervensis.
Chartularium Abbat. Sancti Dionysii prope Paris. scriptum ineunte sæc. XIV. *Cod. Reg.* 5415.
Tabularium Abbat. S. Dionysii de Capella in Biturigibus.
Tabularium Abbat. S. Dionysii Exoldunensis.
Tabularium Abbat. S. Dionysii Lemovicensis.
Tabularium Prior. S. Dionysii Novigenti Rotroci.
Chartularium Abbat. S. Dionysii Vergiacensis, scriptum circa finem XIII. sæc. *Cod. Reg.* 5529. A.
Tabularium Prior. de Domina in Delphinatu.
Tabularium Prior. Domni-Martini.
Chartularium Domus Dei Pontisarensis.
Chartularium Prior. Doncheriensis.
Tabularium Abbat. S. Ebrulphi.
Tabularium Eleemosynariæ Montismorilionis.
Tabularium Eleemos. S. Pauli Viennensis.
Tabularium Abbat. S. Eligii Noviom.
Tabularium Abbat. Elnonensis.
Tabularium Abbat. S. Eparchii Inculism.
Chartularium Abbat. de Escureyo.
Tabularium Abbat. Faræ-Monasterii.
Chartularium Prior. S. Fiacrii.
Chartularium Abbat. Fidemiensis.
Tabularium Capituli S. Firmini Ambian.
Tabularium Prior. de Firmitate Walcheri.
Tabularium Abbat. Fiscamnensis.
Chartularium primum et secundum Flandriæ, *ex Cam. Comput. Insul*.
Tabularium Abbat. Flaviniacensis.
Tabularium Abbat. Flinensis prope Orchesium.
Tabularium Abbat. S. Florentii Salmur.
Tabularium Eccl. S. Flori in Arvernis.
Tabularium Abbat. Floriacensis.
Tabularium Abbat. Foisniacensis vel Fusniacensis.
Tabularium Abbat. Fontanellensis seu S. Vandregisili.
Tabularium Abbat. Fontis-Danielis.
Tabularium Abbat. Fontis-Ebraldi.
Tabularium Abbat. Forensis.

Tabularium Abbat. Frigidi-Montis.
Chartularium Prior. S. Fromondi, *ex Tabul. Cerisiac.*
Tabularium Abbat. S. Fusciani diœc. Ambian.
Tabularium Abbat. Gellonensis.
Tabularium Abbat. Gemeticensis.
Chartularium Eccl. S. Gengulfi Tullensis.
Tabularium Abbat. S. Genovefæ Paris.
Chartularium Abbat. S. Germani Prat. sign. tribus crucibus, scriptum circa initium sæc. XIII.
Aliud sign. AB. ab an. 1256.
Aliud sign. AD. scriptum an. 1270.
Aliud Richardi, dicti *de Laitre*, Abb. ejusd. monast. ab an. 1363. ad an. 1387.
Aliud jussu Guillelmi III. Richardi successoris scriptum.
Tabularium Abbat. S. Gildasii de Nemore.
Tabularium Abbat. Gimontensis.
Chartularium Eccl. Glasguensis seu Clascoviensis in Scotia, a Baluzio ex veteri descriptum an. 1697. *Cod. Reg.* 5540.
Chartularium Godefridi Dom. Asperimontis, ab ann. 1347. usque ad Pascha an. 1354. *ex Bibl. Reg.*
Tabularium Abbat. Gorziensis.
Tabularium Eccl. Gratianopolitanæ.
Chartularium ejusd. Eccl. sub Hugone Episc.
Chartularium Prior. de Guilcio, vulgo *Gouy*, scriptum an. 1541. *Cod. Reg.* 5447.
Chartularium Guillelmi Comitis Hannoniæ, circa initium sæcul. XIV. scriptum. *Cod. Reg. al.* 10196. 2. 2.
Tabularium Eccl. Hamensis.
Tabularium Abbat. Hederensis.
Chartularium Henrici V. et VI. reg. Angl. in quo describuntur Chartæ ad ducatum Aquitaniæ et civitat. Burdegal. pertinentes *Cod. Reg. al.* 8387. 4.
Tabularium Abbat. S. Jacuti.
Tabularium Abbat. S. Illidii Claromont.
Tabularium Abbat. S. Joannis Ambian.
Chartularium Abbat. S. Joannis Angeriacensis, recens et parum accurate scriptum. *Cod. Reg.* 5451.
Chartularium Abbat. S. Joannis de Aurel. in Lemov.
Chartularium Abbat. S. Joannis de Jardo, scriptum circa annum 1400. *Cod. Reg. al.* 8353. 2. 2.
Chartularium Abbat. S. Joannis Laudunensis, scriptum medio circ. XIII. sæc.
Tabularium Abbat. S. Joannis Tolos.
Chartularium Abbat. S. Joannis in Valle.
Tabularium Abbat. Jotrensis.
Tabularium Abbat. S. Judoci ad Mare.
Tabularium Abbat. S. Juliani Cenoman.
Tabularium Abbat. Juniani Nobiliacensis.
Tabularium Eccl. S. Justi Lugdun.
Chartularium Abbat. Landevenecensis.
Chartularium Abbat. Latiniac. anno circa 1513. scriptum.
Tabularium S. Laudi Andegav.
Chartularium Prior. Lehunensis, scriptum circa finem sæc. XIII. *Cod. Reg.* 5460.
Chartularium Eccl. de Leproso.
Chartularium Abbat. Lezatensis.
Chartularium Eccles. Lingonensis scriptum sub Joanne Episc. an. 1329. *Cod. Reg.* 5188.
Aliud a 200. circiter annis ex antiquiori descriptum. *Cod. Reg.* 5189.
Tabularium Abbat. Loci-Regii Bitur.
Tabularium Eccl. Lugdunensis.

TABULARIA CHARTULARIA.

Tabularium Abbat. S. Lupi prope Aurel.
Tabularium Abbat. S. Lupi Trecensis.
Tabularium Eccl. Macloviensis.
Chartularium Eccl. B. Magdalenæ Castrodun.
Chartularium Abbat. S. Maglorii Paris. scriptum ann. 1330. *Cod. Reg.* 5413.
Tabularium Abbat. Maimacensis.
Tabularium Abbat. Majoris Monasterii.
Chartularium ejusd. Abbat. pro agro Castrodun. *ex Bibl. S. Germ. Prat.*
Aliud pro pago Vindocinensi, scriptum sæculo XII. ineunte. *Cod. Reg.* 5442.
Chartularium Abbat. S. Marcelli Cabilon.
Tabularium Abbat. B. Mariæ Andegav. vulgo *le Roncerai.*
Tabularium Abb. B. Mariæ de Bono-Nuntio Aurel. et Rotom.
Chartularium Abbat. B. Mariæ de Buxeria, primum *de Asseraule*, scriptum sub initia sæculi XIV. *Cod. Reg.* 5463.
Tabularium Prior. B. Mariæ de Charitate.
Chartularium Abbat. B. Mariæ Dolensis, vulgo *Deols* et *Bourg-Dieu*, in pago Bitur. *ex Bibl. S. German. Prat.* 1072.
Tabularium Prior. B. Mariæ de Gornaco.
Chartularium Abbat. B. Mariæ Graciacensis.
Chartularium Abbat. B. Mariæ de Josaphat.
Chartularium Abbat. B. Mariæ de Lilio, scriptum prima manu sub finem sæc. XIII. altera medio circ. sæcul. XIV. *ex Bibl. S. Germ. Prat.* 1611.
Tabularium Abbat. B. Mariæ Longipontis, diœces. Paris.
Tabularium Abbat. B. Mariæ Maidunensis.
Chartularium Abbat. B. Mariæ Monasteriensis in Argona, scriptum circa finem sæc. XIII.
Tabularium Cartusiæ B. Mariæ de Parco.
Tabularium Abbat. B. Mariæ de Prato Rotomag.
Tabularium Abbat. B. Mariæ Santonensis.
Tabularium Abbat. S. Mariani Autiss.
Tabularium Abbat. S. Martini de Altopodio in Ruthenis.
Chartularium Abbat. S. Martini Augustodun. scriptum jussu Joan. *Rolin*, Cardinalis et Episc. hujus urbis et ejusd. monast. abb. an. 1462. *Cod. Reg.* 5422.
Chartularium Abbat. S. Martini de Camarcio.
Tabularium Abbat. S. Martini Pontisar.
Chartularium Abbat. S. Martini Sagiensis.
Tabularium Eccl. S. Martini Turon.
Tabularium Abbat. nunc Prior. S. Martini Vertavensis.
Chartularium Abbat. Masciacensis.
Tabularium Civitatis Massiliensis.
Tabularium Eccl. Matisconensis.
Chartularium Abbat. S. Mauri Fossatensis, cujus authenticum exstat in Tabul. Archiepisc. Paris. *Cod. Reg.* 5416.
Tabularium Abbat. S. Mauri ad Ligerim.
Chartularium Abbat. S. Maurigniacensis, scriptum circa finem sæc. XIII. *Cod. Reg.* 5648.
Chartularium Eccl. S. Mauritii Viennensis, scriptum sæc. XI. exeunte, cui recentiores aliquot Chartæ secunda manu subjunctæ sunt.
Tabularium Abbat. S Maxentii Pictav.
Tabularium Abbat. S. Medardi Suession.
Tabularium Abbat. Medii-monasterii Bitur.
Tabularium Abbat. S. Melanii Rothon.
Tabularium Eccl. Meldensis.

Tabularium Abbat. S. Michaelis de Ulteriori Portu.
Chartularium Abbat. Miciacensis.
Tabularium Episc. Mimatensis.
Chartularium Abbat. Miseracensis.
Tabularium Abbat. Molismensis.
Tabularium D. de Montesquivo.
Tabularium Abbat. Montis S. Eligii in Atrebat.
Chartularium Abbat. Montis S. Martini, scriptum exeunte sæc. XIII. *Cod. Reg.* 5478.
Tabularium Abbat. Montis-Martyrum Paris.
Tabularium Abbat. Montis S. Michaelis.
Tabularium Abbat. Montis-Olivi.
Tabularium Abbat. Montis-Rivi.
Tabularium Abbat. Moyssiacensis.
Chartularium Episc. Murensis in Lucania, ubi eæ tantum Chartæ continentur quæ circa medium seculum XVI. exaratæ sunt. *Cod. Reg.* 5184. A.
Tabularium Abbat. Nantoliensis in Pictonibus.
Tabularium Eccl. Narbonensis.
Tabularium Prior. Neronis Villæ.
Tabularium Prior. S. Nicasii de Mellento.
Tabularium Abbat. S. Nicasii Remensis.
Tabularium Eccl. Nivernensis.
Tabularium Eccl. Noviomensis.
Chartularium Prior. S. Oricoli Sindunensis, vulgo *Senuc*, scriptum manu recenti. *Cod. Reg.* 5431.
Chartularium Episc. Parisiensis, non una manu, nec uno tempore scriptum. *Cod. Reg.* 5526.
Chartularium Prior. Persiaci in Burgund. edit. a Perardo a pag. 22. ad pag. 46.
Tabularium Abbat. S. Petri Carnotensis.
Tabularium Abbat. S. Petri de Cella-Froini Inculism.
Tabularium Abbat. S. Petri Generensis.
Tabularium Eccl. Colleg. S. Petri Insulensis.
Chartularium Abbat. S. Petri de Monte, diœc. Metensis, scriptum XIV. sæcul. *ex Bibl. S. German. Prat.* 406. 2.
Tabularium Prior. S. Petri de Paredo in Burgundia.
Chartularium Abbat. S. Petri Puellarum Bitur.
Tabularium Abbat. S. Petri de Regula.
Tabularium Abbat. S. Petri de Rilleio.
Chartularium Abbat. S. Petri in Sithiu, vulgo S. Bertini Audomar. ex authentico descriptum jussu Colberti an. 1671. *Cod. Reg.* 5439.
Tabularium Abbat. S. Petri Virsionensis.
Tabularium Abbat. S. Petri Vosiensis.
Tabularium Abbat. de Pietate Dei, vulgo *l'Espau.*
Tabularium Abbat. Piperacensis.
Tabularium Abbat. Pontileviensis.
Chartularium Abbat. Pontiniacensis, eleganter scriptum paulo post annum 1300. *Cod. Reg.* 5465.
Tabularium Leprosariæ Pontis-Audomari.
Tabularium Abbat. Pontis-Otranni.
Tabularium Abbat. Portus-Regii.
Tabularium Abbat. de Precibus.
Tabularium Abbat. Præmonstratensis.
Tabularium Abbat. S. Quintini in insula.
Tabularium Abbat. S. Quintini in monte.
Chartularium Raymundi VII. comit. Tolosan. a Baluzio an. 1658. exscriptum. *Cod. Reg.* 6220.
Chartularium Abbat. Regalis-Loci prope Compendium, scriptum an. 1358. *Cod. Reg.* 4534.
Tabularium Abbat. Regniacensis.
Tabularium Abbat. S. Remigii Remensis.
Tabularium Abbat. Resbacensis.
Tabularium Abbat. S. Richarii Centul.

TABULARIA CHARTULARIA.

Tabularium Abbat. S. Roberti de Cornilione.
Tabularium Prior. Rodoliensis, vulgo *Reuil*.
Tabularium Principis *de Rohan*.
Chartularium Abbat. Romaricensis, scriptum an. 1385. per Steph. Aubrici de Aroffiis, notarium publicum, *ex Bibl. S. Germ. Prat.*
Chartularium Sabaudiæ, in quo præsertim continentur pactiones habitæ inter comitem Sabaudiæ, delphinum Viennensem et comitem Genevensem. *Cod. Reg. alias.* 9493. 5. 5.
Tabularium comitum Sacricæsaris.
Tabularium Abbat. S. Salvatoris Redonensis.
Tabularium Abbat. S. Saturnini Tolosani.
Tabularium Abbat. S. Satyri Bituricensis.
Tabularium Abbat. S. Savini Tarbeiensis.
Tabularium Abbat. Saviniacensis.
Tabularium Archiep. Senonensis.
Chartularium Abbat. S. Sepulcri Camerac.
Tabularium Abbat. SS. Sergii et Bacchi Andegav.
Tabularium Abbat. S. Sigiranni.
Tabularium Eccl. Silvanectensis.
Tabularium Abbat. Solemniacensis.
Tabularium Abbat. S. Stephani de Vallibus.
Tabularium Abbat. Strumensis.
Tabularium Abbat. S. Sulpitii Bituric.
Tabularium Eccl. Tarentasiensis.
Chartularium Abbat. Thenoliensis, vulgo *Thenailles*, scriptum circ. finem XIII. sæc. *Cod. Reg.* 5649.
Tabularium Abbat. S. Theofredi diœc. Aniciensis.
Tabularium abbat. Trenorchiensis.
Tabularium Trevoltianum.
Chartularium Abbat. SS. Trinitatis Cadomensis.
Tabularium Abbat. Troncheti.
Tabularium Eccl. Tutelensis.
Chartularium E. Abbatiæ Valcellensis.
Chartularium Eccl. regalis Vastinensis.
Tabularium Abbat. S. Vedasti Atrebat.
Tabularium D. Marchionis de Vencia.
Tabularium Abbat. S. Victoris Massil.
Tabularium Abbat. S. Victoris Paris.
Tabularium Abbat. S. Vigoris de Cerasio.
Tabularium Abbat. Villæ-Lupensis.
Tabularium Abbat. Villæ-Magnæ.
Tabularium Abbat. Villæ-Novæ.
Tabularium Abbat. S. Vincentii Cenoman.
Chartularium Abbat. S. Vincentii Laudunensis ; scriptum prima manu sæc. XIII.
Chartularium Abbat. S. Vitoni Virdunensis, scriptum inaccurate sæc. XVI. *Cod. Reg.* 5435.
Tabularium Eccl. Vivariensis.
Tabularium Abbat. S. Urbani diœc. Catalaun.
Tabularium Abbat. Ursi-Campi diœc. Noviom.
Chartularium Abbat. S. Ursini Bituric.
Tabularium Eccl. Uzetiensis.
Chartularium Abbat. S. Ymerii.
Tabularium Capellæ S. Yvonis Paris.

DIPLOMATA

ET VETERES TABULAS SUPPEDITARUNT

PRÆTEREA EX SCRIPTORIBUS EDITIS,

PRÆ CÆTERIS,

QUI HIC DESCRIBUNTUR.

A Bosco (Joannes), Cœlestinus, in Vienna et in Bibliotheca Floriacensi.
Acherius (Lucas), Benedictinus, in Spicilegio, in Notis ad Guibertum et S. Lanfrancum.
A Cruce (Guillelmus), in Episcopis Cadurcensibus.
A Jesu (Dominicus), Carmelita, in Vita S. Gerardi Auriliacensis.
Alemannus (Nicolaus), in Parietinis Lateranensibus.
Angelonus (Franciscus), in Historia Interamnensi.
Argentræus (Bertrandus), in Historia Armorica.
Arkelius (Joannes), Episc. Ultrajectensis, in Batavia Sacra, edit. an. 1714.

Balbinus (Bohuslaus), in Epitome Rerum Bohemicarum.
Baluzius (Stephanus), in Capitularibus Regum Franc. et aliis ab eo libris editis.
Baronius (Cæsar), Cardinalis, in Annalibus Ecclesiasticis.
Barralis (Vincentius), in Chronologia Lerinensi.
Beka (Joannes de), in Historia Trajectensi.
Benedictini Congregationis S. Mauri, in Gallia Christiana.
Benedictus, Capucinus, in Historia Tullensi, an. 1707.
Bernerius, in Historia Blesensi.
Bertelius (Joannes), in Historia Luxemburgensi.
Bertoli (Giandomenicus), dom. *de Bribir*, de Antiquitatibus sacris et profanis Aquilejæ, Venet. an. 1739.
Beslius (Joannes), in Historia Pictav. Comitum et in Episcopis Pictavensibus.
Besselius (Godefridus), Abbas Gottvicensis, in Chronico seu Annalibus ejusd. monast. an. 1732.
Bessius (Guillelmus), in Historia Comitum Carcasson.
Bivarius (Franciscus), in Notis ad Maximi et Dextri Pseudo chronica.
Blanca (Hieronymus), in Comment. Rerum Aragon.
Blondellus (David).

Boissius (Dionysius Salvaingus), in Libro de Usu Feudorum, etc.
Bollandus (Joannes) et socii, in Actis Sanctorum usque ad vol. 8. mensis Sept.
Bosquetus (Franciscus), in Historia Ecclesiæ Gallicanæ, edit. an. 1636.
Bouche (Honoratus), in Historia Provinciæ.
Bouillard (Jacobus), Benedictinus, in Historia S. Germani Prat.
Bourgeois (Oudardus), in Historia S. Marculphi.
Brandaon (Antonius), in Monarchia Lusitana.
Brius (Ægidius), in Historia Comitum Perticensium.
Brolius (Jacobus), in Historia Parisiensi et Chronico Cassinensi.
Browerus (Christophorus), in Annalibus Trevir. et in Antiq. Fuldens.
Buchelius (Arnoldus), in Notis ad Willel. Hedam.
Bulæus (Cæsar Egassius), in Historia Academiæ Paris.
Buzelinus (Joannes), in Gallo-Flandria.
Bzovius (Abrahamus), in Annalibus Ecclesiast.

Calmetus (Augustinus), Benedictinus, in Historia Lotharingiæ, domus de Castelleto, et variis Dissertationibus.
Campus (Petrus Maria), in Historia Eccl. Placentinæ.
Capucinus (Cœlestinus), in Historia Bergomensi.
Caracciolus (Antonius), de Sacris Ecclesiæ Neapolitanæ monumentis.
Carpentarius (Joannes), in Historia Cameracensi.
Carpentarius (Petrus), in Alphabeto Tironiano.
Catellus (Guillelmus), in Historia Comitum Tolosæ et in Historia Occitanica.
Chapeavillus (Joannes), in Scriptoribus Historiæ Leodiensis.
Charlonius (Gabriel), in Comitibus Inculismensibus.
Charvetus, Presbyter-Archidiaconus Viennensis, in Historia ejusd. Ecclesiæ.

DIPLOMATUM COLLECTORES.

Chauveau (Joannes), in Historia Bituricensi.
Chenutius (Joannes), in Historia Bituricensi, etc.
Chiffletius (Joannes Jacobus), in Vesontione, in Vindiciis Hispanicis, etc.
Chiffletius (Petrus Franciscus), in Historia Tornutiana, in Beatrice comitissa, etc.
Chopinus (Renatus), in Libris de Domanio, de Sacra Politia, et aliis.
Christianus (Georgius), de Rebus Moguntinis, edit. an. 1722.
Ciarlantus (Joannes Vincentius), in Samnio.
Colmenarezius, in Historia Segobiensi.
Colonia (Dominicus de), in Historia Literaria Lugdun.
Columbus (Joannes), in Episcopis Valentinis, Vivariensibus, etc.
Constantius (Josephus Bonfilius), in Historia Regni Neapolitani.
Corbinellus, in Historia genealog. Domus *de Gondi*, edit. an. 1705.
Corius (Bernardinus), in Historia Mediolanensi.
Cortensis (Hieronymus), in Historia Veronensi.
Cousinus (Joannes), in Historia Tornacensi.
Cros (Joannes-Bapt.), Abbas S. Emmerami Ratisbon., in Historia ejusd. monasterii.

Da Cunha (Rodericus), Portensis Episcopus, in Episcopis Portensibus.
Dametus (Joannes), in Historia Balearici Regni.
De Bosco (Rainaldus), in Historia S. Audoeni Rotomagensis.
De Rubeis (Joan. Franc. Bern. Maria), Ord. Præd. de Monumentis Eccl. Aquilejensis, Argent. an. 1740.
Diago, in Historia regni Valentiæ, in Comitibus Barcinonensibus, etc.
Dodsworthus et Dugdalus, in Monastico Anglicano, Lond. an. 1655.
Dogiel (Mathias), Clericus Regularis Scholarum piarum, in Codice diplomatico regni Poloniæ et magni ducatus Lithuaniæ. Vilnæ an. 1758.
Doubletus (Jacobus), in Historia monasterii S. Dionysii prope Parisios.
Doutremannus (Petrus), in Constantinopoli Belgica.
Dubravius, in Historia Bohemica.
Duchesnius (Andreas), in Genealogiis, etc.
Dugdalus (Guillelmus), in Historia Warvicensi.
Dunod, in Historia Sequanorum, an. 1735.
Du Pas (Augustinus), in Genealogicis Armoricis.
Duplessis (Tussanus), Benedictinus, in Historia Meldensi et Descriptione geographica et historica superioris Normanniæ.

Fantonus (Sebastianus), in Historia Avenionensi.
Felibianus (Michael), Benedictinus, in Historiis S. Dionysii et Parisiensi.
Fleureau, in Historia Blesensi.
Freherus (Marquardus), in Originibus Palatinis, etc.
Fullonus, in Historia Leodiensi an. 1735.

Gallandus (Augustinus), in Libro de Franco Alodio.
Gariellus (Petrus), in Episcopis Magalonensibus.
Gassendus (Petrus), in Notitia Ecclesiæ Diniensis.
Gattola (Erasmus), in Historia Abbatiæ Cassinensis et Accessionibus ad eamdem, Venet. an. 1733. et 1734.
Gelenius (Ægidius), in Vita S. Engelberti et in Sacrario Agrippinensi.

Germanus (Michael), Benedictinus, in Historia monasterii S. Mariæ Suessionensis.
Gewoldus (Christophorus), post Chronicon Reicherspergense, etc.
Ghirardaccus (Cherubinus), in Historia Bononiensi.
Godefredus (Dionysius), in Historiis Caroli VI. VII. et VIII.
Goldastus (Melchior Haiminsveldius), in Constitutionibus imperialibus, etc.
Golutus, in Historia Comitum Burgundiæ.
Grammaius (Joannes-Bapt.), in Brabantia.
Gretzerus (Jacobus), in Libris de Cruce et in Episcopis Eystetensibus, etc.
Grimaldi (Gregorius), in Historia Legum et Magistratuum Regni Neapolitani.
Guesnaius (Joannes-Bapt.), in Annalibus Massiliensibus et in S. Magdalena.
Guichenonus (Samuel), in Episcopis Bellicensibus, in Bibliotheca Sebusiensi, et in Historiis Sabaudiæ et Sebusiana.
Guillimannus (Franciscus), in Helvetia.

Hansizius (Marcus), in Germania Sacra an. 1727.
Haræus (Florentius), in Historia Castellanorum Illensium.
Heda (Guillelmus de), in Historia Trajectensi.
Hemereus (Claudius), in Augusta Viromanduorum et de Academia Parisiensi.
Henricus (Maximilianus), in Apologia pro Archiepiscopis Coloniensibus.
Hergott (Marquardus), Benedictinus S. Blasii in Genealogia diplomatica augustæ gentis Habsburgicæ, an. 1737.
Hontheim (Joannes Nicolaus ab), Episcop. Myriophitanus, in Historia Trevirensi, an. 1750.
Hubertus, in Historia Eccles. S. Aniani Aurelianensis.
Hugo (Carolus Lud.), Episc. Ptolem. Abbas Stivagii, in Sacræ Antiquitatis Monumentis, an. 1725. et in Annalibus Ordinis Præmonstratensis, Nancei, an. 1734.

Ignatius Josephus a Jesus Maria, Carmelita discalceatus, in Historia Ecclesiastica et Majorum Abbatisvillæ, et Comitibus Pontivi.

Joffridus (Petrus), in Historia Niceensi.
Jueninus, in Historia Trenorchiensi, an. 1733.
Justellus (Christophorus), in Historiis Arvernensi et Turenensi.

Knippenberg (Joannes), in Historia ducatus Geldriæ, Bruxellis, an. 1719.
Konarski (Stanislas), Clericus regularis Scholarum piarum, in Legibus, Statutis, Constitutionibus et Privilegiis regni Poloniæ et magni ducatus Lithuaniæ, an. 1732.
Kranzius (Albertus), in Metropoli.

Labbeus (Philippus) in Conciliis, Miscellaneis historicis, Bibliotheca MSS. etc.
La Chiesa (Augustinus de), in Historia Pedemontana.
La Faille (G. de), in Annalibus Tolosanis.
La Guille (Ludovicus), in Historia Alsatiæ.
Lambecius (Petrus), in Bibliotheca Cæsarea.
La Mure (Joannes-Bapt. de), in Historia Ecclesiastica Lugdunensi.

DIPLOMATUM COLLECTORES.

Le Beuf, in Historia ecclesiastica et civili Autissiodor. in Historia urbis et diœcesis Paris. etc.
Le Boucq (Petrus), in Historia vicecomitatus *de Sebourg*.
Le Brasseur, in Historia Ebroicensi.
Leibnitius, in Scriptoribus Brunsvicensibus et in Codice diplomatico.
Le Maire (Franciscus), in Historia Aurelianensi.
Leodius (Hubertus Thomas), de Palatin. Origine.
Lindanus (David), in Teneræmunda.
Lobineau (Alexius), Benedictinus, in Historia Britanniæ.
Locrius (Ferreolus), in Chronico Belgico.
Loisellus (Antonius), in Historia Bellovacensi.
Lucius (Joannes), in Historia Dalmatica.
Ludewig (Joannes Petrus), in Reliquiis Manuscriptorum, an. 1720. et seqq.
Lunig (Joannes Christianus), in Codice Diplomatico Italicæ an. 1727.

Mabillonius (Joannes), Benedictinus, in Annalibus O. S. B. in Actis SS. ejusd. Ordin., in Diplomatica, in Analectis, in Museo Italico, in Operibus posthumis.
Madox (Thomas), in Formulari Anglicano.
Malbrancus (Jacobus), de Morinis.
Mantelius (Joannes), in Historia Lossensi, Leodii, an. 1717.
Marca (Petrus de), Paris. Archiep., in Historia Beneharnensi, in Marca Hispanica, etc.
Maria (Franciscus), in Historia Comitissæ Mathildis.
Marlotus (Guillelmus), in Metropoli Remensi.
Marrierus (Martinus), in Historia Prioratus S. Martini de Campis Paris.
Martene (Edmundus), Benedictinus, in Thesauro Anecdotorum, Amplissima Collectione, de Antiquis Ecclesiæ Ritibus, etc.
Matthæus (Petrus), in Constitutionibus Apostolicis.
Meibomius (Henricus), in Notis ad Lewoldum, etc.
Menagius (Ægidius), in Historia Saboliensi.
Menardus, in Historia Nemausensi.
Menesterius (Claudius), in Historia Lugdunensi.
Meurissius, in Historia Episcoporum Metensium.
Miræus (Aubertus), in Diplomatibus Belgicis et ad eadem Supplemento.
Monachus (Michael), in Sanctuario Capuano.
Moncada, in Historia Catalanica.
Morales (Ambrosius), in Annalibus Hispanicis.
Moretus (Josephus), in Antiquitatibus Navarræ.
Morice (Hyacinthus), Benedictinus, in Probationibus Hist. Britanniæ, an. 1742.
Morinus (Guillelmus), in Historia Vastinensi.
Morlerius (Adrianus), in Historia Ambianensi.
Muratorius (Ludovicus Antonius), in Collectione Scriptorum Italicorum, Anecdotis, Antiquitatibus Italiæ medii ævi, Antiquitatibus Estensibus, etc.

Niquettus (Honoratus), in Historia Fontebraldensi.
Nostradamus (Joannes), in Historia Provinciali.

Œfelius (Andr. Felix), Monacensis, in Collect. Scriptorum Rerum Boicarum, 2. vol. an. 1763.
Oyenartus (Arnaldus), in Notitia Vasconiæ.

Paradinus (Guillelmus), in Historia Lugdunensi.
Paschasius (Stephanus), in Disquisitionibus Francicis.

Pelleterius (Laurentius), in Historia monast. S. Nicolai Andegavensis.
Perardus (Stephanus), in Tabulis Burgundicis.
Petitus (Jacobus), in Pœnitentiali Theodori Archiepisc. Cantuariensis.
Pezius (Bernardus), Benedictinus Mellicensis, in Scriptoribus Rerum Austriacarum et in Thesauro Anecdotorum, an. 1721. et seqq.
Pilonus (Georgius), in Historia Bellunensi.
Pirrus (Rocchus), in Notitia Episcopatuum Siciliæ.
Plancher (Urbanus), in Historia Burgundiæ.
Plantavitius (Joannes), Lodovensis Episcopus, in Historia Episcop. Lodovens.
Pontanus (Georgius Bartholdus), in Bohemia Pia.
Pontanus (Isaacus), in Historia Danica.
Prilusius (Jacobus), in Collectione Legum seu Statutorum regni Poloniæ, edita an. 1553.
Prynneus (Guillelmus), in Libertatibus Ecclesiæ Anglicanæ.
Puccinellus (Placidus), in Zodiaco Eccles. Mediolan.
Puricellus (Joannes), in Monumentis Basilicæ Ambrosianæ Mediolanensis.
Puteanus (Petrus), de Libertatibus Ecclesiæ Gallicanæ, et in Bonifacio VIII.

Rainaldus (Odoricus), in Annalibus Ecclesiasticis.
Resenius (Petrus Joannes), in Notis ad Jus aulicum Danicum.
Robertus (Joannes), in Historia S. Huberti.
Roderícus (Sanctus), in Historia Hispanica.
Roverius (Petrus), in Reomao.
Rouillardus (Sebastianus), in Meledunensi et in Lehunensi Historiis.
Rubeus (Hieronymus), in Historia Ravennensi.
Ruffius (Antonius), in Historia Comitum Provinciæ.
Ruyr (Joannes), in Antiquitatibus Vosagensibus.
Rymerus (Thomas), in Collectione Diplomatum et Chartarum primæ editionis.

Sammarthani (Petrus Abelius et Nicolaus), in Gallia Sacra.
Sanderus (Antonius), in Gandavo.
Sandius (Federicus), in Consuetudinibus Gelriæ.
Sanjulianus (Petrus), in Historia Burgundiæ.
Schannatus (Fredericus), in Vindemiis Literariis.
Schefferus (Joannes), ad Chronicon Upsaliense, etc.
Schwartzius (Albertus-Georgius), in Historia Finium principatus Rugiæ, an. 1734.
Scobingerus (Bartholomæus), in Notis ad Joachimum Vadianum.
Seldenus (Joannes), in Notis ad Eadmerum, etc.
Serrarius (Nicolaus), in Historia Moguntina.
Severtius (Jacobus), in Archiepiscopis Lugdunensibus, etc.
Sigonius (Carolus), de Regno Italiæ.
Sirmondus (Jacobus), in Notis ad Petrum Cellensem, Goffridum Vindoc. Capitularia Caroli C., etc.
Souchetus (Joannes-Bapt.), in Vita S. Bernardi Tironensis.
Sousa (Antonius Caetanus de), in Historia genealog. domus regalis Portugalliæ, an. 1739.
Sponius (Jacobus), in Historia Genevensi et ejusdem Itinerario.
Stephanius (Stephanus), in Notis ad Saxonem Grammaticum, etc.
Surita (Hieronymus), in Indice Rerum Aragon.

Tannerus (Joannes), in Historia domus Sternbergensis.
Thaumasserius (Thomas), in Consuetudinibus Bituricensibus.
Thiroux (Claudius), in Historia Augustodunensi.
Tolnerus (Carolus Ludovicus), in Historia Palatina.
Turpinus (Thomas), Ord. Præd. in Annalibus Comitum Tervanensium, an. 1731.

Vadianus (Joachimus), de Monasteriis Germaniæ.
Vaissete (Josephus), Benedictinus, in Historia Occitana.
Valesius (Adrianus), in Valesiana, etc.
Van-Gestel (Cornelius), in Historia sacra et prophana Archiepiscopatus Mechliniensis, an. 1725.
Vassorius (Jacobus), in Historia Noviodunensi.
Ughellus (Ferdinandus), in Italia Sacra.

Vignerius (Hieronymus), in Stemmatibus Alsaticis.
Voppius (Joannes), in Historia Aquisgranensi.
Vredius (Oliverius), in Historia comitatus Flandriæ.

Waddingus (Lucas), in Annalibus minorum.
Waldus (Ægidius), in Historia Lobiensi.
Waræus (Jacobus), in Notis ad Opera S. Patricii et in Antiquitatibus Hibernicis.
Wideburgicus (Fridericus), in Origine et Antiquitate marggraviatus Misnici, ann. 1734. et 1735.
Wiguleius (Hondius), in Metropoli Salisburgensi et in Historia monast. Polingensis.
Winkelmannus (Joannes), in Notitia Saxo-Westphalica.
Wormius (Olaus), in Monumentis Danicis, etc.

Yepez (Antonius de), in Chronico Ordinis S. Benedicti.

AUCTORES ET OPERA

QUORUM LECTIONES EMENDANTUR IN GLOSSARIO.

Accessiones ad Historiam Cassinensem Gattolæ, in *Monasterium* et *Planistrum*.
Acherii Spicilegium, in *Ademprum. Aggessiones. Basurrare. Beduini. Beleuterion. Caratus. Catapanus. Contramandare. Creliaca. Cuva. Emicadium. Exagium* 3. *Forispatriatus. Fumaria. Guionagium* sub *Guida. Hostia* 1. *Inauratus. Judæi* p. 910¹. *Liciæ. Metaritia. Mittentes. Modiata* sub *Modius* 2. *Modiatura* ibid. *Nigosus. Nonnones. Orrata. Paravella. Recolere. Redigere. Retractio. Samna. Sauma* sub *Sagma. Scala* 11. *Sceptrum. Scobolerius. Semispathium. Spera* 1. *Tabula* 12. *Turchonianus. Vinopetio. Vis* 2.
Achmes, in *Baucalis* sub *Rauca* 1.
Acta Murensia, in *Comprimitialis. Curcinbaldus. Efora. Hobarii* sub *Huba. Pancalia.*
Acta Sanctorum Bollandiana, in *Accubitor. Adventatus. Aqua* 5. *Assecurare* 2. *Binta. Camelaucum. Camelus* 2. *Castella. Caxare. Cliothedrum. Condamina. Critum. Evexum. FF. Filiola* 2. *Focale* 3. *Glosochomum. Guimpa. Hierocomium. Labulum. Liteira. Maidanum. Marra. Mausole. Medelamium. Modiata* sub *Modius* 2. *Musivum. Nardus. Nigellus* 1. *Noim. Observaculum. Oletanus. Pedules. Peteccia. Picaria. Pittaphium. Ractata. Regia* 3. *Ripare. Salseratus. Scotoma. Squatus. Tenutarius. Territorium* 2. *Texuitalis. Toalia. Tondurarius. Veratonus. Vis* 2. *Ultella.*
Acta SS. Montani et Sociorum, in *Cataractarius.*
Adalardi Statuta Corbeiensia, in *Saminator.*
Adamnanus, de Vita S. Columbæ, in *Salatia.*
Adonis Martyrologium, in *Jusum. Platonæ.*
Adrevaldus Floriacensis, in *Margulus.*
Ægidius de Roia, in *Frater in Baptismate.*
Ælfrici Glossarium Saxonicum, in *Alsierina. Anchiromacus. Bajulona. Burdo. Caupulus. Chrysendetum. Commercium* 1. *Emicadium. Mercedarius. Pœblum. Panis acrozimus. Paponius. Posca. Sagmarius* sub *Sagma. Sradus.*
Æthicus, in *Agiopelagus.*
Agobardus, in *Ecclesia matrix. Missale* 2.
Agrimensor vetus, in *Platonæ. Porcamis.*
Aimoinus, in *Nosturma. Salutaticum.*
Albertus Aquensis, in *Mardrinus.*
Albertus Argentinensis, in *Brigancii.*
Albertus Stadensis, in *Bormis. Theculiola. Trutanus.*
Alcuinus, in *Butrista* sub *Butta* 3. *Elegus. Esophicus.*
Aldhelmus, Abbas Malmesburiensis, in *Ermulus.*
Alexander III. PP. epistola 52. in *Nactum.*
Altaserra, ad Epistolas Gregorii M., in *Ænea.*

Alypius Antiochenus, in *Adoratores. Alithinus. Horidia.*
Amalthea, in *Casma. Decures. Dispariliare. Distillarius. Ferto. Labandria. Lectium.*
Ammianus Marcellinus, in *Alitrophagi. Martyr.*
Anastasius Bibliothecarius, in *Afocis. Amiantus. Antheropsita. Antipempton. Assirtus. Buccellarius. Bulla. Byssinæ. Campagus. Cancalus. Castriatus. Cereostata. Clanacterius. Clerus. Conviare. Exafoci. Matroneum. Monubilis. Myxus. Olea* 2. *Paratrapeta. Quadriporta. Sceneca. Statio* 1. *Stippa. Tega.*
Annales Colmarienses, in *Baldakinus.*
Annales Comitum S. Pauli, in *Assinamentum.*
Annales Francorum Anianenses, in *Peripitisma.*
Annales Francorum Bertiniani, in *Orobiotæ.*
Annales Rerum Pisanarum, in *Batischa.*
Annales Præmonstratenses Hugonis, Abbatis Stivagii, in *Aretum, Attinuare. Bella* 2. *Calecta. Civilis. Estragerium. Feca. Furasium. Labium. Mundata. Paunagium. Regale. Sagetta. Subterales. Truncus* 2.
Anonymus, de Gestis Constantini M., in *Lanceolum.*
Anonymus, de Modo examinandi Valdenses, in *Commodum* 2.
Anonymus, de Natura Rerum, in *Furix.*
Anonymus priscus, in *Ifungia.*
Anonymus Salernitanus, in *Reventare.*
Anselmus, Havelberg. Episc., in *Provolvens.*
Anselmus Leodiensis, in *Sonniata* sub *Soniare.*
Antiquitates Fuldenses, in *Accolæ.*
Apitius, in *Mammocestis.*
Apuleius, in *Multibarbus.*
Argentræi Historia Armorica, in *Peceium.*
Armorialis generalis Franciæ, in *Olea* 3.
Arnobius, in *Alapista.*
Arnoldus Lubecensis, in *Odewini. Paterca. Rivisinus.*
Arriani Periplus maris Rubri, in *Chelandium.*
Asserus, de Ælfred˙ Gestis, in *Gronnius.*
Aurelius Victor, in *Vermes.*

Balæus, in *Abgatoria.*
Baldricus Noviomensis, in *Discapia. Laxare* 2. *Manzer. Pervium. Vua* 2.
Balsamon, in *Dejejunare.*
Baluzius, in *Abscondere, Adramire. Æra* 1. *Agius. Ambagibalis. Arce* 1. *Avesium. Brebitarius. Bruma. Cæcora. Cellularii. Cestus. Clerici* p. 392³. *Cloppus. Compendium. Cumada. Delatura. Docellum. Dyagridium. Etleha. Excommunicatio* p. 136³. *Expontaneus. Falcus. Feramen. Juramentum* p. 928³. *Magistri Siclarii. Nedfri. Nucarius* 1. *Placentinus.*

AUCTORES EMENDATI.

Populus. Precator. Prothoncius.|Prothontinus. Pteraria. Residium. Retributio 2. Ruba. Salina 1. Salinata. Screo. Scrindus. Semispathium. Terminare 1. Vestigarium. Vida. Vinericia. Upua.
Baronius, in Architon. Melinus. Paralodium. Pleraria. Psachnion. Stajaria.
Barthii Glossarium, in Arenaria 2.
Batavia Sacra, in Laquatus.
Beda, in Atola.
Beluga, in Bausia.
Bernardi Ordo Cluniacensis, in Cerea. Coctus 1. Helna. Oblatorium.
Bernardi de Breydenbach Itinerarium, in Tremus.
Bernardus Thesaurarius, in Granella.
Beslius, in Carolo VI. in Tuchinatus.
Bibliotheca Cluniacensis, in Macstatus, Portaticum.
Bivarius, in Compadiatim.
Blanca (Hieron.), in Amictatus.
Blount (Thomæ), Nomolexicon Anglicanum, in Carno. Ferinesona. Third-peny.
Bona, Cardinalis, in Armarius 2.
Bosquetus, in Dextri. Miles.
Bracton, in Busones. Coraagium.
Breviloquus, in Agaritudo. Apolutium.
Brissonii Formulæ, in Capricium. Cutis 1. Falx.
Brolii Chronicon Casinense, in Ambo.
Bromptonus, in Admillus. Ewbrice. Extorpari. Huisserium. Lairwita. Moratum. Obsella. Riculus. Tarennus. Tyhtlan.
Brussel, de Usu Feudorum, in Armer. Auna 2. Civada. Cunenea. Dispagatio. Disseisire. Fresella. Guerra. Haubergettus. Hominium. Judæi. Kidellus. Londa. Loramentum. Ocagium. Ondere. Prada. Russetum. Tachia 2.
Bullarium Cassinense, in Compagus. Faus. Jugis. Sarra 2. Theclatura. Typarium.
Bullarium Romanum, in Haccus. Patinus. Sustivus. Vetochetum.
Burchardus, de Casibus S. Galli, in Primarchatus.
Buzelini Gallo-Flandria, in Cambellarius 2. Denata. Escrowetus. Ferto. Lacuna 3.

Cæsarius, in Isicium.
Cæsarius Heisterbach. in Mansus. Sanguinitæ.
Calepinus, in Artetica gutta. Fultrum.
Camillus Peregrinus, in Gromati. Turmarcha.
Canisius, in Ferto. Stater.
Canones S. Patricii, in Ductus 1.
Capitolinus, in Geniatus.
Carpentarii Historia Camerac., in Dietarium 2.
Casaubonus, ad Athenæum, in Enceteria.
Catellus, in Astringa. Finalis 1. Guerra. Messale. Sega. Stanium.
Catholicon parvum, in Saber.
Chapeavillus, in Gelba.
Chiffletius, in Consul 1.
Christianus de Scala, in Crusna.
CHRONICA,
 Alexandrinum, in Manicium.
 Andrense, in Calendare. Feudum. Hominatus. Munie.
 Aulæ regiæ, in Menda 1.
 Barense, in Consacraneus.
 Belgicum Locrii, in Camina 1. Martula. Tenaculum.
 Besuense, in Conjugla. Falcata. Spera 1.

Bonæ Spei, in Winoagium.
Cassinense, in Ambo. Aquamanile. Fargana. Fossa 3. Gradus 1. Piretum. Rotus.
Cremonense, in Naudium.
Flandricum, in Creantare.
Fontanellense, in Calbares. Coccum. Sagum 1.
Lobiense, in Burina.
Maurigniacense, in Mosarabes.
Mellicense, in Crucifer 2.
Montissereni, in Plumarium 1. Præportare.
Novalicense, in Miles.
Reicherspergense, in Ganis 2. Stiva 1.
S. Sophiæ Beneventanæ, in Curvis. Marpahis. Plebictea. Stolizaz.
S. Vincentii de Vulturno, in Tero.
Senoniense, in Biberagium.
Windesemense, in Dentiva.
Codex Carolinus, in Olitanus.
Codex diplomaticus Poloniæ, in Curocinium. Grandia. Percedere. Surgustium. Ungula.
Codex Italiæ diplomaticus, in Avastarium. Auha. Epigramma. Fietus. Guadisagua. Guerra. Laancchil. Mila 2. Paratalassius. Præmonialis. Sitamentum. Tercinale. Zerbus. Zogolatus.
Cœlius Rhodiginus, in Distillarius.
Colganus, in Celia.
Collectio Histor. Franc. D. Bouquet, in Cruscire. Sororgius. Venaticum 2.
Columbus, in Exagium 3. Ocelata.
Columella, in Ricinosus.
CONCILIA,
 Africana, in Diaretor.
 Albiense, in Garmasia.
 Aquisgranense, in Oleum.
 Arelatense, an. 1234. in Judæi.
 Avenionense, in Placare 3. Tasca 2.
 Aurelianense II, in Apostolium.
 Autissiodorense, in Pes.
 Basiliense, in Asiatim.
 Burdegalense, an. 1255. in Accensa. Mestiva.
 Constantiense, in Daphardum.
 Duziacense, in Bauga. Cinctus.
 Grateteanum, in Laga.
 Hispanica, in Adpriserint. Arcus 1. Arteribus. Comes 1. Deliminatus. Hæreditare 1. Illatio 2. Langere. Mandatio 1. Marmessor. Nutio. Passivus. Phonitus. Pimarium. Postsanctus. Punctum 2. Recognoscere. Rehibitio. Relucere. Salma sub Sagma. Veges. Verismata. Zamborium.
 Liptinense, an. 743. apud Lalandum, in Nodsyr.
 Londinense, in Scatatus.
 Narbonense, an. 1054. in Aleses.
 Oxoniense, an. 1222. in Recinium.
 Palentinum, an. 1322. in Chanria.
 Remense II, in Confessiones.
 Salisburgense I, in Aguna. Cendatum.
 Syriæ Provinciæ, in Repentalia.
 Toletanum III, in Balare. Testimoniales.
Constantinus Africanus, in Arca 7.
Constantinus Porphyrogenitus, in Generales 1.
Constitutiones Frederici I. reg. Sicil. in Guidame. Noscentia.
Constitutiones Jacobi reg. Sicil., in Pisus.
Constitutiones S. Wilhelmi Hirsaug., in Carnuncula. Modiolus 2.
CONSUETUDINES,

AUCTORES EMENDATI.

Aurelianensis, in *Census capitalis*.
Blesensis, in *Hospes*.
Bononiensis, in *Cambagium* sub *Camba* 3.
Carnotensis, in *Hospes*.
Cenomanensis, in *Residens*.
Claromontensis, in *Gradale* 1.
Fontanelli, in *Deliberari* 1.
Herliacensis, in *Cambagium* sub *Camba* 3.
Namurcensis, in *Dispatriare*.
Nivernensis, in *Assewiare*.
Normannica, in *Mercatum*.
S. Severi, in *Gisarma*.
Silvanectensis, in *Vineragium*.
Tolosana, in *Miselli*.
Trecensis, in *Planum*.
Corpus Diplomaticum, in *Recreduta*.
Cowellus, in *Legespend*.
Cumeanus, de Mensura pœnitentiarum, in *Communio* 4. *Seminalatus*.
Cunradus Fabariensis, in *Neoptolemus*.
Cyrilli Glossæ, in *Depetigo*.

Descriptio Cambriæ, in *Mulvellus*.
Digesta, in *Nyctostrategus*.
Diplomatica (Tractatus novus de Re), in *Affatomia*. *Barbarostonos*.
Diurnus Romanus, in *Lucina* 2.
Donationes Salisburgenses, in *Jornale*.
Doubletus, in *Frecia. Fortaticum. Gruarius* 1. *Mestaticus. Ruga* 1. *Waterscapum*.
Du Bois, Historia Ecclesiæ Paris., in *Attertium*.
Duchesnius, in *Ambasciare. Aprisiones. Castallus* 1. *Concivium. Disparagare. Dugdus. Junior. Karinsia. Mamerrium. Placa* 1. *Referendarii. Stallum* 1. *Vestitudo* 1.
Dudo, de Moribus Normannorum, in *Campitor. Capsim. Proteari. Puteulanus*.
Duellius (Raymundus), in *Afflictus. Phavo*.
Durandi Rationale, in *Archischolus*.

Ebrardus, in Græcismo, in *Campulus*.
Eccardus, in Probat. origin. Habsburgo-Austriac., in *Farnum. Kalendæ*.
Eckeardus, de Casibus S. Galli, in *Feltrum. Panthema*.
Eginhardus, in *Feltrum. Igulus*.
Epigrammata vetera, in *Lausera*.
Erasmus, in *Enodus*.
Erkempertus, edit. Caraccioli, in *Embolus*.
Ermenricus, in Vita S. Soli, in *Bimanis*.
Eugesippus, de Locis SS., in *Catarannus*.
Evodius, Uzalensis Episc., in *Ceroferale*.
Expositio Missæ, in *Cantorium*.

Fabri Thesaurus, in *Magistrivus*.
Falco Beneventanus, in *Relevum*.
Faustus Monachus, in *Casula* 3.
Felix, Monachus Girwensis, in *Panselenos*.
Festus, in *Calestra. Cillaba. Cothon. Edecumatus. Noctipuga, Sarpa*.
Filesaci Selecta, in *Bromosus*.
Fleta, in *Blanda* 1. *Bultellus. Conperones. Hudegeld. Lacta. Mulvellus*.
Flodoardus, in *Acla. Ædituus. Domitextile. Vicariatio* sub *Vicarius*.
Flos Florum, in *Decumani* 1.

Folcardus, in Mirac. S. Bertini, in *Nervus*.
Fontanini Antiquitates Hortæ, in *Emulentum. Pontonaticum* sub *Pontaticum*.
Fori Morlanenses, in *Cursus* 4.
Fori Oscæ, in *Villatus*.
Fortunatus, in *Apothecar. Cluere*.
Franciscus, Canonicus Pragensis, in *Baldakinus*.
Freculfus, in *Pseudothyrum. Thauma*.
Freherus, in *Bonnarium. Carrocium. Sarabaitæ*.
Fridegodus, in *Opicizum. Pilotrium*.
Fridericus II, Imperator, in *Flacteria*.
Froissartes, in *Covina. Forisconsiliare. Spingarda*.
Frotharius Tullensis, in *Prasinum*.
Fulbertus Carnotensis, in *Pallium* 2.
Fulcardus, Abbas Lobiensis, in *Multax*.
Fulcherius Carnotensis, in *Gatus* 1. *Mitrula. Sitarchia*.

Galbertus, de Vita Caroli comit. Fland., in *Manganum* 2. *Vinctura*.
Gallandus, de Franco Alodio, in *Captenere. Census. Condirigere. Relevium ad misericordiam*.
Gallia Christiana Benedictinorum, in *Abonare* 3. *Æsduma. Affersamentum. Allavium. Allevatio. Alvera. Arbostura. Attertium. Aucire. Barracha. Bennarius. Bremagium. Calta* 2. *Campus Marcatus. Capriscolis. Carduvarantia. Cessum. Cherchet. Escartus. Escollata. Fenale. Feriæ* 4. *Feudum. Filialis. Foedimentum. Foraneitas. Friscinga. Friscum. Garnacha. Geli. Gersinna. Granavium. Guanguagium. Hydra. Implectere. Inoperabilis. Juramentum. Laus* sub *Laudare* 4. *Macella* 2. *Malgia. Mansus. Mappula. Mornantesius. Mutrella. Ortigia. Parrago. Pasclerium. Personagium. Pertinementum. Pineta. Pœnitentes. Possessio. Potellus* 2. *Prada. Rafica. Raptaticum. Raptus* 1. *Receptum* 1. *Recula. Reversale. Rolenium. Rufla. Salvamentum* 1. *Salvicina. Sarire. Scoba* 2. *Solorium. Subjungere. Submonitor. Tertiarium. Thasca. Thasses. Theoloquelarius. Trabaticum. Vaspale. Veredis. Villani*.

Gariellus, de Episcopis Magalon., in *Dolium* 1.
Gaufredus Grossus, in *Prosnesium*.
Gaufredus Vosiensis, in *Garnachia*.
Gauterius Cancellarius, in *Escaramis*.
Gelenius in Colonia, in *Lardum*.
Gervasius Tilleberiensis, in *Scacarium* sub *Scacci* 1.
Gesta Dagoberti regis, in *Foresta*.
Gesta Ludovici VII, in *Nacara* 1.
Ghirardacci Historia Bonon., in *Duplerius*.
Gillebertus, Lunicensis Episc., in *Ciborium*.
Glaber Rodulphus, in *Casma. Chiripilatio. Chrisma. Palmatie. Salitudo. Scala* 13.
Glossæ Arabico-Latinæ, in *Bombax* 1. *Caballatrium. Cercella. Chirogryllus. Crustibia. Dorx. Fimbrina. Fraternus. Kalculum. Liminare* 2. *Luctatorium Mambax. Mima. Orbitus. Rinatrix. Sitarchia*.
Glossæ Basilicon, in *Beneficiarii. Cursarii. Nero* 2.
Glossæ Græco-Latinæ, in *Accensor* 1. *Acucula* 1. *Æquitalitas. Afa. Amara. Bauca* 1. *Boia. Brevia* sub *Brevis. Caductor. Cerefolium. Cerilarium. Chamulcus. Chomata. Ciniferus. Cociones. Delentinatio. Diffalescere. Elinguatio. Epidecen. Epilepticus. Exagium* 1. *Gillo. Herbaticus. Lecticularius. Latura. Linteator. Mamiliares. Mancus* 1. *Mansionator. Manua. Maita* 4. *Mazer. Natatoria. Noctianus. Occlata. Oratrix. Phylacteria. Pipiones. Prosilire*.

AUCTORES EMENDATI.

Psiatium. Puellarius. Quassum. Quinduplum. Recula. Redhibere. Redimentum. Replaudere. Rogarii. Rosalia. Ructeus. Rudescolum. Runcare 2. *Rupia. Rurscus. Rusus. Rutica. Sagma. Statuarium* 4. *Stlactarius. Tegenarius. Tergorium. Termentorium. Viocurus.*

Glossæ Latino-Gallicæ, in *Arrivare. Caristia* 2.

Glossæ Latino-Græcæ, in *Aciarium* 2. *Acrumen. Advores. Agaso. Agitatores.* Ansa 2. *Antelabrum. Antitas. Arcaria. Ascopa. Auriculares* 2. *Bauca* 1. *Biclus. Bombus. Botellus* 2. *Cadivus. Calbares Cavernum. Chamulcus. Cimnifo. Coactiliarius. Cocnilia. Compatriota. Corpodicina. Crespulus. Delphica. Deruere. Desiderata. Desinator. Dictatum. Divolares. Ducarius. Duellio* 1. *Epilepticus. Hemero. Latrunculator. Limari. Maialis. Massa* 5. *Poelex. Projectum. Pronununtia. Propala. Quassum. Quelle. Reburrus. Remulculare. Reoria. Revelancia. Revidare. Rogarii. Rudescolum. Runcare* 2. *Rupia. Rurscus. Rutica. Sabes. Sagma. Sagmare. Salabræ. Salatia. Saliatium. Saltarius. Sarpa. Sartatectum. Saures. Spilabra. Statuarium* 4. *Stentinæ. Steria. Stlactarius. Studio. Tegenarius. Tergorium. Transenna. Veniæ* 2. *Verbeticina. Veriolæ. Verminatum. Vindigestæ. Viocurus.*

Glossæ S. Benedicti, in *Campsa.*

Glossarium Saxonicum Cottonianum, in *Nyctalmus. Thrymsa.*

Glossarium vetus, in *Bascaudæ. Bracteator. Fulmen. Matrina* 2. *Natio* 1.

Godefridus Monachus, in *Barbota.*

Goldastus, in *Bonnarium. Cozzo. Domalis. Harmiscara. Porprendere. Recaptivare.*

Gregorius VII. PP., in *Fodrum.*

Gregorius Turonensis, in *Buccus. Condium. Congeries. Milinæ. Recula. Temporive.*

Grimlaicus, in Regula Solitar., in *Metacismus.*

Grosley Disquisitiones, ad Jus Francicum, in *Thespetaticum et Vulvaticum.*

Guarinus, Ord. Fr. Prædicat., in *Botellus* 2.

Guesnuii Annal. Massil., in *Cotulosus. Pharnatia.*

Guibertus, in *Catellanus. Gumphus. Salbanum.*

Guichenonus, in *Feugia. Motalis. Nautonium. Parocta.*

Guidonis Discipl. Farfens., in *Gliphaticus.*

Guidonis Papæ Consilia, in *Civeragium.*

Guillelmus de Baldensel, in *Baburnus. Butta* 1.

Guillelmus Neubrigensis, in *Glavea.*

Guntherus, auctor Ligurini, in *Capitalitium.*

Hanquevilla (Nicolaus), in *Effondatus.*

Hansizii Germania Sacra, in *Solarium* 1.

Hariulfi Chronicon Centulense, in *Bonnarium. Calcio. Galnus.*

Helgaudus, in *Anacleta. Bacca* 2. *Lablellus.*

Hemereus, in *Bonnarium. Plasseta.*

Hepidanus, in *Potirium.*

Heroldi Lex Longob., in *Bos. Heere-schild. Submanicatus.*

Hesychius, in *Baburrus. Cupellus. Legium. Mataxa.*

Hildeberti Opera, in *Assimulare. Feriæ* 3.

Historiæ,

Alsatiæ de la Guille, in *Passio* 4. *Thubaticum.*

Arverniæ Baluzii, in *Evenimentum. Foculare* 2. *Mail. Mercarius. Mesclaria. Pasinola. Persus.*

Picardus. Præstripticius. Sandale. Venari. Vida. Alia Justelli, in *Aiacis* 1.

Avenionensis Fantoni Castrucii, in *Crota* 3. *Rapinatis. Sabaterius.*

Australis, an. 1295. in *Libraria.*

Autissiodorensis de Lebeuf, in *Farreum.*

Autissiodorensium Episcoporum, in *Missorium.*

Belvacensis Louveti, in *Carticlus. Escligniatio.*

Blesensis, de Fleureau, in *Marceschia.*

Britanniæ novæ, edit. inter Probat., in *Advenantare. Crosta. Despiccare. Encimum. Infoditus. Molendinum Choiseullum. Recidimatio.*

Burgundiæ Urbani Plancher, in *Balenta. Breveria. Faucidia. Panitissor. Pitius. Vista* 5.

Caroli VI. a Godefredo, in *Plumale. Procax.*

Cassinensis Monasterii a Gattola, in *Passium. Pecta* 2. *Terziatus. Tustaynum.*

Cenomanensium Episc., *de Courvaisier*, in *Palastria.*

Concilii Constantiensis, in *Emenium.*

Cortusiorum, in *Pejana. Tavernica. Tensa* 2.

Dalphinalis, utriusque editionis, in *Ambidolæ. Augmentuosus. Cala. Carnaticum. Crollerius. Ferratura. Mueta* 1. *Necare. Palmisana. Pignio. Pirus. Portarius. Resortium. Tolta. Zenatum.*

Ebroicensium Comitum, *de le Brasseur*, in *Balbinus. Dotosa. Elcambiare. Martellis. Scriptogretensi.*

Engolismensium Comit. et Episc., in *Saravisa.*

Frisingensis Car. Meichelbecki, in *Alpisermus. Waterscapum.*

Guinensis, in *Froristeum.*

Harcuriana, in *Adjuvare* 1. *Arrivare. Bigus. Campipars. Circada. Egentia. Escasura* sub *Escaeta. Fragium. Funambuli. Immerciatus. Lectio. Mediatio. Multurengia. Nichaim. Pasinola. Passagium. Petellum. Platicispate. Quietatus. Sannagina. Scientia. Sentella. Tofta.*

Langobardorum, ab Ignoto Casin., in *Bazia.*

Leodiensis P. Foullon, in *Alevium.* Alia, Barth. Fisen., in *Cappusa.*

Lossensis Joan. Mantelii, in *Curmedia.*

Lotharingiæ a Calmeto, in *Admiseri. Cumma. Inno. Ludium. Mannwerch. Meregeldt. Palatia. Pasfeudum. Restitus. Trescuum. Wifver.*

Lugdunensis Menesterii, in *Camarium* 2. *Feudum. Foventatio. Gossetus. Pavagium* 1.

Mediani-Monasterii, in *Annona. Feudum. Oserosus.*

Meldensis Ecclesiæ, in *Interrare.*

Monmorenciaca, in *Cavadia. Siminellus.*

Nemausensis Menardi, in *Aduratio. Edictor. Felesennus. Fenare. Gerlerius. Incariamentum. Indeguare. Paries* 6. *Prisfetus. Renunciatio. Verdesca.*

Noribergensium Rerum Meisterlini, in *Saninus.*

Occitana D. Vaissete, in *Aigucia. Autoltas. Comitatus* 7. *Discapire. Eficare. Exblatare. Fabilia. Gaverlotus. Genium. Gorjonus. Huvata. Palestrare. Peccaria. Prodignari. Rancura. Redhibitio. Rescisio. Rossum. Saumanus. Saumaria. Talaucha. Thiuphadus. Venetura* 2. *Unitura. Volatiliaticum.*

Parisiensis Lobinelli, in *Rogilla. Viridisnetum.*

Parisiensis diœcesis, de Lebeuf, in *Coma* 2.

Perticensis Beslii, in *Aldus. Havagium. Ructura.*

AUCTORES EMENDATI.

Alia, de Bry de la Clergerie, in *Distaciavare. Voltura.*
Pinnatensis, in *Adoprare. Testinia.*
Portugaliæ Domus regiæ genealogica, in *Cellum. Nutuere.*
Saboliensis Menagii, in *Libra terræ. Osculum* 2. *Precatura. Preces* 2.
S. Aniani Aurelian. ab Huberto, in *Brausia.*
S. Audoeni Rotomag. in *Propastura.*
S. Dionysii a Felibiano, in *Palatia. Palaticum. Sunnis. Transsolvere.*
S. Germani Pratensis a Bouillarto, in *Scala* 12. *Scalus.*
S. Marculfi, in *Acla.*
S. Mariæ Suession., in *Factura* 4.
S. Martini Papæ, in *Psachnion.*
S. Sebastiani Translationis, in *Cliothedrum.*
Sequanorum, auctore Dunod, in *Scorprisia.*
Trenorchiensis Abbatiæ, in *Elenodium. Sospitaticum. Spera* 1. *Vacatio* 2.
Trevirensis, a Joan. Nic. ab Hontheim, in *Croparium. Cutusa. Facietas. Natselde. Tucufa.*
Vastinensis, auctore Morino, in *Casnus.*
Hocsemius (Joan.), in *Gelima.*
Hofmanni Lexicon, in *Romascot.*
Hugo Farsitus, in *Macerio.*
Humelbergius, in *Aucella* sub *Auca.*

Ingulfus, in *Scema* 1. *Witereden.*
Innocentii III. PP. Epistolæ et Gesta, in *Canthurum. Chrysobullum. Episimus. Inclinatio. Nactum. Stolium* sub *Stolus* 2. *Vota.*
Innocentius Agrimensor, in *Micidior.*
Inscriptio Smyrnensis, in *Scamnocancellus.*
Interpres vetus Juvenalis, in *Eploceus. Filaterium. Latura. Manua.*
Joannes Diaconus, in *Accubia.*
Joannes de Garlandia, in *Buccellare. Limpidare. Rheno.*
Joannes de Janua, in *Aventare. Bajulona. Camelaucum. Casona. Celium. Cicindela. Cillaba. Corcula. Divoltres. Emola. Enteria. Equaritia. Filocopus. Flamita. Gynæceum. Lapas. Leocrysus. Mala. Mancus* 1. *Noctipuga. Omophagia. Olagia. Paragauda. Potomium. Ptochium. Rematopoea. Remultum. Rosatus. Saber. Tauma.*
Joannes Lucius, de Regno Dalm., in *Mavecharius.*
Joannes Monachus, in *Arctio. Cervicata. Flocus.*
Joannes Presbyter, in *Berroerii. Bidarius.*
Joannes Sarisberiensis, in *Archieperare. Diana. Rutefolium.*
Jonas, in Vita S. Eustasii, in *Callulare. Extrenuitas.*
Isidori Glossæ et Origines, in *Abartenum. Acclibanus. Achateon. Adorea. Alebra. Alopus. Alsosus. Altriplex. Angariarius. Apicisous. Appia* 1. *Asciculus* 1. *Auteritas. Bacca* 2. *Bagula. Bajulona. Burbustinus. Basterna. Basum. Baucatem. Bestirium. Bibliothecarius. Blenones. Bortanea. Brasbrat. Brunicus. Buda. Cœrilla. Calcitio. Callicularium. Calvitia. Calutor. Cantabulum. Cantricula. Capriolus* 4. *Capsis. Carrio. Castibulum. Catamontem. Catenatium. Caucatus. Cautos. Cerachi. Cidones. Cima. Cinctorium. Citix. Civica. Clivior. Coxale. Creare* 1. *Crematium. Curio. Darnus. Decluere. Demundinat. Depagare. Detectus. Devibiæ. Devocare. Dispecare. Distario. Dolabrum. Dorsennus. Duellio* 1. *Ecitum. Enormate. Ergare. Extracautio. Extromis. Feliatum. Felibris. Finctus. Fistulare. Flabri. Forceps. Forma* 16. *Fraternus. Fundabulum. Gabata. Gangia. Guva. Jacentia. Jaculum. Ircosus. Latubris. Leocrysus. Libatorium. Lignicisimus. Linaria* 2. *Linguitri Lixe. Lucerna* 1. *Lumbare. Mandrator. Mincius. Missicius. Mundus* 1. *Munimina. Muscerda. Narratores. Netorium. Nibarus. Nimiticus. Noncolæ. Nota* 1. *Oblegare. Oblimare. Obrysum. Occamen. Occistrio. Oes. Offendix. Opiferæ. Opinatores. Paganitius. Pagula. Palteum. Parapsis. Pastorium. Pencina. Perizoma. Pipulare. Plemina. Plotei. Polyandrum. Portemia. Præpos. Proculum. Promptria. Pronefas. Propala. Prosnesium. Ptigmata. Ratiscunt. Recidiva. Redica. Remilicines. Ricula. Salatarius. Sarcitector. Scandile. Semiplagium. Stlata. Tegorium. Telon. Terimentum. Testinium. Thicinynus. Thoca. Vernacellus.*
Isidorus Pacensis, in *Æquorabiliter. Crebe. Fatigium. Spulum.*
Isonis Magistri Glossæ, in *Crusna. Testiphadium.*
Iter Camerarii Scotici, in *Simenellus.*
Julius Africanus, in *Pullus.*
Julius Firmicus, in *Conscriptio. Mancius.*
Juranus in Libert. Ausson., in *Manualia* 3.
Jus publicum Franciæ D. *Bouquet*, in *Escuallium* et *Folium* 3.
Justice of Peace, in *Affroiamentum.*

Kennetti Antiquit. Ambrosd. in *Libra ursa. Metteshep.*
Knyghton (Henr.), de Eventibus Angliæ, in *Abacinare. Barra Liripipium. Pertum.*

Labbeus, in *Appendaria. Cachi. Couca. Dominica. Quinquagesimæ. Domneare. Dulia. Impotionatio. Lorica. Magarizare. Nomeria. Tortarii. Vinageriæ.*
La Cerda (Ludov. de), in *Clenodium. Tempestatio.*
La Faille, Annales Tolosani, in *Dieta* 4. *Mutationes. Unicomis.*
Lambecii Comment. Bibl. Cæsar., in *Heptaticus.*
Lambertus Ardensis, in *Appropiare. Fevatus* sub *Feudum. Gildum. Herkare. Maratoriæ. Misericordia* 2. *Moffula. Patula. Pita* 1. *Rechinus.*
Lamius, in Deliciis eruditorum, in *Aptiare. Erosna* et *Evoratus.*
Laurentius, de Leodio, in *Foragium* 1. *Zeta* 2.
Laurentius, Diaconus Veron., in *Currabius.*
Leges Adelstani regis, in *Hlafordscona. Mulaminum. Staffa* 2.
Leges Aluredi regis, in *Collificium.*
Leges Burgorum Scoticorum, in *Girdella.*
Leges Edwardi regis, in *Machecarii.*
Leges Francorum, edit. Basil., in *Acubicula.*
Leges Henrici I, regis Angl., in *Antejuramentum. Belundinta. Folgare. Fulhwita. Hæredipeta. Hurderefot. Juramentum. Lada* 1. *Lagan. Mentionalis. Præripium. Rieflare.*
Leges Heydensium Monachorum ab Edgaro rege, in *Massicus. Odonarium.*
Leges Hoeli Boni regis, in *Kemat.*
Leges Kanuti regis, in *Misbota.*
Leges Polonicæ, in *Consultatio.*
Leibnitii Scriptores Brunsvic., in *Communio* 6. *Hure. Meinasme. Missa aurea. Neonides. Savus. Victima. Vinciales.*
Leo, in Tacticis, in *Collocare. Exculcatores.*

AUCTORES EMENDATI.

Leonis IX. PP. Epistolæ, in *Cicindela.*
Lex Alamannorum, in *Croerola.*
Lex Burgundionum, in *Scandatum* 2.
Lex Familiæ Burchardi, in *Testinum.*
Lex Salica, edit. Heroldi, in *Aptheo. Extelarius.*
Lex Vervini, in *Exartus.*
Liber de Castro Ambasiæ, in *Palatini.*
Liber niger Scacarii Angl., in *Aquarius* 1. *Hominium. Stamarria.*
Liber Orationum edit. Ingolst. an. 1583. in *Manuale* 3.
Limborchius, in *Bauba. Extussire. Justa* 2. *Punheria.*
Lindenbrogius, in *Anaticla. Launechilde. Lectarium. Milarium. Salutaticum.*
Lindwodi Provinciale eccl. Cantuar., in *Porcistetum.*
Lobinelli Historia Brit., in *Capellus* 4. *Centerarius. Octavagium. Voillagium.*
Loisellus, in *Stumones.*
Lucas Tudensis, in *Cova.*
Lucifer Calaritanus, in *Labandago.*
Ludewigii Reliquiæ MSS. in *Advocati. Afflictus. Batista. Bannovium. Belonardus. Capetium. Conservium. Disparagare. Estorchera. Expressare. Finarius.Ingratitudo*2. *Lato.Lepora. Libatio. Maratoriæ. Mocima. Modo. Monta. Moraligatus. Mula* 1. *Partitæ vestes. Pheo. Physiculatus. Plasma* 2. *Potulentum. Promunctorium* 2. *Quæstio* 2. *Ratitudo. Saitus. Saninus. Stamula. Stemma* 3. *Supportare* 2. *Suppullatus. Taxatio. Telum. Trufa. Tutelarius. Vaivus. Warantus.*
Luithprandus, in *Æra* 3. *Delongaris. Entelma. Frustare. Longaristis. Parachimumenus. Theristrum.*
Lupus Protospata, in *Conterati.*

Mabillonius, in *Ablatus. Æniolus. Africarium. Alvinianus. Archimonia. Asciola. Auriculare* 2. *Auscolinum. Capa* 1. *Caput* 3. *Cartefer. Castallus* 2. *Catigera. Cessum. Colonus. Condita* 2. *Dousanna. Esophorium. Exemplatio* sub *Exemplum* 2. *Exordinatio. Exsus. Famulares. Faucidia. Ficatum. Filiolus. Finiculum. Foecundis. Foleum. Furnaticum. Inferenda. Judicare. Metanoea. Moniculus. Numerus* 2. *Odatus. Paramonarii. Paraveredi. Pastrine. Phœbigena. Proaldiones. Recisa. Redividare. Resta. Roncinari. Salaticus. Salefacientes. Sarantasmum. Scacci* 1. *Scrutinare*sub*Scrutinium. Sersa. Speradorsum. Stipulatio. Tegurium. Terratorium. Typarium. Vinericia. Usiva.*
Maceriæ Insulæ Barbaræ, in *Ola* 2. *Pedesticum.*
Macri Hierolexicon, in *Decarcones. Gradingus. Pyrgibasis. Salsitudo. Sampulla. Tascodrogitæ. Vocibilitas.*
Madox Formulare Anglicanum, in *Flemenfirma. Husbandus. Tofta. Vinnetum.*
Malaterra (Gauffridus), in *Clamucium. Lexa* 2.
Mamotrectus, in *Laricula. Rotlarii. Stratores laguncularum.*
Manwodus, in *Legespend.*
Marca, in *Calogeri. Cancellarius. Nitas. Procentinus. Redda. Sarcophagus. Tragina.*
Marcellini et Faustini Libellus precum, in *Arcessitio.*
Marcus Paulus Venetus, in *Catholicus* 3.
Maria Campus (Petrus), in *Clapa. Curadia.*
Marlotus in Metropoli Remensi, in *Acla.*
Martenius, in *Accensa. Acthesia. Admiratio. Aguinia. Albufferia. Atramentarium. Attendere* 4. *Avesium. Augriales. Bajulus* 3. *Beghardi. Ber. Berlatio. Bo-*
nisserius. Botoni. Bragamardus. Capratio. Cartallus 1. *Coleratus. Combri. Consolatio* 2. *Cortis* 1. *Cota* 4. *Curratoria. Diaconus. Diutupsalon. Dies professa. Diplois. Distidiare. Dorsare. Edelingus. Epibata. Epitogium. Esca* 1. *Eschargaita. Exenium. Expletum*2. *Febris. Ferum. Fiscatio. Fortia* 2. *Fossorium. Fuga* 3. *Garillæ. Gelta. Glima. Granica* sub *Granea. Grisolaris. Guidator. Helera. Hostriclinium. Huesium. Incrauda. Instius. Inveneri. Lateres. Legihomines. Leudis. Litura. Livivi. Loquericinum. Macellare. Magninus. Marthimonius. Missa. Monachium. Moneta. Mozzetta. Muldio. Naca* 1. *Nepos. Noctissimus. Octonæ. Officiare. Ommutiscere. Opulenda. Ostagio. Palatia. Panciarius. Parana. Parnium. Partitum. Patimonium. Peractor. Perichelis. Pervaturia. Philastria. Pileus. Pirolus* 2. *Piscaria. Poingitium. Postaticum. Potulentum. Præplare. Præpositus. Presse. Procentinus. Procreator. Prozenetarius. Pullatorium. Pulsatus. Puncta* 5. *Quavalgata. Quoersare. Recidare. Refugium*3. *Relevium. Replorare. Rescussa. Retrogradari. Revestrati. Ribaudequinus. Roca. Rotella* 2. *Sabanum. Salera. Salmum. Salpeta. Salvinca. Samnaticum. Sarissa. Saticum. Scibilis. Scuferus. Sermotim. Solarium*1. *Stelgiæ. Subortiari. Subsilis. Subtalares. Templates. Termillum. Terno. Testa* 1. *Thopa. Tidam. Tofta. Tolpri. Tormin. Transgulare* 2. *Transsumere. Trictura. Turcomannus. Vaissela. Vammnm. Vaticare. Vestibulum* 2. *Vilatus. Viseria. Volerium. Vosta* 1. *Utis. Waga. Wartole.*
Martini Lexicon, in *Canaptura. Destina. Endo. Fultrum. Libor* 1. *Residuatio. Stocea.*
Martinus Didacus Daux, in *Collaterii.*
Matthæus Paris, in *Bedeweri. Gisarma. Huesium. Scyphati. Tassale.*
Matthæus Silvaticus, in *Nucha.*
Matthæus Westmon., in *Alvetum* 1. *Aretica. Beghardi. Glavea.*
Mauricii Strategemata, in *Collocare.*
Menardus, in *Acceptor.*
Mercurius Franciæ, in *Accendi.*
Metropolis Salisburg. Gewoldi, in *Canis* 2. *Drucula. Lictores* 1.
Meurissius, in *Mannwerch.*
Michael Scotus, in *Alyrumnæ. Crepatura.*
Michalo Lithuanus, de Moribus Moscovit., in *Sobolus.*
Miracula S. Ambr. Senens., in *Retorta* 1.
Miracula S. Ludgeri, in *Phasallus.*
Miræus, in *Atheum. Effestucare. Froristeum. Greva. Haccus. Havotus. Herbegare. Hereberga. Maeria* 4. *Pagentes. Pedatura. Pergus. Quartarium* 1. *Riatus. Samirus. Stacasium. Vanassores. Viscarium. Vua* 2.
Moirenci Libertates, edit. Paris., in *Lorium.*
Monachus Florentinus, in *Grandualis.*
Monachus Paduanus, in *Mura.*
Monachus Vallis Sarnai, in *Faida.*
Monarchia Lusitana, in *Colhares.*
Monasticon Anglicanum, in *Acilium. Acroisia. Armilausa. Batatorium. Bruscia. Brusdus. Cleronomus. Communia* 3. *Desca. Emano. Falda. Famuli. Fossa* 1. *Fragium. Gaminula. Gaymaria. Gersuma. Gravaria. Habitus* 2. *Leporinm. Leta. Liminaris. Litium. Marketzeld. Mulneda. Munus* 1. *Musta* 1. *Parcus. Polianesum Pultura. Spurtis. Steygnatus. Venura. Wayf.*

Monumenta Ecclesiæ Aquilejensis, in *Cogera* et *Fornum*.
Monumenta Sacræ Antiquitatis, in *Areologium*. *Beliordum*. *Particus* 3. *Scacatus*. *Vivalis*.
Morales (Ambros.), in *Gypsa*.
Moreti (Jos.) Antiq. Navar. in *Collatum* 2.
Morinus de Pœnitentia, in *Cervula*.
Muratorius, in *Abautorizare*. *Accessio* 3. *Ademptare*. *Allatura* 2. *Anxestata*. *Arctamentum*. *Axius*. *Bimixtæ*. *Bottinus*. *Catabriatus*. *Celcinna*. *Cestus*. *Cliophedrum*. *Codearium*. *Concludium*. *Conta*. *Dictare*. *Dura*. *Esono*. *Excusare* 3. *Fandatus*. *Fotilitium*. *Fulsarium*. *Glera*. *Gunna* 1. *Incritus*. *Linguositas* 2. *Mariotio*. *Mitadela*. *Mosterinum*. *Nitas*. *Novigildum*. *Ordificium*. *Ordinamentum*. *Paniclum*. *Parinus*. *Partiates*. *Pavenses*. *Perperam*. *Petrificus*. *Pictaumus*. *Pinca* 1. *Plactata*. *Plebotomare*. *Porterola*. *Portililia*. *Presa* 2. *Proastium*. *Procentinus*. *Proveniensis*. *Retrogradus*. *Sarapulus*. *Stellare* 2. *Taxetum*. *Terratina*. *Tonimentum*. *Transundare*. *Travacha*. *Vanetus*. *Zalous*.

Nicolaus de Braia, in *Plasmare*.
Nilus Monachus, in *Bambalo*.
Nonius, in *Depetigo*. *Distractor*.
Notitia Imperii, in *Barbaricum*.

Observantiæ Regni Aragon., in *Lansiticus*.
Octavianus Horatianus, in *Durinare*. *Neutrotus*.
Odo Cluniacensis, in *Reminiculum*.
Odo de Diogilo, in *Stamma*.
Odoricus de Forojulio, in *Roalia*.
Oefelius, in Scriptoribus Rerum Boicarum, in *Tarrater*.
Ordericus Vitalis, in *Absida* 1. *Alonazon*. *Bajulona*. *Comes* 1. *Frocus* sub *Fraustum*. *Guilda Stantor*.
Ordinationes Regum Francorum, in *Adjutores*. *Admasare*. *Affinare*. *Aminuere*. *Auris*. *Bauga* 2. *Bennon*. *Bestalinus*. *Bocagium*. *Boverius*. *Broale*. *Carmus*. *Caya*. *Chora*. *Civeyragium*. *Civilis*. *Commicium*. *Coudreia*. *Crammale*. *Crassa* 1. *Defferratus*. *Denariata*. *Dominica*. *Empor*. *Escenna*. *Escrinium*. *Esquevinessia*. *Essayum* 2. *Estecha*. *Excuguathiæ*. *Femoralle*. *Fessina*. *Forificium*. *Ghisele*. *Gloa*. *Godandardus*. *Gratus* 4. *Havotus*. *Hostalerius*. *Imperia*. *Inchoiacio*. *Lengueta*. *Leuca* 2. *Marescallus*. *Matricularii*. *Maubeuge*. *Menesterellus*. *Mercare*. *Merum examen*. *Mesclelana*. *Mestra*. *Millenarium*. *Misterium* 1. *Munus* 5. *Nuptiaticum*. *Oloata*. *Palatia*. *Paratura* 1. *Pascuum*. *Passata* 2. *Pavagium* 2. *Pelleganterius*. *Pilorium*. *Prælatus*. *Pressorium* 2. *Prosecutio* 2. *Quarentonum*. *Rafredare*. *Rasitoria*. *Rechaciare*. *Recursus* 1. *Restituere*. *Rova* 1. *Scema* 1. *Secta* 12. *Sestairagium*. *Stallum* 1. *Stilus*. *Synodus* 2. *Taagium*. *Tacra*. *Thalamum* 1. *Theata*. *Tonneurs*. *Torica*. *Transagium*. *Trenchia*. *Trutturerius*. *Venustare*. *Versana* 2. *Versarius*. *Veuta*. *Vintenum*. *Zodoaria*.
Ordo Romanus, in *Campagus*.
Otto Frisingensis, in *Comitatus* 3.
Otto Morena, in *Cosia*. *Fastiva*. *Mexanum*.

Pactus Legis Salicæ, edit. Pithœi, in *Cocina*. *Exuere*. *Vipida*.
Papias, in *Abatis*. *Ablegrigo*. *Aconomintus*. *Affator*. *Affolare*. *Aigatia*. *Alsosus*. *Anagriph*. *Argisteria*. *Arton*. *Arumare*. *Aventare*. *Aurographia*. *Bacca* 2. *Bicellum*. *Bormata*. *Bulga*. *Buricus*. *Burthum*. *Butta* 3. *Cadarfreda*. *Campagus*. *Capus*. *Caudax*. *Cema*. *Cementaria*. *Cetarius*. *Cliba*. *Cociones*. *Conoppi*. *Cordavia*. *Cristaticum*. *Cronis*. *Datum*. *Defolcare*. *Degina*. *Degræ*. *Deplere*. *Digitamentum*. *Dinidor*. *Diplomatarius*. *Diribitorium*. *Dirivere*. *Discolus*. *Disdonare*. *Diurium*. *Edecumatus*. *Edipnia*. *Effexegesis*. *Enceteria*. *Enfiteare*. *Epartus*. *Equonomus*. *Errator*. *Exemptor*. *Exorius*. *Extreus*. *Fasma*. *Feliatum*. *Fibebella Flavi*. *Focillares*. *Formastrum*. *Frenisculi*. *Fribola*. *Fulfrea*. *Fuma*. *Furaculum*. *Garathinx*. *Genubius*. *Gergonius*. *Gorrida*. *Hibitum*. *Hirsi*. *Istega*. *Katculum*. *Lactantia*. *Lamnisca*. *Lanisca*. *Lapsivosus*. *Latos*. *Legicrepa*. *Leocrysus*. *Lepitudo*. *Lumentum*. *Mallum*. *Mandrator*. *Marinola*. *Martyria*. *Mavortini*. *Mincius*. *Musivum*. *Nauficus*. *Nausia*. *Norga*. *Orca* 1. *Orculus*. *Ormilla*. *Pantonium*. *Paregorizare*. *Piones*. *Plotei*. *Politogum*. *Portemia*. *Pseudoforum*. *Ruga* 1. *Sabanum*. *Saber*. *Salabræ*. *Sarreuna*. *Satiger*. *Scandile*. *Statuarium* 1. *Staupus*. *Stemphiaci*. *Stoplum*. *Thema* 1.
Pas (Augustinus du), in *Pleuvina* sub *Plegius*.
Paschasius Radbertus, in *Marsa* 1.
Pasquier (Etienne), in *Sufracematus*.
Passio S. Maximi, in *Farinola*.
Passio S. Seraphiæ, in *Demultare*.
Paulus Diaconus, in *Hegumeni*.
Paulus Venetus, in *Camoca*.
Pausanias, in Atticis, in *Gessum*.
Pelagius, in *Cartica*.
Perardus, in *Abjectire*. *Absus*. *Aclonia*. *Bacinus* sub *Bacca* 2. *Baucalis* sub *Bauca* 1. *Bracharia*. *Bubulterium*. *Canava* 2. *Casula* 3. *Diotinum*. *Estunum*. *Factura* 2. *Hesta*. *Juisium*. *Pactum*. *Tremesium*. *Vernale*.
Petiti (Jac.) Pœnitentiale Theodori, in *Benna* 4.
Petronii Fragmenta, in *Abacium*. *Ærophagiæ*. *Artisellium*. *Athlana*. *Cingiliphus*. *Matarus*. *Nebula* 1. *Obrysum*. *Peridopare*. *Ricium*.
Petrus Blesensis, in *Acroisia*.
Petrus Cluniacensis, in *Superpositio* 3.
Petrus Comestor, in *Acroisia*.
Petrus Crescentius, in *Guvus*. *Pasturale* 1. *Qualea*. *Spavenus*.
Petrus Damianus, in *Balaustium*. *Biglosus*. *Corynetus*. *Minuere*. *Pidrisigula*.
Petrus de Vineis, in *Bura*. *Comes* 1. *Hogaster*. *Podere*. *Recalcare*.
Pezius, in *Canna* 5. *Liquarium*. *Martarus*. *Tenca*.
Philastrius, in *Ascodrogitæ*.
Philoxeni Glossæ, in *Cambiare*. *Degunere*.
Pirminii Excerpta de Sacris Scripturis, in *Cervula*. *Scarpsus*.
Pithœi Excerpta et Glossæ, in *Adfrutabulum*. *Aularius*. *Bassatum*. *Capriolus* 4. *Cerachi*. *Commodum* 2. *Enormate*. *Fanculum*. *Finctus Fraternus*. *Fundabulum*. *Lavina*. *Pipiones*. *Raricere*. *Rariolus*. *Rosinosus*. *Talax*. *Tegorium*. *Terimentum*.
Pittoni Historia Aquensis, in *Pavisarii*.
Plautus, in *Amascus*.
Plinius, in *Panothi*.
Plinius Medicus, in *Amaricare*. *Magdalium*.
Pomponius Mela, in *Panothi*.
Pontanus, in Consuet. Blesens., in *Affictum*.
Pontanus (Isaac), in *Biblia* 1. *Birrus*.

AUCTORES EMENDATI.

Pontificale Benignianum, in *Pisteugis*.
Privilegia Equitum S. Joan. Hierosol. in *Immerciatus*. *Progenitalis*. *Quercula*. *Remardum*. *Revacatio*. *Spontualitas*.
Procopius, in *Farius* 2.
Prudentius, in *Artetica gutta*.
Pseudo-Ovidius, in *Almucabala*.
Puricellus, in *Cisa*. *Curatura*. *Portulaticum*. *Roboretum*. *Superista*.

Raderus, in Bavaria Sancta, in *Bombax* 1. *Miranimus*.
Radevicus, in *Bandora*.
Radulphus Ardentius, in *Retrogradus*.
Radulphus de Diceto, in *Coriscum*. *Protosevastus*. *Sagitta* 1.
Rainaldus, in *Bever*. *Caniferi*.
Rainerius, in *Mascellare*. *Peristerium*.
Regestum Constabul. Burdegal., in *Juramentum*.
Regino, in *Retiatus*.
Regula Magistri, in *Caucus* 2. *Exagella*. *Hyema*. *Vigiliæ*.
Reinerius. in Catalogo Hæret., in *Palmarius*.
Remigius Autissiodor., in *Mummentum*.
Res Moguntinenses, in *Precorciare*.
Ricardus Hagustaldensis, in *Botolos*.
Richardi de S. Germano Chronicon, in *Rlida*. *Trebuchetum*.
Riculfi Testamentum, in *Bition*. *Cussinus*. *Salvare* 1.
Rigordus, in *Giga* 1.
Robertus Avesburiensis, in *Winagium* sub *Guida*.
Rocchus Pirrus, in *Assa* 1. *Conecta*. *Encaustum*.
Rogerus Hovedenus, in *Decussio*. *Glavea*. *Mahum*. *Mancusa*. *Pirotaus*. *Rumpere*. *Tendeheved*.
Rosla (Henricus), in *Enargia*.
Rotharis Regis Longob. edictum, in *Miffio*.
Rubeis (Joan. Franc. Bern. Maria de), Ord. Præd., in *Cogera* et *Fornum*.
Rubeus (Hier.), in Hist. Ravenat., in *Furnire*.
Rubeus (Joan.), in Vita Bonifacii VIII, in *Orbiculare* 1. *Vinipa*.
Ruffinus, in Vitis Patrum, in *Lactorones*.
Rymerus, in *Affevatus*. *Amaritare*. *Annelatus*. *Ardicus*. *Avestilatum*. *Bokeram*. *Cancentatum*. *Canibuca*. *Collare* 3. *Conellum*. *Cuphia*. *Discapum*. *Enactus*. *Favo*. *Fereum*. *Havia*. *Imprisonamentum* sub *Priso* 1. *Kaskettum*. *Lauda* 1. *Limen*. *Mamium*. *Nisi* 2. *Obligantia*. *Plusagium*. *Pocagium*. *Prosopoperia*. *Proxmetum*. *Racenius*. *Revesticorium*. *Rici*. *Salmata* sub *Sagma*, bis. *Salcenomania*. *Salvistrum*. *Sanutum*. *Seccheria*. *Sesperabilis*. *Soldi obolorum* sub *Solidus* 2. *Sozus*. *Succarum*. *Telon*. *Tracta* 1. *Transumalis*. *Traversum* 1. *Trona*. *Trufa*. *Vernum* 2. *Victualio*. *Vinaria*. *Upotheca*. *Waterscapum*. *Wayf*. *Wekkum*.

Salmasius ad Lampridium, in *Castrum*.
Salvaingus Boissius, in *Tasca* 2.
Sammarthani, in *Affari*. *Aphus*. *Barnagium* 1. *Berra*. *Cambula*. *Cauciarius*. *Cessura*. *Pleisseicium*. *Rufia*.
Sanctuarium Capuanum, in *Adobare* 1. *Aretheca*. *Faia* 2. *Formata*.
Sanctus Aldhelmus de Virginitate, in *Cauanna*. *Cistelium*. *Rasum* 4. *Sablo*.
S. Anselmus, in *Edecumatus*. *Resaisire* sub *Saisire*.
S. Audoenus, in *Billeus*. *Canua*. *Celli*. *Cumbus*. *Liniamentum* 2. *Telocium*.

S. Augustinus, in *Pactimonium*. *Psalliani*.
S. Aurelianus, in *Macio*.
S. Bonifacii Archiep. Mogunt. Epist. in *Precatorium* 1.
S. Columbanus, in *Calcalenteris*. *Contupicta*. *Corvatæ*. *Metreta*. *Micrologus*.
S. Cyprianus, edit. Pamelii, in *Thlibomenus*.
S. Gregorius Magnus, in *Ænea*. *Canterma*. *Catacumbæ*. *Coltatum*. *Collocare*. *Comes* 1. *Sabanum*.
S. Hieronymus, in *Ascodrogitæ*. *Fagolidori*.
S. Zeno Veronensis, in *Bromosus*.
Sandovallius, in *Stacatus*.
Sanjulianus, in *Metearia* 1.
Sanutus, in *Reselula*.
Savaro, in *Alberga*.
Schannatus, in *Millio*. *Sufarratus*.
Schola Salernitana, edit. 1622. in *Accuguratio*.
Seldenus, in *Caciare*. *Carticellus*.
Senator, in *Forma* 11.
Seneca, in *Distillarius*.
Sigebertus, in *Foricus* 1.
Silvester Giraldus, in *Ratula*.
Simeon Dunelmensis, in *Pentaemtarchus*.
Skeneus, de Verb. Signif., in *Gaugettum*.
Somnerus, in *Abacinare*. *Amabrevitas*. *Burghard*. *Sclavina*.
Spelmannus, in *Accolæ*. *Bancus*. *Bloyhorn*. *Carno*. *Cuva*. *Esumare*. *Gallinagium*. *Mastinus*. *Nosturma*. *Puniata*. *Rusellus*. *Sarabaitæ*. *Tirogrillum*. *Tiuphadus*. *Voranta*.
Sponius (Jacobus), in *Deputati*.
Stanihurstus, in *Bernacæ*.
Statuta Corbeiensia antiqua, in *Cavalarii*.
Statuta Massiliensia, in *Balista*. *Dissullare*. *Faus*. *Frossa*. *Paves*. *Poinanderia*. *Reta* 1. *Scarum*. *Stabula* 2. *Transverseris*.
Statuta Mediolanensia, in *Disfilatus*.
Statuta Montis-Regalis, in *Scandalum* 2.
Statuta Ordinis de *Sempringham*, in *Sagum* 2.
Statuta Placentiæ, in *Recevere*.
Statuta S. Claudii, in *Flarnis*. *Visola*.
Statuta Saonæ, in *Pronunciatio*. *Rustica*. *Scalvare*.
Statuta Synodalia Eccl. Tornac., in *Pignatorius*.
Statuta Vercellensia, in *Trentenarium*.
Statuta Willelmi regis Scotiæ, in *Gisarma*.
Statutum Richardi I. reg. Angl., in *Salina* 1.
Statutum S. Ludovici, ann. 1253. in *Pecia*.
Stephanotius, in *Bonata*. *Carneria* 4. *Carrha*. *Cartariata*. *Caruum*. *Falda*. *Flagium*. *Hæresis*. *Lentena*. *Nocumentum* 2. *Pasquerium*. *Recipiabilis*. *Sablo*. *Terramentum*. *Travicticum*.
Stephanus (Henricus), in *Cociones*. *Lacus*.
Stephanus Tornacensis, in *Cucullus*. *Relevare feudum*.
Stephanus Ulyssiponensis, in *Cirogillinæ*.
Suaresius, in *Collomellinus*. *Posticium*.
Suetonius, in *Paradoxi*.
Suffridus Petri, in *Baldakinus*.
Sugerius, in Vita Ludovici Grossi, in *Macaria*.
Suidas, in *Commodum* 1. *Epidecen*.
Supplementum Antiquarii, in *Arescere*. *Artare* 1. *Aurunculus*. *Auxilia* 2. *Barbarra*. *Cantus* 2. *Cloax*. *Comestores*. *Consataneus*. *Cordicia*. *Cupplantare*. *Delliones*. *Dispensor*. *Eleutherium*. *Elicatores*. *Entoridia*. *Exagies*. *Expatrare* 1. *Ferunia*. *Glix*. *Jecorus*. *Ister*. *Istita*. *Lacus*. *Lancla*. *Larsus*. *Lucerius*. *Ostiari*. *Residuatio*. *Retium*. *Ructuari*.
Synodicum adversus tragœdiam Irenæi, in *Appar*.

Sydonus VIII. in *Diacitrinus*.
Synodus Coloniensis an. 1280. in *Ablingere*.
Synodus Herbipolensis, in *Communicatura*.
Synodus Nemausensis, in *Horologium* 3.
Synodus Romana II. in *Finctus*.
Synodus Sodorensis, in *Herdocho* sub *Heriotum*.
Synodus in Trullo, in *Dejejunare*.

Templariorum Regula, in *Honorosus*.
Tertullianus, edit. Rigaltii, in *Protervire*. *Rustare*. *Salticus*.
Thaumasserius, in *Hereditare* 4. *Orcillum*. *Patus* 2. *Præco vini*. *Sallarinum*. *Scartio*. *Vesperalius*.
Theodoretus, in *Ascodrogitæ*.
Theodosii Codex et Novellæ, in *Ascodrogitæ*. *Canterma*. *Percidus*. *Reda*. *Spernuus*.
Theophanes, in *Brachialium*. *Lectisternium*.
Thwroczius, in *Aggregarius*. *Arma* 1. *Herbaperiarum*. *Sartanea*.
Tironis Notæ, in *Bicellum*. *Lecticocessium*. *Manciparius*.
Traditiones Fuldenses, in *Accolæ*. *Camisa*. *Pulvillus*.
Tragurianum Fragmentum, in *Baburrus*.
Trebellius Pollio, in *Caucus* 2. *Cumacus*.
Trivettus (Nic.), in *Arnaldia*. *Rumpere*.
Turnebi Adversaria, in *Asciscolum*. *Bromosus*. *Opinatores*.

Valafridus Strabo, in *Litura*.
Varro de Lingua Latina, in *Lepista*.
Udalrici Consuet. Cluniac., in *Cratones*. *Horda*. *Nuxa*.
Vegetius, in *Polychrestus*. *Seplasiarius*. *Trepidare*.
Ughelli Italia Sacra, in *Adulturum*. *Ana*. *Antipempton*. *Aphytrearia*. *Archiphonista*. *Armaria* 1. *Artagium*. *Atina*. *Bafumaria*. *Baldakınus*. *Batatorium*. *Boreales*. *Calciarium*. *Canava* 2. *Canusum*. *Cendalum*. *Chartulati*. *Clamacterius*. *Comestes*. *Contectalis*. *Cota* 1. *Curatura*. *Emprosopus*. *Famuli*. *Ferquidus*. *Funda* 1. *Galum* 1. *Gammadium*. *Gynæceum*. *Herimanni*. *Leporareatoria*. *Manua*. *Marpahis*. *Modiaticum* sub *Modiatio*. *Moneta Baronum*. *Morganegiba*. *Munimina*. *Nactum*. *Navaticum*. *Obrysum*. *Opsticare*. *Pantanum*. *Parens*. *Peristerium*. *Pileatio*. *Prædecarius*. *Protosyncellus*. *Rotatus* 4. *Sacconalia*. *Servus Apostolorum*. *Stadarius*. *Stanete*. *Stausare*. *Stillariæ*. *Theclatura*. *Valcatorium*. *Ventilare*. *Vineragium*. *Urca*. *Vulatio*.

Ugutio, in *Aciculus*. *Ambigonius*. *Amona*. *Ancliones*. *Aventare*. *Babugus*. *Cicindela*. *Colaphista*. *Corcula*. *Dalum*. *Epidecen*. *Filatorium*. *Guva*. *Lavarcha*. *Licentia*. *Noctianus*.

Visitatio thesaurariæ S. Pauli, London. an. 1295. in *Carola*. *Glegellatus*. *Tarsicus*.

VITÆ

Aldrici Episcopi Cenoman., in *Cenna*.
B. Andreæ de Caterannis, in *Saginale*.
B. Joannis, Abb. Gorziens. in *Imapus*.
B. Roberti de Arbresello, in *Vinagium* 2.
B. Rogerii, Abb. Ellantii, in *Aggrantia*.
Oldegarii, Episc. Barcin. in *Leudis*.
S. Adelheidis, in *Duciculus*.
S. Bernardi, in *Spissamentum*.
S. Desiderii, Episc. Cadurc., in *Archimetropolitanus*. *Electubilia*.
S. Gallæ, in *Meta* 1.
S. Joannis, Episc. Tragur., in *Artæria*.
S. Liudgeri, Episc. Mimigard., in *Sarculum*.
S. Neoti, Abbatis, in *Lyrides*.
S. Petri Cavensis, in *Circa* 3.
S. Popponis, Abbatis, in *Excubiæ* 3.
S. Radegundis, in *Pontones*.
S. Romani, Abb. Jurensis, in *Cingulum* 2.
S. Samsonis, Episc. Dolens. in *Bribethus*. *Pilax*.
S. Thomæ, Cantuariensis, in *Prolecta*.
S. Willibaldi, in *Cicindela*.
Vitæ Abbatum S. Albani, in *Camaeus*.
Vocabularium utriusque juris, in *Auxaria*. *Biphara*. *Gynœceum*. *Parafernalia*. *Paragauda*. *Salviaria*. *Sylva*.
Vopiscus, in *Doga* 2.
Vossius, in *Mesiela*. *Tempestatio*.
Uptonus (Nicolaus), in *Chivachirs*.

Waddingi Annales Minor., in *Cadius*. *Pertallus*.
Walsinghamus (Thomas), in *Alodis*. *Arcetica*. *Defolcare*. *Lassatinus*. *Votorie*.
Wandelbertus de Miraculis S. Goaris, in *Duciculus*.
Widradi, Abb. Flavin., Testamentum, in *Dies Legitimus*. *Linum*.
Wiguleius Hondius, in *Cruciferus*.
Wildebrandus ab Oldenborg, in Itin. T. S., in *Catholicus* 3.
Willeharduinus, in *Baivarius*.
Willelmus Brito, in *Arsinum*. *Candus*. *Exametum*. *Occillare*. *Panselenos*.
Willelmus Heda, in *Huslotum*.
Willelmus Malmesbur., in *Flamineum*.
Willelmus Thorn, in *Apparatus*. *Armilausa*. *Brusdus*. *Carcasium*. *Condis*. *Longellus*. *Plumale*.

Yepez (Ant. de), in *Aciralis*. *Acitara*. *Agmen*. *Aliphasis*. *Almafil*. *Alsos*. *Diptycha Docrum*. *Elitigare*. *Galnabis*. *Geronticon*. *Humiliatorium*. *Lentrus*. *Pradisterium*. *Vodum*.

INDICES

AD GLOSSARIUM

MEDIÆ ET INFIMÆ LATINITATIS.

Cum Glossarium nostrum eat per literas, ut veteris grammatici verbo utar, nemo est qui hic minime necessarios Indices statim existimet. Sed et neque ipsemet diffiterer, si ejusmodi esset ut sola duntaxat vocabula cum singulorum explicatione ac notione contineret. Verum cum multa complectatur quæ extra lineam, et quasi data occasione, fusiore interdum parergo enucleantur, tum circa rerum origines et initia, tum etiam circa usus, ritus, moresque pridem obsoletos, haud inutile forte videbitur si ex iis præcipua seligantur, eaque lectori index aliquatenus ob oculos proponat. Sed et pleraque ex vocabulis ipsis sub singulis facultatum, artium, ac rerum, quæ in eo describuntur, argumentis redegi, ut uno intuitu quæ ad ea pertinent deprehendat. Neque tamen in hoc conficiendo indice ita sum scrupulosius versatus, ut quæ interdum varie apud scriptores verba describuntur, atque adeo diversas subinde habent notiones, complecti necessarium duxerim, ne nimius essem, cum aliunde, ut fatear quod res est, jam longo, ut sic dixerim, defessus itinere laborem utcumque refugerim. Cujusmodi vero sit in accuratis istis indicibus conficiendis, si quis nosse velit, legat Josephi Scaligeri epistolas 23. 68. 73. 155. 157. 313. 314. 418. 422. 423, etc. In quibus toties ingratum Gruterianarum inscriptionum indicis laborem a se susceptum queritur, in quo decem ad minimum menses continuos mediastini typographi (ita correctores illos vocat) munus obierit, dum tam multa præclara, et quæ suo ordini reddi deberent, colligit, precibus amicorum victus, eorumque, ut ait, blanditiis delinitus.

INDICUM SYLLABUS.

I. Excursus circa rerum origines, ritus obsoletos, moresque priscos, atque alia peculiari observatione digna, quæ fusiori interdum parergo in hoc glossario pertractantur.
II. Excursus circa res Francicas, seu quæ ad pleniorem historiæ Francicæ cognitionem et κριτικὴν spectant.
III. Ædes publicæ, privatæ; ædium partes.
IV. Ædes sacræ, monasticæ; earum partes, officinæ monasticæ, etc.
V. Affinitates, cognationes.
VI. Agrimensoria, agrorum modi, urbes, oppida, castra, villæ, fluvii, lacus, campi, etc.
VII. Arbores, stirpes, herbæ, silvæ. Res forestaria.
VIII. Architectonica, seu quæ ad architecturam pertinent.
IX. Artes, artifices, negotiationes, professiones.
X. Animalia, quadrupedes, aves.
XI. Chronologica et quæ ad tempora pertinent.
XII. Cibi, res annonaria, cibaria, potoria.
XIII. Colores, et quæ ad colores spectant.
XIV. Corpus; corporis humani et animalium partes.
XV. Dignitates civiles, palatinæ, militares, honores, officia, etc.
XVI. Dignitates ecclesiasticæ, monastica officia, munia, etc.
XVII. Festa christianorum, gentilium.
XVIII. Geographica, seu quæ ad geographiam spectant.
XIX. Hæretici, pagani, gentiles, etc.
XX. Libri ecclesiastici, prophani; epistolæ ecclesiasticæ, civiles; chartæ, diplomata, res libraria.
XXI. Liturgica, seu quæ sacramenta et ecclesiastica officia et christianam religionem spectant.
XXII. Ludi, ludicra; et quæ ejusmodi spectant.
XXIII. Magica, seu quæ ad magiam, sortes, auguria, superstitiones et ejusmodi spectant.
XXIV. Medica, mulomedica, chirurgica, morbi, ægritudines, et cætera quæ ad rem medicam pertinent.
XXV. Mensuræ aridorum, liquidorum, pannorum, pondera, etc.
XXVI. Metalla, res metallaria.
XXVII. Militaria, seu vocabula ad rem militarem spectantia.
XXVIII. Ministeria sacra, vasa, ornamenta ecclesiastica.
XXIX. Monastica, seu vocabula ad rem monasticam spectantia; ordines monastici, militares.
XXX. Monetæ, res monetaria.
XXXI. Mores, seu vocabula quæ ad mores hominum spectant.
XXXII. Mulctæ judiciariæ.
XXXIII. Musica, musica instrumenta, cantus ecclesiasticus.
XXXIV. Navalia, res navalis, navicularia.
XXXV. Pisces, piscatura.
XXXVI. Pœnæ, supplicia, tormenta, et quæ ejusmodi spectant.
XXXVII. Purgationes canonicæ, vulgares, sacramenta, juramenta, etc.
XXXVIII. Status et conditiones hominum.
XXXIX. Supellex domestica, rustica.
XL. Tituli honorarii, compellatorii.
XLI. Tributa, vectigalia, præstationes, operæ, servitia, etc.
XLII. Venatica, seu quæ venationem et aucupium spectant.
XLIII. Vestes ecclesiasticæ, laicæ; res vestiaria.
XLIV. Vocabula Anglo-Saxonica, vel quæ linguæ Anglo-Saxonicæ originem suam debent.
XLV. Vocabula forensia, seu fori ac jurisprudentiæ mediæ ætatis, sed et hodiernæ.

I.

EXCURSUS

CIRCA RERUM ORIGINES, RITUS OBSOLETOS,

MORESQUE PRISCOS,

ALIAQUE PECULIARI OBSERVATIONE DIGNA, QUÆ FUSIORI INTERDUM PARERGO IN HOC GLOSSARIO PERTRACTANTUR: EX QUIBUS QUÆ AD RES FRANCICAS ILLUSTRANDAS SPECTANT SELEGIMUS, EO QUI SUBSEQUITUR INDICE RECENSENDA.

Abjurationis ritus. In *Abjurare*.
Adorationis Imperatorum ritus. In *Adorare*.
Adulterii pœnæ variæ. In *Adulterium*.
Advocati Ecclesiarum, eorum munus, jura, etc. In *Advocatus*.
Ægros baptizandi ritus. In *Clinici*.
Afforestandi, seu silvam in forestam convertendi ritus. In *Foreste*.
Alapa Militaris, in Militum creationibus. In *Alapa*.
Alapam dare, et aurem torquere in testimonium. In *Alapa*.
Alodis, cujusmodi prædii species fuerit. *In hac voce.*
Altarium redemptiones. In *Altare*.
Anglici Reges venationi impensius dediti. In *Foreste*.
Anni per autumnos interdum putati. In *Autumnus*.
Annulus pronubus. In *Annulus*.
Annulo misso aliquem accersere. In *Annulus*.
Annulo junceo aliquem desponsare. In *Annulus*.
Apocrisarii Constantinopolim a Summis Pontificibus identidem missi. In *Apocrisiarius*.
Apocrisiariorum S. R. E. munus et series. *In hac voce.*
Applicandi, et in campis sub tentoriis excubandi ritus. In *Applicare*.
Aqua tepida in sacrificio adhibita. In *Aqua*.
Aquæ frigidæ et ferventis purgationis ritus. In *Aqua*.
Aquilam vertere. In *Aquila*.
Aquilam in dorso figurare. In *Aquila*.
Arbores a paganis cultæ. In *Arbor*.
Archidiaconorum munus et dignitas. *In hac voce.*
Arma seu insignia in degradationibus inversa. In *Arma*.
Arma deponebant pœnitentes. In *Arma*.
Arma mutare in signum fœderis. In *Arma*.
Armis Militem instruendi ritus. In *Adobare*.
Armis cingebatur et induebatur qui Miles fiebat. In *Arma*.

Armigeri cum Militibus mensæ non assidebant. In *Baccalarii*.
Armigerorum dignitas. *In hac voce.*
Armorum et insignium origo. In *Arma*.
Assecurationum ritus. In *Assecurare*.
Assisas publicas, seu judicia tenendi ritus. In *Assisa*.
Asyla Ecclesiarum, et immunitates. In *Dextri* et *Pax*.
Asylorum, et Ecclesiasticarum immunitatum fines ac limites. In *Dextri*.
Aures testium torquere, etc. In *Auris*.
Auxiliorum seu extraordinariarum præstationum species. In *Auxilium*.

Bacillis cæsi tyrones qui in hastiludiis probe se non gesserant. In *Baculare*.
Baculi Episcopales fracti in eorum degradationibus. In *Baculus*.
Baptizandæ mulieres an nudæ omnino fontem ingressæ. In *Alba*.
Baptizatorum vestis. In *Alba*.
Barbam tangendi, seu primam lanuginem incidendi ritus. In *Barba*, et in *Barbatoria*.
Barones in Francia, Anglia, etc. In *Baro*.
Basilicæ tumulis Magnatum impositæ. In *Basilica*.
Benevalete, formula adscripta Bullis Pontificiis. *In hac voce.*
Bibere in honorem alicujus, in amore Sanctorum, etc. In *Bibere*.
Bonæ indolis titulus vulgo datus junioribus principibus. In *Indoles*.

Calcaria Militibus amputata in degradationibus. In *Calcar*.
Calceamenta deferre, præbere. *In hac voce.*
Calceorum rostra et aculei. In *Pigaciæ*, *Poulainia*, et *Rostra*.

INDICES AD GLOSSARIUM.

Campagorum usus quorum fuit. *In hac voce.*
Campanæ pulsatæ in adventu virorum nobilium, Episcoporum, etc. *Ibid.*
Campanarum usus et inventio apud Latinos et Græcos, earum baptismus. *In hac voce.*
Campiones, de quibus multa. *In hac voce.*
Candelæ accensæ sub conjugatorum pedibus positæ. *In hac voce.*
Candelæ projectæ et exstinctæ in excommunicationibus. *In hac voce.*
Canem ferre in pœnam. In *Canis.*
Per canem jurare. In *Canis.*
Canum pedes mutilati, ne in venationem pergant. In *Expeditare.*
Canum variæ species. In *Canis.*
Canonici varii, de quibus multa. *In hac voce.*
Canonizationis ritus. In *Diptycha.*
Cantatores ante prælia Milites ad fortiter agendum excitabant. In *Cantilena Rollandi.*
Cantus Ecclesiastici origo et institutum. In *Cantus.*
Capellani Secretariorum et Amanuensium officio functi. In *Capellanus.*
Capillos ponebant qui se Deo offerebant. Capillos et barbam nutriebant Pœnitentes, etc. Varii alii ritus per capillos. *In hac voce.*
Capitoliorum aliquot series. *In hac voce.*
Caritates, dicta extraordinaria convivia quæ Monachis in Defunctorum anniversariis et majoribus solemnitatibus præstabantur. In *Caritas.*
Carrocia, vexilla ita dicta, in aciem educendi modus, eorum descriptio. In *Carrocium.*
Catallum melius post tenentium mortem dominum spectavit. In *Catallum, Curmedia, Heriotum.*
Catapanorum Italiæ Catalogus. In *Catapanus.*
Catechizabantur pueri antequam ad baptismum offerrentur. In *Catechizari.*
Catholici, et de eorum dignitate. *In hac voce.*
Cessionis bonorum ritus apud veteres Francos. In *Chrenecruda.*
Chirographa conficiendi ritus. *In hac voce*, et in *Indentura.*
Chorepiscoporum dignitas, munus, etc. *In hac voce.*
Cibariæ ac annonariæ præstationes factæ olim a subditis, Regibus ipsis apud Anglos. In *Firma 2.*
Circulis ferreis corpus ac brachia onerati in pœnitentiam. In *Circulus.*
Clamationum in Monasteriis ritus. In *Clamare.*
Claves remittere in signum divortii. In *Clavis.*
Clavium S. Petri limaturæ ad Principes missæ. In *Clavis.*
Claustrorum Monachorum et Canonicorum forma et figura. In *Claustrum.*
Clypei Militum sepulchris appensi. In *Clypeus.*
Clypeo elati, dum proclamabantur, Imperatores et Reges. In *Clypeus.*
Clypeos et insignia fenestris apponendi ritus. In *Fenestragium.*
Collibertorum conditio et status. *In hac voce.*
Comites varii. *In hac voce.*
Communio sacra. *Multa in hac voce.*
Communionis, seu sumptionis sanctæ Eucharistiæ, varii ritus. In *Communio.*
Post Consulatum formula. In *Consulatus.*
Contramandandi ritus varii. In *Contramandare.*
Coronati in nuptiis. In *Corona.*
Corrigiam super tumulum projicere. In *Corrigia.*

Crux fixa in signum dedicationis ædis sacræ. In *Crux.*
Crucis appositio in pignorationis symbolum. In *Crux.*
Cruce subscribendi ritus et origo. In *Crux.*
Crucem bajulabant, ut ad commiserationem excitarent. In *Crux.*
Cruces erectæ in magnatum funeribus. In *Crux.*

Dalmaticarum Ecclesiasticarum origo et usus. In *Dalmatica.*
Danigeldum tributum Anglis indictum ad pacandos vel pellendos Danos, ejus origo, etc. *In hac voce.*
Decimarum Laicarum et Ecclesiasticarum varii usus. *In hac voce.*
Deciorum ludi etymon. *In hac voce.*
Decretorum collectiones variæ. In *Decretum.*
Dedicationis Ecclesiarum ritus. In *Dedicatio* et *Encœnia.*
Defectus Justitiæ in judiciis usus. In *Defectus.*
Defensorum Ecclesiasticorum origo. In *Defensor.*
Degradationis Ecclesiasticæ formæ variæ. In *Degradatio.*
Denarius S. Petri quando et quomodo exsolutus apud Anglos. In *Denarius.*
Denarius S. Petri a singulis fere regnis Catholicis exactus. In *Denarius.*
Denuntiatio novi operis per jactum lapilli. In *Denuntiatio.*
Dextera elata in Sacramentis. In *Juramentum.*
Dextras dare in signum fœderis. In *Dextra.*
Diaconiæ Romæ, earum usus et catalogus. *In hac voce.*
Diaconorum institutum et officium. *In hac voce.*
Diffidationum ritus. In *Diffidare.*
Diptychorum Consularium et Ecclesiasticorum usus ac ritus. In *Diptycha.*
Disparagatio, seu in æquale connubium. In *Disparagare.*
Domini rerum dicti Imperatores et Reges. In *Dominus.*
Dominicarum series, nomina, introitus. In *Dominica.*
Domni appellatio Monachis competit. In *Domnus.*
Domorum condemnatio seu eversio in criminibus. In *Condemnare.*
Dormitoriorum Monasticorum forma. *In hac voce.*
Duelli seu purgationis per monomachiam ritus varii. In *Duellum.*

Ecclesiæ olim in secularium bonis censitæ. *In hac voce.*
Ecclesiarum immunitatis fines. In *Dextri.*
Eleemosinæ dictæ Ecclesiarum possessiones, Dotes. In *Eleemosyna.*
Englescheriæ præbandæ ratio. *In hac voce.*
Ensibus militaribus nomina indita. In *Curtana.*
Epiphaniorum festi appellationes. *In hac voce.*
Episcopi et Abbates eundi in exercitum obligationi obnoxii ex Regalibus. In *Hostis.*
Episcopi Palatii. In *Episcopus.*
Equi sagis instructi, Palliati. In *Equus.*
Equis albis vehi soliti Principes in majoribus solemnitatibus et pompis. In *Equus.*
Equos in mortuorum exsequiis offerendi ritus. In *Hereotum.*
Esterlingorum monetæ nominis origo. *In hac voce.*
Evangelii inspectio in Episcoporum consecrationibus. In *Sortes Sanctorum.*
Evangelium in dorso portare. In *Evangelium.*

INDICES AD GLOSSARIUM.

Evangelium nudo ense in vigilia Natalis Dom. legit Imperator. In *Evangelium*.
Eucharistiæ porrigendæ ritus. In *Eucharistia*.
Eulogiarum mittendarum ritus. In *Eulogia*.
Excæcandi variæ rationes. In *Abacinare*.
Excommunicatio ob debita non soluta. In *Excommunicatio*.
Excommunicati intra annum absolutionem obtinere ab Episcopis tenebantur. In *Excommunicatio*.
Excommunicatorum corpora nisi mortui absolverentur, non resolvi. In *Imblocare*.
Excommunicatorum cadavera insepulta, et in arborum truncis exposita. In *Imblocare*.
Exsufflationis in baptismo ritus. In *Exsufflatio*.

Falsandi judicium, seu appellandi a judicio, ratio. In *Falsare*.
Fasciola, apud Monachos, quid. *In hac voce*.
Ferri candentis examinis ritus. In *Ferrum candens*.
Festi asinorum celebrandi ritus apud Rotomagenses. In *Festum*.
Festorum Ecclesiasticorum series, et nominum ratio. In *Festum*.
Festuca, signum traditionis, ritus. In *Festuca*.
Feudorum origo. In *Beneficium*, et *Feudum*.
Feudorum variæ nomenclaturæet species. *In hac voce*.
Fidelitatis sacramentum, ab hominio diversum. In *Fidelitas*.
Fidelitatem, non homagium præstant Episcopi. In *Fidelitas*.
Fidei mentitæ crimen. In *Fides*.
Filiolis, seu filiis spiritualibus, dona data a Patrinis. In *Filiolatus*.
Filum de pallio projicere in signum condonatæ injuriæ. In *Filum*.
Flagellatio, quomodo inflicta. In *Flagellatio*.
Foagii exigendi ratio. In *Foagium*.
Fraternitatum Ecclesiasticarum ratio. In *Frater, Fraternitas*.
Fratriagii, seu freragii ratio. In *Frater*.

Gavelkindi ratio apud Anglos. *In hac voce*.
Gastaldorum nomen, munus, dignitas. *In hac voce*.
Gradus cognationum in matrimoniis. In *Cognatio*.

Harmiscaræ ritus. *In hac voce*, et in *Processio*.
Hereoti, seu melioris catalli præstatio, qualis. In *Catallum*, et *Hereotum*.
Hominiorum variæ species, ritus varii. In *Hominium*.
Hostis, seu eundi in exercitum obligatio, de qua multa in v. *Hostis*.
Hundredos tenendi ratio, in Anglia. In *Hundredus*.

Jacentibus columnis opus novum impedire. In *Jacere*.
Jejunia varia Ecclesiastica. In *Jejunium*.
Idola appellati Pseudo-Pontifices. In *Idolium*.
Ignis Græci et confectitii origo et usus. In *Ignis*.
Ignis sacer, quo Hierosolymis quotannis lampades S. Sepulchri accendi solerent, qui auctores meminerint. In *Ignis*.
Igne probatæ reliquiæ. In *Ignis*.
Ignitegii origo et usus. *In hac voce*.
Imperatoris titulum sibi adscripsere Reges Bulgariæ, Anglo-Saxonum, Hispaniæ. In *Imperator*.
Imperium quando divisum. In *Imperator*.
Inclusorum in Monasteriis vita. In *Inclusi*.

Indictionum variarum origo et usus. *In hac voce*.
Infantes ac pueri appellati juniores Principes ac Barones qui nondum suæ tutelæ essent. In *Infans*.
Infantionum Hispanicorum ordo, conditio, privilegia. *In hac voce*.
Infantium, seu juniorum monachorum ac etiam oblatorum modestia. In *Infans*.
Inscriptiones ineditæ. In *Dua, Scamnocancellus*.
Intercedebant Episcopi pro reis causa cognita. In *Intercedere*.
Interdicti Ecclesiastici formula. In *Interdictum*.
Intestatorum bona fisco cessere. In *Intestatio*.
Investitio per chirothecæ traditionem. In *Chirotheca*.
Investiturarum varii ritus. *In hac voce*.
Joannes Scotus unde Erigena dictus. In *Erigena*.
Irminsul apud Saxones cultus. *In hac voce*.
Jubilæi origo. *In hac voce*.
Judicium S. Spiritus, quate. In *Judicium*.
Juramentorum et sacramentorum varii ritus, variæ formulæ. In *Juramentum*.
Juratarum in Anglia ritus In *Jurata*, et *Juratores*.
Justitiarii capitales in Anglia, eorum munus. In *Justitia*.

Kalendarum Januariarum ludicra et ineptiæ serius in Gallia desitæ. In *Kalendæ*.

Ladæ, et purgationis per ladam ratio fusius explicata. In *Lada*.
Lampades Imperatoribus et majoribus dignitatibus prælatæ. In *Lampadarii*.
Lancea S. Mauritii inter Imperatorum Germanicorum Cimelia. In *Lancea*.
Laternarum cornearum, et militarium origo. In *Laterna*.
Laudes seu acclamationes dictæ Principibus in sacris Liturgiis, earum ritus varii et Formulæ. In *Laus*.
Laudis perennis ratio et ritus in Monasteriis. In *Acœmeti*.
Lauratarum imaginum ritus varii. In *Lauratum*.
Lectorum Ecclesiæ munus. *In hac voce*.
Ledonis et Malinæ nomina unde, etc. In *Ledo*.
Leges variæ unde in singula regna inductæ, earum variæ nomenclaturæ, origines, et auctores. In *Lex*.
Legitimatio per subsequens matrimonium quando inductum. In *Legitimatio*.
Leoninorum versuum nomenclatura. In *Leonini*.
Ligeitas in hominiis in quo consistat. In *Ligius*.
Lupanaria publica tolerata. In *Gynæceum*.

Mandati, seu ablutionis pedum, apud Monachos ritus varii. In *Mandatum*.
Mansorum diversæ species. In *Mansus*.
Mantum, Summorum Pontificum vestis propria, unde *Immantari* dicuntur. In *Mantum*.
Manufirmarum, seu fundorum ad vitam datorum, origo et usus. *In hac voce*.
Manumissionum ritus varii. *In hac voce*.
Manus impositio Ecclesiastica, etc. In *Manus*.
Manus mortua, quid. In *Manus*.
Marabotinorum et Maravedinorum Hispanicorum nomen unde. In *Marabotinus*.
Marani Hispanici unde. *In hac voce*.
Marcarum variæ species, et pretia. *In hac voce*.
Marescalli varii, horum dignitas, munus, jura, etc. *In hac voce*.

INDICES AD GLOSSARIUM.

Martyres interdum dicti qui non pro confessione nominis Christi violenta morte obierant. *In hac voce.*
Matricularii, pauperes in matriculam relati : de iis multa. In *Matricula.*
Matrimonii Libertas, seu licentia maritalis. In *Maritagium.*
Mazerina vasa quæ. In *Mazer.*
Mediatoribus seu Internuntiis intervenientibus concessa Ecclesiis prædia. In *Mediator.*
Membranæ purpureæ. *In hac voce.*
Mensale dividebatur seu lacerabatur ejus qui insignibus et clypeo careret. In *Mensale.*
Mensis intrans, exiens, stans, restans, qui. *In hac voce.*
Mercata cur diebus Sabbati præsertim concessa. In *Mercatum.*
Meschita Constantinopolitana. *In hac voce.*
Militaris ordinis consequendi ritus. In *Miles.*
Ministellorum in Palatiis et præliis munus. *In hac voce.*
Ministerialium apud Germanos conditio, et dignitas. *In hac voce.*
Missa, Missæ variæ, nominis etymon, etc. *In hac voce.*
Mixtum apud Monachos, quid. *In hac voce.*
Monachi ad succurrendum qui dicti. In *Monachus.*
Monasteria regalia, eorum conditio, ubi et de Abbatibus regalibus. In *Monasterium.*
Monetæ variæ, res Monetaria. In *Moneta.*
Monetarum Belgicarum veterum nomina et species variæ. In *Leones.*
Monogrammatum usus, figuræ. In *Monogramma.*
Murrhina vasa, sequioribus seculis, Mazerina dicta. In *Mazer.*
Musivarium opus, de quo multa. *In hac voce.*

Nomen duplex interdum viris datum. In *Binomius.*
Nominis impositio, mutatio, etc. In *Nomen.*
Nomina imposita in Baptismo. In *Binomius.*
Nonarum ex agris præstatio. In *Nona, ubi multa.*
Notæ librariæ, musicæ, etc. In *Nota.*
Nuntiatio novi operis per jactum lapilli. In *Nuntiatio.*
Prima novæ nuptæ nox redempta. In *Marchetum.*

Oblatarum conficiendarum ratio : oblatæ super defunctorum corpus positæ, etc. *In hac voce.*
Oblatorum in Monasteriis, cum infantium tum adultorum origo. In *Oblati.*
Obnoxiationis, seu in servum ultro se dandi, forma ac ritus. *In hac voce.*
Oleum benedictum ad depellendos morbos. In *Oleum.*
Organorum musicorum inventio, usus. *In hac voce.*
OEconomi Ecclesiarum. *In hac voce.*
Osculum, cum in sacris tum in prophanis. *In hac voce.*

Pagani cur interdum appellati infantes, et unde paganorum nomenclatura. *In hac voce.*
Pallium Archiepiscopale de quo plura. *In hac voce.*
Pallio cooperiendi filios natos ante matrimonium ritus. In *Pallium.*
Panes varii. In *Panis.*
Paschatis variæ nomenclaturæ, variaque epitheta. *In hac voce.*
Patriam abjurandi ritus. In *Abjurare.*
Penoncellos deferre quibus competiit. In *Penones.*

Persona, Personatus, dignitas Ecclesiastica, de qua plura. *In hac voce.*
Placita, ubi ea tenebantur, etc. *In hac voce.*
Pœnitentes, Pœnitentia publica et privata, etc. *In hac voce.*
Pœnitentium Reconciliatio. In *Reconciliatio.*
Potare nomine matrimonii. In *Potare.*
Precariarum et Præstariarum ratio. In *Precaria.*
Primatum Ecclesiasticorum dignitas. *In hac voce.*
Principum, statim atque renuntiati essent, imagines in provincias missæ. In *Lauratum.*
Prioratuum Ecclesiasticorum origo. In *Obedientiæ.*
Psalmi varii. *In hac voce.*
Purgationis per Eucharistiam ratio et usus. In *Eucharistia.*

Quadragesimæ variæ. *In hac voce.*

Rationale Episcoporum, quid. *In hac voce.*
Regis titulus concessus Reginis. In *Rex.*
Regradationis pœna. In *Mensa*, et *Regradatio.*
Reliquiæ inter spinas depositæ et alii in Reliquiis ritus. In *Reliquiæ.*
Reorum evasionis culpa in vicanos refusa. In *Escapium.*
Reos clamore persequendi forma. In *Haro* et *Huesium.*

Sancti e quorum sepulchris manna, seu liquor odorus effluit. In *Manna.*
Sanguis Dominicus in calicem vino plenum refusus, quo populus communicabatur. In *Calix.*
Scabinorum vox. In *Scabinus.*
Scacarium Francicum, Anglicum, etc. *In hac voce.*
Scriptores, scriptoria in Monasteriis. In *Scriptor.*
Secundo-geniti primogenitis præferuntur in aliquot provinciis. In *Burgenglisch.*
Sellæ gestatio, pœna nobilium. In *Sella.*
Sellarum equestrium origo. In *Sella.*
Senatoris Romæ dignitas. In *Senator.*
Sepulchra cancellis muniri solita. In *Cancellus.*
In Sepulchris corpus corpori non inferebatur. In *Bisomium.*
Sergentiæ feudorum species, eæ diversi generis. In *Serviens.*
Servi servorum Dei titulus usurpatus ab Episcopis, Summis Pontificibus, Principibus, etc. In *Servus.*
Servorum seu glebæ adscriptitiorum matrimonia. In *Forismaritagium.*
Servorum conditio, etc. In *Servus.*
Servientes ad Legem in Anglia, eorum dignitas ac prærogativa. In *Serviens.*
Servitiorum variæ species. *In hac voce.*
Sigilla pendentia quando primum usurpata, Sigillum Secreti, etc. In *Sigillum.*
Signorum seu signis quidpiam denotandi apud Monachos variæ species. In *Signum.*
Stapedum usus et origo. In *Staffa.*
Subscriptiones rubrica, seu per cinnabarim exaratæ. In *Cinnabar.*
Superpositio Jejunii, Psalmorum, quid. In *Superpositio.*
Syncelli Summorum Pontificum, Patriarcharum, etc. *In hac voce.*

Templariorum ordo, Magistrorum Templi catalogus. In *Templarii*.
Testes per aurem attracti. In *Auris*.

Vassi, Vassalli, qui. In *Vassus*.

Versus politici qui dicti. In *Politici*.
Vestibus candidis induti baptizati. In *Illuminare*.
Vexilli erectio dominii symbolum. In *Vexillum*.
Viæ militares quatuor Angliæ. In *Erminstreat*.
Vicedominorum dignitas, munus. *In hac voce*.

II.

EXCURSUS CIRCA RES FRANCICAS,

SEU QUÆ AD HISTORIÆ FRANCICÆ COGNATIONEM ET ΚΡΙΤΙΚΗΝ SPECTANT.

Abbates Laïci, in *Abbacomites*.
Alebretensis familiæ nomen unde, in *Leporetum*.
Ampulla Remensis, in *Ampulla*.
Annuli Regii cura penes quem fuit, in *Annulus*.
Annum a Kl. Martii olim auspicati Franci, interdum a Natali.
Dom. deinde a Paschate, etc.
Sed et annos a Christi Passione iidem auspicati, præterea a transitu seu morte S. Martini, in *Annus*.
Apanagiorum apud Francos ratio et usus, in *Apanagium*.
Apocrisiariorum apud Francos quod fuerit munus, in *Apocrisiarius*.
Archiatrorum Regum Franciæ series, in *Archiatri*.
Archicancellarii in Francia, *in hac voce*.
Ardentes, qui in Francia, *in hac voce*.
Auriflamma Francorum, *in hac voce*.

Baculi Regum Franciæ cujusmodi fuerunt, in *Baculus*.
Bagaudæ Gallici qui ? *in hac voce*.
Bajuli Regis seu Pædagogi apud Francos, eorum dignitas, et series, *in hac voce*.
Bajulorum, seu Ballivorum in judiciis apud nostros munus, sacramentum, et origo, *in hac voce*.
Balthei Francorum, in *Baldrellus*.
Barones qui dicti apud nostros, in *Baro*.
Basilei appellati Francorum Reges, in *Basileus*.
Benedictiones Regum Franciæ, in *Benedictio*.
Bersarii in Regum Palatiis qui ? in *Bersare*.
Blavotini et Bloetini qui dicantur apud Guill. Britonem, *in hac voce*.
Bombardarum origo, et usus in Gallia, *in hac voce*.
Bullis aureis diplomata sua muniebant Reges Francici, in *Bulla*.
Burgesia Regia apud nos, in *Burgensis*.
Buticularii Franciæ dignitas et munia, in *Buttis*.

Calcaria veterum Francorum, in *Calcar*.
Cambellanorum Franciæ dignitas et munus, *in hac voce*.
Camerariorum Franciæ dignitas et munus, *in hac voce*.
Campus Martii et Maii apud Francos, *in hac voce*.

Cancellarii in Regum Franciæ Palatiis qui dicti, *in hac voce*.
Caorcini in Francia qui dicti, *in hac voce*.
Capa S. Martini, quæ fuerit, *in hac voce*.
Capella S. Martini, *in hac voce*.
Capellanorum et Archicapellanorum apud Francos dignitas, eorum series, in *Capellanus*.
Capetus unde dictus Hugo Rex, *in hac voce*.
Capitales seu *Captaux*, qui et unde dicti in Francia, in *Capitalis*.
Capitaneorum seu Gubernatorum majorum munus apud nostros, in *Capitaneus*.
Capitolia varia in Gallia, *in hac voce*.
Capitulorum seu Capitularium libri apud Francos, in *Capitulum*.
Carolo M. cur Magni nomen tributum, in *Magnus*.
Crines nutriebant Reges Gallorum, in *Criniti*.
Curia Franciæ, in *Curia*.
Curiæ Coronatæ, in quibus Franciæ Reges coronati sedebant ac procedebant, in *Curia*.

Decimæ Saladinæ, in *Decimæ*.
Dies magni Trecenses, in *Dies*.
Domesticorum apud Francos dignitas, in *Domesticus*.
Domicelli dicti Regum Franciæ filii, in *Domicellus*.
Dominæ appellatæ Regum Franciæ filiæ, in *Domicellæ*.
Dona annua Regibus Fr. fieri solita, in *Donum*.
Drudes apud Francos qui ? *in hac voce*.
Ducum sub 1. et 2. Regum stirpe dignitas, in *Dux*.
Durandal, ensis Caroli M., in *Durissimus*.

Eleemosynarii Regum Franc. horum series ; et dignitas, in *Eleemosynarius*.
Emancipationis apud Francos formula, in *Emancipatio*.

Falconariorum apud Francos dignitas et munus, in *Falco*.
Fasciæ crurales Francorum, in *Fascia*, et in *Caliga*.
Fert, Divisiæ Ducum Sabaudiæ vox unde, *in hac voce*.
Flavi appellati a Scriptoribus Franci, in *Flavus*.
Forestæ Franciæ præcipuæ, in *Foreste*.

Francicæ nomen unde et quando ortum, in *Francia.*
Fraxineti in Provincia situs, in *Marrones.*

Gabellæ apud nostros origo, in *Gablum.*
S. Germani in Laia oppidi nomen unde, in *Leda.*
Gista Regum Franciæ, in *Gistum.*
Gradus, seu *Gras,* in Occitania, pro trajectu maritimo, in *Gradus.*
Gravionum dignitas, munus, *in hac voce.*
Gynecæorum apud Francos ratio, in *Gynæceum.*

Hæredes apud nostros nude dicti prædiorum paternorum hæredes, adhuc infra ætatem, in *Hæres.*
Haro, clamoris ita dicti, origo et usus, *in hac voce.*
Hastæ, Francis propriæ, *in hac voce.*
Heraldorum Regis in Francia creationis ritus, in *Heraldus.*
Herebannum, de quo plura, *in hac voce.*
Hutinus unde dictus Ludovicus Rex Fr., *in hac voce.*

Illustres cur dicti Reges Franciæ prioris stemmatis, in *Illustris.*
Imperatores dicti Francorum Reges, in *Imperator.*
Indicti, seu Nundinarum San-Dionysianarum origo, in *Indictum.*
Inferenda apud scriptores nostros, quid, *in hac voce.*
Ingenui qui dicti apud Francos, *in hac voce.*
Inquisitores Judicum apud nostros, *in hac voce.*
Inquisitores fidei apud nostros quando instituti, eorum munus, *in hac voce.*
Judæi habitu a Christianis in Europa ex decretis Principum et Conciliorum secreti, in *Judæus.*
Judæi apud nostros in Bonis dominorum ac Baronum censiti, *in hac voce.*
Judicum majorum in Comitatu Provinciæ dignitas et series, in *Judex.*
Jus scriptum, quo provinciæ aliquot Franciæ reguntur unde inductum, in *Jus.*

Lancea Caroli Magni, in *Lancea.*
Leti in Gallia, qui populi sic appellati, in *Leti.*
Lex, terra Salica, et de ea observationes, in *Lex.*
Liardus, monetæ minutioris species, unde dicta, in *Miliarensis.*
Liberationes, nostris dictæ vestes quæ statis anni temporibus domesticis quotannis præbebantur, in *Liberare.*
Libertorum in Francia conditio, in *Liberti.*
Lingua Romana in Gallia, in *Romani.*
Locumtenentes, apud nostros, provinciarum Gubernatores, eorum munus, *in hac voce.*
Lombardi, fœneratores et mercatores in Francia, in *Longobardi.*
Lotharii et Caroli Calvi Regum et Imp. imaginum explicatio, in *Armiger.*
Lui, pro *ille,* apud nostros, *in hac voce.*

Madrinarii qui in aula Francica, in *Mazer.*
Magister Ostiariorum, Pincernarum, dignitates in aula Regum Franc., in *Magister.*
Magni Coci dignitas et munus apud Francos. Magnorum Coquorum series, in *Coquus.*
Majorum domus Franciæ dignitas, munus, series, in *Major.*
Mansionarii in aula Regum Franc. dignitas, officium, in *Mansionarius.*

Marescallorum in Francia erat facere *antegardam,* seu ducere primam aciem, in *Antegarda.*
Marescalli fidei dicti Domini de *Levis,* in *Marescalcus.*
Marrones, dictæ circa Alpium juga gentis Saracenicæ reliquiæ, *in hac voce.*
Martellus unde dictus Carolus, *in hac voce.*
Merovingi dicti Reges ex prima Regum stirpe, *in hac voce.*
Metallum, vox nummis Francicis olim inscripta, *in hac voce.*
Milites Ecclesiastici apud Lugdunenses, etc., qui, in *Miles.*
Milites Regis, qui dicti apud nostros, in *Miles.*
Milites stellæ in Francia, in *Stella.*
Missorum dominicorum apud nostros officium, in *Missus.*
Monetæ aureæ et argenteæ Regum et Baronum Francicorum nomina, pondus, figuræ, etc., in *Moneta.*
Monogrammata Imperatorum et Regum Franciæ, in *Monogramma.*
Mons gaudii, clamor militaris Regum Franciæ, unde, *in hac voce.*
Mutones, aurei Francici, eorum pretium, a quibus primum cusi, etc., in *Multo.*

Nihil fecit, epitheton quorundam Regum Franciæ, *in hac voce.*
Noctium numero tempora distinguebant Franci, in *Nox.*
Nundinæ Campanienses, de quibus multa, in *Nundinæ.*

Ordinis Histricis seu Camalli origo, in *Camelaucium.*
Ostiarii dignitas apud Francos, *in hac voce.*

Palatia regia in Francia, eorum series, in *Palatium.*
Pallium Francorum quadrangulum, *in hac voce.*
Palma Regibus Franciæ porrecta cum aliis insignibus in eorum inaugurationibus, in *Palma.*
Parium feudalium et Franciæ origo, munus, numerus, etc., in *Par.*
Parlamentorum Franciæ initia, *in hac voce.*
Patricii dignitas unde Pipino, Carolo M. cæterisque Imperatoribus tributa, *in hac voce.*
Patriciorum Massiliæ seu Provinciæ dignitas ac series, *in hac voce.*
Philippi cur appellati Reges Franciæ, in *Philippus.*
Philippi IV. Reg. Franc. statutum de Duellis, in *Duellum.*
Picardiæ provinciæ Galliæ, nomen unde ? in *Beghardi.*
Picardiæ vocabulum unde, et quando cognitum, *in hac voce.*
Pileatus cur dictus Willelmus Nothus, in *Pileati.*
Pipinus prostratus sepultus, et cur, in *Prostrati.*
Poheri in Francia qui populi sic dicti, *in hac voce.*
Pondus Caroli M. vel Palatii, in *Pondus.*
Post Consulatum, cur appositum in Diplomatibus Reg. Franc., in *Consulatus.*
Potestatis dignitas in Francia perinde obtinuit ac in Italia, in *Potestas.*
Præceptor Palatii, quæ dignitas in Francia, in *Præceptor.*
Præpositus capis, apud Francos, qui ? in *Capus.*
Præpositorum in Francia munus, in *Præpositus.*
Principes in Francia qui potissimum dicti, in *Princeps.*

INDICES AD GLOSSARIUM.

Rechinus cur cognominatus Fulco Comes Andegavensis, *in hac voce.*
Reclausus dictus Carolus Simplex, *in hac voce.*
Referendariorum apud nostros munus, series, *in hac voce.*
Regales, apud Francos Regum filii, vel Principesregiæ stirpis, *in hac voce.*
Regalia Episcoporum in Francia, *in hac voce.*
Reginæ dictæ Regum filiæ apud nostros, in *Regina.*
Rex Regum dictus Rex Franciæ, in *Rex.*
Ribaldi apud nostros qui? Rex Ribaldorum, in *Ribaldi.*
Ripuarii in Gallia qui dicti, *in hac voce.*
Robæ dictæ in Francia vestes quæ a Regibus, proceribus et ministris distribui solebant, *in hac voce.*
Rosa aurea Ludovico VII. Regi missa a Summo Pontifice, in *Rosa.*
Rotæ supplicium in Francia, quando in usu esse cœpit, in *Rota.*
Ruptarii in Francia qui, *in hac voce.*

Salicæ terræ, quæ dictæ, in *Terra.*
Scacarium Normannicum, *in hac voce.*
Scholæ publicæ in Episcopiis institutæ a Carolo M., in *Schola.*
Senatores qui dicti in Francia, *in hac voce.*
Senescalli in Francia, eorum dignitas et munus, catalogus, *in hac voce.*
Servientes armorum qui in Francia, in *Serviens.*
Sire, apud nostros vox unde? in *Siriaticus.*
Soldicorum dignitas apud nostros, in *Syndicus.*
Solidi Francici, in *Solidus.*
Spathæ seu enses Francorum, in *Spatha.*

Submonitionum in Parium judiciis formulæ, ritus, in *Submonitio.*
Supranominum apud nos origo, *in hac voce.*

Talliæ assidendæ apud nostros ratio, in *Tallia.*
Telonearii dignitas in aula Regum Franciæ, *in hac voce.*
Templum, ædes Templariorum Parisiis, in qua reconditus et asservatus thesaurus regius, *in hac voce.*
Tertiarum origo in Francia, *in hac voce.*
Torneamentorum repertores Franci, in *Torneamentum.*
Torturæ apud nostros usus et ratio, in *Gaggare.*
Treugæ Dei origo in Francia, ejus historia, in *Treuga.*
Tribuni in Francia qui olim dicti, *in hac voce.*
Turris de *Maubergeon* Pictavis nomen unde, in *Malbergum.*

Valdenses Hæretici, varia eorum nomina, et variæ sectæ, in *Valdenses, Aginnenses, Albanenses, Albigenses, Arnaldistæ, Bagnolenses, Barrini, Bonihomines, Bulgari, Cathari, Comistæ, Comunelli, Concordenses, Consolati, Dulcinistæ, Leonistæ, Ordibarii, Ortlibienses, Passagini, Pauperes, Pisti,* etc.
Venationem semper exercuere Francici Principes, in *Foreste.*
Vexillum Regale in Francia, in *Vexillum.*
Vexillum S. Martini, in *Vexillum.*
Vicecomites in Normannia, *in hac voce.*
Usurarii exagitati, damnati in Francia, in *Usurarius.*

III.

ÆDES, PUBLICÆ, PRIVATÆ, ÆDIUM PARTES.

*Abberagium.	*Anteporta.	Arsena.	Balastrum.	*Bastitorium.
*Abbeuvratorium.	*Antesolarium.	Arsenalis.	*Balcatorium.	Bastonicum.
*Abevratorium.	*Antevanna.	*Arsitium.	Balcones.	Batalliæ.
Accubitus.	*Antiania.	Ascensorium.	*Baletum.	*Batannum.
Acutum.	*Antica.	Astrum.	Balingium.	Batatorium.
*Aguasserium.	Antiparies.	*Atans.	Ballastrum.	*Batentearius.
Agulia.	*Apenticium.	Atriamentum.	Ballatorium.	*Baticius.
Amasatus.	Apertorium.	Atrium.	Ballistraria.	Batifollum.
Ambulatorium.	Apogæum.	Attegia.	Ballium.	Batischæ.
Amœna.	Apotheca.	*Augerea.	Balustrum.	*Batissamenta.
Anaticla.	Appendaria.	*Aulæum.	Baphium.	*Batistorium.
Andamius.	Appendicium.	Aviarium.	*Baptalarium.	Batuda 4.
Androna.	Applicium.	Aurilegium.	*Bardatum.	*Baudatum.
Angarium.	Arcovolus.	Auvanna.	Basanium.	*Baugium 3.
Angustiportum.	Arcus.	*Aygeria.	Basinduca.	*Bea.
Anpits.	Arenæ.	Bacia.	*Basta 2.	*Beale.
*Aniefenestra.	Armaria.	Bacifollum.	Bastia.	Beccharia.
Antemurale.	Armatorium.	Bafumaria.	Bastida, etc.	Bedum.

INDICES AD GLOSSARIUM.

*Beguta 2.
Belfredus.
Berbicaria.
Bercaria.
*Besale.
*Betfrerius.
*Beyum.
*Biale.
Bicellum.
Billicus.
*Bina 2.
Binna.
Bisomum.
Bisturris.
*Biyum.
Bladataria.
*Blancaria.
Bobellum.
*Bocairia.
Boçaria.
*Bocatorium.
*Bocharia.
Bodia.
Bodium.
*Bodium 2.
Boel.
*Bora.
Borda.
Bordellus.
Bostar.
Botatorium.
Botha.
*Botigia.
*Botoerum.
Bovellum.
*Bougia.
*Bougius.
Boviale.
Bovolcaritia.
Bracina, etc.
Brachiale.
Breviarium.
Bubulcaria.
Bubulterium.
Bugia.
*Butuarium.
*Cabalatinus.
Caballatrium.
*Cabana.
*Cabanacum.
Cabannaria.
*Cabaretus.
*Cafagium.
*Cahua 2.
Caldararia.
Caldicum.
*Calidus furnus.
*Calpanna.
*Calqueria.
Camara.
Camaradum.
Camba.
Cambra.
Camera.
Cameraria.
*Camerula 1.

Caminata.
Canava.
*Candor.
Cantarum.
Capanna.
Capdolium.
Capitellum.
Capitolium.
Capitulum.
*Cappara.
Capparitia.
Carbonaia.
*Carniceria.
Carvale.
Carvarium.
Casa.
Casalinum.
Casarina.
Casata.
Casellum.
Cassarum.
Cassinum.
Catabulum.
Cauponia.
Caya.
*Celamen
*Celarium.
*Celerium.
*Celeste.
Cella.
Cellarium.
Centimolus.
Cerclarium.
Cervinaria.
*Chapitellum.
*Chappa.
Chartularium.
*Chassom.
*Choua.
*Cinile.
*Clareria.
Cloaca.
Cluarium.
*Clubum.
*Coa.
Cocina.
Cœnale.
Cœnatio.
*Cohoperta.
Cohua.
*Coiratorium.
Colax.
Colisæum.
Commodum.
Comodium.
Conciliabulum.
Conclave.
Conclavum.
Conflatorium.
Consistorium.
*Consulatus 6.
Conviviarium.
*Cooperta.
*Coopertura.
Corficina.
*Corritorium.

*Cortada.
*Cortale.
Cortis.
Cota.
Crota.
Cubile.
Cubucellum.
Culina.
*Daceria.
*Dayeria.
*Deambulacrum.
*Deambulationes.
Deambulatorium.
Diaulium.
Dispensa.
Distegum.
Doana.
Doctrinum.
Dolatorium.
Doma.
*Domificatio.
Dominicum.
*Domipola.
Domistadium.
Dormitorium.
*Dossitia.
Dulciarum.
Durpilum.
Ealahus.
Embolus.
*Ennannum.
Ephebia.
Epicaustorium.
Epitomium.
*Epitrimus.
Equiale.
Equicinium.
Equistratium.
*Equitium.
Ergasterium.
Ergodochium.
Eruditorium.
Eschaffaudus.
*Eschevinagium.
*Eschopa.
*Escorcheria.
*Escura.
Estaco.
Estagga.
*Estagilis.
*Estagium.
*Estare.
*Estazos.
*Estra.
*Etallum.
Excubitorium.
Excussorium.
Exedra.
Fabrateria.
Fabricæ.
*Fala.
*Falatorium.
Falda.
*Falla.
Famicus.
Farinale.

Farinarium.
Faverca.
Fenile.
Festra.
*Filatorium.
Fimella.
Floretus.
Foculare.
Folatorium.
Forgia.
Fornellum.
Frestra.
Fritticula.
Fulina.
Fullencium.
Fumaria.
Funda.
Furnile.
Galeria.
*Gauchatorium.
*Gaucho.
Garderoba.
Gardinum.
Garzaria.
Geminarium.
Geola.
*Getta.
Granea, etc.
*Grenarium, etc.
*Guardacamera.
Gurgustium.
Gymnasium.
Gynæceum.
*Habergagium.
*Habergamentum.
*Habitaculum.
*Hagha.
Haga.
Halla.
Ham.
Hamsoca.
*Hangardum.
*Haberjamentum.
Hastellaria.
*Haulla.
*Herbagagium.
*Herberagium.
Herberga.
*Herbergagio, etc.
*Heremita.
*Herrid.
*Herrum.
Hird.
Hippocoercium.
*Hostalaria.
*Hostilia.
*Hostitium.
Idolium.
Imbulus.
Insulæ.
Judæaria.
Librarium.
Lignarium.
Literarium.
Lobia.
Lodia.

Logium.
Longanea.
Lucerna.
Machale.
Macrona.
*Mactatorium.
Maidanum.
*Mallevatum.
Malarium.
Malbergium.
*Mandamentum.
Managium.
Mancanores.
Manerium.
Mansæ.
Mansionile.
Mansitorium.
Mansura.
Mansus.
*Marchocia.
Marescalcia.
*Marescalia.
Marestalla.
Masara.
Massa.
Meschita.
*Meso.
*Mesoncella.
Messuagium.
*Miranda.
Mola.
Molaria.
Molendinum.
Molina.
Monetum.
Monitorium.
Mulnaris.
Mulneda.
Munitorium.
Murus.
Muscheta.
Musium.
Necessaria.
Nuptorium.
Nymphæum.
Officium.
Operatorium.
*Oratorium.
Orda.
Oriolum.
Orticlineum.
Oviale.
Palatium.
Penticium.
Peribolus.
Pinna.
Pinsinochium.
Pisalis.
Pistoria.
Pleissicium.
Poipia.
Porcaria.
*Porchetus.
Porcisterum.
Posterula.
Posticum.

INDICES AD GLOSSARIUM. CXXVII

Potionarium.	Reparium.	Spoliarium.	Subaula.	Tornelia.
*Prætorium.	Sala.	Spoliatorium.	Sudis.	Torra.
Pransorium.	Salvatorium.	Stagium.	Tabularium.	Tractatorium.
Principium.	Sartrinum.	Stallum.	*Tahona.	Transenna.
Privata.	Scholæ.	Stantia.	Tectora.	Triporticus.
Proaula.	Schoppa.	Staplus.	Tegorium.	Tristega.
Prolocutorium.	Scof.	Stare.	Terracia.	Trullus.
Pulsatorium.	Screo.	Staulus.	Tesqua.	Turtegetes.
Quadriporta.	Scuria.	Sterium.	Textrinum.	Turturilla.
Quadriporticus.	Selda.	Stermentorium.	Thalamus.	Valcatorium.
Raperia.	Sicla.	*Stranium.	Thermarium.	Venterium.
Raphalis.	Socina.	Strapa.	Tintoria.	Ventilogium.
Receptaculum.	Solarium.	Stuba.	Titionarium.	Voratrina.
Receptorium.	Specular.	Stuffa.	Todericum.	Zeta.
Rectorium.	Spicarium.	Stye.	Togiforium.	Zotheca.

IV.

ÆDES SACRÆ, MONASTICÆ, EARUM PARTES, OFFICINÆ MONASTICÆ, ETC.

*Abbaso.	Atrium.	Cimeliarchium.	Cubiculum.	Hypocaustorium.
Abbatiola.	Auditorium.	Cimiterium, etc.	Culina.	*Jerichomium.
Absceda.	Aula.	Cinerarium.	Decanicum.	Inatrium.
Absida.	Balatoferum.	Clangorium.	Deductorium.	Inclaustrum.
Acolyti.	Baptisterium.	Claustrum.	Descensus.	Inducta.
*Aculea.	Baptizatorium.	Clocarium.	Diaconia.	Infirmaria.
Adytum.	Basilica.	*Cloquarium.	Diaconicum.	*Kerkeria.
Ædes.	*Bogium.	*Clusa.	Diocesis.	*Leprosaria.
*Ædesiola.	*Bradellæ.	Coclerium.	Domus Dei.	Laura.
Agnus.	Brephotrophium.	*Coclear.	Dormitorium.	Limen.
Alæ.	Buticum.	*Cochlea.	*Dorsum ecclesiæ.	Liminare.
*Algema.	*Cacosomium.	Cœmeterium.	*Doxale.	Loca.
Altare.	Calefactorium.	Cœnodochium.	Ecclesia.	*Locellus.
*Altarium 2.	Campanarium.	Cœnoperium.	*Ecclesiola.	Locutorium.
*Ambitus.	Cancellus.	Colum.	Eleemosyna.	Loquericium.
Ambo.	Capella.	Columnæ altaris.	Eleemosynaria.	*Maladeria.
Analogium.	Capitium.	Concha.	Emunitas.	Mandatum.
Andropolis.	Capitolium.	*Conciata.	Episcopium.	Mandra.
*Antecapitulum.	Capitulum.	Concilium Martyrum.	Eremitorium.	Manica.
Antemurale.	Capsum.	Conditorium.	Exedra.	Martyrium.
Antetemplum.	*Caputium 2.	Confessio.	*Exsenodochium.	Matricula.
*Antexenodochium.	*Caput-Voltum.	Conservatorium.	Facies.	Matronæum.
*Antrum.	Carnarium.	Consignatorium.	Fanum.	Mediana.
Apodanea.	Cassum.	Consistorium.	Fenestra.	Mensa.
Apostolicæ Ecclesiæ.	Casa-Dei.	*Contratoria.	Firmaria.	*Meschita.
*Appenditium.	Casula.	Contiræ.	Fons.	*Mesclaria.
Aquila.	Catacumbæ.	Conventus.	Forestolium.	Metochium.
Archimonasterium.	Cathedra.	Cornu.	Forma.	*Mezquita.
Archistraciti ædes.	Cella.	Cortis.	Galileæ.	*Mischea.
Arcus.	Celliola.	*Cosmites.	Gerocomium.	Monoca.
Area.	Cellula.	Cratis.	Gradus.	*Moscheda, etc.
Arenarium.	Cementaria.	Crispido.	Gremium.	Muschea.
Ascensus.	*Cetilhæ.	Crontochium.	*Gructa.	*Muscheta.
Asceterium.	*Chesa.	*Crosia.	*Horatorium.	Navis.
*Assidua.	Chorus.	Crypta.	*Hostellaria.	*Nosocomium.

INDICES AD GLOSSARIUM.

*Obambulatorium.
Octachorum.
Officinæ.
Oraculum.
Oratorium.
Orcistra.
Ossuarium.
*Pagnota.
Palatium.
Pallatorium.
Paradisus.
*Paralogium.
Paratorium.
Parlatorium.
Parochia.
Pastophorium.
Paupertas.
Pergula.
Piscina.
Plebes.
Podium.
Polyandrium.
Porticus.
Pratum.
Presbyterium.
*Pricha.
*Probatorum.
Propitiatorium.
Pulpitum.
Puteus.
Pyrale.
Reclinatorium.
Refectorium.
*Regia.
Regiæ.
Retrochorus.
Revestiarium.
Rota.
Ruga.
Sacrarium.
Sacratorium.
Safarium.
Salutatorium.
*Sanctificium.
Sanctuarium.
Secretaria.
Secretarium.
Semnium.
Sinodochium.
Solium.
Spelæum.
Statio.
Subconfessio.
Tabernaculum.
Tabula.
Tegurium.
Templum.
Titulus.
Tremia.
Tribuna.
Tribunal.
Trichorus.
Triforium.
Trisantia.
Tristega.
Turrile.
Turris.
Tympanarium.
*Typhlocomium.
Valetudinarium.
*Xenodochium.

V.

AFFINITATES, COGNATIONES.

*Aagiatus.
*Alligantia.
Amma.
Ancuba.
Antenatus.
*Attinentes.
Avius.
Aviaticus.
Barbanus.
*Bas.
Bisavus.
Bort.
Carnalis.
*Cogive.
*Cognatus.
*Cogux.
Commater.
Compar.
Compater.
Concubina.
Concubitor.
Confratres.
Confratrissa.
*Congeneralis.
Congeneri.
Congermanus.
Conjuga.
*Conjugalis.
Conjugium.
*Conjuves.
*Consobrinus.
Consocer.
*Consors.
Consponsalis.
Consponsus.
*Contadina.
Contectalis.
Conthoralis.
*Cosinus.
*Couterinus.
*Cuginus.
*Cognatus.
Diagnatus.
*Domina 11.
Exadelphus.
Exitus.
*Falctenus.
*Felesennus.
Femella.
Femina.
*Fezelenus.
Filiaster.
Filiolus.
Filius.
*Frareschia.
Fraternus.
Fratria.
Fratrissa.
Eratruelis.
Fratruus.
*Frerester.
Genealogia.
Gener.
Generatio.
*Genitor.
Genu.
Genuculum.
*Genus.
*Gernus.
Gradus.
*Habuncolus.
Homo.
Janitrices.
*Illegitimatio.
Insobrinus.
Jugalis.
Jurata.
Lateraneus.
Linea.
*Mab.
*Mak.
*Mamma.
Mana.
*Mantellatus.
*Manzer.
Marita.
*Materialis.
*Matertera.
Matrea.
*Matrimonialis.
Matrimonium.
Matrina.
Matrona.
*Matruelis.
*Mayrastra.
*Mazelinus.
*Mona.
Mulier.
Naturalis.
Nepos.
*Nepota.
Nepta.
*Noverca.
*Nura.
*Nutritus.
Par.
Paraster.
Parens.
Pater.
Patraster.
Patreus.
*Patrimoniales.
Patrinus.
Pertinentes.
*Philastria.
Postnatus.
*Proavus.
Proculus.
*Profilius.
Progener.
Progenies.
*Promajores.
Pronaus.
*Proneptis.
Prosocer.
*Proxima.
*Proximioritas.
*Proximus.
Puer.
Putativus.
*Quadrinepos.
Recognatus.
Relicta.
Sanguinitæ.
*Sanguinitas.
Sculnus.
Secundus hæres.
Senior.
*Socera.
Socia.
Sorores.
*Sororgia.
Sororinus.
*Spurius.
Superavus.
Suprinus.
*Vastardus.
*Uterinus.
*Wanburtich.

INDICES AD GLOSSARIUM.

VI.

AGRIMENSORIA, AGRORUM MODI, URBES, OPPIDA, CASTRA, VILLÆ, FLUVII, CAMPI, ETC.

*Aalagia.
*Aba 1.
*Abadia.
*Abladium.
Aboscatus.
Abrostura.
*Abrutella.
Absus.
*Abunda 2.
*Aburgari.
Acadia.
*Accasamentum.
Acceptæ.
Accingia.
*Accolaberta.
*Acengia.
Acerra.
Acies.
Acla.
Aclea.
Acra.
*Acri.
Actergum.
*Actionaria 1.
Actuarius.
Actus.
Aczadus.
*Adboutamentum.
*Adhermales terræ.
Adjacentiæ.
*Adjencium.
*Adstinens.
*Advergeria.
*Æcherius.
Æria.
*Affectio 1.
Afferri.
Affinis.
Affrontatio, etc.
*Affixio.
Ager.
Agger.
Aggestus.
*Agna.
Agnile.
Agrairalis.
Agricola.
Agricultura.
Agripennis, etc.
*Agrisio.
*Aguachonatus.
Ahanare.
x

*Ahta 1.
*Ajacis.
Ajacis.
*Aizum.
*Alfor.
Alcheria.
Aldea.
Algia.
Alivus.
*Almenda.
*Almudada.
Almunia.
Alpes.
Amnensis.
*Amœnitas.
*Amoma.
*Amon.
*Ampasseia.
*Amplastrum.
*Amplum.
Ancinga.
*Anclada.
Andecinga.
*Antsinga.
*Apendaria.
Apertæ terræ.
Aperti limites.
*Applanamenta.
*Appradare.
*Aprale.
*Apratamentum, etc.
Aqua.
Aquagangium.
Aquagium.
Aquale.
Aqualicium.
Aquarium.
Aquiductium.
Arabilis.
*Aragium.
Aralia.
Arapennis.
Aratoria.
Aratrum.
Aratum.
Aratura.
*Arbergamentum.
Arbor finalis, etc.
Arca.
Arcella.
Arcatura.
Arcifinius.

*Arda.
Area.
*Argensata.
*Aria.
*Arialis.
Arinchada.
* Arpenna, etc.
Arpentum.
*Arrigata.
Arrogium.
*Artiga, etc.
*Artiquus.
Arva.
Arum.
Arura.
Arvus campus.
*Asa.
*Ascinus.
*Asinus 5.
*Asium 1.
Assimetra.
*Assernizamentum.
Atriamentum.
Atrium.
*Auca.
*Aucentia 1.
*Aucinga.
Augia.
Avesna.
*Ayrale.
*Ayrameres.
*Azium.
*Bacana.
Baccalaria.
Baiata.
*Baissa.
*Balentia.
*Ballia 3.
Banleuca.
Bannum leugæ.
*Baraca.
*Barchus.
*Bardena.
*Bareca.
*Baregum.
*Barra 2, 8.
Barrium.
Barton.
Bastia.
Bastida, etc.
*Batuda 2.
*Bayla.

Beciaria.
*Bedatum.
Beka.
*Benerium.
*Bera 1.
*Bercheria.
*Bergaria.
Beria.
Berlia.
*Bertoncella.
Berton.
Bertonia.
*Bex.
*Bichonata terræ.
*Bicoreta.
Bifinium.
Binalia.
*Bivanc.
*Bivarium.
*Blachia.
Bletneda.
*Boagium 2.
*Boco.
Bodina, etc.
*Bodula, etc.
*Boelea.
*Bocria.
*Bogua 2.
*Boicelata.
*Bola 1.
*Boletum.
*Bolla 4.
*Bona.
*Bonaria 1.
Bonna.
*Bondula.
*Bonellus.
*Bonsnagium.
Bonnarium.
*Booria.
Borda.
Bordaria.
Borgha.
*Boria.
*Borna.
*Borrefia.
*Bosina.
*Bosula.
Bothena.
Botones.
*Bottera.
*Bouchellus.

Bovata.
*Bovera.
*Boveta.
*Bougerius.
*Boquerium.
*Bouteria.
*Boyga.
*Boysseria.
Bozola.
Brachiata.
*Brachiera.
*Bradia.
Branchiata.
*Broa.
*Broca 2.
*Brugaria.
*Bruida.
*Bubulca.
*Bugia.
*Bulconia.
*Bulcus.
Bunda.
*Burdegalium.
Burgha, etc.
*Buteria 2.
*Buverium.
Caballaria.
*Cadenaria.
*Cadrus.
Cæptus.
Calasneo.
Calcea.
Calceata.
Calceia.
Calcetum.
Caligo.
Calis.
Callis.
Calma.
*Calmus.
Calorta.
*Cambile.
Cambo.
*Cambra 3.
Camera.
*Camerarius 3.
Caminus.
Campania.
Campellus.
*Campimarchia.
Campitus.
*Campodus.
xix

INDICES AD GLOSSARIUM.

*Campretum.
Campus.
Campus Martius.
*Canabale, etc.
Canabula.
Canalis.
*Canapale, etc.
Canavaria.
*Canavera, etc.
*Canepina, etc.
*Caneria.
Cancellares.
Candetum.
Canna.
Cantredus.
Capilum.
Capitolium.
*Captura 2.
Caput.
*Carantena.
Carpitus.
Carrectata.
Carreria.
*Carruata.
Carrucata.
Cartalata.
*Cartariata.
*Cartata.
*Carteriata.
*Carteronium.
Cartonata.
*Cartum 1.
Carubium.
Casa.
*Casagium.
*Casal.
*Casalaria.
Casale.
*Casalenum.
*Casalinum.
*Casallus.
*Casamentum.
*Casana.
*Cassero.
*Cassiamentum.
*Cassicium.
*Cassida 1.
Castellum.
Castrum.
Catabolum.
*Cathenata.
*Cavallairinus.
Cavanna.
*Cavannaria.
*Caudinum.
Causea.
Causetum.
*Caxamentum.
Celga.
*Censa.
*Censaria.
*Censiva.
Centena.
Centenaria.
*Centenarium.
Centerius.

*Centum.
Centuria.
Centuriatus.
*Ceparia.
Ceptum.
Cequia.
*Cerasaria.
*Cerca.
*Cerchemanare.
*Cesia.
Cespes.
*Cessaria.
Chacea.
*Chamo.
*Chanaberium, etc.
*Chanterius.
*Charnene.
*Charruagium.
*Chasamentum.
*Chasellum.
*Chavanneria.
Cheminus.
*Cheneverium.
*Cherina.
Cherulas.
*Chevenarium.
*Chio.
Chiostra.
Chomata.
*Chroada.
*Cinctada.
Cingellus.
Cingulum.
Circamanaria.
*Cisternæ.
Citratus.
*Civadus.
Clabata.
*Clapa.
*Claperius.
*Clapo.
Clausa.
*Clausagium.
Clausaria.
*Clausata, etc.
*Clausio.
Claustrum.
Claustura.
Clausura.
Clava.
*Cliaria.
Clima.
*Clodellum.
*Clodicium.
Cloeria.
*Closellum.
*Clota.
Clusa.
Clusares anguli.
Clusoria.
Clusoria.
Clusellum.
*Clusus.
*Coarctarium.
Coda.
*Codercum.

*Colcas.
*Colcia.
Collatum.
Collectaculum.
Collina.
*Colivertus.
Cologa.
Colonia.
*Colonellum.
Combona.
*Commeianus.
Comitatus.
Comitia.
Commarchia.
Commercium.
Commotum.
Communia.
Comparcus.
Compes.
Comportionales
  termini.
Compostare.
*Compostus.
*Compotum.
*Concada.
Concaptio.
Conducta.
Concavarium.
Conchada terræ.
Condamina.
Condirectum, etc.
Condis.
Condita.
*Confina.
Confinium.
Conformia.
*Confossum.
*Confrontare.
*Confrontari.
Congeries.
Conjugla.
Consecrare.
Consisterium.
*Consortare.
Consortes.
*Consortia.
*Consta.
*Contata.
Conternare.
*Contesta.
*Continentia 8.
*Contitus.
*Contorium.
*Contortia.
Contrata.
*Contractus.
Conturnus.
*Copata.
Corda.
Cornalia.
Corneria.
*Corelitus.
Corona.
Corpus.
Corrigia.
Cortis.

Corva.
*Corvata.
Costa.
Costera.
Costis.
*Coteria.
*Coterus.
*Cottus.
*Constancia.
*Craccia.
*Craceda.
*Creanda.
*Cressonaria.
Crista.
*Croada.
*Croadera.
Cro, Croia.
Crostum.
*Crosum.
Crota.
*Croutura.
Crux.
Crypta.
Cubilaris.
Cubitus.
Culfum.
*Culta.
Cultellare.
*Cultibilis.
*Cultilagium.
*Cultillus.
Cultura.
Cumba.
*Cumdirectum.
*Cumlaterationes.
*Cumma.
*Curalha.
Curia.
*Curiada.
Curiaria.
Curitis.
Curriculum.
Curriles aquæ.
Cursus.
*Cursorium.
*Curtaricium.
*Curtimarchia.
*Curtinus.
*Curvalis.
*Cusso.
Dalus.
Davata.
Dayla.
*Debonare.
*Deboynare.
Decanummus.
Decania.
*Deci.
Decimaria.
Decimanus.
Decumanus.
Declarare.
Decuria.
Defensa.
Deiwerca.
Delimitare.

꜀Depastorgium.
*Desertum.
*Desiguamentum.
*Destrus.
Dextri.
*Diale.
Dies.
Dietarium.
*Dicimatio.
Dilapidata.
*Dimenchiata.
*Dimeria.
Dimossarium.
*Dinata.
Diœcesis.
Dirigere.
Discolatus.
Districtum.
Districtus.
Divergia.
Divisæ.
Diurnalis.
Diuturna.
Doga.
Doha.
Dola.
Doma.
*Dominigadura.
Domus.
*Dozenum.
*Dozza.
*Drona.
Drudaria.
Ducarius.
Ducatorium.
Ductarium.
Ductus.
Dunjo.
Dunum.
*Ebonnagium.
*Efricum.
*Egripus.
Eia.
*Eiraudus.
*Eissariata.
*Elizaria.
*Elzetus.
*Emplastrum.
*Encengia.
*Encenia.
*Englata.
*Enimentum.
Epilogonius.
Epipedonicus.
Epitecticum.
*Era.
Eremus.
*Eripennus.
*Ermassius.
Erplant.
*Esbondatio.
*Eschacus.
*Eschumellus.
Esculenus.
*Eslagium.
*Escengia.

INDICES AD GLOSSARIUM.

- *Espeusalata.
- *Essartum.
- *Essinum.
- *Estiro.
- *Etia.
- Etfundus.
- *Exaltare.
- *Exaltatus.
- *Exancingum.
- *Exbonatio.
- *Excolidus.
- Exossatus.
- *Explanatio.
- *Extalium.
- Extorquere.
- Extraclusus.
- *Eyminata.
- Fabaria.
- *Facharia.
- *Facheria.
- Factus.
- Faicia.
- *Faisio.
- *Faixa.
- *Falasia.
- Falesia.
- *Falenca.
- *Falha.
- Fallum.
- *Falsus-burgus.
- Familia.
- *Fartum.
- *Fasenda.
- *Fatica.
- *Favateria.
- *Faucheia.
- Fazenda.
- *Featum.
- *Felgaria.
- *Fenerius.
- Feordwendel.
- Fera.
- *Feragale.
- *Feragium.
- *Ferragale.
- Ferdella.
- Ferdingel.
- Ferlingus.
- Ferrago.
- *Fessa.
- *Fessardaria.
- *Fessorada.
- *Fexa.
- *Fictorium.
- *Figuaida.
- Finagium.
- *Finis.
- *Finitum.
- *Finium.
- Firma.
- Fiscus.
- Flaco.
- Flactra.
- *Flequeria.
- Fleta.
- Flexura.

- Flumaria.
- Flumetica.
- Flumicellus.
- Fluminea.
- *Flur.
- Focis.
- *Foisatera.
- Folcland.
- Foliata.
- *Foncia.
- Fontana.
- Forda.
- Forera.
- Forma.
- *Forisbarium.
- *Forschet.
- *Forus.
- Fossa.
- Frachenda.
- *Fracta.
- Fractitium.
- *Fractura.
- *Fractus.
- Fraga.
- Francalia.
- *Francdad.
- *Francheria.
- Franchisia.
- *Francia.
- *Francis.
- *Francum.
- Frascarium.
- Fraustum.
- *Frehta.
- *Freta.
- Fretale.
- *Frischa.
- Friscum.
- *Frodus.
- Fronhof.
- Frontaria.
- *Fronterium.
- *Frontes.
- *Frostium.
- Fructera.
- *Fructibilis.
- Frussura.
- Frustrum.
- Frustum.
- Frutetum.
- *Fueta.
- Fugacia.
- Fundora.
- *Fundus.
- Funiculus.
- *Furco.
- Furlongus.
- *Gaagnabilis.
- *Gaagnena, etc.
- Gaba.
- *Gacherare.
- *Gades.
- Gadium.
- Gagnagium.
- *Gainagium, etc.
- *Cairicæ.

- *Galcheræ.
- *Galetus terræ.
- Gamma.
- *Ganagium.
- *Gaola.
- *Gapra.
- Gara.
- *Garachium, etc.
- *Garaytum.
- *Gardignagium.
- *Garralium.
- *Garratum.
- Garricæ.
- *Garrigua.
- *Garrosca.
- *Garuca.
- *Gasanhagium.
- Gascaria.
- *Gasqueria.
- *Gastina.
- Gaufra.
- *Gavarhgium.
- *Gaynagium.
- *Geiba.
- *Genesteium.
- *Genitium.
- Gerba.
- *Gerbida.
- *Ghiaria.
- *Ginibrera.
- *Glaiolia.
- *Glandaretum.
- Gleba.
- *Glenagium.
- Gliseria.
- Gobia.
- *Gora.
- Gordus.
- *Goretus.
- *Gorga.
- *Gorgium.
- Gota.
- *Grachium.
- *Grada.
- Gramen.
- *Grancia.
- *Grangiagium.
- *Grangium.
- *Granicia.
- Granicies.
- Graveria.
- *Graverium.
- Gregaria.
- Gremialis.
- *Greniciæ.
- *Gresium.
- Gressonaria.
- *Gresum.
- Greva.
- *Groa.
- Gromulus.
- Gronna.
- *Groselerius.
- *Grunh.
- *Guagneria.
- Gualdus.

- Guanagium.
- *Guastiva.
- *Guauria.
- *Guazella.
- *Guia.
- Gulfus.
- Gurges.
- Gustorium.
- *Haboutare.
- Habulum.
- *Haimgart.
- Hamarium.
- Hamma.
- *Hardinea.
- Hasta.
- Hastula.
- Haula.
- *Havedelonds.
- *Hayrelium.
- *Hayum.
- Heda.
- *Heralis.
- *Herbacia.
- *Herbatum.
- *Heremitas.
- *Heremus.
- *Herma.
- *Hermacium.
- *Hermale.
- *Hermanerium.
- *Hermassium.
- *Hermitagium.
- *Hersonaria.
- *Hertemus.
- Hida.
- *Hobus.
- *Hoeva.
- *Homata.
- Hometa.
- Hominata.
- *Hondus.
- *Hongrecoltra.
- Hortus.
- *Hoschia.
- Hostata.
- *Huanaria.
- Huba.
- *Huissartum.
- Hulmus.
- *Humeletum.
- Humularium.
- *Huva.
- *Jacentiæ.
- *Jacheria.
- *Jacis.
- Jactus.
- *Jaixum.
- *Jaletum, etc.
- *Janestaria.
- *Jangaria.
- Janum.
- *Jardenum, etc.
- Jarria.
- *Jarrigia.
- *Jascheria.
- *Jassile.

- *Jassium.
- *Ierbus.
- *Imbladiare.
- *Imlaria.
- *Inclavatura.
- Incretus.
- *Incusiæ.
- *Infrontare.
- Infrontatio.
- *In hoc.
- Inland.
- Interfines.
- *Intersignium.
- *Intestare.
- *Invium.
- Jornale.
- *Jornamentum.
- Jornaria.
- Jornata.
- Jova.
- *Iscla.
- *Issartaria.
- Itinerarius.
- Juctus.
- Jugatio.
- Jugatum.
- Jugeratio.
- Jugia.
- Jugo.
- Jugum.
- Juhere.
- Juierius.
- Julia.
- Juncaria.
- *Juncherium.
- *Junctum.
- *Junqueria.
- *Jurmarcha.
- Kaficium.
- Karuchata.
- Kersonaria.
- Labina.
- *Laboragium.
- *Laborativus.
- *Laboria.
- *Laboritius.
- Lacina.
- Lacuna.
- Lagenares.
- Lagia.
- Lama.
- *Lamina.
- Landea.
- Landimera.
- *Laneus.
- *Lania.
- *Larrerius.
- Larricium.
- Lastum.
- *Lateratio.
- Latoplaga.
- Lavina.
- Leda.
- *Lees.
- *Leffrus.
- Lenticularia.

INDICES AD GLOSSARIUM.

Leporetum.
*Lesa.
*Lesæ.
*Levatura.
Leuca.
Leuda.
*Leuga.
*Lexalis.
Liber.
Libertas.
Libra.
Librata.
*Limita.
*Limitrophi.
Limsta.
Linar.
*Liseria.
*Litæ.
Littoraria.
*Livrera.
Locale.
*Locellum.
Longitia.
Lunaris.
Luster.
*Luz.
*Macellata.
*Macla.
*Mada.
*Maeria.
*Magnisca.
*Magnagium.
*Maina.
Mainagium.
Maiteriata.
*Mainillum.
*Majoria.
*Maisagium.
*Maisnagium.
*Maisnile, etc.
*Maleolus.
*Maletenguda.
*Malolus.
Manales.
*Mancalz.
Manerium.
*Mancipium.
*Mancotus.
*Maneguerium.
*Mannagium.
*Mansanarius.
*Mansuagium.
*Mantarium.
*Manzile.
Manwert.
Mappa.
Maragium.
*Marascausia.
*Marayda.
*Marcaclarius.
*Marcasium.
Marcha.
*Marchata.
*Marchesium.
*Marchesum.
*Marchilium.

*Maremma.
*Maretum.
*Mareum.
Marga.
*Maricadium.
*Maricium.
Mariscus.
*Maristus.
*Marka.
Marla.
*Marnatura.
*Marrhea.
*Masellus.
*Mesgnellum.
*Masilinum, etc.
*Masnagium.
*Masnigilus.
*Masquerium.
Massa.
*Mussaditium.
*Massaigium.
*Massaria.
*Massatium.
*Massura.
*Masuagium, etc.
*Masura.
Mata.
*Mates.
*Matres.
*Maxnile.
*Maynamentum, etc.
*Maynile.
*Mayteriata.
*Mazada.
*Mazura, etc.
*Measus.
*Medallata.
Medena.
*Medetaria.
*Medialada.
Mediamnæ.
*Mediatoria.
*Mediatura.
Medietaria.
*Medietas.
*Medionarius.
*Meeritz.
*Meeteria.
Mega.
*Meiseia.
*Meisteria.
*Meiteria.
*Mencodatus, etc.
Mensales.
Mensura.
*Mensura, etc.
*Merisse.
Mersca.
Mesailhata.
*Mesagium.
*Mesella.
*Mesnada.
*Mesnagium.
*Messagium.
*Messailhata.
*Messum.

*Mestadaria.
*Mestaria.
*Metalis.
*Metearia.
*Meteria.
*Mextadaria.
*Meystadaria.
*Mezadra.
*Mezellade.
*Micteriata.
*Mina.
*Minagium.
*Minata.
*Mineta.
*Miricæ.
*Mirta.
Mitariata.
*Mitonentum.
*Modiatum.
*Modietaria.
Modietas.
Modiolus.
*Modulus.
*Moggiaticha.
*Moia.
*Moiso.
*Moitoieria.
*Moitonnus.
Molaris.
*Molendicia.
Moles.
*Moleta.
Monsgaudii.
Monstrata.
Montana.
Monticellus.
Mora.
*Morada.
*Moralea.
*Morata.
*Morta.
*Mosnare.
*Mosses.
*Mostale.
Mosum.
Mota.
Motalis.
*Mourus.
*Moyteria.
*Muarium.
Munda.
*Munerarium.
*Mura.
Mutulus.
Napina.
*Nata.
*Nausa.
Nava.
Noa.
Noca.
*Nocha.
*Noda.
*Nogadera.
*Noha.
*Noiereta.
*Nois.

*Noka.
Nona.
Normales.
Novale.
*Novellare.
Noverca.
*Novitas.
*Oba.
*Obra.
*Occhia.
Occlata.
Ocina.
*Octona.
Oglata.
Olca.
*Orta, etc.
*Otagium.
*Pactus.
*Pactuum.
*Pacuum.
*Padoe.
*Paduagia.
*Paduire.
*Padulectum.
Padules.
*Paganum.
Pagina.
*Pago.
*Paillerium.
Palmatia.
Palus.
Panalata.
*Panora, etc.
Pantanum.
*Paodenta.
Parcus.
*Paria.
*Parisiata.
*Parrana.
*Parta.
Partita.
*Pascentum.
Passus.
*Pastellum.
*Pastenquum.
Pastenum.
*Pasticium.
Pastitium.
Pastorale.
*Pastolare.
*Pastorgagium.
*Pastuarium.
*Pasturagium, etc.
*Pategium.
*Patile.
*Patium.
*Patuentium.
*Paturagium.
*Pea.
*Peaso.
*Pecida.
*Pectia.
Pedarium.
Pedatura.
Pedica.
*Peichia.

*Peironus.
*Peisia.
Pelagus.
Pena.
Peribolus.
Pernada.
*Perprehensio, etc.
*Perqua.
Pertica.
*Pertenementum.
Petraria.
*Peya.
Pichea.
Pictellum.
Pictura.
Pinanga.
*Piechia.
Pineta.
*Pirus.
Pisaria.
*Piscairagium.
*Piscatgium.
*Pitura.
*Placia.
*Plaga.
Plagia.
*Plaisaitium.
*Plaissia.
*Planatura.
*Plancha.
*Planchoneia.
*Planicium.
Planitia.
*Planta.
Plantagines.
Plantata.
Planum.
Planura.
*Plassagium.
*Plassearium, etc.
*Plassonus.
*Platea.
*Plaxetum.
*Pleduira.
*Plessa.
Pleuca.
*Plexaceum.
*Plexicium.
*Plodius.
*Plogetum.
Podere.
Podismus.
Podium.
Podus.
Pogetum.
*Pogesatum.
*Poignellus.
Pola.
*Polra.
*Polrus.
Pomaris.
Pomerium.
Pomifer.
*Poportare.
*Popularis.
*Populatus.

INDICES AD GLOSSARIUM.

Porcamis.
* Porprendere.
Portæ.
Portus.
* Pourprisia.
* Præria.
* Prætura.
* Praieria.
* Praria.
* Prata.
* Prataria.
*,Pratellum.
Positio.
Possessio.
Potestas.
Pradum.
Præcinctura.
Præurbium.
Proastium.
Profinis.
* Proterrarium.
* Provendiata.
* Pruetum.
* Prugna.
Pugillus.
Pugnerjata.
Puncta.
* Punhariata.
* Quadrata.
* Quadratura.
* Quadratus.
Quadrellus.
* Quarellus.
Quarentena.
* Quarrarium.
* Quarrogium, etc.
Quarta.
* Quartalata.
* Quartalia.
* Quartanerius.
* Quartaria.
* Quartariata.
* Quartayriata.
* Quartarium.
* Quartelada.
* Quarterada.
* Quarterium.
* Quarteronus, etc.
* Quartironus.
* Quartrona.
* Quartula.
* Quasamentus.
* Quatellus.
* Quaternaria.
* Quintanellus.
* Quintaria.
* Rabina.
Rachia.
* Rafal.
Ragaleia.
* Rapinale.
* Rasa.
Rascia.
Rasta.
* Rastroxus.
Rebinare.

Recalcus.
* Recochatus.
Rectura.
Reep.
Rega.
Regicula 7.
Regio.
* Regula.
Regularia.
* Regulatus.
Reia.
* Remanentia.
* Repava.
* Resa.
* Resedium.
Restis.
* Retenezo.
Retentio.
Retertiare.
* Retrocensivum.
Reugia.
Rothus.
Riaria.
Riesa.
* Riffletum.
Riga.
Rigor.
Rigus.
Riparia.
Rispa.
Rivera.
Riviga.
Rivora.
Roboretum.
Rocca.
Roda.
* Rodium.
* Rondellus.
* Rosaria.
* Roseria.
* Rosetum.
* Rosticum.
* Roya.
Ruata.
* Rubeata.
Ruda.
Ruga.
Runcalis.
Rupes.
Rupina.
* Rupturalia.
Ruricola.
* Rusticum.
Ruta.
* Ruttoria.
Sablo.
* Sacheirata.
* Sageria.
Sagraba.
* Saina.
* Salata.
* Salceda, etc.
* Saldum.
* Saletrum.
* Salexetum.
Salicia.

* Saliense.
* Sallicium.
* Salnaria.
Saltus.
* Salva.
* Salvicina.
* Salzeda.
* Sandrium.
Sapultura.
* Sarreria.
* Sarritorium.
* Sartellulum, etc.
* Sartum.
Satinalia.
* Saucia.
* Sauvageria.
* Sauzagium.
Sazo.
Scala.
Scalinga.
* Scamellus.
Scamnum.
* Scampatus.
* Scariatus.
* Scartus.
* Scestayriata.
Scinda.
* Scoropetum.
Scorpio.
Scringæ.
* Scrupulus.
Scurpiones.
Scyra.
* Seges.
* Seghia.
Segus.
Seitiva.
* Semenatura.
Seminalia.
* Seminatio.
* Semodiale.
* Semodiata.
Senterium.
Sentia.
* Seperalitas.
* Septariata.
* Septempeda.
Serra.
* Sestarita.
* Seta.
Seticus.
* Setura.
* Setzena.
Sewerae.
Sextarata.
* Sextaria.
* Sexteria.
* Sexterlata.
* Seytorata.
* Shelinga.
Siccaria.
* Sidelinga.
* Silicia.
Sinaida.
* Sita.
* Situs.

* Slade.
* Soca.
* Sodum, etc.
Soga.
* Solaris.
* Solatium.
Solidata.
Solinum.
* Solum, Solus.
* Sorellus, etc.
Sors.
* Sorticellus.
Sotus.
* Specius.
Sponda.
* Squagna.
Stangnum.
Staphilum.
* Stariora.
* Stepilla.
Stillaria.
* Stirpes.
Strand.
Strata.
Streame.
Strictum.
Striga.
* Submurum.
Suburbanum.
Suburbicariæ.
* Sundrialis.
* Superfluum.
* Swathe.
Tabula.
* Tacha.
* Tacharentia.
Talgiata.
* Tallia.
* Tallium.
* Talueria.
* Tasta.
Telia.
Tempe.
* Tenda.
* Tenenum.
* Tensura.
* Teppa.
* Tercolium.
Termen.
* Terminale.
* Terminalia.
* Terminatio.
Terminus.
* Termonlandes.
* Ternale.
Terra.
* Terracium.
Terrada.
* Terraria.
Terratorium.
* Terrectorium.
Terrenum.
Terricella.
Terrifinis.
* Territoria.
Territoriæ res.

Territorium.
* Terrola.
* Terrula.
* Tersaratus.
Tertiarium.
* Tertienaria.
* Tertiolum.
* Tertrum.
Tetrans.
* Tigran.
Themata.
Thermiphilæ.
Tofta.
Torallus.
Torcia.
Tornatura.
Toro.
Torrentulus.
* Tothlanda.
* Trabuccus.
* Transcurtis.
Transenda.
* Trecensualis.
Treffundus.
* Trescurtis.
* Treyra.
Tributarium.
Tricalium.
Trifinium.
* Triones.
Trithinga.
Trocium.
Tunnaria.
Turma.
* Vaassoria.
* Vacantia.
Vaccaria.,
* Vacellus.
Vaco.
* Vacuamentum.
* Vagivus.
Vallestria.
Valvus.
* Ubicada.
Vegæ.
Vegri.
Venella.
* Venghus.
* Verceillum.
* Verdearius, etc.
* Verdonum.
* Vergetum.
* Vergeria.
* Vergia.
* Vergiata.
* Veriale.
* Vericharia.
* Versana.
Via.
Vicus.
* Vicenda.
* Vierrum.
* Vignalis, etc.
Villa.
Villagium.
Villare.

INDICES AD GLOSSARIUM.

Villata.	*Virgaretum.	Uncus.	Wahsshum.	*Ypepa.
*Villula.	Virgulta.	*Voles.	*Wangnale.	*Yssartum.
*Vinaculum.	*Viridarium.	*Volta.	*Wara.	*Zerbidum, etc.
Vineale.	*Vismeria.	*Voluntatio.	Warectum.	Zuda.
Vineatica.	*Viszellarium.	Voranta.	Watergranga.	
*Vineatus.	*Vivariolus.	*Vorwerc.	Waterscapum.	
Virga.	Ulna.	*Urbarium.	Wista.	
Virgarea.	*Umecta.	Utfangi.	*Xamplum.	

VII.

ARBORES, STIRPES, HERBÆ, SILVÆ.

ARBORUM NOMINA.

*Acera.	*Cades.	Cornolium.	Lauriendrum.	*Popiller.
*Acripomum.	Cadex.	*Cotanum.	*Licius.	*Quorra.
Adamatica.	Camborta.	*Coudra.	*Malus fagus.	*Ruvor.
*Æsculus.	Canopus.	*Durnus.	*Marensalix.	*Sachus fagus.
*Albarus.	Capillamentum.	Eussinus.	*Marsalix.	*Saja.
Alberus.	Capito.	Expalmitare.	Melarium.	*Sallita.
Alierus.	*Carmus.	*Ficaria.	*Mellerius.	*Salta.
Amandalarius.	Casnus.	*Francischus.	*Melus.	*Sambussus.
*Arabia.	Castegneta.	*Frasnea.	Mizela.	*Sappetus.
*Arablius.	Cerefarius.	*Frassinus.	*Modula.	*Sappus.
Arbor.	Cerca.	*Freyno.	Morarius.	*Spinnelbaum.
Arcilaurus.	*Cerasarius.	*Galliquercus.	*Nemus.	*Tilium.
*Attefectum.	Chalba.	*Gemmaria.	*Neplarius.	*Tramblus.
Avellanarius.	*Charmen.	*Genevrus.	Nixa.	*Trembleia.
Bolluca.	*Chesnus.	Haistria.	*Nochus.	*Tremblus.
*Bolum.	*Coinus.	Hastra.	*Noerium.	*Tremulus.
*Boula 1.	*Collera.	*Jarro.	*Nucarius.	*Vernus.
*Boulus.	*Cor.	*Jayna.	*Nugeir.	*Ulmatellus.
*Bourdena.	*Corallus.	Ivus.	*Pereclipion.	
*Bruttus.	*Corberius.	*Laresus.	*Pinea.	

SILVÆ, FORESTÆ, ET QUÆ AD REM SYLVATICAM PERTINENT.

*Advenablatus.	*Arboreta.	*Bocagium.	*Boscagium.	*Bruillium.
*Agia 1.	Arboretum.	*Bochetus.	Boscus.	Bruscale.
Agistare.	Arbustatus.	*Bocius 1.	*Bostus.	*Bruscia.
Albareta.	*Aubenia.	*Boessonus.	*Boychus.	Bucceria.
*Alberia.	*Avellaneta.	*Boichetus.	Brausa.	*Busareum.
*Alevamum.	*Baivarius.	*Boina.	Brena.	Busca.
*Allevamentum.	*Barbarellum.	*Boisonus.	Brogalia.	*Buschetus.
Alnedus.	*Basticium.	Boissonnus.	Brolium.	*Buxeria.
*Alneium.	*Baugium 2.	*Boleria.	*Brossa.	Cablicia.
*Altenum.	Berra.	*Booleyum.	*Brua.	*Capellus.
*Amarenus.	*Blanchia.	*Borium.	Bruaria.	*Castagnaretum.

INDICES AD GLOSSARIUM.

Castanaretum.
*Cathena I.
*Cedua.
Ceppagium.
Cerritum.
Cesa.
*Cesina.
*Cimalia.
*Cimeyæ.
Combri.
Concisa.
*Concisio.
Coopertio.
Coopertum.
*Copa 4.
*Coudreia.
*Creissiamentum.
*Crescentia.
*Cuparia.
*Cursus II.
Defensum.
*Deffaia.
Densetum.
Devezum.
*Disrumpere.
*Drofdenn.
*Efforestare.
*Emunda.
*Eschartare.
*Esluare.
*Estallus.
*Evolatus.
*Exaltare.
Exartus.

Exemplum.
Expeditare.
*Explectivus.
Extruncare.
*Fachia.
Fagia.
Fagus.
Faia.
*Fania.
Fannatio.
Faus.
*Fenestra.
*Foagium.
Foesia.
Fogagium.
Foresta.
*Forestella.
*Frafugetum.
*Fraschetum.
*Fraxinata, etc.
Fustis.
Gaium.
Grava.
*Gravium.
*Guerna.
*Guidationes.
*Habellanietum.
*Haiota.
*Hebergiare boscum.
*Heisa.
*Hesteren.
*Iblosus.
*Incretus.
Indagines.

*Intersiccum.
Kaneium.
Laeia.
*Laya.
*Lazana.
*Leagium.
Leda.
Leigium.
Lucanar.
Lucarius.
*Maeria.
*Mailliolus.
*Meoletum.
*Merica.
*Monstreia.
*Morthbosch.
Mosplea.
*Mostra.
*Nogadera.
Nogareda.
*Novella.
*Novellare.
*Novitus.
*Nucarium.
*Nucelletum.
*Nuscentum.
*Oseraria, etc.
*Ostensio.
*Ozeria, etc.
*Palmerium.
*Parcus.
*Pastionalis.
*Pessunia.
*Planita.

*Plansona, etc.
*Plantagium, etc.
*Plantea, etc.
*Plantum.
*Populosus.
*Porum.
*Quesnetum, etc.
*Quintum folium.
*Ramerium.
*Receptio nemorum.
*Recrebita.
*Recrescentia.
Refletum.
Regardum.
*Reguardum.
*Remasencia.
*Remessa.
*Renoyria.
*Revenuta.
Routurare.
*Rupta.
*Saltora.
*Sapetum.
*Scalvamen, etc.
*Scampare.
*Scisura.
Secretarius.
*Sotum.
*Stelarea.
*Stocagium.
*Subaritum.
Subboscus.
*Superficies nemoris.
Superpositum.

Sylva.
*Tagliata.
*Tailea.
*Tailleta.
*Taillinatum.
*Tala.
Talea.
*Talia.
*Talium.
*Talivum.
Tallea.
*Talleicium.
*Tallia.
Talterium.
*Tilletum.
*Torneura.
*Toussa.
*Tusca.
*Tuscha.
*Vaischa.
*Vantaya.
*Vefrondis.
Veneris.
*Venteicium.
*Vergna.
*Verneda.
*Veruhia.
Viride.
*Ulmeta, etc.
*Usclada.
*Vuadrus.
Warenua.
Wic.
Wodwardus.

STIRPES, VITES, HERBÆ, ETC.

*Acheletus.
*Agarium.
*Agrumen.
*Amarina.
*Arundinetum.
Assinsium.
Baditis.
*Balcha.
Bansa.
Barta.
Berbigenes.
*Berbovaca.
Bersa.
Bismalua.
*Boraginus.
*Bouket.
Buranexa.
Calcacrepa.
Calliomarcus.
*Camomilla.
Canamellæ.
Capito.
*Cardetum.

Cardo.
*Carectum.
*Careda.
Carolina herba.
*Ceba.
*Centum.
*Ceppa.
*Ceptolus.
Cerefolium.
*Ciminus.
Citrolus.
Citrones.
Cresso.
*Cultella.
*Custica.
*Egrunum.
*Ellera.
*Faba.
*Faciolus.
*Fanafracha.
*Fassolius.
*Fava.
Febrifugia.

Fencemouth.
Feugera.
Feugia.
*Filidrissa.
Fossoriata.
Fulgeria.
Fuxolana.
Gabusia.
*Gariofilum.
*Garreria.
*Garrofa.
*Garroffollum.
Gimaresta.
Gimnaremus.
Gladiolum.
Glastum.
Grosposa.
*Habia.
*Halotus.
*Herbum.
*Hortalia.
Humlo.
*Jarrossia.

*Lascopitium.
Linodella.
Lisca.
*Majoraca.
Malixia.
Malhones.
Manelata.
Mardegena.
*Mede.
Milimendrum.
Mora.
*Pastellum.
Pergula.
Pignolus.
*Rabacia.
*Rafa.
Ravacaulus.
Rausea.
*Rodor.
*Rodorius.
*Romarum.
*Romengueria.
*Ronchus.

Rosa.
Rosarium.
*Rosus.
Rufus.
*Runcus.
*Sagna.
*Salangra.
Signum Salomonis.
Sisaga.
*Sodanum.
Solsequium.
Sparagus.
*Spicus.
Sponsa solis.
Tribliana.
*Tronus.
Turio.
*Vancqua.
*Verbago.
Verdiga.
*Veyriola.

VIII.

ARCHITECTONICA, SEU QUÆ AD ARCHITECTURAM SPECTANT.

Abamurus.
*Acoha.
*Acoys.
Acutus.
*Alab.
*Aligneamentum.
*Alleia.
*Ampara.
*Anambariam.
*Arcata.
*Arcellus.
*Arquetus.
*Arsellum.
*Arsia.
*Arvoutus.
*Augiva.
*Balatorium 2.
*Balcius.
*Balcus.
*Barchenus.
Baria.
*Barquelius.
*Barquile.
*Barra 3.
*Berthesca.
*Brica 3.
Buccula.
*Cabiro.
*Cabrio.
*Cadafalus.
*Caironus.
*Calsa.
Cancer.
*Canna 3.

*Canto 1.
Capitellum.
Capriolus.
Caprones.
Carpisculus.
*Carta 3.
Castratura.
Castriatus.
Cavile.
Celtis.
Centrum.
*Chapero.
Chekeratus.
Ciborium.
*Cimber.
Cimentum.
Citebasa.
Clavatura.
*Cloto.
*Clotonus.
Cnodax.
*Coble.
Cochlea.
Cœlum.
*Colacius.
Columnatio.
Commaliolare.
Coppus.
*Corbelstones.
*Corbeyus.
*Coriare.
*Coriatio.
*Corneirus.
Cryptatim.

Cryptatus.
Culmen.
Cultrum.
Cupla.
Cuppula.
*Cymbius.
Dispositio.
*Egredarium.
Epanleum.
Epigri.
Epiurus.
Escenia.
Essana.
*Fenestratus.
*Fenestrella.
*Festissura.
*Festrum.
*Fileria.
Fixorium.
Formatum.
Forniceps.
Fossarius.
Fossator.
Gaid.
*Galandra.
Gapo.
*Gargoula.
*Garratus.
Glodus.
*Gronda, etc.
Harnascha.
*Helmus.
*Helowe.
*Hostriclinium.

Incisio.
*Intabulamentum.
Intercolumnium.
*Labea.
*Lacuna.
Lambroficare.
Lastrum.
Latæ.
Lilium.
Lithostrotum.
Lutum.
Machines.
*Machoneria.
*Massom.
Malta.
Mandalus.
Materia, etc.
*Matonus.
*Matto.
*Mentura.
Murale.
Muramen.
Murare.
Muratum.
Musivum.
*Noccus.
Olla.
*Pannaguttæ.
Pannei.
*Patæ.
Patula.
Pedeplanum.
Pera.
Pilare.

Planca.
Platona.
Portale.
Purpureticæ columnæ
Quadrificium.
Ragiatus.
Rinca.
Salia.
Saritia.
Scaliones.
Scandile.
Scindula.
Spiculus.
Spira.
*Spondilia.
Suliva.
*Superficies.
Superficium.
Suspensura.
Tabulamentum.
Tabulatum.
*Tabulus.
Thalapsicum opus.
Tholus.
Tibicines.
Tiranni.
Tormovelæ.
Trabea.
Trabes.
Vallatorium.
*Vaulsura.
*Vitineus.
Volta.
Walla.

IX.

ARTES, ARTIFICES, NEGOTIATIONES, PROFESSIONES.

Abacista.
Abacus.
*Abbatores.
Abjectarius.

*Abrator.
Accensatores.
Accipitares.
Achivus.

*Acorarius.
Acuarius.
*Acurarius.
Acutiator.

*Adcrotator.
Adularius.
Affactores.
*Affait.

*Affectatores.
Africanus.
Agaso.
Agitatores.

INDICES AD GLOSSARIUM

Agnellarii.
* Agulhetarius.
* Ailliarius.
Albator.
* Alberguerius.
Albinus.
* Alebastrarii.
* Aleciarius.
Algebra.
Algorismus.
* Allecarius.
* Alleciarius.
* Alludarius.
* Allutarius.
Alytarchæ.
* Amassator.
Anaglypharius.
* Anamelatus.
Androchia.
Annularius.
* Antidotarius.
Antiquarius.
Apenarii.
Apothecarii.
Apprenticii.
Aquarius.
Argentarius.
Ariblatones.
* Armarius.
* Armeator.
Armerii.
Armifactor.
* Armurarius.
* Armuserius.
* Aromatarius.
Artidoctor.
Artificiarius.
Artigraphus.
Artillator.
Artista.
* Artocopus.
Assertor.
Assessor.
Aucarius.
Aucellator.
Auditionalis.
Auditor.
Auraria ars.
Aurator.
Aurearii.
Auricindus.
Aurifex.
Aurigraphus.
Auripercussor.
Auriscidus.
* Aurivellerius.
Azemblarius.
* Bacalator.
Baccalarii.
Baccarii.
Bachinator.
Bactropcratæ.
* Bada.
* Badellus.
* Baderius 1.
Bajula.

Bajulus.
Balneatores.
Bambacarius.
* Banerius.
Bannerii.
* Banquerius.
Barbaricarii.
* Barbarius.
Barbatores.
Barberius.
Barcarius.
Barcaniare.
* Barbiarius.
* Barcheta.
Barigildus.
* Barrarelius.
Barrarius.
* Barrillerius.
Bastangarii.
* Basterius.
Bastonerii.
* Batator.
* Bateria.
* Battitor.
* Baudreius.
* Baxator.
* Bayeta.
Berbecarius.
* Bercharius.
* Biblii.
Bidarius.
* Billatarius.
Billeus.
* Bisanteum.
Bladarius.
* Blanquerius.
Blato.
* Boaterius.
* Bobatterius.
* Bobulcus.
* Bocherius 1.
Bolendegarius.
* Bolinus.
Bolonæ.
Bombacarius.
* Bonneterius.
* Bordarius.
* Borderius.
* Borratura.
* Borelarius.
* Borrellus.
* Boscaderius.
* Boscator.
Boschero.
* Boterius.
* Boujonator.
* Boulengarius.
* Bourelarius.
* Boutonnarius.
¡Braciator, etc.
Bracteator.
Breviatores.
Brocarius.
Brodiatores.
* Broudator.
Brunearii.

Bucerius.
Bucharius.
* Bufetarius.
* Buheterius.
Bulgetarius.
Burdus.
* Cabanarius.
* Cabidarius.
* Cacabasius.
Calciarius.
Calcifex.
Calefatus.
Caldararius.
Calerarius.
Caligarius.
* Calligarius.
* Calsaterius.
Calsolarius.
* Calzetarius.
* Calzolarius.
Cambarius.
Camelarius.
* Camineriús.
Camparius.
* Campderius.
* Canabaserius.
* Candator.
* Candelaria.
Candelarius.
* Candelarius.
* Canderius.
Candidarius.
Candidator.
* Canicularius.
Canubitor.
Caorcini.
Caparcus.
Capsarius.
Carbonator.
Carbonellus faber.
Carcerarius.
* Cardator.
Careratores.
* Carlarius.
* Carnacerius.
* Carnassarius.
* Carnasserius.
Carnifex.
* Carnizarius.
* Caro 1.
Carpentarius.
* Carronnius.
* Carraterius.
* Carrator.
Carrectarius.
* Carrito.
* Carronus.
Caseatrix.
* Cassetarius.
* Casiarius.
Cataractarius.
* Cauderarius.
Cavacequia.
Cavalarii.
Cauno.
* Cederia.

ʄ Celer.
* Centerarius.
Centonarius.
* Centurerius.
Ceragius.
Cerarius.
Cerealis.
* Cerereus.
* Ceretanus.
Cerularius.
* Cervinarius.
Cespitarii.
Cetarius.
* Chandellerius.
* Chapellarius.
* Chapuisius.
* Charro.
* Charronnerius.
Chartarius.
* Chasublarius.
* Chanceterius.
* Chaufrerius.
* Cidalarius.
Cinerarius.
Ciniflo.
Cipparius.
Circularius.
Circulatorius.
* Cisor.
Civilistæ.
Clavicarii.
Clavicularius.
Clausarius.
Cloacarius.
Clostrarius.
* Clusarius.
Clusor.
Coactliarius.
Coactor.
Cocarius.
Cociones.
Coctarius.
* Coctus.
* Codurerius.
Cœnaclarius.
* Coffrerius.
* Cogaster.
* Cogus.
* Cogustronus.
* Coifferius.
* Colerius.
* Collarius.
Collectarius.
Collegiati.
* Collellarius.
Comacinus.
Comestores.
Commentariensis.
Commerciarius.
Commissarii.
Commissionatus.
Comparatores.
Compulsores.
Compotista.
Conchylioleguli.
* Condurarius.

Confector.
Confectuarius.
Conforaneus.
Conreatores.
Consergius.
Constreinus.
Contubernales.
* Conzator.
Coquinator.
* Coqulus.
* Coraçarius.
* Coraillator.
* Coramarius.
* Corarius.
* Coraterius, etc.
Coraula.
Corazarii.
Corbelli.
* Corbio.
* Cordarius.
* Corderius.
Cordex.
* Cordifex.
* Cordo.
* Cordoanarius, etc.
* Corerius.
* Coriarius.
* Gorifex.
Cornarius.
Coronarius.
Corpodicina.
Corporicida.
* Corratarius.
Corraterius.
* Correrius.
* Corretarius.
* Corrigiarius.
* Corritor.
Cortisiani.
* Cortuarius.
Corvesarii.
* Cosinerius.
Cosmeta.
* Costorarius.
* Coterius.
* Coudurerius.
* Courarerius.
* Coustepointarius.
* Coutelarius.
* Coyrarius.
* Cravarius.
* Credencerii.
Crenkinarii.
* Criagium.
Criaria.
* Criaria.
Cribriones.
* Cultellerius.
* Cultor.
* Cuparius.
* Cupedenarius.
* Cupidenarius.
* Cupifer.
Curanderii.
* Curaterius.
Currerius.

INDICES AD GLOSSARIUM.

*Currifex.
Cursor.
Cusores.
Custossepulchrorum
Dapificus.
Dardanarii.
Dealbatores.
*Deaurarii.
Deauratores.
Decimarii.
*Deguarius.
Dendrophori.
Descriptor.
*Destralis.
Deuparius.
*Deymerius.
Dictarii.
Dictati.
Disertor.
Diversoriarius.
Divinus.
Divisor.
Doanerius.
Dogarius.
Dogmatista.
*Dorarius.
*Doreloteria.
*Dorerius.
Draperius.
*Drapifer.
Dromedarius.
Dubleria.
Dulciarius.
Ealscop.
*Egueserius.
Emptor.
*Entassator.
Epistolarius.
Equarius.
*Equitator.
Equitiarius.
Ergata.
Ergaticus.
Ergalabus.
Erogator.
*Eruginator.
*Escoboterius.
*Escofferius.
*Escoparius.
*Escudeleyr.
*Escuerius.
*Esmailliator.
*Espiciarius.
*Espinglarius.
*Esporarius.
*Estofferius.
*Eswardiator.
Ewrii.
Exactor.
Exartarius.
Exclusor.
*Excoriator.
*Excussor.
Executores.
Exemptor.
Exercipes.

Eximequi.
*Experimentator.
Extensor.
*Faber.
Fabri.
*Fabricator.
Fabricenses.
*Fachinus.
Factor.
*Factuarius.
Fagotarii.
*Falcarius.
*Fardellarius.
*Faricellus.
*Farnariolus.
*Fascicularius.
*Fasticerius.
Fenarius.
Fenator.
*Ferparius, etc.
Ferramentarius.
*Ferrarius.
*Ferraterius.
*Ferro.
Fictiliarius.
*Fidus.
Filanderia.
*Filatrix.
*Filendarius.
*Flaquerius.
Flaturarii.
Fletarius.
Fleshmongers.
*Fontanerius.
Forbator.
*Forbissator.
*Forcerius.
Forestarius.
*Forestus.
Forista.
*Fornasarius.
*Fornator.
*Forragius.
*Fourcerius.
*Fourrerius.
*Foxsoranus.
Frænarii.
Francigini.
*Frigarius.
*Friquerius.
*Fromagerius.
*Frourerius.
*Frucherius.
Fructuarius.
Frumentarii.
*Frunitor.
Fugatores.
*Fulnarius.
*Fundacarius.
*Fundatarius.
Funerarii.
*Funifex.
*Furator.
*Furnairo.
Furnarius.
Fusarius.

*Galearius.
Gallicarii.
*Gamaga.
Gardinarius.
*Garennarius.
Garzator.
Gasterius.
*Gayeta.
*Gaylator.
*Gaynerius.
*Gayta.
*Gemmarius.
*Generosa.
Gerdius.
*Geulerius.
*Giternarius.
Glebo.
Gleinator.
*Gloerius.
*Gopillator.
*Gouvetarius.
*Granicarius, etc.
*Graphio.
*Graylator.
*Gregarius.
*Grocerus.
*Grolerius.
*Guacha.
*Guangator.
Gunnarius.
*Gupilarius.
Hamatores.
*Harengeria.
Hastator.
*Haubergerius.
*Heaumerius.
*Hengistfuoter.
*Herbilegus.
*Herbolerius.
Hiator.
*Hipothecarius.
Historiographus.
Hofwarders.
*Hospitator.
*Hostalarius, etc.
*Hosterius.
*Hostiarius.
Hullarii.
*Hypothecarius.
Janizzer.
Illuminator.
Impletor.
Implicatrix.
*Imposicionarius.
Inclusor.
Incopolitus.
Infertor.
Ingrassator.
Inhibitor.
Intestinarii.
*Inzegnerius.
*Joverius.
Jucolarius.
*Junctor.
Juraticus.
Keys.

Laborarius.
*Laborator.
Laccarius.
Lactarius.
Lacunarius.
*Lanaiuolus.
Lanarii.
Lanasseria.
*Lanator.
Lancinator.
*Langiarius.
*Lapicida.
*Lapidarius.
Latinarius.
Laturarius.
Lavandarius.
Lectarius.
Legista.
Legisterium.
Legumenarius.
*Levator.
*Leudarius.
Libellio.
Libellifius.
Librarius.
Ligatores.
Limogia.
Liniflones.
Literator.
Liturgi.
*Locatus.
Logographi.
Lorarius.
Loricarius.
*Lormarius.
*Lupparius.
Macellator,
Macelator.
*Macello.
Macerio.
*Macerius.
Machecarius.
Macio.
*Maçonetus.
*Madrelinerius.
*Magninus.
Maia.
*Majoralis.
*Malgarius, etc.
*Mamessor.
Manceps.
Manciparius.
Mandatarius.
*Manescallus.
*Manganerius.
*Mango.
*Manigoldus.
*Manipularius.
Manuoperarius.
Mansionator.
Mansuetarius.
Manualis.
Manuartifices.
Mapparius.
*Maquerella.
Marango.

Margaritarius.
*Marmito.
Marus.
Massarius.
*Massellarius.
*Masserius.
*Massonerius.
*Massonus.
Matricarius.
*Maxaria.
*Mazellator.
*Mazzerius.
*Mecanicus.
*Mecerius.
Mediator.
Medica.
Medietarius.
*Megeicerarius.
*Megeicharius.
*Megerius.
*Megissarius.
*Meistrales.
Mellicida.
Memoralius.
*Menestralii.
*Menestriones.
Mensor.
Mensularii.
Mensurarius.
*Mercator cursorius.
Mercedarius.
*Mercellarius.
Mercenarius.
Mercerius.
*Mercipolis.
*Meronnarius.
*Mesgicerius.
*Messagarius, etc.
*Messaguerius.
Messarius.
*Messuarius.
Metator.
*Mezadrus.
*Minarius.
*Minator.
*Miniator.
*Ministralis, etc.
*Ministrilis.
*Minitor.
Minutularii.
*Moinerius.
*Mojolarius.
*Molarius.
*Molnaironus.
Molocenarii.
Monetarius.
Montarius.
*Motavitor.
*Moustarderius.
*Mulaterius.
Mulocisiarius.
*Multor.
Mulomedicus.
Murarii.
Murator.
Murileguli.

INDICES AD GLOSSARIUM.

Mutarius.
Narratores.
Naupicus.
Nautilenus.
Nautologus.
*Nebularius.
Negotium.
Negotitæ.
Nominales.
*Nephidus.
*Noreguerius, etc.
*Norriguerius.
*Novaculator.
Numerarius.
Numeratores.
Nummularius.
*Nuntius.
*Nurigurius.
Oblearius.
Obscariones.
Obsetrix.
Ocistrio.
Offarius.
Officinator.
Operosus.
Opinatores.
Ornamentarius.
Ornator.
Ornatrix.
*Ortolanus.
Ostrearii.
*Ouvreria.
*Paagiarius.
Pabulator.
*Palefredarius.
Pancogollus.
Pancosseria.
*Pancosserius.
Pandarius.
Pandoxarrix.
*Panestarius.
Panetarius.
*Panifer.
*Pannarius.
Pannicidæ.
*Pannicusor.
Pannificus.
*Pantor.
Pantorsserius.
Papelarius.
*Papietarius.
Parabolani.
Paracellarii.
Parafrenarius.
*Paragaminarius.
Parcarius.
*Parguaminerius.
Paritaderii.
Particus.
Partizanus.
*Pasnagiarius.
*Pasticerius.
Pastillarius.
Paticus.
Paticinarius.
*Pavillonarius.

*Pavonarius.
*Payrerius.
*Pebererius.
*Pecarius.
*Pecchenarius.
*Pedagarius.
*Pedellus.
*Peillerius.
Pelheria.
*Pelleganterius.
*Pellifex.
Pelliparius.
Peræquatores.
Permentarius.
Perpendicularius.
*Perreator.
*Perrerius.
*Perticarius.
*Perticator.
Petrarius.
*Peyraronus.
*Peyrenarius.
Philippanus.
Picator.
Pigmentarius.
Piperarius.
*Pistenarius.
Pistorissa.
Pistrinarii.
*Pitissator.
*Pixarius.
*Pizzicarius.
Placentarius.
*Plagarius.
*Plastes.
Plasticator.
*Plaustrarius.
Plumarius.
Poisonerius.
Poledrarii.
Polentarius.
Poletarius.
Pomilio.
Pontanerius.
Popinarius.
*Porcherius.
*Porquerius.
Portalis.
*Portionarius.
Portitor.
*Portitor.
*Portonarius.
Portulanus.
*Portulanus.
*Posterius.
Potagerius.
Prælocutor.
Pratarius.
Prestaldi.
Proscholus.
*Prozenetarius.
Pullarius.
*Pupetus.
Purpurarius.
Quadratarii.
Quadrivium.

Quæstionarius.
*Quarrerius.
*Quarriarius.
*Quoquinarius.
*Ranaterius.
Rangeator.
*Rasunarius.
*Reddituarius.
*Reffianus.
*Regaterus.
Regratarii.
*Retagliator.
Retiatores.
*Revendarolius.
*Revendiculus.
*Reverius.
*Reurnarius.
*Rotarius.
*Sabaterius.
Saccarii.
Sagarius.
*Sagiator.
*Saginarius.
*Salerius.
Salinarii.
*Salinator.
Salsarii.
*Salsator.
Saltarii.
Saminatores.
*Sanguiminutor.
*Sanguinator.
*Sannaderius.
*Sannator.
Santurerius.
*Sapator.
Saponarii.
*Saralherius.
*Sarcenarius.
Sarcitectores.
Sardocopi.
*Sarralherius.
Sarsores.
*Sartor.
*Sartrinarius.
*Sarturator.
*Savaterius.
*Saxones.
*Sazonator.
*Sbara.
*Scafvardus.
*Scampsor.
*Scarius.
Scasores.
Scenofactores.
Sceptores.
Scissores.
Scribani.
Scriptores.
*Scrotarius.
Scurro.
*Scussellus.
Scutarius.
Scutatores.
Scutellarius.
Seapscip.

*Seatoria.
*Sectator.
Sector.
Sellatores.
Sensales.
*Senturarius.
*Serator.
*Serralherius.
Seplasiarius.
Serrarius.
*Shephirdis.
Siceratores.
*Sigillifaber.
Signarius.
Silicarius.
Simaci.
*Simpulariarius.
Sindonarius.
*Sitularius.
Soliardus.
Sophistæ.
Spadicarii.
*Spalarius.
Spatarii.
Spatharii.
*Speciarius.
Speculatores.
Squillarii.
*Spiziarius.
Stabularii.
*Stabularius.
Staminarii.
Steoresman.
*Stivandarius.
Stotarii.
*Strazarolus.
Structores
Sufflatores.
*Surgicus.
*Sutorius.
*Sutrix.
Sylvarii.
Symmachi.
Tabernacularii.
*Tabelerius.
*Taborinus.
*Tailhator.
*Taillanderius.
*Taillator.
*Tailliator.
*Tainturarius.
*Taliator.
*Tallator.
*Tanacerius.
*Tanturerius.
*Tappetarius.
Tavili.
Tectores.
*Tendarius.
*Tenzarius.
*Tessarandarius.
*Testor.
*Texerius.
*Textator.
*Tezolanus.
Theosophus.

Thucarii.
*Tineman.
*Tisserius.
*Tixator.
*Torcimannus.
*Trahanderius.
Trapezetæ.
*Treginerius.
*Trencheator.
*Trencolus.
Tretarii.
*Triceolus.
*Triculus.
*Triparius.
*Trompeta.
*Trompillator.
Troturii.
*Trublator.
*Trutzelmannus.
*Turchemannus.
*Turchimannus.
*Turcimannus.
Turnarius.
*Turquemen.
*Tutuba.
*Tynerarius.
*Vacarius.
Vaccarius.
*Vacinarius.
*Vacquerius.
*Valladerius.
*Vapulator.
Vecticularius.
Vectigaliarii.
Vecturalis.
Vedalarii.
Velarius.
*Ventilatrix.
Ventrix.
Veredarii.
Vestificus.
Vestiplica.
*Veyrerius.
*Viarius.
*Villarius.
Vinatarius.
Vinator.
Vinearii.
Vineator.
Vitellarius.
*Vitreator.
*Unctaria.
*Unguenarius.
*Uquevinus.
*Ursarius.
*Usserius.
Utriarius.
Vulnerarius.
Wallactores.
*Warderobarius.
*Winegiator.
*Zavatterius.
*Zoquerius.
*Zythespa.

INDICES AD GLOSSARIUM.

X.

ANIMALIA, ET QUÆ AD EA PERTINENT VOCABULA.

QUADRUPEDES.

Admissarius.
Affa.
Afferi.
Agminales equi.
Alopex.
Ambulator.
Amiculus.
Amorenses.
Angargnaco.
Animal.
*Apriolus.
*Autalops.
Azemila.
Babewynus.
*Baboynus.
Baca.
Bacharus.
Bacus.
*Bardatus equus.
Bassuaria jumenta.
*Bayardus equus.
Berbix.
Bestia.
Bestialia.
Bestiarium.
Bever.
*Bicha.
Bicula.
*Bischa.
Bissa.
*Bocxs.
*Boquena.
*Boquinus.
Bos, etc.
Botta.
Bovetta.
Bracco.
Bracetus.
Brana.
*Bravaria.
Brunicus.
Bruscus.
Bubalus.
Buccus.
Buricus.
Caballus.
Cabo.
Caçor.
*Camela.
Camoccia.

Campitor equus.
Canis, Canum variæ species.
*Capredus, etc.
Caprifer.
Capriola.
Capritus.
*Caristerpus.
Carnerius.
*Casto 2.
Castor.
Castritius.
*Castro.
*Castronus.
Catomus.
Catta.
Cattus.
*Caucatrices.
*Cenglaris.
Cervus.
*Chaçaator.
Chirogryllus.
Cicurris.
Cisimus.
Colpendach.
*Conillus.
*Corcerius.
Coreta.
*Corserius.
*Cortis 7.
Cossio.
*Cousio.
*Crabota.
*Cresto.
*Crosto.
*Curio.
*Cursarius.
Cursor.
Cutiones.
*Darbus.
*Daynus.
*Destraria.
Dextrarii.
!Dorx.
*Embla.
Emissarius.
*Equalia.
Eques.
Equifer.
Equitatura.

Equus.
*Escurellus.
*Esquirollus.
Etleha.
Farius.
*Feda.
Fera.
Feramen.
Feramus.
*Feta.
Fingia.
*Fœta.
*Fura.
Furectus.
*Furetus, etc.
*Furicus.
Furo.
*Gaballa.
Gamma.
Gatta.
Gazella.
*Geneta.
*Genetten.
*Germgia.
Gialinsco.
*Girafa.
*Grossus.
*Gradarius.
*Griffus.
*Grypa.
*Guaragnus.
*Guttonarius.
*Habughunt.
*Haired.
*Hakeneius.
*Haque.
*Haqueneya.
*Hekfore.
Hermellina.
*Herpert.
Hogaster.
Hunnisci.
*Jasia.
Iberus.
*Jersia.
Isengrinus.
*Jumanta.
Jumentum.
Junix.
*Kavallus.

*Lardum.
*Lea.
*Lear.
*Lefa.
*Leo.
Letissa.
Levrerii.
Lictor.
Ligorius.
*Liminaris.
*Linca.
Ludarius.
Lupus.
Luter.
*Lycisca.
Magnicaper.
Mammon.
Manna.
Mannus.
*Manzius.
Marach.
Mardanus.
Martrices.
Martures.
Mastinus.
*Matius.
*Mazalis.
Melota.
*Mennonus.
*Mestosus.
Mingas.
*Mocima.
Moninus.
Monstranfelis.
Morder.
*Mottonus.
Mulosus.
Mulotes.
Mullo.
Muriceps.
Murilegus.
Mus.
Muscio.
Musio.
Musipula.
Ovifer.
*Paleffredus.
*Palipodius.
*Panibulus.
Paraveredus.

Petulus.
*Pickettus.
*Pilauca.
Pilax.
Pilotonsus.
Pirolus.
Poledrus.
*Polina.
*Polinus.
*Pollenatus.
*Porcaria, etc.
Porcaster.
*Porchetus.
*Porciculus.
*Porcius.
*Portaritia.
*Pulinus.
Pullani.
Pullonatus.
*Pultrus.
Putacius.
*Quadripes.
*Quadrupedale.
*Quadrupedius.
*Ramagius cervus.
*Rangifer.
Ratus.
*Raulhenus.
Rhaphius.
*Rossatinum.
Rousinus.
Rubeus-feramus.
*Runchinus.
Runcinus.
Sabelum.
Sagmarius.
*Sangularius.
*Saomerius.
*Scelo.
Scinifes.
Scuriolus.
Sellio.
*Seta.
*Sfresatus equus.
Singularis.
Sonopair.
Soscallus.
*Sourus.
Spalagus.
*Squirelus.

INDICES AD GLOSSARIUM. CXLI

Staggon.	*Tertussus.	Truega.	Vares.	*Umgula.
Stalonus.	*Tesso.	*Truia.	*Veber.	Urus.
*Stambechus.	Tignum.	*Turgia.	Veredi.	Waranio.
Suali.	Tottonarius.	*Vacchella.	Verres.	*Zembla.
Sublonc.	Trepidarius.	*Vaccheta.	Versipello.	
*Taxus.	*Troga.	*Vaissa.	*Victima.	

AVES.

*Abeilla.	*Bertognatus.	Cucuba.	Hirundella.	*Pollatura, etc.
Acceptor.	Bistarda.	Eipericus.	*Hostoarius.	Pulcinus.
*Accia.	Bitorius.	Empiniones.	*Hostorius.	*Pulla.
*Accredula.	Blenecta.	*Espreverius.	Impulsorium.	Pullicenus.
Açor.	*Boureta.	Facha.	Lacertina.	Pullipasta.
Afra.	Budellus.	Falco.	Lanarii.	*Quacara.
*Africana.	Burdo.	*Fasanus.	Landula.	*Quæstula
Agazia.	Busio.	*Fascianus.	Linosa.	Qualia.
Airo.	Butor.	*Faverius.	Livercinus.	*Quaneta.
Alauda.	Butorius.	*Faxanus.	Macis.	Rabanus.
Amma.	Caccula.	Fessara.	Mallardus.	Rallus.
Anates de Pharaone.	Calendrus.	Franquilinus.	Malvitius.	Sacer.
Anatinus.	Canthareda.	Gaia.	Mattineta.	*Salterellus.
*Anca.	Cappus.	Galerannus.	*Maviscus.	Saxaroli.
Aneta.	Capus.	*Gallinatus.	*Menidula.	Siclæ.
Angutio.	Cara.	*Ganita.	Mergones.	Sistaroa.
*Anhellus.	Carbonea.	Gantæ.	*Milio.	Smeriliones.
Apes.	Carda.	*Gantua.	*Mocta.	Sparvarius.
Aprones.	Cavanna.	Gariola.	*Muscardus.	*Spervarius.
Aregata.	Cavannus.	Gaza.	Muscetus.	Spiriolus.
Arpa.	Cauha.	*Geracis.	*Nisus.	*Sturco.
*Asperellus.	Cecua.	*Gerfalchus.	*Occa.	*Tacula.
Astur.	Cereclia.	Gistardus.	*Ocha.	*Terziolus.
Atelabus	Cicones.	Glaepta.	*Osmerillus.	Teta.
Auca.	Cinnas.	Glandara.	Papagen.	Toda.
Aucella, etc.	Circella.	Gracula.	*Pappagallus.	Todonus.
Augtiones.	Citacus.	*Gragula.	Passa.	*Trizolicus.
Aves Francæ.	*Cochetus.	Grifalco.	*Paverus.	Tucus.
Avis S. Martini.	*Cocovaia.	*Grio.	*Pavonus.	Turgni.
*Avistarda.	Cofanus.	Griphus.	Paysanæ.	*Turturella.
Barba.	Corinda.	*Groxilla.	Pepiones.	Vanellus.
Bardæa.	Corlinus.	Grua.	*Perdigalis.	Vanni.
Bardala.	Cornicula.	Guespa.	*Perdrix.	Vitularius.
Barnaces.	Cornix.	Guvus.	*Peregrina.	*Videcacus.
Bavinæ.	Cozardus.	*Hairo.	*Piccia.	Volturium.
Beacita.	Cranohari.	Heiro.	Pipizo.	
Becco.	Cricella.	*Herodius.	Pluerius.	
Bernæ.	Croerola.	*Hiero.	*Polla, etc.	

XI.

CHRONOLOGICA, ET QUÆ AD TEMPORA SPECTANT.

*Accendi.	Autumnus.	*Careium.	Censorius dies.	Data, Datarium, etc.
Æra.	Bendidios.	Carementrannus.	Clavis.	Decendium.
Almanach.	Bissextus.	Carnelevamen.	Computus.	Dies.
Annus.	*Capricornium.	Carnicapium.	Concurrentes.	*Ebdomada.
*Authentica	Caput Jejunii.	Carnivora.	Curriculum.	Embolismus.
hebdomada.	Caput Quadragesimæ	Catamane.	Cyclus.	Epacta.

INDICES AD GLOSSARIUM.

*Epocha.	Gradus.	*Lampas.	Mensis.	*Quadro.
Facere.	*Hebdomadalis.	*Laxatio.	Nox.	*Quartero.
*Februs.	*Jejunales.	*Luna.	Octimber.	*Quindena.
*Fenalis.	*Imperante.	Madius.	Octodium.	*Septemium.
*Fenarium.	Indictio.	Mane.	Pullus.	Theseus.
Feriæ.	Interlunium.	Manissime.	*Quadraginta.	*Terminus paschalis.
*Foci.	*Kalenda, etc.	Maturitas.	*Quadrigennium.	Trihorium.
*Gemini.	*Kilianus.	*Mirabilium annus.	*Quadrimensis.	Trimilchi.

XII.

RES CIBARIA, ANNONARIA, POTORIA, CONVIVIALIS.

*Abevragium 1.	Bolundum.	*Carnagium 2.	Conditum.	Fabriles uvæ.
Acrumen.	Bolus.	*Caronzellus.	Conditura.	*Farcimen.
Acutus.	Borgerasa.	Carpeia.	Conredium.	*Farcolalata.
Adeps.	Botellus.	*Carritium.	Consolatio.	Fagina.
Adescatio.	*Botulus.	*Casciata.	Conspolium.	Farrago.
Adipata.	*Bracellus.	Casata.	Convivium.	Fertum.
*Afinata pigmenti.	Brachiolum.	*Casiatum.	Copadium.	Festivare.
Agnina.	Braciatus.	*Casseata.	*Cornuta.	Firma.
Albus.	Brado.	Cauganæ.	*Correium.	*Flamica.
Alebra.	*Brassadellus.	*Cazata.	Cratones.	*Flansones.
Aletudo.	*Brassamen.	*Celegia.	Crignum.	Flantones.
Alleum.	*Briemardum.	Celia.	*Crespellæ.	*Flarnis.
Aloigna.	Bricia.	Cellariensis species.	Crispellæ.	*Flavo.
*Alonia.	Brisca.	Cerealis potus.	Crucigira.	*Foacis.
*Aloxinium.	Brodium.	*Cereria.	Crumelum.	Focaria.
Altile.	Broetban.	*Ceres.	Crustum.	*Fogascia.
Ambulacium.	Brustum.	Cerevisia.	Cuetella.	Foliata.
Amendula.	Buccea.	*Ceria.	Cuneus.	Formaticum.
Amonitio.	Buccella.	*Ceverium.	*Defructus.	Formula.
Antecœnium.	Buccellatum.	Chenetellus.	Delicantia.	*Freza.
Arangia.	*Bucellatus.	Chucrum.	Demencus.	Friscinga.
Armilla.	Bulligo.	Cibarius.	*Despensa.	Frisia.
Artocopus.	Bulluga.	*Ciadda.	Diæta.	Fritella.
Artocreas.	*Burgerastrum.	*Cibus.	Diarium.	Frixura.
Artona.	*Buscadellum.	*Cicera.	Dies.	*Fromenteia.
Ascaloniæ.	Cadula.	*Cisara.	Dignerium.	*Galatina.
Athera.	Cagelus.	Clara.	Drascus.	Garnachia.
Baco.	Cahua.	Claretum.	Dulcia.	*Gaspachos.
Baffa.	Calaticum.	*Coagulus.	Dulcicium.	Gazetum.
*Baissiere.	Caldacia.	Coclum.	Dulco.	Geltina.
Balducta.	Caldus.	*Cœdulium.	*Edia.	Gemina.
Balneum.	*Calenum.	Cœna.	Edoporium.	Generale.
Benedictio.	*Calidum.	*Cofrimenta.	*Egrunum.	Gentare.
Berbix.	*Calsonus.	Cognidium.	*Elaptuarium.	*Gergometum.
Berlingotius.	Camba.	*Coladicium.	*Encenium.	Geroldinga.
*Beuvenda.	*Camum.	Colidaria.	*Entrenier.	*Gessia.
Bibere.	Canistrellus.	Collatum.	*Epulæ.	Gestorium.
Biberes, etc.	Capitum.	Collyrida.	Esca.	Glandis.
*Bibende.	*Carbonata.	Commeatus.	Escaticum.	Glando.
*Bieria.	Carbonella.	Companagium.	Eschaudati.	*Glenum.
*Bilettum.	Carenum.	*Confitum.	Esus.	Gormaringa.
*Blogmus.	Caritas.	Concinnus.	Fabana.	*Græcingarium.

INDICES AD GLOSSARIUM.

*Granvalla.
Cruellum.
*Grus.
Grutaria.
Grutum.
Gustum.
*Hamburgus.
*Herbatum.
*Herbolasta.
*Hostia.
*Jantaculum.
Ifungia.
*Imbanditio.
Impensa.
*Insalata.
Intromissum.
Isicium.
Juncaria.
*Juscellum.
Karpia.
Lactantia.
*Lacticina.
*Lacticinia.
Lactorones.
Ladridus.
Leibo.
Lemiga.
Limones.
Liquamen.
Lora.
Lumbi.
*Maccarones.
*Malfaticum.
*Malvaticum.
*Mama.

*Mandora.
*Manducare.
Martisia.
*Mascherpa.
Matutinellum.
Mazzacara.
Medo.
*Megares.
*Melata.
*Melitia.
*Melscada.
Mellita.
Membrum.
Mengerium.
*Menla.
*Merella.
*Meringa.
Merus.
*Mezium.
Mica.
*Miliacus.
Ministratio.
*Mistum.
Mixtones.
Mixtum.
*Mofflet.
Moratum.
*Mortairol.
Morucla.
*Muscadellum.
*Muscatellum.
Mulsa.
*Mustalis.
Nebulæ.
Nectar.

Oblatæ.
Olepora.
Orgerafus.
Orinda.
*Ortocresium.
*Ortolagium, etc.
Pactisis.
Palmatiana.
*Palmisana.
*Panatica.
*Panicia.
Panicium.
Panis.
*Panissa.
Parenthetica.
*Pascagium.
*Passima.
Pasta.
Pastillus.
*Pastissus.
*Pastucia.
Paximatium.
*Pelanus.
Persica.
Pigmentum.
Piper.
Piratium.
*Pisum.
Pitzulum.
Pollilucium.
*Polmentarium.
Pomagium.
Pomata.
*Poreta.
*Porrectus.

Posca.
Potagium.
*Prælibatio.
Presmo.
Pucciolum.
Pulmentum.
Pulsatum vinum.
*Pumbellus.
*Purea.
Raptura.
Raspetum.
*Rassius.
*Rausellus.
Recentatum.
*Recolta.
Refectio.
Repastus.
*Roflolus.
Roscella.
*Rosola.
Rostuca.
Rufeola.
Sabaia.
*Sabrierium.
Saccatum.
Sagimen.
Saginum.
Salces.
*Salciceia.
*Salciliæ.
Salgama.
*Salsamentum.
*Salsuginatus.
*Salsutia.
*Salvasina.

*Samia.
Sapor.
Scincus.
*Sepia.
Seracium.
Servitium.
Sierum.
Simenellus.
Simula.
Sorbicium.
Species.
Spiranca.
Tarta.
Tartaboisa.
*Tartra.
*Thanasia.
Taxea.
*Thouma.
*Tinellus.
Torna.
Torta.
*Tostea.
Tragematia.
Trogalium.
*Vacherinus.
*Vechia.
*Vernachia.
*Vernazola.
Viriteum.
Volatile.
Wastellus.
*Watellus.
*Ypocrasium.
Zema.

RES ANNONARIA.

*Abladium.
Annona.
*Arao.
*Bailhargia.
*Bailliargia.
*Baladium.
*Balaticum.
*Ballardum.
*Balleium.
*Barbareatum.
Bladum.
Blava.
Bortren.
*Bracatge.
Brace, etc.
*Brassagium.
*Brayia.
*Breschia.
*Calcatio.
*Calcatura.
*Calma.
Cantabrum.
Cantarinum.
*Cebania.
*Cissorium.

*Crexentum.
Cruata.
*Escorio.
Fromentum.
*Frucheria.
*Frumentum.
*Garrobis.
*Grabotum.
Granum.
*Gruellus.
*Gruinum.
*Grumella.
*Halto.
Hauto.
Hybernagium.
*Hæstcorne.
*Ibernagium.
*Jernagium.
*Ivergium.
Magadarus.
*Mahiz.
*Majorinum.
*Marçagium.
*Marchesia.
*Marcheschia.

*Marchesta.
*Marchialis.
*Marciagium.
*Marsengha.
Marta.
*Martellis.
*Martiaticum.
Mastilio.
Meditaneum.
*Medianus.
*Mediasticus.
*Medioximus.
*Mesaticum.
*Mesclania.
*Mesclelana.
*Mestallum.
*Mestillium.
*Mestolium.
*Mettura.
Milica.
*Millium.
*Minolium.
*Minuta.
*Mitadenquum.
*Mixteolum.

Mixtolium.
*Moduranchia.
*Molenda.
*Molturengia.
*Monsturagia.
*Mosena.
*Motadenchum.
*Mousturachia.
*Multurengia.
*Mustolium.
*Palmola.
Panicium.
*Panichium.
*Paratum.
*Pomola.
Rao.
Revania.
*Saglinum.
*Scario.
Sandalis.
Seatium.
*Secena.
Semalium.
*Semifrumentum.
*Semunclum.

*Sica.
*Sivada.
*Sigalum.
Siglix.
*Solameum.
*Soucrio.
*Spaumeta.
*Speauta, etc.
Spelta.
*Stob.
*Thalamasium.
*Thosella.
*Tozella.
Tremeciatum.
*Tremelagium.
Tremisium.
*Trigum.
*Trimenstrum.
*Trimixtum.
*Valargium.
*Vuergium.
*Warachia.
*Waynum.
*Ymbernagium.

XIII.

COLORES, ET QUÆ AD COLORES SPECTANT.

*Abacinus.
*Adhurium.
*Æreus.
*Aerinus.
Albescitas.
Albianus.
Albineus.
Albitas.
Albor.
Alithinus.
Allasson.
Annulare.
Aquilinus.
*Asur.
Atritudo.
Bagus.
Baiardus.
Bajus.
Balzanus.
Barrus.
Baucens.
*Beretinus.
*Berretinus.
*Biandus.
Bisius.
Blanchardus.
Blata.
Blavus.
*Blodius.
Bloius.
Blundus.
*Brasile.
Bruntus.
Brunus.

*Bruscatus.
Burtuum.
Busius.
Cacabatus.
Cœlestinus.
*Calhus.
*Callomelinus.
Candibalus.
Cannavacius.
*Canum.
Canus.
Canutus.
Cardiacus.
Carmesulus.
*Carmusinus.
*Catabriatus.
*Celestinus.
*Chroma.
*Cinabrium.
Cicerculus.
Cinnabar.
*Clarus.
Climpia.
Color.
Coloreus.
Cramesinus.
*Cremesinus.
Criseus.
*Cucium.
*Cuncticolor.
*Descarlatus.
Diacitrinus.
Diaprasius.
Discolorare.

Dosinus.
*Ebeninus.
*Endegus.
Eranes.
*Escallata.
Extrilidus.
Falvus.
Fenaticus.
*Fenicium.
Ferrandus.
*Flamigeus.
Floralis.
Frecia.
Fulgus.
Galnus.
Garancia.
Garancus.
Gersa.
*Giallus.
*Granata.
*Granum.
*Gregius.
*Gresus.
Griseus.
*Guella.
Holablatteus.
Holochrysus.
Holoverus.
*Iafarinus.
*Jaldus.
*Jalidus.
Jalinus.
*Jalus.
Illuminare.

Indus.
Lactinus.
*Lactenus.
*Lacticolor.
Laius.
Lazur.
*Leonatus.
*Leucoporphyrus.
Liardus.
Maurorusus.
Melinus.
Melnus.
Melocineus.
*Mino.
Morellus.
*Morelus.
*Muretus.
*Murrechus.
Murretus.
*Narcissus.
*Nidius.
Nigellus.
Oxydeauratus.
Oxypederotinus.
*Paonacius.
*Pardus.
*Pavonatius.
Persus.
*Plumbatus.
Prasinopurpura.
Prasinovullis.
Prasinum.
Profundus.
Pseudoalythinus.

Pseudoflavus.
Pseudolactinus.
*Rastacius.
Rhodinus.
*Rocatus.
Rosetus.
*Rossus.
*Rosulentus.
*Rubricondus.
Rubricus.
*Ruffus-grisus.
*Russatus.
Saphyrinus.
Saurus.
*Scacatus.
Scarlatum.
Siclinus.
*Siligeneus.
*Sinopis.
Siricum.
*Storinus.
*Turchinus.
Varius.
*Venetus.
*Vergatus.
Vermiculus.
Vermileus.
Viridis.
*Viriditas.
Xerampelinus.

XIV.

CORPUS, CORPORIS PARTES HOMINUM, ANIMALIUM, ETC.

Acella.
Acroma.
Albarangi.
*Alula.
Amobstis.
Anca.
Ancha.
Aqualium.

Arca.
Ascella.
Axilla, etc.
*Bodellus.
*Boelli 1.
Bola.
Bolida.
Botellus.

*Bragerium.
Branca.
*Brancea.
Burbalia.
*Buzzecchæ.
*Cadigla.
*Caduldum.
*Callum.

Calvaries.
*Cannolla.
Capillatura.
Capillati.
Capilli, etc.
Capsum.
Cara.
Carcasium.

Carnatio.
Caro.
Cartellana.
Catomus.
Cavilla.
Cavicula.
*Celha.
Cera.

INDICES AD GLOSSARIUM.

Cervella.	Fibella.	Hasta.	Navicula.	Puppis.
*Cervix.	Ficatum.	*Hasterellus.	*Naxo.	Racha.
*Chara.	*Fisica.	*Humerus.	*Nebulus.	Ramus.
*Charnagium.	*Flanchus.	*Hummellus.	Nervora.	*Ramix.
Cheries.	Focile.	Infranares.	Nucha.	Raseta.
*Clavenchia.	Follis.	Interdigitium.	*Numbile.	*Rausta.
*Columella.	Forceps.	Intralia.	*Numbilus.	Rictinares.
Columelli.	*Frassa.	Intrania.	Obligia.	Scalones.
Conscaplium.	*Fundum.	Lacca.	Oculare.	*Scamaria.
Contractorium.	Furcula.	Locatura.	Ola.	*Schina.
Contumax.	Gamba.	Loci.	Omasus.	Scia.
Cor.	Garceta.	Longao.	*Organalis-vena.	Scirbum.
*Corata.	Garectum.	Lonza.	Orlilli.	*Sinsipium.
Corporosus.	Gargalia.	Lucerna.	*Osceum.	Siphac.
*Coscia.	*Gargocil.	Lumbi.	*Oschia.	Soma.
*Cossa.	*Garsallum.	Magulum.	Ovaria.	Spadula.
Costarium.	*Gauta.	Mallones.	Ovum.	Spalla.
*Costatus.	Gavanus.	*Mamillarium.	Pabu.	Spatula.
*Cranetum.	Gedeola.	*Mandibula.	Palearium.	Stera.
*Craneum.	*Genitalia.	*Mantum.	Pannus.	Stirillum.
Crocus.	Genuiculum.	Maspina.	*Panza.	Subhircus.
Cropa.	Genuinum.	Matia.	*Partus.	Sublinguium.
*Crupa.	Genziva.	*Mayre.	Pasturale.	Suboculare.
Crupponus.	Gequaria.	Maxillarii.	*Paula.	Talo.
Cufa.	Geusiæ.	*Mechina.	*Pecten.	*Tauta.
Cutiva.	*Gignia.	Mento.	Pelota.	*Testa.
Dentiva.	*Ginochium.	*Mentum.	Perunctum.	Throtebolla.
Digitus.	Gleba.	Milum.	*Petaso.	*Tibia.
Embotum.	Gluten.	Milus.	*Petrina.	*Timpus.
*Entremula.	Golta.	*Minimellus.	Pirula.	Toroc.
Esculentia.	Gorgia.	Minutalia.	Poleta.	Tremum.
*Espatla.	Grani.	*Minutia.	*Pollaris.	Tripa.
*Espaula.	Groinum.	*Miringæ.	Præcordium.	Tuellus.
*Esquina.	Groppo.	Mithridi.	Pronus.	Vectis.
Extales.	*Grossum cruris.	*Muccatus.	Prora.	Visus.
*Fagecidæ.	Grugnum.	Musum.	Prunellum.	*Vitalia.
Familla.	*Gula.	Naticæ.	Pudimentum.	
Fegatum.	Gustator.	Natura.	*Pulsus.	
Fessæ.	*Hancha.	Naturalia.	Pupillus.	

XV.

DIGNITATES CIVILES, PALATINÆ, MILITARES, HONORES, OFFICIA, ETC.

Abatis.	Actus.	Adjutor Commentariensis.	Adjutor Præfecti urbis.	Adjutor Secretorum.
Abbas.	Adalides.			Adjutores regii.
A caliculis.	Adalingus.	Adjutor sacri Consistorii.	Adjutor Præfecti Prætorio.	
Accessor.	*Adelantadus.			Adjutores eleemosynæ.
*Accipitrarius.	Adjutores varii.	Adjutor Cornicularii.	Adjutor Præfecti annonæ.	
*Accubitor.		Adjutor Magistri officior.		Admezatores.
Actarius.	Adjutor illustris Comitivæ sedis.		Adjutor Præsidis.	Admillus.
Actio.		Adjutor Numerorum.	Adjutor Prætor, etc.	*Admiraldi.
Actionarium.	Adjutor Comitis rei privatæ.	Adjutor Palatinorum Officiorum.	Adjutor Procos.	Admissionales.
Actionarius.			Adjutor Provinciæ.	Admonitor.
Actor.	Adjutor Comentarior Procos.	Adjutor de Schola Numeratiorum.	Adjutor Quæstor. Palatii.	Adsessor.
Actuarius.				*Advoatus.

INDICES AD GLOSSARIUM.

Advocati Cameræ et Imperii.
Æquilibrator Regis.
Agentes, Agentes in rebus.
Alaminus.
*Alcadus,
Alcaydus.
Aldermannus Hundredi.
Aldermannus Regis.
Aldermannus totius Angliæ.
Aldermannus mercatorum.
Aldermannus hospitalis.
Alferus.
*Algatzarius.
Algozirius.
Alguazilus.
Allecti.
Almoçabal.
*Almostalaf.
*Almoxarifus.
Almudaçafi.
Almuzerifus.
Alvaridus.
Amermumnes.
Amir, Amiralius, Ammiratus, etc.
Amman.
Anchoragius.
*Anciani t.
Anculus.
Anger.
Annonarius.
Annotatores.
Anthypatus.
Antiani.
Antigraphus.
Apendice cedri.
Aphoplistæ.
Apocrisiarius.
Apparitio.
Archiatri.
*Archicamerarius.
Archicancellarius.
Archicomes.
*Archidapifer.
Archidux.
Archigerontes.
Archigraphus.
Archigubernus.
Archijustitiarius.
Archilogotheta.
*Archimareschalcus.
Archimetator.
Archiminister Palatii.
Archinotarius.
*Archipincerna.
Archipirata.
Archisenior.
Architarius.
*Archivillanus.

Archizupanus.
*Arginerius.
Armarius.
Armidoctor.
Armiductor.
Armigeri.
Asecretis.
Augustalis.
Auricularis.
Auricularius.
Axiomatici.
Bajulus.
Balcamfer.
*Banasor.
*Bancharius.
*Bandieriferi.
*Banerius.
Banneretus.
Banus.
*Baricellus, etc.
Baro.
*Baroarius.
Baronetti.
Basileus.
Basilicus.
Basilissa.
Basilides.
Bedelli.
Beneficiarii.
*Bernarius.
Berroerii.
Biarchus.
Bibliothecarius.
*Bigrus.
*Blaerius.
*Bocherius 2.
Burgravius.
Burgimagister.
Buticularius.
Buttarius.
*Cabellotus.
Cacepollus.
Cacherellus.
Cadius.
Cæsariani.
Caganus, Cham, Canis, etc.
*Calefactor.
Cambellanus.
Cameralis.
Camerarius.
Camerlengus, etc.
Campidoctor.
Campiductor.
Campio Regis.
Cancellarius.
Candidatus.
Caniferi.
Canonarius.
Canonicarii.
*Capdaguaytus.
*Capdellus.
Capellani, Archicapellani.
Capitalis.
Capitaneus.

Capitularii.
Capitulares, etc.
Caporalis.
Caput.
Caput militum.
Caput scholæ.
Caput senatus.
*Caritaderius.
Carnifex.
*Carrayrerius.
*Cartelarius.
*Cartigraphus.
Castellanus.
Castricomes.
Castularius.
*Catacosmus.
Catapanus.
Cataxantus.
Catholici.
Catholicus.
Caytus.
Cellarita.
Cellerarius.
*Cenagiator.
Censor.
Centenarius.
Centurio.
Cephalæotæ.
Cequiarius.
Chalifa.
*Chamarlencus.
*Cambrerius, etc.
*Champeius, etc.
Chartographus.
Chartophylax.
Chartularius.
Chetoniti.
Cheuptanus.
Chier.
*Chonestabilis.
Christiferus.
Cimbriones.
Cinctus, etc.
Circitores.
Clarigarius.
Clavarius.
Clerici.
Clitones.
*Coaccessor.
Coffrarius.
Cognitor.
Combaro.
Comes, Comites varii.
Comitatenses.
Comitiacus.
Comitiva.
Comitores.
Comitulus.
*Concergerius.
*Conciergerius.
Conservator.
Consiliarius.
Consiliator.
Consistor.
Constapholarii.
Consul.

Consularis.
Consularitas.
Consularius.
Consulator.
Consulatus.
*Contractista.
Contrarcha.
Convivæ Regis.
*Coparius.
Coquus.
Cornicularius.
Coronator.
Credentiarii.
Crepectator.
Crissarius.
Criti tu bilu.
Cubiclarius.
Cubicularius.
Cura, etc.
Curagendarii.
Curatores.
Curia.
Curiales.
Curiosus.
Custos.
*Czudarius.
Daienus.
Dapifer.
*Dasgastaldus.
*Decanaria.
Decani.
*Decarcones.
Decemprimus.
*Decenum.
*Defensator.
Defensivæ.
Defensor.
Delongaris.
Delphinus.
Demarchus.
Deputati.
*Desenarius.
Diadotæ.
Dictator.
Dignitosus.
Diœcetæ.
Discifer.
Discophorus.
Discursores.
Discussores.
Dispensarius.
Dispensator.
Dispositiones.
Dissipatus.
Distein.
*Dixenerius.
Domesticus.
Draconarius.
Dragumanus.
*Drossardus.
Drossatus.
Drungarius.
Ducæna.
Ducatrix.
Ducatus.
Ducenarius.

Ducianus.
Ducillus.
Ductor.
Dux.
*Ealdormannus.
*Echevinus.
*Echonomus.
*Edilis.
*Electi.
*Electores.
Eleemosynarius.
*Embaxator.
*Emendator.
Emir.
Eorla.
*Eparcus.
Epitendesion.
Epituykiacon.
*Eques.
Equester.
Equistrator.
Escaetor.
Escouetus.
Escuderius.
Eunuchus.
Examinator.
*Exarchiatrus.
Exarchus.
Executores.
Exgravator.
Exprimario.
Falconarius.
Familiares.
Faro.
Ferthingmanni.
Forestarius.
*Frocarius.
*Frosarius.
Gardianus.
Gardingi.
Gastaldus.
Gavarretus.
Generales.
*Giroudonus.
*Gladiator.
*Gladifer.
Glomerarii.
Gogravius.
Gravaringus.
*Greetmanus.
*Greffarius.
Grietmanni.
Gruarius.
*Guardamanzerius.
Halfkineg.
Hansgravius.
Hedinus.
*Heimburgensis.
Heregravius.
Heretochius.
*Herodius.
Heteriarchæ.
*Hipparchus.
*Hippotriba.
*Hiraudus.
Holdes.

INDICES AD GLOSSARIUM.

Honor.
Honorati.
*Hospitator.
*Hospitelarius.
*Hostiarius.
Hovelmanni.
*Huisserius.
Hypatus.
*Januarius.
*Jaularis.
Imperator.
Inquisitor.
Inspectores.
Interrex.
Irenarcha.
Judex.
*Judicissa.
Juncta.
Junctarius.
Juniores.
*Juraria.
Juridicus.
*Justificarius.
Justificator.
Justitia.
Justitiarius.
Lampadarii.
Landgravius.
Latrunculator.
Ledgravius.
Legatarius.
Legatus.
Legiferi.
*Levator.
Libellensis.
Limenarcha.
Lociservator.
Logistæ.
Logotheta.
Longaristis.
Luparius.
*Mactiern.
Madarinarius.
Magistri varii.
Magisteriani.
Magnerius.
Major.
Majorinus.
*Mandatarius.
Mandator.
Mansionarius.
*Maparius.
Marcgravius.
Marchiones.
Marearchus.
Marescalcus.
Maricus.
Marpahis.
Mavecharius.
Megadomesticus.

Megaducas.
Megaltriarcha.
*Melichus.
Melloproximi.
Memoriales.
*Meninus.
Mepe.
Mergreve.
Miles.
Miliarius.
Millenarius.
Minister.
Ministerialis.
Ministeria.
Miramomelinus.
Mittendarii.
*Mostasafus.
Municeps.
*Museus.
*Mutatus.
*Nabetinus.
Nobilissimus.
Notarius.
Numerarius.
Obsecundatores.
*Octoviri.
Œconomus.
Officialis.
Officiolatus.
Officionarius.
Officium.
Ofpatinus.
Ogetharius.
Oldemannus.
Optimates.
Optiones.
Ordinarius.
Ostiarius.
Paciarius.
Palansgravius.
Palatinus.
Papias.
Parachimomenus.
*Paratalassius.
Patricius.
Perfectiales.
Pincerna.
Portireve.
Postcomes.
Potestas.
Præceptor.
Præco.
Præfectiani.
Præfectorius.
Præfectus.
Prænotarius.
Præposilus.
Præses.
*Præstabularius.
Primani.

Primarchio.
Primas.
Primicerius.
Primiscrinius.
Primivirgius.
Primoperum.
Primus.
Princeps.
Prior.
Privatarius.
Privatiani.
*Procentinus.
Procer.
Proconsul.
Procurator.
*Promotor.
Propositor.
Propræfecto.
Prorogatores.
Prosecutores.
Protector.
*Protocamerlengus.
Protocapellanus.
Protojudex.
Protonobilissimus.
Protopatricius.
Protopincerna.
Protoscriniarius.
Protosecretarius.
Protospatharius.
Protostrator.
Protosymbolus.
*Prototabellio.
Proximus.
*Publicanus.
Puericelluli.
Quingentenarii.
Quinquagenarii.
Rachimburgii.
*Reambassiator.
Rationales.
Rator.
*Rebbardus.
Rector.
Recuperator.
Referendarius.
Referendi.
Regendarius.
Regens.
*Regidor.
Regulus.
*Rogatores.
Requisiti.
*Ruvardus.
*Ryngildia.
Sa.
Sagibarones.
Saiones.
*Saltgravius.
Sapientes.

Satelles.
Satnicus.
Satrapa.
Scabini.
*Scalchus.
Scancio.
*Scanzonerius.
Scapoardus.
Scaramanni.
Scararii.
Scario.
*Sceptrifer.
Schirmannus.
Schultetus.
*Scirgerefa.
*Scouteta.
*Scuderius.
Scultais.
Scultetus.
*Scutellifer.
Sebastus.
Secretarius.
Secundicerius.
Segregallus.
Senatores.
Senescallus.
Senior.
*Septemviri.
*Septimanarii.
Septetus.
Serviens, etc.
*Sescalcus.
Setnicus.
*Sevir.
*Sexviri.
Sigibolth.
*Signifer.
Silentiarius.
Singulares.
*Sollicitator.
Spatharius.
Spatharocandidatus.
Spatarocubicularius.
*Squierius.
*Squitator.
Stabulator.
Stallarius.
Stator.
Staturarius.
Stolizaz.
Strategus.
Stratilates.
*Stratopedarcha.
Strator.
Subadjuva.
*Suballius.
Subconsul.
Subdominus.
Subregulus.
Subscribendarius.

Sultanus.
Summates.
Suprajunctarii.
Suprastans.
Susceptores.
*Symmista.
Syndicus.
Syriarchæ.
Tabularii.
Talemanni.
Tata.
Taxeotæ.
Telonearius.
Thainus.
Thesaurarius.
Thesaurensis.
Thetsindus.
Thiuphadus.
*Thyuphadus.
Tractatores.
Tribuni.
Triscamerarius.
Tristatæ.
Tronarii.
Tumburgt.
Tunginus.
Tungravio.
Turcopularius.
Tumarcha.
Tutor.
Tyrannus.
Vacantes.
Vaivoda.
Vergobretus.
Vestararius.
Vesti.
Vestiaritæ.
Vestiarius.
Vestitor.
Vexillarius.
Vexilliferi.
Viarius.
Vicarius.
Vicecomes.
Viceconsul.
Vicedominus.
Vicejudex.
Viceprinceps.
Vigerius.
Villicus.
Vindices.
Virgatores.
Waldegravius.
Wittescalchi.
Zavalmedina.
Zupanus.

XVI.

DIGNITATES ECCLESIASTICÆ ET MONASTICÆ, OFFICIA, MUNIA, ETC.

Abbas, etc.
Abbatissa.
*Abbreviator.
*Accessor 4.
Accensor.
Acolythus.
Aculus.
Adminiculator.
Advocatus Ecclesiæ.
Advocatus matricularis.
Ædilitas.
Ædituus.
*Alexicavalerius.
*Altariensis.
Altararius.
Altarista.
Annonaria Præpositura.
Antistita.
Antistitium.
Apocrisiarius.
Apostolicus.
Applumbarii.
Arcarius.
Archiacolythus.
Archiantistes.
Archicantor.
Archicapellanus.
Archicerarius.
*Archiclavigerus.
Archiclavus.
Archicustes.
Archidiaconus.
Archidiaconus Eccl. Rom.
Archidiaconus Cardinalis.
Archidiaconus mensæ.
Archielectus.
Archiepiscopus.
Archiepiscopus Palatii.
*Archiflamen.
Archifrater.
Archilevita.
Archimandrita.
Archimandritissa.
Archimetropolitanus.
*Archimysta.
Archiœconomus.
Archipalatinus Præsul.

Archipater.
*Archipherecitæ.
Archiphonista.
*Archiphylax.
Archipolites.
Archipontifex.
Archipræsul.
Archipresbyter.
Archiprotopapatus.
Archisacerdos.
Archisacrista.
Archischolaris.
Archischolus.
Archiscrinius.
Archiscrutinarius.
Archisubdiaconus.
Architriclinus.
*Archon.
*Armarierius.
*Assidui.
Aassisii.
Bacularius.
Bajuli Abbatum, horarum, obituum, Conventuales, Capitularii.
Basilicanus.
Basilicarii.
*Bassinarius.
Beneficium.
Berefellarii.
Bibliothecarius.
*Bollanus.
*Bonisserius.
*Cabiscolis.
*Calinus.
Cambucarius.
Camerarius.
Campanarius.
*Canaparius.
Canavaria.
Cancellarius.
Candelarii.
Canonici Capitulares.
Canonicus.
Cantaria.
*Cantarista.
Cantuaria.
Cantores.
Capellani.
Capitiarius.
Caput scholæ.
Cardinalis.
*Caritaterius.
Catascopus.

Cathedrales.
Catholicus.
*Celeraria.
Cellararius.
Cellerarius.
Cereostarii.
Ceroferarii.
*Cepeti.
Chartophylax.
Chartularius.
Choraules.
Chorespicopi.
Cimeliarcha.
Cipiacus.
Circa.
Circarius.
Circator.
Claviger.
Clausarius.
*Clementini.
Clerici.
*Clergonus.
Cleroproximi.
Clerus.
Cloacarius.
*Coabbates.
Coadjutor.
*Coenobiarka.
Coepiscopus.
Cognitor.
Colideus.
Collectores.
*Commendatarius.
Commendator.
Communarius.
Compulsores.
*Conabbas.
*Conducharii.
Confessores.
Corba.
Corbanus.
Corbillarius.
Corona.
Coronati.
Correarius.
Corrector.
*Corretarius.
*Costurarius.
*Coulter.
Crucifer.
Cubicularius.
Cura.
*Curator.
Curatus.
Curtilarius.

Custos.
Custrix.
David.
Decani.
Decumani.
Defensor.
Definitor.
*Depositaria.
Deputati.
Diacon.
Diacona.
Diaconissa.
Diaconium.
Diaconus, Diaconus Cardinalis, regionarius, Palatinus, Basilicus, Stationarius, testimonialis.
Diaretor.
*Didascalus.
Dignitas.
Discoferæ.
Discretæ.
*Discretus.
Doctor.
Domesticus.
Domicellæ.
*Domicillaris.
*Dompnus.
*Dortelarius.
Dortorarius.
Draconarius.
Draperius.
Ecclesiasticus.
Electi.
Eleemosynarius.
Emendator.
Episcopa.
Episcopus.
Exarchus.
Exclusor.
Exercitator.
*Exhomologista.
*Exocatacœli.
Exorcista.
*Fabricator.
*Festivator.
*Firmarius.
Firmatarius.
Flamines.
Flamita.
*Forisdecanus.
Formarius.
Fossarius.

Frico.
*Gagiarius.
*Gajarius.
Gararius.
Gardianus.
*Gliserius.
*Grabati.
*Granarius.
*Granetarius.
Grangiarius.
*Grangerius.
*Grationarii.
*Gubernator.
*Habilitati.
*Habituati.
*Helemosinarius, etc.
Herenarchus.
*Horarius.
*Hostellarius.
Hostilarius.
Hypodiaconus.
Janitores.
*Ieracha.
*Incorporati.
Infirmarius.
Inquisitores fidei.
Intercessores.
Juniores.
Lampadarii.
Lector.
Lectorarius.
Legati a latere.
Levita.
Librarius.
*Maceconici.
*Macciotus.
*Magiscola.
Major.
*Majoria.
Malingrerius.
*Manecantans.
*Mannerius.
Mansionaria.
Mansionarius.
*Marguellarius.
*Mariglerius.
Marmita.
Marotimus.
Martyrarius.
*Massicoti.
Mater.
*Matriculus.
*Matronicarius.
*Medimissaria.
*Mensarius.

INDICES AD GLOSSARIUM.

*Mensionarius.
Metropolis.
Metropolitanus.
Minister.
*Mispartistæ.
*Missarius.
*Naofilax.
*Natincus, etc.
Neocorus.
Nomenclator.
*Normatrix.
Notarius.
*Obedientiarius.
*Obierus.
*Obituarius.
Oblationarius.
Octaviani.
*Octornarii.
Œconomus.
Œcumenicus.
Ordinarius.
Ordo.
*Officiarius.
Ostiarius.
*Palarius.
Papa.
Papas.
Paramonarii.

Particularius.
Pater.
Patriarcha.
Pentaemarchus.
Peregrinarius.
Pergamenarius.
Persona.
*Philosophus.
Pictantiarius.
Plebanus.
Pœnitentiarius.
Pontifex.
Portarius.
Posticiaria.
Præbenda.
Præcentor.
Præceptor.
Præpositus.
*Præsignator.
Presbyter.
Primas.
Primicerius.
Primiclerus.
Primitiarius.
Princeps.
Prior.
Procurator.
*Proepiscopus.

*Promissarii.
Pronuntiatores.
*Propheta.
*Prothocapelanus.
*Prothopræsul.
*Protocanonici.
Protocapellanus.
Protochartularius.
Protopapas.
Protoscriniarius.
Protosyncellus.
Protothronus.
Provisor.
Psalmicines.
Psalmistæ.
Psalmitani.
Psalmodizare.
Quæstor.
Quartus scholæ.
*Quotidianistæ.
Rector.
Refectorarius.
*Regimen.
Regionarii.
*Rotularius.
Ruarius.
*Sacellanus.
Sacerdos.

Sacrifex.
Sacrifica.
Sacriscrinarius.
Sacrista.
Sacrocola.
*Sandalarius.
*Santensis.
*Sarcitectus.
Scevophylax.
*Scolastia, etc.
Scholasticus.
*Scrinialis.
Scrutator.
*Secrestanus.
Secretarius.
Secreti.
Secundarius.
Senex.
Senior.
*Septempresbyter.
*Socius.
*Speculator.
*Spirituales.
*Stabelarius.
Staurophori.
Subdiaconi.
*Subformerius.
Subprior.

Subpulmentarius.
Suffraganeus.
*Summissarii.
Superinspector.
Superista.
Superpositus.
Supplementarius.
Syncellita.
Syncellus.
*Terminarius.
Terminator.
*Ternarius.
Theotrapus.
Theologus.
Thesaurarius.
*Tortarii.
Thurifex.
Vates.
*Versicularis.
Vigiliarii.
Vinarius.
Visitator.
*Ustearius.
Xenodochus.
Zacones.

XVII.

FESTA CHRISTIANORUM, GENTILIUM, ETC.

*Annuale.
*Annuarium.
Ascensa.
Assumptio.
Bema.
*Berlingaccium.
Buræ.
*Candela 2.
Candelaria.
*Capilatoria.
Capitilavium.
Carena.
*Carisma.
*Caritas 13.
*Carlevamen.

*Carnelevale.
*Ceremonia.
Cheretismus.
Cœna Domini.
*Cornomannia.
Coronamentum.
*Crastina.
Custodire.
Cypriana.
Dedicatio.
Dies.
Dominicæ variæ.
Dormitio.
*Duplarium.
Epipanti.

Epiphania.
*Exceptio.
*Fallodia, etc.
*Farassia.
*Fereæ.
Feriatica.
Festa varia.
Festilia.
Festitatula.
Festivitas.
Hebdomada.
Hokeday.
Hypapanti.
*Joannes.
Jubilæus.

Kalendæ.
Majuma.
*Marteror.
*Martror.
Missa.
*Natale.
Natalis.
Neomeniæ.
*Olivæ dies.
Palma.
*Palmus.
Pascha.
Passio.
Pentecoste.
*Perdonum.

*Phagiphania.
*Profestum, etc.
Quadragesima.
Quatuor tempora.
Quinquagesima.
Rami.
*Repentinæ.
*Sabbatinus.
Sabbatum.
*Sacrum.
Septuagesima.
Tetrada.
Theophania.

XVIII.

GEOGRAPHICA, SEU VOCABULA AD GEOGRAPHIAM ET TOPOGRAPHIAM SPECTANTIA.

Ad.
Adlobrius.
Adversipedes.
Agaunum.
Agiopelagus.
Agulani.
*Aillemontius.
Albanicus.
Albanus.
Albidia.
Alcheria.
Aldea.
Alliger.
Amoravii.
Annonariæ regiones.
*Arcasia.
Archipelagus.
*Aridagamantia.
*Armorica.
Ascomanni.
Assasini.
Athenasi.
Athanati.
Avallerræ.
*Ausea.
Austria.
Azymitæ.
*Babilonia.
*Baclois.
Baffor.
Bagaudæ.
*Baguarii.
*Bahagnia.
*Baia.
*Balma 2.
Barbaricini.
Barbaricum.
Barbarus.
*Bardei.
Bascli.
Basclones.
Basculi.
*Bauderius 2.
Baugarius.
*Baugium 1.
Beduini.
Befulci.
Besca.
*Bisa.
Bisseni.
*Biverus.
Blavotini.
*Boclearia.
*Bodarii.

*Borarium.
*Bordea.
*Bordellæ.
*Bouclaria.
Bova.
Brabantiones.
Brachium.
Bracus.
Bragus.
Braida.
Braium.
Braiheri.
Breve.
Briva.
Broga.
*Brotellus.
Bryonia.
Buccea.
Bucceavia.
*Burgundiones.
Burgus.
Burgwardus.
Butta.
Campania.
*Campaniensis.
*Campellum.
*Canopicus.
Carbonaria silva.
*Cardinetum.
Chaldæi.
Cimbri.
*Cingarus.
Circius.
*Cismarinæ partes.
*Coçonneria.
Comistæ.
Corcondenses.
Condate.
*Consolatus.
Cophti.
*Cornugallia.
*Cossoneria.
Cotulosus campus.
*Craeria.
*Cupedensis.
Curti.
*Cygany.
Dalmatica.
*Danamarca.
*Dardena.
Dunum.
*Elisæi.
*Englerius.
Eporedica.

Erigena.
Erminii.
Erminstreat.
Escotus.
Esterlingus.
Fatamia.
*Fauces.
*Favergium.
Ferancus.
*Feritas.
*Fertum.
*Flaminghus.
*Flampedes.
Flavi.
*Fontis-bellensis.
Formicæ.
Franci.
Francia.
Francigenæ.
Franscici.
*Francum.
*Fresia.
Frigisci.
Fulcus.
Fusci.
*Fustairia.
*Galatium.
*Galicia.
*Gallawidensis.
*Gavarius.
*Gavotus.
*Geon.
*Geta.
*Gorgonassa.
*Goti.
*Græcensis.
Græciscus.
*Grassus.
Griffones.
*Grossus testiculus.
*Grouinum.
*Grunum.
*Guachia.
*Gualicana.
Guarani.
*Guastaldatum.
*Guianensis.
*Gurguliones.
Guti.
*Habrigeonaria.
Haga.
*Halga.
*Hanteria.
*Hantesia.

*Hassaseri.
Hastingi.
*Heiligowe.
*Helechvelt.
*Heligevorst.
*Helvesuatenses.
Heukini.
*Hibernicus.
*Hierusalem.
*Hismaelitæ.
*Hosseia.
*Humilitas B. M.
*Hyberiensis.
Jacobitæ.
*Isura.
Itinerarium.
*Jungens.
Katherani.
*Kinsica.
*Laasum.
*Lagoletta.
Langobardi.
Latini.
*Latinitas.
Lemmane.
Leti.
*Levans.
*Lieris.
Limane.
Limogia.
Lingua.
*Lotheregnia.
*Lugenfeld.
*Lupara.
*Lutheringus.
*Madualis.
Magarizare.
Mameluchi.
*Mammaluci.
Marani.
*Marca 2.
*Marchesaticus.
*Marchexatus.
Marchiones.
Mare.
Maritima.
Maronitæ.
*Maroquinæ.
Marrones.
*Massanuti.
*Matrica.
*Maurisalus.
*Media.
*Mediterranea.

*Melinensis.
Merovingia.
*Merulana.
Meta.
Metrocomiæ.
*Moabita.
*Monpensirius.
*Mortua Aqua.
Mosarabes.
Muceranii.
Mudejares.
Muguli.
Munda.
Muselenenses.
Musulmani.
*Naba.
*Navarii.
Nazareni.
Nivicollini.
*Normannigena.
*Norrenses.
*Nortalbinci.
Northintus.
Northius.
Odewini.
*Oppidum.
Optimates.
Orbis.
Orobiotæ.
*Osia.
Ostmanni.
Otlingi.
Paga.
Paganismus.
*Pagna.
Pagus.
Palantia.
*Panothi.
*Panthera.
Parigium.
*Parisius.
*Parsanus.
*Parthesium.
*Pasellus.
*Pergomaschæ.
*Phalasia.
*Pheonia.
*Phryges.
Picardia.
*Pichi.
*Placitatorium.
Plagia.
Poheri.
*Porahtani.

INDICES AD GLOSSARIUM.

* Potiones S Roumacli
Provincia.
Pullani.
Purgatorium.
* Redarii.
* Regidonum.
* Restellensis.
Ripuarii.
* Roma.
* Romæus.
* Romancia, etc.
Romania.
* Rotum.
Runcalia.
* Rustice.
* Sacerdotissa.
* Sagona.
* Saissagnesia.
* Sanctivagium.

* Sao.
* Saqualia.
Saraceni.
* Saracinescum.
* Savartesium.
* Savoya.
Saxa.
* Saxonia.
Scallingi.
* Scedingi.
* Scitia.
Scoti.
* Scrikkofinni.
* Secalonia.
* Secana.
* Segonna.
* Sibilia.
* Sibulare.
* Siciliani.

* Sienna.
* Skanor.
* Somnensis.
* Soyssi.
* Spanholes.
Stadingi.
Stapulæ.
* Stellinga.
* Subburgus.
* Subluschera.
* Suessi.
* Suetenses.
* Suria.
Suriani.
* Sustrado.
Syri.
Tartaricini.
* Tarvisii.
Themata.

* Theotisci.
* Terasca.
* Tereschia.
* Tersterbantensis.
* Teucri.
* Texerranderia.
* Theraschia.
* Tonneleria.
* Transligerensis.
Turcomannus.
* Turquia.
* Vacca Danica.
* Vacceia.
* Valenchenæ.
Vargi.
* Vascones.
* Vasconizare.
* Verroniwaida.
* Vertigilensis.

* Vesona.
* Vicomercatum.
* Ultraligiriensis.
* Ultramarinus.
* Ultramontanus.
* Ultrapadena.
* Ultrarhodonensis.
* Vosagus.
* Urbicariæ.
* Urbicus.
* Ursaria.
* Vueanna.
* Vulcemenses.
Wesfeldingi.
* Wlpia.
* Yvornye.

XIX.

HÆRETICI, PAGANI, GENTILES.

* Abeliani.
Abstinentes.
Acephali.
Adamiani.
* Adecerditæ.
Adecertitæ.
* Adiaphoristæ.
* Aetiani.
Aginnenses.
* Agnoitæ.
* Agonistici.
* Agynnii.
Albanenses.
* Albani 2.
Albigenses.
Aliama.
* Alombrates.
* Anciani 2.
Angelici.
* Anthropomorphitæ.
Antidicomaritæ.
* Antinomi.
* Aparellamentum.
* Apelitæ.
* Aphthartocitæ.
* Apollinaristæ.
Apostatæ.
Apostoli.
Apostolici.
Apotactitæ.
Aquaraii.
Arabici.

* Archontici.
* Arianista.
Arnaldistæ.
Ascodrogitæ.
* Astati.
Auditores.
* Bagardi.
Bagnolenses.
Barrini.
Basiani.
* Batitores.
Begardi.
Beguini.
Bema.
Boni homines.
* Bonosiaci.
Borboriani.
Bulgari, etc.
Bugari.
* Buziani.
* Caiani.
* Caioti.
Campitæ.
Canini.
Carracenses.
Cathari.
Catharistæ.
* Cazeri.
Cenones.
* Chorizantium secta.
Circuitores.
* Clancularii.

* Claudianistæ.
Cœlicolæ.
* Colentes.
Collucianistæ.
* Collyridiani.
Comistæ.
Comminelli.
* Companatores.
Concordenses.
* Concorezenses.
* Condormientes.
Consolamentum.
Consolati.
* Consolatio 4.
* Constoni.
Coronati.
Corrupticolæ.
Credentes.
* Crinitæ.
* Crucesignati.
Crucifratres.
Cunitæ.
* Dactilici.
* Dæmonicoli.
* Deastricola.
* Dechristianatus.
Deipassiani.
Deonarii.
* Dianaticus.
Discernentes.
Dulcinistæ.
* Duliani.

Electi.
Encratici.
Encratitæ.
* Endura.
Enici.
* Esaiani.
Flagellatores.
* Floriani.
Foris esse.
Frediani.
* Gaçari.
Gazari.
Genistæ.
Gens.
Gentiles.
* Giezia.
Gnostici.
* Gomelli.
* Guihelminæ.
* Hæresiarcha.
Hæretici, etc.
Hæsitantes.
* Heidones.
Henriciani.
* Heregia.
* Heretice.
* Hieracitæ.
Homuncionitæ.
* Hydroparastatæ.
* Impanatores.
Incredentes.
* Josephini.

Leonistæ.
Libellatici.
Lollardi.
Macarii.
* Machometicola.
* Machumetini.
Magaritæ.
Mahum.
* Majoralis.
Manazei.
* Manichæi.
Maronitæ.
Martyriani.
Massiliani.
* Materiarii.
Macarii.
Melchitæ.
* Mesemuthi.
Milites.
* Monothelani.
Montanistæ.
Montenses.
Montesiani.
* Negativi.
* Nundofili.
Ordibarii.
* Ortholci.
Pagani.
* Parermeneutæ.
* Parmeniani.
* Paronistæ.
Pars.

INDICES AD GLOSSARIUM.

Passagii.
Passalorinchitæ.
*Passionitæ.
Patarea.
*Paterniani.
Paterini.
Patripassiani.
Pauperes de Lugduno, etc.
*Pepusiani.
*Peratæ.
*Perfecti.
*Petritæ.
*Petrobrusiani.
*Phantasiastæ.

*Photiniani.
Piffli.
*Pincinnati.
Politici.
Populicani.
*Precatores.
*Priscilliani.
*Proapista.
Proselyti.
*Protopaschitæ.
Psalliani.
Quartadecimani.
*Ramorales.
*Rebaptizantes.
*Redemptio 4.

Refugæ.
Renegatus.
*Rejudaisatio.
*Rhetorii.
Runcarii.
Rupitani.
*Saarii.
Sabatati.
*Sabbatiani.
*Sabelliani.
Saccophori.
Saciani.
*Salutatio.
*Sathaniani.
*Saturniani.

*Schematici.
Schismatici.
Segardi.
*Serabaitæ.
*Sethiani.
*Severiani.
Siscidenses.
Sodales.
*Speronistæ
*Synusiastæ
*Tanchelmistæ.
Tarabocci.
Tascodrogitæ.
*Tertullianistæ.
*Tessarescædecitæ.

Textores.
*Themistiani.
Tornadiz.
Traduciani.
Tressalitz.
*Tritheitæ.
*Tritolitæ.
Turcare.
Turlupini.
*Vadiani.
Valdenses.
*Valentini.
*Valesiani.

XX.

LIBRI ECCLESIASTICI, PROPHANI; EPISTOLÆ ECCLESIASTICÆ, CIVILES; CHARTÆ, DIPLOMATA, ETC.

LIBRORUM, EPISTOLARUM, ET CHARTARUM NOMENCLATURÆ.

*Abcdarium.
*Abel.
Absolutoria.
*Acordamentum.
Admonitoria.
Adventoria.
*Aganon.
*Albininum.
*Alleluyarium.
Anagnosticum.
Angarialis.
*Antehebdomadarium
Antiphonarium.
*Apeamentus.
Apennis.
Apertæ literæ.
*Aphorismus.
Apices.
Apocha.
Apodixa.
Apologeticum.
Apostolium.
Apparatus.
*Archiepiscologium.
Auctoritas.
Augustea.
*Aurora.
Baptisterium.
*Barlant.
Benedictionalis.

Bibliotheca.
Bulla.
*Cabrevatio.
*Cabreum.
*Candrum.
Canonicæ Literæ.
Cantatorium.
*Canterellus.
*Cantica.
Cantorium.
Cantulare.
Capibrevium.
Capitulare.
Capitulum.
*Carpsum.
*Catastrum.
Charta.
Chartula.
Chirographum.
*Clarificatorium.
*Clementinæ.
*Codicellulus.
*Codicium.
*Coket.
Collectaneum.
Collectarium.
Collectionis Epistola.
Combinæ.
Comes.
Comicus.

Commemoratorium.
Commendatitiæ Epistolæ.
Commonitorium.
Communicatoriæ Literæ.
*Compassum.
Computus.
Conculcatoria Epistola.
Confessoriæ Literæ.
Conjectorium Danielis.
Conservatoria.
Cousuetudinarius.
*Contestatorii Apices.
*Coquettum.
*Cordiale.
Corpus Juris.
*Cosmodromium.
*Crisoplum.
Cursinarius.
*David.
*Daviticum.
*Debitis.
Decreta.
*Decretales.
*Decretata.
Decretum.
Defetarii.

Delegatoria.
*Denariale.
Deprecatoria.
Desusceptum.
*Deuteresis.
*Deuteronomium.
Diaconicæ Epistolæ.
Dialapis.
*Dietarium.
Dimissoriæ.
Diptycha.
*Divisionale.
Docrum.
Documenta.
Dombec.
Domesdei.
Doxologia.
Draco.
*Duplarium.
*Duplicata.
Duploma.
Ecbolum.
Ecclesiasticæ Literæ.
*Edictalis.
Edictum.
*Effevus.
Efora.
*Electio.
Eleemosynaria Charta.

Elucidarium.
Emancipatoriæ Literæ.
Encautaria.
Entelma.
Entolin.
Epanagnosticon.
Epistolæ.
Epistolarium.
Epistolium.
Evangeliarium.
Evectio.
Evidentiæ.
Evindicatorium.
Eulogium.
Evocatoriæ.
*Exceptiones.
*Excerptum.
*Exemplar.
*Expletum.
Expomonogeron.
Expositum.
Expeditoriæ Literæ.
*Exprensa.
*Extensum.
*Extracta.
Extravagantes.
Factum.
Farcitæ Epistolæ.
*Feriale.

INDICES AD GLOSSARIUM.

Feriales Libri.
*Firmatio.
*Floretus.
*Forbanditoria.
Formales Epistolæ.
Formatæ.
*Fundatitiæ.
*Funeralis.
*Galazanegues.
*Gambitio.
*Garthula.
Geronticon.
Gesta.
*Gestus.
*Glossatus.
*Gradalicantum.
Gradile.
*Greale.
*Guarentiana.
Hæreditaria.
*Hæreditoria.
*Hagiographi.
*Handfeste.
*Heptamaron.
*Hieronticum.
Homiliarius.
Horarius.
Hormesta.
*Horologium.
Hymnarius.
*Imbreviaria.
*Imnarium.
*Imperiales.
Indentura.
Indiculus.
Infortiatum.
*Innotescentia.
*Kalendarium.
Laureatæ.
*Lectio.
Lectionarius.
*Lectum.
*Lectura.
Legatariæ.
Legenda.
*Letarium.
*Leudarium.
Liber.
*Liberzolus.
*Librunculus.
Literæ.
Lucidarius.
Majestas.
*Malachim.

*Mandatarium.
*Manipulus
   curatorum.
Manuale.
Manualis.
Mariale.
*Martalogium.
Martilogium.
*Martyrologium.
*Matilogium.
*Matinata.
Matricula.
*Matrigolaria.
*Matrilogium.
*Matutinale.
*Memorale.
Memoratorium.
*Memorialis.
*Memorium.
Metropolitanæ
   Epistolæ.
Micrologus.
Missale.
Mitrale.
Mixtum.
*Monotessaron.
*Mortilegium.
*Mortuarium.
Mundiburdum.
Munimina.
*Musa.
Nocturnales.
*Notarium.
Notio.
Notitia.
Notoria.
*Notula.
*Novella.
Novellæ.
*Nuptiales Chartæ.
*Obitorium.
*Obscriptio.
Œconomicæ.
Officialis.
*Officiarium.
*Officiolum.
*Oloagiographa.
*Orarium.
Orationes.
Ordinale.
Ordinarius.
*Ordinatio.
Ordo.
*Originale.

Ormesta.
Pacificæ.
*Pagina.
*Pago.
Pandectes.
*Pannormia.
*Panteon.
Papirus.
Papyrus.
*Paraffus.
*Paratitla.
*Parcella.
Parensales, etc.
*Pargamenum.
Pariclæ, etc.
*Parlinchiaminus.
*Particula.
Paschales Epistolæ.
*Passatio.
Passionarius.
*Paterium.
*Patitur.
*Patronus.
*Paullinæ.
*Pedicru.
*Percamena.
*Periermeniæ.
*Periphyseon.
*Persichomachia.
*Pharetra.
*Physiologus.
*Pinax.
*Pinnicula.
*Pistolare.
*Pitatio.
*Placeti Litteræ.
*Planctus virginis.
*Plenarium.
Pœnitentiale.
*Poletus.
*Poletum.
Politogum.
*Polietus.
*Polium.
*Pollex.
Polyptychum.
*Positionalis.
*Præceptalis.
Præceptoriæ Litteræ.
*Præceptum.
*Præsidium regium.
Pragmaticum.
*Praxapostolon.
Precaria.

*Presa.
*Privilegialis Littera.
*Privilegio, etc.
Procura.
Programma.
*Prophetiæ Merlini.
Prosecutoria.
*Prothogalis.
Proverbiator.
*Psallia.
*Punctuatio.
*Quæstionarium.
*Quare.
*Quartula.
*Quodlibetum.
*Rabaim.
*Reaportus.
Recaptivatoriæ
   Literæ.
Recessus.
Redemptionale.
*Reditoria.
Refutatorii Libelli.
Regestum.
Regula.
Relatoriæ.
Relatorium.
Relatum.
*Remissoriales.
*Renunciatio.
*Requestus.
*Rescriptio, etc.
*Responsiva.
*Reversale.
*Ricordum.
*Rogalia.
Rogatoriæ.
Romancium.
*Rosarium.
Sacerdotales
   Literæ.
*Sacerdotalis.
Sacra.
Sacramentales
   Literæ.
Sacramentarium.
*Sacrarium.
*Saltaris.
Salutatoriæ Epistolæ
Sanctoralia.
*Scartabellus.
*Schedula.
*Scivias.
*Scroua.

*Semiplantaria.
*Series.
*Sermocinalis.
Sermologus.
Sigillum.
*Signatura.
*Smaragdus.
Soliloquium.
*Somnialia.
*Speculum puerorum
*Stabilimentum.
*Stantiamentum.
*Starrum.
*Stillus.
*Siracciafoglium.
*Suggestio.
*Sumptum.
*Supericonicæ.
*Supplicatio.
Syllabæ.
*Syngraphum.
Synodalis Liber.
Synodica.
Synthema.
*Systaticæ Litteræ.
*Tacuinum.
*Talmud.
Telligraphia.
Temperantiæ
   Libellus.
*Terrerium.
*Testamentale, etc.
*Testatoria.
Testamentum.
Testimoniales.
Textus.
*Thomocharta.
Tomus.
*Tonarius.
Tractatoria.
Tractoria.
*Traditoria.
*Transcriptum.
*Triodium.
Triscabina.
*Trisagium.
Viatica.
*Viatici.
Vitaspatrum.
Vocatoriæ.
*Volumen.
*Ympnare.

CÆTERA AD REM LIBRARIAM PERTINENTIA.

Abominarium.
*Abominatio 3.
*Abreviare.
*Abreviatura.
Acceptorium.
*Accus.
*Actum.
*Adsignatio.

*Aiones.
Albo.
Allogus.
Analogium.
*Armararius.
*Armaria.
*Armarius.
Aurigraphus.

Authenticum.
Bannita.
Bargina.
Bibleator.
Bibleus.
Billa.
Billeta.
Breve.

Brevis.
Bulla.
*Bundela.
Butaneum.
Buxus.
Calamarium.
Calcata.
*Callicula 1.

Camisiæ librorum.
Canon.
Capitale.
Capitaneæ Literæ.
*Carcellus 1.
Cartellus.
*Cartibellus.
Carticellus.

INDICES AD GLOSSARIUM.

Catagraphare.	Cursarii.	*Gamma.	*Minuta.	*Regrossare.
*Ceda.	*Cyphri.	*Gammadium.	*Nigrum.	Regulare.
Centonizare.	Deletitia.	*Gemipunctus.	*Notatura.	*Rescellus.
*Ceroma.	Dica.	*Graffio.	Notæ.	*Rotularius.
Cerussa.	*Diche.	*Grafia.	Offendix.	Rotulus.
Charaxare.	Dictare.	*Grammaticaster, etc.	*Ortographia.	*Rubrica.
Charta.	Dictator, etc.	*Grammatofora.	Paginaliter.	*Rubricella.
Charticinium.	Dictica.	Graphia.	Palea.	*Rubricii.
*Chirocrista.	Dictio.	Graphium.	Pancharta.	*Runæ.
*Chrisma.	Dictitium.	*Grossa.	Panellum.	*Scanzelare.
*Chronicans.	Dispositum.	*Gruppus.	Paperes.	*Scenochartalis.
Chrysobullum.	*Divalis.	*Hœna.	Papyrus.	*Schedare.
*Cimerium.	*Edere.	Idiocera.	Paragraphus.	Scida.
Claspa.	*Editio.	*Impanalare.	Parcamentum.	*Scribaria.
Clausa.	*Enna.	*Inactitare.	Pergamenum.	*Scribenones.
Clausula.	Encaustum.	*Ingrossare.	Pittacium.	*Scriptio, etc.
Codex.	Encautum.	*Interlineare.	*Postis.	*Scriptura, etc.
Codicella.	Encyclia.	Intercaraxare.	Postillæ.	*Scrivabilis, etc.
Codicium.	Epitaphium.	Intitulare.	*Pressura.	*Sexternus.
*Cognus.	*Epistagma.	*Irrotulare.	Protocolum.	Siricum.
*Cohoperta.	Excopiare.	*Karacter.	Pseudographa.	*Sisternus.
*Colanium.	Exemplare, etc.	Literalia.	Punctare.	Soma.
Conscripti.	Exemplificare.	*Laterculus.	*Punctum.	*Subimaginatio.
*Contentor.	Expansale.	Libellare.	Quaternio.	Sulcare.
*Contestum.	Explicit.	Liturarii.	*Quinivetus.	Supercapitulum.
*Contrarotulatum, etc.	Extracta.	Longaria.	Quinternio.	Superdictiones.
	Feliciter.	*Mabrana.	Rapiarius.	*Superscriptio.
*Contrasigillum, etc.	*Filla.	*Maranatha.	Rasorium.	*Tabulare.
*Coopertum.	*Flaho.	*Martiniana.	*Recipere in notam.	*Vaccheta.
*Copista.	Fractura.	Membrana, etc.	*Reconditorium.	*Vacheta.
*Corroboramentum.	Francenum.	*Membrus.	*Reddite.	Unciales.
Cornu.	*Froncina.	Miniare.	Redorsare.	Zeta.

XXI.

LITURGICA, SEU QUÆ SACRAMENTA ET ECCLESIASTICA OFFICIA SPECTANT.

Ablingere.	Aqua tepida in sacrificiis adhibita.	Cantare.	Commendationes.	Corporatio.
*Absolutio 5, 6.		*Cantariolum.	Communio.	Corpus Domini.
*Ad Accedentes.	Aqua.	*Capitulare 9.	Communicare.	Credulitas.
*Accommunicare.	Audientes.	Catechumeni.	Competentes.	Cruces nigræ, bannales.
*Acrostichis.	Baculus.	Caurico.	Completa,	
Actio.	*Baptisamentum.	*Celebrare.	Completorium, etc.	Cursus.
*Admissatio.	Baptismus.	Centenarium.	Confirmare.	*Dealbatus.
*Advigilium.	*Bendellatus.	Cereus Paschalis.	Confirmatio.	*Decantare.
*Afflictio.	Benedictio.	*Cessatio.	Consecrare.	*Deposuit.
Agenda.	*Bicinium.	Choræ.	Consignare.	*Desca.
Agere.	*Bifaciare.	Chrisma.	Consistentes.	Desiderata.
Agnus.	*Bogium 2.	Christianitas.	Consparsus.	Diæta.
*Albata 1.	Buccella.	Cinis.	*Conspersio.	Diapsalma.
Alleluya.	*Byzantia.	Classicum.	*Consummatio.	*Diligentium.
*Alta missa.	Canon.	Cœna.	Contestatio.	Directaneus.
*Altagium.	Canonizare.	Collecta.	Contestada.	Discommunicantes.
*Annalis.	*Cantagium 2, 3.	Commemoratio.	Conventus.	Divisio.
In Altari offerre.	Cantamissa.	*Commenda 7.	Corona.	Domina.

INDICES AD GLOSSARIUM.

Dominicalis.
Dominicum.
Dominus.
Donum.
*Dringuet.
Duodecima.
Embolis, Embolum.
Epheta.
Eucharistia.
Eulogia.
Excommunicatio.
Excubiæ.
Execrari.
Exomologesis.
Exorcidiare.
Exorcizare.
*Expalmare.
Exsufflatio.
Extorres.
Farcia.
*Fasciatorium.
*Ferendum.
Fermentacei.
Fermentum.
Ferrum.
Fertura.
Fistula.
Fons.
Formata.
Gestantes.
Gloria.
Gradale.
Gradus.
*Grancrenelle.
Gratia.
*Hagiosiderum.
Historiæ.
*Holocausta.
Horæ.
*Hostia.
Hymnus.

Hypopsalmus.
Illatio.
Illuminare.
Immolare.
Imponere.
Incisio.
Incommunicatus.
Incorporare.
Indulgentia.
Infantes.
Infertum.
Inhumanatio.
Inoleare.
*Introducere.
Introitus.
*Inundatio.
Itinerarium.
Kyrieles.
*Lampas.
Laus, laudes.
Lecticulæ.
Lectiones.
Levare.
Liber pacis.
Litaniæ.
Lucernarium.
Luminaria.
Mandatum.
Margarita.
*Matutinale officium.
Matutinarius.
Matutini.
Mediavita.
Memento.
Missa.
Mosarabes.
Munus.
Mysterium.
Neophytus.
Nocturna, etc.
Nomen.

Nona.
*Novena.
Novenarius.
Obitus.
Oblata.
Oblatio.
Octava.
*Occursus.
Offerenda.
Offerentium.
Offerre.
Offertorium.
Officiare.
Officium.
*Offranda.
Oleum.
Optari.
Opus.
Oramen.
Oratio.
*Orgia.
Osculatorium.
Osculum.
Panagia.
Panis.
Partes.
Pastor.
Pax.
Peregrinus.
Plenarium.
Pompæ.
Postcommunio.
*Postsanctus.
Prædicare.
Præfatio.
Precatio.
Precatorium.
Prima.
Proprium.
Prosa.
*Proseucha.

*Psallenda, etc.
Psallentia.
Psallentium.
Psalmus.
Psalterium.
Punctum.
Purificare.
Recincerare.
Reconciliare.
Regnum.
*Regressus.
*Relevata.
*Remembrantium.
Requiem.
Responsorium.
*Returnum.
*Revita.
Rogationes.
Regus.
Rota.
Sacramentale.
Sacramentum.
Sacrificium.
*Salinum.
*Salisparsio.
Salve regina.
Salus.
Sancta.
Sapientia.
Sarcalogus.
Schola.
Scrutinium.
Secreta.
*Septena.
Septenarius.
Septimale.
Septimus.
Sepulchrum.
Sequentia.
Servitium.
Servitus.

Signaculum.
Signare.
*Signatio.
Signum.
Sonus.
Statio.
Subscripti.
Suffragia.
Superfusio.
Supermissa.
Superpositio.
Suscipere.
Symbolum.
Sympsalma.
Synaxis.
Synodus.
Tabula.
Te igitur.
Tenebræ.
Tertia.
Tertius, etc.
Thurificare.
Tingere.
Tonsura.
Tonsurari.
Tonus.
*Transitorium.
Tricenarium.
Tricesimus.
Triduana.
Tropus.
Versus.
Vexillum.
Viaticum.
Vigiliæ.
*Vitatorium.
Undeiare.

XXII.

LUDI, LUDICRA, ET QUÆ EJUSMODI SPECTANT.

Acamprassa.
Alphinus.
Arena.
Arenarii.
*Arremedillum.
Aventura.
Azarum.
*Bagordare.

Ballare, Ballatio,
  Ballimathia,
  Ballisteum, etc.
Bansatrices.
*Barataria 2.
Barbatoria.
Barrizare.
*Basclacia.

Basia juvenum.
*Bastaxius.
*Bejannare, etc.
*Belencus.
*Beliordum.
*Bergeretta.
Berlengum.
*Bertellus.

*Biscatia.
*Boclare.
Bohordicum.
*Boula 2.
*Bouleta.
*Bouquetus.
*Bricola.
Buhors.

Burdare.
Bursare.
*Buschatia.
*Cachia 3.
Candida.
Cantores.
*Cariolari.
*Carivarium.

INDICES AD GLOSSARIUM.

*Carola 2.
*Carticellæ.
Cembellum.
*Ceolla.
*Chalvaricum.
*Charivarium.
Charolare.
*Chavaritum.
Cheolare.
*Chorea.
*Choreare, etc.
*Chuca.
Cibæ.
Circissarii.
Circulator.
*Clicha.
Colores.
*Comonbelon.
Contificium.
Coraula.
Corcula.
Cordex.
Cursus equorum.
Dansare.
Decius.
Deductio.
Detesserare.
Domneare.
*Ebatum.
*Ecperusan.
*Editio.
*Ellaici.
*Ensiludium.
Ephalmatores.
*Epilogus.
Episcopus puerorum
Equester.
Factionarii.

*Fercia.
*Festizare, etc.
*Festum 10, 11.
Fortunium.
Funambuli.
Fuscanus.
*Galare.
*Gallardus,
  Galliardus.
*Gallorum Pugna.
*Gaya Scientia.
Giostra.
Giraculum.
*Gladiatura.
*Glissis.
*Globisare.
*Gralus.
*Grassus.
*Gratiæ.
*Guirla.
*Halteristæ.
Hastiludium.
*Hellebit.
*Houla.
Inciti.
Interludium.
Intermetium.
Jocista.
Joculari.
Jocus partitus.
*Joglaria.
*Jostra.
Jotici.
*Jousta.
Juglatores.
Justa.
Justitia.
Lepuscula.

Ludimentum.
Ludicra.
*Ludipes.
Ludus.
Lusorium.
*Machabæorum
  Chorea.
*Maium.
*Malus casus.
Manducus.
Mappa.
*Marrella.
*Masquarata.
*Massum.
Matare.
*Mayma.
*Megregrassus.
*Mellat.
*Menesterellus.
*Mimare.
*Mimia.
Mimilogus.
*Mimithemelæ Ars.
*Mimus.
Minator.
Ministelli.
*Montina.
*Mucroludium.
*Noctivalia.
Orciscopalarius.
*Paduana.
Pancratiarius.
Parapallium.
*Passarela.
*Pediva.
*Pedregata.
*Pelota.
Petauristarii.

Pictomacharii.
*Piliiudius.
*Pillocellus.
Pirgus.
Polotellus.
*Polverella.
Popularitas.
*Pospilare.
*Praella.
*Pulverea.
*Pulvereta.
*Pulveritia.
*Quadratum.
Quintana.
*Raffla.
*Rauderius.
*Regazollus.
*Regineta.
*Repellus.
*Revelles.
*Rhindalea.
*Rodella.
*Rubata.
Sago jactari.
Samardacus.
*Sardarius.
Satyrici.
Scaci.
Scæneca.
*Scenobata.
*Schurra.
*Scotus.
*Sexta.
*Simulacrum.
*Spineticum.
Stadiodromotus.
Stipadium.
*Stoffus.

*Stultus.
Tabula.
Tabula rotunda.
Tabulatum.
*Tabullerius.
*Tacharia.
*Tafuranea.
*Taxales.
Taxelli.
*Telleman.
*Tesserisare.
Theatroquinegium.
*Themela.
*Thymele.
*Tombare.
Tornatrices.
Torneamentum.
Torneta.
Trepidare.
Tricolus.
*Trinquetum.
*Triquetum.
Trochus.
Trotingi.
*Tupina.
*Tybarud.
Tyrocinium.
*Tzustria.
Velarium.
*Vireli.
*Visagium.
Ulterpes.
*Zambra.
*Zuglaresius.

XXIII.

MAGICA, SEU VOCABULA AD MAGIAM, SORTES, AUGURIA, SUPERSTITIONES, ET EJUSMODI SPECTANTIA.

MAGICA.

*Abagha.
Alyrumnæ.
Ancliones.
Aranscarii.
*Ariolus.
*Ariolari.
Arriva.
Artificium.

Aucones.
Aura levatitia.
Azardum.
*Baptisare.
Bivius.
Brevia.
Broxæ.
*Cabbala.

Cantatores.
Cantellator.
Canterma.
*Caracter 2.
Caragus.
Caranda.
Carmen.
Cataboliti.

Cauculatores.
Chaldæi.
Chrisma.
Cindator.
Cochlea.
Contraratio.
Constellatio.
Cornu.

Defigere.
Devotare.
Divinus.
Divisio.
Energima.
Energumeni.
*Faccinerius.
*Fachilator, etc.

INDICES AD GLOSSARIUM.

CLVII

*Factura 7.	Horarius.	*Magicarius.	*Obcantare.	Sortiariæ.
Facula.	Imaginarius.	Magicatus.	Obligatores.	Specularii.
*Fascinare.	Incantare.	Maleficus.	*Obstrigillus.	Stigmata.
Fetilleri.	*Indæmoniatus.	*Malia.	Paredrus.	Stria.
Frequentidici.	Initiare.	Malitas.	Planetarii.	Striga.
Fulguratores.	*Instotionatus.	*Malvegator.	Præcantare.	Strioportas.
*Gazara.	*Invocatio.	Masca.	*Præstigiare.	*Subvertere.
Genesis.	*Invultare.	Mathematici.	Prophetæ.	Talamasca.
Geniculum.	Lac.	Mathesis.	Pulvis.	Tegularia.
Geniscus.	Libri nigri.	Mechanicus.	*Reputatio.	Tempestarii.
Genitialii.	Ligaturæ.	Medicamenta.	*Scopelismus.	Vanitas.
Getia.	Literæ.	Nascentia.	Somniarius.	Vegius.
Gignadius.	Luna.	Nigromantia.	Somniator.	Umbræ.
Herba.	Machina.	Nocturnum.	Sortes.	Vultivoli.

SUPERSTITIONES, PAGANIÆ.

*Abominatio 2.	Dadsisa.	Maialis.	*Psodanna.	Spurcalia.
Abracadabra.	Didemarii.	Malleus.	*Pura.	*Spurcamen.
*Aeromantia.	Dies linearum.	*Manducare.	Remedium.	*Sternutatio.
Arbores.	*Ensalmus.	Maniæ.	*Reputatio.	Strava.
Arietem levare.	Fanatici.	*Marsi.	Sacrivus.	*Strena.
Arturum exspectare.	Fastidiatio.	*Mavones.	*Saltatrices.	Sulci.
*Assidios.	Feriæ.	Nedfri.	*Saludador.	Superventa.
*Babutzicarius.	Fornax.	Nimida.	Saxorum Veneratio.	Tauroboliare.
*Baphomet.	Fustis.	Nodsyr.	*Schematizare se.	Tectum.
*Bardicatio.	*Hæresis.	Paganiæ.	*Scobaces.	Teda.
Bruma.	Hostiæ, etc.	Parentalia.	Simulachrum.	*Vaticinissa.
Cantatores.	Idolium.	Pedes lanei.	*Sorceria.	Vetula.
Cervula.	Idololatra.	Petra.	*Sortiare.	Vinceluna.
Chorizantes.	Immolatitiæ Escæ.	Philacterium.	Sostiteum.	Ursus.
*Conjurium.	Kalendæ.			

AUGURIA.

*Apotelesmata.	Confervetus.	Fert.	*Horoscopi.	Scassarnova.
*Calceamentum.	Conjectorium.	*Geomantia.	Physiculatus.	Scassarvetus.
*Cancrizare.	Conoppi.	*Geumantia.	Portendiculum.	Scimmassarnova.
*Comminatio.	Emponemb.	*Haospex.	Prænosticus.	Superauguriare.
Confernova.	Fernova.	Harenam.	Respector.	Viaram.
Confert.				

DÆMONES, SPECTRA, DII GENTILIUM.

*Abeona.	Diana.	Genempiros.	Iniquus.	Othan.
*Abundia.	Diclug.	Gerulfus.	Irminsul.	Pervasatus.
*Aliborum.	Dracus.	Gobolinus.	Krodo.	Phantasia.
*Allat.	Dusii.	Grant.	Lama.	Pilosi.
*Alpha 1.	Ermulus.	Heliogabalus.	Larvæ.	*Rabes.
*Alraunæ.	Fadus.	*Hellequinus.	Majestas.	*Salambona.
*Bensozia.	*Fatales.	Heraclea.	*Malatasca.	*Thammus.
*Bona socia.	Fauni.	*Herus.	Malignus.	Thur.
*Cobali.	*Ficarius.	*Holda.	Malus.	Tribulantes.
Contrarius.	Folli dæmones.	*Jahoc.	Miratores.	*Vehemoth.
Dæmon, etc.	Formidamina.	Incubi.	Neptunus.	Wodan.
*Deunculus.	Frea.	Incursus.	Obsessus.	Zabolus.
*Diabolicum.	Genius.	Inimicus.	Occursus.	

XXIV.

MEDICA, MULOMEDICA, CHIRURGICA, MORBI, ÆGRITUDINES, ET CÆTERA QUÆ AD REM MEDICAM SPECTANT.

* Abaptistum.
Ablucinatio.
* Abocellus.
Abominatio.
Accensiuncula.
Accessio.
Accubatus.
Achavum.
Acidonicus.
Acrimonium.
Acroisia.
Acuta.
Admansiones.
Adtractus.
Ægrimonia.
Agaulizare.
Agonizare.
Albulæ.
Alembicum.
Algalia.
Alienatus morbus.
Allopitium.
Alteritas.
* Analensia.
Anatas.
* Anatrope.
* Anghio.
* Anguinalia.
Anilia.
Antidotum.
Antimonium.
* Antras.
* Aporia.
Apostatizare.
Appotiare.
* Aqualentus.
Aragaicus.
Arcetica.
Ardentes.
* Argema.
Arnaldia.
Arpeta.
Arsura.
* Artetica.
Astrosus.
Avortare.
Aurisia.
Auticax.
Barbaricum.
Baruli.
* Bluso.
* Boba.
* Bocia 4.
* Bonannum.

Bossa.
* Bossia.
* Botius.
Bova.
* Brachirolum.
* Braguerium.
* Buba.
Bullare.
* Burburismus.
* Cacochimia.
Cadivus.
Caducarii.
Cancerare.
* Cancherenea.
Cancrarium.
* Cancrizatus, etc.
Caprizans Pulsus.
* Capipurgium.
* Caputpurgium.
Carpia, carpita.
* Caratter.
* Carbunculus.
* Cardialgia.
* Cartanarius.
* Cassida 2.
Catalepticus.
Cataplasma.
Catapotium.
* Cataracta.
* Catarizare.
* Catharrhus.
* Catarticum.
Cathinia.
* Cauculus.
Cauda.
Causa.
Causarii.
Cedria.
* Cefalalgia.
* Celsus 1.
Cerotarium.
Cerugia.
* Chephalagricus.
Chronica Infirmitas.
Ciatica.
Cimoxa.
Cingulus.
Cisurgium.
Clapersedra.
* Claudecatio.
* Clicia.
Clinici.
Clocire.
Cloppus.

* Cocale.
Coculæ.
Coleres.
* Collutio.
* Conatio.
Condolomatus.
Conductio.
Confectio.
Consuetudo.
* Contagiatus.
Contagium.
Contractus.
Contritus.
* Convolvulus.
Coppa.
Coralis.
Coriago.
* Cordia.
* Cordiacus.
* Coriza.
Corporatura.
Cossi.
Covenum.
* Crampa.
Crepatiæ.
* Crepatus.
* Crepido 1, 3.
* Crepita.
Creticare.
* Cromchonnail.
Cruditare.
Cucurbita.
Cufa.
Culbare.
Cyclus.
Decoctio.
* Defecit.
Dementare.
Dementire.
* Denodare.
Dentaria.
Dentiducum.
Derbiosus.
* Diaciminus.
Diaprasium.
Digma.
Dimissio.
* Dinamidium.
Discracis.
* Dissentericus.
* Dissupitare.
* Diurium.
Diversiones.
Divinatio.

Diurinare.
Dolg.
* Ectica.
Electuarium.
* Elephantia.
Eligma.
* Emathoica.
* Embalmata.
Embrocare.
* Emetrita.
* Emigranea.
* Empidemia.
Encolpismus.
Ensigne.
* Epidemia.
* Epidimia.
Epilepticus.
* Erisipela.
Erudire.
* Erysipelata.
* Estranguria.
* Ethica.
* Exanthema.
Exmellare.
Exsurdare.
Extorquere.
* Farcinosus.
Farsa.
Febreticus.
Febrire.
* Febris.
* Fello.
Fellicula.
* Ferides.
Ferita.
* Feritum.
Fersa.
* Ferura.
Feruvra.
Ficta.
Fictus.
Ficus.
* Fiscosa.
Fistula.
* Fistulatus.
Fitora.
Flava.
Flebilis.
* Flegma.
* Flores.
Fluma.
Focositas.
* Formica.
Formicans.

Fractura.
* Fragilitas.
* Fren.
Freneticus.
Frenisculi.
Frigdor.
Friggedo.
* Frigellus.
Frigitudo.
Frigor, Frigoretici, etc.
Frigulitus.
Furma.
Furundum.
Galla.
Gamba.
* Ganglion.
* Gangula.
Gargarizare.
* Gargathum.
Garismatium.
Garpæ.
Garsa.
Gibborosus.
Girapigra.
Glama.
Glomo.
Gossum.
* Gotassa.
Gradus.
* Gravatum.
* Gravela.
* Grigulosus, etc.
* Gumba.
Gusta.
Gutteria.
* Gutturuosus.
* Helotis.
* Hemigranea.
* Hemitritæus.
Hercalæ.
* Heresipilis.
* Hereticus.
* Herisipila.
Hernia.
* Herpes.
Hettematicus.
* Hypocondria.
* Hystericus.
Jarsa.
Iatricolabon.
Iatromea.
Ignis.
Imbromidare.

INDICES AD GLOSSARIUM.

Imbrumari.	*Medicare, etc.	*Polypus.	*Scinanticus.	Suppressum.
Imperare.	Medicinaculum.	Ponderosus.	*Scintillaris.	Suspirium.
Impotentes.	Menceps.	*Ponderum.	Scortilacus.	*Synanticus.
Impotionare.	*Mezellus.	Ponticus.	*Scroellæ.	Syncopare.
Inæqualitas.	Migma.	Potio.	*Scrofula.	Syrupus.
Incancrire.	Migranea.	Potionare.	Secundinæ.	*Tac.
Incensio.	Milinæ.	Potirium.	Sedimen.	Tædium.
Incorporatio.	Minuere.	Potitium.	Senecia.	Taxta.
*Increpatus.	*Miro.	*Porcinatæ scrofulæ.	Senevica.	Teithi.
Indispositus.	Miselli.	Præsentaneus.	Serrinus pulsus.	Telum.
*Inertia.	*Mitridii.	*Pressura.	Silera.	*Tenasmus.
Infestatus.	*Mofilis.	Princeps.	Similaria.	Tentipellium.
*Infirmare.	Molestia.	*Propassium.	*Sinocus.	*Tertianarius.
Infusio.	*Moleta.	Ptisanarium.	*Siruppus.	*Terzana.
*Inglandula.	*Morbatus, etc.	Pullare.	*Sirurgia.	*Thenasmus.
*Inguinaria.	Morbere.	*Punctura.	Skerda.	*Thesicus.
Inguissatus.	Morbificatus.	Pus.	*Smacatura.	Tinea.
Inquimatizare.	Morbus, etc.	Puscula.	Smegnia.	*Tisica.
Insanus.	Moreca.	Putrilago.	Soda.	*Tisis.
Invaletudinarius.	*Morsus.	Quartanarius.	Sodellæ.	Toginatio.
Julep.	Mugæ.	Quartanicus.	Somnus venereus.	*Topinaria.
Laboriosus.	Muliebria.	*Quaternarius.	*Sordidus Pulsus.	Tormentum.
*Lapillus.	Muta.	*Quotidianarius.	*Sorevarium.	Tornutio.
Laureola.	*Nebula.	*Raffla.	Spallaciæ.	Tortitudo.
Laureolum.	Neutrotus.	Ramosus.	Spandidatio.	*Troucada.
*Leprosi.	Obsetrix.	*Ranfus.	Spavenus.	Transportanei.
*Lienteria.	*Ominada.	*Ranula.	*Speronalia.	Trencatæ.
Lunaticus.	Osculatio.	*Ravallis.	Spicella.	Typus.
*Lupus.	Panaricium.	Recorporare.	*Spina ventosa.	Tyriaca.
*Machronosia.	Panis.	Recuperare.	Spinella.	Tyzana.
Magdalium.	*Pannositas.	Regimentum.	Spunlia.	*Vamon.
*Maladia.	Panucula.	Remediare.	*Squibala.	Varietas.
Malagma.	*Papella.	Reumaricus.	*Squinantia, etc.	Variola.
Malandria.	*Papici.	*Rhema.	Stranquillo.	*Varius.
*Malannus.	Papula.	*Riada.	Stranguiria.	Ventosa.
Malatus.	Paregorizare.	Roborosus.	Stringina.	Ventriculosi.
Malaxare.	Patagine.	Rupti.	Strufus.	*Vermis canis.
*Malenconius.	Peiana.	*Ruptura.	Sturolæ.	*Vertarpes.
Malpitio.	*Pestilentiatus, etc.	*Rypticus.	Subglutio.	Vertibella.
*Malumbonum, etc.	Peteccia.	Saltus S. Viti.	Sublardatus.	Veterana.
Maniaticus.	*Phagedena.	Santhacus.	Sublestia.	*Veyrola.
Marmor.	*Phaseolus.	Sanguiminuere.	Submeies.	Vivolæ.
*Marasmodes.	Phlebotomum.	Sanguinare.	Suffugium.	Uniones.
Martellinus.	*Phlegmonicus.	Scabea.	*Sumpticus.	Vulnerarius.
Mascla.	Physica.	*Scarentia.	*Superos, etc.	Vultiva.
Mater.	*Picatio.	Scaria.	Superfusi.	Zarda.
*Maurus.	Pinna.	Scatus.	Superposita.	Zora.
Medica.	*Pinus.	Scia.	Suppositorium.	

XXV.

MENSURÆ ARIDORUM, LIQUIDORUM, PANNORUM; PONDERA.

*Absa.	*Alna.	Ansul.	Assinus.	*Baficium.
Acetabulum.	Ama, Amula.	Appendium.	*Aubra.	*Bal.
Æphi.	Ambra.	Arpata.	*Auna.	*Barra 9.
*Aissinus.	*Amina.	Arsinum.	*Avotus.	*Barrale.
*Ala 1.	Amona.	*Artaba.	*Baccinus.	Batus.

INDICES AD GLOSSARIUM.

*Belneria.
*Benna 5.
*Berdeling.
*Bicatus.
Bichetus.
*Bitterius.
*Boeta.
*Boissel.
*Boissotus.
Boistellus.
*Bolla 2.
*Bossellus.
*Boussellus.
*Bracea.
Brachium.
*Brassa.
Bria.
*Brochata.
*Brunellus.
*Bullionum.
*Bullus.
Bussellus.
Bustellus.
*Cabecellus.
Cabus.
Cafcium.
*Calix 3.
*Calvea.
Campana.
*Cana 3.
Canna.
*Cancillus.
Cantarium.
Cantellum.
*Cap.
Caphisus.
*Caphitius.
Capisa.
*Car 1.
*Caracca.
*Carregno.
Carta.
*Cartalis.
*Cartallus.
*Cartarenchia.
*Cartaro.
*Cartaronum.
*Cartayronum.
*Carteregium.
Carterencha.
*Carterium.
*Carteyrola, etc.
Cartharasa, etc.
Carto.
*Carturius.
*Cassa 9.
*Cassola.
*Causillus.
*Cayratus.
*Cazeola.
*Cazetus.
*Cazola.
*Cazolium.
Celdra.
*Centanarium.
Centena.

*Centeneris.
*Cerates.
*Cerio.
*Cessalis.
*Cestariata.
*Cestarium.
*Cetrus.
*Chabocellus.
*Chargia.
*Charretada.
Charrus.
Chema.
*Chema.
*Cheopina.
*Cherchet.
Chirat.
Chist.
*Chœnica.
*Chopina.
Chstirina.
Chulleus.
*Cibornus.
*Cifatum.
*Ciffata.
*Civerium.
*Clava.
*Clavus lanæ.
Cochlear, Coclear.
Cochlearium.
*Cocia.
*Cocta.
Coctanum.
*Coctia.
Coddus.
*Codorso.
*Cofellus.
Coket.
*Colaresum.
*Collaredus.
*Comarium.
Concha.
*Concius.
Condium.
*Conqua.
*Copa.
*Copellus.
*Copetum.
*Coponatum.
*Coppa.
*Copponus.
*Corbellata.
Corbis.
*Cordata
Coretus.
Corus.
*Cos.
*Coscinellus.
Coscinus.
*Cossus.
*Costerellum.
Coterotum.
*Coyzium.
*Cozolium.
*Crannoca.
Criblus.
*Crublum.

*Cubella.
Cubitus.
Cubulus.
Cupa.
*Cupus.
*Curlata.
Curitze.
*Cuva.
Dacra.
*Demellus.
*Demionus.
*Destarium.
*Dextrare.
*Dorcha.
Doretus.
*Dosinus.
*Dozellus.
*Dozenum.
*Dozinus.
*Draca.
Duclis.
Duodena.
Duplarium.
*Durnus.
*Emer.
*Emfria.
*Escandaleum.
*Escandilare.
Eschantillare.
Eskepa.
*Espanna.
*Esquarta.
*Essinus.
*Estrelingus.
Exagella.
Exagium.
Fertella.
Fieta.
Fiffuls.
Firtala.
*Folietta.
Formella.
*Fos.
*Francarium.
*Francis.
*Franciscus.
*Fraternalis.
*Freta.
*Frustum.
*Fulheta.
*Funis.
*Funt.
Gagga.
*Galeta.
Galo.
Gallodius.
*Gallung.
*Garbinum.
Gata.
*Gauja.
*Gella.
*Gerula.
*Goa.
Gomor.
*Granum.
Grossus.

*Gumella.
*Haciata.
*Hama.
*Hamelicus.
*Haquetum.
*Hardeia.
*Hastrus.
*Hava.
*Havata.
*Haveia.
*Havotus.
Hemina.
Hemisecla.
Hemmethe.
*Heudum.
*Hodium.
*Hodius.
Hodus.
*Honteister.
*Hontellus.
*Hotus.
Hydria.
*Jalea.
*Jalleata.
*Jaloigneus.
*Jalotus.
*Jaugeria, etc.
*Joviata.
*Junchada.
*Juncta.
Junctum.
Justa.
*Justitus.
Lagena.
Lancea.
*Larerius.
Lasta.
Laurna.
Leals.
Lepa.
Libra.
Librarium.
*Liorale.
Lispunt.
*Livrale.
*Livratorium.
*Lodis.
*Lothum.
*Loto.
Lotum.
*Lottus.
Lunda.
*Madurieria.
*Maidinum.
*Malcidus.
*Malderatus.
Maltra.
Manata.
Manca.
*Mancaldus.
*Mancaus.
*Manchaldus.
*Mancoldus.
Mancusa.
*Manganaria.
*Mangoldus.

Marca.
*Marchius.
*Marchum.
*Massoda.
*Matta.
*Mayderia.
*Medella.
*Media.
*Mediale.
*Mediola.
*Medualia.
*Megaricus.
*Megeria.
*Megira.
*Mejeira.
*Mella.
Mellerola.
Mencaldus.
*Mencatus.
*Mencoudus.
Mensura.
*Mesalata.
*Mesalis.
Metearia.
*Meteo.
*Meterarium.
*Meterium.
*Metonnus.
*Metze.
*Meytadencus.
*Meyterius.
*Mezelhale.
*Mezetinus.
*Midi.
*Migeria.
*Miliarium.
*Miligrisius.
Mina.
Minellus.
*Minetus.
*Minotus.
*Minula.
Mitta.
*Mitadela.
*Mitadencus.
*Miterium.
*Mitonus.
*Mixterium.
*Modiolus.
*Modium.
Modius.
*Modris.
*Modulus.
*Modura.
*Molla.
*Mollare.
*Moncaldus.
*Mondina.
*Morallus.
Mornantesius.
*Moteonus.
*Moyatus.
*Moyda.
Mudinus.
*Mugius.
*Muiolus.

INDICES AD GLOSSARIUM.

* Multurarius.
* Muta 8.
* Muwes.
* Nigeiral.
Novena.
Nudus.
* Octalium.
* Octava.
* Ollata.
Oma.
* Oncia.
* Padolamento.
* Pagella.
* Pajella.
Paleta.
* Palmus.
* Panellus.
* Panora.
* Pantof.
* Parium.
* Pauca.
* Pauquinus.
* Payrolius.
* Pazellus.
* Peciatum.
Peda.
* Pegar.
* Peguarium.
* Pelvis.
* Pena.
* Penaldus.
Pensa.
* Perea.
* Pesus.
Petra.
* Petrata.
* Petsa.
* Pezum.
* Picherus.
* Pichetus.
* Picotinus, etc.
* Pikarium.
* Pila.
* Pilla.
* Pincetum.
* Pincta.
* Pingia.
* Pinguetus.
Pinta.
* Pippata.
* Pisa.
* Pisonale.
Poçalis.

* Pochonus.
Pociolus.
* Pogada.
* Pogesale.
* Pognadina.
Poichia.
* Poigneia.
* Poinanderia.
* Poingneria.
* Polenta.
Polkinus.
Pollex.
* Ponderia.
Pondo.
Pondus.
* Poneria.
* Ponga.
* Ponhaderiana.
* Pontetus.
* Poquinus.
* Pozalis.
* Provendarius.
Puginata.
* Pugneta.
Pugnexderra.
* Pugnus.
* Punhaderia.
* Punheria.
* Quadernale.
* Quadrale.
* Quardia.
* Quaretata.
* Quarga.
* Quarrellum.
Quarta.
* Quartaironum.
* Quartaletus.
Quartallus.
* Quartanarium.
* Quartanum.
* Quartaranchia.
Quartarius.
Quartarola.
* Quartarolus.
Quartaronum.
* Quartaronus.
* Quartayro.
* Quartengius, etc.
* Quarterengia, etc.
* Quarterio.
* Quarterium.
* Quarto.
Quartonchia.

* Quartonus.
* Quartuccia.
* Quatellus.
* Quateria.
* Quauda.
* Quinalis.
Quintale.
Quintarius.
* Quintellus.
Rabo.
Raficii.
* Raficius.
Ramich.
* Rasa.
* Rasellum.
Raseria.
* Rasialis.
* Rasium.
* Raspecia.
* Rasum.
* Rasura.
Rasus.
* Raxus.
* Razus.
* Regale.
* Res.
* Resale.
* Roda.
Rota.
Rotulus.
* Roundelettus.
* Rovum.
* Rubbum.
* Rubium.
* Rubrum.
* Russellata.
Saccus.
* Salarga.
Salarius.
* Salez.
* Salvia.
* Salura.
* Sarplare.
* Satta.
Satum.
* Scafllus.
* Scaflus.
Scala.
* Scandaillare.
* Scandale.
Scandalium.
* Scandilhare.
Scapha.

Scapilas.
Scapula.
* Scaqua.
Scatta.
Sceffilum.
Sceppa.
* Scharreia.
* Schock.
* Scopus.
Scriptulus.
* Scripulum.
Sellus.
* Semaisia.
* Semilotus.
* Semodiale.
Semodius.
* Septarium, etc
* Septerium.
* Septuarius.
* Serena.
Sericum.
Sester.
* Setzena.
* Sextanus.
* Sextaria.
Sextarium.
* Sextayralium.
Sicla.
Siclo.
* Simasia.
* Simmera.
* Sistarium.
* Sisterensis.
* Situla.
Smelo.
* Sobra.
* Sola.
* Sombrum.
Someta.
* Stadium.
Stallo.
* Stalo, etc.
Stara.
* Starellus.
* Stariolus, etc.
* Stera.
* Stoldus.
* Stricho, etc.
Strick.
* Sumberinus,
* Summerinus.
* Syemelinga.
Talentum.

* Tara.
* Tasium.
Teisia.
* Temperamentum.
Tensa.
* Tercellum.
* Terceneria.
* Ternarius.
* Tesa.
* Tesia.
* Tessa.
Tetrassarius.
* Thesia.
* Thuminus.
* Tiercellus.
* Tinnhateria.
* Toisa.
Tolffminyng.
* Tornatura.
* Trabuchus.
Trona.
* Trugya.
Trzne.
* Tuaza.
Tublium.
* Tumerellus.
* Tuminus.
* Tumminus.
* Tumulus.
Turnini.
* Vaina.
Vannus.
* Vaxellum.
* Ubartillus.
* Vergaium.
* Versana.
* Verto.
* Vestizo.
* Vierlingus.
* Vinchata.
* Vivenda.
Ulna.
* Voifueter.
Urna.
* Vroname.
* Utareus.
Waga.
Waya.
* Witellus.
* Ydria.
* Zerla.
* Zuanus.

INDICES AD GLOSSARIUM.

XXVI.

METALLA, RES METALLARIA.

Absitanum.
*Aciarium.
*Acer.
Alba.
Alquitranum.
*Anbra.
Anchorarii Lapides.
*Arainum.
*Aramen.
Ardesia.
Argentum regis, finum.
Arpaga.
Arsura.
Assaltum.
*Auriacum.

*Auribritum.
Aurum.
Azarum.
*Azerum.
Balluca.
Bamber.
Battutilis.
*Boracum.
*Caiba.
*Calamina.
*Callus.
Cararia.
Carbones fossiles, terrestres, etc.
Carraria.
Chimia.

Cidima.
Cinerastium
Argentum.
*Cristallum.
Crustalia.
Cuprum.
Cyprinum.
*Electrum.
Enchori, etc.
Flatura.
Flavor.
Gistum.
Glufia.
*Gressius.
Hullæ.
*Lato.

*Latonnus.
*Ligurius.
*Litazinum.
Litium.
Loys.
Macina.
*Macignus.
*Mestallum.
Metallum.
Mina.
Minera.
*Molibdos.
Olea.
Ora.
*Pestrum.
*Peutreum

Plata.
Rame.
Regelatum.
*Salepetra.
*Sallepetir.
*Salmitrium.
*Salpeta, etc.
Scaliæ.
Smaragdina.
Specular.
Stagnum.
Stainum.
Talentum.
Tufus.
Turba.
Uzifur.

LAPILLI, GEMMÆ.

Abadir.
*Afroselinum.
Alabandine.
*Aljoufar.
*Allabandena.
Amatixus.
*Ambrum.
Arpaga.
*Balasciolus, etc.
Balascus.
*Balaya.
*Baleis.
*Baleius.
*Balesius.

Beloculus.
Berillus.
*Calcidonia.
Camachus.
*Cameus.
*Cassidonium.
*Chasto.
*Diadocus.
Diamantes.
*Dobletus.
*Ermaudus.
*Esmaldus, etc.
*Garmau.
*Garnatus.

*Gaudeolum.
*Gaudia.
Gimel.
*Gioia.
*Granatus.
*Granitellus.
*Grenatus.
*Imperlatus.
*Israel.
*Lavia.
*Leocrysus.
Margella.
Mazer.
*Nichilus.

Orphanus.
*Palasius.
*Pelido.
Perlæ.
*Perloci.
*Perlula.
Pernæ.
*Perreia.
*Perreria.
*Pyropus.
Rubinus.
*Rubius.
*Serpentina.
*Smaranda.

*Smeraldinus.
*Stopassis.
*Thopasius.
Topazio.
*Turchesius.
*Turchina.
*Turchisca.
*Turcoisius.
Turkesius.
*Ysmirallus.
*Zaffinus.

XXVII.

RES MILITARIS, SEU VOCABULA AD EAM PERTINENTIA.

MILITES, FACTIONES, ETC.

*Acanzi.
Adcrescentes.
*Ædificatores.
*Affosadare.

Almugavari.
*Aluncaldi.
Apocaligus.
Arbalistæ.

Arcarii.
Arcerii.
Archerarii.
Archerii.

Arcistæ.
*Archiferi.
*Argiraspidæ.
Armati.

Armicolæ.
Arquites.
Auxilia.
Balearii.

INDICES AD GLOSSARIUM.

Balistarii.
*Banda 1.
*Banderia 2.
*Banderium.
*Bayeta.
*Bergolinus.
Bidaldi.
*Bidardus.
*Bidaudi.
Blavotini.
Brabantiones.
*Brigada.
*Brigandi.
Brigantii.
*Britones.
Buccellarii.
*Caboralis.
*Cambiones.
Campiator.
Caputiati.
Castrenses.
*Cernida.
*Cernuta.
*Clavesignati.
Cohortalis.
*Colubrissarii.
Comitivæ.
*Communia.
Compagniæ.
*Conreix.

Coterelli.
Crenkinarii.
Crupellarii.
Cultellarii.
Cursiarii.
Cursores.
Dardiarii.
*Dragones.
Discooperatores.
Ecclesiani.
*Espia.
Evocati.
*Excoriatores.
Excubitores.
Falcatores.
Fandalutes.
Ferentes.
Feritores.
Fœderati.
*Gacha.
Galearii.
*Galeatus.
Galleti.
*Galuppus.
Garciones.
Gibellini.
Gualdana.
*Guastator.
*Guerus.
*Guido.

*Guietes.
Harpigeri.
Hescudarius.
*Hyppobalistæ.
Heydeoti.
Hobellarii.
*Huszarones.
Jacobi.
Jaculator.
*Janizari.
Imaginiferi.
Imprisii.
Juniores.
*Knapones.
*Labrores.
Lanskenetus.
Latrunculi.
Loricæ.
Maisnada.
Maisnadarii.
*Majorenses.
*Malleti.
*Mamalirets.
Margot.
Merentes.
Militares.
Munifices.
Muniones.
Numeri.
*Obsequiani.

*Ordinantia.
Ordinarii.
*Ordo.
*Pagliaricium.
Palatini.
Palearii.
Pastorelli.
Pavisarii.
Pedones.
*Pholidotus.
*Pilardi.
*Pixidarius.
Pleromi.
Prætenturæ.
Præventores.
Princeps.
Principium.
Promoti.
Protectores.
Pseudocomitatenses.
Pugillones.
*Rebaldi.
*Reliamentum.
*Retenuta.
Ribaldi.
Riparienses.
Ritteri.
*Rochigani.
Ruptarii.
*Saccomanni.

*Sagittarii.
*Saudaderi.
Scamares.
*Scartabellus.
Scholares.
*Scorpionarius.
Scribones.
Scutarii.
Scutati.
Scutiferi.
*Soldaderius.
*Soldonerius.
Soldurii.
Solidarii.
*Squadra.
Stationarii.
*Stratiotæ.
*Tapponator.
Triaverdini.
Tritæ.
Turbiculi.
Turcopuli.
Turmarii.
Tyrones.
Valve.
*Vandaliensis.
Vargi.
*Vespilio.
Vexillationes.
Zaffones.

ARMA.

*Accetta.
Acciatus
*Adallevantia.
*Adarca.
Aguzo.
*Alabarda.
Alarica.
Albalista.
Alborium.
Anelacius.
Angones.
*Appodium.
*Arbalista.
*Archegaye.
Arcobalista.
Arcus de aubur, etc.
*Armacudium.
*Arnense sqq.
Ategar.
*Azza.
*Badarellus.
*Badelare.
*Badineus.
*Balasardus.
Balea.
Balearis, etc.
Balista.
*Barbos.
*Bario.
*Basalardus.
*Basalaria.
Basillardus.

*Basclarius.
*Bazalardus.
*Bazelare, etc.
Bebra.
*Becalerius.
Bicellus.
Bisacuta.
*Biscorna.
*Blasum.
Bord.
Borda.
*Bourletta.
*Bragamardus.
*Braquemardus.
Brochia.
*Burgalaisia.
*Cadrelli.
*Cadrili.
*Caexia.
Caliburne.
Canipulus.
*Capinale.
Cateia.
*Chaverina.
Classendis.
Clunabulum.
Cluniculum.
Colum.
Copagorgius.
*Cros.
Crochum.
Cucurma.

*Cultella.
Cultellus.
Curtana.
Dagger.
Dardus.
Dextralis.
*Digha.
*Dolequinus.
*Dondaine.
*Dornabellum.
Durissimus.
*Ensis.
*Espafut.
*Espala.
*Espietus.
*Espiones.
*Estoquetus.
*Etesa.
*Expontonus.
Falcastrum.
*Falcio.
Faliscus.
Falsarius.
Falso.
*Falzo.
Fixorius.
*Fanso.
*Faucho.
*Fletho.
*Flocca.
Fornix.
*Framea.

Francisca.
Froberga.
*Furcafera.
*Gallonus.
*Ganifvetus.
*Ganipula.
*Ganiveta.
Garrotus.
*Gasarnia.
Gaveloces.
*Gaverlotus.
*Gazarnia.
*Geneteria.
Gessum.
*Gesum.
*Gevelina.
*Giavarina.
*Giavelotus.
*Gibilina.
*Gieverina.
*Ginetheria.
Gisarma.
*Glaivus.
*Glavarina.
Glavea.
*Glaviolus.
*Godandardus.
*Godardus.
Godendac.
*Gravarina.
*Graveta.
*Gualetum.

*Guisiarma.
*Guodobia.
*Hacheta.
*Handseax.
Hasta.
*Hellemparta.
Helmus.
*Javarina.
*Jayneta.
*Invasiva.
*Jugulum.
*Kilinge.
*Knipulus.
Lancea.
*Lanzo.
Lunchus.
*Machua.
*Mago.
*Mahonarixius.
Malleus.
*Masuella.
Matarus.
Maxuca.
Misericordia.
Muschetta.
*Norrissa.
Nux.
*Pafustum.
*Palectus.
Pampa.
*Penardus.
*Pergaminus.

INDICES AD GLOSSARIUM.

*Pertixana.
Phalarica.
Pilatus.
*Piletta.
*Pillotus.
*Polaxis.
*Pollex.
*Ponhale.
*Pugnalis.
*Pugno.
*Punhalis.
*Punus.
Pulzones.
Quadrelli.
*Raillo.
*Ranchonum.

*Rapperia.
*Recreuva.
*Relho, etc.
*Rillonus.
*Ronchonus.
*Rostellus.
Runco.
Rutellus.
Sacabuta.
*Sachs.
*Salvaterra.
Sareza.
*Sarissa.
Saxa.
*Scakana.
*Schiopetus.

*Scimpus.
Scirtum.
Scogilum.
*Sclopetum.
*Scopeta.
*Scopetus.
Scoptrum.
Scorpio.
Scrama.
Secures Danicæ.
*Secursella.
*Segerzonum.
*Selada.
*Semilancea.
Semispathium.
*Sparus.

*Sponto.
Sexaudrus.
Sicca.
Skrep.
Snyrtir.
Sparro.
Sparth.
Spatha.
Splendona.
Spontones.
Subula.
*Tacla.
*Taretta.
Telum.
Tenaculum.
Teutona.

Tigris.
*Tortuosa.
*Tractus.
*Transferius.
Trialemellum.
*Trusale.
*Vafolart.
Vanga.
Vasa.
*Veratonus.
*Veratus.
*Veretonus.
Verones.
Veru.
Zalda.
Zibynnus.

ARMATURÆ, VESTES MILITARES.

Aclergum.
Aketon.
*Alberc.
*Albergio.
*Alberjo.
Angia.
*Antepectus.
Arma.
*Aspaldum.
*Atirimentum.
*Auquetonnus.
*Auspergotum.
Bacinetum.
Bainberga.
Barbuta.
*Baveria.
*Beinbergæ.
*Bergantina.
*Bloquerius.
*Bocalarium.
*Boclerus.
*Boquellarius.
*Bouclarius.
*Bracciaiulæ.
Branea.
*Brigandina.
*Broquerius.
*Bruma 3.
Buccula.
*Camberota.
*Cambia 2.

Camisia.
*Capellina.
Capellum.
Capellus.
Capitium.
*Cappillina.
Carcaissum.
*Cargan.
*Cassettus.
Cataphracta.
*Cerbelleria.
*Cerebrerium.
*Cervella.
*Cervelleria.
Cervellerium.
Chirothecæ.
Cinctorium.
Clamucium.
*Clavengus.
Clibanus.
Clypeocentrus.
Clypeus.
*Cohoperta.
*Coifeta.
*Colectum.
*Coracium.
*Coralia.
*Coratia.
Coratium.
*Corcellus.
*Corsatus.

*Cossalum.
*Cosserium.
*Cossiala.
*Coyratia.
*Cuirena.
*Cuissetus.
*Curacia.
*Curellus.
*Curiaca.
Coxale.
Duplodes.
*Elmetus.
*Elmus.
Exscutum.
Faretrum.
*Faveria.
Gaina.
*Ganteletus.
*Gaudichetum.
*Genoccicales.
*Genualia.
*Georgeria.
*Goniculares.
*Gorgale.
*Gorgeria.
*Gurgeria.
Halsberga.
*Helmus.
*Hermus.
*Jaquetonus.
*Ingancta.

*Lameria.
Lamna.
Lorica.
Loricus.
Lucenna.
Macula.
*Mahona.
Mamillaria.
*Mantus.
Mascla.
Nasale.
Ocularium.
Panceren.
*Panseria.
Parma.
*Pantheria.
Pavenses.
*Panzeria, etc.
*Pavesium.
*Pendulum.
Peraciæ.
Perpunctum.
*Placca.
Plecta.
Priwen.
*Quirec.
*Rotella.
*Salada.
Scamma.
*Schiencheria.
*Schineria.

*Sclavonia.
Scutarium.
*Serveleria.
*Sosarium.
*Spaleria.
*Spallarium.
Spourones.
*Stentarium.
Strantum.
*Tabulaccium.
*Talaucha.
Talavacium.
*Tallavasius.
*Talochia.
Targa.
*Taulachia.
*Tavolacius.
Testinia.
Thoraconactus.
Trilices.
Turcasia.
*Turnicia.
Tymbris.
*Umus.
*Wappenhauben, etc.
Zaba.
*Zimera.
*Zonoxollæ.

MACHINÆ BELLICÆ.

*Amanganare.
*Arganella.
Argumentum.
Ars.
*Athilator.
Artificium.
Asellus.
*Balia 1.
Barbicalis.
Barbizellum.
Berbices.

*Bercellum.
Biblia.
Bipedile.
*Biffa 2.
Blida.
Boachiers.
Bombarda.
Bombardella.
Bricola.
*Brida.
*Bulzo.

*Cabia 3.
Cabulus.
*Calis 2.
Cancer.
Canones.
Carabaga.
Carcamusa.
*Carellus.
*Carobalista.
*Carrotus.
Catus.

Causia.
Cazafusta.
*Cerbortana.
*Coaleves.
*Coco.
*Colobrina.
*Colubrina.
*Crocaretius.
*Currus.
Domina.
Ericius.

*Estrif.
*Falconeta.
Falconium.
*Frandegulum.
Fundabulum.
*Fundenda.
*Fundibilis, etc.
Fustibalum.
*Gatta.
*Gonna.
*Guarrus.

INDICES AD GLOSSARIUM.

Gunna.	Malveisin.	*Petilio.	*Saxivomum.	Tortirella.
Gussa.	Manganum, etc.	Petraria.	*Scala 16.	Tractarea.
*Handegarius.	*Masafustum.	*Phavo.	*Scirida.	Trajectorium.
Hericia.	Matafunda.	Pixis.	Scropha.	*Tractarolium.
*Herico.	*Mortarium.	Præcipitaria.	Scrimialia.	Trebuchetum.
*Hersa.	*Moschetta.	*Præcipitium.	Spingarda.	Tribulus.
Hirundo.	*Musqueta.	*Prædeira.	*Spingardella.	Tristega.
Jactatoreum.	Murusculum.	Prederia.	*Stambochina.	Troia.
Jactatorium.	Musclus.	*Preteria.	Sus.	*Turturela.
Ingenium	*Onager.	Priapus.	Talpa.	*Varochium.
Labdareus.	*Panthera.	*Prisarola.	Talpa.	*Vibrella.
*Laufetus.	Pararium.	*Prodesusium.	Talparii.	*Vinea.
Librilla.	Paterca.	*Proponcha.	*Tapponum.	Vulpes.
*Locusta.	*Peireira.	*Quadrintulus.	Tichodifrus.	*Urna.
Lupus.	Perdiceta.	*Ribaudequinus.	Tornum.	*Zarabotana.

PROPUGNACULA, MUNIMENTA.

*Ambarium.	*Bulum.	*Curseria.	*Infortiare, etc.	Spaldus.
Anpits.	Bughwardus.	*Dhongho.	*Invannare.	*Seralium.
Antemurale.	*Bullifredus.	*Emerletare.	Liciæ.	*Serpentina.
Archeria.	*Cadafalsus.	*Eschiffa.	Loricæ.	*Spaleon.
Armatorium.	*Cagasuptus.	*Eschuta.	*Machicolamentum.	Spara.
Barbacana.	*Carnellus.	Fascenina.	Machicollare.	Sticata.
*Bailleium.	Cassarium.	Firmitas.	*Mantellus.	*Spizatum.
*Balbacana.	*Cassarum.	*Firmatio.	Merulum.	*Stellum.
*Balbus.	Cataractæ.	*Firmatorium.	Minæ.	*Stomdegarda.
*Balistamentum.	Cavea 4.	*Firmatura.	*Mueta.	Subarra.
*Balitrisca.	*Chaaffalum.	*Firmitudo.	Munimen.	Suda.
*Baratum.	*Chafallus.	*Força.	Munitium.	*Superpositus.
*Barria.	*Charfalium.	Forsula.	*Petrecha.	*Tornafollis.
*Bastillus.	Charnelli.	*Foreteretia.	*Polwerch.	Trencata.
Batalia.	*Chasfallium.	Forteritia.	Procastria.	Tricinctum.
*Belfredus.	*Chaufaudus.	Fortia.	Promurium.	Tuldum.
*Belouardus.	*Chiffa.	Fossatum.	Pseudocastellum.	*Tueria.
*Berdesca.	Cittadella.	Fossatura.	Quarnellus.	*Tulco.
*Bertonessa.	Cleia.	*Gachile.	*Redefossa.	*Turresinus.
*Bocata.	*Clusella.	*Garda.	*Reparatorium.	*Turriones.
*Bolcrestare.	Colax.	Garitæ.	*Roccha.	*Turris ambulatoria.
*Bolevardus.	*Contramurale.	*Glandis.	*Rochetta.	*Turrisinum.
*Bolvetus.	*Corseria.	Guachile.	*Rostratum.	Valvarte.
*Bottoris.	*Corsseria.	*Hospitium.	Saracenesca.	*Ventosa.
*Braca.	*Cranellus.	*Imbatalhare.	*Sassus.	Ziro.
Brachiale.	*Crenum.	*Imparamentum.	Sbaralium.	
Bretachiæ.	*Cresta.	*Inforciamentum.	*Schiffa.	

VEXILLA.

*Alben.	*Canfalo.	Imago.	*Octapodion.	*Singula.
Angelus.	Cantabrum.	*Insigna.	*Oriflamba.	Standardum.
Auriflamma.	Carrocium.	Insigne.	*Palis.	*Sturmfan.
*Baderius 2.	Confano.	Labarum.	*Pannus.	Tufa.
Baldanum.	Draco.	Labor.	*Parramentum.	*Vanneria.
*Balsa 2.	*Enseniator.	Leoniferi.	*Penona.	*Vannulum.
Bandum, Banderium	Flammulum.	Lingua.	Penones.	Vexillum.
Baneria.	*Guido.	Lupiferi.	*Pinellus.	
*Bauderia.	Guntfano.	*Mappale.	*Senieria.	
Bertolata.	Imaginiferi.	*Maxium.	*Sigillum.	

CÆTERA AD REM MILITAREM SPECTANTIA.

*Accayra.	Arcuare.	*Arrancata.	*Bagordare.	Barbaricum.
Antegarda.	Arma.	Badalatius.	*Balluticiacum.	*Bellator.
*Algara.	Armata.	Baldanum.	Bannum.	Bellum, publicum,
*Algaru.	Armatura.	*Badaluccus.	Bannire.	campale, etc.

INDICES AD GLOSSARIUM.

Biafora.
*Botinum.
Brachium.
Caballicatio.
Campus.
*Campizare.
Cantilena Rolandi.
Capulare.
Caputporci.
Carræ.
Celata.
Cerrare.
Circa.
Circhia.
Clamor bellicus.
Clarasius.
*Clausor.
Collecta.
Cornu.
Cruciatæ.
*Crosata.
Currodrepanus.
*Cuneus.
*Curia 12.
*Curreria.
*Cursaria.
Cursus.
*Desguarnire.
Deus vult.
Dies.
Diffidare.
Disconficere.
Duellio.
Duellium.
Duellum.
Efforcialiter.
Efforcium.

Elephas.
Ensatus.
Ensicium.
*Eschallare.
*Eschargaita.
Excubiæ.
Excubitare.
Exercitare.
Exercituare.
Exercitus.
Exforcium.
Expeditoriæ Res.
Expiare.
Exuperare.
Faida.
Familia.
Ferire.
Ferrum.
Forulus.
Garcinæ.
Garnimentum.
Garnisio.
*Glareota.
Gracilis.
*Gualiana.
*Habilimentum.
*Habitio.
Heraldus.
Herebannum.
Herisliz.
Hostis.
Hurdicium.
Ictus.
*Imboscamentum.
*Imprezia.
Imprisa.
Incastellare.

*Ingegnerus.
*Insultus.
Intersignum.
Itinerarium.
*Ispia.
*Iliscungachæ.
*Kyrie eleison.
Lacerti.
Lis.
*Massa.
Menetum.
*Merlare.
*Militare.
Minare.
Mons gaudii.
*Monstrantia.
Monstrum.
*Morare ad soldos.
*Mostra.
Nobiscum.
Obsidium.
*Ostensio.
Palaria.
Paletare.
*Palloctitia.
Papilio.
*Pavesatus.
Pharro.
*Poingitium.
*Posta.
*Proba.
*Prœliamentum.
*Prœliare.
*Prœlium.
Protutela.
Pugna.
Quarentena.

*Quavalgata.
*Rayda.
*Raysa.
Rebellare.
Rebellio.
Rebellium.
Reisa.
*Religare.
Retentio.
Retrobannus.
*Retrogachium.
Retrogarda.
*Retroguardia.
*Roeda.
*Rothmagister.
Sagittamen.
Sagittare.
Salinatio.
Salpista.
Salpix.
*Sappa.
Scala.
*Scalamentum.
*Scalare.
Scara.
Scaragaita.
Scholæ.
*Sconficta.
Sconfitta.
*Scorta.
*Scortum.
*Scubiæ.
Sedita.
*Sociales.
*Societas.
Solidata.
Spia.

*Spio.
*Stabilita.
Stabilitates.
*Stillicidium.
Stormus.
*Stremita.
*Strumum.
*Sturma.
*Subguarnimentum.
*Subsidiare.
Subsessæ.
Subsidio.
Tabur.
Tagma.
Talare.
*Talayæ.
*Tambor.
Tenda.
Tensura.
Tergafuga.
Tesserarii.
Titulus.
Tornatio.
Treva.
Trivulgi.
Trumba.
Trummeta.
Tubare.
*Tupina.
*Tybarud.
*Tzustria.
*Viseria.
*Warnisio.

XXVIII.

MINISTERIA SACRA, VASA, ORNAMENTA ECCLESIASTICA.

*Absida 6.
Abstersoria.
Accenthuraria.
Acerna.
Acetabulum.
*Alæ.
*Adorra.
Altare viaticum.
Ama, Amula.
Amendola.
Ampulla.
Analogium.

*Ancona.
Antependium.
*Antimensium.
Apophoretum.
Appellarea.
Applare.
Aquamanile,
  Aquammanus, etc.
Arbor.
Arcellina.
Arcus.
Aristato.

Armellum.
Bacchonica.
Bacinus, Bacile, etc.
Basiliscus.
Bazia.
*Benedictarium.
*Benedictorium.
Benna.
*Bicassa.
Cœlatura.
Calami.
Calefactorium.

Calix.
Cambuta.
Canna.
Canneta.
Canola.
Canolum.
*Cantarium 2.
Cantharum.
Cantharus.
Capella.
*Capellaria 2.
*Capida.

Capitolium.
Capsa.
Capsella.
Carola.
Carrum.
Casella.
*Cassa 3.
*Cassella 2.
Cedellus.
*Celatum.
Ceraptum.
*Cercitorium.

INDICES AD GLOSSARIUM.

*Cereaptum.
*Cerostanda.
Cereophalum.
Cereostata.
Ceroferale.
Ceroferarium.
Cerogerulum.
*Chariotus.
Chaussepoin.
*Chilla.
Chrismal, Chrismale, Chrismarium, etc.
Ciborium.
Cicindela.
Cimelia.
Cimiline.
*Ciminile.
Circitorium.
Clamacterius.
Clavis.
Cochlear.
Cogina.
Colum, Colatorium, etc.
Columba.
Communicales.
Concha.
Concinnatio luminum.
*Concus.
Cophinus.
Cornu.
Corona.
Corporale.
Crater.
Craticulæ.
Cresta.
Cupa.
Delphini.
Digitiæ.
Discus.

Dominicalis.
Dorsale.
Ecclesia.
*Eikaristiale.
Emunctoria.
*Encenserium.
Enaphoti.
Endothis.
*Erchia.
Exafoci.
Falden.
Fastella.
Fastigium.
Feretrum.
Ferratum.
*Fiertra.
Filaterium.
Fibula.
*Filiola.
Fimbriæ.
Flabellum.
Flamina.
Florentia.
Fons.
Forcipes.
*Forte.
Freda.
Frontale.
Frontellum.
Fumigatorium.
Fuscina.
Gabata.
*Galeta.
Gamula.
*Gualaderia.
*Gualaderium.
Gestatorium.
*Harsa.
Hercia.
*Herpica.
*Hosterius.

Hichinarius.
Hysopus.
Jesse.
*Incastamentum.
Incensorium.
Incensum.
Infertorium.
Jugulum.
Laterna.
Laudanæ.
Lectica.
Lectoriale.
Lectorium.
Lectricium.
Lectrinum.
Lectrum.
Lectus.
Legatorium.
Legile.
Legivum.
Lichinus.
Lipsana.
Loculus.
Lucerna.
Lucernarium.
Luitrinum.
Luter.
Majestas.
Malum.
Manna.
Manuale.
*Maphors.
Mariola.
Masorica.
Mausolæum.
Metreta.
*Ministerale.
Ministerium.
*Ministrantia.
*Ministraria.
*Misterialum.

Monstrantia.
Musa.
Navicella.
Navicula.
Oblatorium.
Offertorium.
Ostiolum.
Ostrea.
Palergium.
Palla.
Pancalia.
*Pata.
Patena.
*Patina.
Patrocinium.
Pavo.
Pecten.
Peristerium.
Pharus.
Phiala.
Phylacterium.
Pignus.
*Pirgus.
Polycandilum.
Pomum.
*Portapaz.
Postabula.
Postaltare.
*Pronus.
Psilia.
Pugillares.
Purificatorium.
Pyxis.
*Quaternaria.
Regnum.
Regulares.
*Reliquiare, etc.
*Remonstrantia.
Repa.
Repida.
*Retaule, etc.

*Retrotabularium.
*Rosarium.
*Rotabulum.
Saccus.
*Sacellum.
*Sacrosancta.
Salarium.
*Sanctitas.
Scutum.
Scypho.
Scyphus.
*Siacata.
Sium.
Sparsorium.
Spinetrum.
Stantarium.
Statuarium.
*Stella.
Substratorium.
Sumptorium.
Supracelum.
Surtaria.
Tabula.
Tau.
Tetravelum.
Theca.
Thimiamaterium.
Thoracida.
Thuribulum.
Thuricremium.
Truncus.
Turris.
Tutelli.
Velothyrum.
Ventaculum.
Ventilabrum.
Veronica.
Vestis.
Urceolus.
*Vizach.
Vultus.

XXIX.

MONASTICA, SEU VOCABULA AD REM MONASTICAM SPECTANTIA, ORDINES MONASTICOS, MILITARES, ETC.

Acephali.
Accœmetæ.
Anachoretæ.
*Analabus.
*Ancelarius.
Ancillæ Dei.

*Annualarius.
*Antecapitulum.
*Aquariatus.
Ascetæ.
Ascetriæ.
Asinorum Ordo.

*Assignationes.
*Azzurini.
*Bacinum.
*Bagnum 1.
*Battimentum.
*Beatæ.

*Becha.
Beghardi.
Beguini et Beguinæ.
*Benedicta.
Bethleectemitæ.
*Bianchi.

Bichini.
*Biczocara.
Bigrinæ.
Birrati.
Bizochi.
Boni homines.

INDICES AD GLOSSARIUM.

* Cabarlencus.
* Cænarius.
  Calogeri.
* Calatravæ.
* Calcearium.
* Calmaldules.
* Camberlingus.
* Cambrerius.
* Capellania 4.
* Capellum 2.
  Capitulum.
* Capularium.
* Caratheria.
* Carmelini.
* Cartunenses.
* Carturienses.
  Cartusienses.
  Castimoniales.
  Catenati.
  Cellani.
  Cellulanus.
* Cepones.
* Choralis.
  Christiani de cinctura.
* Clcare.
* Cicothus.
  Cionithæ.
  Circelliones.
  Circumcelliones.
  Clausarius.
  Claustrales.
* Claustrenses.
* Clerica.
  Clerici.
* Clusinaria.
  Cocti.
  Cœlicolæ.
* Cœnobialiter.
  Cœnobita.
  Cœnobium.
* Cœnodobiolum.
  Colidei.
  Collatio.
  Commissi.
  Concellita.
  Condonati.
  Confessæ.
  Confessores.
* Consoror.
  Consuetudo.
  Continentes.
* Conventuales.
  Conventuales.

Conversæ.
Conversare.
Conversi.
Cophti.
* Cordelaria.
* Cordelita.
* Cordiger.
* Correctio,
* Corrosarius.
* Cotidiana.
  Cruciferi.
  Cursitores.
  Dati.
* Decretalis.
  Deicolæ.
  Deodicatæ.
  Deodicati.
  Deonandi.
  Devotæ.
* Devotus.
  Disputatio.
  Donati.
* Dormentarius.
* Dormitorarius.
  Draculum.
* Ducherii.
  Emancipatio.
  Eremitæ.
* Escobolerius.
  Excusati.
  Exercitatores.
  Exocionitæ.
* Exteriores.
  Familiares.
* Fazendarius.
  Filiæ.
* Filiæ-Dei.
  Filiatio.
  Firmatas.
* Frantzchi.
  Frater.
* Fratellæ.
  Fraterculi.
  Fraternitas.
  Fratricelli.
* Frustratores.
* Habitus.
  Hebdomadarius.
* Heremita.
* Heremitagium.
* Hesicastæ.
* Hesychasterium.
  Humiliati.
* Jacobini.

Jacobitæ.
Idiotæ.
Ignosce.
* Incarcerati.
  Inclinatio.
  Inclusi.
  Infantes.
  Innubæ.
* Interstare.
  Lazari.
  Leanes.
  Licentia.
* Literata.
  Loricati.
* Maanellus.
* Magistra.
* Majellensis.
* Majorina.
  Mandritæ.
  Mastigia.
* Matmonocus.
  Matriculariæ.
* Matrifiliæ.
  Matta.
* Menedutæ.
  Meridiana.
* Mesagarius.
  Metanœa.
* Mezaciarius.
* Minimi.
  Minores.
* Minorissa.
  Misericordia.
* Moinus.
  Monachus.
* Moniacatio.
  Monialis.
* Monietas.
  Monos.
  Morronensis Ordo.
  Munditiæ.
  Negligentia.
  Neophyti.
  Nodus.
  Nomen.
  Nonnus, etc.
  Norma.
  Novitium.
  Novitii.
  Nutritiæ.
  Nutriti.
  Obedientia.
  Oblati.
  Officiatus.

* Ordinatio.
  Ordo.
  Pactum.
  Palmata.
* Parlamentorium.
  Pauperes Christi.
  Peregrinatio.
  Petegolæ.
  Petitio.
  Philosophia.
  Pictantia.
  Pies.
* Pinçocherius.
* Pinzocha.
* Piscionarius.
* Pizocata.
* Pizochera.
  Pœnitentes.
  Prædicatores.
* Præfectura.
* Præmonacus.
* Primiceria.
* Proabbas.
* Probatio.
* Professa, etc.
  Professio.
  Promissio.
  Proprietarii.
* Prostratio.
  Pseudofratres.
* Puellare.
  Pulsare.
  Pyrocaræ.
  Quarentena.
* Receptus.
* Reclausa.
* Reclujarium.
* Reclusa, etc.
  Recordari.
  Redditus.
  Regula.
* Regulares.
* Regularissa.
  Relevatio.
  Religio.
  Renuictæ.
* Repentidæ.
* Responsio.
* Roncatorium.
  Sacci.
* Sacrestana.
* Salvatorium.
* Sanctimonachi.
  Sanctimoniales.

* Sanctuciæ.
  Sarabaitæ.
* Satrix.
* Savedunenses.
  Scala.
  Scema.
  Scholares.
* Scholaris.
* Scivia.
* Scopetini.
* Scoriati.
  Scriptores.
* Semifratres.
  Sempectæ.
  Septimanarius.
  Servi, etc.
* Simbalum.
* Singularitas, etc.
  Solatium.
  Sorores.
  Sororitas.
  Spatharii.
  Sporta.
  Stabilitas.
  Stallum.
  Status.
  Stauria.
  Stella.
* Stolicheri.
  Stragulati.
* Subpiscionarius.
  Superlicentia.
  Supplicare.
  Suscepti.
  Synoditæ.
  Tanacetum.
* Templares.
  Templarii.
* Templicolæ.
  Templum.
* Tercerium.
  Terminarii.
* Terrarius.
* Terrerius.
* Tertiaria.
* Teutonicus Ordo.
* Toga.
  Velum.
  Veniæ.
  Vita, etc.

INDICES AD GLOSSARIUM.

XXX.

MONETÆ, RES MONETARIA.

Abatare.
*Abatua.
*Abenga.
*Acrimontana.
Adrodere.
Adulter.
Ænigma.
Æsculator.
Africanus.
*Albeyus.
*Alphonsinus.
Ambrosini.
Anfours.
*Anfuri.
*Anfusini.
*Angovini.
*Angusti.
Ardaricanus.
*Ardicus.
Arnaldensis.
Arnulfinus.
*Articulus.
*Assaisiator.
Asperi.
Asprio.
Assarium.
Assis.
*Altesaal.
Augustalis.
Augustarius.
Aurizum.
*Baciones.
*Bacius.
*Bagatinus.
*Bajocehus.
*Balanzeta.
*Baliardus.
Balishus.
*Balssonaya.
*Bambergensis.
Barbarini.
Barchin.
*Bastius.
*Batzio.
*Baviardus.
*Bazocare.
Billio.
Binio.
Birmandus.
Blancus.
*Blaffardus.
*Blulardi.
*Bolendinus.
*Bologninus.
*Bonendenus.

*Bordatus 3.
Bordhalpeny.
Bossanaya.
Brabantini.
Bruna.
*Bruneti.
*Bruxellensis.
*Builio.
*Bullio 3.
Burgensis.
Byzantius.
Camera.
*Carleni.
*Carlini.
*Carnaus.
*Caroleni.
*Carolici.
Cartanensis.
Casinina Moneta.
Cathedra.
Caucii.
*Caveria 1.
Cema.
Centenionalis numus.
*Chalcus.
*Chalongia.
*Chapes.
Chapotentes.
Chatus.
*Chienes.
*Chiqua.
*Clevenchia.
*Clicquardus.
*Clinckardus.
Clocerium.
*Cobolus.
*Coburgensis.
Cocodones.
*Coinus.
Collisum.
*Compaignonus.
*Concutere.
Conflare, etc.
Constantinus.
Conus.
*Copator.
Copkinus.
*Cornutus.
Corona.
Coronatus.
Crematium.
Cristaticum.
Croccardus.
*Crosata.

Cudis.
*Cudius.
*Cugnus.
*Cunagium.
Cuneus.
*Curribilis
*Cursabilis.
*Cursibilis.
*Cursilis.
Curti.
*Cygnei.
Dalerus.
Dativus.
*Daventrenses.
Dealbare.
Dealbatio.
Decargyrum.
*Denariale.
Denariata.
Denarismus.
Denarius.
Denata.
Derenus.
Dimidius.
*Dobla.
*Doblis.
*Doblo.
*Dondrecq.
*Dordorel.
*Dourdere.
*Dozenus.
*Dreyling.
*Dubla.
*Ducatonus.
Ducatus.
*Dunga.
Duplex.
*Duppla.
*Durantingi.
Efforciatus.
Egidienses.
*Enforzati.
Eques.
*Eranum.
*Ernaudini.
*Escouffle.
*Esmerare.
*Essagium.
*Essayamentum, etc.
Esterlingus.
Exmerare.
Falsaria.
*Falsus-saulnerius.
*Ferlina.
Ferlingus.

Ferto.
*Flans.
*Flato.
Flauvonespeny.
Florenus.
*Floretus.
*Flus.
Follis.
Forma.
*Formula.
*Fortis.
*Francfordiensis.
Francus.
*Freto.
*Fribergensis.
*Frisacensis.
*Frivolis.
*Frixerius.
*Frixorium
Furcia.
*Gabellotus.
*Gambroisini.
Galihalpens.
Gigliati.
*Gigottus.
Gleifatus.
Goilart.
Goliardus.
*Gossarius.
*Gothacenses.
*Gracensis.
*Grana.
*Graylum.
*Griffio.
Grossus.
*Guido.
*Guillelmus.
*Guillotus.
*Halga.
*Helmare.
Helmus.
*Hemisium.
*Holocotinus.
Hyperperum.
*Jabus.
*Jacchenses.
Jacobus.
*Jactator.
Janeli.
Janneti.
*Janunini.
Jaquctus.
*Ienensis.
Imago.

*Imbasio.
Imperialis.
Incisio.
*Inforciati.
*Joanninus.
*Jochimdaler.
*Julhata.
Judicium.
*Kiennes.
*Knackius.
*Labacenses.
Lacta.
*Langones.
*Lagatia.
*Leita.
*Lenglish.
*Leodiensis.
Leones.
*Leopardi.
*Liardus.
*Libella.
*Liga.
*Lodich.
*Lovaniensis.
*Lucatus.
Luculensis.
Lushborow.
*Macelinus.
*Magisterium 5.
Mailla.
Malachinus.
*Malequinus.
Mallia.
*Malliare.
*Malus denarius.
Manlat.
Marabotinus.
*Marchixaga.
*Marha.
Masculi.
Masmodina.
*Massemutinus.
Mauritiensis.
Mazati.
*Meagla.
*Meala.
*Medala, etc.
Medalli.
*Medinus.
*Melequinus.
Meloquinus.
Meraculum.
Mercari.
Merus.
*Mesailha.

INDICES AD GLOSSARIUM.

* Mesalha.
* Metealis.
* Metibilis.
Michaelitæ.
Miliarensis.
* Miliarisium.
* Mineta.
Minuta.
Mita.
* Molarium.
Moneia.
Moneta, etc.
Monogium.
* Morikinus.
* Morlanus.
* Mottoenus.
* Musto.
Mynecenæ.
* Neretus.
* Niquetus.
Nobile.
Nomisma.
Nummus.
* Obers.
Obolus.
Obryzum.
Ora.
Ortuga.
* Ottelini.
Otto.
* Ovum.
* Palpa.
* Paparini.
* Papeni.
* Papiensis.
Paracharagma.
* Parazineus.
* Pareserius.
Parisienses.
* Parisiensis.
* Parpairolla.
* Partitus.
* Passans.
* Passavant.

* Pata.
* Pataco, etc.
* Patarus.
* Pavalhones.
* Pavilio.
Pecunia.
* Pecunibiles.
* Pecuniola.
* Pegavienses.
* Pejoramentum.
* Peiosa.
* Penensis.
* Penningus.
* Percurribilis.
* Percussura.
* Petrus.
* Pfenning.
Philippi.
Picta.
Pila, Pilum.
* Pimpenellus.
Pipiones.
Placa.
* Plastra.
Pogesia.
* Ponderatio.
* Ponibilis.
* Porporatus.
* Portugalensis.
* Postulatus.
* Pragenses.
Prædulati.
Prætestati.
* Probabilis.
* Promta.
* Proveniensis.
Provinciales.
* Pruivinenses.
Pruvinenses.
* Puratus.
Quadrans.
* Quaratium, etc.
* Quartarius.
* Quartarolus.

* Quarterola.
* Quaternalis.
* Quatrenus.
* Quatrinus.
Raboinus.
* Racachare.
Raimundensis.
* Ranucinus.
* Ravegnanus.
* Rechaciare.
* Rechassare.
* Recurrere.
Recursus.
Recursus.
* Redotatus.
* Refforcium.
Regales.
* Relhus.
* Remedium.
* Renensis.
* Reneth.
* Rennensis.
* Rexanus.
Riffo.
Romanatus.
* Romanisci.
* Romaniticus.
Romesina.
Rosarius.
* Rossus.
* Sacusini.
Saica.
* Salfeldensis.
* Salucius.
* Salutia.
* Sancetti.
Saracenus.
Seatta.
* Schaphen.
* Schellingus.
* Schillingus.
Schinderling.
* Schnaphan.
* Schnebergensis.

* Schnedepfennige.
* Scisalhæ.
* Scisor.
* Scissiliæ.
* Scotus.
Scudati.
* Scuferus.
* Sculingus.
* Scusselli.
* Scutatum.
Scutum.
* Scutus.
Scyphatus.
* Segnoria.
* Seignoria.
* Semiguillotus.
* Semissis.
* Sexagena.
* Seyssenus.
Siclus.
Siliqua.
* Sleyscat.
* Solaris
* Solarus.
* Soldus.
Solidus.
Spendibilis.
* Sprezia.
Slamma.
* Stelligus.
* Stellingus, etc.
* Stendalliense.
Stephanienses.
* Sterlingaris, etc.
* Stips.
* Styca.
* Suichetus.
Talentum.
* Talerus.
* Talha.
* Tallia.
* Taranus.
* Tarelares.
Tarenus.

Targa.
Tartaron.
* Tastart.
* Terdonini.
* Ternales.
* Ternuta.
* Tervanus.
* Terxolus.
* Terzolus,
Testones.
* Teutonicalis.
* Thalerus.
Thrimsa.
* Tomen.
Tonsores.
* Trabucare.
* Trabuchio.
* Trabucus.
* Trebucatio, etc.
Tremissis.
Turchifarus.
Turonenses.
* Tzeccha.
* Valens.
* Valeriani.
* Valozius.
* Valaron.
* Verdona.
* Vernensis.
* Veronensis.
* Vianenses.
* Vicenarius.
Victorinus.
* Vinariensis
* Virlanus.
* Uniamentum.
* Volatilis.
* Uratislaviensis.
* Vrisacensis.
Willelmenses.
* Yperus.
* Zalgrossen.
* Zecha.

XXXI.

MORES, SEU VOCABULA QUÆ MORES HOMINUM SPECTANT.

* Acordatus 1.
* Adfectatus.
* Adversatus.
* Affacinatus.
* Affectuosus.
* Alloquax.

* Ambidexter.
* Amoratus.
Amorosus.
* Angulosus.
Animequus.
* Apporiatus.

* Arlotus.
* Arnaldus.
* Attritus.
* Augmentuosus.
Babugus.
Baburrus.

* Bacchatus.
* Bagori.
* Baruderius.
* Bavosus.
* Bausator.
* Benestalis.

* Bestialis,
* Bevriotus.
* Bicornatus.
* Bobinator.
* Borgnus.
* Cafardus.

INDICES AD GLOSSARIUM.

* Calidiose.
* Callorus.
* Calvus.
* Cariosius.
* Carnalis 3.
* Carnipeta.
* Catholicus 4, 5.
Cenodoxus.
* Ciarratanus.
* Civilis.
Codardia.
* Concubinarius.
* Confisus.
* Conteribusterius.
* Controversus.
* Copaudus.
* Coruca.
* Cothurnosus.
* Criança.
* Cucullus.
* Cucurbita.
* Cupidinenus, etc.
* Curialis 4.
* Debacchatus.
* Deceptiosus.
* Deformosus.
* Deordinatio.
* Desidentia.
* Desiderabilis.
* Despectuose.
* Desperatus.
* Despitus.
* Desplicibilis.
* Dexter.
* Diffidatus.
Displacidus.
Dissolutus.
Distemperatus.
Docibilitas.
Doctus.
Dogmaticus.
Dolidus.
Dominalis.
Dominosus.
* Doxologus.
Drusus.
Dubingeniosus.
Ducibilis.
Dulcorosus.
Duplex.
Duplicarius.
* Duricordius.
Duricors.
Durio.
Edecumatus.
* Eculentus.
Effatuus.

* Effondatus.
* Effractus.
* Effrons.
Effronter.
* Elaboratus.
* Elacris.
Elessior.
* Elourdatus.
* Epudoratus.
Erraticus.
* Esperatus.
Esirix.
* Eudoxus.
Evigilans canem.
* Excessivus.
Exorius.
Expudoratus.
Expensaticus.
* Facetus.
Factitiosus.
* Famidicus.
* Famidus.
* Fantasticus.
Fatigosus.
* Fatuus.
* Favorabilis.
* Fautalis.
Felibris.
Fellibilis.
Femellarius.
Feriferus.
* Filocaptus.
* Filocopus.
* Filogramus.
Finus.
Flammeus.
Follis
* Frigidus.
Fronimus.
Frontosus.
Fugitivosus.
Fulvidus.
* Gabadeus.
Gabator.
* Gabeo.
* Galator.
* Galeator.
* Ganelo.
Ganeo.
Garcio.
* Gastrimargicus.
Gaudibundus.
Gaudiosus.
Gayus.
Geniolus.
Gloriabilis.
* Glotonus.

Gluto.
Gluvidenus.
* Gnatonicus.
Goliardus.
Gripus.
Guillator.
Guiscardus.
Gurdus.
* Habillus.
* Hardellus.
Herlinini.
* Hoquelator.
* Jalousus.
* Janglaria.
Idiota.
* Illator.
* Illomius.
Improbus.
Impuderatus.
Inactivus.
Incultio.
Indisciplinatus.
Ineticus.
Infantiosus.
Infantissimus.
Infrontatus.
* Infrunitor.
Innaturalitas.
* Inpaganus.
Inrubidus.
Inrudis.
Insuabilis.
Intelligibilis.
* Inutilis.
Joventalis.
* Irreverens.
* Justiloquus.
Juventabilis.
* Labruscus.
Lascivus.
* Latigradus.
Lecator.
* Ligurgito.
Liguritor.
Longanimis.
Lubricus.
Lunaticus.
Lupax.
Magnanimis.
* Meleabbiatus.
* Malecontentus.
Malecreditus.
Malecurtensis.
* Maledicus.
* Malexardi.
Malicordis.
* Malsardus.

Malivolosus.
* Malvaygius.
* Malus clericus.
Mandones.
Mandrator.
* Mango.
* Maniacus.
Mattus.
Mecapus.
* Meligniosus.
Mentiosus.
Mititia.
Molles.
Moralitas.
* Morosus.
Morigerositas.
* Motivus.
Mugissor.
Mundicordis.
* Multividus.
Munerarius.
Murcus.
Murgisso.
Musardus.
Musca, etc.
Naufragus.
Neaniscologus.
Necestuosus.
Nepotatio.
Nequitiosus.
Nesapius.
Nidering.
Nihil fecit.
Noctivagi.
Nuga.
Ophisticus.
Opinabilis.
Opinatus.
Opinosus.
* Paillator.
* Palhardus.
Paltonarius.
Pandox.
* Pantonarius.
Papelardus.
Philarchicus.
Philocompus.
Philopompus.
* Pigritanus.
Pietas.
Pietosus.
* Pincemedallia.
Placibilis.
Pompolentus.
Pomposus.
Pravicordius.
Probabilis.

* Probonus.
Probus.
Promissarius.
Pudorosus.
Puellarius.
Pultrones.
Pusillanimis.
Querelosus.
* Rationabilis.
* Remissus.
* Rudicitas.
* Ruditas.
* Sagaculus.
Salus.
* Sanguinabilis.
* Sathanicus.
* Scandalizator.
Scardus.
Scordalus.
Scorio.
Sensatulus.
* Sensuatus.
Sententiosus.
Serius.
Sobrius.
* Solemnis.
* Solidus.
Sottus.
Statualis.
Strophosus.
Stultatus.
Stuiticines.
Stultiloquus.
Stultomalus.
Subdulus.
Superabundus.
Sylvaticus.
Tabernio.
Tetranus.
Timorosus.
* Trapassus.
Tristis.
* Trotanus.
* Trumelator.
Trutanus.
Valetro.
* Valorosus.
Vanagloriosus.
Vaniastutus.
* Ventricola.
Ventosus.
Verbosus.
* Virtuosus.
* Voluntarius.
Vulpio.

XXXII.

MULCTÆ JUDICIARIÆ, MONASTICÆ.

*Accipere 2.
Angildum.
Bannum.
Blodwita.
Bot, Bota.
Cahslite.
Calumnia.
Camlwrw.
*Compositio.
Cynebot.
Damnum.
*Dangerium 3.
*Desgagium.
*Destrictus.
*Dupla 2.
Emenda.
Enach.
Epitimium.
*Eribannum.
*Esmendæ.
*Estorressa.
*Extortura.

*Faillita.
*Famidretum.
*Firma.
*Firmamentum.
Firdwita.
Flemeneswite.
Fletwite.
*Follia.
Footegeld.
Foraneitas.
Forestera.
Fornicium.
*Fredare.
Fredum.
*Freum.
*Frimantia.
Frinigildum.
Furigildum.
*Gaegium.
*Gaigium.
Gersuma.
Gildwite.

Gorsum.
Grithbrech.
*Hacheya.
Harmiscara.
*Hanot.
Herireita.
Herisliz.
Hlotbota.
*Hominagium.
*Hominium, etc.
Immunitas.
Impartitio.
Incurrimentum.
*Interitus.
Justitia.
Kelchyn.
Lacopum.
Laga.
Laghslit.
Lairwita.
Leudis.
Lex.

Lowbote.
Mægbota.
Manbota.
*Mangania.
Marancia.
*Marrentia.
*Messacgaria.
Misericordia.
*Monetabilis pœna.
Mucheunt.
Novigildum.
*Occasio.
Overhernessa.
*Pargea, etc.
*Percheia.
*Pergea.
*Perlucrum.
*Plecta.
Pretium.
*Putatoria.
*Redemptus.
Redhibitio.

Regradatio.
*Remissa.
Repentalia.
*Retractum.
*Sacramentagium.
*Sacrilegium.
Scyldwita.
Septena.
*Soffrata.
*Sona.
*Stratura.
*Stuth.
Thefbote.
Trigildum.
Triumgeldum.
*Trunchetus.
*Vandel.
Urasda.
Wera.
Werelada.
Wita.

XXXIII.

MUSICA, MUSICA INSTRUMENTA, CANTUS ECCLESIASTICUS, ETC.

Accantare.
Antiphona.
Antistropha.
*Affirmare cantum.
*Arcuare.
Apertio.
Asiatim.
*Autentus.
Barto.
Bemollis.
Bicinium.
Cabellum.
Cantata.
Canticinium.
Canticum.

Cantilena Rollandi.
Cantilenosus.
Cantores.
Cantorium.
Cantus ecclesiasticus
Capitula.
*Cicada.
*Clavile.
Clavis.
*Conductus.
*Corcizare.
Cornare.
Cornicare.
*Cornator.
*Crispatio.

*Decachordus.
Decentum.
*Declinatorium.
*Diapason.
*Diapente.
Discantus.
Docticanus.
Dulciana.
Evigilans stultum.
*Eugium.
Fabarius.
*Falsetum.
Fausetus.
*Festum 9.
*Figmentarius.

*Finalis.
Firmare.
Fiscla.
Fisicolus.
*Fistulare.
*Francisca.
Frigdora.
*Gama.
*Gargarismus.
*Geminatio.
*Gingriba.
*Grelare.
*Imperare antipho-
    nam.
Imponere.

Infantes.
*Injungere antipho-
    nam.
Jubilæus.
Leudus.
*Licitum.
Melificare.
Melodia.
*Melodiare, etc.
Melodima.
Melodus.
*Mesopyenus.
*Ministrilis.
*Modilia.
Modulizare.

INDICES AD GLOSSARIUM.

Modus.
Molulus.
* Musica, etc.
* Musitatus.
Notæ.
* Notulator.
* Notulatus.

* Oda.
Odarium.
Offertorium.
Paraphonistæ.
Paritanus.
* Præcipere antiphonam.

Pneuma.
* Quadruplo.
* Requirere antiphonam.
* Rondellus.
Sincinnium.
* Soffa.

* Solfizare.
* Solmifacio.
Superacutæ.
* Tenor.
* Tonaliter.
Tractim.
Tractus.

Tricinium.
* Trompare.
Vocalis.
* Uppatura.
Usus.

MUSICA INSTRUMENTA.

Acetabulum.
Ærenervum.
* Arpa.
* Barterium.
Battalum.
Batillus.
Baudosa.
Burda.
Calamella.
Calamizare.
* Caltudia.
Cascaviellus.
Ceromella.
Chrotta.
Citola.
Clangorium.

Clarasius.
Clario.
Classicum.
* Clavicymbalum.
Claxendix.
Cloca.
* Conetum.
Cornu.
Corrigiuncula.
Cymbalum.
* Danafil.
* Fidella.
Filosa.
Flauta.
* Frascetus.
* Grala.

* Guideme.
* Guiterna.
* Hadubba.
Harpa.
* Hearpa.
* Joch.
Laudis.
* Lautus.
Magadium.
Monochordum.
* Multiforabilis.
Musa.
Muta.
Nablizare.
Nacara.
Oaganum.

Pandurizare.
* Pipa.
Pifferus.
Plectrum.
Psalterium.
Pulsare.
* Rabet.
Rigabellum.
Rocta.
Sambuca.
* Siblotus.
Signum.
Skella.
Stiva.
Symphonia.
* Tambor.

Tinniolum.
Tintinnabulum.
Tintinnum.
Tonabulum.
* Trompa.
* Trumba.
Turturi.
Tympanum.
Tympanistria.
* Viellare.
Vitula.
Vociductus.
* Zalamella.

XXXIV.

RES NAVALIS, NAVICULARIA.

NAVIUM NOMINA.

Accepta.
* Admiralea.
Agrarienses.
* Agyale.
Alegium.
Anchiromachus.
Archis.
Ascus.
* Bacca.
Baccha.
Baccus.
* Bachium.
* Bacus 3.
Bacula.
* Baicha.
* Balaneria.
Balbotta.

* Balenerium.
* Balg.
Balingaria.
* Baliguerius.
* Balsa 1.
* Bancio.
* Barbaca.
Barbota.
Barca.
* Barchalina.
Barcella.
Barcussus.
* Barellus.
Barga.
* Barlettum.
Baselus.
* Bastasia.

Bastassiza.
* Bastildia 2.
Bataleria.
Batsueius.
Batus, Batellus, etc.
* Berlota.
* Bondinge.
Bieres.
Brigentinus.
Brinum.
* Bucentaurum.
* Buceus.
* Buesus.
* Burchiellus.
Buscarla.
Bussa.
Busa 2.

Buza.
* Calandra 2.
Calaria.
Campulus.
* Cane.
* Canella 3.
Cœrabus.
* Caraca.
* Caramussallus.
* Caravala.
* Caravella.
Carolus.
Carraca.
* Carra 2.
Carrica.
* Carraqua.
* Carruella.

Caudica.
Caupulus.
Celones.
Ceola.
* Chalastra.
* Chalonnus.
* Characha.
* Chata.
Chelandium.
Chervigium.
Chimera.
* Chocha.
Classis.
* Cocca, Coccha, Cocha, etc.
Cogo, etc.
Colimpha.

INDICES AD GLOSSARIUM.

Concha.
*Conta.
*Copa.
*Copana.
Corbita.
Corimbata.
Corserius.
*Cota.
*Cotta.
*Craiera.
*Cuilla.
Cumba.
Curculiæ.
Currabius.
Cursoriæ.
Curucha.
*Dextreria.
*Dregemundus.
Dromones.
Durcones.
Emptica.
Escauda.
Falcatoria.
*Fando.
Fercosta.
*Filva.
*Fleta.
Flota.
Floze.

*Gabarotus.
*Gactus.
*Galæa.
Galea.
Galera.
*Galla.
Galladellus.
*Gallea.
*Galleris.
Gandeia.
Ganzara.
*Garfales.
Gatus.
Gata, etc.
*Gaurea.
Germundus.
*Gocken.
Golafri.
Gondola.
*Grabella.
Grippa.
*Grippus.
*Hissirus.
*Hulca.
*Hulcum.
Hulka.
Jarrecta.
Jassefatum.
*Jeremita.

Istega.
Judiciariæ.
*Kogge.
*Lahutum.
*Lanciaria.
Latena.
*Laudus.
Legia.
Levamentum.
Lignum.
*Limbus.
*Losboat.
Lusoriæ.
*Manca.
*Mancina.
Madius.
*Marina vasa.
Maranus.
*Monoxyllula.
Musculus.
*Myoparo.
Naca.
*Namphili.
*Nausum.
*Nizardus.
*Nocula.
*Palandaria.
*Palescarmus.
*Pallandiones.

Palmizare.
Palmula.
*Panfilus.
*Panphilus.
Pantonium.
*Panzonus.
*Paralandrinus.
*Parandaria.
Paro.
*Pessonsera.
*Phano.
Placta.
Pontones.
Potomium.
*Prœliabilis navis.
*Pycta.
Rada.
*Razellus.
Sagena.
Sagitta.
*Sagnia.
*Sambucca.
*Sandalia.
*Sandalis.
*Sandalus.
*Sapgiticia.
*Sarzana.
*Scandea.
Schippa.

*Scurlata.
*Scuta.
Sichia.
Sithia.
*Sivara.
Spinachium.
Stellaria.
Targia.
Tarida.
*Tidam.
Trabariæ.
*Trieris.
Vas.
*Vasculum.
*Vassalagium
*Vasserium.
*Vayssale.
*Vergantinus.
*Vessada.
Ulcus.
*Uloze.
*Uscerium.
*Ussarius.
*Ysicius.
*Zebuthiz.

CÆTERA AD REM NAVALEM PERTINENTIA.

*Abiro.
Adlittare.
Adripare.
*Adurare.
Æquorare.
*Affundare.
*Agea.
Agiama.
*Agumena.
Albagia.
*Amarrare.
*Amplustre.
Ancrima.
*Antenal.
*Aplustre.
Aplutrum.
*Applicamentum.
Arbor.
Armacalci.
*Arrivagium.
*Ars 4.
Avironatus.
*Bacha.
*Banda.
*Barquerius.
*Batellarius.
*Bellatorium.
Bidens.
Blanpum.
*Bordatus 2.
*Brusare.
Calafatare.
Calatores.

Calca.
*Calefactus.
Camelus.
Caplum.
Capsa.
Casterium.
Castra.
Cataplus.
Catasiarares.
Cautel.
*Celeuma.
*Ciorma.
Ciurmia.
*Classica.
Classice.
Classici.
Classitarius.
Cloes.
Collus.
*Columba.
Columbarium.
Columna.
Comes.
Comites.
*Conserva.
*Cordicca.
*Corridorium.
*Creca.
Cucurba.
Dalum.
*Derazellare.
*Dorle.
*Dosta.

*Dracena.
Ebba.
Effretare.
Ejectus.
Embola.
Embulum.
Eschipare.
*Esparvagium.
*Esquipare.
*Estornamentum.
Evectio.
Exarcia.
Exfretare.
Expalmentum.
Facere.
*Falca.
Flotzon.
*Fractæ.
Frenellatus.
*Fretta.
*Gabbia.
*Gablerius.
*Grepia.
*Gumenæ.
*Hablum.
*Haffne.
*Havra.
*Hosta.
*Jaable.
Incamatatus.
*Inventarium.
*Issarcia.
Lastagium.

Ledo.
Ligatura.
Malina.
*Mareare.
*Maremma.
*Mariare.
Marinarius.
Marinellus.
*Mariniarius.
*Marniarius.
*Mastus.
*Muta 7.
*Navale, etc.
Naucherius.
Naviclerus.
Navigerium.
Naupego.
Naupicus.
Nautella.
Nautici.
Nautileni.
*Papafigo.
Paradisus.
*Patronagium.
*Picium.
*Plaga.
Pramekarle.
Primna.
Prodenses,
Proderius.
*Prohicius.
Pusticæ.
*Quidelus.

*Racci.
Remitores.
*Roda.
*Salvamentum.
*Saorra.
Sarcia.
Sarco.
*Sbandara.
Scala.
Scroter.
Serraculum.
Sigla.
*Sola.
*Stapula.
*Stilata.
Stolus.
*Storus.
Supersalientes.
Supervannum.
Suprapons.
*Talla.
*Temo.
Terzarolus.
*Timonus.
Towagium.
*Transversarium.
*Trinchetus.
*Ubrera.
*Velificare.
*Verrachium.
Voguerii.

XXXV.

PISCES, PISCATURA

PISCIUM NOMINA.

* Adalus.
Allec.
Anchora.
Anchorago.
Anguillaris.
Angula.
* Armadillus.
* Arnoglossus.
Asco.
Aspratiles pisces.
* Assieiga.
* Babellus.
Balena.
* Berbix.
* Boca.
* Boedus.
* Bogua I.
Breisna.
Bresmia.
Brugina.
* Cabos.
* Carpa.
* Carpana.
* Carpellus.
* Carpio.
Catus.

* Cegra.
* Celerinus.
* Cepia.
* Citula.
* Clepio.
Colacus.
* Copex.
* Corabus.
* Coracinus.
* Cornuta.
Craspiscis.
Craspantus.
* Creacus.
Dentrix.
* Dorea.
* Dursus.
* Echenais.
Esox.
* Esturjonus.
* Fara.
Flota.
* Fundulus.
Gabbarrus.
Gambarus.
Gardio.
Glassanus.

* Gornus.
* Gosengula.
Guaid.
Help.
Khanones.
* Kokkus.
* Lampreda.
Luceus.
* Macerellus.
* Makerellus.
Maquerellus.
* Marlucius.
* Melletus.
Menusia.
* Mequerellus.
Merlucius.
Merluus.
* Mules.
Mulnellus.
* Myllewell.
* Oxgar.
Padelenga.
* Pagellus.
* Perchia.
* Pikerellus.
* Pipernella.

Piscis.
Plada.
Platesia.
Plays.
* Polpra.
* Rocea.
Rotlin.
* Rougeta.
* Rubiculus.
* Rufus.
* Rundula.
* Sæpia.
* Sarda.
* Saumo.
* Scardola.
* Schafa.
* Schanceria.
* Sclave.
* Secheta.
Selures.
* Sercletus.
Sicca.
Simones.
* Sola.
* Spatarius.
Spinaticus.

Spiringus.
* Squatus.
* Stockfish.
* Storio.
* Strionus.
Struthio.
Sturgio.
* Tangua.
* Tenca.
Thokei.
* Thopa.
* Thymellus.
Tinca.
* Tonaira.
* Toutena.
* Trachina.
Tritula.
Trocta.
* Trucha.
* Truita.
* Truta.
* Tunina.
* Turdus.
* Turius.
* Vendesia.
Usones.

CÆTERA AD PISCES ET PISCATURAM PERTINENTIA.

Abardilla.
* Ableia.
* Aboleiare.
* Advaleia.
* Alausar.
Amis.
Angistrum.
* Anguillarum positio.
* Aploidum.
* Apoltats.
Aranea.
Arolus.
Assegia.
Assesia.
* Avalagium.
* Avaloriæ.
Bagau.
Batuda.
* Benatia.
* Benium.

* Bertavellus.
Bocharius.
* Boliet.
* Bordigala.
* Bovia.
* Boutoir.
* Boyl.
* Bouginus.
* Cabasius.
* Calatum.
* Canatus.
Capsum.
Captura.
Cippus.
* Clavus.
* Cloea.
* Cobla.
* Cogolara.
* Copertoria.
* Corre.

* Croignim.
* Cumbra.
Dispiscare.
Dursus.
* Entremaillum.
* Escronellum.
Everclum.
Expegatorium.
* Extonquius.
* Fessina.
Fissina.
* Flota.
Fodita.
Fossina.
Foventatio.
Fria.
* Fronenezze.
* Fuerna.
Fuscina.
* Ganguilo.

* Garnaria.
Golacia.
* Gortium.
* Gortus.
Graspecia.
* Groea.
* Guada.
* Harengaria.
* Harnasium.
* Heck.
* Jaia.
* Javellus.
Ingenium.
* Juncata.
Juncatica.
Kidellus.
Lorra.
* Lorria.
* Lothosela.
* Manaveria.

* Manea.
* Mangueria.
* Medella.
* Naveria.
* Navissa.
* Naxa.
* Naza.
Panchon.
* Panellus.
Panthera.
* Paratio.
* Paratura.
Paries.
Penellum.
* Pennellus.
* Penthana.
* Percaptura.
* Pescarium.
* Pesquerium.
* Pisca, etc.

INDICES AD GLOSSARIUM.

* Pisqua, etc.
* Rabacia.
* Radius.
* Rama.
  Ramata.
* Ramea, etc.
* Resellus.
* Reta.
  Rivale.
* Sachus.
  Sagena.
  Saltans.

* Salvarium.
* Sardinalis.
  Saurarium.
* Savarretum.
  Scorticaria.
* Semiplagium.
* Sencha.
  Smoltus.
  Sordus.
  Spadernæ.
* Spiculus.
* Spiringa.

* Stele.
* Steyle.
* Storta.
* Strantgarna.
* Tacha.
* Tartana.
* Tartavella.
* Tays.
* Tensura.
* Tensutum.
  Tractus.
  Tragal.

  Tragum.
  Tramallum.
  Transversarium.
* Trebula.
* Trubia.
* Trublia.
  Trublia.'
* Trula.
  Trulla.
* Verlognia.
* Vassa.
* Venetum.

* Vergatum.
* Vernale.
* Verqueria.
* Vertolenum.
* Vervicune.
* Viverium.
* Vivierium.
* Volvolus.
* Yndardus.
  Zaclus.

XXXVI.

POENÆ, SUPPLICIA, TORMENTA, ET QUÆ AD EJUSMODI SPECTANT.

Abacinare.
Accabussare.
Adulterii pœnæ.
Annulus.
Ansa.
Aquila.
* Arestara.
  Articulus.
* Ascorramentum.
* Asinus 3.
* Asmerciamentum.
  Atia.
  Auris, Aurium abscissio.
  Baculare.
* Bamnum.
* Bandinum.
* Bandius.
  Bargus.
* Barlina.
* Barreiare.
  Bastonicum.
  Battere.
  Batulus.
  Benedictione privari
  Biothanati.
  Boia.
* Borra 4.
* Bredewite.
  Bullare.
* Bullire 3.
  Byrsagium.
  Calcar.
  Caldaria.
* Calengium.
  Caliba.
* Calonica 2.

Calvaria.
Canem ferre.
Capillos sibi invicem detondere.
Captio.
Captivare.
Capturæ.
Carcannum.
Carcer, etc.
* Cardi.
  Carena.
  Carrina.
  Castratio.
  Cataracta.
  Catasta.
  Cenitus.
  Centenæ.
* Centesimare.
  Ceppus.
  Character.
* Chaucelletus.
  a Christianitate.
  Cifeparari.
  Cippus.
  Cleia.
  Colaphus.
* Colare.
  Collistrigium.
  Collum.
  Columbar.
  Comatio.
  Combustio.
  Condemnare.
  Corium.
* Costellum.
* Costellus.
  Crines.

Cro.
Currere.
* Custellum.
  Debilitare.
  Decalvare.
  Decapitare.
  Decervicare.
  Decollare.
  Dedecus.
  Defossus.
  Defustare.
  Degradare.
  Dehonestare.
  Dehonorare.
  Delapidare.
  Demembrare.
  Denasatus.
  Deodanda.
  Depilare.
  Depositio.
* Dextræ 3.
  Diabesteria.
  Diffactio.
  Digitus.
  Dirwy.
  Disciplina.
  Districtio.
  Dorsum.
  Edorsare.
  Efforciare.
* Equitractio.
  Equuleus.
  Escassa.
* Esquirere.
  Estema.
  Excommunicatio.
  Excoriare.

* Executio.
* Exenterare.
  Exenteratio.
* Exherdare.
  Exiliare.
  Exinterare.
  Exoculare.
  Exorbare.
  Expalmare.
  Extemare.
  Exterminium.
  Extesticulare.
  Fames.
  Ferrum.
  Fidicula.
* Fiduculus.
  Flagellatio.
  Flammeriare.
* Forestare.
* Forestatio.
  Fossa.
  Fovea.
  Frustare.
  Furca.
  Fustis.
  Gaggare.
* Gallo.
  Gehenna.
* Genufragium.
  Geola.
  Gibetum.
* Giova.
* Gogna.
  Grilliones.
  Hardes.
  Harmiscara.
  Henghen.

  Ictuare.
  Ictus.
  Imparticare.
* Impiloramentum.
  Incisio.
  Inerocare.
  Infalistatio.
  Infurcare.
* Instalare.
  Lampadare.
  Lignum.
* Malamansio.
  Mancus.
  Mastigia.
* Maura.
  Maxilla.
  Menta.
  Monasterium.
  Necare.
  Nervus.
  Palus.
  Panis fortis, etc.
  Patibulus.
  Pendere.
  Pedis abscissio.
* Pilleretum.
  Pilorium.
* Plantare deorsum.
  Plumbatum.
* Pollicibus suspendi.
  Præcipitium.
  Puteus.
* Quæstio.
  Quarterizatio.
* Quata.
  Rota.
* Rotatio.

INDICES AD GLOSSARIUM.

Scala.	Sepeliri, etc.	Talio.	Tormentare.	Truncus.
Scalciatus.	Submergium.	Taringæ.	Torquimentum.	Trusorium.
Scamnum.	*Subterratio.	Taureæ.	Torturæ.	Tumbrellum.
Scematio.	Suggillare.	Terribulum.	Transversariæ.	Virga.
Scopæ.	Superundatio.	Testæ.	Trepalium.	Ungula.
Scorpio.	Supplicia.	*Thew.	*Trochlea.	
Scorticare.	Suspensio.	*Tirare.	Trotare.	

XXXVII.

PURGATIONES CANONICÆ ET VULGARES, SACRAMENTA, ETC.

Aasuoreneed.	Ath.	Dejurium.	Ivisium.	Purgatores.
Abscondere.	Batalia.	Duellum.	Jura.	Rimath.
Adramire.	Bellum.	Evangelium.	Juramentum.	Sfursiern.
Advocatus.	Benedictiones judi-	Eucharistia.	Juratus.	Superjurare.
Advocator.	ciorum.	Exagium.	Lada.	Torna.
Ahteid.	Camfwick.	Examen.	Lex.	Tripondium.
Alfetum.	Campio.	Ferrum candens.	Ligare.	Trygeed.
Aquæ frigidæ Judi-	Campus.	Firma.	Mulaminum.	Verberare.
cium.	Chirotheca.	Forathe.	Nastaid.	Vomeres.
Aquæ ferventis Judi-	Circulus.	Jeffniteed.	Ordela.	Urpheda.
cium.	Corsned.	Jejunium.	Orsus.	Urtella.
*Arsura 3.	Crucis Judicium.	Ignis.	Pugna.	
Assath.	Cyreath.	Judicium Dei.	Purgatio.	

XXXVIII.

STATUS ET CONDITIONES HOMINUM.

Abonnati.	Agilolfingi.	Amund.	*Bafficus.	*Boverius.
Abra.	Agrares.	Ancilla.	*Baroderius.	*Bracentus.
Absarii.	Agrarii.	Angariales, Angaria-	Batinus.	*Brasserius.
*Absolutus 3.	Albani.	rii, Angarii.	Benenati.	Brennarii.
*Accensi 1.	*Albanius.	*Animator.	Betagii.	Bubii, Bubones.
*Accola.	Albarraneus.	*Appendex.	Biennarii.	Buccellarii.
Accolæ.	Aldermannus.	Ascriptitii.	*Bojari.	Buffones.
Adalingi.	Aldius.	*Aubenagium.	Bonda.	Burdonarii.
Advenæ.	Alepimau.	*Aventicius.	Bondus.	Burgenses.
Adventitii.	Alienigenæ.	Baccalarii.	Boni homines.	Burgmannus.
Advocatitii.	*Allodiales, etc.	Barones.	Bonnarii.	Buringi.
Advoli.	Alodiarii.	Barscalci.	Bordarii.	Burs.
Affidati.	Amali.	Bassalli.	Bordmanni.	Bursarii.
*Affanator.	Ambacti.	Bastardus.	Bort.	Busones.

INDICES AD GLOSSARIUM.

Cabelgenses.
Calcarienses.
Campenses.
Capillati.
Capitales.
Capi, Capones.
Capitecensi.
*Carucatarius.
Carsamatium.
*Casalinus.
*Castranus.
Casarii.
Casati.
*Casuaris.
Cavaticarii.
*Censerius.
*Censuonarius.
Censores.
Censiles, Censarii, etc.
*Cerealis 3.
Ceorlus.
Cerarii.
*Chaellanus.
Chartularii.
Chartulati.
*Chazati.
Chnapina.
*Cheseati.
Chodones.
Cidelarii.
Ciffo.
*Ciompi.
Circumpedes.
Cirlistus.
Civitatenses.
Clan.
Clinici.
*Cmeto.
Cociones.
Cocseti.
*Coillacius.
*Coindigena.
*Cokerman.
Collaterii.
Collatores.
*Collectabilis.
Colliberti.
Coloni.
Color.
Colverkerli.
Commanentes.
Commendati.
Commerciones.
Compagus.
Comparietici.
Compatrianus.
Competenses.
Conciliales.
Conditionales.
Conditionarii.
*Conditionati.
Confessores.
*Constringibilis.
Consortes.
Consuetudinarii.

Conterati.
*Contribuabilis.
Contribules.
Convicaneus.
Copitenants.
Corporati.
Corregionalis.
*Corrigibilis.
Coscez.
Cotarius.
Coterelli.
*Crasterius.
Criniti.
*Cubantes.
*Culverta.
*Curtensis.
Curiales.
Dagscalci.
Dagewardi.
Daltiui.
Datitii.
Debilis.
Decennarii.
*Decimanus.
*Deditui.
Dedititii.
*Deprecarius.
*Devotus.
*Dienismannus, etc.
*Doageria.
*Dolesmanus.
*Donicum.
Drengh.
Drudes.
Dula.
Durus.
Eastintus.
*Ecclesiales.
Ecclesiastici.
Embolani.
Emphyteuticarii.
*Edelingus.
*Eques.
Esingæ.
*Eschoparius.
*Espavus.
Ewoeck.
Exarichus.
Excusati.
Exdomarii.
Extaliati.
Extestinus.
*Expaveyus.
Expeditionales.
Extrarius.
Exulatitius.
*Facherius.
*Famella.
*Famellus.
Familia.
Familiares.
Famuli.
*Fancelastra.
*Fantescha, etc.
Faramanni.
*Fatibilis.

Fatitii.
*Felcarii.
Fideles.
Fiscalini.
Focaria.
*Focularius.
Folgarii.
*Forasterius, etc.
Forecensiti.
Forenses, etc.
Forinseci.
*Forestaria.
*Foresterius.
*Fornicarius.
Forishabitans.
*Forrus.
*Francalani.
*Francalis.
Francherius.
Franchilanus.
Franci.
Frilazin.
Frilingi.
Frithmannus.
Fugaces.
Fulfrea.
*Functionalis.
Fundarius.
Ganerbii.
*Garilioli.
*Garso.
Gasindii.
Gavelman.
Geburus.
Geneath.
Gilbogus.
*Gilstrio.
*Gratifer.
*Gromes.
*Habitatores.
Haistaldi.
*Haltius.
*Herescarius.
Herimanna.
Hidalgi.
Hindeni.
Hiremanni.
*Homolegius.
Homo.
Homologi.
Hostmannus.
*Hovales.
*Hovelute.
*Hoverjungeren.
Hunones.
Hurscarla.
Jammundling.
Infantiones.
Ingenui.
Intranei.
Jobagiones.
*Jornalerius.
Juniores.
Juremanentes.
Juvenis.
Karolingi.

Kmethones.
Knave.
Lancetus.
Landegadman.
Landmannus.
Landridder.
*Landsassius.
*Landsecles.
Lassi.
Lazzi.
Levantes.
Leudes.
Libellarii.
Liberi.
Liberalis.
*Libertini.
Ligius.
Litus.
*Lunares.
Maalman.
*Macenata.
*Macinata.
*Majorales.
Majores natu.
*Manaderius.
*Managerius.
*Mancipia.
Mancipialis.
Mancipiolum.
*Mango.
*Manipulus.
Manentes.
*Mansserius.
*Mansualis.
Mansionarii.
*Manumortabilis.
*Manumutabilis.
*Masdanerius.
*Massanus.
*Massaria.
*Maxenada.
*Maximates.
*Maynerius.
Meliores.
*Mercarius.
*Mezaiolus, etc.
*Minorennis.
Minores.
*Minutus.
Miserabiles.
*Mojolus.
*Monancius.
*Mortaillabilis.
Mundman.
Natale.
Natio.
Nativus.
*Neritei.
Nobilis.
Oblati.
Oblatiarii.
Obligati.
*Obsequialis.
*Originalis.
Originarii.
*Osclarius.

Pædagogiani.
*Paganus.
Pagius.
Pagoti.
Pagenses.
*Pagentes.
*Pagita.
Palatini.
*Paisanus.
*Paraveredarii.
Pares.
*Parscalcus.
*Partiarius.
Pedepulverosi.
Pegen.
Perdingi.
Pertinentes.
*Paumanni.
Plebeius.
Præstandarii.
*Pornorellus.
*Porterius.
*Portionarius.
*Proaldiones.
*Proburgensis.
Proservi.
*Pucella.
*Puella.
*Pulvereus.
*Pupillarietas.
Quæstales.
*Quarterius.
*Queytabilis.
*Quinterius.
*Quirites.
*Quistabilis.
Radekenistres.
Radmanni.
*Ragazinus.
*Receptabilis.
Reddentes.
*Reddituarius.
*Redituarius.
*Regatius.
*Regnicola.
*Rentarius.
Residentes.
Rici homines.
Rupturarii.
Rustici.
*Saldionaricius.
Sanctuarii.
*Sartarius.
Sclavus.
*Scobrones.
*Scopulicola.
*Secretariensis.
*Senseitus.
*Sensivus.
*Serva.
*Serventa.
Servi.
Sindmanni.
*Singulares.
*Sinordi.
Sithcundi.

INDICES AD GLOSSARIUM.

Sixhindi.	Subditi.	Tabularii.	*Thyyhindi.	Viduæ.
*Smurdus.	*Subhospes.	*Tachiabilis.	*Tihindus.	Vigiles.
*Socia.	Submilitones.	*Tailliarius.	*Trecensarius.	*Villarius.
Socomanni.	Subrasores.	Tarchan.	Tributales.	Villatici.
Spadarii.	Suburbani.	Terrarii.	Valeti.	*Villatus.
*Stagiarius.	*Suburbanus.	*Terrerius.	Vassi, Vassalli.	Vogtman.
Stallati.	*Supermanens.	Tertiator.	Vavassores.	*Vivolarius.
Statarii.	*Superventus.	*Terzarius.	Vawornick.	Vulgares.
Stopharii.	Suscepti.	Tofimanni.	*Vicicola.	

XXXIX.

SUPELLEX DOMESTICA, RUSTICA.

VASA, RES VASARIA.

*Ablutatorium.	Attanuba.	*Bicorna.	Cantharus.	Compostile.
Acceptorium.	Auxilla.	*Bicornix 2.	Canthelium.	*Conditus.
Acetabulum.	Bacca, etc.	*Biscornuta.	Capax.	*Copa.
Acetallum.	*Bacale.	*Bocale.	Capis.	*Corba.
Acetrum.	Bacario.	*Bocalus, etc.	*Capitacium.	Corbecula.
Aciarium.	*Bachassium.	Bocia 2.	Capsaces.	*Corcha.
Æneum.	Bachio.	*Bota.	*Capserium.	Cornu.
Ænulum.	*Bachus 2.	*Botallus.	Capsis.	*Cornuda.
Aliphanus.	Bacia.	*Botaria.	*Caquus.	*Cornutum.
Alsierina.	*Bacigna.	Botiglius.	*Caratellus.	*Costarium.
*Alveum.	*Bacignetus 2.	*Bottus.	*Carriaria.	Costarez.
Alveolus.	Baclea.	*Boutellus.	*Carusia.	Creche.
Ambix.	*Bacianus.	*Broca.	*Cassa 7.	Crucca.
Ambra.	*Bacilena.	*Brocheronnus.	Caucatus.	*Cruga.
Ampa.	*Bacuum.	Bureta.	Caucus.	Crucibulum.
*Amphorella.	*Bacynis.	Butta, Buttis, etc.	*Caudora, etc.	Cuba.
*Ampollata.	*Badarna.	Buttatium.	Cavea.	*Cubellum.
Anacleta.	*Badierna.	*Caballata.	Caupus.	Cubila.
Anax.	Badus.	*Cabassio.	*Cayro.	Cucuma.
*Anceria.	Bagerna.	*Cabillinus.	*Caza.	Cululli.
Animatoria olla.	*Bainnadoira.	Cacabullum.	*Cazia.	Cumera.
*Annata 4.	Bambum.	Cacavellus.	*Ceherus.	Cunctus.
Ansa.	*Banasta.	*Cadeletus.	*Celha.	Cupa.
Apophoretum.	*Banastonus.	Cailler.	*Cemalis.	Curialis.
Applare.	*Banna.	Caldaria.	Chargerum.	Cuva.
Aquamanile.	*Baquetus.	Caldus.	*Chauderea.	*Cuvella, etc.
*Aquaricia.	Barile.	Caliclare.	*Chiphus.	Cyphus.
Aristophorium.	Barridus.	Calvariosa.	*Chopina.	Dibler.
Armillum.	*Barrota.	Candes.	Chrysendetum.	Doga.
Arpago.	*Bassacha.	*Campsacis.	Cibutum.	*Donna.
Ariepta.	Bascauda.	*Canastellus.	Cicindela	*Doublerium.
Ascopa.	Batea.	*Candilerium.	*Cifus.	*Dublarium.
Atanulum.	Bauca, Baucalis, etc.	*Canis 3.	Cimbia.	Duciculus.
Athisca.	Bechin.	*Canota.	*Cloquear.	*Dupplerium.
Atramentale.	Bicarium.	*Canterata.	Cochlea.	Dupia.

INDICES AD GLOSSARIUM.

*Durna.	Godetus.	Mergoræ.	Potus.	Suxta.
Eglitræ.	*Gottefflus.	*Metalle.	Quadrantale.	*Tacca.
Ejucarum.	Guva.	Metreta.	*Quartinium.	Tacea.
Emicadium.	*Gracellus.	*Minimata.	*Quenna.	*Taceta.
Emola.	*Gradalus.	Missorium.	Recentarium.	*Tacia.
*Encabum.	Grasale.	Missorium.	Repositorium.	*Tassa.
Epulicœnium.	*Grassale.	*Modellus.	Rotumba.	*Tassia.
*Eques.	Hanapus.	Mulctra.	*Sagamen.	*Taxea.
*Escuallium.	*Horca.	*Nappus.	*Sagoma.	*Taxia.
*Escuella.	*Jadellus.	*Naucum.	*Saitum	Tina.
*Escutella.	*Jalla.	Obba.	Salitia.	*Tineta.
*Estiva.	*Jarra.	*Ocellus.	Salomon.	*Tintinabulum.
Fabataria.	Infertorium.	Olba.	Salsarium.	Toreuma.
Fabricaturæ.	Infusorium.	Olearium.	*Salsarolium.	Tressellus.
Fabricinium.	*Justifical.	Olfactorium.	*Salssayronus.	*Trossis.
Fasculum.	Justa.	Oliferale.	*Saltseller.	Trublium.
*Ferrata.	Justitia.	*Olla.	*Salzeria.	Truca.
Ferratum.	Ketel.	*Oma.	*Saria.	Trullio.
*Fiala.	*Lacuna.	Ona.	*Sarria.	*Trullum.
Fiola.	*Ladula.	Orca.	*Saucer.	Tunna.
Flasca.	Lancla.	*Orcellus.	Scafa.	*Tupina.
Flaxa.	Lassanum.	Orcium.	Scala.	Turgeolum.
Follis.	Lavatorium.	Orna.	Scapton.	Typrus.
Fons.	Laudunæ.	*Padella.	Scirpus.	*Vacilius.
Fretale.	Lenticula.	*Padena.	*Scodella.	*Vaisellum.
Frivola.	Lepista.	*Paella.	Scortia.	*Vaissalamenta, etc.
Fruitus.	Levit.	*Pagni.	*Scudelaria, etc.	Vas.
Fusorium.	*Lochea.	*Panna.	Scutra.	Vasarium.
*Fustaillia.	*Luteus.	*Parolla.	*Semalis.	*Vasatum.
Gabata.	*Magides.	Patena.	Seria.	*Vassella, etc.
Garalis.	*Malluviæ.	*Peyrollus.	Sirascula.	Vascio.
Gaster.	Manile.	*Pigarium.	Sitarchus.	Veges.
*Gaveda.	Maninga.	*Pilata.	Socceus.	*Vexelamentum.
Gemellarium.	Manulavium.	Pipa.	Sperum.	*Veyssellata.
Gemellio.	*Manzerina.	*Pipotus.	Standa.	Vinageriæ.
Gergena.	*Maracio.	*Pirum.	Staupus.	Viniforum.
*Gerla.	Mazer.	*Pitalfus.	Stloppum.	Vitrum.
*Gerlonus.	*Meisa.	Pitharia.	Suffusorium.	Urceolus.
Gillo.	Mellarium.	*Placta.	Sulzita.	Utriciscum.
*Gobel.	Mensorium.	Platellus.	Sumptorium.	*Zuber.
*Gobelletus, etc.	Merarium.	*Poteller.	Suruscula.	

ALIA AD SUPELLECTILEM SPECTANTIA.

Abacium.	*Alabrum.	*Aysina.	Bassuaria jumenta.	*Bipes.
*Abbanum.	*Allectorium.	Aulaticum.	Basta.	Birotum.
*Abrica.	*Almatracium.	Aumarium.	Bastaga.	Bisellum.
*Absconcia.	Amalupus.	Auriculare.	Basterna.	*Bistapia.
*Absconsa.	Amblacium.	Axovar.	*Bastum.	Blanx.
Accaro.	Anclena.	*Baccale 1.	*Baudrerium.	*Boeta 2, etc.
Accubitus.	Anclidia.	Baciballum.	Bazana.	*Boistia.
Aciarium	*Andasium.	*Badillus.	Becca, Besca, etc.	*Boldronus.
Acisculum.	Andena.	*Baga 2.	*Denavesa.	*Bonecta.
Actile.	*Antipirgium.	Bahudum.	*Benellus.	Brander.
*Acuarius.	*Antorca.	Balaium.	Benna.	Burrene.
Acucula.	Aptamentum.	*Balança.	*Bera 2.	*Cabacetus.
Aczadus.	*Arar.	*Balansa.	Berciolum.	*Cabia 1.
Adfrutabulum.	Arsina.	Balanx.	*Berocata.*	Cacia.
Affurabulum.	Artabularius.	Bahnia.	*Berrinia.	Cadomea.
Agitarium.	Artavus.	*Banchale.	*Besogium.	Caga.
*Aguechiarolus.	Artificium.	*Banchart.	Besilium.	Cama.
*Agulia.	Arula.	Bancus, Bancale, etc.	Beudum.	Campsa.
*Agullium.	Astraba.	*Bangus.	Bidubium.	*Canada.
Aichata.	Attillamentum.	*Bara 2.	Biga.	Capetum.
*Aisamenta.	Averum, Averii, etc.	*Barocia.	*Bigo.	Capisterium.

INDICES AD GLOSSARIUM.

Capitale.	*Cubella.	Forfex.	Manta.	Scamnale.
Capitium.	Cubicularis.	Fossorium.	Manualia.	Scimpodium.
*Carmalherium.	Cubiculum.	Frixorium.	Manuaria.	Scissorium.
Carnus.	Cubitale.	Fugillus.	Maratoriæ, etc.	Scrippum.
Carreta.	Cubitorium.	Fulcralia.	Marra.	Scriptorium.
Carruca.	*Cucchiarius.	Fulcrari.	Massaritia.	Scuditia.
Cascia.	Cuculata.	Furnimentum.	*Massericia.	Sedes.
Castibulum.	*Cugnieta.	*Gallonnum.	Matta.	Sediculum.
Castularius.	Cultelius.	*Gardenappa.	Mensale.	Serriculum.
*Caybla.	Curullum.	*Garrosseria.	Mensarium.	Socus.
Cazola.	Cussinus.	Genuflexorium.	Ministerium.	Soket.
*Cela.	Custodia.	Gerula.	Natta.	Soliar.
*Celoria.	Dagus.	Gestarium.	Navis.	Species.
*Chalo.	*Dalha.	Gestatorium.	Netorium.	Spicum.
*Charpa.	Dapocleorium.	*Gostarium.	Nutrimen.	Spitum.
Cillaba.	*Dardena.	*Goyardus.	Osanna.	Spolium.
*Cisellus.	Deis.	*Guarnamentum.	Pala.	Spondalis.
*Cisorium.	Delphica.	Gulbium.	Palus.	Sternum.
Cistæ.	Dentrix.	*Haceta.	Panellum.	Storium.
Cistellum.	Desca.	*Hachio, etc.	Panga.	Straduna.
Clenodium.	Digitabulum.	*Haudragua.	Pannulula.	Stragiola.
Clepo.	Dolabrum.	*Hemisperium.	Pectinarium.	Stratilectilia.
Clepsydra.	Dolatoria.	*Heptamyxos.	Phalera.	Stratorium.
Cliothedrum.	*Donzella.	Hercia.	Planarati.	Subjuga.
Clusorium.	*Dressaderium.	*Herpius.	Ploum.	Subjunctorium.
*Coctorius.	Dressorium.	Herpix.	Plumarium.	Subselliæ.
*Cocupendium.	Eda.	*Hucellus.	Plumbum.	Subtela.
Cœnovehum.	*Emuscarium.	Incisorium.	Psiathium.	Sudaria.
Cofferum.	*Enclugia.	Instaurum.	*Quadrillus.	Suppedaneum.
Cofinus.	*Endes.	Jocalia.	*Quadruga.	Tamisium.
*Coffrus, etc.	Erinaceus.	Lampena.	*Quæssia.	Tapesium.
Collus.	Erptia.	Lectarium.	*Quicaudaina.	Torale.
*Conciaturia.	*Escoramentum.	Lecticocessium.	Rampico.	Torallum.
Condus.	*Estauramentum.	Lectisternium.	Recla.	Toreuma.
Cophinus.	*Estoramentum.	Lectistitium.	Reclinatorium.	Toxa.
Coppetella.	Expedimentum.	Lectuale.	Rhed.	Traga.
Corbecula.	Falcile.	Lectuarium.	Rhedo.	Transfossorium.
Cornu.	Faldao.	Lectumstratum.	Rotundarium.	Trestellum.
Corvilla.	Faldistorium.	Lectus.	Runcina.	Triga.
Costrelli.	Fallera.	Leviga.	Sabanum.	Triparium.
Cottum.	Ferculum.	Libellare.	Sabuta.	Tripetia.
Cotus.	*Fermalium, etc.	Lidorium.	*Sagimentarium.	Trisiles.
*Cowele.	Fertorium.	Longellus.	Sagma.	Truella.
Cramaculus.	Fervorium.	Lucernarium.	Salaria.	Vanga.
*Crammale.	Fisco.	Lucibrum.	Sapa.	Vectorium.
*Cratera.	Flagellum.	Lutherium.	Sarpilleria	Vertibulum.
Credentia.	Flassata.	*Mainagium.	Sartago.	Vispilio.
*Crivellus.	Fodio.	Mala.	Scamellum.	Umbellum.

XL.

TITULI HONORARII, COMPELLATORII.

*Aba 2.	Angelus.	*Benedicite.	Clarissimatus.	Dignatio.
Almitas.	Auctoritas.	*Carissimus.	Claritas.	Dignitas.
Almus.	*Beatissime pater.	Celsitudo.	Corona.	*Discretio.
Altitudo.	Beatitudo.	Christianitas.	Dicatio.	*Disgressio.

INDICES AD GLOSSARIUM.

Dominatio.	Germanitas.	Magnitudo.	Porphyrogenitus.	Sanctitudo.
Dominus.	Gloria.	Majestas.	Potentia.	Ser.
Domnus.	*Gloriantissimus.	*Metuendus.	Præcellentissimus.	Serenitas.
Domnula.	*Gratia.	*Monarches.	*Præcipuissimus.	*Serenissimus.
Donna.	Honorabilitas.	*Mossen.	*Præclarissimus.	Spectabilis.
Egregiatus.	Honorificentia.	*Na.	Præcluis.	*Splendidissimus
*Egregissimus.	Humilis, etc.	Nobilissimus.	*Prælustrissimus.	*Strenuitas.
Eminentia.	Illustris.	Nobilitas.	*Præstantia.	Sublimitas.
En, Ena.	Indoles.	*Panhypersebastus.	*Providus.	*Supercellens.
Eximietas.	Infans.	*Parvitas.	Purpurati.	Superillustres.
Exspectabilis.	Laudabilis.	Perfectissimus.	*Religiositas.	Tantitas.
Extremitas.	Magistratus.	*Perpetuus.	*Reverendissimus, etc	Tranquillitas.
Filiolitas.	Magnificentia.	*Piissimus.	Reverentia.	Venerabilitas.
Flavius.	*Magnipendissimus.	Pius.	Sanctitas.	Venerantia.

XLI.

TRIBUTA, VECTIGALIA, PRÆSTATIONES, EXACTIONES, OPERÆ, SERVITIA, ETC.

*Aaisientia.	*Aempra.	Angariæ.	Assagium.	*Baralcata.
*Abbadia 1.	Æneum frumentum.	*Annacia.	Assidere, etc.	Barbicanagium.
Abactio.	Æquatio.	*Annacium.	*Assieta 3.	Barganaticum.
*Abbergagium.	Ærariæ annonæ.	Annales.	Assisa.	Barillagium.
*Abberguata.	Affaitamentum.	Annata.	*Audica.	*Barolhagium.
*Abegeria.	Afficavagium.	Annuale.	Audientia.	Barræ.
*Abergare.	Afflictus.	Annuitas.	Avenagium.	Barragium.
*Abomagium 1, 2.	*Afflictus.	*Anserulorum.	Aventura.	*Barralagium.
Abra.	*Affoagium.	*Antivagium.	Averagium.	*Barrilagium.
*Abuvragium.	*Agirrisis.	Anubda.	Avercorne.	*Barrnum.
Accapitum.	Agistare.	*Anvoire.	Averpeny.	*Bassina.
Accensa.	*Agnacia.	*Appanagium.	Aurum comparati-	*Bastagium 2.
Accubitus.	Agnus.	*Appendicium 1	tium, coronarium,	*Bastinum.
Acheso.	*Agrana.	*Appentitium.	oblatilium, pœno-	Bathinodium.
Aciarium.	Agrariæ.	Apportum.	sum.	Batuda.
*Acquitagium.	Agrarium.	Apprehensio.	Autopracti.	Baucagium.
*Acquitum.	*Agreria.	*Aquagia.	Auxilium.	*Beassa.
*Acustumare.	Aguzadura.	*Aquagium.	Auzeda.	Beconagium.
Acrimoniæ.	*Aidæ.	Aquaria.	*Azempium.	*Bederipes.
Adcordabilis.	Alacadiæ.	Aquatia.	*Azenaria.	Befehl.
*Addecimari.	*Alausagium.	Aquaticum.	*Badatgium.	*Bennagium.
*Addoare.	Alcavala.	Aquatura.	*Baisemain.	Benerth.
*Adducimentum.	Alegium.	Araticum.	*Balancia.	Perbiagium.
*Adductio.	Aletal.	Arativum.	Balena.	Beregafol.
Ademprum.	Alfarda.	Aratura.	*Balia 5.	Berna.
Ademplio.	Allevamentum.	Arboragium.	*Balisagium.	Besenagium.
Adhoa.	*Allogamentum.	Arbustaria.	*Balneria.	Deuragium.
Adjutorium.	Altare.	Arceutum.	Balneaticum.	Biberagium.
Admoagium.	Altaragium.	Areaticum.	*Banagium.	Bichenagium.
*Adoha.	*Aminagium.	*Armania.	*Bancagium.	Bicocaria.
Adripagium.	*Amiscere.	Arquintale.	Bancaticum.	Biennum, Bidan-
Adsuetudo.	*Amoissonata tallia.	*Asbergus.	*Bandairagium.	num, etc.
Adventus.	*Anceria.	*Asinaria.	*Bangagium.	Bierbannum.
Adversationes.	Anchoragium.	*Asnagium.	Bansolmora.	*Billonus 2.
Advocatio.	*Anchoraticum.	Aspargia.	Banwerc.	Bina.
*Ædificamentum.	Andamentum.	Assa.	*Baptisagium.	

INDICES AD GLOSSARIUM.

*Binagium.
*Binnum.
Bissextus.
Bladada.
*Bladata.
*Bladeria.
Blakmale.
*Blandimentum 2.
Blaveria.
*Boada.
*Boairia.
*Boata.
*Boateria.
*Bobrownici.
*Boccagium.
*Boccagivum.
*Bochayragium.
*Bodium 1.
*Boeria.
*Boiac.
*Boirada.
*Boissellus 3.
*Boista.
*Bonagium.
Bonitas.
Boquetallum.
*Boragium.
*Bordaria 1.
Bornewing.
Boscagium.
*Boscaticum.
*Boschadum.
Bosselagium.
Bossonagium.
Bota.
Botagium.
Botellagium.
*Botillagium.
Bovagium, Bohada.
*Bovaticum.
*Boucagium.
*Bourdonagium.
*Bourgagium.
*Boyranum.
*Boyssagium.
Braconagium.
Brazeagium.
Bren.
Brennagium.
*Brostagium.
Bucstal.
Bufetagium.
Burdatio.
*Burdura.
Burgagium.
Burgh-bote.
Burgh-brech.
Buscagium.
*Buscherium.
Butagium.
Buxetum.
*Cabagium.
Cabale.
Caballacum.
*Cabella.
*Cabestragium.

Calcagium.
*Calcaturæ jus.
Calcearium.
*Calcegium, etc.
*Calceus.
Calciaticum.
Calefagium.
Calix.
*Callagium.
*Callega.
Calta 2.
Calx, Calcaria, etc.
*Calzarus.
Camelasia.
Cameragum.
*Campanaria.
*Camparia.
*Campartatio.
Campalgium.
*Campertum.
Campipars.
*Canda.
*Candela 3.
Candelæ de Madio.
Canon.
*Cantagium.
*Capagium.
*Capalgium.
*Capaticum.
*Capellaticum.
Capetiæ.
*Capisolidum.
Capistragium.
*Capitagium.
Capitale.
Capitalilium, etc.
Capitaneum.
Capitatio.
Capitulum.
Caplim.
*Capones.
*Caprinum.
*Capsol.
*Captamentum.
Captiones.
Capturæ.
Caput.
Caractio.
*Caratum.
*Caratus 3.
Carbonagium.
*Censa.
Carbonis Præbitio.
*Carcagium.
*Carcellaria.
Carcerarium.
Caria.
Cariagium 1, 2.
Carigo.
*Cario.
*Caritas 11.
Caritativa Subsidia.
Carnale.
*Carnalegium.
Carnaticum.
Carneragium.
*Caropera.

*Carpentagium.
*Carradia.
Carræ.
*Carratum.
*Carreagium 2.
Carreda.
Carreium, etc.
Carretum.
*Carrifigium.
Carrigatio.
*Carrigium.
*Carroeum.
Carropera.
*Carrotum.
*Carruagium.
Carrucagium.
*Carrucha.
*Carta 2.
*Cartaritia.
*Cartayragium.
*Cartularium 2
Carvaticum.
*Caruum.
Casalaticum.
Casaticum.
*Casatum.
*Casatura.
Casta.
Castelgardum.
Castellagium.
Castellum.
Catabolum.
Catenaticum.
Cathedraticum.
*Cathena 2.
*Cavatgium.
*Cavaticum.
*Caucagium.
*Caufagium.
*Caula.
Caulagium.
*Caupo.
*Caupoleria.
*Cautilleria.
Cayagium.
*Cayroe.
*Cazatura.
*Celarium.
*Celeragium.
*Cenagium.
Censa.
Censaria.
*Censillagium.
Census.
Centesima.
Centurionum jura.
Ceparum usaticum.
Ceragium.
Cercha.
*Cerchia.
*Cergia.
Cerocensus.
Cespitaticum.
*Chamberlagium.
Chantelagium.
Chantellum.

*Charfagium.
*Chargia.
*Chargiagium.
*Charierum.
*Charisterium.
*Charmea.
*Charneragium.
*Charraagium, etc.
Chartiaticum.
*Chevallagium.
Cheminagium.
*Cheminus.
*Chenaria.
Cherchez.
*Chestis.
*Chevalchia.
*Chevalligium.
*Chevenaceria.
Chevescium.
Chirographa.
Chirotheca, etc.
Chrismales denarii.
*Cibrio.
*Cinis.
*Cinovagium.
*Cinquina.
Circulagium.
Ciricsetum.
Circmanagium.
Cirlistus.
*Cisa.
*Cissa.
Civadagium.
*Civadinum.
Civeragium.
*Ciza.
Clama.
*Clavagium.
Clusiaticum.
*Cocagium.
Cœna.
Cœnaticum.
Cœnatio.
Cofra.
Cogeshust.
*Cogrerium.
Cohuagium.
Collatio.
Collativum.
Collecta, etc.
Collectio.
*Collementum.
*Columbatio.
Colonaticum.
Colonitium.
Colta.
*Comcanaria.
*Comestia.
Comestiones.
*Commeatus.
Commenda.
*Commendaria
Commendisia.
Commensalia.
*Commerchium.
Commercium

Commodum.
Commune.
Comortha.
*Compagium.
Compares.
Compensus.
Complainta.
Complantum.
*Comtalia.
*Concensus.
*Condarium.
Conditio.
*Conductore.
*Conductio.
Conductus.
*Conduma.
Confertum.
Confessio.
Conjectus.
Conredium.
*Conssoa.
*Constitucio.
Constitutio.
*Consua.
Consuetudo.
Continium.
Contradictoria.
Contragagium.
Contramandare.
Convivium.
*Copa 3.
*Copum.
Coptumum.
*Coraagium.
*Coragium.
*Corbellagium.
Corda.
*Cordaritia.
*Corileta.
Cornagium.
Cornesagium.
Corngavel.
*Cornuagium.
Coroaca.
*Coroada.
Coroata.
Corona.
Corrata.
Corregeum, etc.
Corretagium.
Corrogata.
*Corruagia.
Corvatæ.
*Corsura.
Cossa.
Cossatum.
*Costa.
Cotagium.
Cotalata.
Cotum.
*Couagium.
*Granna.
*Crassa.
*Crawegiæ.
Criagium.
*Crusellus.

INDICES AD GLOSSARIUM.

Crustica.
Cubia.
*Culagium
Culcita.
*Cullarata.
*Culmagium.
Culvertagium.
*Cuminus.
*Cuns.
Cupa.
Cuponagium.
*Curandinum.
*Curaria.
Curatoricii equi.
Curatura.
*Curia.
Curmedia, etc.
*Currus.
*Curvaticum.
Cussols.
Custodiæ.
*Cussura.
Cut.
*Cysa.
*Czopowe.
Danigeldum.
Data, Datio, etc.
*Daticus, Datitia, etc.
*Deablagium.
Debitale.
Debitum.
*Dechi.
Decimæ.
Decimum.
*Delacentiva.
Demandæ.
*Demonstratio.
Denarius.
*Deprecansatio.
Descensus.
*Descharga.
Describere.
Descriptio.
*Deublia.
*Deverium.
*Devetum.
Devotio.
*Dextrariale.
Diagraphum.
*Dicofrit.
*Dimidia.
*Dinchoru.
Directum.
*Dominagium.
Dominatio.
Dona.
Donaticum.
*Donatio.
Donum.
*Doreium.
Dorina.
Dossagium.
Douta.
Dratha.
*Drictum.
*Drictus.

Drinclean.
Duclitia.
*Ducatus 6.
*Dugana.
*Dugaria.
*Duhana.
*Duodena.
*Dynerium.
Ebedju.
*Ebonnagium.
*Echioma.
*Effoagium.
Eleemosyna.
*Ementum.
*Emeyragium.
Emolumentum.
Emphanisticum.
*Emplecha.
*Emptio.
Encænium.
Enguisse.
*Entrata.
*Eperlecha.
Epimenium.
Epimetrun.
Episcopalia.
*Equitatura.
*Equitatus.
Equus.
*Era.
*Eberjagium.
*Esbonachium.
*Escapitis.
*Escengia.
*Escharonçonnum.
*Eschenum.
*Escheuta.
*Eschivium.
*Esciere.
*Esclusagium.
*Escluviamentum.
*Escober.
*Escrannia.
*Esmagium.
Espandagium.
*Espaules.
*Espravieura.
*Estagium.
*Estannus.
*Estaulagium.
*Estilguachia.
*Estoblagium.
*Estocagium.
Estoublagium.
Esus.
Eulogiæ.
*Exacta.
*Exactura.
*Excidium.
Exclusagium.
Exclusaticum.
Excubiæ.
Excusaticum.
*Excursus.
Exenium.
Exercitus.

*Exfida.
Exhibitiones.
Exigentia.
Exitura.
*Exitus.
Expeditio.
*Expletum.
Expositiones.
*Exsisa.
*Extimum.
Extolneare.
*Extorquamentum.
Extortiones.
*Extracha.
Fabacena.
Fabarium.
*Fabiacum.
Factio.
Facula.
*Faitum.
*Falangagnum.
*Falangaticum.
Falcagium.
*Falcare.
Falcillagium.
Falconagium.
*Falx.
*Fara.
Farinagium.
*Femagium.
*Fenatagium.
Fenateria.
Fenator, Fenagium.
Fenestragium.
Fengeldum.
*Feraticum.
*Ferra.
*Ferracia.
Ferculum.
Ferdfare.
Ferdwita.
Fermentada.
Ferratica.
Festagium.
Festragium.
Fetwita.
Fidantia.
*Fidata
*Fidencia.
*Finacio.
*Financia.
*Finare.
Firdefare.
*Firmagium.
*Firmancia.
Fiscalia.
Foagium.
Focata.
*Focatum.
Fodrum.
*Fodrumbannum.
Fogagium.
*Fonseyus.
Fontagium.
*For, Fora.
Foragium.

Foraticum.
*Forcagium.
*Forcatica.
*Forchagium.
*Forchia.
*Forcia.
*Foremaritagium.
Forestagium.
*Forestalia.
Foriscapium.
*Forletum.
*Formentada.
*Fornatica.
Forprisa.
*Fortia.
*Fossadera.
*Fossagium.
*Fossamentum.
*Fossataria.
Fossatum.
*Fouagium.
*Foulagium.
*Franchisia.
Fraternitas.
*Fregsingarium.
*Frenagium.
*Fretum.
Friscinga, etc.
*Fromaginum.
*Fronde.
*Froyre.
Fructuaria.
*Fructuaria.
Fructuationes.
Frumentagium.
*Fuagium.
Fumagium.
*Fumale.
*Fumans.
*Fumanteria.
*Fundacagium.
*Fundinavis.
*Funeralia.
*Funsalis.
Furfari.
*Furmenassium.
*Furnacha.
Furnagium.
Furnaticum.
Fusio.
*Fyrken.
*Gaagnium, etc.
Gablum.
*Gaforium.
Gafulland.
*Gaidia.
*Gaita.
*Galbagium.
*Galeagium.
*Gallina.
Gallinagium.
Gallinium.
Gandargium.
Garbagium.
*Garda.
*Garennagium.

*Gastinedum.
*Gavagium.
*Gavaldatus.
*Gavalum.
Gavelbred.
Gaveldung.
Gavelfother.
Gavelerthe.
Gavelrip.
Gavelsester.
Gaveltymber.
Gavelwerk.
Gavena.
*Gaugettum.
*Gelignagium.
Gellagium.
*Gerbagum.
*Gerberia, etc.
Ghescot.
*Gietus.
Gildum.
*Giota.
Gistum.
*Glandacium.
Godgildum.
Granchiagium
Grasanet.
*Grasheart.
*Gratarola.
Gravaria.
*Gravedo.
*Graveria.
*Gravitas.
*Criatoria.
Griechia.
*Gruagium.
Gruarium.
*Grundruhr, etc.
Grutpopte.
Grutt.
Guaccia.
*Guaitia.
*Guarda.
*Gubernaculum.
*Guerbagium.
Guidaticum.
*Guimagium.
*Gustare.
*Gyndragium.
*Hæresis.
*Haferban.
Haia.
Halbannum.
Hallebic.
*Halvehare.
*Halwin.
Hanic.
Hansa.
Hartpenni.
*Hasbanum.
Haspacium.
Havagium.
*Haveneghelt.
*Haunaigium.
*Hauptrecht.
*Heagium.

INDICES AD GLOSSARIUM.

*Heerwadium.
*Hellebic.
*Herbagia.
Herbagium.
*Herbantum.
*Herbegage.
Herberga.
*Herbergagium, etc.
Heredpeny.
Herezelda.
*Hergewede.
Hergewith.
Ilidagium.
*Hondepeny.
Honor.
Hornegeldum.
*Hospitagium.
*Hospitalagium.
*Hospitatio.
*Hostagium.
*Hostena.
*Hostia.
Hosticum.
Hostilagium.
Hostilitium.
*Hostreantia.
*Horlagium.
Husgablum.
Husloda.
*Huusghelt.
*Jacentia.
Jacere.
*Jactus.
Jantar.
*Jalagium.
*Jaularia.
*Jeta.
*Illatio.
*Imbotatura.
Immissio.
Impastum.
*Imperamentum.
*Imprecaria.
*Incarceramentum.
Incisio.
Incisura.
Indictio.
Inferenda.
Injectio.
Inpeny.
Inquisitio.
Inslotum.
*Institutio.
Intragium.
*Intrata.
*Inlrogium.
Introitus.
*Isshac.
*Judicatura.
Jugaticum.
Jugeria.
Justitia.
*Jutzia.
*Jux.
*Kaagium.
Kalendaticum.

*Kavaticum.
Kemrod.
Kilket.
*Killagium.
Kingeld.
Kunigsteur.
Ladmen.
*Laignerium.
*Lampragium.
Lana.
Landgable.
*Lantscoef.
Largagium.
Lastagium.
Laudaticum.
Lause.
*Layda.
*Laynagium.
*Leauda.
*Leczta.
*Ledinm.
Ledtchet.
*Leminalaige.
*Lemna.
Lentiacum.
*Leoda.
*Lessylver.
*Lesta.
Leva, Levata.
*Levagium.
Leudis, etc.
Leyrwit.
*Lezca.
*Lia.
*Liagium.
Libertas.
Libertaticum.
Libum.
Lignagium.
Lignarium.
*Linagium.
Lito.
*Lobegelt.
*Loideria.
Lot, Lotum.
*Lotpenninge.
*Lozta.
*Maagium.
*Macellus.
*Macula.
*Magisca.
*Magisterium 6.
Magistratus.
*Magistria.
*Maiestade.
*Majoria.
*Mairchieus.
*Maleablatum.
*Maletollettum.
*Malevantia.
Mallevantia.
*Malmola.
Maltota.
Maltshot.
*Managium.
*Manaticum.

*Mancheus.
*Mancid.
*Mancio.
*Mandatagium.
*Manducarium.
*Manebra.
*Mangerium.
Manopera.
Mansio.
*Mansionatica.
Mansionaticum.
*Mansura.
*Marcha.
Marchetum.
*Marchmutle.
*Marciagium.
Marcouceia.
Marena.
Marescalciæ.
Mareschagium.
*Maritatio.
*Maritorne.
Martellagium.
*Masuragium.
*Mautstet.
*Megaria.
*Meisonegs.
*Melagium.
*Melleia.
*Membragium.
Mensata.
*Mensuragium, etc.
Mensuraticum.
*Mercaria.
Mercimoniatus.
*Merita.
*Mesio
*Messa.
Messale.
*Messerium.
Messio.
*Messis.
Mestiva.
*Mestura.
*Mesuragium.
*Mesuagium.
Militia.
Minagium.
*Minegancia.
*Minellus.
*Minutio.
*Misa.
*Misia.
*Missagium.
*Mixtum.
*Moagium.
*Mocinagium.
*Modiagium.
Modiatio.
Moditio.
*Modolagium.
*Mogtonagium.
*Moisonna.
*Molegium.
*Molendinaria.
*Molendinatio, etc.

*Molendura.
*Moleria.
*Molneria.
*Molta.
*Monagium.
*Monedagium.
Monetagium.
Monetaticum.
Monetatio.
Montaticum.
*Montitium.
*Mortaillia.
Mortalagium.
Mortalia.
Mortitium.
Mortuarium.
*Mos.
*Mosta.
*Mostonagium.
*Motagium.
Motaticum.
*Mouldura.
*Moultunagium.
*Moultura.
*Mounagium.
*Moutonnagium.
*Muagium.
*Muanda.
*Mucucio.
Mulca.
Mulneragium.
Multatio.
Multonagium.
Multura.
*Munus.
Muragium.
Musella.
Muta.
Mutationes.
Mutuum.
*Nabulum.
Napatica.
Narod.
Navaticum.
Naufragium.
Naulum.
Nauticatio.
Nefrendicium.
*Neiagium.
*Neissac.
Nertagium.
Nocturna.
Nona.
Nonagium.
Nox.
Nuptæ.
Nuptiaticum.
Obedientia.
Oblata.
Oblatio.
*Obligium.
Obsonium.
Occasio.
Occursus.
*Octava.
*Octavagium.

Octavarium.
*Offra.
*Oiancia.
*Oneragium, etc.
*Onus.
Operæ.
Operata.
*Optio.
Ordeacum.
*Ost.
Ostensio.
*Otrisiæ.
*Ottroium.
Ovagium.
*Ovele.
*Oveum.
*Ovilegium.
*Ovinum.
Oxonium.
*Oyentia.
*Pabulaticum.
*Pabulum.
*Pactio.
*Pactionarium.
Pactum.
*Pudogutia.
*Pagagium.
*Pagium.
*Pagnagium.
*Pailhum.
*Paironal.
Paladuit.
Palagium.
Palaticum.
*Palea.
*Paletegium.
*Palfrey-silver.
*Palheum, etc.
Palificatura.
*Palliales.
*Palliaria.
Panagium.
*Panasticum.
*Pannum.
Papelina.
*Parangariæ.
Paratæ.
*Paratus.
*Paretæ.
Parochiagium.
*Parvum.
*Pasata.
*Pascairagium.
*Paschagium, etc.
*Pascungium.
*Pascuarium, etc.
*Pasnagium.
*Pasquerium.
*Passadium.
Passagium.
Passata.
*Passazium.
*Passibile.
*Passonagium.
*Passorgium.
*Passus.

INDICES AD GLOSSARIUM.

*Pastagium.
Pastio.
*Pasturagium.
Pastus.
*Patentitium.
*Paticium.
*Patrimonialia.
Patronaticum.
*Paxiagium.
*Payeria.
*Paysnaticum.
*Pazagium.
*Peatga.
*Peaticus.
*Pecca.
*Pecha.
*Pecies.
*Pecta.
*Pecuniaria.
Pedagium.
*Peditura.
Pedocheum.
*Pegagium.
Peissonagium.
Peitæ.
Pelagium.
*Pellagium.
Penygeldum.
*Pennagium.
Pensa.
Pensus.
*Pentecostalia.
Penygavel.
Peregrinatio.
*Perforagium.
*Perso.
Pertusagium.
*Pesadura, etc.
*Petagium.
*Petercorne.
Petitio.
*Petiva.
*Peyra.
*Pfundtzoll.
*Phalangaicum.
*Phalangeticum.
Picagium.
*Pictavinagium.
Pilagium.
*Pilagium.
Pilaceum.
*Pinagium.
*Pingueia.
*Piraticum.
Piscatores.
*Piscis.
Pissonagium.
*Pitagium.
*Putura.
*Placitamentum.
*Plageagium.
Plaintagium.
*Planchagium, etc.
*Plantaticum.
Plassagium.
Plateaticum.

*Plaza.
Plebes.
*Plobegum.
*Ploghs-penninge.
*Pocagium.
*Polagium.
*Pollastrum.
*Polveragium.
*Pontale.
Pontaticum.
*Pontinium.
Pontonagium.
Pons.
*Porcagium.
Porcellagium.
*Porchetta.
Porcilatio.
*Porragium.
Porta.
*Portatia.
Portaticum.
Portorium.
Portulaticum.
*Portusiacium.
*Postaticum.
Potagia.
*Potagium.
Potus.
*Poudragium.
Præcinctura.
*Præsencium.
Præsentatæ.
Præsentia.
Præstagium.
*Præstantia.
*Praragia.
Prandium.
*Pratagium.
*Preagium.
Precaria.
*Precatio.
Precatura.
Preces.
*Prendimentum.
*Prensio.
*Presa.
Presbyterium.
*Preseca.
Presentia.
*Presonagium.
*Pressatio.
*Pressoraticum.
*Pressura.
*Pretaria.
Prezechi.
*Prienta.
*Primavera.
*Prin.
*Prinzia.
Prisæ.
*Prisia.
Prisionagium.
*Pristina.
*Proangaria.
*Procensus.
Prodecima.

*Prohibitio.
*Pronunciatio.
Propina.
Proponenda.
Proscriptio.
*Protagium.
Provodnarem.
*Proxmetum.
Publicum.
Publicarium.
*Puenchatge.
*Pulagium.
Pulveraticum
*Purchrecht, etc.
*Quadraticum.
Quadriga.
Quæsta.
*Quarentena.
Quarentenum.
*Quarretum.
*Quarriagium.
Quarta.
Quartagium.
*Quartalagium.
*Quartesima, etc.
*Quarto.
*Quathedraticum.
*Quatisonia.
*Quidagium.
*Quinquaginale.
Quintadecima.
*Quintalagium.
Quintellum.
Quintum.
*Quintum.
Quota.
*Racha.
Rafica.
*Rameragium.
*Rapina.
*Raportus.
*Rasamentum.
Rastellagium.
*Rationamentum.
*Ratorium.
*Razonamentum.
*Recepta.
Receptum.
*Rechetum.
*Recognitio.
Rectitudo.
*Rectum.
*Redagium.
*Redda.
*Reddebutio.
*Reddencia.
*Reddidencia.
*Reddimium.
*Reddita.
*Redditio, etc.
*Redebentia.
*Redebutio.
Redecima.
*Redevancia.
*Redibiaria, etc.
Redhibitio.

*Redimentia.
*Rediventia.
*Redoancia.
*Redonancia.
Refectio.
*Refello.
*Regaldum.
Regalia.
*Regardum.
*Regichium.
Regium.
*Regressa.
*Reguardium.
*Remasencia.
*Remigium.
Remissaria.
*Renegeld.
*Renovale.
*Renso.
*Renta, etc.
Reportarium.
*Reportus.
*Reprisa, etc.
Requesta.
*Requisibilis.
*Requisitio.
Respectus.
Responsaticum.
*Retentio.
*Retiaticum.
*Retributio.
*Retroaccapitum.
Retrodecimum.
*Retrofidancia.
Reva.
*Revodum.
*Ricorda.
Riga.
Ripa.
Ripaticum.
*Ripatus, etc.
*Rispagium.
*Ritbalgium.
Ritus.
*Rivalagium.
*Roagium, etc.
*Roaticum.
Roga.
Rogus.
*Roisagium.
Romepeny.
Romescot.
Romfeah.
*Rompeni.
Rotaticum.
*Rova.
Rucengia.
Rugadium.
*Rumfeith.
Rumpestat.
Saccus.
*Sacerdotalia.
*Sacla.
*Sacramentagium.
Salagium.
*Salaria.

*Salarium.
*Salaticus.
*Saligium.
*Salimentum.
*Salina.
Salinaria.
*Salinaticum.
*Salinum.
*Saliticus.
*Sallinum.
*Salnaria.
*Salneria.
*Saltsylver.
Saltus.
*Salvacana.
Salvamentum.
*Salvataria.
*Salvesia.
*Salvum.
Salus.
Salutaticum.
*Samna.
*Sarculatura.
*Sartagia.
*Sarvatgium.
Saulscot.
*Scalagium.
Scalatinum.
Scaticum.
Scavagium.
*Scazudia.
*Scharwerche.
*Scheppelschat.
Schessa.
*Schirewyte.
*Schoth.
*Schott.
*Scisa.
*Scire facias.
Scobere.
Scopaticum.
Scot, etc.
Scufia.
Scutagium.
Scutum.
Sedalium.
Sedes navium.
*Segreagium.
Sepiaticum.
*Septena.
*Septenarius.
*Septimagium.
*Septimum.
*Servantagium.
Serventagium.
Servida.
Servitium.
Servitus.
*Sessorium.
*Sestairagium.
*Sexena.
*Sexenus.
*Sextanum.
Sextariaticum.
*Sextayragium, etc.

INDICES AD GLOSSARIUM.

Sgarmigliatum.
*Sicagium.
Sigillaticum.
Siliquaticum.
Sisa, Sisia.
*Sleyagium.
*Sleyscat.
Socagium.
Sogalis.
*Sogneia.
*Solagium.
*Solaria.
Solemnia.
*Solus.
Somata.
*Sonneia.
*Spaagium.
Spargieia.
*Speculatio.
Spenta.
*Sperlagium.
*Spisa.
*Sporlare.
Sporta.
*Stabilicum.
Stabulatio.
*Stacia.
Stagium.
Stallagium.
Stamskut.
*Stangium.
Statio.
*Stazonaticum.
Steura.
*Stocmedus.
*Storata.
*Stoublagium.
*Stradaticum.
Strataticum.
Strena.
*Strictura.
Strina.
*Srofa.
Stropha.
Stud.
*Stuira.
*Stuthkorn.
Subjugatio.
*Subsidium.
*Subvenda.
Subventio.
Suffragium.

Suggillatio.
*Suiancia.
*Summatica.
Supercensus.
Superimpositio.
Superindictum.
*Superportorium.
Superpositio.
Superprisa.
*Superquæsta.
Superstitio.
*Supertallia.
Supertenere.
Synodaticum.
*Tabernaculum.
Tabernagium.
*Tabernaria.
*Tabulagium.
*Tac.
Tacha.
*Tacida.
*Taellied.
Tafuria.
*Tagdienst.
Tagewane.
*Taglia.
Tailhea.
Tailhia.
*Taillagium.
*Taillaigium.
Taillia.
*Tailliagium.
*Taillialio.
*Talagium.
*Talleta.
Tallia.
*Tallianum.
Tallio.
*Tallium.
*Tallum.
*Tanus.
Tanuta.
*Tapsatio.
*Taritaticum.
Tasca.
*Tassagium.
*Tatabolum.
*Taulagium.
*Taulaticum.
*Taussamentum.
Taxa.
Telon, etc.

Telworc.
Temo.
Temonaticum.
Tena.
*Tensa.
Tensamentum.
*Tensio.
*Terçaria.
*Tercenaria.
*Terceolagium.
Terciolagium.
*Tergovina.
*Terguisiades.
*Terquisiaeth.
*Terraceum.
*Terrageria.
Terragium.
Terraticum.
*Territagium.
Tersana.
Tertiæ.
Tertiagium.
Tertiana.
Tertiaria.
Tertium.
*Tessara.
Testagium.
Tethingpeny.
*Teumitum.
*Thalia.
*Thasca.
Thesaurus.
*Thorelagium.
*Thronum.
*Thubaticum.
Timberlode.
*Timonachum.
Timonagium.
*Tol.
*Tolagium.
*Toll, etc.
*Tolletum.
*Tollomena.
Tolsester.
Tolta.
*Tolticium.
*Toltura.
*Tomicata.
*Tonagium.
Tonna.
Tonneurs.
Torrelagium.

Tortitudo.
Tota.
*Touragium.
*Tourtelagium.
Trabaticum.
*Tracta.
*Trahaticum.
Tranaticum.
*Transfretatio.
*Transgressibiles.
Transitus.
Transvectura.
*Transversum.
Trassa.
Trava.
Traversum.
Trecensus.
*Trentena.
*Treusa.
Trezenum.
Triblagium.
Tributatio.
*Tribuum.
Tricesimalis.
Trigesima.
Tronagium.
Trossa.
*Truagium.
*Truncagium.
Tunnagium.
Turnus.
*Turnus.
Turris.
*Tymonagium.
Vacca.
Vaccaginm.
*Vaccaticum.
*Vale ultimum.
Varcinaticum.
Varea.
*Vasaticum.
Vassaticum.
*Ubilia.
*Vearia.
Veciacum.
*Vecta.
*Vectagium.
*Vedagium.
*Vehanium.
Veluones.
Venda.
*Vendreria.

*Ventenum.
*Ventitio.
Verschinga.
*Vestituria.
*Viale.
*Vianum.
*Vicontagium.
*Vienagium.
Vigiliæ.
Vilager.
Vinada.
Vinagium.
Vinagius.
*Vinata.
*Vinea.
Vineritia.
Vintenum.
Violarium.
*Vionagium.
Viscal.
Visitatio.
*Ultragium.
*Vorzehent.
*Votum.
*Upsclach.
*Urbarius.
*Urbor.
*Usagium.
*Usagius.
*Usancia.
*Usaria.
*Usatgium.
*Usiaticus.
*Ustagium.
*Usus.
Usaticum.
Vultaticum.
Wactæ.
*Warnoth.
Warscot.
*Watergavel.
*Wearvite.
*Wegstura.
*Wicharia.
*Wida.
*Winaticum.
Wrez.
Xenium.
*Zoll.
Zona.
Zwod.

XLII.

VENATICA, SEU QUÆ VENATIONEM ET AUCUPIUM SPECTANT, VOCABULA.

Adlassare.
Alanus.
Atatores.
Alenararii.
Barmbracus.
Bersare, etc.
Beverarii.
Bigarus.
Caciare.
*Cagia 1
*Canceuli.
Captator.
*Captia.
*Caza.

*Cerveia.
*Chassia.
*Claperia.
*Clansis.
*Cloperia.
*Commersum.
Copularius.
*Cunagium.
Cupla.
Curbaculum.
*Destornare.
Discopulare.
Expeditare.
Fera.

Feramen.
Feramus.
*Ferarium.
Ferina.
Ferascula.
*Filacium.
Filatum.
*Firmatio.
Focalia
Footegeld.
Fovinare.
Fuga, etc.
*Garanna.
*Garenda.

*Garenna.
*Haiare.
*Hara.
*Hinnuletum.
*Lactenderium.
Luparius.
Manicium.
Manicularia.
Odorenceci.
*Pargus.
Pedica.
*Ramerium.
*Rethum.
*Retum.

Rubeus feramus.
Rugire.
*Saumanch.
Taliola.
Trista.
*Varanna.
Varus.
*Vautrarius.
*Veltrarius.
*Venabula.
*Ventrerius.
*Viverius.
Umber.
*Vulpecularius, etc.

AUCUPIUM.

Acceptor.
Aeria.
Affammatæ pennæ.
Agrifarc.
Anetapich.
*Arcuare.
Area.
Astur.
*Asturgius.
*Aucupacio.
*Aviculare.

Beccum.
Bloire.
Brenexellus.
Caliga.
Carneria.
Cranohari.
Curbaculum.
*Enzes.
Falca.
Formidines.
*Gibicere.

*Gibiettum.
*Gibostare.
Gyrofalcones.
*Hostoarius.
*Hostorius.
Jactus.
*Lacciuolus.
Lanarii.
Longa.
Lorra.
Loyrum.

Malleolum.
*Mua.
*Mutare.
*Nidalis.
Nidasii.
*Occupatio.
*Oisellare.
Ramagii.
Sacer.
Saurus.
*Scudiciuolus.

Silera.
*Simbells.
Smeriliones.
Sparuarius.
Stagia.
Talus.
*Thona.
*Thuna.
Tornettum.
*Volatus.

XLIII.

VESTES ECCLESIASTICÆ, LAICÆ; RES VESTIARIA.

Abacot.
*Abanec.
*Abilbamentum.
Accubitoria.
Acitara.
Acupictus.
Acus.
Adlicula.
Admasurus.
*Affectura.

Agnafus.
Agnellinus,
Aiot.
Aketon.
Alamanesca.
Alba.
Alfanegue.
*Algotatæ.
Alguexis.
Alicula.

Aliphasis.
Alloverium.
Almucium.
Amictorium.
Amictus.
Amphibalus.
Amphimallus.
Amustia.
Anabala.
Anaboladium.

Anabolagium.
Anciriana læna.
Andromeda.
Augelica vestis.
Anitergium.
Antela.
Antemanica.
*Antiphona 1.
Arest.
*Arganum.

*Argandum 3.
*Argavum.
Armilausa.
Armillum.
Armispatha.
Articularius.
Ascopera.
Asemus.
Aspergo.
Atrabaticæ.

INDICES AD GLOSSARIUM.

Adtogatio.
Averta.
Aurifilum.
Aurifrigia.
Auroclavus.
Aurotextilis.
Baen.
Balandrana.
Baldakinus.
Baldrellus.
Baldringus, etc.
Baltheus.
*Bandegruina.
Bandellus.
*Banoa.
Barbaricum.
Barbaricarii.
Bargilla.
*Barillotus.
*Barmus.
Barracanus.
*Barretum.
Batlinia.
Bauga.
*Bavara.
*Beatillæ.
*Beca.
Belamia.
Beneventanum.
Bernichrist.
Betiu.
*Becchettus.
*Belveria.
*Berreta.
Bever.
*Bialdum.
Bifurcati.
Bigera.
Billeus.
Binda.
Birretum.
Birrus.
Bisaccia.
Bissa.
Bissus.
*Blanchetum.
Blatta.
Bliaudus.
Bluet.
Bombax, Bambax, etc.
Boneta.
*Bonetus.
Boquerannus.
*Borboniensis.
Borra.
*Borreletus.
Botonatus.
Bouratium.
Bracæ, Braccæ, Bragæ.
*Bracchiale.
*Brachale.
Bracharium.
Bracheriolum.
Brachiale.

Brachile.
Brachiolineum.
Brachionarium.
Bracile.
*Bragerium 2.
Brandeum.
Brando.
*Bratxia.
Bruneta.
Brusdus.
Brustus, etc.
Brycan.
Buda.
Bulga.
Bulgia.
Bulla.
Burda.
Burra.
Bursa.
*Cabanus.
*Cabessium.
Cabsaricius.
*Cahouetus.
*Calabum.
*Calandra 3.
Calbasius.
Calcar.
Calcia.
Calcio.
Caliendrum.
*Calota.
*Camalottum.
Camasus.
Camelaucum.
Camelotum.
Camellum.
*Camilla.
Camisiæ.
Camisile.
Camoca.
Campestratus.
Camucum.
Canava.
Canevasium.
Candida.
Candius.
*Cantus 5.
Capa.
Capapellis.
Caparo.
*Capayrona.
Capedulum.
Capella.
*Capelletum, etc.
*Capellina 2.
*Capellum.
Capellus.
Caphardum.
Capidulum.
Capitale.
Capitegium.
Capitium.
*Capitra.
Capitulare.
Capsa.
Capsula.

Capsana.
*Capularium
Capulla.
Caputium.
Caracalla.
Carda.
Carpita.
*Casaca.
*Cassana 2.
Cassidie.
Cassioteus.
*Cassus.
Casternatus.
Casula.
Cataclitus.
Catblattion.
Catsfitulum.
Cattinæ pelles.
*Cavezatura.
*Cavezium.
*Caunaca.
*Cauprita.
*Causia 2.
Celendra.
*Cenchetum.
Cendalum, Cendatum
Cento, Centrum, etc.
*Centonium.
*Centura.
*Cerabula.
Cervicorium.
*Cevecellia.
Chaluns.
*Chapa.
*Chapularium.
Chasdium.
*Chevecia.
Chirometricale.
Chirothecæ.
Chlamys.
*Chopa.
Chrismale.
*Cialfarda.
*Cibanum.
Cilicium.
Cimetum.
Cinctorium.
Cingillus.
Cingula.
Cingulum.
*Cipriana.
Circelli.
Circulus.
Circumrotatus.
Circumtextus.
*Cisclato.
*Clara.
Clavatura.
Clavellus.
Clintinna.
Cloca.
*Cloqua.
*Coccardica.
Coccinum.
Coccula.

Coccum.
Cognitiones.
Cointises.
Colærigeratus.
Colica.
Collectra.
Collestrum.
Collomellinus.
Colobium.
Compernola.
Coninæ pelles.
Consarsum.
Coopertorium.
Copla.
*Coqucia.
*Coquibus.
*Cordata.
Coriosus.
Corneta.
Corona.
Cortina.
Cota.
Cotardia.
*Coticium.
Cotta.
Cottus.
*Courcepita.
Cowyll.
*Coxellus.
*Coyfia.
Cozzo.
*Cratula.
Creare.
*Crespa.
Crinile.
Crocea.
*Crocia.
*Crosina.
Cruralia.
Crurarium.
Crusna, Crusina.
Crusta.
Cubital.
Cucullus, Cuculla.
Cucutium.
*Cuffa.
Culla.
Cultellare.
Cuphia.
Curcimbaldus.
*Cursetus.
Curtamisia.
Cusire.
*Cutusa.
Cyclas.
Cyprense opus.
*Czolata.
Dalmatica.
*Deoblerius.
Depanare.
Detricale.
*Devium.
Dextrale.
Dextrocherium.
Diaconale.
Diffibulare.

Diloris.
Discincta.
Disconsutus.
Discrimen.
Discriminale.
Diventum.
*Divisa 6.
*Dobletus.
Dormitorium.
Drappus.
*Dublectus.
Duplarium.
*Duplo.
*Dupploytum.
Eleemosynaria.
Endimita.
Endotis.
*Endroma.
Ephot.
Epidecen.
Epiloricum.
*Epirriptarium.
Episimus.
Epitogium.
*Escharpia.
*Escocia.
Esophorium.
Espericlus.
*Estamenha.
Exametum.
*Exchintonata.
Exemplum.
Exequiæ.
Exfibulare.
Exomium.
Extergifacium.
Facialis.
Facitergium.
Facitergula.
Falangus.
Faldones.
Famulares.
Fano.
*Farsetus.
*Farzius.
Fasciamenta.
Fasciola.
Fasciolum.
Fateles.
*Fauda.
Feltrum.
Feminalia.
Femoralia.
Fibulatorium.
Ficacium.
Fieraduca.
Firmaculum.
Firmale.
Firmatorium.
Fixula.
Fixus.
Flage.
Flasciliones.
Floccare.
Flocus, Floccus.
*Flosculus.

INDICES AD GLOSSARIUM.

*Flostullus.
Foderatus.
Fodratura.
Folligantes.
Forago.
*Floratura, etc.
Fractillus.
Fractilatus.
Frectatus.
Frepatus.
*Friperia.
Frisii panni.
Frisum.
Frontale.
Fundatus.
Furratus.
Fustanum.
Gagelli.
Gaitanum.
Galabrunus.
Galandrum.
Galerus.
Galnabis.
Galumma.
Gamberia.
Gambeso.
Gammadium.
*Gammarra.
Gandenga.
*Gannacha.
Gardacorsium.
Garlanda.
Garnachia.
Garnaria.
Garniamentum.
*Garvaria.
Gastia.
Gavina.
Gausapæ.
*Gauscappa.
Gaydes.
Gazzatum.
Genuale.
Girdella.
Glizzum.
Gobonatus.
Godebertum.
*Gonela.
*Gorra.
Gossilia.
*Guabaysho.
Gremiale.
Guarnellum.
Guascapus.
Gucla.
Guimpa.
Gula.
*Guppa.
Gyro.
*Habilamentum, etc.
Haira.
*Hardiata, Hardita Tunica.
Harigala.
*Harigola.
Haubergetum.

*Hauqueto.
*Herga.
*Hergas.
Herigaldus.
*Heteromala.
*Hisca.
*Hissus.
*Horalis.
*Horarium.
*Housellus.
Housia.
Huca, Huka.
Humerale.
*Huvata.
*Huveti.
Hypocamisium.
Jacque.
*Jacqueta.
*Japra.
*Jacqueta, etc.
Jazeran.
Imizilum.
Imperiale.
Indumina.
Indusiari.
Infusa.
Insigne.
Isembrunus.
Jupa.
*Kamisia.
Kirtel.
Lablellus.
Labulum.
Laculata.
Laneotus.
Lanestris.
Langeolum.
Lascia.
Lena.
Lenicanarium.
Levitonarium.
Lexa.
Limas.
Linatus.
Linea.
Lingua.
Linguatæ.
Linna.
Linostimus.
Linteator.
Liripipium.
Lisura.
Literatus.
Litra.
Logium.
Lorum.
Ludiaria.
Lumbare.
Lunulæ.
Mafors.
*Magaldus.
Majacta.
*Malacota.
Malbella.
*Mamillare.
Mancella.

Mandibulum.
Mandus.
*Mandya.
Manica.
Manipulus.
*Mantellum.
Manticus.
Mantuelis.
Mantulæ.
Mantum.
Manuale.
Manuariolum.
Manulus.
Manumundium.
Manutergium.
Mappale Opus.
Mappula.
*Marlota.
Marmoreus.
Marsippa.
Mastigia.
*Mastruca.
Mataxa.
Mattabas.
*Mattus.
*Mazzetta.
*Mejoral.
Melote.
Meneverum.
*Melienda.
*Merlinus.
Mischita.
Mitana.
Mitra.
Moretum.
Morsarius.
Morsus.
Mozetta.
Muccinium.
Muffulæ.
*Muza.
Murenæ.
Musca.
Mutandæ.
Mutatoria.
Nastalæ.
Nebula.
Nodus.
Nusca.
*Ocia.
Octapulum.
Oculatus.
Oloforus.
Olo.
*Opelanda.
Orale.
Orarium.
Orinale.
Ormiscus.
Ornatura.
Orthoplumus.
Oxyblatta.
Palla.
Pallium.
Palmaria.
*Paltrock.

Pannuceus.
Pannus.
Pantoneria.
Papaver.
Paragauda.
Parthicæ.
Pavesca.
Pavonatilis.
Pectineus.
Pectorale.
Pectoralis.
Pedale.
Pedalis.
*Pelanda.
*Peliço.
*Pellarda.
Pelles.
Pellicia.
Pelliti.
Pellum.
*Pelorcus.
Pendentes.
Pendulæ.
Pera.
Peramentum.
*Phano.
Phœnicium.
Phrygium.
Pigacium.
Pignolatum.
Pileus.
Piscis.
Planeta.
Plumarium.
Pluviale.
Poderis.
Polymitus.
Præclava.
Psachnion.
Pseudosericum.
Ptygma.
Pulvinarium Opus.
Punga.
Purpura.
Purpurilla.
Quadrapola.
Racamas.
Racana.
Radiatus.
Raga.
*Rapa.
Rasilis.
Rasum.
Rationale.
Raxium.
Rebrachiatorium.
*Redundellus.
Regnum.
Reminiculum.
Renelenus.
Repeciare.
Rheno.
Ricellus.
Rigula.
Risile.
Roba.

Roccus.
*Rodundellus.
*Rogana.
Rondellus.
Rosatus.
Rotundellus.
Russetus.
Sabellinæ.
*Saccamenum.
Sacciperium.
Saccus.
*Sacerdotales.
*Sacurba.
Sagana.
Sagia.
Sagitta.
Sagochlamys.
Sagum.
Salacianum.
Saraballa.
Saraca.
Saracenicum.
*Sarbuissinum.
Sarcilis.
*Sarcotium.
Sargineum.
*Sarrotus.
*Sayus.
*Sbernia.
Scafones.
*Scala 15.
*Scanusia.
*Scapela.
Scapulare.
Scaramanga.
Scarcella.
Schuba.
Sclavina.
Scolatura.
Scrobulla.
*Scuta.
*Secium.
Secta.
Semicinctium.
Sericalis.
Sericoblatta.
Serpentum.
*Serrabarrium.
Seta.
*Sigauda.
Sigla.
Simichenium.
Sindon.
Singiliones.
Siricus.
*Sisurna.
*Sobrecot.
*Socca.
Sona.
Sorcotium.
*Soscania.
*Sotanum.
Spatularia.
Staminea.
Stanium.
Stapio.

INDICES AD GLOSSARIUM.

Sthema.
Sticharium.
Stigna.
Stigula.
Stola.
Storax.
*Strabulæ.
Stragulum.
Strictoria.
Striga.
Strinctorium.
Stringes.
Strophium.
Struma.
Stunum.
Stuppacium.
Subarmale.
Subcingulum.
Subdiaconalia.
Suffibulum.

*Subcinctorium.
Subtaneum.
Subtile.
Subuncula.
Succa.
Succinctorium.
Suchorna.
Sudarium.
Suffibulatorium.
Superalia.
Superaria.
Superhumerale.
Superinsigne.
Superpellicium.
*Superpunctum.
Supertotus.
Supertunica.
Supraligaturæ.
*Supervestimentum.
Supravestis.

Surcotium.
*Sutana.
Tabardum.
Taccunatus.
Tacolinum.
Taffata.
Tarsicus.
Tartariscus.
Tasca.
Tassellus.
Tebennum.
Teleoporphyrus.
Tessellus.
Textilicinium.
Thabit.
Theristotides.
Theristrum.
Tilptalium.
Tina.
Tipettum.

Tobancula.
Togipurium.
Toragium.
*Torniclum.
Tortus.
Tramoserica.
Trapus.
Triacontasimus.
Triblatton.
Tribunarium.
Trifilum.
*Trocca.
Trogulus.
Tunica.
Tunicella.
*Turcischa.
Tutupia.
*Varnacchia.
Vastrapes.
Ventrale.

Vermiculus.
Villosa.
Vinipa.
Virga.
Virgatus.
Urna.
Wanto.
*Wardecocium.
*Yopa.
*Zaffarda.
Zamblottus.
*Zarabolla.
Zatoüy.
*Zipo.
Zona.
Zuppa.

CALCEI, RES CALCEARIA.

Abarca.
Æstivalia.
Alpargates.
*Baas.
*Baluga.
Baralio.
*Baxea.
Blatea.
*Benda.
*Borsegues.
Bota.
Botta.
Calceamentum.
Calcearium.
*Calceus.
Calciare.
Calciarius.
Calciaticum.
Calciacalica.

*Calciatura.
*Calica.
Caliga.
*Calopedes.
*Calzaius.
*Cambula.
Campagus.
Carpisculus.
*Chiffones.
*Compago.
Cordebisus.
Cordewan.
Cothurnus.
*Crepido 4.
*Crepitus.
Culpones.
Curcuma.
Cuspus.
Discaligatus.

Diurnales.
Embadia.
*Esclava.
Estivallus.
Feltrum.
Fico.
Foliati.
Formella.
Galeares.
Gallica.
*Galochia.
*Galopedium.
Gamacha.
Joppa.
Linipedium.
Nocturnales.
Osa.
*Pantofla.
*Pata.

*Patinus.
*Pedroles.
Pedules.
*Peperoni.
Pero.
Pigaciæ.
Plantare.
*Plenelli.
Poulainia.
*Revestrati.
Rostra.
*Sabbatum.
Sandalis.
*Scarpa.
Scarpus.
*Scolfones.
Soccus.
Sola.
*Solarius.

*Soletus.
Spartea.
*Sivale.
Subari.
Subtelares.
*Trabucus.
Trainellum.
*Trebucus.
Tubrucus.
Tubuli.
Tzangæ.
*Vardonus.
Udo.
*Unciunculus.
Wandangiæ.
*Zocholæ.

XLIV.

ANGLO-SAXONICA VOCABULA, VEL QUÆ ANGLO-SAXONICÆ LINGUÆ ORIGINEM SUAM DEBENT.

Abarnare.
Absoniare.
Accursa.
Agenfrida.
Agild.
Afeldthyhde.
Anhleta.

Anhlot.
Assnasare.
Astrum.
Ategar.
Ahit.
Averpeny.
Beconagium.

Bellagines.
Berebrectus.
Berewick.
Dernet.
Brighbot.
Bilage.
Blanhornum.

Blodwita.
Blundus.
Bolla.
Bonda.
Bondus.
Borda.
Bordhelpeny.

Bordlode.
Borghum, etc.
Brander.
Brede.
Brigdumum.
Burgemotus.
Burghbote.

INDICES AD GLOSSARIUM.

Burgh-brech.
Cahslite.
Cenegild.
Ciricsetum.
Corsned.
Couthut-laughe.
Crocca-cowellet.
Croftum.
Cynebot.
Cynedomas.
Cyrealh.
Dedbanna.
Derefald.
Dolæ.
Dolg.
Dombec.
Drossatus.
Ealahus.
Ealscop.
Eastintus.
Eia.
Eodobryce.
Eorla.
Erthmiotum.
Ewbryce.
Exfrediare.
Færbena.
Fæstingmen.
Falda.
Faldao.
Falkesmote.
Farding.
Faristel.
Farlegami.
Fastermannes.
Felagus.
Fengeldum.
Feordwendel.
Ferlingus.
Ferfpeken.
Ferthingmanni.
Ferto.

Fithwita.
Firdefare.
Firderinge.
Firdfocne.
Firdwita.
Firebote.
Firlota.
Firma.
Firstalli.
Firstful.
Firth.
Flaxa.
Flemen firma.
Flemeneswite.
Flemensrede.
Flesmongers.
Flet.
Fleta.
Fletgefoth.
Fletwite.
Flima.
Fodrum.
Folcland.
Folgare.
Folkesmote.
Footegeld.
Forathe.
Forda.
Forestel.
Forfang.
Forspecen.
Fosterlean.
Friborga.
Frilazin.
Fritgear.
Frithgildum.
Frithmannu.
Frithstoil.
Fritorga.
Frodmortell.
Furigyldam.
Fryderinga.

Gafulland.
Gamales.
Gangdayes.
Geburscypa.
Gemotum.
Geneath.
Gersuma.
Gewineda.
Gewitnessa.
Gildum.
Giltwite.
Girdella.
Gleiscywa.
Laderunga.
Halsfang.
Hamsoka.
Handhalbenda.
Handgrith.
Handgwith.
Hardpenny.
Headborow.
Henedpeny.
Henefare.
Heordfest.
Herdcra.
Herenames.
Heriotum.
Hidgildum.
Hodegelt.
Hornegeldum.
Hræfawnt.
Hredige.
Hringas.
Hurderesest.
Hursta.
Huscarla.
Husbrece.
Imbren.
Impeny.
Infangthefe.
Inlagare.
Inland.

Inlaugha.
Innonia.
Insetenys.
Lafordswic.
Laga.
Lagamannus.
Lagadayum.
Lagan.
Laghshit.
Lancetus.
Landefricus.
Landreap.
Laudimera.
Larwa.
Lastum.
Mægbota.
Mainad.
Mambota.
Melda.
Meldefeoh.
Mergreve.
Mersca.
Midthtrina.
Minegunga.
Misbota.
Miskenninga.
Morganegiba.
Morth, etc.
Mundbrece.
Ordela.
Ordele.
Orgilde.
Overcythed.
Overhernessa.
Penigeldum.
Portsoka.
Pudherper.
Punga.
Reafau.
Reffare.
Rimath.
Rodknygts.

Romepeny.
Romescot.
Romfeah.
Saulskot.
Scatlegi.
Scatz.
Sceitmannus.
Schippeshere.
Scyldwita.
Sega.
Sicha.
Sipessocna.
Streame.
Sublegerus.
Sundernota.
Suthdure.
Swanimotum.
Teada.
Tenmantale.
Tenus.
Thefbote.
Throtebolla.
Thumelum.
Tibla.
Trithinga.
Tythlen.
Unfridmannus.
Ungeasesath.
Unlage.
Usa.
Utlaga.
Utlep.
Waliscus.
Wemminga.
Wera.
Witercila.
Witereden.
Witernamium.
Witersacan.
Wittemon.

XLV.

FORENSIA VOCABULA, SEU FORI AC JURISPRUDENTIÆ MEDIÆ ÆTATIS, SED ET HODIERNÆ.

*Aagiatus.
*Aarath.
*Abandonare.
Abandum.
Abarnare.
*Abaunamentum.
Abstardare.

*Abautorizare.
*Abbatitura.
Abatare.
*Abbocatio.
*Abbotamentum.
*Abbotum.
*Abenevisare.

Abbetator.
Abeiantia.
*Abfestucare.
Abjective.
*Abjicere se.
*Abintestatus.
Abishering.

Abjudicace.
Abjurare.
*Abjuratio 1, 2.
Ablitigatus.
Abmatrimorium.
*Abocator 1, 2.
Abollagium.

*Abonamentum.
*Abonare 2, 3.
Abonatus.
Abrocamentum.
*Absacitus.
*Absare.
*Absbrigare.

INDICES AD GLOSSARIUM.

Abscedere.
Abscondere.
*Absens 1, 2.
*Absolvere.
*Absolutio 7.
*Abstinentia 2.
Abstipulare.
*Abstrigare.
*Absus.
*Acapitagium.
*Acaptis 1, 2.
Accaptare.
*Accaratio.
*Accatum.
*Accensa.
*Accessorius.
Accessor 2.
Accessorius.
Acclamare.
*Acclamatio.
*Accolligere.
*Accomandisia.
*Accomenda.
*Acconcium.
*Accordamentum 1, 2.
*Accordia, etc.
*Accredere.
*Accrescentia.
Accurrimentum.
*Accusio.
*Acessare.
*Achaptare.
*Achta 2.
*Aclamatio.
*Acopiagium.
*Acquesta.
*Acquistum.
Actionare.
Actionarius.
Actor.
Actoria pars.
Acunydare.
Adæquatio.
*Adcapitum.
*Adcensare, etc.
*Adclamare.
Adærare.
Additio.
*Addonare se.
Addretiare.
*Adfatomare.
Adfidere.
Adfiliare.
*Adhærentiæ 2.
Adheredare.
*Adhereditare.
Adimbreviare.
*Adjanciamentum.
Adjornare.
*Adjunctiones.
Adjurare.
Adlegiare.
*Admasare.
Admenlurare.
Admigrare.
Administrator.
Admodiare.

Admonitio.
Admonitoria.
Admortizatio.
Adnuntiatio.
*Adprisiare.
Adramire.
*Adresciare.
*Adstipulare.
Adterminare.
Adtrahere.
*Advantagium 1.
*Advenantare,
*Advenimentum 1, 2.
*Adventagium 1.
*Adventura.
Adverare.
*Advestitus.
*Adveutum.
*Advitalitas.
Advocare.
Advotum.
*Aegiatio.
Æqualentia.
*Æsantia.
*Æscaeta.
*Æsncia.
Ætas.
*Affacharia.
Afferatores.
*Affidamentum.
Affidare.
*Affiliatio.
*Affirmamentum.
*Affirmare 1.
*Affrancatio.
*Affranchisamentum.
*Agiatus.
Aisantia.
Alienigenare.
Allegare.
*Allocagium.
Allocare.
Allocatus.
Alloqui.
Alluvio.
*Alodatge.
Alodiarius, etc.
Alodis.
Alte et basse.
Amerciare.
*Amessura.
Amicitia.
Amicus.
*Amissionem tenere.
*Amittadare.
*Amleit.
*Amodium.
Amor.
*Amparamentum 2.
Amparare.
*Amparlarii.
Andigare.
*Anevelle.
*Annexa.
*Annotare.
Annus et dies.

Annus et vastum.
*Anquisitio.
*Antefactum.
*Antenagium
*Anxestata.
*Aparibilis.
*Apellidum.
*Apex 1.
*Apinster.
*Aposennarium.
Apostoli.
Appartiamentum.
*Appellatio.
Appellatores.
Appellitum.
*Appellum.
*Appensamentum.
*Appentitium.
*Appiglantia.
*Appoca.
*Appodissa.
*Appointamentum.
Apponere.
Apportionamentum.
*Appressio.
*Apprestum.
*Apprisia.
*Appropinquare 1.
Appropriare.
*Appruare.
Apprustor, etc.
*Appunctamentum.
Appunctare.
Aprisia.
*Arendamentum, etc.
Areniare.
Arestum.
*Arrahenes.
*Arrainare.
Arrendatio, etc.
Arrentare.
*Arrestum, etc.
*Arsinum.
*Ascensamentum, etc.
*Asemprivum.
Assecurare.
*Assemperare.
*Assenamentum, etc.
*Assensamentum, etc.
*Assetamentum.
*Assetare, etc.
*Asseurare.
*Assiagium.
*Assidatio 2.
*Assieta 1.
*Assignamentum, sqq
Assisa, etc.
Associare.
*Assolare.
Attachiare.
Attaintus.
*Attenta.
Attractus.
Atturnare.
Auctionarius.
Auctionator.

Auctor.
Auctorizare.
Auctoramentum.
Audientia.
Audire.
*Avenius.
*Aventagium.
*Aventata.
*Aventuræ.
Averare.
*Augmentum.
*Avoare.
Avoeria.
Avolorii.
*Austregæ.
*Badia.
*Bagnum 2.
*Baguga.
*Bailia, etc.
*Bailleta.
*Baillio, etc.
*Bajula 4, etc.
Bajulus.
*Balia.
Balius, etc.
*Ballia, etc.
*Ballum 3, etc.
Bancus.
*Bandayragium.
*Banderagium.
Bannum, etc.
*Barata.
Baratum.
Barræ.
*Bastancium.
*Batallia 2.
*Baulum.
*Benefacere.
*Benefactoria.
Benefactum.
Beneficium.
*Benevisa, etc.
Bestancium.
*Bidella 1.
Binæ, ternæ.
Blandimentum 1.
Blanditia.
Blasphemare.
Bona gratia.
Bonna.
Brando.
Brandonare.
*Bretia.
*Bretoyse.
Breve.
*Budteil.
Burgator.
Burgensatica.
*Burgesia.
*Burglehn.
Bursa.
*Caducitas.
Caducum.
*Calcare 4.
*Calidameya.
Callengia.

Calumnia.
Cambiare.
Cambipartita.
*Cambium.
Camera.
Campiparticeps.
*Cana 2.
*Canella 4.
*Caparra.
Cape.
Capitale.
Caplevator.
*Captania.
*Captela.
Captenere.
Captio.
*Caritativum.
*Caritel.
*Carmula.
*Carthesella.
Casare, Casamentum
Casus.
Catallum.
*Caudameleya.
*Caudare.
Causa, Causales, etc.
*Causidicare.
*Causidicus.
*Causimentum.
*Caulela.
Cautio.
Cautum.
*Cazalia.
Cenninga.
Certificare.
*Certionare.
*Cesatrix.
*Cessio bonorum.
*Cessionarius, etc.
*Chabiscare.
*Chalungium.
*Champagium.
*Champardum.
*Chargia.
Charta, etc.
*Chavestragium.
*Chevisantia.
Christianitas.
*Citadanagium.
*Citanaticum, etc.
*Citatio.
Citatorium.
*Civilegium.
*Civilitas.
*Clamacium.
Clamare, etc.
*Clamatarius.
*Clamatio.
Clamator.
Clameum.
Clamodicus.
Clamor.
*Cleronomus.
*Clientela.
*Clientulus.
*Closaria, etc.

INDICES AD GLOSSARIUM.

Cobrancia.
*Codicillare, etc.
*Coexecutor.
Cognitio.
Cognitio placiti.
*Cohercio.
Cohua, Cohuta.
*Collatio 3.
*Collaudator.
Colligere.
*Collogium.
*Comanda, etc.
Comestores.
*Commanda.
Commenda.
Commendatio, etc.
*Commissio.
*Commissum.
Committere.
*Committimus.
*Commonere.
Comparatum.
*Comparentia.
Compartimentum.
Compaternicum.
*Compellare.
*Compendium.
*Compertorium.
Competere.
*Complanatum.
*Complegium.
Componere.
*Compositor.
*Compromissarius.
*Compulsio.
Conceilum.
*Conceptio.
Concessus.
Concordantiæ.
*Conderserium.
*Condescendere.
Condescensio.
*Condrictio.
Conducere.
*Conductio.
*Conductus.
*Confirmarius.
Confirmatores testes.
*Congadiaria.
Congeare, etc.
Conjurare, etc.
*Conquerementum.
Conquisitum.
Conquisitus.
Considerare.
Consignatio.
Consilium.
Conspiratores.
*Constipulatio.
Contagiare.
Contenementum.
Contestatio.
*Contestatura.
*Contestis.
*Contestus.
*Contiens.

Contracausator.
*Contradictarum.
*Contradictum.
*Contrados.
*Contragagiamentum
Contrappellare.
*Contrappellatio.
Contraplegium.
Contrapositio.
*Contravadium.
*Contravengia.
*Contumacio.
*Contutella.
*Convadium.
*Conubium.
*Convenentia, etc.
*Convenire.
*Conventia.
Conventionare.
Conventores.
Coopertura.
Coopertus.
Copia.
*Cora.
Cornagium.
Cornerium.
Corporatio.
Corruptio sanguinis.
*Cosatgium.
Cravare.
Creantare.
*Crementum.
*Crescentia.
Cressementum.
*Criafora, Cridafora.
Criare.
Crida.
*Cridatio.
*Cridum.
*Crieia.
Crucis privilegium.
Crux.
Cubierta.
Cudreach.
*Culpa, etc.
*Cumulus fori.
*Curatela
Carechet.
Curia.
Curialitas.
*Curmedia, etc.
Custodia.
*Custodire.
Custos.
*Dangerium.
Deadvocare.
*Deadvouare.
*Debitis.
*Decisor.
Declamatio.
*Declinatoria.
Deculpare.
Dedicere.
Defalta.
*Defectivus.
Defectus.

Defendere.
*Defestucare.
*Degagiare.
*Degarire.
Deguadiare.
*Deguaziare.
Dehæritare.
*Deinvestire.
Dejustificare.
Delatura.
*Denariale præ-
 ceptum.
Denarrare, etc.
Denizatio.
*Denombramentum.
Denominatio.
*Denumeramentum.
*Deoccupare.
*Deponere.
Deportus.
*Depunctare.
*Dereragium.
*Deresnare.
Desafiliare.
Desaforare.
*Desaisina.
Desembargatus.
*Descarga.
*Descendere.
*Descendua.
*Deschargia.
*Descolpare.
*Descriptio.
*Desemparare.
*Desesiare, etc.
*Desheredare.
Deshominamentum,
 etc.
*Desiderium.
*Designare.
*Desponsare.
*Desrainare, etc.
*Dessasionare, etc.
*Destinare.
Destinatio.
Despectus.
Despilus.
Desusceptum.
*Devolutio.
*Deyta.
*Diatheca.
*Dica.
*Dicasterium.
Dictores.
Dictum.
Dies.
*Diffesio.
Difforciare.
*Difframittere.
*Digurpitor.
Dilatare.
*Dilesidus.
Diligiatus.
*Dinghof.
*Dinumeramentum.
Directum.

*Disadvoare.
Disadvocare.
Disbannare.
*Discapire.
*Discarga, Dischargia.
Disparagare.
*Dispensatio.
*Dissagire.
*Dissasire.
*Dissesire.
*Distica.
*Districtibilis.
Distringere.
*Divestire.
*Divinum.
Divisa.
*Divortire.
*Doalium.
*Doaria, etc.
*Domanaria, etc.
*Dominicare.
Dominicum.
Dominium.
Donator, etc.
*Dontslaga.
*Dorghingha.
Dos.
Dotalitium.
Dotarium.
*Dreitura.
*Drestura.
*Dricta.
*Droillia, etc.
*Droitura.
*Drueleria.
*Duaria.
*Ducere causam.
*Dunschlag.
*Duodena 6.
*Durginga.
*Dursclach, Durslegi.
*Duwarium.
Eberemurdrum.
Ecclesiasticum.
*Echangium.
*Echtedinght.
* Edeniare se.
Edictum.
*Edificamentum.
*Effestucare.
*Egaldium.
*Egghewapene.
*Egwort.
*Eheding.
Ejectio.
Ejectus.
*Ejicium.
*Einunga.
*Eisiamentum.
*Electi.
*Electio.
Eleemosyna.
Elitigare.
Elongare.
*Elusio.
Embracitores.

*Emenda.
*Emergens.
*Emittere.
Emologare.
*Emparator.
*Emphyteosis, etc.
Empleia.
*Emponema.
Emprendimentum.
Emprestare.
*Emptio.
Enantare.
*Encimum.
*Enflothecarius.
Englescheria.
*Enmessura.
*Ensaisinare.
*Enseignamentum.
*Epava.
*Eremodicium.
*Ernesium.
Erogator.
*Erramenta.
Ecaeta, Escaanchia.
*Escadere.
*Escaducha.
*Escahentia.
*Escaire.
*Escangia.
*Escapium.
*Escariare.
Escheccum.
Escligniatio.
*Escocheium.
*Escogocia.
*Escroa.
Esdevenimentum.
*Esgagium.
*Esgaidum.
*Esgardamentum.
Esgardium, Esgar-
 dum.
*Esguogozamentum.
*Espagium.
Espava.
*Esplechia, etc.
*Esporlare.
*Essentia.
*Essonium.
*Estabilitas.
*Estema.
*Estimum.
Estoverium.
Estraieriæ.
Estrepamentum.
*Evacuatio.
*Evadiatus.
*Evantatgium.
*Evenimentum.
*Eventagium.
*Eventura.
Evindicare.
Evinditale judicium
*Excancia, etc.
*Excogociamentus.
Excondicere.

INDICES AD GLOSSARIUM.

*Excorrentiæ.
Excutere.
*Exdicere.
*Executio, etc.
*Exequitoria.
Exforciare.
*Exhæredare, etc.
*Exhibitio.
Exigenda.
*Exigere se.
*Exire.
*Exitus.
Exlex.
Exoccupare.
*Exovar.
Expedire.
*Explecta, etc.
*Expletum, etc.
Expletum.
*Expositio.
*Exquisitum.
Extemare.
Extendere.
Extrafamiliatus.
Extraneus.
*Exvacuare.
Exuere.
Factum.
Fadiatus.
Fahnelen.
*Falcidia.
*Fallita.
Falsare, Falsificare.
Fassio.
*Fatalia.
*Faticha.
Fatigare.
Favere.
*Fecior.
*Feda.
Fedium.
Fello.
*Fermalia.
*Fermes.
Ferendarius.
*Fetica.
Feudum, Feudorum
  variæ species.
*Feymerus.
*Fiada.
*Fiadura.
*Fiancialia.
*Fictum.
Fictus.
Fidantia.
Fidator.
Fidedicere.
Fidedigni.
*Fideicommissum.
*Fideimanus.
Fidejurare.
Fidejussores.
Fidelitas.
*Fidencialia.
Fides.
Fidiator.

*Fidiuxor.
Fiducia.
*Fiducialia.
*Figura.
Filacium.
*Filiatio.
*Finalis dies.
Finis.
*Finim.
Firma.
Firmancia.
*Fitus.
Forestare.
Forgurpire.
Forisbannire.
Foriscasatus.
Forisconsiliare.
Forisfacere.
Forisfamiliare.
Forisfamulare.
Forisjudicare.
Forismaritagium.
Forismittere.
Forisnegare.
Forisstagiare.
Forisstallare.
*Formortura.
*Forscapium.
Franchire.
*Franchisia.
Fraternitas.
Fratriagium.
*Freragium.
*Freyreschia.
Friborga.
Frigraviatus.
*Fructuarius.
*Frustatoria.
Frydius.
Fugaces.
*Fundalitas.
*Frundare.
*Fundicerius.
Furca.
Furcare.
*Furnitores.
*Gaddium.
*Gadiator.
*Gadierius.
*Gadium.
*Gaengnia.
*Gagiamentum.
*Gagiare.
*Gagiarius.
*Gagium.
*Gagnagium.
*Gajeria.
*Gaivus.
*Galoer.
Ganata.
Gaphans.
*Garandia.
*Garentigia, etc.
Gardiatores.
*Garimentum.
Garire.

*Garpire.
Gasalia.
*Gatgeria.
*Gaudaticum.
*Gaudentia.
*Gaudita.
*Gaudius.
*Gausida.
Gavelkind.
Gehennatio.
Gersuma.
*Gietivus.
Gladius.
*Godia.
*Godimentum.
*Gorpire.
*Gonding.
*Graantagium, etc.
*Grahantum.
*Grantum.
*Gravantia.
*Gravare.
*Greix.
Grossus.
*Guadia, etc.
*Guagium, etc.
*Guardianus.
*Guardiator.
*Guarentigia, etc.
*Guarpire.
*Guarus.
Guerpire.
*Guilfa.
*Guizardonum.
Gust.
*Habitio.
Hæredes, etc.
Hæredipeta.
Hæreditagium.
Hæreditare.
Hæreditarii.
Hafnecourts.
Haimaldare.
Halimotum.
Hamallus.
*Hanot.
Headborow.
*Hereditagium, etc.
*Hereditamentum, etc.
Hermendatum.
*Hesnagium.
Heuvelborh.
*Hominagium, etc.
Hominium, etc.
Honor.
*Hostagiamentum, etc.
Hostagius.
Hotchpot.
Huesium.
Hundredus.
*Hus et Hant.
*Hypobolon.
*Jactio.
*Jactire.
*Jahrgeding.
Idoneus.

*Jectare.
*Jehinare.
Illegalis.
*Immerciatus.
Impachiare.
*Imparantia.
*Imparentia.
Impegnare.
Imperium.
*Impeticio.
*Impetratio.
*Impignorare, etc.
Implicare.
Impotire.
*Inbannare, etc.
Incantare.
Inclamare.
Inclinare.
*Incombrare, etc.
*Incommunicare.
*Incontrum.
Incorporatio.
Increpare.
Incriminare.
Incrocamentum.
Inculpare.
*Incumbrum.
*Incurrementum, etc.
*Incursus.
Indebitare.
Indentura.
Indicator.
Indictare.
*Indominatura, etc.
Indorsare.
*Ineptitudo.
Infensare.
Infestare.
Infiscare.
*Infiteos.
*Inforciare curiam.
*Inforliatus.
Infractio.
Infractura.
Ingressus.
*Ingrossare.
Ingrossatores.
*Inguadiare.
Iniagare.
Inlegiare.
Inoperatio.
*Inquantare.
*Inguesta.
Insacramentare.
*Insaisinare.
Inscribere.
Inservire.
*Insinuare.
*Instans.
*Intamburare.
Intendere.
*Intentio.
Intercedere.
*Intercessor.
Intercipere.
Intercursus.

Interesse.
*Interinstitutio.
*Interlocutoria.
Intermittere.
*Interpellatio, etc.
*Interprisia.
Interiiare.
*Intestabilis.
Intimare.
*Intromissio, etc.
Intrusio.
*Intuscisus.
*Invademoniare.
*Invagiare.
Invenire.
*Investitura, etc.
Jocus partitus.
*Joja.
Iratus.
Irretitus.
Iter.
Iterare.
Judicare.
Junctura.
*Juradia.
Jurata, etc.
Juratores.
Jurificare.
Jurisfirma.
Jus.
Justificare.
*Juya.
Juzgum.
*Keuren.
*Laancchil.
Lagedayum.
Laisiverpum.
*Landeveva.
Langhelesman.
*Lanfgerichte.
*Lantinc.
*Lata.
Latro.
*Laudamentum.
Laudare, etc.
Laudum.
Launechilde.
Lausus.
Laweday.
Laxa.
Legalis.
Leta.
Letum.
Lex.
Libellus.
Ligius.
*Litigium.
Livor.
Loquela.
*Louvagium.
*Luctuosa.
Majoratus.
Majorennis.
Malbergum.
Mallus.
Mamburnus.

INDICES AD GLOSSARIUM.

*Mamatio
*Mandamentum.
*Manhellethmaal.
Manifestatio.
*Manlehen.
*Manlenta.
*Manlevare, etc.
Mannelechen.
*Mannigh.
Mannire.
*Mantarium.
Manucapere.
Manufidelis.
Manufirma.
Manulevare.
Manumissio.
Manumissor.
*Manumortua, etc.
Manuopus.
Manutenere, etc.
*Manutercius.
Marcha.
*Marchamentum.
*Marchare.
Marcheta.
Mariagium.
Marrire.
Maternicum.
Matrimonium.
Medianus.
Medius.
*Medium.
Medleta.
Meinprisa.
Meliorare.
Membrum.
*Menamentum.
Mensa.
Mercia.
*Merinia.
Meritum.
*Meselia.
Mesleia.
Meta.
Methium.
Militia.
*Minihi.
Ministerium.
Misericordia.
Misevenire.
Misfacere.
Misprendere.
*Missio.
*Mobile, etc.
Mobiliæ.
*Modiagium.
*Moiso.
*Monboratio.
*Monitas.
*Morgagium.
*Morganatica.
*Morganaticum.
Morganegiba.
Mortalia.
*Mostale.
*Mostra.

Mota.
*Moventes.
Mulier.
*Munitas.
Mundman.
Mundium.
Mundualdus.
Munus.
*Naam.
Namium.
Narratio.
*Nemorale.
*Nodator.
*Nonatio.
*Nonobstancia.
Nonplevina.
Nontenura.
*Notitialis.
*Numeramentum.
Nuntiare.
Obses.
Obsidio.
*Obstagium.
*Obstaticus.
*Obvenimentum.
*Occasionare.
Ocleare.
*Offiduciare.
Offerre.
Opponere.
*Ordinarius.
*Ordinium.
*Orphede.
*Osclum.
Osculum.
*Ostagio, etc.
Ostensio.
*Oya, etc.
Pacare.
*Paccator.
*Pacificatus.
*Pacta.
*Pactum.
*Paerria.
Pagator.
Pagesia.
*Pandagium.
*Pannum.
*Pantatio.
Par.
*Paradegium.
*Parafernalia.
Paragium.
Parata.
Pariæ.
Parrochiatio.
Pars.
*Partagium.
Passo.
Paternicum.
*Patriatus.
Patrocinium.
Paupertas.
Peculium.
Pecunia.
Pegium.

Perambulatio.
Percalcare.
Percursus.
*Per desuper.
Perhorrescentia.
Perpars.
*Perprisio.
Petens.
Petitorium.
Pignus.
*Pileritum.
*Pilorium.
*Plancturia.
Placitum.
Plegius.
*Pleyare.
*Plezaria.
*Plicare emendam.
*Pligare.
Poderagium.
*Porchaicia.
*Porçonarius.
Porprendere.
*Porprisor.
*Positiones.
*Possessorium.
*Potecha.
*Præcipuitas.
*Prælatio.
*Precaria.
*Pregaria.
Primaria.
Probare.
Probatores.
*Processura, etc.
*Procinare.
*Proclamatio, etc.
*Procura.
Proferimentum.
Proferum.
Proheres.
Proportatio.
Proprietates.
Poprium.
*Prosecuta.
*Prosecutio.
*Protestum.
*Publiciana.
Pulsare.
Punctum.
Purificare.
*Quadragena.
*Quæstio.
Quarentena.
*Quarantigia.
*Quarta.
*Quarandia.
Quietus.
Rachetum.
Radix.
Rapa.
Ratio.
Recatagium.
Recautum.
Receptabilis.
*Reclamacio.

*Reclamium.
Recognitio.
Recognitores.
*Recolamen.
Recolligere.
*Reconvenire.
Recordum.
*Recors.
Recredere.
Recriminatio.
Rectitudo.
Rectum.
*Recuperare.
*Recuperatio.
*Recursus.
Redirigere.
Reditus.
Refluxio.
Reformare.
Regalia.
*Regardamentum.
*Regardarium.
*Regardum.
Regarium.
*Regressus.
*Reiroof.
*Relanga.
Relectio.
Relegium.
Relevare.
*Relictum.
*Remaisancia.
Remanentia.
*Remansio.
Renfortium.
*Renunciare.
*Repertorium.
*Replica.
Replicare.
*Reportare, etc.
Represaliæ, etc.
*Reprisio.
Repromissa.
*Repudium.
Requesta.
*Requirementum.
Requirere.
Rescassus.
Reservatio.
*Resgardum.
*Resignare.
Respectare.
Respectus.
Respondere.
Responsalis.
*Ressortire.
Ressortum.
Restaurum.
Resultare.
*Resultus.
*Retentatio, etc.
Retentio.
Retinere.
*Retornum.
*Retractatus.
Retractus.

*Retrahere.
*Retroclamor.
Retrofeudum.
*Revadiare.
Reversio.
*Revestitura.
*Revodum.
Rodknights.
*Rugare.
Sabbatinæ.
Sagemannus.
*Saisimentum.
Saisire.
*Salamannus.
Saliburgio.
Salva.
Salvagardia.
*Salvare testes.
*Salvationes.
Sanare.
*Sanare defaltam.
*Sanguinia.
Sanguis.
*Saximentum.
Scacarium.
*Scaducus.
*Scaduta.
*Scaeta.
Scalia.
Scandalum.
Scombra.
Scotallum.
Scotare.
Secta.
Secatores.
*Sella vidualis.
Sententiare.
Sgardium.
Sikerborch.
Soca.
Sollicitare.
Solsatire.
Solvere.
*Solvimentum.
*Sordemanda.
*Sortio.
*Sosta.
*Sota.
*Sozavolus, etc.
Spaviæ.
Species.
Specificatio.
*Spondalius, etc.
Spondarius.
Sponsalia.
Sponsalitium.
Stabilia.
*Stabilita.
*Stastaritus.
Stillatura.
*Stillgericht.
Stipula.
Stipulatio.
*Strepitus.
*Subhastare.
*Subhomagium.

INDICES AD GLOSSARIUM.

Submovere.	*Tenencia.	Tracea.	Vastum.	Ultragium.
*Subpignus.	Tenens.	Trailebaston.	*Vendagium.	Vox.
*Successio, etc.	*Tenensa.	*Transita.	Vercheria.	*Urpheda.
Succlamatio.	*Tenentia.	*Transpersio.	*Veridici.	Usucapio.
Sunnis.	*Tentio.	*Transportus.	Veredictum.	*Usurarium
Superdemanda.	Tertiare.	*Trencator.	*Verpitio.	Ususfructus.
Superdicere.	Testamentarius.	Triare.	Vestire.	*Ususmeritum.
Superducere.	Testamentum.	*Troef.	*Vevagium.	*Utifrui.
*Superficiarius.	Testare.	Trustis.	Viarius.	Utlaga.
Superscribere.	Testimoniare.	*Tuitio.	Vicinetum.	Utlep.
Superventor.	Testimonium.	Turba.	*Videntes.	*Vuadicarius.
Supravita.	Testis.	Turna.	Vidimus.	Wapentachium.
Sursum reddere.	Tetmallum.	Turnus.	Viduitas.	Warantus.
*Tala.	Theam.	*Tymallum.	Villenagium.	Warda.
Talliare.	Thema.	Vacuare.	*Vierscara.	Wayf.
Tanganare.	Thingare.	Vadium, etc.	*Virpiscere.	Wifa.
*Tanistry.	*Thinghoringe.	*Vaivus.	*Virscara.	*Wildfangiatus.
Tavernica.	Titulus.	*Val.	Visores.	Wrecum.
Taxare.	Toleratio.	*Vanare.	Vista.	Wyternamium.
*Tenatura.	Tornus.	*Vantare.	Visus.	*Ypoteca, etc.
*Tenecio.	Tortum.	*Vastatores.	*Vitalitium.	

CARPENTERII

INDEX RERUM

QUÆ NON SUNT ORDINE ALPHABETICO DISPOSITÆ,

VEL QUAS IN GLOSSARIO

DELITESCERE NON AUTUMARET LECTOR.

A

Abbates, eorum electio in monasteriis, ubi illa locum habebat, non fiebat nisi regis consensu prius expetito, in *Monasteria*.

Abbates ex consilio et assensu advocati ejusdem monasterii eligebantur, in *Advocati*.

Abbates electi interrogabantur in capitulo Lugdunensi super lectione, cantu et jure, in *Examen* 3.

Abbates pedum, suæ auctoritatis insigne, ut reges sceptrum, interdum ab altari sumebant. Pedum abbatissis jamdiu concessum, in *Baculus* 1.

Abbates Archidiaconorum munere functi, in *Archidiaconus*.

Abbates, appellati *Patriarchæ*, in hac voce.

Abbates et Abbatissæ testamenta condebant, in *Testamentum* 1.

Abbates deponendi ritus, in *Stola* 1.

Abbatiæ concessæ viris ecclesiasticis sub secunda Regum nostrorum stirpe, in *Beneficium* 1.

Ablutio pedum in ecclesiis et monasteriis usitata, in *Mandatum* 9.

Absolutio a duobus Presbyteris moribundo ex consuetudine concessa, in *Pœnitentes*.

Absolutio ad cautelam non occurrit ante Celestinum PP. III. an. 1195 in *Absolutio* 7.

Absolutio mortuorum, qua ratione fiebat, in *Absolutio* 1 et *Imblocatus*.

Absolutionis formulæ notandæ in *Absolutio* 1.

Accipiter nobilitatis insigne præcipuum. Ars aucupandi hujus ope antiquissima, in *Acceptor*.

Accipitrem inter Officia divina super pugnum deferre, non penes laicos modo, sed et ecclesiasticos in usu fuit : hujus moris recens et insolitum exemplum, in *Acceptor* et *Decanus* 4.

Acclamationes publicæ seu faustæ adprecationes fiebant Principibus, Romano Pontifici : earum formulæ, in *Cornomannia* et *Laus* 2.

Acta publica, majoris solemnitatis ergo, in ipsis quadriviis perficiebant, in *Quadrivium*.

Acus, ornamentum muliebre, in *Acucula* 1.

Adoptio filialis et fraterna per arma, in *Arma* 1.

Adulteræ tondebantur nervisque bovinis mactabantur, in *Tondere*.

Adulteris pœna ridicula interdum per jocum inflicta. Contra horribili supplicio puniuntur Philippus et Galterus de Alneto adulteri. Pœnitentiæ publicæ subjiciuntur, in *Adulterium*.

Adulterorum diversa pro variis regionibus supplicia, in *Adulterium*.

Ædes, ubi baptismus conferebatur, picturis variis adornatæ. Celebres in Italia ejusmodi ædes, in *Baptisterium*.

Ægyptii olim cadavera domi subrecta in loculo ad parietes statuebant ; postmodum in lectulis imposuerunt, in *Mumia*.

Ægyptii Christiani seu monachi, cur appellati *Cophti*, in hac voce.

Agnatio, unde computatur, in *Generatio*.

Agnes, Philippi Augusti filia, uxor Andronici Comneni, in *Cognitiones*.

Agninæ carnes vilissimæ et insuaves a veteribus reputabantur, in *Agnina*.

Alapa seu ictus collo aut humeris, ense vel gladio tyroni ad militarem dignitatem promovendo infligebatur. Hujus moris origo, in *Alapa*.

Alapis se multandum proponit, qui veniam ab alio exorat, in *Alapa*.

Albanus vox contumeliæ : hugus origo. Jus in eorum bona ad solum regem pertinere hodie censetur, in *Albani* et *Albanius*.

Albigenses hæretici, appellati *Bulgari* et *Pifti*, in his vocibus. Eorum abstinentia, in *Endura*. Salutandi ratio, in *Adorare*.

Alborum pia societas in Hispania orta, dehinc per totam Italiam celeberrima, in *Bianchi* et *Dealbati*.

Alebretorum nobilis familia in Vasconibus, unde nomen habet, in *Leporeta*.

Alexius Comnenus, cur Bambacorax cognominatus, in *Bambalo*.

INDEX RERUM.

Alphabeti literas in pavimento describendi mos, cum ecclesiæ consecrantur, in *Abcturium*.
Alphonsus rex Siciliæ, Victoriosissimi titulo donatus, in *Victoriosus*.
Altacombæ, monasterii in Sabaudia, unde nomen, in *Cumba* 2.
Altare Portatile ; hujus mentionem fieri non puto ante finem sæculi VII, in *Altare*.
Altaria per triduum nudabantur apud Cistercienses, cum mulier monasterium intraverat. Ea scopis et fustibus cædebant, quousque rem petitam a Sanctis exorarent mulierculæ, in *Altare* et *Reliquiæ* 1.
Amalasuintæ, Amalafredæ, Amalaburgæ, Amalarici, et similia nomina, unde fluxere, in *Amali*.
Ambianensis Episcopi jura insolita in contrahentes matrimonium abrogata, in *Marcheta*.
Amphitheatra Italiæ et Galliæ memorantur, in *Arenæ* et *Coliseum*.
Ampulla Remensis, in qua Sacrum Chrisma, quo unguntur reges Francorum, asservatur, in *Ampullæ* 1.
Amuleta ad arcendos morbos quidam non omnino improbant ; alii una cum Ecclesia, ut magiæ effectus et paganismi reliquias, proscribunt : ea derident medici saniores et probatiores, in *Ligaturæ*.
Amygdalæ die Cinerum distribuebantur cononicis ecclesiæ Morinensis, in *Amigdala*.
Andegavenses comites, Abbates appellantur SS. Albini et Licinii, in *Abbas*.
Angli Sanctos Apostolos visitare cœperunt circa an. 700. in *Scoti*.
Angli literas a Romano Pontifice concessas ad institutionem beneficii ecclesiastici repudiant, atque in posterum prohibent sub pœna capitis, in *Provisio* 2.
Angli, unde per contumeliam dicti *Caudati*, in hac voce.
Anglici Reges veteres Basilei appellationem videntur præ cæteris sibi arrogasse, in *Basileus*.
Anglici Reges Nomannici venationi impensius dediti, in *Foresta*.
Anglicis Regibus cibariæ ac annonariæ præstationes olim factæ, in *Firma* 2.
Anglorum Regum juramenti formula in eorum coronatione, in *Juramentum*.
Anglorum annos computandi ratio, in *Annus* et *Conquestus*.
Anglorum præcipuum vexillum draconis effigie insignitum erat, in *Draco* 1.
Anglorum olim in hostem debellatum crudelis usus, in *Aquila*.
Anglo-Saxones annos suos per hiemes numerabant, in *Autumnus*.
Anniversariis ut interessent non modo ecclesiastici vel religiosi invitabantur, sed et urbis primarii, quibus pecuniaria distributio fiebat, in *Obitus*.
Anno imperii sui præterito, præsenti et futuro constitutionem contra hæreticos datam notat Fridericus imperator, in *Charta* 1.
Annuli sui traditione in manu offensi, minus legitime actum reparabatur, in *Emenda* 5.
Annulo januæ ecclesiarum tacto, aliquando dejerabant, in *Armella*.
Annulo junceo seu confecto ex palea matrimonio conjunguntur qui illicitam antea inierant copulam, in *Annulus*.
Annulus conceditur abbatibus, in *Abbas*.
Antipapæ appellati Idola, in *Idolium*.
Antonini Augusti ad quosdam qui in Ægeo mari naufragium passi erant, obscura responsio enodatur, in *Lagan*.
Apitius ex Hispania oriundus, in *Sabanum*.
Apocalypsis rem obscuram et intellectu difficilem designat, in hac voce.
Appellandi a lata sententia ratio, in *Falsare*.
Aquæ benedictæ usus, in *Aqua* 7.
Aquæ frigidæ et *ferventis* judicium, seu examen, quo ritu peragebatur : pro Reliquiarum probatione etiam adhibitum, in hac voce.
Aquam Calidam vel tepidam in Sacrificio missæ adhibebant Græci, in *Aqua*.
Aquitani, unde Pelluti sive Comati dicti, in *Cagoti*.
Aquitaniæ duces, nominati Abbates S. Hilarii Pictav. in *Abbas*. Eorumdem moneta, in *Guianensis*.
Arabum notæ numericæ, ubi et quando in usu, in *Cifræ*.
Aragonum rex homagium præstat episcopo Magalonensi, in *Hominium*.
Arbogast, Bodogast, Salegast, Windegast, Wisogast, qui hæc nomina significent, in *Gastus*.
Arborum cultus, quis et quantus, in *Arbor*.
Archicapellanus regius, cur dictus Abbas castrensis, in *Abbas*. Ejus munia in *Capellani* 1.
Archicapellanus nuncupatus Abbas palatii, in *Abbas*.
Archidiaconorum jus in bona defunctorum, in *Abbadia* 1.
Archiepiscopi a Romanis pontificibus jus habent præferendi crucem intra suam provinciam, in *Crux*.
Arechis dux Beneventanorum primus Principis nomenclaturam in Italiam invexit ; a qua in cætera regna profluxit ejusmodi titulus, in *Princeps*.
Aresta parlamenti Parisiensis Gallico idiomate pronuntiari cœperunt sub Francisco I. rege, cum Colinus S. Ambrosii Biturigensis, non Vindocinensis, abbas verbum *Debotare* ex quodam aresto Latino cavillatus esset, in *Debotare*.
Argenti fodinæ olim in Gallia, maxime in Delphinatu, haud raræ, in *Argentaria* 1.
Arietem Levare, Decursionis species apud Anglos, in hac voce.
Arma seu insignia Franciæ sub Philippo Pulchro diversa ab iis quibus usus fuisse Clodoveus putabatur, in *Arco*.
Arma auro exornandi ars, a quibus inventa, in *Barbaricum*.
Arma in signum fraternitatis vel fœderis invicem mutarunt, in *Arma* 1.
Armenii Episcopi caput opertum habent, cum sacra peragunt, in *Camelaucum*.
Armorica, unde Letavia appellata, in *Leti*.
Arnaldus de Servola, cognomine Archipresbyter de Vermis, militarium turmarum, quæ *Companiæ* appellabantur, primus dux, in *Sociales*.
Artemisia a Picardis nostris in vigilia nativitatis S. Joannis Baptistæ colligitur, qua de causa, in *Apotelesmata*.
Arturus Britannus auctor est colaphi militaris, nostris *Colée*, in *Alapa*.
Asyli ecclesiarum jure quomodo utebantur Angli, in *Abjuratio* 1, et *Pax*. Intra quod spatium continebatur, in *Dextri*.
Ave-Maria, Beguinarum Parisiensium monasterium, in quod translatæ Sorores tertii ordinis S. Francisci an. 1471. in *Beghardi*.
Augustæ apud Occidentales circulis aureis, non coronis, utebantur, in *Circulus*.

Aure privatus a clericatu arcebatur, nisi id fortuito, et non ex pœna, accidisse literis regiis constaret, in *Auris.*
Aurelianenses cives, Baronum appellatione donati, in *Baro.*
Aurigæ artis magicæ suspecti : ex iis domini lucrum faciebant, operas illorum locando, in *Agitatores.*
Austriæ duces a Friderico I. imperatore creati, inter Archiduces censendi ex eodem, in *Archidux.*
Autissiodorensis pagus, *Marteau* nunc dictus, unde nomen habet, in Morta 1.

B

Baculus adhibitus in coronatione regum Italiæ, in *Albanum.*
Bajwarii annos suos per autumnos numerabant, in *Autumnus.*
Ballivi instituebantur per traditionem clavium, in *Baillonus.*
Ballivi officium nobilitati maculam inurere aliquando opinati sunt, in *Bajulus* 1.
Baptismus campanarum, in *Campana* 2.
Baptizati statim atque de sacro fonte nudi egrediebantur, quod et de sequiori sexu intelligendum est, stola alba sumptu Ecclesiæ induebantur, quam sabbato ante octavas Paschæ et Pentecostes deponebant, in *Alba* 4. Post indutam vestem candidam, cereus accendebatur, in signum fidei acceptæque gratiæ, in *Illuminare* 1.
Baptizati in ægritudine primum ab omni cleri gradu, dehinc a presbyterio duntaxat exclusi ; hujus baptismi ritus, in *Clinici.*
Baptizati unde appellati Judæi et Mahumetani, quorum reges et magnates in baptismo erant patrini : iisdem attributi certi reditus ad victum et vestitum, primum a fisco, dehinc a monasteriis percipiendi, in *Conversio.*
Barbæ primam lanuginem radendi ritus, in *Barba* 1. et *Barbator.*
Barbæ, capillorum et vestium pilis una cum sigillo Chartæ obsignatæ, in *Pillum.*
Barbariæ nomen, unde Africanis aliisque regionibus inditum, in *Barbaricum* et *Barbarus.*
Barcinonis nominis origo, in *Barca.*
Barones, fratrum nomine compellantur a Ludovico VII, rege Francorum, in Frater.
Bavarici duces a regibus nostris quondam electi et constituti, in *Agilolfingi.*
Beatrix Viennensis Humberto III, Sabaudiæ comiti, marito superstes vixit, etsi secus existimet Guicheno, in *Alpes.*
Bellovacensis Collegii fundatio, in *Claustrum.*
Benearnenses capæ, in *Bigera.*
Beneficiorum, ut vocant, seu præpositurarum et prioratuum origo, in *Obedientia* 1.
Beneficiorum ecclesiasticorum commercium, quando et quantum invaluit, in *Præbenda.*
Bernardi nomen male olim nostratibus sonabat, in *Bernarius.*
Bernardus comes Septimaniæ, Judithæ augustæ adulter, in *Emissarius.*
Bestiæ agros depopulantes, facta prius monitione, excommunicabantur, etiam his ultimis temporibus, in *Excommunicatio.*

Bibacis famosi exemplum, in *Bocale* et *Tappus.*
Bigorrensis moneta, in *Carleni.*
Bituricenses cives, Baronum appellatione donati, in *Baro.*
Bohemi Ecclesiæ catholicæ reconciliati ea conditione, ut communionem acciperent sub utraque specie, in *Compactatum.*
Bohemiani, Harioli et fatidici homines : eorum in Galliam adventus et eorumdem e Gallia expulsio, in *Ægyptiaci.*
Boni hominis appellatio jamdiu apud nostrates male audit, in *Boni homines.*
Bordeu, illustris Aquitaniæ familia, a qua *capitulatus* de Bogio in Gresliacam gentem transiit, ac deinde in Lebretensem, in *Capitalis* 1.
Bosphorus, quare Brachium S. Georgii et Turcis Bogasin dicatur, in *Brachium* 1 et *Butta* 1.
Brasilia vulgo le *Bresil*, unde nomen habet, in *Brasile.*
Brezé (Domini de), senescali ducum Normanniæ, in *Senescalcus.*
Bufo in veneficiis adhibitus non sine successu, si credere vis, in *Buffo* et *Croucheus.*
Burgundiones, hujus nominis etymon, in *Burgus.* Quando et cur *Salés* cognominati, in *Burgundiones.*
Bursa, præcipuus nostratum olim ornatus, in hac voce.

C

Cæcus colores et staturam animalium discernens, in *Abocellus.*
Calamus quo in scribendo utimur, ad principatum Ludovici Pii revocari potest, in *Penna* 2.
Calceamenta alicui ministrare, obsequii et servitii symbolum, in hac voce.
Calceorum prominentes et ultra pedum longitudinem prosilientes extremæ partes, in acumen quoddam desinentes ; horum inventor, in *Pigaciæ, Poulainia* et *Rostra.*
Caliga. A caliga ad consulatum, Proverbium castrense, in *Apocaligus.*
Caliphæ appellationis interpretatio et origo, in *Chalifa.*
Calumniatoris et falsi testis pœna apud Carmelitas, in *Scapulare.*
Campanorum, Gall. *Champenois*, probitas, audacia et virtus laudantur, in *Campaniensis.*
Canem ferre, Nobilium pœna, in *Canis* et *Harmiscara.*
Canem solebant illum vocare quem ad certamen provocabant, in *Acunydare.*
Canis, ut latrare contra aliquem non valeat, qua arte fit, in *Canis* 2.
Canis mutilatio, ut ad feras insequendas minus pernix esset, quando introducta et quomodo fiebat, in *Expeditare.*
Canonici laici plures recensentur, in *Canonicus.*
Canonicorum Regularium vestis lineæ forma varia fuit, in *Superpellicium.*
Canonicorum Regularium, sive monachorum apud Scotos jura singularia, in *Colidei.*
Canonis, machinæ bellicæ, nomen, unde effictum, in *Gunna* 2.
Canonizationis ritus, unde initium sumsit, in *Diptycha.*
Cantatores in procinctu pugnæ rerum præclare a summis ducibus gestarum exempla præliaturis

INDEX RERUM.

decantabant, ut ad strenue se gerendum excitarentur, in *Cantilena Rolandi*.
Cantiæ reges, unde dicti *Esingæ*, in hac voce.
Cantus ecclesiasticus alternus apud Latinos institutus a S. Ambrosio, in *Antiphona* 2.
Cantus Gregorianus qualis fuerit, in *Nota* 2.
Cantus Romanus in Ecclesiam Gallicanam illatus a Petro Romano, quem Adrianus PP. in Galliam misit, petente Carolo M. in A, et in *Cantus* 1.
Capella, Sacellum, Abbatiola vocatur, in *Abbas*.
Capellarum domesticarum institutio et abusus, in *Presbyter domesticus*.
Capilli super aures attondebantur plebeiis hominibus duello pugnaturis, in *Duellum*.
Capillorum certa dispositio, nobilitatis vel libertatis aut stultitiæ signum, in *Capilli*.
Capillorum abscissio, pœna vulgaris apud Gothos, Hispanos et Francos, in *Decalvare*.
Capitoliorum, quæ in variis urbibus exstitere, enumeratio: an eodem sensu quo apud Romanos accipienda hæc vox, in *Capitolium* 1.
Caprina societas quæ fuerit, et appellationis ratio, in *Bocks*.
Captau, dignitatis nomen, quibusdam ex illustrioribus Aquitaniæ proceribus attributum, qui et unde sic appellati, in *Capitalis* 1.
Caput altari imponere, signum fuit subjectionis et servitutis, in *Altare*.
Carcassonensium comitum moneta, in *Arnaldensis*.
Cardinales Reverendissimos compellat imperator, in *Reverendissimus*. Detentos carceribus ecclesiasticis liberant, in *Cardinalis*. Quando pileo rubro uti cœperunt, in *Capellus* 1.
Carmelitæ, cur Barrati Fratres appellati, in *Barrati*. Eorum habitum, uti indecentem, mutat Honorius PP. IV. in *Barrati*.
Carnium abstinentia diebus Lunæ et Martis ante Cineres, sub excommunicationis pœna, ecclesiasticis præcipitur, in *Carniprivium*.
Carolus; hujus nominis interpretatio, in *Ain*.
Carolus Magnus patricii dignitatem non ab imperatore CP. accepit, sed hanc assumpsit, summo Pontifice id enixius postulante, in *Patricius*. Cur Magni cognomen illi tributum, in *Magnus* 1. Scholas publicas in episcopiis instituit, in *Scholæ*.
Carolus Crassus, cur de Bovera cognominatus, in *Bovera*.
Carolus Simplex cognomine Capeti donatus, in *Capetus*. Dictus etiam *Reclausus*, in hac voce.
Carolus VI, amatoria potione insanus factus, in *Amatoria*. Exstant literæ an. 1422. mens. Oct. post ejus mortem, concessæ nomine *Cancellarii aliorumque Franciæ Consiliariorum*, rege nequaquam appellato, quasi tum non fuisset legitimus in regno successor, in *Interregnum*.
Carolus IV, imperator, cur cum in Galliam venit, nullo campanarum sonitu exceptus est, in *Campana* 2.
Carolus V, imperator; hujus responsio ad literas diffidationis Francisci I, regis Francorum, in *Diffidare*.
Cartusienses, unde sic nuncupati, in *Cartunenses*.
Casularum veterum forma, in *Casula* 3.
Catholici et Christiani dicti olim Romani, in *Romanus*.
Cayri, urbis celeberrimæ, nominis origo, in *Alcheria*.
Ceræ varii coloris ad sigilla usus, in *Sigillum* 1.
Cerei accensi in cœmeteriis ad animas defunctorum evocandas, in *Cœmeterium*.

Cerei Paschalis particulæ in agnorum vel crucis effigiem formatæ, quibus usibus, in *Agnus* et *Crux*.
Cereis nummos affigendi usus, oblationis gratia, quam antiquus, in *Candela nummata* et *Cereus*.
Cessionis bonorum ritus, in *Cessio*, *Chrenecruda* et *Corrigia* 3.
Chalesius in Inculismensi agro, primus in Francia Principatus titulo donatus; qui exhinc instituti sunt recensentur, in *Princeps*.
Characteres magici ad curandas febres adhibiti, in *Brevis*.
Charta, scissuris in decussem scalpello factis, nulla declarabatur, in *Incidere*.
Chirothecæ conceduntur Abbatibus, cum sacra peragunt. Iis non utuntur Abbates Præmonstratenses, in *Abbas*.
Chirothecæ exuebantur in salutationibus, reverentiæ causa, in *Chirothecæ*.
Chorepiscoporum institutio et munia, in hac voce.
Christiani, cur ab Ethnicis appellati *Biothanati*, in hac voce.
Christo regnante, formula in Chartis adhibita ad interregnum aliquando significandum, et sæpius ex pio tantum animi affectu, in *Regnans*.
Ciliciæ toparchæ agnominati de Montanis, qua de causa, in *Montana*.
Cineres quatuor anni temporibus benedici atque imponi solitum apud monachos S. Martialis Lemovicensis, in *Cinis*.
Clamores bellici: *Alleluia* in hac voce. *Ad brachia, ad brachia*, in *Brachium* 1. *Cantilena Rolandi. Kyrie eleyson. Mons gaudii. Signum* 10.
Claves aureæ, in quibus includebatur de limatura catenarum S. Petri, ad reges et principes olim transmissæ, veluti sacrum contra mala imminentia amuletum, in *Clavis*.
Clavi in arborum truncis fixi, metarum loco, in *Arbor* 1.
Claustrum monachorum viris laicis, nisi fraternitate donati sint, interdictum, in *Frater*.
Clemens Marot hæresis accusatus et damnatus ab episcopo Carnotensi, in *Chargia* 4.
Clerici ad sacros ordines, absque facultatibus idoneis ad victum, admitti non debent, in *Titulus* 3.
Clerici ab injuriarum satisfactione se exemptos volebant, in *Clerici*.
Clerici, sive superioris sive inferioris ordinis, duellum per se ipsos inire cogebantur apud Anglos et Scotos, in *Duellum*.
Clerici, servilis antea conditionis, etiam ad presbyteratus ordinem, domino superiore inconsulto, promoti, in servitudem pristinam, non domini proprii, sed superioris, redibant, in *Servus*.
Clerici, ut jure civitatis apud Tornacum potirentur, municipalia onera cum laicis participare debebant, in *Clerici*.
Clerici bona patrimonialia possidentes apud Polonos servitium militare præstare tenebantur, aut illa bona fratribus suis laicis cogebantur dimittere, aut fisco publico addicebantur, in *Clerici*.
Clerico vel monacho mendacii exprobratio non fiebat absque reverentiæ verbo, in *Dementitio*.
Clerus; ejus privilegia et prærogativæ apud Hispanos, in *Alcare*.
Clodovei regis dictum de S. Martino, in *Exaudibilis*.
Clypeorum materia et forma, in *Scutum*.
Cœlestini quare Barrati nuncupati, in *Barrati Fratres*.

INDEX RERUM.

Cœna serotina, unde Collationis appellationem sortita est, in *Collatio* 2.
Cognationis gradus intra quos matrimonia contrahi vetant canones, et qua ratione computantur, in *Generatio*.
Cognominum apud nostrates institutio et usus; ea raro episcopis, clericis, monachis et feminis imponebantur, in *Cognomen* et *Supranomen*.
Color cœruleus, unde manavit in armorum regiorum insignia, in *Pallium* 1.
Color ruber in armis, unde fecialibus nostris dicitur *Gula*, in hac voce.
Colores varii ad exarandos libros, ex qua materia confecti, in *Aurigrafus*.
Columbæ olim appendebantur sepulcris cum Sanctorum, tum aliorum hominum illustrium, in *Sepulchrum*.
Combalongæ, monasterii in Cansorannis, unde nomen, in *Cumba* 2.
Comites et Nobiles laici quibus dabantur abbatiæ in beneficium, nuncupati Abbacomites, Abbates milites, Abbates laici; quando id factum fuit, in *Abbas*.
Comites Campaniæ et Flandriæ inter se contendunt utri eorum primam in exercitu regis Franciæ aciem regere competeret; quomodo sopita hæc controversia, in *Antegarda*.
Comitia publica, juridica, aliave, quando, cur et ubi habita, in *Assisa*, *Campus* 9, et *Placitum*.
Conardorum Abbas; hujus societatis institutio, etc., in *Abbas*.
Concilium Remis habitum an. 1148. *Universalis* titulo donatur, in *Domnus*.
Condé oppidi, aliorumque ejusdem appellationis etymon, in *Condate*.
Condominorum societas, boni publici causa, apud Germanos instituta, ob ejusdem facinora dehinc abrogata, in *Ganerbii*.
Confessio olim minus frequens erat quam nunc est, etiam in monasteriis, in *Confessio* 3.
Confessor regni appellatus qui regi est a confessionibus, in *Auricularius* 2.
Confessoribus erogata a pœnitentibus pecunia, in *Confessio* 4, et *Denarius*.
Confitendi facultas capite damnatis concessa in synodo Castrensi an. 1358, quam decisionem ut approbent judices, monendi dicuntur et etiam censura ecclesiastica coercendi, in *Confessio* 3. Denegata duello succumbentibus, in *Duellum*.
Confratriæ Dei; quæ fuerit ejus institutionis occasio, in *Agnus*.
Conjunctio solis et lunæ certis in casibus perniciosa visa est medicis, in hac voce.
Conrado imperatori unde Salici cognomen inditum, in *Lex*.
Consanguinitatis varii gradus notantur, in *Cosinus*.
Consentinus (Henricus), Caroli regis veste militari et armis indutus, in prælio quo Conradinus fugatus est occiditur, in *Cognitiones*.
Conspicillorum, Gall. *Lunettes*, inventio sub Nicolao V. PP., in *Ocularia*.
Constantino Copronymo unde Caballini cognomen inditum, in *Caballinum*.
Constantinus Magnus ignis Græci inventor dictus, in *Ignis*.
Consuetudines varias quibus civitates et provinciæ Franciæ reguntur, in unam legem redigere frustra non semel tentatum, in *Lex*.
Conti Guidi Italici originem ducunt a Comite Guidone, in *Bisacuta*.
Convenarum comitum moneta, in *Arnaldensis*.
Conventus solemnes a regibus nostris celebrati magno cum apparatu, quando, ubi et qua de ratione habebantur, in *Curia* 8.
Cornix, cur avis S. Martini appelletur, in *Avis*.
Cornua ad domum alicujus affigere, injuriæ reputabatur, in *Cornu* 8.
Coronas aureas duas in thesauro S. Dionysii deponendas statuit S. Ludovicus, ut inde cum aliis indumentis et ornamentis regalibus pro coronandis regibus et reginis Franciæ assumerentur, in *Curia* 8.
Corpora in eodem tumulo ita ponebantur, ut alterum alteri non substerneretur, in *Bisomum*.
Corporale, quo in sacris utuntur, contra incendia deferre solebant; quod tamen in ignem projici vetatur, in *Corporale* et *Palla* 1.
Corpus Domini in altari consecrando, deficientibus sacris reliquiis, repositum, in *Corpus*.
Cortisianus Flandriæ, ex Curtriaca gente, cui pro insignibus tres cantherios miniatos in campo aureo adscribunt, in *Cortis* 1.
Corvi albi centum et totidem cygni nigri regi proponuntur exhibendi ab iis qui donationis chartam contradicere tentaverint, in *Charta* 1.
Coryleæ virgæ inter sacras supplicationes Mediolani deferebantur, in *Colurnus*.
Courlenaio (Isabellis de), vidua Guillelmi de Roigny, secundo nupsit fabro ferrario, nomine Henr.et Eullet, apud Ferrarias in Vastinio, in *Ferro* 2.
Cros (Petrus de), Cardinalis Autissiodorensis nuncupatus, obiit an. 1352. in *Originale* 2
Cruces varii coloris pro variis expeditionibus sacris assumtæ; varia etiam earum in vestimentis positio, in *Crux*.
Cruces erectæ inter Parisios et Sandionysium, ex usu in magnatum funeribus recepto, in *Crux*.
Crucifixi imago celeberrima, quæ Lucæ in Italia et apud Ruguenses in Ponlivo magno cum cultu asservatur, in *Vultus*.
Curati primarii vulgo *Curés primitifs*, vocati *Abbates*, in *Abbas*.
Curia Franciæ, Curia capitalis appellatur Parlamentum Parisiense, in *Curia* 4, *Par* et *Parlamentum*.
Curia Romana, vox cognita ante sæculum XII, in *Curia* 7.
Curia Subsidiorum; ejus institutio et officium, in *Aidæ*.
Cyrillus Patriarcha Alexandrinus primus processiones instituisse dicitur, in *Statio* 1.

D

Dandula, familia apud Venetos; unde Canis appellatione donata, in *Caganus*.
Dani omnes uno eodemque die per regnum universum Angliæ occisi, in *Englescheria*.
Danorum aliarumque nationum Borealium in hostem debellatum crudelis usus, in *Aquila*.
Debitoribus mortuis sepulturam prohibebant creditores, in *Sepultura*.

Decani in quibusdam ecclesiis dignitatis suæ possessionem ineunt superpellicio induti, gladio cincti, pera instructi, calcaribus aureis pedes revincti, cum accipitre super pugno, in *Decanus* 4.
Decimarum ecclesiasticarum antiquitas et usus; quando et cur laicis concessæ; quæ dicantur Saladinæ, in *Decimæ* et *Ecclesia*.
Decuriones primores Brixiæ, appellati Abbates, in *Abbas*.
Dedicationis ecclesiarum signum, crucis in ea erectio, in *Crux*. Ejus peragendæ ritus, in *Dedicatio* et *Encænia*.
Defunctorum pectori appositæ oblatæ, non, ut par est credere, consecratæ, in *Oblata*.
Defunctorum commemoratio, quæ nunc 2 Novembris fit, olim post natale Domini agebatur, in *Festum* 1.
Degradatio nobilium, qua ratione fiebat, in *Arma* 3.
Delphini nomen ad regis primogenitum, in ipsa Delphinatus cessione, non spectavit, in *Delphinus*.
Denarii Mali, quinam dicebantur, in *Malus-Cusus*.
Denarius Tertius appellabatur tertia mulctarum pars, quæ ad *Advocatos* pertinebat, in *Advocati*.
Deponendi gradu suo episcopum, sacerdotem aut quemvis alium clericum ritus, in *Baculus* 1, et *Degradatio*.
Desmans, familia Forojuliensis provinciæ; unde nomen habet, in *Dienismannus*.
Diffidationis formulæ, in *Diffidare*.
Digiti Linguosi, quid hac voce significatur, in *Signum* 9.
Digitum vel manum, loco patenæ, ad missæ offertorium deosculandum olim præbebat sacerdos, in *Baisemain*, et *Offerenda*.
Diemodis promontorium, unde Planca appellatum, in *Planca*.
Dispensatorum apud Anglos nobilissima gens, unde nomen habet, in *Dispensator*.
Divinatio per schedulas vel per inspectionem sacrorum Librorum in electionibus episcoporum, tam apud Latinos quam apud Græcos, adhibita, in *Sors* 2.
Divortii ac renunciationis bonorum communioni ab uxore post mariti mortem, symbolum, clavium remissio, in *Clavis*.
Domaniorum regiorum alienationes, non tam ex jure quam ex consensu regum, prohibitæ: horum impignerationes introduxisse dicitur Carolus VIII, in *Domanium*.
Dominæ compellantur ex usu filiæ regum nostrorum, contra quem usum Franciscus II, Britanniæ dux, eodem titulo filias suas donat anno 1488, in *Domicellæ* 1.
Dominæ nobilium uxores a maritis suis et matres plebeiæ a filiis suis appellatæ, in *Domina* 4.
Dominica prima Adventus, quæ a Natali Domini remotior est, nunc appellatur, olim dicebatur quarta, in *Adventus* 2.
Dominica Quadragesimæ, a qua in Ecclesia Occidentali ante sæculum IX abstinentia exordium ducebat; post, quatuor additi sunt dies, in *Carniprivium*.
Dominicani, unde dicti *Jacobitæ*, in hac voce, num. 2.
Dominici dies, Paschatis appellatione designati, in *Alba* 3.
Dominorum jus mutuo sumendi a subditis res ad victum necessarias, quale fuerit, in *Credentia* 6.
Domus Dei Parisiensis reliquias capellæ regiæ, in quatuor festis annualibus, quo rex ea celebraturus accedebat, deferre tenebatur; reditus ei ob id assignatus, in *Capella* 3.
Domus reorum, ipsis jam pœna vel morte mulctatis, diruebantur apud Francos aliosque, dehinc fisco addictæ fuerunt, in *Condemnare*, et *Hanot*.
Don, quando procerum nominibus præponi cœpit, in *En*.
Donationes quæ fiebant ecclesiis, quo solemniores essent, earum instrumenta super altaria ponebant, in *Altare*.
Dos de qua litigium erat, aut in foro ecclesiastico vel civili, pro mulierum libitu, ex regni consuetudine dijudicabatur, in *Dos* 2.
Duces cera rubra in sigillis suis utebantur, in *Sigillum* 1.

E

Easterlingi, unde sic dicti, in *Adalingus*.
Eberhardus, Bambergensis episcopus, primus, quem sciam, se dixit episcopum *divina et apostolica miseratione*, in *Dei gratia*.
Ecclesia fundos libere acquirebat ante introducta adventitia feudorum jura in mutationibus, modo a rege literas *emunitatis* accepisset, in *Admortizatio*.
Ecclesia jus suum persequi poterat, etiam contra illos qui annum ætatis suæ 21 nondum erant assecuti; quod laicis ex consuetudine non licebat, in *Ætas plena*.
Ecclesia censebatur polluta seminis effusione, in *Reconciliari*.
Ecclesiæ consecrandæ ritus. Sine licentia regis aut domini terræ consecrari non debet, in *Dedicatio*.
Ecclesiæ parochiales vocatæ Abbatiæ et Abbatiolæ, in *Abbas*.
Ecclesiæ episcopales, abbatialesve inter bona laicorum ita censitæ, ut ab iis, veluti propria, etiam mulieribus, concederentur, in *Ecclesia*.
Ecclesiæ bonorum invasores, direptores et vastatores, quo ritu anathemate percussi, imprecandi in eos formulæ, in *Abominatio* 3, *Clamor* 2, et *Reliquiæ* 1.
Ecclesiam non licet episcopo consecrare, nisi sufficienter dotatam, in *Dos* 4.
Ecclesiam ingredientes gladium deponebant, in *Gladius* 4.
Ecclesiam ingredi mulieribus, nisi velatis, non licebat, in *Dominicalis*.
Ecclesiarum asyla et immunitates, in *Dextri*, et *Pax*.
Ecclesiarum territorium consecrandi singularis ritus apud Anglos, in *Evangelium*.
Ecclesiarum regalia seu majora dominia apud Gallos et Anglos, Baroniæ appellantur, in *Baro*.
Ecclesiarum tuitio et custodia ad regem et barones pertinet, in *Warda*.
Ecclesiasticæ jurisdictionis violatores, quomodo mulctati, in *Jurisdictio*.
Ecclesiis, non earum episcopis, concessum jus cudendæ monetæ, in *Moneta*.
Eginhardi cum Carolo Magno cognationis gradus, in *Neptitas*.
Energumenos cognoscendi atque a dæmone liberandi ritus, in *Obsessus*.
Enses regii peculiari interdum nomine donati, in *Curtana* 1.

Ensis solemni ritu a Romano pontifice benedictus alicui principi regive datur aut transmittitur, in *Benedictio.*
Ephippii nulla fere occurrit memoria ante Valentinianum imperatorem : iis uti turpe erat apud Suevos, in *Sella* 2.
Epiphaniæ festum Armenis dicitur *Baptisterium*, in hac voce. Eo die reges nostri aurum, thus et mirrham ad altare offerre solebant, in *Offerre*.
Episcopi electionem, inconsulto principe, inire fas non erat, et, si facta esset electio, regius requirebatur assensus, in *Preces* 3.
Episcopi ex consilio et assensu advocati ecclesiæ eligebantur, in *Advocati*.
Episcopi electi quæ futura esset episcopatus administratio, per inspectionem sacrorum Librorum, præcipue Evangeliorum, olim inquirebatur, in *Sors* 2.
Episcopi, cur diebus Dominicis ordinentur, in *Ordo* 3.
Episcopi, Patriarchæ et Metropolitani recens creati, per epistolas ad Romanum pontificem fidei suæ doctrinam profitebantur, in *Synodica*.
Episcopi fidelitatem regi, non homagium præstant, et qua de causa, in *Fidelitas*.
Episcopi prædia in manum mortuam transferre possunt, modo id *caritative* et absque pecunia fiat, in *Admortizatio*.
Episcopi vetantur in monasteriis ordinationes facere, nisi ab abbatibus fuerint requisiti, in *Cathedra*.
Episcopi, Baronum nomenclatura donati, in *Baro*.
Episcopi appellati Domini, non addita dignitatis denominatione, in *Dominus* 3. Domini titulo una cum summo Pontifice donantur, in *Domnus*.
Episcopi se presbyteros inscribunt, etiam in sequioribus sæculis, in *Presbyter*.
Episcopi et Abbates eundi in exercitum obligationi, nisi speciali privilegio ab ea exemti essent, obnoxii ex regalibus, in *Hostis* 2.
Episcopi in partibus Infidelium quando instituti, in *Episcopi*.
Episcopi non licet in aliena diœcesi oratorium aut ecclesiam consecrare, in *Crux*.
Episcoporum jus in testamenta, quo primum ad pia opera utebantur, dehinc aliqui eo abusi sunt, in *Testatio*.
Episcoporum degradatio baculi episcopalis fractione fiebat, in *Baculus* 1.
Episcopus qui solemnem missam celebravit, primates ex clero qui ei ad altare inservierunt, convivio excipere solet; unde hic usus, in *Nomenclator*.
Episcopus, alterius episcopi Capellanus et Vicarius inscribitur, in *Episcopus*.
Episcopus Innocentium, in *Kalendæ*.
Epistolæ amatoriæ, unde *Poulets* nuncupatæ, in *Polyptychum*.
Equos in mortuorum exsequiis offerendi ritus, in *Heriotum*.
Escorcheurs; unde sic appellatæ quædam apud nos militum turmæ, in *Estorchera* et *Scoriarii*.
Estrée (Domini d'), senescalli comitum Bononiensium, in *Senescalcus*.
Eubœenses seu Nigriponti domini sese inscribebant Duces Agiopelagi, in *Agiopelagus*.
Eucharistia, quæ nunc in os fidelium inseritur, hanc olim de manu sacerdotis manu sua accipiebant, in *Pars*. Purgatio per *Eucharistiam* clericis et laicis communis, in *Eucharistia*.

Eudo, dux Franciæ, seu potius Aquitaniæ, filiam suam Munuzæ, ex Maurorum gente, in uxorem dat, in *Austria* 1.
Examen ad crucem, qua ratione fieri solitum, in *Crux*.
Excæcatio, pœna in reos decreta apud veteres et recentiores. Excæcandi modus per ferrum candens, aut pelvim ferream vel æneam, aut alia ratione, quam antiquus, in *Abacinare* et *Plebotomare*.
Excommunicati, ut Ecclesiæ satisfacerent, variis modis, etiam a judicibus laicis, cogebantur, in *Excommunicatio*.
Excommunicatio jurene an injuria ab archiepiscopo lata fuerit, judicant diaconi vel presbyteri, in hac voce.
Excommunicatione interveniente, duellum statutum differebatur; neque idcirco causa cadebat excommunicatus, in *Duellum*.
Excommunicatorum corpora ubivis sepelire, præsertim in sepulcris lapideis velitum : eorum cadavera, nisi mortui absolverentur, indissolubili compage perdurare creditum, in *Imblocatus*. Ritus absolvendi excommunicatos post mortem, in *Absolutio* 1, et *Cumba* 4.
Excubiæ fiebant in ecclesia Parisiensi ab officiariis episcopi in festo Assumptionis B. M., in *Circa* 3.
Exemptionum a jurisdictione episcopali abusus, in *Monasteria*.
Expositi infantes illius erant qui eos colligebat : sale intra pueriles fascias deposito, innuebant ipsos baptismum non suscepisse, in *Collectus* et *Sal*.
Exsequiæ solemnes celebratæ pro homine qui iis vivus intererat, in *Funeralia* 1.
Exsequiarum agendarum ratio et modus, in *Heriotum*.
Extremam-Unctionem administrandi varii ritus. Vulgi circa illud sacramentum opiniones, in *Extrema-Unctio*.

F

Femina primum suspendio damnata anno 1414. in *Fossa* 1.
Feneratorum vivorum et mortuorum pœna, in *Usurarii*.
Fenestris ædium eorum qui in hastiludiis decertaturi erant, insignia armorum aptabantur; qua de causa, in *Fenestragium*.
Fenestris amicæ astare, et ibi nocturnos concentus facere, antiquus amantium mos, in *Fenestrare* et *Matinata*.
Festa anni præcipua, Paschatis vocabulo nominabantur, in *Alba* 3.
Festus dies in honorem Bacchi institutus a Romanis VIII kal. Dec.; quare dictus *Bruma*, in hac voce.
Feudalia servitia, plurima dominorum utilitati, quædam honori tantum, nonnulla risui aut ipsorum oblectamento conducebant, in *Servitium*.
Feudalis domini jus in bona subditorum defunctorum, in *Abbadia* 1.
Feudum Commendare, quid significet, in *Commenda* 3.
Fides altare complectendo asserebatur, in *Altare*.
Filiorum in patres reverentia, cum ad eos accedebant, in *Salutatoriæ epistolæ*.
Filius adoptivus, qui nunc Filiolus, cui in signum veluti adoptionis legitimæ munus aliquod a patrino conferebatur, in *Adoptari* et *Filiolus*.

INDEX RERUM.

Flagellationis cum virgis usus apud monachos in *Disciplina*, et *Scopæ*.
Flandriæ comitatus, Monarchiæ titulo insignitus, in *Monarches*.
Flavius Gioia, civis Amalphitanus, auctor Pyxidis Nauticæ, secundum quosdam; alii id acceptum Francis referunt, in *Pyxis*.
Forcalcariensis Oppidi etymon, quasi Furnum calcarium, in *Calx*.
Fori ecclesiastici usurpationes, in *Curia Christianitatis*.
Franci ob capillorum colorem nuncupati *Flavi*, in hac voce.
Franci milites armati incedebant, in *Arma* 1.
Francigenæ qui dicantur Anglis, Belgis, Germanis et Italis, in hac voce.
Francis antiquus est baltheorum alborum usus, in *Escharpia*.
Franciscanorum domus prope Andegavum, unde *Baumette* appellata, in *Balma* 1.
Francisci (S.) nomine consecratum altare anno 32 post ejus mortem a S. Ludovico, rege Francorum. Ejusdem appellationis origo, in *Franciscus* 2.
Francisci Borbonii, San-Paulani comitis, dicterium in ducem Guisium, in *Princeps*.
Francofurtum, unde nomen habet, in *Forda*.
Francorum imperium, quam late olim sese diffudit, in *Francia*.
Francorum mores, in *Franci* 2.
Francorum varia armorum genera extremis sæculis, in *Armatura* 2 et *Spatha* 1.
Francorum ratio annos computandi, in *Annus*.
Francorum reges inscribuntur Abbates S. Aniani Aurel. S. Hilarii Pictav., S. Martini Turon., S. Mauri Fossat. et ad Ligerim, S. Victoris Paris., in *Abbas*.
Francorum reges dicuntur Advocati ecclesiæ Romanæ, in *Advocati*.
Francorum reges Basilei appellatione donati, quam iis postmodum invidere imperatores CP., in *Basileus*.
Francorum reges cur appellati *Philippi*, in hac voce, num 2.
Francorum reges semel per seipsos, seu personaliter, jurant, quando scilicet inaugurantur et coronantur; in cæteris vero occasionibus, in quibus solemniter quidpiam subditis pollicentur, id *verbo regio* firmant, in *Juramentum*.
Francorum regum coronatio, Benedictio nuncupata, in *Benedictio*. In ea porrigebatur illis palma, una cum sceptro, in victoriæ adprecationem, in *Palma* 1.
Francorum reges quotannis a proceribus et subditis dona et xenia accipiebant, a quibus ne quidem monasteria eximebantur, in *Campus* 9, et *Donum* 2.
Francorum regum, primi et secundi stemmatis, vestitus ornatusque explicantur ex tabellis Lotharii et Caroli Calvi imperatorum, in *Armigeri*. Vide præterea in *Capilli* et *Criniti*.
Francorum regum prærogativæ in rebus spiritualibus a Romanis pontificibus iis concessæ, in *Privilegium* 2. Ea præsertim notatu digna qua iis indultum est, ut ipsorum eleemosynæ loco sint restitutionis, in *Eleemosyna* 1.
Francorum regibus Catholici nomen prius inditum quam Hispanicis, quibus primum ab Alexandro VI PP. concessum est, in *Catholicus* 1. Quando vero Christianissimi titulus iis peculiari jure attributus, in *Christianitas*.

Francorum regum ministri, aut quivis ex familia regia, non debent, inconsulto rege vel ejus senescallo, excommunicari, in *Excommunicatio*.
Francorum reges nulli subdito homagium faciunt; sed aut vassallum, qui illud suo loco præstet, exhibent, aut de homagii compensatione paciscuntur, in *Hominium*.
Francorum regis filius clientis professionem præstat episcopo Pariensi, in *Hominium*.
Fraxineti castri, quod tenuerunt Sarraceni Afri, Marrones appellati, situs, in *Marrones*.
Frugalitas mensarum etiam regiarum, in *Frugalitas* 1.
Fulco, comes Andegavensis, unde cognominatus *Rechinus*, in hac voce.
Fumo caponis census persolutus, in *Census*.
Fundatores ecclesiæ vel monasterii qui fuerint dicti, in *Fundare*.
Funus, qua ratione olim curabant, in *Bardicatio*.
Furta domestica severius punita, in *Latro*.

G

Galatæ, quare Buccellarii dicti, in *Buccellarius*.
Galli veteres Circium ventum pro Deo habebant, in *Circius*.
Galli ab Anglis non videntur accepisse usum balistarum, in *Balista*.
Galli appellatio olim male accepta, in *Gallinatus*.
Gallicanæ urbanitatis usus, in *Carreria* 1, et *Pes*.
Galliciæ et Legionis reges Maurorum regibus, tributi vice, quotannis mittebant 100 puellas, 50 nobiles et 50 plebeias, in *Burdatio*.
Gallina Indica, unde sic appellata, in *Africana*.
Gallorum veterum aliarumque nationum in arbores et lucos religio, in *Arbor* 1.
Gallus gallinaceus, cur in summitate campanariorum imponitur, in *Campana* 2.
Gaufridus II, dominus Pruliaci, a quo comitum Vindocinensium series profluxit, institutor *Torneamentorum*: eorum leges et instituta, in *Torneamentum*.
Gauzlini, archiepiscopi Bituricensis, dies obitus asseritur, in *Fenestra* 4.
Gelasius PP. potius emendator quam auctor Sacramentarii, quod sub ejus nomine fertur, in *Sacramentum*.
Genuenses in vibrandis jaculis maxime industrii, in *Dardus*.
Genuensium legatus apud imperatores CP. titulo Potestatis donatur, ut et alias Venetorum, qui nunc Bajulus dicitur, in *Potestas*.
Germanorum annos computandi ratio, in *Annus*.
Gibelinorum et Guelforum factionum origo et appellationis ratio, in *Gibelini*.
Gismans, Forojuliensis provinciæ familia, unde nomen habet, in *Dienismannus*.
Gladium per mucronem tenere, signum deditionis, in *Gladius* 4.
Gladius qui in regum Angliæ coronatione præfertur, quare cuspide acieque retusus, in *Curtana* 1.
Gloria in excelsis Deo, quis illius auctor; quando in usu esse cœpit; ad Matutinas decantatum, in *Hymnus*.
Goffridi vel Geofridi nomen ridicula acceptione usurpatum, in hac voce.

Goffridus, comes Andegavensis, unde cognominatus Grisagonella, in *Gunna* 1.
Golain (Joannes), theologiæ professor, ordinis B. Mariæ de Carmelo, plurium variorumque librorum et actorum interpretationibus celebris, in *Translator*.
Gothorum reliquiæ putantur *Cagoti*, in hac voce.
Goulettæ Africanæ etymon et notio, in *Colax*.
Gradus cognationis et affinitatis intra quos matrimonium contrahi vetant canones, et agnatio computatur, in *Generatio*.
Græci Byzantini, et præsertim ipsi Augusti, cum ex Latinorum gente uxores sibi adsciscerent, earum nomina mutabant: hinc Agnes, Ludovici VII filia, Alexii Comneni uxor, Anna nominata est Hujus moris ratio, in *Nomen*.
Græcorum annos computandi modus, in *Annus*.
Granaria salis instituit Philippus VI, rex Francorum, in *Gabium*.
Grandimontensium conversorum insolentia, in *Barbatus* 1.
Grangia, quæ Parisiis vulgo perperam *Batelliere* dicitur, unde nomen habet, in *Batailliatus*.
Gregorius Magnus (S.) artem sutoriam exercuisse dicitur, in *Feriæ* 2. Sacramentarium, quod illi adscribitur, sitne genuinus hujus pontificis fœtus, jure vocatur in dubium, in *Sacramentum*.
Grimaldæ gentis mentio fit, in *Marrones*.
Groban, nomen castri prope Andegavum, a Cæsare, ut fertur, exstructi, in *Groa* 2.
Gronaw in agro Brunsvicensi, Groningæ in Frisia, et Groningæ in episcopatu Halberstadensi, nominis origo, in *Gronnosus*, sub *Gronna*.
Gubernatorum provinciarum apud nos munus, in *Lociservator*. Cum primum commissam sibi adibant provinciam carceribus detentos liberabant, in *Adventus jocundus*.
Guesclinus militarium turmas, quæ Franciam devastabant, in Castiliam traduxit, in *Compagnia*.
Guido Aretinus diagrammatis musici auctor, in *Gama*.
Guido de Levis, titulo Marescalli fidei a vulgo donatus, quod pro fide catholica contra Albigenses militaret, in *Marescalcus*.
Guillelminæ mulieris famosissimæ errores et deliramenta, in *Guillelminæ sectarii*.
Guillelmus. Rogerii, regis Siciliæ filius, cognomine *Mal-Guillelmus*. in hac voce.
Guillelmus abbas Fiscamnensis, ob decorem cognominatus *Puella*, in hac voce.
Gundibaldus quidam e Græcia profectus, Chlotarii regis se filium mentitur, in *Bailomer*.
Guntrannus rex Chundonem, cubicularium suum, qui bubalum venando in Vosago occiderat, capite damnavit, in *Foresta*.

H

Halberstadiensis pœnitens publicus, in *Adam*.
Halex. Hac voce tres pisciculorum, qui sale condiuntur, species indicantur, in *Alecium*.
Hallis pia societas, unde hujus sodales Fratres Kalendarum nuncupati, in *Frater*.
Hannonia, nomine Lotharingiæ aliquando appellata, in *Sigillum* 1.

Hastiludia octavo ineunte sæculo obtinuerunt, in *Nundinæ*. Tirones qui in iis probe se non gesserant, baculis excipiebantur, in *Baculare*.
Heliæ prophetæ qualis fuerit habitus ex Carmelitis, in *Barrati*.
Henricus I, rex Francorum, Victoriosissimi titulo insignitus, in *Victoriosus*.
Henricus, comes Campaniæ, cognomento Largus, in hac voce.
Hiberni, Scotorum appellatione sæpius designati, in *Erigena* et *Scoti*.
Hibernorum illustrium cognominibus vox Map alias, hodie Mac vel O, præponi solet; hujus significatio, in *Mepe* et *O*.
Histricis ordo equester a Carolo Aurelianensi et Vadensi duce institutus, in *Camelaucum*.
Hollandiæ comites, appellati Tutores, in *Tutor* 2.
Homagiorum variæ conditiones et ceremoniæ, in *Hominium*.
Homagium, quod domino flexis genibus præstari debet, ipsius procuratori stando exhibetur, in *Hominium*.
Homagium pro officiis et dignitatibus ecclesiasticis aliquando episcopis præstitum, in *Hominium*.
Homicida olim apud Benearnenses et Bigorritanos vivus sub cadavere illius quem occiderat sepeliebatur, in *Sepeliri*.
Homicidii pœna in bestias quæ hominem interfecerant solemni judicio ad hanc fere usque ætatem decreta, in *Homicidium* 1.
Honesta Barba appellatus Balduinus IV, comes Flandriæ, in *Barba*.
Horologii quod rotis, ponderibus, libraminibus ac campanulis constat, quis inventor, in *Horologium* 2.
Hospitale S. Gervasii ptisanam infirmis subministrare debet, in *Tisana*.
Hospitalitatis reliquiæ, in *Manducare* 1.
Hospitandi juris in ecclesiarum et monasteriorum domibus aut prædiis, quantum reges studiosi, tantum, quando ab eo immunes erant ecclesiastici, id præstare tenacius recusabant, in *Gistum*.
Hostiæ sacræ apud Divionem et Parisios celebres, in *Hostia* 1.
Hugonis nomen pro stolido et inepto acceptum, in *Hugo*.

I

Jacobus, idem alias nostratibus atque rusticus et stolidus. Factionis olim celeberrimæ, sub eadem appellatione, dux et auctores, in *Jaquei*.
Jejunium duplex, in quo positum: quinam illud observaverint et quam ob causam, in *Superpositio* 3.
Ignes accensi in vigilia nativitatis S. Joannis Bapt. unde ortum habent, in *Nedfri*.
Ignis sacri morbus, quantum olim in Gallia invaluerit, in *Ardentes*.
Immaculatæ Conceptionis adversarius super nates publice vapulat, in *Antiphona* 1.
Immersio trina in baptismo usum obtinuit usque ad nostra fere tempora, in *Baptismus*.
Imperator coronatus jus habet in omnibus cathedralibus ecclesiis atque etiam monasteriis per totam Germaniam unum canonicum vel monachum pro arbitrio nominandi, in *Preces* 3.

INDEX RERUM.

Imperatores in ambone ecclesiæ coronabantur, in *Ambo*. In cujus ceremoniæ Missa diaconorum vestibus induti Evangelium cantabant, in *Evangelium*. Triplici corona donantur imperatores Germanici, in *Corona*.

Imperatores Occidentales, titulo Advocati Ecclesiæ Romanæ inscribuntur, in *Advocati*.

Imperatoris, quinam ex principibus compellati, in *Imperator*.

Imperatorum imagines vel statuæ, quæ in provincias mittebantur, quomodo a populis exceptæ, in *Lauratum*.

Incendium avertere putabant veteres in ostio domus quædam verba inscribendo, in *Arse verse*.

Induciæ juridicæ per noctes, non per dies, dinumerabantur, in *Collocare*.

Infans in utero materno adhuc existens baptisari potest, in *Baptismus*.

Inferni porta Parisiis, olim dicta de Ferto, dehinc S. Michaelis, qua de causa, in *Fertum* 4.

Innocentium cœmeterium jussu Philippi Aug. muris cinctum, et qua occasione, in *Cœmeterium*.

Innuptorum erga nuptos alias reverentia, in *Dimentiri*.

Inquisitionis nomen tum primum in Gallia auditum est cum Valdensium hæresis eam inficere incœpit: contra Lutheranos et Calvinistas etiam instituit Franciscus I; quibusnam id officii commissum fuit; eorum usurpata jura non semel coercita, in *Inquisitores*.

Insignia inusitata, aut etiam aliena, nonnumquam in prœliis deferebant exercitus duces, in *Cognitiones*.

Insulensis societatis celeberrimæ, sub nomine *de l'Espinette*, institutio, statuta et abrogatio, in *Spinetum*.

Interpunctiones in scriptione, quando certis regulis circumscriptæ, in *Punctare* 1.

Introducendis ad imperatorem hominibus præfecti, eorum officia, in *Admissionales*.

Joannes XIX, PP., cognominatus *Phasianus*, in hac voce.

Joannes Boucicaut, auctor ordinis militaris, pudori fortunisque nobilium feminarum tuendis potissimum instituti, in *Pulchræ*.

Joannes Presbyter, quis fuerit, ejusdem epistola ad Emanuelem imperatorem, in *Presbyter*.

Joannis nomen, diu est quod apud nostrates male audit, in *Joannes*.

Joinvillæ domini, an jure hæreditario senescalli comitum Campaniæ, dubium est, in *Senescalcus*.

Italorum annos computandi ratio, in *Annus*.

Itineraria spatia lapidibus Gallos distinxisse ante Romanorum invasionem probabile est, in *Leuca* 1.

Itinerum quæ a nostris *Chemins de Brunehaut* appellantur, unde nomen, in *Via* 1.

Jubilæi nomine, quid apud religiosos intelligatur, in hac voce.

Judæi, Galli castrati ob circumcisionem appellati, in *Capus* 2.

Judæorum annos computandi ratio, in *Annus*. Eorumdem apud Armoricos aliosve conditio, in *Cagoti*, *Colaphus*, et *Judæi*.

Judex a cujus sententia appellabatur, si ex odio vel lucro judicasse appellans criminaretur, cum illo duellum inire tenebatur, in *Appellatio* 1, et *Falsare* 4.

Jurare per Canem ad initum fœdus firmandum; quod ruptum esse mittendo etiam canem significabant, in *Canis*.

Jus quod ecclesiæ debetur, cum quis decedit, a nonnullis parochis exigebatur ab iis qui vitam monasticam amplectebantur, ut qui in sæculo haberentur pro mortuis, in *Mortuarium* 1.

Jus Applicationis, quid apud Romanos sonabat, in *Commendatus*.

L

Lac, loco aquæ, adhibitum in Hibernia ad baptisandos divitum et magnatum infantes, in *Baptismus*.

Laici ægrotis sacram Eucharistiam deferebant, cum parochus aut presbyter infirmus vel absens erat, in *Eucharistia*.

Laicus, imminente mortis periculo, alterius confessionem audiebat, quam dehinc referebat ad sacerdotem, a quo injunctam pœnitentiam pro defuncto peragere tenebatur, in *Confessio* 3.

Lampreda in ecclesia Carnotensi quid sit, in hac voce.

Lancea qua perforatum est latus Christi, ubinam exstat, in *Lancea*.

Lapides cæruli, vulgo *ardoises*, veteribus incogniti, in *Ardesia*.

Lapilli jactu opus inchoatum prohibebatur, in *Nuntiatio*.

Larvæ prolixioribus barbis et formæ insolentis instructæ, in *Barbator*.

Laternarum cornearum usus antiquissimus: militarium vero inventor Manuel Comnenus imperator, in *Laterna*.

Latronis pœna insolens, in *Latro*.

Laus perennis a Græcisne an a Latinis instituta, ejusque ritus, in *Acoemeti*.

Lecto, loco sedis, cum abbatissa S. Petri, quam annulo donabat, desponsantis ad instar, accumbebat Pistorii episcopus, in solemni ejus in urbem ingressu, in *Annulus*.

Lecto decumbentes, qui certo die in anno inveniuntur, pignore in compotationem insumendo multati, in *Pentecoste* et *Prisio* 3.

Lectos plumeos Anglis interdixit Henricus V, rex Angliæ; cui et animus erat, si regnum Franciæ obtinuisset, vini usum Francis auferre, in *Plumacium*.

Legati apostolicæ sedis crucem præferunt ex concessione Romanorum pontificum jam a sæculo nono, in *Crux*.

Legionarii Galli, cur Alaudæ vocati a Cicerone, in *Alauda*.

Legitimandi filios natos ante matrimonium modus; ipsos scilicet inter nuptiarum sacra solemnia cum patre et matre pallio cooperiendo; unde hic ritus, in *Pallium* 1. et *Mantellatus*.

Legitimatio ab Anglis admissa, quantum ad gradus ecclesiasticos; repudiata quoad successionem in bona paterna. Singulare legitimationis apud nostros exemplum, in *Legitimare*.

Lemovicensium comitum moneta, in *Barbarini*.

Lenæ et meretrices Abbatissæ nuncupatæ, in *Abbas*. Earumdem pœna, in *Capilli* et *Maquerella*.

Lenonum pœna, in *Accabussare*.

Leo IV. PP. auctor *Commendarum* dicitur, in *Commenda* 3.

INDEX RERUM.

Leomaniæ vicecomitum moneta, in *Arnaldensis*.
Lepræ morbo infecti, ab hominum consuetudine multis cum ceremoniis ecclesiasticis segregabantur, in *Leprosi*.
Lepræ curandæ remedium, in *Miselli*.
Liardus, monetæ minutioris species, unde dicta, in *Miliarensis*.
Liberi post divortium nati illegitimi spuriique censentur, in *Decevisset*.
Libertatis concedendæ varii ritus, in *Manumissio*.
Libri sacri in lingua vulgari cum laicis tum clericis prohibentur, in *Romanus*.
Ligna, quænam mortua reputentur, in *Boscus*.
Linguæ abscissione, facultas loquendi non adempta, in *Spingere* 2.
Litaniæ publicæ, *Cruces* appellatæ, in *Crux*
Literæ regiæ, edicta aut statuta regia in acta parlamenti primum relata anno 1356, in *Homologare*.
Locus in ecclesia ubi stabant viri separatim a mulieribus, in *Pars*.
Londinenses cives, Baronum appellatione donati, in *Baro*.
Longobardici scriptores solent nomina quædam masculini generis, per *ora in plurali feminini efferre*, in *Arcora*.
Lotharius, rex Francorum, Orthodoxi titulo insignitus, in *Orthodoxus*. Piissimus etiam cognominatus, in *Pius* 2.
Ludendo dejerantium pœna, in *Accabussare*.
Ludovicus ; hujus nominis etymon, in *Illutowigch*.
Ludovicus VI Vilcassinensem comitatum comparat, a quo auriflamma in bellis cœpit præferri, in *Auriflamma*. Victoriosissimi titulo insignitus, in *Victoriosus*.
Ludovicus VII communias primus multiplicavit et auxit, in *Commune* 2. Piissimi nomen obtinuit, in *Piissimus*. Rosa aurea illi missa a summo Pontifice, in *Rosa*.
Ludovicus VIII, Leo mitis cognominatus, qui vulgatius Cor Leonis dicitur, in *Leo*. *Monpensirius* etiam nominatus, in hac voce.
Ludovicus X, quare dictus *Hutinus*, in hac voce.
Ludovicus XI, in hastiludio Insulis habito contra Balduinum *Gommer*, tunc regem *Spineti*, dimicat, in *Spinetum*. Virtuosissimi titulo donatus, in *Virtuosus*. Ejusdem superstitio, in *Baptismus*.
Lunæ deficienti seu eclipsim patienti olim ex superstitione acclamabant tinnitumque dabant, quasi illi succurrerent, in *Viceluna*.
Lupanaria publica Parisiis certis ac designatis in locis, in *Gynæceum*.
Lupi cervarii, unde sic appellati, hominibus innocui, in *Moninus*.

M

Maga. Quo nomine Gothi veteresque Germani magas suas vocabant, in *Alraunæ*.
Magia. In solo crimine maleficii seu magiæ hæsit tandem examen per aquam, maxime in quibusdam Germaniæ regionibus, in *Aquæ frigidæ judicium*.
Magistri Requestarum, etiam Dominica die officio suo fungebantur, in *Dominica*. Eorumdem officium, in *Magister*.

Magni consilii institutio a Corolo VIII, anno 1497, in *Consilium* 2.
Magnus Magister hospitii regis senescallo successit, in *Senescalcus*.
Maheutre, vocis Gallicæ, origo, in *Maheria*.
Maialem arborem in compitis et ad ædes puellarum erigendi usus ; a quo repudiabantur corylus et sambucus, in *Maium*.
Majestatis titulus honorarius, quibusnam datus, in *Majestas*.
Maio mense superstitiose feriari solebant veteres Galli, in *Compensus*. Sequiori ætate, quomodo celebratus dies primus hujus mensis, in *Maium*.
Major ætas, in *Aagiatus*.
Majores-Domus, sub prima regum Francorum stirpe, *Subreguli* appellabantur, in hac voce.
Maledictis horrendis Chartarum auctoritati olim cavebatur, in *Charta* 1. *Excommunicatio* et *Maledicere*.
Maleficiis ne uterentur pugnam seu duellum inituri sedulo invigilabant, in *Duellum*.
Mallei vel Martelli cognomine appellati quidam viri fortes, qui crebris præliis hostes atterebant, in *Martus*.
Manducare super saccum in aula regis, quid significet, in *Mangerium*.
Manus Loquax, quid hac voce intelligendum est, in *Signum* 9.
Manutergio codices quos ad legendum accipiebant monachi, involvere solebant, in *Armigeri* et *Camisia*.
Mappam scindere et dividere alicui ad mensam sedenti, opprobrio reputabatur, in *Mensa*.
Marcelli, urbis Parisiorum præfecti, rebellio et facinora, in *Bonus*.
Marchiæ comes in regem Neapolitanum, sub nomine Jocobus, electus ; dehinc a subditis in carcerem detrusus, in *Portulani*.
Marescalli dignitas una cum certis officiis, iisque potioribus, possideri non poterat, in *Marescalcus*.
Marescallorum, seu Senescallorum, in Francia erat primam aciem ducere, in *Antegarda*.
Mare Waregicum, unde Russis dicitur Mare Balthicum, in *Vargi*.
Mariti a sua vapulabat uxore pœna ; cui absenti subrogabatur ejus proximior vicinus, in *Asinus* 3.
Martigii festum spurcum et sordidum, quod *Destrau* vocabant, in *Brut* 1.
Martinus, Jurisconsultus celebris sub Friderico I ; ab ejus pertinacia in sua opinione tuenda manavit notum proverbium, in *Martinus*.
Martyres interdum dicti qui pro confessione nominis Christi non violenta morte obierant, in *Martyr*.
Maryandi, quare *Buccellarii* dicti, in *Buccellarius*.
Massiliensium inhumanus usus, cum peste afficiebantur, in *Pestilentiatus*.
Mater Fatua Divionensium, in *Abbas*.
Mathurinorum ordo, cur Asinorum cognominatus, in *Asinus* 2, et in *Frater*.
Matisconensis cantoris in contrahentes matrimonium jura restricta, in *Marcheta*.
Matrimonii Sacramento gratia non confertur ; ejus benedictio iterari non debet, in *Matrimonium*.
Matrimonium si puella contrahere offerret cum capite damnato, eum a morte liberabat, modo literæ remissionis a rege concederentur, in *Matrimonium*.
Matrimonium contractum esse putarunt, cum partes nomine matrimonii ad invicem biberant : unde

natum proverbium: *Boire et manger, coucher ensemble, c'est mariage, ce me semble*, in *Potare*.
Matrimonium dirimitur, cum unus conjugum probatur inhabilis ad actum matrimonii, in *Matrimonium*.
Matthæus Vindocinensis, Abbas S. Dionysii, Clypeus Franciæ appellatur, in *Clypeus* 1.
Matutinum seu nocturnum officium, in Ecclesia Parisiensi, media nocte dicitur ex statuto capituli anno 1359, in *Carillonus*.
Maubergeon, turris in urbe Pictavensi, appellationis origo, in *Malbergium*.
Mauri Africani, quare dicti *Amoravii*, in hac voce. Unde apud Hispanos appellati *Marani*, in hac voce.
Mauri a Vandalis devicti, in Sardiniam cum uxoribus et liberis ablegati, in *Barbaricini*.
Media-Quadragesima ad Dominicam quartam Quadragesimæ assignatur, in *Dominica*. Hanc celebrandi usus inter scholares antiquus, in *Quadragesima*.
Mediceæ genti insignia Franciæ concedit Ludovicus XI, in *Liliosus*.
Medici vocati *Clinici*, in hac voce.
Medicinæ studium Montispessulani celeberrimum; huic scientiæ operam aliquando dederunt clerici et monachi, quæ sæpius tamen iis fuit interdicta, aut saltem ejus exercitatio, in *Physica*.
Mediolanensium ducum moneta, in *Ambrosini*.
Mendacii exprobratio gravi multa puniebatur, in *Mendactioquus*.
Mensium dies numerandi ratio, in *Mensis*.
Mensurarum aridorum et liquidorum adæquatio ad mensuram Parisiensem, in *Modius* 2.
Mercatorum Italorum in urbe Nemausensi degentium privilegia, in *Langobardi*.
Meretrices, unde *femmes de chemins* et *Cloistrieres* appellatæ, in *Cheminus* 2, et *Clausuræ*. Certis in habitu signis ab honestis mulieribus distinctæ, in *Meretricalis*. Militis aut dominæ mensa et osculo prohibentur, in *Osculum* 2. De comitatu regio erant; pensionibus et donis dotatæ, ibid. Statuta habebant, quæ non violabant impune, ibid. Earum magistræ dictæ Abbatissæ, in *Abbas*. Earumdem pœna, in *Accabussare* et *Capilli*.
Metæ variis arborum notis et incisuris designabantur, in *Arbor* 1.
Metropolitani, non archiepiscopi modo, sed etiam episcopi et Abbates nuncupati, in *Metropolitanus*.
Michaeli Imperatori cognomen Calafati inditum, in *Calafatare*.
Michaelis Scoti varia opera memorantur, in *Cervellerium*.
Mictum mittere, gravioris injuriæ loco habebatur, in *Pissare*.
Miles qui vaccam pauperculæ feminæ abstulerat, aquæ bullientis supplicio occiditur, in *Caldaria*.
Militare servitium in quo positum fuit: illud præstat puer novem annorum; ab eo absolvuntur, qui triginta et quinque annos excesserunt; ita et recens nupti atque ii quorum uxores in puerperio jacent, in *Hostis* 2.
Milites ad dignitatem militarem promovendi ratio, in *Adobare*, *Alapa* et *Miles*.
Milites cinguli et calcarium donatione creantur; eorumdem ablatione degradantur, in *Cingulum* 1, et *Calcar* 1.
Milites quorum clypeus in hostium potestatem venerat, tamdiu ipsi eorumque liberi pro militibus non habebantur quamdiu acceptum dedecus præliando non vindicassent; unde ad mensam cum aliis militibus sedere non poterant: quod si temere sedissent, tunc a feciali lacerabatur eorum mappa, in *Arma* 3, et *Mensale*.
Milites titulo *Monseigneur* compellabantur, cum cæteri, quantumvis natalibus præclaris editi, proprio tantum nomine appellarentur, in *Siriaticus*.
Milites ab homagio præstando exempti erant cum feudum principale ab homine innobili acquirebatur, in *Hominium*.
Milites Clerici in ecclesiis Lugdunensi et Viennensi, quinam ita appellati; horum munus et officium, in *Miles*.
Milites regis qui dicti apud nostros, in *Miles*.
Milites ordinis S. Jacobi *de la Spatha* instituti in Hispania anno circiter 1158, in *Spatharius*.
Milites Stellæ instituti a Joanne, rege Franciæ an. 1351, in *Stella* 1.
Militibus solis an fas esset cæsariem nutrire, dubitatur, in *Armigeri*.
Mir, quid veteribus Francis sonabat, in *Ballomer*.
Mitra ad usum episcoporum longe antiquior sæculo X, in *Mitra* 3.
Mitra distincta ab episcopali conceditur abbatibus. Ea non utuntur abbates ordinis Præmonstratensis, in *Abbas*.
Mitra papyracea, ignominiæ signum, in *Corona* et *Mitra* 3.
Molendina aquatica Augusti ætate, vel paulo ante Augustum inventa, in *Aquimola*. Recentiora sunt quæ *ad ventum* dicuntur; antiquiora tamen Philippo Augusto rege Francorum, in *Molendinum*.
Monachi Clericorum nomine interdum designantur, in *Clerici*.
Monachi, quod Philosophi Christiani dicerentur, baculum et peram deferebant, in *Bactroperatæ*.
Monachi in radendo barbam aqua herbis aromaticis imbuta utebantur, in *Barba* 1.
Monachorum apud Bavaros in acquirendis bonis, quæ iis comparare ex legibus non licebat, dexteritas, in *Mediator* 1.
Monachus bona quæ jure successionis ad ipsum, si in sæculo remansisset, devenissent, monasterio suo, feudis exceptis, largiri poterat, in *Successio* 2.
Monasterii servitio sese addicendi variæ rationes, in *Oblati* 2.
Monasteriis data aliquando feuda ea conditione, ut monachum presbyterum præstarent, qui divinum officium in castris parageret, in *Hostis* 2.
Monasteriola, quæ majoribus suberant, hodie Prioratus dicta; eorum origo, in *Cella* 1.
Moneta regia in terris baronum qui jure monetæ potiebantur aliquandiu cursum non obtinuit, in *Moneta*.
Monetarum Belgicarum veterum nomina et species variæ, in *Leones* 1.
Monetarum adulteratores aquæ bullientis supplicio necabantur, in *Caldaria*; vel comburebantur, in *Ustus*.
Monetis regiis, sub prima regum nostrorum stirpe, eorum effigies imprimebantur, nomine fere semper omisso, in *Monetarius*.
Moniales quæ castitatis votum violaverant, velo religionis ad tempus privabantur, in *Velamen*.
Monœci principi jus cudendi monetam auream et

argenteam conceditur anno 1643, et ejus cursus in Francia permittitur an. 1644 et 1652, in *Moneta*.
Monrealis eques Rhodius falso dicitur ob Odorico Raynaldo, primus dux militarium turmarum quæ *Compagniæ* appellabantur, in *Sociales*.
Monsieur, unde formata hæc vox, satis nupera, in *Siriaticus*.
Montalbanenses consules Baronum appellatione insigniti, in *Baro*.
Morini, unde sic nuncupati, in *Mora* 2.
Mortui vestibus suis pretiosioribus induti humo mandabantur, in *Sepulchrum*. Eos cum suis insignibus et armis publice exponendi antiquus usus, in *Mortuus*.
Mosarabicum officium in usu fuit apud Hispanos usque ad Alphonsum VI, quod tamen adhuc Toleti servatur in sex parochialibus ecclesiis; hujus vocis etymon, in *Mosarabes*.
Mulier utroque sexu instructa memoratur, in *Hermaphroditus*.
Mulier dicitur in jure Anglico, filius natus ex patre qui concubinam in uxorem duxit, in *Mulier*.
Mulieres lectum suum, ut viri equum, ecclesiis in quibus sepeliebantur legare solebant, in *Lectus*.
Mulieres rixosæ, quomodo castigatæ, in *Tumbrellum* et *Villania*.
Mulieres quæ stuprum commiserant in lupanaribus publicis includebantur, in *Ginæceum*.
Mulierum sepulcris fusus appensus in probitatis ac virtutis muliebris argumentum : hinc etiam forte profluxit mos earum insignia in fusis seu, ut heraldice loquar, *lozengiis*, describendi, in *Fusus*.

N

Nares apud Polonos præciduntur iis qui quarta vice injustam litem intendunt, in *Calumnia* 1.
Nasi abscissio, genus supplicii apud Occidentales, in *Denasatus*.
Natalis Domini vigilia, quomodo celebrata olim apud Drocenses et Cadomenses, in *Flambellum*. Quod festum nomine Cornu designatur in veteribus festis Danicis, in *Cornu* 1.
Navarræ rex domum Parisiis sub consuetis oneribus et serviliis acquirit, in *Villenagium*.
Navarrensis moneta, in *Carleni*, et *Sancetti*.
Navarrensis Collegii prærogativæ, in *Prothocollegium*.
Naufragorum naves fractæ, resque in iis contentæ, imo et homines qui in ipsis vehebantur, dominorum erant ad quorum littora ejiciebantur, ex antiqua, quantumvis inhumana, consuetudine, quam probi principes abrogare non semel annixi sunt, in *Lagan*.
Nauticæ Pixidis inventio, in *Pyxis*.
Neapolitanus morbus ; hujus origo, in *Morbus*.
Negotiatorum veterum aliquot nomina, in *Societas* 4.
Nicopolitanense prælium memoratur, in *Bassa* 1.
Nigriponti domini sese inscribebant Duces Agiopelagi, in *Agiopelagus*.
Nihilfecit, Epitheton quorumdam regum Franciæ ; quare ita cognominati, in hac voce.
Noallii, unde nomen habent, in *Cognomen*.
Nobiles aquæ frigidæ judicium per filios suos aliquando subiere, in *Aqua* 7.

Nobilibus præ cæteris adscribi cœpit *Militis* nomenclatura, ineunte circiter sæculo XIII, in *Miles*.
Nobilitas natalium necessaria ad Militis dignitatem consequendam ; a qua tamen lege nonnumquam relaxatum est, in *Miles*.
Nobilium, maxime Francorum, consuetudo uxores pari nobilitate illustres matrimonio sibi jungendi, in *Disparagare*.
Nobilium seu Militum, atque adeo procerum ac principum filii qui nondum militarem ordinem erant adepti generatim appellabantur *Valeti*, in hac voce.
Nobilium pœna capitalis, olim apud Græcos, nunc apud nostrates, capitis detruncatio, in *Decollare*. Eorumdem alia pœna, in *Sella* 2.
Nobilium ordini adscribi, pœnæ genus apud Florentinos, in *Magnas*.
Nomen nascentibus filiis impositum a parentibus, cui alia deinde addebantur ; quando hæc novorum nominum impositio fiebat, in *Binomius*.
Nominum proprio nomini adscititiorum origo et ratio, in *Cognomen*.
Nominum compendio descriptorum antiquissimus usus ; illum induxit in regia diplomata Carolus M., in *Monogramma*.
Nordalingi, unde sic appellati, in *Adalingus*.
Normanni, cur nuncupati *Bigothi*, in hac voce.
Normanniæ ducatus, titulo Imperii et Monarchiæ insignitus, in *Imperium* et *Monarches*.
Normannici fori in emancipationibus usus singularis, in *Emancipatio* 1.
Nothorum vetus et recens conditio, in *Bastardus*.
Novitiatu nonnumquam prætermisso vota monastica emissa sunt, in *Probatio*.
Nox Demissionis, seu Potentiæ ea dicitur qua Mahumedi per Gabrielem angelum traditum fuisse Alcoranum somniant quidam Mahumedani, in *Alcoranum*.
Nummi dabantur infantulis, etiam lactentibus, ut parentum donationibus assensum præbuisse viderentur, in *Concessus*.
Nummis Romanorum sive Græcorum aureis, argenteis et æreis, unde *Medalliæ* nomen mansit, in hac voce.
Nummos cereo affigendi usus, oblationis gratia, quam antiquus, in *Candela nummata*, et *Cereus*.
Nummulariæ tabulæ in quatuordecim regni locis institutæ anno 1305, in *Cambiare*.
Nundinarum Campaniæ custodes, ut plurimum ex militari et nobilium ordine assumti, in *Cancellarius*, et *Custos* 4.
Nuntii Apostolicæ sedis ex suæ dignitatis gradu post episcopos sedent ; si vices summi pontificis agunt extraordinaria delegatione, non episcopos duntaxat, sed et patriarchas præeunt, in *Apocrisiarius*.
Nuntii Cameræ qui dicebantur sub secunda regum nostrorum stirpe, in *Camerarius*.
Nuptialia fercula, non dominis tantum, sed et ecclesiasticis debebantur, in *Missus* 1.
Nuptiarum variæ redemptiones dominis aut sociis nubentium ex jure vel usu persolvendæ, in *Bannum* 5, *Cochetus* 3, *Maritagium*, *Missus* 1, *Nuptiaticum*, et *Ourilliera*.

O

Obsessionis a dæmone quænam sint signa haud suspecta; ritus in liberandis obsessis usitati, in *Obsessus*.
Occisio hominis infimæ conditionis triginta Turonensibus redimebatur apud Hannones, in *Villani*.
Occitani aliquando Provincialium appellatione designati, in *Provinciales*.
Œconomatus ecclesiæ vacantis ad sex tantum menses protrahi poterat, in *Commendatarius* 1.
Œconomi appellantur ecclesiarum *Advocati*, in hac voce.
Officia religiosa et pia, v. g. capsarum, in quibus repositæ sunt reliquiæ, ablutio seu purgatio, nomine feudi concessa, in *Chassa*.
Officiales in Aragonia dicti olim Alcaydi honoris et meretricum, in *Alcaydus*.
Officialium palatii regii, qui Domestici vocabantur, munus et officium, in *Domesticus* 3.
Officium ecclesiasticum, a quibus primitus ordinatum est et postea auctum, in *Officium*.
Ogerii Dani spatha asservatur in monasterio S. Faronis Meldensis, quam descripsit Mabillonius, tom. 5 Act. SS. Bened. in *Spatha* 1.
Olei unctio variis in casibus usitata apud Jacobitas, in *Lampas* 2.
Oleum seu liquor odorus effluxit ex aliquot Sanctorum sepulcris, in *Manna* 1.
Ordo militaris S. Mariæ Virginis institutus sub annum 1261, in *Frater*.
Organorum musicorum inventio et usus, in *Organum*.
Osculare retro mulierem, aut eam desponsare, vel mortem subire cogebatur vir qui illam vitiaverat, in *Fornicarius*.
Osculum in præstatione homagii a feminis domino feudali datum et negatum; utriusque exempla proferuntur, in *Hominium*.
Osterlingi qui fuerint, in *Esterlingus*.
Ostiarii officium dignitas hæreditaria in aula comitum Flandrensium, in *Huisserius* 2.
Oubliette, carceris episcopi Parisiensis aliorumque nomenclatura; hujus appellationis ratio, in *Oblivium*.

P

Pædagogus regis præcipuum inter ejus ministros locum obtinebat, in *Æquilibrator* et *Bajulus* 2.
Pæderastæ castratione mulctati, in *Castratio*.
Paganorum ludi nonnumquam a Christianis etiam celebrati, in *Cervula*.
Palatii Præceptor, quæ dignitas in Francia, in *Præceptor*.
Palatium, uti vocant, Parisiense juri dicundo fuisse addictum plerique sub Ludovico X, alii sub Philippo VI, volunt, in *Parlamentum*.
Palos seu paxillos, voce heraldica *Palle*, designari falso creditum est, in *Pallium* 2.
Panis Eucharistici forma, in *Eucharistia*. Quo ritu et a quibus conficiebatur, in *Oblata*.
Panis benedictus, sacræ Eucharistiæ loco, administrandus iis qui, peccatis suis nuntium remittere nolentes, communicaturi ad sacram mensam accedunt, in *Panis* 2.
Panis hæc buccella me strangulet, si quod dico verum non est; hujus adagii origo, in *Corsned*.
Panni nigri in exsequiis usus, linteum, quo legitur altare, ad hunc usum adhibitum, quod postea prohibitum est, in *Pallium* 2.
Papa, nisi Romanus aut Italus, non eligendus statuitur anno 1378, in *Dispositive*.
Papa Pontifex Pontificum dictus, in *Pontifex*.
Papa Domni titulo promiscue cum episcopis donatus in eodem instrumento, in *Domnus*.
Papa crucem ubique præferendi jus habet, in *Crux*.
Papa non utitur baculo pastorali, in *Baculus* 1.
Papæ, ut et Apostolici, appellatio soli Romano pontifici tandem adscripta, in *Apostolicus* 1, et *Papa*.
Papæ non modo beneficia ecclesiastica in Galliis contulerant, sed et pensiones annuas in iis aliquando assignarunt, in *Provisio* 2.
Paparum rescripta genuina, quomodo a falsis internosci possint, in *Bulla*.
Parentum summum jus in liberos sub prima et secunda regum nostrorum stirpe, in *Emancipatio* 1, et *Oblati* 1.
Pares ecclesiastici sua retrofeuda tantum in manum mortuam transferre possunt; non alii prælati, nisi absque pecunia fiat ejusmodi translatio, in *Admortizatio*, et *Par*.
Parisiensis episcopus, vocatus Curatus Regum Franciæ, in *Curatus* 1; *Patriarchæ* titulo donatus, in hac voce.
Parisiensis officialis prærogativa, in *Officialis*.
Parisiensis parlamenti de doctrina S. Thomæ judicium, in *Passus* 1.
Parium Franciæ, sive ecclesiasticorum sive laicorum, jura et officia, in *Par*.
Parochiales ecclesiæ assignatæ in dotem etiam ab episcopis, in *Abbas*.
Parochorum jus in bona defunctorum, in *Abbadia* 1, et *Funeralia* 2.
Parvus, cognomen Alfonsi, regis Castellæ et Toleti, unde natum, in *Rex*.
Paschalis dies, unde a nostris primus anni dicebatur, in *Annus*.
Pastores ecclesiastici et laici vocantur ecclesiarum *Advocati*, in hac voce.
Patibulum erigendi jus, non ex feudi jure, sed a regis concessione et beneficio, habent justitiarii quicumque, in *Furca* 1.
Patri, urgente necessitate, licuit filium suum in servitutem dare, in *Obnoxiatio*.
Patriarchæ majores crucem ubique præferendi jus habent, præterquam in urbe Roma, et ubi adest summus pontifex, vel ejus legatus, dehinc etiam in præsentia cardinalium, in *Crux*.
Patriciatus insigne erat apud Romanos, sub imperatoribus Occidentalibus, coronæ simplicioris species, in *Circulus*.
Patrini in duellis adsciti, cum privatim agebantur, in *Duellum*.
Patrinorum et matrinarum in baptismo partes, in *Baptismus*.
Pavana, saltationis species, unde sic appellata, in *Paduana*.
Pauli Orosii historiæ inscriptio disquiritur, in *Ormesta*.

Paupertatis voto rerum proprietas, non usus, abdicatur, in *Proprietates*.
Pedum Osculum, formula usitata in præstatione sacramenti fidelitatis regibus nostris, in *Osculum* 2.
Pensionum pro victu et vestitu secundogenitis assignatarum ratio et usus, in *Apanare*.
Peregrinantium baculus, unde Burdo appellatus, in *Burdones*.
Peregrinationes in pœnam a judice sæculari indictæ, quæ aliquando pecunia redimebantur. Earum usus tum adeo invaluerat, ut peregrinantes canonici censerentur præsentes divinis officiis, in *Peregrinatio* 3.
Perjuri absentes inverso capite picti apud Florentinos exponebantur, in *Fides*.
Perjurii pœna ridenda potius quam culpæ digna, in *Perjurare*.
Petrus Musandinus celebris Parisiensis medicus, in *Musandinus*.
Philippus frater Ludovici VII thesaurarius ecclesiæ Compendiensis, in *Thesaurarius*.
Philippus Augustus, qui Deodatus et Conquirens dictus, Rex Sacerdotum cognominatus et qua de causa, in *Rex*. Vide *Subjugus*.
Philippus VI, rex Francorum quare Salinarius nuncupatus, in *Salinaria*.
Philtra amatoria frequentioris olim usus apud nostrates, in *Amatoria*.
Photii criminatio adversus Latinos confutatur, in *Agnus*.
Picardi moribus et lingua seu idiomate a Francis distincti, in *Lingua* et *Picardia*.
Picardiæ prorex primus inscribitur Carolus *de Montmorenci*, an. 1350; exhinc Edwardus *de Beaujeu*, Franciæ marescallus; et an. 1351 Comes Inculismensis Franciæ comestabularius. Hujus vocis incertum hactenus etymon, in *Picardia*.
Pilæ ludus in ecclesiis diebus festis usitatus, in *Pelota* 3
Pileorum, quos vulgo *Bonnets quarrez* appellamus, origo, in *Almucium*.
Pilorum fibrinorum usus antiquior Carolo VI rege, in *Capellus* 1.
Pileus viridis infamiæ symbolum ex usu, non aliqua lege, statutum, in *Cessio*.
Pilum vestimenti projicere in signum possessionis rei cujuspiam dimissæ, in *Divestire*, sub *Vestire* 1. Pili barbæ, capillorum et vestium una cum sigillo chartæ donationum aut cessionum obsignati, in *Pillum*.
Piper quanti olim habitum, in hac voce.
Pipinus rex conventus publicos, qui kal. Martiis habebantur, ad diem kal. Maiarum transtulit, in *Campus* 9. Cur idem rex in ingressu ecclesiæ prostratus, non supinus, sepeliri voluit, in *Prostrati*.
Piscis regius quis censeatur, in *Craspicis*.
Placitum. Quia tale est nostrum placitum, Gall. *Car tel est notre plaisir*. Hujus formulæ sensus et origo, in *Placitum*.
Plebeii homines matres suas Dominas compellabant, in *Domina* 4.
Pœnitentes publici arma deponere jubebantur, in *Arma*.
Pœnitentes a confessoribus flagris excepti, in *Flagellatio* 1.
Pœnitentes homicidæ circulis ferreis ab episcopis aut presbyteris aliquando innexi, in *Circulus*, et *Peregrinatio* 3.
Pœnitentiæ publicæ quænam crimina subjecta fuerunt, in *Pœnitentes*. An episcopi, presbyteri et diaconi huic subditi fuerint, disputatur inter eruditos, in *Communio* 4.
Pœnitentiæ impositæ partem exsequendam in se monachi suscipiebant, data ipsis a pœnitente aliqua bonorum suorum eleemosyna, in *Pœnitentes*.
Pœnitentiæ species qua quis palmas allidebat ad pavimentum, in *Palmata* 1.
Pœnitentiæ insolitæ exemplum, in *Pœnitentes*, et in *Processio* 1.
Pœnitentium reconciliatio quando et qua ratione fiebat, in *Reconciliatio*.
Pœnitentium publicorum personam repræsentans ultimus canonicorum Augustodunensium die Cinerum etiamnum de ecclesia ejicitur, in *Pœnitentes*.
Pollices sibi olim truncabant ignavi, ne militare cogerentur; sed et hostibus captis aliquando truncatos a victoribus legitur, in *Pultrones*.
Pollicis appositione ad gladium sponsio matrimonii a contrahentibus firmabatur, in *Pollex* 3.
Pontivenses comites nuncupati Abbates S. Vulfranni, in *Abbas*.
Portugalliæ regnum, qua de causa B. Petri juris esse dicatur, in *Denarius*.
Potare in honorem Dei, J. C. et Sanctorum in more fuit apud multas nationes, in *Bibere*.
Prædia in franco allodio possessa, si in forefactum cadunt, ad regem jure regni pertinent, etiamsi in alterius dominio existant, in *Alodis*.
Præfecti mercatorum et opificum Mediolani vocabantur Abbates, in *Abbas*.
Præfectus omnibus regni portitoribus, dignitas palatina apud reges nostros, in *Telon*.
Prælati annulum deferunt in symbolum ecclesiæ ab iis desponsatæ, in *Annulus*.
Præmonstratentes Abbates mitra et chirothecis non utuntur, in *Abbas*
Præpositus capis apud Francos quis? in *Capus* 1.
Præpositus hospitii regis, an regi ribaldorum successerit, dubium est, in *Ribaldi*.
Præscriptionis jus contra ecclesiasticos non valet, nisi 100 annorum; contra laicos vero præscriptione 40 annorum utitur ecclesia. In re criminali locum non habuisse videtur, in *Præscriptio*.
Præsides parlamenti Parisiensis, honorario cudone insignes, unde *Grands Présidents* appellati, in *Præsidentialis*.
Prætor Genuensis vocatus Abbas populi, in *Abbas*.
Pragensium Annus, quis dictus a nostratibus, in *Annus*.
Presbyter Joannes. Vide *Joannes Presbyter*.
Presbyteri sontes ab episcopis suis ad flagellationem publice in synodo excipiendam damnati, in *Disciplina* 1.
Presbyterorum filii patribus in ecclesiis succedere volunt, in *Presbyter*.
Prima Sedes, hac appellatione donantur ecclesiæ Bituricencis, Lugdunensis, Narbonensis et Viennensis, in *Sedes* 2.
Primatum, quibus Catholici titulus concessus fuit, recensio, in *Catholicus* 3.
Prioratuum ecclesiasticorum origo, in *Obedientia* 1.
Processionibus interesse honori ducebant magnates ordinemque in iis tueri, in *Processio* 1.
Procurator qui causam alterius ageret, citra principis rescriptum constitui non poterat, in *Atturnatus*.
Propinare honestæ mulieri alicubi nefas erat, in *Bibere*.

INDEX RERUM. CCXIII

Proscripti ex comitatu Atrebatensi interfector ab omni pœna erat immunis, modo capiti illius quem intra limites comitatus occiderat, denarium argenti supposuisset, in *Bannum* 1.
Proscriptio centum annorum et unius diei usitata in foro Flandrensi, in *Bannimentum* 4.
Proscriptio domorum, quibus signis indicabatur, in *Barreiare* et *Plancare.*
Provincialibus ignota fuit lues venerea usque ad annum 1490, unde ad illos pervenit, in *Boba* 2.
Psalmi Superpositi et Psalmorum Superpositio, quid his vocibus significatur, in *Superpositio* 3.
Puellarum prima nocte nuptiarum erga dominos suos indecens servitus, pecunia dehinc redempta, in *Marcheta.*
Puellis in signum amoris candelæ offerebantur, in *Candela* 1.
Puer a parentibus monasterio oblatus, quo ritu consecrabatur, et quæ erat ejus conditio, in *Oblati* 1.
Pugno ob aliquod crimen absciso factitium substituere concessum a rege, in *Pugnus* 3.
Puisaie (Domini *de la*), senescalli comitum Perticensium, in *Senescalcus.*
Pulveris tormentarii inventor, in *Bombarda.*
Pulvinar offerre urbanitatis erat apud nostrates, cum quis lectum suum cum altero participaret; quod fiebat, uxore etiam in eo decumbente, in *Ourilliera.*
Pulvinarium jus, Gallice *Le droit des oreillers*, a novis nuptis exactum, in quo positum erat, in *Ourilliera.*
Pupillarium feudorum dominos sese inscribebant pupillorum tutores ; quod et in ipsis regnorum et imperiorum successionibus locum habuit ; unde apud nos tutorum, non Regis, nomine intitulabantur Literæ quæ in cancellaria conficiebantur, in *Hæredes* 1.
Purgationes vulgares, quibus ritibus peragebantur, in *Judicium* 3 et *Ferrum* 3.
Purificationis B. Mariæ festum, quis in eo cereorum usum introduxit et qua de ratione, in *Candelaria* 1.
Pygmæi, fictitium genus hominum vel dæmonum, in *Cobali.*

Q

Quadrigam subversam erigere non licebat sine licentia domini, intra cujus dominium fuerat eversa, in *Quadriga* 3.
Quatuor Tempora, quando instituta, in *Jejunium.* Cur in iis Ordines fiant, in *Ordo* 3.

R

Rabiosos suffocabant, ne rabiei æstu abrepti fidem catholicam Deumve ejurarent, in *Rabiditas.*
Radulfo cuidam nobili unde inditum cognomen *Pel-de-lev*, in *Luparius.*
Raptores pedis abscissione mulctabantur, in *Pes.* Nonnumquam submergebantur, in *Submergium.*
Ravennates archiepiscopi Romanis pontificibus non subjecti, quando et quousque, in *Autocephalia.*

Reconciliationis, seu condonatæ injuriæ signum, projectio fili de pallio, in *Filum.*
Referendarii, iidem qui in curia CP. μεσάζοντες dicebantur, et *Admezatores* in regno Neapolitano, in *Admezatores.*
Regalia nonnumquam a regibus nostris concessa laicis, in *Regalia* 2.
Regalis custodia pupillorum, in quo a feudali differat, in *Custos* 4.
Regina nuncupatur Domina Francorum, in *Domina* 8.
Reginæ servitio tres domicellæ tantum addictæ, in *Ouvreria.*
Reginarum anni a nostris inter notas chartarum chronologicas adhibiti, in *Annus.*
Regis titulus concessus reginis, in *Rex.*
Regum filii, reges, domicelli, Domini nuncupati, in *Domicellus* 1, et *Rex.*
Regum filiæ, titulo Reginæ donabantur, quem servabant etiam maritis inferioris gradus nuptæ, in *Regina* 1.
Regum, dominorumve jus hospitandi in vassallorum suorum domibus et prædiis, qua de causa inductum ; in quo positum ; ab eo ecclesiæ et monasteria non eximebantur, in *Gistum*, et *Procuratio.*
Reliorum nobilissima familia ad Hesdinum in Attrebatibus, in *Eleemosynarii* 3.
Reliquiæ Sanctorum primis ecclesiæ sæculis super altaria non collocabantur, in *Reliquiæ* 1.
Reliquiarum veritas asserta aquæ frigidæ judicio, in *Aqua* 7. Igne etiam illas probare in usu fuit, in *Ignis.*
Reliquiarum incredibiles abusus, in *Reliquiæ* 1.
Remense Concilium an. 1148 *universalis* titulo donatur, in *Domnus.*
Reorum custodia non tantum carcerarium, sed et loci incolas spectabat, in *Escapium.*
Reos et malefactores persequendi mos, ut in judicum manus tradantur, quam antiquus, in *Huesium.*
Responsalium sedis Romanæ ad imperatores CP. institutio et officium, in *Apocrisiarius* 1.
Rex regum, dictus non semel rex Francorum a Scriptoribus, in *Rex.*
Rex Cypri, cognomen cujusdam rebellis sub Carolo V, in *Rex.*
Rhodani insulæ, unde *les Broteaux* Lugdunensibus dicantur, in *Brotellus.*
Ribaldorum regis jura et officia, in *Rex.*
Ricardi I, regis Angliæ epitaphium, in *Achalus.*
Ringus, fictitius Avarorum dux, in *Hringus.*
Robertus, rex Francorum, auctor *Prosæ* de Spiritu Sancto, aliorumque *responsoriorum* quæ etiamnum in officio ecclesiastico cantantur, in *Cantus* 1.
Robertus Flandrensis, cur ab Arabibus appellatus Filius Georgii, in *Filius.*
Robertus Normannus Apuliæ princeps, unde dictus *Guiscardus*, in hac voce.
Roche des Aubiers, nobilis familia in ducatu Andegavensi, in *Obstare.*
Rolandius Passagerii civis Bononiensis, non Patavinus, Auctor est Summæ Artis Notariæ, in *Summa* 2.
Roma scindulis contecta fuit annis 470, in *Scindula.*
Romanæ Sedi gratuito primitus a singulis fere regnis catholicis exsoluta pensitatio nomine Denarii S. Petri, postmodum ecclesiastici patrimonii vicem obtinuit atque inter census ecclesiæ Romanæ reputata ; quando et quomodo apud Anglos præstita est, in *Denarius.*

Romaricensis Abbatissa Principis titulo donatur a Rudolfo imperatore; hujus abbatiæ conditio, an. 1444, in *Princeps*.
Rosarii origo, in *Capellina* 1.
Ryngstadii, urbis Danicæ, etymon, in *Hringus*.

S

Sabaudiæ ducum vetus lemma *Fert;* quando ab ipsis usurpatum et hujus significatio, in hac voce.
Sacchari veterum ab hodierno discrimen, in *Canamellæ*.
Sacramentorum quibus fides domino juratur, variæ formulæ et conditiones, in *Fidelitas*. Aliorum cujuscumque generis vulgares formulæ, in *Juramentum*.
Sacramentum quod Joannes rex præstitit in vestibulo ecclesiæ episcopo et canonicis in suo Parisios jucundo adventu, in *Perdonare*.
Sacramentum fidelitatis exigebant episcopi ab iis quibus parochiam regendam committebant, in *Fidelitas*.
Sacramentum campionum, in *Duellum*.
Salarium vectigal, quando institutum, in *Gablum*.
Salem in fidelitatis symbolum comedebant olim qui fidem regibus jurabant, in *Sal*.
Salicæ Terræ, quæ dictæ, in *Terra*.
Salingi, unde sic appellati, in *Adalingus*.
Salire supra Sepem, in cessionibus, ut indicetur fores domus jam alii domino traditas esse, in *Palus* 1.
Saltationum variæ species, in *Chorea* et *Paduana Saltatio*.
Saluciarum marchionatus a dalphino Viennensi dependere judicatur, in *Delphinus*.
Salutatio Angelica, a quo et quando instituta, in *Angelus*.
Sancti Joannis Baptistæ vigilia, quomodo apud nostros celebrata, in *Ignis* 2.
Sancti Martini capa vel capella, quæ fuerit, in *Capa* 1, et *Capella* 1.
Sancti Mauritii canonicis concessum ut caputia rubra deferant, et cur, in *Caputium* 1.
Sancti Michaelis festum forte a Carolo M. institutum, in *Archistraticus*.
Sancti Petri clave animalia signata, ut a rabie serventur, in *Clavis*.
Sancti Spiritus Judicium, dicta purgatio vulgaris, qua veri notitia inquirebatur, in *Judicium* 3.
Sanctus Germanus in Laia, unde sic dictus, in *Leda* 3.
Sanctus Lucas nuncupatur Capellanus B. Mariæ Virginis, in *Capellani* 5.
Sandalia concessa abbatibus, in *Abbas*.
Sandionysienses nundinæ, quomodo habitæ, in *Landicum*.
Sanguinem cum sibi minuere, cautionis ergo, volebant domini sæculares, ex jure nonnumquam in monasteria sese recipiebant, cum uxoribus et omni sua familia, ubi iis necessaria a monachis ministrabantur, in *Minuere*.
Sanguinis Dominici guttulam in calicem majorem vino repletum effundendi mos, ut inde populus communicaretur, in *Calix*.
Sarcinatrices ædibus regiis magnatumve olim, ut nunc, astabant, in *Repezzare*.
Satisfaciendi ratio, tradendo scilicet offenso capitis sui tegumentum aut annulum suum, in *Caputium* 1, et *Emenda* 5. Alia tenendo digitis nasum suum per summitatem, in *Nasus*.
Savaro in Originibus Claromontensibus emendatur, in *Alberga*.
Saxones Occidentales Reginæ nomen non admittebant; sed regis conjugem appellabant, in *Regina* 2.
Saxones ad oras Sequanæ maritimas consederunt, in *Otlingua*.
Saxonum ditio, quantum olim in Germaniam protendebatur, in *Esterlingus*. Hujus nominis etymon, in *Saxa*.
Scacorum ludus: quæ ad hunc spectant exponuntur in *Alphinus*, *Fercia*, et *Scacci* 1.
Scala Templi in urbe Parisiensi, quid hac voce intelligi debeat, in *Scala* 1.
Scaligeri, unde Canes appellati, in *Caganus*.
Scenæ Dei, Christi et Sanctorum, in *Ludus*, *Personagium* 3, et *Moralitas* 2.
Sceptrum, præcipuum regiæ potestatis insigne, cujus formæ, in *Baculus* 2.
Schedarum sortitionem, vulgo *Loterie*, instituendi licentia conceditur literis anni 1395, in *Loteria*.
Scholastici novelli, unde Bejani appellati, in *Beanus*.
Scoti, *Albani* vocati, in hac voce. Scotos Boreales Formicas nuncupabant Angli, in *Formica*.
Scurrarum olim apud principes ministerium, in *Ministelli*.
Scuta virorum nobilium, eorum effigie vel *armis* insignita, tumulis ipsorum appendebantur, in *Clypeus*.
Scutiferi. Iis quantumlibet natalium splendore conspicuis, cum banneretis et militibus sedere ad mensam non licebat; quod baccalariis concedebatur; hujus moris ratio, in *Baccalarii* 3.
Scyphus S. Ludovici servatus in gazophylacio Sandionysiano, in *Mazer*.
Secundogeniti, unde Cadets appellati, in *Capdets*. Iis hæreditatis pars alibi quarta, alibi quinta assignatur, in *Quarta* 12, et *Quintum* 4. Primogenitis præferuntur, in aliquot provinciis, in *Burghenglish*.
Secundogeniti prædiorum quæ in hæredii sortem a parentibus acceperant, nomina, vice cognominum, sibi usurparunt, in *Supranomen*.
Sella equestris nuperum est inventum, cujus nulla fere occurrit ante tempora Valentiniani imperatoris memoria, in *Sella* 2.
Sellam ferre, cur nobilibus in pœnam indictum; hujus infamiæ exempla, in *Harmiscara* et *Sella* 2.
Senatorum Romanorum, quæ fuerit sequioribus sæculis dignitas et auctoritas, in *Senatores*.
Senescallus in solemni regum inauguratione ensem regium deferebat, in *Senescalcus*.
Sententiæ officialium in quemlibet latæ ad valvas ecclesiarum affixæ, publicatæ censebantur, in *Affixio*.
Sepimenta ad claudendos agros fieri non possunt sine domini consensu, in *Inhoc*.
Sepulcra cancellis muniri solita, in *Cancellus* 1.
Sepulcri Dominici lampades quotannis sub vesperam Sabbati Sancti divinitus accendi solebant, in *Ignis*.
Sepulta clave portæ ecclesiæ parochialis, et curato in foveam pro aliquo defuncto paratam projecto, abire pestilentiam inepte putabant, in *Clavis*.
Servi Servorum Dei, titulus usurpatus ab episcopis, summis pontificibus, principibus, etc., in *Servus*.
Servi libertate donati ea conditione ut ad militare

cingulum accipiendum nusquam cogerentur, in *Miles*.
Servi fugitivi auris incisione vel abscissione mulctabantur, in *Auris*.
Serviæ principes *Knes* appellati ; hujus vocis significatio et origo, in *Caganus*.
Servitutis ultro contrahendæ forma et ritus, in *Obnoxiatio*.
Servus aliquando constituebatur, etiam nobilis ; quibusnam in casibus, in *Obnoxiatio*.
Sibilo excipiebantur in ecclesia Briocensi, qui chorum ingredientes vel egredientes præscriptis ceremoniis deerant, in *Sibulare*.
Sicariorum conductitiorum societas dicta *de la bonne volunté*, in *Societas* 3.
Siciliæ reginarum pretiosissima suppellex, in *Mensa*.
Sigillum cereum aliquando bullæ aureæ ad cautelam additum, in *Bulla*.
Sigismundus, rex Romanorum, permissu Caroli VI, regis Francorum, causis dijudicandis in suprema Parisiensi curia præsidet, ubi et militari honore illustrat Guillelmum Signetum, in *Alapa*.
Silentii quanta religio apud quosdam monachos, in *Silentium*.
Silvam in forestam convertendi ratio, in *Foresta*.
Silvester II. PP. homagium diabolo præstitisse fertur, in *Homagium*.
Simonia triplex distinguitur, a manu scilicet, a lingua et ab obsequio, in *Munus* 2.
Sire, apud nostrates, vox honoris et reverentiæ ; interdum etiam contumeliæ, in *Siriaticus*.
Sodomiticum peccatum ignis supplicio mulctatur, in *Delictum spinæ dorsi*.
Soldicorum, vulgo *Soudics, de l'Estrade* et *de la Trau*, origo, in *Syndicus*.
Soleæ equinæ, causa ignominiæ et proscriptionis, affigebantur ostiis domorum apud Italos, in *Ferrum* 1.
Sororum appellatione donabantur regum seu principum uxores, cum de iis verba faciebant principes exteri, in *Sorores*.
Sortilegos vapulando, ægros a morbis, quos intulisse arte sua automabant, liberare nostri opinabantur, in *Sortiarius*.
Spineti domini, senescalli comitum Atrebatensium, in *Senescalcus*.
Spineti societas bastiludiis suis celeberrima apud Insulenses, in *Spinetum*.
Spongia, loco linteoli quo sacerdos post communionem calicem extergit, utuntur Græci, in *Purificatorium*.
Sponsæ primam carnalem cognitionem sibi competere ex consuetudine contendit curio coram judice, in *Marcheta*.
Stapes, quo quis in equum tollitur, quando inventus, in *Bistapia* et *Staffa* 2.
Stibii usus veteribus medicis incognitus, in *Antimonium*.
Stragulum in tormentis adhibitum, ut a reis veritas extorqueretur, in *Coustepointarius*.
Strumis laborantes non sine prævio examine regibus nostris curandi offerebantur, in *Scroellæ*.
Stupæ combustæ in solemni Romanorum pontificum consecratione, et quoties archiepiscopus vel episcopus solemniter celebrant, in *Stupa* 1.
Subscribendi cruce mos, apud quos in usu fuit, in *Crux*.

Subscriptiones rubrica seu per cinnabarim exaratæ, in *Cinnabar*.
Subsidiorum, quibus erga dominos tenebantur vassalli et subditi, variæ species, in *Auxilium*.
Substitutio ea conditione facta, ut nomen et arma substituentis assumantur, in *Substitutio* 2.
Superstitionum varia genera, in *Amatoria, Candela, Carminare, Clavis, Conjurium, Diabolus, Diana, Extrema-Unctio, Holda, Simulacrum, Vinceluna* et *Vultivoli*.
Supranomina quare sic appellata, vix cognita ante tertiam regum nostrorum stirpem, in *Supranomen*.
Symbolum, quo die competentibus tradebatur, controvertitur inter eruditos, in *Pascha petitum*.
Symbolum, nomine S. Athanasii inscriptum, ad Primam recitari cœpit anno 922, in ecclesia S. Martini Turonensis, in *Symbolum*.
Synodicum adversus tragœdiam Irenæi emendatur, in *Appar*.

T

Tabulæ Rotundæ, quæ hastiludii species erat, unde indictum nomen, in *Tabula* 15.
Tœniolas, vulgo *Coquardes*, pileis apponendi usum perantiquum esse putant viri docti, in *Liberare* 2.
Tamerlani Mogolis et Tartariæ imperatoris celeberrimi literæ ad Carolum VI, regem Francorum, memorantur, in *Themurbeus*.
Tartarorum Principes *Cham* vel *Can* appellantur ; hujus vocis significatio et origo, in *Caganus*.
Te Deum laudamus, quis illius auctor, in *Hymnus* et *Palinodia*.
Temporis spatia, non dierum, sed noctium numero distinguendi usus, apud quos obtinuit, in *Nox* 1.
Tentoriis utebantur Wisigothi, Burgundiones, atque adeo Franci nostri, cum iter agerent, in *Applicare*.
Tessellandi ars a Græcis Byzantinis in cæteras Europæ provincias transiit, in *Musivum Opus*.
Testamenti executoribus a testatore non designatis, aut quos constituerat deficientibus, ipsos pro libitu episcopus diœcesanus supplere posse existimabat, in *Intestatio*, et *Testamentum* 1.
Testamentum in pios tantum usus condere licebat nomine illius qui intestatus mortuus erat. Intestatorum bona ad quem pertinebant ; quæ fuerit eorum distributio, in *Intestatio*.
Testamentum quo ecclesiarum fabricæ nihil legabatur irritum censebant, in *Testamentum* 1.
Testandi in gratiam pii loci facultas concessa, etiam iis qui in minori erant ætate, in *Testare* 3.
Testes, maxime juniores, cum in rei gestæ testimonium advocabantur, cædebantur alapis et vellicabantur auribus et capillis, in *Alapa, Auris* et *Capilli*.
Theobaldus, comes Blesensis, unde procuratorem regni sese inscribit, in *Procurator* 2.
Theologi Parisiensis facultatis ad octogenarium numerum reducuntur, in *Magistri Theologi*.
Thesauri regii custodia in Francia et Anglia penes Templarios erat, in *Templum*.
Thesaurus casu inventus aqua benedicta et oratione purificabatur, qua de causa, in *Thesaurus* 1.
Thuarcenses vicecomites senescalli comitum Pictaviæ, in *Senescalcus*.

Tirones, qui in torneamentis et hastiludiis probe se non gesserant, quantumvis natalium splendore conspicui baculo cædebantur, in *Baculare*.

Tituli honorarii pro varia hominum conditione, quibus conceduntur, in *Discretus*.

Tondebantur ab abbatissa coram testibus viri et mulieres qui in *Oblatorum* ordinem apud moniales recipiebantur, in *Tonsura*.

Tonsio capillorum in modum crucis, pœna latronum et furum, in *Tondere*.

Tonsuræ clericalis institutio, forma et significatio, in *Corona*.

Tonsuræ monachalis apud Scotos forma, in *Tonsura*.

Torturæ reorum in Francia usitatæ, in *Gaggare*.

Trecenses nundinæ olim celebres, unde Calidæ et Frigidæ dictæ, in *Feriæ* 3.

Trecentis cæcis a S. Ludovico institutis concessum jus deferendi in veste florem lilii, in hac voce.

Trecorium, quondam vocatum Vorganium, in *Vertigilensis*.

Tribuni in Francia qui olim dicti, quæ eorum dignitas, in *Tribunus*.

Triginta, numerus Christianis odiosus, et cur, in hac voce.

Tu appellari injuriæ reputabant ii præsertim qui matrimonio juncti erant, in *Tuisare*.

Tumulis magnatum ædiculæ formam ædium sacrarum referentes impositæ, in *Basilica*.

Turci ab anno 1187 non habent nisi xx. vel xxII. dentes; unde isthæc fabula, in *Dens* 2.

Tutores sese inscribebant dominos feudorum pupillarium, quandiu illa tutario jure regebant; qui mos etiam obtinuit in ipsis regnorum et imperiorum successionibus, in *Hæredes* 1.

Typographorum priorum aliquot nomina, in *Impressoria ars*.

V

Vadimonium constituitur ad infernum in causa, ubi de veneficio agitur, in *Diabolus ligatus*.

Valentinianus III augustus occisus ab Occylla, armigero Aetii, in *Buccellarius*.

Vasatensis agri et Regulæ incolis testandi facultas conceditur, in *Testare* 3.

Udalricus episcopus Augustanus a Romano pontifice primus in album Sanctorum relatus, in *Canonizare* 1.

Velamine probationis semel suscepto, virgini nubere vetitum, in *Velamen*.

Venatio in silvis regiis etiam regum filiis interdicta; quam familiare regibus nostris illud exercitium fuerit aliisque principibus; ipsorum in venatores sævitia, et quorumdam inter venandum tristia fata, in *Foresta*.

Veneficarum pœna et supplicium apud Hungaros, in *Clavis*.

Venetiarum duci concessa olim ab imperatoribus CP. dignitas, quæ dicebatur *Protosevastus*, in hac voce.

Ejusdem ducis titulus honorarius, in *Altissimus*.

Versus Leonini, unde sic nuncupati, in *Leonini*.

Versus Politici, quinam ita appellantur, in *Politici*.

Vesperæ Sicilianæ, hujus stragis tempus et auctor produntur, in *Vesperæ*.

Vestem mulieri præcidere, ignominiæ causa, antiquum est, in *Roba*.

Vexilli regii vel dominici appensio ad portas murosque civitatum, indicium erat rebellionis incolarum, in *Vexillum*.

Vexillum quadratum nobilius habebatur quam cuspidatum, in *Bannereti*.

Vexillum S. Dionysii, Auriflamma dictum, quo tempore a regibus nostris in bellis suis prælatum, in *Auriflamma*.

Viæ militares quatuor Angliæ, in *Erminstreat*.

Vidua, cur nomine Blancæ appellata, in *Blanca* 1.

Vidua quæ a viro non deflorata ex corporis sui inspectione juridica demonstrabatur, ceu virgo ad secundas nuptias convolabat, in *Bigami*.

Vienna Senatoria, unde sic nuncupata, in *Senatores*.

Viennensis archiepiscopus regni Burgundiæ *Archicancellarius*, in hac voce.

Vigiliæ Sanctorum, quæ in domibus privatis peragebantur, damnatæ, in *Compensus*.

Vinum parvulis baptizatis porrigebatur, in *Baptismus*.

Virga quæ nostris Manus justitiæ vocatur donati imperatores, reges francorum, Anglorum, Aragonum, et duces Lotharingiæ, in *Baculus* 2.

Virgini vitiatæ quam in uxorem ducere nolebat corruptor, pensionem, nomine *Doarii*, assignare cogebatur, in *Dos* 2.

Viromanduenses comites dicti Abbates S. Quintini, in *Abbas*.

Vitri conficiendi ars a viris nobilibus jamdiu exsecuta, in *Verrerius*.

Viviani comitis et abbatis S. Martini Turon. ætas illustratur, in *Armigeri*.

Ulna, quæ sit ejus longitudo, pro locorum diversitate, describitur in *Alna*.

Ultrajectensis episcopus, cur dictus *Præsul vaccipotens*, in hac voce.

Umbraculorum altaribus impositorum forma et usus, in *Ciborium*.

Uniones beneficiorum ecclesiis vel monasteriis, a quibus dependent, damnantur, in *Appropriare*.

Vomeres aliaque utensilia rustica ferrea, exacuenda tradere tantum licitum erat iis qui a dominis ad id præfecti erant, sub certa præstatione, in *Agusadura*.

Usurariorum, qui Caorcini vocabantur, origo, in *Caorcini*.

Vulnera carminibus magicis curare infeliciter sæpius tentatum, in *Carminare* et *Conjurium*.

Uxor secundi ordinis appellabatur *Concubina*, in hac voce.

Uxorum commutatio obtinuit apud Hibernos, in *Uxorare*.

W

Willelmus Nothus, rex Angliæ, unde Pileati cognomine donatus, in *Pileati*. Ab ipso inductum usum campanam pulsandi ad ignem suum tegendum aiunt, in *Ignitegium*.

Y

Yvetotensis regis origo fabulosa; ejus prærogativæ, in *Rex*.

Yvonis (S.) confratriæ præpositus, nuncupatur *Abbas*, in hac voce.

EXTRAITS DES OBSERVATIONS

SUR

L'HISTOIRE DE SAINT LOUYS

ESCRIPTE PAR JEAN SIRE DE JOINVILLE

EXTRAITS DES OBSERVATIONS

SUR

L'HISTOIRE DE SAINT LOUYS

A

AAGIATUS. *Madame ma mère... me tient en bail et m'y tiendra encore jusques à quatre ans, parquoy elle joist de toutes mes chouses, et n'ay puissance encore de riens faire.* Joinville; *Observations.*] D'où on peut inferer qu'en la principauté d'Antioche, ou du moins à l'égard des princes, on observoit l'usage, receu universellement en France, qui fixoit alors la majorité et l'âge requis pour tenir les fiefs et gouverner son bien, à vingt-un ans. Car d'ailleurs, suivant les *Assises du royaume de Hiérusalem*, l'âge de majorité pour les mâles estoit de quinze ans, et pour les filles, de douze accomplis; les uns et les autres ne pouvans tenir fiefs qu'ils n'eussent atteint cet âge, pendant lequel temps de minorité le bail, ou tuteur, desservoit le fief. Au chap. 167 : *Se fié escheit à enfant merme d'aage, quand il a quinze ans complis, se il veut entrer en saisine, il doit venir devant la court, et le seignor, et dire li : Sire, je ay quinze ans d'aage, ou plus, etc.. Et quand il aura prové son aage, il se puet mettre en son fié toutes les fois que il veaut, sans ce que nul que le baillage tiegne de celui fié, li en puisse contredit mettre pour achaison de baliage, que nul bail ne puet nule chose dire qui vaille contre la preuve de l'age de l'esir : et se il n'ere chevalier quant il fait la preuve de son aage, se il fait que sage, quant il aura son aage prové : Sire, donnés moi un respit raisonnable de moi faire chevalier, pour faire vous le service que je vous dois de mon fié, etc.* Puis elles ajoûtent que le seigneur lui doit donner respit de quarante jours, n'est que lui-même le fasse chevalier; après quoi il est tenu de le recevoir à homage. Ce qui est répété, quant à l'âge requis pour la majorité, aux chap. 170 et 190.

AMIR. *Celui des chevaliers de la Haulcqua qui mieux s'esprouvoit et faisoit des faiz d'armes, le souldan le faisoit admiral.* Joinville; *Observations.*] C'est-à-dire, ainsi que le sire de Joinville explique ce mot *admiral*, capitaine, ou gouverneur de province et de place, chef d'armée, ou de troupes. Ce mot vient de l'arabe *amir*, ou *emir*, qui signifie Seigneur, selon Guill. de Tyr, l. 21. chap. 23; Rigord, en l'an 1195; Sanudo, l. 3, part. 3, ch. 5; Mariana, en l'*Hist. d'Espagne*, l. 6, ch. 11; Victor Cayet, in *Paradigm. 4 linguar.*; M. de Marca, en son *Hist. de Bearn.* l. 2, ch. 2, n. 11; *Leunclav. Watsius*, et autres. La même chose est remarquée par le sire de Willerval, en ses *Voyages* manuscrits, au chap. *De la condition et nature des soudans, de leurs amiraux, et esclaves*, etc. : *Item a toûjours, comme on dit, ledit soudan de Babylone, tant au Kaire, comme assez prés là, environ dix mille esclaves à ses gaiges, qu'il tient comme ses gens d'armes, qui lui font la guerre quand il en a mestier, montez aucuns à deux chevaux, et les autres qui en ont plus ou moins. Et est assavoir que iceux esclaves sont d'estranges nations, comme de Tartarie, de Turquie, de Bourgerie* (Bulgarie), *de Honguerie, de Sclavonie, de Walasquie, et de Roussie, et de Gresse; tant qu'autres pays chrestiens que d'autres : et ne sont point appellez esclaves du soudan, s'il ne les a acheptez de son argent ou ne lui sont envoyez de present d'estranges terres. Et en ces esclaves chy se confie du tout pour le garder de son corps, et leur donne femmes et casals, chevaux et robes, et les met sus de jonesse petit à petit, en leur monstrant la maniere de faire la guerre; et selonc ce que chascun se prent, il fait l'un amiral de dix lances, l'autre de vingt, l'autre de cinquante, et l'autre de cent, et ainsi en montant deviennent l'un amiral de Hierusalem, l'autre roy et amiral de Damasq, l'autre grant amiral du Kaire, et ainsi des autres officiers du pays.* Ce mot d'*amiral* est exprimé diversement dans les auteurs. Ils sont nommez par les Grecs αμηραι, αμηραιοι, et par les Latins du moyen temps *amirabiles*, *admiraldi*, etc. Tant y a qu'il est constant que nous avons emprunté de ces nations infi-

B

BALISTA. *Car nul ne tiroit d'arc, d'arbaleste, ne d'autre artillerie.* Joinville; *Observations.*] On n'a jamais reputé parmy les François pour une action de valeur de tuër son ennemy avec l'arc, l'arbaleste, ou autre artillerie. On ne faisoit état que des coups de main, d'espées et de lances, où on rendoit des marques d'adresse ; et c'est pour cela que l'on interdit avec le temps l'usage des arbalétes, comme encore des fléches et des traits empoisonnez : et parce qu'il ne suffit pas de se deffaire simplement de son ennemy par quelque voye que ce soit : mais il importe, pour le vaincre, d'employer la belle force, et de se servir des armes qui marquent la dexterité de celui qui les employe. Il est constant que ces sortes d'armes ont esté deffenduës par les papes de temps en temps, et particulierement au concile tenu à Rome sous le pape Innocent II, l'an 1139, c. 29. Et l'empereur Conrad fut un des princes chrestiens qui en interdirent l'usage pour cette méme raison, ainsi que nous apprenons de Guillaume de Dole, qui vivoit avant l'an 1200, lorsqu'il introduit Raoul de Houdanc, et luy fait dire que cét empereur deffendit l'arbalète :

> Par effort de lance et d'escu
> Conqueroit toz ses ennemis :
> Ja arbalestriers n'i fu mis
> Por sa guerre en autoritez,
> Par avoir et par mauvaisté
> Les tiennent ore li haut home.
> Por demi le thresor de Rome
> Ne vosist-il, n'à droit, n'à tort,
> Qu'uns en eut un preud home mort.

D'où il est aisé de juger qu'il faut interpreter favorablement les termes du poëte breton, au l. 2 de sa *Philippide*, lorsqu'il dit que Richard I, roy d'Angleterre, inventa les arbalestes, ce que l'on doit expliquer de l'usage de cette sorte d'armes, qu'il fit revivre de son temps. Ce que Brompton dit en termes formels : *Ipse siquidem hoc genus sagittandi, quod arcubalistarum dicitur, jamdudum sopitum, ut dicitur, in usum revocavit.* Ce qui est tellement vray, que nous lisons à toutes rencontres dans les histoires des premieres guerres saintes, qu'on se servoit des arcs et des arbalétes.

BEDUINI. *Je vieulx dire quelque chose et quelles gens sont que les Beduns.* Joinville; *Observations.*] Le sire de Joinville confond ici et ailleurs les Beduins avec les Assassins, quoy que Jacques de Vitry, en son *Hist. de Hierusalem*, c. 12 (d'où il semble avoir tiré ce qu'il dit de ces peuples), Aython, c. 35, 54 et 55, en fassent deux différentes nations. Sanudo, l. 2, part. 4, c. 38 ; l. 3, part. 14, ch. 2, aprés Albert d'Aix, l. 12, ch. 31, et Jacques de Vitry, dit formellement qu'ils estoient Arabes ; que leur demeure estoit vers Halape et Crach, dans l'Arabie, et que les Assassins habitoient un canton de la province de Phœnicie, enfermé de montagnes, prés de Tortose. Quoy qu'il en soit, tous les auteurs conviennent que les Beduins estoient des peuples errans et vagabonds. L'*Histoire de l'expédition Asiatique de l'empereur Frederic I*, au tom. 5 des leçons de *Canisius*, en parle de la sorte : *Est autem consuetudo incolarum illius terræ, qui Sylvestres, Turci, sive Beduini dicuntur, carere domibus, et omni tempore degendo in tabernaculis de pascuis ad pascua se transferre cum gregibus et armentis. Hi semper in armis ad bella proni sunt et accincti,* etc. Il faut conferer notre auteur avec Jacques de Vitry et Sanudo, aux lieux citez, touchant les opinions du destin qu'ils tenoient, et leurs façons de vivre et de combattre, qui sont conformes en tout à ce que le sire de Joinville en a écrit. Arnoul de Lubec, l. 7. ch. 10, Brocard en la *Description de la Terre Sainte*, et autres, ont encore parlé de ces peuples.

BELFREDUS. *Fit faire deux baffraiz, que on appelle chas chateilz ; car il y avoit deux chateilz devant les chas et deux maisons darriere pour recevoir les coups que les Sarrazins gettoient à engis.* Joinville ; *Observations.*] Le beffroy est une espèce de machine de guerre, en forme de tour, faite de charpenterie, à diverses étages, pour les approches des villes, dans laquelle on mettoit certain nombre de soldats, qui décochoient leurs arbalestes et leurs arcs par-dessus les murailles, sur ceux qui défendoient les places. Ces machines rouloient ordinairement sur quatre roues, et afin que le feu gregeois, ou d'artifice, ne leur pûst nuire, on les couvroit de cuirs de bœuf ou de cheval bouillis. Froissart, au 1 vol., ch. 110, décrit ainsi les beffrois : *Les Anglois avoient fait charpenter deux beffrois de gros mesrien à trois estages, et estoient ces beffrois au lez de la ville, tous couvers de cuir boullu, pour deffendre du feu et du trait.* Le Roman *de Garin* :

> La veissiés ces perrieres venir,
> Ces mangoniax et geter, et flatir,
> Et les berfrois às chastiax assaillir,
> Et ces archers durement aatir.

La *Chronique de Bertrand du Guesclin* :

> Un grant beffroy de bois orent fait charpenter,
> Et le firent adonques à Arques apporter,
> Jusques prés des fossés ils le firent traisner,
> Grande plenté de gent y pouvoit bien entrer.

Guillaume le Breton, au livre 2 de sa *Philippide*, nomme cette espèce de machine *belfragium*, et la décrit ainsi :

> Cratibus et lignis rudibus belfragia surgunt,
> Turribus alta magis et mœnibus, unde valerent
> Agmina missilibus telisque quibuslibet uti,
> Devexosque hostes facili prosternere jactu.

Et au livre 7 :

> Parte alia turres, quibus est belfragia nomen,
> Roboribus crudis compactæ atque arbore multa,
> Intactis dolabra, ruditer quibus ascia solos
> Absciderat ramos, sic educuntur, ut usque
> Aera sub medium longo volumine tendant,
> Ut doleat murus illis depressior esse.

Guillaume de Malmesbury, au l. 4 de son *Hist. d'Angleterre*, nomme cette machine berfroy : *Alterum (machinamentum) fuit pro lignorum penuria turris non magna, in modum ædificiorum facta (berfreid appellant), quod fastigium murorum æquaret.* Comme aussi Simeon de Dunelme, en l'an 1123 : *Videns autem rex se non, ac disposuerat, proficere, ligneam turrim, quam* berfreit *vocant, erexit.* Orderic Vital, l. 8, l'appelle *berfredus : Ingentem machinam, quam berfredum vocitant, contra munitionem erexit.* Et au l. 12 : *Carpentarios brefredum facientes docebat.* Rolandin, en sa *Chronique*, l. 1, ch. 8 ; l. 4, ch. 2 ; l. 6, ch. 6 ; l. 12, ch. 6, la nomme *bilfredus*, et Frederic I, empereur, en une epitre qui se lit dans Guillaume Heda, en l'an 1190, *verfredus.* Cette sorte de machine est souvent décrite par les auteurs du moyen temps, qui toutefois en supprimant le nom, comme dans Tudebod, l. 5, pag. 805 ; Albert d'Aix, l. 6, ch. 11 ; l. 7, ch. 3 ; Guibert, en son *Hist. de Hierus.*, l. 6, ch. 18 ; l. 7, ch. 6 ; Guill. de Tyr, l. 8, ch. 12, 15, 18 ; l. 20, ch. 16 ; Suger, en la *Vie de Louys VII*, ch. 10 ; Robert. Monach., l. 7 ; Radevic., l. 2, *de Gest. Frider.*, ch. 62 ; Anna Comnena, pag. 384 ; Acropolita, pag. 190 ; Vegetius, l. 4, ch. 17, 18 ; Gilles, moine d'Orval, en la *Vie d'Alberon II, évesque de Liége*, ch. 35 ; et enfin Sanudo, l. 2, part. 4, ch. 22. enseigne la façon de la construire. Le *Roman de Garin* depeint ailleurs cette machine, sans la nommer :

Un engin fet, de tel parler n'oi,
Qui ot de haut cent piés tos enterins.
Prés de la porte fist venir tel engins,
A set estages tot droit de fust chesnin,
Arbalestriers i a mis jusqu'à vint,
Bien fit cleés, couvert de cuir boli.

On a appliqué depuis ce nom de *beffroy* aux hautes tours des villes frontières, où l'on met le guet pour veiller à leurs seuretez ; et une cloche que l'on sonne pour avertir les sentinelles et les gardes des portes. Et ensuite cette cloche a esté employée pour servir à marquer les temps de retraite des habitans et des garnisons en leurs logis, et autres usages publics, d'où elle est appellée *campana bannalis* dans Hocsemius, en la *Vie de Hugues, evesque de Liege*, ch. 23. *Statuta Gildæ Scot.*, c. 28 : *Nullus regratarius emat pisces, fœnum, avenas..... ante pulsationem campanæ in berefrido.* La *Chronique de Flandres* fait souvent mention des beffrois des villes. Et delà est arrivé que ces tours et les cloches qui y sont elevées ont fait partie des priviléges des communes, nous apprenons d'une ordonnance de Charles le Bel de l'an 1322, par laquelle il prive ceux de Laon, pour certain meffait, du droit de commune, d'échevinage, de mairie, de seau, de cloche, *de berfroi*, et de jurisdiction.

Le *chat* estoit proprement une machine faite à guise de galerie couverte (d'où Anne de Comnene, en son *Alexiade*, pag. 383, lui donne le nom de στοά), que l'on attachoit aux murailles, sous laquelle ceux qui la devoient sapper estoient à couvert. Guillaume le Breton, au l. 7 de sa *Philippide* :

Huc faciunt reptare catum, tectique sub illo
Suffodiunt murum.

Le Moine de Vaux de Sarnay, ch. 48 : *Die quodam comes noster machinam quamdam parvam, quæ lingua vulgari catus dicitur, faciebat duci ad fodiendum castri murum.* Voy. encore les ch. 52 et 63. Le même Guillaume le Breton décrit ainsi cette machine, au l. 2 :

........Testudo texitur, ut sub
Illis tuto latens muri queat ima subire
Fossor, et erectis ipsum succidere parmis.

Radevic, au l. 2 de l'*Hist. de Frederic I*, ch. 63, décrivant le siége de Créme, dit que les habitans pour se défendre de ceux qui montoient à l'escalade, ou qui descendoient des beffrois, et des tours de bois, sur leurs murailles, se servoient de chats, pour les aller attaquer jusques dans leurs machines : *Magnaque audacia super muros, et in suis machinis, quas cattas appellant, operiuntur, et cum admoverentur pontes* (les ponts des beffrois) *ipsi eos vel occuparent vel dejicerent, murumque scalis ascendere nitentes vario modo deterrerent.* Rolandinus, lib. 8, cap. 13 ; Chron. Antonii Godi Vicentini, pag. 20, etc. Mathieu Paris, en l'an 1236 ; Jo. de Beka in Arnoldo, 49 ; Episc. Traject. ; Suffrid. Petri in Joan. Heinsberg. Episc. Leod. c. 17 ; le Moine de Padoue, lib. 2, Chr. cap. 8 ; Guillaume de Puylaurens, cap. 30 ; le duc de Cleves, en son *Traité de la Guerre*, pag. 57, et autres auteurs ont parlé de cette machine, dont Vegece, l. 4, ch. 15, a donné la description, comme encore Aimoïn, au l. 3 de son *Hist. de France*, ch. 71. Guillaume Guiart, parlant du siége de Boves par Philippes Auguste :

Devant Boves fit l'ost de France,
Qui contre les Flamans contance,
Li mineur pas ne soumeillent,
Un chat bon et fort appareillent,
Tant euvrent dessous, et tant cavent,
Qu'une grant part du mur destravent.

Et en l'an 1205 :

Un chat font sus le pont atraire,
Dont pieça mention feismes,
Qui fit de la roche meismes.
Li mineur desous se lancent,
Le fort mur à miner commencent,
Et font le chat si ombrer,
Que riens ne les peut encombrer.

On s'en servoit encore pour combler les fossez, afin de faire approcher les beffrois près les murailles, qui estoit proprement l'usage des *musculi* des anciens, suivant le même Vegece, l. 4, ch. 16. Jacques de Vitry, l. 3, pag. 1142 : *Cati duo ad fossatum implendum magnis sumptibus compositi fuerunt.* Joignez ce que le sçavant Lipse écrit, lib. 1 Πολιορκητικῶν ; *Dial.* 7 ; et Angelo Portenari, *Della Felicità di Padua*, l. 5, cap. 5, pag. 165, lesquels en ont donné la figure et la description. Le roy saint Louys fit donc faire deux beffrois, ou tours de bois, pour garder ceux qui travailloient à la chaussée ; et ces beffrois estoient appellez *chats chateils*, c'est-à-dire *cati castellati*, parce qu'au-dessus de ces chats il y avoit des espèces de châteaux. Car ce n'estoit pas de simples galeries, telles qu'estoient les chats, mais des galeries qui estoient défenduës par des tours et des beffrois. Saint Louys en l'épitre du prise, parlant de cette chaussée : *Saraceni autem è contra totis resistentes conatibus machinis nostris quas erexeramus, ibidem machinas opposuerunt quamplures, quibus castella nostra lignea, quæ super passum collocari feceramus, conquassata lapidibus et confracta combusserunt totaliter igne Græco.* Le sire de Joinville dit qu'il y avoit deux *chateils* devant les chats, et deux maisons derrière pour recevoir les coups que les Sarrazins *jettoient à engins*, c'est-à-dire, ainsi que j'explique ce passage, que les chats, ou galeries, estoient défenduës de ces tours, qui devoient porter tout le faix des pierres, que les ennemis jettoient continuellement avec leurs perrieres sur les chats. Et mêmes je crois que l'étage inférieur de ces tours estoit à usage de chats et de galeries ; à cause de quoy ces chats de cette sorte estoient appellez *chas châtels*, c'est-à-dire, comme je viens de remarquer, chats fortifiez de châteaux. L'auteur qui a décrit le siége qui fut mis devant Zara par les Vénitiens en l'an 1346, lib. 2, cap. 6, *apud Joan. Lucium, De Regno Dalmat.*, nous représente ainsi cette espéce de chat : *Aliud erat hoc ingenium, unus cattus ligneus satis debilis erat confectionis, quem machinæ Jadræ sæpius jactando penetrabant, in quo erat constructa quædam eminens turris duorum propugnaculorum. Ipsam duæ maximæ carrucæ supportabant.* Et parce que ces machines n'estoient pas de simples chats, elles furent nommées *chats faux*, ou *faux chats*, qui avoient figure de beffrois et de tours, et neantmoins estoient à usage de chats. Et c'est ainsi que l'on doit entendre ce passage de Froissart, 1 vol., ch. 121 : *Le lendemain vindrent deux maîtres engigneurs au duc de Normandie, qui dirent que s'on leur vouloit livrer du bois et ouvriers, ils feroient quatre chauffaux* (quelques exemplaires ont *chats*) *que l'on meneroit aus murs du chastel, et seroient si hauts, qu'ils surmonteroient les murs.* D'où vient le mot d'*eschaffaux*, parmy nous, pour signifier un plancher haut élevé. Voyez le *Recueil de Bourgogne* de M. Perard, p. 395.

BORDELLUM. *Le bon roy trouva jusques à ung gect de pierre prés, et à l'entour de son pavaillon, plusieurs bordeaux, que ses gens tenoient.* Joinville ; *Observations.*] Le mot de *bordel*, pour designer un lieu infame, *lupanar*, vient de ce qu'ordinairement les garces et autres gens de cette farine habitoient les petites maisons, qu'en vieux langage françois on nommoit *bordels*, du diminutif de *borde*, qui signifie maison, et probablement a esté emprunté du *bord* des Saxons-Anglois, où ce mot a la méme signification. Un titre d'Eadgar, roy d'Angleterre, *in Monastic. Anglic.*, tom. 1, pag. 37 : *Videlicet 5 mansas, cum 15 carucis terræ, cum 18 servis, et 16 villanis, et 10 bordis, cum 60 acris prati,* etc. Un titre de Pons de Montlor, de l'an 1219, au Registre de Carcassonne, de la Chambre des Comptes de Paris, f°. 39 : *Et ibidem scilicet in strata fiet borda communis ad levandum pedagium.* Le *Roman de Garin* :

> N'i a meson, ne borde, ne mesnil.

Voyez le *Glossaire* de Spelman. Du mot de *borde* est venu le mot de *bordel*, pour marquer une petite maison. Le même *Roman* :

> N'i ot bordel, qui tant parfu petis,
> Mien escient chevalier n'i gesist.

Et la *Chronique de Bertrand du Guesclin* :

> Et bonne ville aussi garnie bien et bel,
> C'on nommoit Saint-Maissens, dehors ot maint bordel.

Guillaume de Jumiéges, l. 7, ch. 14 : *Domunculam circumdedit cum familia : Sorengus vero expergefactus de bordello exiit, et fugiens in vinarium exire voluit.* Et enfin le *Monasticum Angl.*, tom. 2, pag. 206. *Et ortum ante portam atrii cum bordello.* Voyez la *Coutume de Sole*, tit. 12, art. 2. Il y a en a mémes qui estiment que le terme de *bort* chez les Gascons, qui s'en sont servis autrefois pour désigner un bâtard, a tiré son origine de celuy de *bordel*, comme nez *incerto patre* et dans ces lieux publics. Voicy un titre, entre autres, qui justifie l'usage de ce mot, et m'a esté communiqué par M. d'Herouval : *De par le roy. Nostre chancelier, nos gens de nos comptes et nostre audiencier. Nous avons quitté de grace especiale au bort de Rabastens tout nostre droit tant de finances que de chancelerie, et du seel de deux cartes en cire verte, l'une de legitimation, et l'autre de nobilitation,* etc. *Donné à l'opital de Corbeil le* 20° *jour de fevrier l'an* 1351.

BURDARE. *Escoute le service de Dieu... devotement... et par especial à la messe depuis que la consecracion du corps Nostre Seigneur sera, sans bourder, ne truffer avecques autrui.* Joinville ; *Observations.*] *Bourder,* Dire des bourdes, rire, folastrer. Henry de Knighton : *In tantum erat affabilis domino regi, quod burdando petebat a rege nundinas sibi concedi pro leporariis et canibus emendis.* Delà vient le mot de *bourdeurs*, qui estoient ces farceurs ou plaisantins qui divertissoient les princes par le récit des fables et des histoires des romans. Les *Statuts* manuscrits *de l'Ordre de la Couronne d'épines*, ch. 22 : *En cetuy saint disner soit bien gardé que hiraux et bordeurs ne fassent leurs offices, mais à la collation du roy, et en présence des vaillans chevaliers, se pourront bien reciter en lieu d'instrumens bas aucunes dittes à louënge de Dieu,* etc. Aucuns estiment que ce mot vient des *behourds*, qui estoit une espéce de tournois et de joûte qui ne se faisoit que par divertissement. Mais Joseph Scaliger sur Ausone croit qu'il vient du mot *burra*, dont ce poëte se sert en ces vers :

> At nos illepidum rudem libellum,
> Burras, quisquiliasque, ineptiasque
> Credemus gremio cui fovendum.

Scaliger, écrivant à ce sujet, dit qu'Ausone s'est servi d'un terme receu de son temps dans la Guyenne, où encore à présent on appelle des *bourres* des bagatelles.

Truffer, Tromper en jouant, railler. *Guillelmus Brito, in Vocabul.* : *Nuga dicitur trufa, unde nugor, aris, nugas facere.* Le roman du *Chevalier au Barisel* :

> Mais que gi vois pour aus trufer.

Trufari dans *Cæsarius Heisterbach.* l. 5, c. 29 ; et en la *Vie de la B. Angela de Fulginio*, c. 23, apud Boland. Willem. Thorn. p. 2064, etc. ; Guill. Guiart. :

> Et ne cuit pas emplir mes pages
> De trufes, ne de fanfeluës,
> Dont les histoires sont veluës.

C

CATUS. Voyez *Belfredus.*

CENDALUM. *Et avoir fait ses atours de bon sendal renforcé.* Joinville ; *Observations.*] *Sendal* ou *cendal*, qui est ce que nous appellons *taffetas*. Les Italiens disent *zendado* et *zendalo ;* les auteurs latins du moyen temps expriment aussi ce mot diversement : Hariulfus, in *Chr. Centul.*, lib. 3, cap. 3 : *Melinæ sericæ 3. Ex pisce 1, ex cendalo 4.* Chron.

Fontanell. cap. 16 : *Casulas 5, cindadas 12 coloris diversi.* Concil.] Salisburg. : *In pileis suffuraturas non habeant nisi forte de nigro centato, vel parmo.* Concil. Senon. A. 1346, cap. 2 : *Prohibens a parte exteriori almutias de cendesco, seu de vetueto deferre.* Rolandin., in *Chr.* lib. 4, cap 9 : *Tunc accessit unus de popularibus Paduæ ad cendatum pendens de sublimi antenna Carocii, etc.* Nos poëtes se servent souvent de ce mot. Philippes Mouskes, en la *Vie de Chilperic* :

> Si prisent mult or et argent,
> Muls, et palefrois et cevaux,
> Et vairs et gris, et bons cendaus.

Le *Roman de Garin le Loherans* :

> La veissiés ces haubers endosser,
> Et ces enseignes de cendau venteler.

Le compte d'Estienne de la Fontaine, argentier du roy, de l'an 1351. qui est en la Chambre des Comptes de Paris : *Pour 2 bottes de cendal de graine, 120 escus. Pour une botte de cendal jaune, 52 escus, etc.*

COOPERTORIUM. *Le trouvasmes gisant sur son couvertoir de menu ver, dont il estoit enveloppé.* Joinville ; *Observations.*] En ce temps-là les couvertures de lits estoient ordinairement faites de peaux de prix, d'où vient que les auteurs les comprennent parmi les plus riches meubles. Le *Roman de Garin* :

> Les palefrois, les muls et les roncins,
> Coutes de soie, et couvertoirs hermins,
> Tot departi as chevaliers de pris,
> Qu'il n'en retint vaillant un paiisis.

Au testament de Jeanne, reyne de France et de Navarre, de l'an 1304. *les dras, couvertoüers, coutepointes,* sont nommez entre les meubles de prix : mais particulierement nos auteurs parlent de ces riches couvertoirs de peaux exquises, au sujet des céremonies qui se pratiquoient lorsqu'on faisoit des chevaliers dans les temps de paix. Car après qu'ils avoient esté baignez, ils estoient mis dans un lit de parade, couvert de riches couvertures, où ils estoient visitez de leurs amis. L'auteur de l'*Ordene de Chevalerie*, après avoir dit comme Saladin fut mis au baing par Huës de Tabarie, avant que de lui donner l'ordre de chevalerie, il ajoûte qu'*il le mena en son lit tout nouvel, si le couce ens, et il dit : Sire, chis lit vous donne...... au grant cité de paradis, que vous devés conquerre par vo chevalerie ; et quant il ot jéu, il le leva, et li vesti blanke reube destiée de lin, û de soie.* Le méme *Roman* en vers :

> Aprés si l'a du baing osté,
> Si le coucha en un bel lit,
> Qui estoit fait par grant delit :
> Sire, fait-il, che segnefie,
> L'on doit par sa chevalerie
> Conquerre lit en paradis,
> Ke Diex otroie à ses amis :
> Car chou est li lis de repos,
> Qui la ne sera, moût i ert sos.

La méme chose est observée dans l'ordonnance et la maniere de créer et de faire les chevaliers du Baing, selon la coûtume d'Angleterre, rapportée par Edouard Bisse, auteur anglois, en ses *Notes sur Nicolas Upton,* p. 21 : *Ce fait, les escuiers gouverneurs prendront l'escuier hors du baing, et le mettront en son lit simple, tant qu'il soit seiché, et soit ledit lit simple, sans courtines.*

Durant cette ceremonie, ceux que l'on faisoit chevaliers paroissoient premierement en l'état d'escuiers, puis de chevaliers, quand ils en avoient receu l'ordre. Durant le premier, leurs couvertures n'estoient pas si riches, ni de si exquises fourrures, qu'au second ; car il n'appartenoit qu'aux chevaliers d'user de couvertures de vair et d'hermines. C'est ce que j'apprens du compte d'Estienne de la Fontaine, argentier du roy, de l'an 1351 : *Pour cent quatre aunes de noire brunette en plusieurs pieces, pour faire à chascun desdits nouveaux chevaliers couvertoir et demi fourrez de dos d'escuriaux de Calabre à couvrir leurs lits pour leurdit estat d'escurie, quatre-vingts-trois escus. Pour deux draps mabrez vermeillez de grant moison de Broisselles, pour faire à chascun desdits chevaliers nouveaux couvertoir et demi-fourré de menu vair, qu'il orent pour leurdit estat de chevalerie.* Mémes parmi les livrées que nos rois donnoient aux princes du sang, et aux officiers de leur hostel, estoient ces riches couvertures. Un rouleau de la Chambre des Comptes de Paris intitulé : *Pro robis datis militibus D. Philippi et gentibus cameræ suæ. Pro robis dominorum Joan. et Petri, et Roberti, filiorum regis, pro scallatis radiat. et tiretan. persia et viridi pro coopertorio,* 88 *lib.* ; *pro foraturis dictarum robarum, etc., et pro duabus culcitris punctis pro dictis Petro et Joanne, etc. D. Robertus Atrebat. pro roba de samito, roba de panno aureo foratis de erminis, et* 4 *pannis ad aur. ad unum coopertorium foratum de erminis, quod factum fuit pro D. Hemondo, et una culcitra puncta cum fundo panni aurei, quæ fuit facta pro filio regis Aragoniæ.* Chez les Romains les couvertures de lits estoient pareillement de riches étoffes, ainsi que le P. Sirmond a observé sur Sidonius, l. 1, epist. 2. Voyez nostre auteur, p. 64.

CRUCES NIGRÆ, Cruces bannales. *Celui jour portoit-on les croix en procession en plusieurs lieux en France et les appelloit-l'on les Croix noires.* Joinville ; *Observations.*] Durantus, *in Rationali divinor. Offic.* lib. 6, c. 102, remarque que cette procession qui se fait le jour de Saint-Marc, et que toute l'eglise reconnoît sous le nom de *Litania major,* instituée par le grand saint Gregoire pape, pour les raisons qui sont remarquées en sa vie écrite par Jean Diacre, et les auteurs qui ont traité des offices divins, est encor reconnuë sous le nom de *Croix noires,* à cause qu'on couvre les autels et les croix de noir en ce jour-là, en memoire de la grande mortalité qui arriva à Rome en suite de la peste, ce qui donna sujet à ce grand pape d'instituer ces prieres publiques : *Litania hæc dicitur Gregoriana, vel Romana. Vocatur etiam Cruces nigræ quoniam in signum mæroris ex tanta hominum strage, et in signum pænitentiæ homines nigris vestibus induebantur, et cruces et altaria nigris velabantur.* Ce qui convient à ce que saint Gregoire méme écrit en l'épître à l'evesque de Ravenne, où il appelle cette procession *tempus cineris et cilicii,* ch. 57, fait à ce sujet, disant que les saints Peres ont ordonné pour cette raison qu'elle se feroit *non equitando, non vestibus pretiosis utendo sed in cinere et cilicio.* Quant à ce que le sire de Joinville dit, qu'on appelloit en certains lieux cette procession *les Croix noires,* c'est suivant la façon de parler de ce temps-là, auquel on appelloit toute sorte de processions *les* *croix.* Ainsi dans Wolfard Prétre, au l. 3 des *Miracles de sainte Wauburge,* ch. 2, n. 11, la semaine des Rogations est appellée *Hebdomada Crucium,* et plus bas: *Accidit ut eo tempore quo per universum mundum cruces in Rogationibus solenniter fieri solent, etc.* Jean Robert, en ses *Commentaires sur la vie de saint Hubert,* ch. 4, observe qu'encore à present dans le Luxembourg on appelle *croix* toutes les processions : et celles qui se font dans le détroit et dans l'étendue des paroisses *croix bannales.*

1. CRUX. *S'il y a nul à qui j'aye jamés fait aucun tort, et qui se veuille plaindre de moy, se tire avant.* Joinville ; *Observations.*] Ceux qui avoient pris la croix et se préparoient à ces longs et fâcheux voyages de la Terre Sainte avoient coûtume avant que de partir de disposer de toutes leurs affaires, de faire leurs testamens, et de partager leurs enfans. Et comme leur retour estoit tres-incertain, tant pour les difficultez des chemins que pour le hazard et le peril de la guerre, dont les évenemens sont toûjours douteux, ils faisoient ordinairement tout ce que ceux qui se preparent à la mort ont accoûtumé d'observer, comme de restituer les biens envahis et usurpez, soit sur les eglises, soit sur les particuliers, pour la décharge de leurs consciences. Les titres sont pleins de ces restitutions des biens d'eglise faites par nos chevaliers avant leur départ pour la Terre Sainte. Le sire de Joinville, quoy qu'il ne se sentît coupable d'aucune de ces usurpations, pour satisfaire neantmoins au devoir de sa conscience, se mit en état, avant que d'entreprendre son voyage, de reparer le tort qu'il pourroit avoir fait à ses voisins, s'il s'en rencontroit aucun qui lui en fist la moindre plainte. Ainsi Hugues IX, comte de la Marche, *in procinctu itineris transmarini constitutus,* fit son testament en l'an 1248, lequel est au Trésor des Chartes du roy, qui contient ces mots entre autres : *Deinde statuo quod si hæreditatem alicujus detinerem minus juste, nec inde satisfecerim, circa articulum mortis meæ solvo, restituo, et penitus quito : dummodo coram executoribus testamenti mei probare potuerint cognita veritate.* Aussi plusieurs estiment que la plûpart des monasteres qui ont esté bâtis sur la fin du onziéme siecle et aux suivans n'ont esté fondez que des restitutions que les grands seigneurs faisoient avant que de s'engager dans ces longs voyages. Voyez M. Perard, en ses *Mémoires de Bourgogne,* p. 202.

2. CRUX. *Je engaige à mes amys grant quantité de ma terre.* Joinville ; *Observations.*] La dévotion de nos premiers conquerans de la Terre Sainte, jointe au courage et au desir d'acquerir de la gloire et de la reputation dans les guerres, estoit si extraordinaire, qu'ils ne faisoient pas seulement difficulté d'abandonner leurs familles et leurs pays, mais mêmes d'aliener et d'engager les plus belles terres de leurs biens. Orderic Vital, l. 9, parlant de la premiere entreprise des guerres saintes : *Mariti dilectas conjuges domi relinquere disponebant. Illæ vero gementes, relicta prole cum omnibus divitiis suis, in peregrinatione viros suos sequi cupiebant. Prædia vero hactenus chara, vili pretio nunc vendebantur, et arma emebantur, quibus ultio divina super allophylos exerceretur.* Henricus Huntindonensis, au livre 7 de son Histoire d'Angleterre : *Hoc est miraculum Domini temporibus nostris factum, sæculis omnibus inauditum, ut tam diversæ gentes, tot fortissimi proceres, relictis possessionibus splendidis, uxoribus et filiis, omnes una mente loca ignotissima, morte spreta, petierint.* Et Anne Comnene, au liv. 10 de son *Alexiade,* écrivant sur ce sujet, et parlant de nos paladins, καὶ σχηματιζόμενοι κατὰ τῶν Τούρκων ἀπέρχεσθαι εἰς ἐκδίκησιν τοῦ ἁγίου τάφου, τὰς ἰδίας ἐπίπρασκον χώρας. L'histoire de ces guerres nous apprend que Godefroy de Bouillon, Raymond, comte de Saint-Gilles, Guillaume, duc de Normandie, Boëmond, duc de la Pouille, Harpin, comte de Bourges, et autres grands seigneurs, vendirent ou engagerent leurs duchez et comtez pour fournir à la dépense d'une si longue entreprise, tant leur ferveur estoit grande ; à l'imitation desquels le sire de Joinville, et suivant l'exemple de ses ayeuls, ne feignit pas d'engager la meilleure partie de son bien, quoy qu'il fust peu considerable alors, à cause que sa mere en jouissoit sous le titre de douaire. Cette facilité que les croisez apportoient à vendre et à engager leurs biens, pour subvenir aux frais et à la dépense de leur voyage, donna matiere à cette belle réponse que Philippes Auguste fit à Jean, roy d'Angleterre, lequel, ayant pris la croix, et depuis ayant envoyé ses ambassadeurs à Philippes pour lui demander, *ut aliquam partem terræ suæ, quam bello acquisierat, ei pro certa pecuniæ quantitate reddere dignaretur,* ce roy lui fit cette repartie pleine d'esprit : *Mirabile et inauditum esse ut crucesignatus vellet emere, qui potius distrahere deberet, si suæ peregrinationi insisteret, sicut deberet.* Ce sont les termes d'Alberic en l'an 1215. Voyez Guibert, lib. 2 *Hist. Hieros.,* cap. 6, et Math. Paris, A. 1240 et 1250, p. 355 et 517.

CURIA 7. *Pour m'en retorner en court de Romme entre desloiaux gens, comme il y a.* Joinville ; *Observations.*] C'est la plainte ordinaire des auteurs de ce temps-là sur les abus de la cour romaine, contre lesquels ils ont invectivé avec tant d'aigreur, que le cardinal *Baronius* et plusieurs autres ont creû que ces traits de médisance avoient esté parsemez avec addresse par les heretiques dans les livres qu'ils ont fait imprimer, comme dans Mathieu Paris, et autres historiens, particulierement anglois : ce qui est toutefois peu probable, estant constant que cette plainte estoit alors universelle, comme on peut recueillir de l'entretien que Jean de Sarisbery, evesque de Chartres, eut sur ce sujet avec le pape Adrian IV, ainsi qu'il témoigne lui-méme, lib. 6, *Polycr.* cap. 24 ; estant d'ailleurs une chose digne de remarque, que le legat, suivant l'autorité du sire de Joinville, traite ceux de cette cour de *déloyaux.* Le Reclus, ou le Moine de Moliens qui vivoit sous le regne de Henry II du nom, roy d'Angleterre, en son roman manuscrit qu'il a intitulé *de Charité,* s'étend fort sur cette matiere, n'épargnant ni le pape ni les cardinaux, et invectivant sur l'avarice et les desordres qui regnoient alors en cette cour. Et quoy que je n'ajoûte pas une entiere créance à ces invectives, ce livre n'étant qu'une satyre continuelle contre les desordres de toutes les professions, je ne laisseray pas de donner ici un échantillon des plaintes de ce poëte. [Manuscrit de la Bibliothèque royale, n° 7071 [2], f° 143.]

§. O Carité, la [*à Rome*] me dit-on
Que tu jadis en la maison
Del pape estoies conseilliere,

Dont ala li cours par raison :
Mais tu n'i fus c'une saison,
Car on te mist en la foriere,
Par conseil d'une pautoniere,
C'est convoitise la boursiere,
Qui ne redoute traïson
Faire, tant a pecune chiere,
Fel cuer tapist soubs belle chiere,
Quant on li fait d'argent poison.

§. Je n'ois pas se grant bien non
Dire du pape par son nom,
Papes ne set com argens sonne,
Onques n'i tendi son giron,
Mais cil qui li sont environ,
Font souvent blasmer sa personne ;
Tel maisnie entour lui fuisonne,
Dont male nouvelle resonne,
Car volentiers sert du baston
Au povre, si que tout l'estonne,
Ne doit servir sers qui bastonne,
Au pape, mais à Pylaton.

§. Ne puet povres en court entrer,
S'il ne se voet faire fautrer,
Mainte teste y a on fautrée,
Li fus fait wit pot espautrer,
Hom wis ne poet la porte outrer,
Mais au portant est ire outrée,
Qui porte il a pais encontrée,
Bele chiere fait à l'entrée
Li portiers quant voit ens entrer
Dont espoire argent ou rentrée,
Convoitise est toute esventrée,
Ja ne sara tant enventrer.

§. Quand je me ful mis el retour,
De la grant court si fis un tour,
Là où mainent li cardonal,
Mais tous les trouvai d'un atour,
Chà et là tout sont mercatour
Li bas et li hault curial,
Quel sont amont, tel sont aval,
Par tout trouvai porte venal;
Moi souvient, passé sont maint jour,
Que uns homs dist un mot ital,
Je ne voel plus estre loïal
Ne plus preudom de mon signour.

Et plus bas :

§. Carité, tu n'as pas masure
En Roume qui le gent mesure,
Roume mesure home comment
La bourse est grans non l'estature,
La lois se taist quant ors murmure,
Drois se tapist à son d'argent.
Se je voel descrire briefment
Coment on vit Roumainement :
Roumains a langue seche et dure
Ne poet parler sans oignement
Et ses huis siet tant secement,
Qu'il ne poet ouvrir sans onture.

Voyez les *Recherches de Pasquier*, lib. 3, ch. 21 :

D

DAGGER. *Ung de nos genz d'armes gecta sa dague àung de ces Turcs, et lui donna entre les coustes, et emporta la dague en son corps, et en mourut.* Joinville; *Observations.*] Ce mot est encore connu parmy nous pour une espèce de petit coûteau ou de poignard ; les Espagnols l'appellent *dagas*, et les Anglois *dagger*. Les statuts de Guillaume, roy d'Ecosse, ch. 23 : *Habeat equum, habergeon, capitium e ferro, et cultellum qui dicitur dagger.* Thom. Walsingham, p. 252 : *Extracto cultello, quem dagger vulgo dicimus, ictum militi minabatur.* Voyez le même auteur, en la p. 332 ; H. Knighton, *in Edw. III*; la *Chr. de Flandr.*, pag. 232 ; Monstrelet, 1 vol., ch. 94, etc.

E

ELEEMOSYNARIUS, 1, 2. *Car le sage homme, tandis qu'il vit, doit faire tout ainsi que bon executeur d'un testament ; c'est à savoir que le bon executeur premierement et avant autre euvre il doit restituer et restablir les tors et griefz faiz à autrui par son trespassé.* Joinville ; *Observations.*] La charge des exécuteurs des testamens consiste particulierement en l'accomplissement des legs pieux, et en la distribution des aumônes des testateurs. D'où vient qu'ils sont appellez *eleemosynarii* dans les *Capitulaires* de Charles le Chauve, tit. 43, § 12 ; et ailleurs *eleemosynatores*, en une ancienne charte rapportée par M. Perard, en ses *Memoires de Bourgogne*; *erogatores*, dans les *Loix des Lombards*, l. 2, tit. 20, § 5 ; et *erogatarii*, *in synodo Pontigon.*, cap. 14. Balde, *ad l. nulli c. de Episc. et cleric.*, se sert de ce dernier mot pour les exécuteurs testamentaires, qui semble être tiré des jurisconsultes du moyen temps, qui font mention de ceux qui distribuoient les vivres aux soldats, que la loy 16, *Cod.*, *de Castrensi pecul.*, lib. 12, nomme *erogatores militaris annonæ*, et desquels saint Gregoire a parlé, lib. 7, *Ind.* 2, epist. 77 et 130 ; comme encore Cassiodore, lib. 12, epist. 11 ; le *Glossaire Grec-Latin* ἐξοδιάζω, *erogo, expendo*; ailleurs, ἐξοδιασμός, *erogatio, distributio.* Browerus, lib. 2, *Antiq. Fuld.*, cap. 10. remarque que dans les monasteres il y avoit un officier, nommé *Testamentarius, penes quem fuit dispositio piorum legatorum, seu ab exteris ea, seu a domesticis proficiscerentur, velut hac in re fidelium testamenta exequerentur.* C'est le même qui est appellé ordinairement *eleemosynarius*, et dont la fonction est décrite par Lanfrancus, *in Decreto pro ord. S. Bened.*, c. 8, sect. 3, et Uldaricus, lib. 3, *Consuet. Cluniac.*, cap. 24. Le sire de Joinville se raille icy de ceux qui, après avoir bien volé durant le cours de leur vie, croyent s'acquiter envers Dieu en faisant quelques aumônes aux monasteres et aux églises. *Non probatur largitas, si quod alteri largitur extorqueat, si injuste quærat et juste dispensandum putet,* ainsi que saint Ambroise écrit, l. 1, *de Offic.* c. 30 ; et saint Pierre Chrysologue, au Sermon 54 : *Audeo dicere, qui de fraude Deo offert, cumulat crimina, non emundat : quia Deus in tali munere exuvias suorum pauperum, non misericordias intuetur. Sine causa Deo plorat, quem juste causa pauperis ploraverit Deo.*

EXCOMMUNICATIO, pag. 348 [3]. *Tous les prelats de France se trouverent à Paris pour parler au bon saint Louys et lui faire une requeste.* Joinville ; *Observations.*] Cette assemblée des prelats de France se fit, suivant le sire de Joinville pour faire des remonstrances au roy saint Louis, sur le mépris que les heretiques, c'est-à-dire les albigeois, faisoient des communications des évesques, demandans qu'ils fussent contraints de se faire absoudre, et de retourner par ce moyen à l'union de l'Église, par saisie ou confiscation de leurs biens, implorans à cét effet le secours et l'assistance de l'autorité royale. Cette assemblée doit avoir esté faite entre l'an 1247, que Guy de Mello, évesque d'Auxerre, qui y porta la parole, commença à tenir le siège épiscopal, et l'an 1270, qui fut celuy de son decés. Et ainsi on ne peut pas rapporter à cette assemblée l'ordonnance que le roy saint Louys fit sur le même sujet, l'an 1228, qui se trouve aux registres x, xxvi et xxvii, du Trésor des Chartes du roy.

quelques auteurs grecs citez par Meursius en son *Glossaire*, v. Φοῦνδα; d'où peut-être il est arrivé qu'en quelques villes d'Alemagne, du Pays-Bas, et d'Angleterre, les lieux publics destinez pour le commerce et pour l'assemblée des marchands et des marchandises ont retenu le nom de *bourses*: a cause que là estoit la bourse commune des compagnies des marchans, qui est l'etymologie que Jean Bap. Grammay, après quelques autres, donne à ces lieux, en la *Description d'Anvers*, ch. 12.

F

FIRMACULUM, Fermalium, Fermeillicium. *La çainture, fermail et chappel d'or fin.* Joinville; *Observations.*] Le fermail estoit une espece de medaille, ou enseigne, comme les enseignes de pierreries, dont on use aujourd'huy, qui s'appliquoit, non-seulement sur l'espaule en l'assemblage de la fente du manteau, de même que le *latus-clavus* des capitaines romains, mais aussi au chaperon sur le devant, comme les enseignes de pierreries: et à la guerre, au camail ou bien en la cotte d'armes, ou en autre lieu apparent. Les femmes le portoient sur la poitrine. Froissart, 2 vol., ch. 154: *Et si eut pour le prix un fermail à pierres precieuses, que madame de Bourgogne prit en sa poitrine.* C'est pourquoy le *Glossaire Latin et François* manuscrit tourne le mot de *monile* par celuy d'*affiche*, ou *fermail*; ailleurs: *Redimiculum, aournement à femme, comme fermail, couronne ou chainture.* Joannes de Janua appelle cet ornement *Fibularium, quod apponitur mantello, vel per quod immittuntur fibulae, ne dissipetur mantellum.* Mais je crois qu'il a voulu mettre *Fibulatorium*, que le *Glossaire Grec Latin* dit estre un diminutif de *fibula*. Πόρπη, *fibula* πόρπη, ὑποκοριστικῶς, *fibulatorium*. Ce mot se trouve dans Trebellius Po'lio, en la *Vie de Regillianus*, et dans Anastase Bibliothecaire, en l'*Histoire des Papes*, p. 72 et 197. edit. regiæ. Constantin Porphyrogenite, *de Administ. Imp.*, cap. 53, use de celuy de σιθλατούρα. Voyez Chifflet, *in Anastasi Childerici Regis*, cap. 16, où il traite amplement *de fibulis aureis et gemmatis veterum*, et Saumaise, *in Not. ad Tertull. de Pallio*, p. 62, 63.

FUNDA 1. *Ilz boutérent le feu par tous les endroiz de la soulde.* Joinville; *Observations.*] Suivant le sire de Joinville, *la soude* estoit une suite de boutiques de marchans. Mais il y a erreur, et faut restituer *la fonde*, ainsi qu'il est imprimé dans l'édition de Bourdeaux. Le traité fait entre Guermond, patriarche, et les barons de Hierusalem d'une part, et Dominico Michiel, doge de Venise, d'autre, au sujet de l'entreprise du siége de la ville de Tyr, l'an 1123, rapporté en l'*Histoire de Guillaume, archevesque de Tyr*, l. 12, ch. 25: *Ipse rex Hierusalem et nos omnes duci Venetorum de funda Tyri ex parte regis festo Apostolorum Petri et Pauli trecentos in unoquoque anno byzantios saracenatos ex debiti condictione persolvere debemus.* Où le mot de *funda Tyri* n'est autre chose que le revenu qui se tiroit du commerce, et la bourse commune des marchands. Car *funda* signifie une bourse dans Macrobius, l. 2 *Saturnal.* c. 4, dans S. Bonaventure, en la *Vie de saint François*, ch. 7, et

G

GAMBESO. *Je trouvai illec prés ung gaubison d'estouppe, qui avoit esté à ung Sarrazin.* Joinville; *Observations.*] Il faut lire *gaubison*, qui est le nom de cette sorte de vétement. Un rouleau de la Chambre des Comptes de Paris de l'an 1322: *Adæ armentario 40 sol. 4 den. pro factione gambesonorum.* Un compte des baillis de France de l'an 1268: *Expensæ pro cendatis, bourra ad gambesones, tapetis*, etc. Un titre de Henry, seigneur de Suilly, de l'an 1301, pour les franchises de la ville d'Aix: *Quicumque vero 20. librarum, vel amplius habebit de mobilibus, tenebitur habere loricam, vel loricale, et capellum ferreum, et lanceam. Qui vero minus de 20 libris habebit de mobili, tenebitur habere gambesam et capellum ferreum, et lanceam.* Roger de Hoveden, en l'an 1181, use du mot de *wanbasia*, et en la p. 614 de celuy de *wanbais*. Un rouleau de la Chambre des Comptes de Paris contenant l'inventaire des biens meubles de l'execution du roy Louys Hutin, de l'an 1316: *Item une cote gamboisée de cendal blanc. Item deux tunicles, et un gamboison de bordures des armes de France. Item une couverture de gamboisons broudées des armes le roy. Item 3. paires de couvertures gamboisiées des armes le roy, et unes indes jazequenées. Item un cuisiaux gamboisez. Item unes couvertures gamboisées de France et de Navarre.* J'ay fait voir en mes *Observations sur Ville Hardouin*, n°. 88, que le gamboison estoit un vétement contrepointé, garny de bourre, ou de laines entassées, et battuës avec du vinaigre, que Pline, l. 8, ch. 48, dit resister au fer. Nicetas décrit ainsi le gambeson, en la *Vie de l'empereur Isaac*, l. 1. Cette sorte d'ouvrage est appelé *coactile*, dans Ulpian, l. 25, § 1, *D. de auro Arg.*, etc., et dans le *Gloss. Lat. Grec.*, où il est traduit par le mot de πιλωτὸν: les ouvriers y sont nommez *coactiliarii* et *lanarii coactores* dans une ancienne inscription; d'où les sçavans estiment que les termes de *feltrum* et *filtrum* dans les auteurs du moyen temps, et d'ἀφέλτετρον chez les Grecs, ont la même signification.

GUILLATOR. *Et il guncha tant que le coup ne l'ataignit mie.* Joinville; *Observations.*] Le Lusidaire:

Entre els se mit come lupars,
Sos fist guenchir de toutes pars.

Le traducteur de Guill. de Tyr, l. 20, ch. 20, traduit le mot *declinare* par celuy de *guenchir*. Voyez le *Gloss. sur Ville-Hard.*

H

HÆRETICI. *Mais doit l'omme lay, quant il oit mesdire de la foy chrestienne, defendre la chose non pas seulement de parolles, mais à bonne espée tranchant, et en frapper les mesdisans et mescreans à travers du corps, tant qu'elle y pourra entrer.* Joinville ; *Observations.*] C'estoit la pensée et la maxime de ce temps-là, qu'il faloit exterminer les heretiques par le tranchant de l'espée, et par le feu : d'où nous lisons que souvent les heretiques ont esté condamnez à estre brûlez vifs, particulierement sous le regne de saint Louys, auquel on faisoit vivement la guerre aux albigeois. Voyez ce que deux sçavants Grecs de ce siecle ont écrit sur ce sujet, Nicolaus Alamannus, *in Not. ad Procopii Hist. arcanam, p.* 55, 56, 1 edit. et Leo Allatius, lib. 2, *de Concord. utriusque Eccl.* cap. 13, n° 2. Mais Agathias, au l. 1, de son *Histoire*, tient que l'erreur en fait de religion est pardonnable, dautant, dit-il, que ceux qui embrassent des opinions erronées et heretiques s'y portent ordinairement par une ferme créance qu'ils ont que ce sont les veritables. Et Theodore Balsamon, sur le *Nomocanon* de Photius, tit. 9, ch. 25, dit qu'il ne peut concevoir comment le concile tenu à Constantinople sous le patriarcat de Michel Oxiste ait condamné les bogomiles, qui estoient des heretiques de ce temps-là, vu que jusques là on ne lit pas qu'aucun canon ait decerné peine de mort contre les heretiques. Aussi, quelques sçavans personnages se sont efforcez de monstrer, par de solides raisons, qu'il faloit reduire les heretiques plûtot par les voyes de la douceur que par celles de la rigueur. Voyez la *Preface de M. de Thou sur son Histoire*, et le traité imprimé à Magdebourg l'an 1554 qui a pour titre : *De Hæreticis, et an sint persequendi, et quomodo cum eis agendum sit, doctorum virorum Sententiæ.*

HANAPERIUM, pag. 163 [1]. *Et vous promets que je vous donneray tant, que la couppe ne sera pas mienne, mais vostre.* Joinville ; *Observations.*] L'auteur de l'édition de Poitiers explique ainsi ce passage : *Et n'espargneray mes thrésors à recompenser les merites de ceux qui auront fait leur devoir, jusques que ma couppe, en quoy je boi, ne sera pas mienne, mais vostre.* Mais je crois qu'il s'est mépris, car *coupe* en cét endroit signifie thrésor : parce que lors que les princes de ce temps-là vouloient faire des largesses à leurs sujets, ils se faisoient apporter les pieces d'or et d'argent en des couppes d'or, et les leur distribuoient, aprés que les heraus avoient crié *largesse* ; ce qui se faisoit ordinairement aux grandes festes, c'est-à-dire lors que les rois tenoient leurs *cours plenieres*, que quelques titres qualifient *Couronnées*, parce qu'ils y paroissoient la couronne en teste et avec leurs habits royaux. Cét usage des largesses est décrit fort au long par un heraud d'armes, qui vivoit sous le regne de Henry VI, roy d'Angleterre, en un traité manuscrit *De l'office des heraulds, et des poursuivans d'armes,* et par Thomas Milles, en son livre *de Nobilitate politica vel civili,* pag. 59, 72, 109, duquel nous apprenons qu'encore à présent en Angleterre on fait les criz de largesse en françois. Le *Cérémonial de France,* tom. 2, pag. 742, dit qu'à l'entrevuë des rois François Ier et Henry VIII, prés de Guines, l'an 1520, durant le festin, *Il y eut largesse criée par les roys d'armes et heraulds, ayans un grand pot d'or bien riche.* Ces couppes et ces pots estoient appellez d'un terme plus vulgaire *hanaps.* Un vieux poëte françois dans Fauchet, l. 2, ch. 14 :

> N'en vol prendre cheval, ne la mule afeltrée,
> Peliçon, vair ne gris, mantel, chape fourrée,
> Ne de buens parisis une grant henepée.

Où Fauchet explique mal ce dernier mot par *poignée :* car *henepée* en cet endroit veut dire : *un hanap plein de deniers parisis.* Et delà est arrivé qu'en Angleterre on appelloit le thrésor royal l'*hannepier,* ainsi que Spelman a observé en son *Glossaire,* non que ce terme signifie une espéce de panier où l'on mettoit l'argent, suivant sa pensée, mais parce que le thrésor du roy se distribuoit par *hannepées,* et dans des couppes, lors qu'il exerçoit ses liberalitez. Un titre du roy Richard II, dans le *Monasticum Anglic.*, tom. 1, pag. 943 : *Rex, etc. cum de gratia nostra speciali, et pro quodam fine quem Elisabeth, quæ fuit uxor....... nobis solvit in hanaperio nostro, concesserimus,* etc. Et au tom. II, pag. 2, un titre de Henry IV : *De gratia tamen nostra speciali et pro centum marcis quos prior et conventus..... nobis solverunt in hanaperio nostro, concessimus,* etc.

HOMINIUM. *Le roy manda à Paris tous les barons de France, et leur fist faire foy et hommage et jurer que loyaulté ils porteroient à ses enfans s'aucune malle chose avenoit de sa personne.* Joinville ; *Observations.*] Le roy Louys VIII, son pere, estant tombé dans une grande maladie à Montpensier, de laquelle il mourut, exigea un semblable serment des barons qui estoient alors en sa cour, comme nous apprenons des lettres de ce roy qui se lisent au *Cartulaire de Champagne* de la Chambre des Comptes de Paris, intitulé, *Liber principum : LUDOVICUS D. G. rex Francorum, universis amicis et fidelibus suis, ad quos litteræ præsentes pervenerint, salutem et dilectionem. Noverit universitas vestra quod dum nos apud Monpencier gravi valetudine corporis laborare contigisset, timentes de periculo regni post decessum nostrum, provida deliberatione, et præhabito salubri consilio, mandavimus dilectos et fideles nostros prælatos et barones, bituricensem et senonensem archiepiscopos, belvacensem, noviomensem, et carnotensem episcopos, comitem Boloniæ, comitem Montisfortis, comitem de Sacrocæsare,* et *Joannem de Nigella, eosque rogavimus adjurantes, ut jurarent coram nobis se quam citius posset, si de nobis humanitus contingeret, Ludovico, majori filio nostro, fidelitatem et homagium tamquam domino et regi bona fide facturos, et quod procurarent quod ipse, quam citius fieri posset, coronaretur in regem,* etc. *Actum apud Monpancier, an.* 1226, *mense novemb.* Il y a de semblables lettres de ces mêmes barons au *Cartulaire de Champagne* de la Bibliotheque du roy, fol. 132, lesquelles se voyent encore au Trésor des Chartres du Roy, Layette, *Meslanges,* et dont l'inventaire est inséré au I tome du *Cérémonial de France,* pag. 142. Le roy Charles VI pourvut de la même maniere à la seureté de la succession royale par ses lettres patentes, leuës publiquement à haute voix en la grande Chambre du

Parlement, le roy seant en son lit de justice (ce sont les termes des lettres), le lendemain de la feste de Noël 26 décembre 1407, en présence du roy de Sicile, des ducs de Guienne, de Berry, de Bourbon, et de Baviere, des comtes de Mortain, de Nevers, d'Alençon, de Clermont, de Vendôme, de Saint-Paul, de Tancarville, etc., du connétable, des archevesques de Sens et de Bezançon, des évesques d'Auxerre, d'Angers, d'Evreux, de Poitiers, et de Gap, du grand maitre d'hostel, et de tous les officiers des cours souveraines : par lesquelles lettres le roy déclare, et veut *que son aisné fils, et les aisnez fils, et ses successeurs en quelque petit aage qu'ils soient et puissent estre au temps de son decez et de ses successeurs soient incontinent au temps dudit decez dits, appellez, et reputez roys de France, et à iceluy royaume succédans, soient couronnez et sacrez roys incontinent aprés son decez, et de ses successeurs, ou au plustost que faire se pourra, sans qu'aucun autre, tant soit prochain du lignage, puisse entreprendre bail ou regence et gouvernement du royaume. Toutefois avenant que sondit fils fust mineur d'ans, veut que le royaume soit gouverné par les bons avis, deliberations, et conseil des reynes leurs meres, si elles vivoient, des plus prochains du lignage et sang royal qui lors seroient, et aussi par les advis et conseil des connétable et chancellier de France, et des sages hommes du conseil.* Ces lettres se trouvent en un registre de la Chambre des Comptes de Paris cotté H, contenant les chartes et les lettres de Louys, duc de Guienne, dauphin de Viennois, et dans le traitté *De la majorité des roys* de M. du Puy. Le roy saint Louys, avant son départ, laissa la regence de son royaume à la reyne Blanche de Castille, sa mere. Les lettres qu'il luy fit expedier sur ce sujet se lisent aux *Preuves des Libertez de l'Eglise Gallicane*, ch. 16, n° 12 ; joignez le ch. 15, n° 27, 28. Il y a un titre, du mois de fevrier 1249, au *Cartulaire* du priuré de Lihons en Sanglers, de l'ordre de Cluny, ch. 12, qui justifie qu'en cette qualité elle prenoit seance aux parlemens avec les barons de France : *Coram nobis cognoverunt quod judicatum fuit per veram sententiam in curia domini regis, per Blancham, reginam Franciæ, et alios barones, qui debent et possunt de jure in curia domini regis judicare, quod, etc.*

HOSTIS 2, pag. 249 [1]. *Un prebstre... alla vers les Sarrazins sa curasse vestue, son chappel de fer sur la teste et son espée soubs l'esselle.* Joinville ; *Observations.*] Anne Comnene, au l. 10 de son *Alexiade*, p. 292, reprocha aux Latins de ce que parmy eux, à peine les ecclesiastiques ont achevé de prendre les ordres de prêtrise, qu'ils endossent le harnois, s'arment de la lance et de l'épée, et vont à la guerre, ce qui est étroitement défendu chez les Grecs. Pierre Diacre, au l. 4 de la *Chronique du mont Cassin*, fait la même remarque, en introduisant un Grec parlant ainsi à un Latin : *In occidentali climate propheticum illud videmus impletum, erit ut populus, sic sacerdos, cum pontifices ad bella prodeant, ut papa vester Innocentius.* Et sans doute ce n'est pas sans sujet que les Grecs ont fait si souvent ce reproche aux Latins : veu que quoy que par tous les canons des conciles il soit défendu aux prêtres de manier les armes, et de se trouver dans les occasions de bataille, nous voyons neantmoins que souvent ils s'y sont rencontrez et ont combatu comme les autres. Ainsi nous lisons qu'E-bles, abbé de Saint-Germain-des-Prez, et Gosselin, évesque de Paris, combatirent vaillamment contre les Normans, qui avoient assiégé cette capitale de la France ; et non-seulement ils ont combatu contre les infidéles, mais encore contre les chrétiens, témoin l'évesque de Beauvais, qui à la bataille de Bovines jetta par terre d'un coup de masse le comte de Sarisbery. Gregoire de Tours, lib. 4 de son *Hist.*, ch. 43 ; l. 5, ch. 20 ; l. 8, ch. 39, et autres écrivains de nôtre histoire fournissent une infinité d'exemples de cecy, que je passe pour ne me pas engager en une matière de trop longue haleine. Je remarque seulement que le cardinal Baronius, en l'an 888, se plaint de ce que nos historiens donnent des louanges aux évesques et aux abbez qui se trouvoient dans les combats acause de leur valeur et de leur adresse, quoy qu'ils meritassent d'estre blâmez, comme personnes qui contrevenoient au devoir de leurs charges et comme violateurs des canons. Voyez l'épitre du pape Adrian à Charlemagne au tom. 3 des *Hist. de France*, p. 794, *Petr. Damian.*, l. 1, ep. 15, et le sire de Joinville pag. 78.

HUISSERIUM. *Et fut ouverte la porte de la nef pour faire entrer nos chevaulx.* Joinville ; *Observations.*] Je me suis servi de ce passage en mes *Observations sur l'Histoire de Geoffroy de Villehardouin*, n° 14, pour justifier que les navires à portes et à huis estoient delà nommées *huissieres*, *usariæ*, *useriæ* et *wisseriæ*, dans quelques auteurs latins, qui est un terme qui avoit exercé les sçavans, et particulierement Freher, qui s'estoit persuadé que ce mot estoit corrompu de celuy de *lusoriæ*, qui estoit le nom qu'on donnoit à certains vaisseaux du Danube. Philippes de Mezieres, en la *Vie de saint Pierre Thomas*, patriarche *de Constantinople*, ch. 15, n° 87, les appelle disertement *huisseria* : *Videlicet 60 navigia inter galeas, et alia navigia militum armatorum* ; et au n° 91 : *inter galeas, huisseria, ligna, naves, et alia navigia.* Ces navires sont appelées *usserii* dans le traité d'entre les Venitiens et les princes chrétiens contre les Turcs, apud Raynald, in *Annal. Eccl.*, A. 1334. n° 8 ; *visers*, dans Roger de Hoveden et Brompton, en l'an 1190 ; *uscieri*, dans Jean Villani, l. 8, c. 49 ; l. 9, c. 92 ; l. 10, c. 107 ; *usiheri*, dans Justinian en l'*Hist. de Gennes*, en l'an 1293. Guillaume, archevesque de Tyr, l. 20, c. 14, parle encore de ces *huis*, et de ces portes des palandries, ou passechevaux, en ces termes, qui autorisent puissamment ce que j'avance pour l'origine de ce mot : *Erant sane in præfato exercitu naves longæ rostratæ geminis remorum instructæ ordinibus, bellicis usibus habiliores, quæ vulgo galeæ dicuntur*, 150. *In his majores ad deportandos equos deputatæ, ostia habentes in puppibus ad inducendos educendosque eos patentia, pontibus etiam, quibus ad ingressum et exitum tam hominum quam equorum procurabatur commoditas, communitæ*, 60. Où Hugues Plagon, ancien interprete de cét auteur, a ainsi tourné ce passage, *autres nefs, que l'en claime huissiers à passer chevaux.* Non-seulement on donnoit le nom de *huissiers* à ces sortes de navires, mais encore aux fausses portes des sales et des chambres, ajustées en forme de chassis : le compte d'Estienne de la Fontaine, argentier du roy, de l'an 1350 : *Pour 10 sergettes vermeilles pour mettre aux huissières et fenestrages de la chambre du roy.*

J

JANIZARI. *De tels genz sortoit des enfants que le souldan faisoit nourrir et garder.* Joinville; *Observations.*] C'est encore la coutume des Turcs de composer leur principale milice, qui est celle des janissaires, des enfans de tribut, envoyans à cét effet de cinq ans en cinq ans des commissaires dans les provinces de leur obeïssance, pour en enlever les enfans des chrétiens, qu'ils font instruire en leur loy, et ausquels ils apprennent les exercices de la guerre. Ces soldats ainsi aguerris, ne connoissans ni leurs parens, ni leur extraction, ne reconnoissent pour pere et pour protecteur que le Grand Seigneur ; ce qui est parmy les infidéles une des principales et des meilleures maximes de leur politique, quoy que contraire à la loy de la nature. Voyez sur ce sujet Guillaume de Tyr, l. 13, ch. 23 ; Aython, ch. 50 ; Sanudo, l. 1, part. 3, ch. 2 ; l. 2, part. 2, c. 6 ; Pachymeres, en son *Hist.* manuscrite, l. 3, c. 3 ; Jean Leon, en sa *Descript. d'Afrique,* l. 9, p. 275 ; et particulierement le *Discours et les remarques* de M. de Breves, ambassadeur pour le roy en Turquie, au traité qu'il a fait *Des moyens asseurez de ruiner le Turc.*

IGNIS GRÆCUS. *Par quel engin (la perriére) itz nous gettoient le feu gregois à planté.* Joinville; *Observations.*] Baldric, l. 3 de l'*Histoire de Hierusalem,* p. 125 : *Ignem quem græcum vocant, in machinam jacere.* Πῦρ ῥωμαϊκόν, dans Theophanes : *ignis romaicus,* dans Paul Diacre, l. 21 *Historiæ Miscellæ,* ce feu estant ainsi appellé acause qu'il fut inventé premierement chez les Grecs, par Callinique, architecte, natif d'Heliopolis, ville de Syrie, sous Constantin le Barbu, ainsi que le même Theophanes a écrit : et aussi parce que les Grecs furent longtemps les seuls d'entre tous les peuples qui en conservérent l'usage, lequel ils ne communiquérent que rarement à quelques-uns de leurs alliez, ainsi que j'ay remarqué en mes *Observations sur l'Histoire de Ville-Hardouin,* n° 113. Anne Comnene dit que ce feu estoit composé de poix, et autres gommes qui se tirent des arbres, meslé avec du souifre, et le tout broyé ensemble. Abbon, au l. 1 *Des Guerres de Paris,* en a aussi donné la composition en ces vers :

> Addit eis oleum, ceramque, picemque ministrans,
> Mixta simul liquefacta foco ferventia valde,
> Quæ Danis cervice comas uruntque trahuntque.

L'auteur de l'*Histoire de Hierusalem,* p. 1167, met aussi de l'huile dans cette composition ; du moins il la nomme *oleum incendiarium, quod ignem græcum vocant ;* et c'est peut-estre la naphte, que Procope, au l. 4 *de la Guerre des Goths,* chap. 11, dit que les Grecs appelloient Μηδείας ἔλαιον, et les Medes, la naphte : d'où Lambec, en ses *Observations sur Codin,* estime qu'il faut corriger Μηδείας ἔλαιον, l'huile de Medie, et que c'est pour cela que les mêmes Grecs ont donné le nom à ce feu artificiel de Μηδείων πῦρ, qui se rencontre dans *Cinnamus,* pag. 308, et le même *Codin,* p. 7, de l'édition royale. Quoy qu'il y en ait d'autres qui veulent que la naphte fust nommée Μηδείας ἔλαιον ou πῦρ, parce que Medée, au recit de Pline l. 2, ch. 105, brûla l'épouse de Jason avec ce feu. Tant y a que Procope, au lieu cité, nous apprend qu'en la composition de ces feux artificiels on y méloit la naphte avec le souffre et le bitume. Jacques de Vitry, l. 3, ch. 84, dit qu'en certaines contrées de l'Orient il y a une fontaine, *ex cujus aquis ignis græcus efficitur, quibusdam aliis admixtis, qui postquam vehementer fuerit accensus, vix aut nunquam potest extingui, nisi aceto et hominum urina, et sabulo.* Adam de Breme, ch. 66. rapporte quelque chose de semblable d'un lieu du Nort, qu'il nomme *olla Vulcani, quam incolæ græcum vocant ignem.* Vanoccio Biringuccio, au l. 10 de sa *Pyrotechnie,* ch. 9, a décrit toutes les matieres qui entrent en la composition des feux artificiels desquels les Grecs se servoient particulierement pour brûler les vaisseaux ennemis, d'où Theophanes, p. 295, appelle le feu πῦρ θαλάσσιον, et en la p. 352, πῦρ ὑγρόν, *feu de mer, feu liquide.* Or ils se servoient de ce feu sur la mer en deux façons : La premiere estoit dans les brûlots qu'ils emplissoient de ce feu, et qu'ils faisoient voguer dans les armées navales des ennemis, qu'ils embrasoient en cette maniere. Ces brûlots sont nommez par le même Theophanes, p. 294 et 352, νακαθοπυρφόρος, c'est-à-dire navires à feu ; et j'ay fait voir ailleurs que les Grecs se servoient particulierement pour cét usage de cette sorte de vaisseaux qu'ils nommoient χελάνδια, d'où nous avons emprunté le mot de *chaland,* qui est le nom que l'on donne aux bâteaux qui sont sur les riviéres de Seine et de Loire, et d'où aussi les Parisiens ont nommé *pain chaland* celuy qui leur est amené dans ces bâteaux. Ce n'est pas que l'usage des brûlots ne fust avant l'empire de Constantin le Barbu : car Theophanes, p. 100, nous apprend que sous celuy de Leon le Grand, Genseric, roy d'Afrique, brûla avec des vaisseaux qu'il remplit de bois et de matieres seiches, qu'il laissa voguer au gré du vent, toute l'armée navale des Grecs ; ce qui sert à justifier le P. Mambrun, en son *Constantin,* que l'on avoit blâmé d'avoir établi l'usage des brûlots dès le regne de cét empereur : à quoy il a répondu en sa *Préface* de l'édition de l'an 1639. Nous avons d'autres exemples de ces brûlots en l'*Histoire* de Theophanes, p. 294, 331, 352 ; dans Abbon, p. 503 ; et autres auteurs. L'autre usage des feux artificiels sur la mer estoit dans les navires de course, qu'ils nommoient δρόμονες, mettans sur la prouë de grans tuyaux de cuivre, avec lesquels ils souffloient ce feu dans les vaisseaux des ennemis. L'empereur Leon, en ses *Tactiques,* ch 19, n° 6, en parle ainsi : Ἐχέτω δὲ πάντως τὸν σίφωνα κατὰ τὴν πρώραν ἔμπροσθεν χαλκῷ ἠμφιεσμένον, ὡς ἔθος, διὰ τοῦτο ἐσκευασμένον πῦρ κατὰ τῶν ἐναντίων ἀκοντίζειν. Il en parle encore aux n°ˢ. 46 et 52 ; d'où nous apprenons que ce sont ces navires qui sont appellés par Theophanes, p. 294, δρόμονες σιφωνοφόροι. Quant à l'usage du feu gregeois dans les batailles sur terre, il n'est different : car il y avoit des soldats qui avec des tuyaux de cuivre le souffloient dans les armées ennemies. C'est ce qu'Anne Comnene au l. 13 de son *Alexiade,* exprime en ces termes : Τοῦτο (τὸ πῦρ) μετὰ θείου τριβόμενον ἐμβάλλεται εἰς αὐλίσκους καλάμων, καὶ ἐμφυσᾶται παρὰ τοῦ παίζοντος λαβρῷ καὶ συνεχεῖ πνεύματι · κἶθ' οὕτως ὁμιλεῖ τῷ πρὸς ἄκρον πυρί, καὶ λάπτεται. Quelquefois on jettoit des épieux de fer, aigus, environnez d'huile, de poix, d'étouppes, etc., avec lesquels on brûloit les machines, dont nous avons des exemples dans Albert d'Aix, l. 7, ch. 3 et 5, et dans une lettre au sujet de la prise de Damiette, qui se lit aux *Additions sur Mathieu Paris*, p. 108. Joinville en parle ailleurs : *Et commencérent à tirer à nous grant foison de piles avec feu gregois*. Quelquefois on jettoit du feu dans des fioles et des pots, comme il se recueille de cette lettre, et du même Albert d'Aix, l. 10, ch. 4, et de Leon, en ses *Tactiques*, ch. 19. n° 55. Enfin on le jettoit avec des perrières et des arbaletes à tour, ainsi que le sire de Joinville nous enseigne en cét endroit. Albert d'Aix, l. 7, ch. 5 remarque que *hujus ignis genus aqua erat inextinguibile*. Mais il y avoit d'autres matières avec lesquelles on l'éteignoit ; sçavoir, le vinaigre et le sable. Mathieu Paris, en l'an 1219 : *Nam ignis græcus, de turri eminus projectus, fulminis instar veniens, pavorem non minimum fidelibus incussit ; sed per liquorem acetosum et sabulum et cætera extinctoria, est subventum*. L'Histoire de Hierusalem : *Ignis iste pernicioso fœtore, flammisque livientibus silices et ferrum consumit ; et cum aquis vinci nequeat, arena respersus comprimitur, aceto perfusus sedatur*. Jacques de Vitry, l. 3, ch. 84, y ajoûte l'urine, et Cinnamus, au lieu cité, écrit que souvent on couvroit les navires de draps trempez dans du vinaigre pour s'en garantir. Je passe en cét endroit les autres remarques que j'ay faites au sujet du feu gregois en mes *Observations sur Ville-Hardouin*.

JOCUS PARTITUS. *Un chevalier qui fut prins au bordel, auquel on partit un jeu, ou que la ribalde*, Joinville ; *Observations*] C'est-à-dire qu'on donna l'alternative. Le *Roman de Garin :*

Mauvésement nos est li jeus partis.

L'*Ordéne de chevalerie* de Hues de Tabarie :

Li Princes Hues respondi,
Puisque m'avés le giu parti,
Je prendrai donc le raiembre,
Se j'ai de quoi jel puisse rendre.

Raoul de Houdanc, au *Roman de Meraugis de Portesguez :*

Un giu vous part, que volés faire,
Se volés miex tancer que taire.

Voyez Fauchet, l. 2, de Poëtes Fr. ch. 107.

JURAMENTUM INHONESTUM, pag. 462 [4]. *Tous ceulx qu'il povoit actaindre d'avoir fait aucun villain serement... il les faisoit griefvement pugnir*. Joinville ; *Observations*.] Guill. de Nangis, p. 364, et Geoffroy de Beaulieu, ch. 32, appellent ce vilain serment *inhonestum juramentum*. Les *Statuts* manuscrits *de l'Ordre de la Couronne d'Epines*, dressez par un celestin sous le regne de Charles VI : *Celui qui tant seulement jure le vilain serment*, etc. Voyez l'*Indice de Rageau*. Cette grande rigueur de saint Louys envers les blasphemateurs ne fut pas approuvée par le pape Clement IV, qui lui adressa une bulle, qui est au Trésor des Chartes du Roy, layette *Contre les blasphemateurs*, tit. 1, et 2, donnée à Viterbe le douziéme de juillet l'an quatriéme de son pontificat, par laquelle, aprés s'estre plaint du grand nombre de blasphemateurs qui sont en France, il le prie de vouloir établir des peines temporelles contre eux, sans toutefois user de mutilation de membres, ni de peine de mort, n'entendant pas exclure la censure canonique, ni faire préjudice à la constitution du pape Gregoire son prédecesseur : *Sed auxilio mutuo utriusque gladium credimus adjuvandum, et ut spiritualis manualem dirigat, et manualis spiritualem fulciat et sustentet*. Et par la bulle de même datte qu'il addressa au roy de Navarre, comte de Champagne, il l'exhorte de reprimer les desordres qui se commettoient journellement dans les blasphémes : ne lui conseillant pas toutefois d'imiter le roy de France, pour les peines qu'il avoit ordonnées contre les blasphemateurs, en ces termes : *Sed fatemur quod in pœnis ejusmodi tam acerbis, eorumdem vestigiis charissimum in Christo filium nostrum regem Francorum illustrem non deceat inhærere, sed aliæ poterunt reperiri citra membri mutilationem et mortem, quæ a dictis blasphemiis temerarios homines poterunt cohibere. Quocirca serenitatem tuam monendam duximus et hortandam, quatenus tuam reputans tui redemptoris injuriam, prædicto regi Francorum consulas et suadeas, quod ad regnum suum ab hac tabe purgandum salubriter statuat de suorum consilio procerum quod ad Dei honorem et gloriam viderit statuendum. Dat. Viterbii* 11. *Id. Aug. Pontif. nostri A*. IV. Cette épître est au *Cartulaire de Champagne* de la Bibliotheque du roy, f° 64. Il est probable que ce fut ensuite des remontrances du pape que le roy saint Louys changea les peines du corps contre les blasphemateurs en peines pecuniaires, par une ordonnance qui se lit au 40° registre du *Trésor des Chartes du roy*, f° 54. [*Ordonnances des rois de France*, tom. 1, pag. 99.] Voyez les *Constitutions de Clement III* et *de Gregoire IX*, aux Decretales, tit. *de Maledicis*. L'on n'a pas laissé toutefois d'ordonner encore depuis le regne de saint Louys des peines corporelles contre les blasphemateurs, particulierement dans les cas où les peines pecuniaires n'ont pû arrêter le cours des blasphemes. Et sans aller rechercher les ordonnances des rois subsequens, je me contenteray de rapporter les termes d'une de Jean II, duc de Bourbonnois et d'Auvergne, donnée au château de Molins, le penultiéme jour de fevrier l'an 1474, par laquelle ce prince, voulant éteindre et abolir les blasphemes dans ses Etats, ordonna que ceux qui en seroient atteints et convaincus, *paieroient pour la premiére fois la somme de cinq sols tournois, et une livre de cire à l'eglise du lieu qui, par reparations ou autrement, en aura mieux besoin : et pour la seconde fois doublant la dite peine, c'est à sçavoir dix sols et deux livres de cire ; et pour la tierce fois d'estre mis et lié au pilier, et si pour la quartefois il y renchoit, ordonne l'oreille estre attachée audit pilier, et s'il y renchoit jusqu'à la cinquième fois, veut que la langue lui soit percée d'un fer chaud à plein jour de marché, et, s'il persiste, il ordonne le bannissement perpetuel de ses Estats*. Il se voit une ordonnance de Richard, roy des Romains, donnée à Soleurre, au mois de juillet l'an 1257, qui ordonne des peines contre les blasphemateurs, suivant la qualité de leurs blasphemes, mêmes de mort : *Si quis data industria et deliberato animo per Dei nomen, potentiam, misericordiam, baptismum, sacramentum, martyrium, passionem, vulnera, virtutem, et similes sermones blasphemos juraverit, in primis ut damnatæ blasphemiæ delictum inter publica crimina numeretur, deinde in ipsum reum ultionis gladio animadvertatur. Si quis vero ex ira aut prava consuetudine deliquerit, quoties dejerasse aut blasphemasse auditus* fuerit, toties pro unoquoque blasphemo dicto vel juramento, singulos solidos judici, in cujus districtu crimen commisisse deprehensus fuerit, toties pro unoquoque blasphemo culpabilis judicetur (nisi tamen ita graviter blasphemasse convincatur, quod morte dignus existimetur), decernimus, ut secundum criminis circumstantias pro judicis arbitrio atrocius in corpore et vita puniatur.*

L

LIENTERIA. *Le roi, qui avoit la maladie de l'ost et la menoison comme les autres.* Joinville; *Observations.*] Le *Lapidaire* manuscrit, au chap. *Des émathystes. Ele oste morte char de plaie, et eslanche menisoun.*

M

MALUS. *Jamais ne lui ouy nommer ne appeller le deable, si n'avoit esté en aucun livre, là où il le faillist nommer par exemple.* Joinville; *Observations.*] Nos premiers chrétiens eurent le diable en telle horreur, comme estant l'ennemy du genre humain et de bonnes ames qui servent Dieu, qu'ils faisoient mesmes scrupule de le nommer: c'est pour cela que nous lisons que les Peres de l'Eglise ont affecté de le qualifier du nom de *Mauvais*, en le nommant simplement *Malus*, comme Tertullien, lib. *de Pœnitentia*, c. 5 ; lib. *de Patient.*, c. 11, 14 ; *de Cultu fœmin.* 2, 5 ; l. 2, *ad Uxor.* c. 6 ; saint Cyprian, *de Orat. Dom.*, c. 10 ; saint Paulin, *epist.* 4. *ad Sever. Natali* 4, 5 et 7 ; d'où vient que plusieurs estiment qu'il est entendu sous ce nom en l'*Oraison Dominicale* : *Sed libera nos a malo.* C'est la pensée de saint Jean Chrysostome, d'Euthymius, de Theophylacte, d'Origene sur cette oraison, et autres. Nos poëtes françois le nomment presque toujours *Maufez*, parce qu'il fait le mal, et qu'il en est auteur, ou parce qu'il est difforme, et mal-fait, d'où nous avons formé le mot de *mauvais*, qui est à present en usage. Le *Roman de Garin*:

Mult sçait de guerre, maufez li ont appris.

Guillaume Guiart en l'an 1302 :

Vilains braient comme maufez, etc.

MISELLI. *Estre mezeau et ladre.* Joinville; *Observations.*] Ces deux mots sont synonymes, et signifient les lepreux, dont le nombre estoit grand alors, et particulierement en la Terre Sainte. Nangis, en la *Vie de Dagobert*: *Leens estoit demouré un mezel, qui s'étoit bouté et mussié en un anglet.* Philippes de Beaumanoir, ch. 62 : *Quant mesiax appelle home saint, ou quant li homs sain appelle un mesel, li mesiax pot mettre en defence, qu'il est hors de la loy mondaine.* La *Vieille coûtume de Normandie*, manuscrite : *Li mezel ne poent estre hiers à nullai, partant que la maladie soit apparoissante communément, mais ils tendront leur vie l'eritage que il avoient ains qu'il fussent mezel.* Les *Assises de Hierusalem*, ch. 128 : *Qui se vaut clamer par l'assise d'esclaf, ou d'esclave,* *qui ait acheté, qui soit mesel, ou meselle, ou que il chiet de mauvais mau.* Le Reclus de Moliens :

Que tes oreilles estoupas
Au mesel pauvre pelerin
Lazaron, sans qui tu soupas.

Les Italiens se servent du mot de *miselle*, et entre autres, Jean Villani, l. 8, c. 108. Les auteurs latins les nomment aussi *miselli*. Mathieu Paris, en l'an 1254 : *Ecclesiæ Sancti-Juliani, ubi miselli, et ecclesiæ Sanctæ-Mariæ de Pratis, ubi misellæ vix habent vitæ necessaria. Miselli de Meleduno*, en un titre de l'an 1165, dans les *Mélanges hist.* du père Labbe. Voyez la *Vie de saint Cler*, abbé de Vienne, dans *Bolandus*, ch. 3, n. 6, d'où il paroist assez que le terme a esté pris du latin *misellus*, miserable. Les hospitaux où ces mezeaux se retiroient sont appellez *misellariæ* dans les anciennes chartes. Une de l'an 1245, au reg. des *Comptes de Tolose* de la Chambre des Comptes de Paris, fol. 45 : *Concessit Gathardæ de Mets et Bertrando de Miravel, leprosis, et omnibus fratribus et sororibus, domus misellariæ portæ Narbonensis, etc.* Voyez les *Memoires de Languedoc* de Catel, p. 262. Le mal de lepre est aussi designé par le même terme. Le Glossaire Latino-François : *Lepra, elephantia : mesellerie.* Le *Pelerinage de l'humaine lignée* :

Hons, ne set bien discerner
Entre santé et maladie,
Entre le grant mesellerie,
Entre le moienne et le menre, etc.

MISSA NAVALIS, pag. 418 [2]. *Et se alla getter en croix devant le corps precieux de Nostre-Seigneur*, Joinville ; *Observations.*] Godefroy de Beaulieu, ch. 29, écrit que le roy saint Louys, estant obligé de se mettre en mer pour retourner de la Terre Sainte en France : *Ex devotione sua fecit poni in navi corpus Domini J. C. pro communicandis infirmis, ac pro se ipso et suis, quando sibi expediens videretur, et quia alii peregrini quantumcumque magni hoc facere non solebant, obtinuit super hoc a domino legato licentiam specialem. Hunc autem sacrum thesaurum in loco navis dignissimo et convenientissimo fecit poni, et pretiosum tabernaculum ibi erigi, pannisque sericis et aureis operiri*, etc. Nostre auteur, en la pag. 112, remarque encore la même chose au sujet du corps de Notre-Seigneur qui estoit dans le vaisseau de saint Louys. Il est neantmoins constant qu'avant ce temps-là les fidèles qui se mettoient en mer avoient coutume de porter avec eux la sainte Eucharistie. Saint Ambroise, lib. *de obitu Satyri fratris*: *Qui priusquam perfectioribus esset initiatus mysteriis, in naufragio constitutus, cum ea qua veheretur navis, scopuloso illisa vado, et urgentibus hinc atque inde fluctibus, solveretur, non mortem metuens, sed ne vacuus mysterii exiret e vita, quos initiatos esse cognoverat, ab his divinum illud fidelium Sacramentum poposcit, non ut curiosos oculos inferret arcanis, sed ut fidei suæ consequeretur auxilia.* Saint Gregoire témoigne la même chose, l. 3, *Dial*, c. 36, et Mathieu Paris, en l'an 1247, écrit qu'un cardinal legat du pape en Angleterre, *cum navem ascensurus esset, ... jussit cuidam fratri de Ordine Prædicatorum in ipsa missam celebrare, quod et factum est, non sine multorum, qui hoc non præviderant, admiratione.*

N

NACARA, 1. *Le tumulte qu'ilz menoient avecques leurs cors et naccaires.* Joinville; *Observations.*] Les Italiens disent *nacara* et *gnacara*. Philippo Venuto dit que c'est un *stromento musico, col quale i fanciulli cantano il san Martino*. Piétro de la Valle, dans ses *Voyages*, ep. 6, écrit que l'on appelle ainsi une espece de tambour, qui est en usage parmi la cavalerie alemande, que nous appellons vulgairement *tymbales*. Jean d'Orronville, en l'*Histoire de Louys, duc de Bourbon*, ch. 76, attribue pareillement les nacaires aux Sarazins d'Afrique : *Le roy de Thunes, le roy de Tramesson, et le roy de Belgie* (Bugie) *vindrent devant Afrique en leurs conrois, selon leur coustume, à tout leurs naguéres, tabours, cymbales, freteaux et glais*. Et l'auteur de la *Vie de Louys VII*, ch. 8. les attribue aussi aux Turcs : *Tympanis et nucariis et aliis similibus instrumentis resonabant*, où l'imprimé porte mal *macariis*. L'édition de Poitiers a aussi le mot de macaires, p. 31. Nos François emprunterent ensuite cét instrument des infidéles, et s'en servirent dans leurs guerres. La *Chronique de Bertrand du Guesclin* :

> Naquaires et buisines y pouvoit on oïr.

Et Sanudo, l. 2, part. 4, ch. 20, 21 : *Sint quatuor tubatores, tibicines, tibiatores, et qui sciant pulsare nacharas, tympana seu tamburla*. Un rôlle de la Chambre des Comptes de Paris, qui a pour titre, *Les personnes qui sunt du mesnage Mons. de Poitiers : Ce sont les menestrels de Mons. de Poitiers*. Raoulin de Saint-Verain, menestre du cor sarazinois. *Andrieu et Bernart trompeurs, Pariset de nacaires, Bernart de la tempeste*. Guillaume Guiart nomme ces instruments *Anacaires*, en l'an 1214 :

> Tabours, trompes, et anacaires,
> En tant de lieu çà et là sonnent,
> Que toute la contrée estonnent.

Et plus bas :

> Lors oıssiés tentir buisines
> A grant paine et à labours,
> Cors, anacaires et tabours.

Les Grecs recens usent aussi du mot d'ἀνάκαρα, d'où ils ont formé celuy d'ἀνακαρισταί, *joueurs de nacaires*, dont Nicetas, en la *Vie de Manuel*, l. 5, en celle d'*Isâc*, l. 1, et Codin se servent. Le roman manuscrit de *Belissaire*, écrit en langue grecque vulgaire : Παίζουν τρουμπέτες, ὄργανα, τουπάκια, ἀνακάραδες. Le vieux *Dictionnaire Latin-François* donné au public par le père Labe en ses *Etymologies françoises*, traduit le mot de *tinctitare*, par *jouer des naquaires* : ou *tincitare* est notre *tinter* ; ailleurs, *tarantarizare* : *tromper, ou naguairer, c'est jouer de nagaires*.

P

PAGANISMUS, pag. 90 [2]. *Ce souldan estoit le plus puissant roy de toute paienie.* Joinville ; *Observations.*] *Paganismus*, terres des payens, comme *Christianismus*, terres des chrétiens dans les auteurs latins du moyen temps. Le *Roman de Garin le Loheran*, manuscrit :

> De paienie amenrons paiens tant.

L'Ordène de Chevalerie, manuscrit :

> Dont a Hué le congié pris,
> C'aler s'en veut en paienie.

La *Chronique* manuscrite *de Bertrand du Guesclin* :

> Se un tel estoit roy au païs de Surie,
> Et de Jerusalem, de Thebo, et d'Angourie,
> Dessous luy soûmettroit toute paienie.

Je parleray du mot de *paganismus* en mon *Glossaire Latin*.

PRESBYTER JOANNES, p. 488 [2]. *Le peuple des Tartarins qui estoient subgetz à Prebstre-Jehan d'une part et à l'empereur de Perse d'autre part.* Joinville : *Observations.*] C'est une vieille erreur, qui est à présent dissipée, que l'empire du Prétre-Jean est le royaume des Abyssins en Afrique. Ce seul passage du sire de Joinville suffit pour la détruire, faisant assez voir que le royaume du Prétre-Jean estoit en Asie, et le même que celuy des Indes ; ce qui est confirmé clairement dans un épitre du pape Alexandre III, qui se lit dans Raoul de Dicet, Mathieu Paris, et Brompton en l'an 1180 et 1181, et une autre lettre d'un prieur de l'ordre des freres prècheurs, dans le même Mathieu Paris, en l'an 1237, pag. 301. Guillaume de Tripoli, dans Gerard Mercator, raconte qu'au temps de la prise d'Antioche par les François, l'an 1098, Coirem Cham estoit seigneur ou roy des regions orientales de l'Asie : après la mort duquel un certain prêtre nestorien s'empara de ce royaume, et fut nommé Prétre-Jean. Alberic, en l'an 1145, a parlé de luy amplement, et dit qu'on tenoit qu'il estoit de la race des mages, dont il est parlé dans l'Evangile : peut-estre a-t-il avancé cette opinion sur ce qu'il avoit leû qu'il commandoit aux pays que l'Ecriture sainte nomme Gog et Magog. Et en l'an 1165, il dit que ce prince envoya ses ambassadeurs aux empereurs Manuel et Frederic. Il en parle encore en l'an 1170. A celuy-cy succéda son frère Wlh Cham, qui fut défait par Chingis, Cham, ou roy des Tartares, avant l'an 1200, ainsi que Paolo Veneto raconte, au l. 1, ch 51 et 52. Ce roy des Indes, selon Vincent de Beauvais, l. 30, ch. 69 et 87 ; l. 32, chap. 40 et 93 ; et Sanudo, l. 3, part. 13, ch. 4, se nommoit David, et estoit fils du Prétre-Jean. Alberic en fait mention en l'an 1220 et 1222. Le méme auteur en l'an 1197, et Paolo Veneto, l. 1, ch. 74. ajoûtent que les Tartares ayant subjugué le royaume des Indes, et tué le roy, y en établirent un autre, qui estoit de la race que du Prétre-Jean, auquel ils imposèrent tribut. Voyez le méme Paolo, l. 2, ch. 30 et 32. Ce roy estoit chrétien, ainsi que Vincent de Beauvais témoigne formellement en l. 32, ch. 92 et 93, écrivant encore que Chingis Cham prit sa fille en mariage ; ce que Thomas de Cantimpré et Sanudo disent formellement. Et mémes nos anciens héraux donnent pour armes au Prétre-Jean un écu *d'or au crucifix d'azur, à coste de deux escorgées de mêmes*. Il y a quelques auteurs qui ne demeurent pas d'accord que ce prince, qui a donné le nom et l'origine à ces rois des Indes, ait esté prêtre ; et estiment que cette erreur s'est glissée acause qu'ils se faisoient nommer en langue persienne Prestegiani, qui veut dire en latin *Apostolicus*, ou un roy chrétien et orthodoxe, qu'en cette qualité il faisait porter devant soy, comme les archevesques et les primats, une croix, par laquelle il vouloit faire voir à ses peuples qu'il estoit le défenseur et le protecteur de la religion chrétienne : c'est la pensée de Joseph Scaliger, lib. 7 *de Emendat. tempor.*, et de quelques autres. Mais il n'est pas bien constant quelles furent les provinces de l'Asie que ces princes possedérent, dont l'étendue fut telle, qu'on dit que ce premier Prétre-Jean subjugua et rendit tributaires septante-deux rois. Le pere Kirker estime qu'il commandoit à ces vastes pays du Catay, et nous apprend que le premier qui a introduit dans l'Europe cette fausse opinion, touchant le nom du Prétre-Jean, qu'on donne au roy des Abyssins, a esté Pierre Covillon, qui fut envoyé en ambassade vers ce roy par Jean II, roy de Portugal, lequel ayant appris que le Prétre-Jean estoit un prince chrétien, et des plus puissans, creût qu'on appelloit ainsi le roy des Abyssins, parce qu'il estoit pareillement puissant, et faisoit aussi profession de la religion chrétienne.

PROBUS, 1. *Dieu le vueille faire preuhomme et preudomme.* Joinville ; *Observations.*] Saint Louys mettoit la différence entre *preuhomme*, et *preudhomme*, en ce que le preuhomme estoit un homme preux, c'est à dire vaillant et hardy de sa personne ; et preudhomme, un homme prude ou prudent, de bonne conscience, et craignant Dieu. Les mots de *preu* et de *preuhomme* tirent leur origine du latin *probus*, qui dans les auteurs du moyen temps signifie un homme vaillant, d'où les François ont formé le mot de *preux*. Saxon le Grammairien, au l. 2 de son *Hist. de Danemarc* : *Assit eidem, ut probus est quisque, procul hinc procul este fugaces.* Un ancien epitaphe dans les *Antiq. de Bezançon* de Chifflet :

Hic Renaude jaces, vir amabilis, et probe miles.

Ainsi le mot de *probitas* se trouve employé pour le courage et la valeur dans Gauterius Cancell. *de Bellis Antioch.*, pag. 444. Roderic, archevêque de Toledo, en son *Hist. d'Espagne*, l. 2, ch. 14, et dans cét extrait d'un *Decret du conseil de Sienne* publié par Christophe Forstner : *Quod Marisicalco et militibus theutonicis pro remuneratione probitatis, quam fecerunt heri contra inimicos communis Senensis, debeant donari et dari de pecunia communis v. libræ denariorum Senensium.* Et de ce mot nous avons formé celuy de *prouësse*, les Espagnols *prozza*, et les Italiens *prodezza*. Saint Louys donc s'est arrêté à la signification que ce mot avoit de son temps, ou plûtôt regardé à la maniere qu'il se prononçoit.

PULLANI, 2. *Et sachez que l'on appelle les païsans de celte terre poulains.* Joinville ; *Observations.*] L'Auteur de la *Vie de Louys le Gros* explique la force de ce mot au ch. 24 : *Pullani dicuntur qui de patre Syriano et matre Francigena generantur.* A quoy se rapporte ce que Sanudo, l. 3, part. 8, ch. 2, dit sur le même sujet : *Illustrium virorum qui ad Terræ Sanctæ tuitionem, perfectamque illius de jugo servitutis liberationem in ipsa manserunt, degeneres filii, qui ab illis descenderunt, ut rubigo de argento, amurca de oleo, fex de vino, possessionum illorum successores,* *non morum, Pulani vocantur.* Jacques de Vitry, l. 1, ch. 67, parle encore de ces poulains, et dit qu'ils furent ainsi nommez parce qu'ils estoient originaires de la Pouille : *Pullani dicuntur qui post Terræ Sanctæ liberationem ex ea oriundi exstiterunt ; vel quia recentes, et quasi novi pulli, respectu Surianorum reputati sunt ; vel quia principaliter de gente Apuliæ matres secundum carnem habuerunt. Cum enim in Occidentali principum exercitu paucas mulieres, respectu virorum, adduxissent nostri, qui in Terra Sancta remanserunt, de regno Apuliæ, eo quod propius esset aliis regionibus, vocantes mulieres, cum eis matrimonia contraxerunt.* Voyez le méme auteur au ch. 72. Il est encore probable que nos François donnerent ce nom à ceux qui estoient sortis de ces conjonctions irregulieres, acause qu'ils ressembloient à ces jeunes poulains échappez qu'on ne peut arrêter, *Illustrium virorum degeneres filii*, ainsi que Sanudo écrit. Le sire de Joinville dit que l'on appelloit ainsi les paysans de la Terre Sainte, et que ce terme passoit pour une injure en son temps : ce qui est confirmé par ces vers du *Roman de Garin le Loherans* :

Quant li gloton lecheor de pulin
Ma terre gastent, mes homes m'ont ocis.

Ailleurs :

Dex, dit Fromond, con puis enragier vis,
Par trois garçons lecheor de pulin,
Que l'empereres me tient en si por vil.

La *Chronique* manuscrite *de Bertrand du Guesclin* se sert souvent aussi de ce mot pour injure, et pour un terme de mépris :

Là peut-on voir maint Sarazin pulant, etc.
Un autre chevalier à Henry le pulant, etc.
En un sac fu boutés rois Pietre le pulant.

Le sire de Joinville parle en quelque endroit d'un lieu de la Terre Sainte appellé *Passepoulain*, qui probablement a tiré son appellation des Poulains. Tandis que les François possedoient l'empire de Constantinople, on appelloit Gasmoules (Γασμοῦλοι) ceux qui estoient nez d'un François et d'une femme grecque, ou, pour user des termes de Pachymeres, en son *Hist.* manuscrite, l. 4, cb. 25, δίγενεῖς, καὶ Ῥωμαίων γυναικῶν γεννηθέντες τοῖς Ἰταλοῖς. Je me persuade que nos François les nommérent, non *Gasmoules*, mais *Gastemoules*, par forme de dérision, comme ils les enfans issus de ces mariages, qui leur sembloient irreguliers, acause de la différence des nations, et mêmes des créances, avoient en quelque façon gâté et souillé le ventre de leurs meres, qui est le moule où se forment les enfans. Ainsi dans Antioche ceux qui estoient issus de peres armeniens, ou grecs, habitans d'Antioche, et de meres turques estoient appellez *Turcati* : les Turcs, peu avant que cette place vinst en la puissance des François, ayant donné des femmes de leur nation aux habitans d'Antioche, qui en manquoient, ainsi que nous apprenons de Raymond d'Agiles.

R

RECREDITI 58 [3]. *J'amais mieulx estre poulain que chevalier recréu comme ilz estoient.* Joinville ;

Observations.] C'est-à dire, qui se confessoit vaincu : c'est la force de ce mot *recreu*, qui est tiré de l'usage des duels. Car quand l'un des combatans se voyoit terrassé par son ennemy, et qu'il reconnoissoit ne pouvoir plus combattre, il luy avouoit qu'il estoit *recreant*, ou *recreu*, c'est-à-dire qu'il n'en pouvoit plus, et confessoit qu'il estoit vaincu. Les *Assises* manuscrites *du royaume de Hierusalem*, aux endroits où il est parlé des gages de bataille, introduisent l'appellant, ou le défendeur, disans ces paroles devant le juge : *Je suis pret de le prouver de mon cors contre le sien, et le rendray mort ou recreant en un oure dou jour, et veez cy mon gage,* etc. Les usages manuscrits de la cité d'Amiens, parlans du champion : *Et prendra l'avoué par le puing destre, et l'en levera comme parjures et desloial, et par son cors ou par ses armes qui presente en present tel le fera ou mort, ou recreant le rendera en une heure du jour.* Les mêmes *Assises*, ch. 94, au sujet du duel pour cause de meurtre : *Les gardes dou champ se doivent traire cele part, et estre plus prés que il porront de yaus, si que l'un dit le mot dou recreant, que il puissent ouir, et se il le dit, et il l'oient, il doivent maintenant dire à l'autre, laissés, assés avés fait, et maintenant celui prendre, et livrer au commandement dou seignor, et le seignor le doit maintenant de là faire trainer jusques as fourches, et pendre le par le goule, et de celui qui aura esté occis, tout n'ait il dit le mot, recreant.* De sorte que le sire de Joinville repoussoit en cette occasion l'injure par l'injure ; et comme on le traitoit de poulain, il appelloit ces seigneurs *chevaliers recrûs*, c'est-à-dire coûarts et lâches. Les mêmes *Assises*, ch. 190 : *Et se un homme qui a flé, qui soit conneu à vil, recreant, coüart, ou que il soil bossu,* etc. Robert de Bourron, en son *Roman de Merlin*, manuscrit : *Car aprés chou que je mesmes recognoistroie ma recreandise, n'aurois jou jamais honnour : et certes miex vaurroie jou morir cent fois, si cent fois poioie morir, que une seule fois dire à faire chose qui tornast à recreandise.* La *Charte de la commune d'Amiens* de l'an 1209 : *Qui juratum suum recreditum, traditorem, willot, id est coup, appellaverit, 20 sol. persolvet.*

RICI HOMINES. *Mon frere de Vauquelour et tous les riches homs du païs.* Joinville ; *Observations.*] Nostre auteur se sert encore de cette façon de parler en d'autres endroits de son *Histoire* pour désigner les barons et les grands seigneurs d'un pays, à l'imitation des Espagnols, qui divisent leur noblesse en trois ordres, des *ricos ombres*, des *cavalleros*, et des *infançons*, qui sont ceux qu'on appelle en France les barons, les chevaliers, et les escuiers. Par le terme de baron on entendoit generalement tous ceux qui avoient droit de porter la banniere dans les guerres, que l'on appelloit vulgairement bannerets, et que les memes Espagnols nomment d'un mot plus specifique, *ricos hombres de sennera*. Hieronymus Blanca, in *Comment. Rer. Aragon.*, parle souvent de ces riches hommes, ou plûtôt de ces *ricombres* espagnols qui sont ordinairement appellez *rici homines* dans les titres latins. M. d'Oyenart en a aussi touché quelque chose en sa *Notice de Gascogne*, livre 2. chap. 4. comme aussi André Bosch, l. 3, *dels Titols de Honor de Cathalunya*, pag. 320, qui nous apprend qu'en Arragon et en Catalogne il y avoit deux sortes de ces riches hommes, sçavoir les *richs homens de natura*, et les *richs homens mesnaders*. Les premiers sont nommez *ricos ombres naturales del regno*, au l. 1 des *Fors de Navarre*, ch. 1. Plusieurs ont estimé que les *ricombres* furent ainsi nommez en Espagne de la syllabe *ric*, qui se rencontre à la fin des noms de la plupart des roys goths ; mais je crois qu'il est plus probable que ce terme vient d'un autre, qui a esté commun aux peuples du nort, *ric*, qui se trouve à la fin des noms propres de la plûpart de leurs chefs, qui signifie *riche*, d'où les Alemans ont formé celui de *riick*, les François celui de *riche*, et les Espagnols celui de *rico*, pour désigner une personne opulente en biens. Et parce que les grands seigneurs sont ordinairement riches et puissans en terres, on les a ainsi qualifiez, encore que tous ceux qui abondoient en biens ne passoient pas pour *riches hommes*, la naissance, les fiefs, les seigneuries relevées, donnant seules cette qualité. C'est ce qui a fait dire à Bosch, que *los richs homens* (d'Arragon, qui en Castille sont appellez *magnats*) *eran aixi anomenats no per ser richs, o tenier molt bens, sino per esser de clart linatge y poderosos, qui eran aquells senyors, que lenien senyoria en los feus, ques anomenavan honors,* etc. Et quant à cette façon de parler observée en France, nous en avons un exemple dans un titre françois inseré dans l'*Histoire* de Mathieu de Paris, en l'an 1247, pag. 83. et dans une ordonnance de Philippes le Hardy, du mois de décembre 1275, qui est au 2ᵉ registre du Trésor des Chartes du roy, fol. 49 et 58 : *Et se l'en trouvoit aucun riche home coustumier de faire encontre les ordonnances, nous voulons,* etc. Guillaume Guiart, en l'an 1302 :

> Males et tentes là estoient,
> Où li riche home la nuit gisent.

Plus bas :

> Es rens dehors sont li riche home,
> Tres bien armés jusques és plantes.

Et ailleurs souvent. Gasse :

> Moult i out riches homs, gran fu la baronie ;

les *Assises de Hierusalem*, manuscrit, ch. 202 : *Et se il avient que le chef seignor se doute d'aucun de ses riches homes, que il ait chastiau, ou cité, ou ville, et que il ait peuple d'armes.* Dans les titres latins ils sont nommez *divites homines*. Un rouleau de la Chambre des Comptes de Paris intitulé, *pro robis datis militibus D. Philippi (filii S. Ludovici) et gentibus cameræ suæ, comes Drocensis, dom. de Borbonio, G. filius comitis Flandr. pro robis samiti,* etc., *pro coopertoriis,* etc. *pro tribus dextrariis et tribus palefridis dictorum divitum hominum 300. libr.*; où l'on voit que ce titre de riches hommes est donné aux enfans des roys et aux grands seigneurs. Au contraire, le commun peuple est reconnu dans Guillaume Guiart sous les termes de *pauvres hommes*. En la *Vie de Philippes Auguste :*

> En cele part que j'ay descrite,
> Que li rois Jouan leur dit dite,
> Où li poure homme de l'ost ierent.

S

SCACCI, 1. *Après que le souldan avoit joué aux eschécz.* Joinville ; *Observations.*] Ce jeu a esté de tout temps fort en usage parmi les Turcs et les Sarazins, comme nous apprenons d'Elmacin, l. 2, ch. 7; d'Aython, chap. 53, et de Ducas, en son *Hist.*, chap. 16 : mêmes il a pris son nom d'un mot turc, ou arabe, *scach*, qui signifie roy, acause de la principale piéce des eschecs, qui est le roy, comme il est marqué dans le *Pandecte* de Leunclavius, n. 1, 102, 179. Les Grecs du moyen temps et ceux d'aprésent le nomment Ζατρίκιον, ainsi que Saumaise sur Pline, et Meursius, en son *Glossaire*, ont obversé. Anne Comnene, au livre 22 de son *Alexiade*, où elle se sert de ce mot, écrit qu'il fut inventé par les Assyriens. *Voyez* la *Chronique de Haynaut* de Jacques de Guyse, 1 vol., pag. 53, 54, et M. Ménage en son *Glossaire François*. Lucanus, in *Paneg. ad Pisonem*, a décrit élegamment le jeu des eschecs, et après luy Hieronymus Vidas.

SCALA, 1. *Il fist eschaller ung orfévre en braies et chemise moult villainement à grant deshonneur* Joinville; *Observations.*] L'échelle estoit une marque de haute justice, au haut de laquelle on faisoit monter un criminel pour l'exposer à tout le peuple et luy faire souffrir la honte que son crime meritoit. Les *Coûtumes d'Auxerre*, art. 1. *de Sens*, art. 1 et 2, *de Nivernois*, tit. 1, art. 15, et *de Bourbonnois*, art. 2, parlent de cette espece de supplice, duquel on voit des vestiges à Paris en l'échelle du Temple. Il en est encore fait mention aux *Assises de Champagne*, qui se conservent en la Chambre des Comptes de Paris, fol 78, en ces termes: *Visa appresia facta super hoc quod major et Scabini de Pruvino dicebant se esse et fuisse in bona saisina faciendi et habendi scalam a tempore dominorum Campaniae praedecessorum D. regis apud Pruvinum, in medio vico ante domum Dei pruvinensem, ad ponendum ibidem malefactores jurantes inhonesta juramenta, et justitiandi eosdem in scala, sive puniendi secundum loci consuetudinem, et secundum delictorum quantitatem, inventum fuit et probatum dictos majorem et juratos intentionem suam sufficienter probasse. Quare pronunciatum fuit per curiæ consilium, quod ibidem, prout esse consueverat, salvo jure D. regis, scala fiet et remanebit.*

SCOTI. *Car vraiement je aymerois mieulx que un Escossois vint d'Escosse, ou quelque autre loingtain estrangier, qui gouvernast le peuple du royaume bien et loiaument, que tu te gouvernasses mal à point et en reprouche.* Joinville; *Observations.*] Je ne sçay si le sire de Joinville parle icy des Escossois comme des peuples tres-éloignez de la France, et qui habitoient ce qui est appellé *ultima Thule;* ou bien s'il a voulu marquer l'humeur de cette nation, qui se plaisoit tellement aux grands voyages, qu'il n'y avoit presque point de royaumes où ils ne se répandissent en grand nombre : ce que Walafridus Strabo, au livre 2 de la *Vie de saint Gal*, ch. 46, a remarqué. D'où vient que nous lisons que presqu'en tous les endroits de la France il y avoit des hospitaux fondez pour eux, dont il est parlé dans les *Capitulaires* de Charles le Chauve, li .6, et 23, in *Synodo Meld*. cap. 14, et au titre de la fondation de l'abbaye de Walcourt, au diocése de Namur, rapporté par Miræus, in *Diplom. Belg.* lib. 2, cap. 22. Voyez sur ce sujet Innocent. Ciron. lib. 1, *Observat. Jur. Canon.*, cap. 13.

SENEX DE MONTANIS. *Le viel prince de la Montaigne.* Joinville; *Observations.*] Tous les auteurs qui ont écrit des guerres saintes demeurent d'accord que le Vieil de la Montagne, qui est nommé *Vetulus*, ou *Senex de Montanis*, commandoit aux Assassins, qui habitoient, comme j'ay remarqué ailleurs, dans les montagnes de la Phœnicie, d'où ce prince fut nommé le Seigneur des Montagnes : ce que le sire de Joinville attribue aux Beduins, qu'il confond en cét endroit avec les Assassins. Arnoul de Lubec, l. 7, ch. 10, en parle de la sorte : *In terminis Damasci, Antiochiæ et Alapiæ, est quoddam genus Saracenorum in montanis, quod eorum lingua vulgari Heissesim vocatur*. Et plus bas : *In montibus habitant, et sunt quasi inexpugnabiles, quia in munitissimis castris recipiuntur*, etc. Puis il décrit le palais, et la maniere d'agir de ce prince, qui est conforme à ce que le sire de Joinville et la plûpart des auteurs qui ont parlé des guerres saintes en racontent, et entre autres Guillaume de Tyr, l. 14, ch. 19; l. 20, ch. 21; Mathieu Paris, en l'an 1150; Guill. de Neubourg, l. 4, ch. 24; l. 5, ch. 16; Jacques de Vitry, l. 1, ch. 13 et 14; l. 3, p. 1126; Vincent de Beauvais, l. 31, ch. 93; Sanudo, l. 3, part. 14, ch. 2, etc. C'est de ces auteurs que celui qui a fait le *Traité de la Terre d'Outre-mer*, manuscrit, a puisé ce qu'il écrit des Assassins et de leur prince, en ces termes : *En cele terre de Damas et d'Antioche a une maniere de Sarazins, con appelle Haussassis, et li autres les appellent les gens le Vieil de la Montaingne. Icele gent vivent sans loi, et menjüent char de porc contre la loi des Sarazins, et gisent à toutes les femes qui puent trouver, à lors meres, à lors serors, si hantent les montaignes, és grans tours qu'ils ont fetes. Chiele terre est mult plaine de bestes sauvages, dont il vivent. Si est leur sire mult crueux, et mult loin de toutes gens, de Sarazins, et de chrestiens : car il en soloit mult ochire sans raison. Chil sires a mult de biax palais et fors qui sont enclos de fors murs, et si les fet mult bien garder, con n'y puist entrer, fors que par une entrée. En chil palais fait il mettre les fiex de ses villains, jà puis chil n'en isteront devant chou que li maistres qui les apprent et enseigne, lor comande. Car il doivent obéir as comandemens de lor seignor, et dient que par chou puent il avoir Paradis, et non autrement, et li maistres li apprend divers langages. Car jà puisque il sont enclos en chel palais n'en isteront devant cho que lor Sires lor comande à venir devant lui, si leur demande se il veulent obéir à ses comandemens, parcoi pourront avoir Paradis. Cil lor respondent si come lor maistres les a appris, oil volentiers en toutes manieres. A dont lor donne lor sires un grant coutel agu, et les envoie là où il veut, por cheli ochire qu'il het, et sachiés qu'il l'ochira, se il puet avenir, coi qu'il aviengne d'aus ne de mort, ne de vie.* Quant au nom de ces peuples, Arnoul de Lubec écrit qu'ils sont nommez en leur langue *Heissessin*. Guillaume de Tyr parlant d'eux : *hos tam nostri quam Saraceni (nescimus unde deducto nomine) Assissinos vocant*. Le Juif Benjamin les appelle *HHassissim*, d'un nom qui approche de celui de χασίσιοι, que Jean Focas leur donne en la *Description de la Terre-Sainte*, ch. 3; et celui-ci n'est pas éloigné du nom de Χάσιοι qu'Anne Comnene, au l. 6 de son *Alexiade*, p. 178, et Nicetas, en la *Vie de l'emp. Isaac.*, l. 1, n. 1, et en celle d'*Alexis*, l. 3, n. 6, leur attribuent. Tant y a que de ces appellations ont esté formées celles d'*Hansesisii*, dans Guill.

de Neubourg, et d'*Assidei*, dans le moine de Saint-Marian d'Auxerre, p. 93; d'*Accini* et d'*Assassi*, dans Roger Hoveden, p. 716, 751 ; d'*Arsacidæ* dans Rigord, et enfin d'*Hakesins* dans Philippes Mouskes.

SERPEILLERIA. *Entre les chevaliers... j'en congneu bien quarante de la court de Champaigne qui estoient tous deserpillés et mal atournez.* Joinville ; *Observations.*] L'auteur de l'édition de Poitiers a tourné ce mot *deserpillez* par celui de *deschirez*. En la *Coûtume d'Anjou*, art. 44, et en celle *du Maine*, art. 51, les *desserpilleurs* et *desrobeurs* sont synonymes. En effet, dans l'*Ancienne coûtume d'Anjou* esserpillerie est une espéce de larcin : *Quant l'en tout à home le sien de nuits ou de jours, en chemin ou en bois, tel larcin est appellé esserpillerie.* Les *Établissements de saint Louys*, qui ont les mémes termes, portent *escharpelerie*. De sorte qu'en cét endroit *deserpillé* signifie une personne à qui on a enlevé ses habits. Ce mot peut venir de *sarpe*, avec laquelle les jardiniers coupent les branches des arbres, ou plûtôt d'*escharpe*, l'*escharpillerie*, estant un vol de l'escharpe, c'est-à-dire d'habit. M. Ménage dit son sentiment sur l'étymologie de ce mot en ses *Origines de la langue françoise*, pag. 789.

SPATHA, 1. *Une espée d'Almaigne en sa main.* Joinville ; *Observations.*] Guillaume Guiart, en la *Vie de Philippes Auguste*, parle de ces espées d'Alemagne :

> A grans espées d'Alemagne
> Leur trenchent souvent les poins outre.

Et en la description de la bataille de Bovines il dit que les Alemans combatoient avec des espées gresles et menuës.

> Alemans uns coutiaus avoient,
> Dont aus François se combatoient,
> Grailles et agus à trois quieres,
> L'en en peut ferir sus pierres.

Et parlant de la bataille de Benevent, il leur donne de longues espées :

> Car les deus mains en haut levées,
> Gietent d'une longues espées,
> Souef tranchans à larges meures.

L'empereur Nicephore Phocas, dans Luitprand, en son Ambassade, reproche aux Alemans leurs longues espées Dans les vieilles ordonnances de la ville de Paris il est parlé des espées de Lubec. Au contraire, les François avoient coûtume de se servir de courtes espées. Guillaume Guiart :

> Li François espées reportent,
> Courtes et roides, dont ils taillent.

Et en l'an 1301 :

> Espées viennent aus servises,
> Et sont de diverse semblance ;
> Més François qui d'accoustumance
> Les ont courtes, assés legieres,
> Gietent aus Flamens vers les chieres.

SURCOTIUM. *Le pan de son surcot.* Joinville ; *Observations.*] Espéce d'habit ou de robe commun aux hommes et aux femmes. Le compte d'Estienne de la Fontaine, argentier du roy, de l'an 1351 : *Pour trois pieces et demie de fin velluiau en graine, baillés audit Eustache pour faire un surcot, un mantel à parer, et un chappeau fourré d'ermines pour le roy à la feste de l'Estoille, etc.; pour ledit surcot, une fourrure tenant trois cens quarante-six ermines, les manches et poignets dudit surcot soixante, la garnache trois cens trente-six, etc.* Philippes Mouskes, en la *Vie de Charlemagne* :

> A tousjors en ivier si ot
> A Mances un nouviel surcot,
> Fourré de vair et de goupis,
> Pour garder son cors et son pis.

Le roman du *Dit du Chevalier* :

> Ains qu'on vist l'aube crever,
> A le court vint devant disner,
> Son surcot ala despouiller.

Isaacus Pontanus, en la *Description de Danemarck*, pag. 801, remarque que parmy les Danois le mot de *serk* signifie un habillement de femme. Il pourroit estre que les François ont emprunté ce terme des Normans qui vinrent souvent ravager la France ; mais il est plus probable que ce vétement fust ainsi nommé parce qu'il se mettoit sur la cotte. Ensuite on donna ce nom aux robes des hommes. Tant y a que je crois que c'est cette sorte d'habit dont Reginon a entendu parler en l'an 753 : *Et vidi ante altare D. Petrum, et magistrum gentium D. Paulum, et tota mente illos recognovi de illorum surcariis*, où j'estime qu'il faut restituer *surcotiis*.

T

TABUR. *Le son des naccaires, tabours et cors sarrazinois, qu'il avoit en sa gallée.* Joinville ; *Observations.*] Il est parlé du *cor sarazinois*, en l'extrait du rolle de la Chambre des Comptes de Paris que j'ay rapporté cy-dessus [Au mot *Nacara*, 1]. La *Chronique manuscrite de Bertrand du Guesclin* en fait aussi mention :

> Trompes et chalemelles, et cors sarazinois.

J'ay pareillement traité amplement des *nacaires* ; il ne reste plus que de dire quelque chose des *tambours*, dont nous avons pareillement emprunté l'usage des Sarazins. Le sire de Joinville nous fait voir qu'on les appelloit de son temps *tabours* ; ce qui est confirmé par le *Roman de Garin* :

> Les tabours sonnent por les chevaux lesdir.

Et par Guillaume Guiart, en l'an 1202 :

> Ne mena trompes ne tabours.

Jacques Millet, en la *Destruction de Troie* :

> Faites ces trompettes sonner,
> Tabours, menestriers et clarons.

Sanudo, l. 2, part. 4, ch. 21, se sert du mot de *tamburtum*. Les Espagnols les nomment *altambors*. Bonaventura Pistofilo, 1 part. *della Oplomachia*, estime que ces mots ont esté formez du grec τάμβος, ces instruments ayant esté inventez pour donner de l'étonnement et jetter l'effroy. Mais il est constant que ce terme, aussi bien que l'usage des tambours, a pris son origine des

Sarazins et des Arabes. Lucas Tudensis, parlant de la mort d'Almanzor, chef des Sarazins en Espagne : *Die qua in Canatanazor succubuit, quidam quasi piscator, quasi plangens, modo chaldaico sermone, modo hispanico clamabat, dicens : En Canatanazor perdio Almanzor el tambor ; id est in Canatanazor perdidit Almanzor tympanum, sive sistrum, hoc est lætitiam suam.* Roderic, archevesque de Tolède, en l'*Histoire des Arabes*, ch. 37, attribue pareillement les tambours aux Sarazins : *Et continuo atamoribus (leg. attamoribus) propulsatis, civium multitudinem convocavit.* Comme aussi Joannes Cameniata, lorsqu'il décrit la prise de la ville de Thessalonique par les Sarazins d'Afrique, l'an 904 : Οἱ δὴ τὸ τάχος λεχθέντι τόποις τοῖς ναυσὶ διαπαρέντες, βοῇ τε χρησάμενοι βαρβαρικῇ καὶ τραχεῖᾳ, ἐώρμησαν τῷ τείχει, ταῖς κώπαις ἐλάοντες, καὶ τοῖς ἐκ τῶν δερθίων κατακευασμένοις τυμπάνοις. Où ces *tympana ex corio facta* ne sont autres que les tambours que l'empereur Leon, en ses *Tactiques*, ch. 18, § 113 et 142, attribue pareillement aux Turcs. A quoy l'on peut rapporter la description de cét instrument que fait saint Isidore, lib. 2 *Orig.*, c. 21 : *Tympanum est pellis, vel corium ligno ex una parte extensum.* Ce qui se peut aussi adapter aux *tymbales*, qui est une espece de vase de cuivre arrondi, et couvert par le haut d'une peau fort étendue, où nos tambours sont composez d'un grand cercle de bois, fermé des deux côtez de peaux étendues.

TOACULA. *Les Sarrazins, lesquelz avoient osté leur toailles de leurs testes.* Joinville ; *Observations.*] Leurs turbans, qui sont faits ordinairement de serviettes ou d'autres linges entortillez ; le sire de Joinville, en la pag. 102 : *Et saichez que de celles toüailles ils recevoient de grans coups. Pourtant les portoient-ils quant ils alloient en bataille ; et sont entortillées l'une sur l'autre durement.* Vincent de Beauvais, l. 32, ch. 55, parlant de Saphadin : *Ipse quidem Saphadinus, equitans filios suos visitaturus, involvitur pura syndone caput.* Ce que le *Traité* manuscrit des *Voyages d'outremer* a ainsi traduit : *Saphadins li peres, quant il chevalche, va voir ses fiex, si chevalche sa teste couvert d'un vermeil samit.* Voyez Leunclavius in *Pand. Turc.* n° 240. Les auteurs latins du moyen temps ont tourné diversement ce mot de *toüaille.* La *Chronique de Fontenelle* use du mot de *toacula*, Odoric de Frioul de *toalia*, le *Ceremonial romain* manuscrit de *tobalea*, Jean de Genes, ou de *Janua*, de *togilla*. Kero Mon. : *Mappula, Duuahila.*

TRUFA. Voyez ci-dessus *Burdare.*

W

WACTÆ. *Ilz tuerent la guette du seigneur de Corcenay.* Joinville ; *Observations.*] La Sentinelle. La *Chronique de Bertrand du Guesclin* :

Y avoit une gaite toute jour à journée,
Qui sonnoit un bacin, quant la pierre est levée.

Ces vers nous donnent à connoître que celuy qui fait la sentinelle dans les beffrois, et qui sonne le tocsin des alarmes, est de là appellé *bachinator* dans quelques ordonnances du roy Edouard touchant la charge de sénéchal de Gascogne, in *Reg. Constabul. Burdegal. fol.* 80 : *Item ordinatum est quod sit unus bachinator ad supervidenda omnia castra et fortalitia regis in toto ducatu.* Au compte de l'Hostel du roy de l'an 1312 : *Gueta Luparæ, gueta Castelleti, gueta Parvi Pontis.*

DISSERTATION XX.

DE LA RANÇON DE SAINT LOUYS.

Et bailloit-on les deniers au pois de la balance. Joinville ; *Observations.*] On reconnoît de ce discours que ce que Louys Lasserré, proviseur du college de Navarre, a mis en avant sur ce sujet, en la *Vie de saint Louys*, laquelle il a dediée avec celle de *Saint Hierôme* à Louyse de Bourbon, abbesse de Fontevraud, et qui a esté imprimée sans le nom de l'auteur, l'a, j'en ay esté que sur une erreur populaire : écrivant que la rançon du roy auroit esté arrêtée à huit cens mille bezans d'or, elle fut aussi-tôt forgée à Paris en pareil nombre de bezans, sous la foule du peuple, et envoyée par Charles, comte d'Anjou, son frere, que le roy saint Louys avoit renvoyé exprés en France pour cét effet. Peut-estre ce que Mathieu Paris raconte, en l'an 1250, p. 521, a donné lieu à cét auteur d'avancer cecy, cét argent ayant esté envoyé de France durant qu'il estoit aux environs de Damiete, attaqué de tous côtez par les Sarazins. C'est encore une autre erreur populaire, que saint Louys paya pour sa rançon autant d'or qu'il pesoit, et qu'il se fit mettre à cét effet dans une balance : le terme de bezans ayant formé l'équivoque. La *Chronique manuscrite de Bertrand du Guesclin* :

Un jour estoit li princes (de Galles) levés de son disner,
En chambre de retrait estoit voulu aller,
Avecque ses barons aus espices donner,
Et tant que li baron prirent à deviser
Et d'armes et d'amours, et beaus fais recorder,
De mors, de chevaliers, de prisons racheter,
Et de pluseurs estats, et des fais d'outremer,
Et comme saint Louys pour son ame sauver,
Se laissa prendre en Tunes, et il se fit peser
De fin or en balance, pour son cors delivrer.

Je ne veux pas oublier en cét endroit ce que j'ay remarqué dans le registre de la Chambre des Comptes de Paris, intitulé *Noster*, qui m'a esté communiqué par M. d'Herouval, que pour fournir la rançon de saint Louys on emprunta, ou plûtost l'on prit sur la dépense de son hostel la somme de 167,102 livres. L'extrait que j'en ay tiré nous apprenant plusieurs circonstances qui regardent le regne de saint Louys et des autres rois de France, j'ay creû que j'obligerois le public si je l'inserois entier en cét endroit.

Domina Margareta, comitissa Valesii, mater regis

OBSERVATIONS

Philippi de Valesio, obiit in festo S. Sylvestri anno 1299.
Dom. Catharina, comitissa Valesii, imperatrix CPolitana, obiit mart. post S. Silvestrum 1307.
D. Carolus, comes Valesii, pater reg. Philippi de Valesio, ob. 16 *die decemb.* 1325.
Ludovicus de Valesio, filius dicti comitis et frater dicti regis, ob. 2 *die nov.* 1328.
Rex Philippus de Valesio recessit de Pissiaco de nocte 13 *die junii* 1330, *pro eundo in Massiliam et Avenionem peregre.*
Comes Pictavensis ob. an. 1271.
S. Ludovicus obiit crastino S. Barthol. 1270, *pro cujus redemptione captæ fuerunt per hospitium suum, an.* 1250, 167, 102 *lib.* 18 *sol.* 8 *d. tur.*
Rex Philippus, filius suus, obiit ante Candelos an. 1285.
Rex Philippus Pulcher, filius dicti regis Philippi, ob. an. 1316.
Rex Joannes, filius reg. Ludovici, obiit in ætate 8. *dierum.*
Rex Philippus Magnus, filius regis Philippi Pulchri, et frater regis Ludovici, obiit 2 *jan.* 1321.
Rex Carolus, frater dicti regis Pulchri et Ludovici, obiit 1 *febr.* 1327.
Militia dictorum trium fratrum fuit in Pentecoste 1313.
Rex Philippus de Valesio natus fuit an. 1293, *et devenit ad regnum mense febr.* 1327. *Coronatus fuit die S. Trinit.* 1328, *et habuit victoriam contra Flamingos* 23 *august.*
Ad Magdalenam 1294 *dicitur incepisse secundum viagium Vasconiæ pro guerra.*
Anno 1324 *incæpit alia guerra Vasconiæ.*
Terra ducatus Aquitaniæ fuit in manu regis Franc. ab O. S. (Omnib. Sanctis) 1299 *usque ad* 3 *diem post O. S.* 1304, *quo fuit reddita regi Angliæ.*
Expensæ hospitii S. Ludovici ultra mare pro anno finito ad Ascen. 1251, 48,558 *lib.* 14 *sol.* 1 *den. tur., et pro gentibus armorum et navigiis,* 240,400 *l.* 14 *d. tur. apud Accon. et Tyrum.*
Redemptio dicti sancti eodem anno 167,102 *lib.* 18 *s.* 8 *d. tur.*
Dieta sine guerra et redemptione pro expensis per diem 133 *lib.* 9 *den. tur.*
Expensæ ejus hospitii pro anno finito ad Ascensionem 1252, 56,407 *lib.* 17 *sol.* 10 *d. tur., et pro gentibus armorum et navigiis* 212,164 *lib.* 13 *sol.* 11. *den. tur. apud Acconem et Cæsaream ac Castellum.*
Dieta sine guerra 154 *lib.* 10 *s.* 10 *den. tur. pro expensis per diem.*
Expensæ ejusdem hospitii pro anno finito ad Ascens. 1253, 60,680 *lib.* 10 *s.* 10 *d. tur., et pro guerra seu gentib. armorum ac navigio* 270,547 *lib.* 15 *s.* 5 *den. tur. apud Joppem. Dieta sine guerra pro expensis per diem* 166 *lib.* 4 *s.* 11 *d. ob. tur.*
Dictus S. Ludovicus expendit pro passagio ultramarino ab Ascens. Dom. 1247 *usque ad Ascens.* 1256, *per* 5 *annos* 1,537,570 *lib.* 13 *s.* 5 *d. ob. tur., et arripuit iter circa Omnes Sanctos* 1248, *et rediit an.* 1254.
Dom. Karolus, comes Valesii, pater regis Philippi de Valesio, expedit. pro viagio Romaniæ pro toto 115,960 *lib.* 19 *s. tur. fort. ab anno Dom.* 1302 *usque ad ann.* 1313.
Valor omnium terrarum domini Vales., pro uno anno 24,000 *lib. fort.*
Valor Regni super thesaur. 2,334,000 *lib.*
Expensæ totalis pro coronamento S. Ludovici, mense nov. 1223, 40,334 *lib.* 14 *s. p. captæ super regem per comput. hospit. mense no.*
Expensæ totalis coronationis regis Philippi Audacis, filii sui, 12,931 *lib.* 8 *s, id captum per compotum hospitii ad O. S.* 1271.
Expensæ totalis pro coronatione reginæ consortis suæ 22,564 *lib.* 12 *s.* 5. *d. prout in magna recepta Ascens.* 1275.
Expensæ totius coronationis regis Philippi Pulchri 24,560 *lib.* 72 *sol. p. captæ per templum ad candelos,* 1285, *et pro militia sua* 14,684 *lib.* 12 *d. captæ in magna recepta Omn. Sanctor.* 1284.
Expensæ coronationis regis Ludov., filii sui 20,824 *lib.* 15 *s.* 2 *d. ob. p. captæ per compotum hospit. ad Nativit. Dom.* 1315.
Expensæ hosp. reg. S. Lud. pro anno 1271, 111,688 *lib.* 14 *sol.* 2 *d. p.*

Expensæ {
Hospitii rey. Philippi Pulchri pro anno 1301, 267,888 *lib.* 14 *s.* 10 *d.*
Hosp. Ludovici, filii sui, pro anno 1315, 209,771 *lib.* 16 *s.* 2 *d.*
Hosp. Philippi magni, fratris dicti Ludo., 184,332 *lib.* 19 *s.* 11 *d. pro uno an.*
Hosp. Karoli, fratris sui....
Hosp. Philippi de Valesio, regis moderni, pro an. 1329, 347,457 *lib.* 17 *s.* 6 *d.*
}

CONSTANTINI
IMP. BIZANTINI
NUMISMATIS ARGENTEI EXPOSITIO[1],

JOSEPHI SCALIGERI JUL. CÆS. F.

EX LITERIS ILL. V. JOS. SCALIGERI AD MARQUARDUM FREHERUM.

Tui nummi stemma omne ἐξωνυχισάμην. Judicium de eo meum seorsim hic habes. Dixi quod sentio, non quod fortasse tibi probabo. Non potui tamen hanc operam denegare, magis quia exegisti a me quam quod sententiæ de eo tuæ aliquid adjiciendum a me existimaretur. Vale. Lugduni Batavor. xiv. *kal. martii juliani.* cɪɔ ɪɔ cɪɪ. (Scaliger. Epistol. lib. 3, ep. 223.)

Ex aliis. Scis, mi Frehere, quid de tua in Aprum Xiphian diatriba judicem? Nihil potuisse verius dici, nihil exquisitius: plane persuasisti mihi.... De illo autem grandi nummo tuo Constantini non possum satis mirari qui factum sit, ut ex uno latere recentissimi sæculi, ex altero vetustissimi moris Ecclesiæ vestigia in eo exstent. Sed quando illa tua de Lupoduno et Mosella Ausonii monumenta prodibunt? Avide exspecto, eoque magis quod nihil nisi eximium a te sperare possumus. Vale. ɪx. *kal. martii juliani.* cɪɔ ɪɔ cɪɪɪ. (Ibid. ep. 224.)

1. Vide Tabellam 4.

JOSEPHI SCALIGERI COMMENTATIO.

Nummus ingens argenteus clarissimi viri Marquardi Freheri, quam recens sit, argumento sunt characteres arithmetici 234, 235 qui ante trecentos aut paulo plures annos ab Arabibus ad nos transierunt, ac primo quidem dissimiles his nostris hodiernis, postea memoria proavorum hac forma interpolati quæ hodie nobis in usu est. Itaque nummus hic cusus aut conflatus est non illo sæculo quo ii a Christianis recepti sunt, sed illo quo interpolati: hoc est, memoria proavorum. Præterea, an unquam a Græcis usurpati sint, merito ut dubitem faciunt libri multi astronomici, logistici, et computorum ecclesiasticorum paulo ante aut post eversionem imperii Constantinopolitani conscripti, quorum omnium numeri non his peregrinis characteribus concepti sunt, sed literis Græcis. Denique illos characteres primi omnium Christianorum Hispani a Mauris, ab Hispanis reliqui Latini Christiani, ab illis Græci acceperunt. Et quidem concedamus accepisse, ii tamen apud Græcos nunquam vulgo noti fuerunt: ut non opus fuerit eos in hoc nummo cudere, ut a paucis tantum intelligerentur. Nobis igitur constat recentissimam quidem nummi conflaturam esse, formas autem incusas et veteres esse, et ex aliquo vetusto libro aut pictura alicujus Ecclesiæ desumptas, cujusmodi multas hodie in gemmis, novitiæ quidem cælaturæ, sed vetustissimi argumenti, videmus. Nunc de formis ipsis agamus. Non audio clarissimum virum Abrahamum Ortelium, qui partem imperatoris equitantis laudabat, tanquam non recentem, aversam νοθεύσεως suspectam habebat. Nos contra sentimus; aversæ partis argumentum longe vetustius, quam illud imperatoris equitantis, judicamus, cujus pedibus subjectæ stapedæ et omnis ornatus equi quam novitia res sit satis produnt. Aversæ partis stemmata non uno verbo explicari possunt. Priusquam igitur ad explicationem aggrediamur, sciendum apud veteres Christianos symbola μυστηριώδη alia atque alia fuisse, pro ratione temporum ac diversitate nationum. Ratio temporum primum nullam formam humani vultus, sed aliarum rerum admittebat: postea etiam humanæ formæ admissæ. Nationes orientales alia habuerunt, alia Occidentis Ecclesiæ, in quibus nullum symbolum fuit sine cruce, ut neque Orientalibus. Sed in Occidentali Ecclesia crux statuebatur minio lita, ut Christi fusum sanguinem designaret. Cacumen crucis corona cingebat cum purpureis lemniscis, adjuncta etiam palma; utrumque νικητήριον debellati hujus sæculi, et mundi triumphati, aut martyrii acquisiti erat. Hoc simplex ab initio erat stemma crucis. Adjectum postea Trinitatis Mysterium, post debellatum impium Arrii dogma. Patrem Deum designabant verba ex rutila nube erumpentia: HIC EST FILIUS MEUS DILECTUS. Filius Deus agni, Spiritus Sanctus Deus columbæ specie significabatur. Alii etiam alia parerga apponebant: xii columbas quibus apostolos volebant intelligi, quatuor flumina ex rupe manantia. Rupes, seu petra, est Christus, fluenta quatuor Evangelistæ aut Evangelia ipsa. Hæc erant symbola simplicissima illorum temporum, quum formas rerum, aut animalium, non autem humanas auderent pingere. Nam anchoram, navem, piscem, columbam sculpebant, aut pingebant: hominem non item. οὐ γὰρ, inquit Clemens, εἰδώλων πρόσωπα ἐναποτυπωτέον οἷς καί τὸ προσέχειν ἀπείρηται. In aversa autem parte nummi propositi duæ mulieres sunt: ex quo apparet symbolum non esse vetustissimorum temporum. Argumentum tamen ostendit non esse infimæ vetustatis. Primum igitur ingens solium, aut instar solii conceptaculum nihil aliud est quam hortus ille conclusus et fons signatus in Cantico Canticorum, per quem sacrum regenerationis lavacrum designatur. Ambrosius: *His igitur sacramentis pascit Ecclesiam suam Christus, quibus animæ firmatur substantia. Meritoque videns profectum ejus gratiæ concinentem dicit ad eam: Quam decora, etc. Hortus conclusus, soror mea, hortus conclusus, fons signatus.* In medio hujus κολυμβήθρας exstat minus lubrum, quod verius dixeris hortum conclusum. Nam ex eo enascitur lilium convallium juxta illud: *Ego sum flos campi, et lilium convallium;* de quo loco Hieronymus ad Demetriadem. Decem germina aut fructus emittit. Origenes homilia XVI in Genesim: *At vero Israeliticus honorat decadem perfectionis numerum. Decem enim verba legis accepit, et Decalogi virtute instructus ignota mundo huic sacramenta divina largitione suscepit. Sed et in Novo Testamento similiter venerabilis est Decas, sicut et fructus Spiritus denis exponitur germinare virtutibus.* Non potuimus dare magis idoneum interpretem. Inter lilium erecta est crux instar ligni vitæ, e cujus cacumine quatuor columbæ totidem fluenta eructant. Ea sunt quatuor Evangelia: quemadmodum in Ecclesia Occidentali quatuor fluenta e petra manantia idem significabant. Columbæ sunt quatuor evangelistæ. Et hoc quoque cum Occidentali Ecclesia facit, quæ per columbas coronam crucis circumstantes apostolos intelligebat. Paulinus:

Cui coronæ sunt corona apostoli,
Quorum figura est in columbarum choro.

Atqui duo ex evangelistis sunt apostoli, duo apostolorum administri. Aqua illa quæ instar silanorum ex columbis fluens solum complet, est aqua baptismi: et denique omnia reliqua sunt sequela baptismi. Primum duæ columbæ sunt in latere solii, interjecto serpente, superincumbente leone. Sed columbæ cum serpente per se considerandæ sunt, postea serpens simul cum leone. Columbæ cum serpente est id quod Dominus a regeneratis exigit: *Estote prudentes ut serpentes, simplices ut columbæ.* Hoc enim baptizatis occinebatur. Ambrosius, libro de iis qui initiantur mysteriis, capite IV, post alia: *Simul et eorum qui baptizantur, non in specie esse debet, sed vera simplicitas, unde et Dominus ait: Estote astuti sicut serpentes, et simplices sicut columbæ.* Unde manavit illud in vetere Ecclesia proverbium: Μιγνύειν τῇ περιστερᾷ τὸν ὄφιν. Clemens Stromate septimo (pag. 882): Οὐκ ἄρα ἐπιθυμήσει τινὸς ἑτέρου ὁ ἔχων ἀναπαυόμενον τὸν Θεόν. αὐτίκα πάντα τὰ ἐμποδὼν καταλιπὼν καὶ πᾶσαν περιπτώσαν αὐτὸν ὕλην ὑπερηφανήσας τέμνει διὰ τῆς ἐπιστήμης τὸν οὐρανόν, καὶ διελθὼν τὰς πνευματικὰς οὐσίας, καὶ πᾶσαν ἀρχὴν, καὶ ἐξουσίαν ἅπτεται τῶν θρόνων τῶν ἄκρων, ἐπ' ἐκεῖνο μόνον ἱέμενος, ἐφ' ὃ ἔγνω μόνον. μίξας οὖν τῇ περιστερᾷ τὸν ὄφιν, τελείως ἅμα καὶ εὐσυνειδήτως βιοῖ, πίστιν ἐλπίδι κεράσας πρὸς τὴν τοῦ μέλλοντος ἀπεκδοχήν. Ait hominem qui habet ἀναπαυόμενον τὸν Θεόν, et omni impedimento mundanarum rerum renunciantem, (quis est ille, nisi ὁ φωτισθεὶς et baptismo regeneratus?) miscere columbam serpenti: quod et loco Ambrosii adducto convenit, et rationem tacite reddit columbarum cum serpente subter limbum colymbethræ positarum. Leonis vero cum serpente consideratio pertinet ad victoriam de orco et diabolo. Chrysostomus, in Psalmum XCIII: *Quis est iste Leo? qui de tribu Juda vicit leonem et draconem, qui significatus est in Psalmo?* Item: *Diabolus, qui delectatus est in primo homine captivato, exinde captivatus est, Christo resurgente glorificato, qui conculcavit leonem et draconem.* Quare non possumus ignorare cur draco serpenti subjectus sit. Assident solio utrinque oppositæ invicem feminæ duæ in sellis, anus stolata, et puella nuda, nisi qua velat ea quæ pudor celare jubet. Anus est Fides, puella Spes. Anus fingitur, quia antiquior lege. Abraham prima credentum via, ut canit Prudentius, longe antiquior Mose. Unde et fides Tertulliano in Marcionem victrix vetustatis dicitur. Manu apprehendit, quia fide apprehendimus quæ oculis subjici non possunt. Stolata est, quia Baptismus vocabatur fidei vestimentum: ut Tertullianus scribit cap. XIII libri de Baptismo. Et capite XII, *induere baptismum* dicit. Contra Spes et puellari specie est, quia semper viget; et nuda, quia omnibus terrenis renuncians, expedita tendit ad cœlum πᾶσαν τὴν περιπτῶσαν ὕλην, ut loquitur Clemens, ὑπερηφανήσασα. Ideo aversantis habitu est, et canem tanquam omnes blanditias sæculi calcantis, aut omnes adlatrationes hostium christianæ pietatis. Ideo quemadmodum canem calcat, sic colludit cum columba, quam manu dextra prehendit, simplicitatem unicam sibi cordi esse significans. Merito autem conjunguntur ambæ, quia altera sine altera non est. Chrysostomus in caput XIII prioris ad Corinthios, commate ultimo, in editione latina: *Quæ duo, id est, Fides, et Spes, ita certa sibi mutua vice conjuncta sunt, ut altera sine altera stare non possit. Quicquid enim Fides credendo acquirit, hoc Spes sustinendo præsumit.* Quid quod veteres Novum Testamentum fidei symbolum esse dicebant, vetus autem spei? Paulinus:

Lex antiqua novam firmat, veterem nova complet,
In veteri spes est, in novitate fides.

Denique quid a cathecumeno exigebatur? Fides. Credo in Deum Patrem, Deum Filium, Deum Spiritum Sanctum, etc. Spes: Spero resurrectionem. Inde illa in vetustissimis monimentis Christianorum: CREDO VIVERE. SPERO RESURGERE. DEPOSITUS IN SPEM RESURRECTIONIS. Quin etiam non solum has duas conjungebant poetæ Gentium, sed etiam et Fidem vestitam et anum inducebant.

Quam Spes et albo nuda Fides colit
Velata panno.
Item: Cana Fides et Vesta.

Cana igitur Fides et velata panno, ut hic et conjuncta Spei. Inde Clemens παροιμιακὸς dixit τιστὶν ἐλπίδι κεράσαι, quemadmodum dixerat μιγνύειν τῇ περιστερᾷ τὸν ὄφιν, alludens nimirum ad hæc vetusta symbola. Pone sellas utriusque astant singulæ aquilæ, renovationem hominis per baptismum significantes; quod percepto baptismo dicerentur instar aquilæ renovati. Ambrosius de Initiandis, capite viii : *His abluta plebs dives insignibus, etc. depositis autem inveterati erroris exuviis, renovata in aquilæ juventutem, etc.*, ut nihil sit in hac nummi parte aversa, quod non ad sacramentum baptismi et catechumenos pertineat. Postremo totus apparatus istius præstantissimi symboli clausulam habet felicitatis regni Christi, sub quo securitas ab omni nocumento promittitur capite xi Isaiæ, commate 8, ubi dicitur puerum cum aspide collusurum. Ideo in labri, quod exstat supra aquam, latere visitur puer cauda serpentes duos apprehendens, et secure tractans sine noxa. De quo eleganter Tertullianus in Hermogenem, capite xi: *Quum restituta innocentia, et integritate conditionis, pecora convixerint bestiis, et parvuli de serpentibus luserint, etc.;* iv in Marcionem, cap. xxiv : *Sed bene, quod Creator hanc potestatem etiam parvulis per Esaiam repromisit, conjicere manum in cavernam aspidum, etc. Et utique scimus salva simplicitate Scripturæ, nam nec ipsæ bestiæ nocere potuerunt ubi fides fuerit, etc.* Infra : *Jam tunc eidem viæ, id est, fidei, hanc evacuationem et subjectionem bestiarum pollicetur.* Propter fidem igitur hoc symbolum pueri et serpentum appositum. Quare vides omnia inter se apta, ut aliud ex alio pendeat. Quam vetusta hæc sint, et quam falsus fuerit, doctissimus vir, qui aversam partem hujus numismatis suspectam habebat, ex iis quæ disputavimus, et ex aliis, quæ longe plura afferri poterant, colligi potest. Nobis satis hæc erunt, dum doctiora judicia aliquid melius in medium afferant. Itaque hactenus.

SAPPHIRUS
CONSTANTII
IMP. AUG[1].
EXPOSITA[2].

N. V. MARCO VELSERO, IIVIRO PRÆF. AUG. VIND. MARQUARDUS FREHERUS S.

Verum dico. Nemo est ad quem mittere mea tantum gestiam simul et trepidem. Ita mihi et candor humanitasque tua illicio est, et judicium formidini. Neque satis pudorem solvit ista scriptiuncula, utut argumenti non vulgaris fiducia se attollens. Sed nimirum quem alium petebat nobilissimum antiquitatis pignus, quam omnis elegantiæ et eruditionis arbitrum? Et ut palmam artis ferat, qui cestro gemmam scalpsit; ita qui vel plumbo inclusam, commodius tractandam visendamque exhibeat, nihil peccaverit. Tu quidquid opellæ, non æquus minus quam catus æstimator accipies: neque nescius, parvis tabellis grandium summarum obligationes contineri, et festuca levi agros ingentes tradi solere, magni in te affectus et cultus certum pignus habebis. Vale V. C.

JANUS GRUTERUS.

Nomine quum magnus magnos Constantius inter
  Induperatores Induperator ovet:
Atque idem morti det aprum nimis undique magnum,
  Gemmaque item hoc graphice nonnisi magna notet:
Jure tuæ illa modo famæ, VELSERE, dicantur,
  Teutona quo majus non habet ora decus.
Sed neque magna, FREHERE, tot inter agis minor. imo,
  Imo ipso tete nunc quoque major ades.

Gregorius Nazianzenus in ea oratione qua Juliani imp. (quem Constantius hic noster cæsarem fecit, successoremque habuit) impietatem et vanitatem pro merito exagitat, ubi ad imaginum illam et statuarum ambitionem venit, in quibus ipsi principes adorari gauderent, ait[3] *Imaginibus illis alios aliud quid imperatorum appingere solere: hos quidem civitates clariores dona ferentes; alios autem Victorias capiti serta imponentes, nonnullos militiæ præfectos eos adorantes; quosdam barbarorum devictorum, et pedibus provolutorum, seu cæsorum figuras:* οἱ δὲ (addit denique) θηροφονίας καὶ εὐστοχίας. Utramque gloriolam exprimens quam belluarum isti confectores affectabant: et audaciæ roboreique in adgrediundis depugnandisque feris, et solertiæ dexteritatisque in excipiendis, figendis, collocandis: Herculis nimirum pariter Phœbique imitatores. Obvia in historiis exempla, non otiosorum tantum et væcordium, quibus ista cura et ostentatio fuit, Neroni, Commodo, Domitiano; sed et laudatorum principum, quibus remissio, ut Trajano, Hadriano, Antonino, Alexandro, et huic Constantio. Nec remissio tantum, sed vero utilis labor habitus, et principe dignus, liberare noxiis feris regionem. Plinius ad Trajanum: *Quæ remissio tibi, nisi lustrare saltus, excutere cubilibus feras, superare immensa montium juga, et horrentibus scopulis gradum inferre, nullius manu, nullius vestigio adjutum; atque inter hæc pia mente adire lucos, et occursare numinibus. Olim hæc experientia juventutis, hæc voluptas erat: his artibus futuri duces imbuebantur; certare cum fugacibus feris cursu, cum audacibus robore, cum callidis astu: nec mediocre pacis decus habebatur, submota campis irruptio ferarum, et obsidione quadam liberatus agrestium labor. Usurpabant gloriam istam illi quoque principes qui obire non poterant; usurpabant autem, ut domitas fractasque claustris feras, ac deinde in ipsorum quidem ludibrium emissas, mentita sagacitate colligerent.* Sed præsertim in apris, ferocissima et violentissima ferarum, virtutis venatoriæ palmam posuerunt, ut de fatali Diocletiani apro legimus, et multa in numismatis rei memoria; et Valentiniani junioris imperat. de leone confecto signum marmoreum Ausonii epigrammate celebratum videmus*.

Neque satis ex ære nummos, marmore statuas, monumenta talium facinorum principibus fecisse, sed ad gemmas etiam hoc argumento nobilitandas assentatio laborem protulit: quæ et pretio suo monimentis gratiam apud illos augerent, et durabilitate immortalem apud posteros memoriam promitterent. Hinc elegans Panegyristes æternandorum Theodosii gestorum curam pictoribus pariter cum poetis demandat[1]: *Huc totas, pii vates, doctarum noctium conferte curas, hoc omnibus linguis literisque celebrate; nec sitis de operum vestrorum perennitate solliciti: illa quam præstare historiis solebatis, ab historia venıet æternitas. Vos quoque, quibus secunda sors cessit dare famam rebus, artifices, vulgata illa veterum fabularum argumenta despicite: Herculeos labores, et modicos Liberi triumphos, et Anguipedum bella monstrorum. Hæc potius, hæc gesta solertes manus ducant: his fora, his templa decorentur; hæc ebore reddantur, hæc marmore, hæc in coloribus vivant, hæc in ære moveantur, hæc gemmis augeant pretium.*

Hoc ex genere Sapphirus ista fuit: quæ ut in se vulgaris non erat (ipsa enim vel pura, absque cælaturæ æstimio, tam rara magnitudine, quam coloris vere cærulea serenitate, non parem, non secundum admit-

---

1. Vide Tabellam 2. — 2. (* Hæc, ut notat Bottarius, auro contra æstimanda gemma, postquam plurium fortasse imperatorum gazophylacia exornavit, in potestatem tandem venit regis Galliarum, qui eam dono dedit cuidam nobili, invictoque suorum exercituum duci, in grati animi testimonium præmiumque et remunerationem pro parta victoria. Nunc autem, post varios casus atque permutationes, ad manus pervenit marchionis Alexandri Rinuccini, patritii florentini, omnium elegantiarum amantissimi, qui eam magno redemit. Pendet autem 53, ut vulgo dicunt, caratos, et colore nitidissimo splendet, et magnitudini omnino respondet typi illius quem dedit Cangius; verum magis adfabre et eleganter excusa est.) — 3 Orat. IV, cap. 80.

1. Latin. Pacatus.

tit), ita nominatim honori Cæsaris delectam, ipsique a provincia aut procerum aliquo oblatam verisimile est. Cum hanc gemmam præ aliis gratam principibus etiam Epiphanius scribat [1] : Ἔστι θαυμαστὸς ὁ λίθος καὶ εὐειδέστατος καὶ χαριέστατος, διὸ καὶ ἐν ταῖς χλιδόσι καὶ ὁρμίσκοις· κατατιθέασι τοῦτον, μάλιστα οἱ βασιλεῖς". Et quis scit, an non vel ipsa, vel simile ejus quid aliud sub magni illi Nazianzes Antistitis oculos venerit : qui quidem in eadem provincia et natus fuit, et episcopatum obtinuit, in qua memorabili ista θηροφονίᾳ cum laude defunctum Constantium augustum videmus, etsi alibi non legimus. Nec ad rem tamen parum facit, quod Ammianus Marcellinus scribit [2] : *Nec minore studio sequuti legati hæc secum ferentes, intenti ad viandum, morasque per Italiam et Illyricum perpessi diuturnas et graves, tandem transfretati bosphorum, itineribusque lentis progressi, apud Cæsaream Cappadociæ etiam tum degentem invenere Constantium, Mazacam antehac nominatam, opportunam urbem et celebrem, sub Argæi montis pedibus sitam*. Et postea : *Equitandi et jaculandi, maximeque perite dirigendi sagittas, artiumque armaturæ pedestris perquam scientissimus*. Et infra : *Brevissimis cruribus et incurvis, unde saltu valebat et cursu*. Et Sext. Aurelius Victor de eodem : *Placidus clemensque pro negotio, literarum ad elegantiam prudens, atque orandi genere levi jucundoque; laboris patiens, ac destinandi sagittas mire promptus*. Idem in Epitoma : *Mirus artifex in sagittis; a cibo vinoque et somno multum temperans; patiens laboris, facundiæ cupidus* Habemus enim quod volumus, venationis proprias artes dotesque habuisse; apud Cæsaream Cappadociæ diutule moratum; ubi specimen se dignum illius εὐστοχίας, in exitiabili apro regionem infestante tollendo, applaudente illa edidisse, spectatissimus lapillus hic fidem facit.

Sed quid vetat Romani neque per omnia illaudati principis venationem heroicam considerare exactius ? cum ignoti juvenis συνθήραν tam accurato stylo depingat, penicillo describat nobis Philostratus [3]. Belluam ante omnia mihi inspicite : quam vasto corpore, quibus setis, quo rostro, quo dente metuenda, plane digna, quæ non plebeia manu caderet. Nec Erimantheo aut Calydonio minorem aut mitiorem cernis

..... aprum, quanto majores herbida tauros
Non habet Epirus, sed habent Sicula arva minores.
Sanguine et igne micant oculi, riget horrida cervix,
Stantque velut vallum, velut alta hastilia setæ ;
Fervida cum rauco latos stridore per armos
Spuma fluit ; dentes æquantur dentibus Indis ;
Fulmen ab ore venit, frondes afflatibus ardent.

Hesiodicam illam descriptionem implet [4] :

Οἷος δ᾽ ἐν βήσσης ὅρεος χαλεπὸς προϊδέσθαι
Κάπρος χαυλιόδων φρονέει θυμῷ μαχέσασθαι
Ἀνδράσι θηρευτῆς, θήγει δέ τε λευκὸν ὀδόντα
Δοχμωθείς, ἀφρὸς δὲ περὶ στόμα μαστιχόωντι
Λείβεται, ὄσσε δέ οἱ πυρὶ λαμπετόωντι εἴκτην,
Ὀρθὰς δ᾽ ἐν λοφιῇ φρίσσει τρίχας ἀμφί τε δειρήν.

Nihil hic de aprorum ira et ferocia ex Aristotele et Æliano referemus, nihil de ignito et fulmineo eorum dente ex Oppiano. Utut Plinio [5] fides constet, qui apros indicos dentium flexus cubitales habere scribit, hunc quidem Cappadocem iis telis quæ Græci χαυλιοδόντας vocant, insigniter armatum fuisse; quibus ceu falce aut machæra obvia quæque meteret, sterneret, conse-

caret, notabile nomen arguit [1] ; quod a popularibus sævitiem expertis ei inditum existimare licet, marini nec ignoti piscis, cui natura [2]

... ὑπὲρ γένυν ἐστήριξεν
Ὄρθιον, αὐτόρριζον, ἀκαχμένον, οὔτι σιδήρου
Φάσγανον, ἀλλ᾽ ἀδάμαντος ἰσοσθενὲς ὄβριμον ἄορ.
Οὐ κείνου χρυέσσαν, ἐπιβρισάντος ἀκωκήν,
Οὐδὲ μάλα στιβαρὴ παίη λίθος οὐτηθεῖσα.
Τοίη οἱ ξαμένης τε πέλει πυρόεσσα τ᾽ ἐρωή.

Hunc talem quantum provinciæ in segetibus, vineis, olivetis (unde prorumpentem videmus), imo et armentis, damni et pauperiei dedisse putamus ? Καὶ ὁρῶ τὰ ἔργα τοῦ θηρίου, καὶ τὰς ἐλαίας ἐξορώρυχε, τὰς ἀμπέλους ἐκτέτμηκε, καὶ οὐδὲ συκῆν καταλέλοιπεν, οὐδὲ μῆλον, οὐδὲ μηλάνθην· πάντα δὲ ἐξήρηκεν ἐκ τῆς γῆς· τὰ μὲν ἀνορύττων, τοῖς δὲ ἐμπίπτων, τοῖς δὲ παρακνώμενος.

Et modo crescentes segetes proculcat in herba ;
Nunc matura metit fleturi vota coloni ;
Et Cererem in spicis intercipit : area frustra,
Et frustra spectant promissas horrea messes.
Sternuntur gravidi longo cum palmite fœtus,
Baccaque cum ramis semper frondentis olivæ,
Sævit et in pecudes : non has pastorve canisve,
Non armenta truces possunt defendere tauri.
Diffugiunt populi, nec sese in mœnibus urbis
Esse putant tutos, donec CONSTANTIUS ipse, etc.
Lecta manus juvenum caluere cupidine laudis.

Ὁρῶ δὲ αὐτὸν καὶ τὴν χαίτην φρίττοντα, καὶ πῦρ ἐμβλέποντα, καὶ οἱ ὀδόντες αὐτοῦ παταγοῦσιν ἡμᾶς, ὦ γενναῖοι [3].

Jamque aper excitus medios violentus in hostes
Fertur, ut excussis elisus nubibus ignis.
Sternitur incursu nemus, et propulsa fragorem
Silva dat, exclamant juvenes. protentaque forti
Tela tenent dextra lato vibrantia ferro.
Ille ruit spargitque canes, ut quisque furenti
Obstat, et obliquo latrantes dissipat ictu.

Et progressum quidem certaminis suo jam quilibet sibi fingat arbitrio, aut a similibus exemplis. De Severo imperatore scribit e Dione Xiphilinus, cum Nisibin venisset, aprum reperisse maximum, qui magno impetu equitem dejecerat atque interfecerat, dum is viribus confisus conaretur ipsum ; tandem vero triginta militum opera captum cæsumque, ad Severum fuisse perlatum. Venationem suam Pisanam ita eleganter describit Cl. Rutilius :

Otia vicinis terimus navalia silvis,
Sectandisque juvat membra movere feris.
Instrumenta parat venandi villicus hospes,
Atque oldum doctas nosse cubile canes.
Funditur insidiis et rara fraude plagarum,
Terribilisque cadit fulmine dentis aper :
Quem Meleagrei vereantur adire lacerti,
Qui laxet nodos Amphitryoniadæ.
Tum responsuros persultat buccina colles,
Fitque reportanti carmine præda leves.

Telorum quoque ad hanc rem non unum genus, jacula, hastæ, hastilia, conti, enses, cultri, venabula : quorum alia jactu mittuntur et vibrantur, alia manu inferuntur et defiguntur [4]. Nimirum tutior ratio, primo hastis missilibus præludere aut experiri, quæ vulnere saltem debilitent feram, si non sternant. Neque aliter Meleager ipse, de quo ita Naso :

At manus Æneidæ variat, missisque duabus,
Hasta prior terra, medio stetit altera tergo.

Neque ille apud Philostratum, eques licet : Ἀπονεύσαν

---

[1]. De XII Gem. — [2]. Libr. 20. — [3]. Icone 29, libr. 1. — [4]. In Scuto Hercul. vs. 386 ed. Didot. — [5]. Lib. 8, c. 52.

[1]. ΞΙΦΙΑΣ. — [2]. Oppian. 2. Halieut vs. 464. — [3]. Philostr. Imag. lib. 1, cap. 27, § 1, ed. Didot. — [4]. Gratius Cyneget.

DISSERTATIO DE INFERIORIS ÆVI NUMISMATIBUS.

τοῦ ἵππου τὸ μειράκιον, καὶ ἐς τὰ δεξιὰ κλίνων, ἀφίησι τῇ χειρὶ πάσῃ, καὶ βάλλει, τὸν σὸν κατ' αὐτὸ μάλιστα τὸ συνάπτον τὴν πλάτην τῇ δέρῃ. Idem insigni quadam in gemma apparet, cujus ectypon ad me Patavio misit eruditissimus vir Nicolaus Fabricius : nimirum eques hastam intentans apro irritato, jam alteram in tergo fixam habenti, non sine literis, APR. Et in denario Getæ mviri [1] una parte Diana pharetrata conspicitur, altera aper a cane exagitatus, hastile tergo impactum ferens. Noster quidem Constantius neque militibus et multa comitum manu cinctus, neque equo sublimis hic conspicitur ; et ut canes, retia, tela ei non defuisse credimus, ita manus potissimum lacertorumque fiducia ferum comminus adgressus apparet,

..... hostemque irritat ad iram,
Splendidaque adversos venabula condit in armos.

Idem [2] in Nerone, Tito, Commodo subinde repræsentant nummi. Idem de Anthemio prædicat Sidonius, cui puero ludus fuerit

Inventas agitare feras, et fronde latentes
Quærere ,deprensas modo claudere cassibus artis,
Nunc toto penetrare veru ; tum sæpe fragore
Laudari comitum, frendens cum belluа ferrum
Ferret, et iratos exirent arma per armos.

Atque en Constantium, ne quid artis venatoriæ in isto discrimine abesset, eo ipso statu, nixuque corporis, quem peritissimus magister præscribit ; læva telum dirigente, dextra urgente, et pede utroque brachium suum juvante. Sed quin verba adscribimus artis a magno imperatore olim traditæ, a magno hic præstitæ [3] : Εἶτα ὅστις ἂν ᾖ τῶν παρόντων ἐμπειρότατος καὶ ἐγκρατέστατος, προσελθόντα ἐκ τοῦ πρόσθεν τῷ προβολίῳ παίειν. ἐὰν δὲ μὴ βούληται ἀκοντιζόμενος καὶ βαλλόμενος κατατεῖναι τὸν περίδρομον, ἀλλ' ἐπανιεὶς ἔχῃ πρὸς τὸν προσιόντα περιδρομὴν ποιούμενος, ἀνάγκη, ὅταν οὕτως ἔχῃ, λαβόντα τὸ προβόλιον προσιέναι, ἔχεσθαι δ' αὐτοῦ τῇ μὲν χειρὶ τῇ ἀριστερᾷ πρόσθεν, τῇ δ' ἑτέρᾳ ὄπισθεν · κατορθοῦ γὰρ ἡ μὲν ἀριστερὰ αὐτοῦ, ἡ δὲ δεξιὰ ἐπεμβάλλει · ἔπροσθεν δὲ ὁ πούς ὁ μὲν ἀριστερὸς ἀπτέσθω τῇ χειρὶ τῇ ὁμωνύμῳ, ὁ δὲ δεξιὸς τῇ ἑτέρᾳ προσιόντα δὲ προβάλλεσθαι τὸ προβόλιον μὴ πολλῷ μεῖζον διαβάντα ἢ ἔμπαλιν ἐπιστρέφοντα τὰς πλευρὰς τὰς εὐωνύμους ἐπὶ τὴν χεῖρα τὴν εὐώνυμον, εἶτα εἰσβλέποντα εἰς τὸ ὄμμα τοῦ θηρίου, ἐνθυμούμενον τὴν κίνησιν τὴν ἀπὸ τῆς κεφαλῆς τῆς ἐκείνου. Denique quod supremam εὐστοχίας laudem implet, non temerarium fortuitumque infert ictum, sed vulneri cate locum deligit, delectum valide penetrat, ex eadem disciplina : Προσφέρειν δὲ πάλιν τὸν αὐτὸν τρόπον καὶ προτείναι ἑνὸς τῇ ὡμοπλάτῃ ἢ ἐσφαγῇ καὶ ἀντεριείσαντα ἔχειν ἐρρωμένως. ὁ δ' ὑπὸ τοῦ μόνους πρόεισι, καὶ εἰ μὴ κωλύοιεν οἱ κνώδοντες τῆς λόγχης, ἀφικοῖτ' ἂν διὰ τῆς ῥάβδου προωθῶν αὐτὸν πρὸς τὸν ἐπιφέροντα ἔχοντα. Hoc est, quod Philostratus signanter dixerat, μάλιστα τὸ συνάπτον τὴν πλάτην τῇ δέρῃ. Et Homerus de Ulisse [4] :

Τὸν δ' Ὀδυσσεὺς οὔτησε τυχὼν κατὰ δεξιὸν ὦμον.

Macte igitur virtute ! Constanti, qui (ut epigrammatarii verbis utamur) [5],

tam certo venabula dirigis ictu :
Et tua Cappadocem collocat hasta suem.

Utique non sine præsenti ope Dianæ : quæ cælatoris ingenio pone astat, telum et ipsa gerens, nescio quid satagens. Illam enim venatricem et ἀγροτέραν noscere videor ex habitu : quam ita succinctam in nummis videmus, et statuis [6]. Minutius Felix Octavio [7] : *Diana*

1. Apud Choul. pag. 89. — 2. Apud Æn. Vico Erizzo. — 3. Xenoph. in Cyneget. L. 2, c. 10. — 4. Odyss. τ. — 5. Martial. — 6. Choul. pag. 89. — 7. Lib. 2

interim est alte succincta venatrix, et Ephesia mammis multis et verrucis exstructa. Si modo paganum numen religioso principi apponere conveniebat, et non potius aliquem comitum sociorumque (quod doctissimo itidem viro, Laurentio Pignorio placuisse video [1]) interpretamur, præ terrore refugientem, nec congressum horribilis monstri sustinentem. Quod ad extollendam Cæsaris virtutem artifex addiderit, qui comites ipse suos turbatos et timentes præsenti periculo liberaverit : fortior et felicior in venatione ista Cappadocia rege illo Artaxerxe, de quo e Polybio refert Constantinus Porphyrogeneta imperator [2], cum in eadem regione inter venandum leo ei occurrisset, ejusque equum invasisset ; oblatum casu Persam quemdam stricto acinace regem de vita periclitantem liberasse, leone interfecto : proque tali merito, altissimo monte conscenso, omnem regionem quam inde circumspicere potuerit dono a rege accepisse, Cappadociæ nomine persico indito.

Quas ergo grates publico hoste sublato liberatori suo provincia retulit, magnas procul dubio, et plausum triumphalem, et hoc ipsum forsan donariolum, utut mole exiguum, elegantia et raritate conspicuum, artifice manu scalptum, honoris ergo ipsi consecravit. Et ipsa quidem spectatrix accubat, dextra ferram demonstrans, sinistra cornu Amaltheæ tenens : quo symbolo fertilitatem regionis frugumque abundantiam Geographis notam denotari palam est [3]. Quo habitu et alias provincias in Noticia Imperii, atque etiam nummis depictas videmus, et nominatim Cæsaream in nummo uno atque altero a Cæsariensibus in honorem Antonii mviri cuso, apud Goltzium [4] : in quibus mulier caput turrita, palmæ ramum cum cornucopiæ læva gerens, dextram gubernaculo admovens. Quos tamen ad hanc Mazacam nihil pertinere, evidenti palmæ Idumeæ argumento, acute idem vir ille elegantissimi ingenii Fabricius observavit ; sed apud aliam Cæsaream Idumeæ ab Herode rege cusos. Antonius namque (Appiano teste [5]) Herodem Samariæ et Idumeæ præfecit : Cæsaream que ejus gentis oppidum recenset Plinius, quam et ipse et Strabo prius Stratonis turrim vocatam scribunt ; Vespasianus postea colonia eo deducta Primam Flaviam appellavit, et in nummo quodam Aurelii Cæs. legitur : COL. PRIMA. FL. AVG. CÆSAREA. Sed et Mazacæ nomen Antonii tempore nondum in Cæsaream mutatum : quod sub Tiberio Cappadocia in provinciam contigisse Eutropius et Eusebius, sub Claudio Sozomenus et Nicephorus, et alii aliter prodidere**. Eam porro jacentem cælator fecit, sive quod non aliter gemmæ spaciique ratio ferret, sive studiose : ut in nummis subinde provincias afflictas, et bellis aliisque calamitatibus oppressas et prostratas, salutari demum principum manu erectas surgere observamus. Et hæc hactenus.

1. Tab. 20, 22. — 2. De Themat. cap. 2. — 3. Strabo, lib. 12. — 4 Tabula 55. — 5. Lib. 5, c. 13.

ADDITIUNCULÆ CANGII.

* Ausonius de Gratiano imperatore : *Nemo adductius jacula contorsit : nemo spicula crebrius jecit, aut certius destinata percussit.* Aurel. Victor de eodem : *Nihil aliud die noctuque agere quam spiculis meditari ; summæque voluptatis divinæque artis credere, ferire perite sibi destinata.* — ** Melius disertissimus ille pontificum de quo ita Plotius : *Libros plusquam sapphiros et smaragdos charos habuit, quibus chrysolithorum magnam copiam inesse dicebat.* — *** ΚΕϹΑΡΙΑ ΚΑΠΠΑΔΟΚΙΑ, Barbarismo Græcanico, aut cælatoris inscitia perperam scriptum : res illi generi non nova. Sidonius, epist. 12, lib. 3. *Carmen hoc sane quod consequetur, peto ut tabulæ, quantulumcunque est, celeriter indatur. Sed vide ut vitium non facial in marmore lapidicida. Quod factum, sive ab industria, seu per incuriam, mihi magis quam quadratario lividus lector adscribat. Ex addit. Cangii.*

DISSERTATIONS
OU RÉFLEXIONS
SUR
L'HISTOIRE DE SAINT LOUYS

DES COTTES D'ARMES
ET PAR OCCASION DE L'ORIGINE DES COULEURS ET DES MÉTAUX DANS LES ARMOIRIES.

DISSERTATION I.

La cotte d'armes a esté le vêtement le plus ordinaire des anciens Gaulois : il estoit appellé par eux *sagum*[1], d'où nous avons emprunté le mot de *saye* ou de *sayon*. Sa forme estoit comme celle des tuniques de nos diacres, et mêmes quelques-uns de nos auteurs lui en donnent le nom. Pour l'ordinaire elle ne passoit pas les genoux, ainsi que Martial a remarqué,

Dimidiasque nates Gallica palla tegit[2].

Ils s'en servoient en temps de guerre pardessus la cuirasse, de même que les chevaliers françois de la cotte d'armes, qui a retenu cette appellation, parce qu'elle se mettoit pareillement dessus les armes : à l'exemple des anciens Grecs, qui usoient d'un semblable vêtement pardessus la cuirasse, appellé pour ce sujet ἐπιθωρακίδιον et περιθωρακίδιον dans Plutarque[3], duquel nous apprenons que son principal usage estoit à l'effet de reconnoître les cavaliers des autres parts. Il est fait mention de ces cottes d'armes dans quelques auteurs grecs du moyen temps[4], qui les appellent d'un terme grec barbare, tantôt ἐπιλώρικον, tantôt ἐπανωκλίβανον[5], parce qu'on s'en revêtoit pardessus la cuirasse. Tzetzes[6] les représente fendues, ainsi qu'estoient les cottes d'armes.

Les François se servoient dans les commencemens d'une sorte de vêtement, ou de manteau, qui leur estoit particulier, qui, estant mis sur les épaules, venoit jusques en terre devant et derrière, et par les côtez à peine touchoit aux genoux, qui est la forme du manteau royal de nos rois, aux jours de leurs sacres. Mais depuis qu'ils passerent dans les Gaules, ils quitterent cette sorte d'habit, et prirent la cotte d'armes, ou le sayon des Gaulois, acause que leur usage leur sembla plus convenable à la profession qu'ils faisoient de la guerre, et moins embarrassante dans les combats: « quia bellicis « rebus aptior videretur ille habitus. » Ce sont les termes du moine de S. Gal[7].

Toutefois, comme la nouveauté plaît, et que les François sont naturellement sujets au changement, ils porterent quelquefois les cottes d'armes plus longues, et jusqu'à mi-jambes, et mêmes jusques aux talons. C'est ainsi que Nicetas[1] represente la cotte d'armes du prince d'Antioche, seigneur françois, au temps du tournoy qu'il fit à Antioche à l'arrivée de l'empereur Manuel Comnene. Il estoit, dit-il, monté sur un beau cheval plus blanc que neige, revêtu d'une cotte d'armes fendue des deux côtez, qui lui battoit jusques aux talons : ἀμπισχόμενος χιτῶνα διασχιστὸν ποδηνεκῆ. Et Froissart[2] nous dépeint Jean Chandos, chevalier anglois, « orné « d'un grand vestement, qui lui battoit jusqu'à terre, armoié « de son armoirie, d'un blanc saint, à deux paux aiguisez de « gueules, l'un devant, l'autre derrière. » La Chronique de Flandres[3] parlant des cottes d'armes de l'empereur Henry de Luxembourg : « Et fut monté sur un grand destrier, et avoit vestu un tor- « nicle d'or (*tunica*) à aigle noir, et deux manches liées, qui « alloient jusque sur la main : et ce tornicle lui pendoit « jusqu'à mi-jambe. Cette forme de cottes d'armes longues se remarque souvent dans les anciens sceaux. S. Bernard[4] a ainsi parlé de celles des chevaliers du Temple : « Operitis « equos sericis, et pendulos nescio quos panniculos loricis « superinduitis, depingitis hastas, clypeos, et sellas, etc. »

Mais parce que cette sorte de vêtement estoit presque le seul où les seigneurs, les barons et les chevaliers pûssent faire éclater leur magnificence, acause qu'il cachoit le surplus des autres habits, et les armes, ils les faisoient ordinairement de draps d'or et d'argent, et de riches pannes ou fourrures d'hermines, de martes zebellines, de gris, de vair, et autres de cette nature. Et c'est des cottes d'armes qu'il faut entendre Albert, chanoine d'Aix-la-Chapelle[5], lorsqu'il décrit les accoûtremens de Godefroy de Bouillon et des autres barons françois, quand ils vinrent se presenter devant l'empereur Alexis Comnene, écrivant qu'ils y parurent « in « splendore et ornatu pretiosarum vestium, tam ex ostro « quam aurifrigio, et in niveo opere harmelino et ex mar- « drino, grisioque et vario, quibus Gallorum principes præ- « cipue utuntur. » Et ailleurs[6], racontant une défaite des François, il dit que les Infidèles y firent un grand butin, et emporterent « molles vestes, pelliceos varios, grisios, har- « melinos, madrinos, ostra innumerabilia auro texta miri « decoris, operis, et coloris. »

---

1. Bayff, de Re vest. — 2. L. 1, Epigr. 97 [93]. — 3. In Artax. [cap. 11. περιθωρακίδιον est la leçon des anciennes éditions, qui ne se trouve dans aucun manuscrit.] — 4. Rigalt. et Meurs. in Gloss. [Meursius a ἐπιλουρίκον, ἐπιλώρικον et ἐπιλουρίκιον ; Ducange, in Glossar. Med. Græc. col. 836, ἐπιλώρικον et ἐπιλούρικον.] — 5. [Glossar. Mæd. Grecit. col. 667, radice κλίβανον ; Henr. Stephani Thesaur. ling. gr. ed. Didot, in Ἐπανωκλίβανον.] — 6. Ad Hesiod. [Op. et D. lib. 2. pag. 158: χιτῶν καὶ φάρος ἐστὶ τὸ δισσχιζόμενον ἱμάτιον ὃ καλούμενον ἐπιλώρικον.] — 7. Monach. Sangall. lib. 1, c. 36 [34].

1. In Man. lib. 3. — 2. 1. vol. ch. 277. — 3. Ch. 51. — 4. In exhort. ad. Milit. Templi, c. 2. — 5. L. 2, c. 16. — 6. L. 5 [8], c. 20.

DISSERTATIONS

L'abus qui se glissa avec le temps dans le port de ces draps d'or et d'argent, et de ces riches fourrures, vint à un tel excès, particulierement dans les occasions de guerre, et aux voyages d'outremer, qu'on en interdit l'usage, comme estant une dépense superfluë et de nul fruit. En celui que le roi Philippes Auguste et Richard roi d'Angleterre entreprirent l'an 1190, entre les ordonnances qui furent dressées pour établir l'ordre dans la milice, il fut resolu que l'on s'abstiendroit à l'avenir du port de l'écarlate, des peaux de vair, d'hermines, et de gris, dont la dépense estoit immense, et plus vaine que nécessaire. « Statutum est etiam — quod « nullus vario vel grisio, vel sabellinis, vel escarletis uta- « tur [1]. » Il semble que cét ordre fut encore observé sous le regne de S. Louys, qui en ses voyages d'outremer s'abstint de porter l'écarlate, le vair et l'hermine, « Ab illo enim tem- « pore nunquam indutus est squarleto, vel panno viridi, seu « bruneto, nec pellibus variis, sed veste nigri coloris, vel « camelini, seu persei [2]. » Le sire de Joinville [3] rend le même témoignage, écrivant « qu'onques puis en ses habits ne « voulut porter ne menu vair, ne gris. ne escarlate, ne « estriefs et esperons dorez » Et ailleurs il assûre que tant qu'il fut outremer avec ce saint roi il n'y vit pas *une seule cotte brodée*. Comme cet abus continuoit, et qu'il n'y avoit personne qui ne s'incommodât pour se couvrir de ses pannes exquises, on fut obligé en Angleterre [4], aux deux parlements qui furent tenus à Londres l'an 1334 et l'an 1363, de faire défense à toutes personnes qui ne pourroient dépenser cent livres par an d'user de fourrures. C'est ce qui a donné sujet à deux auteurs alemans [5] de se plaindre de cette manie qui avoit cours de leur temps : « Ad marturnam vestem anhe- « lamus quasi ad summam beatitudinem. » C'estoit particulierement dans les occasions de la guerre, où les grands seigneurs faisoient paretre leur magnificence dans la richesse des habits et des cottes d'armes. Guillaume de Guigneville [6], moine de Challis :

Ou sont bannieres desploiées,
Ou sont heaumes et bachinets,
Tymbres et vestus veluës,
A or battu et à argent,
Et à autre convoitoiement.

Ce n'est pas pourtant que j'estime que l'on ait seulement commencé à porter ces riches fourrures depuis les guerres saintes : estant trop constant que les François en ont usé dès le commencement de la monarchie. Eguinard [7] écrit que Charlemagne estoit ordinairement vetu à la françoise : « Vestitu patrio, hoc est francico, utebatur ; » et que durant l'hiver « ex pellibus lutrinis thorace confecto humeros ac « pectus tegebat. » D'où nous apprenons que les anciens François se servoient de fourrures dans leurs vétemens, comme les autres peuples septentrionaux. Rutilius Numatianus [8], Claudian et *Sidonius* [9] nous representent les Goths, et leurs rois, tout fourrez, y estans appellez *pelliti reges*. Le même *Sidonius* temoigne la même chose des Bourguignons [10]. Odon de Cluny [11] dit que Geraud, comte d'Aurillac, « vesti- « mentis pelliceis super vestibus utebatur, quia genus istud « indumenti solent clerici vicissim et laici in usum habere. » A quoy se rapporte ce passage d'Ives, évesque de Chartres [12], écrivant qu'Estienne, qui se vouloit conserver en l'evesché de Beauvais, avoit attiré la plûpart des chanoines à son party, par le present qu'il fit à chacun d'eux de ces riches fourrures : « quos sibi pelliculis peregrinorum murium, « atque aliis hujusmodi vanitatum aucupiis inescaverat. » Roger de Hoveden [13] dit que l'evesque de Lincolne estoit obligé de presenter au roi d'Angleterre, par forme de reconnoissance, un manteau de martes zebellines.

Quelques sçavants se sont persuadez, avec beaucoup de fondement, que les herauds ont emprunté de ces cottes d'armes les métaux, les couleurs, et les pannes, qui entrent en la composition des armoiries. Le savant Marc Velser [14] est un des premiers qui a avancé cette opinion, en ces termes : « Atque ego compertum habeo pleraque insignia, quorum « meri colores, ex militari primo habitu manasse : seu (quod « hactenus eodem recidit) in militum saga migrasse ex « clypeis.» Henri Spelman [15], autre anglois, l'a aussi touchée en son Aspilogie, lorsqu'il écrit que ces riches peaux ont

donné lieu aux gentilshommes d'en emprunter les couleurs pour les mettre dans leurs écus et dans leurs armoiries : « Sæpenumero pelles quædam, quibus alias ad honorem et « insignia induebantur proceres, colorem clypeis subminis- « trant armillorum et zebellinorum. » Et aprés ces grands hommes, un de nos auteurs françois [1] l'a encore avancée, sans la prouver, non plus que les autres, écrivant que « c'est « par les vestemens qu'on a introduit l'usage du blazon, « c'est-à-dire la pratique des métaux, couleurs et fourrrures, « et les termes et les regles, particulierement pour le com- « portement des armoiries observées par les herauz jusques « en ce temps. » Cette opinion est tellement plausible, que je ne fais pas même difficulté d'avancer que c'est effectivement de ces cottes d'armes qu'il faut tirer la source et l'origine des métaux, des pannes, et des couleurs qui composent aujourd'huy les armoiries. Mais comme elle pourroit surprendre d'abord, si elle n'estoit accompagnée de preuves authentiques, je me propose de continuer cette dissertation, et de prouver que ce que nous appellons vulgairement couleurs, en termes de blazons, n'est pas une simple couleur, comme en a crû jusques à present, mais une panne, ou fourrure, ne plus ne moins, que l'hermine et le vair, que l'on baptize de ce nom. Car quant aux deux métaux qui entrent dans les armoiries, il n'est pas bien difficile de concevoir qu'ils n'ont esté tirés que des cottes d'armes faites de draps d'or et d'argent.

Entre les peaux et les riches fourrures dont les auteurs du moyen temps ont fait mention sont celles de vair, d'hermines, de gris, de martres, ou martes, et autres reprises dans les vieilles *Ordonnances du peage de Paris*, sous le titre de *Pelleterie*, dans la *Coutume de Normandie* [2], dans le compte d'Estienne de la Fontaine, argentier du roi de l'an 1351, qui est en la chambre des comptes de Paris, et dans divers auteurs. Toutes ces fourrures sont reconnues vulgairement sous le terme *général* de *pannes*, qui est un vieux mot françois, encore en usage parmi nous pour marquer la fourrure ou la doublure d'un manteau, et qui est particulierement donné à certaines étoffes de soye, ayant le fil long à guise de peaux, ausquelles elles ont succédé, l'usage des fourrures ayant cessé. Il se trouve en toutes rencontres dans Froissart [3], Monstrelet [4], et autres auteurs de ce temps-là, lorsqu'ils font un dénombrement des meubles les plus précieux. Nos poëtes l'emploient aussi souvent, comme le *Roman de la Rose*, Guillaume Guiart, Martial d'Auvergne en ses *Arrests d'Amour*, le *Reclus de Moliens*, et autres. Quelques écrivains latins l'ont tourné pour celui de *pannus*, et entre autres Geoffroy, prieur du Vigeois, en sa *Chronique* [5], en ce passage : « Barones tempore prisco munifici largitores vilibus uteban- « tur pannis, adeo ut Eustorgius episcopus, vicecomes Lemo- « vicensis, et vicecomes Combornensis arietinis ac vulpinis « pellibus aliquoties uterentur, quas post illos mediocres « deferre erubescunt. »

Je ne pretends pas m'étendre sur toutes les riches fourrures dont les grands seigneurs se revetoient : je me renferme seulement dans la deduction de celles qui entrent dans la composition des armoiries. dont il y en a deux qui passent et sont reconnues sous le nom de pannes, savoir l'hermine et le vair ; et les cinq autres sous le nom de couleurs, quoiqu'effectivement ce soient pannes, comme le vair et l'hermine, qui est ce que je prétends justifier après que j'aurai dit quelque chose des deux premieres que les herauts ont toujours qualifié pannes et fourrures, à cause peut-estre que les pannes de gris, de gueules, de sinople, de sable et de pourpre estans simples de leur nature, et sans mélange d'autres peaux et de figures, elles ont passé avec le temps pour les simples couleurs dont on se servoit pour les exprimer dans les écus ; ce que l'on ne pouvoit pas faire de l'hermine et du vair, parce qu'estans des peaux composées, ou du moins diversifiées par la couleur de leur poil, on a été obligé de conserver leurs noms mêmes dans les blazons des écus.

L'hermine est un petit animal de la grandeur et de la forme d'un grand rat, et en effet est une espèce de rat, ainsi nommé par les naturalistes tant grecs que latins. Son museau est pointu et affuronné, sa peau d'une extrême blancheur, à la réserve de l'extrémité de sa queuë, qui est noire. Pline [6] écrit que ces animaux se tiennent cachez tout le temps de l'hyver dans leurs tanieres, et qu'ils ont le goust excellent. Ælian [7] dit qu'ils ont une connoissance de l'avenir, et que lors qu'ils prévoient quelque ruine de bâtiment ils s'en retirent. Il ajoute ailleurs que dans une isle du Pont-

---

1. Guill. Neobr. l. 3, c. 22. — 2. Guill. de Nang. p 346 [197]. Gaufr. de Belloloc. c. 8. — 3. [Pag. 140]. — 4. Tho. Walsing. in Éd. III. — 5. Helmold. l. 1, c. 1 ; Adam Brem. c 227 [lib. 4, cap. 18]. — 6. En son Roman ms. du Pelerinage de l'humaine lignée. — 7. In Car. M. cap. 23. — 8. L. 1, Itin. — Claud. in Ruf. [lib. 5, vers. 85]. — 9. L. 7 [in concione post. ep. 9 et carm. 7, vers 224]. — 10. L. 5. ep. 7. — 11. L. 2 de Vita S. Geraldic. 3. — 12. Ivo Carn. ep. 104. — 13. An. 1193. — 14. L. 4. Rer. Aug. — 15. Aspilog. p. 76.

1. Charles Segoing, en son Tresor Héraldique. — 2. Ch. 602. — 3. Vol. 1, ch. 36 ; vol. 2, ch. 117 ; vol. 3, ch. 70. — 4. Vol. 2, p. 78. — 5. Ch. 74. — 6. L. 8, ch. 37. [55]. — 7. L. 6 De anim. c. 40, 41 ; Var. hist. l. 1, c. 11.

Euxin, nommée Heraclée, parce qu'elle estoit dédiée à Hercules, il y avoit un grand nombre de ces rats, qui avoient du respect pour cette divinité, ne touchans à aucune chose de ce qui lui estoit consacré. Un heraud d'armes qui vivoit sous l'empereur Frederic d'Austriche et Henry roi d'Angleterre, en un traité qu'il a fait du *Devoir des Herauds* remarque une autre propriété de cet animal, qui est qu'il appaise les autres bêtes qui sont en dissension les unes avec les autres, et que lors qu'il ne peut les accorder, il se conserve dans la neutralité. S. Hierôme[1] parle en quelque endroit de l'odeur agreable des peaux de ces rats : « Odoris autem suffitus, et « diversa thymiamata amomum, cyphi, œnanthe, muscus, « et peregrini muris pellicula. » Sigismond d'Herberstein, en sa *Description de la Moscovie*[2]. nous apprend qu'il y a des saisons de l'année où les hermines ne sont pas si blanches, et comme on le debite ordinairement renversees, il y a des marques à la teste et à la queüe, qui font juger aux marchans si elles ont esté prises en bonne saison.

La peau des hermines a esté employée de tout temps à usage de fourrure, et a esté en grande estime parmi tous les peuples pour son extreme blancheur. Les rois et les princes en ont usé, comme de l'une des plus exquises, et s'en sont revêtus dans les grandes ceremonies ; et les grands seigneurs en ont fait des cottes d'armes, qu'ils ont portées dans les armées. D'abord on se contentoit de joindre toutes ces petites peaux, et de les coudre ensemble, en laissant pendre les queües, dont les extremitez, qui sont noires, formoient cette diversité de couleurs qui se rencontrent en la panne d'hermines. Ces peaux ainsi ajustées sont appellées par Ammian[3], dans le passage que je rapporteray incontinent, « pelles « silvestrium murium consarcinatæ. » Ce qui a donné sujet aux herauds de blazonner l'hermine d'un seul nom, sans exprimer le blanc et le noir, la nature de cet animal estant telle, que sa peau est naturellement diversifiée de ces deux couleurs. Mais depuis, pour rendre ces fourrures plus unies, on a retranché les queües, et on a moucheté cette grande blancheur de petits morceaux de peaux d'agneaux de Lombardie, qui sont fort noirs, avec une observation des distances ; en sorte que ce noir ainsi entremeslé servoit à rehausser la blancheur naturelle de la peau de cet animal.

Entre les peuples qui ont le plus usé de ces peaux ont esté ceux d'Armenie, lesquels, suivant l'autorité de *Julius Pollux*[5], avoient un vétement tout particulier, appellé par les Grecs μυωτός, parce qu'il estoit fait de peaux de rats qui naissent en ce pays-là : Ἀρμενίων δὲ ὁ μυωτὸς, ἢ ἐκ μυῶν τῶν παρ' αὐτοῖς γινομένων. Alcuin[8] semble avoir exprimé la force de ce mot au poëme qu'il a fait de Charlemagne, où parlant de Berte sa fille il dit qu'elle avoit à l'entour du col une peau, qu'il appelle *murina*, c'est-à-dire une peau d'hermines, ou de rats de Pont :

Lactea quippe ferunt pretiosam colla murinam.

C'est de l'Armenie que ces petits animaux ont emprunté le nom qu'ils ont aujourd'hui : car comme ils ont esté appellez premierement rats de Pont, *mures Pontici*. non que ce fust un rat de mer, ainsi que la Colombiere a mis en avant en sa *Science Heroïque*[6], mais parce que ces peaux estoient apportees en Europe, ou de cette isle dont Ælian parle aux lieux que j'ai citez, et où d'ailleurs il semble placer par l'embouchure du Danube, ou plutôt, ce qui est plus probable, de la province du Pont en Asie : ainsi dans les derniers siecles on les a nommez rats d'Armenie, ou du moins on a joint cet adjectif à leurs peaux, parce que le debit s'en faisoit en cette province-là, et acause que ces animaux y prennent naissance : d'où vient qu'on appelloit ces peaux vulgairement peaux d'Armenie, ou, comme l'on parloit anciennement en France, *peaux des Hermins*, ou d'*Hermins*. c'est-à-dire des Armeniens, parce que ces peuples avoient coutume de s'en revêtir, suivant l'autorité de *Pollux*. Car en vieux françois[7] on disoit *Hermenie*. au lieu d'Armenie, et *Hermins* au lieu d'Armeniens. Ville-Hardouin parlant de Léon premier roi d'Armenie, ou de la Cilicie, le qualifie *Sire des Hermines*, ou lui-même en quelques epîtres, qui se voient parmi celles du pape Innocent III, se dit *Dominus omnium Armeniorum*. Tudebode[9] se sert toujours du mot d'*Hermenii*, au lieu de celui d'*Armenii*. L'auteur de la Vie de Louys le Gros[10]: « Venerunt in auxilium Soldani Iconiensis Turci « duarum Hermeniarum. » Froissart[11] se sert souvent aussi du mot d'*Hermenie*, au lieu d'Armenie, comme encore l'auteur du roman de *Garin le Loherans* :

Ge te donrai mon peliçon hermin,
Et de mon col le mantel sebelin.

Et ailleurs :

Sire, assis l'ont Sarazin et Persent,
Et Rox et Hongre, et Hermin et Tirant.

Quelques écrivains latins qui ont parlé des peaux d'hermines les nomment *hermellines*, comme Pierre Damian[1]. Albert d'Aix[2], et entre les recens Paul Jove et Alexandre Guaguin en leurs *Descriptions de la Moscovie*, d'un terme usité par les Italiens, pour signifier quelque chose venant d'Armenie : dont ils se servent encore pour exprimer l'abricotier, appellé par les Latins *malus Armeniaca*, lui donnans le nom d'*armellino*. Les Espagnols nomment les hermines *arminnos*, d'un terme plus approchant du latin *Armenia*.

Or il n'est pas sans exemple que les riches fourrures, qui ont esté en usage parmi les grands, estoient reconnuës du seul nom adjectif des provinces où elles se debitoient et d'où elles s'apportoient, sans specifier ni le nom ni l'espece de l'animal. C'est ce que je vay faire voir incontinent, lorsque je parleray des martes zebellines. Ce qui n'a pas esté en usage seulement dans les derniers siecles, mais encore a eu lieu dans l'antiquité. Car je remarque que ces mêmes peaux d'hermines ont esté autrefois appellées peaux de Babylone, parce qu'elles se debitoient en cette capitale de l'Assyrie, qui est voisine de l'Armenie. Le jurisconsulte Martian[3] en fait mention. comme aussi S. Hierôme[4] en l'une de ses epîtres, le Glossaire grec-latin dit que *beneventanum* estoit une espece de peau de Babylone, Βαβυλωνικοῦ δέρματος εἶδος. L'*Histoire ms. de Bertrand du Guesclin* parle du drap de Benevent :

Et getta on sur lui un drap de Bonnivent.

Un auteur grec, qui a fait un abregé de la[5] *Description du Monde*. dit que les peaux de Babylone estoient envoyees en la Cappadoce : Ἐμπορίας δὲ τακτῆς βελτίστης πανταχοῦ πέμπειν αὐτὴν λέγουσι δασυποδέσιν ἔσθησιν, καὶ Βαβυλωνικὴν πόλιον. Et Ælian[6], en ses livres *de la Nature des Animaux*, fait assez voir que ces peaux estoient les mêmes que celles d'Armenie, écrivant que les peaux de Babylone estoient peaux de rats, et qu'elles se debitoient chez les Perses, qui les prisoient beaucoup, et en faisoient des robes, ou des couvertures lesquelles appelloient *mures*, dont Pollux[7] et Ammian font aussi mention. Les Grecs[8] recens appellent encore à present les hermines ποντικοὺς, sans ajouter l'espece de l'animal, et non-seulement les hermines, mais encore toutes sortes de peaux indifferemment.

Les hermines[10] ne naissent pas seulement dans l'Asie et autres provinces de l'Orient. mais encore dans les pays septentrionaux. Justin[11], au l. 2. de son *Histoire*, dit que les Scythes, qui habitoient les terres occupées par les Tartares et les Moscovites, se servoient de peaux de rats pour vêtemens, ignorans l'usage de la laine : « Lanæ iis usus ac ves- « tium ignotus : et quamquam frigoribus continuis urantur, « pellibus tamen ferinis aut murinis vestiuntur. » Ne faisant aucun doute qu'il n'ait entendu parler de peaux d'hermines, vu qu'il est constant que la Moscovie et autres provinces voisines abondent en ces animaux ; et ceci est encore confirmé par Ammian Marcellin[12], lorsqu'il parle des Huns, que quelques auteurs qualifient du nom de Scythes : « Indumen- « tis operiuntur linteis, vel ex pellibus silvestrium murium « consarcinatis. » Martin Cromer[13] dit que les marchans polonois en font grand trafic. Paul Jove et Alexandre Guaguin asseurent le même des Lappons et autres peuples tributaires du grand duc de Moscovie. Le Juif Benjamin[14] en son *Itineraire*, et Jean d'Orronville[15] en la *Vie de Louis III*, duc de Bourbon, remarquent aussi qu'il s'en trouve grand nombre dans les forests de la Prusse. Alderisius, auteur de la *Geographie Arabe*[16], témoigne qu'il y en a dans quelques forests de l'Afrique ; et enfin la *Chronique ms. de Bertrand du Guesclin* parle en quelques endroits des peaux d'hermines, qui s'aportoient des païs appartenans aux Sarrazins :

Vestus moult noblement de sendaure et d'orfrois,
Et de beaus dras ouvers d'hermins sarazinois.

---

1. L. 2. contra Jovin. — 2. P. 44. — 3. L. 31, cap. 2. — 4. L. 7, c. 13. — 5. T. 2, Hist. Fr. p. 102 — 6. P. 43, 46. — 7. L. 14, de Anim. c. 25 — 8. Apud Odor Rainal. — 9. L. 2, p. 783, 784, 785, etc. [Auct. Anon. cap. 14, 19, 20]. — 10. Gesta Lud. VII, c. 6. — 11. Vol. 4, ch. 79, etc.

1. L. 2, ep. 9. — 2. L. 2, etc. — 3. L. interdum, 16, § 7, D. de Public. [39, 4]. — 4. Ep. ad Lætam. — 5. Alypii Antioch. Geogr. — 6. De Anim. l. 17, c. 17. — 7. L. 7, c. 13. — 8. L 23 [c. 6, § 80]. — 9. Moscopul. περὶ σχεδίω. — 10. Corona pretiosa. — 11. L. 2, cap. 2. — 12. L. 31, cap 2. — 13. L. 1. — 14. In Itiner. extremo. — 15. Ch. 24. — 16. Geogr. Nubiens. p. 9.

Je ne veux point m'arrêter à ce qui regarde le blazon de l'hermine, parce qu'outre que cela est hors de mon sujet, cette matiere d'ailleurs a esté traitée amplement par tous ceux qui ont écrit des blazons[1]. Je remarque seulement que l'hermine estant l'armoirie des ducs de Bretagne, en estoit aussi la devise. Bretagne, roi d'armes, décrivant l'enterrement du cœur d'Anne duchesse de Bretagne et reine de France, dit qu'à l'entrée de l'église des Carmes, où il fut déposé, il y avoit un grand écu party des armes de France et de Bretagne, couronné de deux couronnes, et enrichy d'une cordeliere d'or. « Au dessous dudit escu y avoit une ermine « faite près du vif, ayant un fanon d'ermines au col, pas- « sante estoit sur une mote de verdure *(que la Colombiere a* « *mal pris pour de l'eau)*, et disoit celle dite ermine, A MA « VIE, qui est l'antique mot du noble pays et duché de Bre- « tagne. » Ce mot n'est autre, si je ne me trompe, que le cry de guerre des ducs de Bretagne, n'ayant rien de commun avec l'hermine : quoy que je n'ignore pas qu'ils ont encore crié *Saint Yves*, ou *Saint Malo* : se pouvant faire qu'un comte ou duc de Bretagne, s'estant veû en péril dans le combat, avoit imploré l'assistance des siens, en criant qu'on en vouloit à sa vie, mais cela n'est qu'une pure conjecture. Chifflet[2] remarque encore que Frederic d'Arragon, roi de Naples, institua l'ordre de l'Hermine en l'an 1497, qui pendoit à un collier d'or. Voilà ce que j'ai remarqué de l'Hermine. Maintenant il faut dire quelque chose du vair, avant que de parler des couleurs qui entrent en la composition des armoiries.

Tous les auteurs conviennent que le vair a esté l'une des plus riches pannes ou fourrures dont les princes se soient revêtus. Nos heraulds qui le reconnoissent et l'admettent dans les armoiries, avec l'hermine, le representent comme parsemé de cloches, les unes en leur forme naturelle, les autres renversées, jointes ensemble. *Cæsar Vecellio*[3], auteur italien, décrivant les habits et la robe d'*Ordelafo Faliero*, qui estoit doge de Venise en l'an 1085, dont la figure se voit sur la porte du trésor de l'église de S. Marc de la même ville, dit que la robe de ce duc est fourrée de peaux de vair, qu'il represente comme le *papelonné*. Voicy les termes de cét auteur, pour faire voir l'estime qu'on en faisoit de ces pannes anciennement : « Il manto dunque era di seta frigiato d'oro, « et fodrato di vari pelli, che in quei tempi erano di gran- « dissima stima, et di qui nasce che l'armi e l'insegne di « molte famiglie nobili fanno oltre le altre cose queste pelli, « che chiamaro vari, e percio si vede, che l'antichi pittori « qualunque volta volevano ritrar qualche gran personaggio « di auttorità : lo depingevano ordinariamente con un manto « fodrato di queste pelli. »

La plupart des auteurs[4] écrivent que le vair n'est autre chose qu'une fourrure composée de petits morceaux de peaux d'hermines, et de celle d'une bételette, nommée GRIS, lesquels estans découpez et taillez artistement en triangles, representent la figure de diverses cloches renversées les unes contre les autres, les droites estans de gris, les renversées d'hermines, au moyen de ce que le poil venant à s'eslargir au bas du triangle, et à se mesler l'un parmi l'autre, il prend la figure de la cloche, ou d'un verre, d'où quelques-uns ont pensé que cette pelleterie avoit pris son nom : de là on infere qu'au blazon du vair, aussi bien qu'en celui de l'hermine il n'y a point de fonds, c'est-a-dire qu'il n'y a aucune piece chargeante, ni semée : l'argent qui est employé pour marquer la blancheur de l'hermine ; et l'azur, qui represente le *gris*, auquel cette couleur tire plus que pas une autre, estant vair : bien qu'improprement on prene aujourd'huy l'azur pour le vair, comme l'on fait les moucheures noires pour les hermines.

Ces mêmes écrivains[5] ajoûtent que c'est pour cela que le nom de vair a esté donné à cette pelleterie, acause de sa varieté. estant diversifiée de peaux de differentes couleurs, de même que parmi les Latins « vestis varia dicebatur quæ « erat discolor diversisque coloribus consuta » : car, suivant le dire de Ciceron, « varietas verbum latinum est, idque « proprie quidem in disparibus coloribus dicitur »[6]. » Ceux de Babylone semblent avoir esté les premiers qui ont inventé ces sortes de fourrures marquetées et diversifiées. Zonare[7] raconte que Sapor, roi de Perse, qui vivoit du temps du grand Constantin, ayant fait voir à son fils Adarnases, alors jeune enfant, une superbe tente qui lui avoit été envoyée de Babylone, faite de peaux d'animaux qui naissent en ce pays-là, artistement diversifiées et marquetées, il lui demanda ce qu'il luy sembloit de ce riche present : à quoy Adarnases fit réponse que lorsqu'il seroit roi il feroit faire un pavillon sans comparaison plus exquis, et qu'il le feroit faire de peaux d'homines. Ce que cet auteur rapporte de ce jeune prince pour un présage de sa cruauté, qui lui fit perdre le royaume dans la suite du temps : et faisant voir d'ailleurs en cét endroit que ces peaux de Babylone estoient de diverses couleurs, 'et comme marquetées : σκηνή ποτέ τῷ πατρὶ διεκομίσθη ἐκ Βαβυλῶνος δέρμασιν ἐγχωρίοις ποικιλώτερον εἰργασμένη. S. Hierôme[1], si nous croions quelques-uns, écrivant à *Læta*, a parlé de ces peaux marquetées de Babylone : « Pro gemmis « et serico divinos codices amet, in quibus non auri et pellis « babylonicæ vermiculata pictura, sed ad fidem placeat « emendata et erudita distinctio. » Mais je ne doute pas que ce passage ne doive estre entendu du parchemin ou du velin de ces livres, que l'on ornoit de figures, de peintures et de mignatures : car, suivant l'autorité de Pline[2], « colores « diversos picturæ intexere Babylon maxime celebravit, et « nomen imposuit. » Quoy qu'il en soit, ayant justifié cydevant que les peaux dont ceux de Babylone faisoient des robes et des couvertures estoient de rats, et Zonare écrivant que la tente de Sapor estoit composée et marquetée de peaux du pays, il est aisé de se persuader qu'ils ont été les inventeurs du vair, qu'ils composerent de peaux d'hermines et de gris, qui sont des animaux qui naissent ordinairement sous les mêmes climats. Quelques sçavans rapportent à ce sujet un passage de Calixène dans Athenée[3], mais, selon mon sentiment, cét auteur semble parler des tapis de Perse, diversifiez de couleurs et de figures d'animaux, appellez par Plutarque[4] ὀπκλίδες.

Monet en son *Inventaire des deux langues* écrit que le « vair est une espèce d'écuriu de poil tirant sur le colombin « par le haut du corps, et blanc sous le ventre : dont la « peau, ce dit-il, sert de fourrure aux manteaux des rois, « laquelle on diversifie en quarreaux et tavelures de colombin. « et de blanc, ores de plus grand, ores de moindre volume, « qu'on appelle, grand vair, ou petit vair. » Un auteur[5] de ce temps parlant des Moscovites, dit qu'ils sont pour la plûpart marchans, et font trafic de peaux de martes zebelines, et de rats musquees, qui est, ce dit-il, nostre ancien menu ver, dont les Rois et les grands portoient autrefois des fourrures. Aux comptes d'Estienne de la Fontaine, argentier du roy, des années 1349. 1350 et 1351, au chapitre des *Pannes*, il est souvent parlé de *ventres de menu vair*. Du Pinet, en sa traduction de Pline, semble donner le nom de *rosereaux* aux menus vers. Mais quant à moy, j'estime que ces animaux dont tous ces auteurs ne sont autres que les gris, que le Juif Benjamin[6], suivant la traduction d'Arias Montanus appelle d'un seul mot *veergares* ou *vairs-gris*, écrivant qu'il s'en trouve un grand nombre dans les forests de Boheme : « Regio omnis montosa est, sylvisque frequentissima, in « quibus animalia illa inveniuntur quæ veergares dicuntur « eædemque zibellinæ dictæ. » La traduction de Constantin l'Empereur porte : « Veergares, alias martes scythicæ, » où toutefois ces derniers mots semblent estre des traducteurs, car les zibellines ou les martes sont différentes des gris. Rolandin[7], en sa *Chronique de Padouë*, fait état des vairs de Sclavonie : neantmoins les peaux de gris n'ont pas esté estimées si riches que celles de vair. Le *Ceremonial Romain*[8], parlant des chappes des cardinaux, porte « a quarta feria « majoris hebdomadæ usque ad sabbatum sanctum solebant « uti cappis suis obscuris, cum pellibus de griseis, et non de « variis, etc. »

Nos derniers herauds[9] (c'est ainsi que les nomme les auteurs de notre temps qui ont traité des armoiries) écrivans au sujet du vair, disent qu'il y a une sorte de vair, dans les blazons, qu'on nomme *beffroy de vair*, ce qui est, lorsque le vair est representé en figures plus grandes et qu'il y a moins de traits. Je voudrois qu'ils m'eussent cité quelque auteur de consideration pour leur garand ; car trouvant cette expression impropre, j'aurois peine à la recevoir. Je sçay bien que Claude de S. Julien en ses *Mélanges Historiques*[10], parlant de la maison de Bauffremont, dit qu'elle porte des armes parlantes, sçavoir des *beffroys-mont*, c'est-à-dire beaucoup de beffrois. « Surquoy il faut noter, dit cét écrivain, que ceux « se trompent qui blasonnent les armoiries de Bauffremont : « vairées d'or et de gueules ; car le vrai blazon est : semé « de beffrois ou bauffrois sans nombre ; » termes qui font

---

1. Ceremonial de France, p. 439 de la 1re edit. — 2. In Anast Child. c. 21. — 3. De gli Habiti antiq. et moderni del mondo, p. 42. — 4 Fauche. l. 1 ; des Cheval. ch. 2. — 5. La Rocheflavin, au l. 10 des Parlem. ch. 25, n. 15 ; Fauchet et autres ; Ant. Thylesius, de Colorib. c. 13 ; Alciat. l. 2, Parerg. c. 4. — 6. L. 2, de Finib. cap. 3. — 7. T. 3, p. 44.

1. Ep. ad Lætam. — 2. L. 8, c. 48 [74]. — 3. L. 4. — 4. In Agesil. cap. 12. — 5. Jean le Laboureur, en la Relat. du voyage de la reyne de Pologne. — 6. In Itin. p. 114, edit. Plant. — 7. L. II, c 14 — 8. L. 3, p. 323, b. [Sect. 3, cap. 5]. — 9. Gilbert de Varennes ; la Colomb. — 10. P. 355

assez voir que les beffrois sont differens du vair, qui est une panne, où l'autre est une cloche. Car ainsi qu'il dit au même endroit : « Le mot de beffroy signifioit anciennement une « grosse cloche, qui picquée donnoit bel effroy, c'est à dire « grande frayeur. » Ce n'est pas pourtant que je voulusse admettre cette definition du beffroy, ne me souvenant point avoir leu ailleurs que la cloche du beffroy ait esté nommée beffroy, qui estoit un nom donné ordinairement aux tours de bois dont on se servoit anciennement pour faire les approches, lorsqu'on assiegeoit une place, ainsi que j'ai amplement justifié en mes observations. Il est vray neantmoins que Dominicy[1] a traité de cette façon de parler *battre le beffroy*, sonner à la cloche du beffroy, et Estienne Pasquier[2] dit que le mot de *beffroy* est corrompu au lieu d'*effroy*, et que *sonner le beffroy* en une ville n'est autre chose que *sonner l'effroy*.

Quoy qu'il en soit, il est fort probable que le vair a esté distingué du gris, en ce que le vair estoit de peaux entieres de gris, qui sont diversifiées naturellement de blanc et de gris, ces petits animaux ayant le dessous du ventre blanc, et le dos gris, de sorte qu'estant cousues ensemble sans art, elles formoient une varieté de deux couleurs. Mais depuis on en a usé comme aux hermines, qu'on a tavellées de petits morceaux de peaux noires, au lieu des queues, qui faisoient le même effet : car on a composé le vair des dos de gris, et des peaux des hermines, qu'on a ajustées en triangle, en égale distance, ainsi que j'ai remarqué, et comme pour exprimer le vair dans les armoiries on s'est servi de deux couleurs, sçavoir de l'azur, pour denoter le gris, et de l'argent pour marquer l'hermine : ainsi pour figurer le gris, dont on se servoit dans les cottes d'armes, on a employé l'azur dans les écus et les boucliers, la couleur grise, qui a emprunté son nom de celle du dos de cét animal, estant une couleur qui tient également du noir et du blanc, appellée par les Grecs φαιὸς, qu'un grammairien grec[3] définit ainsi φαιὸς, ὁ μέσον λευκοῦ καὶ μέλανος, d'où on a formé ensuite le mot de λευκόφαιος, qui est une couleur entre le blanc et le brun, qui n'est autre que la grise; Pline[4] et Martial[5] se sont servis de ce terme, un peu latinisé; Il y a même qui estiment avec beaucoup de fondement que la couleur appellée *pseudolactinus*, en la *Vie de S. Grégoire le Grand*[6], pape, n'est autre chose que le gris, n'étant pas tout à fait blanche, et tenant du brun, de même que dans *Marcellus Empiricus*[7], la couleur du poil du lion est appellée *pseudo-flavus*, parce qu'elle n'est pas absolument jaune, *colore pseudo-flavo, quasi leonino*. Cét auteur se plaît à cette maniere d'expression, dans lequel, *pseudocalidus*, et *pseudoliquidus*[8], c'est ce qui n'est qu'à demy chaud, et à demy liquide.

La seconde couleur qui entre dans la composition des armoiries est LE GUEULE. Ceux qui n'ont pas pénétré dans la véritable signification de ce mot se sont persuadés qu'il venoit de *gula*, ou de la gueule des animaux, qui d'ordinaire paroissant sanglante, représentoit naturellement le rouge. Mais soit que cette pensée ait quelque probabilité, il est constant que le gueule estoit une espece de peau teinte en rouge. Saint Bernard nous l'apprend formellement en l'épître[9] qu'il écrit à l'archevesque de Sens, en ces termes : « Horreant et murium « rubricatas pelliculas, quas gulas vocant, manibus circum- « dare sacratis. » Donnant à connoître par cette maniere de parler, que ces peaux estoient de rats, c'est-à-dire de rats de Pont cu d'hermines, teintes avec artifice. Brunon[10], qui vivoit quelque temps avant S. Bernard, a ainsi parlé de cette espece de pelleterie, en son Histoire de la guerre de Saxe : « Unus « ex illis cujusdam nobilis ex curia crusinam gulis ornatam » quasi furtim præcidit. » Le mot de *crusina*, dont Ditmar[11] se sert encore en la l. 5 de son *Histoire*, signifie une espece d'habit fait de peaux, et est un terme des anciens Saxons. Le *Glossaire* d'Ælfrit; *Mastruca*, vel *Mastruga, Crusne*, et celui de Somner : « *Crusene*, tunica ex ferinis pellibus, Mastruca.» Anastase Bibliothéquaire[12] en son *Histoire Ecclésiastique*, après Theophanes[13], semble faire mention de ces peaux rougies κόκκινα δερμάτια *pelles coccineæ*, qui sont peut-estre celles que l'empereur Constantin Porphyrogenite[14] appelle δερμάτα ἀλήθινα, n'est que des peaux ne soient peaux corroiées, et teintes en écarlate, que Roger de Hoveden[15] appelle *Cordoüan vermeil*; et dont parle *Corippus*[16], lorsqu'il décrit la chaussure des empereurs de Constantinople :

Cruraque puniceis induxit regia vinclis,
Parthica Campano dederant quæ tergora fuco.

Guillaume de la Poüille[1] parlant de ces botines impériales :

— Assumitur imperialis
Purpura, pes dexter decoratur pelle rubenti,
Qua solet imperii qui curam suscipit uti.

Tant y a que le reclus de Moliens en sa *Patenostre* ms. semble dire que l'on se servoit des peaux de martes, pour les teindre en rouge, les appelant *Sobelines engoulées*, en ces vers :

En tels euvres regnent Deables,
Au regne nostre Creatour
Ne gardent mie chu Seigneur.
Qui tant ont dras outre raison,
Cote, surcot, blanchet, plichon,
Houches, mantaus, chappes fourrées,
De sobelines engoulées.

Ce qui se pourroit encore entendre des martes blanches, dont Adam de Brême[2] parle en quelque endroit de son *Histoire*, qui naissent dans la Norvège. Le *Roman de Garin* donne la même épithète aux hermines ; ce qui justifie qu'on se servoit aussi des hermines, pour les teindre en rouge :

Si ot vestu un hermin engolé.

Ailleurs :

Et pardessus un hermin engolé.

Il est parlé dans la *Vie de S. Wolphelme abbé*[3], des peaux de béliers rougies, *pelles rubricatæ arietum*. Depuis, pour exprimer cette espece de pelleterie dans les écus et les boucliers, on s'est servi du vermeillon. Jean de Sarisbery[4] : « Si « aurum, minium, colorve alius quocumque ictu casuve à « clypeo excidit, hoc garrula lingua, si licuerit, memoriale facient in sæculum sæculi. »

La troisième couleur dont on se sert dans les blazons est le SABLE. Guillaume Guiart, en l'an 1304 :

Es pennonciaus et ès bannieres,
Dont li vent tient maintes enverses,
Reluisent les couleurs diverses,
Comme or, azur, argent, et sable.

Ceux quiont esté puiser l'origine de ce mot dans le sable noir dont Vitruve[5], *Palladius*[6] et Thwrocz[7], en son *Histoire de Hongrie*, ont parlé, se sont notoirement mépris. Car on doit tenir pour constant que le sable est une espece de pelleterie. Philippes Mouskes[...], en la *Vie de Louys VIII*, autorise assez cette pensée par ces vers :

S'il y avoit assés encor
De rices dras battus à or,
De dras tains, et d'escarlate,
Detrancés à grans barates,
Sables, ermins, et vairs et gris,
As jouvenciaus, et as vious gris.

Un judicieux auteur[8] de ce temps a avancé avec beaucoup de fondement que le mot de *Sable* a esté formé des *martes zebellines*, qui de leur nature sont noires : « Sabulum vero, « quod est nigrum, non a sabulo deflexum, sed a muribus « Ponticis nigricoloris, quod vocant martres sabelinas vel « sabulinas. » Quoy que cét auteur n'ait avancé cette opinion que par simple conjecture, sans l'avoir autorisée d'aucun passage, et qu'il se méprenne en confondant les rats de Pont avec les martes, si est-ce qu'il n'y a pas lieu de la révoquer en doute, après ceux que je viens de cotter. Et quant à l'origine de ce mot, j'estime que les martes furent surnommées zebelines, ou sabelines, acause de Zibel, ou Zibelet, ville maritime de la Terre Sainte[9], appellée par les anciens *Biblium*, et située entre la ville d'Antioche et le château d'Archas, où elles se debitoient, et d'où elles estoient apportées en Europe. Et comme les rats de Pont furent simplement nommez hermines, parce que les peaux de ces animaux se debitoient en Armenie, il en est arrivé de mêmes des martes,

1. Au traité du Franc Aleu, ch. 22. — 2. En ses Rech. l. 8, ch. 62. — 3. Basil. de Exercit. gramm.— 4. L. 32, c. 10 [38]. — 5. L. 1, ep. 97. — 6. Jo. Diac. l. 4, c. 83. — 7. C. 8. — 8. C. 6, et de vin. — 9. Epist. 42. — 10 [Cap. 92] T. 1. Rer. Germ. Freheri, p. 135. [Pertz. t. 5, Script. p. 360]. — 11. L. 5, p. 54 [cap. 6]. — 12 P. 178. — 13. P. 422. — 14. De Adm. Imp c. 6. — 15. P. 715. — 16. L. 2, de Laud. Just. v. 105.

4. L. 1, Rer. Norm. — 2. C. 240. [lib. 4, cap. 31.] — 3. Conrad. Monach. in vita S. Wolphelmi abb apud Sur. 20. April. — 4. L. 6 ; Polycr. c. 3. — 5. L. 2, c. 4. — 6. L. 1, de Re Rust c. 10. — 7. Part. 2, c. 3. — 8. Dadin de Altaserra, l. 3, de Duc. et Com. Provin. c. 3. — 9. Sanut.

dont les peaux ont esté nommées zebellines, de la ville de Zibel, et en terme plus court Zeble, ou Sable. Guillaume de Neufbourg[1] les appelle *Sabellinæ* simplement, comme encore Arnoul de Lubec[2] en ce passage : « Regina cuilibet militi « addidit pelles varias, et pelliculam zobellinam. » Le *Roman de Garin* :

> Or te donral mon peliçon hermin,
> Et de mon col le mantel sabelin.

Jacques Millet en la *Destruction de Troie* :

> Si est le champ fait de broidure
> De fine marte sabeline.

Cette peau est nommée par Pierre Damian[3] *Pellis Gibellinica*, à l'endroit où il parle d'un ecclésiastique mignon : « Hic itaque nitidulus et semper ornatus incedebat, ita ut caput ejus nunquam nisi gibellinica pellis obtegeret. » Il entend parler de l'aumuce, dont il se couvroit la teste.

Il n'est pas aisé de découvrir l'origine du mot SINOPLE, dont les herauds se servent pour désigner la couleur verte dans les blazons. Car la Colombiere s'est trop mépris quand il a dit que le sinople estoit une espèce de craie, ou minéral, qui est propre à teindre en vert, et qui se trouve aux environs de *Sinope*, ville d'Asie, d'autant que le *Sinopis* dont il a entendu parler est une craie rouge, qui se trouve aux montagnes de Sinope, comme nous apprenons d'Auger Busbecq, en son *Itinéraire d'Amasie*, avec lequel neantmoins Dioscoride[4] et *Eustathius*[5] ne s'accordent pas, remarquans qu'elle ne naît point vers Sinope, mais qu'elle s'y apportoit de la Cappadoce (où Pline[6] et Strabon[7] écrivent qu'elle croît) et qu'elle s'y debitoit. Quoy qu'il en soit, tous les auteurs conviennent que le *sinopis* estoit une espèce de vermeillon. Il est appelé Ἀσσυρίη μίλτος par *Dionysius*[8], et par Dioscoride μίλτος Σινωπική. *Terentianus Maurus*[9] confond toujours le vermeillon avec le *sinopis* : car où il a dit : « Instar tituli « fulgidula notabo milto » ; ailleurs il dit : « Ex ordine fulgens « cui dat locum sinopis » ; et plus bas : « Titulus præscribet « iste discolor sinopide. » *Marcellus Empiricus*[10] confond aussi le *sinopis* avec le *minium*, ou le vermeillon. Il est bien vray que *Vitruve*[11] fait mention d'une craye verte qui croît en divers lieux, et particulierement à Smirne ; mais elle n'a rien de commun avec le *sinopis*. J'avoue aussi que je n'ay pas encore pû découvrir la raison pour laquelle on a donné le nom de Sinople à la pelleterie teinte en vert, et je n'oserois pas asseurer que ce seroit acause qu'elle se debitoit en une ville maritime de la Cappadoce, qu'Albert d'Aix[12] en deux endroits appelle *Sinoplum*, et Matheo Villani[13] *Sinopoli*, et que du nom de cette ville, où le trafic s'en faisoit par les Europeans, elle fut appellée Sinople, comme les martes, et les rats du Pont prirent leurs appellations des lieux où belles fourrures se debitoient. L'epitaphe de Gilles de Chin[14], qui fut tué à la bataille d'Azincourt, emploie le mot de sinople, pour exprimer le vert :

> Puis la mort à lui s'ajousta
> En un camp couvert de sinoble,
> U maint prince et maint homme noble
> Finirent en affaire militant.

Reste la cinquième couleur des blazons, qui est le POURPRE : quoy qu'elle se rencontre rarement dans les armoiries, si est-ce que Jacques de Guise[15], l'auteur du *Songe du Verger*[16], Sicile heraud d'armes du roi d'Arragon, et dans *Blason des couleurs*, autres l'admettent. Je ne veux pas m'arrêter à ce qu'ils en disent ; je remarque seulement qu'en fait de blazons le pourpre est une panne et une espèce de pelleterie, ainsi nommée à cause de sa couleur, fort connue dans le compte d'Estienne de la Fontaine, argentier du roy, qui commence au 26 jour d'avril 1350, et finit au 28 jour d'aoust suivant, au chap. des Pennes et fourrures : « Pour « fourrer une robe de 4 garnemens pour ledit Guillaume « Poquaire, pour le jour de sa chevalerie, pour les 2 surcos, « 2 foureures de grosses pourpres, 4 livres 10 s. etc. ; » au même chapitre : « Pour fourrer une robe pour la femme « Michelet Gentil, que le roi lui donna en mariage, une « foureure de menues pourpres, 6 livres Par. » Il en est encore parlé souvent dans les comptes suivants, et dans les *Coustumes*, ou peages de Paris, qui sont inserez en un registre de la chambre des comptes[1], intitulé *Noster*, où sous le titre de Mercérie sont ces mots : « Item la piece de porpre et de « mesmiaus 4 den. » ; et comme cette pelleterie n'a jamais passé entre les plus exquises, sans neantmoins que j'en puisse conjecturer autre raison, que l'on ne se servoit que de peaux grossieres pour les mettre en cette sorte de teinture, cela a esté cause qu'elle se trouve rarement employée dans les blazons.

Toutes ces remarques prouvent suffisamment, comme j'estime, que ce que jusques à present nos herauds ont qualifié couleurs dans les armoiries, sont pannes et fourrures, ne plus ne moins que celles d'hermine et de vair, ausquelles ils ont appliqué cette appellation. Il se voit aussi que les noms qu'ils leur ont attribuez n'ont autre origine que de ceux de ces espèces de fourrures, et qu'ainsi il n'y a pas lieu de faire aucun fondement sur les etymologies ridicules qu'ils leur donnent, ni sur ce qu'ils avancent qu'on a voulu donner des noms inconnus à ces couleurs, pour ne pas rendre la science des armoiries si vulgaire : « Mirum quam « stulta sapientia in istis astrologicantur, philosophantur « etiam, ac theologissant paludati isti heraldi[2]. »

Mais pour retourner aux cottes d'armes : comme aux assemblées publiques, et dans les occasions de la guerre, les seigneurs et les chevaliers y estoient reconnus par les cottes d'armes, lorsqu'on venoit à parler d'eux, ou qu'on vouloit les faire connoître par quelque marque extérieure, on se contentoit de dire : Il porte la cotte d'or, d'argent, de gueules, de sinople, de sable, de gris, d'hermines, ou de vair, ou, en termes plus courts, il porte d'or, de gueules, etc., le mot de cotte d'armes estant sousentendu. D'où il est arrivé que pour blazonner les armes d'un gentilhomme, nous disons encore aujourd'hui : Il porte d'or, d'argent, à une telle piece. Mais parce que ces marques ne suffisoient pas pour se faire reconnoître, ou distinguer dans les assemblées solennelles, ou dans les armées, où tous les seigneurs estoient revêtus de cottes d'armes de draps d'or et d'argent, ou de ces riches fourrures, ils s'aviserent dans la suite de les diversifier, en decouppant les draps d'or et d'argent, et les peaux dont ils estoient revêtus par dessus leurs armes, ou leurs habits, en diverses figures de différentes couleurs ; observant neantmoins cette regle, qu'ils ne mettoient jamais peaux sur peaux, ni le drap d'or sur le drap d'argent, ou le drap d'argent sur le drap d'or, acause que cela n'auroit eu aucun relief, meslant toujours les draps avec les pannes. Que si l'on en voioit autrement, parce que ces cottes d'armes n'estoient pas dans le port ordinaire, on disoit qu'elles estoient faites *pour enqueire*, dautant qu'elles donnoient sujet à tout le monde de demander pourquoy on les portoit pas suivant la mode receuë, et s'il y avoit quelque raison particulière qui obligeât à les porter de la sorte. Auquel propos il me souvient de ce trait du Declamateur[3], qui, parlant d'une statue que le magistrat avoit decernée avec l'habit d'une femme, à celuy qui avoit tué le tyran sous cét accoustrement, dit ces paroles : « Statua ergo tua non « transibitur, habitus faciet, ut interrogent transcurrentes. »

Avec ces decoupures ou forma des bandes, des faces, chefs, des pals, chevrons, flambeaux, et autres pieces que les herauds nomment chargeantes. Le prieur du Vigeois[4] en sa *Chronique* en a ainsi parlé : « Dehinc reperta sunt pretiosæ ac variæ « vestes, designantes varias omnium mentes, quas quidam « in sphærulis et lingulis minutissime frepantes, picti dia-« boli formam assumunt. » Ce qui alla à un tel excès, et se faisoit avec une telle dépense, qu'au concile qui fut tenu à Geytinton en Angleterre l'an 1188, sous le roy Henry II, on fit défense de porter l'écarlate, les riches fourrures, et les habits decouppez : « Ibi statutum fuit, — in Anglorum gente « ne nulis escarleto, sabelino, vario, vel griseo, aut vestibus « laqueatis, aut in prandio de cibis ex empto ultra duo « fercula uteretur, eo quod rex Angliæ cum omnibus fere « Angliæ magnatibus ad Terram Sanctam cum expensis « erat non minimis profecturus. Ce sont les termes de Jean « Brompton.[5] Gervasius Dorobernensis[6] : Et quod nullus « habeat pannos decisos ac laceatos, ou laqueatos, » où le mot de *pannus* fait assez connoître qu'il entend parler des pannes et fourrures. L'auteur de la *Vie de S. Gerlac*[7], nous apprend que ce saint ermite avoit coûtume d'invectiver contre ces abus, « Milites de percussione et oppressione vestium, « de oppressione pauperum, et vanitate alearum... argue-« bat. » C'est donc ce que Philippes Mouskes, au passage

---

1. Will. Neub. l. 3, c. 22. — 2. L. 2, c. 5. — 3 L 5, ep 16, et l. 2, op. 2. — 4. L. 5, c. 64. — 5. L. Dion. — 6. L. 35, c. 6 [13] — 7. L. 12. — 8. Ἐν περιηγ., p. 130. — 9. P. 104, c. — 10. C. 14. — 11. L. 7. c. 7. — 12. L. 8, c. 18, 22. — 13. Ad l. 10, c. 63. — 14. Aux Preuves de l'histoire de Guines, p. 689. — 15. En ses Ann. de Hain, 1 vol. p. 24. — 16. C. 148.

1. Fol. 33, 36. — 2. Cornel. Agrippa, do Vanit. Scient. — 3. Quintil. Decl. 282. — 4. Gaufrid. Vosiensis, part. 1, cap. 74. — 5. Ad. ann. 1188. — 6. Eod. anno. — 7. C. 9, apud Boland.

que j'ay cité cy-devant, appelle *des dras teins et d'escarlate, détrauliés à grans barates;* et parce que les jeunes gens s'attachent ordinairement à ces nouveautez, pour se faire distinguer d'avec leurs peres, qui portoient des cottes d'armes semblables aux leurs, ils en faisoient pendre des lambeaux, soit au col, soit ailleurs, par forme de difference : et c'est de là que les lambeaux dans les armoiries ont pris leur origine, n'estans pas des espèces de rateaux, comme Edward Bisse [1], Anglois, a écrit. Il en est parlé souvent dans les Comptes d'Estienne de la Fontaine, argentier du roy, et particulierement en celuy de l'an 1350 en ces termes : « Pour « 7 quartiers de zatoüin d'Inde, et 7 quartiers de fort velluiau « vermeil pour faire deux cottes à armer.... pour un marc, « 5 esterlins, de perles blanches à semer le champ desdites « cottes, faire les coppons des labeaux pour 100 grosses « perles à champoier ledit champ. Plus bas : Pour 24 aunes « de velluiaux indes pour faire 2 couvertures à chevaux « pour ledit seigneur, et pour 2 aunes de velluiau vermeil et « blanc à faire les labeaux de l'armoirie. » Au meme chapitre : « Pour 4 pieces de cendeaux indes et jaunes à faire « bannieres et pannonceaux pour ledit seigneur, pour 2 « aunes et demie de cendal blanc et vermeil à faire les « labeaux. »

Il est arrivé ensuite que les chevaliers ont fait empreindre dans leurs écus, non-seulement la couleur des draps d'or et d'argent, et des riches pannes, qu'ils portoient en leurs cottes d'armes, mais encore la figure de ces decoupures, dont ils ont formé les bandes, les jumelles, les faces, les sautoirs, les chefs, et autres pieces. Quelquefois aussi ils ont parsemé leurs cottes d'armes des figures, soit d'animaux terrestres, soit d'oiseaux, ou choses semblables, qu'ils ont ou depuis empreintes dans leurs écus, ou bien ils les ont empruntées de leurs écus pour en parsemer leurs cottes d'armes, estant constant que les bouchers ont eu dès la grande antiquité de semblables empreintes, et c'est là la pensée de Velser dans le passage que j'ay allegué de lui. Quelquefois aussi entre ceux qui diversifioient ainsi leurs cottes d'armes, il s'en est trouvé qui n'ont pas voulu les charger d'aucunes pieces, mais se sont contentez de les porter toutes simples sans decoupure, et de conserver dans leurs écus la même couleur qu'ils portoient en leurs cottes d'armes. C'est ce qui nous ouvre la raison pourquoy les comtes et les ducs de Bretagne portoient l'hermine simple dans leurs écus, qui n'estoit autre que parce qu'ils la portoient de la sorte en leurs cottes d'armes. Ainsi les seigneurs d'Albret porteront les gueules, les captaux de Buch en Guienne, de la maison de Puy-Paulin, l'or plein, les seigneurs de S. Chaumont le gris, ou l'azur, parce qu'en leurs cottes d'armes avoient les pannes de gueules et de gris, et le drap d'or.

Ce que je viens de rapporter du compte d'Estienne de la Fontaine fait assez connoître que l'on avoit coûtume de broder les cottes d'armes, et de les enrichir de perles, et qu'ainsi ce sont ces *cottes brodées* dont le sire de Joinville entend parler. Ces broderies n'estoient que pour relever et marquer les armes du chevalier, qui y estoient empreintes en relief, en sorte que les mêmes figures et les mêmes couleurs qui se rencontroient dans son écu se trouvoient aussi dans sa cotte d'armes. Guillaume le Breton en sa *Philippide* [2] :

Quæque armaturæ vestis consuta supremo
Serica, cuique facit certis distinctio notis.

Et Guillaume de Nangis en la *Vie de Philippe III* [3] : « Franci « vero, subita turbatione commoti, mira celeritate ad arma « prosiliunt, loricas induunt, et desuper picturis variis, « secundum diversas armorum differentias, se distinguunt. » Et parce que les cottes d'armes estoient parsemées des devises des chevaliers, on les appela des *habits en devises*. Ainsi Masuer [4], parlant des preuves de la noblesse, dit que celle-là en est une « si ipse et alii prædecessores sui consueverint « portare vestes *en devise*, vel alias quas nobiles portare « consueverunt. » C'est en ce sens qu'on doit entendre Froissart [5], quand il dit que le comte de Derby vint à Westminster « accompagné de grand nombre de seigneurs, et leurs « gens vestus chascun de sa livrée en devise. » C'est à dire ayans tous leurs cottes d'armes armoiées de leurs armes. Monstrelet [6] en l'an 1410, parlant de l'élection du pape Jean XXII, dit qu'à la cavalcade qu'il fit « se trouverent le « marquis de Ferrare, le seigneur de Malateste, le sire de « Gaucourt, et des autres quarante-quatre, tant ducs, comtes, « comme chevaliers de la terre d'Italie, vestus de paremens

[1]. In Not. ad Upton. — 2. L. XI. Phil. vers 100. — 3. [Cap. 5. pag. 475, ed. Pith.] — 4. Tit. de Tallus, N. 19. — 5. Vol. 4, ch. 114. — 6. Vol. 1, ch. 62.

« de leurs livrées. » Georges Chastellain [1], « armez et vestus « de cottes d'armes, devises et couleurs. » Et Alain Chartier [2], en son poëme intitulé : *La dame sans mercy*, décrivant un cavalier amoureux, et maltraité par les rigueurs de sa maîtresse, le represente revétu de noir *sans devise*, c'est à dire avec une cotte d'armes toute simple, et non armoiée de ses armes, ce qui estoit une marque de deuil,

Le noir portoit, et sans devise.

Ce sont ces devises des cottes d'armes que Sanudo [3] appelle *superinsignia*.

Les cottes d'armes ainsi armoiées estoient une des marques principales de la noblesse, ainsi que Masuer a observé, parce que n'y ayant que les nobles qui eussent le droit de porter le haubert, ou la cotte de mailles, il n'y avoit aussi qu'eux qui eussent celuy de porter la cotte d'armes, qui n'estoit que pour couvrir celle de mailles. Et comme ordinairement il n'y avoit que les chevaliers qui portassent l'une et l'autre dans les guerres, de là est arrivé que pour ne marquer un chevalier les historiens se contentent de le désigner par le seul nom de *cotte d'armes*. Froissart [4] écrit que le sire de Merode perdit en la bataille contre les Frisons, en laquelle Guillaume, comte de Hainaut, fut tué, *trente-trois cottes d'armes de son lignage*, c'est-à-dire trente-trois chevaliers de sa parenté. Et Monstrelet [5], parlant de la victoire remportée à Formigny, près de Bayeux, par les François sur les Anglois, l'an 1450, dit « qu'à cette bataille furent prins prisonniers messire « Antoine Kiriel, etc., et plusieurs autres capitaines et gen- « tilshommes anglois portans cottes d'armes. » C'est une expression qu'Anne Comnene, en son *Alexiade* [6], a empruntée de nos François, lorsque, racontant les pourparlers qui se firent pour l'entrevue qui se devoit faire entre l'empereur Alexis, son pere, et Boëmond, prince d'Antioche, ce prince insista qu'il pourroit se trouver avec l'empereur accompagné de deux cottes d'armes, μετὰ δύο χλαμύδων, c'est-à-dire avec deux chevaliers. Cette princesse ayant exprimé la cotte d'armes par le terme de *chlamys* [7], qui estoit un vêtement particulier aux gens de guerre et aux cavaliers. D'où vient que pour désigner un cavalier un titre [8] de Philippes I, roy de France, de l'an 1068, use de ces paroles : « Aimerico, « quem occultabat militaris habitus et chlamydis obumbra- « bat aspectus : » termes qui sont tirez de saint Ambroise, en la *Vie de Saint Sebastien* [9], si toutefois il en est l'auteur, ce que quelques scavants semblent revoquer en doute. George Chastellain [10], en l'*Histoire de Jacques de Lalan*, chevalier de *la Toison d'Or*, attribuë encore assez souvent les cottes d'armes armoiées aux escuiers, en sorte que l'on peut conjecturer que dans les derniers siecles ils ont eu ce privilege, qui auparavant n'avoit appartenu qu'aux chevaliers.

J'ay remarqué que l'on découpoit les pannes, ou fourrures, des cottes d'armes en diverses manieres, pour se distinguer les uns des autres. Ces figures et decoupures sont encore à present en usage dans les blazons des armoiries, mais dans des termes qui à peine nous sont connus. Ce qui me donnera sujet d'en expliquer quelques-uns des plus difficiles. J'ay dit ce que c'estoit que le *lambel*, lorsque j'ay parlé des decoupures des habits.

La *fasce* est, selon mon sentiment, ce qui est appelé par les auteurs latins du moyen temps *fasciola*, qui estoit une espece de jarretierre pour lier les chausses. Il en est parlé souvent dans les constitutions monastiques [11]. On donnoit encore le nom de *fascia* aux petits sarocs, que les chanoines reguliers de S. Augustin portent lorsqu'ils vont à la campagne, qui n'a de largeur que quatre doits, comme le scapulaire des moines.

Le *pau*, ou le *pal*, n'est rien autre chose que le *palus* des Latins, c'est à dire un pieu, d'où le mot de palissade en est demeuré parmy nous.

Le *sautoir* est l'étrier pour monter et pour sauter sur le cheval. Il est appellé par les Latins du moyen temps *strepa* et *stapha*, et par les nouveaux Grecs σκάλα [12]. Le *Ceremonial* ms. dit que l'escuier qui se trouvoit aux tournois ne devoit point avoir *de sautoir* à sa selle. Le Compte d'Estienne de la Fontaine, argentier du roy, de l'an 1352, au chapitre des harnois : « Pour six livres de soye de plusieurs couleurs « pour faire les tissus et aguillettes ausdits harnois, faire

[1]. Hist. de Jacques de Lalain. — 2. P. 565. — 3. L. 2, part. 4, cap. 8. — 4. Vol. 4, ch. 77. — 5. Vol 3, p. 27. — 6. L. 10, p. 401. — 7. L. 1, Cod. Th. de habitu quo uti oport.; Nonius Paulin. ep. 7. — 8. Aux preuves de l'Hist. des Chasseign. p. 179. — 9. C. 3, apud Bol. — 10. C. 51, 55, 61, 68, 71, 72. — 11. Regula Magistri Lanfranc. in Decret. Ord. S. Bened. c. 7, 14 ; Consuet. Cluniac. l. 3, c. 11 ; Monach. S. Galli in Carolo M. 1, l. c. 36 [34] ; Nebridius Mundeleim, in Antiquar. Monast. — 12. Codin. de offic. cap. 3, num. 9. cap. 5, num. 62.

« sautoüers, et conyeres, et tresses à garnir la selle. » Les sçavants ont remarqué que les étriers n'ont esté en usage que vers l'empire du grand Constantin [1].

Les *macles* ont tiré leur nom de *macula*, que *Joannes de Janua* interprete *squamma loricæ*, qui est une petite pièce de fer quarrée, percée de mème, dont les hauberts estoient composez, qui est ce que nous appellons cotte de mailles : ces mailles estant enlassées et entassées les unes sur les autres, ensorte qu'elles ne laissoient aucun vuide. Nicolas *de Braya* [2], en la *Vie de Louys VIII* :

Nexilibus maclis vestis distincta notatur.

Et Guillaume le Breton [3] :

Inter
Pectus et ora fidit maculas toracis, etc.

Et plus bas :

Restitit uncino maculis hærente plicatis.

Nos auteurs ont attribué ce nom aux mailles des hauberts, parce qu'elles avoient la figure des mailles des rets de pescheurs, qui sont appellées *maculæ* par les Latins [4].

Les herauds [5] representent les *Rustres* de mème figure,

sauf qu'ils sont percez en rond. Je ne sçay si c'est cét instrument que les Latins appellent *rutrum*, qui estoit une espèce de « *fossorium, unde arenæ moventur, ubi sal efficitur,* » ainsi qu'écrit *Joannes de Janua*.

Quant aux *lozanges*. Joseph Scaliger [1] estime qu'elles sont ainsi dites, *quasi Laurengiæ*, parce qu'elles ont quelque rapport à la figure d'une feuille de laurier.

Les *endentures* ont esté empruntées de ces parchemins et de ces titres qui sont appellez *chartæ identatæ* [2] : parce que, comme on les faisoit doubles pour les deux contractans, on coupoit le parchemin par le milieu en forme de dents, afin qu'on ne pust falsifier, ceux qui s'en vouloient servir estant obligez de faire voir que les endentures se rapportoient à l'autre original ; ces titres sont encore appellez *chartæ partitæ* [3], et pour l'ordinaire, *Chirographes*. Je réserve à en parler à fonds ailleurs.

Les *billetes* sont ce que nous appellons billets, qui ont la figure d'une lettre fermée. Les historiens anglois se servent souvent du mot de *billa*, pour un placet : Guillaume Thorn [4], « Porrectæ fuerunt billæ et petitiones domino regi. » Spelman croit que ce mot a esté formé de *libellus*, d'autres de βιβλίον. Tant y a que l'on en a derivé celui de *billeta*, dans la même signification. « Monasticum Anglican. [5] : Secundum quod « continetur in quadam billeta, inter sigillum et scriptum « ante consignationem affixa. » Mais je ne m'aperçois pas que je m'engage dans une matiere qui est hors de mon sujet.

---

1. M. de S. Amand, au tom. 3 de ses Comment. — 2. P. 300. — 3. L. XI, Phil. pag. 371. — 4. Cicero 7 in Verr. II, 5, 11, Stat. 1, 2, Theb. — 5. Walafr. Strab. l. 1, de Vita S. Galli, c. 12.

1. Ad Fest. [ad Varr. pag. 67.] — 2. V. Watsii et Somneri Glossaria. — 3. In Cioss. Lat. Barb. — 4. Cap. 41 : Hist. de Knighton, A. 1272, et p. 2721. — 5. Monast. Angl. tom. 1, p. 654.

DES PLAITS DE LA PORTE

ET DE LA FORME QUE NOS ROIS OBSERVOIENT POUR RENDRE LA JUSTICE EN PERSONNE.

DISSERTATION II.

Si les rois ont esté de tout temps jaloux de leur autorité, et s'ils ont affecté de faire eclater leur puissance sur leurs sujets, aussi bien que sur leurs ennemis, ils ont aussi voulu signaler la douceur et la moderation de leur gouvernement par la distribution de la justice, et par l'établissement des gouverneurs, et des juges en tous les places de leur royaume, pour la leur rendre en leur nom. Mais comme il arrive souvent que les peuples sont oppressez par ceux mêmes qui sont instituez pour les garantir de l'outrage, et que ceux qui ont l'autorité en main pour les défendre n'en usent que pour en former leurs avantages particuliers, on a esté pareillement obligé d'avoir recours aux princes, et d'apporter les plaintes à leurs trônes, pour obtenir de leur equité ce que l'abus et l'injustice des juges sembloit refuser. C'est ce qui a donné sujet à nos rois, pour ne pas remonter plus haut, d'établir des justices dans leurs palais mêmes, et d'y présider en personne, pour recevoir et pour décider les plaintes de leurs sujets. Et parce que les grandes affaires de l'Estat, dont ils estoient accablez, ne leur permettoient pas toûjours de vaquer à ces exercices penibles, ils les commettoient en leurs places des comtes, qui y rendoient la justice en leur nom, et décidoient les differents en dernier ressort. Ils envoioient encore ces comtes quelquefois, comme je le justifie ailleurs, dans des provinces éloignées de leurs royaumes, pour soulager leurs sujets, et leur épargner de longs et fâcheux voyages. D'autre part, pour maintenir les juges ordinaires dans leur devoir, et pour veiller à leurs actions, ils envoioient en tous les endroits de leurs Etats des intendans de justice, nommez *missi dominici*, qui examinoient leurs jugemens, reformoient les abus qui se glissoient dans la distribution de la justice, et recevoient les plaintes des sujets du prince.

Les empereurs d'Orient [1] jugerent bien qu'il n'estoit pas aisé à leurs sujets d'aborder leur palais, ni de présenter leurs plaintes à leurs personnes sacrées, qui sont ordinairement environnées de gardes et de courtisans. C'est pourquoy ils voulurent qu'il y eust un lieu public dans Constantinople où il fust loisible à un chacun d'aller porter ses memoires et ses billets, qui estoient examinez tous les jours par le prince, qui en faisoit justice ; d'où ce lieu fut nommé *Pittacium*, c'est à dire *Billet*. Mais nos rois en. ont usé plus genereusement, et se sont gouvernez avec leurs sujets d'une maniere plus obligeante et plus facile ; ils ont voulu recevoir eux-mêmes leurs plaintes, et pour leur donner un accés plus libre vers leurs personnes, ils se sont en quelque façon dépouillez de l'éclat de leur pourpre, sont sortis de leurs sacrez palais, et se sont venus seoir à leurs portes, pour faire justice indifferemment à tous ceux qui la leur venoient demander. Ce qu'ils faisoient à l'imitation des Hebreux [2], qui tenoient leurs plaits aux portes des villes, des hôtels, et des temples, tant pour faciliter l'accés des parties, que pour rendre la justice publiquement, et l'exposer à la censure de tous ceux qui y assistoient.

C'est la raison pourquoy nous lisons si souvent dans nos histoires, et dans les chartes anciennes, que les juges des provinces tenoient leurs assises et leurs plaits dans les champs, dans les ruës, dans les lieux publics, devant les portes et dans les cimetières des eglises, ce qui fut depuis défendu par nos rois dans leurs *Capitulaires* [3], à l'égard des lieux sacrez : et enfin devant les portes des châteaux et des

---

1. Codin. de orig. CP. p. 22, edit reg. — 2. Zach. 5 ; Amos. 5. Douter. 22 ; Ruth. 4. Job. 29. Isai. 24. Psal. 126. — 3, Car. C. ut. 30 [cap. 12, Carisiac. ann. 873 . Pertz, leg. tom. 1. pag. 521].

villes, comme on recueille de cét acte qui se lit au *Cartulaire* de l'abbaye de Vendôme¹ : « Perrexit illuc prior noster, « iviitque placitum in castro Raynaldi, ante portam ipsius « castri quæ est a meridie, ubi interrogatus ille quare sai- « sisset plaixitium nostrum, respondit, etc. » C'est ce que S. Louys et nos rois pratiquoient ordinairement lorsqu'ils vouloient écouter les plaintes de leurs sujets et leur rendre justice : car ils descendoient de leurs trônes et de leurs appartemens, pour venir à la porte de leurs palais ; ou bien alloient dans des lieux publics, où l'accés estoit libre à un chacun, et là, assistez de quelques-uns de leurs plus fidèles conseillers, recevoient les requêtes, écoutoient les plaintes, et faisoient expédier promptement les parties ; en sorte qu'elles se retiroient satisfaites de la bonne justice qu'elles y avoient receuë. Cette grande facilité que le roy S. Louys apportoit pour estre approché de ses sujets est fort bien exprimée par le sire de Joinville, en ces termes : « Maintefois « ay veu que le bon saint, après qu'il avoit oüy messe en « esté, il se alloit esbatre au bois de Vicennes, et se seoit « au pié d'un chesne, et nous faisoit seoir tous emprés de « lui : et tous ceux qui avoient affaire à lui venoient à lui « parler, sans ce que aucun huissier ne autre leur donnast « empeschement ; et demandoit hautement de sa bouche s'il « y avoit nul qui eust partie. » Et peu auparavant, cét illustre auteur nous apprend que cette justice, veritablement royale, puisqu'elle estoit exercée par la personne même du roy, estoit reconnuë pour lors sous le nom de *plaits de la porte*, parce qu'elle se rendoit à la porte du palais, où il estoit libre à un chacun de venir plaider sa cause, de déduire ses interests et d'adresser ses plaintes.

Mais depuis que nos rois eurent établi leurs parlemens pour distribuer la justice à leurs sujets, ils les diviserent en diverses chambres et compagnies, suivant la difference et la nature des affaires. Celles qui se pouvoient terminer par plaidoyers estoient jugées de la chambre des plaits, qui est la grande chambre, les autres en celles des enquêtes. Les jugemens qui estoient emanez de ces cours souveraines estoient differents. Car les uns estoient appellez arrests, *arresta*, qui estoient ceux qui estoient rendus publiquement par les juges sur les plaidoyers des advocats, dont la formule estoit : « Quibus rationibus utriusque partis hinc inde « auditis, dictum fuit per arrestum curiæ, etc. » Les autres estoient appellez *judicia*, jugemens : et c'estoit ceux qui estoient rendus sur le procès par écrit, et sur les enquêtes, ou *aprises*, faites par l'un des juges commis à cét effet, qui en faisoit son rapport à sa chambre. La formule de ces jugemens estoit : *Visa inquesta. et diligenter inspecta*, etc., pronuntiatum fuit percuriæ judicium, etc. Il y avoit encore d'autres jugemens, qui estoient nommez *consilia*, qui estoient des delays, qu'on donnoit aux parties pour instruire leurs affaires, qui n'estoient pas encore en estat d'estre jugées, avec le conseil de leurs advocats : la formule de ces prononciations estoit : « Dies consilii assignata est tali, super tali « lite, ad aliud parlamentum proximum, aut ad alios die « trecenses, etc. » C'est delà que la forme de prononcer les appointez au conseil, et à écrire et produire, a pris son origine. Enfin il y avoit d'autres jugemens, appellez *præcepta*, ou *mandata*, qui estoient des ordres envoyez par les juges du parlement aux baillis, aux seneschaux, et autres juges inférieurs, par lesquels il leur estoit enjoint d'observer dans leurs assises, et d'y publier les ordonnances qui avoient esté faites au parlement, ou renvoyées, et généralement tout ce qui leur estoit adressées, Ils faisoient serment de ne passer aucunes lettres qui fussent contraires aux ordonnances, et de ne délivrer ni passer aucunes des requêtes dont la connoissance devoit appartenir au parlement, à la chambre des comptes, ou au trésor, mais de les renvoyer à ces justices, suivant la nature et le sujet de ces requêtes. Ils estoient encore obligez de donner avis au roy des requêtes d'importance, avant que de les juger, comme de recompense de services, de restitution de dommages, de graces, et de dires contre arrests rendus au parlement. En cette qualité ils estoient logez et deffrayez au dépens du roy, comme il se recueille des ordonnances de Philippes le Bel de l'an 1289, et de Philippes le Long des années 1317 et 1320. Celle de la maison du roy et de la reyne faite à Vicennes au mois de janvier l'an 1285, qui se trouve en un ancien registre¹, et qui n'a pas esté encore donné au public, justifie la même chose, en ces termes : « Clercs du « conseil, Maistre Gautier de Chambly, Maistre Guillaume « de Pouilly, Maistre Jean de Puseus, M. Jean de Morencies, « M. Gilles Camelin, M. Jacques de Bouloigne, M. Guy de « Boy, M. Robert de Harrecourt, M. Laurens de Vezins, « M. Jean li Duc, M. Philippes Suars, M. Gilles Lambert, « M. Robert de Senlis : tuit cist nommez ne mangeront point « à court, et prendront chascun cinq sols de gaiges quant ils « seront à court, ou en parlement, et leurs manteaus, quant ils « seront les festes. Monseigneur Pierre de Sargines, Gilles « de Compiengne, Jean Malliere, ces trois auront les plez de « la porte, et aura ledit Gilles autant des gaiges comme « maistre Pierre de Sargines, et mangera avec le chambel- « lan. » L'ordonnance de la maison du roy Philippes le Grand, ou le Long, faite à Lorris en Gâtinois, le jeudy 17 de novembre, l'an 1317, specifie plus particulierement ce qui devoit estre livré par les officiers de la maison du roy à chacun de ceux qui suivoient la cour pour oüir les requêtes² : « De ceux qui suivront le roy pour les requestes, aura toû- « jours à court un clerc et un lly, et se ils sont plus, ils ne « prendront riens se ils ne sont mandez, et mangeront à « court, et seront herbergiez ensemble. Et s'ils ne viennent « manger à court, ils n'auront nulle livroison, et prendront « chascun trois provendes d'avoine, et trente-deux deniers « de gaiges chascun pour varlets, et pour toutes autres « choses, fors que chascun aura costes et feurre à l'avenant. « Et se les deux gisent en un hostel, ils auront une mole de « busche, et livroison de chandelle chascun deux quayers, et « douze menués, et ou temps qu'ils seront en parlement, « auront douze sols de gaiges par jour, et ne prendront « nulle autre chose à court. Maistre Philippes le Convers, « clerc des requestes, pourra venir à court toutes les fois « qu'il lui plaira, non contrastant la clause dessusdite « d'endroit ceux des requestes, et mangera une clerc en salle, « et son escuier aura trois provendes d'avoine pour toutes « choses, et n'aura ne palefroy, ne gaiges, ne autrement. »

De ces ordonnances et reglemens, nous apprenons premierement pourquoy les maistres des requêtes, qui ont succedé à ces juges de la porte, ont encore ce que l'on appelle le droit de manteau, qui n'estoit autre que celuy qui appartenoit à tous les officiers de la maison du roy ausquels on donnoit les livrées, et les manteaux aux festes solennelles et aux changements des saisons de l'année. En second lieu, il resulte que ces juges de la porte estoient commensaux du roy, et en cette qualité mangeoient avec les autres officiers de son hostel, et avoient droit de busche et d'autres livraisons. Cette qualité de commensaux du roy est aussi ancienne que la monarchie, nos roys n'ayant reconnu les officiers de leur maison que sous cet illustre nom de *convivæ regis*. La loy salique³ nous en donne une preuve en ces termes : « Si quis « hominem romanum convivam regis occiderit, etc. » ; et celle des Bourguignons⁴ : « Quicumque hospiti venienti tectum « aut focum negaverit, 3 solidorum inlatione mulctetur. Si « conviva regis est, 6 solidos mulcteo nomine solvat. » La *Vie de S. Agile, abbé*,⁵ écrite par un auteur qui vivoit de son temps : « Fuit quidam ex primis palatii optimatibus... nobi- « lissimis natalibus oriundus, ejusdemque regis (Childeberti) « conviva et consiliarius, nomine Anohaldus. » *Jonas*⁶, en la *Vie de saint Columban : « Chanericus, Theodeberti regis « conviva. »* Enfin *Fortunat*⁷, parlant de Condon, domestique :

Jussit et egregios inter residere potentes,
Convivam reddens proficiente gradu.

J'avoüe neantmoins que ce titre n'est pas de l'invention de nos roys, et qu'il est probable qu'ils l'ont tiré des empereurs romains, veu que *Claudian*⁸ semble l'avoir reconnu en ces vers.

.... Claro quod nobilis ortu,
Conviva et domini.

1. Tabul. Vindoc. Tuani ch. 52.

1. Communiqué par M. d'Hozouval. — 2. Reg. de la Ch. des Comp. cotté Noster, p. 70. — 3. Tit. 43, § 6. — 4. Tit. 38. — 5. Cap. 1, apud Chifflet. — 6. Cap. 28. — 7. Lib. 7, Carm. 16. — 8. In Eutrop. l. 2, vers. 80.

De sorte qu'il est à presumer que ce sont ceux dont parle une loy qui se lit au Code Theodosien[1], « qui et divinis epulis « adhibentur, et adorandi principis facultatem antiquitus « meruerunt. »

Mais, laissant à part ce qui se peut dire au sujet de cette qualité de commensaux et de domestiques de la maison du roy, je remarque que nos princes continuerent cette coûtume introduite de longtemps dans leurs palais, et observée particulierement et exactement par S. Louys, d'ouïr et de juger les requêtes en personne. Charles V, alors regent, en son edit du 27e jour de fevrier l'an 1359, en donne une preuve, et en regle la forme : « Nous tiendrons requestes en la presence de « nostre grant conseil chasque semaine deux fois. Nuls de « nos officiers, de quelque estat qu'ils soient, ne nous feront « requestes, si ce n'est par leurs personnes, sinon nostre « chancelier, et nos conseillers du grant conseil, nos cham- « bellans, nos maistres des requestes de nostre hostel, nostre « confesseur, et nostre aumosnier[2] ». Et Charles VI, par son ordonnance du 7e jour de janvier 1407, veut « que le vendredy « soit adonné à lui seant en son conseil pour respondre les « requestes des dons, graces, et autrement, que seront rap- « portées par les maistres des requestes. » De sorte que nous voyons par là que nos roys ont toujours affecté de rendre la justice en personne à leurs sujets, et que les maistres des requêtes ont esté tirez premierement de la chambre des requêtes du parlement, que leur premiere fonction fut de faire le rapport au roy des requetes, et de les juger avec lui, quelquefois mêmes sans le roy, ce que le sire de Joinville témoigne en termes discrets, écrivant que S. Louys estant sorty de l'Eglise lui demandoit, et au Sire de Neelle et au comte de Soissons, « comment tout se portoit, et s'il y avoit « nul qu'on ne peut depescher sans lui; et quant il y en « avoit aucuns, ils le lui disoient, et alors les envoioit querir, « et leur demandoit à quoy il tenoit qu'ils n'avoient aggreable « l'offre de ses gens. » Ce qui nous montre evidemment que les maistres des requêtes eurent jurisdiction dans les commencemens de leur institution en l'absence de nos rois, qui avec le temps se dispenserent de ce penible exercice, estant d'ailleurs accablez des affaires importantes de leur Etat. C'est ce qui donna sujet d'en augmenter le nombre. Mais Philippes de Valois par l'ordonnance du 8e jour d'avril 1342, les reduisit à six, trois clercs et trois lais : comme ils s'estoient encore accreus en nombre, Charles V, alors regent, par son ordonnance[3] du 27 de fevrier 1350, les reduisit à huit, sçavoir quatre clercs et quatre lais, comme fit aussi Charles VIII, par sa declaration du 5 de fevrier 1488[4]. Depuis ce temps-là le nombre des maistres des requêtes, aussi bien que leur pouvoir a esté notablement augmenté, et particulierement depuis que la venalité des offices a esté introduite en France.

Quant aux gages des premiers maistres des requêtes, je les ay observez dans un compte des aydes[5] imposez pour la délivrance du roy Jean, commençant au premier jour d'avril 1368, en ces termes : « Maistre Pierre Bourneseau, clerc et « maistre des requestes de l'hostel du roy, lequel iceluy « seigneur a retenu son cons. et maistre des requestes de « son hostel, en lieu de maistre Ancenu Chotarf, et lui a « ottroié le roy que il ait tels gaiges comme prenoit ledit « feu Anceau en son vivant, c'est assavoir six cens francs « par an, et iceux gaiges lui a assigné à prenre des deniers « des aydes. »

Mais comme les juges embrassent aisément les occasions d'augmenter et d'étendre leur jurisdiction, l'on a esté obligé de temps en temps de limiter et de restraindre celle des maistres des requêtes. Philippes de Valois, ensuite des états tenus à Nostre-Dame-des-Champs près de Paris, fit cette ordonnance sur ce sujet, le 15e jour de fevrier en 1345 : « Comme plusieurs de nos sujets se soient dolus de ce qu'ils « sont travaillez pardevant les maistres de nos requestes, « nous ordonnons que lesdits maistres des requestes de nostre « hostel n'aient pouvoir de nul faire adjourner pardevant « eux, ne tenir court, de cognoissance, se ce n'est pour cause « d'aucun office donné pour nous, duquel soit debat entre « parties, ou que l'en feist aucune demande pure personnelle « contre aucun de nostre hostel. Item par tele maniere

1. L. L. 1, de Comit. et Trib. Schol. (6, 13). — 2. Reg. Pater. — 3. Ord. du parl. f. 111. — 4. V. les Ord. — 5. En la Ch. des C. de Paris.

« ordonnons que les maistres de nostre hostel, de nostredite « compagne, et de nosdits enfans, n'ayent aucune connois- « sance, se ce n'est des personnes de nostre hostel, ou cas « que l'on feroit quelque demande pure personnelle. »

Et plus bas : « Item pource que plusieurs se doulent « desdits maistres de nostre hostel, de ce qu'ils taxent plu- « sieurs amendes excessivement, et en prenans grans profits, « nous ordonnons que nule amende ne soit taxée par eux, « se ce n'est en nostre presence, quant nous orrons nos « requestes. »

Je passe en cét endroict ce qui se pourroit dire au sujet de la jurisdiction des maîtres des requêtes, qui m'emporteroit au delà de ce que je me suis proposé : je remarque seulement que plusieurs estiment que ces mots qui se trouvent dans les deux editions de nostre auteur au sujet des *Plets de la porte* : *que maintenant on appelle les requestes du palais*, ne sont pas de lui, mais ont esté ajoûtez dans le texte par forme d'explication : ce qui est probable, non que l'établissement des requêtes du palais soit postérieur au temps du sire de Joinville, comme ils prétendent, mais parce que les requêtes de l'hostel et les requetes du palais estoient differentes, quoy que celles de l'hostel fissent originairement partie de celles du parlement, comme j'ay remarqué. Car les anciennes ordonnances qui concernent l'établissement des parlemens justifient pleinement qu'il y avoit des juges deputez et destinez pour ouïr les requêtes. Une de l'an 1291, tirée d'un registre[1] de la Chancellerie de France : « Per totum parla- « mentum pro requestis audiendis qualibet die sedeant tres « personæ de consilio nostro, etc. » Une autre sans date, du meme temps : « A oïr les requestes seront deux clercs et « deux lais, et deux notaires qui neant ne recevront de leur « serment, et ce que il delivreront li chancelier sera tenu à « sceller, si comme il est dessus dit, et ce que il ne pourront « delivrer, il rapporteront à ceux de la chambre. » L'ordonnance de Philippe le Long de l'an 1320 parle aussi amplement des maîtres et juges des requestes du parlement, que le roy Charles VII reduisit en un corps regulier, composé de presidens et de conseillers, par son edit du 15e jour d'avril 1458, rapporté aux Ordonnances Barbines[2].

Telle donc a esté la forme observée par nos roys, particulierement de la derniere race. Pour distribuer en personne la justice à leurs sujets; car pour celle qui fut gardée par ceux de la premiere et seconde, je me reserve à en parler cy-après, lorsque je traitteray des comtes du palais. Mais comme le gouvernement du grand et auguste roy S. Louys a esté plein de justice, de legalité, et de fidelité, nos rois l'ont toujours envisagé comme un riche patron de leurs plus belles actions, et comme un rare exemplaire sur lequel ils avoient à se conformer; jusques là mêmes que dans les plaintes que leurs sujets leur faites dans les assemblées des Etats, et dans d'autres occasions, de l'affoiblissement et de l'alteration des monnoyes, ils ont accordé qu'elles fussent remises en l'état qu'elles estoient sous le regne de ce saint roy. Ainsi Charles VIII, ayant dessein de travailler à la reformation de son royaume, et sçachant bien qu'il importoit à un grand prince, comme il estoit, d'écouter lui-meme les plaintes de ses peuples, et de leur donner audience dans les occasions les plus pressantes, et où ils ne pouvoient tirer la justice des juges ordinaires, s'enquit curieusement de la forme que S. Louys observoit pour la rendre en personne, et écrivit une lettre sur ce sujet à la chambre des comptes de Paris, dont l'original m'a esté communiqué par monsieur d'Herouval, duquel j'ay parlé tant de fois, qui merite d'estre icy couchée pour fermer cette Dissertation : « A nos amez et « feaux les gens de nos comptes à Paris, et de par le roy. Nos « amez et feaux, pource que nous voulons bien sçavoir la forme « qui ont tenu nos predecesseurs rois à donner audience « au pauvre peuple, et mesme comme monseigneur S. Loys « y procedoit; nous voulons et vous mandons qu'en toute « diligence faites rechercher par les registres et papiers de « nostre chambre des comptes ce qui s'en pourra trouver, et « en faites faire un extrait, et incontinent après le nous « envoiez. Donné à Amboise le 22e jour de decembre. » Signé, *Charles*, et plus bas, *Morelot*. Au-dessus est écrit : *Apporté le 30e jour de decembre* 1497.

1. Ch. 61. — 2. Fol. 150.

DU FRERAGE ET DU PARAGE

DISSERTATION III.

Nos coûtumes[1] donnent le nom de *frerage*, ou de *fraresche*, aux partages qui se font dans les successions entre freres, d'où vient qu'elles sont ordinairement synonymes ces mots, *frarescheurs* et *coheritiers*, et dans les Etablissemens de S. Louys[2], *frarayier* est partager avec ses coheritiers ; mais particulierement on appelloit frerage un partage des choses qui d'elles-mêmes semblent ne pouvoir se diviser : par exemple d'une rente fonciere, dont les détenteurs, quoy que plusieurs en nombre, sont obligés au payement de la totalité, comme freres et representans le premier preneur leur auteur. Ce terme se trouve encore employé souvent pour les partages des fiefs, dont les hommages estoient autrefois indivisibles, parce qu'ils ne se rendoient aux seigneurs dominans, que par un seul, pour la totalité des fiefs qui relevoient d'eux : en sorte que lorsqu'ils estoient divisez, et que quelques portions écheoient aux puinez par droit de frerage, c'est à dire de partage entre freres, les puinez en faisoient hommage à l'aîné, qui le faisoit pour le total au seigneur dominant.

Il y a plusieurs titres qui font mention du frerage en cette signification. Chopin[3] rapporte un arrest du parlement de l'an 1269 dans l'énoncé duquel il paroit que la comtesse de Leicestre « petebat, ratione frarragii, partem suam, » dans le comté d'Angoulême : le comte soûtenant, au contraire, que ce comté « non erat partibilis, nisi per apanamentum, » c'est-à-dire qu'il n'estoit obligé que de luy asseoir un viage sur iceluy, parce que les frerages aussi bien que les *parages* ne pouvoient estre pris sur les baronnies[4] Mathieu seigneur de Montmorency[5], traitant le mariage d'Erard, son frere, avec Jeanne de Longueval, en l'an 1296, promit de « faire « audit Erard 500 livrées de terre de freragie, prises et assises « en la terre de Montmorency. » Dans un registre du Trésor des Chartes du roy, « Domina Margareta, vice-comitissa « quondam Thoarcensis, est fœmina ligia domini comitis, « et tenet ab eo castellaniam de Bridiers, Franciam, quidquid « habet in honore de Coperniaco, ratione frareschiæ suæ. » Il y a d'autres semblables titres dans les *Preuves de l'Histoire d'Auvergne* de M. Justel[6], qui font mention de ce mot de *frayreschia*, en cette signification.

Quant à ce que j'ay dit que les puinez faisoient hommage à l'aîné pour les portions démembrées du fief, cela est justifié par un hommage rendu à Paris[7], le 19 d'octobre l'an 1317, à Guillaume de Melun, archevêque de Sens, par Jean, Robert, et Louys de Melun, ses freres, « tanquam primogenito, causa « fratralgii, et prout fratralgium de consuetudine patriæ « requirebat, ratione castri de S. Mauricio. » Cela avoit lieu non seulement lorsqu'un fief singulier estoit démembré, mais encore quand il y en avoit plusieurs qui relevoient d'un même seigneur. Car, en ce cas le partage estant fait de tous ces fiefs entre l'aîné et les puinez, ceux qui écheoient aux puinez relevoient de l'aîné par droit de frerage, et les puinez estoient obligez d'en faire hommage à l'aîné, qui le faisoit pour les freres à son seigneur dominant : par exemple, Guillaume de Nangis[8] dit que la terre de Boves, pres d'Amiens, dont il est fort parlé en l'*Histoire de Philippes-Auguste*, et celle de Gournay avoient esté démembrées de la terre de Coucy par frerage : « Terra de Bovis et de Gornaio « a terra de Couciaco per fraternitatis partitionem decisa « fuerat. » Acause de quoy la terre de Boves releve encore à present de celle de Coucy, quoy qu'elle en soit fort éloignée, et qu'elle n'ait rien de commun avec cette seigneurie, mais seulement parce qu'elle a esté un partage des puinez de la maison de Coucy, aux aînez desquels ils ont fait hommage, suivant l'usage qui a esté reçu de tout temps en France, comme nous apprenons d'Othon de Frisingen[9] : « Mos in illa, qui « pene in omnibus Galliæ provinciis servatur, remansit quod « semper seniori fratri, ejusque liberis, seu maribus, seu

« fœminis, paternæ hæreditatis cedat auctoritas, cæteris ad « illum, tamquam ad dominum respicientibus. »

La raison de cét usage est, à mon avis, parce que les vassaux qui possedoient plusieurs terres, qui relevoient d'un même seigneur, en faisoient un seul hommage : comme si tous ces fiefs, estant reünis en la personne d'un seul possesseur, n'en eussent composé qu'un seul. Estant vray de dire que puisqu'il n'y avoit qu'un vassal à l'égard de tous ces fiefs, il ne devoit y avoir qu'un hommage, si ce n'est que les conditions des hommages pour la diversité des fiefs ne fussent differents. Et encore en ce cas-là le vassal faisoit hommage en même temps de tous ces fiefs, en y specifiant les conditions qui estoient annexées aux hommages d'aucuns d'eux. D'ailleurs, cette coûtume fut d'abord introduite à l'avantage du seigneur dominant, qui ne vouloit pas que ses hommages fussent partagez. Aussi tant s'en faut que son fief fust démembré, et le service amoindry, qu'il en estoit augmenté. Car en cas de guerre tous les puinez qui relevoient de leur aîné se rangeoient sous sa banniere avec leurs arriere-vassaux, et enfloient notablement ses troupes. D'autre côté, les possesseurs des fiefs avoient grand interest de se conserver les hommages de leurs puinez, et de ne pas diminuer leurs fiefs par un eclipsement, qui leur auroit esté tres-dommageable, parce que le service qui leur estoit dû à cause des fiefs auroit passé en la personne du seigneur dominant, qui n'en auroit pas tant receu d'avantage et de profit que le vassal en auroit eu de dommage.

C'est donc à raison de frerages que les comtes de Blois et de Sancerre tenoient leurs comtez du comte de Champagne, leur aîné[1], parce qu'ils les avoient eus en partage, ou *fraresche*, et que ces fiefs relevoient originairement d'un même seigneur, qui estoit le roy. La lettre de Ville-Hardoüin maréchal, et de Miles de Braibans, grand boutellier de Romanie, à Blanche, comtesse de Champagne, rapportée dans les observations sur l'histoire du même Ville-Hardoüin[2] : « Sciatis quod comes Theobaldus Blesensis et comes Sacri- « Cæsaris sunt vestri homines ligii, et quidquid possident « est de feodo vestro, et Sacrum-Cæsaris est vestrum præ- « dium, sed eum comes tenet in feodum de Campaniæ « comitatu. »

Non seulement ces comtes estoient vassaux de la Champagne acause de ces deux fiefs ou comtez ; mais encore acause de plusieurs autres terres, qui sont énoncées dans le registre des fiefs de Champagne[3], lesquelles ils possedoient pareillement par frerage. En voici l'extrait que j'en ay fait, pour justifier quelle a esté l'acquisition que saint Louys fit du comte de Champagne, dont le sire de Joinville a fait mention : « Comes Carnotensis et Blesensis tenet comitatum « cum omnibus feodis appendentibus a comite Campaniæ, « et est suus homo ligius, et Chasteldun, et la Ferté de « Vilenuel cum feodis eisdem appendentibus, et Blesium, et « Castrum Renardi, et le Maantiz, et Marchaisnay, et Alueel, « et Galardun, quæ sunt de feodo Carnoti, cum omnibus « feodis appendentibus, et Baugenci, et Braceaus, et Vierzin. « Comes Andegaviæ tenet Turonum a Ludovico comite « Carnoti, Ludovicus comes a domino Campaniæ cum feodis « appendentibus. Dominus de Ambasia tenet Caivum montem « a Ludovico comite de feodo de Blesio, Ludovicus comes a « domino Campaniæ cum feodis appendentibus. Dominus « de Virsun tenet Virsun a Ludovico comite, comes Ludo- « vicus a domino Campaniæ. Item dominus de Virsun tenet « Manestont a com. Lud., comes Ludov. a domino Camp. « Dominus de S. Aniano tenet sanctum Anianum, et Celam, « et Remorentin, et Vestam a Ludovico comite de honore de « Blesio ; et comes Lud. tenet hoc a domino Camp. et « Nogentum le Rotrou similiter, et Brai. Comes de Sacro- « Cæsaris tenet Sacrum-Cæsaris cum omnibus feodis appen- « dentibus a domino Camp ; et omnia quæ dominus Ercham- « baudus de Soillinco tenet in Bituria de feodo Sacri-Cæsaris,

---

1. D'Anjou, du Maine, de Poictou, etc. — 2. L. 1. — 3. L. 2, de Dom. tit. 4, § 8. — 4 Coust. de Tours, art. 129. — 5. A. Du Chesne. — 6. P. 177, 178. — 7. Reg. du Parlem. commençant en 1316, fol. 340. — 8. In S. Lud. A. 1256. — 9. L. 2, de Gest. Frid. c. 29.

1. Joinville. — 2 N. 4. — 3. Fol. 66.

« et omnia quæ comes Sacri-Cæsaris habet apud Cereium, et
« quidquid habet apud Concorceaut; et quidquid habet apud
« S. Briccium in feodo in domanio, et quidquid habet
« apud Chasteillun super Loein, tenet comes Sacri-Cæsaris
« a domino Campaniæ; et quidquid tenet est alodum, præter
« S. Briccium, et .... quod comes Campaniæ tenet a domino
« rege, et ipse a comite. »

Quoy que dans l'apparence, et pour les raisons que j'ay marquées, les seigneurs n'eussent pas un grand interest à ce que les puìnez relevassent ainsi des aînez pour les parts et portions de fiefs qui écheoient dans leur partage, si est-ce que sous le regne de Philippes-Auguste il s'en trouva plusieurs qui firent leur effort pour éteindre cét usage. En effet Eudes duc de Bourgogne, Renaud comte de Bologne, le comte de S. Paul, Guy de Dampierre, et plusieurs autres grands seigneurs de France convinrent ensemble, et d'un consentement universel ordonnerent « Ut a primo de maii
« quidquid tenetur de domino ligie, vel alio modo, si conti-
« gerit per successionem heredum, vel quocumque alio modo
« divisionem inde fieri, quocumque modo fiat, omnes qui de
« illo feodo tenebunt, de domino feodi principaliter, et nullo
« medio tenebunt, sicut unus antea tenebat, priusquam
« divisio facta esset, et quandocumque contigit pro illo
« totali feudo servitium domino fieri, quilibet eorum, secun-
« dum quod de feodo ille tenebat, servitium tenebitur
« exhibere, et illi domino deservire, et reddere rachatum et
« omnem justitiam. » Puis, est ajoûté que cette ordonnance n'estoit que pour l'avenir, à commencer de ce premier jour de may. Ces barons firent autoriser ce resultat par le roy Philippes-Auguste, qui en expédia ses lettres le premier jour de may à Villeneuve le Roy près de Sens, l'an 1209. Elles sont inserées dans un registre de ce roy qui appartient à M. d'Herouval, dans les *Commentaires* de M. Pithou[1] *sur la Coûtume de Troyes*, dans les *Contredits* de M. de la Guesle, procureur general du parlement pour le comté de S. Paul, et dans Chopin[2].

Je crois que c'est cette ordonnance que l'evesque de Beauvais allegue dans un ancien arrest de l'an 1254, qui porte ces termes[3] : « Episcopus Belvacensis dicebat quod rex Philippus
« tempore statuerat quod de partibus terræ, quas fratres
« fratribus vel sororibus faciebant, non ad ipsos fratres qui
« partes faciebant fratribus, vel soribus suis, homagia
« dictarum partium veniebant, sed ad dominos de quorum
« feodo ipsi fratres annati[4] tenebant dictas partes quas
« faciebant. » J'ay rapporté l'extrait de cét arrest pour faire voir que le resultat des barons se fit de l'autorité du roy, et par forme d'ordonnance. Mais comme elle se passa sans la participation des vassaux, qui n'y furent pas appellez, cela n'eut aussi pas d'effet, du moins universellement : ce que l'on peut assez conjecturer de l'arrest de l'an 1317 pour l'archevesque de Sens dont j'ay parlé. Il semble neantmoins qu'on apporta dans la suite du temps une moderation et un temperament à cette ordonnance, qui fut qu'on laisseroit la liberté aux puînez de relever de l'aîné, ou du seigneur de l'aîné, auquel ils l'on dit qu'ils relevent aussi noblement que leur aîné. Cette liberté se trouve exprimée dans les *Coûtumes* de Mante[5], de Senlis[6], de Troïes[7], d'Anjou, et autres. Il y en a encore quelques-unes qui veulent que les puînez ne puissent relever en ces cas de leurs aînez, que pour la premiere fois[8].

La tenuë en *parage* a beaucoup de rapport avec la tenuë en frerage. *Tenir en parage*, selon Bouteiller[9], est lors que l'aîné faisant partage à ses puînez leur abandonne une partie de son fief, par exemple le tiers, ou moins, suivant que les Coûtumes ordonnent, car alors les puînez tiennent en parage de leur aîné la partie qui leur est écheuë *par la raison de parage et de succession*. Et alors « les aînez font les
« hommages aux chefs seigneurs pour eux et leurs puînez,
« et les puînez tiennent des aînez par parage, sans hom-
« mage. » Ce sont les termes de la *Coûtume de Normandie*[10]. La tenuë par parage differe de celle par frerage, en ce que par la derniere le puîné estoit obligé de faire hommage à son aîné, d'abord qu'il estoit saisi de partie du fief; ce qui n'estoit pas du *parageau*, c'est à dire du puîné possesseur du fief en parage, qui n'estoit obligé à l'hommage envers son aîné *parager* qu'en trois cas. Le premier, lorsque la parenté venoit à finir, et que l'on pouvoit s'allier par mariage sans dispense, que la *Coûtume de Normandie* reduit

---
1. Art. 14 — 2. L. 2, de Dom. tit. 13, art. 2, et l. 1, de Morib. Paris, tit. 2e art. 12. — 3. M. Pithou, ibid. — 4. Aînez. — 5. Art. 1, art. 5. — 6. Tit. 7, art. 32 — 7. Art. 14. — 8. Amiens, art. 79 . Comté de Bourg. ch. 1, art. 18. — 9. En sa Somme Rurale, tit. 84. — 10. Ch. 9, art. 128; Establ de S. Louys, l. 1 : Coust. de Tours, art. 126. Anjou, art. 213, 220 : Blois, ch. 6, art. 71 ; Angoumois, art. ch. 1, art. 28 ; Preuves de l'Hist. de Dreux, p. 281.

au sixième dégré inclusivement, celles de Tours et d'Anjou au quatriéme ; le second, quand le parage des puînez estoit transporté à des personnes étranges ; et le troisiéme, quand le *parageau* en avoit fait hommage au chef seigneur sans le consentement de son aîné, qui pouvoit en ce cas obliger le puîné à lui faire hommage. Bouteiller ajoûte que le puîné tient son parage *aussi noblement que l'aîné fait le gros*; ce qui est aussi exprimé dans la *Coûtume d'Anjou*[1] : et « qu'en
« tenure de parage l'aîsné a sus celluy qu'aînsi tient la
« justice et la contrainte de ses rentes, et des services qui
« appartiennent au seigneur souverain, de tort fait à luy,
« ou à ses gens, et de non plus de chose. » Par les usages d'Orléans[2], celui qui tient en parage a la même justice que l'aîné, et n'est tenu de faire aide ou service qu'au chef seigneur. La *Coûtume d'Anjou* dit que c'est le cas auquel le vassal peut *depecer* son fief au préjudice de son chef seigneur. Celle de Poictou[3] dit la même chose, en ces termes :
« Et est un cas auquel le vassal peut empirer le fief de son
« seigneur ; car ce qui estoit directement en son fief n'est
« plus qu'en son arrierefief. » Dans cette Coûtume l'aîné *parager* est appellé *chemier*, qui est un terme que les interpretes n'ont pas entendu. Mais il y faut restituer *chemier*, c'est à dire *chief de mez, caput mansi*, l'aîné est le chef de la maison. Le Cartulaire de l'Eglise d'Amiens : « Cum vero
« caput mansi obierit, debet 7 sol. pro relevamento. » Je passe les autres circonstances qui regardent les parages, parce que ces matieres ont esté traitées par les commentateurs des coûtumes qui en parlent[4].

Bouteiller dit que ces terres sont dit estre tenuës en parage, parce que tant l'aîné que les puînez *sont paraux en lignage*, c'est à dire pareils, égaux, et sortis de même famille. Et comme le parage n'avoit lieu qu'entre les personnes nobles, et pour les choses sujettes à hommage, ainsi qu'il est porté dans la *Coûtume d'Anjou*[5], le mot de parage a esté pris avec le temps pour la noblesse, non pour la raison que Chopin en rend, « quod *parium* dignitate soli honestentur
« nobiles, natalibusque generosi, » mais parce que ceux qui tenoient les parages estoient nobles de même lignage que leurs aînez, et marchoient du pair avec eux. D'où vient que les *Constitutions de Sicile*[6] veulent que les barons soient tenus de marier les filles des chevaliers et des bourgeois dont ils ont la garde et la tutele, « pro modo paritatum, et
« secundum paragium, » c'est à dire selon leur condition et la qualité de leurs familles : de sorte que si le baron en usoit autrement, on disoit qu'il *déparageoit* sa pupille ; ce que les auteurs latins appellent *disparagare*, comme nous verrons cy-après[7].

Les Etablissements de France selon les usages du Chastellet de Paris, d'Orléans et de Baronnie[8], disent que si quelqu'un se faisoit faire chevalier, « et ne fust pas gentilhomme de
« parage, tout le fust-il de par sa mere, » il ne le pourroit pas estre de droit, et le roy, ou son seigneur, dans la chastellenie duquel il seroit, pourroit lui trancher ses éperons sur le fumier, et prendre tous ses meubles à son profit, « car
« usage n'est que femme affranchisse homme, mais li
« hom franchist la femme. » Il resulte de ces termes qu'estre *gentilhomme de parage*, c'est estre gentilhomme de lignage du costé paternel. Car, suivant le sire de Beaumanoir[9],
« Gentillesse si est toujours rapportée par les peres, et non de par les meres ; » ce qui se doit entendre de la noblesse de sang, et non de la noblesse de nom et d'armes, de laquelle nous traitterons dans la suite. En effet, je remarque que le mot de *parage* est employé dans les auteurs pour la noblesse de sang : et estre issu *de haut parage*, c'est estre descendu d'une famille illustre. Le *Roman de Garin* :

Jà es tu riche, et trop de haut parage,
Quatorze comtes as tu de ton lignage.

Guillaume Guiart,

Pris i fu Mahieu de Mailly,
Comment qu'au roy de France annuie,
Et messire Pierre de la Truye ;
Et maint autre de haut parage, etc.

Au contraire, *bas parage* est une famille moins noble. *Le Doctrinal* ms. :

Celui qui vaillans est, et bel le set avoir,
S'il est de bas parage, ne vos en puet caloir.

---
1 Art. 215. — 2 Part. 207. — 3. Art. 197. — 4. Chop. in Cons. Par. l. 4, tit. 2, § 11, in Cons. And. l. 2. — 5. Art. 212. Chop. l. 2, de Dom. tit. 3, § 3. — 6. L. 3, tit. 23. — 7. Dissert. X. — 8. Ch. 128. — 9. Ch. 45.

De sorte que *parage* n'est autre chose que *parentage*, et peut-estre a il esté formé de ce mot par abbregé, de même que *barnage* de *baronage*. Le même *Roman de Garin* :

Ne me laissiez vergonder et honnir,
Toz nos parage en estroit plus vil.

Et ailleurs :

Maugré en aient Fromond et si ami,
Et li parage, quanques vos estes ci.

Il y avoit dans la Catalogne[1] une espèce de gentilshommes qui estoient appelez *homens de paratge*, qui differoient des autres chevaliers. Les historiens d'Espagne[2] en rapportent l'origine à Ramon Borel, comte de Barcelonne, lequel, man- quant de chevaliers et de soldats pour chasser les Mores de Barcelonne, accorda des franchises et des libertez militaires à ceux qui le voudroient accompagner à cheval en cette guerre, et à leurs descendants : et s'estans trouvez au nombre de neuf cens ; ils furent nommez *homes de parage*, parce qu'ils estoient égaux entre eux, en honneur et en condition. Ensuite les roys d'Arragon en créerent d'autres avec les mêmes prérogatives, qui sont semblables à ceux des chevaliers, desquels ils ne different que de nom. Mais j'estimerois plûtost qu'ils furent ainsi nommez parce qu'ils passerent avec le temps pour des personnes de haute noblesse. L'evesque de Madaure[1] dit que la ville de Mets fut gouvernée autrefois par les nobles, qui estoient divisez en cinq corps, qui estoient appellez *parages*, ou *paraiges*, qui estoient comme autant de familles, aux privileges desquels les enfans des filles participoient. Ce qui a fait dire à M. Pithou[2] qu'à Mets la mere part au patriciat de Mets, dit parage, *id est liberos pares gignit*.

1. Curita, l. 1, c. 9. — 2. Bouter, l. 2, c. 14 ; Diago, l. 2, c. 3 : Thomic. c. 20 ; Chialano, en la Hist. de Valencia, tom. 1, c. 27, n. 12, 13 ; André Bosch, del Titols de honor de Catalunya, l. 3, p. 328.

1. Hist. des Evesques de Mets, en la Preface, p. 17. — 2. Sur la Coust. de Troies, art. 1.

DES ASSEMBLÉES SOLENNELLES DES ROIS DE FRANCE.

DISSERTATION IV.

Dans le premier établissement de la monarchie françoise, nos roys ont choisi une saison de l'année pour faire des assemblées générales de leurs peuples, pour y recevoir leurs plaintes, et pour y faire de nouveaux reglemens et de nouvelles loix, qui devoient estre receuës d'un consentement universel. Ils y faisoient encor une reveuë exacte de leurs troupes et de leurs soldats, acause dequoy[1] quelques auteurs ont écrit que ces assemblées furent nommées champs de Mars, du nom de la deité qui présidoit à la guerre. Grégoire de Tours[2], parlant de Clovis : « Transacto vero anno, jussit « omnem cum armorum apparatu advenire phalangam, « ostensuram in campo Martio suorum armorum nitorem. » Et veritablement il semble que nos François donnerent ce nom à ces reveuës generales des troupes, à l'exemple des Romains, qui avoient coûtume de les faire dans le champ de Mars, proche de la ville de Rome, et où ils exerçoient ordinairement leurs soldats ; d'où vient que nous lisons que la plûpart des grandes villes des provinces qui leur ont appartenu en eurent eu près de leurs murs ces champs de Mars, à l'imitation de celle de Rome : ce que la *Vie de S. Eleuthere*[3] remarque à l'égard de celle de Tornay, dont il estoit evesque, *Girolamo dalla Corte* pour celle de Verone[4], et Velser[5], pour plusieurs autres. *Trebellius Pollio*[6], en la *Vie de l'empereur Claudius*, fait assez voir que ces exercices de la guerre se faisoient aussi dans les campagnes : « Fecerat nos enim adolescens in militia, cum ludicro Martiali in campo luctamen inter fortissimos quosque monstraret. »

Mais il est bien plus probable que ces assemblées furent ainsi nommées parce qu'elles se faisoient au commencement du mois de mars. La *Chronique* de Fredegaire, parlant de Pepin : « Evoluto anno, præfatus rex a kal. mart. omnes « Francos, sicut mos Francorum est, Bernaco villa ad se « venire præcepit. » Un titre de Dagobert[7] est souscrit « die « calendarum martiarum in compendio palatio, » qui estoit le jour auquel on commençoit ces assemblées. Il y a mesme lieu de croire que nos premiers François prirent occasion de commencer les années de ce jour-là ; ce qu'on peut recueillir des termes du *decret* de Tassillon, duc de Baviere[8] : « Nec « in publico mallo transactis tribus kalendis martiis post « hæc ancilla permaneat. » Car ce qui est icy appellé *mallum publicum* est nommé *placitum* dans Fredegaire[1], *conventus* en ce passage d'Aimoin[2] : « Bituricam veniens, conventum, « more Francico, in campo egit. » Ailleurs il le nomme « conventus generalis. »

Cette coûtume de convoquer les peuples au premier jour de mars eut cours longtemps sous la premiere race de nos rois[3]. Mais Pepin, jugeant que cette saison n'estoit pas encore propre pour faire la reveuë des troupes, et encore moins pour les mettre en campagne, changea ce jour au premier de may. C'est que nous apprenons de Fredegaire[4]. « Ibi placitum suum campo madio, quod ipse primus pro « campo martio pro utilitate Francorum instituit, tenens, « multis muneribus a Francis et proceribus suis ditatus « est. » Quelques Annales[5] rapportent que ce changement se fit en l'an 755 ; et l'auteur de la *Vie de S. Remy*, archevesque de Reims, marque assez que ce fut pour la raison que je viens de dire : « Quem conventum posteriores Franci maii « campum, quando reges ad bella solent procedere, vocari « instituerunt. » Depuis ce temps-là ces assemblées changerent de nom dans les auteurs, dans lesquels elles sont appellées indifferemment *campi magii* ou *madii*[6]. Quelques-uns ont écrit que la ville de *Maienfeld*, au diocese de Coire, au canton des Grisons[7], fut ainsi nommée acause de ces assemblées qui se tenoient au mois de may ; car *Maienfeld* signifie *champ de may*. Non seulement on y traittoit des affaires de la guerre, mais encore generalement de toutes les choses qui regardoient le bien public. Fredegaire[8] : « Omnes « optimates Francorum ad Dura, in pago Riguerinse, ad « campo madio, pro salute patriæ et utilitate Francorum « tractando, placito instituto, ad se venire præcepit, » ce qui est aussi touché par le moine Aigrad[9], en la *Vie de S. Ansbert*, archevesque de Rouën.

Les roys[10] recevoient en ces assemblées les présens de leurs sujets, ce qui est particulierement remarqué par le passage de Fredegaire, que je viens de citer, et par tous les auteurs[11] qui ont parlé de la grande autorité des maires du palais, lorsqu'ils écrivent qu'ils gouvernoient l'Etat avec un

1. Flod. l. 1. Hist. Rem. c. 43 ; Vita S. Remig. — 2. L. 2, Hist. c. 27 ; Aimoin, l. 1, c. 12 : Gesta Fr. c. 19 ; Flod. Vita S. Rem. Vid. Autor. cit. à Rosino, l. 6, c. 11. — 3. C. 12, § 5. — 4. Hist. di Verona, l. 7, p. 415. — 5. L. 5, Rer. Vend. — 6. In Claudio. — 7. In Chr. Fontanell. c. 1. — 8. C. 2, § 12.

1. Fredeg. A. 766. — 2. L. 4, c. 67. — 3. Id. c. 68, 70, 71, 85. — 4. A. 766. — 5. Annal. Fr. tom. 2 ; Hist. Fr. p. 7, et apud Lab. tom. 2 ; Bibl. p. 734. — 6. Chr. Moiss. A. 777, 790. — 7 Chr. S. Gall. A. 775, et seq. Goldast. — 8. A. 701. — 9. C. 5, n. 22. — 10. Annal. Fuld. — 11. Mar. Scoi. A. 750 ; Chr. Tur. A. 670 ; Andr. Sylv. A. 662.

tel pouvoir, qu'il ne restoit aux princes que le seul nom de roys, lesquels se contentoient de mener une vie casaniere dans leurs palais, et de se faire voir une fois l'an en ces assemblées, où ils recevoient les présens de leurs peuples : « In die autem Martis campo, secundum antiquam consue- « tudinem, dona illis regibus a populo offerebantur. » Ce sont les paroles de la *Chronique* d'Hildesheim [1]. Ce qui est encore exprimé par Theophanes, en ces termes, au sujet des roys de la premiere race [2] ἔθος γάρ ἦν αὐτοῖς τὸν κύριον αὐτῶν, ἤτοι τὸν Ῥῆγα, κατὰ γένος ἄρχειν, καὶ μηδὲν πράττειν, ἢ διοικεῖν, πλὴν ἀλόγως ἐσθίειν καὶ πίνειν, οἴκοι τε διατρίβειν, καὶ κατὰ μαῖον μῆνα πρώτῃ τοῦ μηνὸς προκαθέζεσθαι ἐπὶ παντὸς τοῦ ἔθνους, καὶ προσκυνεῖν αὐτοὺς, καὶ προσκυνεῖσθαι ὑπ' αὐτῶν, καὶ δωροφορεῖσθαι τὰ κατὰ συνήθειαν, καὶ ἀντιδόναι αὐτοῖς, καὶ οὕτως ἕως τοῦ ἄλλου μαΐου καθ' ἑαυτὸν διάγειν, Les *Annales de France* tirées de l'Eglise de Metz [3] remarquent plus particulierement ce qui se pratiquoit en ces assemblées, tant à l'égard des affaires qui s'y traittoient, que de ces présens qui se faisoient aux roys. C'est à l'endroit où il parle de Pepin l'Ancien, maire du palais : « Singulis vero annis, in kalendis martii generale « cum omnibus Francis, secundum priscorum consuetudi- « nem, concilium agebat. In quo, ob regii nominis reveren- « tiam, quem sibi ipse propter humilitatis et mansuetudinis « magnitudinem præfecerat, præsidere jubebat : donec ab « omnibus optimatibus Francorum donariis acceptis, verbo- « que pro pace et defensione ecclesiarum Dei et pupillorum « et viduarum facto. raptuque fœminarum et incendio solito « decreto interdicto, exercitui quoque præceptum dato, ut « quacumque die illis denuntiaretur, parati essent in par- « tem. quam ipse disponeret, proficisci. » Nous apprenons de ce passage la raison pour laquelle Pepin fils de Martel transfera ces assemblées au premier jour de may, et que ce fut pource que la saison, n'estant pas encore assez avancée, l'on ne pouvoit pas mettre les troupes en campagne : de sorte qu'il faloit prescrire le jour auquel les peuples se devoient trouver sous les armes, pour marcher contre les ennemis, estant ainsi obligez de s'assembler une seconde fois. Hincmar [4] archevesque de Reims dit que ces presens se faisoient par les peuples aux roys, pour leur donner moyen de travailler à leur defense et à celle de l'Etat. *Causa suæ defensionis*. Quant à ce qu'il les appelle dons annuels, cela est confirmé par plusieurs passages de nos annales, qui se servent souvent de ces termes. Celles qui ont esté tirées de l'abbaye de S. Bertin [5] : « Ibique habito generali conventu, « et oblata sibi *Annua Dona* solenni more suscepit, et lega- « tiones plurimas, quae tam de Roma et Benevento quam et « de aliis longinquis terris, ad eum venerant, audivit atque « absolvit. » Ce qui montre encore qu'on reservoit les occa- sions de ces assemblées pour recevoir les ambassadeurs, afin de leur faire voir la magnificence de ces cours royales. Ces dons et ces présens sont appellez tantôt [6] *Annualia dona*, et souvent [7] *Annua*, parce qu'ils se faisoient tous les ans, et mêmes d'abord au commencement de l'année : acause dequoy les auteurs leur donnent quelquefois le nom d'étré- nes, nos roys en ayant usé comme ces anciens roys romains qui en inventerent le nom et la coûtume. Un poëte [8] du moyen temps :

Strenæ præterea nitent
Plures aureolæ munere regio,
Olim principibus probis
Jani principiis auspicio datæ,
Fausto temporis omine :
Ut ferret ducibus strenua strenuis
Annus gesta recentior.
Illas nobilitas Cæsaribus piis,
Rex dignis procerum dabat,
Urbis quas Latiæ tum juveni dedit
Rex Titus Tatius prior,
Fastas accipiens, paupere munere,
Verhenas, studio patrum
Solers posteritas quas creat aureas.
Servant dona tamen
A luco veteri nomine strenuæ.

Du moins je remarque que ces présens sont souvent appellez *xenia* dans Flodoard [9], en l'*Histoire de l'Eglise de Reims*, qui fait voir que l'usage en estoit en France sous Clovis et les premiers roys ; et je crois que c'est pour la même raison que les tributs que les peuples de Dalmatie [1] payoient aux roys de Hongrie, et à la république de Venise, lorsqu'ils leur ont esté sujets, estoient nommez *strinæ* ou *strinnæ*, d'un terme tiré du latin *strena*, parce que c'estoient des dons gratuits et volontaires, qui ne se faisoient que par forme de reconnois- sance. Ce que j'ay semble estre exprimé dans un titre de Sebas- tiano Ziani, doge de Venise, de l'an 1174, pour les habitans de Trau : « Nolumus ut aliquo modo offendantur, neque tol- « latur eis aliqua inconsueta strinna, nisi quam ipsi sponte « dare voluerint. » Cela est conforme à ce que Constantin Porphyrogenite [2] écrit, que l'empereur Basile, son ayeul, per- suada aux Dalmates de payer aux Sclavons, pour acheter la paix d'eux, ce qu'ils avoient coûtume de payer à leurs gou- verneurs, et de donner quelque peu de chose à ces mêmes gouverneurs, pour marque de dépendance, et de leur soûmis- sion à l'empire.

Je ne doute pas encore que ce n'ait esté à l'exemple de nos roys que les seigneurs particuliers ont emprunté ces expres- sions de dons pour les levées qu'ils ont faites sur leurs sujets, ayant de tout temps cherché des termes doux et plau- sibles pour déguiser leurs injustes exactions. Un titre de Guillaume le Bâtard [3] : « Ut liber sit ab omni Consuetudine, « — goldo, scoto, et auxilio, et dono, et Danegeldo. » Le *Car- tulaire* de l'eglise d'Amiens [4]. « In omni territorio communi « Nigellæ habent canonici tres partes terragii, et medietatem « doni, et in terra vavassorum medietatem terragii, et me- « dietatem doni. » Il est souvent parlé en ce cartulaire de ce *don*, d'où le nom est demeuré encore à présent à la levée qui se fait dans Amiens pour les marchandises qui y entrent par le courant de la riviere. Ce qui justifie que ces dons, qui d'a- bord n'estoient que gratuits,devinrent à la fin forcez, et pas- serent avec le temps pour des impositions ordinaires.

Les présens qui se faisoient aux roys n'estoient pas toû- jours en argent, mais en espéces, et souvent en chevaux. Ce que nous apprenons de quelques additions à la Loy salique [5], qui ordonnent que ces chevaux auront le nom de ceux qui les presentent : « Et hoc nobis præcipiendum est, ut quicum- « que id *dono regio* caballos detulerint, in unumquemque « suum nomen habeant scriptum. » Et ce affin qu'on sçût qui estoient ceux qui avoient satisfait à ce devoir et à cette re- connoissance, et ceux qui n'y avoient pas satisfait. Ces pré- sens y sont appellez *royaux*, de même qu'en une epître de Fro- thaire [6] evesque de Thoul, qui confirme encore ce que je viens de remarquer, que ces présens se faisoient souvent en che- vaux : « Nam ad horum itinerum incommoda, quæ vel nunc « egimus, vel acturi sumus, sed ad *dona regalia*, quæ ad pa- « latium dirigimus, pene quidquid ex optimis equis habui- « mus, distribuere compulsi sumus. » Nos Annales [7] disent que le roy Pepin ayant défait les Saxons, ces peuples s'obli- gerent de lui faire présent tous les ans de cens chevaux, lorsqu'il tiendroit ses assemblées générales : « Et tunc demum « polliciti sunt regis Pipini voluntatem facere, et honores, « sive *dona*, in suo placito præsentandos, id est per annos « singulos equos trecentos. » Où le terme d'*honores* merite une reflexion, nous apprenant que ces présens qui se faisoient dans ces occasions estoient des présens d'honneur et de re- connoissance ; ainsi les Annales [8] d'Eguinard portent ces mots : « Et singulis annis, honoris causa, ad generalem con- « ventum equos ccc. pro munere daturos. » Ces chevaux qui se donnoient aux princes par forme de tribut, ou de rede- vance annuelle, sont appellez *equi canonici* dans le Code Theodosien [9].

Les monasteres n'estoient pas exempts de ces présens.Car, comme ils ne se faisoient que pour subvenir à la nécessité de l'Etat, et pour contribuer aux depenses que les roys estoient obligez de faire pour la conservation de leurs peuples et de leurs biens, les ecclesiastiques y estoient aussi obligez, acause de leurs domaines, qu'ils tenoient pour la plûpart de la liberalité des princes. Ce qui a fait dire à Hincmar [10] : « Per jura regum Ecclesia possidet possessiones. » Le même écrivain à ce sujet : « Causa suæ defensionis, regi ac reipu- « blicæ vegtigalia, quæ nobis *annua dona* vocantur, præstat « Ecclesia, servans quod jubet Apostolus, cui honorem hono- « rem, cui vegtigal vegtigal, subaudiatur præstare regi ac de- « fensoribus vestris. » Les Epîtres de Frothaire, evesque de Toul, et de Loup, abbé de Ferrieres [11], que j'ai citées, con- firment la méme chose. Entre ces monasteres il y en avoit obligez de fournir non-seulement de ces présens, mais encore des soldats ; il y en avoit d'autres qui

---

1. A. 750 — 2. P. 337. — 3. Ad. ann. 692. — 4. In Quater. p. 405, apud Collot ; Annal. Fr. Bert. A. 820 ; Annal. Eghin A. 827. — 5. Ann. Bert. A. 839, 835, 837. — 6. Annal. Egh. A. 829 ; Bert. A. 864, 869, 874 ; Lup. Ferrar. ep. 32 ; Hincmar. Quatern. — 7. Frot. ep. 21 ; Fast. Symm. l. 1, ep. 4. — 8. Meielius, in Quirinal. tom. 1. Canisii, p. 44, 45. — 9. L. 1, c. 11, 18 l. 2, c. 11, 17, 19.

1 Apud Jo. Lucium, l. 3, de Regn. Dalm. c. 10, l. 6, c. 2 Statuta Ragusii, l. 7, c. 50. — 2. De Adm. Imp. c. 29. — 3. Tom. 1. Monast. Angl p. 332 — 4. Tabul. Eccl. Amb. fol. 2, 19, 20, 27. — 5. Capit ad Leg. Sal § 13. — 6 Ep. 21. — 7. Annal Franc. Met. A. 753, 758. — 8. A. 758. — 9. L. 3 de Equor. Conlat. (11, 17). — 10. In Quatern. p. 405, 406. — 11. St. Baluz. ad Lup. Ferr.

n'estoient tenus qu'aux présens ; et enfin il y en avoit qui ne devoient ni l'un ni l'autre, mais seulement estoient obligez de faire des prieres pour la santé des princes et de la maison royale, et pour la prosperité des affaires publiques. Il se voit une constitution de l'empereur Louys le Debonnaire[1] qui contient un dénombrement des monasteres de ses Etats « quæ « dona et militiam facere debent, quæ sola dona sine militia, « et quæ nec dona nec militiam, sed solas orationes pro sa- « lute Imperatoris, vel filiorum ejus, ac stabilitate Imperii. » Je crois que c'est de là qu'on peut tirer l'origine des secours d'argent que nos roys tirent de temps en temps du clergé de France, particulierement depuis que les milices des fiefs ont esté abolies. Car au temps que tous les fiévez estoient tenus de se trouver dans les armées des roys et des souverains, les ecclesiastiques estoient pareillement obligez d'y servir, mê- mes en personne, acause de leurs terres, de leurs regales, et de leurs fiefs[2] : non qu'ils y portassent les armes, comme les seculiers, mais pour y conduire leurs vassaux, tandis que de leur part ils employoient leurs prieres pour la prosperité des armes du prince.

Le camérier, c'est à dire le garde du trésor du roy, avoit la charge de recevoir ces présens, et estoit soûmis en cette fonc- tion à la reyne, à qui elle appartenoit de droit. Hincmar[3], écrivant de l'ordre du palais de nos roys : « De honestate vero « palatii, seu specialiter ornamenti regali, nec non et de donis « annuis militum, absque cibo et potu, vel equis, ad reginam « præcipue, et sub ipsa ad camerarium pertinebat. » Puis il ajoûte qu'il estoit encore à la charge du cumerier, de rece- voir les présens des ambassadeurs étrangers, c'est à dire qu'il les devoit avoir en sa garde, comme faisans parties du trésor royal. Car d'ailleurs ces dons se faisoient par les sujets aux roys directement, qui les recevoient de ceux qui les leur présentoient, tandis que leurs principaux ministres ou con- seillers regloient les affaires publiques[4] : « Interim vero, quo « hæc in regis absentia agebantur, ipse princeps reliquæ « multitudini in suscipiendis muneribus, salutandis proceri- « bus, ... occupatus erat. »

Ces assemblées générales se tinrent d'abord une fois l'an- née, au premier jour de mars, ce qui fut depuis remis au premier de may, ainsi que j'ay remarqué. Mais sous la se- conde race, comme les Etats de nos princes, et par conse- quent les affaires s'accrûrent extraordinairement, ils furent aussi obligez de multiplier ces assemblées, pour donner or- dre aux necessitez publiques, et pour regler les differens qui naissoient de temps en temps entre les peuples. De sorte qu'ils en tenoient deux, l'une au commencement de l'an, l'au- tre sur la fin, vers le mois d'aoust, ou de septembre. Hinc- mar[5] : « Consuetudo autem tunc temporis erat, ut non sæ- « pius, sed bis in anno, placita duo tenerentur. » Et afin que l'on fust certain des jours ausquels elles se devoient tenir, on designoit dans la derniere assemblée le temps de la pro- chaine : les Annales de France[6] : « Ubi etiam denuo annun- « tiatum est placitum generale kalendas septembris Aurelia- « nis habendum. » Et ailleurs : « Ad placitum suum gene- « rale, quod in Strimniaco prope Lugdunum civitatem se « habiturum indixerat, profectus est. » Hincmar dit que la premiere assemblée, qui se tenoit au commencement de l'an- née, estoit beaucoup plus solennelle que la seconde, parce qu'en celle-là on regloit les affaires de toute l'année, et l'on ne renversoit pas ordinairement ce qui y avoit esté arresté, qu'avec grande nécessité : « Ordinabatur status totius regni « ad anni vertentis spatium : quod ordinatum nullus eventus « rerum, nisi summa necessitas, quæ similiter toti regno « incumberet, mutabatur. » Et comme on y traittoit des affaires de haute consequence, tous les Etats du royaume estoient obligez de s'y trouver : « In quo placito generalitas « universorum majorum, tam clericorum quam laicorum, « conveniebat. » Mais quant à l'autre assemblée, qui se te- noit sur la fin de l'an, il n'y avoit que les principaux sei- gneurs et conseillers qui s'y trouvassent, où l'on regloit les projets des affaires de l'année suivante : c'étoit en cette seconde assemblée où les roys recevoient les présens de leurs sujets[7] : « Cæterum autem, generaliter dunda, « aliud placitum cum senioribus tantum, et præcipuis con- « siliariis, habebatur. In quo fuori anni status tractari « incipiebatur, si forte talia aliqua se præmonstrabant pro « quibus necesse erat præmeditando ordinari. » Ce qui est confirmé par nos annales[8] à l'égard des présens, qui se fai- soient en cette seconde assemblée, laquelle on remettoit à ce temps-là, acause de la saison plus commode pour les che- mins ; car on y venoit à cet effet de toutes les provinces de l'Etat. Les Annales tirées de l'abbaye de Fulde[1] : « Rastizen « gravi catena ligatum sibi præsentari jussit, eumque Fran- « corum judicio, et Bajoariorum, nec non et Sclavorum, qui « de diversis regni provinciis regi munera deferentes ade- « rant, morte damnatum, luminibus tantum oculorum pri- « vari præcepit. »

Ce passage fait voir que dans ces assemblées générales de nos François on ne traittoit pas seulement des affaires d'Etat et de la guerre, mais qu'on y decidoit encore les grands différents d'entre les princes et les seigneurs de la cour. De sorte que si quelque duc, comte, ou gouverneur estoit accusé envers le roy, ou l'empereur, de trahison, de conspiration, ou de lâcheté, il estoit cité à ces assemblées, où il estoit obligé de répondre sur les chefs de l'accusation. Et s'il estoit trouvé coupable, il y estoit condamné par le jugement souve- rain du prince et des grands seigneurs qui l'assistoient. Ce qui a donné lieu dans la suite des temps à la cour des pairs, dans laquelle les barons, c'est à dire les grands seigneurs, et ceux qui relevoient immédiatement du roy, estoient jugez par leurs égaux et leurs pairs. Il y a une infinité d'exemples dans nos Annales des jugemens rendus en ces grandes as- semblées pour les crimes d'Etat, lesquelles furent appelées pour cette raison placita, parce qu'on y décidoit les differents d'importance : et pour les distinguer des plaits ordinaires, les auteurs[2] les appellent souvent placita magna et generalia. Il se trouvera occasion ailleurs de parler de l'origine de ce mot placitum, qui est synonyme à celui de mallum, comme j'ay remarqué. Ces assemblées générales commencerent à cesser sur la fin de la seconde race, lorsque toute la France se trouva plongée dans les divisions intestines. Durant la troi- sieme, on en fit d'autres sous le nom de parlemens et d'états généraux, où l'on resolvoit des affaires publiques, et des se- cours, que les ordres du royaume devoient faire aux roys pour les guerres et les necessitez pressantes.

Les anciens Anglois semblent avoir emprunté de nos Fran- çois l'usage de ces assemblées et de ces champs de may ; car nous lisons dans les Loix d'Edouard le Confesseur[3], que ces peuples estoient obligez de s'assembler tous les ans, in capite Kalendarum maii, où ils renouvelloient les sermens entre eux pour la défense de l'Etat et l'obéissance qu'ils devoient à leur prince. C'est à cette coûtume qu'il faut rapporter ce que quelques auteurs anglois[4] écrivent en l'an 1094 : « Denuo in « campo martii convenere, ubi illi qui sacramentis inter illos « pacem confirmavere regi omnem culpam imposuere. » Ce qui montre que quoy que ces assemblées se tinssent au pre- mier jour de may, elles ne laissoient pas toutefois de con- server le nom de champs de mars, qu'elles furent encore en usage sous les premiers roys Normans.

Les présens mêmes y estoient faits pareillement aux roys. Orderic Vital[5] parlant de Guillaume le Conquerant : « Ipsi « vero regi, ut fertur, mille et sexaginta libræ sterilensis « monetæ, solidique triginta, et tres oboli ex justis reditibus « Angliæ per singulos dies redduntur : exceptis muneribus « regis, et reatuum redemptionibus, aliisque multiplicibus « negotiis, quæ regis ærarium quotidie adaugent. » Peut- être que par ces termes de présens royaux cet auteur entend les redevances en espèces, que les peuples estoient obligés de faire de jour en jour, pour la subsistance de la maison du prince, dautant que : « in primitivo regni statu post conqui- « sitionem, regibus de fundis suis non auri vel argenti pon- « dera, sed sola victualia, solvebantur, » ainsi qu'écrit Ger- vais de Tilesbery. Mais d'ailleurs il est constant que ces présens faits aux princes par leurs sujets ont esté en usage depuis le temps auquel Guillaume le Bâtard vécut, veu que nous lisons qu'au royaume de Sicile, où des roys Normans de nation commandoient, les sujets leur donnoient des étre- nes au premier jour de janvier. D'où vient que Falcand[7] remarque que l'amiral Majon ayant esté tué sous prétexte d'avoir voulu s'emparer du royaume, sur ce que l'on avoit trouvé de couronnes d'or dans sa maison, ses amis l'en excuserent, disans qu'il ne les avoit fait faire que pour en faire présent au roy au jour des étrènes, suivant la coûtume : « Falsum enim quidquid ipse cædisque factæ socii adversus « admiratum confixerunt : nec illum inventa in thesauris « ejus diademata sibi præparasse, sed regi, ut eadem in ca- « lendis januarii strenarum nomine, juxta consuetudinem ei « transmitteret. »

---

1. Tom. 2. Hist. Franc. p. 323. — 2. Galland, au traité du Franc aleu — 3. De ord. Palat. n. 22, opusc. 1). — 4. Id. n. 34, 35. — 5. Ib. n. 29. — 6. Annal. Fr. Bertin. A. 832, 835. — 7. Hincmar, n. 30 — 8. Annal. Fr. Bert. A. 820, 832, 835, 804, 809, 874.

1. A. 870. — 2. Chr. Fontanell. A. 851. — 3 C. 35. — 4. Simeon Dunelm. de Gest. Angl. Flor Wigorn. et Brompton. A. 1094. — 5. L. 4, p. 523. — 6. Apud Selden. ad Eadmer p. 216. — 7. Hugo Falcand. de Sicil. Calam. p. 657.

DES COURS
ET DES FESTES SOLENNELLES DES ROYS DE FRANCE.

DISSERTATION V.

Outre ces champs de mars, ou de may, et ces assemblées générales que nos roys convoquoient tous les ans pour les affaires publiques, ils en faisoient encore d'autres aux principales festes de l'année, où ils se faisoient voir à leurs peuples et aux étrangers, avec une pompe et une magnificence digne de la majesté royale ; ce qui fut pratiqué pareillement dés le commencement de la monarchie chrétienne. Car nous lisons dans notre histoire [1] que Chilperic estant venu à Tours y solennisa la feste de Pasques avec appareil: « Chilpe- « ricus... Toronis venit, ibique et dies sanctos Paschæ tenuit. » Eguinart [2] témoigne que Pepin observa les mêmes ceremonies aux festes de Pasques et de Noël dans tout le cours de sa vie, ce qui fut continué par ses successeurs. Le même auteur écrit que Charlemagne avoit coûtume de paretre dans ces grandes festes revêtu d'habits de drap d'or, de brodequins brodez de perles, et des autres vêtemens royaux, avec la couronne sur la teste : « In festivitatibus veste auro texta, « et calciamentis gemmatis, et fibula aurea sagum astrin- « gente, diademate quoque ex auro, et gemmis ornatus, in- « cedebat. » Thegan [3] fait la même remarque de Louys le Debonnaire : « Nunquam aureo resplenduit indumento, nisi « tantum in summis festivitatibus, sicut patres ejus solebant « agere. Nihil illis diebus se induit præter camisiam, et fe- « minalia nisi cum auro texta, lembo aureo, baltheo præ- « cinctus, et ense auro fulgente, ocreas aureas, et chlamy- « dem auro textam, et coronam auream auro fulgentem in « capite gestans, et baculum aureum in manu tenens. » Je crois que ces deux empereurs françois voulurent imiter en cela ceux de Constantinople. qui avoient coûtume de se trouver dans les eglises aux grandes festes de l'année, revêtus de leurs habits imperiaux. et avec la couronne sur la teste, ce que Theophanes [4] nous apprend en la Vie du grand Justinian. Du moins il est constant que Charles le Chauve, fils de Louys le Debonnaire, affecta particulierement de les imiter, selon que les Annales de Fulde [5] rapportent : « Karo- « lus rex Italia in Galliam rediens, novos et insolitos « habitus assumpsisse perhibetur. Nam talari dalmatica in- « dutus, et baltheo desuper accinctus, pendente usque ad « pedes, necnon capite involuto serico velamine, ac diade- « mate desuper imposito, dominicis et festis diebus ad eccle- « siam procedere solebat. Omnem enim consuetudinem re- « gum Francorum contemnens græcas glorias optimas « arbitrabatur. »
Mais ces termes regardent la forme des vêtemens et celle de la couronne, car quant aux habits des François de ces siecles-là, le moine de S. Gal [6] en fait la description, et fait voir qu'ils estoient bien differens de ceux des Grecs. Dautant que nos princes portoient alors au dessus de leurs habits, et de leur baudrier, un manteau blanc, ou bleu, de forme quarrée, court par les côtez, et long devant et derriere. « Ul- « timum habitus eorum erat pallium canum, vel saphiri- « num, quadrangulum, duplex, sic formatum, ut cum impo- « neretur humeris ante et retro pedes tangeret, de lateribus « vero vix genua contegeret. » Tertullian [7] parle en quelque endroit de ces manteaux quarrez, que les Grecs nomment τετράγωνα. C'est ainsi que Charlemagne est representé à Rome en l'église de Sainte-Susanne, en un tableau à la mosaïque, où il est à genoux devant S. Pierre, qui lui met entre les mains un étendart bleu parsemé de roses rouges, avec ces caracteres audessus, †. D. N. CARVLO REX. De l'autre côté est le pape Leon, avec ces mots †. SCISSIMVS D. N. LEO PP. au dessus de la teste de S. Pierre, SCS PETRVS. Au dessous de ses pieds est le fragment de cette inscription,......DONAS... BICTO...... IA. Cette forme de manteau s'est toûjours conser-vée depuis ce temps-là en France. Manuel Comnene, empereur de Constantinople, estant à Antioche, voulant faire voir aux François qu'il n'estoit pas moins adroit qu'eux à manier la lance dans les tournois, y parut à la françoise, couvert d'un manteau qui estoit fendu par la droite. et attaché d'une agraffe, afin d'avoir le bras libre pour combattre [1] : χλαμύδα ἠσθημένος ἀστειοτέραν περὶ τὸν δεξιὸν ὦμον περονουμένην, καὶ ἀφιεῖσαν ἐλευθέραν τὴν χεῖρα κατὰ τὸ πόρπημα. De sorte que c'est cette espèce de manteau dont il est parlé au testament de S. Everard, duc de Frioul [2] : « Mantellum unum de auro para- « tum, cum fibulâ aureâ. » Le compte d'Estienne de la Fontaine [3] argentier du roy, de l'an 1351, décrit ainsi les manteaux de nos roys, des princes du sang, et des chevaliers : « Pour XX aulnes et demie de fin velluiau vermeil de fors, « pour faire une garnache, un long mantel fendu à un costé, « et chaperon de meismes tout fourré d'ermines pour le « roy à la derniere feste de l'Estoille, etc. pour fourrer un « surcot, un mantel long fendu à un costé, et chaperon de « meismes, que le roy d'une escarlate vermeille, pour cause « de ladite feste. » Et ailleurs : « Pour le duc d'Oriens,pour « fourrer un grand surcot, un mantel fendu à un costé, et « chaperon de meismes, que ledit seigneur ot d'une escarlate « vermeille. » Ce manteau representoit le *paludamentum* des Romains, et il est encore entre les habits royaux de nos princes, d'où les presidens à mortier du parlement les ont empruntez. J'ai fait aussi reflexion en passant à l'égard des manteaux des anciens François, acause que le sire de Joinville remarque que le roy de Navarre parut *en cotte et en mantel* à la cour solennelle que le roy S. Louys tint à Saumur en l'an 1242.

Il est constant que non seulement les rois de la seconde race ont solennisé les grandes festes avec ces ceremonies et cét appareil, mais encore ceux de la troisieme. Helgaud [4] parle des cours solennelles que le roy Robert tint aux jours de Pasques en son palais de Paris, où il fit des festins publics. Orderic Vital [5] écrit que le roy Philippes I ayant esté excommunié acause de son mariage avec Bertrade de Montfort, cessa depuis de porter la couronne, et de se trouver à ces festes solennelles : « Nunquam diadema portavit, nec pur- « puram induit, neque solennitatibus aliquam regio more ce- « lebravit. » Et quoy que le roy S. Louys affectast la modestie dans ses habits, neantmoins il observa toûjours dans ces occasions la bien-seance qui estoit requise à la dignité royale : comme il fit en cette *cour et maison ouverte* qu'il tint à Saumur, où, au recit du sire de Joinville, il fut vétu superbement, et où il ne se vit jamais tant d'habits de drap d'or; et quoy qu'il ne dise pas qu'il y parut à la couronne sur la teste, cela est neantmoins à presumer, puisque le roy de Navarre, qui s'y trouva présent, y estoit *moult paré et aourné de drap d'or, en cotte et mantel, la çainture, fermail, et chappel d'or fin.* Nangis [6] confirme cette magnificence de S. Louys en ces termes : « In solennitatibus regiis, et cum feriatis quotidianis sumptibus domus suæ quam in parlamentis et con- « gregationibus militum et baronum, sicut decebat regiam « dignitatem, liberaliter ac largiter se habebat, etc. » Ce qu'il semble avoir tiré de nostre auteur [7] : « Aux parlemens « et etats qu'il tint à faire ses nouveaux establissemens, il « faisoit tous servir à ses seigneurs, chevaliers, et « autres, en plus grande abondance, et plus hautement, que « jamais n'avoient fait ses predecesseurs. » Mais ce qui justifie que nos roys portoient la couronne ces occasions est le testament de Philippes de Valois, qu'il fit au bois de Vincennes le 2 de juillet l'an 1350, par lequel il donna à la reyne Blanche de Navarre, sa femme, tous ses joyaux, « exceptée

---

1. Greg. Tur. l. 3, c. 2 — 2. Annal. A 759 et seq.; id. in Carolo M. p. 102. — 3. C. 19, Annal. Met. A. 837. — 4. P. 148, 106; Codin. de off. — 5. A. 870. — 6. L. 1, c. 36. — 7. De Pallio, et ibi Salmasius, p. 56.

1. Nicet. Chron. in Man. l 3, § 3. — 2 Vanderhaer, Miræus [Op. Dipl. tom. 1, pag. 21], etc. — 3 En la Ch. des Compt. de Paris, com. par M. de Vion. — 4. In Rob. p. 66, 70. — 5. L. 8, p. 699. — 6. — In S. Lud. — 7. Joinville.

« tant seulement nostre couronne royale, de laquelle nous
« avons usé ou accoustumé à user en grands festes, ou en
« solennitez, de laquelle nous usâmes, et la portâmes à la
« chevalerie de Jean nostre aisné fils; » ce sont les termes
du testament. C'est donc acause de la couronne que les rois
portoient sur la teste en ces grandes festes, que ces cours
solennelles sont appellées *Curiæ Coronatæ* dans le titre de la
commune qui fut accordée à la ville de Laon par le roy Louys
le Jeune, l'an 1138[1] : « Pro his igitur, et aliis beneficiis, quæ
« prædictis civibus regali benignitate contulimus, ipsius Pa-
« cis homines hanc nobis conventionem habuerunt, quod
« excepta CURIA CORONATA, sive expeditione, vel equitatu,
« tribus vicibus in anno singulas procurationes, quod si non veneri-
« tem venerimus [nobis preparabunt, quod si non veneri-
« mus], pro eis xx libr. nobis persolvent.
 La cour des princes est toûjours remplie de courtisans, et
c'est assez de dire que le roy est en un lieu, pour inferer
qu'il est fréquenté d'un grand nombre de personnes. Ce qui
a fait dire à *Guntherus*[2] :

Non est magnorum cum paucis vivere regum.
Quotlibet emittat, plures tamen aula reservat.
Nec princeps latebras, nec sol desiderat umbras :
Abscondat solem, qui vult abscondere regem.
Sive novi veniant, seu qui venere recedant,
Semper inexhausta celebratur curia turba.

 Toutefois les roys ont choisi les occasions des festes solennelles pour y faire paretre leur magnificence par le nombre
des seigneurs et des prelats qui y arrivoient de toutes parts
pour composer leur cour, par l'éclat de leurs habits, et de
ceux des officiers de la maison royale, par les splendides
festins, les largesses et les liberalitez ; et enfin par les grandes ceremonies et particulierement celles des chevaleries,
qu'on reservoit pour ces jours-là. Ainsi c'est avec raison qu'on
appelloit ces grandes assemblées[3] *Cours plenieres*[4] *solennelles*,[5] *publiques*,[6] *generales*,[7] *ouvertes*. La *Chronique de Bertrand du Guesclin* :

Et toute sa vaisselle fasse amener droit là.
Pource que cour plainiere, ce dit, tenir voudra.

 Ils choisissoient toûjours à cét effet un de leurs palais, ou
quelque grande ville capable de loger toute leur suite, comme
les *Annales d'Eguinhart*, et les *Annales* font foy, et entre autres le même *Guntherus*[8], en ces vers, parlant de l'empereur
Frederic I :

Instabat veneranda dies, qua Christus in una
Æqualis deitate Patri, sine temporis ortu,
Natus ab æterno, sub tempore. temporis auctor,
Coitus infusa voluit de virgine nasci, etc.
Hunc celebrare diem digno meditatus honore
Cæsar, ubi illustrem legeret sibi curia sedem,
Quæ posset pleno tot millia pascere cornu,
Wormaciam petit, etc.

 Dans la seconde race de nos roys[9], je ne remarque presque
que les festes de Pasques et de Noël où ils tinssent ces assemblées ; mais dans la troisième j'y en avoit d'autres. Un
titre[10] du roy Robert, par lequel il exempte le monastere de
S. Denys de ces cours solennelles, y ajoûte des festes des
Roys et de la Pentecoste. Un autre[11], du roy Louys le Gros,
de l'an 1129, est ainsi souscrit : « Actum Suessioni generali
« curia Pentecostes coram archiepiscopis, et episcopis, et
« coram optimatibus regni nostri. » Ives[12], evesque de Chartres, parle en l'une de ses epitres de la cour, « quæ Aurelia-
« nis in maliti Domini congregabam erat : » où il fait voir
qu'on y traittoit des affaires publiques.
 Mais afin que les princes du sang, toute la maison royale,
les grands officiers de la couronne, et ceux de l'hostel, ou de
la maison du roy, y parussent avec éclat, les roys leur faisoient donner des habits suivant le rang qu'ils tenoient, et
qui estoient convenables aux saisons ausquelles ces cours
solennelles se celebroient : ces habits estoient appellez *livrées*[13], parce qu'ils se livroient et se donnoient des deniers
provenans des coffres du roy, et dans les auteurs latins[14] *Libe-*

ratæ, et[1] *Liberationes* ; et souvent *les nouvelles robes*. Mathieu
Paris[2], « Appropinquante vero et imminente præclaræ Domi-
« nicæ Nativitatis festivitate, qua mutatoria recentia, quæ
« vulgariter novas robas appellamus, magnates suis domes-
« ticis distribuere consueverunt, etc. » Il parle encore ailleurs
en divers endroits des robes de Noël[3]. C'est delà qu'on dit
que celui qui porte les livrées, ou les robes de quelque seigneur, est censé estre de sa maison. Les loix des barons
d'Escoce[4] : « Dummodo non sit persona suspecta, utpote
« si fuerit tenens suus, vel de familia sua, vel portum robas
« suas, etc. » Et aujourd'huy nous appellons *livrées* les habits
des domestiques et des valets des seigneurs, qui sont ordinairement d'une même couleur, ainsi que *Corippus*[5] décrit
ceux de la suite de Justin :

ætas quibus omnibus una,
Par habitus, par forma fuit, vestisque rubebat
Concolor, atque auro lucebant cingula mundo.

 Le moine de S. *Gal*[6] dit que l'empereur Louys le Debonnaire faisoit des présens à ses domestiques, et donnoit des
habits à chacun d'eux, selon leurs qualitez : « Cunctis in pa-
« latio ministrantibus, et in curia regia servientibus, juxta
« singulorum personas donativa largitus est : ita ut nobilio-
« ribus quibuscumque, aut Baltheos, aut fasciolones, pretio-
« sissimaque vestimenta a latissimo imperio perlata, distri-
« bui juberet ; inferioribus vero saga fresonica omnimodi
« coloris darentur. » Les comptes d'Estienne de la Fontaine,
argentier du roy, de l'an 1351, font mention des livrées qui
se donnoient à la maison du roy, aux festes de Noël, de la
Chandeleur, de la Pentecoste, de la my-aoust, et de la Tous-
sains, et nous apprennent qu'elles se donnoient aux reynes,
aux princes du sang, aux officiers de la couronne, aux chevaliers de l'hostel, qui sont nommez vulgairement *les chevaliers
du roy*, et generalement à tous les officiers de la maison du
roy, et encore à ceux qui estoient faits chevaliers par le roy
en ces solennitez. On appelloit encore ces livrées *manteaux*,
et en latin *pallia*, parce qu'aux uns on donnoit des manteaux,
aux autres des robes. Un compte du tresor de l'an 1300[7] :
« Pallia militum de termino Pentecost. etc. Pallia clerico-
« rum. etc. Robæ valletorum et aliorum hospitii, etc. » En
une ordonnance de Charles V, de l'an 1361, pour le parlement : « Wadia et pallia. » Une autre[8] de Charles VII, pour
les officiers du parlement, du 24 de fevr. 1489, porte que les
presidens, les conseillers, les greffiers et les notaires du parlement seront payez de leurs gages et de leurs manteaux par
debentur. Ce droit de manteaux appartenoit pareillement aux
maitres des requêtes, aux maitres des comptes, et aux tresoriers de France, comme on peut recueillir de la lecture des
anciennes ordonnances. Cela ne fut pas particulier à nos
François, puisque nous lisons dans le *Code Theodosien*[9] que
cette coûtume fut encore pratiquée par les empereurs d'O-
rient, qui donnoient des habits aux officiers de leurs palais :
« Olim statuimus ut ultra definitas dignitates nullus nec
« annonas, nec strenas, perciperet. Sed quia plerosque de
« diversis palatinis officiis sub occasione indepti honoris
« strenas et vestes, cæteraque solennia ultra statutum nu-
« merum percepisse cognovimus, et id quod ex superfluo
« præbitum est exigi facias, et deinceps ultra statutas digni-
« tates nihil præberi permittas. » Ces étrenes, qui estoient
données aux officiers, furent depuis appellées *rogæ*[10].
 Helgaud, le sire de Joinville, et les autres auteurs remarquent encore qu'à ces festes solennelles il se faisoit des
festins publics, où les roys mangeoient en presence de toute
leur suite, et y estoient servis par les grands officiers de la
couronne, et de l'hostel, chacun selon la fonction de sa
charge. Il y avoit avec cela les divertissemens des *menestrels*, ou des menétriers. Sous ce nom estoient compris ceux
qui jouoient « des naquaires, du demy-canon, du cornet, de
« la guiterne latine, de la fluste behaigne *(bohemiene)*, de la
« trompette, de la guiterne moresche et de la vieille, » qui
sont tous nommez dans un compte de l'hostel du duc de
Normandie et de Guienne, de l'an 1348. Il y avoit encore des
farceurs, des jongleurs *(joculatores)* et des plaisantins, qui
divertissoient les compagnies par leurs faceties et par leurs
comedies, pour l'entretien desquels les roys, les princes, et
les simples seigneurs faisoient de si prodigieuses dépenses,
qu'elles ont donné lieu à Lambert d'*Ardres*[11] et au cardinal

---

1. Reg. de Philipp. August. appart. à M. d'Herouval. [de l'an 1128. Ordon. tom. 11, pag. 187, § 22]. — 2. L. 4, Ligur. p. 97 [vers 375]. — 3 Monast Angl. tom. 2, p. 281 . tom. 1, p. 44. — 4. Tom. 4, Spicil. p. 550 ; Goldast. tom. 1, Consiit Imp. p. 306, 208, Thuvroez. — 5. W. Heda, p. 234, 1. Edit. — 6. Chr Longipont — 7. Joinville. — 8. L. 5, p. 110 [vers 154]. — 9. Eguinhart. — 10 Apud Doublet. p. 823, et in prob. Hist. Montmor. p. 9. — 11. Chr. Longip. p. 8. — 12. Ep 190 — 13 Compte de l'hostel du roy, de l'an 1285. rapporté dans les Observ. Rigalt. et Meurs. Gloss. V. Λίβρον. — 14. V. Spelman.

1. Will. Malmesb. l 2 . Hist. Nov. p. 178 ; Houed p. 738. — 2. A. 1243. — 3. Id. p. 143, 157, 172, 255. — 4 Quoniam attach. c. 13, § 2. — 5 L 4, de Laud Justini [vers. 230], p. 57. — 6. l, 2, c. 41. — 7 Communiqué par M. d'Herouval. — 8. Ordon Barbines, fol 54 [Ord IV, pag. 419]. — 9. L. 11, de Palatin. Sacrar. Largit. (6, 30) — 10. Luithpr. V. Meurs. Gloss — 11. P. 247.

Jacques de Vitry[1] d'invectiver contre ces superfluitez de leur temps, qui avoient ruiné des familles entières. Ce que S. Augustin[2] avoit fait avant eux, en ces termes : « Donare « res suas histrionibus vitium est immane, non virtus. Illa « sanies Romæ recepta, et favoribus aucta, tandem collabe-« fecit bonos mores, et civitates perdidit, coëgitque impera-« tores sæpius eos expellere. » Les *Annales de France*[3] justifient encore que les menétriers et les farceurs estoient appellez à ces cours solennelles, lorsqu'elles parlent de Louys le Debonnaire : « Nunquam in risu exaltavit vocem « suam, nec quando in summis festivitatibus ad lætitiam « populi procedebant thymelici, scurræ, et mimi, cum co-« raulis et citharistis ad mensam coram eo, » etc. Ils sont appellez *ministrels* ou *ministelli*, « quasi parvi ministri, » c'est à dire les petits officiers de l'hostel du roy.

Mais ce qui faisoit particulierement parêtre la magnificence des princes en ces occasions estoient les liberalitez qu'ils exerçoient à l'endroit de leurs principaux officiers, leur donnant divers joyaux, et particulierement ceux qu'ils portoient sur leurs habits. Mathieu Paris[4] : « Eodem cele-« berrino festo (Natalis Dominici), licet omnes prædeces-« sores sui indumenta regalia et jocalia pretiosa consuevis-« sent ab antiquo distribuere, ipse tamen rex..... nulla « penitus militibus distribuit, vel familiaribus. » Enfin comme les anciens empereurs et les consuls de Rome et de Constantinople, lorsqu'ils prenoient possession de leurs dignitez, faisoient répandre quantité de pièces d'or et d'argent, que les auteurs latins appellent *Missilia*, et les Grecs ὑπάτια, ainsi nos roys faisoient crier *largesse* par leurs roys d'armes, et leurs heraux, durant les festins, chacun d'eux tenans en la main de grands *hanaps*, ou *grandes couppes*, remplis de toute sorte de monnoyes, qu'ils jettoient dans le peuple. Le compte[5] de Guillaume Charrier, receveur général des finances, qui commence en l'an 1422, confirme ceci en ces termes : « A Touraine et Pontoise, heraux du roy, la « somme de 41 ll. 6 s. en 80 escus d'or, à eux donnée par ledit « seigneur au mois de may 1418, tant pour eux que pour « autres heraux, poursuivans, menestrels, et trompetes, pour « avoir le jour de la Pentecoste oudit an crié LARGESSE « devant sa personne, ainsi qu'il est accoustumé. » Comme encore le quatrième compte de Mathieu Beauvarlet, receveur général des finances de Languedoc, qui commence au premier d'octobre 1452 : « A Pontoise, Berry, et Guyenne, heraux « du roy, pour avoir crié LARGESSE au disner dudit seigneur « le jour et feste de Toussaints, ainsi qu'il est accoustumé « de faire. »

La forme de crier et de publier ces largesses par les roys d'armes dans ces festes solennelles est ainsi décrite par un heraud qui vivoit sous Henry VI, roy d'Angleterre, en son Traité ms. du devoir de l'office des heraults et des poursuivans d'armes : « Aprés heraulx et poursuivans doivent « cognoistre quand ils sont devers les princes et grands « seigneurs, comme ils doivent crier leurs largesses, les-« quelles se crient aux grans festes : et se doit la largesse « crier quand ils sont à disner, quand le segont cours et « entremais sont servis. Et le grand maistre d'hostel « en une aumuche ou sachet honnorable appeller le roy « d'armes, mareschal, ou heraud, ou poursuivant le plus « notable en l'absence de herault, et lui dire : Vecy que « monseigneur ou le prince vous présente. Et devant sa « table doit crier : Largesse, largesse, largesse ! et prendre « garde de quel estat il est, et selon les salutations cy-dessus « escrites, selon l'estat de quoy est celuy qui fait la feste en « la manière de la salutation qui lui est deuë, doit nommer « aprés : Largesse de tres, etc., avec les titres de la seigneu-« rie dont les heraux au devant doivent estre informez, et « par prenant garde en cette manière, apaine peuvent faillir. « Et aprés quand il a crié, tous heraux et poursuivans doi-« vent crier aprés luy : Largesse ! sans dire autre chose, « en plusieurs lieux, au long de la salle, ou palais, doit crier « fait en telle manière que chascun l'oe, etc. Et pour mieux « faire entendre cris de Largesse, en sera mis deux cy-aprés, « l'un pour l'empereur, l'autre pour le roy, etc. Largesse de « Ferry le tres-haut des haults de tous princes. Empereur « auguste, roy des Romains, et duc en Autriche : Largesse, « largesse, largesse ! Et au premier se doit crier trois fois, « et en la fin tous les herauds le doivent crier, et poursuivre « tous ensemble seulement : Largesse, etc. Largesse, lar-« gesse, largesse de Henry par la grace de Dieu tres-haut et « tres-chrétien et tres-puissant roy Franc des François et « Anglois, seigneur d'Irlande ; Largesse, largesse, lar-« gesse ! etc. » Thomas Milles[1], auteur anglois, écrit qu'encore à present en Angleterre on fait les cris de *Largesse*, en françois ; ce qui est confirmé par le ceremonial[2], lorsqu'il parle de l'entreveuë du roy François I et d'Henry VIII, roy d'Angleterre, entre Guines et Ardres, l'an 1520.

L'usage de ces festes royales, car c'est ainsi que Mathieu Paris[3] les appelle *(regalia festa)*, fut introduit en Angleterre par Guillaume le Bâtard, aprés qu'il eut conquis ce royaume. Orderic Vital[4] : « Inter bella Guillelmus ex civitate Guenta « jubet afferri coronam, aliaque ornamenta regalia et vasa, « et dimisso exercitu in castris, Eboracum venit, ibique « natale Salvatoris nostri concelebrat. » Guillaume de Malmesbury[5] écrit la même chose de lui en ces termes : « Con-« vivia in præcipuis festivitatibus sumptuosa et magnifica « inibat Natale Domini apud Glocestriam, Pascha apud « Wintoniam, Pentecostem apud Westmonasterium agens « quotannis, quibus in Anglia morari liceret; omnes eo « cujuscumque professionis magnates regium edictum accer-« sebat, ut exterarum gentium legati speciem multitudinis, « apparatumque deliciarum mirarentur, nec ullo tempore « comior, aut indulgendi facilior erat, ut qui advenerant « largietatem ejus cum divitiis conquadrare ubique gentium « jactitarent. » Les *Annales de France* nous font voir en quelques endroits que nos roys de la seconde race choisissoient pareillement ces occasions pour recevoir les ambassadeurs étrangers.

Guillaume le Roux, fils et successeur de Guillaume le Bâtard, continua ces festes solennelles. Le roy Henry I les célébra pareillement avec de grandes magnificences. Eadmer[6], qui rend ce témoignage de lui, appelle ces jours de solennitez *les jours de la couronne du roy*, parce qu'il la portoit en ces occasions. « In subsequenti festivitate Pente-« costes rex Henricus curiam suam Londoniæ in magna « gloria et divite apparatu celebravit, qui transactis CORONÆ « suæ festivioribus diebus, cœpit agere cum episcopis et « regni principibus, quid esset agendum[7]. » Il nous apprend encore que les roys se faisoient mettre la couronne sur la teste par l'archevesque, ou l'évesque le plus qualifié, à la messe, qui se disoit le jour de la feste[8] : « In sequenti Nati-« vitate Domini Christi regnum Angliæ ad curiam regis « Londoniæ pro more convenit, in magna solennitas pariter « est, atque sublimis. Ipsa die archiepiscopus Eboracensis, « se loco primatis Cantuariensis regem coronaturum, et « missam speraus celebraturum, ad animo paratum se « exhibuit. Cui episcopus Lundoniensis non acquiescens « coronam capiti regis imposuit, eumque per dexteram « induxit ecclesiæ, et officium diei percelebravit. » Et ailleurs[9] il raconte comme lorsqu'Henry épousa Alix de Brabant, sa seconde femme, Raoul, archevéque de Cantorbery, qui avoit le droit de couronner le roy d'Angleterre, aprés avoir commencé la messe, l'ayant apperceu avec la couronne dans son siège, quitta l'autel, et vint lui demander qui la luy avoit mise sur la teste, et ensuite il l'obligea de la tirer. Mais les barons firent tant envers lui, qu'il la luy rendit. Ces cours solennelles cesserent[10] en Angleterre sous le regne du roy Estienne, qui fut obligé d'en abandonner l'usage, acause des grandes guerres qu'il eut sur les bras, et parce que de son temps tous les tresors du royaume furent épuisez. Guillaume de Malmesbury, parlant de Guillaume le Bâtard : « Quem morem convivandi primus successor obstinate tenuit, « tertius omisit. » Ce qui est encore témoigné par les historiens anglois, et entre autres par Henry d'Huntindon[11] : « Curiæ solennes et ornatus regii schematis ad ævum istud « descendens prorsus evanuerunt. » Mais Henry II, son successeur, les rétablit, Roger de Hoveden[12] remarquant qu'il se fit couronner jusques à trois fois avec la reyne Eleonor sa femme, et que la troisiéme fois en une feste de Pasques, l'un et l'autre estant venus à l'offrande, y quitterent leurs couronnes, et les mirent sur l'autel, « vouentes Deo, quod « nunquam in vita sua de cætero coronarentur. » Ce que j'interprete de ces cours solennelles. Le roy Jean en l'an 1201, « celebravit Natale Domini apud *Guildenford*, ubi « multa militibus suis festiva distribuit indumenta[13] ; » et au jour de Pasques suivant, estant venu à Cantorbery, « ibidem die Paschæ cum regina sua coronam portavit. » Mathieu de Westminster dit qu'Henry III celebra pareillement ces festes avec appareil en l'an 1249, à Westminster :

---

1. In Hist. occid. l. 2, c. 3 — 2. Tract. 109, in Jo. cap. 6. — 3 Ann. Met A. 873. — 4. A. 1254, p. 540. — 5. En la Ch. des Comp. de Paris, com. par M. d'Herouval.

1. De Nobilit. Polit. p. 59, 72, 109. — 2. Ceremon. de Fr. tom. 2, p. 742. — 3 A 1135, p. 51. — 4. L. 4, p. 513. — 5. L. 3, p. 142. — 6. L. 4, Hist. Novor. p. 102 — 7. Id. l. 2, V. ac S. Anselmi Cant c. 3. — 8. Id. p. 105. — 9. Lib. 6, p. 137. — 10 Rog. Hoved. part. 2, pag. 491. — 11. L. 8, p. 390, Rob. de Monte, A. 1139 ; Gesta Steph. reg ; Math. Paris, p. 53. — 12. Part. 2, p. 491. — 13. Math. West. A 1201.

« Ubi cum dapsili valde convivio. ut solet, dies transegit « Natalitios. cum multitudine nobilium copiosa. » Et en l'an 1253 il remarque qu'à une feste qu'il tint à Wincestre à Noël, les habitans de cette ville, « juxta ritum tantæ solennitatis « fecerunt (regi) xenium nobilissimum [1]. » Ce qui sert encore pour justifier qu'en ces occasions les roys recevoient des présens de leurs sujets, et que les habitans des villes où ces festes se solennisoient estoient tenus de contribuer à une parte des dépenses : ce qui est exprimé dans le titre de la commune de Laon dont j'ai fait mention. Edouard I les mit aussi en usage, au recit de Thomas de Walsingham [2] : « Rex vero Bristoliam veniens, ibique festum Dominicæ « Nativitatis tenuit eo anno. » Comme aussi Edouard II, suivant le même auteur [3] : « Rex iter versus insulam Elien- « sem arripuit, ubi solennitatem Paschalem tenuit nobiliter « et festive. » Où il faut remarquer ces termes de *tenir feste*, qui estoit une expression françoise : Guillaume Guiart, en l'an 1202 [tom. 1, pag. 133, vers 2980], parlant de Philippes Auguste :

Tint li roys leanz une feste,
Où moult despendi grant richece.

Les grands seigneurs ont aussi affecté, à l'exemple des souverains, de tenir leurs cours solennelles aux grandes festes de l'année. Un ancien auteur [4] dit que Richard II, duc de Normandie. avoit coûtume de tenir sa cour aux festes de Pasques au monastere de Fescan, qui avoit esté bâti par son pere : « Ibi erat solitus fere omni tempore suam curiam in « Paschali solennitate tenere. » Il est souvent parlé des cours plenieres des seigneurs dans les titres, particulierement dans un de Pierre comte de Bigorre [5], qui porte ces mots : « Curia namque ibi erat magna et plenaria. » Mais je crois que ces cours plenieres estoient des assemblées des pairs de fief, et où le seigneur se trouvoit, dans lesquelles on décidoit et on jugeoit les differents des fievés. Il y a au cartulaire de Vendôme [6] un jugement rendu « plenaria curia « vidente. » Aussi cette cour pleniere estoit une dépendance des grands fiefs, et qui estoit accordée par le prince. Guillaume le Bâtard la donna à l'église de Dunelme [7] : « Et ut « curiam suam plenariam, et vrech in terra sua libere et « quiete in perpetuum habeant, concedo et confirmo. » Il se trouve une charte d'Henry III, aussi roi d'Angleterre, pour le prioré de Repindon au comté de Derby, qui porte de semblables termes [8] : « Et curiam suam plenariam, præter- « quam de furtis, et de hominibus comitis, » etc. Ce qui fait voir que ces cours plenieres des seigneurs regardoient pour l'ordinaire leur justice et la connoissance des cas qui en

dépendent. Il y a au cartulaire de l'abbaye de Valoires, au diocese d'Amiens, un titre d'Enguerrand vicomte de Pont de Remy, de l'an 1274, par lequel l'abbé et les moines de ce monastere reconnoissent qu'ils sont obligez de le loger et sa suite dans les maisons qui leur appartiennent dans Abbeville, le jour de la Pentecoste, et les trois suivans, et de lui fournir des estables, deux charetes de fourage, des cuisines, des tables, et des napes, au cas que le comte de Pontieu l'obligeât de venir à Abbeville, lorsqu'il y tiendroit sa cour. Ce qui fait voir que les vassaux estoient obligez, à raison de leurs fiefs, de se trouver aux cours solennelles de leurs seigneurs. Conformément à cét usage, j'ay un autre titre de Renaud d'Amiens, chevalier seigneur de Vinacourt, de l'an 1210, par lequel il reconnoît qu'il est homme lige d'Enguerrand seigneur de Pinquegny [1], et qu'il lui doit six semaines de service au même lieu avec armes, à ses propres dépens, s'il en a besoin pour sa guerre. Puis ajoûte ces mots : « Et si dictus vicedominus me pro festo fasciendo « summonuerit, ego cum uxore mea per octo dies secum ad « custum meum debeo remanere, » etc. Par un autre aveu de l'an 1280, Dreux d'Amiens, seigneur de Vinacourt, reconnoît qu'il doit *huit jours de stages et huit jours de feste* au Vidame d'Amiens; où il est à remarquer que ce qui est icy appellé *festum* est appellé dans un autre titre du même Enguerrand, de l'an 1218, *dies hastiludii*, et dans un autre de Jean Vidame d'Amiens, de l'an 1271, *le jour du Bouhordeis*, parce qu'en ces jours-là on faisoit des *behourds*, des tournois, et des joustes : et afin que ces assemblées fussent plus celebres, les seigneurs obligeoient, ainsi que j'ay dit, leurs vassaux de s'y trouver à leurs dépens, et leur envoioient faire les *semonces* à cét effet. Mais parce que la matiere des tournois et des *behourds* est curieuse, et que leur origine est peu connuë, je prendray icy occasion d'en faire quelques dissertations, qui ne sçauroient estre qu'agréables, puisqu'elles en découvriront la source, et en feront voir l'usage et les abus.

Non seulement les vassaux estoient tenus de se trouver aux festes de leurs seigneurs. mais encore ils y estoient obligez à quelques devoirs particuliers, suivant les conditions des infeodations. Dans un acte passé en 1340 [2] Humbert Dauphin donne à Aynard de Clermont la terre de Clermont en Trieues, avec le titre de vicomté, à la charge que lorsque le dauphin, ou son fils aîné, seroit fait chevalier, le vicomte porteroit l'espée devant luy, et qu'aux jours de chevalerie et de mariage il serviroit à cheval, ou à pied, selon que la FESTE le requerroit, pour raison dequoy il prendroit deux plats et quatre assietes d'argent de seize marcs, et si la feste duroit plus d'un jour, un plat de quatre ou cinq marcs chaque jour.

---

[1] Id. A. 1249, 1253. — [2] P. 52. — [3] Id. p. 104. — [4] Addit. ad Will. Gemet. p. 317. — [5] Reg. Bigorr. fol. 13. — [6] Tabular. Vindoc. fol. 250. — [7] Monast. Angl tom. 1, p. 44. — [8] ib. tom. 2, p. 281.

[1] Tabular. Paconiense, p. 57. — [2] M. de Boissieu, au Traité des Droits Seig. ch. 4.

DE L'ORIGINE ET DE L'USAGE DES TOURNOIS

DISSERTATION VI.

Tous les peuples qui ont aimé la guerre, et qui en ont fait le principal but de leur gloire, ont tâché de s'y rendre adroits par les exercices militaires. Ils ont crû qu'ils ne devoient pas s'engager d'abord dans les combats sans en avoir appris les maximes et les règles. Ils ont voulu former leurs soldats, et leur apprendre à manier les armes, avant que de les employer contre leurs ennemis : « Ars enim bellandi, si non « præluditur, cum necessaria fuerit, non habetur, » dit Cassiodore [1]. C'est pour cette raison que S. Isidore écrit que les Goths [2], qui estoient estimez grands guerriers, « in armorum « artibus spectables », avoient coûtume de s'exercer par des combats innocens : « Exercere enim sese telis ac præliis

« præludere maxime diligunt, ludorum certamina usu quo- « tidiano gerunt. »

Les François, qui ont esté effectivement les plus belliqueux d'entre toutes les nations, les ont aussi cultivez plus que les autres. Ce sont eux qui sont les inventeurs des tournois et des joustes, qu'ils n'ont mis en usage que pour tenir les gentilshommes en haleine, et pour les preparer pour les combats. Ce qui a fait dire à un poëte de ce temps [1] :

Ante homines domuisse feras gens Gallica ab olim
Sanxit, et ad duros belli armorumque labores,
Exercere domi rigidæ præludia pugnæ.

---

[1] L. 1, ep. 40. — [2] Histor. Goth. Init. Ruder Tolet. l 1, Hist Hisp c 9.

[1] R. P. Leo, D. Ord. FF. Minor. in Pang. Ludov. XIV, edito A 1606.

Et comme les tournois ne furent inventez que pour exercer les jeunes gentilshommes, c'est pour cela qu'ils sont appellez par Thomas de Walsingham[1] *ludi militares*, par Roger de Howeden *militaria exercitia*, par Lambert d'Ardres[2] *gladiaturæ*, par l'auteur de l'Histoire de Hierusalem[3] *imaginariæ bellorum prolusiones*, et enfin par Guillaume de Neubourg[4] « meditationes militares, armorum exercitia, belli præludia, « quæ nullo interveniente odio, sed pro solo exercitio atque « ostentatione virium fiebant. »

Alexandre Necham, *Lazius*[5], Chifflet[6], et autres auteurs estiment que le nom aussi bien que l'origine des tournois vient de ces courses de chevaux des anciens qui sont nommez *Trojæ* et *Trojani Ludi*, et qui furent inventez premierement par Enée, lorsqu'il fit inhumer Anchise, son pere, dans la Sicile, d'où ces courses passerent ensuite chez les Romains. On ne peut pas douter que ces jeux troyens n'ayent beaucoup de rapport avec les tournois, comme on peut recueillir de la description que Virgile[7] nous en a donnée : car ils ne consistoient pas dans de simples courses de chevaux, comme le P. d'Outreman[8] a écrit, puisque Virgile témoigne assez le contraire par ces vers :

—pugnæque cient simulacra sub armis,
Et nunc terga fugæ mandant, nunc spicula vertunt
Infensi : facta pariter nunc pace feruntur.

Il est constant, toutefois, qu'il se faisoit d'autres exercices dans les tournois et d'autres combats. Il est mêmes probable que le nom de tournois ne vient pas de *Troja*, *quasi Trojamentum*, comme les auteurs que je viens de nommer ont écrit, mais plûtot du mot françois *tourner*, qui signifie marcher ou courir en rond. C'est ainsi que *Papias* interprete ce mot de *tornat*, *in gyrum mittit*. Terme qui ne semble pas nouveau, puisque Paul Diacre[9] et l'empereur Maurice en ses *Tactiques* nous apprennent que celui de *torna* estoit en usage dans les combats, pour obliger les soldats à *tourner* aux occasions qui se presentoient. Aussi plusieurs estiment que ces femmes qui sont appellées *tornatrices* dans Hincmar[10], ont ce nom, acause qu'elles dansoient en rond. C'est encore de là que nos anciens François ont emprunté le mot de *returnar*, qui se trouve dans le traité de paix d'entre Louys et Charles le Chauve, son frere[11], et de *retornare* dans les capitulaires du même Charles le Chauve[12], qui est à present commun parmy nous, pour *revenir de quelque endroit*.

Ces exercices militaires ont esté en usage parmy nos premiers François : du moins Nithard[13] nous apprend qu'ils estoient connus sous la seconde race de nos roys ; car, décrivant l'entrevûë de Louys roy d'Alemagne et de Charles le Chauve roy de France, en la ville de Strasbourg, et racontant comme ils se donnerent toutes les marques d'une amitié reciproque, il ajoûte que pour rendre cette assemblée plus solennelle il se fit des combats à cheval entre les gentilshommes de la suite des deux princes, pour donner des preuves de leur adresse dans les armes : « Ludos etiam hoc ordine « sæpe causa exercitii frequentabant. Conveniebant autem « quocumque congruum spectaculo videbatur : et subsistente « hinc omni multitudine, primum pari numero Saxonorum, « Wasconorum, Austrasiorum, Brittonorum, ex utraque « parte, veluti sibi invicem adversari vellent, alter in alte- « rum veloci cursu ruebat : hinc pars terga versa protecti « umbonibus ad socios insectantes evadere se velle simula- « bant. At versa vice iterum illos quos fugiebant persequi « studebant : donec novissime utrique reges cum omni ju- « ventute, ingenti clamore, equis emissis, hastilia crispantes « exiliunt, et nunc his, nunc illis terga dantibus, insistunt. « Eratque res digna pro tanta nobilitate nec non et modera- « tione spectanda. Non enim quispiam, in tanta multitu- « dine ac diversitate generis, uti sæpe inter paucissimos, et « notos contingere solet, alicui, aut læsionis, aut vituperii « quippiam inferre audebat. » On ne peut pas revoquer en doute, aprés ce passage, que les tournois ne se soient faits devant la troisiéme race de nos roys.

Cependant les anciennes Chroniques en attribuent l'invention à Geoffroy seigneur de Preuilly, qui fut pere d'un autre Geoffroy, qui donna l'origine aux comtes de Vendôme Celle de Tours[14] rend ce témoignage de lui : « Anno 1066 Gaufridus « de Pruliaco, qui torneamenta invenit, apud Andegavum « occiditur. » Et celle de S. Martin de Tours[15] : « Anno Hen- « rici imp. 7 et Philippi regis 6 fuit proditio apud Andega- « vum, Gaufridus de Pruliaco et alii barones occisi sunt. Hic « Gaufridus de Pruliaco torneamenta invenit. » D'autre part, nous lisons dans Lambert d'Ardres[1] que Raoul comte de Guines, fils du comte Ardolphe, estant venu en France pour y frequenter les tournois, reçut dans un de ces combats un coup mortel, qui lui fit perdre la vie. Or Raoul vivoit avant Geoffroy de Preuilly : car le même auteur écrit qu'Eustache son fils ayant appris la mort de son pere, vint aussitôt en Flandres, et fit hommage de son comté au comte Baudoüin le Barbu, qui tint le comté de Flandres depuis l'an 989 jusques en l'an 1034.

De sorte que j'estime que ce seigneur n'inventa pas ces combats et ces exercices militaires, mais qu'il fut le premier qui en dressa les loix et les regles, et mêmes qui en rendit la pratique plus commune et plus frequente. Ce qui est d'autant plus probable, que nous ne lisons pas le mot de tournoy avant ce temps-là. D'ailleurs la plûpart des écrivains étrangers reconnoissent ingenuëment que les tournois estoient particuliers aux François. C'est pourquoy ils sont appellez par Mathieu Paris[2] *conflictus Gallici*, les combats ordinaires des François, en ce passage : « Henricus rex Anglorum ju- « nior, mare transiens, in CONFLICTIBUS GALLICIS et profu- « sioribus expensis, triennium peregit, regnoque majestate « prorsus deposita, totus est de rege translatus in militem, « et flexis in gyrum frenis, in variis congressionibus trium- « phum reportans, sui nominis famam circumquaque res- « persit. » Raoul de Coggeshall en sa chronique manuscrite rend le même témoignage, écrivant que Geoffroy de Mandeville mourut en la ville de Londres, d'une blessure qu'il reçut, « dum MORE FRANCORUM cum hastis vel contis se se, cursim « equitantes vicissim impeterent. »

Aussi les auteurs ont remarqué que les François ont esté adroits en ces exercices plus que les autres nations. Le comte Baltazar de Castillon, en son *Courtisan*[3], parle de cette adresse de nostre nation : « Nel torneare, tener un « passo, combatere una sbarra. » Et comme la lance estoit la principale arme dont on se servoit en cette sorte de combat, ils y ont toujours excellé : ce qui a donné sujet à Foucher de Chartres[4] de dire qu'ils estoient « probissimi bellato- « res, et mirabiles de lanceis percussores. » Albert d'Aix[5] fait une description de leurs lances ; et Anne Comnene[6], Nicetas[7], et *Cinnamus*[8] rendent cet honneur à la noblesse françoise d'avoir eu une adresse toute particuliere pour les manier et pour s'en servir dans les occasions.

Les Anglois emprunterent des François l'usage des tournois, qui ne commencerent à estre connus d'eux que sous le regne du roy Estienne. « cum per ejus indecentem mollitiem « nullus esset publicæ vigor di-ciplinæ, » ainsi que Guillaume de Neubourg[9] écrit ; car alors, et sous le regne du roy Henry II, qui succeda à Estienne, les Anglois « Tyronum exercitiis « in Anglia prorsus inhibitis, qui forte armorum affectantes « gloriam exerceri volebant, transfretantes in terrarum exer- « cebantur confiniis. » Roger de Howeden et Brompton[10] confirment cette remarque, racontant que Geoffroy comte de Bretagne, ayant esté fait chevalier par le roy Henry II, son pere, passa de l'Angleterre en Normandie, et que dans les confins de cette province et de celles de France il se trouva dans les tournois, où il eut la satisfaction de se voir rangé au nombre des chevaliers qui excelloient dans ces sortes de combats. Mais le roy Richard fut le premier qui en introduisit la pratique dans l'Angleterre[11] ; car cet illustre prince, considerant que les François estoient d'autant plus vaillans qu'ils estoient exercez, « tanto esse acriores quanto exercita- « tiores atque instructiores, sui quoque regni milites in pro- « priis finibus exerceri voluit, ut ex bellorum solenni præ- « ludio, verorum addiscerent artem usumque bellorum, nec « insultarent Galli anglis militibus, tanquam rudibus et « minus gnaris. » Mathieu Paris[12] dit la même chose, ce qu'il semble rapporter à l'an 1194 : « Eodem tempore rex Ri- « chardus, in Angliam transiens, statim jussit loca certa tor- « neamenta fieri, hac fortassis inductus ratione, ut milites « regni utriusque concurrentes vires suas flexis in gyrum « frenis experirentur : ut si bellum adversus Crucis inimicos, « vel etiam finitimos, movere decernerent, agiliores ad præ- « lium et exercitationes redderentur. » Mais ce grand roy est blâmé de ce que, voiant l'ardeur extraordinaire que les siens avoient pour se trouver à ces exercices militaires, il en prit occasion pour lever de l'argent sur ceux qui voudroient y

---

1. P. 41. — 2. P. 13 — 3. Histor. Ilieros. A. 1177. — 4. L. 5, c. 4. — 5. L. 10, Com. de Rep. Rom. c. 2. — 6. In Vesent 1 part. c 31. Lud. d'Orleans, ad Tacit. l. 11, p 578 — 7 L 5, Æneid , Suetoni. in Jul. et Aug , Xiphilin . Papias. — 8 In CP. Bulg. lib. 1, c 11, § 6. — 9. Hist. Misc. — 10. Tom 1, p. 714, cap. 9, dist 5, de conseer — 11. Nithard, l 3, pag. 353, cap. 5. — 12. Tit 16, § 13. — 13. L 3, pag. 356, cap. 6 — 14. Chr Turon. A. 1066. — 15. Chr. S. Martini Turon ; A. Du Chesne, en l'Hist. des Chasteigners.

1 P. 13. — 2. A. 1179, p. 95 — 3 L. 1. — 4. Fulcher. Carnot. l 2, c 41. — 5. L. 4, c 6. — 6. In Alex p. 171, 172, 267, 277, 443, 460. — 7. In Man. 1. 3, c 3. — 8. L. 2. — 9. L. 5, c. 4. — 10 A 1177. — 11. Will. Neub. loco cit. — 12. A. 1194 ; Math. Westm. A. 1195, id. Neubrig.

aller[1] : « Rege id decernente, et a singulis qui exerceri vel-
« lent indictæ pecuniæ modulum exigente. »
Les Alemans ne mirent pareillement les tournois en usage
qu'après qu'ils les eurent receûs des François. Je sçay bien
que *Modius*[2] en fait l'origine beaucoup plus ancienne en ces
pays-là, nous ayant donné des tournois qui furent celebrez
en Alemagne long-temps avant Geoffroy de Preuilly. Mais
aussi ceux qui sont tant soit peu versez dans l'histoire n'i-
gnorent pas que ce livre est remply de fables, et il faut
avouer que son auteur a passé les bornes de l'impudence
lorsqu'il nous a donné un Antoine marquis de Pont à Mou-
çon, Claude comte de Tolose, Paul duc de Bar, Ligore
comte de Bourgogne, Sigismond comte d'Alençon, Louys
comte d'Armagnac, Philippes comte d'Artois, Antoine comte
de Boulogne, et autres princes imaginaires, qui se trouverent,
à ce qu'il dit, avec l'empereur Henri I en la guerre contre
les Hongrois. Il est bien vray que Munster[3] a écrit que les
tournois commencerent à paroître dans l'Alemagne en l'an
1036, en laquelle année il s'en fit un dans la ville de Magdebourg. Que si ce qu'il dit est veritable, cela se fit au même
temps que Geoffroy de Preuilly les inventa, n'estant pas hors
de probabilité de croire que les Alemans en apprirent l'usage
de luy, au même temps que les François.

Mais entre tous les auteurs qui ont écrit des tournois, les
Grecs avoüent franchement que ceux de leur nation en ont
tiré la pratique des Latins, c'est-à-dire des François, qui en
furent les inventeurs. Nicephore Gregoras[4] en parle de la
sorte : Εἶτα καὶ ἀγῶνας ἐξετέλεσα δύο, μιμηλήν τινα τῶν Ὀλυμπιακῶν
ἀποσώζοντας,..... οἳ δὴ τοῖς Λατίνοις πάλαι ἐπινενόηνται γυμνασίαι
ἕνεκα σώματος, ὁπότε σχολὴν ἄγοιεν τῶν πολεμικῶν. Jean Cantacuzene[5] designe plus distinctement le temps auquel on
commença à user des tournois dans l'empire d'Orient :
sçavoir lorsqu'Anne de Savoie, fille d'Amé IV. comte de
Savoie, vint à Constantinople pour y épouser le jeune
Andronique Paleologue, empereur (ce mariage se fit en l'an
1326) ; car alors la noblesse de Savoie et de France qui avoit
accompagné cette princesse fit des tournois dans cette
capitale de l'empire, et en apprit ainsi l'usage aux Grecs :
Καὶ τὴν λεγομένην τζουστρίαν, καὶ τὰ τερπνότατα αὐτοὶ πρῶτοι
ἐδίδαξαν Ῥωμαίους, οὔπω πρότερον περὶ τοιούτων εἰδότας οὐδέν.
Mais il y a lieu de douter si les tournois ne commencerent
à estre celebrez dans l'empire grec que depuis ce temps-là.
Car Nicetas[6] nous apprend que l'empereur Manuel Comnene
estant en la ville d'Antioche, les Grecs combattirent contre
les Latins dans un tournoy, et luy-même, voulant faire voir
qu'il ne cedoit en rien aux François dans la dexterité à
manier la lance, il s'y trouva, et y combattit avec ceux de sa
nation. Il y a même lieu de croire que ce prince les a mis en
usage dans ses Estats ; car *Cinnamus*[7] écrit qu'estant parvenu
à l'empire, il enseigna à ses peuples une nouvelle façon de
combattre, leur ordonnant d'user à l'avenir de longs écus,
au lieu de ronds, d'apprendre à manier de longues lances,
comme les François, et à monter à cheval ; puis il les obliga
de s'exercer entre eux par des combats innocens, qui ne sont
autres que les tournois ; voicy les termes de cet auteur :
Τὰς γὰρ ἐκ τῶν πολεμίων ὁρμὰς, πολεμίων αὐτὸς ποιησάμενος ὅθλων
παρασκευὰς, ἱπποδεσίαν εἰώθει τὰ πολλὰ, σχῆμά τε πολέμου πεποιημέ-
νος, παρατάξει τινὰς ἀντιμετώπους ἀλλήλαις ἵστα· οἵ τε δοράτων
ἐπελαύνων τοῖς αὐτοσχέδιος κινήσει ἐγυμνάσατο τὴν ἐν τοῖς ὅπλοις.
Anne Comnene[8] semble encore parler de ces exercices des
tournois, et faire voir qu'ils estoient en quelque façon en
usage sous l'empire d'Alexis son pere : Ἐπιμελῶς τε ἐκπαιδεύεσθαι
ὅπως χρὴ τόξον τείνειν, καὶ δόρυ κραδαίνειν, ἵππον τε ἐλαύνειν, καὶ
μερικὰς ποιεῖσθαι συντάξεις. Ces dernieres paroles designent
assez les tournois, où les combats se faisoient en troupes.

Le principal but de l'usage des tournois estoit pour
exercer ceux qui faisoient profession des armes, pour
apprendre à les manier, à monter à cheval, et pour donner
des preuves de leur valeur : *pro solo exercitio*, *atque ostenta-*
tione virium, ainsi qu'écrit Guillaume de Neubourg,
γυμνασίας ἕνεκα σώματος, comme parle Gregoras, et enfin, *ut*
ex solenni bellorum præludio verorum addisceretur ars ususque
bellorum. Car il est malaisé de faire de belles actions dans
les combats où l'on n'a passé par les exercices militaires, et
on n'a fait les épreuves necessaires pour entreprendre un
métier si difficile et si dangereux. Roger de Howeden[9],
parlant au sujet des tournois, après s'estre servi du passage
de Cassiodore que j'ay cité, ajoûte ces paroles : « Non potest
« athleta magnos spiritus ad certamen afferre, qui nunquam
« suggillatus est. Ille qui sanguinem suum vidit, cujus dentes

« crepuerunt sub pugno, ille qui supplantatus adversarium
« toto tulit corpore, nec projecit animum projectus, qui
« quoties cecidit contumacior surrexit, cum magna spe
« descendit ad pugnam. »

Comme donc on ne combattoit aux tournois que pour y
apprendre le métier de la guerre, et pour s'y exercer, aussi
on n'y employoit aucunes armes qui pûssent blesser ceux
qui entroient en lices. Dion écrit que l'empereur Marc-
Aurele voulut que les gladiateurs usassent d'espées dont les
pointes seroient émoussées et rabattuës, et au bout desquelles
il y auroit un bouton : Σιδήριον γὰρ οὐδέποτε οὐδενὶ αὐτῶν ὀξὺ
ἔδωκεν, ἀλλὰ καὶ ἀμβλέσιν ὥσπερ ἐσφαιρωμένοις πάντες ἐμάχοντο.
Seneque[1] appelle cette sorte d'armes *lusoria arma*, *lusoria*
tela, et nos François *des glaives courtois*, c'est-à-dire des
lances innocentes, sans aucune pointe de fer. Le *Traité des*
chevaliers de la Table ronde dit que ces chevaliers *ne portoient*
nules espées, *fors glaives courtois*, *qui estoient de sapin*, *ou*
d'if avec cours fers, *sans estre trenchans*, *ne esmolus*. Mêmes
les *diseurs*, ou les juges des tournois, faisoient faire sermens
aux chevaliers qui y devoient combattre, qu'ils ne porteroient
espées, armures, ne bastons affustiez, ne enfonceroient leurs
armes, ne estaquettes assises par iceux diseurs, ainsi qu'il est
porte dans un *Traité manuscrit des Tournois*, mais combat-
troient *à espées sans pointe et rabatuës*, et auroit chascun
tou noyant un baston pendu à sa selle, et feroient desdites
espées et bastons tant qu'il plairoit ausdits diseurs. Un autre
Traité des Tournois ajoûte que les chevaliers *tournoioient*
d'espées rabatuës, *les taillans et pointes rompuës*, *et de bastons*,
ce qui au tournoy appartient, *et devoient frapper de haut en*
bas, *sans tirer ne sans saquier*. Un des juges des tournois dans
Jacques de Valere, en son *Traité de la Noblesse*, porte que les
tournoyans doivent estre « montez et armez de nobles
« harnois de tournoy, chascun armoié de ses armes, en
« hautes selles, pissiere, et chanfrain, pour tournoyer de
« gratieuses espées, rabatuës, et pointes brisées, et de cours
« bastons. » Et plus bas il est dit qu'ils devoient « fraper
« du haut en bas, sans le bouter d'estocq, ou hachier, ne
« tournoyer mal courtoisement. Car en ce faisant il ne
« gaigneroit riens, ne point de prix d'armes n'auroit, mais
« l'amenderoit ou dit des juges. » Un ancien auteur écrit à
ce sujet que « torneamentum percutiendo, non etiam infrin-
« gendo, juxta solitum exercetur. » Si donc le tournoiement
en avoit usé autrement, il estoit blâmé par les juges du
tournoy. Mathieu Paris[2], en l'an 1252, dit que Roger de
Lemburne, chevalier anglois, ayant donné mortellement
à la gorge Hernaud de Montigny de la pointe d'une lance
non émoussée, *lanceæ mucrone*, *qui prout debebat non erat*
hebetata, quoy qu'il se dit innocent, fut neantmoins
soupçonné d'avoir usé de trahison en cette occasion ; mais
s'il lui arrivoit que quelqu'un eust blessé ou tué son adversaire
avec les armes ordinaires du tournoy, pourveu qu'il n'eust rien
fait contre les loix des tournois, il ne recevoit aucun blâme.
Ce qui est remarqué particulierement par Gregoras[3] en ces
termes : Ἐπεὶ δὲ τὸν τρώσαντα ἢ καὶ ἀποκτείνοντα, συμβὰν οὕτως
πως, κἂν τοῖς ἀγῶσιν ἀμφοτέραις, ἀνέγκλητον εἶναι σφίσι νόμιμον ἦν.

Ceux[4] qui estoient commis en cette qualité de juges des
tournois « mesuroient et examinoient les lances des chevaliers et leurs autres armes, et prenoient garde s'ils n'estoient
pas liez à leurs selles, ce qui estoit defendu par les loix des
tournois, comme il est exprimé au traité ms. que je viens de
citer : « A laquelle entrée se tiennent les susdits deux juges
« et officiers d'armes de la marche, lesquels ravissent leurs
« espées, pour sçavoir si elles sont raisonnables, et aussi le
« baston s'il est de muison. Le *Cry des tournois* : Le lendemain tenir fenestre comme dessus, et après disner à
« l'heure dessus nommée venir és pleins rens, montez et
« armez à tout lances mesurées et muisonnées de lances de
« muison, et courtois rochets : c'est assavoir mesurées à la
« gauge qui y sera commise et ordonnée de messieurs les
« adventureux, sans estre liez ne attachez. Se il estoit
« seu, trouvé, jaçoit que qu'il forjoustast, si perdroit-il sen
« pris pour la journée : ou il jousteroit de plus longue
« lance qu'il ne devroit, il perdroit la lance garnie. Et qui
« jousteroit de forcours, il peut bien perdre et rien gagner. »

Quoy que les inventeurs des tournois et de leurs loix
semblent avoir apporté toutes les précautions necessaires
pour éviter les inconveniens qui en pouvoient arriver, souvent
neantmoins il en survenoit de grands par la chaleur du
combat, ou par la haine et la jalousie des tournoyans. Car
il y en avoit qui, n'estans pas maîtres d'eux-mesmes, se laissoient emporter à la passion et à l'ardeur qu'ils avoient de

---

1. Brompton. p. 1264. — 2. Fr. Modius, in Pandect — 3. Geogr 1 3, p 896. —
4. L. 10, cap 15, p 339 — 5. L. 4, c. 42. — 6. In Man 1. 3, c. 3. — 7 L 3,
p. 134. — 8. L. 13, Alexiad. — 9. P. 580, Math. Westm. p. 375.

1 Ep. 117, l. 2, Quæst natur. — 2. P 566. — 3. Niceph p. 340. — 4. Descrip.
Gregor victor. obtent par Carol. Reg. Sicil. tom. 5, Hist. Fr p. 843.

vaincre, et qui n'observans pas entierement les regles qui leur estoient prescrites, faisoient tous leurs efforts pour renverser leur adversaire, de quelque maniere que ce fust. Il y en avoit d'autres qui prenoient ces occasions pour se venger de leurs ennemis. C'est pourquoy on jugea à propos d'obliger ceux qui se faisoient faire chevaliers, de faire serment qu'ils ne fréquenteroient les tournois que pour y apprendre les exercices de la guerre, *se tirocinia non nisi causa militaris exercitii frequentaturos*[1]. Car souvent ces combats, qui d'abord ne se faisoient que par divertissement, et pour s'exercer, se tournoient en querelles et en de veritables guerres. Henry Kinghton[2], parlant du tournoy qui se fit à Châlon en l'an 1274, où le roy Edoüard avec les Anglois combattit contre le comte de Châlon et les Bourguignons, dit que les deux partis s'y porterent avec tant de chaleur et de jalousie, que plusieurs y demeurerent sur la place, *adeo ut non torneamentum, sed parvum bellum de Chalon communiter diceretur*. Et Mathieu Paris[3], racontant un autre tournoy, en l'an 1241 : « Fuerunt autem ibidem multi, tam « milites quam armigeri, vulnerati, et clavis cæsi, et graviter « læsi, eo quod invidia multorum ludum in prælium com-« mutavit. »

Les histoires sont remplies de ces funestes accidens qui arrivoient aux tournois. Raoul, comte de Guines, y perdit la vie, au récit de Lambert d'Hierusalem[4]. Robert de Hierusalem, comte de Flandres, y fut blessé à mort[5]. Geoffroy de Magneville, comte d'Essex en Angleterre, y fut tué en l'an 1216[6]. Florent, comte de Hainaut, et Philippes, comte de Bologne et de Clermont, perirent pareillement au tournoy qui fut tenu en la ville de Corbie, en l'an 1223[7]. Comme aussi le comte de Hollande à celuy qui fut tenu à Neumague l'an 1284[8]; Gilbert, comte de Pembroch, en l'an 1241[9]. Hernaud de Montigny, chevalier anglois, en l'an 1252[10]; Jean, marquis de Brandebourg, en l'an 1269[11]. Le comte de Clermont y fut tellement blessé, qu'il en perdit l'esprit, l'an 1279[12]; Louys, fils du comte Palatin du Rhin y perdit la vie, en l'an 1289[13]; Jean, duc de Brabant, en l'an 1294[14]. Et plusieurs autres personnes de condition, que je passe, dont les auteurs[15] font mention.

Ces funestes accidens donnerent occasion aux papes d'interdire les tournois, avec de grièves peines, excommuniant ceux qui s'y trouveroient, et défendant d'inhumer dans les cimetieres sacrez ceux qui y perdroient la vie. Innocent II[16], Eugene III, et, apres eux, Alexandre III, au concile de Latran de l'an 1179, furent les premiers qui fulminerent leurs anathemes, déclamant contre les tournois, les appellant « detestabiles nundinas vel ferias, quas vulgo torneamenta « vocant, in quibus milites ex condicto convenire solent, et « ad ostentationem virium suarum et audaciæ temere congrediuntur, unde mortes hominum et pericula animarum « sæpe proveniunt. » Ce concile ajoûte ces mots : « Et si quis « eorum ibi mortuus fuerit, quamvis ei pœnitentia non denegetur, ecclesiastica tamen careat sepultura. » Innocent III[17] les interdit pareillement pour cinq ans, sous peine d'excommunication. C'est ce qui a fait dire à *Cæsarius*[18] qu'il ne faisoit pas de difficulté d'avancer que ceux qui estoient tuez dans les tournois estoient damnez: « De his vero qui in « torneamentis cadunt nulla questio est quin vadant ad « inferos, si non fuerint adjuti beneficio contritionis. » Il parle ensuite d'une vision qu'un prestre espagnol eut de quelques chevaliers qui avoient esté tuez dans les tournois, qui demandoient d'estre secourus par les prieres des fidéles. A quoy l'on peut rapporter une autre vision, dont Mathieu Paris[19] parle en l'an 1227, écrivant que Roger de Toëny, vaillant chevalier, s'apparut à Raoul son frere, et lui tint ce discours : « Jam et pœnas vidi malorum, et gaudia beato-« rum ; nec non supplicia magna, quibus miser deputatus « sum, oculis meis conspexi. Væ! væ mihi! quare multum « torneamenta exercui, et ea tanto studio dilexi. » La *Grande Chronique Belgique*[20] raconte qu'en l'an 1240 il se fit un tournoy à Nuis, prés de Cologne, après la Pentecoste, où soixante tant chevaliers qu'ecuyers ayant perdu la vie, pour avoir esté pour la plûpart suffoquez de la poussiere, on entendit après leur mort les cris des demons, qui y parurent en guise de corbeaux et de vautours, au-dessus de leurs corps. C'est donc des termes de ces conciles que les tournois sont appellez par S. Bernard[1], l'auteur de sa vie, *Cæsarius*[2], et Lambert d'Ardres[3], *nundinæ execrabiles et maledictæ*.

Innocent IV n'apporta pas moins de rigueur pour abolir les tournois que ses predecesseurs[4]. Mais, ne pouvant en empêcher entierement l'usage, il les défendit pour trois ans, au concile tenu à Lyon l'an 1245, prenant pour pretexte qu'ils empêchoient les gentilshommes d'aller aux guerres d'outremer. On prenoit encore celuy de la dépense que les chevaliers faisoient en ces occasions, que l'on tâchoit d'arreter, aussi bien que toutes les autres, comme superflues, et qui les mettoient dans l'impuissance de fournir à celles qu'il leur faloit faire pour les guerres saintes. Lambert d'Ardres[5] : « Cum omnino tunc temporis propter Dominici sepulchri « peregrinationem in toto orbe interdicta fuissent tornia-« menta. » Et veritablement les gentilshommes faisoient de prodigieuses dépenses dans ces rencontres, et sur ce que la magnificence de leurs habits et de leurs suites et le prix de leurs chevaux, que parce qu'ils estoient souvent obligez d'entreprendre de longs voyages pour en aller chercher les occasions : ce qui a fait tenir ces paroles au cardinal Jacques de Vitry[6], au sujet des peuples, qui souffroient infiniment par ces dépenses des seigneurs : « Maxime cum eorum domini « prodigalitati vacantes et luxui, pro torneamentis et « pomposa sæculi vanitate expensis superfluis et debitis « astringebantur et usuris. » Et le même Lambert[7] parlant des prodigalitez d'Arnoul le Jeune, seigneur d'Ardres : « Licet extra patriam munificus et liberalis, et expensaticus « diceretur, et circa militiam quicquid militantium et tor-« niamentium consuetudo poscebat et ratio, quasi prodi-« galiter expenderet. »

Le pape Nicolas IV témoigna le même zele pour éteindre les tournois[8], particulierement en France, où ils se faisoient plus fréquemment que dans les autres royaumes, excommuniant ceux qui contrevenoient à ces défenses. Et sur ce que le cardinal de Sainte-Cecile, legat du saint-siege, qui les avoit fait publier, en accorda la surseance pour trois ans à la priere du roy, il l'en reprit aigrement par la lettre qu'il lui écrivit, qui est inserée dans les *Annales Ecclesiasticæ*.

Clement V interdit pareillement les tournois, principalement acause du dessein qu'il avoit de faire entreprendre aux princes chrétiens la guerre contre les infidéles. Sa bulle[9] est datée à Peraen de Gransille prés de Malausane, au diocese de Bazas, le 14 de septembre l'an 3 de son pontificat, de laquelle j'ai extrait ce qui sert à mon sujet : « Cum enim in « torneamentis et justis in aliquibus partibus fieri solitis « multa pericula immineant animarum et corporum, quo-« rum destructiones plerumque contingunt, nemini vertitur « in dubium sanæ mentis, quin illi qui torneamenta faciunt, « vel fieri procurant, impedimentum procurant passagio « faciendo, ad quod homines, equi, et pecunia et expensæ « fore necessaria dinoscuntur ; quorum torneamentorum « factura cum gravis pœnæ adjectione a nostris prædecesso-« ribus est interdicta. »

Mais l'ardeur de la noblesse estoit si grande, pour les occasions qui s'offroient de donner des preuves de sa valeur dans les temps de paix, qu'il n'y avoit point d'anatheme ni de bulle des papes qui en pût arreter le cours. Ce qui a fait dire à Guillaume de Neubourg : « Licet solemnem illum tiro-« num concursum tanta sub gravi censura vetuerit pontifi-« cum autoritas, fervor tamen juvenum armorum vanissimam « affectantium gloriam, gaudens favore principum probatos « habere tirones volentium, ecclesiasticæ provisionis sprevit « decretum. » Et Henry de Knighton[10], en l'an 1191 : « Fie-« bant interea ad tironum exercitium intermissa diu tor-« neamenta, quasi bellorum præludia, nonobstante papali « prohibitione. »

Comme donc le peril qui se trouvoit dans les combats des tournois estoit si grand[11], que cela a donné premierement sujet aux papes de les interdire sous les peines d'excommunication, l'on jugea aussi à propos d'en dispenser au moins les souverains et les princes de leur sang, acause de l'importance de leurs personnes. Du Tillet[12] raconte que le roy Philippes-Auguste prit, au mois de may l'an 1209, le serment de Louys de France, son fils aîné, et de Philippes comte de Bologne, son autre fils, qu'ils n'iroient en aucun tournoy sans son congé, sous prétexte d'y faire signaler leur valeur et d'y remporter le prix : leur permettant, toutefois, que s'ils s'en faisoit quelqu'un prés d'eux, d'y aller, sans y porter les

---

1. W. Heda, in Hist Episc. Traject. — 2. L. 9, de Event. Angl. p 2459 — 3. P. 383. — 4. P. 13. — 5 W. Malmesb l 3, Hist Angl. p 105. — 6 Math Par. p. 194 — 7. Jo Beka ; W. Heda. Jo a Leydis, l. 22, c. 40. — 8 Godef Mon. A 1231, Hist Archiep. Brem. p 110. — 9 Math. Paris, p. 383 ; Math. Westm. p. 305. — 10. M. f. 566 — 11. Chr Austral A. 1260 : Chr. Clinzense, p 813. — 12. Gesta Phil. III, reg. Fr. — 13. Chr. Austral. A. 1289. — 14. Mag Chr. Belg. A. 1294. — 15 Chr. de Flandr ch 31, Math Westm A 1295. Tom. 2, Monast. Angl. p. 220, 222. Petrarch. Epist. Famil. 73, M. Chr. Belg. A 1240 — 16. Baron. A. 1148, n. 12. — 17. Tom 5, Hist Fr. p 759. — 18. Cæsar. Hist. de Mirac l. 12, c 16, 17. — 19. P. 237. — 20 A. 1240.

1. Ep. 358 : Theoder. Abb., in Vita S. Bern. l. 1, c. 11. — 2. L. 7, c. 30 ; l. 12, c. 17. — 3. P. 13, 29. — 4. Math. Par. p. 455. — 5. P. 250. — 6. L. 2, Hist. Occid. c. 3. — 7. P. 107. — 8. Od Raynald. n. 16, 17. — 9. Orig. — 10. P 2108. — 11. Favyn, tom. 2, p. 1754. — 12. P. 313.

armes comme chevaliers, mais seulement avec l'halecret et l'armet. Petrarque [1], écrivant à Hugues, marquis de Ferrare, dit qu'il n'appartient qu'à de simples chevaliers de se trouver aux tournois, qui n'ont pas d'autres moyens ni d'autres occasions pour donner des preuves de leur valeur et de leur adresse, et dont la mort est de petite consequence ; mais que les princes, pouvans faire éclater leur courage en mille autres rencontres, et d'ailleurs leur vie estant importante à leurs peuples, s'en doivent abstenir.

Nous lisons neantmoins que souvent non-seulement les princes de haute condition se sont trouvez à ces exercices militaires, et qu'ils y ont combattu comme simples chevaliers, mais mêmes les empereurs et les roys. Nicetas [2] écrit que l'empereur Manuel Comnene avec les Grecs combattit au tournoy qui se fit à Antioche par le prince Raymond, et qu'il jeta par terre d'un seul coup de lance deux chevaliers françois, lesquels il renversa l'un sur l'autre. L'empereur Andronique Paleologue le jeune [3] combattit en personne au tournoy qu'il fit à Didymotique pour la naissance de Jean son fils. Edouard III, roy d'Angleterre, combattit en un tournoy dans la ville de Chalon, comme j'ay remarqué. Froissart [4] dit que Charles VI, aux noces de Guillaume de Hainaut avec Marguerite de Bourgogne, solemnisées à Cambray, l'an 1385, *jousta à un chevalier de Hainaut, qui s'appeloit Nicole d'Espinoit.* Le roi François I et Henry VIII, roy d'Angleterre, à leur entrevue [5] qui se fit entre Ardres et Guines, l'an 1520, combattirent au tournoy qui s'y fit. Enfin le roy Henry II jousta à Paris contre le comte de Montgomery, et reçut une blessure en l'œil, dont il mourut.

Les princes seculiers interdirent aussi quelquefois les tournois, mais pour d'autres raisons que celles qu'eurent les papes. Guillaume de Nangis écrit que S. Louis, ayant receu du pape en l'an 1260 les nouvelles de la défaite des chretiens dans la Terre sainte et dans l'Armenie par les infideles, fit faire des prieres publiques, défendit les tournois pour deux ans, et ne voulut point qu'on s'adonnât à d'autres jeux qu'à l'exercice de l'arc et de l'arbaleste. Le roi Philippes le Hardy proroga les défenses qui avoient esté faites pour un temps des joustes et des tournois, par une ordonnance qui fut registrée au parlement de la Pentecôte l'an 1280 [6]. Ces prohibitions se firent particulierement durant les guerres que nos roys avoient avec leurs voisins, comme on peut recueillir des ordonnances de Philippes le Bel des années 1304 et 1305, qui se lisent dans un registre du Trésor des Chartes du roy [7]. Dans une autre du penultième jour de decembre, l'an 1311, qui est insérée dans un registre de la chambre des comptes de Paris [8], qui m'a esté communiqué par monsieur d'Herouval, dont voicy l'extrait, le même roy ne prend pas d'autre pretexte que celuy des desordres qui en arrivoient.

« PHILIPPUS, D. G. Francorum rex, universis et singulis
« baronibus, et quibuscumque nobilibus regni nostri, nec-
« non omnibus bailivis et senescallis, et aliis quibuscumque
« justitiariis regni ejusdem, ad quos presentes litterae perve-
« nerint, salutem. Periculis et incommodis quae ex tornea-
« mentis, congregationibus armatorum, et armorum
« portationibus in diversis regni nostri partibus hactenus
« proveniunt noscuntur, obviare volentes, ac super hoc
« prorsus nostro [pro futuro] tempore, prout ex officii nostri
« debito tenemur, salubriter providere, vobis et cuilibet
« vestrum sub fide qua nobis tenemini, et sub omni poena
« quam vobis infligere possumus, praecipimus et mandamus
« quatenus congregationibus armatorum et armorum pra-
« tiones facere, vel ad torneamenta accedere, quas et quae
« praesentibus prohibemus sub poena praedicta. ullatenus de
« cætero praesumatis, nec in contrarium fieri permittatis a
« quocumque, vosque senescalli, bailivi et justitiarii nostri
« praedicti in assisiis, et aliis in locis vestris ac ressortibus
« eorum facietis praedicta celeriter publicari. Contrarium
« attentantes capitis cum eorum familiis, equis, armis,
« harnesiis, necnon terris et hæreditatibus eorum. Quas
« terras et hæreditates cum aliis eorum quibuscumque bonis
« teneatis et expletetis sine omni deliberatione de [vel] recre-
« dentia facienda de his sine nostro speciali mandato.
« Praemissum torneamentorum prohibitionem durare volu-
« mus, quamdiu nostrae placuerit voluntati. ex [et] omnibus
« subjectis nostris sub fide qua nobis adstricti tenentur, tor-
« neamenta hujusmodi prohibemus. Datum Pissiaci, penul-
« tima die decemb. an. D. 1311. »

Philippes le Long prohiba pareillement les tournois par une ordonnance générale du 29 jour d'octobre l'an 1318, et dans une autre particuliere du 8 de fevrier de l'année suivante, addressée au bailly de Vermandois. Le roy rend la raison de sa défense en ces termes: « Quar se nous ne souffrions à
« faire, nous ne pourrions pas avoir les nobles de nostre
« royaume si prestement pour nous aidier à notre guerre de
« Flandres, etc. [1]. »

Quelquefois on a défendu les tournois et les joustes pour un temps, acause de quelque grande solennité, de crainte que les grans seigneurs et les chevaliers, qui desiroient faire paretre leur adresse dans ces occasions, negligeassent de se trouver à ces ceremonies, qui auroient esté moins solennelles s'ils ne s'y fussent pas trouvez. Ainsi le roi Philippes le Bel, ayant dessein de faire ses enfans chevaliers, et d'en rendre la ceremonie plus magnifique, fit une semblable défense, en l'an 1312. par une ordonnance (tirée de l'original qui est conservé en la chambre des comptes de Paris) laquelle je ne feray pas de difficulté d'inserer entiere en cét endroit, d'autant plus qu'elle parle d'une forme de tournois, ou de jouste, qu'elle nomme *tupineiz*, qui est un terme qui m'est inconnu, ne l'ayant pas encores leû ailleurs, et qui peut-estre signifie les tables rondes. Elle m'a esté communiquée avec quantité d'autres pieces par monsieur d'Herouval.

« PHILIPPE, par la grace de Dieu roy de France, à nostre
« gardien de Lions, salut. Comme nous entendons à donner
« à nostre tres-cher ainzné fils Loys, roy de Navarre, comte de
« Champaigne et de Brie Palazin, et à nos autres deux fils,
« ses freres, en ce nouviau temps ordre de chevalerie : et jà
« pieça par plusieurs fois nous eussions fait defendre gene-
« ralement par tout notre royaume toutes manieres d'armes
« et de tournoiemens, et que nuls sur quanques il se pooient
« meffaire envers nous, n'allast à tournoiemens en notre
« royaume ne hors, ou feist ne alast à joustes, tupineiz, ou
« fist autres fais ou portemens d'armes, pource que plu-
« sieurs nobles et grans personnes de nostre garde se sont
« fait faire, et se sont accoustumez de eux faire faire cheva-
« liers esdis tournoiemens, et non contrestant cette general
« defense, plusieurs nobles personnes de nostre dite garde
« aient esté et soient allez au tournoiement par plusieurs
« fois à joustes à tupineiz, tant en nostre royaume comme
« dehors, et en autres plusieurs fais d'armes en enfraignant
« nostre dite defense, et en iceux tournoiemens plusieurs se
« soient fait faire chevaliers, et seur ce qu'ils ont fait contre
« nostre dite defense nous n'ayez mis remede, laquelle chose
« nous desplaist moult forment : Nous vous mandons et
« commandons si estroitement comme nous poons plus, et
« sur peine d'encourir nostre malivolence, que tous ceux
« que vous saurez de nostre garde qui ont esté puis nostre
« dite defense à tournoiemens, joustes, tupineiz, ou en autres
« fais d'armes, ou que ce ait esté en nostre royaume, ou hors,
« que vous sans delay les faciez prandre et mettre en prison
« pardevers vous en mettant en nostre main tous leurs
« biens. Et quant ils seront devers vous en prison, si leur
« faites amender ce qu'ils auront fait contre nostre dite
« defense : et ce fait si leur recreez leur biens, et avec ce.
« quant ils auront amendé, si leur faites jurer sus sains, et
« avec ce leur defendez de par nous sus poine d'ancourir
« nostre indignation et de tenir prison chascun un an, et sus
« poine de perdre une année chascun les fruiz de sa terre,
« qu'ils tendront les ordenances que nous avons fait sus le
« fait d'armes, qui sont teles : C'est asavoir que nuls ne soit
« si hardi de nostre royaume qui voist à tournoiemens, à
« joustes, tupineiz ou en autre fait d'armes, soit en nostre
« royaume ou hors, jusques à la feste S. Remy prochaine
« venant, et leur faites bien savoir que encores avons nous
« ordené que s'il font au contraire de ce, que leur chevaux
« et leur harnois nous avons abandonné aux seigneurs sous
« qui jurisdiction il seront trouvé, et quant il auront ensi
« juré, si leur delivrez leur cors. Encore vous mandons nous
« que l'ordonance dessusdite vous faciez crier et publier
« solempnellement, sans delay, par les lieux de vostre garde
« où vous saurez qu'il sera à faire, et de defendre de par
« nous que nuls ne soit si hardy sur la peine dessusdite
« d'aler aux armes à tournoiemens, joustes, ou tupineiz, en
« nostre royaume, ou hors, jusques à ladite feste de S.-
« Remy, et faites cette besoigne si diligemment, que vous
« n'en puissiez estre repris de negligence, ou de inobedience,
« auquel cas se il avient, nous vous punirons en telle
« maniere, que vous vous en apercevrez. Donné à Fontaine-
« bliaut, le 28 jour de decemb. l'an de grace 1312. »

---

1. Ep. ad March Ferrar. — 2. In Man. l. 3. c. 2. — 3 Niceph Greg. p. 340 — 4. Vol. 2. c. 154. — 5. Ceren. de Fr. vol. 2, p. 713. — 6. P. 374. — 7. Regist. du parlement — 8. 30 Reg. du Trésor des Chart. du roy, Chart. 408, 217, 240. [Ordon. tom. 1, p. 420, 421, 426, 434.] — 9. Vol. 1, Memorabil. Camerae Comput. Paris, f. 16 ; 55 Reg. du Trésor des Chart. du roy. [Ordon. tom. 1, p. 493.]

1. [Voyez Ordon. tom. 1. p. 539, 643.]

DES ARMES A OUTRANCE, DES JOUSTES,

DE LA TABLE RONDE, DES BEHOURDS, ET DE LA QUINTAINE.

DISSERTATION VII.

Les tournois dont je viens de parler n'estoient que jeux et passe-temps, et ne se faisoient que pour exercer la noblesse : c'est pourquoi on n'y employoit que des armes innocentes : et s'il y arrivoit quelquefois de funestes accidens, c'estoit contre l'intention et l'esprit de ceux qui les inventerent, lesquels tâcherent d'y remedier par les regles et les loix qu'ils y prescrivirent. Mais dans la suite des temps on en mit d'autres en usage, où l'on combattoit avec les armes dont on se sert dans les guerres, c'est-à-dire avec des lances et des épées dont les pointes n'estoient pas émoucées. D'où Mathieu Paris[1] a pris sujet d'appeller cette espèce de tournoy *torneamentum aculeatum*, et *hostile*, parce que les deux partis y venoient aux mains avec des armes offensives, comme avec des ennemis. Nos François lui ont donné le nom d'*armes à outrance*, dautant que ces combats ne se terminoient presque jamais sans effusion de sang, ou sans la mort de ceux qui entroient en lice, ou sans l'aveu et la confession de ce'ui qui estoit terrassé et vaincu.

L'ordonnance de Philippes le Bel[2] pour les duels, et Hardouïn de la Jaille en son traité sur le même sujet, qu'il dedia à René, roi de Sicile, admettent plusieurs cas ausquels on estoit tenu pour vaincu dans les duels : le premier est lorsque l'un des combattans avoüoit le crime dont il estoit accusé, et se rendoit volontairement à son accusateur ; l'autre estoit quand l'une des parties estoit jettée hors des lices, ou qu'elle avoit pris la fuite ; en fin le troisième estoit lorsqu'elle avoit esté tuée dans le combat. Car en tous ces cas *le gage de bataille estoit outré*, ainsi que parle le Roy (auquel endroit André Favyn a mis mal à propos le mot *ottroié*) : c'est-à-dire qu'il estoit terminé par la mort, la fuite, ou la confession de l'une des parties. Car *outrer* signifioit proprement percer son ennemy de l'épée ou de la lance ; d'où nous disons, *Il lui a percé le corps d'outre en outre*. Robert de Bourron, en son Roman de Merlin : « Il ne cuide « pas qu'il ait un seul chevalier el monde qui dusques à « outrance le puest mener, ou dusques à mort. » Georges Châtellain[3], en l'Histoire de Jacques de Lalain, chevalier de la Toison d'or, a aussi usé de ce mot en cette signification : « Mais ne demeura gueres de grand haste et ardeur, « que le seigneur de Haquet avoit de ferir et outrer messire « Simon de Lalain. »

On appelloit donc particulierement *armes à outrance* les combats qui se faisoient avec armes offensives, de commun accord, et de commun consentement, sans aucune ordonnance de juges, et neantmoins devant des juges qui estoient nommez et choisis par les parties, et sous des conditions dont on demeuroit d'accord reciproquement. En quoy ces combats, s'ils estoient singuliers, c'est-à-dire d'homme à homme, differoient des duels, qui se faisoient toûjours par l'ordonnance du juge.

Les armes à outrance se faisoient ordinairement entre ennemis, ou entre personnes de differentes nations, sous de differents princes, avec les defis et les conditions du combat, qui estoient portez par les roys d'armes et les herauds ; les princes donnoient à cét effet des lettres de sauf-conduit à ceux qui devoient combattre dans les endroits des deux Etats dont on convenoit. Les juges du combat estoient aussi choisis par les princes, et memes les princes s'y trouvoient quelquefois en cette qualité. Souvent ces defis se faisoient en termes généraux, sans désigner les noms des personnes qui devoient combattre ; mais on y marquoit seulement le nombre de ceux qui devoient faire le combat, la qualité des armes, et le nombre des coups qu'on devoit donner. D'où

vient que Jacques Valere, en son *Traité de la noblesse*, appelle cette espèce de combat *Champs à articles*, *ou à outrance*, acause des conditions qui y estoient apposées ; et Froissart[1], *joustes mortelles et à champ*.

Quoy que le nombre des coups qu'on devoit donner fust ordinairement limité, souvent neantmoins les parties ne se séparoient point sans qu'il y en cust de morts ou de grièvement blessez. C'est pourquoi Froissart, décrivant le combat d'entre Renaud de Roye, chevalier picard, et Jean de Holland, chevalier anglois, tient ce discours : « Or, regardez le peril « où tels gens se mettoient pour leur honneur exaucer ; car « en toutes choses n'a qu'une seule mesaventure et un coup « à meschef. » Et ailleurs, racontant le combat d'entre Pierre de Courtenay, chevalier anglois, et le seigneur de Clary en Picardie[2] : « Puis leur furent baillez leurs glaives à pointes « acerées de Bourdeaux, tranchans et afflicz. Es fers n'y « avoit point d'espargne, fors l'aventure, telle que les armes « l'envoient. »

Ces combats, quoy que mortels, se faisoient ordinairement entre des personnes qui, pour le plus souvent, ne se connaissoient pas, ou du moins qui n'avoient aucun démêlé particulier entre eux : mais seulement pour y faire parêtre la bravoure, la generosité et l'adresse dans les armes. C'est pour cela qu'on avoit encore étably des loix et des regles générales pour cette maniere de combattre, ausquelles, neantmoins, on dérogeoit quelquefois par des conditions dont on convenoit ou qu'on proposoit. La plus ordinaire de ces loix estoit que si on combattoit avec l'épée ou la lance, il faloit frapper entre les quatre membres ; que si on frappoit ailleurs, on estoit blâmé et condamné par les juges D'où vient que Froissart[3], parlant d'un chevalier qui en cette occasion avoit frappé sur la cuisse de son ennemy, écrit « qu'il fuit dit que « c'estoit villainement poussé. » La peine de ceux qui n'observoient pas la loi du combat estoit la perte de leurs armes et de leurs chevaux. Le méme auteur[4], ailleurs : « Les An- « glois virent bien qu'il s'estoit mesfait, et qu'il avoit perdu « armes et cheval si les François vouloient. » Il y a une infinité d'exemples de cette espèce de combats dans Mathieu Paris[5], dans le même Froissart[6], dans l'Histoire de Louys duc de Bourbon, écrite par d'Orronville[7], dans Georges Châtellain[8], Monstrelet[9], Caxton[10], et autres auteurs, qui font voir qu'ils se faisoient pour l'ordinaire en attendant les occasions d'un combat général entre les nations ennemies, en estant comme le prelude, ainsi que parle Roderic, archevesque de Tolede[11] : « Agareni etiam in modum torneamenti « circa ultimam partem castrorum quaedam belli præludia « attentabant. » Desorte qu'on usoit du terme vulgaire de *tournoier* lorsqu'on faisoit de legers combats contre les ennemis avant la bataille, que les écrivains nomment *bellum campale*. La lettre d'Arnaud, archevesque de Narbonne, au sujet de la victoire remportée par les roys de Castille, d'Arragon et de Navarre sur les Mores en 1212, parlant des escarmouches qui se firent la veille du combat. « Arabibus « etiam ex parte ipsorum torneantibus cum nostris, non « more francico, sed secundum aliam suam consuetudinem « torneandi cum lanceis sine cannis. » Le sire de Joinville[12] parle d'une jouste mortelle que fit un chevalier genois contre un Sarrazin.

Quelquefois les armes à outrance se faisoient entre des personnes qui n'estoient pas ennemies d'état, ni ne se proposoient contre tous ceux qui voudroient entrer en lices, sui-

---

1. P. 554, 372. — 2. Dans Favyn, Savaron, etc.; Hardouin de la Jaille, Ms. — 3. Ch. 55.

1. Vol. 4, c. 6. — 2. Vol 4, ch. 6. — 3. Vol. 2, ch. 64. — 4. Vol. 4, c. 12. — 5. P 492, 554, 372. — 6. Vol 2, c 64 vol 3, c. 40, 139 ; vol. 4, c. 6, 12. — 7. Ch. 44. — 8. Ch 54 — 9. Vol. 1, ch 14, 23, 52 ; vol. 2, p. 68, 105, 106. — 10. Ad Polychr 1. ult. c. 7. — 11 Lib. 8, Hist. Hisp. c. 8 . Ughell. in Episc. Sabin. — 12. P. 102.

vant les conditions qui estoient arrêtées par ceux qui faisoient les défis. Ce genre de combat est appellé par Mathieu Paris[1] *tornamentum quasi hostile*; car comme il ne se faisoit pas entre des personnes ennemies, les effets neantmoins estoient semblables, puisque l'on y employoit les armes dont on se sert dans la guerre contre les ennemis, et que les suites avoient les mêmes perils. Nous avons un exemple singulier d'un tournoy de cette nature, qui fut proposé et entrepris par Jean duc de Bourbon en l'an 1414. Et parce que les lettres de défi qu'il fit publier nous découvrent l'usage de cette espèce de combat, outre que d'ailleurs elles n'ont pas esté publiées, je les insereray en cét endroit, après avoir reconnu que je les ay tirées des mémoires de M. de Peiresc[2] : « Nous, « JEAN DUC DE BOURBONNOIS, comte de Clermont, de Fois « et de l'Isle, seigneur de Beaujeu, per et chambrier de « France, desirans eschiver oisiveté, et explecter nostre per-« sonne, en advançant nostre honneur par le mestier des « armes, pensant y acquerir bonne renommée, et la grace « de la tres-belle de qui nous sommes serviteurs avon n'a-« gueres voüé et empris que nous, accompagné de seize « autres chevaliers et escuyers de nom et d'armes, c'est « asavoir l'admiral de France, messire Jean de Chalon, le « seigneur de Barbasen, le seigneur du Chastel, le seigneur « de Gaucourt, le seigneur de la Heuze, le seigneur de Ga-« maches, le seigneur de S.-Remy, le seigneur de Monsures, « messire Guillaume Bataille, messire Droüet d'Asnieres, le « seigneur de la Fayette, et le seigneur de Poularques, che-« valiers : Carmalet, Loys Cochet, et Jean du Pont, escuyers, « porterons en la jambe senestre chascun un fer de prison-« nier pendant à une chaisne, qui seront d'or pour les che-« valiers, et d'argent pour les escuyers, par tous les diman-« ches de deux ans entiers, commençans le dimanche pro-« chain après la date de ces presentes, ou cas que plûtost ne « trouverons pareil nombre de chevaliers et escuyers de nom « et d'armes, sans reproche, que tous ensemblement nous « vueillent combattre à pied jusques à outrance armez chas-« cun de tels harnois qu'il luy plaira, portant lance, hasche, « espée et dague, ou moins de baston, de telle longueur que « chascun voudra avoir, pour estre prisonniers les uns des « autres, par telle condition que ceux de nostre part qui se-« ront outrez soient quittes en baillant chascun un fer et « chaisne pareils à ceux que nous portons, et ceux de l'autre « part qui seront outrez seront quittes chascun pour un « bracelet d'or aux chevaliers, et d'argent aux escuyers, pour « donner la où bon leur semblera, etc. » Un autre article fait voir que des armes se devoient faire en Angleterre. « Item, « et serons tenu, nous, duc de Bourbonnois, quand nous « irons en Angleterre, ou devant le juge que sera accordé, « le faire sçavoir à tous ceux de notre compaignie que ne « seroient pardecà, et de bailler à nosdits compagnons telles « lettres de monseigneur le roi qui leur seront necessaires « pour leur licence et congé, etc. Fait à Paris, le premier de « Janvier, l'an de grace 1414. »

Comme il se faisoit des tournois de cette nature, c'est à dire des combats generaux, il s'en faisoit aussi des particuliers[3]. Tel fut le combat de Philippe Boyle, chevalier arragonnois. contre Jean Astley, escuyer anglois, qui se fit en la ville de Londres, en présence d'Henry VI, qui en voulut estre le juge, et qui après qu'il fut achevé fit Astley chevalier et lui donna cent marcs d'argent. Le même escuyer avoit combatu auparavant, de cette sorte de combat, contre Pierre Masse, escuyer françois, avec cette condition, que celui qui seroit vainqueur remporteroit le heaume du vaincu, par forme de prise, qu'il presenteroit à sa maitresse. Ce combat se fit à Paris, devant S. Antoine, le 29e jour d'aoust l'an 1428, en presence du roy Charles VII, devant lequel l'Anglois perca de sa lance la teste du François. Quant au chevalier arragonnois, il avoit spécifié dans son cartel, qu'il lui avoit esté commandé de se batire à outrance contre toute sorte de chevaliers et d'escuiers, pour l'honneur et le service du roy d'Arragon et de Sicile son maitre, et que, n'ayant trouvé personne en France qui eust voulu entrer dans le combat avec lui, il avoit passé dans l'Angleterre pour accomplir son *emprise*, avec cette condition que le vainqueur remporteroit pour marque de la victoire le heaume ou l'épée du vaincu. Tels furent encore les combats que Poton de Saintraille, chevalier, entreprit au mois d'avril l'an 1428, en la ville d'Arras, contre Lionel de Vandonne, chevalier boulonois, et en l'an 1429 contre Nicolas Menton, chevalier, au même lieu, en présence d'un grand nombre de noblesse.

Le mot de tournoy estoit un terme général qui comprenoit tous les combats qui se faisoient par forme d'exercice. Mais proprement on appelloit ainsi ceux qui se faisoient en troupes, et où plusieurs combatoient en même temps contre plusieurs, representans la forme d'une bataille. C'est ainsi que Nicephore Gregoras[1] décrit les tournois des Latins : Μεριζον-ται κατὰ φυλὰς, καὶ δήμους, καὶ φρατρίας, καὶ ὁπλίζονται πάντες ὁμοῦ; et Thomas de Walsingham[2], racontant le tournoy de Chalon, dont j'ay parlé ailleurs : « Die itaque statuto « congrediuntur partes, gladiisque in alterutrum ingeminan-« tes ictus, vires suas exercent. »

Après que ces combats generaux estoient achevez on venoit aux combats particuliers ; car alors ceux qui avoient dessein de donner des preuves de leur adresse, et de se faire remarquer comme vaillans, entreprenoient des combats singuliers, et y combatoient, ou de leurs espées, ou de leurs lances, contre ceux qui se presentoient. Les coups qu'un chascun devoit donner y estoient limitez pour l'ordinaire à trois. Ces combats estoient appellez par nos François *joustes*. Guillaume de Malmesbury[3] : « Tentavere primo regii præludium pugnæ « facere, quod justam vocant, quia tali arte erant periti. » Il n'est pas aisé de deviner l'origine de ce mot, si ce n'est que nous disions qu'il vient du latin *juxta*, et du françois *jouxte*, parce qu'ils se faisoient de prés, comme se font les combats singuliers. Aussi Gregoras, qui les appelle joustes, τζοῦστρα, aussi bien que Jean Cantacuzene, dit qu'ils representoient une forme de duel, et avoient μονομαχίας ἔνδαλιν. Jean, moine de Mairmoutier[4], en l'*Histoire de Geoffroy, duc de Normandie*, décrivant le tournoy qui se fit entre les chevaliers normans et les Bretons, en suite du mariage de ce duc, dit qu'après que l'on eut combatu en troupes, les Normans proposerent la jouste aux Bretons : « Normanni vero « confusione inopinata dejecti, singulare certamen Britoni-« bus proponunt. » Et de là vient que le Reclus de Moliens, en son *Miserere*, a usé de ces termes de *gagner joustes au tournoy*, c'est-à-dire remporter le prix du combat singulier dans le tournoy. *La Grande Chronique de Flandres*[5] décrit ainsi la jouste que fit Jean, duc de Brabant, en l'an 1294: « Sed « nobilissimus princeps, cum eo die..... ab omnibus optare-« tur, ut suæ militiæ probitatis armorum exercitio præsen-« tibus ostentaret, annuit votis optantium, et circa horam « vespertinam armis accinctus, unum ex præsentibus præ-« cipuæ probitatis militem ad singularem concursum elegit, « cui scilicet eques occurreret, et ambo sese lancearum in-« cursionibus per deputatas ad hoc vices exercerent, etc. »

Les joustes[6] ne se faisoient pas seulement dans les occasions des tournois, mais souvent séparément ; on en faisoit aux publications et les cris de la part des chevaliers qui les proposoient, lesquels s'offroient de combatre contre tous venans, seul à seul, dans les lieux qu'ils designoient, et aux conditions qu'ils estoient portées dans les lettres des leurs deffis. Ces combats sont appellez dans l'Histoire du maréchal Boucicaut « joustes à tous venans, grandes et plenieres. »

Or, il estoit plus honorable de combatre aux tournois qu'aux joustes : ce qui paroit en ce que celuy qui combatoit aux tournois pour la premiere fois estoit obligé à son depart de donner son heaume aux rois et heraults d'armes ; comme aussi celuy qui combatoit aux joustes pour la première fois. Mais celui qui ayant combatu au tournoy venoit à combatre pour la premiere fois à la jouste n'estoit pas obligé de donner une seconde fois son heaume aux heraults, ou il n'estoit pas de celuy qui ayant combatu à la jouste venoit après combatre au tournoy, car il ne laissoit pas d'estre encore obligé de laisser son heaume. C'est ce que nous apprenons de ces termes d'un traité manuscrit des tournois : « Item « pour les nobles qui n'ont autrefois tour-« noié, doivent leurs heaumes aux officiers d'armes, ores « qu'ils ont autrefois jousté ; car la lance ne peut affranchir « l'espée, mais l'espée affranchit la lance. Mais il est à no-« ter, si un noble homme tournoie, et qu'il ait palé son « heaume, il est affranchi du heaume de la jouste : mais le « heaume de la jouste ne peut affranchir celui du tournoy. » D'où on recueille encore que l'espée estoit l'arme du tournoy, et la lance celle de la jouste.

Ces *joustes plenieres*, dont je viens de parler, estoient proprement ce que l'on appelloit les combats de la *table ronde*, que les auteurs confondent avec les joustes. Car ils remarquent quels ils differoient des tournois, en ce que les combats des tournois estoient des combats en troupes, et ceux de la table ronde estoient des combats singuliers. Mathieu Paris[8], en l'on 1252 : « Milites, ut exercitio militari peritiam « suam et strenuitatem experirentur, constituerunt unani-

---

1. A. 1244, p 372 — 2. Communiqué par M. d'Herouval. — 3. Mémoires mss. de Spelman envoyez à feu M. de Peiresc.

4. L. 10, p. 339. — 2 In Hypod Neustr. — 3 L. 2, Hist Novel. p. 187. — 4 L 1, Hist Cœnfr. p. 23. — 5 A. 1294. — 6. La Colomb. en son Th d'Honn. tom. I, p. 48 Cerem. ms. — 7. P. 31. Froiss. vol. 2, ch. 154. — 8. A. 1252.

« miter, non in hastiludio illo quod communiter et vulga-
« riter torneamentum dicitur, sed potius in illo ludo militari
« qui MENSA ROTUNDA dicitur, vires attentarent. » Puis il
adjoûte que les chevaliers qui s'y trouverent y jousterent :
« Et secundum quod constitutum est in illo ludo martio,
« illa die et crastina quidam milites anglici nimis et viriliter
« et delectabiliter, ita ut omnes alienigenæ ibidem præsen-
« tes admirarentur, jocabantur. » La bulle de Clement V,
de laquelle j'ay fait mention cy-devant, confond pareillement
les combats de la table ronde avec les joustes : « Quinetiam
« in faciendis justis prædictis, quæ TABULÆ ROTUNDA in
« aliquibus partibus vulgariter nuncupantur, eadem damna
« et pericula imminent, quæ in torneamentis prædictis,
« idcirco certa causa idem jus statuendum existit. » C'est
donc des joustes qu'il faut entendre ce passage d'Alberic[1] :
« Multi Flandriæ barones apud Hesdinum, ubi se exercebant
« ad Tabulam rotundam, cruce signantur. » Mathieu de
Westminster[2], en l'an 1252 : « Factum est hastiludium quod
« Tabula rotunda vocatur, ubi periit strenuissimus miles
« Hernaldus de Munteinni : en l'an 1285 : Multi nobiles
« transmarini.... apud Neuyn in Suanduna, in choreis et
« hastiludiis, rotundam tabulam celebrarunt; et en l'an
« 1295 : Eodem anno dux Brabantiæ, vir magni nominis,
« fecit rotundam tabulam in partibus suis,..... et ipse dux,
« in primo congressu a quodam milite Franciæ lancea per-
« cussus, obiit ipso die. » Thomas de Walsingham[3]. « Illus-
« tris miles Rogerus de Mortuomari apud Kelingworthe
« ludum militarem, quem vocant rotundam Tabulam, cen-
« tum militum, ac tot dominarum constituit, ad quam pro
« armorum exercitio de diversis regnis confluxit militia
« multa nimis. » Presque la meme chose est rapportée de ce
Roger de Mortemer dans Mathieu de Westminster[4], en l'an
1279, et en l'*Histoire du Prioré de Wigmore en Angleterre.*

Les anciens romans donnent au fameux Arthus, roy des
Bretons, la gloire de l'invention des tournois, des joustes et
de la Table ronde. Les Anglois meme se persuadent que
c'est cette Table qui se voit encore à présent attachée aux
murailles du vieux château de Wincester en Angleterre ; ce
que le sçavant Cambden[5] revoque en doute avec sujet, écrivant que cette table est d'une fabrique bien plus recente.
Thomas de Walsingham[6] dit que le roy Edouard III fit
bâtir au château de Windsore une maison, à laquelle il
donna le nom de Table ronde, dont le diametre estoit de
deux cens pieds. L'ancienne *Chronique de Boheme*[7] est en
cette erreur à l'égard du roy Arthus, « Accesserunt ad eum
« quidam juvenes baronum filii, plus levitate quam strenui-
« tate moti, dicentes. Domine rex, per torneamenta et has-
« tiludia..... vestra diffundetur gloria,..... edicite itaque
« Tabulam rotundam regis Artusii curiam, et gloriam ex hoc
« reportabilis perpetuis temporibus reportandam. »

Plusieurs estiment, avec beaucoup de probabilité, qu'on
appela ainsi les joustes, a cause que les chevaliers qui y avoient
combatu venoient, au retour, souper chez celuy qui estoit
auteur de la jouste, et estoient assis à une table ronde, ce
qui se pratiquoit à l'exemple des anciens seigneurs gaulois,
qui, au recit d'Athenée[8], avoient coûtume de s'asseoir autour
d'une table ronde, ayans chacun derriere eux leur escuier ;
et ce, vray-semblablement, pour éviter les disputes qui arri-
vent ordinairement pour les préseances. Le Traité des Tournois remarque que lorsque les chevaliers qui avoient combatu
au tournoy, ou à la jouste, estoient retournez dans leurs
hostels, ils se désarmoient, et se lavoient le visage, puis ils
venoient souper chez les seigneurs qui faisoient la ceremonie
de ces exercices militaires. Et tandis qu'ils estoient assis à
la table pour manger, les principaux juges des tournois,
qu'il nomme *Diseurs,* avec le roy d'armes, accompagnez de
deux chevaliers, qu'ils choisissoient, procedoient à l'enquête
de ceux qui y avoient le mieux réussi ; ce qui se faisoit de
la sorte : ils demandoient l'avis de chacun des chevaliers
qui avoient assisté à ces combats, qui en nommoient trois
ou quatre de ceux qui s'estoient le mieux aquité de leur
devoir, et de ce nombre-là ils s'arrêtoient à la fin à un, à qui
on donnoit le prix.

Comme les François n'estoient pas moins civils et courtois
envers les dames, qu'ils estoient vaillans dans leurs armes,
souvent ils les constituoient juges des tournois et des joustes. Le vieux Ceremonial manuscrit : « Le roy Arthus d'An-
« gleterre et le duc de Lencastre ordonnerent et firent la
« table ronde, et les behours, tournois et joustes, et moult
« d'autres choses nobles, et jugemens d'armes, dont ils

« ordennerent pour juger, dames et damoiselles, roys d'armes
« et heraux. » L'auteur de la *Chronique latine* manuscrite qui
commence à l'an 1380 et finit à l'an 1415, décrivant comme
Louys II, roy de Sicile, et Charles son frere furent faits
chevaliers par le roy Charles VI, en l'an 1389, dit qu'à cette
ceremonie on fit des tournois et des joustes, et que le prix
en fut donné par les dames : « Tum dominæ, quarum ex
« arbitrio sententia bravii dependebat, nominarunt quos
« honorandos et præmiandos singulariter censuerunt. » Le
traité des Tournois ne dit pas que les dames en aient esté les
juges, mais bien qu'elles donnoient le prix, qui estoit « au
« mieux frappant une espée de tournoy, et au mieux défen-
« dant un heaume, tel qu'à tournoy appartient. » Chez les
Grecs les loix défendoient aux femmes de se trouver aux
combats gymniques, ainsi que le remarque le scholiaste de
Pindare[1], dont la raison est renduë par Ælian[2] en ces termes. ὁ μὲν γὰρ καὶ τῆς ἀγωνίας καὶ τῆς κατ' αὐτὴν σωφροσύνης
νόμος ἐλαύνει τὰς γυναῖκας.

On peut ranger sous les joustes *les pas d'armes* : car c'estoient des combats particuliers qui s'entreprenoient par un
ou plusieurs chevaliers. Ils choisissoient un lieu, pour le
plus souvent en plaine campagne, qu'ils proposoient de
défendre contre tous venans, comme un pas, ou passage,
qu'on ne pouvoit traverser qu'avec cette condition de combatre celui ou ceux qui le gardoient. Mathieu Paris donne
ce nom aux chemins étroits, qui sont appellez dans les auteurs latins *« clusæ, clausæ, clausuræ.* Dum per quoddam
« iter arctissimum, quod vulgariter passus dicitur, forent
« transituri. » Les entrepreneurs de ces pas faisoient attacher leurs armoiries à un bout des lices, avec quelques
autres escus de simples mais differentes couleurs, qui designoient la maniere des *emprises* et des armes avec lesquelles on devoit combatre[3]. De sorte que ceux qui
se trouvoient là et venoient à dessein de faire des armes choisissoient la maniere du combat en touchant à l'un de ces
escus, qui la spécifioit. Au *pas de l'arc triomphal*[4], qui fut
entrepris par François duc de Valois et de Bretagne, et neuf
chevaliers de nom et d'armes de sa compagnie, en la ruë de
Saint-Antoine à Paris, l'an 1514, pour la solennité du mariage
du roy Louys XII, il eut cinq escus attachez à cet arc
triomphal ; le premier d'argent, le second d'or, le troisieme
de noir, le quatrieme tanné, et le cinquieme gris. Le premier
signifioit le combat de quatre courses de lances ; le second,
d'une course de lances, et à coups d'espée sans nombre ;
le troisieme, à pied, à pouls de lance, et à coups d'espée
d'une main ; le quatrieme, à pied, à un jet de lance, et à
l'espée à deux mains ; et le cinquieme estoit pour la defense
d'un behourd, ou d'un bastillon. Ces manieres de combats
estoient specifiées au long dans les defiis et les articles qui
se publioient de la part de l'entrepreneur par les heraulds
d'armes dans les provinces, et dans les royaumes étrangers.
A l'endroit de ces escus il y avoit des officiers d'armes qui
avoient soin de recueillir et d'enregistrer les noms de ceux
qui touchoient aux escus, pour estre depechez à tour de
rôlle, selon qu'ils avoient touché à ces escus.

Il semble que cette espece de jouste a esté la plus en usage
dans les derniers siecles. Nous en avons des exemples dans
l'*Histoire de Georges Châtellain*[5], dans la *Science Heroique*
du sieur de la Colombiere, et en son *Theatre d'Honneur*[6].
Le tournoy ou la jouste où le roy Henry II perdit la vie
estoit aussi un pas d'armes, et parce que le cartel qui en fut
publié pour lors n'est pas commun, il ne sera pas hors de
propos de l'inserer en cet endroit, comme une piece curieuse
pour notre histoire.

DE PAR LE ROY. « Aprés que par une longue guerre, cruelle
« et violente, les armes ont esté exercées et exploitées en
« divers endroits avec effusion de sang humain, et plusieurs
« pernicieux actes que la guerre produit, et que Dieu, par sa
« sainte grâce, clemence et bonté, a voulu donner repos à
« cette affligée chrétienté par une bonne et seure paix, il
« est plus que raisonnable que chacun se mette en devoir,
« avec toutes demonstrations de joyes, plaisirs et allegres-
« ses, de fuir et celebrer un si grand bien, qui a converti
« toutes aigreurs et inimitiez en douceur et parfaites ami-
« tiez, par les estroites alliances de consanguinité, qui se font
« moiennant les mariages accordez par le traité de ladite
« paix. C'est à sçavoir de tres-haut, tres-puissant, et tres-
« magnanime prince PHILIPPE, roy catholique des Espagnes,
« avec tres-haut et tres-excellente princesse madame Eliza-
« beth, fille aisnee de tres-haut, tres-puissant et tres-ma-

---

1. Alber. Triumf. a 1235. — 2 Math. Florileg. p. 354, 412, 424 — 3 In ed. 1
A. 1280, p. 49. — 4. P. 469 : tom. 2, Monast. Angl. p. 223. — 5. In Britan. —
6. P. 164. — 7. Chr. Aulæ regiæ, c. 7. — 8. L 4, Δειπν.

1 Olymp od. 7 — 2. De Animal. 1. 5, c 17. — 3. Georg. Clusiell ch 25, 31.
— 4. Cerem. de France — 5. Ch. 59, 60. — 6 La Colomb. en sa Science Héroïque,
ch. 43, et au vol 4 de son Theatre d'Honneur, p. 215, 218.

« gnanime prince Henry, second de ce nom, tres-chrestien,
« roy de France, notre souverain seigneur ; et aussi de
« tres-haut et puissant prince Philibert-Emanuël, duc de
« Savoye, avec tres-haute et tres-excellente princesse ma-
« dame Marguerite de France, duchesse de Berry, sœur
« unique dudit seigneur roy tres-chrestien, nostre souverain
« seigneur, lequel, considerant que avec les occasions de
« s'offrent et se presentent, les armes, maintenant esloignées
« de toute cruauté et violence, se peuvent et doivent em-
« ploier avec plaisir et utilité par ceux qui desirent s'espro-
« ver, et exerciter en tous vertueux et louables faits et actes,
« fait à sçavoir à tous princes, seigneurs, gentils-hommes,
« chevaliers et escuyers, suivant le fait des armes, et desi-
« rans faire preuve de leurs personnes en icelles, pour
« inciter les jeunes à vertu et recommander la prouësse des-
« experimentez, qu'en la ville capitale de Paris le Pas est
« ouvert pour sa majesté tres-chrestienne, et par les princes
« de Ferrare, Alfonse d'Est, François de Lorraine duc de
« Guyse, pair et grand chambellan de France, et Jacques de
« Savoye duc de Nemours, tous chevaliers de l'ordre, pour
« estre tenu contre tous venans dûement qualifiez, à com-
« mencer au seizieme jour de juin prochain, et continuant
« jusques à l'accomplissement et effet des emprises et arti-
« cles qui s'ensuivent. La 1ʳᵉ emprise à cheval, en lice, en
« double piece quatre coups de lance et une pour ladame.
« La 2ᵉ emprise, à coups d'espée, à cheval, un à un, ou deux
« à deux, à la volonté des maistres du camp. La 3ᵉ emprise,
« à pied, trois coups de pique et six d'espée, en harnois
« d'homme de pied. Fourniront lesdits tenans de lances de
« pareille longueur et grosseur, d'espées et piques, aux choix
« des assaillans, et si en courant aucun donne au cheval, il
« sera mis hors des rancs, sans plus y retourner, si le roy ne
« l'ordonne. Et à tout ce que dessus seront ordonnez quatre
« maistres de camp, pour donner ordre à toutes choses. Et
« celuy des assaillans qui aura le plus rompu et le mieux
« fait aura le prix, dont la valeur sera à la discretion des
« juges. Pareillement celuy qui aura le mieux combatu à
« l'espée et à la pique aura aussi le prix, à la discretion des
« dits juges. Seront tenus les assaillans, tant de ce royaume
« comme estrangers, de venir toucher à l'un des escus qui
« seront pendus au perron, au bout de la lice, selon les
« dessusdites emprises, ou toucher à plusieurs d'eux, à leur
« choix, ou à tous, s'ils veulent ; et là trouveront un officier
« d'armes qui les recevra pour les enroller, selon qu'ils vou-
« dront, et les escus qu'ils auront touchez. Seront aussi tenus
« les assaillans d'apporter ou faire apporter par un gentil-
« homme audit officier d'armes leur escu armoié de leurs
« armoiries, pour icelui pendre audit perron trois jours du-
« rant, avant le commencement dudit tournoy : et en cas
« que dans ledit temps ils n'apportent ou envoient leurs
« escus, ils ne seront receus audit tournoy, sans le congé
« des tenans. En signe de verité, Nous, Henry, par la grace
« de Dieu roy de France, avons signé ce present escrit de
« nostre main. » *Fait à Paris, le 22 may 1559. Signé* HENRY,
et DU THIER.

Montjoye¹, roy d'armes de France, en la description du
pas d'armes de l'Arc triomphal dont je viens de parler, remarque que *la cinquieme emprise* de ce pas estoit « que les
« tenans se trouveroient dans un behourt, autrement dit
« bastillon, deliberez se deffendre contre tous venans, avec
« harnois de guerre. » Ainsi le *behourt*, estoit une espece de
bastion, ou de château, fait de bois, ou d'autre matiere, que
les tenans entreprenoient de défendre contre tous ceux qui
voudroient les attaquer. Cét exercice militaire estoit encore
une dépendance des tournois, dont le terme comprenoit
tous ceux qui se pratiquoient pour apprendre à la noblesse
le métier de la guerre, et ne fut inventé que pour lui ensei-
gner la maniere d'attaquer et d'escalader les places. Spel-
man² ne s'est pas éloigné de cette signification, ayant
expliqué le mot de *bohorder*, ou de *bordiare*, *ad palos dimicare*,
c'est-à-dire combatre aux barrieres des places, ce que nos
écrivains françois appellent vulgairement *paleter, quasi ad
palos pugnare*, combatre aux lices des villes assiégées.

Le nom de cét exercice militaire est differemment écrit dans
les auteurs, qui le nomment tantost *bohourd*, tantost *behourd*.
Mais le premier est le plus commun. Le *Roman de Garin*,
dont l'auteur vivoit sous Louys le Jeune, usa toujours du
mot de *bohorder* :

Ses escus prennent, bohorder vont és prés.

1. Cerem. de France. — 2. Au mot *Bordiare*.

Ailleurs :

La veissiez le bon chastel garnir,
Tresches et baus encontre lui venir,
Et des vallez bohorder plus de mil.

Alain Chartier¹, au debat des deux fortunes d'amour :

Joustes, essais, bouhors, et tournoiemens.

Lambert d'Ardres² « ut illic bohordica frequentaret et tor-
niamenta. » On a ensuite abregé ce mot en celui de *border*.
Le Traité manuscrit des tournois des chevaliers de la table
ronde : « Ainsi bordoient et brisoient lances jusques à basses
« vespres, que la retraite estoit sonnée. » Delà celui de *burdare*, dans une semonce d'armes, qui se lit aux additions sur
Mathieu Paris, *ad turniandum et burdandum*. Je crois méme
que c'est de ce mot qu'il faut tirer l'origine du terme de
bourde, et de *bourder*, dont nos usons ordinairement pour
une *chose feinte*, et *mentir*, acause que les combats des
bohours n'estoient que combats feints. Les statuts de l'Ordre
de la Couronne d'épine³ usent du mot de *bourdeur* : « En
« cetui saint disner soit bien gardé que hiraux et bourdeurs
« ne facent leur office, » où les *bordeurs* sont ceux que les
histoires appellent *Menestrels*.

Plusieurs écrivains usent aussi du terme de *behourd* et de
behourder. La *Chronique de Bertrand du Guesclin* :

Encore vous vaulsist il miex aler esbanoier,
Et serur les behours, jouster et tournoier.

Robert Bourron, au Roman de Merlin : « Alerent li chevalier
« behourder defors la vile as chans, si alerent li plus jeune
« pour voir le behourdeis. » La *Chronique de Flandres*⁴.
« Et disoit qu'il voloit aler behourder. »

Il n'est pas aisé de deviner d'où ce mot a pris son origine ;
car je n'oseroi pas avancer qu'il soit tiré du mot de *bord*⁵,
saxon, qui signifie une maison, un hostel, d'où nous avons
emprunté celui de *borde* la meme signification, et qu'ainsi
border, ou *bohorder*, seroit attaquer une maison, comme on
feroit un château. On pourroit encore le deriver de l'aleman
*horde*⁶. ou *hurde*, qui signifie une claie, dont on se sert pour
faire ce que nous appellons *hourdis*, lorsqu'on veut élever
quelque bâtiment, parce qu'en ces occasions on élevoit des
especes de châteaux et de bastions, qui n'estoient faits que
de bois et de claies. Le mot de *boord* chez les Anglois signifie
une table, comme *bord* chez les anciens Saxons⁷ ; d'où l'on
pourroit se persuader que le *bohourd* seroit le combat de la
table ronde, et que ce terme auroit esté introduit par les
Anglois.

Mais laissant à part toutes ces etymologies, qui, pour le
plus souvent, sont incertaines, il est constant que le terme
de *behourd* est pris pour l'ordinaire dans les auteurs que je
viens de citer, pour le combat du tournoy ou de la jouste.
Un titre de Jean, vidame d'Amiens, de l'an 1271, parle du
jour du bouhourdeis, qui est appellé dans un autre du vidame
Enguerran, de l'an 1218 « *Dies hastiludii*. » Ces jeux et ces
combats sont ainsi exprimez dans un compte du domaine
du comté de Bologne⁸ de l'an 1402. qui est en la chambre
des comptes de Paris, sous le chapitre intitulé *Recepte des
behourdiches* : « C'est asavoir que tous ceus qui vendront pois-
« sons à haut estal au marquiet de Boulogne doivent ce jour
« jouster ou faire jouster à la quintaine que monseigneur
« leur doit trouver, et doivent jouster de tilleux pelez, ou de
« plançons d'armes, et les doit-on monstrer au vicomte,
« qu'ils ne soient cassez de cousteaux, ou autrement. Et ou
« cas qu'ils ne joustent, ou font jouster, ils doivent ce jour
« à ladite vicomté 2 sols Par. Neant reçeu pour l'an de ce
« compte, pour ce qu'ils firent tous courre. » Ce qui fait voir
que l'on exerçoit encore les communes aux exercices de la
guerre, pour pouvoir se servir des armes lorsqu'elles seroient
obligées de se trouver dans les guerres de leurs seigneurs,
ou des princes. C'est à ce même usage qu'il faut rapporter
les *jeux de l'espinette*, qui ont esté si frequens dans la ville
de l'Ille en Flandres, qui estoient des especes de tournois et
de joustes, qui se faisoient par les habitans, et dans lesquels
les grands seigneurs ne faisoient pas de difficulté de se
trouver. Ces jeux et ces tournois estoient appellez du terme
général de *bouhourd*, ainsi que Buzelin¹⁰ a remarqué, qui

1. P. 566. — 2. P. 246. — 3. Ch. 22. — 4 Ch. 130. — 5. Somner. in Gloss.
Sax. — 6. Kilian Spelm v. Hurdicium. — 7. Somner. in Gloss. Sax. — 8. Cartul.
de Piquigny. — 9. Communiqué par M. d'Herouval. — 10. L. 3. Galleft. c. 23. Van
der Haer, en ses Châtelains de l'Ille.

ajoûte que quelques-uns en rapportent l'origine et l'institution au roy saint Louys.

Après tous ces exercices militaires que je viens de nommer est celui de la Quintaine, qui est une espèce de bust posé sur un poteau, où il tourne sur un pivot, en telle sorte que celui qui avec la lance n'adresse pas au milieu de la poitrine, mais aux extrémitez, le fait tourner ; et comme il tient dans la main droite un baston, ou une épée, et de la gauche un bouclier, il en frappe celui qui a mal porté son coup. Cét exercice semble avoir esté inventé pour ceux qui se servoient de la lance dans les joustes, qui estoient obligez d'en frapper entre les quatre membres, autrement ils estoient blâmez comme maladroits. Il est parlé de la quintaine dans Robert le Moine[1], en son Histoire de Hierusalem. « Tentoria variis « ornamentorum generibus venustantur, terræ infixis sudi-« bus scuta apponuntur, quibus in crastinum quintanæ, « ludus scilicet equestris, exerceatur. » Mathieu Paris[2] : « Juvenes Londinenses, statuto Pavone pro bravio, ad sta-« dium, quod vulgariter quintena dicitur, vires proprias et « equorum cursus sunt experti. » La *Chronique de Bertrand du Guesclin* :

Quintaines y fist drecier, et jouster y faisoit.
Et donnoit un beau prix celui qui mieux joustoit.

Une autre chronique manuscrite du même du Guesclin[3] : « Fist faire quintaines, et joustes d'enfans, et manieres de « tournois. » Enfin le Roman de la Malemarastre : « Emmy « les prez avoit une assemblée de barons de cette ville, et « tant que ils drechoient une quintaine, et qui mieux le fai-« soit, si avoit grant loange. » Les Grecs mêmes ont connu cét exercice, que Balsamon[4] appelle Κυντανοκόντατ, parce que l'on s'y exerçoit avec le *contus*, ou la lance. Mais je crois qu'il n'a pas bien rencontré lorsqu'il a dit que ce jeu a esté ainsi appellé du nom de *Quintus*, son inventeur. Il est plus probable qu'il fut ainsi nommé parce que les habitans des villes, à qui il estoit plus familier, l'alloient exercer dans la campagne, qui en estoit voisine, et dans la ban-lieuë, que les coûtumes et les titres appellent *quintes*, ou *quintaines*[5]. Isidore[6], Papias, et Ælfric, disent que *quintana* est cette partie de la ruë où un chariot peut tourner, *pars plateæ qua carpentum provehi potest*. D'où l'on pourroit recueillir que comme les habitans des villes choisissoient les carfours, comme des lieux spacieux, pour tirer à la quintaine, le nom leur seroit demeuré de ces quintaines, ou carfours. J'ay fait voir cy-devant comme les seigneurs obligeoient leurs sujets de courir la quintaine, sous la peine de quelque amende. Cela est encore confirmé par les remarques que Ragueau[7] fait à ce sujet.

La noblesse estoit tellement portée pour les tournois, que plusieurs en choisissoient les occasions pour s'y faire faire chevaliers. Et tant plus on s'y estoit trouvé, tant plus on estoit en réputation de valeur et d'adresse. Jean, duc de Brabant[8], qui pendant la vie dans une jouste, l'an 1294, s'estoit rencontré en soixante et dix tournois, tant en France, en Angleterre, en Alemagne, qu'autres païs éloignez. De sorte que pour loüer un vaillant chevalier on disoit qu'il avoit fréquenté les tournois, éloge qui a esté donné à Roger de Mortemer, chevalier anglois[9], en son épitaphe, qui se voit au prioré de Wigmore.

Militiam scivit, semper tormenta[10] subivit

Aussi les rois favorisoient tellement les gentilshommes dans ces occasions, qu'ils ordonneroient qu'ils ne pourroient estre arrêtez en leurs personnes, ni leurs biens saisis pour leurs dêtes, tandis qu'ils seroient aux tournois. Ce que j'apprens d'un ancien acte[11] contenant « la vente faite par Jean de « Flandres, chevalier, sire de Crevecœur et d'Alleuz, de onze « vingt sept livres dix-huit sols huit deniers de rente, avec « faculté de le pouvoir prendre, et arrêter, et de tenir, luy, « ses hoirs et successeurs, et leurs biens,.... en tournoy, et « hors tournoy, en parlement et hors parlement, et nommé-« ment par tout où ils seront trouvez, jusques adonc qu'ils « auroient fait gré à plain de la rente escluë, et de la peine, « etc. Ladite rente ratifiée par Beatrix de S. Paul, sa femme, « et confirmée par le roy, comme sires souverains, au mois « de mars 1316, confirmée par le roy en may 1317. »

Je finiray cette dissertation par l'ordonnance faite sur les tournois[1]. tirée de l'ancien *Cérémonial*, laquelle est conçeuë en ces termes :

« C'est la maniere et l'ordonnance, et comment on soulloit « faire anciennement les tournois.

« ITEM le cry est tel : OR oyez, seigneurs chevaliers, que « je vous fais asçavoir le grand digne pardon d'armes et le « grand digne tournoyement de par les François et de par « les Vermandoiciens et Beauvoisins, de par les[2] Poitiers et « les Corbeiois, de par les Arthisiens et les Flamens, de par « les Champenois et les Normans, de par les Angevins, Poi-« tevins et Tourangeaux, de par les Bretons et Manceaux, « de par les Rives[3] et Hasbegnons[4], et de par tous autres « chevaliers, qui accordez s'y sont, et accorderent qui venir « y vouldront, à estre aus hostieus accompagnez le dimanche « aprés S. Remy, et les diseurs prins, Percheval de Varennes, « et Witasse sire de Campregny[5], et conseillers le sire de « Meullant et le sire de Hangest, et pour faire fenestre le « lundy, pour tournoier le mardy, et de batesisi marthe[6], « pource qu'il ne auroit pas ses chevaus ne son harnois, il « pourroit faire cesser le tournois jusques à jeudy, qu'il est « fin de la sepmaine, et qui ne le voudroit attendre, et que « l'on tournoyast, ce seroit un tournoyement sans accord, et « doivent le heraut crier, que l'on boute hors les bannieres, « blasons, ou housses d'escu, ou enseignes d'armes, pourquoy « on puisse tournoier par accord.

« ITEM doivent les diseurs aller avec les herauts aux lieux « où les seigneurs donnent à manger aux chevaliers, ou aux « places où ils pourroient trouver lesdits chevaliers, qu'ils « viennent armez pour tournoier, et prendre les fois desdits « chevaliers, qu'ils ne porteront espées, armures, ne bastons « affustiez, n'enforceront les armes, estaquetes assises par « lesdits diseurs, et tiendront le dit desdits diseurs.

« ITEM, la veille du tournoy doivent faire, s'il leur plaist, « les chevaliers mettre les selles sur leurs chevaux, et de « leurs escuyers. pincheres et chamfroy de leurs armes, « affin qu'on puisse voir et connoistre l'estoffe et l'estat de « chascun endroit soy, et ne peut avoir chascun che-« valier que deux escuiers, s'il ne veut mentir, tant soit « grand sire.

« ITEM le jour du tournoy doivent les chevaliers aller aux « messes, et faire faire les places à l'espée, et doivent les « diseurs aller voir la place où le tournoy doit estre fait « sans advantage, et attacher les attaches en chascune route, « és batailles il y doit avoir deus estachettes de part, et « l'autre d'autre part, et là doivent les chevaliers essongniés « chevaux et harnois tout asseurez, sans qu'on leur puisse « rien meffaire, s'ils ne veulent fiancer leur serment et mentir « leur foy.

« ITEM doivent les diseurs, à l'heure qu'ils verront qu'il « sera temps, soit à jour de tournoier au matin, ou aux ves-« pres, faire crier[7] laisser : et lors se doivent toutes manie-« res de chevaliers et escuiers cux armer, et doivent les « herauts aller trés après crier : Issez hors, seigneurs che-« valiers, issez hors. Et quand les chevaliers sont hors, et « chascun retrait en sa banniere, et en sa route, ou en la « route de son issuë, les di-eurs viennent pardevant les « batailles, et font passer ceux qui ont ordonné pour passer, « pour faire le tournoy à compte de chascun chevalier, tou-« tefois au dit des seigneurs sous qui ils sont.

« ITEM ce fait, les deux diseurs se doivent mettre en place « devant les batailles, et doivent quitter la foy l'un à « l'autre, et lors est le tournoy par accord, et se mettront le « pays chascun au droit de son issué, et doivent les heraus « porter les bannieres, et des communes de chascun pays, « selon ce que ils ont accoustumé, et lors qu'ils ne vou-« droient quitter leur foy l'un à l'autre, le tournoy seroit « sans accord.

« ITEM si-tost que le roy des heraux et les autres heraux « verront que le tournoy aura presque duré, et qu'il sera sur « le tard et temps de partir, ils doivent faire lever les esta-« ches, et crier : Seigneurs chevaliers, allez-vous-en ; vous « ne pouvez huymet ne perdre ne gagner, car les estachettes « sont levées.

« ITEM quand les chevaliers seront revenus à leurs hostels « ils se desarmeront, et laveront leurs visages, et viendront « manger devers les seigneurs, qui donnent à manger, et « tandis que les seigneurs seront assis au soupper, seront « prins lesdits diseurs, avec le roy desdits heraux, accompa-« gnez de deux chevaliers, comme ils voudront prendre, « pour faire l'enqueste des bienfaisans, et en l'enqueste fai-

---

[1] L. 5, p. 51. — [2] A. 1253, p. 578. — [3] Ch. 3. — [4] In Nomoc. tit. 13, c. 29. — [5] Chifflet, en sa Beatrix, p. 48. Const. d'Angers, art. 35 — [6] L. 15, orig. c. 2. Papias. Gloss. Sax Ælfr. — [7] Au mot *Quintaine*. — [8] M. Chr. Belg. A. 1294. — [9] Monast. Angl t. 2, p. 229. — [10] Pour tornoamenta. — [11] Reg. du Parlem. commençant l'an 1316. f. 242.

[1] V. le Theatre d'honneur de la Colombiere, t. 1, p. 48. — [2] Picards, ceux des environs de Pots. — [3] Ripuarii, Alemans vers le Rhin. — [4] Hasbanienses. — [5] Campremy. — [6] Sic, in ms. — [7] L'Issez.

« sant, les chevalliers qui parleront diront leurs advis ; ils en
« nommeront trois ou quatre, ou tant qu'il leur plaira, des
« bienfaisans, et au derrain ils se rapporteront à un, lequel
« ils nommeront, et celui emportera la voix, et ainsi ce fait
« de main en main à tous les chevalliers, et prennent mor-
« ceaux de pain, et celui qui plus en a, c'est celluy qui passe
« route ; et ceux qui font l'enqueste font serment qu'ils la
« feront bien et loyaument.

« ITEM, et ou cas que le tournoy se feroit sans accord, la
« partie qui seroit desconfite, celui qui demourroit derrenier
« à cheval d'icelle partie desconfite auroit le heaume, comme
« le mieux deffendant ; et l'autre partie, celui qui seroit le
« mieux assaillant, auroit l'espée.

« ITEM le lendemain du tournoy, s'il y a aucun destord de
« droit d'armes, tant de ceux gaignez ou pardus, comme des
« chevalliers tirez à terre, depuis les estaches levées, et comme
« de tous autres droits, soient d'ostel prins, d'ostel armeures,
« ou autres choses quelconques, il en est à l'ordonnance et
« juges des chevalliers.

« ITEM on doit parler aux eschevins, aux majeurs et gou-
« verneurs des bonnes villes où le tournoy se doit faire,
« d'avoir prix raisonnable de ce qui est necessaire, c'est à
« sçavoir de foing, avoyne, nappes, touailles, et de toute autre
« vaisselle ès hostieux, chascun endroit soy, là où il sera
« logié, ou faire prix sur les hostelaiges, lits et vaisseaux,
« et au cheval foing et avoyne de hors ; et est dit que de
« aucun chevallier n'a dequoy payer son hostelaige, qu'il fasse
« courtoisement fin et accord.

« S'ENSUIT la declaration des harnois qui appartiennent
« pour armer un chevallier et un escuier.

« Premierement un harnois de jambes, couvert de cuir
« cousu à esguillettes au long de la jambe, jusques au
« genoüil, et deux attaches larges pour attacher à son bar-
« ruier[1], et soulers valuës attachez aux grués.

« ITEM cuissés et poullains de cuir, armoiez de varennes
« des armes au chevallier.

« ITEM une chausse de mailles pardessus le harnois de
« jambes, attachée au brayer, comme dit est, pardessus les
« cuisses, et uns esperons dorez, qui sont attachez à une
« cordelette autour de la jambe, affin que la molette ne
« tourne dessous le pied.

« ITEM uns anciens, et unes espaullieres.

« ITEM paus et manchez, qui sont attachez à la cuirie, et
« la cuirie à tout ses esgrappes sur les espaules, et une seur-
« seliere sur le pis[2] davant.

« ITEM brachers à tout les houson, et le han escuçon de
« la banniere sur le col couvert de cuir, avec les tonnerres
« pour les attacher au braier, la cuirie : et sur le bacinet
« une coiffe[3] de mailles, et un bel orfroy pardevant au front,
« qui veult.

« ITEM bracillets attachez aux espaules à la cuirie.

« ITEM un gaignepain pour mettre ès mains du chevallier.

« ITEM un heaume, et le tymbre, tel comme il voudra.

« ITEM deux chaines à attachier à la poitrine de la cuirie,
« une pour l'espée, et l'autre pour le baston en deux vigeres[4]
« pour le heaume attacher.

« ITEM le harnois de l'escuier sera tout pareil, excepté
« qu'il ne doit avoir nulles chauces de mailles, ne coiffette
« de mailles, sur le bacinet, mais doit avoir un chappeau
« de Montauban, et si ne doit avoir nulles brachers, et des
« autres choses se peut armer comme un chevalier, et ne doit
« point avoir de sautour à sa selle. »

1. Brayer. — 2. Pectus. — 3. Al. Creste. — 4. In alio ms. Visieres.

DE L'EXERCICE DE LA CHICANE,

OU DU JEU DE PAUME A CHEVAL.

DISSERTATION VIII.

Je me suis trop engagé dans la matiere des exercices militaires, pour ne rien dire de la CHICANE, qui y appartient. C'est un sujet qui n'est pas indigne de la curiosité, puisqu'il est connu de peu de personnes, et qu'il nous decouvre une espece de manége pratiqué particulierement par les nouveaux Grecs, qui n'auroit pas esté ignoré dans l'Occident. Il ne leur a pas esté toutefois si particulier qu'on ne puisse dire avec fondement qu'ils l'ont emprunté des Latins, puisqu'il est constant que le nom en est françois, et qu'il est encore en usage parmy nous.

La science et l'adresse de bien manier un cheval, qui est ce que nous appellons *manége*, terme tiré de l'italien, est l'un des exercices des plus necessaires pour ceux qui font le metier de la guerre : aussi nous lisons qu'il a esté pratiqué de tout temps par les Romains et les Grecs, qui inventerent pour cet effet les courses des chevaux. Ils trouverent encore non seulement la methode de les dresser, en telle sorte qu'ils pussent tourner de part et d'autre au gré du cavalier, et au moindre signal qu'il en donneroit ; mais ils voulurent que le cavalier apprist à se tenir ferme dessus la selle, sans que pour quelque mouvement extraordinaire du cheval il pust estre jeté par terre, y estant comme collé, et, pour user des termes de Nicetas[1], Οὕτως ἱππότης ὡς εἴπερ τῇ ἐφεστρίδι ἐμπεπόνητο. Ce sont ces exercices que Suetone[2] appelle *Exercitationes equorum campestres*, parce qu'ils se faisoient dans les campagnes : acause dequoy les chevaux de manége semblent estre nommez *equi campitores*, dans deux passages de Dudon, doyen de S.-Quentin[1]. Theodoric, dans Cassiodore[2] appelle encore ces exercices *equina exercitia* : « Si quando
« enim relevare libuit animum rei publicæ cura fatigatum,
« equina exercitia petebamus, ut ipsa varietate rerum, sol-
« ditas se corporis vigorque recrearet. »

Ces exercices de manége sont encore décrits dans le moine Robert[3], en son Histoire de la guerre sainte : « Aleæ, scaci,
« veloces cursus equorum, flexis in gyrum frenis non desue-
« runt » ; et dans Radevic[4] : « Cœpitque vertiberam equum
« modo impetu vehementi dimittere, modo strictis habenis
« in gyrum, ut huic negotio mos est, revocare, moxque
« varios, perplexosque per amfractus discurrere. » C'est ce qu'Anne Comnene[5], en son *Alexiade*, appelle ἵππον ἐλαύνειν. Mais, entre autres, Procope[6] a décrit élegamment ces exercices dans son histoire des guerres des Goths, dans un passage que je vous rapporte à dessein.

Ces chevaux de manége, qui sont si bien appris à tourner à toutes mains à faire le caracol, semblent estre nommez pour cette raison *sphæristæ* par Gregoire de Tours[7] : « Putasne videbitur ut bos piger palæstræ ludum exerceat ?
« aut asinus segnis inter sphæristarum ordinem celeri volatu
« discurrat ? » On peut aussi appliquer ce passage à ces exercices de chevaux dont les auteurs byzantins font souvent mention, qui estoit celui de jouër à la paume à cheval. Ce jeu est appelé par eux, d'un terme barbare, τζυκανιστήριον,

1. In Alex. Ang. l. 1, n. 3. — 2. In Aug. c. 83.

1. Dudo, de art. Norm. p. 94, 124. — 2. L. 5, ep. 41. — 3. L. 5, Hist. Hier, p. 51. — 4. L. 3, de Gest. Frid. c. 37. — 5. L. 15, Alex. — 6. L. 4, Goth. c. ult. — 7. L. 1, de Glor. confess.

qui estoit aussi le nom du lieu qui servoit à ces exercices. Ce lieu estoit dans l'enclos du grand palais de Constantinople, prés de l'appartement doré, que les Grecs appellent χρυσοτρικλίνιον, ainsi que nous apprenons de Luithprand[1] : « Ex ea parte qua Zucanistrii magnitudo protenditur, Cons-« tantinus per cancellos crines solutus caput exposuit. » Codin[2] le place proche des thermes de Constantin; et ailleurs il dit que des quatre galeries ou portiches qui furent construites par Eubule, et qui du palais tiroient vers les murs de terre ferme, l'une avoit sa longueur depuis le *Tzycanisterium* jusques à l'église de S.-Antoine. Scylitzes[3] le place prés de l'hippodrome et la galerie des gardes du palais. Leon le Grammairien[4] parle de la descente pour aller à ce lieu, ou plutôt de l'esplanade de ce lieu, qu'il appelle καταβάσιον τοῦ Τζυκανιστηρίου ; et Codin[5] fait mention du Τριχύμβαλον τοῦ Τζυκανιστηρίου. Nous apprenons du méme auteur que ce fut l'empereur Theodose le Jeune qui le fit construire, et que Basile le Macedonien l'agrandit.

Ce lieu estoit d'une vaste étenduë, comme on recueille des termes de Luithprand, *qua Zucanistrii magnitudo protenditur*. Ce qu'Anne Comnene[6], Constantin Porphyrogenite[7], et Theophanes[8] témoignent encore, et veritablement il faloit qu'il fust bien grand pour pouvoir y faire ces exercices, qu'il ne nous seroit pas aisé de concevoir si *Cinnamus*[9] ne nous en avoit donné la description, où toutefois il supprime le mot de Τζυκανιστηρίον, comme barbare, affectant la pureté du discours dans tous ses écrits. Il dit donc que les anciens inventerent un honneste exercice, qui n'estoit que pour les empereurs, les enfans, et les grands seigneurs de sa cour, et estoit tel. Les jeunes princes se divisans en deux bandes, en nombre égal, se tenoient à cheval aux deux extremitez d'un lieu spacieux, entendant par là le Τζυκανιστήριον ; puis on jettoit dans le milieu une balle faite de cuir, de la grandeur d'une pomme. Alors les cavaliers des deux bandes partoient à brides abatuës, et couroient à cette balle, tenant châcun en la main une raquette, telle que sont celles dont nous nous servons aujourd'huy pour jouër à la paume, dont l'invention paroit par là n'estre pas si recente, comme Estienne Pasquier[10] nous veut persuader. C'estoit à qui pourroit attrapper cette balle, pour la pousser avec la raquette au delà des limites, qui estoient marquées : en sorte que ceux qui la poussoient plus avant demeuroient et restoient vainqueurs. Cét auteur remarque que c'estoit un exercice dangereux, où l'on couroit souvent risque de sa personne, et d'estre culbuté, ou blessé grievement « Ludus periculosæ « plenus aleæ. » Car il faloit que ces cavaliers courussent à cette balle sans ordre, et pour l'attrapper avec leurs raquettes ils estoient obligez de se pancher des deux côtez jusques en terre. Souvent ils se poussoient et se blessoient reciproquement, et se jettoient les uns les autres à bas de leurs chevaux. Aussi Anne Comnene[11] écrit qu'Alexis son pere s'exerçant un jour à ce jeu, Tattice, l'un de ceux qui joüoient avec luy, fut emporté par son cheval vers l'empereur, et le blessa aux genous et au pied, dont il se sentit le reste de sa vie. *Cinnamus*[12] dit pareillement que l'empereur Manuel, petit-fils d'Alexis, s'exerçant à ce jeu de paume (j'use de ce mot, quoy qu'impropre), tomba de son cheval, et se blessa si grievement à la cuisse et à la main, qu'il en fut malade à l'extremité.

Mais j'estime qu'il importe de donner en cét endroit la description que *Cinnamus* nous a tracée de cette *Sphæromachie*, qui est un terme dont Seneque[13] et Stace[14] se sont servis, parce que l'usage n'en est pas connu dans nos écrivains. Je sçay bien que plusieurs n'approuvent pas ces longues citations en langue grecque, qui n'est pas familiere à un châcun : mais aussi je ne le fais que pour contenter les plus curieux, et pour les soûlager de la peine d'aller chercher ce que je mets en avant dans les auteurs que je cite ; outre que ceux qui n'entendent pas le grec se peuvent contenter de ce que j'en ay écrit. Ἐξῆκε δὲ ὁ χειμών, ἀνακκαθαρμένου δὲ τοῦ ἀγλυώδους, ἐπί τι σωφρονικῶν καθίειν γυμνασίων ἑαυτὸν εἰθισμένον ὃν Βασιλεύσι καὶ παισὶ Βασιλέων ἀνέκαθεν. νεανίαι τινὲς εἰς ἴσα διαιρεθέντες, ἀλλήλοις· σφαῖραν σκύτους μὲν πεποιημένην, μήλῳ δὲ παρεμφερῆ τὸ μέγεθος, εἰς χῶρόν τινα ὕπτιον ἀφιᾶσιν, ὃς ἂν ὁ δηλαδὴ συμμετρησαμένοις αὐτοῖς δόξῃ, ἐπ᾿ αὐτήν τε οἷον τι ἆθλον, ἐν μεταιχμίῳ κειμένην ἀπὸ ῥυτῆρος ἀντιθέουσιν ἀλλήλοις, ῥάβδον ἐν δεξιᾷ ξυνισχόμενος ἕκαστος, ἀλλήπερος μὲν ἐπιμήκη, εἰς δὲ καμπὴν τινα πλατεῖαν ἄφνω τελευτῶσαν, ἧς τὸ μέσον χόρδαις τισὶ χρόνῳ μὲν αὐανθείσαις, ἀλλήλαις δὲ δικτυώδες τινα συμπεπλεγμέναις διαλαμβά-

νεται τρόπον. σπουδὴν μέντοι ἑκάτερον πεποίηται μέρος, ὅπως ἂν ἐπὶ θάτερον προτερήσαντες μεταγάγωσι πέρας, ὃ δηλονότι ἀρχῆθεν αὐτοῖς ἀποδέδεικται. ἐπειδὰν γὰρ ταῖς ῥάβδοις εἰς ὁποτερονοῦν ἐπεγγόμενος, ἡ σφαῖρος ἀφίκηται. πέρας, τοῦτο ἡ νίκη ἐκείνῳ τῷ μέρει γίνεται. ἡ μὲν παιδιὰ τοιάδε τις ἐστὶν ὀλισθηρὰ πάντη καὶ κινδυνώδης. ὑπτιάζειν γὰρ ἀεὶ, καὶ ἰσχυάζειν ἀνάγκη τὸν ταύτην μετιόντα, ἐν κύκλῳ δὲ τὸν ἵππον περιελίσσειν, καὶ παντοδαπὼς ποιεῖσθαι τοὺς δρόμους, τοσοῦτῳς τε κινήσεων ὑπαγνέχθαι εἴδεσιν, ὅσοις δήπου καὶ τὴν σφαῖραν ξυμβαίνει.

Voilà les termes de *Cinnamus*, qui nous font voir que cét exercice n'appartenoit qu'aux grands seigneurs. Ce que Constantin Porphyrogenite[1] témoigne encore en l'histoire de l'empereur Basile, son ayeul, en ceux-cy : "Ἄλλου εὐρήσεις ἰσομήκη τοῦ πρὸς βορρᾶν καὶ ἰσόδρομον δίαυλον, ἄχρι τῆς Βασιλικῆς αὐλῆς καὶ αὐτὸν παρατείνοντα, ἐκθ᾿ ἣν μεθ᾿ ἵππου σφαιρίζειν Βασιλέων καὶ τοῖς εὐδαίμωνων παισὶ καθέστηκε σύνηθες. C'est donc de là qu'il faut interpreter *Achmet*[2] en ses *Onirocritiques* ou interpretations des songes, lorsqu'il écrit que si quelqu'un a songé qu'il a joüé à la paume à cheval avec l'empereur, ou avec quelque grand seigneur, cela luy pronostique qu'il luy doit arriver autant de bonheur qu'il aura pousé la balle bien loin, et que le cheval sur lequel il estoit monté se sera bien gouverné. De mêmes si l'empereur en songe avoit joüé à cét exercice, que cela signifioit que le succés de ses affaires devoit estre heureux ou malheureux, suivant qu'il auroit bien ou mal poussé la balle : ausquels endroits cét auteur se sert du mot de τζυκανίζειν, et de σφαῖρον ἐλαύνειν, pour *joüer à la balle à cheval*. Ce qui fait voir que les termes qui se rencontrent dans Anne Comnene, de εἰς ἱππήλασιον, ἐξιέναι[3], et de σφαιρίζειν[4], sont synonymes à celuy de τζυκανίζειν. Nous apprenons encore de les auteurs que c'est de ces exercices dont il faut entendre Leon le Grammairien et Scylitzes[5], lorsqu'ils racontent comme l'empereur Alexandre, frere de Leon le Philosophe, aprés quelques excés de débauche, les bains et le sommeil, entreprit d'aller joüer à la paume ; et que durant cét exercice, luy estant survenu des contorsions de boyaux et des douleurs cuisantes, à cause de l'abondance du vin et des viandes dont il avoit chargé son estomach, fut obligé de retourner au palais, où il mourut le lendemain d'une aimorragie qui luy prit par le nez et par les parties honteuses. Zonare[6] le dit en termes plus exprés, et montre que lorsque Alexandre joüa à la paume, il estoit à cheval : "Ἅπαξ ἀριστήσας μετὰ λουτρόν, καὶ κοίλη χρησάμενος τῇ γαστρί, καὶ ἀπλήστως ἀκρατισάμενος, σφαιρίσαι παρέθετο, καὶ κατατείνας τῷ κόπῳ τῆς ἱππασίας, καὶ ταῖς τῆς σφαίρας ἐκταραχλήσεσι, ῥήξιν ὑπέστη, καὶ αἷμα διὰ τε ῥινὸς κενώσας καὶ τῆς αἰδοῦς, μετὰ μίαν ἡμέραν διέλιπεν.

Cette espèce d'exercice ressemble à l'*arenata pila* des anciens, où l'on avoit coûtume de joüer en troupes[7] : « Quam in grege ex circulo astantium spectantiumque emis-« sam, ultra justum spatium excipere et remittere consue-« verant, » ainsi que l'écrit Isidore[8]. D'où *Sidonius*[9] a pris sujet de dire : « Sphæristarum se turmalibus immiscuit. » C'est pourquoy ce jeu de balle est nommé ἐπίκοιτος ; dans Pollux[10], où, toutefois, quelques-uns lisent ἐπίκοιυς, parce qu'on y joüoit dans une plaine qu'on parsemoit de sable : acause dequoy ce jeu a pris le nom d'*arenata pila*, ce que Martial[11] fait assez connoître en divers endroits de ses epigrammes, où il luy donne le nom d'*harpastus*, parce que châcun des partis faisoit ses efforts pour s'arracher et s'enlever la balle. Pollux ayant dit que les joüurs se partageoient en deux bandes ajoûte que la balle estoit jettée sur la ligne du milieu, et qu'aux deux extremitez, derriere les lieux où les joüurs estoient placez, il y avoit deux autres lignes, au delà desquelles on tâchoit de porter la balle, ce qui ne se faisoit pas sans la pousser et repousser auparavant de part et d'autre.

Le jeu de la chole, qui est encore à présent en usage parmy les païsans de nos provinces, a aussi quelque rapport avec ces exercices du *Tzycanisterium*[12], sauf qu'il se fait entre personnes qui sont à pied. En certains jours solennels de l'année, et le plus souvent aux festes des patrons des villages, les païsans invitent leurs voisins à ces exercices. A cét effet on jette une espèce de balon dans un grand chemin, au milieu des confins de deux villages, et châcun le pousse du pied avec violence, tant que les plus forts le font approcher prés des leurs, qui de cette sorte remportent la victoire et le prix qui est proposé. Lambert d'Ardres, en son *Histoire des comtes de Guines*, en fait mention en ces termes : « Locus qui « nunc Ardensium populi frequentatur accessu pascuus erat,

---

1. L. 5, c. 9. — 2. In orig. CP. Lambec. — 3. In Michaele Calaph. — 4. In Leone. — 5 Apud Allat. Græc. recent. Templ Cod. Lamb. — 6. L. 15, p. 402. — 7. De adm. Imp., c. 4. — 8. A. 30. Copron. — 9. L. 4. — 10. En ses Recher. de France, l. 4, c. 15. — 11. L. 9, p. 259. — 12. L. 4. — 13. Ep. 80. — 14. Lib. 4, Sylv. præf.

1. In Basilio, c. 55. — 2. Oniroc. c. 155. — 3. Anna Com. p. 174, 466. — 4. Ead. p. 257, 434 et 449. — 5. In Alexand. — 6. In Alexand. — 7. Hier Mercurialis. 8. L. 18. Orig. c. 69. Papias. — 9. Ep. 17. — 10. Jul. Pollux, l. 9. — 11. L. 4, ep. 19 ; l. 7, ep. 66 , l. 12, ep. 84, et l. 14, ep. 48. — 12. Lips. ad. Senec. ep. 80.

« et raro cultus habitator. Mansit tamen in medio agri
« pascui secus viam, in loco ubi nunc Ardeæ forum rerum
« frequentatur venalium, quidam cerevisiæ brasiator, vel
« cambarius, ubi rustici homines et incompositi ad biben-
« dum, vel ad cheolandum, vel etiam herkandum propter
« agri pascui largam et latam planitiem convenire sole-
« bant¹. » Et mêmes j'ose avancer que c'est ce jeu de la balle
des anciens appellée *pila paganica*, parce qu'elle estoit en
usage parmy les païsans. Martial² en a fait aussi la description.

Mais pour retourner au jeu de la balle à cheval que les
Grecs appellent *Tzycanisterium*, il semble que ces peuples en
doivent l'origine à nos François, et que d'abord il n'a pas
esté autre que celui qui est encore en usage dans le Languedoc, que l'on appelle le jeu de la chicane, et en d'autres provinces le jeu de mail ; sauf qu'en Languedoc ce jeu se fait
en pleine campagne, et dans les grands chemins, où l'on
pousse avec un petit maillet, mis au bout d'un bâton d'une
longueur proportionnée, une boulle de buis. Ailleurs, cela se
fait dans de longues allées plantées exprès, et garnies tout à
l'entour de planches de bois. De sorte que *chicaner* n'est
autre chose que le τυκανίζειν des Grecs, qui ont coûtume
d'exprimer le C ou le CH des Latins par le TZ, comme *Eustathius*³ sur *Dionysius* nous apprend ; ce qui est d'ailleurs
confirmé par plusieurs exemples que M. Rigaud et *Meursius*
en ont donnez en leurs Glossaires. Ensuite, ce que les nostres ont fait à pied les Grecs l'ont pratiqué montez sur des
chevaux, et avec des raquettes, qui estoit la forme de leur
chicane.

Quant à l'origine de ce mot, comme toutes les conjectures
dont on se sert en de semblables rencontres sont pour le

1. Lamb. Ard. p. 142 — 2. L. 4, ep. 45. — 3. Schol. ad Dionys Perieg. p. 100.

plus souvent incertaines, je ne sçay si je dois m'y engager ;
car je n'oserois pas avancer qu'il vienne de l'Anglois *chicquen*,
qui signifie un poullet : en sorte que chicaner seroit imiter
les poullets, qui ont coûtume de courir les uns après les autres pour s'arracher le morceau hors du bec ; ce que font
ceux qui joüent à la chicane à la façon des Grecs, jettans
une balle au milieu d'un champ, et chacun tâchant de l'enlever à son compagnon.

Quoy qu'il en soit, on ne doit pas, ce me semble, revoquer
en doute que le terme de chicane dont nous nous servons
aujourd'huy pour marquer les détours des plaideurs (*vitiliti-
gatores*), et que nos vieux praticiens appelloient *barres*, ne
soit tiré de ces exercices ; car châcun de son costé, faisant
ses efforts pour dilayer par des suites affectées, et par des
procedures inutiles, tâche d'embarasser sa partie, les uns et
les autres se renvoyans ainsi la balle, comme nous disons
vulgairement ; ce que font ceux qui joüent à la chicane,
lorsqu'ils se renvoient la balle, et par les embaras qu'ils se
forment reciproquement, font durer le jeu plus long-temps.

Je sçay bien que quelques sçavans¹ ont cherché une autre
origine au terme de chicane en fait de plaideurs, et qu'il y
en a qui le dérivent de σικανὸς, qui, selon Galien, en quelque
endroit², signifie une malice mêlée de tromperies : rappor-
tans la raison de cette signification au naturel des Siciliens³,
nommez Σικανοὶ par les anciens, *quorum natura facilis fuit
ad querelas*, dit Cassiodore⁴. Il y en a d'autres⁵ qui le tirent
des termes de *chico* et de *chiqui*, dont l'un est espagnol,
l'autre gascon, qui signifient *petit*; ensorte que chicaner
seroit s'arrêter aux choses de petite consequence, et aux ba-
gateles.

1. Simon d'Olive, l. 2, des Quest. de droit, ch. 1. — 2. In Lexic. Hippocr —
3. Cluver, i 1, Sicil. antiq. c. 17. — 4. L. 1 epist. 3. — 5. Oyhen. in Not. Vasc.

DES CHEVALIERS BANNERETS

DISSERTATION IX.

La noblesse a toûjours esté dans une particuliere estime
en tous les etats de l'univers, et il n'y a presque à present
que celui des Turcs où il n'est pas considerée. Ils deferent
tout à la vertu et aux belles qualitez des personnes, sans
considerer le sang et la naissance. « Turcæ neminem, ne
« suorum quidem, nisi ex se pendit, sola domo Othomano-
« rum excepta, quæ suis censetur natalibus¹ : » ce sont les
paroles d'un ambassadeur de l'empereur Ferdinand Iᵉʳ. Mais
la France a esté le royaume du monde où elle a eu les plus
grands avantages, y composant un ordre particulier, qui y
tient le premier et le principal rang ; les honneurs et le gouvernemens des provinces et des places n'y sont confiez qu'aux
gentilshommes, et l'on a toûjours crû que la force de l'Etat
reside dans leurs personnes, acause de la generosité naturelle et de la grandeur de courage qui les accompagne.

Encore bien que le caractere de la noblesse soit uniforme,
et qu'il est en quelque façon vray de dire qu'un gentilhomme
n'est pas plus gentilhomme qu'un autre, si est-ce qu'il y a
toûjours eu divers degrez entre les nobles, qui ont composé
des differents ordres entre eux ; car les uns ont esté plus
relevez que les autres, à raison des dignitez qui leur estoient
conferées par le prince ; les autres par les prerogatives que
les qualitez et les titres de chevaliers leur donnoient. Desorte
que nous remarquons qu'il y a eu en France trois degrez et
trois ordres de noblesse. Le premier est celuy des BARONS,
qui comprenoit tous les gentilshommes qui estoient élevez
en dignitez, tant acause des titres qui leur avoient esté accordez par les rois, qu'acause de leurs fiefs, en vertu desquels
ils avoient le droit de porter la banniere dans les armées du
roy, d'y conduire leurs vassaux, et d'avoir un cry particulier.

1. Busbeq. in itiner. CP.

C'est pourquoy ils sont ordinairement reconnus sous le nom
de BANNERETS, et souvent sous le terme general de *barons*.
Ce qui a fait dire à *Divæus*¹ que « barones vocari solent ii
« proceres qui vexillum in bellum efferunt. » Le second ordre
estoit celui des *bacheliers*, ou des simples chevaliers, et le
troisieme celui des *escuiers*.

La noblesse de Bearn² estoit pareillement distinguée en
barons, en *cavers*, ou chevaliers, et en *dommangers*, ou damoiseaux, que nous appellons escuiers. Le
royaume d'Arragon³ avoit aussi les trois ordres dans sa noblesse : le premier estoit celui des *ricos hombres*, le second
celui des *cavalleros*, et le troisieme des *infançons*, qui sont les
damoiseaux, ou escuiers. Les *ricos hombres*, ou les riches
hommes, estoient les principaux barons du royaume. Ils
avoient part au gouvernement du pays, et possedoient les
grands fiefs mouvans de la couronne. Ils devoient, acause de
ces fiefs, servir le prince dans ses guerres, et estoient obligez
d'y conduire leurs vassaux sous leurs banniers, d'où ils
furent appellez *ricos hombres de sennera*, c'est-à-dire bannerets ; et parce que ces riches hommes qui conduisoient leurs
vassaux à la guerre sous leurs banniers estoient ordinairement revêtus de la qualité de chevalier, il est arrivé delà que
ces barons sont reconnus pour le plus souvent sous les noms
de chevaliers bannerets.

Les autres chevaliers, qui n'avoient pas cette prérogative,
sont nommez vulgairement *bacheliers* c'est-à-dire *bas chevaliers*, acause qu'ils estoient d'un second ordre, et inferieurs
en dignité aux barons. C'est la raison pourquoy ils sont
nommez *milites secundi et tertii ordinis* dans Brunon⁴, en

1. P. Divæus, l. 7, Rer. Brabant. p. 85. — 2. Hist. de Bearn, l. 6, c. 24. —
3. Hier. Blanca in Comment. Rer. Arag. — 4. De bello Sax. p. 133.

l'*Histoire de la guerre de Saxe*, et dans Guillaume le Breton [1], en ces vers :

> Intra Murellum cum Simone contulerant se
> Personæ primi multæ, pluresque secundi
> Ordinis.

Et ailleurs il designe ainsi ce second ordre des nobles [2] :

> Exemplo quorum proceres, comitesque, ducesque,
> Ordoque militiæ minor Ecclesiæque ministri, etc.
> Signo se signare crucis properanter avebant.

Dans Mathieu Paris [3] le bachelier est nommé *minor miles*. Guillaume, archidiacre de Lisieux [4], en l'*Histoire de Guillaume le Bâtard*, roy d'Angleterre, appelle les bacheliers *milites mediæ nobilitatis*. Desorte qu'il estoit de ces chevaliers comme de ces comtes du premier, du second et du troisieme ordre, dans la cour des empereurs romains. Mais parce que mon dessein n'est à présent que de parler des chevaliers bannerets, acause que je m'y suis engagé dans mes observations sur l'histoire du sire de Joinville, je ne diray rien ici des chevaliers bacheliers, ni de ce second ordre de noblesse.

J'ay déjà remarqué que le terme de *banneret* estoit general pour le premier ordre des nobles, et qu'il comprenoit les gentilshommes d'une dignité relevée, et qui avoient le droit de porter la banniere dans les armées du prince. La plûpart des auteurs s'en sont servis en ce sens. Rigord, parlant des seigneurs qui furent pris à la bataille de Bovines par Philippes-Auguste : « Eodem vespere cum adducti fuissent ante « conspectum regis proceres qui capti fuerant, quinque vide- « licet comites, et xxv alii, qui tantæ erant nobilitatis, ut « eorum quilibet vexilli gauderet insignibus, præter alios « quam plurimos inferioris dignitatis. » Guillaume Guiart :

> En esté con ne voit negier,
> Va li rois la ville assiegier,
> O lui mains princes à bannieres, etc.

Monstrelet [5] dit qu'à la bataille d'Azincourt « il fut trouvé « qu'à compter les princes y avoit mors cent à six vints ban- « nieres. » La *Chronique de Flandres* comprend entre les bannerets les ducs et les comtes : « adonc jesirent tous les ban- « nerets à toutes leurs batailles, fors le duc de Bourgogne et « et le comte d'Armagnac. » Les *Provinciaux*, qui sont les livres des herauds d'armes qui representent les armoiries des nobles de chaque province, reduisent d'ordinaire les nobles sous les deux titres de bannerets et de bacheliers, mettans sous le premier indifferemment les chevaliers bannerets et les ducs, les comtes et les barons.

D'autre part nous voyons que souvent les chevaliers bannerets sont reconnus dans les autres auteurs sous le terme simple de barons [6]. Les loix de Simon comte de Montfort pour les habitans d'Alby, de Carcassonne, de Beziers et de Razez, dressées l'an 1212, comprennent formellement les chevaliers bannerets sous ce nom, les distinguant d'avec les simples chevaliers, qui sont les bachelers : « Si inde convicti, « aut confessi fuerint, dabunt singuli x libras, si fuerint « barones : si simplices milites, centum solidos, etc. » Froissart [7] en a ainsi usé en divers endroits de sa *Chronique*, comme lorsqu'il rapporte les noms des grands seigneurs qui passerent avec le roy d'Angleterre en France, l'an 1346 ; et ailleurs, parlant d'un combat qui se fit auprès de Calais : « Tous ceux estoient barons et à banniere. » Et la *Chronique de Flandres* [8] décrivant la bataille de Bonne, a compris sous le mot de *barons* les bannerets : « Tant y eut pris de barons, « de bacheliers et de sergens, que ce fut merveille. » Il faut neantmoins demeurer d'accord qu'il y avoit de la difference entre les barons et les bannerets : car on appeloit barons tous les nobles qui possedoient les grands fiefs qui relevoient de la couronne ou de quelque souveraineté. Et parce qu'il n'y avoit point de barons qui n'eussent le droit de faire porter la banniere dans les armées, acause qu'ils possedoient de grandes seigneuries et des terres considerables, qui avoient beaucoup de vassaux, il est arrivé que ce titre a esté communiqué indistinctement à tous les bannerets. Du Tillet [9] dit que le comte de Laval débatit au seigneur de Couëquen, en Bretagne, le titre de baron, soûtenant qu'il n'estoit que banneret et qu'il avoit levé banniere, acause dequoy on se railla de lui, et on l'appella le chevalier au drapeau quarré.

Pour parvenir à la dignité de banneret il ne suffisoit pas d'estre puissant en fiefs et en vassaux, il falloit estre gentilhomme de nom et d'armes [1]; cette qualité requise estoit essencielle : et parce que je n'ay pas remarqué que pas un auteur ait bien expliqué la force de ces termes, je me propose d'en dire mon sentiment dans la dissertation suivante.

Le vieux *Ceremonial* [2] décrit ainsi la forme et la maniere de faire les bannerets : « Comme un bachelier peut lever « banniere et devenir banneret. Quant un bachelier a [3] gran- « dement servi et suivy la guerre, et que il a terre assez, [4] « et qu'il puisse avoir gentilshommes, ses hommes, et pour « accompagner sa banniere, il peut licitement lever banniere, « et non autrement ; car nul homme ne doit porter ne lever « banniere en batailles s'il n'a du moins cinquante hommes « d'armes, tous ces hommes, et les archiers et arbalestriers « qui y appartiennent. Et s'il a, il doit à la premiere « bataille où il se trouvera apporter un pennon de ses armes, « et doit venir au connestable, ou aux maréchaux, ou à celuy « qui sera lieutenant de l'ost, pour le prince requerir qu'il [5] « porte banniere ; et s'il luy octroient, [6] doit sommer les « herauls pour tesmoignage, et doivent coupper la queuë du « pennon, et alors le doit porter et lever avant les autres « bannieres, au dessoubs des autres barons. » Il y a en ce même *Ceremonial* un autre chapitre qui regarde encore le banneret, et est conceu en ces termes : « Comme se doit « maintenir un banneret en bataille. Le banneret doit avoir « cinquante lances, et les gens de trait qui y appartiennent : « c'est asavoir les xxv pour combattre, et les autres xxv [7] « pour lui et sa banniere garder ; et doit estre sa banniere « dessoubs des barons. Et [8] s'il y a autres bannieres, ils doi- « vent mettre leurs bannieres à l'onneur, chascun selon son « endroit, et pareillement tout homme qui porte banniere. »

J'ai rapporté les termes entiers de ce *Ceremonial*, afin de n'estre pas obligé de les diviser dans la suite de ce discours, et aussi pour avoir sujet de les examiner et de les conferer avec ce que les auteurs ont écrit des bannerets. Et pour commencer par les premieres conditions qu'il requiert pour parvenir à cette dignité, il remarque qu'il faut que celui qui veut se faire banneret soit chevalier, et qu'il ait esté souvent dans les occasions de la guerre : il est constant que ceux qui vouloient *lever banniere* devoient estre chevaliers ; et l'histoire nous fournit une infinité d'exemples, comme ceux qui dans les occasions de la guerre vouloient *lever banniere*, et qui n'estoient pas encore chevaliers, se faisoient donner ce titre avant que de *lever banniere*. La *Chronique de Flandres* [9] : « A ce jour leva banniere le comte de Maubuisson, qui « fut au comte d'Armagnac, et fut ce jour nouveau cheva- « lier. » Froissart [10] : « Là furent faits chevaliers, et leverent « banniere à une saillie que ceux de La Charité firent hors, « messire Robert d'Alençon, filz du comte d'Alençon, et « messire Louis d'Auxerre, qui estoit fils du comte d'Auxerre « et le frere du comte d'Auxerre. » Et ailleurs [11] il dit que le comte de Nevers, fils du duc de Bourgogne, conducteur des troupes françoises au secours du roy de Hongrie contre le Turc, estant entré dans le païs ennemy y fut fait chevalier par le roy, *et leva banniere*. Les fils des rois n'estoient pas dispensez de cette loy. Le même Froissart [12], parlant d'une bataille qui fut donnée entre les Ecossois et les Anglois : « Adonques fist le comte de Douglas son fils chevalier, « nommé messire Jacques, lui fist lever banniere : et là « fist-il deux chevaliers des fils du roy d'Escosse, messire « Robert et messire David, et tous deux leverent banniere. »

L'autre condition pour estre fait banneret, et qui estoit la plus necessaire, estoit qu'il faloit estre puissant en biens, et avoir un nombre suffisant de vassaux pour accompagner la banniere. C'est pourquoy les Espagnols appelloient les bannerets *Ricos hombres*, et les François les *riches hommes*, comme j'ay justifié en mes *Observations*. Au contraire, les simples chevaliers sont nommés *pauvres hommes* dans le rôlle des chevaliers qui accompagnerent saint Louys au voyage de Thunes : « Et est à savoir qu'il doit passer à « chascun banneret un cheval, et li chevaux emporte le gar- « çon qui le garde, et doit passer le banneret lui sixieme de « personne, et le pauvre homme soi tiers. »

Quant au nombre de vassaux, le *Ceremonial* veut que le banneret ait sous sa conduite cinquante hommes d'armes, outre les archers et les arbalétriers qui y appartiennent :

---

1. L. 8, Philipp. p. 193. — 2. Lib. 3. p. 121. — 3. A. 1215. — 4. Gesta Guill. p. 207. — 5. Vol. 1, ch. 149, fo 79. — 6. Calland, au Traité du Franc aleu. — 7. Vol. 1, ch. 121, 151. — 8. Ch. 15. — 9. T. 1, p. 431.

1. Gregor. Telos. l 6, c. 9. — 2. Ceremonial ms., et celui qui est imprimé avec un livre intitulé la Division du monde, l'an 1530. — 3. Al. longuement. — 4. Al. tant comme il puisse tenir cinquante gentilshommes. — 5. Al. soit banneret. — 6. Al. faire sonner les trompettes pour témoigner. — 7. Al. garder son corps et sa banniere. — 8. Al. et s'il y a autres bannieres en honneur, selon qu'ils sont nobles, et pareillement tous hommes qui portent banniere. — 9. Ch. 79. — 10. Vol. 1, ch. 225. — 11. vol. 4, ch. 18, 72. — 12. Vol. 2, ch. 10.

c'est à dire cent cinquante chevaux. Car Froissart [1] dit en quelque endroit que vingt mille hommes d'armes faisoient soixante mille hommes de guerre : chaque homme d'armes ayant deux hommes à cheval à sa suite. Olivier de la Marche écrit que, suivant l'ancienne coutume, il faloit que le pennon de celui qui prétendoit à cette dignité fust accompagné de vingt-cinq hommes d'armes au moins. Mais les comptes des trésoriers des guerres du roy nous apprennent le contraire, et nous font voir qu'il y avoit souvent des chevaliers bannerets qui avoient un beaucoup moindre nombre de vassaux à leur suite, dont les uns estoient bacheliers, les autres escuiers. Aussi un autre *Cérémonial* veut qu'un chevalier ou escuier, pour estre fait banneret, *soit accompagné au moins de quatre ou cinq nobles hommes, et continuellement de douze ou seize chevaux.* Il est vray que pour l'ordinaire les chevaliers bannerets allans à la guerre du prince comme la plus part estoient grands seigneurs, avoient un bien plus grand nombre de vassaux, entre lesquels il y en avoit des chevaliers, qui avoient pareillement leurs vassaux à leur suite. ce qui formoit une compagne fort raisonnable sous la conduite du banneret. Et ainsi ce sont les bannerets qu'Albert d'Aix [2] a désignés par ces termes : « Ad quinquaginta in « arcu, lancea et gladio ceciderunt viri fortissimi, et usque « ad hanc diem in omnibus præliis invictissimi, singuli « redditibus terrarum, et locorum possessionibus ditati, et « ipsi equites sub se habentes, alius viginti, alius decem, « alius quinque, alius duo ad minus. » Et Geoffroy de Malaterre [3], pour faire voir que Tancrede, pere du fameux Robert Guischard, avoit la qualité de chevalier banneret, et qu'ainsi il n'estoit pas de si basse extraction, comme Anne Comnene et quelques autres auteurs ont écrit, dit qu'il estoit à la cour de Richard II du nom, duc de Normandie, commandant à dix chevaliers : « In curia comitis decem milites sub se « habens servivit. »

Le banneret estoit fait par le prince, ou le lieutenant général de l'armée, en cette maniere : le chevalier qui estoit assez puissant en revenus de terres et en nombre de vassaux pour soutenir l'état et la condition de banneret, prenoit l'occasion de quelque bataille qui se devoit donner, et venoit se présenter devant le prince, ou le chef de l'armée, tenant en sa main une lance, à laquelle estoit attaché le pennon de ses armes enveloppé, et il le faisoit sa requête, ou lui-même ou par la bouche d'un heraud d'armes, et le prioit de le faire banneret, attendu la noblesse de son extraction et les services rendus à l'État par ses prédécesseurs ; veu d'ailleurs qu'il avoit un nombre suffisant de vassaux. Alors le prince, ou le chef d'armée, développoit le pennon, en coupoit la queuë, et le rendoit quarré, puis le remettoit entre les mains du chevalier, en lui disant, ou faisant dire par son heraud, ces paroles, ou de semblables : « Recevez l'honneur que vostre prince « vous fait aujourd'huy, soiez bon chevalier, et conduisez « vostre banniere à l'honneur de vostre lignage. » Froissart [4] décrit ainsi cette cérémonie : « Là entre les batailles apporta « messire Jean Chandos sa banniere, laquelle encore n'avoit « nullement boutée hors de son estuy. Si la présenta au « prince, auquel il dit ainsi : Monseigneur, veez-cy ma ban- « niere : je vous la baille par telle maniere qu'il vous plaise « de la desvelopper, et qu'aujourd'huy je la puisse lever; car, « Dieu mercy, j'ay bien dequoy en terre et heritage pour te- « nir estat comme appartient à ce. Ainsi print le prince et le « roi dom Pietre la dite banniere entre leurs mains, « qui estoit d'argent à un pieu aiguisé de gueules, si la des- « velopperent, et la luy rendirent par la hante en disant « ainsi : Messire Jean, veez-cy vostre banniere, Dieu vous « en laisse vostre preu faire. Lors se partit messire Jean « Chandos, et rapporta entre ses mains sa banniere, et dit « ainsi : Seigneurs, veez-cy ma banniere et la vostre ; si la « gardez ainsi qu'il appartient. Adonc la prindrent les com- « paignons, et en furent tous resjouis, et dirent que s'il plai- « soit à Dieu et S. Georges ils la garderoient bien, et s'en « acquiteroient à leur pouvoir. Si demoura la banniere és « mains d'un bon escuier anglois, que l'on appelloit Guillaume « Alery, qui la porta seurement ce jour, et qui loyaument « s'en acquitta en tous estats. » Le même auteur [6] décrit encore ailleurs cette cérémonie en ces termes : « Là furent « appellez tous ceux qui nouveaux chevaliers vouloient estre, « et premierement messire Thomas Trivet apporta sa ban- « niere toute enveloppée devant le comte de Boucquingam, et « luy dit : Monseigneur, s'il vous plaist, je desvelopperay « aujourd'huy ma banniere, car, Dieu mercy, j'ay assez de « revenu pour maintenir estat comme à la banniere appar-

« tient. Il nous plaist bien, dit le comte ; adonc prit la ban- « niere par la hante, et luy rendit en sa main, disant : « Messire Thomas, Dieu vous en laisse vostre preu faire cy « et autre part. »

Le pennon ou le pennonceau estoit l'enseigne *du chevalier bachelier,* sous lequel il conduisoit ses vassaux. *Le Cérémonial,* au chapitre *de l'ordonnance du roy quand il va en armes,* le dit en termes exprés : « Aprés les pages viennent « les trompettes, aprés les trompettes viennent les pennons « des bacheliers, aprés les pennons viennent les bannieres « des derrains bannerets. » Et à l'endroit où il décrit les cérémonies des obseques : « La quatrieme offrande doit estre « d'un cheval couvert du trespassé, et sera monté dessus un « gentilhomme, ou amy du trespassé, qui portera sa ban- « niere s'il est banneret, ou s'il est bachelier, son pennon. » Froissart attribuë pareillement en plusieurs endroits de son histoire aux pennons aux bacheliers, et fait voir qu'ils estoient armoiez de leurs armes [1]. Quelquefois les grands seigneurs portoient en même temps la banniere et le pennon. *Le Cérémonial* attribuë ce droit non-seulement aux roys et aux souverains, mais encore aux ducs, aux marquis et aux comtes, et ajoute que c'est en cela qu'est la différence d'entre le comte et le baron. Mais Froissart [2] nous apprend le contraire, nous représentant divers seigneurs qui n'estoient pas revêtus de ces hautes qualitez qui portoient la banniere et le pennon en même temps : « Là estoit messire Huë le Despensier « à pennon, et là estoit à banniere et à pennon le sire de « Beaumont, messire Huë de Caurelée, et messire Guillaume « Helmen, et à pennon sans banniere messire Thomas « Dracton, etc. » Mêmes Georges Châtelain [3] attribuë une banniere et un pennon en même temps à un escuier. Il est constant [4] que les souverains avoient la banniere et le pennon : et à l'egard du roy de France sa banniere estoit en la charge du grand chambellan, et son pennon en celle de son premier vallet tranchant. Froissart parle en quelque endroit du pennon du roy de France [5]. Et la raison pour laquelle les grands seigneurs avoient la banniere et le pennon en même temps est [6] que comme ils avoient un grand nombre de vassaux, les bannerets se rangeoient sous sa banniere, et les bacheliers qui relevoient immediatement d'eux, sous son pennon. Le pennon differoit de la banniere en ce que la banniere estoit quarrée et le pennon avoit une queuë, semblable à ces enseignes que les Latins nommoient dragons. C'est cette queuë que l'on coupoit lorsqu'on faisoit les bannerets.

Comme les bannerets se faisoient aux occasions des batailles, ou de quelques entreprises militaires, ce qui a été remarqué par Froissart [7], Monstrelet. Olivier de la Marche, et autres auteurs ; il s'en faisoit aussi quelquefois dans les occasions des festes solennelles ou des tournois. Jacques de Valere, en son traité ms. d'*Armes de noblesse* [8] : « S'il est roy « ou prince qui soit audit tournoy, et s'il lui plaist peust « faire de grace chevaliers, et là mesme bannerets, « pour après prendre banniere. » Et plus bas : « Celui qui « heve banniere en tournoy, ou en bataille, du roy d'ar- « mes, ou heraux de la marche, dix livres parisis. »

Cette qualité de banneret en la personne du chevalier le faisoit reconnoitre ordinairement sous le nom de *banniere,* comme on recueille des auteurs, et particulièrement du passage du sire de Joinville, où il écrit qu'il accompagna le roy saint Louys, *lui, troisième de bannieres,* c'est à dire avec deux autres chevaliers *portans bannieres* : « Milites vexila « ferentes, » comme ils sont nommez par Mathieu Paris [9], qui sont appellez *vexillarii* dans une ordonnance de Philippes le Hardy. De là vient le proverbe usité en ce temps-là, *cent ans banniere, cent ans civiere,* pour marquer la décadence des familles, et je ne sçay si on ne doit pas rapporter là ce mot *de civiere* ces deux vers qui se lisent en l'Histoire des archevesques de Breme [9] :

Erat Dacus nobilis sanguine regalis
Ex matre, sed genitor miles civeralis,

c'est à dire un chevalier de dernier ordre. Du Tillet dit encore que la famille des bannerets, pour marque de prérogative et de noblesse, estoit appellée *hostel noble et banniere,* et que ce titre est donné à la maison de Saveuses en Picardie, dans un ancien arrest du parlement de Paris. J'ajoute à ces

---

1 Vol. 4. — 2 L. 12, c. 31 — 3 L. 1, c 40 — 4. L. 1. — 5. Vol. 1, ch. 241. — 6 Vol. 2, c 54.

1. Vol. 4, c. 198, 241, 237 ; vol. 2, c 142, 135, 161 ; vol. 4, c 18, 21, 79. Chr. de Fland., c. 113. — 2. Vol. 2, c. 135. — 3. Hist. de Jac. de Lalain, c. 6. — 4. Cérémon. de France. — 5 Vol 4, ch. 18 — 6. Theatre d'Hon de la Colomb. t. 1, p. 63. — 7. Vol. 4, c. 925 ; vol. 2, c. 125, 139, 464 ; vol. 3, ch 44 ; vol. 4, ch. 18, etc — 8. R. P. 390, 403 : t. 5, Hist. Fr. p. 553. — 9. P. 116. [ed. Lappenb. pag. 25 : *curialis*]

remarques que dans une ordonnance de Charles VIII, de l'an 1495, pour les droits de geolage, la femme du banneret y est nommée *une dame bannerete*.

Ce nom de *banniere* estoit encore attribué à la terre du chevalier banneret, et estoit ainsi nommée parce qu'elle avoit un grand nombre de fiefs qui en dépendoient, et par consequent assez de vassaux pour obliger celuy qui en estoit seigneur de lever banniere, ce qui est tellement vray, que le titre de banneret passoit à tous ceux qui la possedoient, mêmes avant qu'ils eussent esté revêtus du titre de chevaliers. C'est pourquoy dans les comptes de Jean le Mire, de Barthelemy du Drack, de Jean du Cange, et autres trésoriers des guerrres du roy, qui sont en la chambre des comptes de Paris, nous y voions *les escuiers bannerets* au service du roy, avec leur suite, composée de chevaliers et d'escuiers : mais avec cette difference que jusques à ce qu'ils eussent esté faits chevaliers ils marchoient après les bacheliers, dont ils avoient les gages et la paye, et estoient nommez par leur nom propre, et non point du titre de *Messire*, ou de *Monseigneur*, qui n'appartenoit qu'aux chevaliers. De sorte que les *terres bannieres* estoient comprises sous le nom general de *militiæ*, qui se rencontre souvent dans les titres, pour designer les *fiefs des chevaliers*, nommez *milites feudales*[1] en d'autres, et les *fiefs de haubert*, pour les raisons que nous dirons ailleurs. Car quant aux fiefs des bacheliers, c'est à dire des chevaliers simples, ils semblent estre nommez *baccalariæ* dans divers titres du *Cartulaire* de l'abbaye de Beaulieu en Limosin, que j'ay leus, et dont plusieurs ont esté transcrits par M. Justel, en son *Histoire d'Auvergne et de Turenne*. Il est encore parlé de cette espèce de fief dans les *Coûtumes d'Anjou*[2] et du *Maine*[3]. Quelques écrivains flamans[4] ont donné le dénombrement des terres bannieres du comté de Flandres.

Celuy-là donc qui estoit possesseur d'une terre *banniere*, c'est à dire qui avoit assez de fiefs dépendans pour fournir le nombre de vassaux suffisant pour former un banneret, et qui avoit esté possedée par des bannerets, prenoit l'occasion d'une bataille pour *deployer, développer, lever, relever, et mettre hors sa banniere*[5] ; car les auteurs se servent de toutes ces façons de parler. Il y avoit, toutefois, difference entre *relever banniere* et *entrer en banniere* : car celui-là *entroit en banniere* qui se faisoit donner par le prince le privilege de banneret, a cause d'une ou plusieurs terres dont il estoit possesseur et qui lui fournissoient un nombre de vassaux pour maintenir cette dignité. Et celui-là *levoit ou relevoit banniere* qui developpoit et déployoit la banniere de sa terre, qui lui estoit écheuë de succession, ou qui se faisoit banneret à cause d'une terre qui avoit eu le titre de banneret, et dont il devenoit possesseur. Nous apprenons cette distinction d'Olivier de la Marche[6], dont je rapporteray ici les termes : « La vey je messire Louys de la Vieville, relever « de Sains, relever banniere, et présenta le roy d'armes « de la Toison d'or, et ledit messire Louys tenoit en une « lance le pennon de ses plaines armes, et dit ledit Toison : Mon « tres-redouté et souverain seigneur, voicy votre tres-humble « sujet messire Louys de la Vieville, issu d'ancienne banniere « à vous sujete, et est la seigneurie de leur banniere entre « les mains de leur aisné, ne peut ou doit, sans mesprendre. « porter banniere quant à la cause de la Vieville, dont il est « issu : mais il a par partage la seigneurie de Sains, ancien- « nement terre de banniere, parquoi il vous supplie, consideré « la noblesse de sa nativité, et les services faits par ses « predecesseurs, qu'il vous plaise le faire banneret, et « relever banniere. Il vous presente son pennon armoié, « suffisamment accompagné de vingt-cinq hommes d'armes « pour le moins, comme est et doit estre l'ancienne coûtume. « Le duc lui respondit, que bien fust-il venu, et que voulon- « tiers le feroit. Si baille le roi d'armes un couteau au duc, « et prit le pennon en ses mains, et le bon duc, sans oster le « gantelet de la main senestre, fit un tour au tour de sa main de « la queuë du pennon, et de l'autre main couppa ledit pennon, « et demoura quarré, et la banniere faite le roy d'armes « bailla la banniere audit messire Loys, et lui dit · Noble « chevalier, recevez l'honneur que vous fait aujourd'huy « vostre seigneur et prince, et soyez aujourd'hui bon cheva- « lier, et conduisez vostre banniere à l'honneur de vostre « lignage. Ainsi fut le seigneur de Sains relevé en banniere. « Et prestement se presenta messire *Jaques*, seigneur de « Harchies en Hainaut, et porta son pennon suffisamment « accompagné de gens d'armes siens, et d'autres qui l'accom- « pagnoient. Celuy messire Jaques requit à son souverain « seigneur, comme comte de Hainaut, qu'il le fist banneret

« en la seigneurie de Harchies. Et à la verité bien lui devoit « estre accordé, car il estoit un tres-vaillant chevalier de sa « personne, et avoient, lui et les siens, honorablement servi « en toutes guerres. Si lui fut accordé, et fut fait banneret « celui jour le seigneur de Harchies. Et de ces deux bannieres « je fais difference : dautant que l'un releve sa banniere, et « l'autre entre en banniere, et tous deux sont nouveaux ban- « nerets celui jour, comme dit est. » Ce qui sert *pour entendre* un ancien *Provincial*, ou recueil de blazons, qui après avoir donné les armes de chevaliers bannerets de Hainaut, fait un autre chapitre, avec ce titre : « Cy-après s'ensuivent les « noms et les armes d'aucuns seigneurs à banniere, qu'on a « veu en Hainaut, qui sont morts sans relever. » Et ensuite il met, « le sire de Beaumont, frere au bon comte Guillaume, « le sire d'Avesnes, le sire de Roeux, et autres . faisant assez voir par là que ces chevaliers, ou seigneurs, qui possedoient des fiefs de banniere, estoient decedez avant que l'occasion se fust présentée de la relever en quelque rencontre de guerre par la permission du prince.

Je trouve que c'est avec raison que le vieux *Cerémonial* a inferé delà que la banniere est la marque d'investiture du banneret, lorsqu'il dit que le duc reçoit l'investiture par la couronne, le marquis par le rubis qu'il mettoit au doit du milieu, le comte par le diamant, le vicomte par la verge d'or, et les barons et les bannerets par la banniere Quoy que ce qu'il met en avant des marquis et des autres dignitez soit sujet à la censure, il est au moins constant que le banneret estoit investy de sa dignité par la banniere. Car comme la banniere est une espèce d'étendart, sous lequel les vassaux se rangent pour aller à la guerre du prince, il est constant que toutes les investitures qui se font des terres, de quelque qualité qu'elles soient, qui donnent le droit à ceux qui les possedent de conduire leurs vassaux à la guerre, se sont toûjours faites par la banniere. C'est ce que nous lisons dans l'ancien Droit des Saxons[1] : « Imperator confert cum sceptro « spiritualibus, et cum vexillis sæcularibus feuda omnia « illustris dignitatis. Nec licet ei feudum vexillis vacans per « annum et diem non collatum tenere. » Et quelque peu après il nous fait voir que sous le nom de fief de banniere estoient compris les grandes seigneuries avec dignitez : « Septem vexillorum feuda in Saxonia sunt definita. Ducatus « Saxoniæ, Palantia, Marchia Brandenburgensis, Landgravio- « natus Turingiæ, etc. » Il nomme quelquefois ces grands fiefs *vexilla feudalia*, quelquefois *feuda vexilli*[2]. Le *Droit des fiefs de Saxe* les appelle *Feudovexilla*, ou *feuda vexilla habentia*. Et enfin dans quelques arrests les terres à bannieres y sont nommées *feuda vexillorum*, et les chevaliers *milites vexillati*[3].

Nous lisons souvent dans les auteurs, conformément à ce qui est porté dans le *Droit des Saxons*, qu'en Alemagne les duchez et autres grands fiefs estoient conferez par les empereurs par la banniere. Othon, évesque de Frisengen[4], dit que la coûtume estoit en la cour imperiale, « Ut regna per « gladium, provinciæ per vexillum à principe tradantur, vel « recipiantur. » Ce fut donc suivant cet usage que l'empereur Henry investit son beau-frere du duché de Baviere par la banniere[5], *Cumque hasta signifera ducatum dedit*. Philippes, roy des Romains, investit en l'an 1207 Thomas[6], comte de Savoye, de ce comté, et autres terres par trois bannieres, *juxta priscam Imperii consuetudinem*. Ce que s'est encore pratiqué en d'autres royaumes. Car nous lisons[7] que Welphe, marquis de Toscane, cousin germain de l'empereur Frederic I, distribua sept comtez à certains barons, et les en investit avec autant d'étendarts, *baronatur terræ septem comitatus cum tot vexillis concessit*. Ainsi Frederic, roy de Sicile[8], investit Richard, frere du pape Innocent III, du comté de Sora, *per regale vexillum, quod illi transmisit*. Baudoüin II, roy de Hierusalem[9], en usa de même lorsqu'il donna le comté d'Edesse à Josselin de Courtenay[9], comme encore le pape Honorius à l'endroit de Roger, comte de Sicile, lorsqu'il l'investit du duché de la Poüille et de Calabre, et le même Roger lorsqu'il donna la principauté de Capouë à Alphonse son fils[10] Les comtes de Goritie[11] recevoient l'investiture des ducs de Venise par un etendart de taffetas rouge, et les dauphins[12] de Viennois par l'épée delphinale et par la banniere de S. Georges. Je passe tous les autres exemples qui se peuvent tirer des auteurs qui font de semblables remarques. Ce que je viens de rapporter suffit pour justifier

---

1. In Glos. lat. barb. — 2. Art 63. — 3. Art. 72. — 4. L'Espinoy. — 5. Froissart et al. passim. — 6. L. 6, ch. 25, p. 241.

1. Specul. Saxon. l. 3, art. 60, § 1 : art. 58, § 2 ; art. 62, § 2. — 2. Art. 52, § 3 ; art. 53. § 1. Jus Feudale Sax cap 16, § 3, 5, 7 — 3. Cap. 24, § 1. Ragueau, v. Banneret — 4 Otho Fris l. 2. de Gest Frid. c. 5, 32. — 5. Ditmar. l. 6 : Langius. — 6. Guichenon — 7 Abb. Usperg. — 8. Gesta Innoc. III, p 27. — 9. Will. Tyr. l. 12, c. 1. — 10. Alexander Cebesin. l. 1, c. 16 : id. l. 3, c. 20. — 11. Sansovin. nelle Fami. d'Ital. — 12. A. Du Chesne, en l'Hist. des Dauph. p. 165.

ce que j'ay mis en avant, que tous les grands fiefs sont fiefs de banniere, et que la banniere estoit la marque de l'investiture de cette espéce de fiefs.

Quant aux moindres fiefs qui estoient ornez du titre de banniere, ils avoient des privileges particuliers. Car au duché de Bretagne ils avoient droit de haute justice, de lever justice à quatre piliers, et les possesseurs de porter leurs armes en banniere, c'est à dire en un écusson quarré [1]. En Dauphiné les bannerets ont pareillement toute justice dans l'étenduë de leurs seigneuries, et le droit de faire visiter les grands chemins, d'avoir procureur fiscal, les confiscations pour crime d'heresie, et autres prérogatives qui sont remarquées par quelques jurisconsultes de ces pays-là [2].

Les bannerets avoient encore le privilege de cry de guerre, que l'on appelle *cry d'armes*, qui leur estoit particulier, et leur appartenoit privativement à tous les bacheliers, comme ayans droit de conduire leurs vassaux à la guerre, et d'estre chefs de troupes, et d'un nombre considerable de gens d'armes. Mais comme c'est encore une matiere curieuse, et que l'usage de ces cris, est peu connu d'un chacun, je reserve à en traiter à fonds dans les dissertations suivantes.

A l'égard des armes en banniere, c'estoit un des principaux privileges des bannerets du duché de Bretagne, et de quelques autres provinces, comme de celle de Poitou [3], dont la coûtume porte en termes exprès, « que tout seigneur qui a « comté, vicomté, ou baronie (elle désigne assez les bannerets « par ces mots), peut en guerre, on armoiries, porter ses « armes en quarré, ce que ne peut le seigneur chastellain, « lequel les peut seulement porter en forme d'escusson. » Le traité manuscrit des armes des familles éteintes en Normandie, que j'ay leu parmy les recueils [4] de M. Pereisc, marque cette difference en deux endroits, en ces termes : « Le sire de « Mailleville est d'ancien lignage, et porte les armes de « Quernoüaille, qui a esté anciennement banniere et chief « d'armes, et pour ce sont mises en targe, qui signifie « bachelier et banneret. » Et ailleurs, au sujet des armes d'Ermenonville. « Et pour ce que ledit sire d'Ermenonville « ne a point portées à banniere, laquelle chose il peut faire « selon le devis du livre de Monjoie, comme ailleurs est dit, « sont mises icy en targe, qui signifient banneret et bachelier. »

1. D'Argentré. — 2. Fr Marci, Decis. Delph to. 1, q. 339 et 386 : G. Papæ Decis, 346 et 513. — 3. Coût. de Poitou, art. 1. — 4. Vol. 3.

« et se doivent ainsi porter jusques à ce que la banniere en « soit relevée. » La figure de la targe est presque quarrée par le bas, et un peu arrondie par le haut, et fendue aussi en haut au premier quartier. Je ne veux pas m'arrêter à ce que Pierre de Saint-Julien et la Colombiere [1] ont écrit, que les bannerets avoient droit de porter au dessus de leurs armes un chappellet, ou cercle d'or, rehaussé de quelques perles, parce que cela est destitué de fondement.

Les chevaliers bannerets, lorsqu'ils alloient à la guerre du roy, avoient le double de la paye des bacheliers. La paye ordinaire des bannerets estoit de vingt sols tournois par jour : celle des chevaliers bacheliers et des escuiers bannerets de dix sols châcun, des escuiers simples de cinq sols, des gentilshommes à pied deux sols, des sergens à pied de douze deniers, et des arbalestriers de quinze deniers. En quelques comptes [2] des trésoriers des guerres du roy de l'an 1340 la paye de l'escuier monté au prix, c'est à dire sur un cheval de prix, est de sept sols tournois, de l'escuier à moindre prix de cinq sols, du gentilhomme à pied de deux sols six deniers, et du sergent et de l'arbalestrier à pied de quinze deniers. Quelquefois le roy augmentoit cette solde, qui s'appelloit la grande paye, et alors il declaroit qu'il n'entendoit pas qu'elle passât pour gages, mais pour une maniere de prest, comme il fit en l'an 1315, ou pour une grace ; comme il est énoncé au commencement du compte de Jean du Cange, de l'an 1340, dans lequel « on compte par jour aux chevaliers à « banniere 30 sols tournois ; aux chevaliers bacheliers 15 sols « T., à l'escuier monté sur cheval de 25 livres, et au dessus, « 7 sols 6 den., à l'escuier monté sur cheval de prix dessous « 25 livres, 5 sols T., et à chascun sergent de pied 2 sols T. »

Je pourrois fermer cette dissertation par les bannerets d'Angleterre, que plusieurs auteurs estiment estre les mêmes que les bannerets de France, mais parce que c'est une matiere qui est hors de mon sujet, et que d'ailleurs elle a esté traitée par deux sçavans auteurs anglois, Spelman [3] et Selden [4], je croy qu'il suffit de m'en renvoyer le lecteur, outre que peut-estre l'occasion se presentera d'en dire quelque chose ailleurs. Le dernier a aussi traité doctement, à son ordinaire, des bannerets [5] et des fiefs de banniere [6].

1 P S Julien, en ses Mesl. Hist. p. 571 ; Science Heroiq. p. 384. — 2. Comptes des tresoriers des guerres. Du Tillet des Trait. d'Angl. p 218 — 3. Spelm. in Gloss. — 4. Selden Titles of honor, part. 2, c. 5, § 46. — 5. Seld part. 2, c. 5, § 25, 39. — 6. Cap. 1, § 26.

DES GENTILSHOMMES DE NOM ET D'ARMES

DISSERTATION X.

Dans l'état et la condition de la noblesse, il semble qu'il n'y a aucune prérogative qui éleve l'un plus que l'autre, et qu'il en est comme de l'ingenuité parmy les jurisconsultes, laquelle ne reçoit ni le plus ni le moins. Il y a toutefois lieu de présumer que la qualité de *gentilhomme de nom et d'armes* a quelque chose de plus relevé, et est d'un degré plus eminent que de simple gentilhomme : puisque lorsqu'il est besoin de choisir des seigneurs de haute extraction, et dont la noblesse doit entrer en consideration, comme dans les ordres de chevalerie, on a desiré qu'ils fussent revêtus de cette qualité. Philippes [1], duc de Bourgogne, en l'ordonnance de l'ordre de la Toison d'or, veut que les trente-six chevaliers qui y seront admis *soient gentilshommes de nom et d'armes sans reproche*. Le roy Louis XI. en l'établissement de l'ordre S. Michel [2] : « Ordonnons qu'en ce présent ordre y aura « trente-six chevaliers, gentilshommes de nom et d'armes « sans reproche, dont nous serons l'un, chef et souverain, etc. »

1 Locrius, in Chr Belg. an. 1431 ; Miræus, in Diplom. Belg. l. 1, c. 98. — 2 Art. 1.

Le roy Henry III, en l'art. 15 de celui de l'ordre du Saint-Esprit, veut que ceux qui y entreront soient pareillement « gentilshommes de nom et d'armes de trois races pour le « moins. » L'ordonnance de Blois [1] veut que « nul ne soit « pourvu au estats de bailly, ou de seneschal, qui ne soit « gentilhomme de nom et d'armes. » L'ordonnance de Moulins [2] et celle d'Orleans [3] requierent seulement qu'ils soient gentilshommes. Cette façon de parler se trouve encore souvent dans les auteurs. En la description du tournoy [4] qui se fit à Nancy le 8 octobre l'an 1517, il est specifié que les tenants estoient « six gentilshommes de nom et d'armes, « tous de la maison du duc de Lorraine. » Froissart [5] : « Estes-vous noble homme de nom et d'armes. » Et ailleurs : « Ils perdirent environ soixante chevaliers et escuyers, tous « de nom et d'armes. Dans Monstrelet [6] : « Gentilshommes « de nom et d'armes sans reproche. » Dans le même Froissart [7] : « Chevalier du royaume de France de nom, d'armes, et de

1. Art 263 — 2. Art. 21. — 3. Art 48. — 4. La Colombiere, au Theatre d'honn. tom 1, c. 13 — 5. Vol 4, c. 21, 23. — 6. Vol. 1, c. 8, 9. — 7. Vol. 1, ch. 8.

« nation. » *Nobiles in armis*, en un arrest du parlement de Grenoble de l'an 1196[1]. *Gentilhomme d'armes*, dans Monstrelct[2]. Tous lesquels termes signifient un veritable gentilhomme, et auquel on ne peut reprocher aucun defaut en sa noblesse. Froissart[3], voulant designer un bon François, l'appelle *François de nom et d'armes*; dans l'Histoire du mareschal Boucicault[4], *Renommez de nom et d'armes*. De toutes ces remarques je veux conclure que les gentilshommes de nom et d'armes ont quelque chose qui les releve pardessus le commun. Car en vain on demanderoit ce titre, s'il n'estoit pas plus eminent que celui de la simple noblesse. Mais comme il y a plusieurs opinions sur ce sujet, il est à propos d'en faire la déduction, et de les discuter toutes, avant que de m'engager plus avant sur cette matiere.

Jean Scohier[5], en son *Traité de l'état et comportement des armes*, estime que ceux-là sont gentilshommes de nom et d'armes qui portent le nom de quelque province, ville, bourg, château, seigneurie, ou fief noble, ayant armes particulieres. encore bien qu'ils ne soient seigneurs de telles seigneuries; et sur ce fondement il forme plusieurs questions. Mais je ne vois pas quelle est la prérogative ni l'eminence de cette noblesse pardessus les autres. Car combien y a-t-il de familles relevées qui n'ont point le nom d'une terre, et lesquelles pour cela ne laissent pas d'entrer journellement dans les ordres de chevalerie, et d'estre admises aux grandes charges où cette qualité est requise ? Avoir le nom d'une terre ne releve pas la personne ni la noblesse. Un duc, ou comte. qui tirera son extraction d'une personne anciennement annoblie, et qui n'a jamais porté le nom d'aucune terre, ne laissera pas d'entrer dans les ordres de chevalerie et de passer pour veritable gentilhomme.

D'autres[6] tiennent que les gentilshommes de nom et d'armes sont ainsi appellez, non acause des armoiries, mais acause des armes, dont ils font profession ; pour les distinguer, disent-ils. des *chevaliers en loys*, qui sont ceux de la robe, que le prince a honorez du titre de chevalerie, et qui ne font aucun métier des armes. Il est parlé de ces chevaliers en loix dans Froissart[7], Monstrelet[8], d'Argentré[9] et autres[10]. Mais qui se persuadera qu'ait esté la pensée des fondateurs des ordres militaires, et des rois qui ont fait les ordonnances, de restraindre la seule noblesse à l'espée ? D'ailleurs, pourquoy qualifier tels gentilshommes de nom, comme si cette adjection faisoit et ajoûtoit quelque degré à la noblesse de sang.

Il y en a d'autres qui croient que les gentilshommes de nom et d'armes sont ceux qui portent les armes affectées au nom de leur famille, sans toutefois que cette qualité les mette au dessus de ceux que l'on qualifie simplement gentilshommes: cette adjection *de nom et d'armes* n'estant que pour designer une noblesse bien fondée, et sans reproche, dautant qu'enfin les preuves dont un gentilhomme se sert pour prouver sa noblesse, il y en a une par laquelle il justifie que le surnom et les armes qu'il porte ont esté portez par son pere, son ayeul, et son bisayeul. Et il semble que c'est là le sentiment d'André Duchesne[11], lequel, écrivant de la maison de Du Plessis, et parlant du cardinal de Richelieu, dit ces paroles : « Il estoit aussi chef des armes de sa maison, composées d'un escu d'argent à trois chevrons de gueules, « lesquelles ses descendans ont toujours portées et retenuës « jusques à present, avec le mesme surnom du Plessis. « De sorte qu'à juste titre il doit participer à la gloire et à « la renommée de ceux qui ont esté reconnus de toute anti- « quité pour gentilshommes de nom et d'armes. » Et en l'histoire de la maison de Bethune[12] : « Les armes ou armoi- « ries sont si propres et si essentielles aux nobles, qu'il n'y « a qu'eux qui puissent justement en porter ; d'où vient que « pour exprimer la vraie noblesse l'on dit ordinairement « qu'il est gentil-homme de nom et d'armes. »

Quoy que cette opinion ait quelque fondement en apparence, toutefois s'il m'est permis de m'en départir, sans blesser l'autorité d'un auteur si judicieux, et de ceux qui l'ont embrassée, je tiens qu'il est plus probable que l'on appelle gentilshommes de nom et d'armes ceux qui peuvent justifier leur noblesse, non-seulement de leur estat, c'est-à-dire par leur pere et leur ayeul, en faisant voir qu'ils ont toujours fait profession de noblesse, que vous estez reputez gentilshommes, et que le nom et les armes qu'ils portent ont esté portez par leurs pere et ayeul, qui est la forme ordinaire de justifier une noblesse simple ; mais encore par les quatre quartiers ou lignes. Cecy se faisoit en montrant que leurs ayeul et ayeule paternels, ayeul et ayeule maternels estoient nobles. Ce qui se prouve par le plan de la genealogie, et par les armes des ayeuls et des ayeules, tant du côté paternel que maternel. Dautant que les armes estant les veritables marques de la noblesse, puisqu'elles n'appartiennent qu'aux nobles, celuy qui peut justifier dans sa genealogie que ses ayeuls et ayeules paternels et maternels ont porté des armes ou armoiries, il s'ensuit que ces ayeuls et ayeules sont nobles, et partant qu'il est sorty et issu de parens nobles de quatre diverses maisons, qui est ce que nous appellons lignes.

Je m'explique, et dis qu'il est necessaire à celuy qui se dit gentilhomme de nom et d'armes, de justifier la noblesse de ses ayeuls et de ses ayeules, tant du côté paternel que maternel, qui sont quatre personnes ; dont la premiere est l'ayeul paternel, duquel il faut prouver la noblesse pour justifier que celui qui est issu de luy est noble de nom, c'est-à-dire de son chef, qui est designé par ce mot : car faisant voir qu'ayant porté le même nom que son ayeul, qui estoit noble, il s'ensuit que luy, qui en est issu, est pareillement noble. Et afin qu'il puisse d'abondant se dire noble d'armes. il luy est necessaire de prouver que son ayeule paternelle, son ayeul et son ayeule maternels estoient nobles : ce qu'il fera en justifiant qu'ils ont porté des armes ou armoiries. Et alors il luy sera loisible de faire apposer à son tombeau, et partout ailleurs, outre ses armes, celles de ses ayeuls et ayeules, dont il est descendu, et de prendre qualité de gentilhomme de nom et d'armes.

Cecy semble estre expliqué par René, roy de Sicile, aux statuts de l'ordre du Croissant, qu'il institua le 11e jour d'aoust l'an 1448, où il déclare « que « Nul ne pourra estre « receu, ne porter ledit ordre, sinon que il soit ou prince, « marquis, comte. vicomte. ou issu d'ancienne chevalerie, et « gentilhomme de ses quatre lignes, et que sa personne soit « sans vitam cas et sans reproche. » Termes qui sont synonymes, et ont mêmê force que ceux qui sont couchez dans les statuts des autres ordres militaires, et dans les edits de nos rois cy-devant rapportez, scavoir que « nul ne sera « admis auxdits ordres s'il n'est gentilhomme de nom et « d'armes sans reproche. » Les Statuts ms. de la Jarretiere le disent plus clairement, expliquans ces termes. « Item est « accordé que nul ne sera esleu compagnon dudit ordre s'il « n'est gentilhomme de sang et chevalier sans reproche. » A la suite desquels mots sont ceux-cy pour explication: « Et « quant à la déclaration d'un gentilhomme de sang, il est « déclaré et déterminé qu'il sera extrait de trois descentes « de noblesses, à sçavoir de nom et d'arme tant du costé du « pere que de la mere. » Fr. Modius, parlant de ceux qui pouvoient se trouver aux tournois, decrit ainsi cette noblesse de nom et d'armes[2] : « Quisquis recentioris est notæ nobilis, « et non talis ut a stirpe nobilitatem suam et origine quatuor « saltem generis auctorum proximorum gentilitiis insignibus « probare possit, is quoque ludis his exesto. »

Or, ce n'est pas sans raison que les rois et les chefs ou instituteurs des ordres militaires n'ont voulu admettre à ces ordres et aux plus hautes charges de l'Etat, que ceux qui estoient nobles à bon titre, et sur lesquels il n'y avoit aucun reproche, soit en ce qui concerne la personne, soit pour la naissance et l'extraction, en un mot, qui estoit gentilshommes de nom et d'armes : dautant qu'en France on a tousjours tant fait d'estime de la noblesse, qu'il n'estoit pas permis aux gentilshommes de prendre alliance ailleurs que dans les familles nobles, à peine de décheoir des principales prerogatives qui appartenoient aux nobles, et d'estre notez en quelque façon d'infamie. Ce qui a eu lieu dès le commencement de la monarchie, les François n'ayant pas voulu admettre au royaume d'Austrasie les enfans du roy Theodoric[3] *quia erant materno latere minùs nobiles*, et ce suivant les premieres loix des Saxons et des peuples septentrionaux, dont parlent Eguinhart et Adam de Bremé[4], qui ne souffroient point que les nobles prissent alliance ailleurs que dans des familles nobles : « Generis quoque ac nobilitatis suæ provi- « dissimam curam habentes, nec facile ullis aliarum gentium, « vel sibi inferiorum connubiis infecti. propriam et sinceram, « tantumque sibi similem gentem facere conati sunt. Quatuor « igitur differentiis gens illa consistit, nobilium scilicet, « liberorum, libertorum, et servorum , et id legibus firmatum, « ut nulla pars in copulandis conjugiis propriæ sortis terminos « transferat, sed nobilis nobilem ducat uxorem, et liber « liberam, libertus conjungatur libertæ. et servus ancillæ.

---

1. Guido, Papæ Decis. 301. — 2. Vol. 1, ch. 93. — 3. Vol. 1, c. 224. — 4. P. 199. — 5. C. 17. — 6. Jean Chenu, en son livre des Offices, tit. 40, c. 30. — 7. Vol. 1, c. 178. vol. 4, c. 34. — 8. Vol. 1, p. 105, b. 143, b. — 9 Au traité des Nobles, quest. 14. — 10. Pasq. en ses Recher. l. 2, c. 16. — 11. En l'Hist. du Plessis, c. 1, p. 10. — 12. En l'Hist. de Bethune, l. 1, c. 5, p. 32.

1. La Colomb. tom. 1 du Theatre d'honn. c. 7. — 2. Fr. Modius, t. 2, de Hastilud. l. 1, fol. 9, verso. — 3. Aimoin, l. 4, c. 1. — 4. Ch. 5.

« Si vero quispiam horum sibi non congruentem, et genere
« præstantiorem duxerit uxorem, cum vitæ suæ damno
« componat. » Ainsi les Juifs [1], les Samaritains et les Iberes
ne permettoient à aucun d'eux de prendre alliance dans les
nations étrangères : tant ils faisoient état de la leur, laquelle
ils ne vouloient point estre mélangée d'autre sang que de
celuy qui le premier leur avoit donne l'estre. Cette estime
que l'on a fait en France des alliances par femmes est fondée
sur la raison naturelle, que les enfants estant
procreez de l'homme et de la femme, et par consequent
prenans les qualitez de l'un et de l'autre, ils participent
ordinairement à leurs bonnes ou mauvaises inclinations [2].
Car comme les nobles sont procréez d'un sang plus épuré,
et qu'à raison de leur nourriture et de leur éducation ils
sont portez au bien et à l'honneur par une pente naturelle,
il ne se peut presque faire autrement que leurs enfans
n'ayent part à ces bonnes inclinations

    Fortes creantur fortibus et bonis,
    Est in juvencis, et in equis patrum
    Virtus : nec imbellem feroces
    Progenerant aquilæ columbam [3].

C'est pourquoy *Sidonius* [4] a raison de dire : « Est quidem
« princeps in genere monstrando partis paternæ prærogativa.
« sed tamen multum est quod debemus et matribus. » Au
contraire les enfans qui naissent de ces conjonctions in-
égales participent aux inclinations basses et viles de leurs
peres ou de leurs meres, qui n'ont point de naissance et d'extraction, soit qu'elles passent avec le sang dans leurs
personnes, soit que l'education qu'ils contractent dans leur
enfance en imprime insensiblement les caractères. Mais la
principale raison qui a donné sujet d'interdire civilement
ces sortes d'alliances roturieres aux gentilshommes, a esté
parce qu'ils avilissoient par là la noblesse et le lustre de
leur famille. C'est celle que Theodose [5] rend lorsqu'il défend
aux femmes nobles d'épouser leurs esclaves : « Ne insignium
« familiarum clara nobilitas indigni consortio fœditate viles-
« cat, et quod splendore forsitan senatoriæ generositatis obti-
« nuerat, contactu vilissimæ societatis amittat. » A quoy est
conforme la loy des Wisigoths [6] dit à ce sujet : « Ge-
« nerosa nobilitas inferioris tactu fit turpis, et claritas gene-
« ris sordescit commixtione abjectæ conditionis. » C'est ce qui
est appellé dans la chronique d'Autriche [7] *depressio generis*,
et par nos François *abbaissement de lignage ou de mariage*.

Ce que j'ay avance des gentilshommes qui se mesalliôient
est tellement vray, qu'à peine on reputoit nobles ceux qui
prenoient des alliances roturieres. Les termes du vieux *Cérémonial* au chapitre des obseques le font assez voir, où, après
avoir dit les quatre cierges qui se mettoient aux quatre
coings du cercueil, armoiez des escussons et des armes
des quatre lignes, devoient estre portez par les plus proches
du lignage dont sont lesdites armes, il ajouste ces mots :
« Et par les armes, et ceux qui portent les cierges à l'accom-
« pagner, est cogneu les quatre lignes se sont [8] dont il est
« descendu, et quelque anciennement qu'il ait selon le lignage
« de quatre lignes il doit estre honoré. Car quand homme de
« prins ligne de quatre lignes en la maniere susdite,il se peut
« dire gentil-homme et à qui noblesse appartient. Et se un
« noble homme d'ancienneté est issu après sa noblesse de
« quatre lignes non nobles,c'est à scavoir de celle de l'esle et
« de suselle, et de mere, il ne se devroit plus nommer gentil-
« homme, et pour cette cause tout noble homme doit deffer
« à soy marier à noble lignie. Car se ce n'est en celle faute,
« sa lignie sera toujours dite noble, quelque chose qu'elle
« face, combien de le noble homme de sa nature doit tous-
« jours faire nobles œuvres, ou il-fait honte à sa nature. »

D'où il est arrivé que tels gentilshommes qui avoient *for-
ligné*, pour user du terme de Monstrelet [10] et de Georges
Chastellain [11], c'est à dire qui avoient pris alliance en maison
roturiere, encore qu'ils conservassent le titre de noblesse, et
en cette qualité fussent exempts de tailles et d'autres sub-
sides, ausquels les roturiers sont sujets, ne se pouvoient pas
toutefois aspirer aux dignitez eminentes, ni se trouver dans
les assemblées des chevaliers aux tournois, ou ailleurs, quoy
que leurs enfans peussent parvenir à l'ordre de chevalerie.
Car suivant les établissemens de France selon l'usage du
Châtelet de Paris [12], « S'uns hom de grant lignage prenoit

« la fille à ung villain à femme, si enfans porroient bien
« estre chevalier par droit, se il vouloient. » Ils estoient
mêmes exclus de toute compagnie de noblesse, et il leur estoit
défendu de se trouver aux tournois, ainsi qu'il est formellement exprimé dans le traitté [1] que René, roy de Sicile, a
fait sur ce sujet ; où il est porté qu'après que tous les
chevaliers et les escuiers qui se doivent présenter pour
combatre aux tournois sont arrivez dans la ville où ils se
doivent faire, « ils envoient dans le lieu de leur assemblée,
« qui est ordinairement un cloistre, leurs bannieres, heaumes
« et tymbres ; et là ront rangez de roy d'armes ; puis
« viennent les juges du tournoy avec les dames, les chevaliers
« et escuiers, les voir visiter, un heraut ou poursuivant
« nommant tout haut les noms de ceux à qui ils apparti-
« ennent, afin que s'il y a quelqu'un qui ait mesdit des dames,
« ou commis lascheté ou crime, sur la denonciation desdites
« dames ou chevaliers, le chevalier tournoiant soit puny
« selon l'exigence du cas, et empesché de tournoier. » Le roi
René rapporte trois cas, outre le premier, qui touche l'honneur des dames, qui meritent punition : le premier est quand
un gentilhomme s'est trouvé faux et mauvais menteur en
cas d'honneur ; le second, quand il se trouve usurier ; et le
troisieme, lorsqu'il s'est rabaissé par mariage, et s'est marié
à femme roturiere et non noble. « Desquels trois cas les
« deux premiers et principaux (ce sont les propres termes
« du traitté) ne sont point remissibles, ainçois leur doit-on
« garder au tournoy toute rigueur de justice, se ils sont si
« fols et si outrecuydez d'eux y trouver, après ce que l'on
« leur aura notifié et bouté leur heaume à terre. Estant à
« noter que s'il vient aucun au tournoy qui ne soit point
« gentilhomme de toutes ses lignes, et que de sa personne
« il soit vertueux, il ne sera point batu de nul pour la
« premiere fois, fors seulement des princes et grands sei-
« gneurs, lesquels, sans luy malfaire, se joüeront à luy de
« leurs espées et masses, comme s'ils le voussissent batre :
« et ce luy sera à tousjours mais attribué à grand honneur
« à lui fait par lesdits princes et grands seigneurs, et sera
« signe que par grand bonté et vertu il le merite d'oresenavant
« estre du tournoy ; et sans ce que on luy puisse jamais en
« rien reprouver son lignage en lieu d'honneur où il se
« trouve, tant oudit tournoy qu'ailleurs, il a aussi pourra
« porter tymbre nouvel, ou adjouster à ses armes comme il
« voudra pour le maintenir ou temps advenir pour luy et ses
« hoirs. » Nous apprenons de ce passage que la peine que
l'on faisoit souffrir à ceux qui ne s'estoient pas bien com-
portez dans les tournois estoit d'estre bastonne, ou d'estre
mis *à la bacula*, terme qui vient de *baculus*. Mathieu Paris [2]
parle de cette peine pratiquée dans les tournois, en plusieurs
endroits de son *Histoire*.

Quoy que ces mariages fussent permis par les loix canoni-
ques, neantmoins les loix civiles et politiques. ou plutôt les
usages introduits par un commun consentement de la noblesse, ont établi des peines pour les empescher. Parmy les
les Wisigoths [3], une fille noble qui s'estoit mésalliée, « quæ
« honestatis suæ oblita, personæ suæ non cogitans statum,
« ad inferiorem forte maritum devenerat, » perdoit la succession qu'elle avoit eüe ou devoit avoir de son pere, et estoit
exclué de celle de ses freres et sœurs. Par cette raison il
n'estoit pas permis aux barons, qui avoient la garde-no-
ble des filles des gentilshommes. de les marier qu'à des personnes nobles, et ne pouvoient pas les *déparager* sans encourir
la peine qui estoit ordonnée par les statuts [4], et particulierement par celuy de Merton en Angleterre, dont il est parlé
dans Littleton [5], et dans les loix des barons d'Escosse [6] :
« Hæredes maritentur sine disparagatione, » ainsi qu'il est
porté dans la grande charte des franchises d'Angleterre.

De ces remarques il est vray de dire qu'en France
on n'a jamais reputé pour veritables gentilshommes que
ceux qui estoient gentilshommes de nom et d'armes. c'est-
à-dire de quatre lignes. C'est cette noblesse que Pierre
de S. Julien [7] en ses *Meslanges* paradoxales qualifie, à
proprement parler, *Noblesse de nom et d'armes*, laquelle
il soutient ne recevoir ni le plus ni le moins : Un gentil-
homme de cette maniere, quoy que pauvre, n'estant pas
moins gentilhomme qu'un seigneur riche et opulent, non
plus qu'un roy n'est pas plus roy qu'un autre, quoy qu'il soit
plus riche : l'étendue de pays qui est sous sa domination ne
le faisant pas plus ou moins souverain. Ce fut là la pensée
du roy Eumenes [8], lequel, bien qu'il n'eust plus qu'un château

---

1 Jalcat, in lib. Esther : Const. Porp. de adm. Imp. c 45 ; Benjam. in Itinor. —
2. Fr. l'Alouet, en son Trait. des Nobles, l. 4, c. 4. — 3 Horat — 4. L. 4, ep. 24.
— 5 Nov Theod. de mulierib. quæ se prop. serv. junxerunt. — 6 L. 5, tit. 7, § 17.
— 7. Chron Austr. a. 1270. — 8. [*Qu'ès trois lignes se font*, Gloss. au mot
Heriotum, pag. 662] — 9. Ayeule et bisayeule. — 10. Vol. 1, c. 44. — 11. Hist.
de Jacq. de Lalain. c. 2. — 12. Chap. 128.

4. Traitté des tournois. — 2. P. 500, 554, 578, 623. — 3. Lex Wisig. l. 3,
tit. 1, § 8. — 4. Math. Par. ann. 1215. p 271, Assises de Hior. c. 190 : W.
Tyr. l. 12, c 12 — 5. Sect. 103, 107. — 6. LL. Baron. Scot c. 91 et 92. —
7. Mesl. Hist. p. 632, 640. — 8. Plut. in Eumen.

en son pouvoir, toutefois quand il fut question de capituler avec *Antigonus*, roy d'Asie, qui vouloit avoir la prerogative d'honneur sur luy, il fit réponse qu'il ne reconnoîtroit jamais plus grand que soy tant qu'il auroit l'espée au poing.

Pour conclure ce discours, et justifier par d'autres autoritez ce que je viens d'avancer de la noblesse de nom et d'armes, je ne puis pas mieux appuier cette opinion que par les expressions dont on se servoit, il y a deux cens ans, et plus, pour marquer une veritable noblesse *Georges Chastellain*[1], historiographe de Philippes le Bon, duc de Bourgogne, en la vie de messire Jacques de Lalain, voulant designer un homme veritablement noble, se sert de diverses façons de parler, mais qui disent toutes la même chose. En sa preface : « Noble venant de toutes lignes, et procreé de droite ligne « comme de pere à fils. » Au chap. 32 : « Gentilhomme de « toutes lignées, et sans reproche. » Au chap. 33 : « Cheva- « liers et escuyers, nobles de quatre lignes, sans nulle vil- « laine reproche. » Au chap. 34 : « Chevalier partant de « bonne maison et sans reproche. » Et plus bas : « Sans avoir « jamais fait faute nulle. » Au chap. 60 : « Nobles de toutes « lignes, et sans reproche. » C'est ce qu'il dit ailleurs en termes plus ordinaires, « Gentilhomme, noble, chevalier, « escuyer de nom et d'armes[1], » qui sont qualitez et conditions que l'on requeroit en ceux qui se présentoient aux tournois, et dont ils estoient obligez d'apporter attestation bien et deuëment expediée et signée par le seigneur duquel ils estoient sujets, ou de ses officiers. Ce qui se pratiquoit particulierement lorsque les gentilshommes alloient aux royaumes et aux provinces éloignées, où leur noblesse n'estoit pas connue, comme l'on peut remarquer en cette histoire[2].

1. En l'Hist. de Jacq. de Lalain, p. 4, 86, 170.

1. C. 24, 48, 54. — 2 Ch 60.

DU CRY D'ARMES

DISSERTATION XI.

Les coûtumes particulieres et les loix municipales qui ont deferé aux aînez la prérogative de porter les pleines armes de la famille dont ils sont issus, leur ont presque toutes attribué en même temps le cry d'armes, comme une dépendance de l'écu d'armoiries, avec lequel il est ordinairement placé, tant aux tombeaux et autres lieux qu'en leurs déchiffremens et blazons faits par les heraults. Les coûtumes de Troyes[1], de Chaumont[2], de Bar[3], et de Sens[4], y sont formelles, et portent en termes exprés que « le nom, cry et « armes de la maison appartiennent à l'aîné. » René, roy de Sicile, en ses statuts de l'ordre du Croissant, par lui institué le onzième jour d'aoust l'an 1448, ordonne, entre autres choses, que dans l'église cathedrale d'Angers[5] seront posez et « assis grands tableaux de bois, de la hauteur de quatre « pieds ou environ, sur lesquels seront, les armes, avec les « timbres et cry d'un chascun des chevaliers et escuyers de « l'ordre. » Olivier de la Marche en la préface sur ses *Mémoires*, joint aussi le surnom avec le cry, « et commence- « rons à cette tres-haute et renommée maison d'Austriche, « qui est vostre surnom, vostre cry et premier titre. » La *Chronique de Flandre*[6] se sert du terme de *relever le cry*, c'est à dire le nom et les armes d'une famille : « à l'assem- « bler fut occis le sire de Beaujeu, par trop hastivement « assaillir ses ennemis : mais Guichard, son frere, releva « le cry de Beaujeu. » Plusieurs ont ignoré l'origine, l'usage et la signification du cry d'armes, et ceux qui en ont touché quelque chose n'en ont pas écrit assez exactement. ce qui m'a porté à en faire la recherche, et de rapporter en cét endroit ce que les livres m'en ont appris.

Le cry d'armes n'est autre chose qu'une clameur conceuë en deux ou trois paroles prononcées au commencement, ou au fort du combat et de la mélée, par un chef, ou par tous les soldats ensemble, suivant les rencontres et les occasions lequel cry d'armes estoit particulier au général de l'armée ou au chef de chaque troupe. Il est diversement exprimé par les auteurs latins, estant appellé *bellicus clamor* par Paul Diacre[7] et Robert le Moine[8] ; *signum militare* par le même Robert[9] et par Guillaume de Tyr : *signum clamoris* dans Raymond d'Agiles[10] ; *signum exclamationis* dans Foucher de Chartres[11] ; *signum bellicum* dans Guibert[12] ; *signum castrorum* dans Radevic[13] ; *signum militare* dans Guillaume de Malmesbury[14] ; *signum* simplement dans Gilon de Paris[15], Tudebodus et Orderic Vital[1], *symbolum* dans Conrad abbé d'Usperge ; *sonus* dans le même Tudebodus[2], et *vox* dans Guillaume le Breton[3]. Quelquesuns de nos écrivains se sont servis du mot d'enseigne. Le *Roman de Garin* :

Chastel escrié por s'ensaigne esbaudir.

Ailleurs :

S'ensagne crie, chevaliers ferez y.

La *Chronique MS. de Bertrand de Guesclin* :

Chascun crie s'enseigne, sans estre recreans.

En un autre endroit :

En l'estour se feri, si com l'istoire crie,
Avec une gent qui sont de la partie,
De la gent aux Anglois, en l'ensaigne crie.

Froissart et quelques autres auteurs usent encore de ce mot.

Comme le bruit et le tintamarre que le tonnerre fait dans les nuës, en même temps que le carreau de la foudre vient à se lancer sur la terre, ajoûte beaucoup à l'étonnement que ce meteore a coûtume de former dans les esprits, il en est de même des cris des soldats qui vont à la charge. Car ces voix confuses, poussées avec allegresse, augmentent l'effroy et l'épouvante des ennemis, qui les prennent pour des preuves indubitables de courage ; le silence, au contraire, estant une marque de crainte, laquelle, au dire d'un ancien auteur[4], est le lien de la langue. C'est pourquoy Caton[5], au rapport de Plutarque, entre les perfections d'un bon soldat, vouloit qu'il fust non-seulement hardy et prompt de la main pour l'execution, mais encore que son visage, et particulierement sa voix, ressentist je ne sçay quoy de martial et qui pût jetter de l'effroy dans le cœur de son ennemy ; c'est la raison pourquoy les hommes vaillans sont appellez par Homere βοὴν ἀγαθοί. Aussi l'experience a fait reconnoître que les cris des soldats[6], mêmes avant la mélée, ont mis plusieurs fois les ennemis en fuite : et a fait que presque toutes les nations du monde ont commencé les batailles par là, suivant la remarque de Cesar[7] : « Neque frustra antiquitus institutum « est, ut signa undique concinerent, clamoremque universi « tollerent ; quibus rebus et hostes terreri, et suos incitari

1. Art. 14. — 2 Art. 8. — 3, Art 144, 147. — 4 Art. 204. — 5 La Colombiere, tom. 1 du Theatre d'honn. c. 7, p. 422. — 6. Chr. de Fland. c 94. — 7. Hist. Misc. l. 18, p. 537. — 8. L. 2, p, 85. — 9. Id. l. 3, p. 41. — 10 P. 440. — 11. L. 1, c. 9. — 12. L. 3, c. 9. — 13. L. 3, c. 26 — 14. L. 4, p. 138. — 15. L. 4

1. P. 849. — 2. L. 4, p. 840. — 3. L. 2. Phil. — 4. Achill. Tatius, l. 2. — 5. Plut. in Cat. majore. — 6. Leon, Tact. c. 20, § 114 — 7. L. 3, Bell. civil.

« existimaverunt. » Les livres des anciens auteurs [1], tant grecs que latins, sont remplis de semblables observations, qui ont esté ramassées par ceux qui ont écrit sur la politique de Tacite [2].

Ces cris n'estoient pas toûjours des voix incertaines et confuses, mais souvent articulées, et qui consistoient en la prononciation de quelques mots, par lesquels les soldats s'excitoient les uns les autres à faire quelque action de generosité : « Clamor permistus exhortatione, » dans Salluste [3], lequel cry est pour cette raison appellé des Grecs παρακελευσμός. On remarque que les Germains et les Gaulois, entre tous les peuples, en ont usé plus que les autres : ayant coûtume avant la mêlée de s'exciter à la valeur par certaines chansons, ou plutôt clameur, appellée en leur langue barditus, du nom des bardes, prêtres gaulois, qui, suivant Ammian Marcellin [5] chantoient en vers, au son de la lyre, les actions vertueuses de leurs rois et de leurs ancêtres. Tacite [6], parlant des Germains : « Sunt illis quoque carmina, quorum « relatu, quem Barditum vocant, accendunt animos, futu- « ræque pugnæ fortunam ipso cantu augurantur : terrent « enim trepidantque prout sonuit acies, nec tam vocis ille « quam virtutis concentus videtur : affectatur præcipue « asperitas soni et fractum murmur objectis ad os scutis, « quo plenior et gravior vox repercussa intumescat. » De « ce cry d'armes des Germains et des Gaulois, les Romains ont retenu le mot de barditus, pour signifier le cry des soldats, avant ou dans la mêlée, encore qu'il paroisse que Végéce [7] semble lui donner le nom de Barritus, a cause de la ressemblance de ces cris aux mugissements que les elephans font ordinairement : « Clamor autem quem Burri- « tum vocant, prius non debet attolli quam acies utræque « se junxerit : imperitorum enim vel ignavorum est vocife- « rari de longe, cûm hostes magis terrentur, si cum telo- « rum ictu clamoris horror accesserit. » Cette coûtume de chanter les loüanges des grands hommes devant les combats s'est encore conservée sous nos rois françois, sous lesquels ces chansons estoient reconnuës sous le nom de chansons de Rolland, parce que l'on y exaltoit les hauts faits du fabuleux Rolland et des anciens paladins françois : Guillaume de Malmesbury [8], parlant de Guillaume le Bâtard, pour entrer dans le combat : « Tunc cantilena Rollandi inchoata, ut « martium viri exemplum pugnaturi accenderet : inclama- « toque Dei auxilio, prælium utrimque consertum. » Ces cris de guerre estoient appellez par les Grecs ἀλαλαγμοί, parce que les soldats entrans dans le combat avoient coûtume de prononcer le mot Alala : c'est pour la même raison que dans Constantin Manassès [9] ils sont appellez λαλαγαί ἀρεταί.

Tel donc a esté l'usage des cris de guerre composez de quelques paroles, qui portoient les soldats à la valeur, et les excitoient à fondre généreusement sur leurs ennemis. Mais les chrétiens, qui ont toûjours referé le succès des combats à Dieu seul, qui dans les prophetes se dit si souvent le Dieu des armées, et qui donne les victoires et les triomphes à qui il lui plaist, laissant les coûtumes des payens, inventerent des cris d'armes, composez de quelques mots conçeus en termes d'invocation, qui estoient proferez par tous les soldats au même temps que le signal de la bataille estoit donné. Ce qui semble avoir esté mis en usage par le grand Constantin, après qu'il eut embrassé la véritable religion. Eusebe [10] remarquant qu'il enjoignit à ses soldats d'invoquer Dieu dans les occasions de la guerre : il leur proscrivit mêmes cette priere, qui est rapportée par le même auteur : Σὲ μόνον οἴδαμεν θεόν, σὲ βασιλέα γνωρίζομεν, σὲ βοηθὸν ἀνακαλούμεθα, παρὰ σοῦ τὰς νίκας ἠράμεθα, etc. « Nous sçavons que « vous estes le seul Dieu, nous vous reconnoissons pour roy, « nous invoquons vostre aide, c'est vous qui nous avez « donné les victoires, etc. » Cette loüable coûtume continua depuis en la personne de ses successeurs, et generalement de tous les princes chrétiens, qui ne livroient jamais aucun combat qu'ils n'eussent auparavant invoqué l'assistance du Dieu des armées, et que dans les commencemens des batailles ils n'eussent fait proferer à tous leurs soldats son saint nom. Anne Comnene [11], racontant le combat que l'empereur Alexis, son pere, livra aux Scythes, dit qu'au meme temps qu'il eut fait sonner la trompette, ses soldats, avant que de commencer la mêlée, invoquerent tout d'une voix le Tout-puissant, τὸν ὅλων κύριον εἰς ἔλεον μιᾷ φωνῇ ἐπικαλεσάμενοι : « Christi invocata clementia. » Dans Albert d'Aix [12] et Gun-

therus [1] décrivant l'armée de l'empereur Frederic Barberousse, lorsqu'il passa en Italie :

Sic pulchro fœlix acies instructa tenore,
Carmine belligero, longéque sonantibus hymnis,
Divinam sibi poscit opem.

Quoy que ces cris fussent pour le plus souvent differens en paroles, ils étoient neantmoins conceus en termes d'invocation. L'empereur Leon [2], en ses Constitutions militaires, prescrivant l'ordre qu'il faut tenir dans les combats, veut qu'avant que de les commencer, et lorsque l'armée est proche de l'ennemy, il y ait un qui crie à haute voix, βοήθει, aydez, et que tous les soldats répondent unanimement, Θεός. Le même empereur [3] témoigne que l'on crioit encore νίκη τοῦ σταυροῦ, ou, comme il est écrit dans Cedrenus [4] en la Vie de Basile, σταυρὸς νενίκηκε. Cry qui semble avoir esté institué par Constantin aprés qu'il eut défait Maxence par la puissance de la croix qui parut au ciel à l'instant du combat. Le même Cedrenus [5] fait mention d'un autre cry, semblable à celui dont parle Leon, Χριστὲ βοήθει. Et Maurice [6], en ses Strategiques, veut qu'avant la bataille les prêtres et le général même commencent et entonnent le Κύριε ἐλέησον, qui a servy souvent de cry aux chrétiens. Luithprand [7], parlant du combat d'entre l'empereur Henry I et les Hongrois, « Haud mora « bellum incipitur, atque ex christianorum parte sancta « mirabiliunque vox Κύριε, ex eorum turpis et diabolica Hui, « Hui, frequenter auditur. » Ditmar [8], evesque de Merseborg, décrivant une bataille entre les troupes de l'empereur Henry II et les Polonois : « Ut primum castra visis agnovere tento- « riis, alta voce per Kyrie eleison socios convocantes, hostes « effugarunt. » Et Robertus Monachus [9] écrit qu'à la prise d'Antioche les chrétiens y crièrent Κύριε ἐλέησον, afin de se faire distinguer des Turcs, « ut per hoc nostris innotescerent, quod « non Turci sed Christiani essent. » L'empereur Rodolfe, en un combat qu'il eut contre Ottocar, roy de Boheme, l'an 1278, fit crier à ses soldats, Christus. Christus [10]. L'auteur de la Vie de S. Germain evesque [11], qui porta la religion chrétienne dans l'Angleterre, raconte que ce saint s'estant joint aux Bretons, qui devoient combattre contre leurs ennemis, fit crier trois fois Alleluya aux prêtres, qui en suite fut crié par tous les soldats. « Securisque hostibus, qui se insperatos adesse con- « fiderent, Alleluya tertio repetitum sacerdotes inclamant. « Sequitur una vox omnium, et elevatum clamorem, reper- « cusso aere, montium inclusa multiplicant. »

Entre les cris dont les Grecs se servoient encore estoit celui de Θεὸς μεθ' ἡμῶν, dont il est parlé dans Anne Comnene, en son Alexiade, et dans Vegece [12], Deus nobiscum : Νοβίσκουμ, dans les Strategiques de Maurice [13]. Emanuel en hebreu a la même signification que ce cry d'arme, suivant la remarque de S. Gregoire de Nysse [14], et de Juvencus, en son Histoire Evangelique [15].

Hanc cecinit vates futuram ex origine prolem,
Nobiscum Deus est cui nomen.

Les Turcs [16] même ont coûtume d'implorer le secours de Dieu dans leurs combats, qu'ils commencent ordinairement par ces mots, Allah, Allhah, qui signifient Dieu, Dieu, et qui sont les premieres paroles de la priere que Mahomet prescrivit aux siens, « Allah, Allha, vah Cubar Allha, » qui est interpretée par un auteur grec, Joannes Cananus [17], décrivant le siège de Bajazet mit devant Constantinople l'an 1422, dit que le sultan, s'approchant des rangs, s'écriot, « Rasul Ra- « sul Mahometh, » et quelquefois, « Alach tancry Rasul Ma- « hometh. »

Ensuite de cette loüable coûtume, les rois et les princes ont inventé des cris d'armes qui leur ont esté particuliers, et à tous les soldats de leur armée, pour estre proferez dans le commencement ou dans le fort de la meiee. Par ces cris ils invoquoient l'assistance de Dieu dans les perils evidens des batailles, quelquefois par l'intercession de la Vierge, ou de quelques autres saints, qu'ils reclamoient et en la protection desquels ils avoient mis leurs personnes et leurs Etats : car il est vray de dire que les premiers cris d'armes estoient conçus en termes d'invocation, d'où ils sont appellez voces fidei dans Roderic, archevesque de Tolede [18] : c'est à dire des cris de confiance en l'assistance de Dieu : et s'il y en a eu d'au-

---

1. Scipione Ammirato, nel Discorsi polit. l. 14, c. 5. — 2 Jean Gruter, in Discurs. ad Tacit. p. 103. — 3 De bello Jug. — 4. Const Manasses, p. 234, 4 edit. gr. — 5. L. 15. — 6. De mor. Germ. — 7. L. 3, c. 18, 24. — 8. L. 3, de Gest Angl. Alberic, an 1066 : Matth. Westmon p. 223. — 9 Edit. Meurs, p 233 — 10. L. 4, de Vita Const. c. 19, 20 ; de laud. Const. p. 465. — 11. L. 8, p. 232. — 12. L. 4, c. 52.

4. L. 7 Ligur. — 2. In Tact. c. 7, § 74. — 3. C. 12, § 60, 106. — 4. P. 572. 5 P. 781. — 6. L. 3, c 19. — 7. L. 2, c. 9. Conrad. Abb. Usp. p. 213 — 8. L. 5, p. 56 — 9. L. 6, p. 55 — 10. Hist. Austr ann. 1278. — 11. Constantius, in Vita S Germ. l 1, c. 19, apud Sur. to 4. — 12. L. 3, c. 5. — 13. L. 3, c. 19. — 14. Orat 1 de resurr. Dom. — 15 Juvencus, l. 1. — 16. Scipione Ammirato, l. 14, c. 5 . Saracenica Sylburg. p. 71. — 17. P. 195 — 18. L. 8, de Reb. Hisp. c. 6.

tres, ç'a esté pour quelque rencontre ou excellens faits d'armes qu'ils ont esté choisis par quelques seigneurs particuliers, comme la suite de ce discours le fera voir.

Les François qui se trouverent à la premiere conquête de la Terre Sainte avoient pour cry general ces mots, *Adjuva, Deus*, ainsi que nous apprenons de Foucher de Chartres [1], et d'un autre ancien auteur [2], ou bien « Eia Deus, adjuva nos, » suivant l'*Histoire de Hierusalem*. Raymond d'Agiles [3] rapporte la cause et l'origine de ce cry à la vision de Pierre Barthelemy, qui trouva la sainte lance au temps que les Turcs assiegeoient la ville d'Antioche sur les nostres : car durant ce siège S. André luy estant apparu plusieurs fois, il luy enjoignit de persuader aux chrétiens d'avoir recours à Dieu dans les fatigues du siége et de la faim qu'ils enduroient, et de prendre dans les combats pour cry d'armes ces mots *Deus. adjuva :* « Et sit signum clamoris vestri. DEUS. ADJUVA, et revera « Deus adjuvabit vos, » qui sont les paroles de saint André. Roderic [4], archevesque de Tolede, dit qu'au siège et à la prise de Cordouë sur les Sarrazins d'Espagne, les chretiens crierent aussi *Deus. adjuva*. Ils ajoustoient quelquefois à ce cry ces mots : *Deus vult* [5], ou, pour parler en langage du temps, et suivant qu'ils sont enoncez en la chronique du Mont Cassin [6], *Diex et volt*, dont l'origine est rapportée au concile de Clermont en Auvergne, où le pape Urbain II, ayant fait une forte exhortation pour porter les princes chrétiens à prendre les armes pour aller retirer la Terre Sainte des mains des infidèles, «ita omnium qui aderant affectus in « unum concitavit, ut omnes acclamarent, Deux volt, Deux « volt [7]. » Aprés quoy le pape, ayant rendu graces à Dieu, dit entre autres paroles celle-cy : « Sit ergo vobis vox ista in « rebus bellicis militare signum, quia verbum hoc a Deo est « prolatum, cum in hostem fiet bellicosi impetus congressio, « erit universis hæc ex parte Dei una vociferatio. Deus vult, « Deus vult. » D'où on recueille pourquoy le cry est appelé *Signum Dei* dans quelques auteurs [8]. Boëmond, qui faisoit la guerre en la Pouille, ayant appris qu'il estoit arrivé un grand nombre de gens de guerre, qui alloient dégager le S. Sepulcre du joug des infidèles, s'enquit à l'instant qui les estoient, quelles armes ils portoient, et quel cry ils crioient [9] : « Quod « signum (hæc gens) in certamine sonat. Cui per ordinem « dicta sunt omnia. Deferunt arma jugiter ad bellum con- « gruentia, in dextra, vel inter utrasque scapulas Crucem « Christi bajulant. sonum vero Deus hoc vult, Deus hoc vult. « Deus hoc vult, simul una voce conclamant. » Nous lisons [10] qu'ils ont encore crié ces mots, *Christus vincit, Christus regnat, Christus imperat*, que nos rois ont depuis fait graver dans leurs monnoyes d'or et d'argent, et particulierement dans celles de que nous appellons escus. *Cæsarius* [11] nous apprend qu'ils crioient encore : « Dieu, aide et le S. Sepulcre, « Deus adjuva et sanctum sepulcrum. »

C'est de ces cris de guerre de nos paladins françois, et de nos conquerans de la Terre Sainte [12], que les ducs de Normandie ont receu le leur, conçeu en ces termes : « Diex aie, « dame Diex aie, » par lesquels ils reclamoient l'assistance de Dieu, ces mots signifiant « Domine Deus, adjuva : » au lieu dequoy quelques-uns ont pensé qu'ils signifioient, « Nos- « tre dame Dieu aide, » acause de *Dame*, qui signifie en cet endroit *Seigneur*. De fait ceux qui ont écrit l'*Histoire d'Angleterre* [13] ont tournez par ceux-cy, « inclamato Dei « auxilio. » Orderic Vital [14], parlant des premieres guerres saintes : « Illi verò jam acriter pugnantes invenerunt, et in- « gnum Normannorum, Deus, adjuva, fiducialiter vociferati « sunt. »

Ainsi les seigneurs de Montmorancy avoient pour cry, suivant un Provincial manuscrit : *Dieux, aiove*, ou selon les autres : *Dieu, aide au premier chrestien*. Quelques historiens [15] en rapportant l'origine au premier seigneur de Montmorancy, qu'ils nomment *Lisoie*, qui fut le premier des gentilshommes françois qui embrassa le christianisme avec le roy Clovis, et qui fut baptisé par saint Remy. Ses successeurs ayant de là pris sujet de crier en guerre [16], *Dieu aide au premier Chrestien*, comme estant un honneur deû à cette maison d'avoir produit le premier qui, aprés son prince, ait quitté les erreurs du paganisme, pour embrasser la veritable religion. La maison de Beauffremont en Lorraine et en Bourgogne avoit un cry semblable à celuy de Montmorancy, les seigneurs de cette famille crians en guerre, *Bauffremont au premier chrestien*, ainsi que nous apprenons de quelques *Provinciaux* [1], acause peut-estre qu'un de cette maison fut le premier d'entre les Bourguignons qui vinrent s'establir en ces provinces qui embrassa la foy chrétienne.

Plusieurs princes ont réclamé le secours de la tres-sainte Vierge dans leurs cris, comme les ducs de Bourgogne, dont le cry estoit, selon Monstrelet, Georges Chastellain [2] et quelques herauds, *Nostre Dame Bourgogne* [3]. Les ducs de Bourbon de la maison royale crioient *Bourbon nostre dame*, ainsi que nous apprenons de Jean Dorronville, qui a écrit l'histoire et la vie de Louys, troisième duc de Bourbon [3]. Les comtes de Foix avoient pour cry de guerre : *Nostre Dame Bierne* ou *Bearn* [4]. La maison de Vergy ces mots : *Vergy à Nostre Dame* [5]. Froissart fait mention de plusieurs seigneurs qui crioient *Nostre Dame* dans les combats. Le comte d'Auxerre crioit *Nostre Dame Auxerre* [6]: le connétable du Guesclin, *Nostre Dame Guesclin* [7]: le comte de Sancerre, *Nostre Dame Sancerre* [8] : le roy de Portugal, *Nostre Dame Portugal* [9] : le duc de Gueldres, *Nostre Dame Gueldres* [10]: le seigneur de Coucy, *Nostre Dame au Seigneur de Covey* [11] : le comte de Henault, dans Monstrelet [12], crie *Nostre Dame Hainault :* memes les rois de France, suivant l'autorité d'une chronique manuscrite qui finit au regne de Charles VI [13], laquelle dit que le roy Philippe-Auguste à la bataille de Bovines cria, *Nostre Dame S. Denys Montjoie*.

Les papes avoient aussi leur cry de guerre, aussi bien que les princes seculiers, et crioient, suivant les Provinciaux [14], *Nostre Dame S. Pierre*, invoquans particulierement outre la sainte Vierge le prince des apôtres, que Jesus-Christ a établi chef de son Église, dont ils tiennent la place, en l'honneur duquel ils font des chevaliers appellez chevaliers de S. Pierre [15], et conferent ce degré de chevalier à l'Empereur même, lorsqu'il vient à Rome pour s'y faire couronner. Gautier, comte de Brienne, estant au royaume de Naples pour poursuivre les droits de sa femme, acause la principauté de Tarente et le comté de Liches, qui lui avoient esté confirmez par le pape Innocent III [16], et ayant esté établi bail et regent du royaume durant la minorité de Frederic, se préparant au combat contre Diepold, lieutenant général des armées de l'Empereur, en présence du legat apostolique, cria *S. Pierre ; confortatus in Domino*, disent les actes de ce pape. « prosiliit « ad arma cum suis, et benedictione ac remissione a legato « recepta, cum idem legatus maledixisset hostibus, in nomi- « ne Domini, comes alta voce sanctum Petrum invocans « adjutorem. processit ad pugnam. » Brunon en ses livres de la *Guerre de Saxe* [17] asseure encore que les Saxons de son temps crioient dans les combats *Saint Pierre :* « Ibi quidam « de nostris adversarium sibi videns obvium, velut suum « salutavit socium, dicens Sancte Petre, quod nomen Saxo- « nes pro symbolo tenebant omnes in ore, etc. »

Outre la chronique manuscrite dont je viens de parler, un *Provincial* cité par les sieurs de Sainte-Marthe, en leur *Histoire genealogique de la maison de France* [18], porte que les rois de France ont pour cry : « Nostre Dame Montjoie saint Denys « au tres-chrestien roy de France. » Ce qui semble estre confirmé par la chronique manuscrite de *Bertrand du Guesclin* :

Et approuchent Anglois, en disant Dieu aye,
Montjoie nostre Dame au roy de Saint-Denye.

Toutefois on ne lit point dans les autres *Provinciaux*, ni dans nos histoires, que nos rois aient eu autre cry d'armes que celuy de *Montjoie saint Denys* simplement. Non-seulement ils reconnurent ce saint pour patron de leur royaume, d'abord qu'ils eurent embrassé le christianisme, qu'il avoit établi et cimenté par l'effusion de son sang à Montmartre ; mais encore ils voulurent qu'il fust réclamé dans les combats : « Quem ipsius Ecclesiæ sponsum, sub auxilii et honoris « titulo, in bellorum discrimine vindicare majestas regia « consuevit : » ce sont les termes d'un titre du roy Charles V, du mois de juillet de l'an 1367, rapporté par Claude Emeré, en son traité *De l'Université de Paris* [19]. Orderic Vital [20] dit en termes formels que *Montjoie* estoit le cry des François : « La- « titantes vero sub stramine, subito proruperunt, et regale

---

1. Fulch. Carnot. l. 1, c. 18 ; l. 2, c. 10 ; l. 3, c. 42, 46, 50. Gesta Franc. expug. Hier l. 1, c. 26, 43. — 2. Gesta Dei, p 602. — 3. Raymond d'Agil. p 133 — 4 Roderic. Tolet, l. 19, de reb. Hisp. c. 16. — 5. Gesta Fran. expug. Hier. l. 1, c. 26. — 6. Chr Cass. Bedy des ducs de Guienne, c. 20. — 7. Rob. Mon. l. 1. — 8. Gesta Fran. exp Hier l. 1, c. 8. — 9. Tudebod. l. 1. — 10. Fulch. Car. l. 2. c. 31 ; Gesta Fran. exp. Hier. l. 1, c. 56 ; Hist. Hier p. 607. — 11. L. 10, c. 12. — 12. Loisel en l'Hist. de Beauvais, p. 454. — 13. Wuilhelm. Malmesb 1 4, p 101. — 14. Orderic. l. 40, p. 708. — 15. Chr. ms. de France parlant de la bat. de Bovines. — 16. Ph. Mor. Doublet, aux Antiq. de S. Denys, l. 1, c. 47.

1. Provincial, ms. — 2. Vol. 1, c. 47 ; Hist. de Jacq. de Lal. c. 14. — 3. D'Orron. en la vie de Louys duc de Bour. c. 50. — 4. Provinc. — 5. Hist. de la Maison de Vergy, l. 1, c. 3. — 6. Froiss. vol. 1, c. 222. — 7. Vol. 1, c. 222, 245, 312. — 8. Vol. 3, c. 9. — 9. Vol. 3, c. 15. — 10. Vol. 3, c. 419 — 11 Vol. 4, c. 74. — 12. Vol. 1, c. 47. — 13. Chr. ms. de la Bib. de M. de Mes. — 14. Provincial, ms. — 15. Cer. Rom 1. 1, p. 56, 76 — 16. Gesta Inn. III, PP, p. 23. — 17. Bruno, de Bello Saxon. p. 137, to. 1 Rer. Germ. Freheri. — 18. L. 1, c. 11. — 19. Cl. Hemer. de Acad. Paris. l. 2, p. 30. — 20. L. 12, p. 849, a. 1119.

« signum Anglorum cum plebe vociferantes ad munitionem
« cucurrerunt. Sed ingressi, Meum Gaudium ! quod Franco-
« rum signum est, versa vice clamaverunt. » Mathieu Paris[1]
dit la même chose : « Quasi pro edicto frequenter procla-
« mante alta et rebontante voce eodem Constantino Montis-
« Gaudium ! Montis-Gaudium ! adjuvet Dominus, et Domi-
« nus noster Lodovicus. » Et ailleurs : « Et facto congressu
« acclamatum est terribiliter Ad arma ! ad arma ! hinc Re-
« gales! Regales! inde Montis-Gaudium ! scilicet regis utrius-
« que insigne. » Le roy Philippes-Auguste cria *Montjoie!* au
siège d'Acre, l'an 1191, suivant Guillaume Guiart, et à la
bataille de Bovines, l'an 1214, suivant Mathieu de Westminster et la *Chronique de Flandres*[2]. Philippes Mousles, parlant
de la même bataille :

> Souvent oissiés à grant joie
> Nos François s'escrier Montjoie !

Là même :

> Et hucçoient à grant baleine,
> Quant on avoit sonné l'araine,
> Montjoie Dieux et Saint Denys.

Et plus bas :

> Et quant on escrie Montjoie !
> N'i ot Flamen qui ne s'apploie.

Et ailleurs :

> Maintefois oissiez le jour
> Crier Montjoie ! sans sejour,
> Cis mos esmaia les Flamens,
> Cis mos leur fu paine et tormens,
> Cis mos les a tous abaubis,
> Cis mos abati blaus et vis,
> Cis cris les esmain si fort,
> Que foible devienent li fort,
> Et li hardy furent coüart,
> Les ciés tornèrent d'autre part.

Le Roman de Garin :

> Montjoie escrie l'ensagne Saint Denis !

Les François crierent *Montjoie Saint Denys!* au siège de
Damiete sous saint Louys, en la bataille de Furnes, l'an 1297;
en celle du Pont à Vendin, l'an 1303; en la rencontre près
de Ravemberg, en la même année ; en la bataille ne Mons
en Puelle, en l'an 1304, et celle de Cassel, suivant la *Chronique de Flandres*[3]. Monstrelet[4], parlant des François lorsqu'ils
firent lever le siège que les Anglois avoient mis devant Montargis, l'an 1426. « Ferirent vaillamment et de grande volenté
« sur les logis des Anglois, qui de ce ne se douloient garde,
« crians Montjoie Saint Denys ! » Et à la prise de Pontoise,
l'an 1441, le roy Charles VII et tous les autres seigneurs et
capitaines « firent armer et habiller leurs gens, et les exhor-
« tèrent, tous eux crians à haute voix : Saint Denys ! ville
« gaignée ! »

La difficulté n'est pas aisée à resoudre pourquoy en l'invocation de saint Denys, patron de la France, on a adjouté le
mot de Montjoie. La plûpart de ceux qui en ont écrit[5] ont
estimé que le grand Clovis fut le premier qui prit ces mots
pour cry, lorsque s'estant trouvé en peril en la bataille qu'il
livra aux Allemans à Tolbiac, il reclama l'assistance de saint
Denys, qu'il protesta de vouloir adorer à l'avenir, et de reconnoître pour son Jove, ou son Jupiter, s'il remportoit la
victoire sur ses ennemis. Il est bien vray qu'on dit que Clovis
reclama en cette occasion le Dieu que Clothilde, sa femme,
adoroit, et protesta qu'il remportoit la victoire, que ce
seroit le sien : « Nam ex hoc tu solus mihi eris Deus, et
« veneranda potestas ; » ainsi que nous lisons dans la Vie
de *S. Vaast*, évesque d'Arras[6]. Raoul de Praesles, en la preface
de la traduction qu'il fit des livres de saint Augustin de la
Cité de Dieu, et qu'il a addressée à Charles V, semble convenir
que Clovis fut le premier de nos rois qui prit ce cry d'armes,
en ces termes : « Clovis, premier roy chrestien, combattant
« contre Dandat, qui estoit venu d'Allemagne aux parties
« de France, et qui avoit mis et ordonné son siège à Conflans
« Sainte-Honorine, dont combien que la bataille commencée
« en la vallée, toutefois fut-elle achevée en la montagne, en

« laquelle est à présent la tour de Montjoie, et là fut prins
« premierement et nommé vostre cry en armes, c'est à
« sçavoir Montjoie saint Denys! » Estienne Pasquier[1] se
persuade qu'il est plus probable que le mot de *Montjoie* a esté
pris au lieu de *ma joie*, par Clovis, ou celuy de ses successeurs
qui le premier a choisi ce cry d'armes, par lequel il vouloit
donner à connoître que saint Denys estoit sa joie, son espoir
et sa consolation, et auquel il avoit toute confiance, ayant
employé un article impropre de *mon*, au lieu de *ma*, ainsi que
nous voyons que les Allemans, les Anglois, et autres étrangers
pratiquent assez souvent quand ils n'ont pas encore acquis
une parfaite connoissance de nostre langue ; ce qui peut estre
arrivé à Clovis, dont les ayeuls estoient sortis de la Germanie.
Il semble qu'Orderic Vital, au passage que je viens de citer,
avoit ainsi conceû le sens de ce mot, l'ayant tourné par *Meum
Gaudium*.

Mais sans faire tort aux sentimens de ces grands hommes,
j'estime qu'il est peu probable que le mot de *Montjoie* ait esté
pris, ni pour *mon joie*, ni pour *ma joie*, et encore moins pour
moult de joie, comme veut Rouillard[2] ; toutes ces explications
estant forcées et peu naturelles. Il y a bien plus de fondement de croire que nos rois se sont servis d'un terme pur
françois, que non pas déguisé, comme l'on veut se persuader,
et que par le cry de *Montjoie saint Denys* ils ont entendu la
montagne ou la colline de Montmartre, où saint Denys souffrit le martyre avec ses compagnons, sous *Decius* (laissant à
part la question tant agitée des deux saints Denys), car
montjoie en vieux françois est un diminutif de *mont*, et signifie une colline, qui est la raison pourquoy la tour de Conflans Sainte-Honorine est appellée *la tour de Montjoie*, c'est à
dire la tour élevée sur une colline ; non que le cry d'armes
de nos rois ait pris de là son origine, comme veut Raoul de
Praesles : estant constant que la bataille dont il fait mention
ne fut pas donnée près de Paris, mais près de Cologne. Othon
de Frisingen[3], décrivant comme l'empereur Frederic I entra
dans Rome par la ville Leonine (qui est le *Borgo*), par la
porte Dorée, dit qu'il descendit avec ses troupes par le pen-
chant d'une *montjoie*, et entra ainsi dans la ville : « Rex castra
« movens, armatus cum suis per declivium montis Gaudii
« descendens, ea porta quam Auream vocant, Leoninam
« urbem, in qua B. Petri ecclesia sita noscitur, intravit. »
Ce que Guntherus a ainsi exprimé[4] :

> Jamque per oppositi Princeps declivia montis
> Advenens, claram, quam nondum viderat, urbem
> Aspicit ; huic populi festivum Gaudia nomen
> Imposuere loco : si quidem qui moenia clara
> Illa parte petunt, ex illo vertice primum
> Urbem conspiciunt, et te, sacra Roma, salutant.

Mais cét auteur se trompe en la raison qu'il rend de cette
appellation, qu'il avoit veuë dans Othon, qui ne s'est servy
de ce mot, pour exprimer la petite colline
qui est près de Rome par un terme familier et usité de
son temps, et particulierement des François, avec lesquels
il avoit eu communication en son voiage d'outremer. L'auteur du *Panegyrique de Beranger*[5] a parlé de cette colline :

> Interea Princeps collem, qui prominet Urbi,
> Praeteriens, etc.

Otton Morena[6] la place vers la porte à laquelle il donne le
nom de *Viridaria*, du côté de S. Pierre : « Ad portam Romae
« quae dicitur porta Viridaria, quae est ex parte S. Petri,
« versus Montem Gaudii veniens. » Et la *Chronique de Mont
Cassin*[7] dit que cette colline est celle qui fut appelée par les
anciens Mont de Mars : « Misit in occursum ejus in Montem
« Gaudii, qui in occursum est, et Martii dicitur, etc. » De sorte que ces mont-
joies près de Rome ne sont autre chose que ces collines du
Vatican appellées *Montes Vaticani* dans Ciceron[8], et *Vaticani
colles* dans *Festus*[9], au bas desquelles estoit le Champ de
Mars. L'auteur qui a écrit les miracles de saint Foursy a
aussi fait mention de ce *Mons Gaudii* près de Rome.

Quelques auteurs latins et françois se servent encore de
ce mot *mons gaudii* en cette signification. Adhemar de Cha-
banois[10] parle de la montjoie ou colline qui est près de Limoges. Ceux de Languedoc en ont formé leur *mongausi* pour
une petite montagne, *monticulus*. Alain Chartier[11], en divers

---

1. In Henr. III, an 1222, p. 218. — 2. C. 15. — 3. C. 23, 34, 36, 43, 44, 67, 95.
— 4. Vol. 2, p. 92, 196. — 5. Rob. Caenal.; Fauchet, aux Antiq. de France, l. 2,
c. 17. — 6. Vita S. Vedasti, apud Boland 6. Febr. p. 795.

1. Pasquier, l. 8 des Recherch. de la France, ch. 21. — 2. Seb. Rouill. en la Vie
de S. Isabel, reyne de France. — 3. L. 2, De gest. Frid. c. 22. — 4. L. 4, Ligur.
initio. — 5. P. 53. — 6. Otto Mor. Landens A. 1167. — 7. Chr. Cass. l 4, c. 30.
— 8. Ad Attic. l. 13, epist. 33. — 9 Apud Boland. 16. Janv. p. 50. — 10. P. 173, 272,
apud Labeum ; M. Chron. Belg. an. 1160. — 11 P. 520, 545, 722, 524.

endroits de ses poëmes, pour dire le sommet d'honneur, se sert de ces façons de parler :

C'est d'honneur la droite montjoie.

Ailleurs :

Car je vy d'honneur la montjoie.

Et plus bas :

C'estoit montjoie de doulours.

Doublet[1] remarque que la royale abbaye de Saint-Denys a conservé pour devise de ses armes ces mots, *Montjoye Saint Denis*. La *Chronique* manuscrite *de France* de la bibliotheque de M. de Mesmes donne pour cry au comte de Saint-Paul, à la bataille de Bovines, *Montjoie à Chastillon*, qui estoit composé de celuy du roy et de celuy de sa famille.
Comme les rois de France invoquoient dans leur cry d'armes l'assistance de saint Denis, comme le principal protecteur de leur royaume[2], ainsi les rois de Castille imploroient celle de l'apôtre saint Jacques, patron tutelaire de leurs États, dont le corps et les prétieuses reliques reposent à Campostelle, au royaume de Galice, par ce cry, *San Iago!* qu'ils crioient dans les combats. La *Chronique* manuscrite *de Bertrand du Guesclin*, decrivant la guerre d'entre Pierre le Cruel, roy de Castille, et Henry le Bâtard :

Car j'ay ouy saint Jacques réclamer et huchier.

Ils commencerent à user de ce cry depuis le regne de dom Ramir, roy de Leon[3], qui défit plus de soixante mille Mores l'an 944, en la bataille de Clavijo, laquelle il avoit entreprise à la persuasion de ce saint, qui lui apparut en songe[4], où il lui promit la victoire, et de se trouver lui-même au combat, comme protecteur de l'Espagne ; ce qu'il fit, y ayant paru monté sur un cheval blanc, avec un étendart de même couleur, chargé d'une croix rouge, combattant et encourageant les chrétiens. « Ex tunc hæc invocatio inolevit, Deus adjuva « et sancte Jacobe, » ainsi qu'écrit Roderic, archevesque de Tolede[5] : quelques auteurs toutefois revoquent en doute la verité de cette histoire[6].
Les rois d'Angleterre crioient *Saint George!* ainsi que nous apprenons de Froissart, de Monstrelet, et autres[7]. Thomas de Walsingham, parlant d'un combat d'Edouard III, près de Calais : « Rex Eduardus provide frendens apri more, et ab ira « et dolore turbatus, evaginato gladio, sanctum Edwardum et « sanctum Georgium invocavit, dicens : Ha sancte Edwarde! « Ha saint George! » Robert d'Artois, combattant en Flandres avec les Anglois contre les François, y cria *Saint George!* Martial de Paris, parlant de la prise de Pontoise, l'an 1437[8] :

Quand ils se virent les plus forts,
Commencerent à pleine gorge
Crier tant qu'ils peurent alors :
Ville gagnée! vive saint George!

Roger, comte de Sicile, fils de Tancrede, le reclama pareillement dans les combats[9]. La maison de Vienne au duché de Bourgogne crioit *Saint Georges au puissant duc!*[10] La devotion des empereurs et des princes a esté de tout temps tres-grande envers saint Georges ; ils l'ont invoqué dans les batailles, et plusieurs d'entre eux, ayant ressenti des secours visibles par son intercession, lui ont dressé des autels et bâty des temples. Les empereurs d'Orient[11] le representoient dans l'un de leurs douze étendarts dont ils se servoient dans les cérémonies ; et ceux d'Occident[12], qui ont eu pareillement une grande confiance en l'intercession de ce saint, en ont un qui se porte conjointement avec l'aigle de l'Empire aux entrées solennelles des empereurs. Les dauphins de Viennois[13] recevoient l'investiture du Dauphiné par l'épée ancienne du delphinat et la banniere de saint Georges. Les Ethiopiens et les Abyssins l'avoient aussi en grande véneration, comme il est remarqué par le *Tasso*[14]. Ceux que l'on appelle *Georgiens* dans l'Orient sont ainsi nommez, acause que dans les batailles contre les infideles ils invoquent saint Georges, et parce qu'ils ont une particuliere confiance en son intercession, suivant la remarque du cardinal Jacques de Vitry[1] ; laquelle se trouve confirmée par ces vers de Gautier de Mets, tirez de son Roman intitulé *la Mappemonde* :

Celle gent sont boin chrestien,
Et ont à nom Georgien :
Car Saint Georges ! crient toûjours
En bataille, et és estours
Contre paiens, et si l'aourent
Sur tous autres, et l'honnourent.

L'Église romaine[2] a coûtume de l'invoquer avec saint Maurice et saint Sebastien dans les guerres que les chretiens ont contre les ennemis de la foy. Enfin c'est le patron des chevaliers ; et dans les sermens qui se faisoient par ceux qui devoient se battre en duel, il y est appellé *saint Georges le bon chevalier*. Lorsqu'on faisoit les chevaliers, ils se faisoient *au nom de Dieu et de monsieur saint George*. Un auteur ancien[3] remarque que Robert, comte de Flandres, qui se trouva aux premieres guerres saintes, fut surnommé *filius Georgii* parcequ'il estoit vaillant chevalier. Les rois d'Angleterre[4] l'ont choisi pour patron de l'ordre de la Jarretiere, dont le collier porte l'image de ce saint figuré en cavalier delivrant une dame , preste d'estre dévorée d'un serpent. Le cardinal Baronius[5] a donné la raison pourquoy il est ainsi représenté par l'Eglise Romaine ; car les Grecs le figuroient et le dépeignoient autrement, ainsi qu'*Augerius Busbequius*[6] a remarqué. Il y a eu encore d'autres ordres erigez sous son nom, que je passe sous silence, aussi bien que tout ce que le sçavant Selden a ramassé sur le sujet de ce saint[7].
Les ducs de Bretagne avoient pour cry *Malou*, ou, selon quelques *Provinciaus, Saint Malo au riche duc*. Monstrelet[8] et Berry, heraud d'armes, en l'*Histoire de Charles VII*, disent que les Bretons à la prise du Pont de l'Arche, l'an 1449, crierent *Saint Yves Bretagne!* L'histoire remarque que Charles, duc de Bretagne, de la maison de Châtillon[9], portoit une devotion si particuliere à ce saint, qu'il voûa d'aller nus pieds jusques à l'église de Triguier, où son corps repose, depuis le lieu de la Rochedarien, où il avoit esté pris en bataille. Froissart[10] écrit que Bertrand du Guesclin, connétable de France et gentilhomme breton, crioit *Saint Yves Guesclin !* Le comte de Douglas, Escossois, dans la même Froissart, crioit *Douglas Saint Gilles !* qui estoit en vénération parmy les Escossois, particulierement dans Edimbourg, capitale d'Escosse Les Liegeois, dans Monstrelet[11], crient *Saint Lambert!* patron du Liège.
Tous ces cris de guerre n'estoient pas toûjours conçus en termes d'invocation : car souvent ils estoient tirez de quelques devises des ancêtres, qui avoient leur origine de quelque aventure notable, ou de quelques mots qui marquoient la dignité ou l'excellence de la maison ; ils estoient même quelquefois tirez des armoiries ; et le plus ordinairement le simple nom de la famille servoit de cry. Nous avons plusieurs exemples de la premiere sorte de ces cris enoncez en forme de devises, tirées pour la plûpart de quelque action généreuse, ou de quelques discours de bravade tenus dans les occasions de la guerre. Ce sont ces cris qui sont appellez par Guibert, abbé de Nogent[12], *arrogans varietas signorum*, lorsqu'il parle de nos François qui alloient en la guerre sainte : « Remota autem arrogantia varietate signorum, humiliter in « bellis fideliterque conclamabunt · Deus id vult ». Ce qui fait voir l'antiquité de ces cris d'armes, et qu'ils estoient en usage parmy nos François avant les guerres d'outremer. Tel fut le cry des comtes de Champagne et de Sancerre, *Passavant li meillor*, ou *Passavant la Thibaut*[13], qui leur fut si familier, qu'aucuns d'eux le porterent en leur contreseel pour devise, comme l'on peut voir en un seau de Thibaut IV, surnommé le *Posthume*, qui est pendant à une charte de l'an 1217, dont l'original est au tresor de Saint-Martin de Paris, et à une autre, de l'an 1228, qui a esté représenté par M. Perard. La vieille *Chronique de Normandie*[14], aprés Gasce en son roman, donne aussi à Thibaud I, dit le Tricheur, comte de Chartres, le cry de *Passavant*, au combat qu'il fit contre Richard I, duc de Normandie[15], sur la riviere d'Arque : je

---

1. Aux Antiq. de Saint-Denys, l. 4, c. 18. — 2. Suger. in Lud VI ; Loisel aux Mem. de Beauvais, p. 154 ; Froiss. v. 3, c. 14. — 3. Lud. Nonnius, in Hisp. — 4. Lucas Tudens. in Chr. æra 880. — 5. Roderic. Tolet. l. 4, c. 13 ; l. 9, c. 16. — 6. Sandoval, au traité de la bat. de Clavijo ; Marca, au l. 3 de l'Hist. de Bearn, c. 7, n. 3. — 7. Henry Knighton, p. 2508 , Chron. de Fland. c. 79. — 8. Vigiles de Charl. VII. — 9. Gaufr. Malaterra, l. 2, c. 33. — 10. Le Roy d'armes. — 11. Cedren. Codin. de Offic — 12 Chron Reichersp p. 275 ; Ceremon. Rom. l. 1, p. 50. — 13. A. Du Ches. enl'Hist. des Dauf. — 14. Canto 2, stanz. 23.

1. L 4, c. 79. Sanut. — 2. Baron. ad Martyr.: Godefr. Mon. an. 1190. — 3. Tagano Patav. Hist. Exped Aslat. Frid 1, tom. 5. Canis. — 4. Guido Pap. quest. 622 ; Gesta Franc. exp. Hierus. p. 574 ; Thom. Smith, de Rep. Angl. l. 1 — 5. Loco cit. — 6. In Itiner. p. 58. — 7. V. Selden. Titles of Honors, et ce que je remarque sur Ann. Comn., A. Du Ches en l'Hist. de Montmor. l. 1, c. 4 — 8. Vol. 3 ; Berry, en l'Hist. de Charl. VII, p. 408. — 9 Hist. de la mais. de Chastillon. — 10. Vol. 4, c. 120 ; vol. 2, c. 101, 148. — 11. Vol. 1, c. 47 ; Ægid. Mon. Aur. Vall. c. 18. — 12. L. 2, c. 1 ; Perard, en ses Mem. de Bourg p. 331. — 13. Pithou, ès Mém des comtes de Champ. p. 570. — 14. Hist. de Montmor. l. 1, c. 4. — 15. Phil. Monot, en son Traité des armoir.

reduis encore sous cette espèce de cris de guerre les suivans : le cry de la maison de Montoison en Dauphiné[1] : *A la recousse Montoison*, que Philibert de Clermont, seigneur de Montoison, obtint du roy Charles VIII en la bataille de Fournoué, ainsi qu'il est amplement rapporté par un auteur de ce temps ; celuy des ducs de Brabant[2], *Lembourg à celui qui l'a conquis*, que Jean I, duc de Brabant, prit après avoir conquis le duché de Limbourg, qui lui estoit disputé par le comte de Gueldres, qu'il défit en la bataille de Waroneck, l'an 1288 : car les ducs de Brabant[3] avoient avant ce temps-là pour cry *Louvain au riche duc* ; le cry de la maison d'Anglure, *Saladin*, ou *Damas*, dont l'origine est racontée par Papire Masson en l'*Éloge du seigneur de Givry*. Mais je serois trop long si par une curieuse recherche j'entreprenois de m'étendre sur l'origine et le sujet de ces cris : c'est pourquoy je me contenteray d'en faire le dénombrement suivant la distinction que j'ay établie cy-dessus.

La maison de Chauvigny en Berry, suivant l'auteur du *Roy d'armes*, avoit pour cry *Chevaliers pleuvent* ; mais un *Provincial* manuscrit dit que le seigneur de Chauvigny crie *Hierusalem*, plainement.

Le seigneur de la Chastre : *A l'attrait des bons chevaliers.*
Le seigneur de Culant : *Au peigne d'or.*
Salvaing-Boissieu en Dauphiné : *A Salvaing le plus Gorgius.*
Vaudenay : *Au bruit*[4].
La maison de Savoye[5] crioit quelquefois *Savoye*, quelquefois *Saint-Maurice*, et souvent *Bonnes nouvelles*.
Le seigneur de Rosiere en Barrois : *Grand joye.*
Le vicomte de Villenoir en Berry : *A la belle.*
Le seigneur de Chasteauvillain : *Chastelvilain à l'arbre d'or.*
Le seigneur d'Eternac : *Main droite.*
Le seigneur de Neufchastel en Suisse : *Espinart à l'Escosse.*
Le seigneur de Waurins en Flandres[6] : *Mains que le pas.*
Le seigneur de Kercournadeck en Bretagne : *En Dieu est.*
Ceux de Bar : *Au feu, au feu.*
Ceux de Prie : *Cans d'oiseaux.*
Ceux de Buves en Artois : *Buves tost assis.*
La maison de Molac, *Gric à Molac* : qui signifie, *Silence*[7].
Messire simon Morhier, grand maitre d'hostel de la reine de France (ce sont les termes d'un *Provincial*), prevost de Paris sous Charles VI, et grand partisan des Anglois, crioit : *Morhier de l'extrait des Preux.*

Les chevaliers du Saint-Esprit au droit desir, autrement de l'*Ennen*, ou *del Nodo*, instituez par Louys de Tarente, roy de Sicile, le jour de la Pentecoste l'an 1352, après avoir crié le cry de leurs familles, crioient le cry de l'ordre, qui estoit : *Au droit desir*[8].

Les anciens seigneurs de Preaux en Normandie[9] avoient pour cry : *Cesar Auguste*.

Il y avoit de ces cris de guerre qui marquoient la dignité annexée à la famille dont le prince ou seigneur estoit issu. Ainsi les premiers ducs de Bourgogne avoient pour cry : *Chastillon au noble duc* ; les ducs de Brabant : *Louvain au riche duc* ; le duc de Bretagne : *Saint Malo au riche duc* ; le comte de Flandres : *Mœurs au comte* ; les comtes de Hainault : *Hainault au noble comte*, ou *Hainault* simplement, dans la chronique de Flandres[10] ; les comtes Dauphins d'Auvergne : *Clermont au Dauphin d'Auvergne* ; les ducs de Milan dans Froissart[11] : *Pavie au seigneur de Milan. Renerus*, parlant du comte de Los, « Clamans tertio titulum sui comitatus, scilicet Loz, audacter hostium cuneos penetravit. » Les anciens comtes d'Anjou[12] crioient *Valie*, qui est le nom d'un pays voisin du comté d'Anjou, que l'on nomme Vallée, ou est Beaufort. Philippes Mouskes, en la *Vie de Charles le Simple*, parlant des Normans :

Lors s'en alèrent à gens tantes,
Qu'ils arsent la cité de Nantes,
Touraine, et Angers, et Ango,
Le Mans, et Valle et Poito.

Il y en avoit qui estoient tirez de quelques epithetes d'honneur attribuez aux familles. Ainsi la Maison de Bousies en Hainault crioit : *Bousies au bon fier* ; les seigneurs de Maldenghen en Flandres · *Maldenghen la loiale* ; les seigneurs de Coucy en Picardie : *Coucy à la merveille*, ou, selon d'autres : *Place à la banniere* ; les seigneurs de Vilain issus des Chastellains de Gand : *Gand à Vilains sans reproche*[13].

---

[1]. Hilarion de la Coste, aux Eloges des Dauphins, p. 3, 4. — 2. Chron. de Flandr. c. 29. — 3. Hist. de la Maison de Chastillon, l. 3, c. 8 ; Provincial ms. — 4. La Colombiere. — 5. M. Guichenon, p. 110 — 6. La Colombiere — 7. Science heroique. — 8. Le Féron, Ordonnances ms. dudit ordre. — 9. Traité ms. des armes des familles de Normandie esteintes. —10. Chron. de Flandr. c. 67 ; Froissart, vol. 4, c. 63. — 11. Vol. 4, c. 25. — 12. Chappeavill. in not. ad Ægid. aur. Vall. Mon. c. 114. — 13 Hist. de la Maison de Gand.

On en remarque d'autres tirez et extraits du blason des armes de la famille : tel estoit le cry des comtes de Flandres : *Flandres au Lyon* ; et celui de la maison de Waudripon en Hainault : *Cul à Cul Waudripont*, parce qu'elle porte en armes deux lyons adossez.

Quelques princes parvenus à des royaumes ou principautez souveraines, pour marquer l'origine de leur ancienne extraction, en ont conservé la memoire par le nom de leur famille dont ils estoient issus, qu'ils ont pris pour cry d'armes. C'est pour cela que les rois de Navarre, si nous croyons André Favyn, avoient pour cry de guerre : *Begorre, Begorre*, comme issus et prenans leur extraction des anciens comtes de Bigorre. Jean de Bailleul, roi d'Escosse, retint toujours le cry de sa maison : *Hellicourt en Pontieu*, qui est une baronnie située au comté de Pontieu, laquelle lui appartenoit de son propre, avec les seigneuries de Bailleul en Vimeu et de Harnoy, et qui est à present en la maison de Rouhaut-Gamaches[1]. D'où vient l'erreur de Nicolas Vigner, en sa *Bibliotheque historiale*, de la Croix-du-Maine, en sa *Bibliotheque françoise*[2], et de Denis Sauvage, sur la *Chronique de Flandres*[3], qui ont crû que ce roy estoit seigneur de Harcourt en Normandie, l'ayant confondu avec Hellicourt, qui est au comté de Pontieu. Dans Froissart[4] le comte de Derby, de la maison de Lancastre, crie : *Lancastre au comte Derby*.

Souvent les rois et les princes ont crié le nom de la capitale de leurs États. L'empereur Othon à la bataille de Bovines cria *Rome* ; Philippes Mouskes :

Li rois Othe pour son reclaim
Cria Roume trois fois s'enseigne,
Si come proesse li enseigne.

Ottocar[5], roy de Boheme, en un combat contre les Allemans, cria *Prague, Prague* ; les ducs de Brabant crioient *Louvain*, comme j'ay déjà remarqué. Le comte Raymond de Saint-Gilles, en la premiere guerre d'outremer, crioit « *Tolose*, et « acclamata Tolosa, quod erat signum comitis, discessit, » dit Raymond d'Agiles[6]. Et Willebrand d'Oldenbourg[7] écrit que les rois d'Armenie crioient *Navers*, ou *Navarson*, qui estoit le nom d'un fort château d'Armenie.

Les communes crioient ordinairement le nom de la ville principale de leur contrée. Les Normans, dans Philippes Mouskes[8], crient : *Rouen* ; les Gascons, *Bordeaux* :

Et Ruen escrient li Normant,
Bretagne huçent li Breton,
Bourdeaux et Blaves li Gascon.

Les Avalois, qui sont ceux des environs de Cologne, terme que Sauvage n'a pas entendu en la *Chronique de Flandres*[9], crierent à la bataille de Bovines, suivant le même poëte : *Cologne* :

Li Avalois crient Coulongne.

Les Flamens, revoltez contre leur prince, dont les principaux estoient ceux de Gand, crioient *Gand ! Gand !* suivant Froissart[10].

Mais pour le plus souvent le cry d'armes estoit le nom de la maison, d'où vient que nous lisons presque à toutes rencontres dans des *Provinciaux*, ou recueils de blasons, *il porte de*, etc., *et crie son nom* ; c'est à dire que le cry d'armes est semblable au nom de la maison. Dans Froissart[11], le seigneur de Roye crie : *Roye au seigneur de Roye*. Guillebert de Berneville, en l'une de ses chansons, parlant d'Erard de Valery :

Va sans t'arrester
Erard saluer,
Qui Valery crie.

Ainsi le comte de Montfort en la guerre contre les Albigeois crioit *Montfort*, comme Pierre, moine du Vaux de Sarnay[12], nous l'apprend, et après luy Philippes Mouskes. Roderic de Tolede[13], parlant de celuy qui portoit l'étendart du comte Gomez en la bataille contre le roy d'Arragon : « Miles quidam « de domo Oleæ, qui vexillum comitis in sua acie præferebat, « occiso equo ad terram cecidit, et amputatis manibus, solis « brachiis vexillum tenens. non cessabat Oleam ! Oleam ! « fortiter inclamare. »

---

[1]. Provinc. ms. — 2. Vigner, sous l'an 1286 ; Biblioth. Franc. p. 528. — 3. P. 85. — 4. Vol. 1, c. 32. — 5. Hist. Austr. an. 1278, p. 320. — 6. P. 140. — 7. In Itiner. Terr Sanct. p. 139, 140 . Il Loredan l. 5, p. 233. — 8. En la Vie de Charlemag. — 9. C 10. — 10. Vol. 2, c. 97, 98, 143. — 11. Vol. 1, c. 208, 209. — 12. In Hist. Albig. c. 40, 58. — 13. De Reb. Hisp. l. 7, c. 2.

DE L'USAGE DU CRY D'ARMES

DISSERTATION XII.

Tous les gentilshommes et tous les nobles n'avoient pas le droit du cry d'armes ; c'estoit un privilege qui n'appartenoit qu'à ceux qui estoient chefs et conducteurs de troupes, et qui avoient banniere dans l'armée. C'est pourquoy ceux-là ont raison qui entre les prerogatives du chevalier banneret[1], y mettent celle d'avoir cry d'armes : d'autant que le cry servoit proprement à animer ceux qui estoient sous la conduite d'un chef, et à les rallier dans le besoin. De sorte qu'il arrivoit que dans une armée il y avoit autant de cris, comme il y avoit de bannieres, chaque cry estant pour le particulier de chaque compagnie, troupe, ou brigade, ou pour parler en termes du temps, de chaque route. D'où vient que Guillaume Guiart se sert du terme de *crier banniere* en l'an 1195 :

Et r'o'ssiez crier Montjoie,
Que la bataille ne remaingne,
Saint Pol, Ponti, Drues, Champaingne,
Melun, Bourgoingne, Ferrieres,
Et autres diverses bannieres.

Froissart et les autres usent des termes de *crier les enseignes*, comme j'ay remarqué.

Mais outre ces cris particuliers il y en avoit un qui estoit général pour toute l'armée, different du mot du guet, lequel cry estoit ordinairement le cry de la maison du général de l'armée. et de celuy qui commandait aux troupes, si ce n'est que le roy y fust en personne. car alors le cry général estoit celuy du roy. Ce que nous apprenons de Froissart, écrivant de la bataille de Cocherel[2] : « Quand ceux de France eurent « toutes ordonnées leurs batailles à leurs advis, et que chas- « cun sçavoit quelle chose il devoit faire, ils parlerent entre « eux, et regarderent longuement quel cry pour la journée « ils crieroient, et à quelle banniere, ou pennon, ils se trai- « neroient. Si furent grand temps sur le fait que de crier : « Nostre-Dame Auxerre, et de faire le comte d'Auxerre leur « souverain pour ce jour : mais ledit comte ne s'y voulut « onques acorder, ains s'excusa moult genereusement, di- « sant : Messeigneurs, grand mercy de l'honneur que me « portez et voulez faire ; mais quant à moy, je ne veux point « cette charge, car je suis encore trop jeune pour encharger « si grand faiz et tel honneur, car c'est la premiere journée « arrêtée où je fus onques. C'est pourquoy vous prendrez un « autre que moy : cy avez plusieurs bons chevaliers, comme « monseigneur Bertrand du Guesclin, *etc.* ; *et peu après* : Si « fut ordonné d'un commun accord qu'on crieroit : Nostre « Dame Guesclin, et qu'on s'ordonnerait cette journée du « tout par ledit messire Bertrand. » Le même Froissart[3] fait encore cette remarque ailleurs touchant le cry général, en ces termes : « Adonc prirent un cry les Escossois, et me sem- « ble que tous devoient crier : Douglas S. Gilles ; *et au troi- « sieme vol.*[4] : » Là eurent-ils parlement pour sçavoir quel cry « ils crieroient ; on voulut prendre le cry messire Bertrand, « mais il ne le voulut plus : et encore plus, il dit qu'il ne « bouteroit ja hors ce jour banniere, ne pennon, mais se « vouloit combattre dessous la banniere de messire Jean de « Bueil. » Quelquefois il y avoit deux cris généraux dans une même armée : mais c'estoit lorsqu'elle estoit composée de deux differentes nations. Ainsi en la bataille qui fut don- née entre le batard Henry de Castille et le roy dom Pietre, on cria de la part des Espagnols : *Castille au roy Henry* ; et de la part des François qui estoient au secours et dans l'ar- mée du même Henry, sous la conduite de Bertrand du Gues- clin, on cria : *Nostre Dame Guesclin*[5].

Souvent toutefois on crioit le cry du prince, quoy qu'il n'y fust pas présent. La *Chronique de Flandres*[6], racontant un combat qui fut donné en Gascongne entre le comte d'Artois, général du roy Philippes le Bel, et les Gascons et les Anglois, le comte de Foix, qui estoit joint aux troupes de France, *s'avança et cria Montjoie ! à haute voix, et assembla à ses ennemis*. En la bataille de Furnes, l'an 1297. le même comte d'Artois y cria encore *Montjoie*. Il est vray que le cry des comtes d'Artois estoit aussi *Montjoie*, comme il sera dit cy-après ; ce qui pourroit faire douter que l'on ait alors crié son cry, plutôt que celuy du roy. Quoy qu'il en soit, on peut justifier par quelques passages de Monstrelet et autres, que l'on a souvent crié le cry du roy de France en son absence. Mais quant au cry du banneret, il ne se crioit point en son absence, quoy que ses troupes fussent en l'ar- mée, comme nous apprenons de Froissart[1].

Le cry général se prononçoit unanimement par tous les soldats en même temps, et avant que de venir aux mains avec les ennemis, ou plutôt dans l'instant de la mélée, et lorsqu'on s'approchoit de près. Ce qui se faisoit, tant pour implorer l'assistance du Dieu des armées par des cris et des termes d'invocation, que pour s'animer les uns les autres à combatre vaillamment, et à défendre l'honneur et la répu- tation du général. Ces cris se poussoient avec vigueur et avec alegresse, qui marquoient tout éloignement de frayeur et de crainte d'où vient que Godefroy, moine de Pantaleon de Cologne[2], dit qu'à la mort d'un certain seigneur alleman qui fut tué par les Turcs : *Omnes clamorem bellicum mutaverunt in voceni flentium*. Aussi Conrad, abbé d'Usperge[3], prend ces cris pour des marques d'arrogance, *Aquitani, mox genitali tumentes fastu, Symbola conclamant*, etc. ; aussi bien que Guibert, quand il dit : *Arrogans signorum varietas*. Tude- bodus[4], parlant du siège d'Antioche, témoigne que ces cris se prononçoient égalenent : *Cæperunt jocunda voce clamare : Deus hoc vult*. Dans Guillaume Guiart, en l'an 1191 :

Lors fu Montjoie resbaudie.

Je pourrois confirmer cét usage des crys par un grand nom- bre d'autoritez, n'étoit que je crains d'ennuier le lecteur par une déduction d'une chose commune, et qui se trouve à toutes rencontres dans les histoires du moyen temps[5]. Je remarque seulement que cette coutume ne nous a pas esté particuliere, et que les peuples les plus barbares l'ont pra- tiquée à même fin. Joseph à Costa[6] raconte qu'en la bataille que les Mexiquains livrérent aux Tapanecas, sous la conduite du roy Iscoalt et du fameux capitaine Tsacacllec, le signal ayant esté donné, ils vinrent fondre avec grande impetuosité sur leurs ennemis, crians tous d'une voix, *Mexique ! Mexique !* se remettans en memoire par ces mots la vertu et l'ancienne gloire de Mexiquains, pour la défense de laquelle ils ne devoient pas épargner ni leurs corps ni leurs vies.

Aux assauts des villes, et lorsqu'on montoit à l'escalade, on crioit ordinairement le cry général[7] ; à celuy d'Antioche les pelerins crièrent : *Dieu le veult*[8] ! à celuy de Hierusalem, les mêmes y crièrent : *Deus, adjuva*[9], *Deus vult*[10]. A l'assaut de Rosse en la Macedoine les soldats de Raymond, comte de S. Gilles, crierent *Tolose*[11]. A celuy de Rome les soldats de Robert Guichard, duc de la Pouille, montérent à l'escalade, *Guiscardum clamoribus ingeminando*[12]. Ainsi à la prise de la ville de Luxembourg par les Bourguignons, les soldats y crièrent *Bourgogne*, comme témoignent quelques vers ma- nuscrits faits en ce temps-là :

Neantmains par subtile maniere,
Prit-on la ville en toutes parts,
Et au prendre eut mainte bannieres
Desploiées, et tant d'estendars,

---

1. A. Favyn, au Theatre d'Hon. l. 1, p. 24. — 2. Vol. 4, c. 162 ; vol. 2, c.122 ; vol. 1, c. 122. — 3. Vol. 2, c. 10. — 4. Vol, 3, c. 75. — 5. Froiss. vol. 1, c. 245. — 6. C, 34, 36.

1. Vol. 2, c. 116, 117. — 2. An. 1190. — 3. An. 1101. — 4. Tudebod. l. 3, p. 793. — 5. Fulch. Car. l. 2, c. 10, 21 ; l. 3, c. 42, 46, 50 ; Froiss, vol. 2, c. 97 ; vol. 3, c. 32, etc. — 6. En l'Hist. des Indes, l. 7, c. 13. — 7. Froiss. vol. 3, c. 402. — 8. Fulcher. l. 1, c. 9 , Guibert. l. 5, c. 5 , Gest. Franc. Exp Hier. l. 1, c. 19 ; Tudebod. l. 3, p 793. — 9. Gest. Fr exp. Hier. l. 1, c. 26. — 10. Fulcher. l. 4, c. 18. — 11. Raym. d'Agiles, p. 140. — 12. Malater. l. 3, c. 37.

Tant de glaives et tant de dars,
De lances en la compagnie,
Qu'ils bouterent hors les soldats,
En haut crient Ville gagnie.
Puis pour au chef de la besongne
Accroistre le nom en tous lieux,
Crioient : Bourgongne ! Bourgongne !
Trestous ensemble qui mieux mieux.

Le cry général, aussi bien que le particulier, servoit encore aux soldats pour se reconnoitre dans la melée. Nous en avons un exemple dans Brunon au livre qu'il a fait de la guerre de Saxe [1] : « Ibi quidam de nostris adversarium sibi « videns obvium, velut suum salutavit socium, dicens : « Sancte Petre, quod nomen Saxones pro symbolo tenebant « omnes in ore. Ille vero nimium superbus, et tantum deri-« dere nomen exorsus, in ejus vertice librato mucrone ; hæc, « inquit, tibi tuus Petrus mittit, pro munere, etc. » L'on se sert aujourd'huy du terme Qui vive Mais comme le cry estoit connu également des deux partis, il arrivoit souvent que les ennemis s'en prevaloient, et lorsqu'ils estoient en peril de leurs personnes, ils crioient le cry de leur ennemy, et à sa faveur s'evadoient. Pierre, moine de Vaux de Sarnay, en cotte deux exemples en son Histoire des Albigeois [2] : « Do-« minum etiam Cabareti Petrum Rogerium bis vel ter cepis-« sent, sed ipse cum nostris cœpit clamare : Monsfortis ! « Monsfortis ! præ timore. ac si noster esset, sicque evadens « et fugiens, rediit Cabaretum. Et ailleurs : Fugientes hostes « præ timore mortis exclamabant fortiter : Monsfortis ! Mons-« fortis ! ut sic se fingerent esse de nostris, et manus perse-« quentium evaderent arte tali, etc. »

Quant au cry particulier, il estoit ordinairement prononcé par les chefs, pour animer dans la mêlée les troupes qui estoient sous leur conduite ; et le plus souvent par le chef même, ou celuy qui portoit sa banniere, qui marchoit devant luy : afin de les porter par les cris d'alegresse a la défendre courageusement. La Chronique de Bertrand du Guesclin :

— lors cria gentement
Son enseigne et son cry pour resjouïr sa gent.

Guillaume Guiart, en l'an 1207 :

Li flos des François qui aproche
Les a en criant envahis,
A eus, à eus, il sont trahis.
De toutes parts Montjoie huchent,
A l'assembler tant en trébuchent.

Le Roman de Garin :

Crient Montjoie por lor gent esbaudir.

Ailleurs :

Bologne escrie por les siens esbaudir.

Que s'il arrivoit qu'un chevalier banneret commandât à plusieurs bannieres ou compagnies, comme le plus ancien ou le plus qualifié, et qu'il fust envoié pour attaquer ou défendre quelque poste, ou contre des troupes ennemies, alors le cry de ce banneret estoit général pour tous ceux qui estoient sous sa conduite. Froissart [?] en fournit quelques exemples.

Comme le principal usage des crys de guerre estoit de les pousser avec vigueur et quelque sorte d'alegresse dans les attaques et dans les occasions où la bonne fortune sembloit favoriser, pour animer davantage les soldats contre leurs ennemis ; ainsi lorsqu'un chef estoit en peril, pour estre vivement attaqué ou environé de tous côtez, et hors de pouvoir de se tirer sans l'assistance des siens, luy-même ou ceux qui estoient prés de luy crioient son cry, afin d'attirer du secours de toutes parts pour le venir dégager. Raymond d'Agiles [?] : « Tandem exclamavimus signum solitum in « necessitatibus nostris : Deus, adjuva, Deus adjuva. » Ainsi Robert. duc de Normandie, aprés la prise de Nicée, voyant ses troupes vivement repoussées par les Turcs, faisant tourner bride à son cheval, et tenant en sa main une enseigne dorée, cria le cry des pelerins, Dieu le veut ! et par ce moyen les rassura. Robertus Monachus [5] : « Et nisi cito comes Nor-« manus, aureum vexillum in dextra vibrans, equum con-« vertisset, et geminatis vocibus militare signum, Deus vult !

« Deus vult ! exclamasset, nostris illa dies nimis exitiabilis « esset. » Ce que Gibon de Paris a ainsi exprimé [?] :

Et nisi dum fugerent, dum palmam pene tenerent
Turci vincentes, se convertissent in hostes
Dux Normanorum, signum clamando suorum,
Lux ea plena malis nostris foret exitialis.

De même dans Guillaume Guiart, en l'an 1207, le comte de Montfort estant en péril de sa personne, appella ses gens à son aide par le cry de Montjoie.

Douteus de mort prent à crier,
Pour sa gent vers luy rallier,
Qu'il a adonc souhaidiez :
Montjoie saint Denys aidiez,
Vray Diex en qui nous nous fion,
Secourez vostre champion.
François qui les cris en entendent,
Grand erre cele part destendent.

La Chronique manuscrite de Bertrand du Guesclin :

S'enseigne va criant pour avoir le secours.

Froissart [?], parlant du comte de Derby : « Et s'avança si avant « du premier assaut qu'il fut mis par terre, et là luy fut « monseigneur de Mauny bon confort, car par appertise « d'armes il le releva, et osta de tous perils, en escriant : « Lencostre au comte d'Erby ! » Et ailleurs [?], parlant du comte de Flandres, qui estoit descendu au marché de Bruges, pour faire teste aux Gantois, qui avoient pris la ville, dit qu'il y entroit à grande foison de falots, en criant : Flandres au Lyon au comte ! D'Orronville [?], en la Vie de Louys III. duc de Bourbon, raconte que ce duc faisant armes en une mine au siege de Vertueil contre Renaut de Montferrand, un des siens, qui apprehendoit pour la personne de ce prince, s'escria : Bourbon ! Bourbon Nostre-Dame ! auquel cry Renaut ayant reconnu qu'il avoit affaire au duc de Bourbon, se retira, et s'excusa envers luy. Nous avons quelque chose de semblable en l'Histoire du maréchal Boucicault [?], et dans Monstrelet [?]. Philippes Auguste, selon la Chronique de Flandres [?], en la bataille de Bovines, ayant eu son cheval abattu ou tué sous luy, cria Montjoie ! à haute voix, et fut aussitost remonté sur un autre destrier. La même chronique, parlant du siege de Damiete entrepris par saint Louys : « Quand les chretiens virent le roy s'abandonner, tous sail-« lirent hors des nefs, prirent terre, et crièrent tous à haute « voix : Montjoie Saint Denys ! » En la bataille de Mons en Puelle, l'an 1304, le roy Philippes le Bel, voyant « que les « Flamens avoient ja tué deux bourgeois de Paris, qui à son « frein estoient, et messire Gilbert de Chevreuse qui gisoit « mort devant luy, l'Oriflambe entre ses bras, s'escria « noble roy : Montjoie Saint Denys ! et se ferit en l'estour. » Tels cris estoient appellez cris à la recousse, ainsi que Froissart [?] nous enseigne en plusieurs endroits : « Quand les « François les virent issir, et ils ouïrent crier Mauny à la « recousse, ils reconnurent bien qu'ils estoient trahis. » Et ailleurs : Là crièrent leurs cris à la recousse. Et comme par les cris on faisoit venir du secours, il en arrivoit quelquefois inconvenient, specialement dans les querelles particulieres, où ceux qui se battoient crioient les cris de leurs seigneurs, afin d'attirer par ce moyen à eux ceux de leur party et de leur brigade. Ce qui donna occasion à l'empereur Frederic I. en ses Constitutions militaires [?], de faire celle-cy : « Si alter « cum altero rixatus fuerit, neuter debet vociferari signa « castrorum, ne inde su concitentur ad pugnam: et cette « autre : Nemo vociferabitur signo castrorum, nisi quæ-« rendo hospitium suum. »

Non-seulement on crioit le cry général au commencement de la bataille, mais encore chaque soldat crioit le cry de son capitaine, et chaque cavalier celuy de son banneret, d'où vient que Guillaume le Breton [10] voulant dire que la bataille n'estoit pas encore commencée, se sert de cette façon de parler,

..... Nec dum vox ulla sonabat.

Froissart [11], parlant du combat qui se fit au Pont à Comines, l'an 1382, et racontant comme une petite troupe de cavaliers françois attaqua un grand nombre de Flamens, sous la con-

---

1. Gest. Vir Hieros l. 4. — 2 Vol. 1, c. 32. — 3. Vol. 2, c. 98. — 4. C. 50. 5. Part. 1, c. 17 ; Froiss. vol. 3, c. 31. — 6 Sous l'an 1437, p. 35. — 7. C. 15, 23, 44. — 8. Froiss. vol. 1, c. 151, 222 ; vol 2, c. 192 ; vol. 3, c. 15. — 9. Radevic. de Gest. Frid. l. c. 26 ; Gunther. l. 7, Ligur. p. 158. — 10 Philipp. l. 2. — 11. Vol. 2, c. 110, 117.

duite du maréchal de Sancerre, écrit que ce maréchal, avant le combat, leur tint ces paroles : « Tenons-nous icy tous en-« semble, et attendons tant qu'il soit jour, et que nous voyons « devant nous les Flamens, qui sont à leur fort à leur advan-« tage pour nous assaillir, et quand ils viendront, nous crie-« rons nos cris tous d'une voix, chascun son cry ou le cry « de son seigneur à qui il est : jaçoit que tous les seigneurs « ne soient pas icy : par cette voix et cris nous les esbahirons, « et puis frapperons en eux de grande volonté. » Et au chapitre suivant : « Si dirent entre eux quand ils viendront sur « nous (ils ne peuvent sçavoir quel nombre de gens nous « sommes), chascun s'escrie quand viendra à assaillir l'en-« seigne de son seigneur dessous qui il est, jaçoit que il ne « soit pas icy, et le cry que nous ferons, et la voix que nous « entre eux espanderons, les esbahira tellement qu'ils s'en « devront desconfire, avec ce nous les recueillerons aux « lances et aux espées. » Puis, parlant du combat : « Là « crioit-on : Saint Py, Laval, Sancerre, Anguien ! et autres « cris qu'ils crierent dont il avoit gendarmes. » La *Chronique de Flandres*[1], rapportant la rencontre près de Ravemberg en Flandres, vers l'an 1303 : « Aussi-tost que le comte Othe (de « Bourgongne) et les autres hauts hommes les virent appro-« cher, incontinent ferirent à eux chascun criant son cry à « haute voix, et commença l'estour mult crueux. » Et ailleurs, parlant de la bataille du Pont à Vendin, en la même année : « Quand les François les eurent apperceus si ferirent « en eux, crians leurs cris à haute voix. » La *Chronique* manuscrite *de Bertrand du Guesclin* :

François montent à mont. chascun crie son cry.

On croit encore le cry des chevaliers dans les occasions des tournois, lorsque les chevaliers tournoyans estoient prêts d'entrer en lice, et au combat. Les *Ordonnances du tournoy*[2] dressées par René d'Anjou, roy de Sicile : « Et cela fait, « criera ledit roy d'armes par le commandement des juges « par trois grandes hallenées, et trois grandes reposées : « Couppez cordes, et hurtez batailles quand vous voudrez ; « et lorsque le troisième cry sera fait, ceux qui seront ordon-« nez à cordes coupper les coupperont : et adonc crieront « ceux qui porteront les bannieres, avec les serviteurs à pied « et à cheval, les cris chascun de leurs maistres tournoyans. « Puis les deux batailles se assembleront, et se combatteront « tant si longuement, et jusques à ce que les trompettes « sonneront la retraitte par l'ordonnance des juges. » Georges Châtellain[3] en fournit divers exemples en l'*Histoire de Jacques de Lalain, chevalier de la toison d'Or*. On croit aussi le cry du seigneur prédominant, lorsqu'on arboroit la banniere au château de son vassal, quand il luy faisoit hommage. Un titre de l'an 1245, contenant l'hommage de *Signis*, veuve de Centulle, comte d'Estrac, et son fils Centulle, au comte Raymond de Tolose, dit que le vignier de Tolose[4], de l'ordre du comte, monta au principal château, et que là il arbora sa banniere « ratione et jure majoris dominii : puis, qu'il y fit préconizer et crier à haute voix le cry de guerre du comte, qui estoit, *Tolose*. « Fecit ascendere vexillum, seu bannerium. « dicti domini comitis Tolosani, et ex parte ipsius ter præ-« conizari, et clamare alta voce signum dicti comitis, scili-« cet, Tolosam. » Un autre, de Raymond Pelet, seigneur d'Alet, de l'an 1717 : « Cæterum ad mutationem domini de-« betis vos et hæredes vestri (parlant à Simon comte de « Montfort) levare vexillum vestrum in turri mea de Alesto, « et signum, seu edictum vestrum, facere ibi clamare.

Comme il n'estoit pas loisible aux puinez de prendre les armes de la maison qu'avec brisure, de même ils ne pouvoient pas en prendre le cry qu'avec différence ; dautant que par la regle générale receue universellement, les plaines armes, le nom et le cry de la famille appartenoient à l'aîné. Ce qui se pratiquoit ordinairement en soustrayant ou ajoutant quelques paroles aux mots qui composoient le cry d'armes. Les exemples s'en peuvent observer en la maison royale de France, dont le cry estoit *Montjoye S. Denys* ; car les princes de cette famille ont voulu conserver les marques de cette illustre extraction, non seulement dans les armes qu'ils ont portées avec brisure, mais encore dans le cry de *Montjoye*, qu'ils ont retenu, auquel mot ils en ont ajouté d'autres pour difference de celuy du roy de France, chef de la maison. Ainsi les derniers ducs d'Anjou crioient *Montjoye Anjou* : ce dernier mot, qui faisoit la difference du cry principal, marquoit l'exellence du duché d'Anjou, qui appartenoit et don-

noit le nom à cette branche. Un heraut blasonnant les armes de René roy de Sicile et duc d'Anjou :

Il crie Montjoye Anjoue, car tel est son plaisir,
Pour devises Chauffrettes il porte d'ardant desir[1].

Charles, comte d'Anjou, combatant contre Mainfroy, roy de Sicile, cria le cry du roy de France son frere, sous les auspices duquel il avoit entrepris cette conqueste, « Et sire « Charles suivit l'estour. criant à haute voix Montjoye S. « Denys[2] ! » Les ducs de Bourgogne[3], tant de la premiere que de la seconde branche, toutes deux issues de la maison royale de France, avoient pour cry *Montjoye au noble duc*, ou *Montjoye Saint Andrieu*, acause de la particuliere devotion qu'ils portoient à ce saint, qu'ils avoient choisi pour patron. Les historiens de Bourgogne racontent qu'Estienne, roy de Bourgogne, fut le premier qui prit pour enseigne de guerre la croix de Saint André, et que ce fut lui qui, l'ayant apportée de l'Achaïe, la donna au monastere des religieuses de Veaune proche de Marseille, d'où depuis elle fut transférée en l'église de Saint-Victor, vers l'an 1250, où elle se voit à present. Quelques-uns estiment que cét Estienne roy de Bourgogne n'est autre que Gundioche, qui mourut en la bataille de Châlons contre Attila, dautant qu'il ne se lit point qu'il y ait eu aucun roy de ce nom dans la Bourgogne, et que d'ailleurs l'on pourroit présumer que Gundioche, estant mort catholique, auroit eu le nom d'Estienne au baptême, quoy que tous les historiens de ce temps-là ne fassent aucune mention de ce nom. Le duc Jean de Bourgogne[5], fils de Philippes le Hardy, la remit en vogue : car lorsque la Bourgogne fut reunie à la couronne de France, les Bourguignons avoient pris la croix droite : et Philippes le Hardy, qui estoit bon François, l'avoit toujours portée. Ce qui me donne sujet de croire que ce fut le même duc qui prit ce cry d'armes de *Montjoye Saint Andrieu*, que Chifflet, en ses *Chevaliers de la toison d'Or*, remarque avoir esté pris par les ducs. Tant y a que Monstrelet[6], Berry[7], et autres historiens témoignent que depuis ce temps-là la croix de Saint-André a servy d'enseigne aux Bourguignons. Un *Provincial* donne encore pour cry aux ducs de Bourgogne : *Nostra Dame Bourgogne*, et un autre[8] dit que les premiers ducs, c'est à dire de la premiere race, crioient : *Chastillon au noble duc*, peut-estre acause de la seigneurie de Châtillon sur Seine. qui leur appartenoit, et laquelle ils tenoient en fief de l'evesque de Langres.

Les comtes d'Artois, suivant les mêmes *Provinciaux*, crioient : *Montjoye au blanc esprevier* ; ce qui peut avoir pris son origine de l'éprevier dont le roy Philippes le Bel fit présent, environ l'an 1293, à Robert II, comte d'Artois[9], ayant ordonné qu'à l'avenir il tiendroit son comté de la couronne de France au relief du meme oiseau, qu'il lui seroit loisible de prendre en la fauconnerie du roy. Les lettres patentes en forme de commission decernées, l'an 1330, par le roy Philippes de Valois au duc de Bourgogne. portent ces mots : « Que « comme ledit duc, acause de la duchesse sa femme, et « comme bail d'icelle, le requiert ; que comme la reine Jeanne « estoit en possession et saisine. et en sa foy et hommage du « comté d'Artois, et du fief de l'Esprevier, etc. » Et c'est pour cela qu'encore à présent la Cour des pairs de la ville d'Arras dans le seau dont elle se sert à la figure d'un cavalier ayant un éprevier sur la main droite. Les comtes d'Artois le portoient encore pour cimier de leurs armes, entre un double vol, ainsi que l'on peut voir en une vitre de Saint-Pierre de Lille en Flandres, en la chapelle de Notre-Dame, dont la representation est insérée en l'*Histoire de la maison de Bethune* dressée par André du Chesne[10].

Il semble que cette même coûtume d'ajoûter quelques mots pour difference aux cris des aînez s'est observée en la maison royale d'Angleterre, dont le cry estoit : *Saint George*, sans addition d'aucun mot. Car nous lisons dans Froissart[11] « que le prince de Galles, à la bataille de Poitiers, et à celle de Navaret, cria : *Saint George Guienne*, parce que il avoit esté investy du duché de Guienne, ce dernier mot faisant la difference du cry principal, qui appartenoit au roy d'Angleterre. Toutefois je trouve en la *Chronique de Flandres*[12] que Richard roy d'Angleterre estant en la Terre Sainte, au siège de Iaffe, cria : *Guienne au roy d'Angleterre*. A la bataille de Furnes le roy d'Angleterre, dit la meme chronique, « issit hors à ban-« nieres desployées en criant : Guienne ! à haute voix, et se

---

1. C. 43, 44. — 2. La Colomb. au Theatr. d'honn. vol. 1, c. 5, p. 75. — 3. Ch. 12, 20. — 4 Registr. de Tolos. p. 109.

4. A. Favyn. La Colomb. — 2. Chron. de Fland. c. 27. — 3. Chifflet, en ses Chev. de la Toison d'or. p. 3 — 4 Parad. De antiq. stat. Burg.; Chifflet, in Vesont. l. 4 c. 48. — 5. Olivier de la Marche, en son Introd. ch. 3. — 6. Vol. 1, c. 127, 192, vol. 2, p. 144. — 7. En l'Hist. de Charl. VII, sous l'an 1418, p. 42. — 8. Preuves de l'Hist. de la Maison de Chast. p. 2 , Provinc. ms. — 9. Bersarius, apud Locrium, in Chron. Belg. au. 1293. — 10. L. 3, c. 5. — 11. Vol. 1, c. 162, 241. — 12. C. 0, 36

« ferit en la commune. Il en estoit de même de toutes les familles particulieres, dont les puînez crioient le cry ou le nom de la maison, mais avec addition du nom de leurs seigneuries; et c'est en ce sens qu'il faut entendre les *Provinciaux* quand ils disent que les cadets, dont ils blasonnent les armes, crioient le nom de la famille : car le cry simple, aussi bien que les armes, appartiennent à l'aîné.

Depuis que le roy Charles VII eut étably des compagnies d'ordonnance, et dispensé les gentilshommes fievez d'aller à la guerre, et d'y conduire leurs vassaux, et par consequent d'y porter leurs bannieres, l'usage du cry d'armes s'est aboly.

Il est aisé d'inférer de toutes ces remarques que je viens de faire, que le cry d'armes est bien different du *Tessera* des Latins, du Σύνθημα des Grecs, et du *mot du guet* des François, quoy que l'un et l'autre consistent en la prononciation de quelques mots, et qu'ils conviennent en quelque chose pour l'usage même, qui est pour reconnoistre les partis. Car le mot du guet se change tous les jours par le général, « Ne ex « usu, ce dit Vegece [1], hostes signum agnoscant, et explora- « tores inter nos versentur impune : » ou le cry d'armes est perpétuel, et attaché à la famille, et partant presque autant connu des ennemis que des autres. Neantmoins le mot du guet est quelquefois appellé *cry*, comme dans le *Traitté de la Guerre*, que Philippes, seigneur de Ravestain et duc de Cleves [2], composa pour l'empereur Charles V, et quelquefois *cry de la nuit*. La *Chronique scandaleuse* [3] s'est servie du terme de *nom de la nuit*. Bouteiller, en sa *Somme rurale*, parlant des droits des connétables de France, l'appelle aussi cry de la nuit : « Item à la charge de demander au roy toutes « les nuits le cry de la nuit, et de le faire sçavoir aux mares- « chaux, les mareschaux de le faire sçavoir aux capitaines de « gensdarmes. » Et plus bas, parlant du grand maître des arbalestriers : « Assiet les escoutes, et envoye querre le cry « de la nuit. »

1. L. 2. — 2. Phil. duc de Cleves, en son Traité de la guerre, part. 1, p. 38, 40, 96. — 3. P. 99.

DE LA MOUVANCE DU COMTÉ DE CHAMPAGNE

DISSERTATION XIII.

Le sire de Joinville écrit que le roy saint Louys, avant que d'entreprendre le voyage d'Afrique en l'an 1248, fit une assemblée de tous les barons de son royaume à Paris, pour donner ordre aux affaires publiques durant son absence, et particulierement s'il arrivoit mal de sa personne. Le roy fit l'honneur à ce seigneur de le convier de s'y trouver ; mais il s'en excusa civilement, sur ce que, *n'estant pas son sujet*, il ne pouvoit s'engager à fait aucun serment. Ce passage a donné matiere à divers auteurs d'inférer de là que puisque le sire de Joinville n'estoit pas sujet du Roy, qu'il estoit du comte de Champagne, duquel il estoit vassal, n'estoit pas aussi vassal du roy, et ne relevoit pas de la couronne de France, mais de l'empire. C'est l'induction que Pierre de Saint-Julien, aux *Antiquitez de Chalon* [1], Pierre Pithou, ans ses *Memoires des comtes de Champagne*, et Jean-Jacques Chifflet [2], en la *Défense* qu'il a faite de l'Espagne contre la France, ont tirée. Mais ces auteurs ne se sont point aperçus de l'ancien usage des fiefs, ou l'ont dissimulé avec dessein, comme je le présume du dernier, qui est trop éclairé dans l'histoire pour estre tombé dans une erreur si grossiere. Dautant qu'il est constant que les arriere-vassaux ne devoient ni serment ni hommage, à raison de leurs fiefs, à leurs seigneurs dominans, ou chefs seigneurs. Et ainsi le sire de Joinville avoit eu juste sujet de refuser de prêter le serment de fidelité, et de faire aucun acte de soûmission de vassal au roy ; ce qu'il n'auroit pû faire sans se méprendre, faire sans déroger au devoir de vassal, auquel il estoit tenu envers le comte de Champagne, dont il estoit homme lige, soit à cause de la senéchaucée de Champagne, soit pour la seigneurie de Joinville et autres, qu'il possedoit en ce comté.

D'ailleurs, il n'avoit aucune terre qui relevât nuëment du roy, et acause de laquelle il lui dût hommage, comme les autres barons de France, qui seuls estoient appellez à cette assemblée, c'est-à-dire ceux qui relevoient nuëment et immédiatement du roy, et qui lui devoient hommage lige sans reserve : c'est la force du mot de Baron. De sorte que si le sire de Joinville y fut convié par le roy, ce ne fut que par honneur, et parce qu'il estoit alors à la suite de la cour. Car il est sans doute que les arriere-vassaux n'estoient pas convoquez à ces assemblées, et qu'ils ne devoient ni ne pouvoient faire aucun hommage, ou serment de fidelité au souverain, ou au seigneur prédominant, pour leurs fiefs, mais seulement à leurs seigneurs immédiats, qui lui faisoient hommage, tant pour eux que pour leurs vassaux. C'est pourquoy s'il arrivoit quelquefois que le roy ou le chef seigneur exigeât l'hommage ou le serment des arriere-vassaux, ils le faisoient agréer par ses barons, seigneurs prédominans de ces arriere-vassaux: ainsi Geoffroy de Lezignan, II du nom, sire de Vouvent et de Mervent, declara, par ses lettres du mois d'avril de l'an 1248, qu'il avoit fait hommage à Alfonse, comte de Poitiers, de ses châteaux et fiefs de Vouvent, de Fontenay, de Soubize, et de toute autre terre qu'il tenoit de noble homme Hugues, comte de la Marche, « per licentiam et voluntatem « ejusdem comitis, » c'est-à-dire par la permission du comte de la Marche, duquel il relevoit immédiatement. Et le roy Philippes Auguste, écrivant à Raoul d'Issoudun, II du nom, comte d'Eu, pour le porter à le servir dans ses guerres de Poitou, offrit de mettre en son pouvoir tout ce qu'il possedoit en Poitou, à condition que pour seureté de sa fidelité et de sa foy il lui remettroit et lui delivreroit tout ses châteaux qu'il avoit en Normandie, et qu'il commanderoit à ses hommes et à ses vassaux de lui faire hommage et service tant qu'il les tiendroit: « Quod vos tradetis ei terram, et fortericias ves- « tras Normanniæ pro habenda securitate, quod vos interim « legitime servietis ei, et hominibus vestris præcipietis, ut « ei facerent fidelitatem, quod ei legitime servirent usque ad « prædictum terminum. » Il y a quelque chose de semblable en un titre de Raymond, vicomte de Turenne, de l'an 1253, aux preuves de l'histoire de ces vicomtes [2], d'où il se recueille evidemment que si le comte de Poitiers ou le roy Philippes-Auguste eussent eu droit d'exiger l'hommage ou le serment de leurs arriere-vassaux, ils n'auroient pas requis le consentement de leurs vassaux leurs chefs-seigneurs.

Ainsi Chifflet s'est par trop mépris lorsqu'il s'est voulu servir de ce discours du sire de Joinville pour en induire la mouvance du comté de Champagne de l'empire, et quoy qu'ailleurs il soit tres-sçavant et tres-judicieux, c'est avec un aussi foible fondement qu'il employe quelques pages des auteurs anciens pour le justifier, dont l'un est celuy d'Herman Contract de l'an 1054, qui a pareillement imposé au sieur Pithou, et l'a fait tomber dans la même erreur. C'est à l'endroit où il dit que l'empereur Henry estant à Mayence, Thibaud II, comte de Champagne, fils de Eudes, l'estant venu trouver, *de Galliis veniens, miles ejus effectus est*, c'est à dire se fit son vassal. Ceux qui sçavent l'usage des fiefs n'ignorent pas que l'on peut estre vassal de deux ou divers seigneurs pour diverses seigneuries, et ainsi il n'est pas inconvenient que le comte Thibaud ait fait hommage à l'empereur

1. P. 410. — 2. In Vindic. Hisp. p. 124.

1. P 55.

pour quelque terre qu'il auroit possédée mouvante de l'empire. Il se peut faire encore, que comme il vint au secours de l'empereur (*auxilium suum illi pollicitus est*), il s'engagea à son service avec des conditions qui l'obligeoient à luy faire hommage, soit pour des terres qu'il luy auroit donnees mouvantes de l'empire, soit pour des fiefs, que l'on nommoit *de bourse*, c'est-à-dire de rentes, ou sommes de deniers, que l'on percevoit sur le trésor du prince, tant que l'on estoit à son service. Du Tillet[1] fournit une infinité de ces sortes d'hommages, que les seigneurs allemans ont faits aux roys de France lorsqu'ils s'engageoient à leur service durant leurs guerres; desquels on ne pourroit pas tirer cette induction, que l'Allemagne relevoit de la France.

Mais voicy une autre preuve convaincante, qui justifie absolument que la Champagne n'a jamais relevé de l'empire. Durant le schisme qui travailla long-temps l'Eglise sous le regne de Frederic I, Henry, comte de Champagne, s'engagea à l'empereur de luy procurer une entreveuë avec Louys VII, roy de France, pour appaiser et pour terminer ces divisions qui troubloient les esprits des catholiques. Et même il s'obligea envers l'empereur que si le roy ne vouloit pas consentir à cette entreveuë il quitteroit son hommage, et se feroit son vassal. Ce que le comte dit en termes formels au roy, par forme de menaces[2]: « Si tua majestas noluerit nec prædictis « pactionibus acquiescere, nec arbitrio judicum assensum « præbere, ego jurejurando juravi quod ad partes illius « transibo, et quicquid de fisco regis in feodum habeo, imperatori tradens, ab illo tenebo. » Et sur ce que le roy faisoit quelque difficulté pour cette entreveuë, « venit comes Hen« ricus ad regem, in palatio ducis Burgundiæ, allegans re« gem nequaquam esse a pactionibus liberum, ideoque sibi « necessario discessurum ab eo, et se traditurum in manu « imperatoris, ita ut totam terram quam de feodo regis hac« tenus tenuerat, modo imperatori traditam ab eo reciperet, « et hominium illi faceret. » Quoy que l'histoire remarque que le roy s'estant mis en devoir de sa part d'accomplir cette entreveuë, qui n'eut point d'effet par la faute de Frederic, qui ne se trouva pas au lieu qui avoit esté convenu, le comte Henry soit demeuré d'accord que sa majesté estoit quitte des traittez dont on estoit convenu pour ce regard, il est neantmoins constant qu'attendu que l'empereur en rejettoit la faute sur le roy, le comte Henry, pour satisfaire à sa parole, fut obligé de passer en sa prison Ensuite, pour obtenir sa liberté il luy accorda de luy faire hommage de quelques places de la Champagne, qu'il tenoit du roy avec le reste de son comté. C'est ce que nous apprenons d'une ancienne enquête, qui se lit dans le registre de la chambre des comptes de Paris[3], intitulé *Feoda Campaniæ*, où elle est conceuë en ces termes: « Girardus Eventatus dixit, quod super quibusdam « conventionibus, quas rex Franciæ et imperator Alemanniæ « habebant inter se tempore schismatis, fuit fidejussor comes « Campaniæ ex parte regis Franciæ, quod rex conventiones « illas teneret: sed cum rex in conventionibus illis tenendis « deficeret, comes Campaniæ ivit in captionem imperatoris, « tanquam fidejussor, et cum in captione illa aliquamdiu « mansisset, et videret quod rex Franciæ eum non liberaret, « petiit ab imperatore ut quitaret eum à captione et fidejus« sione, et ipse caperet de eo nescio quot castella, et ita fac« tum fuit de quibusdam castellis. Unum est Hyz, quod est « juxta Clarum-Montem in Bassigniaco; aliud est Mustero« lium in Bassigniaco; aliud Gollemont versus Bondricourt; « aliud Raucourt, quod comes Barri Ducis tenet. Girardus « Eventatus nescit nominare alia, sed scit castella illa huius » plus quam quatuor Item Conradus, episcopus Metensis et « Spirensis imperialis aulæ cancellarius, dicit hæc esse cas« tella quæ comes Campaniæ tenet de imperatore Aleman« niæ, et ita invenit in scriptis imperatoris, Burmont, Dam« pierre, Porsesse, Risnel, la Sessie, Gondricourt, Karnay, « Raucourt, Bearzin. » L'enquête faite sous Maximilian I au sujet des terres de l'Empire, rapportée par Chifflet, fait mention du château de Hais, ou Hyz en Champagne, qu'on a prétendu relever de l'empire.

Le comte de Champagne se départit de la mouvance de France pour ces châteaux, suivant le pouvoir que l'usage reçû pour lors universellement dans les fiefs luy donnoit: par lequel, comme le vassal estoit obligé de servir son seigneur, et lui en faisoit la promesse par l'hommage, sous peine de commise et de confiscation de son fief: ainsi le seigneur promettoit à son vassal de défendre, tant sa personne que son fief. Nous avons la formule de ces obligations du seigneur en plusieurs titres des comtes de Tholose de la chambres des comptes de Paris, qui sont ordinairement conçûs en ces termes: « Ad hoc nos dictus comes recipientes « dictam confessionem et recognitionem fidelitatis et homa« gium a vobis dicto N. pro prædictis feudis, in forma « præscripta, promittimus vobis, quod tam personam ves« tram quam dicta feuda, et omnia jura quæ in eis habetis, « contra quoslibet molestatores qui super hoc eis injuriari « voluerint bona fide defendemus. » C'est ce qui a fait dire à Philippes de Beaumanoir, en sa *Coûtume de Beauvaisis*[1], que « il sires doit autant foi et loiaté à son home, come li homs « fet à son seigneur. » En sorte que si le vassal estoit attaqué par ses ennemis, et n'estoit pas défendu par son seigneur, le seigneur perdoit sa mouvance, et le vassal pouvoit se donner à un autre seigneur, et relever son fief de luy, qui est presque le cas où le comte Henry prit sujet de relever quelques châteaux de son comté de l'empereur, parce qu'estant son prisonnier pour le fait du roy, le roy ne se mettoit pas en devoir de luy faire obtenir sa liberté. Le *Roman de Garin le Loherans* a touché en divers endroits cét usage:

Pepins li rois, dont devoie tenir
Mon fié, ma terre, et trestot mon païs,
Li rois ne m'est vilainement faillis,
Mes ma cité ont Sarazin assis,
Desconfit sont, se vos tenes ami,
Se vos del siege les povés départir,
De toi tiendrai ma terre et mon païs

Et ailleurs

Or viens à vos, empereres gentis,
Que vos aillies vostre fié garantir,
Se vos nel faites, mal en somes baillis,
Et tuit baron doivent de vos tenir.
J'en parlerai, ce dit le rois Pepin,
Qui que ge faille, vos ne dois ge faillir.

Il a plusieurs exemples dans l'histoire[2], des renvois, des remises, et des changemens d'hommages en ces cas, dont les formes sont prescrites dans les loix de Henry I, roy d'Angleterre, en ces termes[3]: « Si dominus terram suam, vel feodum « suum, auferat homini suo, unde est homo suus: vel si eum « in mortali necessitate deserat, supervacue forisfacere po« test dominium suum erga eum: sustinere tamen potest « homo dominum suum, si faciet ei contumeliam, vel inju« riam ejusmodi, in guerrâ 30 dies, in pace unum annum et « diem, et interim private per compares, per vicinos, et per « domesticos, et per extraneos, per legem requirere eum de « recto. » Je me suis un peu étendu sur cette matiere, afin d'expliquer les raisons qui porterent Henry, comte de Champagne, à se soustraire de l'hommage du roy de France pour ces quatre ou cinq châteaux, et à les relever de l'Empire, ce qu'il fit probablement pour donner quelque satisfaction à Frederic, qui ne voulut pas qu'on luy imputât de n'avoir pas tenu sa parole pour l'entreveuë, qui avoit esté arrêtée, s'estant trouvé au lieu désigné après la retraite du roy. De sorte que ce fut après cét hommage que Frederic écrivit cet lettre à Henry, où il le qualifie *fidelis et consanguineus suus*, d'où Chifflet infere qu'il estoit sujet de l'empereur: ce qui est vray à l'égard de ces châteaux que je viens de nommer, mais non pas de toute la Champagne. Ce qui paroit assez par la substance et la teneur de ces lettres. Mais avant ce temps-là, lorsque Frederic se servit de luy pour moyenner une entreveuë avec le roy, cét empereur declare en termes formels qu'il n'estoit pas son vassal, mais du roy[5]: « Sane « quæcumque necessaria sunt ad conservandam inter nos « mutuæ dilectionis integritatem, cum dilecto consanguineo « nostro, fideli tuo, Henrico, comite Trecarum, amice et « plenarie ordinavimus. etc. »

Le sire de Joinville nous fournit encore une autre preuve de la mouvance de la Champagne de la couronne de France, écrivant que le roy saint Louys et le roy de Navarre l'ayant pressé de vouloir entreprendre avec eux le voyage d'Afrique en l'an 1270, il s'en excusa sur ce que, tandis qu'il avoit esté outremer au voyage précédent, « les gens et les officiers du « roy de France avoient trop grevé et foulé ses subjets, tant « qu'ils en estoient apovris, tellement que jamais il ne seroit « que eux et luy ne s'en santissent. » Car je voudrois demander à Chifflet en quelle qualité les officiers du roy grevoient les sujets du sire de Joinville, si ce n'est parce que le roy

1. Au recueil des Trait. d'entre les rois de France et d'Anglet. — 2. Hug Pictav. l. 4. Hist. Vezel p. 580, 581. — 3 Communiqué par M. d'Herouval, fol 66.

1. Ch. 58. — 2. Trésor des Chart du roy, laiete Flandres cofre 2, sac 2, tit. 20; cofre 3, sac 2, tit 23. — 3. LL. Henr. 1, cap 43. — 4 Exiat apud Freher. t. 1, p. 306, 309, et Goldast. in Const Imp p. 282. — 5. Freher. p. 305; Gold. p. 279.

saint Louys estoit seigneur prédominant de la Champagne, et en cette qualité avoit droit d'y envoyer ses officiers ; ce qu'il n'auroit pû faire si elle eust esté une terre dépendante de l'empereur, et si les comtes de cette province eussent esté comtes palatins de l'Empire, comme il s'est faussement persuadé. Ce second point, estant important et curieux, merite d'estre discuté exactement dans une dissertation, ou digression particuliere, où je me propose de découvrir l'origine des comtes palatins de France, et de montrer que les Allemans n'ont emprunté cette dignité que de nous.

DES COMTES PALATINS DE FRANCE

DISSERTATION XIV.

Sous la premiere et la seconde race de nos rois les comtes faisoient la fonction dans les provinces et dans les villes capitales du royaume, non seulement de gouverneurs, mais encore celle de juges. Leur principal employ estoit d'y décider les differents et les procès ordinaires de leurs justiciables ; et où ils ne pouvoient se transporter sur les lieux ils commettoient à cét effet leurs vicomtes et leurs lieutenans. Quant aux affaires d'importance, et qui meritoient d'estre jugées par la bouche du prince, nos mêmes rois avoient des comtes dans leurs palais, et près de leurs personnes, ausquels ils en commettoient la connaissance et le jugement, qui estoient nommez ordinairement, acause de cét illustre employ, *Comtes du Palais*, ou *Comtes Palatins*. Jean de Sarisbery, evesque de Chartres[1], nous apprend cette distinction, et la fonction de ces comtes, en ces termes : « Sicut alii præsules in partem sollicitudinis a summo pontifice evocantur, ut spiritualem exerceant gladium, sic a « principe in ensis materialis communionem comites quidam, quasi mundani juris præsules asciscuntur. Et quidem « qui hoc officii gerunt in palatio juris auctoritate, Palatini « sunt, qui in provinciis, Provinciales. Utrique vero gladium « portant, non utique quo carnificinas expleant veterum « tyrannorum, sed ut divinæ pensent legi, et ad normam ejus « utilitati publicæ serviant, ad vindictam malefactorum, « laudem vero bonorum. »

Mais laissant à part les comtes provinciaux, que l'on ne peut pas revoquer en doute avoir fait office de juges dans les provinces où ils estoient envoiez, il est certain que les comtes du palais ont eu aussi jurisdiction. Ils estoient commis par les rois pour exercer les jugements et pour décider les differents qui leur estoient dévolus, soit par appel, soit en premiere instance, suivant l'importance de l'affaire dont il s'agissoit : nos princes se déchargeans sur eux de ces jugemens, qu'ils leur laissoient, comme à des personnes experimentées, et capables de les terminer dans la justice Hincmar, archevesque de Reims, en l'épitre qu'il a faite de l'ordre et des charges du palais, justifie cecy en ces termes[2] : « Comitis palatii, inter cætera, pene innumerabilia, in hoc « maxime sollicitudo erat, ut omnes legales quæ alibi ortæ « propter æquitatis judicium palatium aggrediebantur, juste « ac rationabiliter determinaret, seu perverse judicata ad « æquitatis tramitem reduceret. » D'où il se recueille que les affaires d'importance estoient jugées directement et en premiere instance par les comtes du palais, comme aussi celles qui estoient dévolues par appel, lorsque les parties se plaignoient de l'injustice du jugement rendu par les comtes provinciaux ; ce que le capitulaire de Charlemagne de l'an 797[3], publié par *Holstenius*, montre clairement. Les affaires de cette nature sont nommées *causæ palatinæ* par le même Hincmar[2], et dans une ancienne notice du monastere de Saint-Denys[4], qui porte ces mots : « Coram Gilone comite, « qui causas palatinas in vice Fulconis audiebat vel discer« nebat. » On appelloit encore ainsi les audiences publiques qui se tenoient par les comtes du palais, comme nous apprenons d'une autre Notice de Charles le Chauve[5] : « Jussit « ut præcepta Carlomanni et Caroli, sed et suum præceptum, « coram suis fidelibus in generali placito suo apud Donziacum

« in causis palatinis legerentur. » Et ce n'est pas sans raison que ces plaits publics estoient ainsi nommez, parce que les jugemens estoient prononcez et les plaits tenus par les comtes du palais, dans le palais même de nos rois. La *Vie de saint Priet*[1], évesque et martyr : « Ad palatium properat, « et, ut mos est, apud regis aulam, in loco ubi causæ venti« lantur, introiit. »

Hincmar[2] ajoûte que comme il estoit de la charge de l'apocrisiaire, ou du chapelain du palais, d'introduire à la personne du prince ceux qui avoient à l'entretenir des affaires ecclesiastiques, il en estoit de même du comte du palais pour les affaires seculieres, l'un et l'autre en prenans les instructions, pour les communiquer, et en faire le rapport au prince. Que si c'estoit une affaire secrete, dont le prince seul dût estre entretenu, ils devoient les luy presenter : « De « omnibus sæcularibus causis vel suscipiendi curam instanter « habebat, ita ut sæculares prius domnum regem absque ejus « consultu inquietare haberent, quousque ille prævideret, si « necessitas esset, ut causa ante regem merito venire deberet. « Si vero secreta esset causa, quam prius congrueret regi, « quam cuiquam alteri dicere, eumdem dicendi locum ejdem « ipsi præpararet, introducto prius rege, ut hoc juxta modum « personæ, vel honorabiliter, vel patienter, vel etiam miseri« corditer susciperet. » Cassiodore[3] attribuë une semblable fonction au maître des offices parmi les empereurs romains ; et Eguinard[4] en fournit un exemple, pour les comtes du palais, parlant de Charlemagne : « Cum calciaretur et « amiciretur, non tantum amicos admittebat, verum etiam « si comes palatii litem aliquam esse diceret, quia sine ejus « jussu definiri non posset, statim litigantes introducere « jubebat, et velut pro tribunali sederet, lite cognita senten« tiam dicebat. » Et en l'épitre IX, qu'il écrit à Geboïn, comte du palais : « Rogo obtenionem vestram, ut hunc pagensem, « nomine David, necessitates suas tibi referre volentem « exaudire digneris : et si causam ejus rationabilem esse « cognoveris, locum ei facias ad nostrum imperatorem se « reclamare. »

Non seulement les affaires civiles estoient de leur jurisdiction et de leur connoissance, mais encore les criminelles, comme nous apprenons de l'auteur de la *Vie de saint Leger*, evesque d'Autun[5], et de celle de *saint Cibar*, evesque d'Angoulême[6]. Quant aux affaires ecclesiastiques, Hincmar a fait voir par un ouvrage particulier, dont Flodoard[7] fait mention, qu'il ne lui estoit pas permis d'en prendre connoissance. Mais la principale fonction du comte du palais estoit de decider et de juger souverainement les affaires où le prince avoit interest, soit pour sa personne, soit pour le bien de son Etat, qui pour cette raison sont appelées *causæ reipublicæ* dans les *Capitulaires* de Charles le Chauve[8], *causæ publicæ* dans les *Annales de France* tirées du monastere de Fulde[9] et dans la *Vie de Francon*, evesque du Mans[10], et *causæ pro salute patriæ et utilitate Francorum* dans la *Chronique* de Fredegaire[11], écrite par le commandement de Nebelong. Par exemple si quelqu'un avoit enfraint la paix et le repos public, et avoit troublé la province par des

---

1. Epist. 263. — 2. De ord. et office. palatii, cap. 21, opusc. 14. — 3. § 4. — 4. lb. c. 33. — 5. Doublet, p. 746. — 6. In append. ad Flod. et apud Hincm. opusc. 60.

1. Vita S. Projecti episc. et martyr. c. 3, n. 11, apud Bol. — 2. Cap. 19 — 3. Lib 6, ep. 6 — 4. In vita Caroli M. — 5 Vita S. Leodegar c. 14, 1 : Hist. Fr p 641. — 6 T. 2, Bibl Labb. p 522. — 7. Flod lib 3, Hist. Rem. c. 26. — 8. Tit 23, § 7. — 9. A. 752. — 10. Gesta Franconis Episc Cenom. — 11. Fredeg. A. 768.

conspirations ou des assemblées secrètes et illicites, il estoit jugé par ces comtes, ainsi que nous apprennent des *Capitulaires* de Carloman [1] : « Quod si aliquis corrupta pace rapinam « exercuerit, per regiam autoritatem, et missi nostri jussio-« nem, ad palatinam adducatur audientiam, ut, secundum « quod in capitulis antecessorum continetur, legali mulctetur « judicio »; ou si quelqu'un avoit envahi les biens et les possessions du prince. Les *Annales de Fulde* au lieu cité, parlant de Louis II, empereur, « habito generali conventu, « tam causas populi ad se perlatas, justo absolvit examine, « quam ad se pertinentes possessiones juridicorum gentis « recepit. »

Ce fut sur ce fondement que les princes d'Alemagne s'estant soulevez contre Albert, roy des Romains, le citerent devant le comte palatin du Rhin, lui imputans d'avoir fait mourir le roy Adolphe: « Asserentes ad comitem palatinum pertinere, « quod sit officium palatinæ dignitatis, ex quadam consue-« tudine, de causis cognoscere quæ ipsi regi movebantur. » Ce sont les termes de Henry de Rebdorf, en l'an 1300, qui sont conformes au droit ancien des Saxons [2] : « Scultetus « est judex culpæ judicis, et palatinus, seu palansgravius, « imperatoris judex est : Burgravius vero, id est, perpetuus « castellanus, judex est marchionis. » Mais la *bulle d'or* de l'empereur Charles IV, qui attribue cette même prérogative et ce droit au comte palatin du Rhin, y a mis une restriction : « Et quamvis imperator, sive rex Romanorum, super causis « pro quibus impetitus fuerit habeat, sicut ex consuetudine « introductum dicitur, coram comite palatino Rheni respon-« dere, illud tamen judicium comes ipse palatinus non alibi « præterquam in imperiali curia, ubi imperator, seu Roma-« norum rex præsens exstiterit, poterit exercere. » C'est par la même raison qu'en Angleterre le comte de Chester, à la dignité duquel celle de comte palatin est attachée, par un privilège spécial, a droit de veiller sur les actions du roy, et de le corriger, s'il tombe en quelque faute contre les loix de l'Etat: *Regem, si oberret, de jure potestatem habet cohibendi*, ainsi que parle Mathieu Paris [3]. Ce qui semble avoir pris son origine de ce que les empereurs et les rois se sont soumis volontairement à la rigueur des loix qu'ils ont eux-mêmes établies, suivant l'exemple de ces bons princes qui instituent des procureurs généraux, non tant pour conserver leurs droits, que pour répondre en jugement à ceux qui ont à former quelques plaintes contre eux. Pline parlant à Trajan. en son Panegyrique : « Dicitur actori atque etiam procuratori « tuo, In jus veni, sequere ad tribunal. »

Il y a lieu de croire que dans la premiere race de nos rois, et mêmes dans le commencement de la seconde, la charge de comte du palais n'estoit exercée que par un seul, qui jugeoit les differens, assisté de quelques conseillers palatins, qui sont appellez *scabini palatii*, échevins du palais, dans la *Chronique de S. Vincent de Wlturne* [4] : d'où vient que nous voyons dans le moine de Saint-Gall comte du palais rendant la justice au milieu de ses conseillers : « Comitem palatii in « medio procerum suorum concionantem » ; où ce n'est pas sans raison qu'il appelle ces conseillers et ces assesseurs *proceres*; car non seulement les échevins du palais, ou les docteurs. *legum doctores*, ainsi qu'ils sont nommez dans un titre de Pepin maire du palais [5], assistoient à ces jugemens, mais souvent les comtes et autres grands seigneurs, et mêmes les evesques qui estoient choisis à côt effet par le roy : toute l'autorité neantmoins residant en la personne du comte du palais. La *Chronique de saint Benigne* de Dijon [6] : « Rodulfus, rex Burgundiam adiit, residensque castro Divion. « mense aprili, cum causas suas teneret Robertus, comes « palatii, et Gislebertus, comes Burgundiæ, aliique plures, « tam comites quam nobiles viri, interpellatus est vice-« comes, etc. »

Souvent aussi les comtes du palais ne tenoient pas le premier lieu dans ces assises, quoy que l'instruction et le rapport des affaires leur appartinssent, mais estoient précédez par les archevesques ou evesques, et par d'autres personnes d'une qualité plus eminente. Le *Cartulaire de l'abbaye de Casaure* qui est en la bibliothèque du roy en fournit la preuve, en un jugement qui commence par ces mots : « Dum « præstantissimus ac gloriosissimus dómnus HLudovvicus « imperator per Romaniam transiens fines adisset Spoletinos, « pro justitiarum commoditate et malignorum astutia depri-« menda, instituit fideles et optimates suos, scilicet Wichos-« dum, venerabilem episcopum, Adelbertum, comitem stabuli, « quos ad distringendum in eodem placito præfecit, et Huc-« baldum, comitem palatii, Hechideum, pincernam primum,

---

1. Tit. 2, § 1 — 2. Spec. Sax. l. 3, art 52. — 3. A. 1236. — 4. T. 3, Hist. Fr. p. 690. — 5. Doublet, p. 692. — 6. A. 925.

« Ruatemirum, sacri palatii archinotarium, Winigisum, « armigerum Begeri optimatem, et fratrem suum Othonem, « Bebonem consiliarium, reginarium capellanum, vel de « reliquis quampluribus palatii, etc. » On ne peut pas toutefois disconvenir qu'il n'y ait eu en même temps plusieurs comtes du palais : car Eguinard, en une de ses épitres [1], dit en termes exprés qu'Adalard et Geboïn estoient comtes du palais en même temps. Et un titre de Louys le Debonnaire, de l'an 938, qui se lit aux *Antiquitez de l'abbaye de Fulde* [2] est souscrit de ce *Gebawinus*, ou *Gebuinus*, et de *Ruadbertus*, qui y prennent qualité de comtes du palais. Il y a un titre du même empereur dans le Trésor des Chartes du roy, expédié en l'an 819, pour le monastere de Saint-Antonin, qui porte ces mots [3] : « Consilio fidelium nostrorum, quorum nomina « hæc sunt, Bernardus, et Emenonus, et Bernardus, et « Ranulfus, isti sunt comites palatii nostri. » Delà vient que nous lisons quelquefois les comtes du palais nommez en pluriel, comme dans les anciennes *Formules de Lindenbrog* [4]. Un titre de Louys II, empereur [5] : « In præsentia ducum vel « comitum palatii mei. » Un autre, de Pepin, roy de France et d'Aquitaine. pour la meme abbaye de Saint-Antonin : « Ad « acclamationes comitum suorum palatinorum, monasterium « Sancti-Petri apostoli, quod dicitur Mormacus. situm in pago « Caturcino, super fluvium Avanionis, in perpetuum tradidit « monasterio B. Antonin Martyris. » Je sçay bien qu'on peut croire que ces comtes palatins n'estoient pas comtes du palais, mais comtes *provinciaux*, qui se trouvoient à la cour au temps de l'expedition des patentes, ou bien des seigneurs qui n'avoient que le simple titre de comtes, qui estoient à la suite du prince.

Souvent mêmes les rois assistoient en personne aux assises des comtes du palais [6], et les jugements qui y intervenoient estoient inscrits de leur nom, lesquels ordinairement faisoient mention que le roy les avoit rendus sur le rapport et la relation du comte du palais, ou bien qu'il confirmoit ce qui avoit esté arrêté par eux. Marculfe [7] nous a donné la formule d'un jugement prononcé par le roy, et nous en avons l'exemple dans un de Clotaire II, rapporté par M. Bignon, et dans un autre de Charles le Chauve, qui se voit dans les *Mélanges* du P. Labbe, où le comte du palais ne laisse pas de faire la fonction de président et de principal juge. Mais ce qui mût nos rois à multiplier les comtes du palais fut l'accroissement de leurs Etats, qu'ils étendirent dans l'Allemagne, dans l'Italie, et autres provinces. Car comme il estoit souvent necessaire de faire des enquêtes sur les lieux, mêmes d'y décider les differens, a cause de l'éloignement de la cour et de la grande distance de la demeure du prince, souvent ils choisissoient l'un de ces comtes du palais pour se transporter en quelque contrée éloignée, pour y terminer les procès en dernier ressort. Ce qu'ils faisoient, soit que la nature de l'affaire requist celerité, ou que nos rois voulussent épargner la peine de leurs sujets, par de voyages longs et de grande dépense, ou enfin parce qu'il importoit au bien de l'Etat qu'ils fussent décidez aux lieux où ils avoient pris origine. Eguinard, en ses *Annales* [8], dit que Lothaire ayant eu ordre de son pere, Louys le Debonnaire, de faire ou d'aller exercer la justice en Italie (*ad justitias faciendas*), c'est à dire d'y tenir les plaits, le vint trouver à Pavie : « Qui cum impe-« ratori de justitia in Italia a se partim facta, partim in-« choata fecisset indicium, missus est in Italiam Adalhar-« dus, comes palatii, jussumque est in Mauringum, Brixiæ « comitem, secum assumeret, et inchoatas justitias perficere « curaret. »

Les empereurs d'Allemagne semblent avoir conservé delà cette coûtume d'envoyer en Italie des comtes du palais, pour exercer la justice souveraine en leurnom et en leur absence, lorsqu'ils y possedoient quelques provinces. Luithprand [9] fait mention d'Odolric, comte du palais, lequel avec plusieurs autres seigneurs s'engagea dans une conspiration contre le roy Berenger, et fut tué par les Hongrois : il peut estre toutefois que ce seigneur exerça la charge de comte du palais sous le même Berenger, lorsqu'il possedoit le royaume d'Italie : car il est constant que les rois d'Italie faisoient exercer leur justice par des comtes du palais, entre lesquels Hubert Marquis se trouve avoir pris ce titre sous les rois Hugues et Lothaire, en une ancienne charte rapportée par Francesco Maria, en la *Vie de la comtesse Mathilde* [10]. Leon d'Ostie [11] parle de Gregoire comte palatin en Italie, qui vivoit vers l'an 1070, mais je ne sçay s'il n'estoit pas de ces comtes qui estoient appellez comtes du palais de Latran, de la di-

---

1. Epist. 11. — 2. L. 4, pag. 819. — 3. Tolose, sac 5. — 4. C. 172. — 5. T 3, Hist. Fr. p. 604. — 6. Vita Lud Pii, A. 812 ; Capit. Car. M. edit. ab Holstenio, 2 4 — 7. L. 1, c. 25. — 8. A. 823. — 9. L. 4, c. 26. — 10. Memoria di Mathilda, lib. 3, v. 43. — 11. L. 3, c. 36.

gnité et de la fonction desquels il y a une constitution de Louys IV[1], empereur de l'an 1328, rapportée par Goldast. *Guntherus*[2] remarque que de son temps les empereurs avoient un comte palatin en Italie, qui faisoit sa résidence ordinaire à Lunello, château qui estoit des dépendances de l'Empire :

> Aspice quam turpi Lunelli nobile castrum,
> Atque palatini sedem, fidosque penateis
> Verterat illa dolo, comitem civesque vocabat
> Perfida, etc.

Et incontinent après il décrit ainsi la fonction de ce comte, en ces vers :

> Et nunc iste comes consors et regius aulæ.
> Ille potens princeps, sub quo romana securis
> Italiæ punire reos de more vetusto
> Debuit. injuste victrici cogitur urbi
> Ut modicus servire cliens, nulloque relicto
> Jure sibi, dominæ metuit mandata superbæ.

Mais il est sans doute qu'il y a erreur en ces vers de *Guntherus*, et qu'au lieu de *Lunelli nobile castrum*, il y faut restituer *Lumelli* ou *Lomelli*: car il entend parler des comtes palatins de *Lomello*, dans le district de Pavie, dont il est fait mention dans les patentes de l'empereur Frederic I, de l'an 1164, par lesquelles il donne à Guy, Geoffroy, et Ruffin, qui y sont qualifiez *comites palatini de Lomello*, le château de Poblezano, assis au comté et en l'évesché de Plaisance, et prend tous leurs biens en sa protection. Elles sont insérées dans un grand registre de la chambre des comptes de Paris[3], contenant les privileges des nobles[4] des citez de Pavie, de Cumes, de Verceilles, de Novare, et d'Alexandrie, avec plusieurs autres chartes des empereurs d'Allemagne expediées en faveur de cette famille, desquelles il resulte que les comtes palatins de *Lomello* avoient entre autres prérogatives, à raison de cette dignité, le privilege de porter l'épée devant l'empereur lorsqu'il estoit en Lombardie : pour marque de la justice souveraine, appellée *jus gladii* par les jurisconsultes, qui leur avoit esté accordée dans l'Italie. Ce titre de comte palatin en Italie a esté changé depuis en celui de vicaire de l'Empire, qui a esté donné par les empereurs à divers princes et potentats d'Italie.

Les comtes du palais estant envoyez dans les provinces commettoient quelquefois des lieutenans aux endroits où ils ne pouvoient se transporter, lesquels sont appellez *vicomtes du palais* en la *Chronique de saint Vincent de Wlturne*[5], et *lieutenans* dans une *Notice de saint Martin de Tours*[6], où il est fait mention d'*Adalardus, locum tenens vice Ragenarii comitis palatii*. Quelquefois mêmes les comtes des lieux estoient commis par eux pour juger souverainement en divers places les differens des parties, comme nous apprenons du cartulaire du monastère de Casaure[7]: « Ego Heribaldus « comes, in vice comitis Palatii (Hucboldi scilicet, qui sub « Ludov. II. imp. id muneris obiisse dicitur in eod. Tabul.) « ad singulas hominum justitias faciendas, vel deliberandas « residentibus mecum Lecinaldo et Erifredo, et Cariprando, « bassis domini imperatoris, Adelberto, Joanne, Majulfo « judicibus, etc. » Ce titre fait voir encore que les vassaux du prince estoient appellez aux jugements des comtes du palais, avec les juges des lieux : ce qui peut avoir donné l'origine à la justice et à la cour des pairs, qui n'estoient autres que les vassaux d'un seigneur, ainsi nommez, parce qu'ils estoient égaux entre eux, et relevoient également d'un autre. Il est encore fait de Heribald en un autre jugement, rendu la vingt-quatrième année de l'empire de Louys II, la quatrième du mois de decemb. indict. 7 au meme cartulaire, où la qualité de *comes sacri palatii* lui est donnée. Mais ce qui est remarquable est qu'il y reconnoît lui-même qu'il ne sçait écrire, dans la souscription, en ces termes : « Signum Heribaldi comitis sacri palatii, qui ibi fui ; et « propter ignorantiam litterarum, signum S. Crucis feci. » D'où il s'ensuit que ces dignitez n'estoient pas toujours conferées aux personnes sçavantes, et qu'elles n'ont pas toujours esté du nombre de celles que Cassiodore[8] appelle *litterarum dignitates*, parlant de la charge de questeur.

Comme donc il y a eu des comtes *provinciaux*, ausquels on a commis le vicariat, ou la lieutenance des comtes palatins, pour exercer en leur absence les jugemens souverains, et ceux des affaires qui regardoient le bien de l'Etat dans le district de leurs comtez ; il y en a eu d'autres qui ont obtenu la dignité de comtes du palais, conjointement avec celle de leurs comtez, ou gouvernemens particuliers, pour en faire la fonction seulement dans leur étenduë, et pour, en consequence du pouvoir qui y est annexé, juger des differens en dernier ressort, ayans à cet effet la puissance et l'autorité royale en toutes choses. Bracton[1], auteur anglois, après avoir dit qu'il n'y a que le roy qui puisse juger les traîtres et les criminels de leze-majesté, ajoute : « Et hæc vera sunt, nisi sit « aliquis in regno qui regalem habeat potestatem in omnibus, « sicut sunt comites paleys. » D'où nous apprenons que Richard I, roy d'Angleterre, a entendu parler de cette jurisdiction, ou justice souveraine, lorsqu'il donne à l'évesque et à l'église de Dunelme certaines possessions, *cum dominio et libertatibus comitis palatini*, c'est à dire avec toute haute justice. telle qu'est celle qui appartient au comte du palais[2]. Car ainsi qu'il est énoncé en une ancienne constitution touchant la fonction du comte palatin, rapportée par Goldast[3]. le comte palatin *adeo amplam potestatem, jurisdictionem, et auctoritatem habet, ut dempta regia dignitate, nullus omnino justitiariorum ampliorem, sed neque parem habeat*.

Toutefois, en ce cas la dignité de comte du palais n'estoit pas tellement annexée à celle de comte provincial, qu'il ne fust en la liberté du prince de l'en séparer, s'il le jugeoit à propos, et d'en priver le comte, si le cas y écheoit, qui pour cela ne laissoit pas de demeurer en la jouissance de sa première dignité de comte provincial. Arnoul de Lubec fait voir clairement cette vérité, écrivant au sujet du comte palatin du Rhin[4] : « Palatinus sane qui partes fratris instanter « juvabat, continuas minas a Philippo audiebat, quod digni« tatem palatii, quam circa Rhenum habebat, perderet nisi « a fratre recederet , dicebat enim se nolle tolerare, quod « rebus palatii gravaretur. quas ipse et non alius dispensare « videretur, » où il est à observer que le comte palatin est dit avoir eu cette charge aux environs du Rhin : ce qui est conforme à ce que *Guntherus* écrit du comte Herman[5] :

> .... Hermannus. sacræ comes additus aulæ,
> Cujus erat tumido tellus circumflua Rheno.

Les empereurs allemans. suivans le même usage, ont établi des comtes palatins dans les autres provinces de leur Empire, ayant communiqué cette dignité à divers comtes. Quelquefois ils ont donné ce titre à quelques seigneurs dans l'étenduë de la seigneurie des ducs ou des comtes provinciaux, pour y exercer la jurisdiction imperiale en leur nom : car il est hors de controverse qu'il y a eu des comtes palatins dans la Saxe, dont *Rineccius* a donné la genealogie[6], qui estoient autres que les ducs de Saxe : et l'histoire parle souvent des palatins de Schiern et de Witelespach. qui l'ont possedée dans la Baviere. qui avoit ses ducs. Mêmes les palatins du Rhin avoient cette dignité dans la Franconie, qui avoit aussi les siens. La Lusace en a pareillement, au recit de Lambert de Schaffnabourg[7]. L'empereur Frederic I joignit ou plûtot conferà la dignité de comte du palais à Othon. son fils, comte de Bourgogne, en l'étenduë de ses Etats[8]. La *Chronique d'Hildesheim* fait mention d'un grand nombre d'autres comtes palatins d'Allemagne[9]. Enfin pour user des termes du *Speculum Saxon.* : « Quælibet provincia « terræ Theutonicæ habet suum Palansgravionatum, Saxonia, « Bavaria, et Franconia[10]. »

Les rois de Bourgogne ont eu aussi leurs comtes palatins, entre lesquels le remarque un Odolric, revêtu de ce titre en une patente du roy Conrad de l'an 900, qui se voit dans le *Cartulaire de l'abbaye de Cluny*[11] dans la bibliotheque de M. de Thou. La Pologne et la Hongrie ont eu pareillement de tout temps leurs palatins, dont la dignité est très grande encore à présent en ces royaumes-là. Mais je ne prétends pas en cet endroit m'étendre sur les comtes palatins d'Allemagne et des autres pays, pource que cette matiere a esté traitée par les auteurs allemans[12], et par le sçavant Selden[13]. en son livre *des Titres d'honneur*: aussi je n'ay entrepris cette dissertation qu'au sujet des comtes palatins de France, et pour faire voir que nos rois en ont eu des officiers dans leurs palais dès la naissance de la monarchie. qu'ils les ont conservez longtemps, même bien avant dans la troisième race, et enfin que toutes les autres nations ne les ont empruntez que d'eux.

Pour justifier ce que j'avance, je me sens obligé d'en faire

---

1. L. 3, de Corona, c. 3, § 4. — 2. Tom. 1, Monast. Angl. p. 47. — 3. Tom. 2 Constit. Imper. p. 403. — 4. Arnold. Lubec. l. 6, c. 6 — 5. Lib. 5. Liger.— 6 In append ad Witik. — 7. A. 1057 — 8. Gol. l. 2, rer. Suev. c. 37. — 9. An. 1034, 1038, 1085, 1095, 1099, 1105, 1108, 1111, 1113, 1120. Hist. de Metz, p. 309. — 10. Spec Sax. l. 3, art. 53, § 1. — 11. Fol. 199. — 12. Freher. de Orig. comit. palat. — 13. Part. 2, c 1, § 33 et seq.

---

1. Tom. 1 Constit. Imper. — 2. L. 3. Ligur. — 3. Com. par M. d'Herouval. — 4. Fol. 31 et seq et fol. 237 et seq. — 5. Lib 2, t. 3, Hist. Fr. p. 690. — 6. Pancharta Nigra. — 7. N. 237. — 8. L. 1, ep. 12 : l. 5, ep. 4 : l. 8, ep. 18.

succinctement le dénombrement. Le premier donc qui paroit dans nostre histoire avec le titre de comte du palais est *Gucilion*, sous Sigebert, roy d'Austrasie, dans Gregoire de Tours [1]. Le mesme auteur donne encore cette qualité à *Trudulfe*, et à *Romulfe* sous Childebert, et y fait voir clairement que le comte du palais estoit different du maire du palais, quoy qu'Aimoin [2], l'auteur de la *Vie de saint Drausin* [2]. Philippes Mouskes et autres les confondent imprudemment. *Tacilon* fut comte du palais sous Dagobert I [4]. L'auteur de la *Vie de saint Wandril*, la *Chronique de Maillezais* et *Molanus*, donnent encore ce titre à ce saint sous le même regne, comme plusieurs auteurs à *Badefrid* [5], pere de sainte Austreberte. Une patente de Clovis II, fils de Dagobert, pour le monastere de Saint-Denys, fait mention d'*Aygulfe* comte du palais sous ce roy [6]. La *Chronique de Fredegaire* [7] donne aussi cette qualité à *Berthaire* sous le même Clovis, comme l'auteur de la *Vie de sainte Berthe* à Rigobert, pere de cette sainte, qui y est nommé comte palatin. *Andobald* est qualifié comte du palais sous Clotaire III, dans un titre de Saint-Benigne de Dijon, et *Chrodebert* sous Thierry I, en la *Vie de saint Leger*, qui probablement est le même que ce *Chrunrodebald* dont il est parlé en un titre de l'abbaye de Saint-Denys et dans Miraumont [8]. Quoy que l'auteur de la *Vie de saint Hubert* [9] donne à ce saint la qualité de comte palatin sous le roy Thierry, si est-ce que je n'oseroys pas assurer qu'il ait eu celle de comte du palais, laquelle est attribuée par Gregoire de Tours [10] à *Temulfe*, sous le roy Childebert II.

Sous la seconde race de nos rois nous en trouvons plusieurs revêtus de cette dignité : et premierement, sous le roy Pepin [11], *Wicbert*; sous Charlemagne [12], *Anselme*, *Vorade*, ou, ainsi qu'il est nommé en un titre pour l'église de Saint-Pierre de Tréves, *Voradin*, et *Treante*; sous Louys le Debonnaire, *Regnier* [13], *Bernard* [14], *Ranulfe* [15], *Adhalard* [16]. *Bertric* successeur d'Adhalard [17], *Morhard* [18]. *Geboïn* et *Ruodbert*, desquels Eguinard fait mention en divers endroits [19] : sous Lothaire [20], *Ansfrid* · sous Louis II *Rodolfe* [21]; sous Charles le Chauve, *Adhalard* [22], *Bodrad* [23], *Hilmerad* [24], *Boson* [25], et *Fouques* [26] ; sous Eudes, *Eldouin* · sous Charles le Simple, *Guy* [27] · sous Raoul, ou Rodolphe, *Robert* [28] : sous Louys IV. *Ragenaire* [29] : enfin sous Lothaire, fils de Louys, *Heribert* III du nom, comte de Vermandois et de Troyes, que ce roy qualifie *comte de son palais*, et ce en l'an 980, qui se lit aux *Antiquitez de Troyes* de Camusat [30].

Nous trouvons aussi des comtes du palais dans la troisiéme race de nos rois : entre lesquels *Hugues de Beauvais* paroit avec cette dignité, qu'il obtint du roy Robert, au recit de Glaber [31]. Ensuite l'on remarque plusieurs comtes provinciaux revêtus de cette qualité, sçavoir les comtes de Champagne, au sujet desquels nous avons entrepris ce discours, les comtes de Tolose, de Guienne, et de Flandres, qui en consequence de ce titre avoient droit d'exercer la justice souveraine, et presque royale, dans l'étenduë de leurs comtez.

A l'égard de ceux de Tolose, plusieurs patentes justifient qu'ils ont pris la qualité de palatins, conjointement avec celle de comtes de Tolose, entre autres le comte Pons, qui vivoit en l'an 1056, qui, en une charte du *Cartulaire de Moissac* s'intitule *Poncus Dei gratia comes palatinus*. Et dans une autre de l'an 1063, qui se voit au même endroit, et est rapportée par M. Catel, en son *Histoire des comtes de Tolose* [32], il est parlé de Pons, et de Guillaume, son fils, en ces termes : « Mei seniores ac palatini comites, Poncius, et ejus filius « Willermus. » Non seulement ces deux comtes se sont ainsi qualifiez, mais encore Raymond, surnommé de Saint Gilles, comte de Tolose, fils de Pons, et frere de Guillaume, comme nous apprenons de ses monnoyes, entre lesquelles monsieur Charton, conseiller du roy et auditeur en sa chambre des comptes de Paris, trés-curieux en cette sorte d'antiquité, en conservit une petite d'argent, qui est à présent dans le cabinet des medailles du roy, dont nous representons ici l'empreinte [33]. D'un côté une croix de Tolose, vuidée, clechée, et pommetée aux extremitez, telle que fut celle que

le grand Constantin éleva dans le marché de Constantinople, semblable à celle qu'il avoit veuë au ciel lorsqu'il combattit Maxence, qui estoit garnie de petites pommes aux extremitez, ἐν τοῖς ἀκρωτηριατοῖς μέρεσι στρογγύλοις μήλοις, ainsi que nous apprenons de Codin, aux *Origines de Constantinople; ces mots se trouvent dans le cercle d'alentour : R. COMES PALATII ; à l'autre revers est un croissant surmonté d'une étoile, et pour legende il y a ces mots, DUX MARCHIO PV. c'est à dire *Provinciæ*, d'où il paroit assez que les comtes de Tolose ont eu la dignité de comtes du palais, et qu'en cette qualité ils ont exercé toute la justice qui y estoit attribuée, dans l'étenduë de leurs comtez, et aussi qu'on ne peut pas dire, sans s'exposer au ridicule, qu'ils l'avoient obtenue des empereurs d'Allemagne.

Quant aux ducs de Guyenne, la *Chronique de Saint-Estienne de Limoges* semble lui attribuer, en ces termes : « A. 1137, « v. id. april. obiit Willelmus, palatinus comes Pictavensis, « ultimus dux Aquitanorum. » J'avoue neantmoins qu'on peut avec justice disputer cette qualité aux comtes de Poitou et aux ducs de Guyenne. veu que dans le grand nombre des titres de ces ducs et de ces comtes, que Besly a inserez en son histoire, il ne se trouve pas qu'ils l'y ayent prise. Au contraire, il est probable que les écrivains de ces siécles-là se sont servis de ces termes pour designer les pairs de France, comme a fait Mathieu Paris [1], dans lequel l'evesque de Noion est appelé : « Comes palatinus et unus de XII. « paribus Franciæ » Je ne sçay quelles mêmes si l'on ne doit pas donner ce sens aux paroles de Lambert d'Ardres, lorsqu'il attribué le titre de palatin à Arnoul le Grand, comte de Flandres, fils du comte Baudouin le Chauve : « Hic siquidem « Arnoldus cognomento Magnus, vel vetulus, a Balduino « Ferreo tertius, a Lidrico Harlebeccense, qui ab incarnatione « Domini anno DCCXCII Flandriæ comes factus et constitutus « est primus, in genealogiæ lineâ sextus computatur comes « et palatinus. »

Mais comme je demeure d'accord qu'on peut douter de ces titres de comtes palatins à l'égard des comtes de Poitiers et de Flandres, il faut aussi tenir pour indubitable que les comtes de Champagne en ont joüy depuis leur etablissement, jusques à ce que ce comté a esté reüni à la couronne de France, soit qu'ils se la soient fait confirmer aux investitures ; ou enfin, ce que je tiens plus vraysemblable, qu'ils se la soient conservée, comme descendus des comtes de Troyes, qui en jouissoient au temps de la decadence de ce royaume. Car après la funeste bataille de Fontenay, qui commença à épuiser le sang et la noblesse de la France, et ensuite des irruptions des Normans, qui acheverent de déclarer ce miserable Etat, la plupart des gouverneurs de provinces et des places, méprisans l'autorité ou plutôt la fœblesse de nos rois, s'arrogerent en propre leurs gouvernemens, avec les mêmes titres et qualitez qu'ils les possedoient, et les transmirent à leurs heritiers. De sorte que les comtes de Troyes s'estant trouvez alors revêtus du titre de comtes palatins, leurs successeurs continuerent de le prendre, et de le joindre à celuy de leurs gouvernemens.

J'ai remarqué cy-devant que Heribert III, comte de Vermandois et de Troyes, en estoit revêtu en l'an 980, estant probable qu'il le transmit au comte Estienne, son fils : au droit duquel Eudes, comte de Blois et de Chartres, qui, après le decès d'Estienne, s'empara, malgré le roy Robert, du comté de Champagne, continua de se dire comte du palais, *comes palatinus*, comme il est qualifié en une charte de Geoffroy, vicomte de Châteaudun, de l'an 1031 [2], et dans le titre de fondation de l'abbaye de Saint-Satur, prés de Sancerre en Berry. L'on voit ensuite le comte Thibaud, fils du comte Eudes, avec le même titre en une charte de Geoffroy, comte de Mortagne, qui se lit en la Bibliotheque de Cluny [3] : Estienne, comte de Blois, fils de Thibaud, paroit avec cette qualité dans Orderic Vital [4], et dans Yves, evesques de Chartres, en une de ses epitres [5], qui donne une autre qualifié Adele femme d'Estienne *palatina comitissa*. Thibaud, fils d'Estienne. est pareillement qualifié comte palatin dans Suger, en la *Vie de Louys le Gros* [6].

Ensuite tous les autres comtes de Champagne se sont tousjours inscrits *palatins*, et souvent *cuens palais*, d'un vieux terme françois usité en ces temps-là, et entre autres Thibaud, roy de Navarre, en une charte d'Aubert, abbé de Châtris, au *Cartulaire de Champagne* [7], de la bibliotheque de M. de Thou, en ces termes : « Thibaus, rois de Navarre, de Champagne

---

1. L. 5, c. 19; id. 1. 9, c. 12, 30. — 2. L. 3, c. 91; l. 4, c. 38. — 3. T. 1, Hisl. Fr. p. 680. — 4. Gest. Dagob. c. 37. — 5. Vita S. Rictrud.: Vita S. Aust. c. 1, n. 4. — 6. Flor. Wig. p. 552. — 7. C. 90. — 8. Vita S. Leod. c. 14; Doublet. — 9. C. 1. — 10. De Mirac. S. Mart., l. 4, c. 6. — 11. Doublet, p. 693. — 12. Eguin. Gesta Franc. Epicœ. Cenoman. — 13. Vita Lud. P. an. 817. — 14. Vet. carta, an. 819. — 15. Ead. carta. — 16. Eguin. an. 822, 823, 824. — 17. Eguin. — 18. Thegan. c. 45. — 19. Eguin. ap. 9, Thom. Leod. p. 13. — 20. Notit. Eccl. Belg. c. 32. — 21. Annal. Fr. Fuld. an. 857. — 22. Capit. Car. C. tit. 43. — 23. Ibid. tit. 41. — 24 Chron. Fontanell. Mem de Languedoc. p. 559. — 25. Camusat, p. 57. — 26. Flod. 1. 3, Hist. Rem. c. 26. — 27. Tabul. Adrmar. — 28. Chron. S. Benigni, p. 426. — 29. Panch. Nigra S. Mart. Turon — 30. P. 86. — 31. L. 3, c. 2. — 32. L. 1, c. 3. — 33. [Voyez Glossaire, planche XXV, num. 119.]

1. A 1249. — 2. Tab. Clun. — 3. P. 542, 544. — 4. L. 10. — 5. Ep. 49, 136. — 6. C. 9, 20. — 7. Fol. 342.

« et de Brie cuens palais, » façon de parler dont le *Roman de Garin le Loherans* se sert quelquefois :

> Et dit li més, merveilles ay oï,
> Quant cuens palés roy de France aatist
> De tornoier, et il li faut einsi.

Et Gautier de Mets en sa *Mappemonde* manuscrite[1] parlant de Charlemagne :

> Si manda son fil Loeys.
> Et les barons de lors pays,
> Evesques, dus, et quenspalais.

Je ne doute pas aussi que le nom de *conspalatius*, qui est donné dans un titre d'Heribert[2], comte de Vermandois et de Troyes, à Fouques, comte du palais de Charles le Chauve, n'ait esté formé du françois *cuenspalais*, ce Fouques y estant qualifié *imperatoris conspalatius*, de mémes qu'Eldouïn *comes et conspalatius*, en une notice de l'an 898, qui se lit au *Cartulaire de l'abbaye de Montier en Der*, rapportée par André du Chesne aux *Preuves de l'histoire de Vergy*[3]. Quelquefois ils se disoient *palazins* et *cuens palazins*, d'un terme dont Philippes Mouskes s'est pareillement servi, lorqu'il parle d'Ebroin maire du palais, confondant, comme j'ay remarqué, les maires avec les comtes du palais :

> Mais lues (Archenoald) moru, et Evrezins,
> Uns rices Ber, quens palazins
> Fu primes fais et mariskaus,
> Et de toute la tiere baus.

Et le méme *Roman de Garin* :

> Or vo dirai del mesage Pepin,
> Qui aloit querre le comte palazin.

Ensuite les comtes de Champagne s'estant apperçus que les empereurs avoient accordé le titre de comtes palatins à plusieurs seigneurs dans l'Alemagne (ce que je crois avoir suffisamment justifié) pour faire voir qu'ils ne tenoient pas cette dignité de l'Empire, mais qu'ils la devoient à la bonté et à la liberalité de nos rois, desquels ils relevoient, se sont souvent intitulez *comtes palatins de France*. Eudes entre autres, dans un titre de l'abbaye du Val-Secret, se dit *Odo, Francorum comes palatinus*[4]. Thibaud IV, fils du comte Estienne, dans une patente de l'an 1147, qu'il expédia pour la maladerie des Deux-Eaux près de Troyes, se qualifie *gloriosus Francorum regni comes palatinus ;* et Henry I du nom, surnommé le Large, ou le Liberal au Necrologe de Saint-Martin de Troyes, prend le titre de *comes palatinus Galliæ*, ainsi que Camusat[5] a remarqué.

Quelquefois mêmes ils ont supprimé le titre de palatins, et se sont dits *comtes de France*, ou *des François* simplement, et par excellence, parce qu'ils estoient presque les seuls qui possedoient le titre de comtes palatins dans le palais de nos rois, dont ils exerçoient la justice souverainement, et comme leurs lieutenans. Heribert, comte de Vermandois et de Troyes, duquel nous avons parlé, en une patente de l'an 969, qui est rapportée par Camusat[6], prend ces titres : *Heribertus, gloriosus Francorum comes*. Et Eudes, qui le premier de la famille des comtes de Chartres posséda le comté de Troyes, est nommé *comes Odo de Francia*, dans Wippon[1], en la *Vie de Conrad le Salique*, dans Wibert[2], en la *Vie du pape Leon IX* : « Odo, viciniæ commarchiæ Francorum comes » ; dans le titre de l'abbaye du Val Secret dont j'ay parlé : *Odo, Francorum comes palatinus* ; dans d'autres d'Aymon, archevesque de Bourges, et dans le cartulaire d'Aganon de l'eglise de Chartres, simplement *comes palatii*. Enfin dans un autre de l'abbaye de Saint-Germain de Paris il y prend ces qualitez : *Ego Odo, comes quarumdam provinciarum Galliæ scilicet et Franciæ*. Le sçavant Chifflet peut faire une serieuse reflexion sur ces mots, qui luy justifient assez que Eudes n'estoit pas comte dans les terres de l'Empire, comme il a voulu persuader, mais en France. Ainsi Thibaut III du nom, comte de Champagne, et Estienne, comte de Meaux, son frere, s'inscrivent *Gratia Dei Francorum comites*, en une charte qui se lit dans le cartulaire du chapitre de Notre-Dame d'Amiens, et qui a esté inserée par M. du Chesne aux *Preuves de l'histoire de la maison de Coucy*[3]. Le même Thibaud est encore ainsi qualifié dans une épitre à Hugues, abbé de Cluny[4] : *Theobaldus, Dei gratiâ Francorum comes* ; et dans le Cartulaire de l'Abbaye de Bourgueil[5] : *Est autem curtis vel ecclesia ipsa ex fisco Theobaldi, comitis Franciæ*. Enfin Estienne comte de Blois et de Chartres, qui, ayant quitté à son frere puîné le comté de Troyes, retint la dignité de comte palatin, qui sembloit estre affectée à l'aîné de la famille, est appellé par Anne Comnene[6] au livre xi de son *Alexiade*, κόμης Φραγχίας, comte de France, titre qui luy est encore donné par Hugues, abbé de Flavigny, en sa Chronique[7]. « Et sic Hierosolymam profectus, ab eodem abbate « usque ad vicum qui dicitur Pons Arliæ, comitatui ejus « Stephano, comite Franciæ, et Roberto, comite Flandriæ, « adhærentibus, deductus est. » Que si on vouloit soutenir que les comtes de Champagne n'exercerent pas cette dignité dans toute l'estendüe du royaume, il faut au moins tenir pour constant qu'ils l'exercerent en celle du comté de Champagne. Ce qui paroit assez par les lettres du roy Henry, de l'an 1043, par lesquelles il declare que le monastere de Saint-Pierre-du-Mont, au diocesce de Châlons, ou plutôt le bourg où il est bâti, avec ses dépendances, *est ab omni banno palatinæ potestatis liberrimum*[8]. Ce qui justifie assez que les comtes de Champagne exerçoient en ce comté les droits annexez à la dignité de comte palatin.

On peut ajouter à toutes ces remarques celle que Meier[9] fait au sujet des comtes de Flandres, que nous avons dit souvent intitulez *comites regni* et *comites Francorum*, probablement acause de cette dignité de comte palatin qu'ils possedoient. Jean du Bosc, en son *Histoire de Vienne*[10], rapporte une ancienne patente, où Charles le Chauve appelle un certain Odulfe, *comes noster Galliarum :* mais je n'oseroıs pas assûrer qu'il ait fait la fonction de comte du palais. Après ces autoritez je n'estime pas qu'il reste aucun sujet de douter que les comtes de Champagne n'ayent possedé la qualité de comtes palatins dans l'étendüe du royaume de France, et qu'ils ne l'ayent euë par la concession de nos rois, et non pas des empereurs, dont ils avoient esté les vassaux, comme Chifflet a avancé.

---

1. C. 14. — 2. Camusat, p. 83, b. — 3. P. 19. — 4. Apud Sammarth. in Gall. Chr. — 5. P. 320. — 6. P. 85.

1. A. 1036. — 2. C. 14 ; Patriarch. Bitur. c. 58. — 3. L. 6. c. 1. — 4. T. 6. Spicileg. p. 490. — 5. Foi. 37. — 6. L. 11, p. 324. — 7. Chr. Virʒ. A. 1095. — 8. Apud Sammarth. in Gall. Chr. in Abb. — 9. A. 863. — 10. P. 55.

DE L'ESCARCELLE ET DU BOURDON

DES PELERINS DE LA TERRE SAINTE.

DISSERTATION XV.

CASSIAN [1], traitant des habits et des vêtemens des anciens moines d'Egypte, dit qu'ils se revêtoient d'un habit fait de peaux de chevre, que l'on appelloit *melotes*, et qu'ils portoient ordinairement l'escarcelle et le bâton. Les termes de cét auteur ne sont pas toutefois bien clairs en cét endroit-là : « Ultimus est habitus eorum pellis caprina, quæ melotes « vel pera appellatur, et baculus » ; car il n'est pas probable que cét habit de peaux de chevre ait esté appellé *pera*. Ce qui a donné sujet à quelques commentateurs de restituer *penula*. Neantmoins Isidore [2] et Papias, comme aussi Ælfric dans son *Glossaire saxon*, ont écrit après Cassian que *melotis* estoit la même chose que *pera*. Quant à moy, j'estime que Cassian a entendu dire que ces moines, outre ce vêtement fait de peaux, avoient encore coûtume de porter un petit sachet, et un bâton, dont ils se servoient durant leurs pelerinages. Ce qui se peut aisément concilier, en restituant le mot *appellatur*, ou le sousentendant, après *melotes*. Tant y a que Cassian parle du bâton des moines au chapitre suivant : et dans l'une de ses *Collations* [3] il fait assez voir que lorsqu'ils entreprenoient quelque voyage ils prenoient l'un et l'autre : « Cum « accepissemus peram et baculum, ut ibi moris est monachis « universis iter agentibus. » Le Moine d'Angoulême [4] écrit que le corps de Charlemagne, après sa mort, fut inhumé avec tous ses habits imperiaux, et que pardessus on y posa l'escarcelle d'or, dont les pelerins se servent ordinairement, et qu'il avoit coûtume de porter lorsqu'il alloit à Rome : « Et super vestimentis imperialibus pera peregrinalis aurea « posita est, quam Romam portare solitus erat. » D'où il resulte que le bâton et l'escarcelle ont toûjours esté la marque particuliere des pelerins, ou, comme parle Guillaume de Malmesbury [5], *solatia et indicia itineris.*

Les pelerins de la Terre Sainte, avant que d'entreprendre leurs pelerinages, alloient recevoir l'escarcelle et le bourdon des mains des prestres dans l'église. Un titre de Sebrand Chabot, qui vivoit en l'an 1135, au Cartulaire d'Absie en Gastine [6] : « Siebrandus Chabot, volens ire Hierusalem, coram « Deo et reliquiis SS. accepto baculo et pera in ecclesia « B. Nicolai, reconcessit Raynerio abbati et monachis Absiæ « terragia. » La Chronique de Beze [7] : « Hugo miles... in die « qua peram assumpsit ad Hierosolymitanum iter facien- « dum. » Et celle de Vezelay [8] : « Assumpto baculo et pera, « quasi B. Dionysii petiturus oracula. » Et cela s'est pratiqué mêmes par nos rois, lorsqu'ils ont voulu entreprendre ces longs et fâcheux voyages d'outremer. Car après avoir chargé leurs épaules de la figure de la croix [9] ils avoient coûtume de venir en l'abbaye de Saint-Denys, et là, après la celebration de la messe, ils recevoient des mains de quelque prélat le bâton de pelerin et l'escarcelle, et mêmes l'oriflambe [10] ensuite dequoy ils prenoient congé de S. Denis, patron du royaume. C'est ainsi que l'on parloit alors. L'auteur de la *Vie de Louys le Jeune* [11], écrivant au sujet de ce roy, lorsqu'il se croisa pour le voyage de Hierusalem : « Venit rex, ut mo- « ris est, ad ecclesiam B. Dionysii, a martyribus licentiam « accepturus, et ibi, post celebrationem missarum, baculum « peregrinationis, et vexillum S. Dionysii, quod *oriflambe* « Gallice dicitur, valde reverenter accepit. » Eudes de Dieuil [12] parlant du roy Louys VII : « Dum igitur a B. Dionysio « vexillum et abeundi licentiam petiit, quia mos semper « victoriosis regibus fuit, etc. » Et plus bas : « Deinde, « sumpto vexillo desuper altari, et pera, et benedictione « a summo pontifice, in dormitorium monachorum, multitu- « dini se subducit. » Philippes Auguste [13] en usa de la même maniere, lorsqu'il eut le dessein de passer en la Terre Sainte ; car il vint en la même abbaye, *causa licentiam accipiendi*, pour prendre congé des martyrs : « puis, Ab oratione sur- « gens, sportam et baculum peregrinationis de manu « Guillelmi, Remensis archiepiscopi, avunculi sui, apos- « tolicæ sedis legati devotissime ibidem accepit. » Richard, roy d'Angleterre, qui partit au même temps que Philippes Auguste pour le même voyage, vint à Tours, *et ibi recepit peram et baculum peregrinationis suæ de manibus Willelmi Turonensis*, ainsi que Roger de Howeden écrit. Brompton [1] dit que ce fut à Vezelay, et Mathieu Paris semble insinuer que ce fut en l'église de Saint-Denys. Mais je crois qu'il y a erreur, et qu'on y a tronqué quelques termes qui se trouvent dans Brompton, qui éclaircissent ce point.

La *Chronique de S. Denys* [2] nous apprend que S. Louys, à son premier voyage de la Terre Sainte, reçut pareillement l'escarcelle et le bourdon dans l'église de Saint-Denys des mains du legat. « Hoc anno (1248) feria VI Pentecostes Ludo- « vicus rex accepit vexillum, et peram, et baculum, in eccle- « sia B. Dionysii, et fratres ejus ab Odone cardinale, et post « accepit licentiam in capitulo nostro, etc. » Il fit de même à son second voyage, au recit de Guillaume de Nangis, qui écrit qu'il reçut en l'église de Saint-Denys l'oriflambe *cum pera et baculo peregrinationis*. Ce qui est aussi remarqué dans le petit *Cartulaire de l'evêché de Paris* de la bibliotheque de M. du Puy, en ces termes : « Anno 1269, mense martio, pridie « idus, die Veneris, dominica, qua cantatur Reminiscere, « Ludovicus, rex Franciæ, arripuit iter ad partes transma- « rinas de S. Dionysio, et ibi accepit peram et baculum « peregrinationis suæ, quos benedixit et reddidit sibi in « ecclesia S. Dionysii Radulfus episcopus Albanensis, tunc « apostolicæ sedis legatus in Francia et partibus transma- « rinis. » La *Chronique de Flandres* [3] dit que S. Louys, après avoir pris l'escharpe et le bourdon en l'église de Nostre-Dame de Paris, vint à Saint-Denys, où il reçut l'oriflambe.

Nos auteurs employent ordinairement le mot d'écharpe, au lieu d'escarcelle, parce qu'on attachoit ces escarcelles aux écharpes dont on ceignoit les pelerins ; d'où les mots de *pera*, ou *perula*, dans le *Glossaire latin-françois* ms. sont traduits par celui d'*escharpe*. Guillaume Guiart en l'an 1190 :

Li rois en icel tems s'apreste,
Si come Dieu l'en avisa,
Delà aler où promis a,
Autrement cuideroit mesprendre,
L'escherpe et le bourdon va prendre,
A Saint-Denis dedans l'église
Puis à l'oriflambe requise,
Que l'abbés de Ieans li baille.

La *Chronique de France* ms. qui est en la bibliotheque de M. de Mesmes, en cette même année, parlant de Philippes Auguste : « Et print l'oriflambe et l'emporta, et prist l'es- « charpe et bourdon de la maison de son oncle l'archevesque « de Rains, et prist deux chandelles, et deux enseignes de « croisettes dessus les châsses au benois Sains, etc. »

Ces escarcelles, ces écharpes et ces bourdons estoient benis par les prêtres, qui y prononçoient des prieres et des oraisons, qui se lisent dans le *Sacerdotal romain*, et dans les *Illustrations* [4] du P. le Royer sur l'histoire de l'abbaye de Monstier-Saint-Jean, au diocèse de Langres ; à raison dequoy il y avoit de certains droits qui appartenoient aux curez, dont il est fait mention en un titre de Pierre, evesque d'Angoulême, de l'an 1162 : « Quæ offeruntur a peregrinis, cum « eis capellanus baculum et peram tradiderit. » Et dans un autre, de Manasses, evesque de Langres, de l'an 1185 : « Reli-

---

1. L. de Habitu Mon. — 2. L. 19, c. 24. — 3. 11, c. 3. — 4. In vita Car. M. A. 814. — 5. L. 4, de Gest Pontif. Angl. p. 221. — 6. Fol. 80. — 7. Chron. Besuense, p. 653. — 8. L. 3, p. 561. — 9. Vita S. Telisi, episc. Landav. apud Bol. 9 Febr. c. 2, n. 6. — 10. Vita Lud. VI. — 11. C. 4. — 12. Od. de Diogil L. 1. — 13. Rigord. A. 1190.

1. P. 1173. — 2. A. 1248, tom. 2 Spicil. — 3. Ch. 20. — 4. P. 611.

« qua medietas sit presbyteri, cum jure presbyteratus, quod
« tale est : peræ peregrinorum, oblationes sponsi et
« sponsæ, etc. » De cet usage observé par les pelerins et ceux
qui entreprenoient les voyages d'outremer, de porter des
bourdons, les heretiques albigeois prirent sujet de se railler
des croisez qui avoient entrepris de les combattre, en les
appellant bourdonniers, ainsi que nous apprenons du Moine
de Vaux de Sarnay [1] : « Burdonarios autem vocabant pere-
« grinos, eo quod baculos deferre solerent quos lingua com-
« muni burdones vocamus. » Quant au mot de bourdon, et
pourquoi il a esté appliqué aux bâtons des pelerins, il n'est
pas aisé de le deviner. Papias, qui vivoit en l'an 1053, suivant
le témoignage d'Alberic, nous fait voir que de son temps il
estoit en usage en cette signification : *verubus, virgis ferreis,
burdonibus.* Je crois neantmoins qu'on a donné ce nom à ces
sortes de bâtons parce que les pelerins pour l'ordinaire, et le
plus souvent faisant leurs voyages et leurs pelerinages à
pied, ces bâtons leur tenoient lieu de montures, ou de mulets,
que l'on appelloit alors bourdons, et *burdones* dans les
auteurs du moyen temps, qui est un terme dont le jurisconsulte Ulpian s'est mêmes servi [2]. Everard de Bethune [3]
nous définit ainsi le bourdon :

Burdonem producit equus conjunctus asellæ,
Procreat et mulum junctus asellus equæ.

Comme les pelerins de la Terre Sainte, lorsqu'ils entreprenoient leurs voyages, y alloient avec le bourdon et l'escarcelle,
ainsi quand ils les avoient achevez, et qu'ils estoient sur le
point de retourner dans leurs pays, ils coupoient des branches de palmiers, qui sont frequens en la Terre Sainte, et les
rapportoient comme une marque de l'accomplissement de
leurs pelerinages : Guillaume de Tyr [1], parlant du comte de
Flandres : « Completis orationibus, et sumpta palma, quod
« est apud nos consummatæ peregrinationis signum, quasi
« omnino recessurus, Neapolim abiit. » Foucher de Chartres [2] semble dire qu'on alloit couper ces branches de palme
vers Hiericho : « In Hiericho ramis palmarum cæsis, ad
« deferendum, ut mos est, omnes assumpsimus, et secunda
« die iter remeabile cepimus. » Pierre Damian [3] marque
encore qu'on les portoit en la main : « Ex Hierosolymitana
« peregrinatione deveniens, palmam ferebat in manu. » Et
Herbert [4] dit que la palme estoit aussi une marque de pelerinage : « Vidit... stantem, instar alicujus Hierosolymitani
« palma, pera, et baculo insignitum. » Enfin Gotefroy de
Viterbe [5], parlant du retour de ceux qui accompagnerent
l'empereur Conrad :

Palmigerique viri pauci redeunt redivivi.

Roger de Howeden [6] dit que le pape donna des palmes à ceux
qui avoient accompagné Philippes Auguste au voyage de la
Terre Sainte, quoy qu'ils n'eussent pas accompli entierement
leur vœu : « Et licet votum non solvissent, tamen palmas iis
« distribuit, et cruces collis eorum suspendit, statuens quod
« essent peregrini. » Les pelerins estant ainsi de retour dans
leurs maisons venoient rendre graces à Dieu dans les eglises
du bon succès de leurs voyages, et pour marque de l'accomplissement de leurs vœux ils presentoient leurs palmes aux
prêtres, qui les posoient sur l'autel. La Chronique de Beze [7] :
« Pariterque palmas, quas testes peregrinationis suæ a Hie-
« richo tulerat, altari superponi rogavit. »

1. C. 62. — 2. L. item Legato. de Legat. 3 ; V. Cuiac. l. 11 Obs. c. 16, et Gloss.
nostr. ad script. mediæ Latinit. — 3. De Græcismo.

1. L. 21, c. 17. — 2. L. 1, c. 22. — 3. L. 2, ep. 15. — 4. L. 1. de Mirac. c. 25.
— 5. Part. 17. — 6. P. 712. — 7. P. 574.

DU NOM ET DE LA DIGNITÉ DE SULTAN,

OU DE SOULDAN.

DISSERTATION XVI.

Un auteur [1] de ce temps, en sa préface sur l'*Histoire des
Sarazins* écrite par El-Macin, dit que le nom de sultan, ou
de soldan, est un terme turc, et qu'il ne fut connu parmy les
Arabes que lorsque Tegralbet, seigneur turc, ayant défait les
Sarazins et Mesgud, leur prince [2], s'empara de toute leur
seigneurie, l'an 1055. Ce seigneur est nommé par El-Macin
Abutalib Mahometh Tegralbet, par les Grecs *Tangrolipix*, et
par Aython *Dogrissa*. Leunclavius, en son *Pandecte*, semble
avoir esté aussi de cette opinion, qui d'ailleurs est appuyée
de ce que Nicephore *Bryennius* [3], Scylitzes et Zonare écrivent
que Tegralbet, après avoir empieté la principauté sur les
Sarazins, se fit appeler et proclamer sultan, c'est à dire, en
leur langue, παντοκράτωρ καὶ βασιλεὺς βασιλέων, *le tout-puissant,
et le roy des rois*, ainsi que *Bryennius* et Scylitzes expliquent
ce mot. Mais il y a lieu de revoquer en doute cette proposition avancée par cet auteur, parce qu'il est fait mention
des sultans beaucoup auparavant le regne de Tegralbet,
dans Constantin Porphyrogenite [4] : comme encore dans Scylitzes et Zonare en la *Vie de Basile le Macedonien*, lesquels
font mention du sultan d'Afrique qui vivoit sous cet empereur. Et mêmes il y a lieu de croire que les Sarazins ont
emprunté ce terme des Persans, veu que les rois de Perse
qui florissoient sous les premiers empereurs de Constantinople affectoient d'en prendre le titre, ce que nous apprenons
de cette rare medaille d'argent de Chosroes, fils de Cabades,
roy de Perse, dont l'empreinte nous a esté communiquée par
M. de Saint-Amant, en ses doctes *Commentaires historiques*,
et que j'ay jugé à propos de representer encore une fois en
cet endroit pour autoriser davantage ce que j'avance. Cette
medaille porte en l'un de ses revers cette inscription en
caracteres arabes, qui font ces mots écrits en caracteres
communs : D'HERB NICHIN MAHER ASSOLTAN ALADHAM
YYATH ADDONIA VALDIN KAIKOSRO BEY KAY KABAD : c'est à
dire en latin : « Impressio notarum sigilli sultani maximi
« sive monarchæ, refugii mundi et religionis. Kaikosroæ,
« filii Kabadis [*]. » Auquel endroit M. de Saint-Amant remarque fort à propos que le terme et le titre de *sultan*, ou
d'*assoltan*, n'est autre que celuy de *roy des rois*, que Chosroes
prend dans *Menander Protector* [1], en une épitre qu'il écrit à
l'empereur Justinian, où il se donne toutes les qualitez qui

1. M. Waller. — 2. Leuncl. Pand. Turc. n. 235. — 3. L. 1, n. 9. — 4. L. 2, de
Them. c. 11. [Coripp. de L. Just. lib. III, vers. 390, e conjectura Foggini. Voyez
Gibbon, History, etc., ch. 45, not. 5.]

* [Nous n'avons pas cru devoir reproduire cette monnaie, dont on trouve un calque
exact dans : *Museum Cuficum Borgianum Velitris, illustravit G. Chr. Adler,
Altonanus. Romæ* 1782, in-4°, num C, p. 159, planche XII et pag. 61. Elle a été
frappée sous Cai-Chosru, roi des Seldjonkides, qui a régné de 1236 à 1244, et
Haiton I, roi de la petite Arménie de 1225 à 1270. Voici la traduction de l'inscription
telle que l'a donnée Adler : *Magnus sultanus, splendor mundi et religionis,
Cai-Chosru, filius Cai-Cobadi. — Cusus in urbe Sis anno 637, æræ vulgaris
1244 Haitom rex Armenorum.* Voyez au reste sur le titre de sultan les *Extraits
des Historiens Arabes sur les Croisades*, par M. Reynaud, tom. IV, pag. 177,
art 1. Ce savant académicien a bien voulu nous assurer l'exactitude de l'interprétation
d'Adler.]

1. L. 1.

marquent assez l'extravagance et l'humeur altiere de ces princes : Θεῖος, 'Αγαθὸς, Εἰρηνοπάτριος, Ἀρχαῖος Χοσρόης, Βασιλεὺς Βασιλέων, Εὐτυχὴς, Εὐσεβὴς, etc. ; comme encore cét autre Chosroes, fils d'Hormisdas, aussi roy de Perse, dans Theophylacte Simocatta[1], Βασιλεὺς Βασιλέων, Δυναστευόντων Δεσπότης, Κύριος ἐθνῶν, etc. Ces écrivains grecs ayant ainsi exprimé la force du terme de sultan, suivant *Bryennius*. L'auteur de la *Chronique de Reichersperg*[2] a touché la vanité de ces rois dans leurs titres imaginaires, lorsque, parlant de Chosroes fils d'Hormisdas, il tient ce discours : « Qui in tantam « ausus est prorumpere audaciam et superbiam, ut ab incolis « vicinarum gentium, quos impetu vastans barbarico suo « nefando subjugaverat dominio, et coli se juberet ut Deum, « et vocari se regem regum et dominum dominantium. » Mais ce qui confirme la veritable explication de ce mot de sultan, ou plûtôt, que les rois de Perse en ont affecté le titre, est ce que le juif Benjamin écrit en son *Itineraire*[3], où, parlant d'un Senigat Sa. fils de Sa, l'un des plus puissans rois de la Perse, dit qu'il s'appelloit en arabe, *Sultan Alporos Alkabir*, c'est à dire le grand roy de Perse, suivant que Benjamin explique ce mot. Il y a même lieu de croire que les anciens et les premiers rois de Perse ont affecté ce titre de roy des rois, veu qu'il est donné au grand *Cyrus* dans son *epitaphe*, rapporté par *Eustathius* sur *Dionysius*[4], en ce vers:

"Ἔνθα δ'ἐγὼ κεῖμαι Κῦρος βασιλεὺς βασιλέων.

De sorte qu'il est vray de dire que les Sarazins et les Turcs ont emprunté des Perses[5] cette dignité de sultan, qui est demeurée particulierement à ceux qui sous l'autorité du calyphe, qui estoit la premiere de l'Etat, gouvernoient les provinces et les royaumes qui estoient soumis à son gouvernement. Aython[6] parle de la sorte de cette dignité: « Agareni « imperatorem sibi elegerunt quemdam de progenie Mahometi, ipsum vocaverunt Caliph. et ordinaverunt quod se« dem teneret in Baldach, opulentissima civitate, in qualibet « vero aliorum regnorum quæ subjugaverant Agareni, cons-« tituerunt unum dominum, quem vocaverunt Soldan. » Ce qui confirme ce que Constantin Porphyrogenite, Scylitzes et Zonare écrivent du sultan d'Afrique. Toutefois cela n'est pas tellement vray, que l'on n'y doive apporter de l'explication : car il est constant que d'abord les gouverneurs des provinces n'estoient pas appellez sultans, mais amiraux, et leurs gouvernements μηραβίαι, par les Grecs[1]. Mais depuis que cette suprême puissance fut ostée aux calyphes, ausquels on ne laissa que l'intendance sur la religion, avec un pouvoir imaginaire sur le reste de l'Etat, et que le gouvernement des affaires politiques et militaires fut empieté par les sultans, ils devinrent comme la principale dignité du royaume, avec une puissance absolue sur les peuples, quoy qu'en apparence ils respectassent le calyphe, comme leur seigneur, et qu'ils luy rendissent toute sorte de respect, comme il est remarqué par Guillaume, archevesque de Tyr[2]. D'où Orderic Vital[3], faisant allusion au mot de *soldan*, dit qu'ils sont ainsi nommez *quasi soli domini*, d'autant qu'ils commandoient à tous les gouverneurs avec pleine autorité. Un autre auteur[4] a fait la même allusion, en ces termes : « Sicut principes vestri, vel « imperatores dicuntur, vel reges, sic apud illos qui præ-« minent soldani. quasi soli dominantes, vocantur. » Dans la suite, comme la plupart des gouverneurs secouerent le joug du premier sultan[5], et qu'ils se rendirent indépendans de luy, reconnoissant neantmoins le calyphe pour leur seigneur superieur, ils se qualifierent tous sultans, et c'est pour cela que nous voyons dans le sire de Joinville et ailleurs tant de sultans, qui dans quelques autres auteurs[6] sont nommez rois. Quant aux sultans qui les premiers se tirerent de l'obeissance des calyphes, ce furent les enfans de Bouia, ou de Buja, qui estoient de la race d'Isdegerde roy de Perse, dont la posterité finit en la personne de Melec-Rachim, sur lequel Tecralbet empieta le gouvernement, l'an 1055, ainsi que j'ay remarqué, après l'avoir tenu l'espace de cent vingt-sept ans. J'espere parler ailleurs plus amplement de toutes ces dignitez des Sarazins et des Turcs.

---

1. L. 4, c. 8 : 1. 5, c 13 — 2. A. 610. — 3. P. 79. Edit. Ariæ Mont. — 4. P 132 — 5. V. Brisson. de Reg. Per. — 6. C. 25.

1. Porphyrog c 25. — 2. L. 19, c 17 et 18. — 3. Lib. 11. — 4. Hist. Hier. — 5. Otho Frisin. l 7, c. 3 : Aython. c. 13 — 6. Zacuth. in Joucasin El-Macinus.

DU MOT DE SALE,

ET, PAR OCCASION, DES LOIX ET DES TERRES SALIQUES.

DISSERTATION XVII.

Le mot de *sale* signifie vulgairement les grandes chambres de nos maisons, qui sont appellées par Vitruve[1] et les autres auteurs latins *œci*, par Pline[2] et Stace *asarota Philander*, sur le même Vitruve, estime qu'elles sont ainsi nommées *a saltando*, parce que l'on a coûtume d'y faire les festins de noces et d'y danser ; ou bien *a salutatione*, acause que ce sont ordinairement les lieux où les maitres des logis recoivent ceux qui viennent les saluer, ou visiter, de mesme que les chambres voisines des Eglises que les historiens ecclesiastiques appellent ἀσπαστήρια, et *salutatoria*, où les evesques recevoient ceux qui les venoient voir. Mais comme ce n'est pas là la veritable etymologie de ce mot, ce n'est pas aussi son ancienne signification : car au temps de S. Louys, et beaucoup devant, le mot de *sale* signifioit un palais, une grande maison, comme en cét endroit de l'histoire du sire de Joinville, qui forme la matiere de cette reflexion : « Ce Ser-« rais [*Ferrais*] estoit calyphe, celuy qui avoit en garde et gouver-« nement les pavillons du souldan, et qui avoit la charge de « nettoyer chascun jour ses salles et maisons. » Hugues de Bercy, qui vivoit sous nostre saint roy, se plaignant que de son temps les princes et les grands seigneurs commençoient à abandonner les villes, pour se retirer à la campagne, se sert pareillement de ce terme en cette signification :

> Mais li roy, li duc, et li comte,
> Aux grandes festes font grant honte,
> Qu'ils n'aiment mais palais ne sales,
> En ordes maisons et en salles
> Se reponent, et en bocages,
> Lors cours et ert pauvres et umbrages,
> Or fuient-ils les bonnes villes.

Gautier de Mets, en sa *Mappemonde* MS[1], parlant du palais d'Aix la Chapelle, bâti par Charlemagne :

> A Aix sale et capelle fist.

C'est ainsi que les loix des Alemans[2] usurpent celuy de *sala*: « Si quis super aliquem focum in nocte miserit, ut domum « ejus incendat, seu et salam, 40 solidis componat. Si enim « domum infra curtem incenderit, 52 solidis componat. »

---

1. L. 6, c. 5. — 2. L. 36, c. 25.

1. C. 14. — 2 Tit. 81.

L'on voit dans ce passage la différence que ces loix font de celuy qui a brûlé une maison, ou une sale, d'avec celuy qui a brûlé la maison de la basse-court, et ainsi la sale estoit la maison du seigneur, et l'autre la maison du fermier. Cette distinction se reconnoit encore dans les loix des Lombards[1], qui font différence de celuy qui avoit le soin du bétail de la *sale*, et de celuy qui estoit *sub massario*, c'est-à-dire le fermier : « Si quis servum alienum bubulcum de sala occiderit, « compotat solidis 20. Si quis servum alienum rusticanum, « qui sub massario est, occiderit, compotat solidis 16 ; » où la mort du serviteur ou du valet de la sale est punie d'une plus grande amende que celle du valet du fermier : aussi les premiers servoient ceux qui y sont appelez hommes libres, c'est-à-dire gentils-hommes : « De illis vero pastoribus « dicimus, qui apud liberos homines servierunt, et de sala « propria exierunt. » De sorte que *sala* est proprement le château ou la maison d'un seigneur de village. C'est ainsi que ce mot se trouve employé dans une épitre du pape Grégoire III à Charles Martel[2], au sujet des Lombards : « Omnes « salas S. Petri destruxerunt, et peculia quæ remanserant « abstulerunt ; » comme encore en ce titre de Pierre consul de Rome et duc, de la 19 de l'empire de Louys, fils de Lothaire, dans le cartulaire de l'abbaye de Casaure : « Pro « solario habitationis meæ, cum area in qua exstat, cum « curte et sala, seu capella, quæ inibi ædificata est ; » et plus bas[3], « cum curte, capella, sala, balneo, et viridario ; » et dans le synode de Ravenne tenu sous Jean VIII. P. P. dans la collection romaine d'*Holstenius* : « Cortes, massas, et salas, « tam per Ravennam et Pentapolem, etc. » Hariulfe, en la *Chronique de S. Riquier*[4], l'usurpe encore pour une maison : « Et sic per portam S. Gabrielis, ac per salam domini a- « batis ambulando, etc. » Enfin les Gascons, et particulièrement ceux de la basse Navarre, appellent encore aujourd'huy *sales* les maisons des gentils-hommes à la campagne. Guillaume Morin, en l'*Histoire du Gâtinois*[5], dit qu'on appelloit ainsi le château de Paucourt, près de Montargis.

Aventin, en ses *Annales de Baviere*[6], a esté le premier qui a écrit que les *Salii*, dont il est parlé dans les Histoires d'Ammian et de Zozime, et ensuite ceux qui sont appellez *Salici*, ont pris leur nom de *sala*, estant ainsi les principaux et les premiers François, qui avoient part au gouvernement de l'Etat, et qui estoient de la *sale*, c'est à dire de la cour, ou de la maison du prince. Cette opinion a esté suivie par Isaac Pontanus[7], en ses *Origines de François*, et par Godefroy Wendelin[8], qui tiennent que les *Loix saliques* ont pareillement tiré leur nom de ce même mot, estant ainsi appellées parce qu'elles contenoient des reglemens particuliers pour les grans seigneurs et leurs terres, qui y sont appellées *Terræ Salicæ* ; ce qui semble conforme à ce qui s'est pratiqué depuis entre les princes françois, comme on recueille du contract de mariage de Robert prince de Tarente et empereur de Constantinople avec Marie de Bourbon, de l'an 1347[9], dans lequel l'un et l'autre declarerent qu'ils entendoient vivre suivant la coûtume des princes du sang de France : « More « regalium, et Francorum jure utentes. » Ces auteurs confirment encore l'étymologie et l'origine des loix saliques, par un usage qui s'est pratiqué longtemps depuis, faisant voir que les princes et les seigneurs rendoient ordinairement leurs jugemens dans leurs *sales*, ou leurs maisons, et par consequent y dressoient leurs loix et leurs statuts. Ce qui est confirmé à une notice que se lit au Cartulaire de Casaure[10] : « Dum residisatem nos Odelerius missus Berengarii « et Ildeberti comitum in placito, in Marsa, sala publica « domni regis, pro singulorum causis audiendis vel delibe- « randis. » C'est pour cela qu'en plusieurs lieux de la Flandre, du Brabant et du Haynault, on appelle encore à présent du nom de *sale* les auditoires publics et les endroits où l'on rend la justice, comme à Lille, suivant le témoignage de Vander Haar, en l'*Histoire des Châtellains de Lille*[11] ; à Valentiennes, et en divers lieux du Brabant rapportez par Wendelin[8], et même en Allemagne, au recit de Freher[12], en ses *Origines des Comtes Palatins*. De toutes ces remarques on conclud que les loix saliques sont celles qui ont esté dressées pour les officiers et les gentils-hommes de la maison du prince, ou bien qui ont esté dressées en sa maison et en sa sale, et où il faisoit encore rendre les jugemens par ses officiers.

Cecy peut estre appuié d'une autre observation que Wendelin fait au sujet des *malberges*, remarquant que les premieres loix saliques qui ont esté faites par les rois de France payens, telles que sont celles qui ont esté publiées par Herold, portent presque à châque chapitre, ou titre, les lieux où elles ont esté premierement arrétées, qui y sont appellez *malbergia*, *mallobergia*, ou *malberga*, avec l'addition du nom du lieu. De sorte qu'il estime que ce terme signifie, en vieux idiome thiois, ou aleman, la maison où l'on tenoit les plaids, estant composé de *mallum*, qui signifie *plait*, ou *jugement*, et de *berg*, qui signifie maison, selon la signification qu'il donne à ce mot, qui n'est pas éloignée de celle que Kilian[1] luy attribuë. Mais il y a lieu de revoquer en doute cette etymologie, estant plus probable que *mallobergium* vient du mot de *berg*, qui signifie une montagne, de sorte que *mallobergium* signifieroit le mont ou la montagne des plaits, *mons placiti*, ainsi qu'il est tourné dans les loix de Malcolme II[2] du nom, roy d'Escosse, en ces termes : « Dominus Rex Malcolmus dedit et distribuit totam terram « regni Scotiæ hominibus suis, et nihil sibi retinuit in pro- « prietate, nisi regiam dignitatem, et montem placiti in « villa de Scona ; » où *Skeneus*, jurisconsulte escossois, fait cette belle remarque : « Montem, seu locum intelligit, ubi « placita, vel curiæ regiæ de placitis et querelis subditorum « solent teneri, ubi barones comparcant, et homagium ac « alia servitia debita offerant, et vulgo OMNIS TERRA vocatur, « quia ex terræ mole et congerie exædificatur, quam regni « barones, aliique subditi ibi comparentes, vel coronandi « regis causa, vel ad comitia publica, vel ad causas agendas « et dicendas, coram rege, in unum quasi cumulum et mon- « ticulum conferebant. » De sorte que ceux qui alloient aux lieux où l'on tenoit les plaits, soit pour y faire la fonction de juges, soit pour y plaider devant eux, pour faire voir que les premiers avoient toute sorte de liberté dans leurs jugemens, et les autres dans la poursuite de leurs droits, portoient tous dans le pan de leurs robes de la terre de leurs maisons, ou héritages, et la déchargeoient aux lieu où se tenoient les plaits, et comme il y avoit un grand nombre de plaideurs, ils en formoient une espéce de montagne, où chacun d'eux se tenoit comme dans une terre commune, qui appartenoit également à tous, et qui estoit *omnium terra*, et ainsi indépendante de toutes les puissances seculieres. Partant, je ne fais pas de difficulté de croire que les Escossois n'ayent emprunté ces *monts de plaits* des *malberges* des premiers François, et que les François mêmes n'ayent observé ces ceremonies pour la tenuë de leurs *assises* Nous en avons encore un reste de ce nom en la *Tour de Maubergeon* en la ville de Poitiers, que Besly[3] estime estre ainsi appellée des Malberges.

Comme je ne veux pas combattre directement les opinions que ces grands hommes ont avancées au sujet de l'origine des loix saliques, aussi je ne puis pas convenir de tout ce qu'ils en ont écrit. Car quoy que les Saliens fussent François, et que depuis qu'ils passerent le Rhin on ait appellé ainsi ceux de ces peuples qui tenoient le premier rang entre eux, j'estime pareillement qu'il faut demeurer d'accord qu'avant que les François vinssent dans les Gaules, les Saliens y formoient un peuple particulier : de même que les *Leti*, les *Chamavi*, les *Bructeri*, et les autres qui sont nommez dans les auteurs, composoient pareillement d'autres peuples. Il n'est pas toutefois facile de rechercher l'origine de tous ces noms, qu'ils peuvent avoir empruntez des pays septentrionaux, d'où ils estoient sortis. Cecy est, à mon avis, tres-bien justifié par ceux qui ont fait mention des Saliens : Ammian Marcellin[4], parlant de l'empereur Julian, le dit clairement : « Petit pri- « mos omnium Francos, quos consuetudo Salios appellavit, « ausos olim in romano solo apud Toxandriam locum habi- « tacula sibi figere prælicenter. » Car il n'est pas probable qu'il ait voulu dire qu'il n'y ait eu que les grands seigneurs françois qui aient osé passer dans les terres de l'Empire et y établir leurs demeures ; mais il a dit que les peuples d'entre les François qui estoient appellez Saliens passerent dans les terres des Romains. Aussi Zozime, parlant d'eux, dit qu'ils faisoient une portion de François, τῶν Φράγκων ἀπόμοιρον, c'est à dire que c'estoient des peuples particuliers, qui avec plusieurs autres composoient la nation françoise. Cét auteur écrit que l'empereur Julian entreprit de faire la guerre aux Quades, peuples saxons, qui avoient chassé les Saliens de leurs terres, et les avoient obligez de se retirer dans l'isle de Batavie, qui appartenoit alors aux Romains, et qui ensuite s'estoient encore établis dans la contrée de Tessander-Lo au Brabant. Il defit les premiers, et quoy qu'il eust trouvé mauvais que les Saliens eussent occupé les terres de l'Empire, neantmoins il ne voulut pas qu'on leur courust sus, parce que ce qu'ils en avoient fait n'avoit esté qu'acause qu'ils

---

1. L. 1. tit. 11. — 2. Tom. 3, Hist. Franc. p. 703. — 3. Cap. 17. — 4. L. 2, c. 11. — 5. L. 1, ch. 3. — 6. L. 4, p. 183. — 7. L. 0, Orig. Fr. c. 17. — 8. In natali solo Legum Salic et in Gloss. — 9. Voyez l'Hist. des Emp. de CP. l. 8, n. 9. — 10. Part. 1. — 11. L. 1, p. 60. — 12. P. 56.

1. Etymol. — 2. C. 1. § 2. — 3. En l'Hist. des Comtes de Poitou à la fin du vol. — 4. L. 17.

avoient esté chassez de leurs terres par les Quades. De sorte qu'il les traitta favorablement, et leur permit d'habiter les terres de l'Empire, ce qu'ils firent, ayant quitté la Batavie, et estant venus s'établir dans le Tessander-Lo. *Libanius*[1] fait mention de cecy, quoy qu'en termes généraux, écrivant que ces peuples demanderent des terres à l'empereur, et qu'il leur en accorda. καὶ τὴν ἴτουν, καὶ ἐλάμβανον. Ce que Julian[2] fait encore voir plus disertement, disant qu'il chassa les *Chamaves*, peuples pareillement François, et qu'il reçût les *Saliens*: ὑπεδεξάμην μὲν μοῖραν τοῦ Σαλίων ἔθνους, Χαμάβους δὲ ἐξήλασα ; où il faut remarquer le mot ἔθνος, qui montre assez que les Saliens furent des peuples, de mêmes que les Chamaves, et non pas les principaux seigneurs françois, comme ces auteurs prétendent. Wendelin[3] dit que depuis ce temps-là ils furent employez par les Romains dans l'infanterie, parce qu'ils habiterent un pays plus propre au labourage qu'à nourrir des chevaux de guerre : et que c'est pour cela que dans la *Notice de l'Empire* les *Salii Gallicani* sont sous le commandement du *magister peditum*. C'est aussi pour la même raison que *Sidonius*[4] dit que les Saliens estoient recommandables pour leur infanterie :

— vincitur illic
Cursu Herulus, Chunnus jaculis, Francusque natatu,
Sauromates clypeo, Salius pede, falce Gelonus.

Vignier[5], Savaron, et autres interpretent ce passage de la disposition du corps et des pieds de ces peuples, et estiment même qu'ils furent ainsi nommez *a saliendo :* mais je laisse toutes ces recherches, qui sont à present trop triviales, après ce que tant d'auteurs ont écrit sur ces matieres.

Comme les Saliens s'établirent dans les Gaules avec l'agréement de l'empereur Julian, il est probable qu'ils obtinrent de lui plusieurs privileges, qui les firent reconnoître dans la suite pour les principaux d'entre les François. Ce qui a fait dire à Othon, evesque de Frisingen[6], parlant au sujet de la loy salique : « Hac nobilissimi Francorum, qui Salici dicun-« tur, adhuc utuntur. » Et quelques-uns estiment que l'empereur Conrad fut surnommé *Salicus*, acause de la noblesse de son extraction. Ces prerogatives des terres consisterent principalement dans la franchise des terres qui leur furent accordées par Julian, et que les principaux et les chefs de ces peuples se départirent entre eux, à condition de le servir dans ses guerres et d'y conduire leurs vassaux : ce qui se fit eu égard au nombre de terres que châcun d'eux possedoit. Car c'est de ces distributions des terres militaires que les sçavans tirent l'origine des fiefs, les Romains ayans coûtume de les distribuer à leurs vieux soldats, et mêmes aux nouveaux, à condition de les servir dans leurs guerres, particulierement pour la garde de leurs frontieres. Ces terres nommées κτήματα στρατιωτικά dans une novelle de l'empereur Constantin Porphyrogennete[7], et celles qui estoient obligées à des services de chevaliers sont appellées κλῆροι ἱππικοί, dans un decret des Smyrneens donné au public par Selden[8], qui estoient semblables à ces fiefs, qui sont nommez fiefs de haubert, ou de chevalier. C'est donc pour cette raison que ces terres ne passoient pas par succession aux filles, parce qu'elles estoient incapables de porter les armes, et de rendre aucun service de guerre. *Lampridius*[9] dit que l'empereur Alexandre Severe donna aux capitaines et aux soldats qui estoient en garnison sur les frontieres de l'Etat les terres qui avoient esté prises sur les ennemis : « Ita ut eorum ita essent, si hæredes eorum

1. Orat. Funeb. in mortem Juliani. — 2. Ep. ad Athen. — 3. Pag. 91. — 4. Sid. Carm. 7. — 5. De l'Orig. des anciens Franç. — 6. L. 4, Chr. c. 32. — 7. Apud Carol. Labbeum. — 8. Marmora Arundel. — 9. In Alex. Sev.

« militarent. » C'est là le motif de cét article de la loy salique[1] : « De terra vero salica nulla portio hæreditatis mu-« lieri veniat, sed ad virilem sexum tota terræ hæreditas « perveniat. » Ce qui s'est observé longtemps dans l'usage des fiefs, qui ne pouvoient estre tenus que par des hommes et des majeurs ; car s'ils écheoient aux filles, lorsqu'elles venoient dans un âge nubile, elles estoient obligées de se marier, au gré du seigneur, à une personne qui pût deservir le fief. Et s'ils écheoient à des mineurs, les tuteurs les desvoient, et memes s'en disoient seigneurs tant qu'ils les possedoient en cette qualité, comme je l'ai justifié ailleurs[2].

Le partage que les Saliens firent entre eux des terres qui leur furent accordées par l'empereur Julian se fit de la sorte. Les principaux seigneurs et les capitaines distribuerent à leurs soldats les terres pour le labourage, à condition de quelques redevances, et de les suivre dans les guerres. Quant à eux, ils s'en reserverent une partie, avec les chateaux et les plus belles maisons des lieux où leurs lots furent écheurent, ou bien ils y en bâtirent, qui furent appellées *sales*, acause que c'estoit la demeure des chefs des Saliens. Et comme ils tenoient ces seigneuries avec toute sorte de franchise, n'estant sujets aux empereurs à raison d'aucune redevance, mais seulement estant obligez de les servir dans leurs guerres ; et veu d'ailleurs qu'ils estoient les principaux d'entre les peuples François, il est arrivé que les personnes libres, et non sujettes à ces impositions, ont esté reconnuës dans la suite des temps sous le terme de Francs. Papias : *Liber, Francus homo*. D'où vient que les terres qui estoient possedées par les gentilshommes estoient appellées *mansi ingenuiles*, ce que je reserve à discuter dans une autre occasion. Ces prerogatives des terres possedées par les François-Saliens ont éclaté particulierement par la comparaison de celles qui furent nommées *letales*, ou *lidinles mansi*, dont *Cæsarius*, abbé de Prum, parle en son *Glossaire*[3] en ces termes : « Lediilia mansa sunt quæ multa quidem dominis commoda « ferebant, sed continuo serviebant. » Ils sont appellez *mansi letales* et *serviles* dans un titre de Louys le Debonnaire[4] ; et ceux qu'ils les labouroient sont nommez dans les anciennes loix et dans les chartes *liti*, qui estoient une espece de serfs, d'où le mot de *litge* a esté formé, comme je justifieray ailleurs. Ces terres ainsi sujettes à ces conditions viles, et à des redevances foncieres, sont les mêmes qui sont nommées *terræ Leticæ* dans le *Code Theodosien*[5], acause qu'elles furent distribuées par les empereurs aux peuples appellez *Leti* (qui estoient aussi François, ou du moins Gaulois), dans diverses provinces des Gaules, à condition de les labourer, d'en payer les redevances au fisc, et de servir pareillement à la guerre. Il est parlé de ces peuples dans *Ammian*[6], *Zozime*[7], *Eumenius*, et dans le panegyrique qui fut prononcé devant l'empereur Constans, qui marquent assez que cet empereur les reçut dans ses troupes, et leur donna des terres abandonnées, *arva jacentia*, pour les cultiver. Ceux-ci furent distribuez, comme je viens de dire, en diverses provinces des Gaules, comme on peut recueillir de la *Notice de l'Empire* Il y en a mêmes qui estiment que la Bretagne Armorique[8] fut nommée *Letavia*, acause de ces peuples qui l'habiterent. Mais depuis que les François-Saliens se rendirent maîtres de toutes les Gaules, ils les etablirent la même franchise qu'ils avoient dans leur premiere demeure, en celles qu'ils y conquirent, ayant toutefois laissé les terres qui estoient sujettes à ces impositions en l'etat qu'elles estoient lorsqu'ils les envahirent. Et c'est la la véritable origine des terres franches et serviles, comme aussi des fiefs.

1. Tit. 62. — 2 En l'Hist de CP. — 3. Apud Brouver. in Ann. Fuld. — 4. Apud Chapeavill. t 4. Hist. Leod. p. 448 — 5. L. 9, de Consitor. — 6. L. 16. — 7. L. 2. — 8. Cambden. Vita S. Gildæ sap. c. 3, n. 16.

DE LA BANNIERE DE SAINT DENYS,

ET DE L'ORIFLAMME.

DISSERTATION XVIII.

L'oriflamme estoit la banniere et l'enseigne ordinaire dont l'abbé et les moines de la royale abbaye de Saint-Denys se servoient dans leurs guerres particulieres, c'est à dire dans celles qu'ils entreprenoient pour retirer leurs biens des mains des usurpateurs, ou pour empêcher qu'ils ne leur fussent enlevez. Et comme leur condition et l'état ecclesiastique, où ils étoient engagez, ne souffroit pas qu'ils maniassent les armes, ils abandonnoient cette charge à leur avoué, qui recevoit des mains de l'abbé cette enseigne, avec des ceremonies et des prieres dont nous nous parlerons dans la suite, et la portoit dans les combats Car c'est là la véritable usage de l'oriflamme, quoy que quelques sçavans en ayent écrit autrement et ayent avancé des choses peu conformes à la vérité · ce qui m'oblige de repasser dessus leurs remarques, et d'examiner diligemment ce sujet, en rapportant l'histoire entiere de cette banniere si fameuse et si celebre dans nos histoires.

Pour commencer par la recherche du nom d'oriflamme, la plûpart des écrivains estiment qu'on le doit tirer de sa matiere, de sa couleur et de sa forme. Il est hors de doute qu'elle estoit faite comme les banniere de nos églises, que l'on porte ordinairement aux processions, qui sont quarrées, fenduës en divers endroits par le bas, ornées de franges, et attachées par le haut à un bâton de travers, qui les tient étenduës, et est soûtenu d'une forme de pique. Ils ajoûtent que sa matiere estoit de soye ou de tafetas, sa couleur rouge, et tirant sur celle du feu, et de la sandaraque, à laquelle Pline[1] attribuë celle de la flame. Il est vray pour la couleur, tous les ecrivains conviennent qu'elle estoit rouge. Guillaume le Breton[2], en sa *Philippide*, la décrit ainsi :

Ast regis satis est tenues crispare per auras
Vexillum simplex, cendato simplice textum,
Splendoris rubei, letania qualiter uti
Ecclesiana solet, certis ex more diebus.
Quod cum flamma habeat vulgariter aurea nomen,
Omnibus in bellis habet omnia signa prenire.

Guillaume Guiart, en son *Histoire de France*, en la *Vie de Philippes Auguste*, a ainsi traduit ces vers :

Oriflamme est une banniere,
Aucun poi plus forte que guimple,
De cendal roujoiant et simple.
Sans pourtraiture d'autre affaire.

La *Chronique de Flandres*[3] convient pareillement en cette description de l'oriflamme, en ces termes « Il tenoit en sa « main une lance, à quoi l'oriflamme estoit attaché, d'un « vermeil samit, à guise de gonfanon à trois queues, et avoit « entour houppes de soye verte». Enfin Guillaume de Presles, advocat général, au traité qu'il en a adressé au roy Charles V, la décrit ainsi[4] : « Et si portez seul d'entre les rois, ô roy. « l'oriflambe en bataille, c'est à scavoir un glaive (lance) tout « doré, où est attaché une banniere vermeille ». Il paroist assez de ces descriptions quelles ont esté la matiere, la couleur et la forme de l'oriflamme. Mais on n'en peut pas induire pour cela que la couleur *vermeille* et *roujoiante* ait donné sujet à ce nom d'*oriflamme*. Au contraire il est bien plus probable que ce nom fut donné à cette banniere, du mot *flammulum*, qui dans les auteurs du moyen temps signifie la même chose, comme dans Vegetius[5], Modestus[6], Anastasius[7], et autres[8], et de la matiere de la lance qui la soûtenoit, qui estoit dorée, ainsi que Guillaume de Presles remarque, et

après luy l'auteur de la *Vie de Charles VI*[1], lorsqu'il raconte comme le roy donna la charge de porter l'oriflamme au seigneur d'Aumont : « Sic vexillum ferre dignum duxit, donec « ingruente belli necessitate, hastæ aureæ applicasset. » Le nom de *flammulum*, ou de *flamme*. ayant esté donné à cette espèce de banniere, parce qu'elle estoit decoupée par le bas en la figure de flammes, ou parce qu'estant de couleur vermeille, lorsqu'elle voltigeoit au vent, elle paroissoit de loin en guise de flammes.

L'oriflamme estoit l'enseigne particuliere de l'abbé et du monastere de Saint-Denys, qu'ils faisoient porter dans leurs guerres par leur avoué. Car c'estoit là la principale fonction des avoüez, qui, en qualité de défenseurs et de protecteurs des monasteres et des eglises, entreprenoient la conduite de leurs vassaux pour la défense de leurs droits, et portoient leurs enseignes à la guerre : d'où vient qu'ils sont ordinairement appellez les porte-enseignes des eglises, *signiferi ecclesiarum*, comme j'espère justifier ailleurs. Les comtes du Vexin et de Pontoise avoient ce titre dans les guerres de Saint-Denys[2], dont ils estoient les avoüez et les protecteurs, et en cette qualité ils portoient l'oriflamme dans les guerres qui s'entreprenoient pour la défense de ses biens. D'où vient que le plus souvent cette banniere est nommée *vexillum Sancti Dionysii*, l'enseigne de Saint-Denys, dans les auteurs, non parce qu'elle estoit conservée en l'eglise de ce monastere, mais parce qu'elle estoit la banniere ordinaire qu'on portoit dans les guerres de cette abbaye. L'auteur de la Vie de Louys VII[3] : « Vexillum B. Dionysii, quod gallicè *oriflambe* « dicitur. Le *Roman de Guarin le Loherans* :

Je vo comant l'enseigne saint Denys.

Plus bas :

Et Garin porte l'enseigne saint Denise.

Et ailleurs :

Devant en vient l'enseigne saint Denys.
Blanche et vermeille, nus plus bele ne vit.

En un autre endroit il luy donne le nom d'oriflambe de S. Denys :

Les gens Girbert vit venir tos rengiés,
Et l'oriflambe saint Denys baloier.

Rigord, en l'an 1213 · « Revocatur vexillum B. Dionysii, quod « omnes præcedere in bella debebat ». Plus bas : « Advenerunt « legiones communiarum, quæ fere ad hospitia processerant, « et vexillum B. Dionysii ». Nangis[4], en la Vie de S Louys : « Præcedente quoque juxta ipsos in alio nacello B Dionysii « martyris vexillo ». Le sire de Joinville, parlant de la même chose, la nomme aussi *la banniere de Saint-Denys*.

Ces auteurs justifient assez par ces passages que l'oriflambe estoit la banniere ordinaire de l'abbaye de Saint-Denys : d'où l'on peut induire qu'elle n'a esté portée par nos rois dans leurs guerres qu'après qu'ils sont devenus proprietaires des comtez de Pontoise et de Mante, c'est à dire du Vexin, ce qui arriva sous le regne de Philippes I ou de Louys le Gros, son fils. Car l'histoire remarque que Simon, comte de Pontoise et d'Amiens, ayant dessein de se retirer au monastere de Saint-Claude, donna à l'abbaye de Cluny[5] la ville de Mante et ses dependances. et que le roy Philippes s'en estant emparé, vraysemblablement comme d'une place

---

1. L 35, c 6 — 2. L. 2, p. 228. — 3. Ch. 67. — 4. Doublet en l'Hist. de S. Denys, l. 1, ch. 41. — 5. L. 2, c. 1. — 6. De vocab. rei Milit. — 7. In Steph. IV. — 8. Rigalt. Meurs. et Fabrot. in Gloss.

4. Scriptor Vitæ Caroli VI ex Bibl Thuana. — 2. A. Du Chesne, en l'Hist. de Bethune, l. 4, ch 3. — 3. Gesta Lud. VII, c. 4. — 4. A. 1249. — 5. Preuves, de l'Hist de Coucy, p 313 · Bibl. Clun. p. 527.

frontiere, et necessaire à l'Estat, sur les plaintes qui luy en furent faites, en fit la restitution à ce monastere, par acte passé à Mante l'an mille soixante et seize, qui est l'année que Simon se retira à Saint-Claude. Mais il y a lieu de croire que le roy s'en accommoda depuis avec les moines de Cluny, dautant que nous lisons qu'incontinant après cette place fut en sa possession, et qu'il en disposa comme d'un bien qui luy appartenoit. Car Guillaume de Jumieges[1], parlant du siege que Guillaume le Bâtard, roy d'Angleterre mit devant la ville de Mante, l'an mille quatre-vingts-sept, en laquelle année il mourut, dit en termes formels que cette place appartenoit en propre au roy Philippes. Et Orderic Vital[2] assûre que le même roy voulant appaiser Louys, surnommé le Gros, son fils, qui vouloit se venger de Bertrade de Montfort, sa belle-mere, qui l'avoit voulu empoisonner, luy fit don de Pontoise, de Mante, et de tout le comté du Vexin. Suger[3] ajoûte que Louys, à la priere de son pere, consentit depuis que Philippes, fils du roy et de Bertrade, joüist du comté de Mante et ce en faveur du mariage que le roy et Bertrade procurerent à ce jeune prince avec l'heritiere de Montlhery. Tant y a qu'il paroît assez de ce discours que le comté du Vexin tomba au domaine de nos rois en ce temps-là, et qu'ainsi ce fut en cette qualité qu'ils ont commencé à faire porter l'oriflamme, ou l'enseigne de Saint-Denys, dans leurs guerres : l'histoire n'en faisant aucune mention avant le regne de Louis le Gros : car je ne m'arrête pas au discours de ceux qui ont avancé qu'elle estoit connuë dès le temps de Dagobert, de Pepin, et de Charlemagne, toutes ces histoires, qui ont débité ces fables, estant à bon droit réputées pour apocryphes. Je ne laisseray pas neantmoins de representer en cet endroit ce qu'ils en disent, et entre autres Guillaume Guiart[4], dont je conserve le manuscrit.

Li rois en icel tams s'appreste,
Si come Dieu l'en avisa,
De là aller où promis a,
Autrement cuideroit mesprendre,
L'escherpe et le bourdon va prendre
A S. Denys dedens l'Yglise.
Puis a l'Oriflambe requise,
Que l'abbés de leans li baille :
Devant lui l'aura en bataille,
Quant entre Sarasins sera,
Plus seür en assemblera.
S'orrois ci la raison entiere :
Oriflambe est une banniere,
Aucun poi plus forte que guimple,
De cendal roujoiant et simple,
Sans portraiture d'autre affaire.
Li rois Dagobert la fist faire,
Qui S. Denys ça en arrieres
Fonda de ses rentes premieres,
Si comme encor appert leans;
Es chappléis des mescreans
Devant lui porter la faisoit,
Toutes fois qu'aler li plaisoit,
Bien attachée en une lance,
Pensant qu'il eut remenbrance,
Au raviser le cendal rouge,
[De cel glorieux quarrouge,]
Ou la mort pot au fils Dieu plaire
Pour nous des peines d'enfer traire,
Et que quelque part qu'il venist
De son cher sang li souvénist,
Qui à terre fut espandu.
Le jour qu'on lot en crois pendu,
Et qu'il eust en l'esgardant,
Cuer de sa foi garder ardant.
Cil rois qui ainsi en usa
Maint orgueilleus ost reüsa,
Et vainquit mainte fiere emprise,
Par lui fust à S. Denys mise,
Li moine en leur trésor l'assistrent,
Si successeur après li pristrent.
Toutesfois que s'arroierent [otroierent],
Que Turcs ou Paiens s'arroierent [guerroierent],
Qui parfaitement sont damnez.
Ou fals chrestiens condamnez.
S'a autre vousissent meffaire,
Ils la vousissent contrefaire,
D'euvre semblable et aussi plaine.
Pepins et ses fils Karlemaine,

Qui tant Sarasins descontrerent
En maint fort estour la monstrerent,
Et en mainte diverse place,
Et Dieu li donna si grant grace,
Que souvent sans joindre fuioient
Li contraire qui la veoient,
Au fuer de gent desconfortée.
Et coment que l'en l'ait portée
Par nacions blances et mores,
Elle est à S. Denys encores,
Là l'ai-je n'agueres veuë.

Je ne m'arrête donc pas à toutes ces fables, qui n'ont aucun fondement certain, et non pas mêmes à ce que quelques scavans ont mis en avant[1]. que l'oriflamme estoit connuë avant le regne de Louys le Gros. A l'effet dequoy ils se veulent servir d'une patente du roy Robert de l'an neuf cens quatre-vingts-dix-sept, qui se lit dans l'Histoire de l'abbaye de Saint-Denys[2], dont voici les termes : « Hac itaque regiæ « largitionis nostræ indulgentia cupimus SS. Martyrum « Dionysii, Rustici, et Eleutherii, quibus olim omnem spei « nostræ fiduciam commisimus, patrocinia promereri, quate-« nus hostibus nostris et victrices dextras inferre, ac cum « triumpho victoriæ, invicta, annuente Deo, exinde de eorum « subjectione vexilla referre ». Car qui ne s'apperçoit pas que ces derniers termes n'ont autre force, et autre signification, que de remporter une victoire. Je ne m'arrête pas encore ici à ce que quelques auteurs anciens ont donné à l'oriflamme le nom de banniere de Charlemagne, par ce que ce n'a esté que sur de fausses traditions, et pour n'avoir pas sceu son origine. Un auteur anglois[3], en l'an 1184. est en cette erreur. écrivant ainsi de cette banniere : « Protulit hac vice « rex Francorum Philippus signum regis Karoli, quod a tem-« pore præfati principis usque in præsens. signum erat in « Francia mortis vel victoriæ » Comme aussi l'auteur de la Chronique du monastere de Senone[4] : « Rex vero secum de « Parisius vexillum Caroli Magni, quod vulgo auriflamma « vocatur, quod nunquam, ut fertur, a tempore ipsius Caroli « pro aliqua necessitate a secretario regis expositum fuerat, « in ipso bello apportaverat ».

Il faut donc tenir pour constant que Louys le Gros fut le premier de nos rois qui, en qualite de comte du Vexin, tira l'oriflamme de dessus l'autel de l'eglise de Saint-Denys, et la fit porter dans ses armées, comme la principale enseigne du protecteur de son royaume, et dont il invoquoit le secours dans son cry d'armes. Ce fut particulierement lorsqu'ayant appris que Henry V, roi d'Alemagne, venoit en France avec ses troupes[5] : « Communicato cum palatinis consilio, ad « Sanctorum-Martyrum basilicam, more antecessorum suorum « perrexit, ibique præsentibus regiis optimatibus, pro regni « defensione eosdem patronos suos super altare eorumdem « elevari pro affectu et amore effecit: » ainsi qu'il est énoncé en une patente de ce roy de l'an 1124, où il ajoûte ces mots : « Præsenti itaque venerabili abbate præfatæ Ecclesiæ Suge-« rio, quem fidelem et familiarem in consiliis nostris habe « bamus, in præsentia optimatum nostrorum, vexillum de « altario Beatorum-Martyrum, ad quos comitatus Vilcassini, « quem nos ab ipsis in feodum habemus, spectare dinoscitur, « morem antiquum antecessorum nostrorum servantes et « imitantes. signiferi jure, sicut comites Valcassini solitti « erant. suscepimus. » D'où il est evident que le roy Louys ne reçut de dessus l'autel de l'abbé de Saint-Denys l'oriflamme qu'en qualité de comte du Vexin, more antecessorum suorum, c'est à dire en la maniere que les comtes du Vexin, ses predecesseurs en ce comté, avoient coûtume de la recevoir.

Il est arrivé dans la suite que nos roys, qui estoient entrez dans les droits de ces comtes, s'en sont servis pour leurs guerres particulieres, comme estant la banniere qui portoit le nom du protecteur de leur royaume, ainsi que j'ay remarqué, la tirans de dessus l'autel de l'eglise de Saint-Denys, avec les mêmes ceremonies et les mêmes prieres que l'on avoit accoutumé d'observer lorsqu'on la mettoit entre les mains des comtes du Vexin pour les guerres particulieres de ce monastere. Ces ceremonies sont ainsi décrites par Raoul de Presle, au traité dont je viens de parler, en ces termes : « Premierement la procession vous vient à l'encontre jusque « à l'issuë du cloistre, et après la procession, atteints les « benoits corps saints de monsieur saint Denys et ses com-« pagnons, et mis sur l'autel en grande reverence, et aussi le « corps de monsieur saint Louys, et puis est mise cette ban-« niere ploiée sur les corporaux, où est consacré le corps de

---

1. L. 7, c. 44. — 2. L. 8, 11, 12, p. 700, 813, 884. — 3. In Lud. c. 8, 17. — 4. A. 1190. [Ed. Buchon, tom. 1, pag. 60, vers 1139.]

4. Chifflet. in Vind. Hisp. — 2. Doublet, l. 3, ch. 11. — 3. Gervas. Dorob. A. 1184. — 4. L. 3, c. 15. — 5. Doublet, l. 3, c. 13.

« Notre-Seigneur Jésus-Christ, lequel vous recevez digne-
« ment aprés la celebration de la messe ; si fait celuy lequel
« vous avez esleu à bailler, comme au plus prud homme et
« vaillant chevalier ; et ce fait, le baisez en la bouche, et luy
« baillez, et la tient en ses mains par grande reverence, afin
« que les barons assistans le puissent baiser comme reliques
« et choses dignes, et en luy baillant pour le porter, luy faites
« faire serment solemnel de le porter et garder en grande
« reverence, et à l'honneur de vous et de vostre royaume. »
Juvénal des Ursins[1] a aussi touché ces ceremonies, qui s'observoient, lorsqu'on confioit l'oriflamme au chevalier qui la
devoit porter : « Le roy s'en alla à Saint-Denys, visita les
« corps saints, fit ses offrandes, fit benir l'oriflamme par
« l'abbé de Saint-Denys, et la bailla à messire Pierre de
« Villers, lequel fit le serment accoustumé. » Le même auteur ailleurs[2] : « Le roy alla à Saint-Denys, etc.. les corps
« de S. Denys et de ses compagnons furent descendus et mis
« sur l'autel. Le roy, sans chapperon et sans ceinture, les
« adora, et fit ses oraisons bien et devotement, et ses offran-
« des, et si firent les seigneurs. Ce fait, il fit porter l'ori-
« flamme, et fut baillée à un vieil chevalier, vaillant homme,
« nommé Pierre de Villers l'ancien, lequel receut le corps de
« Notre-Seigneur et fit les sermens en tel cas accoustumez :
« et aprés s'en retourna le roy au bois de Viennenes. »
L'*Histoire latine du roy Charle VI* dit la même chose en la
même année : « His ergo rite peractis, cum rex de manibus
« ejus (abbatis videlicet) vexillum suscepisset, illud Petro
« de Villaribus domus regiæ magistro, cum pacifico osculo,
« tradidit deferendum. » Le même écrivain en l'an 1442 :
« Vexilliferum etiam regium multipliciter commendavit
« (abbas), qui prius percepto eucharistiæ sacramento, inter
« regem et abbatem flexis genibus, et sine capulto mansit
« donec verbis finem fecit ; et cum publice surper corpus
« Christi jurasset, quod illud usque ad mortem fideliter cus-
« todiret, mox illud rex de manu abbatis recipiens, cum
« pacis osculo, ad collum ejus suspendit, priscorum ceremo-
« nias observans. » Enfin cet auteur, en l'an 1414. parlant du
seigneur de Bacqueville, qui porta l'oriflamme en cette année-
la, remarque encore la forme de porter cette banniere : « Et
« illud, quasi pretiosissimum monile, a collo usque ad pectus
« dependens, detulit malis feriis successivis ante regem,
« donec Silvanectum pervenisset. »

L'oraison qui se recitoit par l'abbé de Saint-Denys, lorsqu'il donnoit l'oriflamme, se voit dans l'histoire de cette
abbaye[3] ; mais quant au serment qui estoit fait par celui à
qui en endonnoit la charge, je l'inserreray en cet endroit, par
ce qu'il n'a pas encore esté publié : « C'est le serement que
« fait le chevalier à qui le roy baille l'oriflamme à porter.
« Vous jurez et promettez sur le precieux corps de Jesus
« Christ sacré cy-présent, et sur le corps de monseigneur
« saint Denys et ses compagnons, qui cy sont, que vous
« loyalment en vostre personne tendrez et gouvernerez l'ori-
« flambe du roy monseigneur, qui cy est, à l'honneur et pro-
« fit de luy et de son royaume, et pour doute de mort, ne
« autre avanture qui puisse venir, ne la delaisserez, et ferez
« par tout vostre devoir, comme bon et loyal chevalier doit
« faire envers son souverain et droiturier seigneur. »

Plusieurs sont tombez en cette erreur, qu'ils ont cru que
l'oriflamme n'estoit tirée de l'eglise de Saint-Denys que lorsque nos rois avoient de fâcheuses guerres sur les bras pour
repousser leurs ennemis, qui venoient attaquer leurs Etats,
et pour les deffendre contre leurs insultes, *et non mie quant
on veut conquester autre pays*, ainsi que Juvénal des Ursins[4]
parle en quelque endroit de son histoire, et non pas lorsqu'on
faisoit la guerre aux infidèles, ainsi que Froissart[5] a avancé :
parce qu'il n'est sans doute que cette enseigne a tousjours passé
pour la principale de nos armées, soit que la guerre fust entreprise pour la défense des frontieres, soit que la guerre fust au
dedans contre les ennemis de l'Etat. Mêmes le poëte breton
temoigne qu'elle se portoit devant toutes les autres bannieres :

Omnibus in bellis habet omnia signa preire.

Ce que Rigord[6] assure pareillement en ces termes : « *Vexillum Sancti-Dionysii, quod omnes præcedere in bella solebat.* »
Il y en a mêmes qui estiment que le poëte florentin[7] a fait
allusion à cette coutume lorsqu'il a donné le nom à la Vierge,
d'*Oriaflamma, Pacifica* : parce que comme l'oriflamme prece-
doit toutes les autres bannieres, ainsi cette reine des cieux
estoit la conductrice des compagnies bienheureuses des
saints :

Così quella pacifica Oriaflamma,
Nel mezzo s'avvivava ; e d'ogni parte
Per igual modo allentava la fiamma.

Mais afin qu'il ne reste aucun sujet de douter que cette
sacrée banniere de Saint-Denys n'ait esté portée en toute
sorte de guerre de nos rois, il est à propos d'en donner toute
l'histoire, et de marquer exactement les occasions où elle a
esté employée.

Pour commencer par Louys le Gros, qui fut le premier qui
devint possesseur du comté de Vexin, j'ay remarqué qu'il la
fit porter dans ses armées lorsqu'il marcha contre l'empereur
Henry V. Son fils Louis VII[1], ayant entrepris le voyage
d'outremer en l'an 1147. *Ad iter tantæ peregrinationis venit,
ut moris est, ad ecclesiam Beati Dionysii a martyribus licentiam
accepturus : et ibi, post celebrationem missarum, baculum peregrinationis et vexillum B. Dionysii, quod Oriflambe gallice
dicitur, valde reverenter accepit, sicut moris est antiquorum
regum, quando solent ad bella procedere vel votum peregrinationis adimplere*[2]. Philippes Auguste, fils de Louys, estant
sur le point de faire le même voyage, *Ad ecclesiam beatissimi
martyris Dionysii cum maximo comitatu venit, causa licentiam
accipiendi. Consueverant enim antiquitus reges Francorum,
quod quandocumque contra hostes arma movebant, vexillum
desuper altare Beati-Dionysii pro tutela, seu custodia, secum
portabant, et in prima acie pugnatorum ponebant*[3]. Le même
roy en la bataille de Bovines y porta encore l'oriflamme, et
l'enseigne de Saint-Denys : « Vexillum Sancti-Dionysii, cum
« signo regali, vexillo scilicet floribus lilii distincto, quod
« ferebat de illa Galo de Montiniaco, miles fortissimus, sed
« non dives[4]. » Ce que Guillaume le Breton[5] témoigne en
core, en ces vers :

Ast regi satis est tenues crispare per auras
Vexillum simplex cendato simplice textum,
Splendoris rubei, letania qualiter uti
Ecclesiana solet certis ex more diebus,
Quod cum flamma habeat vulgariter aurea nomen,
Omnibus in bellis habet omnia signa preire ;
Quod regi præstare solet Dionysius abbas,
Ad bellum quoties sumptis proficiscitur armis.

Puis. distinguant l'oriflamme de la banniere de France, il
ajoûte :

Ante tamen regem signum regale tenebat
Montiniacensis, vir fortis corpore, Galo.

Et ainsi il paroît evidemment que Philippes Mouskes, en son
Histoire de France, s'est mépris lorsqu'il a confondu ces deux
bannieres :

Et par le conseil de sa gent,
Si a fait bailler esrment
L'oriflambe de Saint-Denyse,
A un chevalier par devise,
Walo de Montigny ot nom,
Qui moult estoit de grant renom.

L'auteur de la *Chronique de l'abbaye de Senone*[7] est aussi
tombé en cette erreur. Louys VIII, fils de Philippe, porta
encore l'oriflamme en la guerre contre les Albigeois, au récit
du même Philippes Mouskes :

Armet se sont, et si ont prise
L'enseigne au roy de Saint-Denyse,
Vers Avignon ù mult et tors, etc.

Aprés Louys VIII suit le roy saint Louys, son fils, qui, selon
Mathieu Paris[8], fit porter l'oriflamme en la guerre qu'il eut
contre Henry roi d'Angleterre, l'an 1242 : « Mane autem facto,
« ecce nostri Anglici viderunt oriflammam regis Francorum,
« et eorum papiliones, cum vexillis. » Il la fit encore porter
dans les deux voyages qu'il entreprit en la Terre Sainte. Le
sire de Joinville en rend le témoignage à l'egard de celuy de
l'an 1248 : « A la main destre arriva la Gallée de l'enseigne
« de Saint-Denys, etc. » Et aprés luy Guillaume de Nangis :
« Rex cum legato sacrosanctam crucem Domini triumphalem
« deferente nudam et apertam, in quodam nasello erat, præ-
« cedente quoque juxta ipsos in alio nasello Beati-Dionysii
« martyris vexillo. » Guillaume Guiart nomme cette banniere de Saint-Denys l'oriflamme :

---

1. A. 1381. — 2. Id. A. 1382. — 3. Doublet, l. 4, c. 41. — 4. A. 1386. — 5. Vol. 2, c. 125. — 6. A. 1215. — 7. Dante, nel Parad. Cant. 31, vers. 127.

1. Gesta Ludov. VII, c. 4. — 2. Rigord, A. 1190. — 3. Odo de Diogilo, l. 1. — 4 Rigord, A. 1215. — 5. L. 2, Philip. p. 228. — 6. Gall. prester. — 7. C. 15. — 8. P. 390.

Un autre vaissel les devant,
Tout parfait d'euvre au leur pareille,
Là est la banniere vermeille,
Que la gent l'oriflambe appelle.
El quel, et joignant à laquelle,
Sont li frere au roy en estant.

Comme encore Mathieu Paris[1] : « Progrediuntur qui eorum
« præstantiores videbantur, prævia oloflamma subsecuti. »
Quant à l'entreprise de Tunes, les termes de Guillaume de
Nangis sont singuliers : « Rebus bellicis in portu Aquarum-
« mortuarum præparatis, rex devotus cum filiis et multis
« regni proceribus ad sanctum Dionysium patronum suum,
« secundum antiquam regum Francorum consuetudinem,
« licentiam accepturus accessit. Itaque martyres beatum
« Dionysium, Rusticum, et Eleutherium devotissime cum
« multis precibus interpellans, vexillum de altario Sancti-
« Dionysii, ad quod comitatus Vilcassini pertinere dinoscitur,
« quem etiam comitatum rex Franciæ debet tenere de dicta
« ecclesia in feodum, morem antiquum prædecessorum suo-
« rum servare volens, signiferi jure, sicut comites Vilcassini
« soliti erant suscipere, suscepit cum pera et baculo peregri-
« nationis. » Et Guillaume Guiart, parlant d'un combat près
de Thunes, après la mort de saint Louys :

L'Oriflambe est au vent mise
A val, lequel va ondoiant
Le cendal simple roujoiant,
Sans ce qu'autre euvre i soit portraite,
Entour s'est l'ost de France traite,
Où mainte cointise fretele.

Philippes le Hardy, fils de saint Louys, fit aussi déployer
l'oriflamme en la guerre qu'il eut contre Alphonse roy de
Castille, l'an 1276. L'auteur de sa vie[2] ayant remarqué qu'a-
vant que de se mettre en chemin : « Ut moris est antiquis
« Francorum regibus, visitato patrono suo, scilicet sancto
« Dionysio cum sociis, et audita missa ad altare Martyrum,
« vexillum Beati-Dionysii de manu abbatis illius ecclesiæ
« tunc accepit. » Ainsi sous Philippes le Bel, en la bataille
de Monts en Puele, l'an 1304, cette même oriflambe y fut
portée par Anseau de Chevreuse, vaillant chevalier, qui y
perdit la vie, ayant esté étouffé de la chaleur et de la soif,
qui ferebat tunc, et alias pluries tulerat de præcepto regis, ob
fidelitatem et integritatem eximiam, ainsi qu'un auteur de ce
temps-là, cité par Vignier, raconte. Meier écrit que les François la perdirent en cette bataille, et qu'elle fut prise et dé-
chirée par les Flamens. Il est vrai que la Chronique de
Flandres[3] dit que la nuit qui suivit ce combat, elle fut à terre
sur le champ où la bataille fut donnée. Mais Guillaume
Guiart, qui y fut présent, ainsi qu'il raconte luy-même, assure
que l'oriflamme qui y fut perdue en ce combat n'estoit pas la
veritable, mais une oriflamme contrefaite, que le roy avoit
fait élever en ce jour-là, pour échauffer le courage des soldats [éd. Buchon, tom. 2, pag. 440, vers 11444] :

Aussi li sires de Chevreuses
Porta l'oriflambe vermeille,
Par droite semblance pareille
A cele, se le voir esgarde,
Que l'abes de Saint-Denys garde.

Et plus bas [pag. 474, vers 12309] :

Anssiau li sire de Chevreuse
Fu, si comme nous apréismes,
Estainz en ses armes meïsmes,
Où trop grand chaleur et retraite,
Et l'oriflambe contrefaite
Chaït à terre, et la saisirent
Flamens, qui aprés s'enfuirent.

Il n'y a donc pas lieu de s'étonner si les Flamens se persua-
derent alors qu'ils s'estoient rendus maîtres de l'oriflambe,
n'ayant pû distinguer la fausse d'avec la veritable. Ce qui
est d'autant plus probable, que nous voyons qu'incontinent
après elle parut encore dans nos armées. Car en l'an 1315, le roy
Louis Hutin la fit porter en la guerre qu'il eut contre les
mêmes Flamens, et en donna la garde à Herpin d'Erquery[4].
Ensuite nous lisons que Miles de Noiers, chevalier du duché
de Bourgogne, la porta en la bataille de Mont-Cassel, l'an
1328. Gilles de Roye, parlant de ce combat : « Ordinavit de-
« cem acies, in quarum media, scilicet in quinta, erat rex

1. A. 1250. — 2. Gesta Phil. — 3. C. 47. — 4. Ch. de Fland.

« armatus, et ante ipsum quatuor vexilla cæteris altius elevata,
« in quorum medio eminebat oloflamma regis. Et plus bas :
« Postea rex Franciæ ad Sanctum-Dionysium venit, et obtulit
« oliflammam suam, qua contra Flamingos usus fuerat. »
Le même roy la fit encore élever en ses troupes à la funeste
bataille de Crecy, où Miles de Noiers la porta[1], et aussi lorsqu'il alla au secours de Calais, qui estoit assiegée par les
Anglois, en l'an 1347[2]. Le même auteur : « Philippus Fran-
« corum rex oliflammam suam apud Sanctum-Dionysium
« accepit, et congregato exercitu venit ad succursum illorum
« de Calesia, a rege Anglorum obsessorum. » Et Jean Villani[3],
parlant de cette expédition : « Fece trarre di San-Dionigi
« l'ensegna d'oro e fiamma, la quale per usanza non si trae
« mai, se non à grandi bisogni et necessita del re e dei
« reame. La quale è addogata d'oro e di vermiglio, e quella
« diede al sir i di...(f. Noieri) di Borgogna, nobile gentilhuomo,
« e prode in arme. » Nous lisons qu'ensuite nos autres rois
l'ont fait porter dans leurs guerres par les plus vaillans chevaliers de leur royaume[4]. Car en l'an 1356 Geoffroy, seigneur
de Charny, la porta à la bataille de Poitiers. Arnoul d'Audeneham, maréchal de France, fut choisi par le roy Charles V
pour la porter en ses armées. La Chronique de Bertrand du
Guesclin, parlant de ce seigneur,

Li mareschaus par là, qui fu bien doctrinez,
Du roy de France fu moult prisiez et amez,
Car pour le plus preudhomme qui peut estre trouvez
Li fu li orifians bailliez et delivrez.

Au Compte[5] de Jean l'Huissier, receveur general des aydes,
qui est en la Chambre des Comptes de Paris, il y a un mandement du roy, du vingt-sixième jour de novembre l'an 1370,
par lequel il ordonne de payer la somme de deux mille livres
au seigneur d'Audeneham, chevalier, son conseiller establi
pour porter l'oriflamme : « Aux gages de deux mille livres
« francs par an à sa vie, pour soustenir son estat, lorsqu'il
« luy commit la garde de son oriflambe. » Après la mort
d'Arnoul, le roy Charles VI en donna la garde à Pierre de
Villiers, seigneur de l'Isle-Adam, grand maître d'hostel de
France, qui la porta dans les guerres de Flandres en l'année
1381 et la suivante[6]. En l'an 1383 Guy de la Trimouille,
chevalier, en fut chargé par le même roy, à la recomman-
dation du duc de Bourgogne, lorsque l'on fit marcher les
troupes contre les Gantois revoltez. Ensuite l'histoire remarque que Pierre d'Aumont, surnommé Hutin, premier
chambellan du roy, en fut chargé en l'an 1412, le roy, comme
Juvénal des Ursins[7] écrit, estant venu à Saint-Denys, ainsi
qu'il est accoûtumé, « l'ayant prise la baila à ce chevalier,
qui reçût le corps de Notre-Seigneur et fit les sermens
ordinaires. Estant décédé incontinent après, le roy la donna
à Guillaume Martel, seigneur de Bacqueville, son chambellan,
qui en fit les sermens, et parce qu'il estoit avancé en âge, on
luy donna pour aide son fils aîné, et Jean de Betac, chevalier[8].
Depuis ce temps-là l'histoire ne fait plus de mention de
l'oriflamme, estant probable que nos rois cesserent de la faire
porter dans leurs armées depuis que les Anglois se rendirent
maîtres de Paris et de la meilleure partie de la France, sous
le regne de Charles VII, qui, après les avoir chassez, ayant
établi une nouvelle maniere de faire la guerre, et institué
des compagnies d'ordonnance, inventa aussi la cornette
blanche, qui a esté dans la suite la principale banniere de
nos armées. Quant à l'Histoire de
l'abbaye de Saint-Denys[10] rapporte qu'en l'inventaire du trésor
de cette eglise, fait par les commissaires de la Chambre des
Comptes en l'an 1534, elle se trouve énoncée sous ces
termes : « Etendart d'un cendal fort espais, fendu par le
« milieu en façon d'un gonfanon, fort caduque, enveloppé
« autour d'un baston, couvert d'un cuivre doré, et un fer
« longuet, aigu au bout. » Le même auteur ajoûte qu'il a vû
cét étendart repris en cét inventaire, encore après le registre
des comptes fait à Paris par le roy Henry IV.

Pour conclure cette dissertation, je rapporteray ici les vers
de Philippes Mouskes, qui font voir l'estime que l'on faisoit
de son temps de l'oriflamme. C'est en la Vie de Louys VIII :

Quar par raison doit-on douter
France, et le roy par tot le monde,
Quar c'est la couronne la plus monde,
Et plus nette et plus deliteuse
Et adiés plus gracieureuse ;

1. Meier, l. 12. — 2. Æg. de Roya, A. 1347. — 3. L. 12, c. 85. — 4. Froiss. vol. 1, ch 164. — 5. Com pat M. d'Herouval. — 6 Juvénal des Ursins, Hist. Caroli VI — 7. Froiss. vol. 2, c. 114 , Chron. de Fland. c. 11. — 8. Des Ursins, Vita Car. VI. — 9. Galand, des Estendarts de France ; Texere, etc. — 10. Doublet.

France a les cevaliers hardis,
Et sages par faits et par dis;
France tient et porte l'espée
De justice, et developée
L'enseigne Saint-Denys de France,
Ki François oste de souffrance.

Enfin j'ajoute à toutes ces remarques que l'auteur [1] de la *Vie de l'Empereur Henry VII* semble lui attribuer, entre ses bannières, l'oriflamme : « Nec minus exemplo aquilas, « aureamque flammam explicans, in Florentiæ fines pro- « cessit. » Mais il est probable qu'il a entendu par cette façon de parler, ou le *carrocio* des Italiens, ou du moins la principale bannière de ses troupes. De même que le *Roman de Guiteclin* se sert de ce terme pour toute sorte d'enseignes :

Por tel que en bataille porteras l'oriflor.

Ailleurs :

Mainte enseigne j baloie tainte en greinej
L'oriflambe Karlin est devant premieraine.

Un autre roman :

Requourent cele part, où virent l'oriflour.

1. Albert Mussat. de Gest. Henrici VII, c. 2.

DU TOURMENT DES BERNICLES,
ET DU CIPPUS DES ANCIENS.

DISSERTATION XIX.

Le sire de Joinville dit que le sultan de Babylone ou son conseil fit faire au roy des propositions peu raisonnables, croyant qu'il y consentiroit pour obtenir sa délivrance et celle de ceux de sa suite qui avoient esté faits prisonniers avec luy en la bataille de Massoure. Et sur ce que le roy refusa absolument d'y donner les mains, il le voulut intimider, et le menaça de luy faire souffrir de grands tourmens. Mathieu Paris : « Cum frequenter a Saracenis. cum terribili- « bus comminationibus, sollicitaretur rex ut Damiatam « redderet, et noluit ulla ratione, postularunt summam sibi « pecuniæ persolvi sine diminutione, vel diuturno cruciatu « usque ad mortem torqueretur. » Ce tourment est appelé par le sire de Joinville *les bernicles*, lequel il décrit en ces termes: « Et voyans les Sarazins que le roy ne vouloit obtemperer à « leurs demandes, ils le menacerent de le mettre en bernicles: « qui est le plus grief tourment qu'ils puissent faire à nully. « Et sont deux grans tisons de bois. qui sont entretenans au « chef; et quant ils veulent y mettre aucun, ils le couschent « sur le cousté entre ces deux tisons, et luy font passer les « jambes à travers de grosses chevilles; puis couschent la « piece de bois qui est là-dessus, et font asseoir un homme « dessus les tisons. Dont il avient qu'il ne demeure à celuy « qui est là couschée point demy pied d'ossemens, car il est « tout desrompu et escaché. Et pour pis luy faire, au bout « des trois jours luy remettent les jambes, qui sont grosses « et enflées, dedens celles bernicles, et le rebrisent derechief, « qui est une chose moult cruelle à qui sauroit entendre : et « la lient à gros nerfs de bœuf par la teste, de peur qu'il ne « se remuë là dedans. [Pag. 67. ed. reg. p. 72.]

Plusieurs estiment, avec beaucoup de probabilité, que ce tourment n'est autre que le *cippus* des Latins, et le ποδοκάκη des Grecs, qui estoit une espèce de machine de bois composée de telle maniere, qu'on faisoit passer les jambes du criminel par des trous fort éloignez, les faisans demeurer longtemps en cette posture, avec les jambes si écartées et si ouvertes, qu'il leur estoit impossible de se remuer. Notker, en son *Martyrologe*[1] a parlé de ce tourment : « Diu in carcere « maceratus, et in cippo missus, deinde in mare demersus « est. » Et la Vie de S. Luperc, martyr : « Deinde eum jussit « in carcerem trudi, et in arcto cippo extendi. » Mais il est décrit plus exactement par saint Paulin en ces vers[2] :

Primus supplicii de carcere texitur ordo.
Ferrea junguntur tenebrosis vincula claustris,
Stat manibus colloque chalybs, nervoque rigescunt
Diducente pedes.

1. 9 janv. — 2. Paul. Nat. 4.

Et par Prudence[1] :

In hoc barathrum conjicit
Truculentus hostis martyrem,
Lignoque plantas inserit
Divaricatis cruribus.

Puis, parlant des trous par où on faisoit passer les jambes du criminel, que le sire de Joinville nomme improprement cheville :

Duplexque morsus stipitis
Ruptis cavernis dissilit.

Ce tourment est encore exprimé par Lucian[2], où, parlant d'un certain Antiphile, accusé d'avoir volé le temple d'Anubis, il dit que dans la prison on luy faisoit passer les jambes dans les trous d'un bois, en sorte qu'il ne pouvoit les étendre : Ὑπενόει τοιγαροῦν ἤδη καὶ πονήρως εἴχεν, οἷον εἰκὸς χαμαὶ καθεύ- δοντα, καὶ τῆς νυκτὸς οὐδὲ ἀποτείνειν τὰ σκέλη δυνάμενον, ἐν τῷ ξύλῳ κατακεκλεισμένα. C'est ce que l'orateur Lysias[3] appelle ἐν τῷ ξύλῳ δεδέσθαι. Harpocration, parlant du ποδοκάκη, dit que c'est τὸ ξύλον τὸ ἐν δεσμωτηρίῳ, et Suidas, comme aussi les gloses dans les Basiliques : Ποδοκάκη, ξύλον τὸ ἐν εἱρκτῇ, ἐν ᾧ τοὺς πόδας ἐμβάλλοντες συνέχουσιν, ὃ παρὰ Ῥωμαίοις καλεῖται κοῦπος. D'où il se recueille que ce tourment estoit composé de pièces de bois trouées et percées, et que l'on faisoit passer les jambes des criminels par les trous que l'on estoient éloignez les unes des autres, afin de les obliger à les avoir écartées, en sorte que cela leur causoit une sensible douleur, n'ayant pas la liberté de les rejoindre. Ces pièces de bois sont appelées *transversariæ*, dans une épître de S. Cyprian[4] : « O pedes compedibus « et transversariis cunctabundi, sed celeriter ad Christum « glorioso itinere cursuri. »

Il y avoit en cette pièce de bois divers trous, dont les uns estoient plus éloignez que les autres, par lesquels on faisoit passer les jambes du criminel, suivant la qualité de son crime, ou de la peine qu'on vouloit encore luy faire souffrir. Simeon Metaphraste, en la *Vie de saint Lucian*, décrivant le ποδοκάκη, dit que c'est un bois qui a quelque longueur, et est percé en quatre endroits : et lorsque l'on fait passer les jambes du criminel par les plus éloignez, c'est l'extrémité du supplice, ξύλον δὲ προμηκὲς ἐστι στρεβλωτήριον, ἀμφοτέρους αὐτοῦ τοὺς πόδας ἐνεδίβαζον, ἐπὶ τέσσαρα τρήματα διελκύσαντες, ὅπερ ἐστὶ τὸ τῆς τιμωρίας ταύτης βαρύτερον. Ce qui convient à la description qu'Eusebe[5] en a fait en son *Histoire ecclesiastique*,

1. Περὶ Στεφ. In sanct. Vincent. — 2. In Toxari. — 3. Orat. 1 contra Theomnest. p. 117. — 4. Ep. 77. — 5. L. 5, c. 1.

où il met jusques à cinq trous : Τὰς κατ' εἰρκτὴν ἐν τῷ σκότει καὶ τῷ χαλεπωτάτῳ χωρίῳ συγκλεισθείς, καὶ τὰς ἐν τῷ ξύλῳ διατάσεις τῶν ποδῶν, ἐπὶ τὸ πέμπτον διατεινόμενον τρύπημα. C'est à ces trous éloignez que quelques sçavans [1] rapportent ces vers de Tibulle [2] :

Spes etiam dura solatur compede vinctum,
Crura licet longo cuspiste vincta sonent.

où ils restituent ainsi après les manuscrits ce second vers : *cuspis* estant cet anneau de fer avec lequel on attachoit la partie inferieure de la lance. De sorte que *cuspus* et *cippus* ont esté formez delà, qui n'est autre chose qu'un anneau de bois, ou un trou dans le bois. Ce qui est confirmé par *Eustathius* sur Homere, qui dit qu'on appelloit ainsi le cercle, ou l'anneau, dans lequel on mettoit le bout de la lance, ὃν ἡ ἀπερινόητος γλῶσσα Κούσπον καλεῖ, ἐκ μεταφορᾶς τοῦ περὶ τοὺς πόδας ξυλικοῦ δεσμοῦ. Ces trous donc sont appellez anneaux, et ceux à qui on faisoit souffrir ce tourment *annulati*, comme on recueille de l'ancien Glossaire, qui traduit ce mot par celuy de συμποδισθέντες, y restituant *annulati*, au lieu d'*Anati*, ainsi que porte l'imprimé. Apulée s'est aussi servy de cette façon de parler, *pedes servorum annulati*.

Il semble que les jambes, estant ainsi passées, estoient liées étroitement avec des nerfs et des cordes, afin qu'elles ne pussent s'en retirer.C'est ce que saint Paulin dit formellement :

—— Nervoque rigescunt
Diducente pedes.

Et Guillaume le Breton, de l'ordre des freres mineurs, en son vocabulaire manuscrit, cite ces vers, tirez probablement de l'auteur du *Grecisme*, qui confirment cecy :

Nervo torqueris, in cippo quando teneris :
Membraque firmantur nervis quibus ossa ligantur.

L'épître de S. Phileas, qui se lit dans Eusebe [3] et Nicephore Calliste [4], remarque que les tyrans exercerent toutes sortes de tourmens contre luy et ses compagnons, et entre autres qu'ils leur firent passer les jambes dans des trous d'une piéce de bois, et mêmes jusques au quatriéme en sorte qu'ils estoient obligez de se tenir renversez : Ἦσαν δὲ οἳ καὶ μετὰ αἰκισμοὺς ἐπὶ τοῦ ξύλου κείμενοι διὰ τῶν τεσσαρῶν ὀπῶν ἀντιτεταμένοι ἄμφω τῶ πόδε, ὡς κατὰ ἀνάγκην αὐτοὺς ἐπὶ τοῦ ξύλου ὑπτίους εἶναι. Où Gregoire, qui vivoit du temps de ces martyrs, et qui en a décrit les actes [5], explique ainsi cette espece de tourment : « Tanta vero in his crudelitas erat, — ut posteaquam omne « corpus vel tormentis, vel verberibus fuisset absumptum, « trabi rursum pedibus juberentur ad carcerem, atque nervo « pedibus conclusis, recentibus adhuc vulneribus, rejice- « rentur in solum, testarum fragmentis subterstratum. » De sorte qu'il y a lieu de douter [6] si le *nervus* des anciens estoit le même tourment que le *cippus*, veu que l'on doit tenir pour constant que dans le *cippus* les pieds estoient liez, ce qui a donné sujet à l'orateur Lysias d'user de ces termes, ἐν τῷ ξύλῳ δεδέσθαι. *in ligno poni*, dans les *Actes des martyrs* [7] ; et mêmes le criminel y estoit attaché par le col, ainsi qu'on peut remarquer de quelques écrivains, ce qui est aussi specifié par le sire de Joinville à l'égard des bernicles. Le même auteur ajoûte qu'au tourment des bernicles on faisoit tomber une piéce de bois sur les jambes du criminel, sur laquelle on faisoit asseoir un homme, afin de peser dessus et d'écraser les os. Je remarque quelque chose de semblable en un passage de Gregoire de Tours [8], qui se lit encore dans Flodoard [9] : « Erat enim hujasmodi carcer, ut super stuum tignorum « axes validi superpositi pulpitarentur, ac deinceps illi eos- « dem opprimerent, insignes fuerant lapides collocati. »

Aprés toutes ces remarques, je ne fais pas de difficulté d'avancer que l'auteur du *Roman de Garin le Loherans* a entendu parler de ce tourment, sous le nom de *buie*, qu'il décrit en ces vers :

Sor une coute se gist el palé cler,
En unes buies avoit les piés boutés,
A deux [10] chaanes fétes de fer trempé,
Dont li [11] coron tiennent le mur serré,
N'en pot [12] esir, neque el isnel monter.

Plus bas :

Devant lui garde, vit un pestel ester,
Dont l'en soloit les [1] poisons destremper,
Quant le pestel ot sessi et coubré
Par tel vertu s'est jus del lit colés,
Que les grans buies, qui ne porent torner,
Tranchent la char, li sans en est colés, etc.

En cette description je remarque premierement que le criminel estoit assis sur *une coute*, c'est à dire un lit ; ce qui pourroit faire croire que dans le sire de Joinville il faudroit lire, *il le couchent sur une coûte*, au lieu de *sur le costé*, ce qui est plus difficile à concevoir ; secondement, que les pieds estoient passez dans les trous de ces *buies* ; en troisiéme lieu, que le criminel estoit attaché au mur, ce qui est aussi observé par le sire de Joinville ; et enfin qu'avec une piece de bois qu'il appelle *pestel*, ou poteau, on brisoit la chair du criminel, en sorte que le sang en découloit.

Quant au terme de *buie* [2], il est tiré du latin *boia*, qui signifie une espèce de chaîne, ou collier, avec lequel on attachoit le criminel. Papias use du mot de *bogia*, l'auteur [3] des *Miracles de sointe Foy*, de celuy de *bodia*, et Udalric, dans les *Coutumes de l'ordre de Cluny* [4], de celuy de *boga*. Hugues Plagon, en sa version françoise de l'*Histoire de Guillaume* archevesque de Tyr, l. 11. ch. 22, traduit ainsi ces mots latins, *præcepit eum captum vinculis mancipari*, en ceux-cy, *il fut pris, et mis en bonnes buies*. Or il ne faut pas s'étonner si le *Roman de Guarin* a donné le nom de *buie* au *cippus* des anciens, veu que nous avons remarqué qu'il estoit encore appellé *nervus*, parce que le criminel y estoit attaché avec des nerfs de bœuf, d'où vient que saint Isidore [5] écrit que *boia* est dit *quasi jugum bovis*, les termes de *boia* et de *cippus* estant depuis devenus synonymes, pour ce que l'un et l'autre estoient effectivement des especes de chaînes et de colliers. Saint Oüen, en la Vie de saint-Eloy [6] : « Cippi etiam fracti, « et claudorum bacterii in argumento ostenduntur. » Et comme on lioit les criminels dans les prisons, les concierges sont appellez *chepiers* et *cepiers* dans les *Loix Normandes* de Guillaume le Bâtard [7], et ailleurs : qui sont les mêmes qui sont nommez dans les gloses des *Basiliques* κουσπάτορες, et φυλακισταί.

L'observation que l'on fait à ce sujet, que l'on peut appliquer à ces buies et à ce tourment des bernicles la remarque de Jean Villani [1], a beaucoup de probabilité : sçavoir que saint Louys ayant recouvré la liberté, et qu'estant de retour en France, en memoire de sa prison et des tourmens dont on l'avoit menacé, il en fit empreindre des figures en ses tournois ou monnoies, du côté de la pile, sçavoir les buies et les menottes des prisonniers, jusques à ce que luy ou ses barons en eussent tiré la vengeance. Voicy les termes de cét auteur : « Et come lo re Luis i suoi baroni furono liberati « et ricomperati, furono pagate dette monete, et si ritor- « narono in Ponente, et per ricordanza della detta pressura, « accioche vendetta ne fosse fatta, o per lui, o per li suoi « baroni, il detto re Luis fece fare nella moneta del tornese « grosso, dal lato della pila le boie da prigioni. » Et est vray que nous ne voyons pas que ces figures, qui se rencontrent dans les tournois de saint Louys et de quelques-uns de ses successeurs, ayent esté empreintes dans les monnoyes de ses predecesseurs rois de France. J'en ay remarqué seulement une presque semblable dans une monnoye d'argent de Philippes d'Alsace, comte de Flandres, que ce comte fit frapper à Alost [2], aprés qu'il se fut rendu maître de cette seigneurie, vers l'an 1166 ; laquelle d'un côté a ces mots, MONETA ALOST., et de l'autre une double légende : la premiere, GRACIA DOMINI DEI NRI FACTUS SUM ; la seconde celle-cy : PH. COMES FLAND., où toutefois j'avouë qu'il y a quelque difference pour la figure d'avec les monnoyes de saint Louys.

D'autre part, je ne sçay si saint Louys n'auroit pas plûtôt voulu remettre en vogue et en usage la marque que Louys le Debonnaire faisoit empreindre en ses monnoyes, qui estoit une espèce d'église, sommée d'une croix avec cette legende XKRISTANA RELIGIO, où il est à remarquer que ce temple est soûtenu de divers piliers, ce qui me porte à croire que le mot de *pile*, qui est demeuré parmi nous à un revers de nos monnoyes, vient de ces piliers qui s'y voient exprimez, ou du moins en celles de saint Louys, comme l'autre celuy de

---

1. Salm. ad Tertull. Pall. — 2. El. 7, vers 25. L. 2. — 3. L. 8, c. 11. — 4. L. 7, c. 9. — 5. Apud Boland, I, Febr. c. 1, n. 4. — 6. V. Baron. ad 3 febr. — 7. A ta Mar. Seillit. apud Baron. A. 202, n. 2 ; Festus ; Isidor. l. 9. — 8. L. 4, de Mr. sancti Mart. c 36. — 9. L. 4, Hist. Rem. c. 50. — 10. Chainses. — 11. Cordons. — 12. Sortir, issir.

4. Prisons. — 2. Fest. Isid. Papias : Plaut. Glos. Lat. Gr. : Gloss. Ælfr. Sanctus Hier. l. 5, in Herem. c. 27 ; Metelli. in Quir. et al. a nobis laudandi in Gloss. — 3. Anon. de Mirac sanctæ Fid. c. 14. — 4. Udalric. l. 3, c. 3. — 5. L. 5, c. 27 — 6. Sanctus Audoen. l. 2, c. 77. — 7 Ch. 4. — 8. L. 6, c. 37. — 9. Lindan. in Tenerem. n. 225 ; Hist. des C. de Guines. l. 4, c. 4.

croix, acause de la croix qui y est représentée. Guillaume Guiart, en l'an 1295 :

> Coment qu'il pregnent, croix, ou pile.

Et la *Chronique de Bertrand du Guesclin* :

> Je n'aime ne crois, ne pile, si ait m'ame pardon.

Le Glossaire latin-françois manuscrit donne le nom de *pile* aux revers des monnoyes : « Nomisma, figure qui est au denier, pile, « ou denier. » D'où il semble qu'on peut inferer que nos François ayant donné le nom de pile à ces revers, ont pris ces figures pour les piles ou piliers, ignorans peut-estre que ce fussent des buies, estant vray que ces figures, qui sont aux monnoyes de saint Louys, et d'aucuns de ses successeurs, et mêmes de quelques-uns des barons françois, qui de tout temps ont affecté de faire les leurs approchantes en figure de celles de nos rois, ont quelque rapport avec la description que le sire de Joinville fait des bernicles : car comme il dit que ce tourment est composé de deux piéces de bois, qu'il appelle en cét endroit et ailleurs d'un terme impropre, *tisons*, qui s'entretiennent, c'est à dire qui se joignent par le chef et par le haut, cela se voit dans la figure qui est aux monnoyes de saint Louys, dont les deux piéces estant percées par le bas, qui pourroit estre l'endroit par où on faisoit passer les jambes du criminel. Quant à l'autre piéce de bois, sur laquelle il dit qu'on faisoit seoir un homme, elle semble estre representée au dessous, percée pareillement par les deux bouts, le surplus de la figure n'estant que pour l'ornement de la monnoye. J'ay veu [1] plusieurs de ces monnoyes qui representent ces buies, tant de saint Louys que de Philippes le Hardy, de Philippes le Bel. du roy Jean, d'Alphonse comte de Poitiers, et d'autres, dont nous verrons un jour les figures dans les curieuses recherches que M. Bouterouë, conseiller en la Cour des monnoyes, a faites sur ce sujet.

1. V. les Observ. de Cl. Menard.

DE LA RANÇON DE SAINT LOUYS

DISSERTATION XX.

Par le traité qui se fit pour la délivrance du roi saint Louys et des autres prisonniers faits à la bataille de Massoure et ailleurs, entre les deputez de sa majesté et du sultan de Babylone, il fut convenu que le roy payeroit au sultan dix cens mille besans d'or, qui valoient alors, au recit du sire de Joinville, cinq cens mille livres : c'est ainsi que porte l'édition de Claude Menard, car celle de Poitiers porte mal deux cens mille besans. Le besan estoit une monnoye d'or des empereurs d'Orient, ainsi appellée du nom de *Byzantium*, qui est la ville de Constantinople. Baldric de Dol [1], en son Histoire de Hierusalem : « Direxerunt itaque legationem « Constantinopolim, quæ vocabulo antiquitùs Byzantium « dicta fuit : unde et adhuc monetas civitatis illius denarios « Byzanteos vocamus. » Guillaume de Malmesbury [2] : « Cons« tantinopolis primùm Byzantium dicta : formam antiqui « vocabuli præferunt monetarii nummi Byzantini vocati. » Et Guntherus [3], en son *Histoire de Constantinople*, parlant de cette capitale de l'Orient : « Græco nomine Byzantion « vocabatur, unde et apud modernos nummi aurei qui in illa « formari consueverant, a nomine ipsius urbis byzantii « appellabantur. » Ce terme estoit général pour toutes les monnoyes d'or des empereurs de Constantinople, lesquelles ne laissoient pas d'avoir chacune en leur particulier. Par exemple on appelloit *michalati* celles qui avoient le nom et la figure de Michel Ducas ; *manuelati*, celles qui avoient esté battuës par l'empereur Manuel Comnène, et ainsi des autres. dont je traiteray ailleurs. Il est parlé de ces besans d'or tres-souvent dans les auteurs [4]. Je trouve mêmes qu'il y avoit de la monnoyes d'argent ausquelles on donnoit ce nom de besans, ayant remarqué dans un titre de l'an 1399, expedié en l'isle de Cypre, par lequel on fait don au couvent des frères prêcheurs de Nicossie, où Hugues de Lezignan, prince de Galilée, avoit esté inhumé, de mille besans blancs de Cypre (*byzantii albi de Cypro*), pour la fondation de l'anniversaire de ce prince.

Mais il ne s'agit pas icy de cette espèce de besans d'or de l'empire de Constantinople : car saint Louys, en la lettre qu'il a écrite au sujet de sa prise et de sa délivrance, Guillaume de Nangis, en la vie du même roy, Vincent de Beauvais [5], et Guillaume Guiart, disent qu'il fut convenu qu'on paieroit au sultan huit cens mille besans sarazinois, auquel nombre le sultan reduisit sa demande, suivant le sire de Joinville. Ces besans sarazinois, qui sont nommez *byzantii saracenati* dans les auteurs de ces siecles-là [1], estoient probablement tant la monnoye des sultans de Babylone que des sultans de Coni ou de la Cappadoce. Ceux-cy estoient plus particulierement reconnus sous le nom de *soldans* ou de *sultanis*. Guillaume de Nangis [2], Vincent de Beauvais [3], et autres auteurs en parlent souvent. L'une et l'autre de ces monnoyes ne portoient aucune figure, parce que chez les Sarazins et les Turcs, cela est defendu, comme par une maxime opposée à celle des chrétiens : mais ils estoient marquez de caractéres arabes. Théodulfe [4], evesque d'Orleans, les a ainsi exprimez :

> Iste gravi numero nummos fert divitis auri,
> Quos Arabum sermo, sive character arat.

Quelques sçavans [5] se sont persuadez que ces monnoyes des Sarazins ainsi marquées de caractères arabes avoient esté reconnuës en France sous le nom de barbarins, dont il est parlé dans une épître de Geoffroy, abbé de Vendôme [6], dans la *Chronique de Saint-Martial de Limoges*, et en celle de *Saint-Estienne* de la même ville, en l'an 1263 ; mais les termes de ces chroniques justifient pleinement que ce nom de barbarins estoit celuy de la monnoye des anciens vicomtes de Limoges, encore que j'avouë qu'il est malaisé de deviner la raison de cette appellation. Quant aux besans sarazinois qui estoient inscrits des mots arabes, El-Macin en sa Chronique nous apprend que ce fut le caliphe Abimelech, appelé par les Arabes Gabdomelic et Abd-Amalech, qui le premier des princes arabes fit battre de la monnoye et qui la fit marquer de ces caractéres, ALLAHO SAMADON, qui signifient *Dieu est le seigneur* : car avant ce temps-là les Arabes ne se servoient que de la monnoye de Perse d'argent et de celle d'or des Grecs : ce que cét auteur rapporte à l'an de Notre-Seigneur 695 et Theophanes [7] deux ans auparavant.

Le sire de Joinville remarque en cét endroit, ou du moins donne à connoître, que châque cent mille de besans d'or faisoit la somme de cinquante mille livres d'or. Un auteur anglois [8] dit que toute la somme qui composa la rançon de saint Louys fut de soixante mille livres d'or fin, sans les autres deniers communs, sçavoir les esterlins, les tournois, les parisis, qui allerent à l'infini : « Summa autem redemptionis « regis Francorum erat sexaginta millia librarum auri primi

1. L. 1. — 2. L. 4, de gest. Angl. — 3. Cap. 15. — 4. Tudeb. l. 4 ; Capit. Radelch, Princ. Benev. c. 20, 27 et al. — 5. L. 32, c. 101.

1. Gaut Cancell. p. 463 ; Will. Tyr. l. 12, c. 25 ; Vinc. Bell. l. 32, c. 56, 204 ; Innoc. III. PP. l 15. Ep. 173, et al. — 2. Nang. A. 1248. — 3. L. 31, c. 140, 143, 144, 150. l. 32, c. 54. — 4. In Parænesi. — 5. Sirmond. — 6. L. 4, ep. 21. — 7. Zonar. p. 75. — 8. Math. Westm. A. 1251.

« et purissimi, absque aliis denariis communibus, videlicet
« esterlingis, turonensibus, et parisiensibus, qui ad infinitum
« numerum ascenderunt. » Il appelle *aurum primum* ce que
nous disons *or fin*, les Latins *obryzum*; à la différence de l'or
allié avec d'autres métaux, qui seroit nommé *secundum*, de
même que l'argent allié avec du cuivre est nommé dans
Cinnamus[1] δεύτερον, et dans Juvenal, *tenue argentum,venæque
secundæ*. Pour la même raison l'argent fin est nommé πρώτιστον, dans l'auteur de la narration de l'image de Notre-
Seigneur[2], dite τοῦ Ἀντιφωνητοῦ, dans Constantinople, donnée
au public par le R. P. Combefis, laquelle fait mention du
premier et du second argent, en ces termes : Ὁ μὲν γὰρ κασ-
σίτερος εὑρέθη μεταβληθεὶς εἰς ἀργύριον πρώτιστον, τὸν καλούμενον
πεντασφράγιστον. ὁ δὲ μόλιβδος εἰς ἔλαττον μὲν, δοκιμὸν δέ. ὅμως δὲ
αὐτὸς μεταπεποίηται εἰς δεύτερον ἀργύριον. Ainsi en la vie de
Claudius[3] la moindre huile est appellée *oleum secundum*. Les
Espagnols appellent cét argent second *acendrado*, comme
nous apprenons de Covarruvias[4].

Mathieu Paris écrit que les Sarazins ayant demandé au
roy pour la rançon de ses gens cent mille livres d'or, ils le
quitterent pour cent mille marcs d'argent. A quoy se rapporte
la lettre du chancelier écrite au comte de Cornoüaille, dans
le même auteur, l'*Histoire des archevesques de Breme*[5], et
Sanudo[6]. qui disent que le roy paya les cent mille marcs
d'argent. D'où il faut conclure que les huit cens mille besans
d'or, à quoy la rançon de saint-Louys. ou plûtôt celle de ses
gens fut arrêtée, valoient alors quatre cens mille livres, et
par consequent faisoient en argent cent mille marcs : c'est ce
qui est à examiner. Et pour parler premierement de l'evaluation, ou de la reduction des huit cens mille besans d'or à
la somme de quatre cens mille livres. il faut présupposer
qu'en France la livre a toûjours valu vingt sols. aussi bien
qu'à présent, ce que nous apprenons particuliérement de ce
passage tiré des *Annales de France*[7] en l'an 882 : « Munera
« autem talia erant : in auro et argento bis mille libræ, et 70
« vel paulo plus, quam libram per viginti solidos compu-
« tamus expletam. » D'où il s'ensuit que les cent mille besans
ayans valu pour lors cinquante mille livres, châque besant
en son particulier valoit dix sols en argent, qui est à peu
près le prix que Raymond d'Agiles donne à la monnoye d'or
des Sarazins de son temps, sinon qu'il l'a fait valoir moins
d'un sol, ou deux. Ce qui me feroit croire que les besans
sarazinois du temps du sire de Joinville auroient esté plus
forts, ou, ce qui est plus probable. que l'or auroit augmenté
de prix depuis le temps auquel cét auteur vivoit, qui estoit
au commencement du onzième siécle, et par consequent cent
cinquante ans avant le regne de saint-Louys. Les termes de
cét historien sont : « Volebat nobis dare rex Tripolis quin-
« decim millia aureorum Saracenicæ monetæ, — valebat
« quippe unus aureus octo vel novem solidos monetæ nostri
« exercitus. » Ce qui se rapporte encore au prix que Sanudo[8]
donne aux besans d'or vieux, qui valoient de son temps
quelque peu plus qu'un florin d'or : car le florin. ou denier
d'or, valoit dix sols parisis, comme on recueille de quelques
titres, encore que pour dire le vray il est malaisé d'établir un
fondement certain sur l'evaluation de ces monnoyes, qui
s'est diversifiée selon les temps. Par exemple il se trouve dans
un titre de Godard de Godarville[9], gentilhomme norman, de
l'an 1215, que le besant estoit evalué à sept sols de la
monnoye courante : « Reddendo inde nobis et hæredibus
« nostris de ecclesià Fiscanensi, singulis annis, ad natale
« Domini duos byzantios vel quatuordecim solidos monetæ

« currentis; » et dans un arrest rendu au parlement de
Paris[1], en l'an 1282 : « Byzantius auri quem comes Suessio-
« nensis debet annuatim ecclesiæ Beatæ Mariæ Suession.
« æstimatus fuit octo solidis turon. quam æstimationem
« procurator ecclesiæ acceptavit. » Quoy que ces estimations
des besans d'or regardent peut-estre les monnoyes d'or des
empereurs de Constantinople, on en peut neantmoins tirer
cette induction, que les besans sarazinois estoient à peu prés
de même poids et de même prix.

Quant aux cent mille marcs d'argent. ausquels les auteurs
que j'ay citez evaluent la rançon de saint Louys, s'ils faisoient la somme des quatre cent mille livres que valoient les
huit cent mille besans d'or, il s'ensuit que châque marc
d'argent valoit alors huit besans en or, et quatre livres ou
quatre-vingts sols en argent, et que châque besant valoit dix
sols, qui est le prix que nous leur avons donné. Ce qui ne
s'accorde pas avec un titre[2] de l'an 1198, qui fait voir qu'en
cette année-là le marc d'argent n'étoit evalué qu'à cinquante
sols, d'où il s'ensuivroit que les monnoyes auroient augmenté
notablement au temps de saint Louys : ce qui n'est pas hors
de créance : veu que nous lisons dans quelques memoires,
qui contiennent les evaluations des marcs d'or et d'argent,
que ces evaluations changeoient notablement, non-seulement tous les ans, mais mêmes presque tous les mois. Par
exemple le marc d'argent a valu depuis l'an 1288 jusques en
1295, cinquante-huit sols tournois ; la même année à Pasques
soixante et un s. t. ; à la Trinité de 1296, soixante-six s. t. ;
à Noël suivant, soixante-huit s. t..; en 1299, quatre livres
cinq s. t. : en 1304, six livres cinq s. t. : et ainsi du reste[3]. On
pourroit encore remarquer en cét endroit qu'il y avoit au
temps de saint Louys quatre sortes de marcs de differens
poids. sçavoir celuy de Troyes, qui estoit le plus general,
ayant cours non-seulement en France, mais encore dans les
pays étrangers ; le marc de Limoges, le marc de Tours, et le
marc de la Rochelle, ou d'Angleterre. Mais il se presentera
occasion d'en parler ailleurs.

Restroit à voir si l'on peut accorder Mathieu Paris avec le
sire de Joinville : car suivant son calcul il faut que les cent
mille livres d'or que les Sarazins demanderent d'abord à
saint Louys pour sa rançon ayent valu un million, c'est-à-
dire les dix cent mille besans d'or dont parle le sire de Joinville :
et en ce cas la livre d'or auroit valu dix besans d'or, et le
besant deux sols d'or. Mais je ne veux pas m'engager à
présent dans cette discussion, qui est de trop longue haleine ;
il suffit que les curieux peuvent avoir recours à ce que les
sçavans en ont écrit[4].

Tout cela ne s'accorde pas avec l'extrait d'un registre de
la Chambre des Comptes de Paris, que j'ay rapporté sur la
page 76 de l'*Histoire du sire de Joinville* [S. *Ludovicus obiit
crastino S. Barthol.* 1270. *Pro cujus redemptione captæ fuerunt
per hospitium suum an.* 1250. 167102 *lib.* 18 *sol.* 8 *d. Tur.*], qui
marque que la rançon de saint Louys monta à la somme de
cent soixante-sept mille cent deux livres dix-huit sols huit
deniers tournois, laquelle fut prise sur les deniers de son
hostel. Jean Villani ne s'éloigne pas de ce calcul, écrivant
que la rançon de ce prince fut de deux cens mille livres de
Parisis. Mais à l'égard de ce qui est rapporté dans cét extrait,
cela se doit entendre que cette somme de cent soixante-sept
mille cent deux livres fut prise sur celle qui estoit destinée
pour la dépense de l'hostel du roy, le surplus des quatre cent
mille livres ayant esté pris sur les deniers destinez pour la
dépense de la guerre.

---

1. P. 33. — 2. P. 642. — 3. Pollio, in Claud. — 4. De vet. numis. Collat. c. 2,
n. 6 ; Georg. Agr. de pretio monet. p. 270, 271. — 5. A. 1250. — 6. L. 3, part. 12,
c. 3. — 7. Fuld. A. 882. — 8. L. t, part. 1, c, 6 . V. les Preuves de l'Hist. des
Vic. de Turenne, p. 90-127. — 9. Tabul. Fiscanense, fol. 46.

1. Registre du Parlem. cotte B, fol. 50, et t. 3, oper. Molinæi. — 2. Reverius, in
Reomao, p. 232. — 3 Reg. de la Ch. des Comptes de Paris intitulé Noster, f. 204,
295, com. par M. d'Herouval. — 4. Budæus, de Asse : Covarruv.; Scaliger ; Sirmond.
ad Capit. Car. C.

DES ADOPTIONS D'HONNEUR EN FRÈRE,

ET, PAR OCCASION, DES FRÈRES D'ARMES.

DISSERTATION XXI.

Les anciens Romains n'ont reconnu en quelque façon que ce soit les adoptions en frere, parce qu'elles ne pouvoient estre fondées sur aucune des raisons qui ont introduit l'usage des adoptions : τὴν δὲ ἀδελφοποιΐαν οὐδεμία εἰσάγει πρόφασις, ainsi qu'écrit un jurisconsulte grec [1]. Ce qui a fait dire à Harmenopule [2], que cette sorte d'adoption estoit du nombre et de la qualité de ces choses qui ne se peuvent faire, et qui ne se font pas ordinairement. D'où il s'ensuit qu'on n'y peut pas appliquer les termes de la loy 58 *De Hæred. institut.*, en laquelle *frater dicitur qui fraterna charitate diligitur.* Il est vray toutefois que comme l'étroite amitié qui se contracte entre deux personnes a servi de fondement aux adoptions en fils, qui se faisoient par honneur, ainsi les adoptions honoraires en freres n'ont esté fondées que sur cette amitié reciproque de deux amis qui s'entraimoient une bienveillance fraternelle. *Quæ enim potest esse amicitia tam felix, quæ imitetur fraternitatem?* dit le declamateur [3]. Il est donc indubitable que l'origine de ces adoptions soit en fils, soit en frere, ne doit pas estre puisée dans le droit romain, mais dans une pratique et dans un usage qui s'est observé de longtemps parmi les princes barbares et septentrionaux; car ils affectérent d'adopter en fils ou en freres les princes voisins de leurs Estats, ou leurs enfans, d'une maniere extraordinaire, et qui ne donnoit aucun droit de succession aux enfans, ou bien par les armes adoptez, ces adoptions estant faites seulement par honneur.

L'adoption en frere se trouve avoir esté pratiquée en deux manieres par les peuples étrangers, que les Grecs et les Latins qualifient ordinairement du nom de barbares. Car parmy ceux dont les mœurs et les façons d'agir ressentoient effectivement quelque chose de rude et d'inhumain, elle se faisoit en se piquant reciproquement les veines, et beuvant le sang les uns des autres. Baudoüin, comte de Flandres et empereur de Constantinople [4], reproche cette detestable coûtume aux Grecs mêmes, non qu'ils en usassent entre eux, mais parce que dans les alliances qu'ils contractoient avec les peuples barbares, pour s'accommoder à leurs manieres d'agir, ils estoient obligez de suivre leurs usages, et de faire ce qu'il faisoient ordinairement en de semblables occasions : « Hæc est, *ce dit-il*, quæ spurcissimo gentilium ritu pro « fraterna societate, sanguinibus alternis ebibitis, cum « infidelibus sæpe ausa est amicitias firmare ferales. L'empereur Frederic I avoit fait auparavant ce mesme reproche aux Grecs, ainsi que nous apprenons de Nicetas [5]. Mais ce que les Grecs firent par necessité, nos François qui estoient resserrez dans Constantinople, et attaquez par dehors de toutes parts, furent contraints de le faire, et de subir la même loy, en s'accommodant au temps, pour se parer des insultes de leurs ennemis. C'est ce que le sire de Joinville dit en ces termes, pag. 94 : « A iceluy chevalier oüi dire, et « comme il le disoit au roy, que l'empereur de Constan- « tinoble, et ses gens, s'alliérent une fois d'un roy, qu'on « appelloit le roy des Comains, pour avoir leur aide, pour « conquerir l'empereur de Grece, qui avoit nom Vataiche. Et « disoit iceluy chevalier que le roy du peuple des Comains « pour avoir seurté et fiance fraternel l'un l'autre, qu'il « faillit qu'ils et chascun de leur gens d'une part et d'autre « se fissent saigner. Et que le sang ils donnassent à « boire l'un à l'autre en signe de fraternité, disans qu'ils « estoient freres, et ainsi le convint faire entre « nos gens, et les gens d'iceluy roy, et meslérent de leur sang « avec du vin, et en beuvoient l'un à l'autre, et disoient lors « qu'ils estoient freres d'un sang. » Georges Pachymeres [6] raconte la même chose des Comains. Et Alberic [1], en l'an 1187, nous fait assez voir que cette coûtume eut pareillement cours parmy les Sarazins, écrivant que la funeste alliance que le comte de Tripoly contracta avec le sultan des Sarazins se fit avec cette ceremonie, et qu'ils y bûrent du sang l'un de l'autre. Je passe ce que Saluste [2], Minutius Felix, Lucian [3] et autres ont dit sur ce sujet, me contentant de remarquer que les Hibernois employoient les mêmes ceremonies pour confirmer leurs alliances, et établir une espece de fraternité avec leurs alliez. Mathieu Paris [4], parlant de ces peuples : « Barbari illi, et eorum duces ac magistratus, sanguinem « venæ præcordialis in magno vase per minutionem fuderunt, « et fusum sanguinem insuper perturbantes, miscuerunt, et « mixtum postea sibi ad invicem propinantes exhauserunt, « in signum quod essent ex tunc in antea indissolubili et « quasi consanguineo fœdere colligati, et in prosperis et « diversis usque ad capitum expositionem indivisi. »

Telle fut donc cette alliance et cette adoption fraternelle, qui se pratiquoit par les nations entierement barbares. Mais celle qui fut en usage parmi les peuples qui estoient plus policez et plus civils, quoy que payens, ne fut point soüillée de cette espèce d'inhumanité, ni de cet épanchement de sang reciproque; car elle se faisoit comme l'adoption honoraire en fils, *more gentium,* pour user des termes de Cassiodore [5]. c'est-a-dire à la mode des gentils, ou plûtôt des nations étrangeres; par les armes, *per arma,* en envoyant les armes, ou bien par un echange reciproque en se faisoient. C'est ce que nous apprenons particulierement de Geoffroy de Malaterre, en son *Histoire de la conqueste de la Sicile par les Normans* [6], écrivant qu'un des plus puissans seigneurs sarazins de Château-Jean, nommé Brahen, feignit de contracter avec Serlon, frere de Robert Guichard, une alliance tres-étroite, afin de le faire tomber dans le piège qu'il avoit dessein de lui dresser, et que l'un et l'autre contractérent cette fraternité par les armes, à la mode des Sarazins de Sicile : « Saracenus autem de potentioribus « Castri Joannis, nomine Brahen, cum Serlone, ut eum « facilius deciperet, fœdus inierat, eorumque more per arma « adoptivum fratrem alter alterum factum vicissim suscepe- « rat. » Où l'imprimé porte mal *per aurem,* au lieu de *per arma* : ce que la suite du discours justifie assez, faisant voir que le Sarazin envoya ses armes à Serlon : « Sciat fraternitas « adoptivi mei, quod tali vel tali die, etc. » C'est le Sarazin qui parle, appellant ainsi Serlon du titre de frere; puis parlant de Serlon, qui sur le bruit de l'approche des ennemis prit les armes, *arma sibi delata corripiens adoptivi, etc.*

Cette communication des armes estoit reciproque entre les freres adoptifs, se les donnans reciproquement, tant pour attaquer leurs ennemis, que pour se défendre contre eux, ne pouvans donner une plus grande marque de leur amitié qu'en se communiquant ce qu'ils avoient de plus cher. C'est en ce sens qu'on doit entendre ce passage d'Ethelred, abbé de Rieval [7], lorsqu'il raconte comme Edmond, roy d'Angleterre, contracta une étroite alliance avec Knuth, roy des Danois, au sujet du partage du royaume : « Quid plura ? « annuit Edmundus, et Knutho de regni divisione consentit... « dispositis itaque armis, in oscula ruunt,.....deinde in signum « fœderis vestem mutant et arma, reversique ad suos, modum « amicitiæ pacisque præscribunt, et sic cum gaudio ad sua « quisque revertitur. » Un autre auteur [8] dit en termes plus formels, que ces deux princes contracterent en cette occasion une fraternité, avec les sermens ordinaires : « Ubi pace, « amicitia, fraternitate pacto et sacramento firmatâ, regnum « dividitur »

---

1. Math. Blast l. 8. Jur. Græcorum. — 2. L. 4. tit. 6, § 20. — 3. Quintil. decl. 321. — 4. In Epist. de Urb. CP. expugn. — 5. In Isaac. l. 2, n. 5. — 6. L. 3. Hist. c. 3.

1 Alberic ms. — 2 In Catil. — 3. In Toxari — 4 A 1236. — 5. L. 4, etc. — 6. L. 2, c. 46. — 7. Math. Westm. — 8. Florent. Wigor. p. 618.

Certes il n'y a pas lieu de douter que cette communication des armes n'ait esté réciproque en cette espèce d'adoption, veu que l'un et l'autre adoptoit, et estoit adopté en frere, et que le nom de freres qu'ils se donnoient emporte avec soi, *et communitatem amoris, et dignitatis æqualitatem*, pour user des termes d'*Eumenius* [1] ce qui n'estoit pas dans les adoptions en fils, où l'un tenoit lieu de pere, l'autre d'enfant, l'un adoptoit, l'autre estoit adopté, et enfin l un donnoit les armes, et l'autre les recevoit. Je ne fais pas de doute que ce n'ait esté avec ces mêmes cerémonies qu'Humfroy de Toron, connétable du royaume de Hierusalem, contracta une fraternité avec un grand seigneur turc, auquel *fraterno fœdere junctus erat, et in eo tenacissimus, domesticus erat et familiaris*, ainsi que parle Guillaume, archevesque de Tyr [2].

Cette fraternité se contractoit encore par l'attouchement des armes, en les faisant toucher réciproquement les unes aux autres. Cette coûtume estoit particuliere aux Anglois, avant que les Normans se rendissent maîtres de l'Angleterre, principalement lorsque des communautez entieres faisoient entre eux une alliance fraternelle, en usans de cette maniere, au lieu du changement reciproque des armes, qui n'auroit pas pû s'executer si facilement. C'est ce que nous apprenons des loix d'Edoüard le Confesseur [3] : « Cum quis accipiebat « præfecturam Wapentachii, die statuto, in loco ubi consue- « verant congregari, omnes majores natu contra eum con- « veniebant, et descendente eo de equo suo, omnes assurgebant ei. Ipse vero, erecta lancea sua, ab omnibus secundum morem « fœdus accipiebat : omnes enim, quotquot venissent, cum « lanceis suis ipsius hastam tangebant, et ita confirmabant « per contactum armorum. Quæ palam concessa. » Et plus bas : « Quamobrem potest cognosci, quod hac de causa totus « ille conventus dicitur Wapentac, eo quod per tactum « armorum suorum ad invicem confœderati sunt. » C'est en suite de cette cerémonie que les sujets de ces premiers rois d'Angleterre se qualifioient entre eux freres conjurez, *fratres conjurati*, parce qu'ils faisoient serment de s'aimer et de se proteger, comme freres, contre leurs ennemis, et de maintenir unanimement le royaume contre tous les étrangers qui voudroient l'empieter. Les mêmes loix d'Edoüard [4] : « Statu- « tum est quod ibi debent populi omnes et gentes universæ « singulis annis semel in anno convenire scilicet in capite « Maii, et se fide et sacramento non facto in unum et « simul confœderare et consolidare, sicut conjurati fratres, « ad defendendum regnum contra alienigenas, etc. » Ce qui eut lieu même aprés que les Normans se furent emparez de l'Angleterre, comme nous apprenons des loix de Guillaume le Bâtard [5] : « Statuimus etiam ut omnes liberi homines « totius regni sint fratres conjurati ad monarchiam nostram « et regnum nostrum defendendum. » Où les sujets du royaume sont appellez *freres conjurez*, parce qu'ils s'obligeoient tous par un même serment, à la défense de l'Etat, et à une mutuelle protection de leurs personnes contre leurs ennemis communs : ce qui se faisoit d'abord avec la cerémonie du tact des armes, dont il est parlé dans les loix d'Edoüard. De sorte qu'en consequence de ce serment, si le royaume estoit attaqué par les ennemis, chacun estoit obligé de prendre les armes, et de se trouver dans les troupes du prince, aprés qu'ils avoient esté sommez par luy, suivant la force de leurs facultez et le nombre des fiefs et des terres qu'ils possedoient, et avec les especes d'armes qui estoient specifiées par les loix.

Ceux qui furent premierement appellez freres conjurez furent depuis appellez *Jurati ad arma*, soit parce qu'ils avoient fait le serment sur les armes, duquel nous avons plusieurs exemples dans l'histoire, et dont je parleray ailleurs [6], ou acause qu'ils l'avoient fait, lorsqu'ils toucholent la lance et les armes de leur gouverneur, ou enfin parce qu'ils faisoient se serment à l'effet de prendre les armes pour la défense du royaume. Tout cecy s'apprend de deux semonces, ou de deux ordonnances du roy Henri I, qui ont pour titre, *Mandata super Juratis ad arma*, qui se voient avec additions à Mathieu Paris. De ces remarques il est aisé de voir que M. du Chesne, en son *Histoire de la maison de Coucy* [7], ne s'est pas apperçu de la force du mot *juratus*, en ce vers de Guillaume le Breton [8] :

Cui preerat comitis juratus in arma Radulfus.

l'ayant interpreté comme si Raoul eust esté l'ennemi capital du comte de Flandres : ce qui est entierement opposé à ce que cét auteur dit dans la suite. Ce poëte se servant d'ailleurs de cette façon de parler en un sens contraire, et particulierement en ces vers [1] :

......Tu nuper regis amicus
Usurpativi contra nos bella gerebas,
Impia Tancredi juratus in arma, meamque
Uxorem patris solio privare volebas.

Mais entre tant de cerémonies qui se sont observées pour contracter une fraternité, celle qui a esté pratiquée par les peuples chrétiens est la plus plausible et la plus raisonnable ; car pour abolir et pour éteindre entierement les superstitions qui les accompagnoient, et qui tenoient du paganisme, ils en ont introduit une autre, plus sainte et plus pieuse. Elle se contractoit dans l'eglise, devant le prêtre, en faisant reciter quelques prieres ou oraisons : nous en avons la formule dans l'*Euchologium*. Les Grecs donnerent le nom d'ἀδελφοποιΐα à cette sorte d'adoption, parce qu'elle se faisoit avec le serment prêté devant le corps de Notre-Seigneur, suivant la remarque du docte Alaman [2]. Ce qui eut aussi lieu dans les adoptions en fils, ainsi que nous apprenons d'une novelle de l'empereur Leon [3], où il est porté qu'elles se faisoient dans l'eglise, διὰ τελετῆς, c'est à dire avec des prieres, et durant le sacrifice de la messe. Leon le Grammairien [4] rend le même temoignage de l'adoption fraternelle, lorsqu'il raconte comme Basile le Macedonien, depuis empereur, fut adopté en frere par Jean, fils d'une dame nommée Danielis : καὶ ἐλθὼν ἐν τῇ ἐκκλησίᾳ, ἐποίησεν ἀδελφοποίησιν. Dans Constantin Porphyrogenite [5], en la vie de cét empereur son ayeul. où il rapporte la même circonstance, cette espece d'adoption est appellée une fraternité spirituelle, πνευματικὴ ἀδελφότης, parce qu'elle estoit contractée dans l'eglise devant le prêtre. D'où il faut inferer que le *Strategius Magister*, et *Severus* Patrice, dont le premier est qualifié frere adoptif, ἀδελφοποιητός, de l'empereur Justinian, premier du nom, l'autre de Justinian qui fut tué en Sicile, dans les *Origines de Constantinople* de Codin [6], n'avoient contracté cette fraternité que de cette maniere, aussi bien que Nicetas Patrice avec saint Jean l'Aumônier [7], patriarche d'Alexandrie, et Nicephore Bryennius avec l'empereur Romain Diogene, dans Anne Comnene [8].

Hugues Falcand, au traité qu'il a fait des miseres de la Sicile, écrit que Majon, grand amiral de ce royaume, contracta une fraternité avec l'archevesque de Palerme, et en raconte ainsi les circonstances : « Dictum est præterea quod « ii, juxta consuetudinem Siculorum, fraternæ fœdus socie- « tatis contraxerint, seseque invicem jurejurando astrin- « xerint, ut alter alterum modis omnibus promoveret, et tam « in prosperis quam in adversis unius essent animi, unius « voluntatis atque consilii, quisquis alterum læderet ambo- « rum incurreret offensam. » Auquel endroit cét auteur a bien remarqué que cette fraternité et cette alliance entre ces deux seigneurs se fit suivant la coûtume qui s'observoit en Sicile : mais il en a oublié les principales ceremonies, qui sont observées par *Pamphilio Costanzo* [9], dans son *Histoire de Sicile*, où, racontant la même chose, il dit que cette fraternité ne fut pas seulement confirmée par des sermens solennels : mais encore par le pretieux corps de Notre-Seigneur, dont l'un prit une partie et l'autre une autre : « Et « per agevolare la testura dell' ordita tela, si fece con « l'arcivescovo (come si dice in Sicilia) Fratello in Christo, « partando si la sacra eucharistia nella communione, e con « tema di dio a chi fosse per contaminar la. » On peut rapporter à cette circonstance les paroles que le pape Pascal II [10] tint, durant le sacrifice de la messe, à l'empereur Henry V, avec lequel il s'estoit reconcilié, où, après qu'il luy eut mis la couronne sur la teste : « Cum ad hostiæ confractionem « venisset, partem ipse sumens, reliquam imperatori tradidit, « dicens : Sicut pars ista vivificí corporis divisa est, ita « divisus est a regno Christi qui pactum istud rumpere ac « violare tentaverit. »

Mais entre les exemples de cette espece d'adoption il n'y en a pas de plus singulier que celuy que l'*Histoire de Hongrie* [11] nous represente en la personne de Ladislas, roy de Hongrie, qui pour donner un témoignage certain à Ladislas et à Mathias, enfans du grand Huniades, qu'il leur pardonnoit de tout son cœur l'assassinat qu'ils avoient commis en la personne du comte de Ciley, son oncle, *Utrosque comites, Ladislaum scilicet et Mathæum, fideli sub juramento super*

---

1. In grat. act. — 2. L. 17, c. 17. — 3. C. 32. — 4. Cap. 35. — 5. C. 59. — 6. In Gloss. ad script. mediæ Latinit. — 7. L. 6, ch. 12. — 8. Lib. 2. Phil.

1. L. 4, Phil. — 2. Ad Procop Hist. Arc. — 3. Leo, Nov. 24. — 4. In Basil. — 5. In Basil. c. 10, 53. — 6. Codinus, in orig. a Lambecio editis, p. 53, 72. 7. Simeon Metaphr. in vita Sancti Joan. eleemos. c. 1, n. 4, apud Boland. — 8. Lib. 10, Alex. p. 276. — 9. Part. 1, lib. 5. — 10. Petr. Diac, l. 4, Hist. Cass. c. 42 ; Masson, in Not. ad ep. Ivon. — 11. Thwrocs, in Ladisl. c. 59.

sacratissimo corpore Christi præstito in fratres adoptavit. Enfin les Irlandois semblent avoir pratiqué quelque chose de semblable, suivant l'auteur de la Description de l'Hibernie [1] · « Sub religionis et pacis obtentu ad sacrum aliquem locum « conveniunt cum eo quem oppetere cupiunt : primo compa-« ternitatis (l. confraternitatis) fœdera jungunt, deinde the « circa ecclesiam se invicem portant. Postmodum ecclesiam « intrantes, coram altari, reliquis sanctorum appositis. « sacramentis multifarie præstitis, demum missæ celebra-« tione, et orationibus sanctorum sacerdotum, tanquam « desponsatione quadam indissolubiliter fœderantur. » Mais ce qu'il ajoute, et ce que Mathieu Paris a aussi remarqué que, *ad majorem amicitiæ confirmationem, et quasi negotii consummationem*. Mauro Orbini[2] écrit encore que Thomas, dernier roy de Bosne, ayant découvert Mahomet II, sultan des Turcs, qui estoit entré dans ses Estats pour les reconnoître, afin de les envahir ensuite, comme il fit, *fatta seco certa fratellanza, come usavano quelle genti. lo lascio andare libero*. Mais il est malaisé de deviner quelles furent ces cérémonies avec ce prince infidèle.

Les adoptions fraternelles n'ont pas esté pratiquées seulement par les Grecs et par les autres peuples que je viens de nommer, mais encore par nos François. Notre histoire nous en fournit des exemples, et entre autres Juvenal des Ursins [3] à l'endroit où il parle des divisions des maisons d'Orleans et de Bourgogne : « Toujours y avoit quelque grumels entre « les ducs d'Orleans et de Bourgogne, et souvent falloit « faire alliances nouvelles : tellement que le dimanche « vintieme jour de novembre monseigneur de Berry et « autres seigneurs assemblèrent lesdits seigneurs d'Orleans « et de Bourgogne, ils ouïrent tous la messe ensemble, et « receurent le corps de Notre-Seigneur, et prealablement « jurerent bon amour et fraternité par ensemble, mais la « chose ne dura gueres. » Le mesme auteur, parlant ailleurs des mêmes ducs d'Orleans et de Bourgogne [4] : « Ils avoient « promis l'un à l'autre, sur les saints Evangiles de Dieu et « sur le saint canon, pour ce corporellement touchans, pré-« sens aucuns prelats et plusieurs autres gens de grand estat, « tant du conseil de l'un comme de l'autre, qu'ils ne pour-« chasseroient mal, domage aucun ne vilenie l'un à l'autre, « etc., et firent en outre au regard de ce plusieurs grandes « et solennelles promesses en tels cas accoustumez : car en « signe et demonstrance de toute affection et perfection « d'amour, et d'une vraye unite, et comme s'ils eussent et « peussent avoir un mesme cœur et courage, firent, jurerent « et promirent solennellement vraye fraternité et compagnée « d'armes ensemble par especiales convenances sur ce faites : « laquelle chose doit de soi emporter telle et si grande « loiauté et amour mutuel, comme sçavent tous les nobles « hommes. »

Ces paroles, *vraye fraternité et compagnée d'armes*, meritent une observation particulière, parce que c'est enfin delà que nous apprenons qui sont ceux qu'on appelloit en France *freres d'armes* : qui estoient proprement ceux qui contractoient entre eux une amitié fraternelle, confirmée par sermens, et par la divine eucharistie qu'ils recevoient des mains du prêtre, se promettans une protection et un secours mutuel. au cas qu'ils fussent attaquez de leurs ennemis, et protestans de prendre fait et cause et de défendre celuy d'eux qui seroit attaqué. Le même des Ursins [5], parlant du duc de Bourgogne : « Au duc d'Orleans mort, et le temps venu comme il devoit « tuer en la manière dessusdite, il fist le serment sur le corps « de Notre-Seigneur d'estre son vray et loyal parent, et « promit d'estre son frere d'armes, portoit son ordre, et luy « faisoit bonne chere. » Ainsi dans l'*Histoire de Charles VII* de Berry, heraud d'armes, et dans Monstrelet [6], il est dit que le roy de Castille fut *frere d'armes et allié du roy*; dans l'*Histoire de Bourgogne* de Jacques du Clercq, que le roy d'Arragon et Philippes duc de Bourgogne estoient *freres et compagnons d'armes*; et enfin dans l'*Histoire d'Artus duc de Bretagne et connétable de France*, écrite par Jacques Gruel. que ce duc et le duc de Bourgogne estoient *freres d'armes*. L'emprise à outrance de Jean duc de Bourbonnois et des chevaliers, de l'an 1414, que j'ay leuë dans les memoires manuscrits de M. Peiresc, touche cette façon de parler : « Item « nous tous jurons, promettons, et serons tenus de nous « entre-aymer et entretenir en bon et loyal amour..... et de « faire et tenir les uns vers les autres, durant ladite emprise, « toute loiauté et confraternité, que freres et compagnons

1. Silvester Girald. in Topogr. Hibern. dist. 3, c. 24. — 2. Nella Hist. de gh Slavi, p. 370. — 3. A. 1470. — 4. Id. A. 1411. — 5. Id. A. 1419. — 6. A. 1455.

« doivent faire et entretenir. » En tous ces passages les freres d'armes sont encore appellez *compagnons d'armes*, parce qu'ils se promettoient reciproquement de porter les armes ensemble, faisans entre eux une alliance offensive et deffensive. auquel sens Berry, l'auteur de l'ancienne *Chronique de Flandres*, et Georges Châtelain usent de ces termes [1].

Je suis neantmoins contraint d'avouer que ces especes de fraternité n'estoient pas toujours contractées dans l'eglise, et avec les ceremonies que je viens de remarquer; car Monstrelet, en l'an 1458, dit en termes formels que le roy d'Arragon se fit *frere d'armes* du duc de Bourgogne, lequel il n'avoit jamais veu : « Ce roy icy eust esté frere et compa-« gnon d'armes au duc Philippes de Bourgongne : et jaçoit « ce que ils fussent loin l'un de l'autre, neantmoins ils « s'entraimoient tellement. qu'ils portoient les ordres l'un de « l'autre, et si ne virent onques l'un autre. » Il se peut faire toutefois que ces fraternitez furent contractées entre ces princes absens par leurs ambassadeurs dans l'eglise, et avec les ceremonies accoûtumées, ou du moins par traitez particuliers. Telle fut celle qui fut contractée entre le roy Louys XI et Charles dernier duc de Bourgogne, comme on pourra voir par cét extrait, tiré de la Chambre des Comptes de Paris, que je dois à M. d'Herouval [2] :

LOUYS, etc. « A tous. etc. Comme puis nagaires bonne paix « et amitié ait esté faite et traitée entre nous, et nostre tres-« cher et tres-amé frere et cousin le DUC DE BOURGOGNE, et « pour icelle encore mieux affermer,et en maniere qu'elle soit « perpetuellement inviolable. aussi pour y mettre et enra-« ciner plus parfaite et cordiale amour, ait esté fait ouver-« ture de contracter fraternité d'armes entre nous sçavoir « faisons que nous, cognoissans le grant bien qui est et peut « venir à toute la chose publique de nostre royaume, pour « l'union et jointure. et fraternité d'armes d'entre nous et « de nostre dit frere et cousin ; considerant aussi la grande « vaillance, proüesse, honneur. loiauté, sens, prudence, « conduite, et autres hautes et excellentes vertus, qui sont « en sa personne, et la singuliere et parfaite amour qu'il nous « especialement à lui par dessus tous autres. NOUS, de nostre « certaine science, et par grant avis et meure deliberation, « avons fait, contracté, et conclud, faisons, contractons, et « concluons par ces presentes, bonne, vraye, seure, et « loyale FRATERNITÉ D'ARMES avec nostredit frere et cousin « de Bourgogne, et l'avons prins et acepté, prenons et « acceptons en nostre seul FRERE D'ARMES, et nous faisons, « constituons et declarons le sien, et lui avons promis et « promettons icelle fraternité continuer et entretenir. sans « jamais nous en departir ; et avec de le porter, aider, « soustenir, favoriser, et secourir de nostre personne, et de « toute nostre puissance en toutes ses questions et querelles « contre quelconques personnes que ce soient, ou puissent « estre, qui peuvent vivre et mourir, sans personne quelcon-« que excepter, et en tous ses affaires, et en toutes choses « faire son fait le nostre propre. sans lui falir de rien, « jusques à la mort inclusivement. Toutes lesquelles choses « dessusdites, et chascunes d'icelles, nous avons promises et « jurées, promettons et jurons par la foy et serment de « nostre corps sur les saints Evangiles de Dieu, sur nostre « honneur, et en parole de roy, avoir et tenir fermes, « estables, et agreables, sans jamais venir au contraire « en quelque forme ou maniere que ce soit, et quant à « ce nous submettons. » etc.

Et puis joindre à ce traité un autre, que je dois aussi à M. d'Herouval, qui n'est pas moins curieux, qui fut fait entre Bertrand du Guesclin, connétable de France, et le seigneur de Cliçon, qui nous apprend quel estoit l'effet de ces fraternitez et de ces ligues offensives et deffensives :

« A TOUS CEUX qui ces lettres verront BERTRAN DU « GUERCLIN, duc de Mouline, connestable de France, et « OLLIVIER SEIGNEUR DE CLIÇON, salut. Sçavoir faisons que « pour nourrir bonne paix et amour perpetuellement entre « nous et nos hoirs. nous avons promises, jurées et accordées « entre nous les choses qui s'ensuivent. C'est à sçavoir que « nous, Bertran du Guerclin, voulons estre alliez et nous « allions à toujours à vous, messire Ollivier seigneur de « Cliçon, contre tous ceulx qui pevent vivre ou mourir, « exceptez le roy de France, ses freres, le vicomte de Rohen, « et nos autres seigneurs de qui nous tenons terre ; et vous « promettons aidier et conforter de tout nostre pouvoir toutes-

1. Berry, p. 143 · Chron. de Fland. c. 78 ; Georg. Chastel. en la *Vie de J. de Lalain*, c. 46. — 2. Sur le dos est écrit : Minute premierement faite pour M. le greffier, M. Guillaume de Cerisay, de la fraternité d'armes. Il estoit greffier du parlement en l'an 1470 ; V. Ph. de Commines de l'éd. du Louvre, p. 444.

« fois que mestier en aurez et vous nous en requerrez. Item
« que ou cas que nul autre seigneur, de quelque estat ou
« condition qu'il soit, à qui vous seriez tenu de foy et
« hommage, excepté le roy de France, vous voudroit deshe-
« riter par puissance, et vous faire guerre en corps, en
« honnour, et en biens, nous vous promettons aidier, deffen-
« dre, et secourir de tout nostre pooir, se vous nous en
« requerez. Item voulons et consentons que de tous et
« quelconques proufitz et droits qui nous pourront venir et
« echoir dore en avant, tant de prisonniers pris de guerre par
« nous ou nos gens, dont le prouffit nous pourroit appartenir,
« comme de païs raenconné, vous aiez la moitié entierement.
« Item ou cas que nous sçaurions aucune chose qui vous
« peust porter aucun dommage, ou blasme, nous le vous
« ferons sçavoir et vous en accointerons le plustost que nous
« pourrons. Item garderons vostre corps à nostre pooir, comme
« nostre FRERE. Et nous, Ollivier seigneur de Cliçon, voulons
« estre alliez et nous allions à tousjours à vous, messire
« Bertran du Guerclin, dessus nommé, contre tous ceulx
« qui pevent vivre et mourir, exceptez le roy de France, ses
« freres, le vicomte de Rohen, et nos autres seigneurs de qui
« nous tenons terre, et vous promettons aidier et conforter de
« tout nostre pooir toutesfois que mestier en aurez et vous
« nous en requerrez. Item que ou cas que nul autre seigneur,
« de quelque estat ou condition qu'il soit, à qui vous seriez
« tenu de foy ou hommage, excepté le roy de France, vous
« voudroit desheriter par puissance, et vous faire guerre en
« corps, en honneur, et en biens, nous vous promettons
« aidier, defendre, et secourir de tout nostre pooir, se vous
« nous en requerez. Item voulons et consentons que de tous
« ou quelconques prouflitz et droits qui nous pourront venir
« et échoir dore en avant, tant de prisonniers pris de guerre
« par nous, ou nos gens, dont le proufit nous pourroit appar-
« tenir, comme de pays raenconné, vous aiez la moitié entie-
« rement. Item ou cas que nous sçaurions aucune chose qui
« vous peust porter dommage aucun, ou blasme, nous le vous
« ferons sçavoir et vous en accointerons le plustost que nous
« pourrons. Item garderons vostre corps à nostre pooir
« comme nostre FRERE. Toutes lesquelles choses dessusdites
« et chacune d'icelles nous, Bertran et Ollivier, dessus
« nommez, avons promises, accordées, et jurées, promettons
« accordons, et jurons, sur les saintz Évangiles de Dieu,
« corporellement touchiez par nous et chacun de nous, et par
« les foys et sermens de nos corps bailliez l'un à l'autre,
« tenir, garder, enteriner, et accomplir, l'un à l'autre, sans
« faire ne venir en contre par nous, ne les nostres, ou de l'un
« de nous, et les tenir fermes et agreables à tousjours. En
« tesmoing desquelles choses nous avons fait mettre nos
« sceaulx à ces presentes lettres, lesquelles nous avons fait
« doubler. Donné à Pontorson, le 24e jour d'octobre l'an de
« grace mil trois cens soixante et dix. Et sur le reply est
« écrit : Par monsieur le duc de Mouline, connestable de
« France. Signé, VOISINS. »

Cette sorte de traité n'est pas tant une fraternité qu'une espece d'alliance étroite, ou de ligue offensive et défensive, en vertu duquel les contractans s'obligeoient à un mutuel secours dans les occasions, tel que deux freres seroient tenus de se donner. J'ay leu le traité qui fut fait entre Sigismond roy de Hongrie, marquis de Brandebourg, gouverneur du royaume de Bohême, et Louys II roy de Sicile, duc d'Anjou, du 18 de fevr. 1407. indict. 15, par lequel ils s'unissent ensemble contre Ladislas fils de Charles de Duras, leur ennemy commun, contractans entre eux *amicitiam*, FRATERNITATEM, *unionem, ligam, et fidelem confœderationem*. J'ai encore veû une instruction donnée à M. Moreau de Wissant chambellan, M. Pierre Roger de Bissac, maître d'hostel de M. d'Anjou, et Thibaud Hocie, secretaire du roy, envoyez par le duc d'Anjou au roy de Castille, au sujet du different qu'il avoit pour la succession des rois de Majorque et des comtes de Roussillon et de Cerdagne, qui porte ces mots : « Premierement diront « audit roy de Castille donnant ledit monseigneur d'Anjou, « pour le tres-grant bien et vaillant de sa personne l'a esleu « en FRERE, et en singulier et especial ami, et mis en lui « sa fiance et ferme esperance sur tous les rois et princes du « monde, après le roy son tres-cher seigneur et frere ; pour y « avoir refuge, et trouver ayde, conseil, et confort en tous ses « besoins. » En tous les actes de cette ambassade que je tiens de monsieur d'Herouval ces deux princes se traitent toûjours de freres.

Quant à ce que Chifflet [1], en la Deffense de l'Espagne contre la France, écrit que l'on appelloit *freres d'armes* ceux qui estoient chevaliers, et qui portoient le collier d'un même ordre, cela se refute aisément par ce que je viens de remarquer, et encore par un autre passage du méme Juvenal des Ursins, lorsqu'il raconte ce qui se fit à la reconciliation des ducs d'Orleans et de Bourgogne : « Et encore pour plus « grande confirmation desdites fraternité et compagnée « d'armes, ils prirent et portérent l'ordre et le collier l'un de « l'autre. » Aussi ceux qui sont chevaliers d'un même ordre de chevalerie ne sont pas appellez *freres d'armes*, mais *freres et compagnons de l'ordre*, comme dans les statuts de celui de Saint-Michel, institué par Louys XI roy de France ; *Compagnons de l'ordre*, en celui de la Jarretiere, art. 4. Georges Châtelain, en la Vie de Jacques de Lalain [2] : « Ce « gentil chevalier Jacques de Lalain fut éleu à estre frere et « compagnon d'icelui ordre de la Toison d'or.

Enfin, pour achever cette dissertation au sujet des adoptions en freres, je tiens qu'il est fort probable que ces princes et ces seigneurs anglois, qui se disoient entre eux *conjurati*, et *adjurati fratres*, n'avoient contracté cette alliance que par ces mêmes ceremonies. Simeon de Dunelme, en l'histoire de Wichtrede comte de Northumbelland : « Tandem amicorum « instantia reducti in concordiam, alterna sese satisfactione « mediantibus amicis placabant, atque adeo in amorem alte- « rutrum sunt adunati, ut fratres adjurati simul Romam « tenderent. » Le méme auteur [3], en *l'Histoire d'Angleterra*, en l'an 1072 : « Aldredus, nihil mali suspicans, a Carl, conju- « rato sibi fratre, occiditur. » Roger de Howeden : « Malcol- « mus, rex Scotorum, sui conjurati fratris Tosti comitatum, « id est Northumbriam, fortiter depopulatur. » Et ailleurs il fait parétre le roy Richard, qui qualifie le roy Philippes Auguste *Dominum suum et socium adjuratum in peregrinatione Hierosolymitanâ*. Adam de Breme [4] : « Archiepiscopus « tempori serviens, ut conjuratos tantum fratres ab invicem « divelleret, Hermannum comitem adoptavit in militem. Ailleurs [5] : « Conjurati sodales ; » termes qui font assez connoître que ces fraternitez estoient contractées avec des sermens solemnels.

Les adoptions en freres n'ont tiré leur source que de semblables adoptions en fils, qui ne se faisoient pareillement que par honneur. Et comme la pratique en a esté fort commune parmy les peuples septentrionaux, et ensuite dans l'Orient et dans l'Occident, et que c'est delà que les sçavans tirent l'origine des chevaleries, je me persuade que j'obligeray les curieux si je donne encore en cét endroit ce que j'ay remarqué sur une matiere assez peu commune.

1. In Vindic. Hisp. — 2. Ch. 79. — 3. Simeon. Dunelm. de Gest. Angl. — 4. C. 159. — 5. C. 247. al. 248.

DES ADOPTIONS D'HONNEUR EN FILS,

ET, PAR OCCASION, DE L'ORIGINE DES CHEVALERIES.

DISSERTATION XXII.

Le mariage est l'un des plus grands biens dont l'homme soit redevable au souverain auteur de la nature, puisqu'il le garantit en quelque façon du tombeau, et le rend participant de l'immortalité. La procreation et la succession continuelle des enfans fait qu'il ne meurt pas, ce qui a fait dire au Sage[1] que celuy-là ne doit pas estre reputé mort, qui laisse son semblable aprés soy : « Mortuus est, sed quasi « non esset mortuus, reliquit enim similem sibi. » Cette pensée a donné sujet à certains heretiques[2] de croire que la resurrection des corps, dont il est parlé dans l'*Ecriture sainte*, devoit estre interpretée, non à la lettre, mais dans un sens allegorique, sçavoir de la procreation des enfans, qui fait revivre l'homme une seconde fois, et le rend immortel. D'ailleurs, on ne peut pas souhaiter une satisfaction plus grande, dit l'empereur Leon[3], ni des soulagemens plus doux dans les tracas et les chagrins de la vie, et particulierement dans les incommoditez d'un âge avancé, que ceux qu'on tire des enfans. Mais dautant, dit le méme prince[4], que cét avantage n'est pas tellement universel, qu'il ne se trouve plusieurs qui en sont privez, les legislateurs y ont apporté le remede par l'adoption, et ont suppleé par le secours de la loy aux défauts de la nature. Car ce qui a donné la premiere occasion aux adoptions a esté le défaut des enfans, et particulierement des mâles. Avec le temps on a permis indifferemment d'adopter à ceux qui en avoient comme à ceux qui n'en avoient point. Or, comme l'adoption imite la nature, selon les jurisconsultes[5], ces mêmes legislateurs ont voulu que les enfans adoptez fussent semblables en tout, quant aux effets civils, aux enfans naturels; que les peres adoptifs eussent la puissance de la vie et de la mort sur eux, comme sur leurs enfans naturels; que ces enfans prissent le nom du pere adoptif, comme estant entrez et entez dans sa famille ; que comme les naturels ils eussent part à leur succession, et que comme eux ils pûssent estre des-heritez.

Ces adoptions ont eu lieu longtemps sous les Romains, mais depuis que les nations du Nord se sont répanduës dans leur empire, on y en a veu paretre une autre espèce, laquelle n'estoit pas tant une adoption qu'une alliance entre les princes, qui se communiquoient par là reciproquement les titres de pere et de fils, et par ce moyen contractoient entre eux un liaison de bienveillance beaucoup plus étroite. Ces adoptions n'estoient que par honneur, et ne donnoient aucune part au fils adoptif en la succession de celui qui l'adoptoit. C'est pourquoy Nicephore *Bryennius*[6] dit qu'elles ne se faisoient que μεχρὶ λόγου, c'est à dire en apparence et non en effet, n'y ayant rien qui approchât de l'adoption des Romains, que les noms de pere et de fils, qu'ils se donnoient. Ce que Justin fit assez connoître lorsque les ambassadeurs de Cabades, roy de Perse, lui offrirent la paix de la part de leur maître, au cas qu'il voulust adopter Cosroes, fils de la sœur de ce prince : cét empereur leur ayant fait réponse qu'il le vouloit bien, pourveu que ce fust à la mode des barbares et des étrangers, ὡς βαρβάρῳ προσῆκει, mais non pas de cette adoption pratiquée par les Romains, qui donne le droit aux enfans adoptifs dans la succession de celui qui adopte.

Hunimond, roy des Sueviens, fut adopté de cette espèce d'adoption par Theodemir, frere de Walemir, roy des Goths, qui l'ayant fait prisonnier dans un combat, *veniam condonavit, reconciliatusque cum Suevis, eundem quem ceperat adoptans sibi filium, remisit cum suis in Sueviam*. Ce sont les termes de *Jornandes*[7]. Le méme auteur écrit que l'empereur Zenon adopta de cette adoption Theodoric, roy des Goths : non qu'elle eust esté alors en usage dans l'empire d'Orient, mais parce que probablement Theodoric rechercha cet honneur de ce prince, avec lequel il contractoit alliance, suivant la coûtume des peuples de sa nation, qui la pratiquoient en de semblables rencontres. Ce fut donc ainsi que le roy des Herules fut adopté par le même Theodoric[1]; Athalaric, roy des Goths, par Justinian[2], ou, comme le docte Alaman écrit[3], par le même Justin; Cosroes, roy de Perse, par l'empereur Maurice[4], Boson, par Jean VIII, pape[5]; Louys fils de Boson, par l'empereur Charles le Gros[6]; Isac et Alexis Comnene, dont le dernier fut depuis empereur, par l'imperatrice Marie, femme de Nicephore Botaniate[7]; Godefroy de Bouillon, duc de la Basse-Loraine, par le même Alexis[8]; Andronique Ducas, par Andronique Comnene le tyran[9]; Jathatin, sultan de Coni, par l'empereur Isâc l'Ange[10]; et enfin le roy de Hongrie, par l'empereur Rodolphe[11].

Cassiodore[12] est celui qui nous a representé les ceremonies qui s'observoient en ces adoptions honoraires, particulierement parmi les peuples du Nord : écrivant que c'estoit un honneur et une faveur considerable chez les nations étrangeres d'estre adopté par les armes. « Per arma posse « fieri filium grande inter gentes constat esse præconium. » Ailleurs : « Desiderio quoque concordiæ factus est per arma « filius : » termes qui justifient ce que j'ay écrit, que ces adoptions se faisoient pour lier davantage une alliance et une confederation. En un autre endroit : « Gensimundus ille « toto orbe cantabilis solum armis filius factus. » Conformément à ces passages, Jornandes[13], parlant de Theodoric, adopté par Zenon : « Et post aliquod tempus ad ampliandum « honorem ejus in arma sibi eum filium adoptavit. » Le même Cassiodore explique encore disertement cette maniere d'adopter, où il nous a representé la formule, nous apprenant qu'elle se faisoit en revêtant celui qui estoit adopté de toute sorte d'armes, qui lui estoient données par celui qui adoptoit : « Et ideo more gentium, et conditione virili, filium « te præsenti munere procreamus, ut competenter per arma « nascaris filius, qui bellicosus esse dignosceris. Damus « quidem tibi equos, enses, clypeos. et reliqua instrumenta « bellorum, sed, quæ sunt omnibus fortiora, largimur tibi « nostra indicia. »

Ces façons de parler, et ces expressions, *inter gentes, more gentium*, etc., montrent que cette sorte d'adoption fut particulierement pratiquée par les peuples barbares, ou étrangers, qui usoient en cette occasion de la tradition des armes. Ce que Procope[14] assure encore en ces termes : Οὐ γράμμασιν οἱ βάρβαροι τοὺς παίδας ποιοῦνται, ἀλλ᾽ ὅπλων σκευῇ. Ce qui me fait croire qu'il faut rapporter à cét usage ce que Gontran[15] pratiqua lorsqu'il adopta Childebert, son neveu, lui ayant mis sa lance entre les mains, pour marque qu'il le tenoit pour son fils. Les *Annales de France* tirées du monastere de Fulde[16], disent qu'en l'an 878 les ambassadeurs de Sigebert, roy des Danois, et d'Halbden, son frere, prierent l'empereur Louys II : « Ut « rex dominos suos reges in loco filiorum habere dignaretur, « et illi eum tanquam patrem venerari vellent cunctis diebus « vitæ suæ. » À cét effet, il lui presentérent une épée, dont le pommeau estoit d'or massif. Mais il semble que cette espée n'estoit que pour marquer la forme de leur sermens : « Jurabant enim, juxta ritum gentis suæ, per arma suæ, « quod nullus deinceps de regnodo minorum suorum regnum

---

1. Eccles. c. 30. — 2. Philastr. de Hæres. — 3 Leo, Nov. 26. — 4. Id Nov. 27. — 5. § Minorem instit. de adopt. l. 23 de lib. et posth.; Calpurn. Flacc. decl. 30. — 6. L. 4, c. 38 ; Procop. l. 4 de Bello Pers. cap. 2. — 7. Jornand. de Reb. Get. c. 53, 57.

4. Cassiod. l. 4, ep. 2. — 2 Cassiod. l. 8, ep. 1. — 3. Aleman ad Procop. anecd. p. 18, edid. 1. — 4. Evagr. l. 6, c. 16 ; Theoph. Anast. — 5. Jo. VIII, ep. 149. — 6. Herman. Contr. A. 886 ; Annal. Fuld. A. 887. — 7. Niceph. Bryenn. l. 4, c. 38 ; Anna Com. l. 2, Alex p. 44. — 8. Albert. Aq. l. 2, c. 16 ; W. Tyr. l. 2, c. 2 ; Abb. Usperg. — 9. Nicet. in Andr. l. 4, c. 11 — 10. Acrop. c. 9. — 11. Hist. Austral. 1297. — 12. Senator. l. 4, ep. 2 ; l. 8, ep. 4, 9. — 13. C. 57. — 14. L. 1 de bello Pers. c. 11. — 15. Greg. Tur. l. 5, Hist. c. 18 ; l. 7, c. 33. — 16. An. 873.

« regis inquietare aut alicui in illo læsionem inferre deberet. » C'estoit encore une coûtume établie parmi les Lombards [1], que le fils du roy ne pouvoit seoir à la table de son pere, qu'il n'eust reçû auparavant ses premieres armes des mains de quelque prince étranger.

Les *Histoires Byzantines* n'ont pas spécifié les ceremonies dont les empereurs de Constantinople se servirent lorsqu'ils pratiquèrent ces adoptions. Anne Comnene [2] dit qu'Isác, son oncle, et Alexis, son pere, furent adoptez par l'impératrice Marie, suivant l'usage reçu en ces occasions : Κατὰ τὸν παρακουληθήσαντα περὶ τῶν τοιούτων πάλαι τύπων. Albert d'Aix [3], parlant de l'adoption de Godefroy de Boüillon par l'empereur Alexis Comnene, se contente de dire qu'il fut adopté en fils, *sicut mos est terræ*; et Guillaume, archevesque de Tyr [4] : « adhibita juxta morem curiæ solennitate quadam, quæ in « ejusmodi arrogationibus fieri solet, secundum regionis « morem. » De sorte qu'il est incertain qu'elle fut cette ceremonie, et si cette adoption se faisoit par les armes, comme celle des barbares, ce qui d'abord ne paroît pas éloigné de la probabilité. Car l'on ne doit pas trouver étrange qu'en cette occasion l'impératrice Marie ait adopté par les armes les deux freres Comnenes, puisque nous lisons dans Orderic Vital [5] que Cecile, fille de Philippes I, roy de France, et pour lors veuve du fameux Tancrède, prince d'Antioche, donna l'ordre de chevalerie à Gervais, seigneur breton, fils d'Haïmon, vicomte de Dol, dont la ceremonie se faisoit avec les armes. Je trouve encore dans un compte de l'hostel du roy. du terme de l'Ascension de l'an 1202, que la reine de France fit le seigneur de Saint-Yon chevalier en une feste de Pasques [6].

Mais d'ailleurs je remarque dans l'*Histoire des guerres saintes* qu'il se pratiquoit anciennement une autre ceremonie pour les adoptions d'honneur, que celle par les armes : qui estoit que celuy qui adoptoit faisoit passer l'adopté sous sa chemise, ou son manteau : faisant connoître par là qu'il le tenoit comme son fils, et comme sorti de lui. Le prince d'Edesse adopta de cette maniere Baudoüin, frere de Godefroy de Boüillon, qui fut depuis roy de Hierusalem : « Balduinum sibi filium adoptivum fecit, sicut mos regionis « illius et gentis habetur, nudo pectori suo illum astringens, « et sub proximo carnis suæ indumento semel hunc inves-« tiens, fide utrimque data et accepta. » Ce sont les termes d'Albert d'Aix [7] : Guibert [8], abbé de Nogent, raconte la même chose en ceux-cy : « Adoptationis autem talis pro « gentis consuetudine dicitur fuisse modus. Intra lineam in-« terulam, quam nos vocamus camisiam, nudum intrare « cum faciens sibi astrinxit : et hæc omnia osculo libato « firmavit. Idem et mulier possidendum fecit, etc. » Comme Foücher de Chartres [9], qui accompagna Baudoüin en cette expedition, Guillaume de Tyr [10] et Conrad, abbé d'Usperg, écrivent en termes formels, que celui qui l'adopta estoit un prince grec, qui avoit esté envoyé en cette place par l'empereur de Constantinople pour y commander, il semble plus probable que cette façon d'adopter estoit celle qui estoit pratiquée par les Grecs. Ce que l'on peut encore recueillir de ce que Mauro Orbini, en son *Histoire des Sclavons* [11], remarque que Marie Paleologue, reine de Bulgarie, adopta ainsi Svestislas, qui fut roy du même pays après Smitzze : « Alla fine Maria si ricolse d'adottare per figliuolo esso Sves-« tislav, et questo fece publicamente nella chiesa : abbra-« ciando con una parte del suo manto Svetoslav, et con « l'altra Michele figliuolo di ley. » C'est ce qui a donné sujet à Surita [12] de dire que c'estoit la maniere ordinaire des adoptions de ces temps-là; *adoptionis jus illorum temporum instituto more : rite sanctum tradunt, qui is inoleverat, ut qui adoptaret, per stolæ fluentis sinus eum qui adoptaretur traduceret*. On pourroit encore rapporter à cette ceremonie celle qui est racontée par le sire de Joinville [13], lorsqu'il parle de l'alliance que le prince de la Montagne contracta avec saint Louys par sa chemise et son anneau qu'il lui envoya. Les Grecs adoptoient aussi dans l'eglise, devant les prêtres, qui recitoient des prieres à cét effet, comme nous verrons dans la suite.

Il ne faut pas douter que la chevalerie [14] n'ait tiré son origine de cette espèce d'adoption, qui se faisoit par les armes, et de la ceremonie qui s'y observoit, où l'on revêtoit d'armes celui qui estoit adopté. On la pratiquoit aussi lorsqu'on faisoit quelqu'un chevalier. Car comme dans ces adoptions d'honneur on présentoit toute sorte d'armes au fils adoptif, pour s'en servir dans les premieres occasions des batailles, ainsi celui qui faisoit un chevalier lui donnoit l'épée, le haubert, le heaume, et generalement le revêtoit de toutes les armes qui sont necessaires à un bon soldat pour se trouver dans les combats. C'est pourquoy il estoit alors appellé *miles*, parce qu'il commençoit à entrer dans la profession de la guerre, et se faisoit armer de toutes pieces, pour y faire le métier d'un vaillant soldat.

Le Moine de Mairemontier [1], décrivant les ceremonies qui s'observérent lorsque Geoffroy, duc de Normandie, fut fait chevalier, dit qu'on l'équippa de toute sorte d'armes. Voici comme il en parle : « Adducti sunt equi, allata sunt arma,.... « Induitur lorica incomparabili, quæ maculis duplicibus « Intexta, nullius lanceæ vel jaculi cujuslibet ictibus trans-« forabilis haberetur. Calciatus est caligis ferreis ex maculis « itidem duplicibus compactis : calcaribus aureis pedes ejus « astricti sunt : clypeus leunculos aureos imaginarios habens « collo ejus suspenditur : imposita est capiti ejus cassis « multo lapide pretioso relucens, quæ talis temperaturæ « erat, ut nullius ensis acumine incidi, vel falsificari valeret. « Allata est et hasta fraxinea ferrum Pictavense prætendens, « ad ultimum allatus est ei ensis de Thesauro regio, etc. » Ce passage fait assez voir qu'anciennement, lorsqu'on faisoit des chevaliers, on les revêtoit de toute sorte d'armes, ce que l'on appelloit *adouber un chevalier*. L'*Ordene de chevalerie* de Huës de Tabarie :

Sire, chou est li remembranché
De celuy qui l'a adoubé
A chevalier, et ordené, etc.

Le *Roman de Garin le Loherans* :

Fétes mes freres chevaliers le matin,
Si m'aideront cette guerre à tenir.
Et dit li peres : Volontiers, biax amis,
Il les adoube, et chevaliers en fist.

Ailleurs :

Mon droit seigneur, qui soef me norri,
Qui m'adouba, et chevalier me fist.

Les vieilles ordonnances qui sont dans les archives de la ville de Padoüe [2] veulent que celuy qui sera podestat de Vicenza *faciat se fieri militem adobatum*.

Mais les expressions les plus ordinaires en ces occasions estoient celles de *donner des armes*, au lieu de dire, *faire un chevalier* [3]. Robert Bourron conjoint le mot *d'adouber*, avec ceux-cy : « Or aten jusques à le matin, que je t'adouberay. « et te donray armes. » Dans les auteurs latins il n'y a rien de plus commun que ceux de *armare*, *dare arma*, *arma accipere*, dans le même sens. Un titre d'Alfonse, roy de Castille [4]. vulgairement appellé l'Empereur, de l'an 1194, porte cette date : Hæc carta fuit facta eo anno quo dictus « imperator armavit filium suum Fernandum militem in « Palentia, in festo Natalis Domini. » Guillaume de Malmesbury [5], parlant de la chevalerie de Henry fils de Guillaume le Bâtard : « Anno ætatis 19, in Pentecoste, apud Westmo-« nasterium sumpsit arma à patre. » Howeden, parlant du même Henry, se sert de ces termes : « Filium suum Henri-« cum armis militaribus honoravit; » et Henry d'Huntindon de ceux-cy : « Henricum filium suum juniorem virilibus « induit armis. » Le même auteur en un autre endroit [6] : « Henrico, nepoti suo, David, rex Scotorum, virilia tradidit « arma. » Une ancienne chronique citée par Selden : « Alexander, rex Scotiæ, Joannem Scotum, comitem de « Huntedone, et plures alios nobiles viros, armis militaribus « induit in die Pentecostes. » Le *Roman de Garin* se sert aussi en quelques endroits de cette façon de parler :

Et si vos mandes comme estes amis,
Que dogniés armes l'enfant Girberc s'en fuis,
Si hautement que li dus n'en menteist,
Par grant chierté le vos envoie icy
Car bien trovast chevalier en feist.

En un autre endroit :

Et chevalier a fet de Garnerin,
C'est li plus janes de tos les fuis Hervi,
Cheval li donne, armes, et ver et gris.

---

1. Paul. Warnefr. de Gest. Langob. c. 33, 34 — 2. Anna Com. l. 2, Alex. — 3. Alb. Aq. l 2, c. 16. — 4. Will. Tyr. l. 2, c. 2. — 5. L. 11. — 6. En la Ch. des Comptes de Paris. — 7. L. 3, c. 21. — 8. L. 3, Gest. Dei, c. 13. — 9. L 1, c. 6. — 10. L. 4, c. 2. — 11. P. 464. — 12. L. 1, Ind. A. C. 1034. — 13. P. 86. — 14. Selden, Titles of honor, part. 2, c. 1.

1. Jo. Monach. l. 1, Hist. Gauf. Duc. — 2. Apud Felic. Osium. — 3. Roman de Merlin, ms. — 4. Chifflet, in Vind. Hisp. p. 305. — 5. L. 5. — 6. Pag. 395.

C'estoit proprement la premiere occasion où le jeune gentil-homme prenoit des armes : car jusques là s'il s'estoit trouvé dans les combats, ce n'avoit esté qu'à la suite d'un chevalier, et en qualité d'escuyer ou de valet. C'est ce qu'un vieux glossaire [1] appelle *armatura prima*, dautant qu'alors il s'armoit de *pleines armes*, qui est le terme dont on qualifioit les armes du chevalier, et commençoit à devenir soldat, *miles*, qui estoit le titre qui luy estoit donné [2]. Je sçai bien qu'on peut prendre encore le mot d'*armatura* pour les exercices militaires, qu'Ammian Marcellin appelle *proludia disciplinæ castrensis*.

Nos histoires nous fournissent encore une autre espéce d'adoption d'honneur, qui se faisoit en coupant les cheveux de celuy qui estoit adopté en fils ; lorsqu'elles racontent que Charles Martel envoia Pepin, son fils, à Luithprand, roy des Lombards. afin qu'il luy coupât ses premiers cheveux, et que par cette ceremonie il luy tinst à l'avenir lieu de pere. C'est ce que nous apprenons de Paul Warnefrid, en son Histoire des Lombards [3] : « Circa hæc tempora Karolus, « princeps Francorum, Pipinum, suum parvulum filium, ad « Luithprandum direxit, ut ejus, juxta morem, capillum « susciperet : qui ejus cæsariem incidens, ei pater effectus « est, multisque eum ditatum regiis muneribus genitori « remisit. » La *Chronique de Novaleze* dit cecy en d'autres termes : « Ut ei, juxta morem, ex capillis totonderet, et fieret « ei pater spiritalis, quod et fecit. » Warnefrid fait voir que Pepin estoit alors fort jeune, d'où il faut conjecturer que c'estoit pour la premiere fois qu'on luy coupoit ses cheveux. C'est donc à cette ceremonie [4] qu'on doit rapporter ce qu'Anastase Bibliothecaire [5] raconte de l'empereur Constantin le Barbu, qui envoia au pape Benoît II les floccons de cheveux de Justinian et d'*Heraclius*, ses enfans, voulant donner à connoître par là, ainsi que quelques sçavans ont observé, qu'il vouloit qu'ils reconnussent le pape et le souverain pontife de Rome comme leur père spirituel : « Hic « una cum clero et exercitu suscepit mallones capillorum « domini Justiniani et Heracli, filiorum clementissimi « principis, simul et jussionem per quam significat eosdem « capillos direxisse. »

Cette ceremonie a esté fort en usage parmi les payens, comme on peut recueillir de divers auteurs, et particuliére-ment de ces vers de Stace [6] :

Accipe laudatos, juvenis Phœbeïe, crines,
Quos tibi Cæsareus donat puer ; accipe lætus,
Intonsoque ostende Patri.

Elle s'est tousjours pratiquée par les chrétiens, lesquels ne pouvans et n'osans pas abolir entierement les superstitions des payens, s'accommoderent à la foiblesse de leurs esprits, et aimerent mieux les purifier par des oraisons et des prieres, que de les irriter en voulant les ôter absolument : « Pertinaci paganismo mutatione subvenerimus, cum rei in « totum mutatio potius irritasset. » Ainsi qu'écrit le venera-« ble Bede. Ammian Marcellin [7] raconte qu'une sedition s'estant élevée dans Alexandrie, la populace payenne se jetta sur *Dracontius*, et sur Diodore Comte, qu'elle fit mourir le premier, parce qu'ayant la garde du temple, élevé à la Deesse *Moneta*, il l'avoit jetté par terre, apres qu'il se fut fait chrétien, ainsi qu'il faut presumer : l'autre, parce qu'ayant esté employé pour edifier une église, il ne laissoit pas de couper les cheveux des jeunes enfans, estimant que cette ceremonie n'appartenoit pas à la religion des chrétiens, mais bien à la leur. « Alter quod dum ædificandæ præesset ecclesiæ, « cirros puerorum licentius detondebat, id quoque ad Deo-« rum cultum existimans pertinere. » Ce passage, qui a donné de la peine aux sçavans interpretes de cet auteur, justifie que dans les commencemens de l'Eglise naissante on continua de couper les cheveux aux jeunes enfans. Mais dans la suite cette ceremonie fut purifiée, et pratiquée dans les églises. Le livre des Sacremens de saint Gregoire [8] nous represente que le prêtre faisoit dans l'Eglise latine lorsqu'on coupoit les cheveux pour la premiere fois aux jeunes enfans, dont le titre est *Oratio ad capillaturam :* il y en a d'autres dans l'*Euchologium* des Grecs [9], qui appellent ces premiers cheveux coupez, *les premices*. Elles font encore voir que dans ces occasions on se choisissoit des parrains : τὸν προσελθόντα δοῦλόν σου τόνδε ἀπαρχὴν ποιήσασθαι κείρασθαι τὴν κόμην τῆς κεφαλῆς αὐτοῦ εὐλόγησον ἅμα τοῦ αὐτοῦ ἀναδόχου. Mathieu *Blastares* [1] ajoute que le prêtre mettoit ces floccons de cheveux coupez entre les mains du parrain, qui, selon quelques-uns, les enveloppoit dans de la cire, où il imprimoit une image de Nostre Seigneur, et les conservoit comme un gage d'une chose qui avoit esté consacrée à Dieu : ὁ ἱερεὺς παραδίδωσι τὰς τρίχας εἰς τὰς χεῖρας τοῦ ἀναδόχου, ἀπελθὼν προσ-κυνήσας τὸν ἱεράς. ἀπολύει. Simeon, metropolitain de Thessa-lonique, semble dire que le prêtre gardoit ses cheveux dans un lieu sacré ; et Nicetas [2] écrit à ce sujet que ceux qui s'estoient ainsi fait couper les cheveux en conservoient la mémoire par une solennité annuelle, qu'il appelle κουρσουνα. Cette coupe des cheveux se faisoit, lorsqu'après avoir passé l'âge d'adolescence, on entroit en celle de la jeunesse. L'ancienne loy Salique [3] c'est à dire celle qui fut redigée par nos rois encore payens, ainsi qu'on prétend, nous apprend que la ceremonie de couper les cheveux aux enfans estoit en usage parmi les François, et qu'elle se faisoit au-dessus de l'âge de douze ans : « Si quis puerum infra duodecim annorum non « tonsoratum occiserit. etc. » Et ailleurs : « Si quis puerum « crinitum consilio aut voluntate parentum totonderit, « etc. , » termes qui font voir encore que les enfans estoient presentez par leurs peres, qui avec le temps choisirent dans ces occasions un parrain, qui est appellé pere spirituel dans la *Chronique de Novaleze* ; ce que fit Charles Martel lorsqu'il choisit Luithprand pour couper les cheveux de Pepin, son jeune fils.

La même ceremonie se pratiquoit, lorsqu'on se faisoit couper les premiers poils de la barbe. Aimoin [4] dit que Clovis envoya ses ambassadeurs à Alaric pour traiter de paix avec luy, et le prier de luy toucher sa barbe au même temps, et d'estre par ce moyen son père adoptif : « Et Alaricus, « juxta morem antiquorum, barbam Clodovæi tangens, « adoptivus ei fieret pater. » Un autre auteur : « Cum pacem « inire cœpissent hujusmodi conventionem, ut Alaricus barbam « tangeret Clodovæi effectus Patrinus. »

Ce n'est pas sans raison qu'Aimoin se sert de ces termes : *juxta antiquorum morem*, parce qu'effectivement ce n'estoit pas un usage nouveau, mais tres-ancien et qui avoit esté observé tant par les Grecs que par les Romains ; car les uns et les autres avoient coûtume de se faire couper les premiers poils de la barbe par leurs amis, et de les consacrer à leurs deitez. Ce que *Callimachus* [5] témoigne à l'égard des habitans de l'isle de Delos :

— παιδὸς δὲ θέρος τὸ πρῶτον ἰούλῳ
ἄρσενες ἠϊθέοισιν ἀπαρχόμενοι φορέουσιν.

Il y a encore quelques épigrammes dans l'anthologie grecque [6], qui justifient cette coûtume sous le titre de ἀπὸ νέων. Les Romains solennisoient les jours ausquels on faisoit cette ceremonie, avec des festins, et beaucoup d'appareil : ce que leurs histoires [7] racontent au sujet des empereurs Auguste, Caligula et Neron : ce dernier donna même à cette solennité le nom de Juvenales, ou celui de Xiphilin [8], et ayant fait mettre les floccons de sa barbe dans une boëte d'or, comme fut celle de Trimalcion dans Petrone, il les consacra à Jupiter Capitolin. C'est pour cela que dans quelques Glos-saires le mot de *Juvenalia* est interpreté ἀνδρικὴ ἑορτή [9]. Dion et Xiphilin font la même remarque des empereurs Helagabale et *Avitus*.

Comme les chrétiens purifiérent la ceremonie de la coupe des cheveux des enfans par des prieres saintes, ils firent le même pour celle des premiers poils de la barbe. Les oraisons que l'Eglise latine et la grecque ont introduites pour ce sujet sont inserées pareillement dans le livre des Sacremens de saint Gregoire et dans l'*Euchologium* des Grecs. M. de Valois, l'un des plus sçavans que nous ayons aujourd'huy en France, a écrit que cette ceremonie estoit appellée *barbatoria*, terme qui est interpreté dans les Glossaires grecs [10] par celui de πωγωνοκουρία, et qui est usurpé en ce sens dans le pretendu fragment de Petrone donné depuis peu au public, que les doctes rejettent avec fondement [11]. De sorte qu'il estime que c'est de cette ceremonie. de laquelle il faut entendre Gregoire de Tours [12], lorsqu'il dit que l'abbesse de Poitiers fut accusée d'avoir souffert qu'on fist cette ceremonie dans l'enclos de

---

1. Apud Rigal. In Gloss. V. Ἁρματοῦρα. Vide Vales. ad Amm. l. 11. — 2. Chr Aulæ Reg c 13 ; Reg. des Fiefs de Champ. fol. 3, etc. L'ancien Coust. ms de Norm. part. 2, ch. 25. — 3. De Gest Long. l. 4, c. 40 ; l. 6, c. 53. — 4. Harioff. l. 2, c. 4 ; Adrevald. l. 1, de Mirac. S. Ben. c. 14 ; Rad. de Diceto ; Aimoini Cont. l. 4, c. 57. — 5. In Bened. II, p 57, edit. reg.; Baron. A. 684. — 6. L. 3, Sylv. in Coma Earini ; Anthol Gr. l. 6, c. 22. — 7. L. 22. — 8. P. 250, edit. Menardi. — 9. Goar. p. 375.

1. In Jure Gr. Ro. Jac. Goar. — 2. Ad orat S. Greg. Theol. de sancto Bap. — 3. Ed. Herold tit. 38, § 4, 41. — 4. L. 4, de Gest. Fr. c. 20 ; Collect. Hist. apud Canis. tom 2 ; antiq. lect. — 5 Hym. εἰς ἄηλον, v. 298. — 6. L. 6, c. 22. — 7. Dio, l. 48, 79 . Suet. in Cal. c. 10 . in Ner. c. 12. — 8 In Nerone. — 9. Gl. Gr. Lat V Petr. Fabr. l. 1 : Semest. c. 20, Lips. ad Tacit. l. 24. Savaron. ad Sid Car. 23. — 10. Had Vales. Not. ad Paneg. Berung.: Gloss. S. Bened. et Græcolat. — 11. Wagensel et Valesius. — 12. L. 10, Hist. c. 16.

son monastere : « Quod vittam de auro exornatam nepti suæ « superflue dederit, barbatorias intus eo quod celebraverit. » Mais d'autres [1] veulent que *Barbatorias facere* en cet endroit est faire des mascarades, qui est un terme encore à présent fort commun dans la plûpart des provinces de France, où l'on appelle les masques dont on se sert pour se déguiser *des barboires*, comme en Picardie; *Barbadoüires* dans le Gevaudan, et *Barbauts* dans l'Auvergne : parce qu'ordinairement on accompagne ces masques de barbes, faites d'étranges et differentes figures ; ce qui a fait dire à un pere de l'Eglise [2] parlant des déguisemens qui se faisoient aux bachanales : « In istis diebus miseri homines, et, quod pejus « est, etiam aliqui baptizati sumunt formas adulteras, su- « munt species monstruosas, etc. » Il y a de semblables paroles dans le décret de la Faculté de Paris de l'an 1444 au sujet de la *Feste des Fols*, qu'on abolit en ce temps-là, et qui n'estoit autre que celle des bachanales. Je sçai bien qu'on peut interpreter ces mots des déguisemens en cerfs, et autres animaux, qui se faisoient en ces rencontres-là.

Dans ces adoptions par la coupe des cheveux, et de la barbe, il se contractoit une affinité spirituelle, qui faisoit donner le nom de pere à celui qui estoit pris pour parrain, et celui de fils à l'enfant de qui on coupoit les cheveux, et le poil de la barbe. Cette même affinité se contractoit avec beaucoup plus de fondement entre les enfans qui estoient baptizez et ceux qui en estoient les parrains; car en ces occasions, comme les parrains prenoient le titre de peres spirituels, ainsi les baptizez prenoient celuy d'enfans adoptifs. Procope [3] dit que c'estoit la maniere ordinaire d'adopter parmi les chrétiens, lorsqu'il raconte que Belissaire, estant sur son départ pour l'Afrique, adopta ainsi avec Antonine, sa femme, un certain Theodose, qu'il avoit élevé dans sa maison : ἔλουσε μὲν ὁ Βελισσάριος τὸ θεῖον λουτρὸν, καὶ χερσὶν ἀνελόμενος ἐνθένδε οἰκείαις, εἰσποιητὸν ἐποιήσατο ἑὸν τῇ γυναικὶ παιδία, ὕπερ εἰσποιεῖσθαι νόμος. C'est en ce sens qu'il faut entendre saint Nicephore [4], quand il écrit que l'empereur *Héraclius* feignit de vouloir faire baptizer son fils, et de le faire adopter ou tenir sur les fonts par *Crispus* : σκήπτεται δὲ ὁ Ἡράκλειος τῷ θείῳ λουτρῷ τὸν υἱὸν καταγνίζειν, υἱοθετεῖσθαι δὲ αὐτὸν ὑπὸ Κρίσπου. Le même auteur se sert encore ailleurs de cette façon de parler: καὶ τὰς ἐκείνων γαμετὰς οἱ τούτων αὐτῶν τῷ θείῳ λουτρῷ ἐπεγνώσαντο σύζυγοι. Alaman [5] rapporte à cette espèce d'adoption l'ordonnance de l'empereur Léon qui condamna celles qui se faisoient sans les cérémonies de l'Eglise. ἄνευ τελετῆς, καὶ ἱερῶν ὡσεί νῶν, *sine ceremoniis*, et *sacræ regenerationis ritu*, où quelques-uns restituoit ᾠδῶν au lieu d'ὡσεί νῶν [6]. Je n'estime pas toutefois que cette novelle se doive entendre des adoptions qui se faisoient par le baptême, mais generalement des véritables adoptions, ce qu'il désigne assez lorsqu'il défend les alliances de mariage entre les freres naturels et les adoptifs, lesquelles n'estoient pas défendues dans les affinitez qui se contractoient par le baptême entre les enfans baptisez et les enfans de leurs parrains. C'est donc de ces adoptions par le baptême dont Theophanes [7] a parlé, quand il raconte que Tzath [8], roy des Lazes, estant venu à Constantinople visiter Justinian, et ayant receu la couronne de luy par honneur, voulut aussi se faire chrétien, et qu'alors l'empereur l'ayant tenu sur les fonts le qualifia son fils : Ὁ δὲ βασιλεὺς αὐτὸν δεξάμενος, ἐφώτισεν αὐτόν, καὶ υἱὸν ἀνηγόρευσεν. Saint Rembert, en la *Vie de Saint Anschaire* [9], *archevesque de Hambourg*, dit que l'empereur Louys le Debonnaire, ayant persuadé Herold, roy des Danois, de se faire baptizer, *ipse de sacro fonte suscepit, sibique in filium adoptavit*. Ainsi Anlaf, roy de Northumberland, estant venu pareillement visiter Eadmond, roy des Anglois, ce roi le fit baptizer par l'evesque de Wincester : « Confirmari ab epis- « copo fecit, sibi in filium adoptavit, regioque munere « donavit. » Ce sont les termes de Florent de Wigorne [10], qui se sert en cet endroit de celuy de *confirmari*, au lieu de *baptizari* : peut-estre parce qu'anciennement le sacrement de confirmation suivoit immediatement celuy du baptême [11].

Aussi un autre auteur [12], qui raconte la même chose, se sert du dernier : « Eodem anno rex Anlafum regem.... de lavacro sanctæ regenerationis suscepit, regioque munere donavit. » Comme ceux qui sont baptisez reçoivent le nom de fils, ou plûtôt de filleul (*filiolus*, dans les *Capitulaires* d'Herard, archevesque de Tours [13].) ainsi les parrains tiennent lieu de pere en cette cerémonie. Ce qui a fait dire à l'évesque de Poitiers [14] :

Germine qui non est sit tibi fonte parens.

La circonstance que Procope remarque dans le passage que je viens de citer est considerable, qui est que Belissaire, voulant adopter Theodose, le prit entre ses mains pour le présenter au baptême, χερσὶν ἀνελόμενος ἐνθένδε οἰκείαις, ou plûtôt le prit par la main pour le présenter au prêtre ; car Theodose estoit alors avancé en âge, puisque le même Procope [1] écrit qu'incontinent après avoir esté baptisé, il suivit Belissaire, en qualité d'homme de guerre, en son expedition d'Afrique. Theophanes se sert du mot de δεξάμενος, et encore à present nous usons de ceux de *tenir sur les fonts de baptesme*. C'est pourquoy les parrains sont appellez *gestantes* dans saint Augustin [2], ὑποδόχοι, *susceptores*, dans saint Denys l'Areopagite [3], *sponsores* dans Tertullien [4], *fidejussores* dans le même saint Augustin [5] : parce qu'ils portoient leurs enfans entre leurs bras; ou si c'estoient des grandes personnes ils les prenoient par la main, et les présentoient aux prêtres, pour estre baptisez, se faisoient p'èges de leur foy et de leur créance, respondoient en cette qualité pour eux aux interrogations des prêtres; et enfin ils s'obligeoient de les instruire, et d'en avoir le même soin, comme de leurs propres enfans. Dés lors il se formoit une étroite affinité entre les parrains et les filleuls, qui estoit telle, qu'il ne se pouvoit contracter aucune alliance de mariage entre eux. Le pape Nicolas [6], repondant aux demandes des Bulgares : « Est inter patres et filios spirituales gratuita et sancta « communio, quæ non est dicenda consanguinitas, sed potius « habenda spiritualis proximitas : unde inter eos non ullo « tramur fieri posse quodlibet conjugale connubium, quan- « doquidem nec inter eos qui natura et eos qui in adoptione « filii sunt venerandæ Romanæ leges motrimonium contrahi « permittunt. »

A l'exemple de ces anciens empereurs et des princes étrangers qui ont adopté par honneur ceux avec lesquels ils ont voulu contracter une alliance étroite, les rois et les princes des derniers siècles ont inventé une autre maniere d'adoption, par la communication qu'ils ont faite de leurs noms et de leurs armes, ou armoiries, à quelques-uns de leurs plus affidez qu'ils ont admis par ce moyen dans leur famille. Ce qui ne s'est fait pareillement que par honneur, sans que pour cela les adoptez pûssent prétendre aux successions et aux autres droits et privileges des maisons. Ainsi nous lisons que Sigismond, roy de Pologne, adopta Emilio Maluezzo, gentilhomme bolonois, et le fit de sa famille : « Fu adottato « et fatto de lui della famiglia sua reale. » comme Sansovino écrit [7]. Le même raconte que *Hercole Bentivoglio* fut adopté de la même maniere en la famille de la Rouère. *Tiberto Brandolino*, et Nicolas comte de Corregio en celle des Visconti; et ajoûte que Louys Sforce, duc de Milan, traita le dernier du nom de fils. Mathias, roy de Hongrie, au recit de cét auteur, adopta de cette adoption Borso, comte de Corregio : « Fu da quel re molto honorato, in tanto che lo « fece della sua famiglia, et li dono l'arme, laquel Borso « inquarto con l'arme Corregia. » Ferdinand, roy de Naples, adopta Philippes de Croy, comte de Chimay, et lui permit de porter le surnom et les armes d'Aragon [8]. La lettre qu'il lui écrivit à ce sujet, datée de Castelnovo de Naples du 18e jour d'avril 1475, porte ces termes : « Illustrissimo viro Philippo, « de Croy de Aragonia, comiti Simacensi, amico nostro « charissimo, rex Siciliæ. Illustrissime Vir amice nobis « charissime, si gratum, ut litteris vestris significastis, quod « in nostram domum vos susceperimus, et nostræ domus « cognomine, armisque donaverimus, maxime lætamar, « etc. » Deux ans [9] après le même roy accorda ce privilege à Jean Bentivoglio, second fils d'Annibal Bentivoglio, par Philippes Salarvoi, son ambassadeur, *per lo quale il detto re lo haveva fatto di casa Arragona co suoi figliuoli et descendenti in perpetuo, donando li l'arme et le devise regali, con provisione de quatro mila ducati d'oro l'anno*. Le duc de Milan, ainsi que Jacques Valere [10] écrit. *donna ses armes à Carlo Piechesino, lequel il lustra et le fit de son lignage*. On peut ranger en cét endroit les adoptions honoraires que la republique de Venise fit de Catherine Cornare, reine de Cypre, qui donna ce royaume aux Venitiens ; et de Blanche Capello, fille de Barthelemy Capello, senateur et chevalier venitien, seconde femme de François de Medici, grand duc de Toscane : ayant toutes deux pris le titre de filles de la republique. Les Venitiens permirent aux Cornares de porter

---

[1]. M. de la Lande, in Gloss. ad Suppl. Conc. Gall. — [2] Faust. Episc. in Serm. in Kal. Jan. — [3] Hist. Arcana, p. 3, edit. 4 — [4]. In Heracl. p. 42, edit [5] Ad Procop: Leo, Nov. 24. — [6]. Gothofr. — [7]. P. 144. — [8]. Anast. Hist. Eccl — [9]. C. 3, n. 40. — [10]. P. 640. — [11]. Euch. Gr. p. 356. — [12]. Simeon Dunelm. et Bromp. A. 943. — [13]. Cap. c. 7. — [14]. Fortunat. l. 5, pœm. 4.

[1]. L. 4, de Bello Vand. c. 42. — [2]. L. 4, contra Julian. et ep. 23, 405, 407, c. 8. — [3] De Sacr. Hier. c 2. — [4]. De Bapt. c 48 ; de Corona Milit. c 3. — [5] Domin. 4, post Pasch. — [6]. Consult Bulgar. — [7]. Sansovino, nelle Familie Illustr. d'Ital. l. 4, 35, 114, 420, 134, 182, 183, 277, 278 — [8]. Scohier, en la Gen. de la Maison de Croy, p. 54. — [9]. Sansovino. — [10]. En son Traité ms. de la Noblesse.

les armes de Cypre, parties de celles de leur famille, en consideration d'un présent de cette consequence, que cette reine, qui en estoit issuë, leur fit [1].

On pratique encore à présent dans l'Italie, particulierement dans l'Etat de Gennes, une forme d'adoption, que l'on appelle albergue. Elle se fait par le consentement de toute une famille, qui depute des procureurs pour traiter avec ceux ausquels elle desire communiquer son nom, ses armes et ses prérogatives. Charles Venasque [2] produit deux exemples de cette maniere d'adopter en la famille des Grimaldi, qui ont communiqué leur nom et leurs armes à quelques gentilshommes du surnom d'Oliva et de Ceba, par deux actes passez à Gennes l'an 1448, par lesquels ces gentilshommes sont admis en la famille des Grimaldi, avec faculté de se trouver à l'avenir en toutes les assemblées de la famille, à condition de fournir aux dépenses qu'il conviendra faire, pour la conservation et le maintien de sa dignité. Reciproquement, les procureurs au nom de la famille de Grimaldi declarent qu'ils reçoivent les adoptez, avec leurs enfans et leur postérité, en la famille de Grimaldi, *cum omnibus signis, insignibus, decore, claritudine, honore, dignitate. cognomento, ac juribus quomodolibet competentibus, et competituris cæteris antiquis et vera origine Grimaldis.* Saluste Tibere de Corneto, en son *Formulaire* [1], a aussi donné la formule de ces adoptions, ou albergues, que Selden a inserée en ses *Titres d'Honneur* [2].

1. Bemb. l. 1. Chr. Venet.; Sansovino ; Est. Lurignan, en ses Geneal. ch. 48. — 2. Geneal. de la Maison de Grimaldi.

1. Impr. à Rome, 1621. — 2. Titles of Honor, part. 2, c. 8, § 3.

SUITE DE LA DISSERTATION PRÉCEDENTE,

TOUCHANT LES ADOPTIONS D'HONNEUR EN FILS, OU DEUX MONNOYES DE THEODEBERT Ier ET DE CHILDEBERT IIe, ROIS D'AUSTRASIE, SONT EXPLIQUÉES.

DISSERTATION XXIII.

Comme dans les veritables adoptions il se contractoit une affinité, non seulement entre le pere adoptif et les enfans qui estoient adoptez, mais encore entre les parens des uns et des autres: ainsi dans les adoptions d'honneur, quoiqu'elles ne donnassent aucun droit aux successions, l'alliance passoit aux enfans et aux parens de ceux qui estoient adoptez en fils ou en freres. Athalaric, roy des Goths d'Italie, dans Cassiodore [1], écrivant à Justinian, ou plutôt à Justin, comme veut Alaman, dit qu'il a droit de se dire son parent et son petit-fils, puisque Theodoric, son ayeul, avoit eu l'honneur d'être adopté par luy : « atque adeo pacem non longinquus, sed proximus peto, quia tunc mihi dedistis gratiam « nepotis, quando meo parenti adoptivi gaudia præstitistis. » Ainsi dans Anne Comnene [2], le faux Diogene qualifie Nicephore Bryennius son oncle, parce que ce seigneur avoit contracté une adoption en frere avec l'empereur Romain Diogene, dont il prétendoit estre le fils.

La qualité de pere que Theodebert Ier et Childebert IIe du nom, rois d'Austrasie, donnent dans leurs lettres, l'un à l'empereur Justinian, l'autre à l'empereur Maurice, pourroit faire présumer qu'ils se fit de semblables adoptions d'honneur entre ces princes, en suite des traitez d'alliance que l'un et l'autre de ces rois firent avec ces empereurs ; car comme ceux qui estoient adoptez s'estimoient honorez lorsqu'ils pouvoient se dire les enfans de ceux qui les adoptoient, il est probable qu'ils leur donnoient en même temps le titre de pere. Conrad, abbé d'Usperg [3], parlant de l'empereur Alexis Comnene, qui adopta de cette maniere quelques-uns des princes françois qui alloient à la conquête de la Terre Sainte : « Singularum turmarum principes Alexius, *more* « *suo*, sub appellatione FILIORUM suscepit, eisdemque post « manus acceptas, sacramentaque firmata....munera disper- « tivit. » Comme donc Alexis reconnoissoit ces princes sous le nom de ses enfans, il ne faut pas douter qu'ils ne lui ayent donné celui de pere.

Pour commencer par Theodebert, Freher [4] et après lui M. Duchesne [5] ont donné au public trois lettres que ce roi écrivit à Justinian. L'inscription de la premiere ne lui donne autre titre que celuy-ci : « Domino illustri, inclito triumpha- « tori, ac semper Augusto, Justiniano imperatori. » Mais dans celles des deux suivantes Justinian y est qualifié pere, en ces termes : « Domino illustri et præcellentissimo domino et « PATRI Justiniano imperatori. » On recueille de la premiere lettre que cet empereur recherca le premier l'amitié et l'alliance de Theodebert, pour avec son secours combattre les Goths en Italie ; et, afin de l'y porter plus puissamment, il lui envoya des ambassadeurs et de riches présens. De sorte que comme il n'y avoit pas encore pour lors aucun traité entre ces princes, Theodebert répondant à la lettre de Justinian ne lui donne que le titre qui estoit donné ordinairement aux empereurs. Mais depuis qu'il y eut des traitez entre eux Theodebert donna le titre de pere à Justinian dans les inscriptions des lettres qu'il lui écrivit. Ce qui pourroit faire présumer, comme j'ay avancé, qu'il y eut alors des adoptions d'honneur contractées entre eux, en vertu desquelles Theodebert qualifia Justinian du nom de pere.

L'une des trois lettres [1] que ce prince écrivit à cet empereur marque evidemment qu'il y eut des traitez entre eux, probablement après la mort de Theodat, dont Theodebert semble entreprendre la défense dans la premiere de ces lettres, si ce n'est qu'il entende parler de Theodoric, ce que je tiendrois plus probable, à qui les loüanges qu'il donne à ce prince qu'il défend conviennent beaucoup mieux qu'à Theodat. Procope [2] dit en termes exprès que Theodebert s'obligea de servir l'empereur dans ses guerres d'Italie, écrivant que Vitige, roy des Goths, ayant voulu engager à son secours Childebert, Theodebert et Clotaire, qui commandoient en ce temps-là dans la France, ces princes lui firent réponse qu'ils ne le pouvoient pas faire ouvertement, mais qu'ils lui envoyeroient secretement des troupes tirées des provinces qui leur appartenoient, parce qu'ils s'estoient obligez peu auparavant envers l'empereur de le servir en cette guerre, ἐπὶ ὀλίγῳ πρότερον βασιλεῖ ἐς τόνδε τὸν πόλεμον ξυλλήψεσθαι ὡμολόγησαν. Où il est à remarquer que Justinian traita avec Childebert, roy de Paris, parce qu'il avoit une partie de ses États dans la Provence, et particulierement la ville d'Arles, comme on peut recueillir de l'auteur qui a écrit la *Vie de Saint Cæsarius* [3], et des epitres du pape Vigilius [4]. Le même Procope [5] rapportant ailleurs l'irruption que Theodebert fit dans les terres qui appartenoient à Justinian dans l'Italie, dit que Belissaire, qui commandoit alors les troupes

1. Senator. l. 8, ep. 1. Aleman. ad Procop. Hist. Arcan. — 2 L. 10. Alex. — 3. A. 1101. — 4. Freher Ep. Franc. — 5. To. 1, Hist. Franc. p. 802.

1. Epist. 10. — 2. L. 1, de Bello Goth. c. 14. — 3. Messian. Presb. l. 1, Vitæ S. Cæs. — 4. Vigilii PP. Epist. apud Baron. A. 538, 28 ; 545, 4 : 546, 61. — 5. L. 2, c. 25.

de l'empereur, écrivit à Theodebert, et se plaignit de ce qu'en cette occasion il avoit si fort méprisé les traitez, qu'il avoit jurez si solennellement avec son maître, qu'il ne faisoit aucune difficulté de les violer, et d'y contrevenir ; ce qui estoit indigne d'un prince puissant, comme il estoit. De sorte qu'il n'y a pas lieu de douter qu'il n'y ait eu des traitez d'alliance entre Justinian et Theodebert, ce qui est d'ailleurs confirmé par Gregoire de Tours [1], lorsqu'il parle de *Mummolus*, qui fut envoyé par Theodebert à Constantinople en qualité d'ambassadeur. Comme donc depuis ces alliances Theodebert commença à traiter l'empereur du titre de pere, ce qu'il ne faisoit pas auparavant, on pourroit presumer que Justinian l'adopta d'une adoption d'honneur, en vertu de laquelle il ait pû prendre celui de son fils. Ce qui est dautant plus probable, que ces adoptions se faisoient alors assez souvent par les empereurs, lorsqu'ils s'allioient avec les princes étrangers, qui les inventérent et en apportérent l'usage et la coûtume dans l'Europe, où elles estoient inconnuës auparavant. On peut dire la même chose de Childebert Ier, dont je viens de parler, qui traitoit pareillement Justinian du titre de pere, comme nous apprenons de quelques lettres que le pape Pelage [2] écrivit à Childebert, où, parlant de Justinian, il use de ces termes, PATER *vester præcellentissimus imperator*. Aussi je remarque qu'ensuite de ces alliances Childebert et ses sujets [3] avoient des déferences toutes particulieres pour l'empereur, comme s'ils eussent esté ses vassaux.

On peut opposer à cét égard que cette qualité de pere, que Theodebert et les deux Childeberts donnent dans leurs lettres aux empereurs Justinian et Maurice, n'est qu'un style de chancelerie, et que les princes étrangers traitoient ainsi ordinairement les empereurs. C'est ce qu'il y a lieu de revoquer en doute, veu que l'inscription de la premiere lettre de Theodebert semble marquer le contraire, puisqu'elle ne porte pas ce titre, mais seulement celles des deux suivantes, qui furent écrites aprés les traitez d'alliance. D'ailleurs Marculfe [4], qui n'estoit pas éloigné de ces siécles-là, et qui a dresé les formules, c'est à dire le style de la chancelerie de France, nous apprend que les rois écrivans à d'autres rois les traitoient de freres, en ces termes. « Domino glorioso atque « præcellentissimo fratri, illi regi, in Dei nomine ille rex. » Où le terme de *præcellentissimus* est à remarquer, qui se trouve dans les inscriptions des lettres que Theodebert et Childebert Ier écrivirent à Justinian, et qui est un titre qu'on donnoit même à nos rois, comme on recueille des epîtres de saint Gregoire le Grand [5]. Cét usage est conforme à ce que Gregoire de Tours [6] écrit, qu'Alaric, roy des Goths, traitoit du nom de frere le roy Clovis Ier. En second lieu nous ne voyons pas que les princes de ce temps-là écrivans aux empereurs les ayent jamais traitez de péres, mais bien de freres. Constantin le Grand écrivant à Sapor, roy de Perse, lui donne ce titre [7]. L'empereur Justin donne à Cabades, aussi roy de Perse, le nom de frere, dans Theophanes [8] : et Cosroes dans un autre auteur [9] à l'empereur Justinian. Un autre Cosroes en use de même à l'égard de l'empereur Heraclius [10]. Charlemagne [11] dans les lettres qu'il écrivit à l'empereur Nicephore, le qualifie aussi son frere ; ce qui a fait dire à Eguinart que ce prince ayant pris la qualité d'empereur, « invidam sus-« cepti nominis. Constantinopolitanis imperatoribus super « hoc indignantibus, magna tulit patientia. vicitque eorum « contumaciam magnanimitate, qua ei procul dubio longe « præstantior erat, mittendo ad eos crebras legationes et in « epistolis eos fratres appellando. » Dans Anne Comnene [12] l'empereur Alexis traite l'empereur Henry de frere. Loüis le Jeune écrivant à Louys VII, roy de France, au recit d'un auteur [13] de leur temps, « prolixam adulationem depinxit, regem nos-« trum nominando sanctum, amicum, et fratrem. » Je ne veux pas icy enfler mon discours et des autres exemples qu'on pourroit rapporter des rois et des princes qui se sont traitez de freres, parce qu'outre qu'ils ont esté observez par quelques auteurs de ce temps ; je n'ay entrepris que de marquer ceux qu'ils font au sujet des empereurs [14]. De sorte qu'on peut dire qu'on ne lit pas que les rois les ayent qualifiez du titre de peres, hors cette occasion de l'adoption d'honneur. Il est vrai que Cosroes, roy de Perse, écrivant à l'empereur Maurice, lui demande la permission de se servir de son fils et son suppliant, Χοσρόης ὁ σὸς υἱός καὶ ἱκέτης [15]. Mais ce fut la seconde qualité qui lui fit rechercher la premiere, estant tombé dans la disgrace de la fortune, qui lui fit reclamer le secours de l'empereur contre Varam, qui l'avoit deposseddé de ses Etats. Mais lorsque les empereurs accordoient les adoptions d'honneur aux princes étrangers, comme la plûpart de ces princes n'avoient pas de peine de leur ceder en dignité, ils ne faisoient pas aussi de difficulté d'embrasser la qualité de fils et de leur accorder celle de peres.

Je ne sçay pas si je dois rapporter à ces traitez d'alliance que Theodebert fit avec Justinian deux monnoyes d'or de ce prince françois qui nous ont esté representées par M. Bouteroüé [1], conseiller en la cour des monnoyes, dans les curieuses et sçavantes recherches qu'il a faites sur celles de nos rois de la premiere race [2]. D'un côté il paroit un prince armé et couvert à la romaine, le javelot sur l'épaule droite, le bouclier dans le bras gauche, sur lequel est empreint un cavalier avec le javelot en la main. La teste du prince est couverte d'une couronne, ou d'un diadéme en forme de casque, dont je feray la description plus exacte dans la Dissertation suivante, et pour inscription on y lit ces mots, DN. THEODEBERTVS. VICTOR; en l'autre revers est une victoire avec des aisles, tenant de la main droite une longue croix, avec ces caracteres à l'entour, VICTORIA AVCCCI ; au dessous de la figure est le CONOB. qui se rencontre en la plûpart des medailles du Bas-Empire. L'une de ces monnoyes a encore aux côtez et aux pieds de la victoire ces deux lettres R. E.

Cette espéce de monnoye peut recevoir deux explications. Car, en premier lieu, comme elle represente en ses deux faces, ou revers, les mêmes figures qui se rencontrent dans les medailles de Justinian, on pourroit avancer avec beaucoup de fondement que Theodebert, ayant conclu les traitez d'alliance avec cét empereur, dont j'ay parlé cy-dessus, et ayant esté adopté par luy à la mode des gentils (si toutefois on doit présumer cette adoption des termes de ses letttres), pour donner des marques de l'estime qu'il faisoit de son amitié fit empreindre, et la figure et les devises de Justinian, telles qu'il les faisoit marquer dans ses monnoyes, qui sont entierement semblables à celles qui se rencontrent dans les monnoyes de Theodebert, comme on peut aisément recueillir en les conferant avec celles de Justinian, dont Alaman [2] nous a donné l'empreinte. Baronius [3], Lipse [4] et Gretzer [5] nous en ont representé d'autres de cét empereur avec les mêmes figures, sauf qu'au lieu de javelot il porte un monde croisé. Chifflet, en son *Childeric* [6], nous a pareillement donné les empreintes de plusieurs monnoyes du bas Empire, et entre autres de Theodose le jeune, de Valentinian III, de Marcian, de Leon, de Zenon, de Nepos, et de Basilisque, qui y sont tous figurez avec le même diadéme, le javelot et le bouclier orné de la figure du cavalier. ce qui peut donner sujet d'inférer que la figure qui se rencontre dans la monnoye de Theodebert est celle d'un empereur.

Quant à l'autre revers, il se trouve pareillement semblable dans les monnoyes de Justinian : en sorte qu'il semble confirmer que la figure qui est representée en l'autre est celle de cet empereur, puisque l'inscription y marque les victoires d'un empereur, ce que l'on ne pourroit pas attribuer à Theodebert, qui ne s'arrogea jamais ce titre, mais se contenta de celuy de roy, qui lui est attribué dans ses autres monnoyes. Le CONOB. estoit particulier pour les monnoyes de l'Empire, ou des empereurs, ne se trouvant que trés-rarement en d'autres. Et parce que l'explication de ces lettres, ou plûtot les conjectures qu'on peut apporter sur ces caracteres, ont esté données par les sçavans [7], aussi bien que sur les trois CCC. ou GGG. qui suivent AV. et la lettre I, qui se rencontre aprés ces lettres, je n'en diray rien en cet endroit. Je remarque seulement que les rois goths d'Italie, qui ont toûjours contrecarré les empereurs, et qui, au rapport de Procope, se sont arrogez les mêmes ornemens qu'eux, n'ont jamais entrepris de faire graver dans leurs monnoyes ni le CONOB ni le VICTORIA AVGGG. Theodat, qui fut souvent en guerre avec Justinian, et qui eut peine à s'abaisser aux hommages et aux reconnoissances de ses prédecesseurs, paroit dans ses monnoyes avec les ornemens imperiaux, et avec un bonnet ou diadême fermé, different de celuy des empereurs, avec ces caracteres : DN. THEODAHATVS. REX. Mais quoy qu'en l'autre revers il y ait une victoire postée sur la pointe d'un vaisseau, on n'y lit que le *lituus*, il se contenta d'y faire graver ces mots, VICTORIA. PRINCIP. ou, comme ils

---

1. L. 1, de Glor. Mart. c. 31. — 2. Epist. apud Baron. A. 556, 27, 29. — 3. Baron A 545, 7. — 4. L. 1, form. 9. — 5. L. 4, ep. 1, 59 ; 1. 11, ep. 10. — 6. L. 2, Hist. c. 35. — 7. Euseb l. 4, de Vita Const. — 8 P. 143 — 9 Menander Prot. in Legat. — 10. Chron. Alex. p. 918. — 11. Alcuin, ep. 111. Eghin ; Baron. A. 871, 54. — 12 l. 2, p. 93. — 13. Odo de Diogilo, p. 15. — 14. Otho Fris. l. 1, de Gest. Frid. c. 23, 24. tom. 4, Hist. Fr. p. 539 ; Meurs. in Ἀδέλφατον, Hadr. Valesius, ad Ammian, l. 17. — 15. Simocatta, l. 4, c 11.

1. En ses monnoyes de France, p. 230. — * [Voir tom. IV du Glossaire, pl. 1, num. 9.] — 2. Ad Procop. Hist. Arc. p. 115, edit. reg. — 3. A. 527, 62 ; M. Bouter. p. 132, 133. — 4 L. 3, de Cruce, c 46. — 5. De Cruce, p. 1855. — 6. In Anast. Child. c. 17. — 7. Anton. Aug. Dial. 7, de numism ; Gretzer, tom. 1, de S. Cruce, l. 2, c. 56 ; Occo, p. 566 ; S.-Amant, tom. 3, p. 503 ; Chifflet, in Anast. p. 263, 264.

se trouvent écrits dans une autre monnoye de cuivre de ce roy, VICTORIA PRINCIPVM : termes qui semblent marquer ses victoires en particulier, quoy que Baronius estime qu'il voulut par là flater Justinian au sujet de celles qu'il remporta sur le roy des Vandales [1]. Enfin on ne remarque en aucune autre monnoye de nos rois la forme de la couronne qui est figurée en celle de Theodebert : au contraire, ils y paroissent presque toûjours avec le diadême de perles, ou avec la couronne de rayons, l'ombelle, le mortier, et le casque, comme je feray voir dans la Dissertation suivante.

Il n'est pas sans exemple que des princes ayent fait battre leurs monnoyes sous l'image et la figure d'un autre prince. L'histoire de ce siècle-là, auquel Theodebert vécût, nous en fournit dans les personnes d'Athalaric, de Theodat, de Vitiges et de Thelas, rois des Goths d'Italie, dont les monnoyes ont d'un côté les portraits des empereurs Justin, Justinian, et Anastase, avec l'inscription de leurs noms, et dans l'autre revers une couronne de laurier avec les noms de ces princes au milieu [2]. Il est vrai que ces rois goths rendirent ces deferences aux empereurs en suite de la promesse que Theodoric fit à Zenon, que s'il conquerroit l'Italie sur Odoacre, qui la possedoit, il la tiendroit de luy, et en seroit son vassal. C'est pourquoy nous lisons [3] que Theodoric effecta toûjours de conserver la paix avec les empereurs, jusques-là qu'ayant declaré Athalaric, fils de sa fille, son successeur en ses Estats, *ei in mandatis dedit, ac si testamentali voce denuntians, ut principem orientalem placatum semper propitiumque haberet* [4]. Ce fut donc sur la politique de ce prince que Totilas [5], l'un de ses successeurs, recherca d'estre en paix avec Justinian, au recit de Procope. Pour parvenir à l'obtention de cette paix ces princes furent obligez d'accorder les principaux honneurs aux empereurs, et de les reconnoître pour leurs souverains. Theodat [6] même s'obligea par le traité qu'il fit avec Justinian de ne pas souffrir qu'on luy elevât aucune statuë, qu'on ne fist la même à Justinian, qui devoit avoir la sienne à la droite. Ainsi il est à présumer, quoy que l'histoire n'en fasse pas mention, que dans les traitez de paix que les empereurs firent avec les Goths d'Italie il fut arrêté que leurs portraits y tiendroient pareillement le premier lieu.

Je demeure d'accord qu'on ne peut pas dire la même chose de Theodebert Ier et des deux Childebert : et je conviens que comme nos premiers rois n'ont jamais esté vassaux des empereurs d'Orient, il n'est pas probable qu'ils se soient abbaissez à cette lâcheté, que de consentir par des traitez que leurs monnoyes portassent la figure et les devises des empereurs : mais il n'est pas inconvenient que pour flater ces seigneurs du monde, ainsi qu'on les qualifioit alors, ils n'ayent quelquefois fait battre des monnoyes en leur bonneur, et qu'ils n'ayent souffert qu'on imprimât, ou leurs figures, ou leurs devises, pour gagner par là leurs affections. Car alors nos rois, non plus que les autres monarques, ne faisoient pas de difficulté d'accorder les deferences d'honneur aux empereurs, dont la domination estoit plus étenduë bien plus grande que celle de ces petits princes, qui se faisoient plus signaler par leur valeur et par leurs armes que par le nombre des provinces qui estoient sous leur gouvernement. C'est pourquoy nous lisons si souvent qu'ils tenoient à honneur de recevoir les titres des dignitez de la cour de l'Empire, qui leur estoient déferez par les empereurs. Ainsi Theodoric, roy des Ostrogoths [7] ayant esté mandé par Zenon en sa cour, cet empereur *digno suscipiens honore inter proceres Palatii collocavit*. Quelque temps après il l'adopta d'une adoption d'honneur, et le fit consul ordinaire : *quod « summum bonum, primunque in mundo decus edicitur,* » ainsi qu'écrit *Jornandes* ; car les premieres dignitez qu'il possedà à cette cour furent celles de *magister militum* et de patrice. Sigismond, roy de Bourgogne, en obtint aussi celle de patrice de l'empereur Anastase [8], qui conferà pareillement celle de consul à Clovis Ier du nom, qui en fit les fonctions ou du moins les ceremonies.

C'est donc à ces dignitez qu'il faut rapporter ces termes dont la même Sigismond roy de Bourgogne use dans la lettre qu'il écrivit à Anastase [9] : « Nam licet mundum latere nequeat « vestra prosperitas, et orbem suum quibus perspicuæ clari- « tatis illustret, dulce tamen est, si hi quos militiæ fascibus, « et peculiaris gratiæ pietate sustollitis, quos in extremis « terrarum partibus aulæ pollentis contubernio, et veneranda

« Romani nominis participatione ditatis, specialiter gaudia « vestræ perennitatis agnoscant, quæ generaliter cunctis « fama concelebrat. » Mais ce que ce prince ajoute dans la suite montre clairement que ces petits souverains ne feignoient pas de se dire vassaux et sujets de l'Empire, quoy qu'ils n'en relevassent point : « Ornat quippe imperii vestri « amplitudinem longinquitas subjectorum, et diffusionem « reipublicæ vestræ asserit quod remotius possidemur. » Et dans une autre épitre [1] il tient un semblable discours : « Vester quidem is populus meus, sed me plus servire vobis « quam illi præesse delectat. Traxit istud à proavis generis « mei apud vos, decessoresque vestros, semper animo Romana « devotio, ut illa nobis magis claritas putaretur, quam vestra « per militiæ titulos porrigeret celsitudo, cunctisque autori- « bus meis semper magis ambitum est quod a principibus « sumerent, quam quod a patribus attulissent. Cumque « gentem nostram videamur regere, non aliud nos quam « milites vestros credimus ordinari. » Termes qui font voir que ce prince s'abbaissoit jusques à ce point que de se dire vassal de l'empereur, quoy qu'il fust indépendant de luy. Tant il est vrai que tous les petits souverains de ce temps-là n'estoient rien en comparaison des empereurs, et qu'il n'y en avoit pas un qui ne leur rendist les dernieres soûmissions : « Non minuit majestatem vestram, dit le même prince, quod « accurrere non omnes valent : satis et reverentiam vobis « debitam sufficit, quod omnes e propriis sedibus vos « adorant. » Ce n'est pas que j'estime que le terme de *miles* en cet endroit signifie un vassal, comme il a esté usurpé dans la suite du temps, mais seulement un officier, comme on peut recueillir encore de quelque passage de Gregoire de Tours [2]. En tout cas nous voyons que Theodoric, roy des Ostrogoths, parlant à Zenon, ne fait pas de difficulté de luy tenir ce discours : « Ego qui sum servus vester et filius [3].

Toutes ces soumissions de ces petits princes envers les empereurs, dont nous avons d'autres exemples en l'*Histoire Byzantine*, peuvent faire présumer avec beaucoup de fondement qu'ils ont pû s'abbaisser à celle de faire frapper de la monnoye en leur honneur, quoy qu'ils fussent indépendans de ce vaste empire quant au gouvernement de leurs Estats. Car ce que l'on avance si universellement qu'il n'y en a pas que des souverains ayent jamais fait fabriquer de la monnoye en leurs terres, sous le nom, la figure, et les marques d'autres princes étrangers, se détruit par les monumens contraires, que l'antiquité a reservés pour nos siecles, car les antiquaires conservent des monnoyes, ou des medailles, de Roemetalces, roy de Thrace, qui ayant receu de puissans secours de l'empereur Auguste en la guerre qu'il eut contre Vologese, fit battre une monnoye en l'honneur de cet empereur, où d'un côté sont son portrait avec ces mots, ΚΑΙΣΑΡΟΣ. ΣΕΒΑΣΤΟΥ ; en l'autre revers sont deux visages l'un sur l'autre, que M. Seguin, doyen de Saint-Germain l'Auxerrois de Paris [4], qui nous a donné les empreintes de ces monnoyes, estime ceux de ce roy et de sa femme, ou bien d'Auguste, et de Livie, avec ces termes, ΒΑΣΙΛΕΩΣ ΡΟΙΜΗΤΑΛΚΟΥ. Il s'en voit une autre [5], de Demetrius, roy de Syrie, avec cette inscription : ΔΙΜΗΤΡΙΟΥ. ΒΑΣΙΛΕΩΣ. ; et en l'autre revers ΣΕΒΑΣΤΟΥ. ΒΑΣΙΛΕΩΣ., qui fait voir qu'il fut frappée par ce roy en l'honneur du même empereur. M. Seguin [6] nous a donné l'empreinte d'une medaille tres-curieuse, d'Herode, roy de la Calcide, que ce prince fit frapper en l'honneur de l'empereur Claudius. dont il estoit amy, avec ces mots au milieu d'une couronne de laurier, ΚΛΑΥΔΙΩ. ΚΑΙΣΑΡΙ. ΣΕΒΑΣΤΩ. ; en l'autre revers est la figure d'Herode, avec ces caracteres, ΒΑΣΙΛΕΥΣ. ΗΡΩ......ΔΙΟΣ. où M. Seguin restituë judicieusement le mot entier de ΦΙΛΟΚΛΑΥΔΙΟΣ, par un de ces caracteres effacez. Enfin le public luy est encore redevable de la monnoye de Lucille [7], femme de l'empereur *Lucius Verus*, qui porte d'un côté la figure de cette imperatrice, avec ces mots, ΛΟΥΚΙΛΛΑ. ΣΕΒΑCΤΙΙ. : de l'autre une Ceres, avec ces caracteres, ΒΑCΙΛΕΥC. ΜΑΝΝΟC. ΦΙΛΟΡΩΜΑΙΟC. ; termes qui monstrent clairement que le roy *Mannus*, qui estoit un prince dans l'Arabie, n'avoit fait battre cette monnoye que en qualité d'amy et d'allié, et non de sujet de l'Empire, en honneur de cette imperatrice, avec laquelle probablement il avoit eu quelques entretiens familiers, lorsqu'elle fut à Antioche avec son mary. Il en est de même des monnoyes des Abgares [8], rois des Osrhoëniens et des Edesseniens, où d'un côté ces princes paroissent avec un diadême ouvert par le côtez en forme de croissant, semblable à la tiare des Perses dont parle *Sidonius* [9] en ce vers :

---

1. Oct. Strada, p. 230. Baron. A. 534, 72 : Monnoye de Theodat, appart. à M. du Mont, conseiller à Amiens. — 2. Oct. Strada, p. 210, 231, 234. Occo, p. 583. Paul. Pet in Gnorism. p. 2. — 3 Baron. 536, 3. Jorn c. 57, Freculf. tom. 2, l. 5, c. 18 ; Senator, l. 1, ep 1. — 4. Jorn. c. 50. — 5. Procop. l. 3, de Bello Goth — 6. Id., l. 1, c. 6. — 7. Jorn. c. 57. — 8. Avitus, ep. 7 ; Greg Tur. l. 2, Hist. c. 38. — 9. Avit. ep. 69.

1. Epist. 83, 84. — 2. L. 4, Hist. c. 36. — 3. Jornand. c. 57. — 4 In select. numis. p. 33. — 5. Occo, p. 82. — 6 P. 41. — 7. P. 152. — 8. M. de Saint-Amant, en ses Comment., tom. 1, p. 636 ; tom. 2, p. 518, 519, 520 ; Occo, p. 437, 438. — 9. Carm. 2.

Flectit Achæmenius lunatam Persa tiaram.

Et de l'autre, les empereurs Marc-Aurele, Septimus Severe, et Gordian III : car tous les sçavans demeurent d'accord que ces monnoyes furent frappées par ces rois, qui firent empreindre les figures et les titres de ces empereurs, pour une marque d'honneur et d'amitié.

Il n'est donc pas sans exemple que des princes souverains ayent fait battre de la monnoye en l'honneur des empereurs : et je ne sçay pas même si on ne doit pas rapporter à cette pratique et à cét usage celles qui portent le nom de Childeric et de Chlotaire conjointement, ou le CONOB, se rencontre [1] : estant constant que Childeric fit divers traitez avec les empereurs d'Orient, et particulierement avec Tibere, qui le regala de plusieurs présens [2], et, entre autres, de diverses grandes medailles d'or, chacune du poids d'une livre, qui avoient d'un côté son portrait, avec ces mots : TIBERII CONSTANTINI PERPETVI AVGVSTI.; et de l'autre le même prince dans un char tiré de quatre chevaux, avec ceux-cy · GLORIA ROMANORVM. Quant à Chlotaire, j'ay remarqué qu'il entra pareillement en traité avec Justinian pour la guerre d'Italie, au même temps que Theodebert et Childebert Ier. De sorte qu'on pourroit avancer, non sans fondement, que toutes les monnoyes de nos rois de la premiere race qui ont ces mots : VICTORIA AVGGG. et le CONOB., ont esté frappées en l'honneur des empereurs par nos princes, lorsqu'ils ont voulu gagner leurs affections et les engager dans leur protection. M. Petau [3] nous en a représenté une d'or où d'un côté est la figure d'un roy, avec ces mots : VICTVRIA AVGS., et de l'autre une victoire, tenant de la gauche une croix avec ces caracteres : VICTVRIAVG., et au dessous, CON. M. Bouteroue nous en a donné une autre, qui d'un côté a la figure d'un roy avec le nom du monetaire, DOCCIO MONET. et de l'autre une victoire avec ces mots : VICTORIA AVG. CONOB. Cette monnoye fut frappée à Lyon, comme on peut recueillir d'une qui porte le nom du même monetaire, et celuy de la ville de Lyon. Ce qui me fait avancer, que la plûpart de cette espèce de monnoye fut frappée par les rois de Bourgogne, ou d'Austrasie, qui eurent alliance avec les empereurs. Mais ce qui peut former quelque difficulté sur ce sujet est un passage de Procope [4], qui dit que les rois françois n'avoient pas coûtume de battre leurs monnoyes d'or qu'avec leurs figures, et non avec celles des empereurs, comme les autres princes avoient accoûtumé de faire, indiquant par là les rois goths d'Italie, et nommant aussi entre ces princes les rois de Perse [5]. A quoy l'on peut repliquer que cela est vray à l'égard de nos rois, qui n'ont jamais reconnu les empereurs pour leurs souverains ; mais si Theodebert et quelques autres ont fait imprimer leurs figures et leurs devises, ce n'a esté que pour les flater, et non point par devoir. Ce qui me fait croire que la monnoye de Theodat dont j'ay fait la description, et où la figure de ce prince paroît, fut frappée durant les guerres qu'il eust avec Justinian, ne se trouvant que cette monnoye d'entre celles des rois goths qui n'ait pas la figure des empereurs.

Voilà à peu près ce qui se peut dire en faveur de cette opinion, touchant l'explication des monnoyes de Theodebert. Mais, comme tout cela n'est fondé que sur des conjectures, on peut aussi tourner la medaille, et dire que ce prince lui fit frapper avec ces figures et ces devises pour contrecarrer la vanité de Justinian. qui prenoit dans ses titres celui de FRANCICVS, ou de vainqueur des François. Car l'Histoire [6] remarque que cela irrita tellement ce prince victorieux et magnanime, qu'il résolut de rompre les traitez qu'il avoit faits avec cét empereur, et de passer dans Italie avec une armée de cent mille, ou, selon Frcculfe [7] de deux cens mille hommes. Gregoire de Tours [8] dit qu'il y fut en personne jusques à Pavie, qu'il y fit de grands progrés, et qu'enfin ayant esté obligé de retourner en ses Etats à cause de la maladie qui attaqua ses troupes, il y laissa Buccelin et Mummolene pour chefs, qui défirent Narsés, général de l'empereur en plusieurs rencontres, et conquirent une grande partie de l'Italie. Les auteurs rapportent cette entreprise de Theodebert à l'an de Nostre Seigneur 540, c'est à dire ans aprés la défaite de Vitiges par Belissaire. De sorte qu'on pourroit avancer avec quelque fondement, que Theodebert, ayant ainsi vaincu Justinian dans l'Italie, et s'estant rendu maître de la plus grande partie des provinces que les Goths y avoient possedées, il en prit le titre de roy, et comme eux s'arrogea les ornemens imperiaux. Ce qui peut confirmer cette conjecture est l'inscription de ses monnoyes, qui a beaucoup de rapport avec

[1]. M. Bouter., p. 249, 301 ; Greg. Tur. — 2. Greg. Tur. l. 6, c 2. — 3. In Gnorism. — 4 l. 3, de Bello Goth. c. 33. — 5. V. Sirmond. ad epist. 78, Aviti. — 6. Agath 1. 4, p. 15, edit reg.; Proc loc. cit.. Vita Sancti Joann. Abb. Reom. 1 2, c. 1. § 4. — 7. Tom. 2, l. 5, c. 21. — 8. L. 3, Hist. c. 32.

celles des rois goths d'Italie, qui, à l'exemple de quelques empereurs de leur temps, mettoient devant leurs noms ces deux lettres D. N., c'est à dire *Dominus noster*, ce que fait Theodebert en celles-cy, n'ayant pas remarqué qu'aucun de nos rois les ait fait graver dans ses monnoyes.

Theodebert toutefois n'y prend pas le nom de roy, mais seulement le glorieux titre de vainqueur, VICTOR, pour marquer les avantages qu'il remporta, tant sur Justinian que sur ses autres ennemis, et pour montrer qu'il avoit plus de sujet que lui de se l'arroger. Et veritablement il a esté l'un de nos princes qui a le plus signalé sa valeur dans les occasions, qui a le plus remporté de victoires, et qui a eu le bonheur de pousser bien avant toutes ses conquêtes. Ce qui a fait dire à Aurelian, archevesque d'Arles, en la lettre qu'il lui écrivit [1] : « Multum namque tuis onusta virtutibus currit « fama cum pondere, et veris opinionibus jam adsucta fi- « tantum dicidit non mentiri. » Puis, exaggerant ses hautes actions et son courage invincible : « Cedant si qua sunt man- « data literis facta priscorum, supergrederis antiquitatem « exemplis, tempora meritis, maximus dominio, quia magnus « in voto, felix conscientia, cum plus in vita. » Cette réputation de ce grand prince alla si loin, que Justinian eut la curiosité de sçavoir qu'elles estoient les provinces qu'il avoit conquises, et qui estoient les peuples qui lui obéissoient. A quoy Theodebert répondant, il les lui marque avec une espèce de bravade en l'une de ses lettres, en ces termes : « Id « vero quod dignamini esse solliciti in quibus provinciis « habitemus, aut quæ gentes nostræ sint. Deo adjutore, « subactis Thuringis, et eorum provinciis acquisitis, extinc- « tis ipsorum tunc temporis regibus, Norsavorum gentis « nobis placata majestas colla subdidit, Deoque propitio « Wisigothis qui incolebant Franciæ septemtrionalem « plagam. Pannoniam cum Saxonibus Euciis, qui se nobis « voluntate propria tradiderunt, per Danubium et limitem « Pannoniæ, usque in Oceani littoribus, custodiente Deo, « dominatio nostra porrigitur. » Où il est à remarquer qu'il paroît par ce discours que Justinian n'avoit eu autre pensée que de sçavoir le nombre et la qualité de ses conquêtes, et s'il y avoit étably sa cour et sa residence en quelques-unes, n'ayant pas douté que son partage fust dans la France, comme celui des autres rois.

Il ne faut donc pas s'étonner si toutes ses victoires remportées sur tant d'ennemis lui firent meriter à bon droit cét illustre titre de vainqueur, qu'il affecta de prendre dans les monnoies qui font la matiere de ce discours, et dans deux autres, l'une desquelles porte ces caracteres à l'entour de la figure, qui est ornée d'un bandeau de perles [2], THEODEBERTI A—; c'est à dire *Theodeberti Victoris*, le dernier mot estant désigné par l'V renversé. que quelques-uns prennent pour un C. Dans l'autre la teste de ce prince [3] est couverte d'une espece de diademe en forme de casque, avec ce mot VICTORIA, au revers est une tour, sur laquelle est écrit METIS, qui est le nom de la ville de Mets, capitale de l'Austrasie, où elle fut frappée, et à l'entour VICTORIA THEODIBERTI.

Quant à ce que dans les revers de ces monnoies dont nous traitons il y a VICTORIA AVGGG. et le CONOB., on peut se persuader que comme Theodebert affecta dans les autres d'y paroître avec les habits et les accoutremens imperiaux, il voulut aussi en ceux-cy faire representer les devises ordinaires de l'empire, pour marquer à tout l'univers son independance et sa souveraineté, et pour contrecarrer et braver en tout la vanité ambitieuse de Justinian, qui avoit témoigné par les titres imaginaires qu'il prenoit si publiquement, que toute la nation françoise estoit soûmise à ses ordres et à son empire. On pourroit encore dire que Theodebert et ceux qui ont fait frapper les monnoyes qui portent les devises des empereurs, dont nous avons parlé, en userent de la sorte pour leur donner un plus grand cours dans les pays étrangers, comme nous voyons que dans la troisiéme race de nos rois les ducs et les comtes qui avoient droit de faire battre monnoye affectoient de les rendre à peu prés semblables en figures à celles des rois. J'ay étallé toutes les raisons qui peuvent autoriser les deux explications pour les monnoyes de Theodebert, laissant à un châcun la liberté de prendre tel party qu'il voudra : « Hæc putavi colligenda, tu sequere quod « voles [4]. »

Mais si les conjectures qu'on peut apporter sur le sujet des monnoyes de ce prince peuvent partager les esprits des plus sçavans, celle qui a encore esté representée par M. Bouteroué [5], et qui porte le nom de l'empereur Maurice, n'a pas

[1]. Tom. 1, Hist Fr. p. 857. — 2. M. Bouter. 231, 232, 233. — 3. Sirmond. ad Avitum. — 4. Terentian. Maur. — 5. P. 436.

moins formé de différentes opinions. Cette monnoye est d'or, et a d'un côté la figure de cét empereur, avec ces mots à l'entour, DN. MAVRICIVS PP. AV. De l'autre est la figure du *Labarum*, avec l'A, et l'Ω, qui cependant ne se rencontre en aucune autre des monnoyes de Maurice. A l'entour sont ces mots : VIENNA DE OFFICINA LAVRENTI. Cette derniere inscription m'a fait avancer que cette monnoye a esté frappée en la ville de Vienne en Dauphiné, et par conséquent par un de nos rois, qui vivoit sous l'empereur Maurice, puisqu'il est constant que de son temps les empereurs n'avoient aucune souveraineté dans la France.

Les raisons sur lesquelles j'appuie ma pensée me semblent si fortes que je n'estime pas qu'il y ait lieu d'en douter. La premiere est qu'au temps de Maurice il n'y avoit aucune ville dans l'Europe qui portât le nom de *Vienna* : et ainsi on ne peut pas dire que cette monnoye ait esté frappée ailleurs qu'en la ville de Vienne en France. Je sçay bien que quelques sçavans se sont persuadez qu'elle peut avoir esté frappée à Vienne en Austriche par les Avares, qui la tenoient alors, et qu'il se peut faire que par quelque paix, qui fut concluë entre le chagan, ou le roy des Avares, et Maurice, il fut accordé que ce prince infidèle qu'il feroit frapper ses monnoies dans ses villes avec la figure de l'empereur et ses devises. Mais j'aurois peine à me rendre à cette conjecture pour beaucoup de raisons qu'il est necessaire de déduire avant que de passer plus outre.

L'histoire[1] remarque que les Avares, que quelques auteurs appellent Huns, ou Chuns, qui tenoient au temps de Maurice une partie des Pannonies, et qui habitoient les contrées voisines du Danube, furent longtemps en guerre avec cét empereur, et qu'ils ne concluerent la paix qu'à condition que, quoy que le fleuve dût servir de borne aux empires, il leur seroit permis neantmoins de le traverser pour aller faire la guerre aux Sclavons. Par ce traité Maurice s'obligea de leur fournir une somme de vingt mille sols d'or, par forme de tribut et pour obtenir la paix de ces peuples inquiets. Il resulte premierement de ce traité que la ville de Vienne en Austriche, si toutefois elle paroissoit alors sous ce nom, estant sur la rive gauche du Danube, estoit par conséquent dans les États du chagan des Avares. En second lieu il n'est pas probable qu'un prince victorieux, et qui avoit obligé un empereur à luy payer un tribut, eust souffert qu'on forgeât des monnoyes dans ses terres en l'honneur d'un prince à qui il avoit donné la loy. D'ailleurs les ecrivains[2] de ce temps-là remarquent que le chagan estoit d'un humeur si altiere, qu'il méprisoit les empereurs, et se donnoit des titres qui marquoient assez sa vanité et son ambition, prenant celui de despote des sept nations, et de seigneur des sept climats du monde. Enfin il n'est pas vray-semblable qu'un prince infidèle, et qui faisoit la guerre, non tant aux sujets de l'Empire qu'à leur religion, en ait voulu faire emprendre les marques dans ses monnoyes, ausquelles il ait voulu donner cours dans ses Etats. Et quand bien ce prince les auroit fait frapper, il est à présumer que les inscriptions auroient esté en sa langue, qu'il n'estoit pas la latine, comme furent celles des Huns sous Attila, auquel il avoit succedé.

Quant à la ville de Vienne en Austriche, il est encore constant que si elle subsistoit alors, elle n'estoit pas au moins connuë sous le nom de *Vienna*, qui ne se trouve dans les auteurs que longtemps depuis Maurice. Car à peine les historiens en font mention que du regne de l'empereur Frederic I. Othon[3], evesque de Frisingen, qui vivoit de son temps, en a parlé en ces termes : « Romanis inhabitatum Favianis dicebatur, declinavit. » Où il faut restituer indubitablement *Wienis*, ayant voulu exprimer le nom vulgaire de cette place *Wien*, que plusieurs estiment lui avoir esté donné de la petite riviere de même nom, qui l'arrose. La charte de la fondation de l'abbaye des Escossois, bâtie en cette ville par Henry, duc d'Austriche, l'an 1158, montre evidemment que ce terme de Vienne estoit moderne alors : « Abbatiam... in prædio nostro fundavimus, « in territorio scilicet Favianæ, quæ a modernis Wienna « nuncupatur. » Ce qui est si constant, qu'*Eugippius*[4], qui vivoit au même siècle que Maurice, et qui écrivit la *Vie de saint Severin* vers l'an 511, parlant de cette place, la nomme aussi *Favianis*, en ces termes : « Eodem tempore civitatem « nomine Favianis sæva fames oppresserat. » Où Velser, qui a le premier publié cet auteur en l'an 1595, dit ces mots : « In confesso, quod pluribus ostendit Lazius, Fabianis,

« truncatis utrimque syllabis, et A in E mutata. Wien vulgo « esse, Windebona alias. » Et quand on voudroit dire que de *Faviana* on en auroit formé *Viana* dans la suite du temps, on ne rencontreroit pas encore le nom de *Vienna*, qui se trouve en cette monnoye : ensorte que pour l'attribuer à la ville de Vienne en Austriche il faudroit cotter un auteur ancien qui l'eust reconnuë sous ce nom, ce qu'il ne seroit pas aisé de rencontrer.

Mais outre ces raisons, qui sont assez fortes, il y en a d'autres, qui ne meritent pas moins une sérieuse reflexion, pour montrer clairement que cette monnoye a esté frappée en France. Je ne veux pas mettre en ce rang celle qu'on peut tirer de ce qu'elle s'y rencontre, ayant esté tirée du cabinet de M Seguin, dont j'ay parlé, estant probable qu'elle a esté trouvée en France, et qu'elle n'y a pas esté apportée de l'Austriche. Celle qu'on peut tirer du mot MAVRICIVS est plus considérable, où l'S du milieu, quoy qu'inutile, ne laisse pas, cette lettre ainsi figurée ne se rencontrant que dans les monnoyes de France, où elle se trouve si souvent, que M. Bouteroüe, ayant dressé un alphabet des lettres dont nos premiers François usoient, l'y a comprise. D'ailleurs le mot d'*officina*, qui s'y rencontre, semble leur avoir esté familier, pour marquer le lieu où l'on battoit la monnoye, dont il ne faut autre preuve que cette medaille d'or de Julian l'Apostat, qui a pour inscription de son revers, OFFICINÆ LVGDVNENSIS. Ce qui fait voir qu'on appelloit ainsi vulgairement en France les forges des monnoyes, ausquelles les Latins donnoient le nom de *moneta*, et les Grecs celui d'Ἀργυροκοπεῖον. Cecy est encore confirmé par un passage de saint Oüen, en la *Vie de saint Eloy*, evesque de Noyon[2], écrivant que le pere de ce saint, ayant reconnu l'adresse de son fils dans les ouvrages des moins, *tradidit eum imbuendum honorabili viro, Abboni vocabulo, qui eo tempore in urbe Lemovica publicam fiscalis monetæ* OFFICINAM *gerebat, a quo in brevi hujus officii usu plenissime doctus, cœpit inter vicinos et propinquos in Domino laudabiliter honorari*. En effet, saint Eloy paroit ensuite en la cour de nos rois en qualité de monetaire, ayant esté employé par eux pour fabriquer les monnoyes du palais, appellées *monetæ palatinæ* dans leurs inscriptions, et dont il est parlé dans les *Capitulaires de Charles le Chauve*, se trouvant nommé avec ce titre en quelques-unes, et dont les figures ont esté représentées par M. Bouteroüe[3]. Il est vray que ce terme d'*officina* en cette signification n'est pas particulier pour la France, puisqu'il se rencontre dans diverses inscriptions que se voyent à Rome, dont l'une porte ces mots[4] : P. LOLLIO. MAXIMO. NVMMVLARIO. PRIMO. OFFIC. MONET. ARGENT. Une autre ceux-cy : D. M. M. VLP. SECVNDO. NVMMVLARIO. OFFIC. MONETAE. Et enfin une troisieme celle-ci : HERCVLI. AVG. SACRVM. OFFICINATORES. ET NVMMVLARI. OFFICINARVM. ARGENTARIARVM. FAMILLE. MONETARI. Dans la premiere de ces inscriptions le maître de la monnoye, ou des forges, et qui avoit l'intendance sur les autres ouvriers, est appellé *nummularius primus*, et dans la derniere *officinator* : terme qui est synonyme, et il est ainsi expliqué dans l'ancien Glossaire grec-latin : *Officinatores*, ἐργοστηριάρχαι. Il est aussi employé en ce sens par Vitruve[5] et Apulée[6], pour des maitres de boutiques. Mais quoy que le terme d'*officina*, pour une forge de monnoye, soit latin, il ne s'ensuit pas pour cela que nos François de ce temps-là ne l'ayent pû employer, aussi bien que celui de *monetarius*, n'y ayant pas plus de raison pour l'un que pour l'autre. Et quoy que l'élegance du discours latin ne regnât pas alors si universellement en France, à cause des incursions des nations étrangeres, qui avoient banny l'usage des lettres, il ne laissoit pas d'y avoir un grand nombre de personnes sçavantes, qui écrivoient assez élegamment, particulierement dans les provinces qui avoisinoient l'Italie, dont il ne faut autre preuve que les ouvrages de *Sidonius*, d'*Avitus*, d'*Aurelianus*, et autres qui ont vécu sous nos premiers rois Aussi le même *Sidonius* congratule deux orateurs de son temps de ce qu'ils avoient remis en vogue la pureté de la langue latine, et de ce qu'ils en avoient banny la barbarie[7] : et Sigismond, roi de Bourgogne, écrivant à l'empereur Anastase, dit qu'il lui envoye un de ses conseillers : « qui quantum ad ignorantiam Gallicanam, cæteros præire « litteris estimatur[8]. » Tant il est vray, que quoy que l'éloquence gauloise, estimée par les anciens[9], ait esté altéree

---

[Elle est semblable à celle de Childebert que l'on trouve dans le Glossaire, planche 1, num. 14. — 1. Paul Warnefr. l. 4. de Gest. Langob. c 27. Gesta Dagob. c. 28 : Theop. Simocatti, l. 7, c. 13 — 2 Theop. Simocatta, l 1, c 3. l. 7, c. 7. — 3 L. 1, de Gest. Frid. — 4. C. 3, edit. We'seri, c. 1, § 9, edit. Boland. 8 ; Joan. Irenic. l. 11 . Eveges. Germ. p. 215.

1. P. 336, 342, 340, 354, etc. — 2. L. 1, c. 3. — 3. M. Bouter. p. 293, 376 Capit. Car. C. tit 31, § 19 — 4 Gruter, 638, 1 : 583, 7 , 15, 3. — 3 L. 6, c. 41. — 6. L. 9 ; Grat. 611, 3. — 7. L. 2, ep 10, l. 4, ep. 18 , l. 8, ep. 2 — 8. Avit. Ep. 80. — 9. V. Pithœum, in præ Lim. ad Quintil. Declam. Cressol. l. 1, vacat. autumn p. 23 , Savaron.; Annæum Rob. Budæum, l. 1, de Asse, etc. l. 1, § 6 , D. ad leg. Jul. pecul. Sidon. Carm. 23.

dans le commun du peuple, elle ne laissoit pas de se conserver en certain nombre de sçavans. Mais on pourroit avancer que le mot de *moneta* estoit incomparablement plus élegant que celui d'*officina*, puisque c'est ainsi que les Latins appelloient le lieu où l'on battoit la monnoye : jusque-là méme que quelques auteurs l'ont employé pour toute sorte d'officines, comme Seneque [1], Macrobe [2] et *Sidonius Apolinaris* [3].

Ce n'est pas encore un petit argument, à mon avis, pour convaincre que cette monnoye a été frappée en France, de ce que le nom du monetaire s'y trouve exprimé : car je n'ay pas remarqué que cette coûtume se soit observée ailleurs, non pas méme dans les monnoyes des rois des Visigoths en Espagne, dont les empreintes nous ont esté données par *Antonius Augustinus*. Le nom méme de ce monétaire, qui y est marqué, estoit familier alors dans la province Viennoise, comme l'on peut recueillir de quelques épitres d'*Avitus* [4], archevesque de Vienne, qui fait mention en divers endroits d'un *Laurentius*, auquel il donne le titre de *vir illustris*, qui en estoit originaire. D'ailleurs on ne trouve pas que les noms des villes où les monnoyes estoient frappées soient inscrits dans les cercles, sinon en celles de nos rois et en quelques-unes des Visigoths d'Espagne; car en celles du Bas-Empire [5], ils se trouvent souvent exprimez en abregé au dessous de la figure du revers.

Il a esté necessaire d'établir pour fondement de ce que j'ai à dire de cette monnoye dans la suite, qu'elle a esté frappée à Vienne en Dauphiné, pour inférer de là que ç'a esté par quelqu'un de nos rois, puisqu'il est certain qu'on ne la peut pas appliquer à Maurice, qui n'a jamais rien possedé dans la France ni dans le royaume de Bourgogne. Pour découvrir cette vérité, et le prince à qui on la peut attribuer, il faut remarquer qu'au temps de cét empereur Gontran estoit roi de la Bourgogne [6], qui après la mort de ses enfans adopta le jeune Childebert II, roi d'Austrasie, son neveu, incontinent après celle de Sigebert I, pere de ce prince, qui mourut en l'an 575 [7]. Childebert, en suite de cette adoption, traita son oncle du nom de pere, et Gontran [8] le reconnut pour son unique heritier, luy donnant le pouvoir de disposer de toutes choses, et reconnaissant que tout ce qu'il possedoit estoit à luy : « Omnia enim, quæ habeo ejus sunt, » ainsi qu'il parle dans Gregoire de Tours : toutefois la correspondance qui devoit estre entre ces deux princes fut souvent brouillée durant le cours de leur règne par divers incidents, au sujet des successions des oncles de Childebert [9], ou que Gontran se dechargeât souvent de ses affaires sur son neveu, si est-ce qu'il ne laissoit pas d'agir de son chef, jusques à ce que sur la fin de ses jours il s'enferma dans un monastère, où il mourut en reputation de sainteté.

Cela presupposé, il est probable que l'un de ces deux princes fit battre cette monnoye. Mais comme il est aussi à présumer que la ville de Vienne, estant la capitale du royaume de Bourgogne, appartenoit à Gontran, on pourroit en méme temps avancer que ce fut luy qui l'y fit frapper en l'honneur de Maurice : car Gregoire de Tours [10] semble confirmer cecy à l'égard de la possession de la ville de Vienne, écrivant que *Sabaudus*, évesque d'Arles estant mort, *Licerius*, referendaire de Gontran, luy succeda, et qu'*Evantius*, évesque de Vienne, estant pareillement decedé, *Virus*, l'un des senateurs, luy fut substitué par le choix que le roi en fit : ce terme de roy ne se pouvant entendre que de Gontran, duquel il avoit esté parlé peu auparavant.

Cependant on ne voit pas de raison assez puissante pour porter à croire que cette monnoye fut frappée par Gontran en l'honneur de Maurice, dautant que l'histoire ne parle d'aucuns traitez qu'il ait faits avec cét empereur, mais bien de ceux que Childebert fit avec ce prince. Ce qui m'a fait avancer qu'on la doit plûtot attribuer à Childebert, qu'à Gontran : car comme ces États confinoient à l'Italie, Sigebert, son pere, ayant succedé à ceux de Theodebert et de Thibaud son fils, qui en estoient voisins, comme on peut recueillir des guerres que ces princes eurent en Italie, cela présenta souvent occasion de faire des traitez d'alliance entre eux [11]. Il est vray que ce qui donna sujet d'abord à ces pourparlers fut la captivité du jeune Athanagilde, neveu de Childebert, qui avoit esté conduit à Constantinople après la mort d'Ingonde, sa mère. Mais depuis ce temps-là Childebert recherca avec beaucoup d'empressement par ses ambassadeurs l'alliance de Maurice, auquel il donne le titre de pere en la plûpart de ses lettres [12] : ce qui pourroit faire présumer

1. De Benef. l. 3, c. 35. — 2. L. 1, in Somn. Scip. c. 6. — 3. L. 4, ep. 1. — 4. Ep. 7, 41, 42, 43. — 5. M. Bouter. p. 179. — 6. Greg. Tur. l. 5, c. 6, 18, 26 — 7. Id. l. 6, c. 3. — 8. Id. l. 9, c. 20 ; Aimoin. l. 3, c. 79. — 9. Tom. 2, Spicil. Acheriani, p. 41 ; Sigeb. — 10. L. 8, c. 39. — 11. Greg. Tur. l. 6, c. 40 ; ep. Fr. tom. 1 ; Hist. Fr. p. 867, 873. — ⁱb. ep. 25, 39, 42, 44, 45.

la méme chose que j'ay remarquée de Theodebert, que ce prince fut adopté par cét empereur. Il écrivit à cét effet à tous les grands seigneurs de la cour de Maurice, au patriarche, au légat apostolique, à Paul, pere de l'empereur, au fils de Maurice, et autres, pour les prier de donner leurs entremises pour l'obtenir. En celle qu'il écrivit au fils de l'empereur, il use de ces termes · « Et quia ad serenissi- « mum atque piissimum PATREM nostrum, genitorem ves- « trum, Mauritium Imperatorem...... legatarios direximus. » Et dans une autre [1] qui fut adressée à Childebert de la part de Maurice, cét empereur y est traité du titre de pere, et l'Impératrice de celui de sœur de ce prince. Ce qui montre que celui de pere estoit personnel pour l'empereur, probablement acausé de l'adoption d'honneur, et que celui de sœur regardoit le commun des souverains et des rois, qui se traitoient reciproquement du nom de frères [2]. Les conventions de ces traitez furent que Maurice feroit delivrer à Childebert cinquante mille sols, et que Childebert seroit tenu d'aller faire la guerre aux Lombards d'Italie. En suite de ces traitez, Childebert passa dans l'Italie en l'an 584 et obligea ces peuples à demander la paix, laquelle ayant esté arrêtée, il envoya ses troupes vers l'Espagne [3]. Cela n'agrea pas à Maurice, qui se plaignit du mauvais employ de son argent, et de ce qu'il l'amusoit de belles promesses, sans en venir aux effets. Enfin, pressé par ses ambassadeurs [4], il y retourna l'année suivante, et probablement continua cette guerre en sa faveur, veu qu'en l'an 588 il fit demander du secours à Gontran, son oncle, pour chasser les Lombards d'Italie, afin de reprendre cette partie qui avoit appartenu à son pere, et de rendre le surplus à l'empereur. Grégoire de Tours [5] remarque qu'il y envoya alors des troupes, après en avoir donné avis à Maurice par ses ambassadeurs, et qu'elles y furent taillées en pièces. Cette bonne intelligence de Childebert avec ce prince reçut quelque alteration par la rencontre d'un mauvais traitement que quelques gentilshommes de la suite de Grippon, ambassadeur de Childebert, qui alloit de sa part à Constantinople, reçût en Afrique [6]. Mais l'empereur ayant satisfait Grippon, Childebert envoya aussitôt ses troupes dans l'Italie, où les chefs trouvèrent les ambassadeurs de Maurice, qui leur donnèrent avis d'un grand secours, qui leur arrivoit de la part de leur maitre. Mais, outre que ce secours ne parût pas, la maladie s'estant mise dans les troupes de Childebert, cette entreprise fut sans effet. Enfin les Lombards, fatiguez des frequentes irruptions des François, envoièrent leurs ambassadeurs à Gontran pour obtenir la paix, avec promesse de luy obeïr et de lui conserver la méme fidelité que leurs predecesseurs. Gontran renvoya ces ambassadeurs à Childebert, qui les congedia, avec promesse de leur faire sçavoir sa réponse. Ce qui fait voir que cette guerre d'Italie se faisoit avec la participation et sous l'autorité de Gontran. Nous ne lisons pas si Childebert retourna depuis ce temps-là dans l'Italie, ni s'il fit de nouveaux traitez avec l'Empire depuis la mort de Gontran son oncle, ensuite desquels il auroit pû faire frapper cette monnoye en l'honneur de Maurice ; mais seulement que Theodoric, son fils, qui lui succeda au royaume de Bourgogne, envoya ses ambassadeurs à cét empereur pour lui offrir son secours contre les Avares [7], cas qu'il voulust luy fournir de l'argent pour la levée et l'entretenement de ses troupes.

Pour appliquer plus précisément toutes ces observations au sujet de cétte monnoye, qui porte le nom de Maurice, je dis qu'il se peut faire que Gontran l'ait fait frapper dans la ville de Vienne, en consequence des traitez d'alliance qu'il eut avec cét empereur pour marque de déference et d'honneur, quoy que l'histoire n'en fasse aucune mention : car il est constant que tous nos rois françois de premiere race eurent et firent des alliances avec les empereurs, ce qu'*Avitus* et les épitres de Theodebert et de Childebert, dont j'ay parlé, disent en termes formels; ce que l'on peut presumer d'autant plus de Gontran, que, comme j'ay remarqué, Childebert son neveu faisoit la guerre en Italie sous son aveu, et encore que notre histoire ne parle pas des traitez qu'il fit avec Maurice, il ne s'ensuit pas qu'il n'en ait pas fait, veu que Procope nous apprend que Childebert I et Clotaire estoient joints avec Theodebert et en ceux que ces princes firent avec Justinian, quoy que nos écrivains ne parlent en cette occasion que du dernier. Il se peut faire encore que Childebert, neveu et successeur de Gontran, la fit frapper dans la ville de Vienne après sa retraite et la mort de son oncle, ou méme de son vivant. Car comme il entra en quelque maniere dans le gouvernement des affaires de Gontran, après qu'il en eut

1. Epist. 39. — 2. Greg Tur. l. 6, c. 42. — 3. Epist. 41. — 4. Greg. Tur l. 8, c. 18. — 5. Id. l. 9, c. 20, 25. — 6. Id. l. 10, c. 2, 3, 4. — 7. Theoph. Simoc. l. 6, c. 3.

esté reconnu heritier, on peut aussi présumer qu'il agissoit avec autorité dans ses États, comme dans les siens. D'autre part, comme il est sans doute que les partages des princes françois de ce temps-là estoient meslez et engagez les uns dans les autres, et que les villes mêmes estoient souvent partagées par moitié, et appartenoient quelquefois à deux et à trois, il n'est pas inconvenient de croire que Childebert ait possédé celle de Vienne de son chef, ou qu'il y ait eu part, puisque nous lisons que Gontran luy fit don de la moitié de Marseille, et qu'il possedoit la ville d'Avignon. ces deux places cependant faisans partie du royaume de Bourgogne[1]. Quant à ce qu'on dit que la ville de Vienne n'est pas comprise entre les villes qui appartenoient ou qui échûrent à Childebert par le traité d'Andelo, il ne faut pas s'en étonner, veu que ce traité ne se fit que pour les places qui avoient appartenu à Charibert, ou qui estoient en contestation entre Gontran et Childebert, n'y estant pas parlé non plus de Marseille, d'Avignon, et d'autres, qui constamment appartinrent à Childebert[1]. Tout ce discours peut justifier que l'histoire n'a pas bien éclaircy cette circonstance.

Je me suis un peu étendu sur ces monnoyes, que j'estime effectivement estre de très-riches ornemens pour nostre histoire, quand on aura bien pénétré dans le véritable motif de ceux de nos princes qui les ont fait frapper. Que si je me suis départy de quelques opinions qui ont esté avancées sur ce sujet, ce n'a pas esté avec un dessein de les combattre directement, mais parce que j'ay crû qu'il importoit de déterrer ces belles antiquitez et d'en rechercher les origines. D'ailleurs, j'ay usé en cette occasion de la liberté qui est donnée à chacun de produire ses sentimens et ses conjectures sur ces enigmes : c'est ainsi que Prudence[2] appelle les revers des medailles, *argentea enigmata*, dont le sens n'est pas toûjours facile à concevoir.

1. Marius Aventic.; S. Greg. M. l. 4, ep. 2; Greg. Tur. l. 8, c. 12; Fredeg. Child. c. 5.

1. Greg. Tur. l. 9, c. 20 ; l. 7, c. 12. — 2 Hym. in S. Laurent.

DES COURONNES DES ROIS DE FRANCE

DE LA PREMIERE, SECONDE ET TROISIÉME RACE ;

DE CELLES DES EMPEREURS D'ORIENT ET D'OCCIDENT, DES DUCS, DES COMTES DE FRANCE, ET DES GRANDS SEIGNEURS DE L'EMPIRE DE CONSTANTINOPLE.

DISSERTATION XXIV.

Aprés avoir examiné assez exactement ce qui se peut dire au sujet des monnoyes de Theodebert I et de Childebert II du nom, rois d'Austrasie, il ne reste plus que de m'acquiter de la promesse que j'ay faite de traiter des couronnes que nos rois ont portées. Mais dautant qu'ils ne les ont pas empruntées que des empereurs romains et de Constantinople, je me trouve engagé de parler en général de toutes les couronnes dont les empereurs ont usé, et, dans la suite, de celles que les princes non souverains ont portées, tant dans l'empire d'Orient que dans la France. Quoy que M. Paschal[1] semble avoir épuisé cette matiere par ses sçavantes et curieuses recherches, j'espere toutefois de faire voir qu'il n'a pas tellement moissonné les antiquitez campagnes. qu'il n'y reste encore un grand nombre d'espics à lever, n'estant pas entré dans ce détail qui regarde le moyen temps, qui cependant est necessaire pour reconnoitre toutes les differences et la diversité des couronnes que les princes ayant vécu ont portées.

Pour commencer par celles dont nos rois de la premiere race ornoient leurs testes sacrées, l'on en trouve particulierement de quatre sortes. La premiere est le diademe de perles, fait en forme de bandeau, avec les lambeaux qui pendent au derriere de la teste (1.). Ce diademe est semblable à celuy qui se rencontre dans la pluspart des medailles des empereurs romains, d'où nos rois l'ont emprunté. L'histoire[2] remarque que Jules Cesar refusa de porter le diademe. Caligula fit le même, ses courtisans luy ayant persuadé que cela estoit au dessous du rang qu'il tenoit, et que sa dignité estoit incomparablement plus relevée que celles des rois et des princes[3]. Ce fut donc Helagabale qui porta le premier un rang de perles sur la teste pour diademe, *quia pulchrior fieret, et magis ad fœminarum vultum aptus* : mais il ne le porta que dans son palais, au recit de celuy qui a écrit sa vie. Aurelian parut ensuite dans le public avec le diademe. Car c'est ainsi que les sçavans estiment qu'il faut entendre ces mots d'*Aurelius Victor* : « Primus apud Romanos diadema capiti « innexuit, gemmisque et aurata omni veste, quod adhuc « fere incognitum romanis moribus videbatur, usus est. » En effet, il est constant que les empereurs qui précédérent Aurelian porterent le diademe, comme on peut recueillir de leurs medailles. Mais particulierement celuy de perles a esté fort en usage depuis le temps du grand Constantin, qui, selon Victor, *habitum regium gemmis et caput exornavit perpetua diademate*. Cette espece de diademe se voit souvent exprimé dans les medailles, mais avec cette difference que quelquefois il est composé d'un double rang de perles, quelquefois il est entremeslé de pierres precieuses enchâssées dans l'or, et de perles ; et enfin quelquefois ce double rang de perles est enrichy et orné à l'endroit du front d'une pierre precieuse, dont la grandeur tient celle des deux rangs de perles (2. 3.). Tel donc a esté le diademe de Julian l'Apostat, qu'Ammian[1] appelle *ambitiosum diadema, lapidum fulgore distinctum* ; Libanius, λιθοκόλλητον ταινίαν ; Eusebe[2], ἐκ λίθων διάδημα ταινίων. C'est encore à cette espece de diademe composé de pierres precieuses qu'il faut rapporter ce que dit *Mamertinus* au Panegyrique de Maximian[3] : « Trabeæ ves« træ triumphales, et fasces consulares, et sellæ curules, et « hæc obsequiorum stipatio, et fulgor, et illa lux divinum « verticem claro orbe complectens, vestrorum sunt orna« menta meritorum, etc., » où il entend marquer l'éclat et le brillant des diamans et des perles. Nous ne voyons rien de semblable dans les monnoyes de nos rois de la premiere race, qui pour l'ordinaire n'ont pour diademe qu'un seul rang de perles.

Quelquefois ces mêmes monnoyes les font voir avec la couronne de rayons (4.). Cette espece de couronne[4] a esté en usage parmi les rois de la plus grande antiquité, qui pour se rendre plus augustes, et pour se donner plus de majesté, en ornoient leurs testes, afin que, comme le soleil, ils parussent à leurs peuples pleins d'éclat et de lumiere. C'est ainsi que Virgile represente celle du roy *Latinus*[5] :

1. Lib. de Coronis. — 2. Sueton. — 3. Lamprid.

1. L. 21. — 2. L. 4, de Vita Const. c. 7. — 3 C. 3. — 4. M. Bouteroue, p. 206, 207, 209, 212, 221. — 5. L 12, Æneid.

... Cui tempora circum
Aurati bis sex radii fulgentia cingunt,
Solis avi specimen.

Il compose cette couronne de douze rayons, parce que c'estoit une opinion receuë parmi les anciens que le soleil en avoit un pareil nombre, que *Martianus Capella*[1] rapporte aux douze mois de l'année. Les historiens romains[2] remarquent qu'on présenta en plein theâtre à Jules Cesar une couronne toute éclatante de rayons, et que celle que Caligula prit lorsqu'il voulut s'arroger la divinité estoit semblable. Les medailles des empereurs romains sont pleines de cette espéce de couronne.

Le diadême dont la teste de Theodebert est couverte est le même que celui dont les empereurs de Constantinople de son temps se servoient, ainsi que j'ay observé. C'est cette espéce de couronne à laquelle Anastase bibliothecaire[3] donne en divers endroits le nom de *spanoclista*, terme qui est tiré du grec ἐπανώκλιστος, c'est-à-dire une couronne couverte par le haut. Constantin Porphyrogenite[4] semble attribuer l'invention de ce diadême au grand Constantin, écrivant qu'il se servit de cét afflublement de teste, que les Grecs appelloient καμηλαύκιον, d'où quelques auteurs latins ont formé *camelaucum*, *calamaucus*, et *calamaucum*, pour une espéce de chapeau, qu'ils attribuent tantôt aux papes, tantôt aux moines. Sa figure et sa forme estoit en guise d'un casque. Rufin et Bede[5], traduisans ces mots de l'histoire de Josephe, ὑπὲρ τῆς κεφαλῆς φορεῖ πῖλον ἄκωνον, les ont ainsi tournez en latin : « super caput autem gestat pileum in modum « parvuli calamauci, sive castasidis, qui extendebatur supra « capitis summitatem. » Theophanes attribuë à Totila, roi des Goths, un de ces chapeaux tout couvert de pierreries, καμηλαύκιον διάλιθον. Anastase[6] et Paul Diacre[7] semblent encore donner ce nom aux turbans des Turcs. Theophanes[8] dit qu'il couvroit les oreilles Le même Anastase[9] l'attribué aux papes, comme aussi Papias[10], qui en donne ainsi la description : « Pileum, calamaucum ex bysso rotundum, quasi « sphæra, caput tegens sacerdotale, in occipitio vitta cons- « trictum, hoc Græci et nostri tiaram vocant. » Isâc[11], auteur grec, écrit que tous les evesques d'Armenie en ont les chefs couverts lorsqu'ils celebrent l'office divin. Et Alassi[12] assure qu'encore à present les moines d'Orient le portent au lieu de chapeau. Il en fait la description, et dit qu'il est ainsi appelé parce qu'il fut fait d'abord de poils de chameaux, ce qui est conforme à ce que *Cedrenus*[13] a écrit. De sorte que ce mot a esté pris indifferemment pour toute sorte de chapeaux.

L'on appela donc ainsi cette espéce de couronne dont Constantin introduisit l'usage, qui n'estoit pas tant une couronne qu'une espéce de couvrechef, ou de bonnet, dont il se servoit ordinairement, lequel, ayant esté enrichy dans la suite du temps de perles et de pierreries, passa pour le principal diadême des empereurs. Je ne fais pas de doute que ce ne soit ce diadême, dont Aurelius, qui vivoit en son siécle, et qui écrivoit en l'an 448[14], lui attribue particulierement, écrivant qu'il l'inventa, pour arrêter ses cheveux, qui s'écartoient de son front : « Constantinus Senior, qui christianæ religionis « ministros privilegiis communivit, diadema capiti suo. « propter refluentes de fronte propria capillos (pro qua re « saponis ejusdem cognominis odorata confectio est) quo « constringerentur, invenit, cujus more hodie custoditur. » Ce qui est tellement vray, que nous voyons que dans la plûpart des medailles des successeurs leurs chefs en sont ornez, comme en celles de Constantinus, de Gratian, de Valentinian le jeune, de Theodose, d'Honorius, de Marcian, et de quelques autres qui les ont suivis, qui ont esté representées par Octavius Strada[15], Baronius, Gretzer, et autres, où les portraits des empereurs paroissent de profil. Ces diadêmes sont arrondis en forme de casque, tels que Beda décrit les camelauques : ce qui me fait croire que c'est cette espéce de couronne que les Anglois-Saxons appelloient *cyne-helm*[16], c'est à dire *le heaume royal*, parce que leurs rois, qui affecterent le titre de βασιλεὺς, ou d'empereur, emprunterent des Grecs cette sorte de couronne. Elle est composée du diadême de perles, d'un ou de deux rangs, qui ceint le front, et est lié par le derriere de la teste, avec deux lambeaux, aussi de perles, qui y pendent. De ce diadême part une espèce de bonnet enrichy de pierreries, au dessus duquel paroît un cercle de perles, rehaussé encore d'un autre ornement en forme de plumes, ce cercle commençant au derriere de la teste, et finissant à l'endroit du front, en forme de creste de casque, d'où ces couronnes sont appelées *cristatæ* par les auteurs[1] qui en ont parlé. Dans celles de Constantius, de Romulus, de Zenon, de Basilisque, d'Anastase, de Justinian, et de Justin, comme les portraits y sont de face, il ne paroît au haut de ce couvrechef qu'une espéce de houppe, qui part du derriere de la teste, à l'endroit où sont les lambeaux de perles (5. 6.).

Cét ornement, qui paroit au dessus de ces diadêmes, est appelé par les Grecs recens τοῦφα, d'où ils ont donné le nom à cette espéce de couronne, ainsi que nous apprenons de Tzetzes[2], en ces vers :

Τιάρα σκέπη κεφαλῆς ὑπῆρχε παρὰ Πέρσαις,
ὕστερον ἐν ταῖς νίκαις δὲ ἡμῖν οἱ στεφηφόροι
σφαῖς κεφαλαῖς ἐπέθεντο τιάρας, ἤτοι τούφας,
οἵαν ἔφιππος φορεῖ ὁ ἀνδρίας ἐκεῖνος
ὁ Ἰουστινιάνειος τοῦ κίονος ἐπάνω.

Quant à ce que cét auteur dit que c'estoit la couronne dont les empereurs grecs se servoient lorsqu'ils retournoient de leurs expeditions militaires, et après avoir remporté des victoires sur leurs ennemis, cela peut estre fondé sur la forme de ce diadême, qui avoit en quelque maniere celle d'un casque. D'ailleurs, nous lisons que Basile Porphyrogenite, après avoir défait les Bulgares, entra dans Constantinople en habit de triomphe, ayant cette couronne sur la teste, στεφάνιῳ χρυσῷ λόφον ὑπερῆν ἔχοντι ἐστεραμμένος, ainsi qu'écrit Scylitzes, ou, selon Zonaras[3], Τιάρα ταινιωθεὶς ὀρθία, ἣν τούφαν γαλεῖ ὁ δημώδης, *ayant la teste couverte d'une tiare droite, que le vulgaire*, dit cet auteur, *appelle* toffe, *ou* touffe. Il est constant que comme les empereurs grecs empruntent la plûpart de leurs ornemens imperiaux des rois de Perse, ils tirerent aussi d'eux cette sorte d'afflublement de teste, qui est appelé par Xenophon[4], *Eunapius*[5], et autres, ὀρθὴ τιάρα, *une tiare droite*, laquelle estoit environnée au bas, et à l'endroit du front, d'un diadême, comme estoit la couronne des empereurs dont je fais la description. Le même Xenophon, parlant de *Cyrus* : εἶχε δὲ διάδημα περὶ τῇ τιάρᾳ. Ce qui me fait croire que la couronne des rois de Perse n'estoit pas beaucoup differente dans la forme de celle de grand prêtre des Juifs[6], dont il est parlé dans l'Exode : « Pones tiaram in Capite ejus, et collo- « cabis coronam sacram super tiaram. » Où le mot *corona* est ce qui est appelé ailleurs *lamina*. Pour le mot de τούφα, il ne signifie rien autre chose qu'une espéce de houppe, d'aigrette, ou de bouquet de plumes, dont les casques des soldats estoient ornez pour l'ordinaire, comme nous apprenons des ordonnances militaires de l'empereur Leon[7], qui leur donne ce nom, comme encore à ces autres ornemens qui se mettoient aux crouppieres des chevaux. Et comme ce terme est barbare, quoy que Zonare lui ait attribué une origine grecque, il est probable que les nouveaux Grecs l'empruntèrent des nations du Nord. Ce qui est d'autant plus vraysemblable, que les Anglois-Saxons, c'est à dire les anciens Alemans, appelloient cét ornement de casque, qui est nommé par les Latins *apex*, *helmes-top*, c'est à dire la toffe *du heaume*, ainsi que nous lisons dans le glossaire d'Ælfric. L'on donne encore pour cette meme raison[8] le nom de *tufa* à une espece d'étendard dont les empereurs se servoient dans leurs armées, parce qu'il soûtenoit au dessus d'une pique une *touffe* de plumes, qui est un terme qui a passé depuis parmi nous. et qui se voit exprimé dans une ancienne charte françoise rapportée par Edoüard Bisse, en ses notes sur l'Aspilogie de Spelman[9]. Dans la suite du temps, les empereurs, voulans donner des marques exterieures de leur pieté, firent mettre au dessus de ces diademes une croix, au lieu de ces toffes, ou houppes. Phocas est le premier qui paroit de cette maniere dans ses medailles, et a esté secondé par les autres empereurs qui lui ont succedé. Le P. Gretzer[10] a donné toutes les empreintes des medailles qui representent cette croix au dessus des couronnes.

Je ne doute pas que la couronne que l'empereur Anastase envoya à Clovis[11] avec le brevet de consul n'ait esté de la forme des camelauques, c'est à dire des couronnes fermées.

---

1. L. 2 — 2. Valer. Flac. l. 4, Argon.; Flor. l. 4, c. 2. — 3. In Vitis PP. — 4. De Adm. Imp. c. 12. — 5. L. 3, de Tabern. c. 8 ; Joseph. l. 3, c. 8. — 6. Hist. Eccl.; Id. Anast. p. 153. — 7. Hist. Misc. l. 22. — 8. In Zenone — 9 In Const. PP. — 10. Gloss. Isid.; Odo Fossat. in Vita Burch. — 11. invect. 2, in Armen. p 414. — 12. Alat. De utriusq. Eccl Const. l. 3, c. 8, n 12. — 13. P. 169 ; Gloss. Isid.; Gloss. Ælfr. — 14. Ptolemæus Silvius, in Laterculo. — 15. P. 108. — 16. Gloss. Ælfrici.

1. Oct. Strada, p. 228, 254. 255, 264 . Alam. ad Procop , Lips,. l. 3, de Cr. c. 15, 16 ; Chifflet. In Anast. Child. — 2. Chil. 11, de 384. — 3. In Basil. — 4. De Inst. Cyri, l. 8. — 5. In Præcrosio, p. 54 ; Demetr. l. περὶ Ἑρμηνείας ; Joseph. l. 5, c. 15 ; S. Hieron. ep. 128. — 6. Exod. 29, 7 : Ib. v. 30 ; Levit 8, v. 9. — 7. In Tactic c 6, § 11 et 25 . Idem § 3 et 10 ; Mauric. et Porphyr. in Tactic.; Codin. de Offic. c. 17, n. 48. — 8. Veget. l. 3, c. 5 ; Beda, l 2 ; Hist. c. 46 ; Henr Huntind. l. 7, Rigalt. Gloss. — 9. P. 104. — 10. T. 1, de S. Cruc. l. 2, c. 52. — 11. Vita Sancti Remig. tom. 1 , Hist. Fr. p. 530.

Les auteurs se contentent de la décrire pleine de pierreries[1]. D'autres lui donnent le nom de *regnum*, comme Anastase bibliothequaire[2], écrivant que Clovis en fit présent à l'église de Rome : « Eodem tempore venit regnum cum gemmis pre- « tiosis a rege Francorum Clodovæo Christiano donum Beato « Petro Apostolo. » Flodoard lui donne aussi ce nom ; et Gregoire de Tours[3] semble dire que ce prince en couvrit sa teste lorsqu'il parut en public en qualité de consul, *imponens vertici diadema*. Ce qui me persuade que ce diadème estoit une couronne impériale et fermée est que le même Anastase[4], racontant l'entreveue du pape Constantin et Justinian Rhinotmète, dit que cét empereur se prosterna en terre devant le souverain pontife, ayant sa couronne sur sa teste ; *cum regno in capite sese prostravit*. Cét auteur employe ensuite ce mot de *regnum* en divers passages[5] de son Histoire des Papes, pour les couronnes que l'on faisoit pendre au dessus des autels. L'on donna encore avec le temps ce nom à la couronne des papes : Jacques Cardinal[6], parlant du couronnement du pape Boniface VIII :

Sic igitur vadens redimitus tempora regno,
Summus apex propriam signabat acumine dextræ.

Nous ne voyons pas quelle autre raison peut avoir donné le nom de *regnum* à la couronne impériale, sinon parce qu'elle estoit la marque de la royauté et de la souveraineté. Ou bien parce qu'Anastase, qui semble le premier l'avoir employé en ce sens, ou en tout cas les écrivains ecclésiastiques ont voulu distinguer ce diadème imperial, et les couronnes qui pendoient sur les autels, d'avec les couronnes de chandeles, ou de lampes, qui pendoient dans les églises, auxquelles ils donnent ordinairement le nom de *corona*, ou de *pharus*.

La troisième sorte de couronne dont les rois de la première race ont usé est le mortier, tel que les grans presidens du parlement le portent à present. Monsieur Bouteroüe[7] nous représente deux monnoyes de ces rois avec cet affublement (7, 8) Il est constant que nos rois l'ont encore emprunté des empereurs de Constantinople, qui en avoient un semblable : ce que l'on recueille d'une vieille peinture à la mosaïque qui se voit en la ville de Ravenne, et que le docte Alaman[8] a représentée en ses observations sur l'histoire cachée de Procope, où l'empereur Justinian paroit avec ce mortier, qui est environné par le bas, à l'endroit du front, d'un rang de perles, et par le haut d'un pareil rang de perles (9). A l'endroit des oreilles pendent de chaque costé deux lambeaux, au bas desquels sont de grosses perles. Ces ornemens des couronnes sont appelez par les Latins *vittæ*, et par Achmes[?] ἐνώτια, et χρεμαστήρια τοῦ στέμματος. *Octavius Strada*[10] nous a donné l'empreinte d'une medaille de Justinian qui a sur la teste cette espèce de diadème, n'ayant presque rien de commun avec celui d'Alaman, que la forme (10.). Quant à ce que le même Alaman estime que c'est celui qui est appelé par *Codinus*[11] τροπαιουχία, et ιουστινιανειον, il s'est infailliblement mépris, dautant que cét auteur[12] a la désigné par ces termes que la couronne, ou le bonnet imperial, dont la feste de Justinian est couverte en une statuë equestre qu'il fit élever devant le temple de Sainte-Sophie, ainsi que Tzetzes a remarqué. Cette espèce de diadème a passé dans la seconde et dans la troisième race de nos rois. M. Petau[13] nous a représenté une vieille peinture, qu'il dit avoir tirée d'un ancien manuscrit où Charlemagne est figuré avec le mortier (11). Aux vitres de la Sainte Chapelle de Paris sant Loys y paroit aussi avec le même ornement. Et Chifflet[14] écrit dans les vieux tableaux où les comtes de Flandres et de Hainaut sont représentez avec leurs pairs, ils y paroissent avec le mortier. On tient même par une traditive que nos rois, ayant abandonné le palais de Paris, pour en dresser un temple à la Justice, communiquerent en même temps leurs ornemens royaux à ceux qui y devoient présider, afin que les jugemens qui sortiroient de leurs bouches eussent plus de poids et d'autorité, et fussent reçus des peuples comme s'ils estoient émanez de la bouche même du prince[15]. C'est donc à ces concessions qu'il faut rapporter les mortiers, les écarlattes et les hermines des chanceliers de France, et des présidens du parlement, dont les manteaux ou les epitoges sont encore à present faits à l'antique, estant troussez sur le bras gauche, et attachez à l'épaule avec une agraffe

d'or, tels que furent les manteaux de nos rois, comme j'ay observé ailleurs. Le mortier du chancelier est de drap d'or, et celuy des présidens de veloux noir, à un bord de drap d'or par en haut. Le nom de mortier est donné à ce diadème parce qu'il est fait comme des mortiers qui servent à piler quelque chose, qui sont plus larges en haut qu'en bas.

La quatriéme sorte de diadême[1], ou plutôt de couvrechef que j'observe dans les monnoyes de nos rois est en forme de chapeau pyramidal, qui finit en une pointe, surmontée d'une grosse perle (12.). En d'autres, le diadème et le rang de perles se rencontrent sur le front, avec les lambeaux (13.). Ce qui peut faire présumer qu'en ceux-cy ce qui couvre la teste est pour un second ornement, ou pour la commodité du prince, qui desiroit avoir la teste couverte. Le bonnet royal dont la teste de Theodahat, roy d'Italie, est ornée dans une de ses monnoyes de ce temps-là, a quelque rapport avec celui de nos rois (14.). On peut dire encore que ce chapeau pyramidal estoit l'affublement de leste ordinaire de nos premiers rois, estant fait à guise d'une ombelle, pour se défendre du soleil et de la pluye, tels que furent les chapeaux des derniers empereurs de Constantinople, qu'ils appelloient σκιάδια, parce qu'ils estoient faits pour donner de l'ombre au visage et pour le garantir des ardeurs du soleil. Cette sorte de chapeau est appelé *umbellum* dans un ancien glossaire[2] : *Umbellum*, σκιάδιον : car c'est ainsi que je restitue, au lieu de ces mots : *Libellum*, σκιάδρον, qui n'ont aucun sens : outre que ce mot d'*umbellum* est mis sous le titre des peaux, dont les ombelles sont faites, qui se plient et s'ouvrent suivant les besoins qu'on en a, ainsi qu'ils ont décrits par Aristophane[3], Ovide[4] :

Aurea pellebant tepidos umbracula soles.

Claudian[5] :

.... Jam non umbracula gestant
Virginibus.

Et ailleurs :

....Neu defensura calorem
Aurea summoveant rapidos umbracula soles.

L'ombelle a esté en usage chez les empereurs de Constantinople, comme j'ay avancé : de sorte qu'il est incertain si nos rois l'ont emprunté d'eux, ou les empereurs de nos rois, ce qui est plus probable. Car Nicetas[6] dit en termes exprès que cette sorte de chapeau avoit esté empruntée des barbares, c'est-à-dire des étrangers, par les Grecs. καὶ πῖλον βαρβαρικὸν τῇ κεφαλῇ περιθέμενος, ὅς εἰς ὀξὺ λῆγον πυραμίδι εἴκασται. Je ne remarque pas qu'il en soit parlé avant la famille des Comnenes. Le même Nicetas[7] estant le premier qui en fasse mention, lorsqu'il raconte comment Andronique le Tyran fut forcé en apparence par les grands seigneurs de la cour de prendre la pourpre imperiale. Car alors, dit cet auteur, l'ayant porté sur le trône, ils tirerent de sa teste le chapeau pyramidal noir, et lui en mirent un de pourpre, ἄλλοι δὲ τὴν καπνυρὰν καὶ πυραμοειδῆ ἔραν τῆς κεφαλῆς ἀφελομενοι, πυρσὴν αὐτῷ περιέθυντο. Ce qui fait voir que les chapeaux des Grecs de ces siècles-là estoient faits en pointe. C'est pourquoy il faut entendre Acropolite[8] de cette sorte de chapeau, lorsqu'il dit qu'Isâc l'Ange, empereur, ayant esté defait par les Bulgares, tous les ornemens et les habits imperiaux vinrent en leur puissance, entre lesquels estoit celui auquel il donne le nom de πυραμίς. Tel fut encore le chapeau de Michel Paleologue, empereur, fils de l'empereur Andronique le Vieil, qui vint pareillement au pouvoir des Turcs, après qu'il eut esté defait par eux : Ἡ βασιλικὴ καλύπτρα, κεκοσμημένη συνήθως τότε λίθῳ, καὶ ταῖς τῶν μαργάρων σειραῖς, ainsi que l'écrit Gregoras[9], dont les termes font voir que ces chapeaux estoient ornez de rangs de perles, et d'une pierre precieuse à la pointe d'enhaut. C'est la forme de ces chapeaux qui paroit dans les medailles de nos rois de la première race, à la reserve qu'au lieu de la pierre precieuse, il n'y paroît qu'une perle (15.). Cantacuzene[10], qui appelle ce chapeau βασιλικὸν πῖλον, en fait la même description, et dit qu'il estoit orné d'une pierre precieuse à la pointe de la pyramide, et sur le corps, de divers rangs de perles : c'est à l'endroit où il décrit le couronnement de Mathieu Cantacuzene, son fils : καὶ πῖλον ἐπέθετο τῇ κεφαλῇ, λίθῳ τε κεκοσμημένον καὶ μαργάροις, ὥσπερ ἔθος τοῖς βασιλεῦσιν. En un autre endroit[11] il appelle ce chapeau du nom de la pierre precieuse

---

1. Flod. l. 1. Hist Rem. c. 15. — 2. In Hormisd — 3. L. 2, Hist. c. 38. — 4. P. 65, edit. reg. — 5. P. 133, 134, 143, 146, 150, 161, 174, 181, 188, 191, 193, 201, 236. — 6. De Coron. Bon. VIII. 2, c. 3. — 7. P. 349, 354. — 8. Ad Procop. Hist. Arcan. p, 145, 146, edit. reg. — 9. Cœur. c. 248. — 10 P. 260. — 11. De Off. c. 6, n. 30. — 12. Codin. de Orig. p. 16. — 13. In Gnorism. veter. Numer. — 14. In Child. p. 439 : l'Espignoy, en la Nobl. de Fiandr. p. 70 — 15 D'Orleans, un ses Ouvert. des Parlemens ; La Rochefla vyn, en ses Parlem. 1 10, ch. 25 ; Ceremon. de France ; Chifflet, in Child. p. 439.

1. M. Bouter p. 248, 251, 253. — 2. Glossar. S. Bened. cap. de Pellib. — 3. In Aviв — 4. In Fast. — 5 L. 1, in Eutrop ; Id. in 3, Consul. Honor. — 6. In Andr. l. 2, n. 11. — 7 In Alex. Max. F. n. 42, 43. — 8. C. 41. — 9. Gregoras, lib. 6. — 10. L. 3, c. 27 ; l. 4, c 37. — 11. Id. l. 2, c. 14.

qui se met sur la teste, acause de celle qui estoit sur la pointe : Ὁ ἐπὶ τῆς κεφαλῆς λίθος. Nicephore Gregoras[1] décrit la matiere dont ces chapeaux estoient composez, lorsqu'il dit que sous les premiers empereurs les seigneurs qui estoient avancez en âge se trouvoient à la cour avec des chapeaux qui avoient la figure d'une pyramide, qui estoient couverts de soye, suivant la dignité d'un chacun ; Ἐπὶ τῶν προτέρων βασιλέων ἔθος τοὺς μὲν χρόνῳ προβεβηκότας ἐν τοῖς βασιλείοις χρῆσθαι καλύπτραις, πυραμίδος μὲν ἐχούσαις σχῆμα, σηρικοῖς δὲ ἐνδύμασι, κατὰ τὸ ἀνάλογον ἐκάστῳ ἀξιώμα, καλυπτομέναις. C'est ce taffetas ou ce veloux que le même Gregoras[2] dit avoir esté tout parsemé de perles: d'où Codin dit que le sciade, ou l'ombelle des empereurs, estoit ὁλομάργαρον, tout de perles. Celuy de l'empereur differoit des sciades des autres grands seigneurs de la cour, premierement par cette grande pierre precieuse qui estoit au sommet, en second lieu par la couleur, qui estoit de pourpre; et c'est cette difference qui est remarquée par Codin[3] lorsqu'il dit que le sciade des despotes estoit tout semblable à celuy des empereurs, πλὴν τοῦ κόμβου καὶ τῶν φοινίκων, excepté au nœud, c'est-à-dire au sommet, et en la couleur de pourpre : car ceux des despotes et des sebastocrators estoient d'une couleur meslée d'or et de pourpre, χρυσοκόκκινα[4]. C'est de là qu'on doit tirer l'explication de la description que Gregoras fait du chapeau pyramidal qu'Andronique Paleologue le Vieil accorda à Muzalon, grand logothete: écrivant qu'il luy permit de porter un couvrechef (καλύπτραν) dessus sa teste couvert d'un taffetas, ou veloux, de couleur meslée d'or et de pourpre dans le corps du chapeau, ne differant de ceux des enfans et des parens de l'empereur qu'aux bords, qui estoient sans aucun ornement: où ceux des parens de l'empereur estoient ornez de clouds ou de petits cercles d'or. Mais il importe de rapporter les termes de cet auteur, parce qu'ils ne sont pas faciles à estre entendus : Δι' ἃ δὴ, καὶ τιμήν τινα ταύτην ἔσχεν ἐξαίρετον μόνος τῶν πάλαι τὸ ὁμοιον αὐτῷ προειληφότων ἀξίωμα, καλύπτραν φέρειν ἐπὶ κεφαλῆς χρυσοκοκκίνῳ κεκαλυμμένῃ ἐνδύματι, ὅσον τὸ ἄνω, καὶ πρὸς τῇ πυραμίδι τῆς ἐπιφανείας χῦμα ἐν τούτῳ παραλλάττουσιν μόνῳ τοῦ παραπλησίαν εἶναι κατάταξὶν τῶν τοῦ βασιλέως ἐγγόνων, ὅτι μὴ καὶ τὴν κάτω, καὶ τὴν κοίλην ἐπιφάνειαν εἶχε κυκλίσκοις πεποικιλμένην χρυσοειδέσιν, ἀλλὰ λείαν τελείως[5]. Je ne doute pas que Gregoras par ces termes de ἐπιφανεία κοίλη καὶ ἡ κάτω n'ait entendu le bord du chapeau, et cette partie du sciade qui est appelée ἀὴρ par Codin, qu'il dit avoir esté diversifiée de petits clouds d'or, ce qu'il a exprimé par le mot de χρυσοκλαβάριχος, c'est à dire *auroclavatus*. Car ce que Gregoras appelle petits cercles est appelé par Codin petits clouds, qui estoient disposez de telle sorte qu'ils formoient le nom de celuy qui le portoit. Les vieilles peintures et les vignettes qui sont aux impressions des historiens byzantins du Louvre representent la forme de ces sciades, qui ne differe qu'au bord d'avec ceux de nos rois de la premiere race[6], où il ne paroît pas : ce bord faisant une espece de bec. Ce qui me fait croire que le chapeau que Charles V. roi de France, avoit sur sa teste lorsqu'il alla au devant de l'empereur Charles IV, qui venoit à Paris[7], estoit de la même forme où les sciades des empereurs de Constantinople : comme on peut recueillir des termes de l'auteur qui a écrit l'histoire de cette entrevue : « Et avoit sur sa teste un chapeau à bec, « de la guise ancienne, brodé et couvert de perles tres-riche-« ment ». Car les sciades estoient faits et ornez de cette maniere (16. 17.).

Enfin le dernier affublement de teste que j'ay observé dans les monnoyes des rois de France de la premiere race est l'aumuce: c'est ainsi que j'appelle ce que M. Boutetoué[8] nomme chaperon; les aumuces ne se portoient pas, comme à present, sur les bras; elles servoient à couvrir la teste, n'estoient pas particulieres aux chanoines, mais tous les hommes les portoient indifferemment. La *Chronique de Flandres* nous apprend que le chapeau se mettoit sur l'aumuce, lorsqu'elle parle de Charles V, qui alla au devant de l'empereur Charles IV, qui venoit en France[9] : « Or issirent-« ils hors de Paris, et encontra le roy l'empereur son oncle « assez pres de la Chapelle, entre Saint-Denys et Paris ; à « leur assemblée, l'empereur osta aumusse et chaperon tout « jus ; et le roy osta son chapel tant seulement. » Le continuateur de Nangis[10] dit que *l'empereur osta sa barrete et son chaperon, et aussi le roy*. De sorte qu'une barrete, qui est le birretto des Italiens, est la même chose que l'aumuce. Nos rois mêmes mettoient l'aumuce avant que de mettre la couronne, ce que nous apprenons du compte d'Estienne de la Fontaine, argentier du roy, de l'an 1351, qui m'a esté communiqué par M. d'Herouval, qui au chapitre *de l'orfaverie* met ces mots, 99 *grosses perles rondes, baillées à Guillaume de Vaudetar, pour mettre en l'aumuce qui soûtint la couronne du roy, à la feste de l'Estoille*. C'est ainsi que ces aumuces sont representées dans les monnoyes, dont je viens de parler, avec des perles. Je reserve à traiter ailleurs de cette sorte de vêtement[1].

Les premiers rois et les premiers empereurs de la seconde race paroissent dans leurs monnoyes la teste ceinte d'un double rang de perles. Dans leurs sceaux leurs testes y sont de profil, couronnées d'une couronne de laurier. Le P. Chifflet[2] nous a representé de cette sorte celuy de Louys le Debonnaire : à l'entour duquel sont ces mots XPE. PROTEGE. HLVDOVVICVM IMPERATOREM. Les Annales de France tirées du monastere de Fulde[3] nous apprennent que Charles le Chauve, aprés s'estre fait couronner empereur, quitta les couronnes et les habits des rois de France ses predecesseurs, et prit les diadêmes et les vêtemens des empereurs grecs ; s'estant couvert d'habits qui lui battoient jusques aux talons, et pardessus d'un grand baudrier, qui venoit jusques aux pieds, se couvrant la teste d'un affublement de soye, sur lequel il mettoit sa couronne. Voicy les termes de ces annales, qui demandent une reflexion toute particuliere : « Carolus « rex, de Italia in Galliam rediens, novos et insolitos habitus « assumpsisse perhibetur. Nam talari tunica indutus, et « baltheo desuper accinctus pendente usque ad pedes, necnon « capite involuto serico velamine, ac diademate desuper « imposito dominicis et festis diebus ad ecclesiam procedere « solebat : omnem enim consuetudinem regni Francorum « contemnens, græcas glorias optimas arbitrabatur. » Octavius Strada nous a donné deux monnoyes. l'une de Charles le Chauve, l'autre de Charles le Gros, empereurs, qui ont quelque rapport avec cette description : où il est à remarquer que la couronne ou le diadême se mettoit pardessus le bonnet (18. 19.). C'est ainsi que les empereurs grecs en usoient, comme on peut recueillir de Scyllitzes[4], qui donne au roy de Bulgarie (qui portoit la qualité de βασιλεὺς, ou d'empereur, aussi bien que l'empereur de Constantinople, et avoit les memes ornemens) une couronne d'or, avec une tiare d'ecarlate, στέφανον ἐκ χρυσοῦ, καὶ τιάραν νενησμένην ἐκ βύσσου.

Les medailles ou monnoyes des empereurs des siecles voisins du temps de Charles le Chauve representent leurs diadêmes composez d'un double rang de perles, et d'une espece de bonnet qui est sommé d'une croix, et non d'une couronne d'or massif, si ce n'est que ces perles et ces pierreries n'ayent esté enchâssées dans l'or, ce qu'il est malaisé de distinguer, les figures des empereurs estans de toute leur hauteur, et par consequent les traits n'y paroissans presque point. Anne Comnene[5], en son *Alexiade*, nous a donné la description du diadême imperial, qui n'est pas beaucoup differente de celuy de Charles le Chauve, écrivant qu'il estoit fait comme la moitié d'une sphere arrondie, qui environnoit la teste de tous côtez, qu'il estoit parsemé de perles et pierreries, les unes relevées et en bosse, les autres enfermées dans la broderie, et qu'aux côtez pendoient des lambeaux de perles. Voici ses termes : Τὸ μὲν γὰρ βασιλικὸν διάδημα, καθάπερ ἡμισφαίριον εὔγυρον, τὴν κεφαλὴν διάδει πανταχόθεν, μαργάροις κοσμούμενον, τοῖς μὲν ἐγκειμένοις, τοῖς δὲ ἐξηρτημένοις. Ἑκατέρωθεν γὰρ τῶν κροτάφων ὁρμαθοί τινες ἀπαιωροῦνται διὰ μαργάρων τε καὶ λίθων, καὶ τὰς παρειὰς ἐπιξέουσι. C'est cette espece de diadême que Nicetas[6] appelle λιθόστρωτον, *parsemé de pierreries*: et Luithprand[7], parlant de la couronne de l'empereur Conrad, *gemmis pretiosissimis non solum ornatum, sed etiam gravatum*. Tel estoit le diadême dont Romain Diogene, empereur, se trouve avoir la teste chargée au couvercle d'yvoire d'un livre d'évangiles dans Chifflet[8]. Mais dans la description qu'Anne Comnene a faite du diadême imperial il n'est point parlé du cercle d'or. J'ay veû une monnoye d'or de l'empereur Alexis, son pere, qui a appartenu à M. Charron, auditeur en la Chambre des Comptes de Paris, et qui est à present dans le Cabinet de medailles du roy, qui est concave ou convexe, et par consequent de l'espece de celles qui sont appelées κανύκια: dans une nouvelle de Justinian[9], où Alexis est representé avec une couronne, ou un diadême tout fermé, duquel pendent de chaque côté deux lambeaux ; mais comme la figure entiere est entiere, et par consequent petite, on n'y peut

---

1. L. 11, extremo. — 2. L. 6. — 3. De Off. c. 3, n. 1. — 4. Id. n. 14. — 5. Gregor. l. 6, p. 122. — 6. V. Acropol. edit. reg. p. 303. — 7. Entrevue de Charles V et de l'empereur Charles IV. — 8. P. 203, 336, M. 4, 6, 15 ; p. 364, M. 10 ; p. 370, M. 18 : M. Petau, in Gnorism.; Statuta Massiliens, MSS. A. 1293.; Antiq. de Vienne, de J. le Lievre, ch. 26 : Hist. de Noyon, p. 1313 ; Chr. Wind. l. 4, c. 42, l. 2, c. 5 : tom. 2, Mon. Ang. p. 464 : tom. 2, Spicil. p. 132, 133. — 9. Chron. de Fland. c. 105. — 10. Contin. de Nang. MS.

1. In Gloss. Lat. barb. Paul. Pet. Asser. Gall. p. 250. — 2. Aux Antiq. de Tour. p. 262. — 3. Annal Fr. Fuld. A. 876 ; Sigeb. — 4. In Jo. Zimisce. — 5. L. 3, Alex. p. 78. — 6. In Alexio, l. 1, n. 2. — 7. L. 2, c. 7. — 8. In Jint. Sepul. c. 10. — 9. 105, c. 2, § 1.

pas distinguer les traits du diadême. Il est vétu d'une longue robe ouverte à l'endroit de la droite, de laquelle il tient un νάρθηξ, tel que je l'ay décrit dans le recueil des titres pour l'histoire de Constantinople, tenant de la gauche un monde croisé, et pour inscription il y a ces caracteres au côté droit de la figure, ΑΛΕΞΙΩ ΔΕΣΠΟΤ. A l'autre revers est un Christ assis sur un throne, avec ces caracteres au dessus de la teste IC. HS. et à l'entour, X. KEPO. NO. Manuel Comnene, petit-fils d'Alexis, est représenté dans une autre monnoye d'or, avec les mêmes figures, excepté que pour inscription du côté de Manuel il y a ces caracteres, ΜΑΝΟΥΗΛ ΔΕΣΠΟΤ. ΤΩ ΠΟΡΦΥΡΟΓ. Cette monnoye de Manuel est appelée *Manuelatus*, ou *Manulatus*, dans un traité fait entre les Venitiens et Theodore Lascaris, empereur [1], et *Manlat* dans Arnoul de Lubec. Mais on ne peut pas y distinguer non plus les traits du diadême. De sorte que le doute reste toûjours, sçavoir si les diadêmes des derniers empereurs avoient des cercles et des couronnes d'or, ou si les cercles qui paroissent dans quelques figures que nous avons d'eux estoient faits avec la broderie, comme en celle de l'empereur Michel Paleologue qui se voit à Constantinople dans l'église de Notre-Dame, surnommée Περίβλεπτος, avec les statues de sa femme et de son fils, dont nous avons les figures tirées sur les originaux dans l'histoire de Geoffroy de Villehardoüin de l'édition de Lyon [2]. Le diadême de Michel y est fait en forme de bonnet, qui excede la rondeur de la teste, et en est plus large au haut. Au bas est un cercle à l'endroit du front, garny de pierreries, duquel partent deux autres de même façon, qui prenent du front, et finissent au derriere de la teste, s'eslargissans en haut, et faisans la figure de la mitre de la couronne des empereurs d'Occident, dont je feray aussi la description. Entre ces deux cercles est un gros diamant, et au sommet du bonnet une autre pierre precieuse environnée de perles : à chaque côté de ce diadême pendent deux lambeaux de perles (20.).

Il ne faut pas douter que les autres empereurs d'Occident qui ont succedé aux empereurs françois n'ayent continué de porter le même diadême que Charles le Chauve, et dautant plus qu'Adam de Breme [3] écrit qu'ils ont toûjours affecté d'imiter les Grecs dans leurs habits et dans leurs ornemens imperiaux. Suger [4] dit que celuy de l'empereur Lothaire estoit composé d'une mitre, et environné par le haut d'un cercle d'or en guise de casque : « Capiti ejus frigium, orna- « mentum imperiale, instar galeæ circulo aureo circinnatum, « imponunt. » De sorte que ce cercle d'or, qui donnoit la forme d'un casque à ce diadême, prenoit du front, et finissoit au derriere de la teste. L'ancienne chronique de Flandres [5], parlant du couronnement de l'empereur Henry de Luxembourg, tient ce discours : « Le légat avec tous les barons luy « mit le diadême en son chef, qui estoit fait en guise de « couronne, puis couvert pardessus en aguisant contremont: « et pardessus sied une fleur pointue de pierres precieuses, en « signifiance que sa couronne surmonte toutes les autres ; « car entre celles des autres rois elle est seule couverte « pardessus. » Cette description est defectueuse, n'exprimant pas nettement la forme et la figure de ce diadême, quoy qu'elle remarque la difference de la couronne imperiale d'avec celle des rois, qui est aussi exprimée par Arnoul de Lubec [6], lorsqu'il parle de Philippes de Suabe, qui avoit esté sacre roy, et salué empereur, *Romanorum Augustus*, ecrivant qu'en cette ceremonie sa femme, qui estoit fille d'Isâc l'Ange, empereur de Constantinople, y parut avec le cercle d'or, mais non pas avec la couronne, c'est à dire le diadême imperial : « ibi quoque regina, regio diademate non tamen « coronata, sed circulata processit. » Tant y a que dans les derniers siecles la couronne des empereurs d'Occident a esté composée d'un cercle d'or, enrichy de pierreries, et rehaussé de fleurons, comme les autres couronnes des rois, avec une mitre ouverte en forme de croissant à l'endroit du front, ayant en cette ouverture un autre cercle d'or, au haut duquel est une croix (21.). L'auteur du *Cerémonial romain* [7], qui fut secretaire du pape Pie II, décrit ainsi cette couronne des empereurs d'Occident : « Differt forma coronæ imperialis « ab aliis : nam ea sub se tiaram quamdam habet in modum « fere episcopalis mitræ, humiliorem tamen, magis apertam, « et minus acutam : estque ejus apertura a fronte, non ab « aure : et semicirculum alium habet per ipsam aperturam « aureum, in cujus summitate crux parvula eminet. » Puis il ajoûte : « Et quoniam hanc imperialem coronam bis aut « ter in Germania vidimus, dum Cæsar regalia quibusdam « principibus concederet, ideo illam exprimere conati

« sumus. » Chifflet [1] nous a donné la figure de la couronne qu'Alphonse VI, roi de Castille, qui prit le titre d'empereur d'Espagne, porta, et qu'il dit avoir tirée d'un manuscrit, a quelque rapport avec la couronne des empereurs d'Allemagne (22.). La couronne qu'une ancienne medaille du roy Abgare donne à ce prince dans les Commentaires historiques de M. de Saint-Amant, n'est pas aussi beaucoup differente du diadême imperial, sinon qu'il se portoit comme les mitres de nos evesques (23.).

Dans la troisiême race de nos rois je n'observe qu'une même sorte de couronne dans leurs monnoyes et dans leurs seaux [2], sçavoir un cercle d'or, enrichy de pierreries et rehaussé de fleurs de lys (24.), à laquelle les écrivains byzantins donnent le nom de χρυσωνία, comme à celle qui est composée de fleurons, comme furent les couronnes qui sont appelées *hetruscæ* par les Latins, celuy de τετράφυλλον [3]. Ce qui me fait croire que les derniers empereurs de Constantinople empruntoient ces especes de couronnes de nos François. Codin dit qu'ils s'en servoient en quelques-unes de leurs ceremonies publiques. Dominicy nous a représente les seaux de Robert et de Henry I, rois de France, avec cette espece de couronne, où les fleurs de lys sont assez mal figurées (24 bis.). Les monnoyes de Philippe le Bel et des rois qui luy ont succedé ont la figure de ces princes avec cette même couronne (25.). Quelques auteurs [4] ont avancé que ce fut François I qui commença à la porter fermée, pour contrecarrer, à ce qu'ils disent, Charles V, roy d'Espagne, qui avoit esté empereur, et pour monstrer qu'il estoit roy d'un royaume qui ne relevoit que de Dieu, et à la souveraineté duquel on peut appliquer ces vers de *Corippus* [5] :

... Medias inter super omnia gentes
Regna micat, claro tantum uni subdita cœlo.

Quoy que cette opinion ait quelque fondement, neantmoins nous lisons [6] que à l'entrée de Louys XII dans Paris, l'an 1498, le grand escuyer porta *son heaume et tymbre, sur lequel y avoit une couronne de fines pierres precieuses, et au dessus du heaume, au milieu de ladite couronne, y avoit une fleur de lys d'or, comme empereur*. Ce sont les termes du *Cerémonial de France*, qui semblent marquer que cette couronne estoit fermée, ayant au sommet une fleur de lys. Et aux joûtes qui se firent à l'occasion de cette entrée, nous lisons encore dans le même Cerémonial, qu'*il y fut planté un lys au milieu des lisses, en la grande rue Saint-Antoine, duquel sortoient six fleurons, et au dessus d'iceux un sion vert, au haut duquel estoit posé un escu de France, à trois fleurs de lys d'or, richement bordé tout autour d'un collier de l'ordre de Saint-Michel, semé de coquilles, et par dessus ledit escu estoit une riche couronne tymbrée en forme d'empereur*. Il faut neantmoins demeurer d'accord que dans les monnoyes de ce prince la couronne n'est qu'un cercle rehaussé de fleurs de lys [7], comme en la monnoye d'or qu'il fit battre au sujet du pape Jules II, qui a pour inscription du côté de la figure du roy, LVDO. FRANC. REGNI NEAP. R., et de l'autre, où est un escu de France couronné, PERDAM BABILONIS NOMEN (25.). Le même roy dans les testons qu'il fit forger à Milan est representé avec un bonnet retroussé, et une couronne de fleurs de lys sur les retroussis (27.). François Ier est pareillement figuré dans quelques testons avec ce meme bonnet ; mais il y a cette difference, que la couronne de fleurs de lys est au dessus du retroussis (28.). Il paroit encore en quelques-uns avec une couronne entremeslée de fleurs de lys et de rayons (29.). Et enfin il se represente en d'autres avec une couronne rehaussée de fleurs de lys et de fleurons, et fermée par en haut, ce qui a esté continué par ses successeurs (30.).

Il est constant que les rois n'ont porté la couronne fermée que dans les derniers siecles : ce qui a donné sujet à l'auteur de l'ancienne chronique de Flandres de dire qu'entre les couronnes des rois, celle de l'empereur est seule couverte par dessus. Mais je ne sçay si l'on doit ajoûter creance à ceux qui ont écrit que François I prit la couronne fermée pour contrecarrer Charles V ; car j'estimerois plutôt que ce qu'il en fit fut parce qu'il s'apperçut que les rois d'Angleterre, qui luy estoient inferieurs en dignité, la portoient de la sorte, il y avoit longtemps. En effet, non seulement toutes les monnoyes d'or et d'argent de Henry VIII la representent avec la couronne fermée (31.), mais mémes dans celles de Henri VI et de Henry VII elle est figurée de la même maniere (32.). Je crois que cette couronne est celle de S.

---

[1]. Apud Jo. à Puteo, in Geneal. Famil. Las. Arnol. Lub. l 3, c. 33. — [2]. Crusii Turcogr. — [3]. C. 149. — [4]. In Lud. VI. — [5]. Ch. 51. — [6]. L. VI, c. 2. — [7]. L. 1, Sect. 5, c. ult.

[1]. In Vindic. Hisp. p. 164. — [2]. Asser. Gall. p. 252, 253. — [3]. Codin. de Off. l. 6, n. 18 ; Tertull. de Coron. Mil. Martinian. l. 4. — [4]. S. Julien, en ses Mesl. Hist. p. 569 Chifflet, in Vind. Hisp. — [5]. L. 3. — [6]. Cerém. de France. — [7]. Paul. Petau, in Gnorism. veter. Numm.

Edouard le Confesseur, dont les rois d'Angleterre sont couronnez au jour de leur sacre, *laquelle couronne est archée en croix*, ce sont les termes de Froissart[1], lorsqu'il raconte les ceremonies du couronnement de Henry IV dit de Lancastre, en l'an 1399. Neantmoins cét Henry, ou du moins Henry V, son successeur, se trouve avec une couronne de fleurs de lys non fermée, dans une monnoye d'argent frappée à Calais, qui represente d'un côté la face entiere, et le bust de ce prince, avec de grands cheveux, et la couronne, telle que je viens de la décrire, avec ces mots à l'entour. HENRI'. DI'. GRA'. REX. ANGL'. S. FRANC. En l'autre revers est une croix, qui entreprend toute la monnoye avec une double inscription, la premiere. POSVI. DEVM. ADIVTOREM. MEVM; l'autre, VILLA. CALESIE. Celles d'Edouard III sont semblables (33.).

Il se peut faire encore que François I prit la couronne fermée, pour se distinguer des princes non souverains, des ducs et des comtes, qui avoient aussi le droit de porter la couronne, et qui la faisoient empreindre dans leurs monnoyes. Le sçavant Selden, en ses *Titres d'Honneur*, a avancé[2] que cette espèce de couronne est d'une invention nouvelle, et qu'en l'an 1200 les ducs et les comtes n'en avoient point. Ce qu'il prouve par un passage de l'histoire de Geoffroy de Ville-Hardoüin, qui fait parler ainsi le duc de Venise aux députez du marquis de Montferrat, des comtes de Flandres, de Blois, de Saint-Paul. de Brienne, et autres : « Bien avons « quenu que vostre seignors sont li plus hauts homes que « soient sans couronne. » Ce discours semble être formel pour induire que le marquis de Monferrat et les autres comtes ne portoient pas alors de couronnes. En effet, la couronne n'appartient qu'aux rois: d'où vient, suivant la marque d'un rabin[3], que le roy Assuerus ayant commandé qu'on revetit Mardochée du manteau royal, et qu'on en fit monter sur le cheval royal, il ne parla point de la couronne, quoy qu'Aman l'eût proposée. Je trouve neantmoins que les ducs, mêmes en France. ont porté couronne bien auparavant ce temps-là. Car nos annales[4] écrivent que Charles le Chauve au retour de Rome vint à Pavie, où il tint ses états, et qu'après avoir établi Boson, frere de sa femme, duc de ces provinces. et l'avoir couronné d'une couronne ducale, il vint en France : « Romam exiens, Papiam venit, ubi et placitum « suum habuit : et Bosone, uxoris suæ fratre, duce ipsius « terræ constituto. et CORONA DVCALI ornato, et collegis ejus « in eodem loco regno relictis. — ad monasterium Sancti Diony-« sii pervenit. » Nous lisons mêmes qu'au temps de Geoffroy de Ville-Hardoüin les couronnes des ducs estoient aussi en usage. Car Roger de Hoveden[5] raconte que Jean comte de Mortain ayant appris en France la mort de Richard I, roy d'Angleterre, son frere, il se mit en chemin pour aller recueillir la couronne, et que, passant par Rouen, en une feste de Saint-Marc, *accinctus est gladio ducatus Normanniæ, in Matrici ecclesiâ. per manum Walteri, Rotomagensis archiepiscopi ; et prædictus archiepiscopus posuit in capite* DVCIS CIRCVLVM AVREVM, *habentem in summitate per circuitum rosas aureas*. M. Besly[6] nous a donné les ceremonies qui s'observeroient à la benediction des ducs d'Aquitaine, qu'il a tirees d'un manuscrit de l'église de Saint-Etienne de Limoges, avec ce titre. *Ordo ad benedicendum ducem Aquitaniæ*, où sont ces mots, qui justifient que ces ducs recevoient la couronne : « Post hæc imponit episcopus capiti « ducis CIRCVLVM AVREVM, cum oratione ista. etc. » Mais il est incertain si ce ceremonial a esté fait pour les anciens ducs de Guienne, ou pour ceux de la maison d'Angleterre.

Je ne doute pas que les ducs et les comtes de notre France n'ayent paru avec leurs couronnes dans les occasions de ceremonies, et particulierement dans les cours plenieres, ou solennelles, de nos rois : du moins il est constant qu'à leurs sacres les ducs et les comtes qui avoient la qualité de pairs de France, ou ceux qui les ont representez, s'y sont trouvez avec la couronne sur la teste. Le *Ceremonial françois*[7] dit qu'au sacre de Charles VIII les pairs seculiers y estoient *vestus de manteaux, ou socques de Pairie, renversez sur les épaules, comme un epitoge. ou chappe de docteur, et fourrez d'hermines, ayans sur leurs testes des cercles d'or, les ducs à deux fleurons, et les comtes tout simples.* Il fait la même remarque[8] lorsqu'il traite des sacres des rois Henry IV et Louys XIII. Mais ce qui me confirme dans la créance que les ducs et les comtes se trouvoient avec la couronne sur la teste dans les grandes solennitez est que dans la recherche des biens et des meubles du comte d'Eu, connétable de France, qui fut faite après qu'il eut esté décapité, on fit la description de toute *sa vaisselle, des couronnes, des chappeaux, des anneaux, des pierreries, des joyaux, et d'autres biens*, comme on voit dans les inventaires faits le dernier de fevrier l'an 1350, et le 18 de mars l'an 1353, qui sont en la Chambre des Comptes de Paris[1]. Car il est probable que ces couronnes estoient des cercles d'or, qui appartenoient à ce connétable en qualité de comte. Il semble même que non seulement les ducs et les comtes avoient le privilege d'en porter, mais encore les simples gentilshommes. Ce qui le pourroit faire presumer est que parmi un grand nombre de seaux que j'ay veus attachez à des lettres originales qui m'ont esté communiquées par monsieur d'Herouval il s'en rencontre plusieurs qui representent les armoiries des gentilshommes qui n'avoient aucune dignité de duc ou de comte, avec le casque couronné d'une couronne ducale, de laquelle sort un cimier. Ce que j'ay remarqué particulierement aux seaux de Louys vicomte de Thoüars, attaché à des lettres de l'an 1310 ; d'Aymar, sire d'Archiac, de 1343 ; de Jean de Corberon, viguier, chevalier, capitaine de Pierraguers, de 1349 ; de Jean d'Ogier de Montaut, sire de Saint-Front, de 1349 ; d'Arnaud d'Espagne, chevalier, seigneur de Montespan, senéchal de Perigord, de 1351 ; de Jean de Chauvignet, seigneur de Blot, escuyer, de 1380 ; de Jean de Saqueville, chevalier, sire de Blaru, de 1380 ; de Raymond, sire d'Aubeterre, chevalier, de 1395 ; de Guichard Dauphin, chevalier, conseiller et grand maître d'hôtel du roy, de 1413 ; et enfin de Renaut du Chastelet, conseiller et chambellan du roy, bailly de Sens, de 1479. Ce qui sert à justifier que c'est sans raison que quelques gentilshommes ont crû avoir droit de porter la couronne sur leurs armes parce qu'ils les ont veuës empreintes et figurées dans les tombeaux de leurs ancêtres ; ce que j'ay ouy autrefois remarquer au sujet de la maison de Halluin, originaire de Flandres : dautant que ces couronnes estoient alors usurpées indifferemment par les gentilshommes, qui n'avoient aucune dignité qui leur en donnât le privilege, et ce par un abus de ces siecles-là, qui a passé jusques à nous, où la plûpart de la noblesse s'est arrogé des titres imaginaires de comtes et de marquis, et des couronnes sur leurs armes, sans autre droit que celui que la licence des minoritez de nos princes leur a souffert.

Il est probable que Charles le Chauve a esté le premier de nos rois qui a accordé la couronne aux ducs : et mêmes j'ose avancer que comme il se conforma aux coutumes des empereurs grecs, dont il prit les habits et les ornemens, il suivit aussi en cela leur exemple. Dautant que les empereurs d'Orient accordoient ordinairement la couronne aux Césars. et aux principales dignitez de l'empire, ce qui a eu lieu avant le grand Constantin : car *Constantius Chlorus*, son père, n'estant revêtu que du titre de *Nobilissimi Cæsar*, paroît avec la couronne de rayons dans une medaille de cuivre qui a pour inscription : CONSTANTIVS NOB. C.; et à l'autre revers : VIRTVS AVGG. Le jeune *Licinius* paroît avec la même couronne et le même titre dans une autre medaille, aussi de cuivre : LICINIVS. IVN. NOB. C.; l'autre revers ayant pour inscription ces mots : VIRTVS EXERCIT. L'on voit pareillement les figures de *Crispus*, et de *Constantius*, enfans de Constantin, qui estoient revêtus de cette même dignité avec le diadême de perles, dans leurs medailles, dont les empreintes ont esté données par Baronius, Gretzer[2], et Saint-Amant[3]. Ce qui est encore confirmé par la plûpart des auteurs byzantins, qui attribuent aux Césars non seulement la robe de drap d'or et d'écarlate, comme Zozime[4], la *Chronique Alexandrine*[5] et Constantin Manassès[6], mais encore la couronne. Zonaras, en la *Vue de Marcian* : Ἀπήτησε Καίσαρα στέφει θάτερον υἱὸν αὐτοῦ. Manassès parlant du même Julian :

Ἰουλιανῷ δὲ Καίσαρος ἐκόσμησε στεφάνῳ.

Et au sujet de Tibere designé Cesar, et adopté par Justin :

Πρῶτα μὲν τῷ τοῦ Καίσαρος κατακοσμεῖ στεφάνῳ.

Theophanes, et après lui Paul Diacre[7], racontent que Constantin Copronyme accorda à Christophle et à Nicéphore, ses enfans, qu'il avoit creez Cesars, et à Nicetas leur frere, auquel il avoit donné le titre de nobilissime, sçavoir aux Cesars, τὰ Καισαρίκια περικεφάλαια. (Paul Diacre tourne ces mots, *Cæsaricas galeas*), et à Nicetas χλαῖναν χρυσῆν καὶ τὸν στέφανον, *une robe de drap d'or et une couronne*. Glycas témoigne encore que Romain Lecapene, ayant obtenu de

1. Vol. 4, c. 114. — 2. Titles of Honor, part. 2, c 5. — 3. R. Salomon Iarchi, in l. Esther. c. 6, v. 9. — 4. Annal. Fr. Bertin. A. 876 : Cont. Aimoin. c. 32. — 5. Hoved. p. 792. — 6. En l'Hist. des C. de Poitou, p. 184. — 7. Tom. 1, p. 193. — 8. P. 389. 407.

1 Communiquez par M. d'Herouval. — 2. L. 4, de S. Cr. c. 8. — 3 Tom. 3, p. 506, 587. — 4. L. 2. — 5. A. 10, Zenon. — 6. Const. Manass. in Juliano. — 7. L. 30.

Constantin, fils de Leon, la dignité de Cesar, fut couronné par luy solennellement. Et Anne Comnene, en son *Alexiade*[1], écrit que l'empereur Alexis, son pere, ayant accordé à Nicephore Melissene le titre de Cesar, pour l'obliger à se désister de ses prétentions sur l'Empire, et ayant institué une nouvelle dignité, sous le nom de sebastocrator, pour Isâc Comnene, son frere aîné, il voulut que l'un et l'autre fussent nommez dans les proclamations publiques, et qu'ils portassent la couronne dans les jours solennels, mais beaucoup differente de celle de l'empereur pour la richesse. Car comme le diadème imperial estoit tout parsemé de pierreries, et qu'il estoit couvert par dessus, ces couronnes n'estoient parsemées de pierreries que par intervalles, et estoient sans couverture, ἄνευ τοῦ ἐπισφαιρώματος. Nicetas[2] fait mention de la couronne de sebastocrator en la *Vie d'Alexis l'Ange*, sans en faire la description. Mais Nicephore Gregoras[3] nous a donné celle des Césars, lorsqu'il raconte l'entrée solennelle de Strategopule, auquel Michel Paleologue avoit donné cette dignité, après que ce seigneur eut enlevé Constantinople aux François, écrivant qu'il vouloit qu'il marchât par toute la ville revêtu des habits de Cesar, et avec une superbe couronne, presque semblable à celle des empereurs, στεφάνῳ πολυτελεῖ καὶ μικρον δέω λέγειν βασιλικῷ. J'ay remarqué cy-devant que dans l'eglise de Notre-Dame surnommée Περίβλεπτος, à Constantinople, on y voit les statues de l'empereur Michel Paleologue et de l'imperatrice Eudocie, sa femme, entre lesquelles est celle de Constantin Porphyrogenite, leur fils, qui est revêtu d'un manteau parsemé d'aigles, attaché sur l'épaule droite, avec une espèce de sceptre en la main, ayant sur la teste un cercle d'or chargé de pierreries, rehaussé par devant d'un diamant enchâssé en or, et autour du cercle d'un rang de perles. Les autres empereurs ajoûterent avec le temps d'autres ornemens aux couronnes des despotes, des Césars et autres dignitez, dont ils revêtoient leurs enfans et leurs parens, selon le degré de faveur qu'ils avoient en la cour de ces princes. Car ils permirent à quelques-uns d'eux de fermer ces couronnes par d'autres cercles d'or, qui sont appelez χαμάραι dans les auteurs byzantins. Il semble que ce fut l'empereur Jean Cantacuzene qui inventa cette sorte de couronne en faveur de Manuel et de Jean Azen,

freres de sa femme, lesquels il promût à la dignité de sebastocrator, leur ayant accordé de porter des couronnes enrichies de turquoises et de perles, fermées d'un seul cercle par devant[1], στεφάνους διὰ λίθων ὑερανθῶν καὶ μαργάρων, ἔχοντας ἕκαστον αὐτῶν ἔμπροσθεν ἀνὰ μίαν καὶ μόνην καμάραν. On multiplia ensuite ces cercles de dessus selon la dignité des princes. Car si c'estoit le fils d'un empereur, il portoit la couronne fermée de quatre cercles[2], στέφανος διὰ λίθων καὶ μαργάρων, ἔχοντα καμάρας μικρὰς τέσσαρας ἔμπροσθέν τε καὶ ὄπισθεν, καὶ ἐκ πλαγίων. Que s'il n'estoit que gendre de l'empereur, ou son cousin, cette couronne n'estoit rehaussée que d'un cercle par devant. Mathieu Moine[3], en son *Traité des Dignitez du palais de Constantinople*, a parlé des couronnes des despotes, des sebastocrators et des césars, et ne fait pas mention de ces differences, se contentant de dire qu'elles sont enrichies de perles :

ὧν κεφαλῆς τὸ κάλυμμα κεκόσμηται μαργάροις.

Les derniers auteurs byzantins, parlans des couronnes de ces dignitez de l'empire, se servent ordinairement du mot de στέφανος : comme, au contraire, lorsqu'ils parient des couronnes des empereurs, de celuy de στέμμα. comme on peut recueillir de *Codinus*[4] et d'*Achmes*[5], en ses *Onirocritiques* ; mais Anne Comnene n'observe pas ces distinctions.

Ç'a esté encore à l'exemple des princes et des dignitez de Constantinople que les dauphins, fils aînez de nos rois, portent de semblables couronnes, ayant remarqué dans le *Cerémonial de France* qu'à l'enterrement de François, dauphin de Viennois, fils aîné de François Ier. l'effigie de ce prince « avoit par dessus le bonnet de velours cramoisy une « couronne d'or, plus eminente que celle d'un duc, comme « déjà préparé à succeder au royaume et porter la fleur de « lys entiere. » Ces termes ont peut-estre donné sujet à quelques auteurs[6] de former une couronne à ce dauphin rehaussée de fleurs de lys, et fermée de deux cercles, ou branchons en croix, avec une fleur de lys au sommet, n'ayant pas mis plus de cercles, parce que e *numero talium absidum diademati dignitas accedit*, ainsi qu'écrit M. Paschal[7] celle des rois en ayant un plus grand nombre.

1. L. 3. p. 78. — 2. In Alex. Ang. l. 1, n. 2. — 3. L. 4.

1. Codin. de Off. c. 19 — 2. Id. c. 18, a. 4. — 3. De Off. Palat. — 4 C. 17, 18, 19. — 5. C. 247. — 6. MM. de Sainte-Marthe. — 7. L. 9, de Cor. c. 18.

DE LA COMMUNICATION DES ARMOIRIES DES FAMILLES,

OU D'UNE PARTIE, ACCORDÉE PAR LES PRINCES A DIVERSES PERSONNES, PAR FORME DE PRIVILEGE OU DE RECOMPENSE.

DISSERTATION XXV.

C'est encore une espèce d'adoption d'honneur que les princes et les rois ont pratiquée lorsqu'ils ont communiqué leurs armes à divers gentils-hommes de leurs sujets, ou étrangers. Car comme les armes sont les veritables marques d'une famille, ceux qui en sont ainsi honnorez semblent devoir participer à ses prerogatives. Ce sont des moyens qu'ils ont choisis pour recompenser les services de ceux qu'ils vouloient gratifier, et aussi pour les attacher plus fortement à l'avenir et leur posterité à leur service. Cette *attribution de partie d'armoiries*, suivant Guy Coquille, en l'Histoire de Nivernois, « se fait avec diminution notable « par changement de couleurs, ou diminution de nombre « des pieces qui sont és armes des bienfaicteurs, en sorte « qu'on peut connoistre qu'ils ne sont pas du lignage. mais « qu'ils tiennent par bienfaict. »

Les princes ont encore accordé souvent ce privilege par une marque de protection. Car d'un côté les personnes qui ont esté gratifiées des armes du prince ont une obligation particuliere à le servir, par le souvenir de l'honneur qu'elles ont reçu de luy, et de maintenir la dignité de celuy dont ils portent les armes. *Æneas sylvius*,[1] depuis pape Pie II. écrivant à Adam de Moulins, secretaire du roy d'Angleterre, en faveur du secretaire de l'empereur, qui desiroit avoir le privilege du même roy de porter ses armes. après luy avoir representé les merites de la personne pour laquelle il s'employoit, tient ce discours : « Hominem dignissimum promo- « vebis, qui divisae regiae non minus honoris præstabit, « quam ipsa sibi divisia decus præbeat. Scis enim tales res « illi committi deberi. qui tueri earum honorificentiam « possint. » D'autre part, le prince se trouve engagé en la protection de celuy auquel il a communiqué ses armes, l'ayant reconnu par là pour une personne qui luy est acquise,

1. P. 80.

et qui participe en quelque façon aux prerogatives de sa famille, dont il est obligé de conserver l'honneur.

Ce privilege de porter les armes ou une partie des armes du prince a esté de tout temps estimé tres-particulier, n'ayant esté conféré qu'à ceux qui avoient beaucoup merité de l'Etat, et qui luy avoient rendu de signalez services. Ce qui verifie la maxime des politiques [1], qui tiennent que les princes ont souvent des moyens innocens pour recompenser. non-seulement les hommes de merite, mais encore leurs favoris, sans apporter un notable detriment à leurs finances, qui sont les nerfs et le fondement des États : parce qu'effectivement l'honneur, qui est l'unique aiguillon de la vertu, et non la valeur des choses, donne le prix aux recompenses. Les couronnes de laurier et d'autres plantes estoient trop peu de chose à l'égard des belles actions qu'elles combloient de gloire, si une fin plus honorable ne leur eust donné quelque relief. Il n'y avoit rien de plus aise que ces surnoms que le sénat donnoit à ces grands chefs qui s'estoient signalez dans les combats et qui avoient subjugué les provinces : cependant il ne se pouvoit trouver une plus digne recompense de leur courage qu'en les faisant connoître à la posterité par l'imposition d'un nom qui comprendoit en peu de lettres l'eloge et leurs beaux faits d'armes, et expliquoit la grandeur et l'excellence de leurs victoires : *Qui uno cognomine declarabatur non modo quis esset, sed qualis esset*, dit Ciceron [2].

Je mets au rang de ces recompenses, faciles en apparence, mais glorieuses en effet, les privileges que les princes ont concedez à leurs sujets, ou autres seigneurs étrangers qui avoient bien merité de leurs Etats, de porter leurs armes, ou une partie parmi celles de leurs familles. Aussi ils n'en ont usé qu'envers les personnes de consideration, et qui leur avoient rendu des services signalez, laquelle sorte de recompense se trouve avoir esté pratiquée par les empereurs, les rois, les ducs, et les autres princes souverains, comme je vay justifier par des exemples tirez de l'histoire.

Et pour commencer par les empereurs d'Occident, je remarque qu'ils en ont usé plus que tous les autres. OTHON Ier du nom voulut que Louys et Pierre *Del Ponte*, Italiens, portassent au chef de leurs armes l'aigle de l'Empire, et prissent le nom d'*Othoni*. « Ex nostro proprio nomine, cogno-« mine Othonis eorum familiam nominare , et insigniis « aquilam superaddere liberalitate augusta concedimus, » ainsi que portent les patentes de cét empereur, du mois de decembre de l'an 968, rapportées par Sansovino [3], si toutefois elles sont veritables, parce qu'on peut mettre en doute s'il y avoit dès ce temps-là des armoiries stables, et affectées aux familles. OTHON surnommé le Roux donna pour armes à Udalric, duc de Boheme, son gendre, l'aigle de l'Empire, en lieu duquel Vladislas, second roy de Boheme, prît le lion, qui luy fut donné par l'empereur Frederic Ier, après qu'il eut fait merveille au siège de Milan [4]. Le méme FREDERIC ayant conféré à *Julio Marioni*, gentil-homme d'*Ugubio*, le titre de comte, il luy donna en méme temps le privilege d'ajoûter l'aigle de l'Empire à ses armes, par ses lettres du mois d'avril l'an 1162 [5]. La maison de *Jovio* [6], en Italie, reconnoit que l'aigle qu'elle porte au chef de ses armes est de sa concession, auxquelles l'empereur Charles-Quint ajouta les deux colonnes d'Hercules, qui estoit sa devise. Conrad *Malaspina* [7] eut un don de l'empereur FREDERIC II un chef de l'Empire pour avoir vaillamment combattu au siège de *Vittoria*, dont il estoit gouverneur, prise d'assaut par les infideles. Le sire de Joinville [8] écrit que Secceaun, chef des Turcs, qui estoit *le plus vaillant et le plus preux de toute payennie*, portoit en ses bannieres les armes de cét empereur, qui l'avoit fait chevalier, et qui probablement les luy donna. *Matheo*, ou, *Maffeo Visconti*, surnommé le Grand, reçut de l'empereur ADOLPHE, avec le vicariat general de Milan et de Lombardie, la permission de porter l'aigle de l'Empire, à un quartier de ses armes [9]. HENRY VII, donna à *Alboino della Scala*, prince de Verone, le privilege de porter un quartier de l'Empire en ses armes, confirmé depuis par l'empereur LOUIS de Baviere à *Can Grande*, qui porta cét aigle en chef au-dessus de l'échelle de gueules [10]. SIGISMOND ayant créé comte de *Sanguinetto Louys del Verme*, gentil-homme de Verone, luy donna l'aigle de l'Empire, l'an 1433, en laquelle année il accorda la méme prerogative à Jean-François de Gonzague, qu'il créa premier marquis de Mantouë, luy donnant pour ses armes quatre aigles de sable [11]. Quelque temps auparavant, sçavoir

en l'an 1413, il honora François Justinian, gentil-homme genois et comte du sacré palais [1], de l'aigle de l'Empire, que cette maison porte au chef de ses armes, par ses lettres inserées en l'*Histoire de l'isle de Chio* [2]. Deux ans après, estant à Avignon, il permit à Elzeas de Sado, seigneur des Essars [3], gentil-homme provençal, de charger l'étoille de ses armes de l'aigle de sable. Un auteur aleman [4] remarque que dans les actes manuscrits du concile de Constance, qui se conservent dans les Archifs de cette ville-là, on y voit empreintes les armes que cét empereur donna à diverses familles de diverses nations, durant la tenuë du Concile : où il ne faut pas douter qu'il n'y en ait beaucoup qui obtinrent en ce temps-là l'aigle de l'Empire. FREDERIC IV créa, en l'an 1451, Borso d Est [5], marquis de Ferrare, et luy donna pour armes *d'azur à l'aigle d'argent*; il donna encore l'aigle de l'Empire à *Manfredo*, comte de *Correggio*, estant à Venise, le 28e jour de may l'an 1455. Jean *Roverello* [6] ayant esté fait par le méme empereur comte palatin en l'an 1444, il luy permit de porter l'aigle de sable à côté de ses armes. MAXIMILIAN Ier confera cette méme aigle [7] à Jean *Bentivoglio* IIe du nom, prince de Bologne, pour la porter en son quartier de ses armes, avec cette devise : *Maximiliani munus;* à Alberic *Cibo* [8], prince de Masse, lorsqu'il luy donna le titre de prince de l'Empire : et à Raphael *Grimaldi* [9], surnommé de *Castro*, par lettres du 16e jour de janvier l'an 1497, le faisant chevalier et comte palatin. Le méme empereur ayant erigé la ville de Cambray en duché, en faveur de Jacques de Croy [10], evesque, luy permit, à ses successeurs evesques, de porter au chef des armes de leurs maisons l'aigle de l'Empire, brisé d'un lambel de gueules, par ses lettres patentes du 28e jour de juin l'an 1510. L'empereur CHARLES Quint donna à Maximilien *Stampa* [11]. gentil-homme milanois, le marquisat de *Sancino*, et l'aigle de l'Empire au chef de ses armes, pour recompense de sa fidelité en la garde du *Castello di Zobia* de Milan. Nicolas *Grimaldi* [12], seigneur de Montalde, obtint, en l'an 1525, du méme empereur le titre de comte palatin, et l'aigle d'or en champ de gueules au chef de ses armes, qui sont celles des empereurs de Constantinople, semblables à celles que l'empereur MANUEL Paleologue donna à *Castellino Beccaria* [13], qui le reçût en le deffraya à Milan, lorsqu'il y passa pour aller au concile de Florence, ce seigneur s'estant encore employé envers les princes pour luy faire donner les secours qu'il demandoit contre les Turcs.

Si nous venons en France, nous trouverons que les mémes recompenses y ont esté en usage. Saint Louis, estant outre-mer, donna le Chef de France à l'Ordre tentonique [14]. Passant par Antioche, il permit au jeune prince Boëmond VI d'écarteler ses armes, *qui estoient vermeillées*, au rapport du sire de Joinville [15], des armes de France. PHILIPPE de Valois, selon quelques-uns [16], permit à Guillaume de la Tour de porter son escu semé de France. Mais M. Justel, en l'*Histoire des Comtes d'Auvergne* [17], estime que cette permission est beaucoup plus ancienne, remarquant qu'au château de la Tour, avant qu'il fust ruiné, on voioit deux écussons des armes de la Maison de la Tour, gravez en une cheminée bâtie l'an 1218, l'un avec le tour simple, qui sont les anciennes, l'autre avec le champ d'azur, semé de fleurs de lys d'or, et la Tour d'argent, qui sont celles que les seigneurs de la Tour d'Auvergne ont portées jusques à présent. Le méme roy [18] permit à messire Pierre de Salvain, seigneur de Boissieu, homme de grand credit dans le conseil d'Humbert, dernier dauphin de Viennois, d'ajoûter à ses armes une bordure de France, pour avoir esté l'un des principaux auteurs de la cession faite de cette province en faveur de la France. Il voulut [19] encore que le cardinal Bertrand chargeât le chevron d'azur de ses armes de trois fleurs de lys d'or, pour avoir deffendu les privileges de l'Église gallicane contre Pierre de Cuigneres, advocat au parlement. CHARLES V donna à la la famille de Fabre une fleur de lys d'or [20]. Estienne, roy ou empereur de Servie [21]. ayant envoyé en France Nicolo Bucchia, son protovestiaire, en l'an 1351, pour rechercher la fille du roy Philippe de Valois en mariage pour son fils Urosc, quoy que cette recherche n'eust eu effet. le roy Charles V, voulant reconnoître la bonne conduite de cét ambassadeur,

---

1. Scipione Ammirato, nel Discors. Polit. l. 2. — 2. Pro Fonteio. — 3. Nelle Famig. illustri d'Ital. l. 1, p. 33. — 4. Æneas Syl. in Hist. Bohem. c. 18, 24. — 5. Sansovino, p. 343. — 6. Paul Jov. in Descript. Larii Lacus. — 7. Jean le Laboureur, en la Geneal. de Malasp. — 8. P. 38. — 9. Sansovino. — 10. Joseph. Scalig. in epist. de orig. gentis Scalig. p. 18. — 11 Sansov. l. 1, p. 285, 350.

1. Giust. nell. Hist. di Gen. l. 5, an. 1413. — 2. P. 116. — 3. Hist. de Prov. p. 557. — 4. Goldast. tom. 2, Rer. Alem. p. 197. — 5. Gen. d'Est. — 6. Sansov. l. 1, p. 275, 392. — 7. Id. l. 1, p. 173. — 8. Jean le Laboureur, en la Gen. de la Maison de Cibo. — 9. Carol. de Venasque, in Gen. Grimald. p. 109. — 10. Jean. Scob en la Gen. de 52. en la Maison de Croy, p. 62. — 11. Leand. Alb. nella Descrip. d'Ital. p. 404. — 12. Carol. de Venasque, in Gen. Grimaldi, p. 114. — 13. Sansovino, l. 1, p. 401. — 14. A. Favyn. — 15. En l'Hist. de S. Louys. — 16. La Roque, en la Gen. de Bourbon, p. 34. — 17 Hist. d'Auvergne, p. 247. — 18. La Colomb. en son Recueil d'Armoiries. — 19. Mathieu de Goussanc. au Martyr. des Chev. de Malthe, p 50. — 20. Mathieu de Goussanc, au Martyr. des Chev. de Malthe, p. 298. — 21. Mauro Orbini, nella Istor. degli Slavi, p. 266.

luy permit de porter une fleur de lys en ses armes. CHARLES VI permit à Jean-Galeas, duc de Milan [1], en faveur de son mariage avec Isabelle de France, fille du roy Jean, et à ses héritiers, d'écarteler ses armes de celles France sans nombre, par lettres patentes du 29e jour de janvier l'an 1394. Le mesme roy [2], estant à Tolose, l'an 1389, en présence du duc de Touraine, son frere, du duc de Bourbon, son oncle, et de plusieurs seigneurs de France et de Gascongne, donna à Charles d'Albret, son cousin germain, et à ses descendans, le privilege d'écarteler ses armes, qui estoient simplement de gueules, de deux quartiers de France plein sans briseure, « laquelle chose le seigneur de Labret (dit Froissart [3]) tint à « riche et grand don. » CHARLES VII permit à Nicolas d'Est, second duc de Ferrare [4]. en consideration de la ligue et de la confederation qu'il avoit faite avec luy, et du serment de fidelité qu'il luy avoit prété, « de porter les fleurs de lys en « son escu à costé droit, avec un bord denté d'or et de « gueules, ayant l'ancienne armoirie de Ferrare au costé « gauche, » par lettres du 10e jour de may l'an 1432. Il permit encore, suivant un auteur de ce temps [5], aux vicomtes de Beaumont de parsemer leur escu de fleurs de lys. Il en donna une à la Pucelle d'Orléans. Chassanée [6] écrit que sous le regne du roy LOVIS XI plusieurs eurent la permission de porter la fleur de lys en leurs armes. Du Tillet dit qu'il permit à Pierre de Medici II [7] du nom, seigneur de Florence, et à sa posterité, de porter un chef de ses armes « un tourteau « d'azur à trois fleurs de lys d'or, » par lettres du mois de may l'an 1465. Ce qu'André Favyn [7] attribue au roy Louys XII. Tant y a que ce fut le roy LOUYS XII qui donna à Jean Bentivoglio [8] II du nom, prince de Bologne, le chef des armes de France, et à Jean Ferrier, archevesque d'Arles [9], un escu d'azur à une fleur de lys d'or. sur le tout de ses armes. HENRY le Grand octroya au capitaine Libertas, qui delivra la ville de Marseille [10] de la tyrannie de Cazand, qui l'avoit tenuë longtemps pour la Ligue, et traittoit avec l'Espagnol pour lui remettre entre les mains, un chef d'azur de trois fleurs de lys d'or, à ses armes de gueules à un château d'argent. Il fit le mesme à Pierre Hostager [11], gentil-homme de Marseille, qui servit sa majesté en la reddition de cette mesme place l'an 1596, et lui donna un escu d'azur à une fleur de lys d'or, le tout de ses armes. Sur semblables considerations, il voulut que le seigneur de Vic, vice-amiral de France, et gouverneur de Calais et d'Amiens [12], qui lui rendit de signalez services durant ses fâcheuses guerres de la Ligue, portast pour memoire une fleur de lys d'or en ses armoiries : il en donna pareillement au sieur Zamet [13]. LOUYS XIII, son fils, usa de pareille gratification à l'endroit de messire Guichart Deagent, chevalier et baron de Bruslon, baron de Viré, premier president en la Chambre des Comptes de Dauphiné. lui permettant de charger l'aigle de ses armes d'un escu d'azur à la fleur de lys d'or, et ce pour recompense de la fidelité qu'il avoit fait paretre dans les affaires importantes de l'Estat où il avoit esté employé. Le chevalier Morosini, Venitien, après avoir exercé en France la charge d'ambassadeur de la Republique, fut honoré par le mesme roy du privilege de porter trois fleurs de lys en ses armes. Enfin chacun sçait que le roy à présent regnant a permis à Flavio Chigi, cardinal, neveu du pape, legat en France, d'en porter une dans ses armes. L'Espagne et les autres royaumes ont pratiqué le mesme en plusieurs occasions [14]. Henry III, roy de Castille [14]. donna pour armoiries le château d'or en champ d'azur à la bordure composée d'or et de gueules, à Dom Ruy Lopes Davalos, qu'il créa comte de Ribadieu, et connestable de Castille, en l'an 1399; ses successeurs ont esté marquis de Pescara et d'Aquino en Italie. Le mesme roy [14] fit porter un quartier des armes d'Espagne à Begues de Vilaines, chevalier, renomme dans Froissart, qu'il fit aussi comte de Ribadieu, lesquelles estoient d'argent à trois lyons de sable à l'orle de gueules. La Chronique manuscrite de Bertrand du Guesclin a fait mention de cette gratification :

Un autre chevalier à Henry le puant,
Dont je voi la banniere, dont l'escu est d'argent
A trois lyons de sable painturez gentement.
Et sont [*] ourlez de gueules, je le voy clerement,
A deux lyons de pourpre assis faitivement,
A un cartier d'Espaigne, le noble tenement,
Et se li a donné une comté présent,

C'on nomme Ribedieu, le noble mandement,
Le Besque de Vilaines le nomment toute gent.

Ferdinand et Isabelle [1], rois de Castille et d'Arragon, pour recompenser Christophe Colomb, Genois, de la découverte des Indes occidentales, outre la dixiéme partie des revenus royaux, lui donnerent le titre de grand amiral perpetuel des Indes, et pour armes, « l'escu d'argent au manteau, le premier de « gueules au château d'or, l'autre d'argent au lyon de pour- « pre. en pointe d'argent ondé d'azur, à cinq isles et un « monde croisé d'or, » avec cette devise : « POR CASTILLA Y « por Leon, Nuevo mundo halla Colon. » Les ducs de Verragua et les marquis de Jamayca aux isles Occidentales sont issus de lui. Alphonse d'Arragon, roy de Naples et de Sicile, ayant donné l'ordre de chevalerie à François Philelphe l'honora d'abondant de ses armes, comme Philelphe témoigne lui-même en deux de ses epitres.

Les rois de Naples des branches d'Anjou ont usé aussi souvent de ces gratifications [2] : les comtes de Nicastro, de la Maison de Costanzo, ont obtenu d'eux le privilege de porter en un quartier de leurs armes, « d'azur à six fleurs de lys « d'or, au lambel de gueules ». comme encore la Maison d'Andrea en Provence [4], originaire de Naples, laquelle porte « une bordure d'azur à dix fleurs d'or, au lambel de quatre « pieces de gueules au-dessus du chef. » Il en est de même de celle d'Alamar, qui porte l'escu d'Anjou en cœur de ses armes : et de celle de Beccaris, au même comté, qui porte « le chef de France. avec le lambel de gueules de trois « pieces [5]. » Celle de la Ratta, en Italie, porta le lambel semé de fleurs de lys, par la concession du roy Robert [6]. René, roy de Sicile [7], donna à René de Boliers, vicomte de Reillane, gouverneur de Marseille, une bordure à ses armes, composée des armes d'Anjou-Naples, et de Hierusalem, de huit pieces. Alphonse, roy d'Arragon [8], donna, en l'an 1511, à Wistan Browne, gentil-homme anglois, l'aigle de sable (de Naples) pour ajouter à ses armes. Et Ferdinand aussi, roy d'Arragon, voulut que Henry Guilford, autre gentil-homme anglois, portât une grenade au dessus de ses armes.

L'Angleterre, la Boheme, la Pologne et la Suede fournissent de semblables exemples. Edoüard I du nom, roy d'Angleterre, voulut que Geoffroy, sire de Joinville [9], partit les armes de sa maison de celles d'Angleterre: ce que roy lui accorda pour sa valeur et ses belles actions, ainsi qu'il est porte faire dans l'inscription de son tombeau. Edoüard IV donna à Louys de Bruges [10], seigneur de la Gruthse et prince de Steenhuse, le comté de Winchester, avec la permission de porter en ses armes un quartier des armes d'Angleterre, sçavoir « de gueules à un leopard d'or armé d'azur, » par lettres patentes du 23e jour de novembre le 14 de son regne. Thomas Manvors, baron de Roz, chevalier de la Jarretiere, obtint du roy Henry VIII [11] le comté de Rutland, avec le privilege de porter au chef de ses armes une autre partie de celles d'Angleterre sçavoir « écartelé au 1 et 4 d'azur à deux fleurs « de lys d'or, au 2 et 3 de gueules à un leopard d'or : » tant pour recompense de ses merites, que pour ce qu'il descendoit de la sœur du roy Edoüard IV. Je passe les armes de la Maison de Goulaines [12], « de gueules à 9 demy leopards d'or « party d'azur, à la fleur de lys et une demie d'or, » qui sont les armes d'Angleterre et de France à moitié, que l'on dit avoir esté données par un roy d'Angleterre à Alfonse seigneur de Goulaines, en consideration de ce qu'ayant esté employé par le duc de Bretagne son maistre à pacifier les rois de France et d'Angleterre, il en vint à bout, et y réussit parfaitement. L'empereur Charles IV, roy de Boheme, donna de lyon des armes de ce royaume à Barthole, jurisconsulte, comme il témoigne lui-même en son Traité des Armes [12]. Sigismond, roy de Pologne, donna pour armoiries à Martin Cromer, son historiographe, et son ambassadeur vers l'empereur, un escu « de gueules à un aigle employé naissant « d'argent, ayant au col une couronne de laurier » auquel l'empereur Ferdinand ajoûta un chef de l'aigle de l'Empire, ce qu'il raconte aussi en la description de la Pologne [14]. Gustave-Adolfe, roy de Suede, donna à Henry Saint-George Richemond [15], roy d'armes, qui avoit porte l'ordre de la Jarretiere au même roy, trois couronnes d'or, qui sont les armes de Suede, pour joindre avec les siennes. Selden, en ses Titres d'Honneur [16], en a rapporté les patentes.

---

1. Du Tillet, au Recueil des rois de France, p. 320. — 2. Idem. — 3 Vol. 4, ch. 9. — 4. Du Tillet, ib. — 5. Monstrelet, vol. 2, p. 79. — 6 Concl. 51, n. 40. — 7. P. 1408. — 8. Sansovino, p. 173 — 9. Claude de Valles. — 10. Hist de Provence, p. 704. — 11. Ibd. p. 1036. — 12. I Mercuro Franc. 1610, p. 519. — 13. La Colombiere. — 14. Sansovino, p. 18. — 15. A. Favyn, p. 1513. — 16. Chr. de Fr. MS. de la Bibl. de Mesmes. — [*] al. ouvrez

1. Franc. Lopes Gomara, en l'Hist des Indes, l. 4, c. 17. — 2 L. 11. Epist. — 3. Sansovino, p. 290. — 4. Hist. de Provence, p. 633. — 5 Campanile. — 6. Mem. de M. de Peiresc. — 7. Hist. de Prov. p. 819. — 8. Campanile, p. 78, 216 ; Civil. p. 450. Math. de Gonssane, Hist. de Prev. p. 436 ; Thom. Milles. de Nobil. Polit. etc. — 9. V. la Gen. de Joinville — 10 Raph. Brooke. — 11. Id — 12. Le roy d'armes. — 13. De Insign. et Arm. n. 2. — 14. L. 4. Polon. — 15. A Catalogue of the Dukes, etc. of England, 1634. — 16. Part 2, c. 2, § 4.

Les ducs et les petits princes souverains ont usé pareillement de ces concessions. Jean duc de Lorraine et de Calabre[1] donna les armes de Lorraine à *Virgilio Maluezzo*, comte de *Castelguelfo*, qui l'avoit logé et reçû en sa maison au voyage que ce prince fit en Italie. Le duc de Bourgogne permit à N... Paterin, son chancelier[2], de porter pour cimier de ses armes un escu armoyé des armes de Bourgogne, avec cette devise : « Le duc me l'a donné. » Louis[3], duc de Bavieres et empereur, passant en Italie l'an 1327, permit à Castruccio. Duc de Lucques, de porter les armes de Bavieres. Et l'année suivante, estant à Francfort, il donna à Jacques et à Fancio *de Praia*, comte de Luniciane en Italie, la couronne des armes du duché de Bavieres pour la joindre au lyon de leurs armes. Freher en a rapporté les lettres. L'empereur Robert, prince palatin du Rhin, voulut que *Jacomuzzo Attendula*[4], duquel la famille des *Sforza* en Italie est issuë, ajoûtât le lyon du Palatinat à ses armes, qui estoit une grenade.

Les republiques mêmes et les villes ont souvent communiqué leurs armes à des particuliers, comme a fait celle de Venise[5] aux Maisons de *Foscari*, de *Magno*, et de *Nani*, des plus illustres d'entre celles qui ont rang parmy les nobles de cette republique, lesquelles portent en l'escu de leurs armes le lyon de Saint-Marc, qu'ils ont obtenu pour recompense de services. Les chevaliers de Saint-Marc, en la même republique, ont le privilege de porter au cimier de leurs armes un mufle de lyon. La republique de Gennes permit à *Guillelmi Cibo*[1] (d'autres disent à *Arano Cibo*), vice-roy de Naples, de porter au chef de ses armes la croix de gueules en champ d'argent. Ceux de Padouë[2] donnerent à Richard, comte de *San-Bonifacio*, le privilege de porter les armes de cette ville, conjointement avec celles de sa famille, pour les services qu'il leur rendit en la charge de Podestat. Ceux de Sienne[3] firent le même à l'endroit de Blaise de Monluc, depuis mareschal de France, pour avoir soûtenu vaillamment le siège que l'empereur Charles V mit devant leur ville. Enfin les papes ont fait porter à quelques cardinaux de leurs creatures un chef de leurs armes[4] : comme fit Pie IV, de la Maison de Medici, aux cardinaux *Sorbellon Bonromeo*, *Altaemps*, et *Jesualdo*. Le pape Jules III, du surnom de *Monté*, aux cardinaux de la Côrne et *Simoncello* ; le pape Pie V, aux cardinaux *Mafeo*, *Santorio*, de *Cesi*, *Callio*, *Bonello* ; le pape Gregoire XIII, du surnom de *Boncompagno*, aux cardinaux de la Baulme, *Vastaviilano*, de Berague, et *Riario*. Quant à ce que Paradin[5] et ceux qui l'ont suivy ont écrit, que l'Ordre de Saint-Jean de Hierusalem auroit Amedée IV, comte de Savoye, de prendre les armes de la religion, en memoire des grans services qu'il lui avoit rendus au siège de Rhodes, cela est controversé ; car A. Du Chesne[6] tient que cette croix que les ducs de Savoye portent est l'escu des armes de la principauté de Piémont.

1. Sansovino, p. 140. — 2. Science Heroique, p. 175. — 3. J. Villani, l. 10, c. 38 ; Freher. in Orig. Palat. c. 13. — 4. Paul. Jovius, in Vita Jacomuzzi Attend. c. 18. — 5. Le Arme di tutti li nobili della Citta di Venetia.

1. A. Favyn, l. 8 du Theatre d'Honn.; Sansovino, et Jean le Laboureur, en la Geneal. de Cibo. — 2. Sansovino, p. 140. — 3. A. Favyn, l. 7 du Theatre d'Honn. p. 1343. — 4. Hist. de Nivernois, p. 189. — 5. Aux annal. de Savoye, l. 2, c. 115. — 6. Hist. de la Maison de Bethune, p. 205.

EXPLICATION DES INSCRIPTIONS DE LA VRAYE CROIX

QUI EST EN L'ABBAYE DE GRANDMONT,
ET DE CELLE QUI EST AU MONASTERE DU MONT SAINT-QUENTIN EN PICARDIE.

DISSERTATION XXVI.

Entre les plus rares reliquaires que la France chrétienne possede aujourd'huy est celuy de la vraye Croix, que l'abbaye de Grandmont en Limosin conserve religieusement, adorable pour le bois sacré qu'il enferme, que Dieu a voulu employer pour servir d'organe à nostre redemption. Ce pieux objet de la devotion des fidéles merite une veneration toute particuliere, tant pour son antiquité que pour la main royale qui en a regalé cét illustre monastere. Les inscriptions grecques qui se lisent au dos de ce reliquaire ont exercé la plume d'un des plus sçavants et des plus eloquens personnages de nostre siecle[1], lequel y a fourny de si belles et de si doctes remarques, que c'est une espece de temerité de s'en départir. Mais comme c'est un champ ouvert à tout le monde, et que dans les choses obscures, et qui sont exposées aux divinations, il est loisible à un chacun de produire ses conjectures, je me donneray la liberté d'étaler icy les miennes, quelque foibles qu'elles soient, sur une matiere peu certaine, après m'estre précautionné de ce trait de *Symmachus*[2] : « liceat « inter olores canoros anserem obstrepere. »

Ces sortes de reliquaires ajustez en forme de croix, et mêmes contenans des portions du bois sacré, sont reconnus vulgairement par les auteurs grecs du nom de φυλακτήριον, d'où quelques Peres de l'Église et autres auteurs latins ont formé celui de *filaterium*. Saint Gregoire le Grand, pape, en a usé en l'une de ses epitres[3], en ces termes : « Adalowaldo regi « transmittere filateria curavimus, id est crucem cum ligno « S. Crucis. » Et Richard, prieur d'Hagulstad[4] : « fecit igi-

« tur illam (redditionem) cum pulchro filaterio, scilicet cruce « argentea in qua... sanctorum reliquiæ continentur. » D'où il est aisé de restituer ce mot, qui est corrompu, dans l'ancien interprète de Juvenal : « Nam et Nicetarim filateria « sunt, quæ ob victoriam flebant, et de collo pendentia ges- « tabant[1] » ; où l'imprimé porte mal en deux endroits *syllateria*. Nos poëtes françois se servent souvent aussi du mot de *filatiere*, en ce sens : le *Roman de Garin* :

Porter lor fet et crois et encensiers,
Les filatires, les seintueres chers.

Ailleurs :

Ne filatires, ne crucifix dorez.

Et Guillaume Guiart, en la *vie de Louys VIII* :

Calices, fiertes, filatieres,
Chapes de cœur, viez sainctuaires.

Il y avoit deux sortes de ces reliquaires ; les uns, plus grands, qui se conservoient religieusement dans les églises, pour estre exposez à la venération et à la devotion des fidéles ; les autres, plus petits, que les particuliers portoient pendus au col (ce que l'interpréte de Juvenal a touché), pour leur servir comme de préservatif contre toute sorte d'accidens ; c'est pour cela que dans la plûpart des auteurs grecs cette espèce de reliquaire est nommé σταυρὸς ἐγκόλπιος, ou

1. M. François Ogier, en l'Inscript. de la vraye Croix de l'Abb. de Grandmont. — 2. L. 10, ep. 54. — 3. L. 12, ep. 7. — 4. De Episc. Hagulstad. c. 9.

1. Sat. 3.

simplement ἐγκόλπιον, parce que, comme ils estoient pendus au col, ils se portoient sur le sein et sur la poitrine. Et cela estoit si ordinaire, particulierement aux Grecs, qu'il n'y avoit presque personne qui ne portât de ces reliquaires, garnis, ou du bois de la vraye croix, ou des reliques des saints, pendus au col [1]. Ils les avoient d'ailleurs en telle veneration, que lorsqu'ils vouloient donner quelque assûrance de l'exécution de leurs paroles, ils les tiroient de leur col, et les mettoient entre les mains et en la possession de ceux envers lesquels ils s'engageoient. Les historiens et mêmes les Peres grecs [2] fournissent une infinité d'exemples de cét usage, qui fait voir que la croix de Grandmont n'estoit pas un reliquaire qui ait appartenu à aucune église, mais à quelque particulier qui le portoit pendu au col, sa grandeur, qui est fort médiocre, donnant sujet de le présumer : en voicy la description [3] : Il est composé de deux plaques d'argent doré, jointes et adossées l'une contre l'autre : en la partie anterieure est inseré le quadre de la vraye croix, en forme de croix patriarchale. A la partie posterieure est l'inscription, qui occupe tout le quadre de la plaque, laquelle se coupe par moitié, et se peut lever, à l'effet peut-estre de découvrir une espèce de mastic qui se trouve étendu et couche entre les deux plaques, qui est d'une composition de baume très-odoriferant. Et comme cette inscription est le fondement de cette Dissertation, il est à propos de l'inserer icy tout entiere.

Βραχύν ὑπνώσας ὕπνον [4] ἐν τριδενδρίᾳ
ὁ Παμβασιλεὺς καὶ Θεάνθρωπος Λόγος,
πολλῆς ἐπεβράβευσε τῷ δένδρῳ χάριν.
ἐμψύχεται γὰρ πᾶς πυρούμενος νόσοις,
ὁ προσφεύγνυς τοῖς τριδενδρίας κλάδοις.
ἀλλὰ φλογωδεὶς ἐν μέσῃ μεσημβρίᾳ
ἔδραμον, ἦλθον, τοῖς κλάδοις ὑπεισδύων,
καὶ τῇ σκιᾷ δέχου με, καὶ καλῶς σκέπε,
ᾧ συσκιάζων δένδρον ἅπασαν χθόνα,
καί τινα ἕρμον ἐνστάλαξόν μοι δρόσον,
ἐν Δουκικῆς φυέντι καλλιδενδρίας,
ἧς ῥιζόσπερμον ἡ Βασιλὶς Εἰρήνη,
ἡ μητρομάμμη, τῶν ἀνάκτων τὸ κλέος,
Ἀλεξίου κρατοῦντος Αὐσόνων δάμαρ.
ναὶ ναὶ, δυσσωπῶ τὸν μὲν φύλακά μου,
σὸς δοῦλος Ἀλέξιος ἐκ γένους Δούκας.

Cum brevem dormisset somnum in triplici arbore
Universi rex, Deus idem ac homo verbum
Multam gratiam impertitus est ligno.
Refrigeratur enim omnis morbis inflammatus,
Quicumque confugit ad ramos triplicis arboris.
Ast ego perustus in medio meridie,
Cucurri, veni, ramos subii,
Tu vero umbra tua suscipe me, et pulchre tege,
O arbor inumbrans totam terram,
Et modicum rorem Hermon mihi instilla,
Qui ortus sum ex stirpe illustri Ducarum,
Cujus stirpis surculus est imperatrix Irene,
Mater aviæ meæ, decus regum,
Conjux Alexii Romanorum Imperatoris,
Certe veneror te unicum servatorem meum,
Ego famulus tuus Alexius, origine Ducas.

Les derniers vers de cette inscription nous apprennent premierement que le seigneur qui a possedé ce reliquaire et cette croix estoit de la famille des Ducas, laquelle a tenu quelque temps l'empire de Constantinople ; en second lieu, qu'il se nommoit *Alexis Ducas*, et qu'il estoit descendu de l'imperatrice Irene Ducas, femme de l'empereur Alexis Comnene, laquelle estoit mere de son ayeule. Car j'estime que c'est là la force du mot μητρομάμμη, d'autant que μάμμη et μάμμα signifient parmi les Grecs une ayeule, suivant l'autorité de *Julius Pollux* [5] : d'où il s'ensuit que μητρομάμμη est la mere de l'ayeule, de même que μητροπάτωρ et πατροπάτωρ signifient la mere de la mere, le pere de la mere dans Jean Tzetzes [6], et autres écrivains de ces siecles-là. Je ne veux pas m'étendre sur la noblesse et l'antiquité des familles des Ducas et des Comnenes, parce que c'est une matiere que je traite amplement dans mes Familles d'Orient. Je me contente d'entrer dans la recherche, qui semble estre necessaire, de la personne de cét Alexis Ducas, et de son alliance avec l'imperatrice Irene, dont l'une des filles estoit mere de son

ayeule. L'histoire remarque qu'elle en eut quatre, Anne Comnene, dont nous avons la sçavante *Alexiade*, qui épousa Nicephore *Bryennius* Cesar ; Marie Comnene, alliée dans les familles des Gabras et des Catacalons ; Eudocie, mariée à Constantin Lazitas ; et Theodore Comnene, femme de Constantin l'Ange, duquel mariage vinrent les Anges, qui possederent longtemps l'empire d'Orient après les Comnenes. Nous ne lisons en aucun auteur que ces princesses ayent eu des filles qui ayent esté alliées à des seigneurs du nom de Ducas : quoy que la présomption y soit entiere, dautant que nous rencontrons dans Jean *Cinnamus* [1], qui vivoit sous l'empire de Manuel Comnene, petit-fils de l'empereur Alexis et d'Irene, dont il a écrit l'histoire, un Jean Ducas, auquel il donne l'éloge d'avoir esté un personnage également sçavant et martial, ἀνὴρ ἑρμαικὸς ὁμοῦ καὶ ἀρεικός, qu'il qualifie συγγενὴς et ἐξάδελφος de l'empereur Manuel, c'est-à-dire son cousin et son proche parent. estant probable que cette aliance provenoit de celle des Ducas avec quelques filles de l'une de ses quatre tantes. Mais il n'est pas bien aisé de dire précisément en quel degré d'alliance ils estoient cousins, parce qu'en premier lieu le terme de συγγενὴς se prend pour toute sorte de parens, et ainsi on n'en peut pas assûrer par là en quel degré Jean Ducas fut cousin de l'empereur Manuel. Mais s'il fut son cousin germain, il faut que c'ait esté par alliance, et qu'il ait épousé une fille de l'une des quatre filles de l'empereur Alexis et d'Irene : car on ne lit pas que ces filles se soient alliées dans la famille des Ducas, ou bien il faut dire que les enfans de ces filles prirent le surnom de Ducas, a cause de leur ayeule, ce nom estant alors tres-illustre. D'ailleurs l'usage de prendre ainsi les surnoms des alliances estoit tres-familier chez les Grecs de ce temps-là, dont il y a un exemple même en la famille d'une des filles de l'empereur Alexis, mariée à Constantin l'Ange, dont la posterité affecta le surnom de Ducas, et particulierement Jean l'Ange Sebastocrator, issu de ce mariage, comme on peut recueillir de divers endroits de Nicetas [2]. Ce qui peut estre arrivé dans la posterité des autres filles, et dautant plus que nous lisons encore que les enfans d'Anne Comnene, fille aînée de cét empereur, et de *Bryennius*, son mary, prirent et affecterent le surnom de Comnene, laissans celuy de *Bryennius*. Tant y a qu'il y a lieu de se persuader que Jean Ducas, à qui le sacré reliquaire a appartenu, estoit fils de ce Jean Ducas, cousin germain de l'empereur Manuel, puisque luy-même est qualifié dans l'inscription arriere-petit-fils de l'imperatrice Irene.

Cette conjecture est appuyée de la circonstance des temps : car Jean Ducas commença à parêtre sous les premieres années de l'empire de Manuel, dans *Cinnamus*, c'est à dire vers l'an 1145, auquel temps il avoit de glorieux emplois dans la guerre, et vivoit encore vers l'an 1166, suivant le même auteur, qui estoit aussi le temps auquel Alexis Ducas, son fils, vivoit ; ce que l'on peut assez conjecturer de celuy auquel ce sacré reliquaire fut apporté en France, qui est designé dans le martyrologe de Grandmont ; car il nous apprend qu'il fut donné à ce monastere par Amaury, roy de Hierusalem, en ces termes : « Anno MCLXXIV, tempore Guillelmi VI, « prioris Grandimontis, susceptio vivificæ Crucis pridie kl. « junii, quam prædictus rex Amalricus cum aureo contulit « phylacterio, et divina inspiratione illuminatus eamdem « per Bernardum venerabilem, Liddensem, episcopum, apud « Grandimontem direxit. » Ainsi cette croix fut envoyée à Grandmont l'an 1174 par le roy Amaury, lequel, comme il est probable, l'avoit eu peu auparavant d'Alexis Ducas, qui la possedoit : et mêmes, s'il m'est permis d'user de conjectures, puisque nous n'avons aucun auteur qui nous l'apprene, j'serois assûrer qu'elle luy fut donnée par Alexis en l'an 1170. Nicetas, *Cinnamus*, Guillaume archeveque de Tyr, le moine de Saint-Marian d'Auxerre, et autres historiens écrivent que l'empereur Manuel eut une telle affection pour les Latins, soit que ce fust par un effet d'inclination naturelle, soit que ce fust par un trait de politique, qu'il s'attira la haine et l'aversion de presque tous ses sujets. Ce qu'il fit assez parêtre par les deux mariages qu'il contracta successivement avec deux princesses Latines, mais particulierement lorsqu'il fit épouser Marie sa niece, fille de Jean Comnene

---

1. Gretzer, tom. 4, de S. Cr. l. 2, c. 27. — 2. Anna Com. l. 2 et 3 ; Nicet. in vita S. Ign ; Theoph. in Inst. ; Rhinct. ; Leo Gram. ; Nic. Chon. in Andr. l. 2, Octav., Syn. CP ; Syn. Ephes. ; Greg. Niss. in Encom. Macrinæ ; D. Chrysost., etc. ; Acropol. — 3. M. Ogier. — 4. V. Leon, Allat. de Lignis S. Crucis. l. 1. Συμμίκτων. — 5. L. 3. — 6. Chil. 5, c. 17.

1. P. 117, 138. — 2. Voyez les Familles d'Orient. — 3. Tyr. l. 20, c. 1, 21, 25 ; l. 21, c. 1, 2.

Protosebaste, son frere aîné, au roy Amaury : et encore au grand accueil qu'il fit à ce roy, lorsqu'estant pressé et attaqué de tous côtez dans ses Etats par les infidèles, il vint à Constantinople, en l'an 1170, pour implorer le secours de Manuel : car l'empereur le reçut magnifiquement, le regala de sommes immenses d'or, et de riches présens. Tous les grands de la cour de Manuel et ses plus proches parens s'efforcerent de leur part d'imiter l'empereur, n'y ayant eu aucun d'entre eux qui ne luy eust fait des présens convenables à leurs forces et à sa dignité.

Entre ceux-là, Jean Protosebaste, beaupere du roy, fit éclater sa magnificence, lequel, pour user des termes de l'archevesque de Tyr[1] : « In omnes, tamquam vir inclytus, « suam effudit liberalitatem, sed et reliqui principes, *ajoûte* « *le même auteur*, eodem zelo accensi, se mutuo munificen- « tia vincere cupientes, munera domino regi obtulerunt, « quibus et materiæ dignitas, et operis elegantia, et favor « non deerat in utroque. » Ces termes me font croire qu'il n'y a pas lieu de douter qu'entre les parens de l'empereur et les grands de sa cour, Alexis Ducas n'ait esté l'un d'entre eux qui ait regalé ce roy de ses présens, et qu'il ne lui ait donné ce reliquaire exquis, qu'il auroit tiré de son col pour en faire présent à ce devot monarque, qui d'ailleurs avoit témoigné tant de pieté et de vénération envers toutes les reliques qui estoient alors conservées à Constantinople, lorsque, par le commandement de Manuel, on le fit voir toutes et à ceux de sa suite, ainsi que le même archevesque raconte[2]. Alexis ne crût pas lui pouvoir faire un présent qui lui fust plus precieux à son égard, que de cét *encolpe*, que les Grecs tenoient si cher, qu'ils ne le tiroient jamais de leur col que pour des necessitez tres-pressantes, comme j'ay remarqué.

Amaury donc estant devenu possesseur de ce riche joyau, le destina d'abord pour le monastere de Grandmond, dont Guillaume d'Axie estoit alors prieur, ou general de l'ordre ; il le mit à cét effet entre les mains de Bernard, evesque de Lidde, qui après la mort de ce prince, arrivée au mois de juillet l'an 1178, l'apporta en France, et le donna au nom du roy aux religieux de Grandmont, qui, pour conserver la memoire d'un présent si exquis, firent graver à la boëte qui enferme cette croix ces vers latins :

Rex Amalricus sit summi regis amicus,
Propter dona crucis donetur munere lucis,
Quando crucem misit, nos Christi gratia visit, etc.

Quant à Bernard evesque de Lidde, au sujet duquel j'ay entrepris cette digression, il estoit François de nation, et avoit esté moine de Deols en Berry. C'est ce que Geoffroy prieur du Vigeois nous apprend en sa *Chronique*[3], en ces termes : « Amalricus, Hierosolymorum rex, portionem non mo- « dicam salutaris ligni transmisit de Uret (forte *Acre*), per « episcopum Sancti Georgii de Rama Grandimontensibus, « qui olim monachus exstitit burgi Deolensis. » Bernard estant ainsi moine de Deols, et s'estant acheminé en la Terre Sainte, fut fait premierement abbé du Mont-Thabor, qui estoit un monastere dépendant de l'archevesché de Bessan, ou de Nazareth[4], et après le decès de Renier, evesque de Lidde, il fut élu evesque de cette même ville, l'an 1169, ainsi que Guillaume de Tyr[5] écrit en deux divers endroits. Il souscrit encore avec cette qualité d'evesque un titre de Guillaume evesque d'Acre, avec le roy Amaury, et quelques autres prélats, au sujet d'un monastere de l'ordre de Cluny[6], que cét evesque vouloit construire en son diocèse. Après le decès du roy Amaury, il vint en France pour y apporter la vraye croix, qu'il avoit eu chargée porter au monastere de Grandmont, et en passant il vint visiter celui de Deols, où il avoit esté moine. La Chronique de Deols : « Anno MCLXXIV domi- « nus Bernardus, Liddensis episcopus, Dolum venit. »

Cét evesché de Lidde[7] estoit le premier des evechez suffragans du patriarche de Hierusalem, et n'estoit pas different de celui de Rame, ces deux places estant sous une même jurisdiction. D'abord la residence de l'evesque fut à Rame : car les nôtres l'ayant prise, ils y établirent un evesque : mais ayant esté reprise incontinent après, et ayant esté ruinée par les Sarrazins, l'evesque transporta le siège de son evêché à Lidde, qui est une ville appellee par les anciens *Diospolis*, et conserva le titre d'evesque de Saint-Georges de Rame, ou de Saint-Georges de Lidde, ainsi que Jacques de Vitry[8] nous

apprend. C'est pour cela que nous voyons que Bernard est qualifié « episcopus Sancti-Georgii de Rama » dans la *Chronique du Vigeois*, et ailleurs evesque de Lidde. L'*Itinéraire de la Terre Sainte* de Willebrand d'Oldenbourg[1] parle aussi de cette qualité d'evesque de Saint-Georges de Rame, ou toutefois l'imprimé porte mal *Samorgederamus*, au lieu de *San Jorge de Rames*. On appelloit l'evesque de Rames evesque de Saint-Georges, parce que son eglise cathedrale estoit l'eglise de Saint-Georges, à une lieue de Rame, qui fut élevée à l'endroit où ce saint souffrit le martyre, et dont nous avons la description dans Jean Phocas[2], Epiphane Hagiopolite, l'auteur anonyme, et Willebrand d'Oldenbourg, en leurs descriptions de la Terre Sainte, dans Robert le Moine, Baldric, Guibert, Albert d'Aix, et autres historiens des guerres saintes, et enfin dans le docte Selden, en son traité des *Titres d'Honneur*.

Cét illustre reliquaire ne pourroit donner de la matiere pour m'étendre plus au long sur de curieuses recherches qui le concernent ; mais, outre qu'une sçavante plume y a desja passé, je me contente d'y ajoûter pour derniere observation, qu'en la plûpart de ces reliquaires ou encolpes, c'est à dire qui se portoient sur le sein, il y avoit des vers et des inscriptions, qui marquoient non seulement la confiance que ceux qui les portoient avoient en la vertu des sacrées reliques qu'ils contenoient, mais encore les noms de ceux qui les possedoient ou qui les avoient fait enchâsser. Tels sont les vers de Nicolas Callicles[3], medecin de l'empereur Alexis Comnene, au sujet d'un reliquaire du bois sacré de la vraye croix que l'imperatrice Irene, femme de cét empereur, avoit fait enchâsser, et encore sur un autre semblable, qu'Anne Comnene, leur fille, dont nous avons la docte *Alexiade*, avoit fait pareillement orner, et qu'elle avoit eu en don d'Eudocie, sa sœur, lorsque, s'estant séparée de son mary, elle se retira dans un monastere. Il est inutile de les coucher icy, puisqu'ils ont esté donnez au public, et que je me propose d'en parler en mes observations sur cette Alexiade.

Mais puisque je suis sur cette matiere, je veux donner icy ceux qui sont écrits et gravez sur le plus grand et le plus rare reliquaire, d'entre ceux qui contiennent des morceaux de la vraye croix, qui soit en France. Le monastere du Mont Saint-Quentin le possede, et l'on tient pour traditive qu'il lui fut donné par Nevelon, evesque de Soissons, à son retour de Constantinople, après sa prise par les François, en échange du bras de saint Morand d'Orleans, et de celui de saint Firmin, evesque et martyr. Il a de hauteur un pied sept pouces et demy, et de largeur un pied quatre pouces. Il est travaillé à la grecque, avec de la marqueterie et des émaux, et enrichy de part et d'autre de nombre de reliques et de figures de divers saints, dont les noms sont écrits. D'un côté, sont des portions de la vraye croix, ajustees dans une figure de croix patriarchale, avec un Christ en croix au milieu, en émail : au haut de cette croix à châque côté sont deux figures à demy corps, qui semblent estre de Notre-Seigneur et de la Vierge, enfermées châcune dans un rond. mais les caracteres qui sont au-dessus de ces figures ; sçavoir, dans la premiere : X. X. OAP. MI. : dans l'autre croix-cy : X. OAP. ΓAB. me font croire que ce sont celles de saint Michel et de saint Gabriel, dont les noms sont ou doivent estre ainsi designez, O. ΑΓ. ΜΙ. c'est à dire, ὁ ἅγιος ou ἄγγελος Μιχαήλ. Ο. ΑΓ. ΓΑΒ. c'est à dire, ὁ ἅγιος Γαβριήλ. A côté et à l'entour de la croix sont de semblables figures de saints, qui y sont marquez par leurs noms, en cette sorte : ὁ προφήτης Ζαχαρίας. ὁ προφήτης Σαμουήλ. ἅγιος Πέτρος. Ἅγιος Κωνσταντῖνος. Ἅγιος Ἀναστάσιος. ἅγιος Ἰωάννης Καλυβήτης. Ἅγιος Μεθόδιος. Ἅγιος Ἀντώνιος. ἅγιος Εὐθύμιος. ἅγιος Σάββας. où le mot d'"Ἅγιος est figuré par un A, enfermé dans un O, comme en la vraye croix de Nostre-Dame d'Amiens, que j'ay expliquée ailleurs[4]. Aux bordures du reliquaire il y a d'autres figures, avec ces caracteres : ἅγιος Ἀρσένιος. ἅγιος Κλήμης. ἅγιος Ὀνούφριος. ἅγιος Παῦλος ὁ Κλεοπᾶς. ἅγιος Ἀνδρέας ὁ Κρίτης. ἅγιος Ἐφραίμ. ἅγιος Ἀρκάδιος. ἅγιος Ξενοφῶν. ἅγιος Ἰωάννης. Aux côtez de la croix, qui est double, ainsi que j'ay remarqué, il y a plusieurs petits creux, avec ces inscriptions qui sont qui marquent les reliques qu'ils contiennent. Ἔγκει Χριστοῦ σπαργάνων μικρὸν μέρος. Ἦλων ἔσω τῶν σεβαστῶν τι τρύφος. Σωὴν κἂν τῷ βιύζον αἷμα τῷ κόσμῳ. στέργος ἀκανθίνου δὲ κἂν τῷ τμήματα. Τίμιος λίθος ἐκ τοῦ κρανίου. Λίθος ἐκ τοῦ τάφου. Ἐκ τῆς τοῦ Χριστοῦ φάτνης ; c'est à dire en latin, à la lettre, « Habet seu continet Christi fasciarum parvam par- « tem. Intus est particula venerandorum clavorum. In hoc est « etiam sanguis (Christi) vitam mundo. Et in hoc sunt

---

1. L. 20, c. 26. — 2. L. 20, c. 25. — 3. Chron. Vosiense, c. 60. — 4. Assises de Hierus. — 5. L. 20, c. 13 et 20. — 6. Bibl. Clun. p. 1432. — 7. Anna Com. p. 398 ; Alber. Aq. l. 5, c. 42, l. 9, c. 5, 6 ; Guib. l. 7, c. 1 ; Bald. l. 4, p. 430 ; Tyr, l. 10, c. 16, 17 ; S. Hieron. ep. 27. — 8. In Hist. Hier. c. 57.

1. Quares. de Elucid. Ter. Sanct. l. 4. Perag. l. c, 3, 4. — 2. N. 20, etc. ; et alii a nobis laudati in Not. ad Annam Com. l. 11. — 3. Edit. ab Hier. Goni. cum Zanthopulo et aliis. — 4. Au traité du Chef de S. Jean Bapt.

« segmenta coronæ spinæ. Venerandus lapis ex Calvaria.
« Lapis ex tumulo. Ex Christi præsepio. » A l'autre côté de ce reliquaire il y a une figure de croix patriarchale, empreinte et faite d'émail, au dessus de laquelle, et aux côtez de la petite croisade, sont écrits ces vers, qui marquent le nom du moine qui a fait faire ce reliquaire, et à qui il appartenu :

Οἱ τὸν δὲ προσκυνοῦντες εὐσέβει νοῷ
Καὶ τῷ λόγῳ φέροντες ὑμνὸν εὐμενῆ,
Εὔχεσθε, χἀμοὶ τῷ μοναχῷ Τιμοθέῳ,
Ὅπως γένηταί μοι βοηθὸς καὶ λιμήν,
Ῥύστης τε τῶν πολλῶν τάχει μου πταισμάτων.

Vos qui mente pia hoc sacrum lignum adoratis,
Et Verbo hymnum benevolum offertis,
Orate, et pro me monacho Timotheo,
Ut sit mihi adjutor et portus,
Et me confestim a peccatis meis liberet.

Entre les deux croisades il y a quatre figures représentées dans des ronds, avec ces caractéres, ἡ σταύρωσις, ἡ ἀποκαθήλωσις, ὁ τάφος, ἡ ἀνάστασις. Acropolite remarque que les Grecs avoient coûtume d'orner ces phylacteres où ils enfermoient le bois sacré, de diverses reliques de saints : j'en omets le passage, de crainte d'ennuier le lecteur par une trop longue digression.

DE LA PREEMINENCE DES ROIS DE FRANCE

AU DESSUS DES AUTRES ROIS DE LA TERRE,

ET, PAR OCCASION,

DE QUELQUES CIRCONSTANCES QUI REGARDENT LE REGNE DE LOUYS VII ROY DE FRANCE.

DISSERTATION XXVII.

Le sire de Joinville dit que saint Louys fut « le plus grand « roy des chrétiens. » C'est un éloge qui ne fut pas particulier à ce grand prince, mais qui fut commun à tous les rois de France, acause de l'étendue de leurs Etats, leur puissance, et leur valeur. Il se rencontre encore dans un titre d'Amé comte de Savoye, de l'an 1397[1], en ces termes : « Le roy de « France, qui est le plus grand et le plus noble roy des chré-« tiens. » Mathieu Paris[2], parlant de saint-Louys, passe plus avant, et dit que le roy de France estoit le plus illustre et le plus riche d'entre les rois de la terre : « Dominus rex Fran-« corum regum terrenorum altissimus et ditissimus. » Il encherit ailleurs au dessus de cette pensée, écrivant qu'il estoit le roy des rois : « Dominus rex Francorum, qui TER-« RESTRIUM REX REGUM est, tum propter cœlestem ejus « inunctionem, cum propter sui potestatem et militiæ emi-« nentiam. » Et en l'an 1257, « Archiepiscopus Remensis, qui « regem Francorum cœlesti consecrat chrismate, quapropter « Rex Francorum censetur dignissimus, etc. » C'est pour cette même raison qu'il appelle en un autre endroit le royaume de France regnum regnorum.

Ces eloges sont dautant moins suspects, qu'ils sont donnez à nos rois par un auteur étranger, et qui vivoit sous la domination d'un prince puissant et ennemi de la France. Aussi n'a-t-il rien mis en avant, en cette occasion, qui n'ait esté alors dans le consentement universel de tous les peuples de la terre, et particulierement du monde chrétien. Ce qui paroit assez par ce qu'Anne Comnene[3] écrit en son Alexiade, que lorsque nos François entreprirent la Conquête de la Terre Sainte, Hugues comte de Vermandois, frere du roy Philippes Ier, estant prest de partir de son pays, écrivit à l'empereur Alexis Comnene, pere de cette princesse, et lui manda qu'estant le roy des rois, et le plus grand d'entre les princes qui fussent sous le ciel, il devoit venir au devant de lui, et le recevoir suivant la dignité de sa noblesse : ἴσθι ὁ Βασιλεῦ, ὡς ἐγὼ ὁ ΒΑΣΙΛΕΥΣ ΤΩΝ ΒΑΣΙΛΕΩΝ, καὶ ὁ μείζων τῶν ὑπ' οὐρανόν· καὶ καταλαμβάνοντά με ἤδη ἐνδέχεται ὑπαντῆσαί τε καὶ δέξασθαι μεγαλοπρεπῶς, καὶ ἀξίως τῆς ἐμῆς εὐγενείας.

Il est sans doute que Hugues n'écrivit pas en ces termes à l'empereur de Constantinople, veu qu'il n'est pas probable

qu'il ait affecté ces titres pompeux de roy des rois, lui qui n'avoit que le titre de comte, et de grand gonfalonier de l'Eglise en cette expedition. Mais ce qui a imposé en cette princesse est qu'alors le roy de France estoit qualifié de roy des rois par tous les peuples de la terre. De sorte que sur le bruit de cette fameuse entreprise, on disoit partout que le frere du plus grand de tous les rois estoit le conducteur de ces troupes. Robert le Moine[1], en son histoire, parlant de Hugues : « Is honestate morum, et elegantia corporis, et « animi virtute regalem, de qua ortus erat, commendabat « prosapiam. » A quoy Guibert[2] ajoute, « et licet aliorum « procerum multo major quam ipsius reputaretur autoritas, « præsertim apud inertissimos hominum Græcos de regis « Francorum fratre prævolarat infinita celebritas. » De sorte qu'il ne faut pas s'étonner si la princesse Anne témoigne en son histoire que ce qui donna le plus de frayeur à son pere fut le bruit, qui courut alors, que le frere du roy des rois devoit entrer dans les terres de l'Empire. Chacun sçait que les rois de Perse ont autrefois affecté cet titre ambitieux de roy des rois, comme ceux des Parthes celui de grands rois[3]. Mais tous ces titres sont des marques et des effets de leur vanité, et sont donnez à beaucoup plus juste sujet par les auteurs aux rois de France, ausquels tous les rois de l'univers n'ont pas fait de difficulté de céder la prérogative.

Anne Comnene dit que ce prince françois le porta si haut, acause de la noblesse de son extraction, ses richesses immenses, et son grand pouvoir, qu'il en estoit tout bouffi d'orgueil, et imitoit en cela cét heresiarque Novatus, que tous les écrivains ecclesiastiques ont blâmé, particulierement pour son arrogance insupportable, qui est un vice commun à tous les heretiques, omnes enim tument, ainsi que Tertullian écrit. Les termes de cette princesse sont : Οὗδος δέ τις ὁ τοῦ ῥηγὸς Φραγκίας ἀδελφὸς φυσῶν τὰ Ναυάτου, ἐπ' εὐγενείᾳ καὶ πλούτῳ, καὶ δυνάμει. Je les ay rapportez, pour faire voir que son sçavant interprete n'en a pas bien pris le sens en cét endroit, et ailleurs, pour ne s'être pas apperçu que cét heresiarque, qui est appellé par les auteurs latins Novatus, est nommé par les Grecs Ναυάτος[4]. Mais ce qui marque encore

1. L. 2. — 2 L. 2, Gest Dei, c. 58. — 3. Menander Protector ; Eustath. ad Dion. p. 132 ; Benjamin. Itin.; Simocatta, l. 4, c. 8, l. 5, c. 13 : Auson. et al. — 4. Euseb. l. 6, Hist. Eccl. c. 35 ; Nicet. in Thes. orth. fidei, l. 4, hæresi 27. Niceph. Call. l. 6, c. 5 ; Tertull. de Præsc.

---

1. Aux preuv. de l'Hist. de Savoye, p. 244. — 2. A. 1251, 1254, 1257, p. 564, 634. — 3. L. 10.

la puissance de ce comte est la remarque que cette princesse fait, qu'il partit de la France comme un roy. ou plûtôt en équipage de roy, à la teste d'une nombreuse armée, faisant ainsi parler Godefroy de Boüillon, à Hugues, qui vouloit le persuader de faire hommage à l'Empereur : Σὺ ὡς βασιλεὺς τῆς ἰδίας ἐξεληλυθὼς χώρας μετὰ τοσούτου πλούτου καὶ στρατεύματος, νῦν ἐξ ὕψους τοσούτου εἰς δοῦλον τάξιν ἑαυτὸν συνήλασας [1].

Je m'étonne qu'Anne Comnene se soit servie du terme de βασιλεὺς lorsqu'elle a dit que le comte de Vermandois se qualifioit le roy des rois, et qu'il partit en équipage de roy, veu que les Grecs affectoient de ne donner cette qualité qu'à leurs empereurs, comme elle fait elle-même en cét endroit, quand elle dit que ce prince estoit frere du roy de France, τοῦ ῥηγὸς Φραγκίας ἀδελφὸς : et encore lorsqu'elle parle de l'empereur d'Alemagne, qu'elle qualifie toûjours du titre de ῥήξ [2]. « Moleste siquidem ferunt quod eorum (Theutonicorum) « rex Romanorum se dicit imperatorem. In hoc enim suo « detrahi videtur Imperatori, quem ipsi monarcham, id est « singulariter principari omnibus dicunt, tamquam Roma-« norum unicum et solum imperatorem. » Ce sont les paroles de l'archevesque de Tyr [2], ausquelles sont conformes celles de l'auteur de la *Vie de Louys VII.* roi de France [4], de Luithprand [5], d'*Helmodus* [6], et autres sur ce sujet. C'est pourquoy la plûpart des auteurs Grecs font scrupule de donner le titre de βασιλεὺς à d'autres princes qu'à leurs empereurs, aimans mieux se servir du terme barbare de ῥήξ [7] lorsqu'ils parlent des autres rois : comme fait Olympiodore [8] au sujet du roy des Huns. Nicetas, et *Cinnamus* en divers endroits, lorsqu'ils parlent des rois de France, d'Angleterre, et de Sicile. *Euagrius* [9] et Procope remarquent plus précisément cette difference, quand ils racontent qu'Odoacre et Théodoric, s'estant emparez de l'Italie, s'abstinrent du titre de βασιλεὺς, et se contenterent de celui de ῥήξ, quoy qu'ils eussent au surplus toutes les marques de la dignité impériale. Procope [10] ajoûte que les barbares appelloient ainsi leurs princes : Οὕτω γὰρ σφῶν τοὺς ἡγεμόνας οἱ βάρβαροι καλεῖν νενομίκασι. Mais l'empereur Louys II se raille adroitement de la vanité des empereurs d'Orient sur ce sujet, écrivant qu'ils témoignoient estre fort ignorans quand ils estimoient que le mot de *rex* estoit un terme barbare, et que quoy qu'il fust latin, ils dédaignoient de le tourner par un autre terme grec, qui a la même force [11]. « Quod si tis est, quia non jam bar-« barum, sed latinum est. oportet ut. cum ad manus vestras « pervenerit, in linguam vestram fideli translatione vertatur: « quod si actum fuerit, quid aliud nisi hoc nomen βασιλεὺς « rex interpretabitur ? » De sorte que quand *Suidas* dit que par le mot de ῥήξ le roy François estoit désigné ὁ τῶν Φράγγων ἀρχηγός, cela se doit entendre de l'empereur d'Occident et d'Alemagne, que les Grecs [12] appellent ordinairement roy des François, et non que le roy de nôtre France ait esté ainsi appelé par excellence, comme quelques-uns se sont persuadés. Nos annales [13] remarquent que les ambassadeurs de Nicephore, empereur de Constantinople, ayant fait alliance avec Charlemagne, *more suo, id est Græca lingua, laudes ei dixerunt, imperatorem eum et basileum appellantes.* Comme les Grecs refuserent et envierent souvent ce titre de βασιλεὺς aux empereurs françois et alemans, les rois anglois-saxons affecterent particulierement de le prendre, laissant celui de *rex.* comme on peut recueillir de leurs histoires et de leurs patentes [14].

Cette grande estime de la grandeur et de la majesté du roi de France qui a esté parmy les Grecs au temps de l'empereur Alexis Comnene a passé jusques aux derniers siecles. Car lorsque ces peuples se virent dénuez de toute sorte de secours pour se deffendre contre les attaques des Turcs, ils envisagerent le roi de France comme le plus puissant et le premier de tous les rois, seul capable de les secourir. La bibliotheque de M. Mentel, docteur en la Faculté de Medecine de Paris, conserve une lamentation écrite en vers politiques, et en grec vulgaire, sur la prise de Constantinople par ces infideles, qui confirment ce consentement universel de tous les peuples de la Grece touchant cette préeminence de nos rois, qui y sont qualifiez les premiers et les principaux rois de l'Occident en ces termes·

Ὦ Κωνσταντῖνε Βασιλεῦ τύχης βαρέαν ὑποῦγες,
Θέλω νὰ δώσω εὐθύμησιν τῶν Αὐθέντων τῆς Δύσης,

Ῥῆγαν τὸν ἐκλαμπρότατον καὶ τοῦ Παρῆς, ὁ πρῶτος,
Πρωτόαρχος τῶν αὐθέντων τοπάρχων τῆς Δύσης,
Ὦ Φράτζα τιμιωτάτη καὶ πολυφημίσμένη,
Φρατζηρίδες πολεμισταί, ἄνδρες μου στρατιῶται.

Cette dignité et cette préeminence non contestée des rois de France au dessus de tous les princes de la terre me fait croire que *Cinnamus* [1] a trop témoigné sa passion contre eux, lorsqu'il a écrit que le roy Louys VII, surnommé le Jeune, estant arrivé à Constantinople. pour delà passer dans la Terre Sainte, dans la conference qu'il eut avec l'empereur Manuel dans son palais, prit seance au dessous de luy, sur un siège, et beaucoup plus bas : Ἐπειδή τε εἴσω τῶν ἀνακτόρων ἤδη ἐγένετο. ἔνθα βασιλεὺς ἐπὶ τοῦ μετεώρου καθεῖστο, γραμμή τις αὐτῷ ἐκομίζετο ἕδρα, ἣν σελλίον Ῥωμαΐζοντες ὀνομάζουσιν ἄνθρωποι, ἐφ'ἧς ἐκαθήσατο, τὰ εἰκότα τε εἰπὼν καὶ ἀκούσας, etc. Car il est peu probable qu'un prince si puissant, comme estoit le roy de France. eust voulu s'abaisser si extraordinairement, que de quitter le premier rang à un empereur grec, que les chretiens de ce temps-là ne reconnoissoient que pour un simple roy [2]. particulierement depuis que le titre imperial fut transferé à Charlemagne, dans son propre palais. Il est encore moins à croire que Louys ait pris seance dans ces pourparlers sur un siege plus bas que ne fut celuy de l'empereur. Tous les auteurs latins qui ont parlé de cette entrevuë de ces deux princes conviennent que le roy de France fut reçû dans Constantinople avec beaucoup d'appareil et de magnificence, que tous les princes du sang et les grands seigneurs de la cour sortirent de la ville pour aller au-devant de lui. ce que *Cinnamus* témoigne aussi en termes formels, et que l'empereur même le vint recevoir jusques dans ses portiches ou galeries. Eudes de Dieuil [3] depuis abbé de Saint-Denys. qui accompagna le roy en ce voyage. en parle de la sorte · « Processimus igitur, et nobis appropinquantibus « civitati, ecce omnes illius nobiles et divites, tam cleri « quam populi, catervatim regi obviam processerunt, et eum « debito honore susceperunt, rogantes ut ad imperatorem « intraret, et de ejus visione et colloquutione desiderium « adimpleret. » L'archevesque de Tyr [4] rend un semblable témoignage, en ces termes: « Interea rex Francorum. penè « iisdem subsecutus vestigiis, cum suo exercitu pervenerat « colloquiis. ubi secretioribus cum imperatore usus « prosecutione dimissus, principibus quoque suis plurimum « honoratis, etc. » Ce qui est conforme à ce que le roy même écrivit à Suger [5], abbe de Saint-Denys, auquel il manda qu'il avoit esté reçû de l'empereur, *gaudenter et honorifice.*

Quant à la séance de ces deux princes, Eudes de Dieuil ne dit pas que le roy de France eust esté assis sur un siege plus bas que celuy de l'empereur, mais seulement que deux sièges ayant esté préparez ils s'assirent, et s'entretinrent quelque temps. *Tandem post amplexus, et oscula mutuo habita, interius processerunt, ubi positis duabus sedibus pariter subsederunt.* Et pour faire voir qu'il est probable que les seances des deux princes furent reglées de la sorte que l'un ne pourroit pas avoir d'avantage au-dessus de l'autre. le même auteur raconte [6] que l'empereur Manuel ayant fait prier le roy, qui avoit passé le détroit, et estoit dans l'Asie, de retourner en son palais pour y traiter de quelques nouvelles affaires qui estoient survenuës, il le refusa et manda à l'empereur *ut in ripam suam descenderet, vel in mari eo æquo colloquium fieret.* Ce qui marque assez que Louys ne voulut pas ceder à l'empereur. ni lui donner cét avantage de l'aller trouver chez luy, mais qu'il se comporta en ces occasions comme avec un prince d'une égale dignité.

Il est vray que Manuel voulut traiter avec l'empereur Conrad, qui avoit devancé avec ses troupes le roy de France pour la forme de l'entrevuë qui se devoit faire entre eux, et avoit voulu exiger de lui des conditions qui ne lui estoient pas honorables. Ce qui obligea Conrad de passer dans l'Asie sans voir Manuel. *Sed alius ingredi civitatem, alius egredi timuit, aut noluit, et neuter pro altero mores suos aut fastus consuetudines temperavit.* Ce sont les paroles de Eudes de Dieuil, qui justifient assez l'erreur de l'archevesque de Tyr, qui écrit qu'il se fit alors une entrevuë entre ces deux princes. De sorte que Manuel, qui avoit eu passion d'entretenir Conrad [7], de crainte que Louys ne fist le même, et qu'il ne passast dans l'Asie sans le voir, fut obligé de lui accorder ce qu'il avoit refusé à

---

1. Anna Com l. 6, p. 179 : l. 10, p. 297 — 2. Anna, l 1, p. 30. — 3. W. Tyr. l. 16, c. 21. — 4. C. 8. — 5. In legat. — 6. L. 2, c. 15. — 7. Meurs. V, Ῥήξ. — 8. Apud Phot. p. 185. — 9. L. 2, c. 16. — 10. L. 1, de bello Goth. c. 1. — 11. Apud Bar. A. 871. — 12. Const de Adm. Imp. — 13. Annal. Fr. A. 812. — 14. Guil. Bibl. in Hadr. II. PP., Monast. Anglic. et Hist. Angl. passim.

1. P. 88. — 2 Provinciale Roman. — 3. L. 3. — 4. L. 16, c. 22. — 5. Lud. epist. ad Suger. apud Chiffl. — 6. Odo de Diog. l. 4. — 7. Cinnamus, l. 2, p. 78.

Conrad : sçavoir qu'il viendroit au-devant de lui pour le recevoir, ce qu'il fit, estant venu jusques aux galeries des gardes du palais.

Les mêmes contestations pour la forme de l'entrevue se renouvelerent lorsque Conrad retourna de la Terre Sainte. Car estant arrivé à Ephèse, Manuel l'envoya prier de passer par Constantinople. Enfin après plusieurs débats on demeura d'accord qu'ils se verroient tous deux à cheval, et qu'ils se salueroient reciproquement en même temps. Arnoul de Lubec[1] décrit ainsi tous ces desmeslez, et l'humeur altiere des princes grecs : « Est quædam detestabilis consuetudo « regi Græcorum, qui etiam propter nimium fastum divi-« tiarum suarum imperatorem se nominat, quam tamen « dignitatem à Constantino ejusdem civitatis fundatore « traxerat, ut osculum salutationis nulli offerat, sed qui-« cumque faciem ejus videre meretur, incurvatas genua ejus « osculatur. Quod Conradus rex, ob honorem Romani Im-« perii, omnino detestabatur. Cumque rex Græcorum in hoc « consensisset ut osculum ei porrigeret, ipso tamen sedente, « nec hoc Conrado regi placuit. Tandem sapientiores ex « utraque parte hoc consilium dederunt, ut in equis se « viderent, et ita ex parilitate convenientes, sedendo se et « osculando salutarent, quod et factum est. » Ce qu'Arnoul de Lubec dit en cét endroit, que les empereurs de Constantinople estoient si altiers, qu'ils vouloient que les souverains qui les venoient visiter leur baisassent les genoux, semble estre confirmé par Anne Comnene[2], laquelle raconte que Saisan, sultan de Coni, estant venu trouver l'empereur Alexis, pere de cette princesse, dans son camp, d'abord qu'il l'apperçut descendit du cheval, et lui baisa le pied, ταχυ πεζεύσας, τὸν πόδα ἠσπάσατο. Mais le roy de France estoit trop grand seigneur pour s'abaisser à ces lâchetez. Aussi l'histoire remarque que Manuel le vint recevoir à l'entrée de son palais, et qu'il envoya hors de la ville au-devant de luy tous les grands seigneurs de sa cour : et qu'à la seconde entrevue qu'il souhaita avoir avec lui, le roy lui manda que s'il la desiroit, il devoit prendre la peine de le venir trouver sur le rivage de la mer, où il estoit pour lors, ou bien faire cette entrevue sur la mer, avec égalité de demarche, *vel in mari ex æquo colloquium fieret.* Car c'est ainsi qu'il faut lire, et non *ex equo*, comme porte l'imprimé, veu qu'on ne pouvoit pas faire cette entrevue à cheval sur la mer, comme fut celle de Conrad avec Manuel dans Constantinople.

Boëmond, prince d'Antioche, faisant la guerre à Alexis Comnene, il se présenta une occasion d'une entrevue entre ces deux princes pour traiter de quelque accord ; mais Boëmond ne la voulut accepter qu'à condition qu'arrivant dans le camp de l'empereur on envoiroit au devant de lui les princes du sang et les grands seigneurs de la cour, et qu'entrant dans sa tente l'empereur se leveroit de son siege, et lui donneroit la main, et qu'il s'asseoiroit à côté de lui, ce qui fut accomply, καὶ ἐγγὺς τοῦ βασιλικοῦ παρεστήσατο θρόνου. Il est même probable que le siege de Boëmond ne fut pas plus bas de celui de l'empereur, ce qu'Anne Comnene[3], qui raconte ces circonstances, n'auroit pas oublié. Si donc un simple seigneur, qui n'avoit aucune qualité de souveraineté, obligea Alexis de le traiter d'égal, à plus forte raison doit-on présumer qu'un roy de France ne s'abaissa pas à souffrir les lâchetez ordinaires auxquelles se soumettoient les petits princes voisins de l'Empire, et qui dépendoient d'eux, ou qui estoient leurs tributaires, comme fut le sultan de Coni, ou Baudoin III et Amaury, rois de Hierusalem. Ces deux rois estant venus à Constantinople, pour tâcher d'obtenir de Manuel du secours contre les infidéles, ils y furent reçus par cet empereur assez honorablement. Mais dans les pourparlers qu'ils eurent ensemble, l'histoire remarque que les sieges sur lesquels ils furent assis estoient plus bas que celuy de l'empereur. Guillaume de Tyr[2] parlant de l'entrevue de Baudoüin avec Manuel : « Secus eum in sede honesta, « humiliore tamen locatus est. » Et il ne faut pas s'en étonner, parce qu'alors les rois de Hierusalem estoient en quelque maniere sous la dépendance des empereurs de Constantinople, jusques-là même que dans les dates des inscriptions on y mettoit leurs noms avant ceux de ces rois. Il s'en voit une encore à présent dans l'église de Notre-Dame de Bethleem, sous un tableau de la présentation de Notre Seigneur au Temple, fait a la mosaïque, où il est remarqué qu'il fut fait sous l'empire de Manuel Comnene, et aux temps d'Amaury, roi de Hierusalem, et de Raoul, évesque de Bethleem. Elle est conçue en ces termes :

1. L. 2. c. 15. — 2 L. 15, Alex. p. 478. — 3. Anna Com. l. 13. — 4. Cinnam. p. 201. — 5. L. 18, c. 24, 1, 20, c. 4, 24.

ΕΤΕΛΗ ω θ Η. ΤΟΝ. ΠΑΡΟΝ ΕΡΓ ο Ν. ΔΙΑ. Χ στ ΡΟC'
          υ   τ   1

ΕΦΡΑΪ. ΜΑ[2] ΗC ΡΙΟΓ ΑΦου ΜουCΙΑΤΟΡΟC
       ο   ρ   3.

ΕΠΙ ΗC ΒΑCΙΛΕΙΑC ΜΑΝουΗΛ. ΜΕΓΑΛου.
ΒΑCΙΛΕC. ΠΟΡΦΥΡΟΓΕΝΝΗΤου. Του. ΚΟΜΝΗΝου.

ΚΑΙ ΕΠΙ ΤΑC ΗΜΕΡΑC ου ΜΕΓΑΛΟΥ ΡΗΓΟC. ΙΕΡΟ
COΛΥΜωΝ ΚΥΡου ΑΜΜΟΡΙ

ΚΑΙ ΤΟΥ τ C ΑΓΙΑC ΒΗθΛΕΕΜ ΑΓΙωΤΑου
        Η

ΕΠΙCΚΟΠου ΚΥΡου ΡΑουΛ'ΝΕΤ ρΛΧΟΖ.

ΙΝΔΙΚ ΟΝ Β.
   Η

Cette seconde indiction du regne d'Amaury, roy de Hierusalem, tombe en l'an du monde, selon la maniere de compter des Grecs, 6677, et de Notre-Seigneur 1169, d'où je conjecture qu'il faut restituer ainsi les caracteres qui designent les an du monde, ϛΧΟΖ. Quant à ce Raoul evesque de Bethleem, qui semble estre appelé *Raoutinet* en cette inscription, Guillaume archevesque de Tyr[3] en fait mention en plusieurs endroits de son histoire, où il remarque qu'il fut chancelier du roi Baudoüin III et qu'il fut promu à cét evesché par la faveur du pape Adrian IV, qui estoit Anglois de nation comme lui.

Puisque je me suis engagé à dire quelque chose de l'entrevuë de Louys VII avec l'empereur Manuel, je tâcheray d'éclaircir encore en cét endroit un poinct de notre histoire qui regarde ce roy. L'auteur qui a écrit sa vie[4] dit qu'estant sur son depart de la Terre Sainte, « in portu Acconensi na-« vigium conscendit, marisque nullo impediente periculo ad « regnum proprium reversus est. » Cependant la plûpart de tous les autres écrivains[5] conviennent qu'il s'en falut peu qu'il ne tombât au pouvoir des Grecs, qui estoient alors en guerre avec les Siciliens, dans l'armée navale desquels il s'estoit mis pour estre escorté d'eux. Vincent de Beauvais dit même qu'il fut pris par les Grecs, et que comme on le conduisoit à l'empereur Manuel, qui assiegeoit Corfou, Georges, amiral de Sicile, qui retournoit des environs de Constantinople, où il avoit brûlé les fauxbourgs et les palais d'alentour, ayant même fait decocher des fleches d'or dans celuy de l'empereur, le tira de leurs mains. *Cinnamus*[6] confirme la même chose, et dit qu'il s'en falut peu que le roy ne fust pris : ce qui arriva, ainsi qu'il l'a écrit, de la sorte. Louys ayant resolu de retourner en France loüa les vaisseaux qui estoient aux ports de la Terre Sainte, et s'embarqua. En chemin il se joignit à l'armée navale des Siciliens, qui couroit la mer, et rencontra celle des Grecs, qui estoit conduite par Churupes. Le combat s'estant livré entre eux, Louys, qui avoit quitté son vaisseau pour entrer dans un des Siciliens, s'y trouva engagé : mais comme il vit le péril dans lequel il estoit, il fit arborer l'étendart d'un des vaisseaux des aliez de l'Empire ; ce qui fut cause que l'on ne l'attaqua pas. Toutefois quelques-uns des siens ne laisserent pas d'estre pris, que l'empereur Manuel renvoya depuis à sa priere, avec tout ce qui leur avoit esté enlevé. Philibert Mugnos, en ses *Genealogies des Maisons illustres de Sicile*[7], rapporte une patente du roy Roger en faveur de Georges Lindolino, qui donne la gloire à ce chevalier d'avoir délivré en cette occasion le roy Louys VII des mains des Grecs. Voicy ce qui regarde cette action : « Maxime tu ipsemet personaliter tamquam præfec-« tus de duabus nostris regiis triremibus nostræ classis « maritimæ, cum divino auxilio cooperante, et nostrorum « militum, eorumque præfectorum fortitudine, fidelitate, et « prudentia, non procul Græcorum hostium, eorumque naves « et triremes expulisti, et tandem a captivitate illustrissi-« mum regem Ludovicum VII suosque proceres et Galliæ

1. χειρός. — 2. Μαγίστρου. — 3. L. 16. c. 17, l. 18, c. 20 ; l. 19, c. 24, 28 ; l. 20, c. 32 ; Bibl. Clun. p. 1432. — 4. Hist. Lud. VII, c. 27. — 5. Rob. de Monte. Vinc. Bel. part. 3, l. 27, c. 126, Sanut l. 3, part. 6, c. 20 ; N. Chr. Belg. p. 179 ; Bonfin. Dec. 2, l. 2. — 6. L. 2, p. 93. — 7. L. 4, del Theatro Geneal. delle Fanig. di Sicilia.

« Magnates manumisisti. » Mais il est sans doute qu'il y a erreur en la date de cette patente, qui porte l'an 1146, auquel temps Louys n'estoit pas encore allé en la Terre Sainte ; ce qui peut faire douter de la fidélité de cette piece. Quoy qu'il en soit, il resulte assez des auteurs que je viens de citer que Fazello[1] s'est mépris quand il a écrit que Louys au retour de ce voyage, ayant esté pris par les Sarrazins, fut delivré par le roy Roger, qui estoit alors en mer avec ses vaisseaux.

1. Tho. Fazel. dec. 2, l. 7, c. 3.

DU PORT ITIUS, OU ICCIUS

DISSERTATION XXVIII.

Wissan est un petit bourg assis sur le rivage de la mer, au comté de Boulenois, entre Boulogne et Calais, composé d'environ quatre-vingts feux, sans compter trois ou quatre hameaux qui en dépendent. Il n'y a ni portes ni fossez, ou fermetures, à ce bourg, ni même aucuns restes de vieilles murailles qui marquent qu'il ait esté fermé autrefois. Il y a une chapelle au bout du bourg, du côté de Boulogne ; mais l'eglise paroissiale est au hameau de Sombres, distante environ de deux ou trois cens pas. Entre cette église et le bourg est ce que l'on appelle la Mote du châtel, qui peut avoir en longueur quarante toises, sa figure estant ovale. Il y a au bourg quelques restes de vieux bâtimens que l'on dit avoir servi de magazin pour l'étape des laines que l'on y apportoit d'Angleterre ; et de plusieurs autres, qui justifient que le bourg a esté de plus grande étenduë. En effet Froissart[1] lui donne le titre de *grosse ville* : et les histoires nous font assez voir qu'il estoit considérable pour son port, qui estoit le lieu où l'on s'embarquoit ordinairement pour passer en Angleterre, ce que j'espére demonstrer dans la suite, quoy qu'aujourd'hui il n'en reste aucune marque. La *Coûtume de Boulenois* lui donne aussi le titre de ville, et encore à present il y a un maire et des eschevins, qui ont la police et la connoissance des crimes qui se commettent dans le bourg et dans la banlieuë, et ont aussi l'administration de l'hospital. Le comte de Boulogne, de qui ce lieu dépendoit, y avoit un bailly, et depuis que ce comté a esté annexé à la couronne, on y a établi un balliage royal, qui est possedé par le bailly de Boulogne, qui y va rendre justice une fois la semaine. Il y a un petit ruisseau qui passe dans ce bourg, qui prend sa source prés de l'église de Sombres.

Guillaume Camden[2], en sa *Description d'Angleterre*, a le premier écrit que ce lieu estoit l'*Itius portus*, dont Cesar fait mention : car après avoir refuté l'opinion de ceux qui l'ont placé à Calais, il ajoûte ces mots : « Itium igitur alibi quæ- « rendum existimo, ad Witsan scilicet inferius prope Blac- « nest, quod nos Withsan vocamus, verbo ab Itio non « abludente. Huc enim omnes ex hac insula transmisisse ex « historiis nostris observamus. » Et comme cette conjecture est la plus plausible d'entre celles qui ont esté embrassées par divers écrivains, je veux m'efforcer en cét endroit de l'établir par de si fortes raisons, et par des autoritez si formelles, qu'il n'y ait plus lieu désormais d'en doûter. Mais auparavant que d'entrer en cette matiere il faut établir pour fondement en peu de mots ce que Cesar dit de ce port ; et ensuite je feray voir quelles ont esté les opinions des auteurs sur sa situation ; et avant que d'autorizer celle de Camden et la mienne, je les refuteray succinctement, sans m'embarrasser de longs discours, parce que c'est une matiere qui a esté souvent traitée par les sçavans.

Entre les ports les plus commodes et les plus ordinaires pour passer des Gaules en la Grande Bretagne, Cesar[3] en fait mention de trois, qu'il place au pays des Morins : mais il ne donne que le nom d'un, qui est celuy qu'il choisit pour y transporter ses legions, parce qu'il estoit à l'endroit où la mer se retrécit, et où le trajet d'entre les Gaules et l'Angleterre est le plus court : « Omnes ad portum Itium convenire « jubet, ex quo portu in Britanniam trajectum commodissi- « mum esse cognoverat, circiter millium passuum triginta

1. Vol. 1, c. 132. — 2. In Cantio. — 3. L. 5, de Bello Gall.

« a continenti. » Et au livre precédent il place formellement ce port au pays des Morins : « Ipse cum omnibus copiis in « Morinos proficiscitur, quod inde erat brevissimus in Bri- « tanniam trajectus. » de sorte qu'à l'endroit du port *Itius* le passage d'Angleterre estoit le plus court. Outre ce port, il fait encore mention de deux autres au même pays, l'un qui estoit au dessous, et l'autre au dessus. Strabon[1] parle aussi du port *Itius*, en ces termes : Παρὰ τοῖς Μορινοῖς ἐστι καὶ τὸ Ἴτιον, ᾧ ἐχρήσατο ναυσταθμῷ Καῖσαρ ὁ θεὸς, ἑταίρων εἰς νῆσον. Tous les auteurs qui ont écrit sur les *Commentaires* de Cesar, et ceux qui ont traité de la géographie des Gaules, se sont efforcez de rechercher la situation de ce port, de laquelle dépend la connoissance des deux autres qui en estoient voisins, et leurs opinions se sont trouvées tellement partagées, que les plus indifferens ont eu peine à se determiner à laquelle ils devoient se ranger. Je ne veux pas m'arrêter à refuter ceux qui ont avancé que c'estoit l'Ecluse, Bruges, le Portel, parce que ces opinions ont trop peu de probabilité. Celle que Turnebe[2] a debitée dans ses *Adversaires* et dans ses *Poëmes*, et qui fut d'abord embrassée par *Ortelius*[3], et enfin a esté nouvellement établie, autorisée, et expliquée par le P. Malbrancq[4], trouvera pareillement peu d'approbateurs, si on y fait une serieuse reflexion. Ces sçavans personnages ayant estimé que l'*Itius portus* estoit la ville de Saint-Omer, sur la rencontre du nom *Sithiu* (que l'histoire[5] et les titres donnent à cette ville, avant que le monastere de ce saint y fust construit), et sur ce qu'on dit qu'on a rencontré aux environs des anchres, des masts, et des restes de navires enfoüis en terre, ce qu'ils appuient encore sur la situation du lieu, qui represente une espéce de golfe, en sorte qu'il semble que tout ce pays fut autrefois inondé de la mer qui y formoit un large sein d'où ils concluent que le nom de *Sithiu* lui fut donné, *quasi sinus Itius*, le port, ou plûtôt son entrée, estant vers la pointe de Sangate : ils ajoûtent encore que Gessoriacum est le lieu de *Soriete*, prés et en deçà de Saint-Omer :

> Terreus hic olim campus, dum præpete cursu
> Iccius adversæ transmittit carbasa terræ
> Portus, et ad reduces exporrigit ora faselos :
> Dumque sinu Gessoriacum penetrare reducto
> Longius, immissum penitus salis alluit æquor ;
> Nunc cava cæruleo qua gurgite sæpe tenebat
> Pinus iter, sulcos infindit durus arator,
> Exercetque solum, glaucis regnataque divis
> Possidet arva Ceres, campi quaque ante natabant
> Turrita Audomarum muri cinxere corona[6].

Il ne faut que jeter les yeux sur la carte que le P. Malbrancq en a dressée, pour juger du peu de probabilité que peut avoir cette conjecture, qui d'ailleurs a esté refutée par Cluver[7], Marlian, Meyer, M. le président de Thou, Vigenere, Bertius, et autres ont crû que Calais estoit le port *Itius*, acause de la commodité de son port, et que c'est aujourd'huy le plus ordinaire pour passer de la France en Angleterre. Ce que Camden improuve, acause, ce dit-il, qu'on ne lit pas qu'il soit parlé de Calais, que depuis Philippes de France, comte de

1. L. 6. — 2. L. 8, Ad. c. 21. — 3. In Thes. Geog. — 4. L. 1. Chifflet. in Portu Iccio, c. 7. — 5. Chr. Norm. A. 845, 881. — 6. Turneb. — 7. L. 2, Germ. Ant. c. 28.

Bologne, qui commença à fortifier cette place. Mais il est constant, comme je justifie ailleurs, que c'estoit un port connu avant ce temps-là. Chifflet[1] a esté l'auteur d'une nouvelle opinion, laquelle il a établie avec plus d'érudition que de probabilité, ayant écrit que Mardic, près de Dunkerke, estoit le port *Iccius*, comme si ce lieu n'avoit pas esté ainsi nommé des deux termes theutons, ou flamans, *mar diik*, c'est à dire *digue de la mer*[2], parce qu'en cet endroit, pour empêcher les inondations de la mer, les habitans voisins furent obligez d'y faire des fortes digues, comme en la plûpart des côtes voisines.

Enfin la plus commune conjecture touchant la situation de ce port, et qui a esté embrassée par Cluver, Joseph Scaliger, Nicolas Berger, le P. Boucher[3], M. Sanson, et plusieurs autres, est celle qui le place à Boulogne. Les principales raisons de ces auteurs sont fondées principalement sur ce que Pline[4], Suetone[5], *Florus*[6], *Mela*[7], Olympiodore, et quelques autres ne reconnoissent point d'autre port en la region des Morins, du moins de plus fameux pour passer des Gaules en Angleterre, que celuy de *Gessoriacum*, que les *Tables de Peutinger* disent formellement estre la ville de Boulogne. En second lieu, ils apportent pour argument que les chemins militaires, ou romains, aboutissoient et finissoient à ce port, au delà duquel ceux qui nous les ont tracez, n'en mettent aucun d'où le passage ait esté ordinaire des Gaules en Angleterre. M. Sanson[8] ajoûte à ces raisons le vent qui lui sert en son trajet, et celui qui empêcha les vaisseaux de Cesar d'y aborder. Enfin voilà à peu près les fondemens de cette opinion, qu'il n'est pas difficile de détruire. Car quoy qu'on doive demeurer d'accord, que *Gessoriacum*, et par consequent la ville de Boulogne, ait esté le principal port et le plus connu de toute la côte des Morins, il ne s'ensuit pas qu'il n'y en ait point d'autres d'où l'on passât en la Grande-Bretagne. Aussi Cesar écrivant au sujet de l'*Itius* marque assez le contraire lorsqu'il dit qu'il y en avoit un au dessus et un autre au dessous de ce port, d'où il s'ensuit qu'il y en avoit au moins trois. Or comme il parle de ces ports des plus voisins des côtes d'Angleterre, il ne peut estre entendu que de ceux qui regardent directement le promontoire de ce royaume-là, que les géographes nomment *Cantium*[9] et les Anglois *The Nesse*; et les côtes, que les poëtes nomment *Rhutupina littora*, c'est à dire les côtes de *Richborow*, qui sont au comté de Kent. Ainsi, il faut chercher la situation de ces trois ports de Cesar depuis Calais jusques à Boulogne, qui est le seul endroit où la mer se retrecit, et où les côtes de deux royaumes se ferment le plus.

De sorte que, comme le port *Itius* tenoit le milieu des trois ports de cette côte des Morins, on ne le peut placer ailleurs qu'à Witsan, estant l'endroit où le trajet de la mer est sans contredit le plus court, et ainsi les deux autres ports qui estoient en deçà et au delà de l'*Itius* sont probablement celui de Boulogne et celui de Calais. D'ailleurs, quoy que *Gessoriacum* dès le temps de Cesar ait esté un port, et plus grand et plus fameux que les deux autres, il ne s'ensuit pas qu'il ne l'ait pû ou dû laisser pour en prendre un autre, à l'endroit duquel le trajet estoit plus court, pour transporter plûtôt, et avec moins de peril, toutes ses troupes dans la Grande-Bretagne : veu d'ailleurs, comme je le justifieray dans la suite, que nos François en ont toûjours usé de la sorte, ayant laissé le port de Boulogne pour s'embarquer à Wissan, lorsqu'ils ont voulu passer en Angleterre, et même celui de Calais, à l'endroit duquel le trajet est encore plus court que vers Boulogne.

La seconde raison que l'on apporte pour établir le port *Itius* à Boulogne n'a pas plus de fondement, laquelle regarde les chemins romains qui s'y terminent. Je demeure d'accord que les chemins militaires marquez par Antonin et dans les *Tables de Peutinger* ne passent pas la ville de Boulogne, et qu'ils y finissent. Mais il ne s'ensuit pas deslà qu'il n'y ait point eu d'autre port à la côte des Morins, qui ait pû avoir le nom d'*Itius*. Il est bien vray que ces chemins ne furent construits que pour la commodité des marches et des logemens des armées romaines, ce que le sçavant Berger a si bien prouvé, qu'il est inutile de cotter les passages des écrivains qui autorisent cette verité : et ainsi on pourroit dire qu'il n'est pas probable que Cesar ayant à faire marcher ses troupes dans les frontieres des Morins, pour les transporter en la Bretagne, leur eût fait prendre une autre route que celle qui estoit ordinaire pour les armées. Mais il est constant qu'au temps que Cesar passa dans l'Angleterre les chemins romains n'estoient pas encore faits dans les Gaules, ou du moins dans la Belgique, qu'il n'avoit conquise que nouvellement. D'ailleurs, ces chemins[1], que le vulgaire nomme Chaucées de Brunehaut, ou Chemins ferrez, n'ont esté entrepris dans la Belgique et le reste des Gaules que par Auguste, successeur de Cesar, et par Agrippa, son gendre. Il n'est pas même veritable que les chemins romains ayent fini a Boulogne, veu qu'ils continuoient de Boulogne à Wissan, et qu'ils y sont encore entiers, estant reconnus vulgairement sous le nom de Chemins vers, ou de Chaucées de Brunehaut. Ce qui est confirmé par le P. Malbranc[2], en sa carte des Morins, et à l'endroit où il donne la description des Chemins romains qui se rencontrent en ces quartiers-là. D'où l'on peut conclure que si les auteurs des itineraires n'ont pas passé la ville de Boulogne, c'est parce qu'ils ont crû que c'estoit le port le plus grand et le lieu le plus commode pour le logement des troupes, estant la circonstance à laquelle les Romains s'attachoient le plus, ne regardans pas en cette occasion les plus courts chemins, *compendia viarum*, mais la commodité des logemens des armées, comme Berger a assez justifié. Quant à la raison qu'on tire des vents, cette côte estant exposée aux mêmes vents, et estant assez droite, je n'estime pas qu'on y doive faire grand fondement, quoy que le P. Malbranc[3] s'en serve pour appuyer son opinion sur la situation de ce port, qu'il place vers Sangate.

Mais, selon mon sentiment, la principale raison qui doit convaincre que la ville de Boulogne n'a pas esté le port *Itius* est qu'il est fort probable que cette ville ait eu trois noms differens en même temps, estant certain qu'elle a esté nommée *Gessoriacum* et *Bononia*. Je sçay bien, et il est fort probable, que le premier est celui du *Pagus*, ou de la contrée, où elle estoit située. Mais en tout cas j'ose avancer qu'on trouvera peu de lieux dans la géographie ancienne où une place ait eu deux noms en même temps, hors celui du peuple, ou de la religion, qui lui a esté appliqué dans la suite des années : comme par exemple, Paris, appellée *Lutetia*, a eu celui de *Parisii*; Amiens, nommée *Samarobriga*, ou *Samarobriva*, celui d'*Ambiani*, et ainsi des autres, qui sont les noms des peuples et des contrées où les villes estoient situées. Cependant il faudroit dire que la ville de Boulogne auroit esté appellée en même temps *Gessoriacum*, du nom des peuples des environ, et *Itius*, et *Bononia*, d'une particuliere appellation, ce qui n'est guere probable. Et ce que Velser[4] rapporte pour réponse à cette objection ne satisfait pas.

Aprés avoir refuté cette opinion touchant la situation du port *Itius*, qui est la plus universelle, il ne reste plus qu'à établir celle que j'ay avancée, ou plûtôt celle de Camden, puisqu'il est le premier qui en a fait l'ouverture, quoy qu'il ne l'ait prouvée que legerement. Pour découvrir une place dont les anciens auteurs ont fait mention et dont les noms sont éteints par la suite du temps, ou du moins qui ont esté tellement alterez, qu'à peine il en reste des vestiges qui en puissent donner la moindre connoissance, on a coûtume de se servir de trois argumens principaux, dont le premier est la situation ; le second, les distances d'avec les autres lieux voisins remarquez dans les Itineraires et dans les géographes, et le troisiéme, le rapport des noms anciens avec les nouveaux et ceux d'aujourd'huy. Ces trois raisons nous serviront comme de pierre de touche, ou plûtôt de sonde, pour trouver et pour rencontrer heureusement le port *Itius*, à la recherche duquel tant d'auteurs se sont si fort travaillez jusques à present, qu'un d'entre eux a écrit ces paroles[5] : « Fateor à veteribus autoribus perspicue clareque « doceri non posse quo olim loco Itius, aut Iccius, fuerit « portus ; bene quidem quod sub imperio ac ditione Mori- « norum, et hinc brevissimum in Britanniam fuisse trajec- « tum. » Quoy que tant de graves auteurs ayent échoué dans cette recherche, je prendray neantmoins la liberté de m'y engager, sans que j'ose me promettre un plus heureux succès qu'eux, soûmettant sans beaucoup de peine mes conjectures à la censure de ceux qui se piquent de literature et d'érudition.

Pour commencer par la situation, Cesar nous apprend, en termes formels, que le port *Itius* estoit à l'endroit où le trajet de l'Ocean estoit le plus commode : « Ex quo portu « commodissimum in Britanniam trajectum esse cogno- « verat. » Et quand il dit qu'il estoit le plus commode, il entend dire qu'il estoit le plus court, ce qu'il semble specifier en un autre endroit : « Ipse cum omnibus « copiis in Morinos proficiscitur, quod inde erat brevissimus « in Britanniam trajectus. » D'où s'ensuit que Cesar en cette occasion chercha non tant la grandeur d'un port,

---

1 De Portu Iccio. — 2 Bertius, de aggerib. c 13. — 3. In Belg. Rom. — 4. L. 4, c. 16. — 5. In Claud. — 6. L. 1, c. 11. — 7. L. 3, c. 2. — 8. Sur César. — 9. Camden, in Cantio.

1. Berger, l. 4, des Gr. Chem. ch. 28, 29. — 2. Tom. 1, p. 594. — 3. L. 1, c. 9. — 4. Ad Tab. Peuting. — 5 Pont. Heut. l. 2, de vet. Belg. c. 18.

comme la commodité du passage, et l'endroit où le trajet estoit le moins long. Or il est constant, par le rapport des mariniers, que le trajet de mer à l'endroit de Wissan en Angleterre est plus etroit et plus court qu'à l'endroit de Calais d'une lieuë, ou d'une lieuë et demie, et qu'à l'endroit de Boulogne de deux grandes lieuës. Le trajet à l'endroit du port *Itius*, suivant le rapport de Cesar, estoit d'environ trente mille pas : *Circiter millium passuum triginta a continenti*. Le geographe arabe[1] n'y en met que vingt-cinq. Strabon dit qu'il y avoit trois cens vingt stades, qui font quarante milles. Mais comme ces distances dépendent du lieu où Cesar aborda en Angleterre, qu'on tient avoir esté à Richborow, ou à Sandwich, il est malaisé de prendre un fondement certain sur les distances de ce trajet. Il n'est pas plus facile de tirer argument de la situation du promontoire, que Ptolemée appelle Ἴκιον, ou *Icium*, parce que ce qu'il en écrit est tres-incertain, quoy que le mettant à 22 degrez 15 minutes de longitude, et *Gesoriacum* à 22 degrez 45 minutes, il convient avec la situation du promontoire et du cap le plus voisin de Wissan, qui est la pointe de Blacnez, qui n'est éloignée de Wissan que d'une demy lieuë, et trois de Boulogne : il avance dans la mer une grande demy lieuë, et est la pointe de terre qui avoisine le plus la Grande-Bretagne.

Le nom de Wissan ne favorise pas moins la conjecture touchant le port *Itius* ou *Iccius*; car les manuscrits de César représente diversement ce mot, aucuns l'écrivant avec un simple C, *Icius*, et les autres avec deux, *Iccius*, et enfin les autres avec un T, *Itius*. La premiere leçon semble estre appuyée par Ptolemée, qui appelle le promontoire voisin de ce port, Ἴκιον ἄκρον. La seconde peut s'autoriser par le nom de ce chef remois, ou de Reims, dont parle Cesar[2], qui le nomme pareillement *Iccius*, et par celui de ses peuples[3] de la Grande Bretagne que les geographes appellent *Wiccii*. Enfin la troisiéme est embrassée par Strabon[4], qui nomme ce port Ἴτιον. Pour rechercher la veritable étymologie et l'origine de cette appellation il faut voir quelle elle peut avoir esté dans le langage gaulois, avant que Cesar l'eust latinisée. Il est probable que Cesar a exprimé la premiere syllabe de ce mot Wi, par l'I simple, et que ce lieu s'appelloit *Wic* ou *Wics*, ou enfin *Wis* et *Wits*, qui estoit une prononciation familiere et ordinaire à la langue gauloise, et qui s'est conservée depuis dans l'alemande et la flamande, qui en tirent leur origine, Cesar n'ayant pû rendre en latin cette syllabe Wi, que par l'i simple, parce que le double W se prononce plus du gozier que de la langue, et se rend comme si l'on disoit *ou* : ce que le latin ne peut pas bien exprimer. Cela posé, voyons qu'elle peut avoir esté la terminaison de ce mot en idiome gaulois. Si ce lieu a esté nommé en cette langue Wic, Cesar lui auroit pas tourné par *Icius* ou *Iccius*, mais par *Icus*: comme il a fait au nom de *Litavicus*, qui est un autre chef gaulois, dont il parle souvent, qui probablement se nommoit *Litawit* ou *Luitwic*, en langue gauloise, d'où on ne doute pas que le nom de *HLudowic*, qui est fréquent dans l'histoire de la seconde race de nos rois, n'ait esté tiré[5]. Car c'est ainsi que Louys le Debonnaire est nommé en ce vers, rapporté par *Busæus*[6] :

HLudwic justus erat, quo rex non justior alter.

Comme aussi dans les monnoyes qui nous restent de lui, où son nom est ainsi écrit HLVDOVVICVS. Heuter interpréte ce mot de *Luitwich*, qu'il estime estre le même que *HLudwich*, *via popularis*, Kilian[7], *populi refugium*, parce que le terme de *Wic* en langage saxon et alleman ancien, signifie tantôt un boulevard, tantôt une maison, et quelquefois un golfe, ou un port[8]. Quant à la prononciation de *Wics*, je ne me souviens pas en avoir remarqué dans les vieux noms alemans tirez de nos histoires, mais bien de *Wits*, *Wiss*, et *Wite*, qui, au rapport de Pontan, en ses *Origines françoises*[9], et de Sonner[10], signifient prudent, ou pourveus. Mais si le port dont nous parlions estoit nommé parmi les Gaulois *Wics*, *Wits* ou *Wiss*, Cesar ne l'a pû exprimer que par *Icius*, ou *Itius*, la derniere lettre de ces mots gaulois, qui est l'S, ne se pouvant rendre facilement que par cette terminaison. J'avouë qu'il est malaisé de rencontrer quelque chose de certain dans ces etymologies : aussi je ne prétens pas m'arrêter à celle que quelques-uns[11] donnent à l'*Itius portus*, qu'ils dérivent *ab Itando*, parce qu'on s'y embarquoit pour aller en Angleterre, ni à celle de Heuter[12], qui veut que *Iccius* soit dit *quasi Ic-cie*, *hoc est, video, scilicet portum, aut insulam Britanniam* : car tout cela a fort peu de probabilité. Il y a neantmoins beaucoup de rapport entre l'*Its* ou *Itius* et *Witsan* : estant constant que cette terminaison *an* est commune à beaucoup de noms de places et de familles du Boulenois. Nous remarquerons pourtant dans la suite que les auteurs ont tâché de lui accommoder des étymologies.

Mais j'estime que le principal fondement sur lequel on peut établir le port *Itius* à *Wisan*, et qu'il est aisé de prouver par l'autorité de plusieurs graves auteurs, que ce lieu et le port de *Wissan* a esté celui où de tout temps on s'est embarqué pour passer des Gaules ou de la France en Angleterre, et pour aborder d'Angleterre en France. L'entretien que j'eus sur ce sujet à Paris, dans le cabinet de M. d'Herouval, auditeur des comptes, qui m'honore de son amitié, avec M. Sanson, qu'on sçait estre trés-savant en ces matieres, et celui qui a le plus penetré dans la geographie, m'oblige de lui tenir la parole que je lui avançay pour lors, que je lui fournirois plus de soixante passages d'auteurs anciens et irreprochables qui justifieroient cette proposition. Pour entrer en cette preuve j'observeray l'ordre des temps et des siécles où il en est parlé.

Je trouve donc que saint Wlgan[1], compagnon de saint Colomban, vers l'an cinq cens soixante-neuf, passant en Angleterre en France, *appulit ad portum* WITSAN *appellatum, qui videlicet locus ex albentis sabuli interpretatione tale sortitur vocabulum*. Ce sont les termes de l'auteur qui a écrit sa vie, qui sont conformes, quant à l'etymologie de ce mot, à ce que Lambert d'Ardres[2] a avancé sur le même sujet, *Britannicum secus portum, qui ab albedine arenæ vulgari nomine appellatur Vuitsand*. Ce nom estant composé de *Withe*, qui en idiome anglois et flaman signifie blanc, et *Sand*, qui signifie sable. Et quoy que je ne fasse pas grand fondement sur ces etymologies, je remarque neantmoins que Philippes le Breton[3], parlant des Bloetins, qui habitoient ces côtes de la mer, du côté de Furnes, a observé effectivement que le sable qui est sur ces rivages de la mer tire sur le blanc :

Inde movens iterum classis legit æquoris undas
Quod Bloëtinorum candentia littora lambit,
Quaque marescosos extendit Flandria campos.

Malbrancq[4] confirme cecy à l'égard de Wisan, en ces termes: « Ipsum montem arenosum, qui mire ab ipso pelago in « altum exsurgit, non dixeris arenis, sed e cretaceis molibus « compactum : tantus enim est candor, tantamque in duri- « tiem abiit, ut solidiore illic non opus sit muro. » Et *Merula*[5] dit qu'en ces endroits-là *arena est ejus generis, quam urentem vocant Palladius*[6], et Vitruve[7] parlent de cette espéce de sable blanc.

Edolin ayant esté envoyé en exil par le roy Athelstan, son frere, en l'an 933, passa de l'Angleterre en France, et arriva à Wissan : « Augusto scilicet a Doeria in WITHSAND *mari*[8]. »

Ce fut vers ce même temps que cette place, ayant esté ruinée par les Normans, fut rétablie par le roy Loüys d'Outremer. Car c'est de ce port que j'estime qu'il faut entendre ces termes de Flodoard[9], en l'an 938 : « Ludovicus rex mari- « tima loca petens, castrum quoddam, portumque supra « mare, quem dicunt GUISAM, restaurare nisus est. » Ce passage ne se pouvant adapter à un autre port : outre que le nom qu'il lui attribue se rapporte à celui de GUIZANT, qu'Hariulfe donne à Wisan, et qu'il est constant que les François prononçoient le W des Alemans avec le *Gu*, comme nous voyons dans les mots de *Werre*, *Wage*, et autres que nous enonçons par *guerre, gage*, etc.

Le roy Ethelred ayant esté chassé de son royaume par Swan, roy danois, s'embarqua en l'an 1013 à Wisan pour aller trouver Richard, duc de Normandie[10].

Guillaume de Jumieges[11] écrit qu'Alvred, frere de saint Edoüard, roy d'Angleterre, retournant de France en Angleterre, *portum* WISANTI *petiit et hac transfretans Doberniam venit*.

Guillaume de Poitou[12], archidiacre de Lizieux, parlant de ce retour d'Alvred, donne en termes diserts à ce port le nom d'*Icius: Doberniam venit Alveradus transvectus ex portu* ICIO. Ce passage est singulier pour justifier la situation du port *Itius*.

Eustache[13], comte de Boulogne, passa en Angleterre pour

---

1. Alderisius, in Geogr. Nub. — 2. L. 2, c. 3. — 3. Camden. — 4. L. 6. — 5. Cluver. in Germ. l. 1, c. 6 ; Pont. Heut. de vet. Belg. p. 225 ; Jos. Scalig ep. 228. — 6. In Not. ad Ep. 1, Hincm. — 7. In etymol. — 8. Somner. — 9. L. 6, .587. — 10. In Gloss. Sax. — 11. Paul. Æmil. — 12. C. 10, p. 48.

1. Vita S. Wlgani, en l'Hist. de l'Abb. de S. Ouen, p. 457 ; Malbr. l. 2, c. 54. — 2. P. 3. — 3. L. 9, Philipp. p. 206. — 4. Loco cit. — 5. L. 3, p. 460. — 6. L 1, c. 10. — 7. L. 2, c. 4. — 8. Monast. Angl. tom. 1, p. 194, 195 ; Will. Malmesb. l. 2, Hist. Angl. c. 6, p. 53 ; Math. Westmon. A. 934. — 9. Flodoard. in Chr. — 10. Brompton. p 892. — 11. G. Gemet. l. 7, c. 9 ; Walsing. p. 434. — 12. In gest. Guil. Reg. Angl. p. 178. — 13. Will. Malmesb. l. 2, de Gest. Angl. p. 81.

aller visiter le même roy Edoüard, *transfretato mari de* WITSAND *in Doveriam*.

Geroüin [1], abbé de Saint-Riquier ayant dessein d'aller visiter les terres, que ce monastere possedoit en Angleterre vers l'an 1069, *ad maris ingressum properavit quem nominant plebeiales* GVIZANT.

Guillaume de Malmesbury [2] remarque encore qu'Estienne comte de Mortain et de Boulogne, neveu du roy Henry, *in Angliam per* WITSAND *maturavit adventum*.

Saint Anselme archevesque de Cantorbery [3], ayant esté banny du royaume par le même roy, WITHSANDVM *appulit*.

Guillaume le Roux [4], ayant laissé son pere à l'extremité en Normandie, passa de son ordre en Angleterre, pour aller prendre possession de ce royaume, *qui mox ad portum qui* WITSAND *dicitur pervenit, ibique jam patrem audivit obiisse*.

Henry d'Huntindon [5] dit que le roy Guillaume le Roux, au retour de la Normandie, s'embarqua *apud* WITHSAND, *unde appulit Doroberniam*.

L'an 1110, le roy Henry [6], ayant accordé sa fille à l'empereur Henry, *misit eam a Dovere usque ad* WITSAND.

Les Chanoines de l'eglise de Laon s'y embarquerent pareillement en l'an 1113, lorsqu'ils passerent en Angleterre avec la châsse de Notre-Dame et autres reliques de leur eglise, pour amasser de l'argent pour la rebâtir, aprés qu'elle eust esté brûlée, ensuite du massacre de l'evesque Gualdric: « *Apud portum qui vocatur* WISSANT *a nautis convocati,* « *navem intravimus* [7]. »

Henry [8]. roy d'Angleterre. y aborda de Douvres, en l'an 1155: « *Apud Dovram mare intravit, et appulit* WISANT. »

Le geographe arabe [9], qui vivoit vers ce même temps, en fait mention comme du port ordinaire où l'on s'embarquoit pour passer en Angleterre, en ces termes: « *Ab illa etiam* « (*Rouen*) *ad urbem* VADISANT *exiguam valde mari adjacen-* « *tem* LXXX. M. P. *et ex hac urbe concunduntur naves* « *adeuntes insulam Angliam, quam dividit a continente,* « *fretum habens in longitudine* XXV, M. P. » d'où nous apprenons la raison pourquoy Lambert d'Ardres [10]. qui vivoit au même siecle, lui donne le nom de *Portus Britannicus*, dans le passage que je viens de rapporter.

Saint Thomas [11], archevesque de Cantorbery, s'estant retiré d'Angleterre, vint à Wissan, et au retour de son exil il s'y embarqua pour passer en ce royaume.

Robert [12], comte de Licestre, s'y embarqua aussi en l'an 1173.

Henry II [13], roy d'Angleterre, l'année suivante y fit embarquer des troupes pour l'Angleterre, et en l'an 1170, *navem ascendens apud* WITSAND, *in Angliam rediit*.

En la même année Philippes [14], comte de Flandres, s'y embarqua pour aller en pelerinage au tombeau de saint Thomas.

Louys le Jeune [15], roy de France, ayant dessein de passer eu Angleterre par le même sujet, le même roy y vint passer. En ce même temps un auteur anglois rapporte qu'estant sur le point du retour de ce voyage, comme il apprehendoit la mer, il pria le saint *ut in illo transitu nullus pateretur ex illo tempore naufragium*: ce que Camden attribuë mal à saint Louys.

Henry [16], roy d'Angleterre, s'y embarqua pour repasser de France en Angleterre en l'an 1180.

Le même roy, aprés avoir fait la paix entre le roy de France et le comte de Flandres, retourna en Angleterre, 1184. *Transfretavit in Angliam inter* WITHSAND *et Doveram*.

L'année suivante l'evesque de Dunelme [17] et quelques grands d'Angleterre *transfretarunt inter Dovre et* WITSAND.

En l'an 1187, le même [18] Henry II *applicuit apud* WITSAND *in Flandria*.

Un autre auteur en cette année: « *Placuit ei sanctum* « *Thomam visitare. sicque per Doveriam, quo brevis est* « *transitus,* WITSANDUM *adire* [19]. »

Baudoüin de Cantorbery, en 1189, *iter per* WITSANDUM *paravit in Angliam* [20]. Comme fit encore Geoffroy, archevesque d'York, en l'an 1191 [21].

Quelque temps aprés, Jean, comte de Mortain, frere du roy d'Angleterre, *applicuit in Flandria apud* WISSAND [22].

Vers ce même temps Hugues, evesque de Dunelme, passa la mer entre Douvre et Witsan pour venir en France [23].

---

1. Hariulf. l. 4, c. 22. — 2. Lib. 4, Hist Novelle. p. 478. — 3. L. 1, de Gest. Pontif. p. 232 : Eadm. l. 2, vitæ S. Anselmi. c. 20. — 4. Ord. Vit. l 7, p. 659 ; Fra de Guill. Conq. p. 32. — 5. L. 7, p. 373 ; Brom. p. 991. — G. Sim. Dun. de Gest. Ang. — 7. Herm 1, 2, de Mir. S. Mariæ Laud. c. 4. — 8. Rad. de Mont.; Rad. de Diceto. — 9. Alderic. part 2, Clim. 6, p. 253. — 10. P. 3, 116. — 11. Ger. Dorob, p. 1413 : Howed. p. 520 ; Vita S. T. Th. quadrip. l. 3, c. 3. — 12. Rad. de Diceto. — 13. Howed ; Rad. de Dic. — 14. Brompton, p. 1126. — 15. Howed. p. 502 ; Brompton, p. 622 ; Math. West. A. 1179. — 16. Howed. p. 1140 ; Howed. p. 622. — 17. Howed. p. 630 ; Bromp. p. 1240. — 18. Howed. p. 634. — 19. Gervas. Dorob. p. 4487. — 20. Id. p. 1546. — 21. Howed. p. 701 ; Brompton, p. 1221. — 22. Howed. p. 706. — 23. Brompton, p. 1240.

En 1193, le même comte de Mortain [1] fit équiper une flotte *apud* WITSANDUM, pour attaquer l'Angleterre.

Le siécle suivant fournit d'autres exemples qui continuent de justifier ce que j'ay avancé. En l'an 1207, les moines [2] qui avoient esté chassez d'Angleterre par le roy Jean se retirerent en France, et vinrent aborder à Wissan.

Mathieu Pâris [3], en l'an 1242 et 1243, parle des mariniers de Wissan et de Calais : et en l'an 1251, il dit que le comte de Licestre *navem ascendit apud* WITSAND, pour retourner en Angleterre.

En l'an 1299, Jean de Bailleul, roy d'Escosse, ayant esté relâché par Edoüard, roy d'Angleterre, qui l'avoit tenu prisonnier, fut envoyé à Witsan, ainsi qu'il avoit esté convenu, où il fit l'acte qui se voit dans les annales d'Odoric Rainaud [4], qui portent ces mots : « *Actum apud* WISSANT, *de regno* « *Franciæ supra mare, in hospitio Joannis Stevari*. »

En l'an 1327, le sire de Beaumont [5], allant au secours du roy d'Angleterre contre les Escossois, s'embarqua avec ses troupes à Wissan: comme firent l'année suivante les deputez du roy de France vers le roy d'Angleterre [6].

Mais incontinent aprés, la ville de Calais estant tombée en la puissance des Anglois, non-seulement ils fortifierent cette place, et retablirent et agrandirent le port, mais encore celui de Wissan fut abandonné, et on ne se servit plus que de celui-là pour passer de l'Angleterre en France. D'autre part comme la guerre estoit presque toujours entre les deux nations, et que la seureté n'estoit pas entiere pour s'aller embarquer à ce port, on choisit plûtot celui de Boulogne, parce que le lieu estoit plus considerable et plus fort que Wissan, qui d'ailleurs avoit esté ruiné et brûlé par les Anglois au temps du siege de Calais [7].

Ce qui justifiе encore l'importance du port de Wissan est que de tout temps les comtes de Boulogne y avoient un droit considerable qui se levoit sur les vaisseaux et les personnes qui s'y embarquoient. Il est parlé de ce droit de peage dans le titre de Guillaume, comte de Flandres, pour les coûtumes de Saint-Omer de l'an 1127 : « *Si cum Boloniensi comite* « *Stephano concordiam habuero, in illa reconciliatione eos* « *a Theloneo et Swerp apud* WITSANT, *et per totam terram* « *ejus liberos eos faciam* [8]. » Il en est encore fait mention dans un autre titre, de l'an mil trois cens vingt, en l'*Histoire de la Maison de Dreux* [9].

Le pere Malbrancq [10] raconte qu'en l'an 1192, Renaut, comte de Boulogne, donna aux moines de Saint-Bertin : et M. Justel [11] nous apprend que Marie d'Auvergne, femme du seigneur de Malines, et sœur de Robert VI, comte d'Auvergne et de Boulogne, eust pour son partage cinq cens livres de rente sur le passage de Wissant, qui furent depuis échangez en l'an 1320, par Robert VIII du nom, comte d'Auvergne et de Boulogne pour le vicomté de Châteaudun. Mais comme ce port vint à estre comblé à cause qu'il fut abandonné, pour la raison que je viens de marquer, ce droit se leva dans tous les ports de cette côte: ce que j'apprends de deux comptes du domaine du comté de Bologne, qui sont en la Chambre des comptes de Paris. Dans le premier, qui est de l'an 1402, il y a ces mots : « *De la prevosté et passage de* WYSSANT *receu à Boulogne,* « *en Ambletenne et ailleurs, environ hors ledit lieu de Wys-* « *sant, où aucuns sont arrivez ou entrez en mer, pour passer* « *en Angleterre, ou repasser, etc*. » L'autre, de l'an 1478, porte en ces termes : « *La prevosté et passage de Wissant,* « *que on dit coustume sur la coste de la mer, entre l'eauë* « *d'Estaples et de Gravelingues*. » Ce qui justifie premierement que Wissan estoit une dependance du comté de Bologne, comme il est encore aujourd'huy, et non pas du comté de Guines, quoy que quelques auteurs [12] l'aient ainsi écrit, et encore moins de celui de Flandres, comme veut Roger de Hoveden dans les passages que j'ay citez. En second lieu. ces comptes font voir clairement que dès l'an 1402 il n'y avoit plus de port à Wissan, puisque le peage qui y avoit esté estably se levoit dans les ports voisins. Aussi je ne remarque point qu'il en soit fait mention depuis la prise de Calais, ni qu'on s'y soit embarqué : et la mer et le sable ont tellement comblé le port, qu'on a peine à remarquer le lieu où il a esté. « *Ergo bene scripsit Merula* [13], *cosmographus* « *Itium oceano haustum eversumque esse. Cui enim hoc* « *quadret præterquam Wisanto? Sed portus illic non tam* « *haustus, quam sabulo, uti apparet, obrutus. Haustum* « *enim probant vix ad ea loca clitophonibus, seu dunis,* « *coercitum mare. imo ad oceanum usque habitatur et*

---

1. Ger. Dorob. p. 1581. — 2. Malbran. l. 11, c. 9. — 3. P. 399, 406, 554. — 4. Rainald. hoc A. n. 21. — 5. Froiss. vol. 1, ch. 46, 17, 19, 20. — 6. Id. c. 25. — 7. Id. vol. 1, c. 132. — 8. Preuves de l'Hist. de Guines, p. 195. — 9. P. 309. — 10. L. 11, c. 37. — 11. En la Gen d'Auvergne, l 2, ch. 17. — 12. Du Chesne, en l'Hist. de Guines, p. 3. — 13. Part. 2, l. 3, c. ult.

« aratur. » Ce sont les termes du pere Malbrancq [1]. Il y a neantmoins des communes qui s'étendent jusques au village de Tardingem, assez prés du Blaknez, que le Portolano [2] appelle le cap de Witsan, où l'on peut se figurer avoir esté l'endroit où fut le port. Ces communes estant bornées du côté du continent par des terres hautes et élevées, et du côté de la mer par des dunes de sable, forment comme un grand bassin, où la mer a pû couler, soit du côté de Wissan, par le petit ruisseau qui y passe, soit du côté de Tardinghem, par un autre petit ruisseau, qui y coule pareillement. Et il y a lieu de croire que le commerce y ayant cessé, l'on a laissé boucher ce qui composoit l'entrée de ce port par les sables qui y volent en quantité, la côte en cet endroit là estant plate. Ce qui favorise encore cette pensée touchant l'endroit où fut ce port est que le long de ces communes, environ à deux cens pas du bourg, il y a une eminence que l'on appelle le phare, et une maison auprés qui en retient le nom, comme si l'entrée du port de Wissan eust esté en cét endroit-là.

Il ne faut pas s'étonner que nous cherchions aujourd'huy l'endroit du port de Witsan, qui a esté si frequenté dans les siecles passez, veu qu'il en est de même de celui d'Aigues-mortes en Languedoc [1], où toutes nos troupes s'embarquoient pour la Terre Sainte, qui paroit si peu à present, que la mer ne vient qu'à demy lieuë delà. Le même est encore arrivé à divers ports de Constantinople, qui y avoient esté faits par les empereurs, dont il ne reste plus aucuns vestiges.

—— Sic toties versa est fortuna locorum.
Vidi ego quod fuerat quondam solidissima tellus,
Esse fretum . vidi factas ex æquore terras [2].

1. L. 1. c. 10. — 2. P. 22.

1. Catel. — 2 Ovid. 15, Met.

DES GUERRES PRIVÉES

ET DU DROIT DE GUERRE PAR COUTUME.

DISSERTATION XXIX.

Les guerres du comte de Chalon et du comte de Bourgogne, son fils, dont le sire de Joinville parle en son Histoire, me portent à embrasser en cét endroit une matiere tres-importante pour l'intelligence des auteurs, et qui n'a pas encore esté traittée à fond, quoy qu'aucuns l'aient effleurée legerement [1]. Il n'y a rien de plus commun dans tout le cours de nos histoires, et de celles de nos voisins, que ces guerres qui se faisoient entre les barons et les gentilshommes à la veuë et au sceu du prince souverain, et sans sa participation : en sorte que qui ne sçauroit pas démesler l'origine et l'usage de ces funestes entreprises sur l'autorité royale auroit sans doute bien de la peine à en deviner la source et à en concevoir la pratique. Elles ont esté si universelles, qu'on peut dire que les vassaux des princes entroient avec eux en partage du plus beau fleuron de leurs couronnes, qui estoit le droit de faire et de declarer la guerre. Mais parce qu'il y avoit des regles et des maximes établies et receuës pour cette espece de guerre, je prétens faire voir en cette dissertation qu'elles elles ont esté, et comme les seigneurs en ont usé en ces occasions. Ce que je propose de puiser particulierement de Philippes de Beaumanoir, en sa *Coûtume de Beauvaisis*, qui n'a pas encore esté publiée, où il a fait un chapitre entier au sujet de cette espece de guerre, qui est le cinquante-neuviéme, auquel il a donné pour titre ces mots : « Comment guerre se fait par coûtume, et comment elle « faut, et comment on se peut aidier de droit de guerre. » J'entreprens d'ailleurs cette matiere dautant plus volontiers qu'elle appartient à l'histoire de saint Louis, puisqu'il est constant qu'il est l'un de nos rois qui a le plus travaillé à aneantir et à détruire ces malheureuses guerres, qui entretenoient toute la France en de perpetuelles divisions.

Ç'a esté un usage observé et reçu de tout temps parmi les nations germaniques, de tirer la vengeance des injures particulieres par la voie des armes, et d'y interesser toute une parenté. Celui qui avoit fait un tort notable à un particulier, ou qui lui avoit causé la mort, se trouvoit avoir sur les bras tous ceux de la famille de l'offensé, qui prenoient les armes pour venger l'injure ou l'assassinat commis en la personne de leur parent. Tacite en a fait la remarque, lorsqu'il parle des Germains [2], « Suscipere tam inimicitias seu patris, seu « propinqui, quam amicitias necesse est. » C'est pour cette raison que nous lisons si souvent dans les loix anciennes [1], que lorsque quelque assassinat avoit esté fait, non seulement on en exigeoit la peine sur ceux qui l'avoient commis, mais même sur toute leur parenté. Ces inimitiez mortelles, qui s'entretenoient entre les familles, y sont nommées *faidæ*, que les *Loix des Lombars* [2] traduisent par le mot d *inimicitiæ* ; terme qui semble estre tiré du Saxon ancien, *fæhth*, ou *fehthe*, et de l'aleman *fhede*, et *feide*, qui signifie la même chose [3]. D'où il est arrivé que ce mot a esté pris pour la vengeance qu'on tire de la mort d'un parent, et dans la suite pour toutes sortes de guerres particulieres, comme en l'ordonnance du roy saint Louys du mois d'octobre mille deux cens quarante-cinq, dont je parleray dans la suite. Nous avons quelques exemples de ces guerres privées sous la premiere race de nos rois, dans Gregoire de Tours [4] et ailleurs.

Mais pour proceder avec quelque ordre en cette Dissertation, il faut voir premierement qui sont ceux qui ont droit de guerre par coûtume, puis entre quelles personnes elle se fait, pour quels sujets, en combien de manieres on la declare, qui sont ceux qui y entrent, ou qui en sont exceptez, et enfin en combien de façons elle finit. Et ensuite, je feray voir comme cette détestable coûtume de faire la guerre entre les vassaux du prince a esté entierement abolie.

Tous les gentils-hommes, selon Philippes de Beaumanoir, avoient droit de faire la guerre : « autre que gentil-homme « ne poeut guerroyer. » Et ainsi il en exclud tous les roturiers, qu'il appelle *hommes de poësté*, c'est à dire qui sont sujets à leurs seigneurs, et qui en dépendent absolument, en sorte qu'ils en peuvent disposer selon qu'il leur plaist : ce qui n'estoit pas des vassaux fievez. Il en exclud pareillement les bourgeois, entre lesquels, s'il arrivoit quelque démêlé, ou pour user de ses termes, *manées ou defflæmens, ou mellées sourdent*, le crime commis estoit puny par le juge ordinaire, suivant sa qualité : telles personnes ne pouvans user du droit de la guerre. Par le terme de gentils-hommes on doit entendre tous les fievez, parce qu'anciennement les fiefs ne pouvoient estre tenus que par les nobles. Les evesques, les abbez, et les monasteres qui avoient des terres de cette nature, avoient aussi ce droit. Et parce que leur condition ne leur permettoit pas de porter les armes, ils faisoient leurs guerres par leurs Vidames, et par leurs avoüez. Ce que le cardinal

1. Clement Vaillant, l. 2, de l'ancien Estat de la France ; Dadin de Altaserra, l. 2, de Ducib. et Comit. c. 1. — 2. De Morib. Germ.

1. Lex Saxon. tit. 2, § 5, 6 ; Wendelin. in Gloss. Salico, v. *Chrenecruda*. — 2. L. 1, tit. 7, § 1, 15, l. 2, tit. 14, § 10. — 3. Lambard. Spelman. Somner. etc. Lindenbr. — 4. L. 7, c. 2.

Pierre Damian[1] ne peut approuver : « Quod mihi plane satis
« videtur absurdum, ut ipsi Domini Sacerdotes attentent,
« quod turbis vulgaribus prohibetur, et quod verbis impu-
« gnant, operibus asserant. »

D'ailleurs, il ne pouvoit y avoir guerre entre les gentilshommes d'une part, et les roturiers ou les bourgeois d'autre.
La raison est que si le gentil-homme faisoit la guerre à un
bourgeois, ou à un roturier, qu'il nomme toûjours *homme de
poësté*, le bourgeois ou le roturier, n'ayant pas le droit de
faire la guerre, pour n'estre pas revêtu du titre de noblesse,
auroit esté souvent maltraité ou tué par les gentils-hommes.
De sorte que lorsque le cas arrivoit qu'il y eut quelque notable
démélé entre le gentil-homme et le roturier, celuy-cy pour
se mettre à l'abry de l'insulte de son ennemy, requeroit *asseurement*, qui luy estoit à l'instant accordé. Que si le roturier
negligeoit de le demander, le gentil-homme en la personne
duquel, ou de ses parens, l'injure avoit esté faite pouvoit
licitement en poursuivre la vengeance par les armes. Au contraire, si le gentil-homme avoit outragé le roturier, ou le
bourgeois, l'un et l'autre ne pouvoient pas poursuivre la
reparation de l'injure par la guerre, mais par les voyes ordinaires de la justice. L'usage du royaume d'Arragon[2] semble
avoir esté autre à l'égard des infançons ou escuyers. Car si
un roturier, ou villain, avoit tué un infançon, si le faict
estoit avéré, les parens du mort pouvoient lui faire la guerre,
c'est à dire tirer la vengeance de l'outrage par la voye des
armes. Mais si le faict estoit dénié, avant qu'on en vinst à la
preuve, il devoit obtenir *asseurement* des parens du mort. Il
y avoit encore plus ; car quoy que suivant les ordonnances
du royaume nul ne pût attaquer un autre sans défiance, il
est-ce que le gentil-homme, ni l'infançon, n'estoient pas obligez
de se défier, si l'un ou l'autre avoit tué l'un de leurs parens,
parce que les fors ou coûtumes les tiennent pour *défiez*,
pourveu toutefois que le crime fust apparent et prouvé. Ce
qui fait croire que les usages estoient differens selon les
royaumes.

Toute sorte d'injure ne pouvoit pas estre vengée par les
voyes de la guerre. Il falloit que ce fust un crime atroce,
capital, et public : « Coustume suefre des guerres en Biavai-
« sis, entre les gentilshommes por les vilonies, qui sont faites
« apparens. » Ce sont les termes de Beaumanoir[3], qui au
chapitre suivant en donne l'interpretation par ceux-cy :
« Quant aucuns fés avenoit de mort, de mehaing, ou de ba-
« ture, cil à qui la vilonie avoit esté faite declaroit la guerre
« à son ennemy. » Ainsi ce qui donnoit sujet à cette espèce
de guerre estoit l'atrocité du crime, et qui pour l'ordinaire,
dans l'ordre d'une justice reglée, meritoit la peine de mort.
Ce qui justifie encore cette proposition est ce qu'il ajoûte,
que quoy que le gentil-homme eust droit de poursuivre par
les voyes de la guerre la reparation du forfait commis en sa
personne, ou de ses parens, dans beaucoup d'occasions, ou
celles de la guerre ouverte entre eux, cela n'empêchoit pas que le
seigneur duquel celui qui avoit fait l'injure estoit vassal ne
le fist juger et condamner par sa justice, et s'il pouvoit le
faire arrêter, le livrer au supplice, suivant l'exigence et l'a-
trocité du crime. Ce qui avoit lieu même encore qu'après la
guerre la paix se fust ensuivie, si ce n'estoit que ce fust par
l'entremise du roy, ou du baron seigneur de la partie qui
avoit commis le crime : « car autre seigneur ne puet fere
« ne soffrir ces manieres de pez. » La raison pourquoy le
seigneur peut poursuivre la vengeance de tels crimes est
« que cil qui font les vilains meffez de cas de crieme ne mef-
« font pas tant seulement à adverse partie, n'à lor lignage,
« mez au signor qui les ont en garde, et à justice. »

Ce que j'ai remarqué des matieres et des sujets qui donnoient occasion aux guerres particulieres, sçavoir les crimes
et les méfaits, ne semble pas estre général pour toutes les
provinces. Car nous lisons que souvent on les a entreprises
pour les differents meus au sujet des successions et des
heritages. C'est ce qui est encore remarqué par le cardinal Pierre
Damian[4] : mais il falloit que ces sortes de guerres eussent
esté ordonnées par le seigneur dominant. Ce que j'apprens
particulierement d'un titre du Cartulaire de Vendôme[5] :
« Quidam miles, nomine Fulcradus, vicarietatem alodiorum
« voluit calumniari, tantaque instantia perstitit, ut inde
« bellum indicert nobis, judicio comitis Gaufridi. Paratis
« autem hominibus ad bellum procedentibus, agnovit non
« esse bonum certamen arripere contra dominum, etc. » Je
ne sçay si l'on doit rapporter à ce sujet la constitution de
l'empereur Frederic II qui se lit dans Alberic[6], qui défend à
ses vassaux de faire la guerre *absque praecedente querimonia*.

Tant y a qu'il est constant que les seigneurs et les gentilshommes ont souvent entrepris des guerres contre leurs voisins pour d'autres sujets que de crimes. L'histoire nous en
fournit une infinité d'exemples, et entre autres notre sire de
Joinville, lorsqu'il traite de la guerre qui se mût sous le
regne de saint Louys entre le comte Champagne et la reyne
de Cypre, au sujet de la succession de comté.

Les guerres particulieres ou privées se declaroient en diverses manieres, sçavoir par fait, ou par paroles. Par fait,
« quant caudes méllées sourdent entre gentixhommes d'une
« part et d'autre ; » c'est à dire lorsqu'on en venoit à une
querelle ouverte, et à mettre la main aux armes. Et en ce cas,
ceux qui estoient présens à la mêlée et à la querelle
estoient engagez dans la même guerre suivans le party
à la suite duquel ils se trouvoient : « Et lors doit-on
« savoir que quant elles viennent par fet, cil qui sont au fet
« de la guerre, sis-tost come li fez est fet. » Les guerres
se declaroient par paroles, « quant li un manece l'autre à
« fere vilonnie, ou anjude de son cors, ou quant il le deffie
« de li et des siens ; » c'est à dire, lorsqu'on en venoit aux
menaces, ou que l'on faisoit porter les défis ou défiances à son
ennemy.

Les défis que les auteurs latins du moyen temps appellent
diffidationes, se faisoient, ou par paroles, ou par écrit. Ils se
faisoient par paroles lorsqu'on envoyoit défier son ennemy,
et qu'on lui declaroit la guerre, par des personnes qui leur
alloient denoncer. Et en ce cas on choisissoit, non des heraux,
ou des rois d'armes, mais des personnes de condition, et des
chevaliers qui en alloient porter la parole, comme firent les
François lorsqu'ils denoncerent la guerre aux empereurs
Isaac et Alexis, en l'an mille deux cens trois, ayant choisi à
cét effet Conon de Bethune, Geoffroy de Ville-Hardoüin maréchal de Champagne, et Miles de Braibans chevaliers[1].
Souvent mêmes on la faisoit porter par des evesques et des
abbez, comme on peut recueillir de nos histoires[2]. Quelquefois ces défis se faisoient par lettres et par écrits, qui sont
appellez *Litteræ diffidentiæ* en la chronique d'Austriche. Ce
qui est aussi remarqué par Nicolas *de Cusa*[3] cardinal. Le
roman de Garin le Loherans remarque une autre forme de
defi, en secoüant le pan de sa robe :

Dist à Girbert, mult me tenez por vil,
Il prist deus pans del pelicon hermin,
Envers Girbert les rua et jali,
Puis li a dit, Girbert, je vos deffi.

Et afin qu'il ne fust pas loisible de surprendre son ennemy,
sans lui donner le loisir de se preparer à sa défense, les empereurs ordonnerent que l'on ne pourroit l'attaquer qu'après
trois jours se seroient écoulez depuis la défiance, à peine
d'estre proscrit et banny et de passer pour traître. Alberic
rapporte une ordonnance de l'empereur Frederic II qui enjoint la même chose, arrêtée à Francfort l'an mille deux
cens trente-quatre, qui fut renouvellée par deux autres, l'une
de Louys de Bavieres, l'autre de Charles IV[4]. Cette derniere
ordonne encore que ces défis se doivent faire dans les lieux
de la demeure ordinaire de ceux à qui l'on declare la guerre,
pour éviter toute sorte de surprise. Car en ces rencontres on
a tâché d'employer toutes les précautions, pour éviter les
occasions de trahison ; jusque-là qu'on faisoit passer pour
traîtres tous ceux qui portoient la guerre à leurs ennemis,
avant que de les avoir defiez[5].

L'auteur de la guerre, c'est à dire celui qui la declaroit et
qui se prétendoit offensé par son ennemy, est appelé par
Philippes de Beaumanoir *le Quievetaine*, ou le chef *de la
guerre*. Quant à ceux qui y entroient avec lui, les premiers
estoient ceux de son lignage. La guerre estant ouverte et
declarée, tous les parens du chef de la guerre y estoient compris, sans autre declaration particuliere, et s'y trouvoient le
plus souvent enveloppez malgré eux, sous pretexte de venger
l'injure faite à leurs parens, ou de les défendre lorsqu'ils
estoient attaquez ; estant un fait qui regardoit l'honneur de
la famille. Ce qui est justifié plus loin dans une *Histoire de France*[6]
manuscrite qui est en la bibliotheque de M. de Mesme, à
l'endroit où il est parlé de la guerre d'entre le dauphin de
Viennois et le comte de Savoye : « Le dauphin requist par
« lignage plusieurs de ses amis, qui petit lui firent d'aide. »
Ce qui a fait dire à Pierre Damian[7] : « Plerique mox ut eis
« vis infertur injuriæ, ad indicenda protinus bella prosiliunt,

---

1. L. 4, ep. 9. — 2. Vital. Episc. apud Hier. Blancam, in Comment. rer. Arag. p. 733. — 3. Ch. 60. — 4. L. 4, ep. 9. — 5. Charta 103. — 6. A. 1234.

1. Villehard. N 112. — 2. Math. Par. A. 1233, p. 266 ; A. 1340, p. 306. — 3. L. 3, de Concord. c. 31. — 4. Lewold. Noriof. in Chr. Marc. A 1356 ; Froiss. vol. 1, ch. 35. Bulle d'or de Charles IV, ch 17. — 5. Turpin. in Carolo M. c. 17 Autor. Hist. Hieros. A. 1117 : Rainald. A. 1283, n. 21 ; Chr. Austr. A. 1278 ; Villehard. n. 112. — 6. Fol. 304. — 7. L. 4, ep. 9.

« armatorum cuneos instruunt, sicque hostes suos acrius
« forte quam læsi fuerant ulciscuntur. »

Quand je dis que tous les parens des chefs de guerre entroient en guerre avec lui, cela se doit entendre jusques au degré où la parenté finissoit. Anciennement, ainsi que Beaumanoir écrit, on se vengeoit par droit de guerre jusqu'au septième degré de parenté, parce qu'après ce degré la parenté estoit censée estre finie, l'Église ne souffrant pas les alliances par mariage, sinon au delà du septième. Mais depuis qu'elle s'est relâchée de cette rigueur, et qu'elle les a soufferts au delà du quatrième, l'usage s'est aussi introduit que les parens qui passoient ce degré n'estoient et ne pouvoient estre compris dans la guerre, comme parens, quoy qu'en fait de successions ceux qui sont plus éloignez en degrez peussent heriter de leurs parens. D'où il conclut que ceux qui sous prétexte de la guerre attaquent les parens de leur ennemy plus éloignez en degré que le quatrième, se rendent coupables, et se soûmettent à une punition rigoureuse. Gregoire de Tours¹ rapporte quelques exemples à l'égard des parens qui entroient en guerre, ou du moins qui s'interessoient en la vengeance du crime commis en la personne de leur parent, qui est une coûtume qui a passé dans les siecles suivans, où non seulement les nobles mais encore les roturiers se sont maintenus dans ce droit, ou plutôt dans cette injuste pratique, comme on peut justifier par une infinité de passages d'auteurs. Ils y estoient mêmes tellement obligez, qu'ils ne pouvoient pas s'en dispenser sans renoncer à la parenté et se rendre par ce moyen incapables de succéder à aucuns de leurs parens, ou de profiter des amendes et des interests civils qui pouvoient arriver des assassinats commis en leurs personnes : ce qui est expressément remarqué ou plûtôt ordonné dans les loix d'Henry Iᵉʳ du nom, roy d'Angleterre ². A quoy quelques sçavans rapportent encore le titre de la loy Salique *De eo qui se de parentilla tollere vult*, où les ceremonies de cét acte sont rapportées ³.

Mais parce qu'il arrivoit souvent que ceux du lignage, ou de la parenté, des chefs de la guerre n'avoient aucune nouvelle de son ouverture, et des défiances qui avoient esté portées, et ainsi estoient surpris par les ennemis de leurs parens, qui leur couroient sus, et les attaquoient avant qu'ils eussent eu avis des défis, l'on arrêta que ceux du lignage n'entreroient en guerre que quarante jours après la declaration et les défiances qui en auroient esté faites, si ce n'estoit qu'ils eussent esté présens au fait, c'est à dire lorsque la guerre s'estoit ouverte par querelle et par voyes de fait. « Car « cil qui sont au fet présens se doivent bien garder pour « le fet, ne vers cix ne quiert nule trive devant qu'elle est « prise par justice, ou par amis. » Mais à l'égard de ceux qui ne s'estoient pas trouvez présens à la mêlée, ils avoient quarante jours de trêve, durant lesquels ils avoient le temps et la liberté pendant dans la guerre et de faire leurs préparatifs pour cét effet, ou bien de faire leurs efforts pour rechercher asseurement, ou la trêve, ou la paix. De sorte que ceux qui au préjudice de ces quarante jours accordez aux parens les alloient attaquer, et leur faisoient outrage, soit en leurs personnes, soit en leurs biens, ils estoient traitez comme traîtres, et comme tels, s'il y avoit eu quelqu'un de tué, ils estoient traînez et pendus, et leurs biens confisquez. Que s'il n'y avoit que quelque blessure il estoit condamné à tenir prison, et en une amende à la volonté du seigneur qui tient en baronnie. Bouteiller, en sa *Somme Rurale*⁴, dit qu'on appelloit ce delay *la quarantaine du roy* ; et écrit qu'elle fut ordonnée par saint Louys, qui commença par ce reglement à donner atteinte à cette espece de guerre, dautant que durant ce temps-là la plûpart des parens cherchoient des moyens pour s'en tirer. Philippes de Beaumanoir l'attribuë à Philippe le Hardy, son fils. Il est neantmoins constant que saint Louys fut le premier qui l'ordonna, comme on peut encore recueillir des lettres de roy Jean de l'an mille trois cens cinquantetrois, dont je parleray cy-après, où la substance de l'ordonnance de saint Louys est rapportée en ces termes ⁵ : « Vide-« licet quod quotiescumque aliquæ discordiæ, rixæ, mesleiæ, « aut delicta inter aliquos regnicolas in motus calidi con-« flictu, vel alias pensatis insidiis (versio Gallica vetus « habet, en caude mêlée, ou par agait, et de fait apensé), « evenire contingerat, ex quibus nonnullæ occisiones, muti-« lationes, et aliæ injuriæ sæpissime accidebant, amici « carnales hujusmodi mesicias facientium, aut delicta « perpetrantium, in statu securo remanebant, et remanere « debebant, a die conflictus, seu maleficii, perpetrati, usque

---

1. L. 5, Hist. c. 5, 33 : L. 8, c. 18, L. 10, c. 27. — 2. C. 88. — 3. Wendelin. in Gloss. ad Leg. Salic. v. Alvinos fustes. — 4. L. 1, ch. 34. — 5. Registre de l'Hostel de Ville d'Amiens.

« ad XL dies immediate continuos tunc sequentes, delin-« quentibus personis duntaxat exceptis, quæ propter eorum « maleficia capi et arrestari poterant, tam dictis XL diebus « durantibus, quam postea, in justitiariorum carceribus « mancipari, in quorum justitia dicta maleficia fuerant « perpetrata, justitiam ibidem de suis maleficiis recepturi « secundum delicti qualitatem, prout postulabat ordo juris. « Et si interim infra terminum XL dierum prædictorum « aliqui de parentela, progenie, consanguinitate, seu affini-« tate utriusque partium principalium delinquentium aliter « quoquo modo facere præsumebat, pro hujusmodi causa « vindictam assumere agendo vel alias, exceptis malefac-« toribus prædictis, qui, prout fertur, capi et puniri poterant, « prout casus exigebant, ipsi tanquam proditores, crimi-« nisque convicti, et ordinationum ac statutorum regiorum « transgressores puniri et justitiari debebant, per judicem « ordinarium sub cujus jurisdictione delicta existebant per-« petrata, vel in loco in quo essent ab hujusmodi ordina-« rio convicti, seu etiam condemnati. Quæ quidem ordinationes « adhuc in pluribus et diversis partibus regni nostri non « immerito tenentur, etc. » Il paroît de cette ordonnance que les chefs de la guerre ne jouissoient pas de ce privilege des quarante jours, mais qu'ils entroient d'abord en guerre. Il en estoit de même des parens qui s'interessoient librement dans ces guerres avant ce temps-là, et qui se trouvoient avec armes sur les chefs de la guerre ; et parce que cette ordonnance estoit emanée du roy, les juges royaux ont soûtenu autrefois que l'infraction de la quarantaine, même dans les terres des hauts justiciers, estoit un cas royal. Mais, au recit de Bouteiller, il fut jugé qu'il y avoit lieu de prevention en ce cas, et que si les officiers des hauts justiciers prevenoient ceux du roy, la connoissance leur en appartenoit, et ainsi, au contraire, à l'égard des officiers du roy. Il est parlé de cette quarantaine dans l'*Histoire des Evesques de Liege*¹ et *des Comtes de la Mark*².

Or parce que ceux du lignage et de la parenté des deux parties estoient compris dans la guerre, Philippes de Beaumanoir resout que deux freres germains ne se pouvoient faire guerre par coûtume, et en apporte cette raison, dautant que l'un et l'autre n'ont point de lignage qui ne soit commun à tous les deux, et que celui qui attouche de parenté également les deux chefs de la guerre ne peut et ne doit s'y engager. De sorte que si deux freres estoient en different ensemble, et l'un méfaisoit à l'autre, il ne se pouvoit excuser sous prétexte du droit de guerre, non plus que celuy des parens communs qui seroit engagé au secours de l'un d'eux pour lequel il auroit eu plus d'amitié ou d'inclination : si bien qu'en ce cas le seigneur devoit punir rigoureusement celuy qui avoit méfait à l'autre. Il en auroit esté autrement, dit le même auteur, de deux freres consanguins, ou uterins, entre lesquels il auroit pû arriver guerre, parce que l'un a des parens que l'autre n'a point. Mais quant aux parens communs, et qui approchent et attouchent également de parenté l'un et l'autre, ils pouvoient et même devoient s'excuser d'entrer en guerre.

Quoy que les parens eloignez fussent exclus, ou plûtôt dispensez, de la guerre, ils pouvoient neantmoins s'y engager de leur propre mouvement, en se déclarant pour l'une des deux parties : ce qui se faisoit ou par défis, ou par fait. Par exemple, dit Philippes de Beaumanoir, si quelqu'un alloit au secours et en la compagnie de l'une des parties avec armes ; ou s'il luy prétoit ses armes et ses chevaux, ou sa maison pour l'en aider à combattre son ennemy, en tel cas ce parent se mettroit et s'engageroit dans la guerre par son fait, et s'il luy arrivoit disgrace, ou méfait, celuy qui en seroit l'auteur auroit juste raison de s'en excuser par le droit de la guerre, quoy qu'il fust également parent des deux parties. D'où il conclut que celuy-là se mettoit dans la guerre qui alloit au secours de celuy qui faisoit la guerre, quoy qu'il ne luy eust appartenu en rien de parenté : « Car « qui tant ayme les parties qui sont en guerre, qu'il se mette « en s'aide et se compaignie, pour grever ses ennemis, il se « met en la guerre, tout soit ce qu'il ne luy appartienne de « lignage. » La *Chronique des comtes de la Marck*³ nous donne quelques exemples des défiances envoyées par des parens éloignez, qui confirment ce que Philippes de Beaumanoir écrit à ce sujet, et que les auteurs en fournissent d'autres qui justifient que ceux qui entroient en guerre pouvoient encore tirer du secours de leurs alliez ; ce qui se faisoit en suite des traittez d'alliance, et de ligue offensive et défensive, tels que sont ceux que les historiens des maisons de Vergy et d'Auver-

---

1. Jo. Hocsem. in Adolpho à Marka Episc. Leod. c. 23. — 2. Levol. Nort. in Chron. Mark. A. 1356. — 3. Levold. Nort. A. 1303, 1344.

gne [1], M. de Boissieu [2], le P. Vigner [3], et autres auteurs nous representent.

Quoy que ceux qui s'estoient trouvez au fait qui avoit donné matiere à la guerre y fussent compris comme complices, sans autres défiances que celles qui se faisoient aux chefs de la querelle et à ceux qui avoient fait l'outrage et le méfait, tels complices neantmoins pouvoient se tirer de la guerre en faisant appeller l'ennemy en la justice du seigneur, pour en sa présence dénier avec serment d'avoir jamais consenti au méfait qui avoit donné sujet à la guerre, avec protestation de ne secourir directement ni indirectement sa partie ni ses amis. Et le serment estant fait, le seigneur le devoit asseurer en sa personne seulement, et il devoit demeurer en paix, si ce n'est que la partie adverse ne le voulust directement accuser du fait.

Entre ceux du lignage, les clercs, c'est à dire ceux qui estoient engagez dans les ordres ecclesiastiques, estoient exceptez, comme encore les religieux, les femmes, les enfans mineurs, et aussi les bâtards, si ce n'est qu'ils se missent dans la guerre par leur fait. On exceptoit encore ceux qui s'estoient mis dans les hospitaux et les maladreries, ceux qui au temps que la guerre s'estoit meuë estoient dans les terres d'outremer, ou en pelerinage éloigné, ou envoyez en terres étrangeres par le roy, ou pour le bien public ; parce qu'il auroit esté bien injuste que ceux qui estoient ainsi dans les voyages lointains pûssent estre attaquez ou tuez dans les lieux où ils se seroient trouvez, ou bien en faisant leurs voyages, avant qu'ils eussent esté sceu de la guerre ni des défiances, et ainsi il en seroit arrivé de grands inconveniens, qui n'auroient pas tant passé pour des vengeances que pour des insignes trahisons. Quant aux femmes que j'ay dit estre exemptes du droit de guerre, et ne devoir estre comprises entre les parens qui entroient necessairement dans la guerre, c'est parce que c'est un fait d'armes, dont elles ne sont pas capables. Ce qui nous ouvre la raison pourquoy les loix des Lombars[4] ne vouloient pas qu'elles pûssent profiter de l'amende et des interests civils qui estoient ordinairement accordez aux parens de ceux qui avoient esté assassinez ou tuez. Jusques-là même que si la mort n'avoit laissé que des filles, ces interests passoient aux parens à leur exclusion : « Quia filiæ ejus, eo quod fœmineo sexu esse probantur, non possunt ipsam faidam levare, » où ces termes, levare faidam, ne signifient rien autre chose que ce que nous disons lever l'amende. et les interests civils, dont on estoit convenu, ou qui avoient esté ordonnez par le juge. Le motif de cette loy est, parce que les filles n'estant pas de condition à porter les armes comme les hommes, elles n'estoient pas en estat de tirer la vengeance de l'injure ou du méfait commis en la personne de leurs parens, ni d'obliger ceux qui avoient fait l'attentat à payer les interests civils et l'amende, dont le fruit et le profit ne devoit et ne pouvoit passer à ceux qui par la force des armes les contraignoient à venir à une composition legitime.

Outre ceux du lignage, les amis qui se déclaroient volontairement pour l'une des deux parties, les vassaux et les sujets des chefs de guerre y estoient compris, et generalement ceux qui estoient obligez d'aider et de secourir leurs seigneurs, ciz à qui il convient faire ayde par reson de signorage. Tels sont les hommes de fief, les hostes acause de leurs hostises, les hommes de corps. qui estoient tenus de secourir leurs seigneurs lorsqu'ils estoient en guerre, quoy qu'ils ne leur eussent pas appartenu de parenté. De sorte que tant qu'ils estoient à la suite et au secours de leurs seigneurs, ils estoient censez estre en guerre ; mais lorsqu'ils estoient retournez en leurs maisons, on ne pouvoit les attaquer, ni trouver mauvais qu'ils eussent porté les armes pour luy, veu qu'en ces occasions ils s'estoient acquitez des devoirs ausquels la qualité de vassaux et de sujets les obligeoit envers leurs seigneurs. Cecy est exprimé en divers endroits de nos histoires, et particulierement dans les anciennes Coûtumes du monastere de la Réole[4] en Guienne[5], qui portent que les vassaux et les hommes de Taurignac, de Saint-Michel, et de Guarzac estoient obligez de venir au secours du prieur, lorsqu'il auroit guerre en son nom, à raison des fiefs qu'ils possédoient dans l'enceinte de la ville.

Ce seroit icy le lieu de parler des fiefs *rendables et jurables*, dont les possesseurs estoient obligez de rendre et de remettre leurs châteaux et leurs forteresses au pouvoir de leurs seigneurs, pour s'en servir contre leurs ennemis dans leurs guerres propres. On pourroit aussi traitter en cét endroit du droit *d'host et de chevauchée*, auquel les vassaux et les sujets estoient tenus durant les guerres de leurs seigneurs, et des diverses conditions de ces droits. Mais ces matieres sont de trop longue haleine, et contiennent trop d'antiquitez pour estre renfermées en cette Dissertation. Je reserve seulement de traiter des fiefs rendables et jurables en la suivante, parce que c'est un sujet assez curieux.

Ceux qui estoient à la solde des deux parties estoient aussi censez estre en guerre tandis qu'ils estoient à leur suite et en leur compagnie, et lorsqu'ils en estoient partis ils estoient hors de la guerre, et on ne pouvoit leur méfaire ni leur courir sus avec justice et sans encourir le blâme.

Encore bien que les gentils-hommes eussent le droit de guerre, si est-ce qu'ils ne pouvoient pas attaquer par cette voye le seigneur duquel ils relevoient, ni le défier ; et s'ils en usoient autrement, ils confisquoient leurs fiefs, particulierement si le seigneur qui estoit appellé de trahison ou de meurtre offroit de s'en deffendre par les voyes de la justice et devant ses pairs [1].

Après avoir traitté de ceux qui entroient en guerre, pour suivre l'ordre que j'ay établi au commencement, il ne reste plus que de voir quelles ont esté les voyes pour la faire finir. Philippes de Beaumanoir en rapporte plusieurs, dont la premiere est la paix. Lorsque la paix estoit faite, signée, et asseurée sous de bonnes cautions et sous de bons pleges, tous ceux qui estoient en la guerre, tant les chefs que les parens et les amis. estoient obligez de la garder. Il n'estoit pas même necessaire que tous les parens et les amis des deux partis qui estoient de la guerre eussent esté présens à la conclusion et à l'arreté de la paix : il suffisoit qu'elle eust esté faite et signée par les deux chefs de la guerre. Que s'il y avoit quelqu'un des parens qui ne voulust pas y donner son consentement et l'accorder, le chef de la guerre au secours duquel il estoit devoit avertir l'autre et luy mander qu'il se donnât de garde de luy, et cét avertissement estoit tellement necessaire, que s'il en fust arrivé inconvenient, ou méfait. il pouvoit estre poursuivi *de paix brisée*. Les chefs de la guerre devoient encore faire en sorte que leurs parens et leurs amis s'abstinssent de tout acte d'hostilité, en leur donnant avis de la conclusion de la paix. Car l'un n'auroit pas esté excusé de dire qu'on n'en auroit pas eu d'avis. D'autre part. ceux qui avoient declaré qu'ils ne vouloient pas entrer en la paix ne pouvoient estre aydez ou secourus par ceux qui avoient fait la paix, ou ceux du lignage qui estoient en la guerre, si ce n'est qu'ils eussent pareillement fait sçavoir à l'autre partie qu'ils ne desiroient pas entrer en cette paix ; autrement on les auroit pû accuser de bris et d'infraction de paix.

Or. la paix se faisoit en trois manieres, sçavoir *par fait et par paroles, par fait sans paroles*, ou *par paroles sans fait* : ce qui est ainsi expliqué par Philippes de Beaumanoir. Celuy-là faisoit la paix par fait et par paroles qui mangeoit et beuvoit ou se trouvoit en compagnie avec celuy qui estoit son ennemy, et avec qui il estoit en guerre. De sorte que si aprés cela il arrivoit qu'il l'attaquât par voye de fait, ou luy fist outrage, il pouvoit estre mis en justice comme traitre et pour avoir brisé la paix. Celuy-là faisoit la paix par paroles sans fait qui en presence de ses amis et d'autres personnes d'honneur, ou même devant les juges, declaroit qu'il estoit en paix avec son ennemy, et qu'il la vouloit garder à l'avenir. Ceux qui estoient en paix par fait sans paroles estoient les parens ou ceux qui estoient du lignage des chefs de la guerre qui avoient fait la paix, et qui n'avoient fait aucun mandement ni défiance, mais alloient et conversoient avec ceux qui estoient auparavant leurs ennemis : car ils faisoient assez voir par effet qu'il n'y avoit pas lieu de se garder d'eux, puisqu'ils paroissoient aux yeux d'un chacun pour amis.

Les traittez de paix qui se faisoient pour terminer la guerre par coûtume estoient ordinairement emologuez et enregistrez aux registres des justices des seigneurs dominans. Du moins j'en ay rencontré un qui est inseré dans un registre de la Chambre des Comptes de Paris[2], contenant les arrests et les jugemens rendus en l'an mil deux cens quatre-vingt huit aux grands jours de Troyes, où présidoient pour lors l'évesque de Senlis, maître Gilles Lambert, monseigneur Guillaume, seigneur de Grançey, et Gilles de Compiegne : et parce que cette piece nous represente la formule de ces traittez, je ne feray pas de difficulté de la donner entiere, sous le titre de *Balliva de Vitriaco*. « C'est la paix de Raolin « d'Argées, et de ses enfans, et de leur lignage, d'une part : « et de l'Hermite de Sethenai, et de ses enfans, et de leur « lignage, et de totes ses aidans, d'autre part, apportée en la

---

1. L. 5, c. 2 ; M. Justel, en l'Hist. d'Auvergne. p. 162. — 2. De l'Usage des Fiefs, c. 41. — 3. Aux Gen. d'Alsace, p. 146. — 4. L. 4, tit. 9, § 18. — 5. Tom. 2, Bibl. Labbei.

1. Establiss de S. Louys, l. 1. — 2. Communiqué par M. d'Herouval, fol. 74.

« cour de Champagne. Li Hermite jura sur sains li vuitiesme
« de ses amis, que bien ne li fu de la mort de Raolin d'Ar-
« gées, ains l'en pesa plus, que biau ne l'en fu ; et a doné li
« Hermite cent livres as amis Raolin le mort pour faire une
« chappelle, où l'en chantera pour l'ame dou mort ; et en doit
« aler Girard li fils l'Hermite outre mer, et movoir dedans
« les octaves de la Saint-Remi, et revenir quand il voudra :
« mais que il aport lettres que il ait esté outremer par le
« tesmoing de bones gens , et parmi ce fait, il est bone pais
« des enfants Raolin d'Argées, et de leur lignage, et de tous
« leurs aidans d'autre part, et requerent li enfant Raolin à
« la court, que se li enfant l'Hermite, ou li ami requerent
« lettres de tesmoignage à la court, que la court leur doint ;
« et cette pais ont rapportée li chastelains de Bar, et li sires
« de Noroie, et messire Gauchier de Cornay, seir qui lesdites
« parties se mistrent, si com il dient ; et ceste pais la court
« a recheuë, et fait enregistrer, sauf le droit le roy et l'au-
« trui. »

La seconde¹ ou plûtôt la quatrième maniere de faire cesser
la guerre qui se faisoit par coûtume estoit l'asseurement. Le
seigneur dominant, ou le roy, commandant aux parties chefs
de la guerre de s'asseurer réciproquement, ce qui se faisoit
de la sorte : l'une des parties qui ne vouloit pas entrer en
guerre, ou qui y estant entrée, parce qu'elle estoit la plus
foible, en vouloit sortir, s'adressoit à son seigneur, ou à sa
justice, et requeroit que sa partie avec laquelle elle estoit
en guerre, ou estoit prest d'y entrer, eust à lui donner assu-
rement, c'est à dire asseurance qu'il ne luy seroit fait aucun
tort, ni en sa personne, ni en ses biens, se remettant au
surplus du different qui avoit causé la guerre à ce que la
justice de son seigneur en décideroit. Ce que le seigneur ou
sa justice ne pouvoit refuser ; et alors il enjoignoit à son
vassal de donner asseurement à sa partie, laquelle estoit
obligée de le faire observer par ceux de sa parenté ou de son
lignage : en sorte que si l'asseurement venoit à estre enfraint
ou brisé, celuy qui l'avoit enfraint et celuy qui l'avoit donné,
quoy qu'il fust constant qu'il n'eust pas esté present au fait,
pouvoient estre traduits en la justice du seigneur pour bris,
ce qui n'estoit pas de la tréve, de l'infraction de laquelle celuy seul qui l'avoit brisée estoit responsable. Ce qui a fait
dire à Philippes de Beaumanoir, que quoy que le lien de la
paix qui a esté traittée par les amis communs. ou qui a esté
faite par autorité de la justice, soit bon et soit fort, neantmoins le lien d'asseurement est encore plus puissant et plus
assûré. L'asseurement différoit de la tréve en ce que *la tréve
est une chose qui donne seureté de la guerre ni tans que elle
dure;* et l'asseurement aussi bien que la paix estoit pour
toujours. Il différoit encore de la paix et de la tréve, en ce
que le seigneur pouvoit contraindre ses deux vassaux chefs
de la guerre à faire la paix et à accorder la tréve, « més de
« l'asseurement se devoit-il souffrir, se l'une des parties ne
« le requeroit. » Il est parlé dans les *Loix des Lombards*² des
tréves enjointes par le ministere des juges. Il y a une ordonnance de saint Louys, donnée à Pontoise au mois d'octobre
l'an mil deux cens quarante-cinq, par laquelle il enjoint à
ses baillis, « *quatenus* de omnibus terris et faidiis suæ bailli-
« viæ ex parte regis capiant et dari faciant rectas treugas,
« jus faciendo ab instanti Nativitatis B. Joan. Bapt. in V.
« annos duraturas, » sans attendre que les parties les re-
quissent, voulant qu'elles fussent contraintes de les accepter :
laquelle ordonnance se fit dans le dessein du voyage d'outremer, qui ne s'executa que trois ans après. En quoi il suivit
l'exemple de nos premiers conquérans de la Terre Sainte, qui
arréterent entre eux, et ensuite de ce lien en avoit esté ordonné au concile de Clermont, « ut pax (quæ verbo vulgari
« Treuga dicitur) observaretur illibata, ne in
« volentibus et ad necessaria discurrere, ullum ministrare-
« tur impedimentum. » Ce sont les termes de l'archevesque
de Tyr³ au sujet de cette tréve, qui fut appellée la tréve de
Dieu, comme ceux qui sont versez dans nos histoires sçavent
assez⁴.

L'asseurement se demandoit au plus prochain du mort au
dessus de quinze ans, s'il y avoit meurtre ou assassinat. S'il
n'y avoit que quelque blessure, ou des coups donnez, il se
demandoit à celui-là mème qui avoit esté blessé ou frappé.
Que s'ils se détournoient ou s'absentoient pour ne pas consentir à la tréve, ou à l'asseurement, le seigneur les devoit
faire appeller par quinzaines. Et d'autant qu'il pouvoit y
avoir de peril dans les delais, il devoit envoyer des gardes
sur celuy de qui on requeroit la treve ou l'asseurement ; et si
lors les delais expirez il ne vouloit pas comparoir en la cour

1. Beauman. ch. 59 — 2. L. 2, tit. 34. — 3. Will. Tyr. l. 1, c. 15. — 4. Alberic.
1095 ; Orderic. Vital. l. 9, et al.

de son seigneur, il estoit condamné au bannissement. Et
alors on s'adressoit au plus prochain du lignage pour demander la tréve ou l'asseurement. Ce qui est encore exprimé
dans les anciennes *Coûtumes de Tenremonde*¹. Que si enfin
celui-cy ne vouloit pas les accorder, le seigneur prenoit le
different en sa main, et faisoit défenses aux uns et aux autres de se mefaire, à peine de confiscation de corps et de
biens. Guillaume Guiart², en son *Histoire de France*, a représenté fort naïvement cét usage des asseuremens, en la *Vie
de Philippes Auguste*, en ces vers :

Cils³ d'Angi, et cils de la Marche,
Que⁴, Jouhan orendroit emparche,
Estoient pour s'amour aquerre,
Guerroyer en estrange terre.
Quant ils oient le mauvais fait
Dont li rois Jouhan si ert mesfait,
Qu'il ne doivent jamais amer,
Au roy François s'en vont clamer,
Pour Dieu li prient qu'il les oie.
Phelippe au roy Jouhan envoie,
Et li soupplie doucement
Qu'aus comtes face amendement
Du forfait dont se sont clamez,
Si qu'il n'en soit plus diffamez ;
Ou sans soi de droit reüser,
Si viengne en sa cour escuser,
Et pour avoir pais plus sëure,
Veut que les comtes asséure
En chemin et en destournée.
Cils li met certaine journée,
D'estre en sa cour pour soi deffendre
De ce dont l'en le veut reprendre,
Sans faire l'asseurement,
Com cil qui ne quiert purement
Fors que leur pais soit fraite et quasse.
Li rois de France fait la muse,
Jouhan ne vient, nul ne l'escuse, etc.

Et plus bas :

Au rois Jouhan tierce fois mande,
Et par ses lettres li commande,
Sellées de cire à gomme,
Come à celui qui est son homme,
Que vers les comtes face tant,
Dont il se va entremettant,
Que chascun apaié s'en tiengne,
Ou en sa cour plaidier en viengne,
Et qu'il veüille asseurer,
Ou se ce non, il peut jurer,
Que li rois, qui en lui se fie,
De lui et des siens le defie.

Que si ni l'un ni l'autre des deux chefs de guerre ne vouloient pas requerir ni demander tréve ou asseurement, le roy
saint Louys par son édit ordonna que tous ceux qui tenoient
leurs terres en baronnie, quand ils auroient avis des défiances, pourroient obliger les parties à donner tréve ou
asseurement, sous les peines énoncées cy-dessus.

L'asseurement estoit reciproque, c'est à dire que la seureté
et la promesse de ne faire aucun méfait à sa partie, ainsi
qu'il est porté en la *Coûtume de Bretagne*⁵, soit de la part de
celui qui la donnoit, soit de la part de celui qui la requeroit. Et alors on expedioit des lettres et
des actes souscrits des pleiges et des cautions, que les par-
ties gardoient. En voicy un, tiré du *Cartulaire de Champagne*
de la bibliotheque de M. de Thou⁶ : « Ego Matthæus, dux
« Lothoringiæ et marchio, notum facio, etc., quod ego Agne-
« tem de Novocastro et Petrum, filium ejus, asseuravi,
« nunquam in personas eorum manus violentas missurus,
« sed eos eadem libertate qua ante fruebantur gaudere per-
« mittam. Super quo obsides dominam meam B. comitissam
« Trecensem Palat. et D. meum Th. comitem Campaniæ,
« filium ipsius comitissæ, etc. Act. anno 1221. » Il y a au
quatrième volume des *Historiens de France*⁷ un autre asseurement d'Henry II, roy d'Angleterre, où la seureté donnée est
reciproque, avec promesse de faire la paix, qui seroit arrêtée
par ceux qui y sont nommez.

L'asseurement est une dépendance de la haute justice : en
sorte que le bas justicier n'a pas droit de contraindre de

1. Art. 15, apud Lindan. in Teneren l. 1, c. 9. — 2. MS. A. 1202. [tom. 1,
p. 128, vers 2793, 2841.] — 3. C. d'Eu. — 4. R. d'Ang. — 5. Art. 669. —
6. Fol. 207. — 7. Tom. 4, p. 584.

donner trêve, ni de faire faire asseurement, comme Philippes de Beaumanoir écrit formellement. Ce qui est aussi spécifié dans les *Coûtumes de Troyes*[1], *de Bar-le-Duc*[2], *et de Sens*[3]. Je n'approuverois pas toutefois, ajoute-t-il, que ceux qui se seroient accordé la trêve les uns aux autres devant un seigneur bas justicier, qui n'auroit pas le pouvoir de la recevoir, ou de l'ordonner, se hazardassent de la briser, ou l'asseurement : car les trêves et l'asseurement se peuvent donner sans l'entremise du seigneur ; et celui qui les auroit violez ou brisez ne seroit pas moins coupable, ni sujet à de moindres peines, que si les trêves et les asseuremens avoient esté ordonnez par le roy, « Car trêves ou asseuremens se poent faire « entre parties par paroles, tout sans justice[4]. »

Comme donc il n'appartenoit qu'aux hauts justiciers de donner la trêve, ou l'asseurement, aussi la connoissance de l'infraction ou du bris qui s'en faisoit estoit pareillement de leur ressort. Les Establissemens de saint Louÿs[5] : « Se ain- « sinc estoit que uns home eust guerre à un autre, et il ve- « nist à la justice pour lui fere asseurer, puisque il le requiert, « il doit fere jurer à celui de qui il se plaint, ou fiancer, que « il ne li fera domage, ne il, ne li sieu, et se il dedans ce, li « fet domage, et il en puet estre prouvez, il en sera pendus : « car ce est appelé trêve enfrainte, qui est une des grans « traïsons qui soit : et cette justice est au baron. » Neantmoins je trouve que par arrest du mois de mars 1287[6] les majeurs et les eschevins d'Amiens furent maintenus en la connoissance du bris des asseuremens qui avoient esté faits devant eux, contre le bailly d'Amiens, qui soûtenoit que l'asseurement estoit des dépendances du meurtre, dont la juridiction ne leur appartenoit point, mais au roy.

Or, la trêve ou l'asseurement ne se brisoient pas par un différent nouveau, qui n'avoit rien de commun avec le premier sur lequel la trêve ou l'asseurement avoient esté donnez. Ce qui se doit entendre entre ceux du lignage des deux parties qui ne se fianceroient pas la trêve ou l'asseurement. Car ceux qui directement, et en leurs personnes, avoient donné la trêve et l'asseurement ne pouvoient entrer en guerre sans encourir la peine du bris et de l'infraction de l'une et l'autre. Mais ils estoient obligez de se pourvoir par les voyes de la justice. *Les Assises de Champagne*, en l'an 1297[7] : « Dicebat quod postquam a dicto milite fuerat asse- « curatus, dictus miles eum armis invaserat, et crude- « liter vulneraverat, etc Quare dictus Clericus petebat « apponi sibi remedium opportunum, et quædam emenda « competens sibi fieret de excessu memorato, etc. » Toute la matière des asseuremens est traitée fort au long par Bouteiller, en sa *Somme rurale*, dans quelques coûtumes[8], et particulièrement dans les *Usages* manuscrits *de la cité d'Amiens*, dont l'extrait mérite d'estre icy inséré : « Se mel- « lée ou manches en est esté entre les gens, li maires à la re- « queste de chiaus qui se doutent, ou sans leur requeste, se « li maires doute k'il y ait peril, il fera l'une partie et l'autre « asseurer, et tuit chil qui on ara fait le lait autresi. Et il un « et li autre feront asseurement plain d'aus et des leur à « chiaus, et à leur pourche, qui sunt du contens kief. Mais « s'il avenoit qu'une des parties desist, ou les deux parties, « qui ne vausissent asseurer de lui ne des siens, pour le « peril d'aucun de son lignage, qui ne fust mie en le vile, ou « qui fust clercs, ou croisiez, qui ne peust mettre en l'asseu- « rement, il asseuroit tantost plainement, fors de ses amis « forains, et des clercs et des croisiez, et donroit un jour suffi- « sant de nommer par nom et par scurnom les clercs et les « croisiez, et les forains, et chiaus que on ne porroit mettre en « l'asseurance, et sen seroit creable par son sairement k'il en « feroit son pooir, sans de sien donner, et à chu pour les con- « verra par nom et par scurnom nommer, il mettroit les hors, « et en sera hors de l'asseurement, et de chu peril, et tous « chu lignages k'il i ara mis en l'asseurement, i seront, et « ceus k'il ara mis hors, n'en seront mie. Derekief, quicon- « ques ait asseuré plainement autrui et de ses siens, de lui « et des siens, suens sans mettre ne cler ne croisié hors, et après « en veulle mettre les clercs et les croisiés hors, il ne porra « nul mettre hors. Derekief aucuns estranges ou forains à la « mellée ne contens k' ciax de vile, ou il vient, ou soit atains « en le vile, li maires le doit contraindre et retenir tant k'il « ait fait asseurement envers celui à qui il a contens, et s'il « i a eu caup feru, ne menaches, li maires le tenra tant k'il « ait asseuré plainement de lui et des siens, et tant con li païs « et le banliuée s'estent, ne porra les forains mettre hors, « fors les clercs et les croisiez, et quemandera li maires à jus

« juré faire autre tel aseurement. Derekief, s'aucuns a « asseuré, et l'autre partie ne soit mie de le vile, et ne veulle « mie aseurer, le partie qui aseure puet requere au majeur « k'il soit quite de l'aseurement, puisque cil ne veut mie « aseurer. Li maires doit l'aseurement restraindre et r'apeler « dusques à che que l'autre partie ait aseuré. Derekief, se li « maires quemande aucun à tenir païs, ou à aseurer chelui « sans plus de lui sans plus, nus n'est en peril de l'aseure- « ment, se chil meïmes ses cors non, et s'i ne fourfait pro- « prement au cors celui, et s'il li mesfaisoit, n'enfraignoit « l'aseurement, et atains en estoit, on abatroit se maison, ne « se souferroit, on à demourer en le vile duc à tant k'il aroit « paié 60 livres, 30 l. à le quemungne, et 30 l. au roi. Dere- « kief, quiconques ait aseuré plainement autrui de lui et des « siens, celui et les siens, et se chil qui a aseuré mesfaisoit à « nullui de sen lignage, dusques k'i les a mis en l'aseurement, « on abatroit se maison pour l'aseurement k'il aroit enfraint, « et payera d'amende 60 l. 30 l. au roy, et 30 l. à le quemugne. « Et puis k'il ara fait gré à le vile et au roy, il ara sa teneure, « et s'il avenoit k'il ne fust mie tenus, il sera bannis de le « vile et de la banlieué de le Chité d'Amiens, dusques à che « k'il ara payé che ki devera, et fait gré, et puis s'ara sa teneur. « Derekief, se li homes et le feme meïsme le sunt « ensamble et leur biens de kémun, li uns ne puet ne ne doit « estre aseuree de l'autre. Derekief, s'aucuns a fait à le feme « aucun fourfait, dont il se doute à lui et as siens, s'ele s'en « veut clamer à le justice, en ara plain droit. Et feme ne « puet aseurer de lui, ne des siens, sans son baron present. « Derekief, quiconques ait aseuré de lui plainement de lui et « des siens, se feme est en l'aseurement aveuc lui, car li hom « est chiez de se feme, et quiconques soit aseurez plainement « il et li sion, se feme est aussi en l'aseurement, et est aussi « aseurée en l'esgart de l'autre. Derekief, aseuremens « n'et enfrais, se par ire faite, n'i a eu caus ferus, ou jetez, « ou atains, ou mis mains l'un à l'autre. Derekief, puisque « chil qui est aseurez fait païs à chelui qui l'a aseuré li aseu- « remens est cheus plainement. Derekief, puisque chil qui a « aseuré, manguë et boit aveuc celui k'il a aseuré, li aseure- « mens est plainement cheus, et jus mis. »

La troisième manière de finir la guerre, au rapport de Beaumanoir, estoit lorsque les parties plaidoient encore par gage de bataille, d'un fait pour lequel ils pouvoient estre en guerre, c'est à dire lorsqu'elles s'estoient pourvuës devant la justice du seigneur, et que le juge avoit ordonné que l'affaire se décideroit par le duel. Car on ne pouvoit pas legitimement tirer la vengeance de l'outrage que l'on avoit reçu de son ennemy en la voye de la guerre, et *par droit de court*, c'est à dire par la voye de la justice. Quand donc la plainte ou la querelle avoit esté portée devant la justice du seigneur, le seigneur devoit prendre la guerre en sa main, et défendre aux parties de se méfaire les unes aux autres, et puis leur faire droit, et leur rendre justice.

La quatrième et dernière manière de finir la guerre estoit lorsque la vengeance avoit esté prise du crime, ou du méfait, par la justice, pour laquelle la guerre avoit esté entreprise. Par exemple, si celuy qui avoit tué un autre estoit appréhendé par la justice, et avoit esté condamné à mort par les formes ordinaires, en ce cas, les parens et les amis du mort ne pouvoient pas entrer en guerre contre les parens de celuy qui avoit commis l'outrage ou le crime.

L'on voit assez par ce que je viens de remarquer, que l'usage de la guerre par coûtume avoit esté non seulement en pratique sous nos premiers Gaulois, mais encore avoit esté retenu par les François, qui leur succéderent, et généralement par tous les peuples septentrionaux, qui avec le temps s'establirent si puissamment dans les provinces et les terres qu'ils conquirent dans l'empire d'Occident, qu'on a eu bien de la peine à y donner atteinte, et à l'abolir entièrement. Cependant cette faculté de se faire justice à la guerre est contraire au droit des gens, qui ne souffre pas qu'aucun autre ait le pouvoir de déclarer et de faire la guerre, que les princes et les souverains, qui ne reconnoissent personne au dessus d'eux. Qu'il est même entièrement opposé aux maximes chrétiennes, qui veulent qu'on laisse la vengeance des injures a Dieu seul, ou aux juges qui sont établis pour les punir[1] : « Quid enim magis Christianæ legi videtur esse contrarium, « quam redhibitio vindictæ ? » On n'a pû toutefois y donner atteinte qu'avec beaucoup de peine, et dans la suite du temps : parce qu'il sembloit estre établi sur des privileges qui avoient esté accordez aux nobles en consideration des services qu'ils avoient rendus à la conqueste des terres estrangeres, comme s'ils avoient dû entrer en partage des

---

1. Art. 124 — 2. Art. 30. — 3. Art. 170, 171. — 4. Beauman. ch. 58. — 5 L. 1. — 6. Reg. des Chartes de l'Hostel de Ville d'Amiens, fol. 34. — 7. L. 1. ch. 31. — 8. Voyez Raguenu.

1. Petr. Damian. l. 4, ep. 9.

droits de la souveraineté avec les princes sous les enseignes desquels ils avoient remporté conjointement tant de victoires. Neantmoins, nous lisons que nos rois ont souvent fait leurs efforts pour en abolir la pratique, soit que ces guerres particulieres fissent bréche à leur autorité, ou pource qu'elles causoient trop de divisions dans les peuples, chacun se donnant la liberté de tirer la vengeance des outrages qui avoient esté faits en leurs personnes, et celle de leurs parens, sans y apporter la modération qui estoit requise en telles occasions. Charlemagne [1], qui travailla puissamment à les éteindre, se plaint de ces désordres, qui s'estoient introduits dans ses Etats, en ces termes : « Nescimus qua pernoxia inventione a
« nonnullis usurpatum est, ut hi qui nullo ministerio publico
« fulciuntur, propter sua odia et diversissimas voluntates
« pessimas, indebitum sibi usurpant, in vindicandis proximis
« et interficiendis hominibus, vindictæ ministerium : et quod
« rex saltem in uno exercere debuerat propter terrorem multorum, ipsi impudenter in multis perpetrare non metuunt
« propter privatum odium : et putant sibi licere ob inimicitiarum vindictas, quod nolunt ut rex faciat propter Dei
« vindictam. »

Ce fut donc cet empereur qui le premier tâcha d'arrêter ces désordres par ses constitutions, qui se lisent dans les *Capitulaires* [2], et dans les *Lois des Lombards* [3], par lesquelles il ordonna que les comtes et les juges seroient tenus de pacifier les différens qui survenoient en leurs comtez, et d'oster les occasions de division et de guerre entre ses sujets, obligeant les criminels de payer les interests civils aux parties maltraittées et de leur imposer la paix, et de leur faire faire serment de la garder, enjoignant aux mêmes juges de condamner au bannissement ceux qui ne voudroient pas deferer à leurs ordres. Charles le Chauve [4] fit de semblables édits à l'exemple de son ayeul : et Edmond [5], roy d'Angleterre, estimant qu'il estoit de la prudence des rois d'éteindre ces inimitiez capitales entre les familles, *prudentium esse faidas compescere*, voulut qu'avant qu'elles entrassent en guerre, celuy qui avoit commis l'attentat ou le méfait offrist d'abord aux offensez, ou à leurs parens, de reparer l'injure et de payer les interests civils, afin de couper par ce moyen le mal à la racine. A l'imitation de ces princes, Frederic I, empereur [6], voulut que tous ses vassaux, de quelque condition qu'ils fussent, observassent la paix entre eux, et que s'il leur survenoit quelque différent, il fust terminé par les voyes de la justice : ce qu'il ordonna sous de grandes amendes. Frederic II fit de semblables prohibitions, qui se lisent dans les *Constitutions de la Sicile* [7], défendant à tous ses sujets de se venger de leur propre autorité des injures et des excez qui auroient esté commis en leurs personnes, soit par voie de presailles ou de represailles, soit par les voies de fait, et par la guerre : les obligeant d'en rechercher la reparation dans l'ordre de la justice, ce qu'il enjoignoit aux comtes, aux barons, et aux chevaliers d'observer, sous peine de la vie.

Ces rigueurs et ces menaces des souverains ne pûrent pas toujours arrêter le cours d'un mal si invéteré, et d'autant plus, comme j'ay remarqué, que les gentils-hommes estoient si jaloux de ce droit, comme d'une marque ou plutôt d'une participation de l'autorité souveraine, qu'ils n'ont jamais pû consentir à son aneantissement : au contraire, ils se sont fortement opposez lorsque les rois y ont voulu donner quelque atteinte, et memes se sont soûlevez. C'est pour cela qu'en l'an mil cent quatre-vingts quatorze le traité de la trève qui avoit esté arrêté entre le roi Philippes Auguste et Richard, roy d'Angleterre, fut rompu [8], parce que le roy de France vouloit que tous ceux qui avoient pris le party de l'un ou de l'autre y fussent compris, sans qu'il leur fust loisible de se mesfaire les uns les autres, ni de se faire la guerre en leur particulier, ce que Richard ne voulut pas accepter, *quia videlicet violare nolebat consuetudines et leges Pictaviæ, vel aliarum terrarum suarum, in quibus consuetum erat ab antiquo ut magnates causas proprias invicem allegarent*. Ce qui fait voir que Richard ne vouloit pas s'aliener la noblesse, en faisant bréche à ses privileges.

Comme donc il n'estoit pas entierement au pouvoir des rois et des souverains d'oster ces abus, acause des interests des barons et des gentils-hommes, qui composoient la force et la plus illustre partie de leurs Etats, on se contenta d'abord de reprimer les desordres et les inconveniens de ces guerres particulieres, dont les principaux estoient les meurtres, les vols, les pilleries, et les incendies qui se commettoient sous ce prétexte. C'est la plainte que Guibert [9], abbé de Nogent,

fait au sujet de ces désordres, qui estoient de son temps, et avant que nos François entreprissent les voyages de la Terre-Sainte : « Erat eo tempore, antequam gentium fieret tanta
« profectio, maximis ad invicem hostilitatibus toties Franco-
« rum regni facta perturbatio : crebra ubique latrocinia,
« viarum obsessio passim audiebantur ; imo fiebant incendia
« infinita nullis, præter sola et indomita cupiditate, exis-
« tentibus causis extruebantur prælia, et ut brevi totum
« claudam, quidquid obtutibus cupidorum subjacebat
« nusquam attendendo cujus esset, prædæ patebat. »

Il estoit donc important d'en arrêter le cours : c'est ce qui fut premierement ordonné au concile de Clermont, en l'an mil quatre-vingts quinze, puis en celui tenu à Troies en Champagne par le pape Paschal, l'an mil cent sept : « In quo
« decrevit, ut per nullam guerram incendia domorum fierent,
« nec oves aut agni raperentur, » ainsi que nous apprenons des *Chroniques de Maillezais*, et de *Saint-Aubin*, d'Angers [1]. Ce qui fut encore reïteré au concile tenu à Rome [2] l'an 1139 et en celuy qui fut tenu à Reims [3] l'an 1148, d'où je me persuade que ce fut en consequence de ces decrets que les comtes de Flandres firent des défenses tres étroites, dans l'étenduë de leurs terres, de faire aucun vol ni de semblables attentats durant les guerres particulieres. Gautier, chanoine de Teroüane [4], en fait la remarque en ces termes : « Ab antiquo
« enim a comitibus terræ nostræ statutum, et hactenus quasi
« pro lege est observatum, ut quantacunque inter quoslibet
« homines guerra emergeret, nemo in Flandria quidquam
« prædari, vel aliquem capere aut exspoliare, præsumeret. »

Il estoit, neantmoins permis d'attaquer, de renverser, et même de brûler les forteresses des ennemis, ces défenses ne regardans que les maisons particulieres. Ce qui est assez expliqué dans la constitution de l'empereur Frederic Ier de l'an mil cent quatre-vingts sept, qui se lit dans Conrad, abbé d'Usperge : « Si liber homo ingenuus, ministerialis, vel cujus-
« cumque conditionis fuerit, incendium commiserit pro
« guerra propria, pro amico, pro parente, vel causæ cujus-
« piam alterius occasione, de sententia et judicio proscrip-
« tioni statim subjectus habeatur. Hic excipiuntur si qui
« forte manifesta guerra castra manifeste capiunt, et si qua
« ibi suburbia, aut stabula, aliave tuguria præjacent, igne
« succendunt. » Je crois qu'il faut rapporter à ce sujet l'ordonnance de Guy, comte de Nevers et de Forest, et de la comtesse Mahaut, sa femme, de l'an mil deux cens quarante, que j'ay leuë dans les memoires de M. Peiresc : par laquelle ils font défense à leurs sujets : « Ne quis aliqua occasione,
« vel malignitate, in Nivernensi, Autisiodorensi, et Tornode-
« rensi comitatibus, nec infra terminos dictorum comitatuum
« audeat vel præsumat de cætero domum diruere, vel incen-
« dium perpetrare, » sous la peine de bannissement. Il excepte toutefois toutes les forteresses « Forteritiæ ab hac institutione
« excipiuntur. » Ce qui fait voir que cette ordonnance fut faite à l'occasion des guerres particulieres, car comme il estoit permis d'assieger et de prendre les forteresses des ennemis, il estoit aussi loisible de les brûler, autrement s'il y cust cu liberté d'abatre et de brûler indifferemment toutes les maisons de ceux qui estoient à la guerre des deux partis, la campagne eust esté bien-tôt deserte.

SAINT LOUYS, le plus pieux et le plus saint de nos rois, fut celui qui travailla le plus serieusement à abolir absolument l'usage de ces guerres par coûtume, qui estoient si funestes au royaume, que la liberté du commerce, du labourage et des chemins estoit pour le plus souvent ostée. Car non seulement il fit cette belle ordonnance touchant la quarantaine, dont j'ay parlé cy-devant, mais encore il en fit une autre, par laquelle il interdit entierement cette espece de guerre dans l'étenduë de ses Etats. Voicy comme il en parle en l'acte suivant, qui est tiré des registres du parlement [5] : « Ludovi-
« cus, etc., universis regni fidelibus in Anicensi diœcesi,
« et feodis Anicensis Ecclesiæ constitutis, sal. Noveritis nos
« deliberato consilio guerras omnes inhiburisse in regno, et
« incendia, et carrucarum perturbationes. Unde vobis dis-
« tricte præcipiendo mandamus, ne contra dictam inhibi-
« tionem nostram guerras aliquas, vel incendia faciatis, vel
« agricolas qui serviunt carrucis, seu aratris, disturbetis:
« quod si secus faceret præsumpseritis, damus senescalco
« nostro in mandatis, ut fideliter et attente ad pacem in
« terra sua tenendam, et fractores pacis, prout culpa cujus-
« cumque exigit, puniendos. Actum apud Sanctum-Germa-
« num in Laya, A. D. 1257 mense Januar. » Ce fut probablement en consequence de cette ordonnance, et d'autres sem-

---

1. Capit. Car. M. l. 5, § 180. — 2. Capit. Car. M. l. 4, § 17. — 3. Lib. 1, tit. 9, § 34. — 4. Capit. tit. 34, § 19. — 5. Apud Spelm. v. *Fauda*. — 6. Radevic. l. 1, c. 7. — 7. L. 1, t. 8. — 8. Rog. Hoved. p. 741. — 9. L. 1. Hist. Hier. c. 7.

1. Orderic. l. 9 ; Alber. etc. Chr. Mall. A 1107 ; Chr. S. Alb. — 2. Conc. Rom. c. 18. — 3. Ibid. c. 11. — 4. In vita S. Caroli, c. 19. — 5. Olim. fol. 28.

blables des rois successeurs de ce prince, que les gens du roy poursuivirent Odoard, seigneur de Montagu, et Erard de Saint-Verain, gentils-hommes de Nivernois [1], par emprisonnement de leurs personnes, pour avoir assigné et exécuté une bataille le jour de Saint-Denys l'an mil trois cens huit, en laquelle se trouverent Dreux de Mello, Miles de Noyers, et le dauphin d'Auvergne.

Mais comme ces deffenses ne firent qu'irriter la noblesse, toujours jalouse de ses privileges, le roy Philippes le Bel se trouva obligé de les renouveller plus d'une fois, nonobstant la resistance des barons : et particulierement en l'an mil trois cens onze, et parce que cette ordonnance est singuliere, et qu'elle n'a pas encore esté publiée, j'estime qu'il est à propos de l'inserer en cét endroit: « Philippus D. G. Francorum
« rex, Veromand. Ambian. et Silvanect. baillivis et justitia-
« riis nostris, sal. Cum in aliquibus partibus regni nostri
« subditi nostri sibi dicant licere guerras facere, ex consue-
« tudine, quam allegant, quæ dicenda est potius corruptela,
« ne temporibus istis pax et quies publica nostri regni eo
« prætextu turbetur, cum multa damna inde pervenerint, et
« in periculum reipublicæ pejora sperentur, nisi providere-
« tur de remedio opportuno, omnes guerras hujusmodi, tam
« ex casibus præteritis quam pendentibus et futuris, omnibus
« et singulis subditis nostris prohibemus, sub pæna corporis
« et bonorum, quam ipso facto volumus incurrere, si contra
« faciant, cujuscumque status aut conditionis existant, quam
« prohibitionem facimus, quousque super his fuerit ordina-
« tum. Prohibemus insuper in partibus et patriis supradictis,
« sicut in aliis, in quibus consuetudo seu corruptela non fuit,
« omnes portationes armorum, et convocationes hominum
« armorum, sub pæna contenta in alia constitutione nuper
« per nos edita super istis, quam constitutionem in præsenti
« prohibitione per vos senescallos et baillivos omnibus par-
« nibus, nobilibus, et omnibus subditis nostris senescallia-
« rum et bailliviarum ipsarum, vel earum ressorti publicari
« præcipimus, nec possint ignorantiam allegare. Dat. Pis-
« siaci, penult. die decembr. An. D. 1311. » Trois ans aprés, le même roy réitera ces deffenses sous pretexte des guerres qu'il avoit contre les Flamens, parce que ses vassaux estant occupez à se faire la guerre les uns aux autres, n'auroyent pû se trouver en ses armées. Cette seconde ordonnance se voit au premier registre [2] des Memoriaux de la Chambre des Comptes de Paris, qui m'a esté communiqué par M. d'Herouval: « Philippes, par la grace de Dieu roys de France, à tous
« les justiciers du royaume ausquels ces presentes lettres
« verront, salut. Comme nous, ou temps de nos guerres de
« Gascongne et de Flandres toutes manieres de guerres, entre
« toutes manieres de gens, quelque estat et condition que il
« soient, eussions deffendu et fait deffendre par cry solemnel,
« et tous gages de bataille avec ce, et aprés que nosdites
« guerres furent finées plusieurs personnes se soient avan-
« ciées de guerre faire entre eus, si comme nous entendons,
« et maintenant li cuens et li gens de Flandres en venant
« contre la paix derraine faite entre nous et eus, nous facent
« guerre ouverte, Nous pour ladite guerre, et pour autres
« justes causes, defendons sus peines de cors et d'avoir, que
« durant nostredite guerre nul ne face guerre, ne portement
« d'armes l'un contre l'autre en nostre royaume, et comman-
« dons que tuit gages de bataille soient tenus en souspens,
« tant comme il nous plaira. Si vous mandons, etc. Donné à
« Paris, le lundy aprés la Magdelaine l'an 1314. »

La restriction que Philippes le Bel apporte en la premiere de ces deux ordonnances, quam prohibitionem facimus, quousque super his plenius fuerit ordinatum, monstre qu'il ne vouloit pas oster entierement ce droit aux gentils-hommes, et sans esperance de le leur remettre en un temps plus commode et plus calme. Mais la noblesse françoise s'estant souslevée vers ce temps-là, sous pretexte des entreprises des officiers du roy sur leurs franchises et leurs privileges, elle présenta ses articles contenant ses plaintes sur ce sujet, qui furent répondus et apostillez par le roy au mois d'avril l'an mil trois cens quinze. Entre les articles des plaintes des nobles du duché de Bourgogne, des diocèses de Langres et d'Authun, et du comté de Forests, le sixième est conceu en ces termes : « Li dit noble puissent et doient user des armes
« quand lour plaira, et que il puissent guerroier et contre-
« gager. » Sur lequel le roy accorde les armes et la guerre en la maniere qu'ils en ont usé, et promet de faire faire enqueste aux pays comment ils ont accoûtumé d'en user anciennement. Puis il ajoûte. « Et se de guerre ouverte li
« uns avoit pris sur l'autre, il ne seroient tenu de rendre, ne
« de recroire, se puis la deffense, que nous sur ce leur

« aurians fete, ne l'avoyent prins. » Guy Coquille a parlé de cette plainte en l'Histoire de Nivernois [1]. Quand le roy se sert de ces termes, ainsi qu'ils ont accoûtumé d'en user, il semble indiquer que les usages de cette espece de guerre estoient differens. En effet, je remarque que Henry, roy d'Angleterre [2], par ses lettres données à Londres le vingt et uniéme jour d'avril l'an mil deux cens soixante-trois, reconnoist que Raymond, vicomte de Turenne, avoit droit de faire la guerre, mais à ceux seulement qui ne relevoient point de sa couronne, cette restriction estant particuliere : « Et similiter
« quod si aliquis extra nostram potestatem existens cum
« armis eum impetierit, cum armis se et terram suam def-
« fendere possit, et si necesse fuerit, impetere. » A quoy l'on peut rapporter ce qu'Eudes, abbé de Cluny [3], raconte que Geoffroy, vicomte de Turenne, attaqua en guerre Gerard, comte d'Aurillac, qui ne relevoit point du même seigneur que lui.

Mais il est probable que ces promesses de nos rois ne se faisoient que pour ne point effaroucher la noblesse, et qu'ils avoient resolu de tenir rigueur à l'observation de ces deffenses, qui estoient utiles et profitables à ceux mêmes qui les vouloient faire lever, et apportoient un singulier soulagement et un grand repos aux peuples. Ils prenoient neantmoins toujours le pretexte de leur guerre pour interdire à leurs sujets celles qu'ils prétendoient avoir droit de faire pour la vengeance des outrages faits en leurs personnes, ou de leurs parens. Car il n'estoit pas juste que les vassaux du roy s'excusassent sur leurs intérests particuliers, pour ne pas se trouver dans ses armées, comme ils y estoient obligez à raison de leurs fiefs : et d'ailleurs il n'estoit pas raisonnable que tandis qu'ils servoient leur prince dans ses troupes ils fussent attaquez par les voyes de fait dans leurs biens et dans les personnes de leurs parens et de leurs amis. Le roy Jean [4], par ses lettres données à Paris au mois d'avril l'an mil trois cens cinquante trois, sur la plainte qui luy fut faite que les habitans d'Amiens n'observoient pas l'ordonnance de saint Louys pour la quarantaine, et que sans y avoir égard ils entroient d'abord dans la guerre, ou plutôt dans la vengeance des injures, et commettoient plusieurs excez, ordonna qu'ils seroient tenus de l'observer sous de grieves peines ; puis il ajoûte : « Intentionis tamen nostræ non exstitit per
« prædicta guerras aut diffidationes quascumque inter quos-
« cumque subditorum nostrorum nobilium aut ignobilium,
« cujuscumque status aut conditionis existant, nostris
« durantibus guerris, laudare quomodolibet, vel etiam appro-
« bare : sed prohibitiones et defensiones nostras super his
« alias, tam in nostri presentia quam undique per universas
« regni nostri partes, per nostras litteras super his factas
« solenniter publicatas, maxime dictis guerris nostris
« durantibus, teneri, et de puncto in punctum firmiter obser-
« vari, per presentes volumus et jubemus. » Mais depuis ce temps-là, comme l'autorité royale prenoit de jour en jour de nouveaux accroissemens, le même roy fit d'autres deffenses bien plus rigoureuses sur ce sujet : car j'ay leû dans les registres du parlement [5] une autre ordonnance, du cinquiéme jour du mois d'octobre l'an mil trois cens soixante et un, par laquelle il deffend les deffiemens et les coûtumes de guerroier, tant entre les nobles que les roturiers, durant la paix comme durant la guerre. Et par une autre, du dix-septiéme de septembre mil trois cens soixante-sept, le roy Charles V deffend les guerres entre ses sujets, nonobstant toutes coûtumes et privileges, et enjoint au prévôt de Paris de punir rigoureusement les infracteurs. Mais ce qui justifie particulierement la vigueur et la rigueur que nos rois ont apportée de temps en temps pour abolir et aneantir entierement ces funestes guerres de coûtume, est la piéce qui suit, que j'ay copiée sur l'original [6] qui est en la Chambre des Comptes de Paris.

« AUDOIN CHAUVERON, docteur es loix, bailly d'Amiens, à
« nostre amé Pierre le Sene, receveur de ladite baillie, salut.
« Nous avons receu les lettres du roy nostre sire, desquelles la
« teneur ensuit. CHARLES, par la grace de Dieu roy de France,
« aux baillis de Vermandois et d'Amiens, et à tous nos autres
« justiciers, ou à leurs lieutenans, salut. Comme par nos
« ordonnances royaux toutes guerres et voyes de faict soient
« deffendûës entre nos sujets et en nostre royaume, pour ce
« que aucuns puissent ne doivent faire guerre durans nos
« guerres. et nous ayons entendu que CHARLES DE LONGUE-
« VAL, escuier, sire de Maigremont, de sa volonté a deffié et
« fait deffier nostre amé et feal chevalier GUILLAUME CHAS-
« TELLAIN DE BEAUVAIS et grant queu de France, et s'efforce

1. P. 122. — 2. M. Justel, aux Preuves de l'Hist de Tur. p. 62. — 3. In vita Geraldi, l. 1, c 37. — 4. Reg. aux chartres de l'Hostel de Ville d'Amiens, fol. 175. — 5 Olim, fol. 67. — 6. Communiqué par M. d'Herouval.

« ou veut efforcier, par lui et ses adherens, de faire ou vouloir
« faire grieve audit Chastellain et à ses amis, contre nos
« ordonnances, et attemptant contre icelles, et pour occasion
« de ce ledit Chastellain, voulant resister contre ledit Charles,
« s'efforce de faire armées et assemblées de ses amis, et par
« ce lesdites parties delessent à nous servir en nos guerres,
« dont il nous déplaist, s'il est ainsi. Pourquoy nous, voulans
« pourvoir à ces choses, et pour obvier aux perils et incon-
« veniens qui pourroient ensuievir, vous mandons et enjoi-
« gnons etroitement, et à chascun de vous, si comme il
« appartiendra, en commettant se mestier est, que ausdites
« parties, et à chascune d'icelles, se trouvées peuvent estre,
« à leurs personnes, vous deffendez, et faites faire inhibition
« et deffense de par nous, sur canques il se peuvent mesfaire
« envers nous, que il ne procedent en voye de guerre ne de
« faict les uns contre les autres, mais s'en cessent et desis-
« tent du tout, en les contraignant à ce par prinse de corps
« et de biens, et autrement, si comme il appartiendra. Et ou
« cas que eux ou l'un d'eux ne pourroient estre trouvez, faites
« ladite deffense semblablement à leurs amis, adherens, aliez
« et complices, et à ce contraignez et faites contraindre
« riguereusement, et sans deport, les rebelles et autres qui
« feroient ou persevereroient au contraire par prinse et
« et detention de corps et de biens, en mettant et multipliant
« et faisant mettre et multiplier MANGEURS et degasteurs en
« leurs hosteux et sur leurs biens, et en faisant descouvrir
« leurs maisons, se mestier est, par toutes autres voyes et re-
« medes que faire se pourra et devra par raison, jusques à ce
« qu'il aient cessé ou fait cesser ladite guerre, ou qu'il aient
« donné ou fait donner bon et seur estat ; ensemble et en ces
« choses procedez, et faites proceder par main armée se
« mestier est, car ainsi le voulons nous estre fait, nonobstant
« mandemens et impetrations sur ce faites subrepticement
« au contraire. Donné à Paris, le 18e jour de may l'an de
« grace mil trois cens quatre-vingts, et de nostre regne le
« dix-septiéme, ansi signé par le roy, à la relation du con-
« seil...... Et comme nous eussions esté mainte voye par ledit
« mandement de contraindre Charles de Longueval, escuyer,
« seigneur de Maigremont, et aussi messire Guillaume
« Chastellain de Beauvais, grand queu de France, et leurs
« amis et complices, pour faire la guerre et voye de faict qui
« entre icelles parties estoit mené, comme et par le maniere
« que ou dit mandement est contenu, pour l'enterinement
« duquel mandement a pour le dites parties contraindre par
« le maniere dite, pour ce que de fait il faisoient l'un contre
« l'autre grans assemblées et chevauchées, nous envoyasmes
« plusieurs sergeans du roy, nostre sire, atout ledit mande-
« ment par devers lesdites parties pour à iceux exposer le
« contenu d'icely, et les contraindre par toutes voyes
« raisonnables, lesquelles lettres furent monstrées à noble
« homme, le seigneur de Longueval, et à plusieurs autres du
« costé dudit Charles, et ledit Charles n'a été ouases pres, et à
« iceux fait les commandemens et deffenses, selon la teneur
« dudit mandement, dusquels commandemens il ne vaulient
« aucunement obeir ; mais toudis en perseverant s'efforçoient
« et s'efforceirent de maintenir ladite guerre, et de faire plu-
« sieurs grans chevauchées, tant l'une partie comme l'autre.
« Et pour ce que par ledit mandement nous estoit mandé
« seur le cestre pourvu, tant par main armée comme autre-
« ment, et que icelles parties persevereroient en guerre de mal
« en pis, comme dit est, nous et vingt-quatre hommes d'ar-
« mes en nostre compaignie la û estoient le prevost de
« Vimeu, le prevost de Fouilloy, et autres le 24e jour de may
« dernier passé, nous transportasmes en plusieurs des chas-
« teaux et forteresses appartenans, tant au dit seigneur de
« Longueval, comme au seigneur de Betisy, et à plusieurs
« autres hors de metes dudit bailliage, et ou bailliage de Ver-
« mandois, la û estoient lesdis chevaliers, et pour iceux
« contraindre, les fismes prisonniers du roy nostre sire, avecq
« mess. Seigremor de Longueval, mons. Danel, le seigneur
« de Naves, mess. Broüet de Candourc, mess. Floridas de
« Basicourt, le seigneur d'Auviller, mess. Hue de Sapegnies,
« le seig. de Rivry, le seig. de Bouzincourt, le seig. de Glisy,
« mess. Fremin de Maucreux, dit Florimont, chevaliers, Jean
« Buridan, Terefu Maquerel, Aubert d'Avelüis, Lionnel de
« Bouzincourt, Jean seig. de Puceviller, Robert de Beaumont,
« le Bastart de Betisy, et Simon de Maucreux, escuiers, cou-
« sins et amis dudit Charles, en prenant et mettant en la
« main du roy nostre sire tous leursdis chasteaux et posses-
« sions, jusques au secont jour de juillet, que les dessusdis
« se rendroit prisonniers du roy nostre sire, ains et que
« ladite guerre il aroient mis au nient, et fait amende pour
« les pors d'armes par eux fait. Et ce fait, nous transportas-
« mes à Mourcourt, ou chastel du dit lieu, pour trouver ledit
« Chastellain de Beauvais, lequel s'estoit absenté ou au
« mains ne le peusmes trouver ; et pour ce, en la presence
« de madame sa femme et de plusieurs autres des gens dudit
« Chastellain, fismes les commandemens et deffenses par la
« maniere que oudit mandement est contenu, et pour plus
« icelly Chastellain venir à obeïssance, nous fismes prendre
« en le main du roy nostre sire ledit chastel de Mourcourt,
« et icely fismes garder par les gens du roy nostre sire, avecq
« toutes les autres possessions à icely appartenans, et si
« demeurent, et encore seront tous les dessus nommez, en
« procez contre le procureur du roy, adfin qu'ils feissent et
« deussent faire amende au roy nostre sire pour les causes dites.
« En laquelle execution, nous et lesdits vingt-quatre hommes
« d'armes avec nous, entendismes et besognasmes, tant en
« allant que en venant, comme en besongnes, quatre jours.
« Si vous mandons que des deniers de vôtre recepte vous
« nous bailliez et delivriez pour chascun jour huit sols à
« chascun pour ses despens, qui vallent dix livres pour jour,
« pour payer et deffrayer lesdites gens d'armes, qui comme
« dit est ont esté en ladite besongne en nostre compagnie, et
« icelle somme, qui monte pour les quatre jours à quarante
« livres parisis, nous vous ferons deduire et allouer en vos
« comptes par cely ou ceulx à qui il appartiendra. Donné à
« Amiens, sous le scel de ladite baillie, le 28e jour de may
« l'an 1380. »

Enfin, pour achever cette dissertation et les remarques sur une matiere assez importante pour l'intelligence de nos histoires, Jean le Cocq[1] rapporte deux arrests du parlement de Paris, l'un de l'an mil trois cens quatre-vingts six, par lequel la guerre fut deffenduë entre les sujets du roy, non seulement durant la guerre, mais mêmes durant les treves : l'autre[2], de l'an mil trois cens quatre-vingt-quinzo, par lequel défenses furent faites au comte de Perdiac et au vicomte de Carmain d'une part, et au seigneur de Barbazan en Gascoigne d'autre, de se faire la guerre, et de metre en avant, *quod licitum esset eis vel aliis de regno Franciæ, guerram facere regiis guerris durantibus.* Ce qui fait voir que l'on a eu bien de la peine à abroger cette espéce de guerre, puisque, pour ne pas choquer absolument la noblesse, on a apporté de temps en temps ce temperament, qu'ils ne pourroient pas en user durant la guerre du prince. Enfin Loys XI, qu'on dit avoir eu les rois hors de page, n'estant encore que dauphin de Viennois, par ses lettres du dixième de decembre mil quatre cens cinquante et un, verifiées en la Chambre des Comptes de Grenoble, abrogea cét article, qui est le quatorziéme des libertez de ceux de Dauphiné, *quo caveter effectualiter, quod nobiles hujus patriæ, unus contra alium, possunt impune sibi guerram induere, et facere propria auctoritate, donec eisdem ex parte justitiæ fuerit inhibitum*[3]. Mais quoy que cette espéce de guerre se soit abolie insensiblement dans la plûpart des royaumes, elle subsiste encore à présent dans l'Alemagne, où les empereurs n'ont pas esté si absolus qu'ils ayent pû empêcher que les princes de l'Empire ne se soient conservés dans cette prérogative, et d'autant plus qu'elle se trouve avoir esté concedée specifiquement à quelques-uns d'eux[4].

1. Jo. Galli Quæst. 108. — 2. Quæst. 335. — 3. Guido Papæ Decis. 437. — 4. Bibl. Sebus Cent. 1. c. 31.

DES FIEFS JURABLES ET RENDABLES

DISSERTATION XXX.

Il n'y a rien de plus commun dans les titres et dans les hommages que ces termes de *jurable et rendable*, qui nous découvrent une espèce de fief, ou plûtôt une condition apposée aux inféodations, de laquelle ceux qui ont traité des fiefs n'ont presque point parlé. Cependant c'est une antiquité dont la connoissance est nécessaire pour l'intelligence des anciennes chartes, et de l'usage qui s'observoit dans la possession des grands fiefs qui avoient des forteresses : ce qui me donnera sujet de m'étendre sur cette matière, et d'en rechercher curieusement la pratique, par la conference de divers passages, tant des auteurs que des titres. Je feray voir ensuite que ces obligations que les vassaux avoient de les remettre au pouvoir de leurs seigneurs, ce n'est qu'une dépendance du droit de guerre par coûtume.

Cette espèce de fief est de la qualité de ceux que les feudistes nomment impropres et irregulières. Henry de Rosental dit que les Alemans l'appellent *Ein offen hauss*, et le décrit en ces termes[1] : « Quando nempe alicui aliquod castrum aut « arx ea conditione infeodatur, ut Domino semper ad nutum « pateat, ac illi cum suis liber eo sit accessus, vel ut vas- « sallus illud Domino tempore belli contra hostes aut omnes « accommodare, et interim eo carere teneatur. » La plûpart des titres anciens appellent ordinairement ces fiefs *jurables et rendables*. Le codicille de Robert, duc de Bourgogne, de l'an 1302[2] : « Lou de Montagu jurauble et rendauble. » Un titre de l'an 1197[3] : « Cepi de Odone, duce Burgundiæ, « in feodum et casamentum Auxonam villam meam cum « castro, jurabilem et reddibilem sibi et successoribus suis. » Ces termes, qui se rencontrent souvent ensemble dans les vieilles chartes, se trouvent quelquefois divisez : car il y en a plusieurs où cette sorte de fief est appellé simplement *fief jurable*, *feudum jurabile*. Un titre de Pons de Mont-Saint-Jean, de l'an 1211[4] : « Cum Theobaldus, Campaniæ comes, « concessisset mihi quod ego faciam Rie quamdam « domum fortem jurabilem ipsi, qualemcumque voluero, etc. » Un autre, de Robert, comte de Dreux, de l'an 1206[5] : « Faciam forteritiam quæ erit jurabilis. » Un autre, de l'an 1223[6] : « Ego recognovi coram ipso Theobaldo forteritias « illas esse jurabiles ipsi comiti ad magnam vim et par- « vam. » Un titre de Gautier, archevesque de Sens, de l'année suivante[7] : « Recognovit coram nobis quod forteritia de « Noolun jurata est domino regi ad magnam vim et par- « vam. » Un autre, de P., comte de Vendôme, de l'an 1242[8] : « Cum inter nos contentio esset — de feodo de Mesuncellis, « et juratione domus de Mesuncellis, etc. »

Ces fiefs sont nommez en plusieurs autres titres simplement *rendables*. Un de l'an 1340[9] : « Concessit in feudum « antiquum et reddibile, etc. » Par un autre, de l'an 1250[10], le seigneur de la Tour reconnut qu'il tenoit de l'Église de Lyon le château de Saint-André en Reversmont, *semper reddibile*. Un autre, de Eudes, duc de Bourgogne, de l'an 1197[11] : « Dominus Huo juravit mihi et meis Virgeium red- « dibile. » La Chronique des evesques de Mets[12] : « Feodum « de Mauripont cum appendiciis suis reddibile, et Rucke- « suignes reddibile..... acquisivit. » Cette condition de ce genre de fief est appellée *redda*[13] dans un titre de Bernard, abbé de Tulles en Limosin, et *Redditio*, et *redditus*[14] dans un autre, de l'an 1239 : « Quittavit juramentum et redditionem « montis Sancti-Johannis. »

Le terme de *jurable* designe le serment particulier et la promesse que le vassal faisoit à son seigneur de remettre son château entre ses mains et en son pouvoir toutes les fois qu'il en auroit besoin et qu'il lui en feroit la demande.

Ce serment estoit différent de l'hommage, et n'estoit que pour la forteresse du vassal, et non pour le surplus de son fief. dont il y a plusieurs formules dans les anciennes chartes. Un titre de Eudes, duc de Bourgogne, de l'an 1197[1] : « Pro juramento quod mihi fecit idem Huo super dungione « Vergeii mihi et successoribus meis reddendo. » Un autre, de Raymond, vicomte de Turenne, de l'an 1253[2] : « Ego « etiam et successores mei tenebimur jurare quod ad « magnam vim et parvam..., reddemus castrum Turenis. » L'inféodation du château de Gimel à Renauld, vicomte de Gimel, par Raymond, vicomte de Turenne[3] : « Pro vero isto « feudo idem Raynaldus fuit homo litges prædicti viceco- « mitis Raymundi, et firmavit ei ac juravit castrum de « Gimel cum omni prædicta terra, ut quocumque tempore « vel quocumque modo, ipse Raymundus. vicecomes Torren- « nensis, vel ejus successores, jam dicto Raynaldo et ipsius « successoribus castrum de Gimel sibi reddi petierint, omni « fraude remota, sine ulla dilatione aut occasione reddatur « eis. » Un titre de Matfred de Castelnau, de l'an 1221[4] : « Et promisi in virtute præstiti sacramenti, quod præfatum « castrum omni tempore ei redderem. » Il paroît assez de ces remarques qu'il se faisoit un serment particulier différent de l'hommage, quoy souvent l'un et l'autre se fissent conjointement, et au même temps, et que les lettres qui s'expédioient pour les hommages contiennent aussi les conditions de ces serments, encore bien que l'un différast de l'autre : car c'est une condition apposée sur la forteresse qui dépendoit du fief, qui pouvoit estre relâchée par le seigneur, sans préjudice à l'hommage qui lui estoit dû. Le titre de Guillaume, seigneur de Mont-Saint-Jehan, de l'an 1239 dont je viens de parler[5] : « Remisit etiam mihi et « hæredibus meis, et quittavit juramentum et redditionem « montis Sancti-Johannis, Domino montis Sancti-Johannis, « de suo feodo ligio remanente. » Où le mot de *juramentum* est à remarquer, qui montre que le serment estoit distinct et différent de l'hommage : ce qui est encore exprimé en un titre de Robert, evesque de Clermont, qui sera rapporté cy-après, où *juramentum* et *fidelitas* sont distinguez. Ce qui n'est pas sans fondement. car par le mot de *feauté* est entendu l'hommage, qui n'est qu'un acte de respect et de reverence envers le seigneur que le vassal rend entre ses mains, et auquel on adjoint aucun serment, ne faisant qu'une simple promesse de fidélité. Mais dans le cas de *la reddition*, en fait de châteaux, le vassal faisoit serment sur les saints Evangiles, ou sur les reliques des saints, ou enfin en une autre manière, et s'obligeoit aux conditions ordinaires de ces fiefs envers son seigneur. Aussi les feudistes[6] font distinction entre l'hommage et le serment de fidélité que les evesques font au roy, et à ce sujet on rapporte que le pape Adrian soûtint à l'empereur Frederic I que les évesques d'Italie ne lui devoient point hommage, mais seulement le serment de fidélité. On peut neantmoins justifier que les hommages se sont faits avec serment, mais non pas toujours. Je laisse cette matière pour continuer ce qui est de mon dessein.

Le terme de *rendable* regarde le seigneur dominant, à qui le vassal estoit obligé de rendre son château et sa forteresse dans les occasions et dans les besoins, en telle sorte qu'il en demeuroit le maître absolu : le vassal même etant obligé d'en sortir avec toute sa famille, comme nous marquerons dans la suite. J'estime que c'est en cela que ce que les titres appellent *feudum receptabile* diffère du *reddibile*, en ce que par la condition du premier le vassal estoit obligé de recevoir le seigneur sans qu'il fust tenu d'en sortir ni sa famille. Je remarque ce terme en un arrest du parlement de Paris, de l'an 1390, où le duc de Lorraine declare[7] qu'il tient du

---

1. Tract. de Feud. c. 1, concl. 78. — 2. Aux Pr. de l'Hist. de Bourg. p. 405, de Vergy, p. 210. — 3. Preuv. de l'Hist. de Vergy, p. 192. — 4. Aux Pr. de Vergy, p. 173. — 5. Galland, au Traité du Franc Aleu. — 6. Preuv. de Vergy. — 7. 31e Reg. du Trésor des Ch. du Roy, fol. 21. — 8. Reg. du chasteau du Loir. — 9. Aux Pr. de l'Hist. du Dauph. p. 64. — 10. Justel, en l'Hist. d'Auverg , aux Preuv., p. 331. — 11. Preuv. de Vergy, p. 454. — 12. Tom. 6, Spicil. p. 674. — 13. Aux Pr. de l'Hist. de Turen. p. 39. — 14. Aux Pr. de Vergy, p. 170, 171.

1. Preuv. de Vergy, p. 451, 493, etc. — 2. Justel, aux Preuv. de l'Hist. de Turen. p. 55. — 3. 34. — 4. 92. — 5. Aux Preuv. de l'Hist. des Ducs de Bourg. p. 75. — 6. M. le Maître, au Traité des Regales, ch. 6, 13, 14 : Radevic. 1. 2, Coust. d'Anjou, art. 137, 138. — 7. Aux Preuv. de l'Hist. de la M. de Chastillon, p. 106, 107.

roy, comme comte de Champagne, la ville et le château de Neufchastel, *in feudo receptabili, et non reddibili*. Et dans le testament de Charles duc de Lorraine, de l'an 1424[1], il est dit que le château de Billestein *sera rendauble et receptauble au duc et à ses successeurs* ; c'est à dire que ceux qui en seront possesseurs seront tenus de recevoir le duc, quand il y viendra pour ses affaires, et de le rendre et lui remettre entierement entre les mains lorsqu'il en aura besoin pour ses guerres. L'hommage d'Estienne, comte d'Auxonne, fait à Eudes, duc de Bourgogne, l'an 1197, porte qu'il sera obligé de recevoir le duc et les siens dans sa place, sans que le comte soit tenu de se retirer[2] : « Juramus Auxonam villam « cum castro jurabilem et reddibilem duci Burgundiæ et « successoribus suis contra omnes. Hoc excepto, quod ego « et successores mei in prædicto castro mansionem nostram « habebimus, et si duci Burgundiæ necessitas incubuerit, « prædictum castrum ducem Burgundiæ juvabit, et dux et « sui in eodem castro receptaculum suum habebunt. » Puis est ajouté le cas où le comte est obligé d'en sortir, qui est s'il entre dans l'hommage du comte Othon de Bourgogne. De sorte que le *fief receptable* est celui que quelques feudistes appellent *fief de retraite*[3], parce que le vassal est obligé de recevoir son seigneur en son château, et de lui donner retraite, lorsqu'il en a besoin, sans que le vassal soit obligé d'en sortir. Au contraire, le *fief rendable* est lorsque le vassal est obligé de sortir de son château et de l'abandonner à son seigneur. Cette condition est ainsi expliquée en l'hommage que Raymond des Baux, prince d'Orenge, fit à Charles dauphin de Viennois, le 28e jour de juillet l'an 1349, pour les châteaux de Montbruison, de Curaiere, et le Novesan, lesquels il reconnut tenir *in feudum francum et nobile, reddibile tamen, quæ reddibilitas sic intelligitur, videlicet, quod quotiescumque dominus Delfinus vel sui guerram haberent, vel habere timerent verisimilibus conjecturis, ad ejus requisitionem reddi debeant dicta castra, et ea tenere possit guerra durante cum expensis* D. Delfini. *nihil accipiendo de reddilibus vel exitibus, vel aliis juribus dictorum castrorum ; guerra sopita ipsa castra dicto domino principi reddere teneatur : Si vero* D. *princeps pro bono dominio ipsi* D. *Delphino redderet ipsa castra, tum dictus Delphinus cum expensis dicti* D. *principis ipsa debeat custodire.*

Tous les seigneurs n'avoient pas le droit et le privilege de se pouvoir faire rendre les forteresses de leurs vassaux. Il faloit qu'ils fussent fondez, ou en droit commun, en coûtume, et en usance generalement receuë dans l'étenduë de leur seigneurie, ou bien en convention particuliere avec leurs vassaux[4]. Le reglement dressé par Alphonse, comte de Poitou et de Tolose, l'an 1269, pour l'extinction et l'abolition du rachat à mercy, désigne ces deux cas, dans lesquels il est permis au seigneur de se faire rendre et remettre le château de son vassal en ces termes : « Et encores porroit « nostre sires li cuens devant dis prendre les chasteaus et « les forteresses, et de tenir à soi, és cas où il le puet faire « par droit, ou par coustume ou par convenance. » De sorte que le seigneur peut avoir ce privilege ou en droit commun, reçu de tout temps dans l'étenduë de sa seigneurie. Par exemple en la plûpart des provinces de France, et particulierement en celle de Beauvaisis, tous ceux qui tenoient en baronie avoient cette prerogative, qu'ils pouvoient prendre les châteaux de leurs vassaux pour leurs besoins. Philippe de Beaumanoir, en son *Coûtumier de Beauvaisis*[5], en fait la remarque, en ces termes : « Il cuens et tuit cil qui tiennent « en baronie ont bien droit sor lor homes par réson de sou- « verain, que s'il ont mestier des forteresses à lor homes, « por lor guerres, ou por mettre lor prisonniers, ou por gar- « nisons, ou pour eus garder, ou por le profit commun du « pays, il les peut pendre. » Et plus bas : « Se cil qui tient « en baronie prent la forteresse de son homme pour son « besoing, etc. »

Cette coûtume de rendre les châteaux des vassaux au seigneur, receuë dans l'étenduë de sa seigneurie, se trouve exprimée en divers titres, et particulierement dans les loix que Simon, comte de Montfort, dressa pour les peuples d'Alby, de Bezieres, de Carcassonne, et de Razez, l'an 1212 : « Omnes barones, milites, et alii domini in terra comitis, « tenentur reddere castra et fortias comiti, sine dilatione et « contradictione aliqua, irato vel pacato, ad voluntatem « suam, quotiescumque voluerit, etc. » Beranger-Guillems[6], seigneur de Clermont de Lodeve, reconnut, en l'an 1271, qu'il estoit obligé de rendre son château à l'evesque de Lodeve, *juxta morem et consuetudinem in recognitionibus castrorum feudalium ejusdem diœcesis observari solitam*. Le même Beranger rendit son château en l'an 1316 à l'evesque Guillaume, *Quemadmodum cæteri ejusdem episcopi vassalli facere consueverunt*. Amé IV, comte de Savoye[1], donna à Thomas de Savoye, comte de Flandres. son frere, le château de Bard, en la Val d'Aouste, l'an 1242, avec cette condition, *Quod ipsum castrum sibi redderet, secundum quod consuetudo est in Valle Augustensi de castris reddibilibus*. Les anciennes *Coûtumes de Catalogne*[2] commencent par ce titre, qui est au premier chapitre : « Avsi comenssen les custumes de Catalunya entre « lo senyors, els vassells. los quels tenen castels. ho altre « feus, per senyors hor es esgarda feu à homenatge. » Et ensuite est cét article : « Si lo senyor ha demanat al sen « vassel que li done postat de castel, o de casa, loqual o la « qual te per el, o ayan demanat fermer dret, lo vassel deu « fer so que demanat li es ses tota contradictio. » Celles du comté de Bigorre[3], redigées par Bernard, fils de Centulle, comte de Bigorre. établissent la même usance : « De castello « quisquis in terra voluntate et consilio comitis tenuerit, « securum comitem faciat, ne iratus, vel absque ira comiti « castellum retineat, ne ei quidquid mali inde exeat, nec « comes eum lege terræ de castello decipiat. »

Comme il n'estoit pas permis au vassal d'élever aucune forteresse sans le consentement de son seigneur, ainsi qu'il est porté dans les mêmes Coûtumes de Bigorre, *nemo militum terræ castellum sibi audeat facere sine amore comitis* ; ainsi ses consentemens ne se donnoient qu'avec cette condition, que les vassaux les remettroient au pouvoir des seigneurs, pour s'en servir dans leurs besoins Les titres fournissent une infinité de ces conventions entre le seigneur et le vassal touchant la reddition de leurs châteaux. Edoüard, roy d'Angleterre, declare par ses lettres[4] qu'il permet à Galfred de Blanhas de bâtir une forteresse, *salvo nobis et nostris hæredibus, quod illud fortalitium reddatur nobis, et hæredibus nostris nostroque senescallo vasconiens, et cuilibet alii mandato nostro*. Hugues, duc de Bourgogne, permit, en l'an 1184, à Guy, seigneur de Trichâtel[5], *ut castrum Tilecastri firmaret hoc modo, ipsum vero castrum muro claudi, cujus altitudo à ripa exteriori sit unius lanceæ absque batalliis, et muro antepectoroli, etc.* ; à condition, entre autres choses, d'hommage lige, et que Guy rendroit le château au duc lorsqu'il l'en requerroit. C'est en ce sens qu'il faut entendre ces termes d'Ildefonse, roy d'Arragon et marquis de Provence, en ses lettres[6] du mois de may 1277 par lesquelles il permet à l'abbé de Saint-Victor de Marseille, et autres, *regia autoritate castella construere, et villas de novo ædificare*, avec tout privilege de franchise et d'immunité, *salva tamen honorificentia et fidelitate*, et POTESTATE *quandocumque nobis placuerit*. Souvent encore les seigneurs qui n'avoient pas ce droit d'exiger de leurs vassaux que leurs châteaux leur fussent rendus, soit par la coûtume, soit par la permission de les élever, l'acqueroient et l'achetoient d'eux. Ainsi Ponce de Mont-Saint-Jehan[7] promit, en l'an 1219, à Blanche, comtesse de Champagne, et à son fils Thibaud, moyennant certaines rentes qu'ils luy donnerent, de les aider de ses forteresses : « Ego juravi eis super sanctos, quod ipsos et hæredes « eorum bona fide juvabo de me et gentibus meis, et de « forteritiis meis, etc. » Les titres sont pleins de semblables acquisitions.

Ces mêmes titres specifient ordinairement diverses conditions avec lesquelles le vassal estoit obligé de remettre son château, sa forteresse au pouvoir de son seigneur, *scavoir à grande et à petite force*. La *Coûtume de Bar*[8], qui est la seule de nos coûtumes qui ait parlé de cette espèce de fief. porte *que tous les fiefs du duc de Bar en son bailliage de Bar sont fiefs de danger. rendables à luy à grande et petite force, sur peine de commise*. Les chartes latines[9] tournent pour le plus souvent ces mots : *ad magnam vim et parvam*, qui se rencontrent presque en toutes celles qui font mention de cette espèce de fief. Il y en a une au *Cartulaire du comté de Montfort*, qui met ces termes au pluriel, où Pierre de Richebourg, chevalier, reconnoist, en l'an 1235. qu'il tient sa maison de Richebourg d'Amaury, comte de Montfort, *ad magnas vires et parvas, quotiens suæ placuerit voluntati*. Une autre, de Hugues[10], duc de Bourgogne, de l'an 1184 : « Juravit

---

1. Vigner, aux orig. d'Alsace, p. 483. — 2. Preuves de l'Hist. de Vergy, p. 122. — 3. M. Boissieu. — 4. Galland, au Traité du Franc-Alcu. — 5. MS. ch. 58. — 6. Plantavit. in Episc. Lutev. p. 241, 272.

1. Guichenon, aux Preuv. de l'Hist. de Savoye, p. 90. — 2. MS. — 3. Reg. de Bigorre : Exstat etiam apud Marcam, in Hist. Bencharn. p. 815. — 4. Reg. de la Connestablie de Bourdeaux, fol. 207, com. par M. d'Herouval. — 5. Reg. des Fiefs de Bour. com. par M. d'Herouval. — 6. Cartul. de S. Victor de Marseille, fol. 77, vers. com par M. d'Herouval. — 7. Preuves de l'Hist. de Vergy, p. 173. — 8. Art. 1. — 9. Tom 1, Hist. Fran. p. 585 : Besly, p. 498, 499 : Preuves de l'Hist de Vergy, p. 174, 193, 194 ; De Betune, p. 112, etc., de Montm. p. 116, etc. — 10 Reg. des Fiefs de Bourg. part. 1, fol. 93.

« etiam quod eamdem firmitatem, quotiescumque quære-
« remus, vel quæri faciemus, cum magna fortitudine, vel
« parva, absque dilatione reddet. » Celle de Hugues[1],
seigneur de Partenay, de l'an 1258 : *ad magnam forciam et
parvam*. Enfin un titre de Guillaume, comte de Geneve, de
l'an 1232[2] : « Ego Guillelmus, comes Gebennensis, notum
« facio, etc..... quod ego teneo in feodum a nobili viro....
« Hugone, duce Burgundiæ, castrum meum de Cleies, ita
« quod de ipso castro potest ad voluntatem suam guerrare,
« ad magnas gentes et ad parvas, et cum armis et sine
« armis. » Ces derniers termes justifient évidemment que
toutes ces façons de parler ne sont que pour faire voir que
le vassal estoit obligé de remettre son château à son seigneur,
soit qu'il y voulust entrer le plus fort, et en faire sortir le
vassal, soit qu'il y voulust venir avec sa suite ordinaire pour
y exercer les marques de superiorité, comme nous dirons
incontinent.

Il y a plusieurs titres qui representent d'autres termes.
Celuy de Matfred de Castelnau[3], de l'an 1221 : « Et promisi
« in virtute præstiti sacramenti, quod præfatum castrum
« omni tempore eidem redderem, cum forisfacto et sine
« forisfacto, ad omnem ejus submonitionem vel certi nuntii
« sui. » Il y en a un autre semblable, de l'an 1100, en l'*Histoire des evesques de Cahors*[4], qui est de Raymond, vicomte
de Turenne. Dans le *Cartulaire du comté de Bigorre*, qui se
conserve en la Chambre des Comptes de Paris[5], je lis ces
mots : « Arnaldus Aragonensis reddidit castros Petro, comiti
« Bigorrensi, qui vocantur Ors, Luci, Ferrer, Belsen, tribus
« vicibus in anno, ab ira et sine ira, ab feit et foras feit, a
« lui et à se lignage. » L'hommage de Fortaner de Gordon,
pour plusieurs châteaux qu'il possédoit au diocese de Cahors,
fait à Raymond, comte de Tolose[6], l'an 1211, use d'autres
termes, qui ont la même signification : « Et promitto vobis
« per solemnem stipulationem, quod hæc prædicta universa
« et singula reddam et tradam vobis et successoribus vestris,
« iratus et pacatus, cum delicto et sine delicto, quotiescum-
« que a vobis per vos, vel vestrum nuntium super hoc fuero
« requisitus, sine omni diffugio ulteriori mora. » Celuy de
Hugues Arnauld, vicomte de Lomagne, de l'an 1237, qui se lit
dans l'*Histoire des vicomtes de Turenne*[7], represente les
mêmes mots. Un autre de Centulle, comte d'Estrac, de l'an
1280, en fournit d'autres, mais qui ont la même signification : « Ad commonitionem vestram, vel nuntiorum
« vestrorum, quotiescumque et quandocumque volueritis,
« irati vel pacati, cum commisso et sine commisso, vobis
« reddemus. »

Je crois que toutes ces expressions ont une signification
differente de celle de *grande et de petite force*, et qu'elles
forment une condition qui regarde les personnes du seigneur
et du vassal, au cas qu'ils ayent quelque different ensemble,
ce qui est expliqué plus clairement par la formule qui se
rencontre ordinairement dans les titres d'*iratus et pacatus*,
en vertu de laquelle le seigneur déclare qu'il a droit d'entrer
dans le château de son vassal, soit qu'il ait different avec
luy, et qu'il y ait de la mesintelligence entre-eux, *iratus, ab
ira*; soit qu'il n'ait aucun démeslé avec luy, *pacatus* ou
pacificus, comme porte un titre de Hugues, comte de la
Marche, touchant le château de Belac[8], *et ipsum castrum non
debent ei vetare pacifico nec irato*. Un titre d'Ildefonse, roy
d'Arragon[9], de l'an 1192 : « Et tu et successores tui dabitis
« mihi et meis successoribus in perpetuum potestatem, irati
« et pacati, de Lorda, et de omnibus castellis, munitionibus
« et fortitudinibus ejusdem comitatus et terræ. » Mais parmi
une infinité de titres qui representent ces termes je me contenteray de rapporter cét hommage de Roger de Mirepois[10] :
« Ego Rogerius de Mirapeis et Arnaldus Rogerii, et ego
« Rogerius Isarni, et ego Suffredus de Marlag, juramus tibi
« Rogerio comiti Fuxensi, filio Rogerii, et Stephaniæ, cas-
« tellum Mirapeis ab la forsa, et las forsas, quæ nunc ibi
« sunt et inantea erunt, que nol ten tollam ne non ben deci-
« piam de las forsas que nunc ibi sunt, et inantea erunt,
« et si ent homo nunt fæmina qui hoc fecerit, recti adjutores
« tibi erimus, donec recuperatum habeas, et inantea in
« sacramento starenus, quod pacificati et pacati reddemus
« eum, cum totas forcias tibi et tuo misso, quando tu volue-
« ris, juramus tibi per Deum, et per istos sanctos. » Ce titre
semble encore expliquer les termes *grande et petite force*, et
faire voir qu'ils regardent les forces qui sont dans le château
du vassal, desquelles il doit aider son seigneur, soit que par

ces mots on entende les artilleries, soit qu'on les prenne
pour les garnisons et les soldats qui gardoient la forteresse.
Au traité d'alliance qui se fit en l'an 1266 entre Henry, comte
de Luxembourg, et Ferry, duc de Lorraine[1], le comte promet
d'aider en bonne foy le duc contre le comte de Bar, *en bonne
foy à son pooir à grant force et à petite*.

Les anciennes *Coûtumes de Catalogne*[2] disent que le vassal
est obligé de mettre son château au pouvoir et entre les
mains de son seigneur lorsqu'il luy en fera la demande ; et
ensuite elles forment cette difficulté au sujet du vassal qui
est en procés avec son seigneur pour quelque different qui
concerne le fief : car quoy qu'il allegue qu'il en a esté
depoüillé par luy, ou d'une partie, et qu'il n'est pas tenu de
répondre au seigneur, jusques à ce qu'il luy eust rendu et
restitué ce dont il a esté depoüillé, si est-ce, disent ces *Coûtumes*, que le vassal ne doit estre oüi en aucune maniere :
dautant qu'en ce qui regarde la feauté, on n'est pas reçû à
alleguer aucune raison. *Si lo senyor ha playdeiat ab son
vassal en juhezi sobre alcuna cosa, que riquirsca fe, e lo vassal
allegua que el es despulat per lo Senyor d'alcuna part del feu,
ho d'alcuna altra cosa, per que dyu que no es tengut de respondre al senyor, entro que siu restituit en lo de que es despulat, en aquest cas lo vassel no deu essor hoit en neguna manera.
Car en so que requer fieltat, e par contradir se sequeys bausia,
no es presa alguna defensio*. Cét article semble expliquer
disertement le mot d'*iratus*, et justifie que quoy que le seigneur et le vassal soient en different au sujet de leurs fiefs,
le vassal neantmoins ne pouvoit pas en ce cas refuser à son
seigneur de rendre son château. Il explique encore les termes, *Cum forisfacto et sine forisfacto*, *cum delicto et sine
delicto*, qui sont exprimez par celuy de *Bausia*, comme j'espere le justifier ailleurs[3] : car il dit qu'en ce qui requiert la
feauté, par le refus de l'accomplir, il y a lieu à la felonie, et
que le vassal ne peut sous pretexte de different se deffendre
de rendre sa forteresse à son seigneur. Ainsi le vassal estoit
obligé de remettre son château à son seigneur à la premiere
sommation, soit qu'il fust en different avec luy acause de
son fief, soit qu'il fust en paix, *pacatus*.

Le seigneur avoit droit de demander que son vassal remit
en son pouvoir son château et sa forteresse pour s'en servir
dans ses besoins. C'est ce qui est exprimé en plusieurs chartes. La Chronique de Senone[4]. « Castrum suum Morhen-
« ges.... ab eodem duce in feodo recepit, ut si quando ipsi
« necessitas occurrerent illud castrum absque ulla contradic-
« tione redderetur. » Un titre de Voldemar, duc de Jutie[5],
de l'an 1326 : « Antedictæ vero munitiones, semper nobis,
« vel nostris veris hæredibus apertæ erunt, ad omnem nos-
« tram necessitatem. » L'hommage d'Arnauld Otton[6],
vicomte de Lomagne, à Alphonse, comte de Poitou et de
Tolose : « Dicta etiam feuda iratus et pacatus vobis reddam,
« quandocumque fuero requisitus, quæ tamen restituere
« mihi debebis necessitate finita. » Cette necessité s'entendoit tant pour les grands besoins pour ceux qui estoient
de moindre importance. Un titre de Guillaume de Guier-
che[7] : « Præterea domino regi juramento astricti sumus
« quod non denegabimus ci, vel mandato ejus, domum nos-
« tram de Segreio in magna vel parva necessitate. » Ces
besoins sont remarquez par Philippes de Beaumanoir, au
passage que j'ay rapporté cy-devant, sçavoir pour les
guerres du seigneur, pour mettre ses prisonniers, pour y
avoir sa retraite et s'y faire garder, et generalement pour
le profit commun du pays.

Le premier cas se trouve ainsi exprimé en l'hommage de
Pierre Bermond, seigneur de Sauve, d'Anduse et de Sommie-
res, qu'il rendit à Louys VIII, roy de France, l'an 1226[8] : « Et
« ego super sacrosancta juravi domino regi, quod omnia
« castra que nunc teneo de ipso tradam ei et hæredibus suis
« ad magnam vim et parvam, et pro gravandis hostibus suis,
« quotiens ipse a domino rege, vel hæredibus suis, fuero
« requisitus. » Philippes Auguste[9] donna la terre de Conches
à Robert de Courtenay, à condition qu'il seroit tenu, et ses
successeurs, de rendre au roy *fortteritias prædictorum castrorum, ad guerrandum, et ad magnam vim . et ad parvam*.
Berenger-Guillems, seigneur de Clermont de Lodeve : « Etiam
« castra confessus est reddere decima die, vel infra, ad ejus,
« ejusque nuntii commonitionem propter bellum. » Un titre
de Garcias Arnauld de Navailles, de l'an 1262 : « Encores
« promeismes et jurasmes à Mons. Edoart, que nos heres à
« tos jors rendron à li, o à ses hers, et à lur seneschal, o à

1. M. Perard, p. 260 : Bosly. — 2. M. Perard, p. 425. — 3. Aux Preuv. de l'Hist.
de Turenne, p. 42. — 4. La Croix, in Episc. Cadurcens. p. 75. — 5. Cancus et
debita Bigorræ. — 6. Reg. des Comtes de Tolose, fol. 18, com. par M. d'Herouval.
— 7. Aux Preuves, p. 154. — 8. Reg. des Comtes d'Angoulesme, cotté 25. —
9. Hist. de Bearn, l. 6, ch. 9. — 10. Ib. l. 8, c. 11.

1. Vigner, aux Geneal. d'Alsace, p. 146. — 2. Art. 4. — 3. In Gloss. Lat. Barb.
v *Bosare*. — 4. C. 124. — 5. Pontan. l. 7, Rerum Danicar. — 6. Reg. de la
Connétablie de Bordeaux, fol. 183. — 7. Reg. de Phil. Aug. appartenant à M. d'Herouval, p. 126. — 8. Reg. de Carcassonne, fol. 60. — 9. Reg. de Phil. Aug. p. 85.

« lur certein mesage l'avant dit chasteu de Saut,... totas las
« horas que il nos requerunt por lur guerra, que i'n auront
« en Gasconhe, et les tendrunt tant con lur guerre durra à
« lur cost, sauve à nos les rentes et les issues des terres. Et
« quant lur guerre sera fenie, o paix fet sera, o trive prise.
« eus nos rendrunt o à nos heres les chastiaus avant-dits. »
Que si le vassal faisoit sa demeure dans un autre royaume
que celui où son fief estoit situé, et ainsi fust sujet naturel
d'un autre prince que celui de qui son fief relevoit mediate-
ment ou immediatement : en ce cas, si les deux princes
entroient en guerre ensemble, le vassal estoit obligé d'abandonner ses châteaux au prince ennemy de son prince naturel, pour
s'en servir tant que la guerre dureroit. J'ay leû l'original d'un
hommage que Nugno Sanche, comte de Roussillon et de
Cerdaigne, fit au roy Louys VIII pour les vicomtez de Fenol-
hedes et de Pierre Pertuse, au camp devant Belpech. au
mois d'octobre de l'an 1226, qui porte que le comte fait hommage lige au roy pour ces vicomtez : « Salva fidelitate regis
« Aragonum, ita tamen quod si aliquo tempore guerra inter
« nos (c'est le roy de France qui parle) et dominum regem
« Aragoniæ contra nos, vel hæredes nostros, de eo quod tenet
« de nobis esset, totum illud nobis, vel hæredibus nostris
« durante guerra redderetur, et illud teneremus quousque
« guerra finiretur · qua finita totum illud ad ipsum, vel
« hæredes suos, sine contradictione aliqua reverteretur. »
L'autre necessité, et l'autre besoin du seigneur, à l'égard
des châteaux de son vassal, estoit pour y mettre ses prisonniers, et les y faire garder, ou pour y mettre ses garnisons,
c'est-à-dire tant les soldats pour le garder que les vivres et
autres necessitez de ses armees. L'hommage de Geoffroy de
Lezignen. vicomte de Châtelleraud, du mois de may 1224, au
roy Louys VIII : « Quotiens autem, et quando dominus rex
« erit in partibus Pictaviæ, teneor reddere castrum meum
« de Vouvent domino regi, vel mandato suo, ad ponendum in
« eo garnisionem suam, quamdiu erit in partibus Pictaviæ,
« et in recessu suo rehabebo castrum meum de Vouvent,
« etc. » Enfin le sire de Beaumanoir dit que le seigneur
pouvoit prendre le château de son vassal pour l'utilité publique et pour le profit commun du pays. C'est ce qui fut
representé au concile provincial tenu à Wincestre l'an 1139,
sous Estienne roy d'Angleterre[1] : « Certe, quia suspectum est
« tempus, secundum morem aliarum gentium, optimates
« omnes claves munitionum suarum debent voluntati regis
« contradere, qui pro omnium pace debet militare. » Conformément à cette maxime, la *Coûtume de Bassigny le Lorrain
à Gondrecourt la Marche*, arrêtée par le duc de Lorraine le 15
de novembre l'an 1580, porte « que tout vassal du duc est
« tenu de lui prêter ses châteaux et forterêces pour un temps,
« pour la conservation de sa vie ou de son pays. »

Comme l'hommage se faisoit à toute mutation du seigneur
et de vassal, du moins en la plûpart des coûtumes, ainsi le
seigneur avoit droit, en cas de cette mutation, d'entrer
dans les châteaux de ses vassaux, d'y exercer les marques de
souveraineté, et d'y arborer ses enseignes ; ce qui se pratiquoit avec les ceremonies qui sont remarquées dans les titres.
L'hommage de Signis, veuve de Centulle, comte d'Estrac, et
de Centulle, son fils. pour le comté d'Estrac, à Raymond,
comte de Tolose[2], du mois de novembre 1 an 1245, porte
qu'après que l'hommage eut esté fait au comte « Petrus de
« Tolosa, nomine et loco ipsius domini comitis Tolosani, et
« de mandato ipsius speciali, accessit ad castrum novum de
« Barbarene, ad Durbanum, ad Montem Cassinum, et ad
« Simorrem, et ibi super turrim castri novi, et super turres
« et portalia aliorum suprascriptorum locorum, ratione et
« jure majoris dominii, fecit ascendere vexillum, seu banne-
« riam dicti comitis Tolosani, et ex parte ipsius ter præco-
« nizari, et clamare alta voce signum dicti comitis, silicet
« TOLOSAM: et dicta castra et villas pro eodem domino comite,
« et nomine et loco ipsius recepit, et ab eadem Signi, et
« Centullo ejus filio, ratione et jure feodi et majoris dominii
« eidem Petro de Tolosa traditæ fuerunt. » Ainsi Berenger
Guillems, chevalier, seigneur de Clermont de Lodeve[3], faisant
hommage à Guillaume, evesque de Lodeve, en l'an 1316, remit son château au
pouvoir de l'evesque, qui y entra, tandis que le seigneur de
Clermont avec sa femme, ses enfants et sa famille demeura
au dedans de l'enceinte inferieure, c'est à dire dans la basse-
court du château, et hors l'enceinte superieure qui estoit le
château. Après quoy l'evesque, entrant avec sa suite en l'un
et en l'autre, fit fermer les portes, puis ses escuiers arborerent
sa bannière sur les murs, en divers endroits du château,

criant à diverses reprises à haute voix, CLERMONT, *Clermont,
pour monseigneur l'evesque de Lodeve, et Saint-Genez* : ce
qu'estant achevé, l'evesque se retira, et rendit au seigneur de
Clermont le château avec les clefs. Par le traité qui fut fait
entre Henry, roy d'Angleterre, et Raymond, vicomte de
Turenne[1], l'an   , il fut convenu que le vicomte feroit à
l'avenir hommage au roy d'Angleterre, et qu'à chaque changement du roy il seroit tenu, pour marque et reconnoissance
de souveraineté, *in signum dominii*, de remettre les clefs des
châteaux de Turenne et de Saint-Céré entre les mains du roy,
ou de ceux qui seroient commis par lui, lesquels, au nombre
de deux ou trois, entreroient dans ces châteaux, sans que le
vicomte ni sa famille fussent obligez de se retirer, et là
feroient voir la banniere du roy: après quoy les clefs seroient
renduës au vicomte, et ceux qui y seroient entrez de la part
du roy seroient aussi obligez de se retirer. Arnauld, archevesque de Narbonne, ayant receu, en qualité de duc de
Narbonne, l'hommage d'Aimery, vicomte de Narbonne,
*recepit palatium, posito signo Ecclesiæ in turri, pro dominio et
ducatu,* ainsi que nous lisons dans l'*Histoire des Évesques de
Lodeve*[2], laquelle nous apprend encore que cette ceremonie
d'arborer les bannieres pour marque de seigneurie se faisoit
avec les fanfares des trompettes : « Et elevato in turris sum-
« mitate ejusdem episcopi vexillo, buccinaverunt more
« consueto. »

Cela s'observoit ordinairement, ainsi que j'ay remarqué,
lorsqu'on rendoit les hommages pour cette espèce de fiefs où
le vassal estoit obligé de desemparer son château, et de le
mettre au pouvoir de son seigneur : si ce n'est qu'il y eust
convention au contraire. L'hommage du prince d'Orange, de
l'an 1349, dont j'ay parlé cy-devant : « Et in qualibet muta-
« tione domini et vassalli, etiam dicta castra reddentur
« domino Delfino, et suis, tenendo per tres dies, duntaxat
« cum vexillo delfinali, nihil de bonis dictorum, castrorum
« accipiendo. » Nous en avons un autre exemple, plus singulier, dans le *Cartulaire de l'Archevesché d'Arles*, en ces termes[3] :
« Anno Dom. 1263, 5 die mensis febr., in præsentia domino-
« rum P. Aurasicensis episcopi, et Joannis de Arisio,
« senescalli de Venaisino, etc., fecerunt homagium D.
« Florentio Arelatensi archiepiscopo, sub eadem forma et
« verbis, et juramento, quibus supra proxime Arnaudus.
« Pontius, et Raimundus de Montedraconis et D. Rixendis
« uxor D. Pontii de Montedraconis. Acta fuerunt hæc in
« dicto castro, et desemparato prius castro, cum uxoribus,
« liberis, et tota familia sua, et apportatis clavibus castelli
« extra portam ad præsentiam dicti archiepiscopi. » Estant
à remarquer que par un autre hommage, que Guillaume,
seigneur de Mondragon, fit à l'archevesque d'Arles, l'an 1143,
ce seigneur s'oblige de rendre son château à sa semonce. D'où
il se recueille que faire entrer ou arborer la banniere dans
un château estoit une marque de seigneurie. Ce qui paroist
encore assez par la reconnoissance que Jean, sire de Vergy[4],
senéchal de Bourgogne, donna au seigneur de Villey, que
quoy qu'il fust venu en la maison de Villey, et que ses bannieres y fussent entrées, il declaroit qu'il n'y avoit aucun
droit. ni par raison de fief, ni par raison de justice, ou de
seigneurie.

Non seulement le vassal estoit obligé de remettre ses forteresses au pouvoir de son seigneur, aux deux cas que je
viens de specifier, mais encore en toutes occasions, et toutes
les fois qu'il en avoit besoin, ou mêmes qu'il voudroit y
venir. L'*Histoire des evesques d'Auxerre*[5] dit que Pierre, comte
d'Auxerre, rendit le château de Mailly *ad beneplacitum episcopi*, et par son ordre, à Hugues, archidiacré, *qui nomine
episcopi castrum ipsum recepit*, Et uy Hervé, comte de Nevers,
reconnut qu'il estoit obligé de rendre à l'evesque les tours de
Saint-Sauveur, de Châteauneuf, et de Cône, *quoties vellet et
ad libitum suum*. Raymon de Layrat fit la même reconnoissance à Pierre, evesque de Lodeve, *quoties idem Petrus ibi
habitare vellet*[6]. M. de Boissieu[7] rapporte un titre de l'an
1208 par lequel Guillaume de Clermont reprend à hommage
de l'eglise de Vienne ses châteaux de Saint-Joire et de Crepol,
et s'oblige, « quod a petitionem archiepiscopi vel canonico-
« rum, omni cessante dilatione, redderet castra ista, vel
« quandocumque ipsi horum peterent, et inde possent facere
« placitum et guerram ad libitum suum. » C'est pour quoy
dans les hommages, et dans les titres qui parlent de cette
nature de fiefs, il est presque toûjours porté que le vassal doit
remettre et rendre son château à son seigneur, *ad voluntatem*

---

1. Aux Preuv de l'Hist de Turen. p. 62, 70. — 2. P. 145 : v. Guid. Pappæ decis. 160, p 203, 249, 238. — 3. Livre Noir de l'Arch. d'Arles, intitulé Liber auctoritatum SS PP. fol. 19. — 4. Aux Preuv. de l'Hist. de Vergy, p. 294. — 5. C. 50, p. 489, tom. 1, Bibl. Labei. — 6. Hist. des Ev. de Lodeve, p. 83, vol. III. — 7. De l'usage des fiefs, c. 24.

---

1. Will. Malmesbur. l. 2, Hist. Novellæ, p. 183. — 2. Reg. de Tolose. — 3. Hist. des Ev. de Lodeve, p. 273.

suam, et quotiescumque voluerit, si ce n'estoit que dans les infeodations ou dans les conventions particulieres faites sur ce sujet il n'y eust des clauses au contraire. Car souvent il y estoit specifié combien de fois en l'an le seigneur pouvoit obliger son vassal à lui remettre son château. Par exemple, dans le traité fait entre Gaston, vicomte de Bearn [1], et Raymond Garsie, seigneur de Navailles, l'an 1205, il est porté que le seigneur de Navailles est obligé de rendre son château au vicomte trois fois l'an : « Est autem conventio talis, quod « R. G. debet tradere et reddere domino Gastoni, irato et « pacato, et suis successoribus, ter in anno castrum de Na- « valhes. » Au *Cartulaire de Bigorre* est l'acte suivant [2] : « Raymundus Garsias de Laveda voluit capere Petrum comi- « tem bigorrensem, et occiderunt in Levitano..... postea R. « Garsias finem fecit cum comite. tali pacto, ut omnes « castros suos reddidisset tribus vicibus in anno, à lui et a « son lignatge, ab feit et ab forafeit, ab ira et sine ira. » Quelquefois encore le temps que le seigneur pouvoit le garder estoit limité. Le traité d'entre le duc de Bourgogne et le seigneur de Vergy, de l'an 1216 [3] : « Et quotiens ego vel mei « Virgeium requiremus, nobis redderetur, et possemus illud « tenere per quatuordecim dies, si nobis placeret, et amplius « tenere non possemus, nisi abbates Cisterciensis et Busseriæ « negotium evidens et manifestum viderent, pro quo viros « tenere deberemus. » Toutes ces conditions n'estoient pas de droit commun, mais de convention particuliere.

Tandis que le seigneur estoit dans le château, ou dans les places de son vassal, il en estoit tellement le maître, qu'il avoit le droit d'y exercer tous les actes de justice à l'endroit des habitans, pourveu que les procès n'eussent pas esté commencez, ou terminez du moins. Ce privilege est attribué à l'empereur dans les villes qui sont du ressort de l'Empire, dans le droit ancien des Saxons [4] « In quamcumque civitatem « Imperii rex devenerit, ibi telonea vacabunt sibi et monetæ. « Quamcumque etiam provinciam, seu territorium intraverit, « judicium illius sibi vacabit, et ei licebit judicare omnes « causas quæ eorum judicio non fuerunt inceptæ aut finitæ. » *Cinnamus* [5], en son *Histoire* remarque que l'empereur Manuel estant arrivé à Antioche, dont Renaud de Châtillon estoit alors prince et seigneur, durant le temps de huit jours qu'il y demeura, toute la justice du prince cessa, et les habitans y furent jugez par les juges de l'empereur : « Τοσαυτην γε μην « δουλοπρεπειαν Αντιοχειο εισ αυτον επεδείξατο, ωστε αυτου τοις « Ρενάλδον ενδιατριβοντων ορμοις, ουδε μίαν των αμφισβαλλου- « των τοις ομογενέσιν εδικαιωσε δίκην, ότι μη παρα Ρωμαίοις. » Ce que Manuel fit ensuite du traité qu'il avoit conclu avec Renaud, par lequel ce prince s'estoit obligé, « Præstito cor- « poraliter SACRAMENTO, quod domino imperatori Antiochiam « ingredi volenti, vel ejus præsidium, sive irato. sive pacato. « liberum et tranquillum non denegaret introitum. » Ce sont les termes de Guillaume, archevesque de Tyr [6]. qui ajoute qu'en suite de ce traité on eleva la banniere de l'empereur au dessus de la principale tour du château d'Antioche. Et cet usage estoit tellement constant à l'égard des souverains, lorsqu'ils venoient dans les châteaux et dans les places de leurs vassaux, que nous l'avons veu pratiquer encore de nostre temps par le roy très-chrestien à present regnant, lequel estant venu à Avignon le vingtième jour de mars l'an 1660 y fut salué par les consuls et les magistrats comme comte de Provence et comme leur souverain. La garde du pape, à qui cette ville appartient, y fut levée, toutes les jurisdictions ordinaires cesserent . celle du roy y fut establie, et le roy même y donna les grâces, et la liberté aux prisonniers.

Quoy que le vassal fust obligé de remettre son château au pouvoir de son seigneur, lorsqu'il l'en avoit requis, il y avoit toutefois des cas où il pouvoit en faire refus, sans pour cela encourir le crime de felonie. ou confisquer son fief. Du moins avant que de le lui livrer, il lui estoit permis de prendre ses précautions, et de demander des suretez à son seigneur. Par exemple. le seigneur ne pouvoit pas demander le château de son vassal, pour s'en servir contre lui en quelque guerre que le vassal auroit contre un autre, ou bien pour y introduire l'ennemy du vassal. Il y a une piéce ancienne aux preuves de l'*Histoire des comtes de Poitou* du sieur Besly [7], qui fait voir que lorsque le vassal avoit quelque sujet de défiance de son seigneur, il pouvoit avec fondement lui demander des cautions ou des hostages, avant que de mettre son château en son pouvoir : « Comes vero dixit si, si fiducias vali erant « tibi, quod inimici tui castrum non habeant, non potes eum « tenere. » Et plus bas, parlant du vassal résolu de garder

son château, à moins que le seigneur ne lui donne caution : « Misit Hugo omnia necessaria in castrum, et voluit eum « tenere contra omnes, si fiducias non darent ei. » A la fin Hugues rendit son château à son seigneur, à condition que son ennemy n'y pourroit entrer sans son consentement, et qu'il ne lui en seroit fait aucun dommage. Il y a un autre exemple de cecy en des lettres de l'an 1199, où Robert, évesque de Clermont, declare [1] : « Quoniam suspecti videmur, ex « eo quod Pontius de Captolio contra nos fecit, manente « nobis JURAMENTO et FIDELITATE quod habemus in castro « Vertazonis , illud per quinque annos ab instanti festo « sanctæ Mariæ Magdalenes non requiremus, sed ex tunc « poterimus requirere. » Et de là vient que souvent dans les sermens et les hommages qui se rendoient à l'occasion de cette sorte de fiefs, le vassal apposoit cette condition, que le seigneur n'y pourroit recevoir l'ennemy capital du vassal [2]. L'hommage du seigneur de Clermont de Lodeve à l'évesque de Lodeve, dont j'ay parlé cy-devant, porte expressément que « non reciperet episcopus in dicto castro capitalem ini- « micum dicti domini de Claramonte. »

Philippes de Beaumanoir [3] propose cette question, sçavoir si un vassal qui a la guerre en son particulier peut estre obligé par son seigneur de lui rendre son château, quand il l'en requiert, et la resout en ces termes : « A venir porroit que « nostres sires aroit besoing de me forteresse et mestier, et « moi aussi en tel point en aroie tel mestier, que je seroie en « guerre . si seroit perilleuse cose que li autre que mi ami y « allassent, ne m'estoient reparant. Car tout le vousist « pas mes sires. si pourrois-je estre grevex par cex qui de « par eus i seroient. Donques en tel cas ne suis pas tenus a « bailler me tour au commandement mon seigneur, se ses « cors meisme n'i est. Et s'il ne me prent à aidier, et à ga- « rentir de me guerre, tant con il i ert as residens. Car ce que « nous avons dit que li signeur poeut penre les forteresces « de leurs homes, c'est à entendre qu'il soient gardé de domage « et de peril. »

Lorsque le seigneur vouloit se faire rendre le château de son vassal, il estoit obligé de l'envoier sommer, ou, pour user des termes de ce temps-là, il le devoit *semondre*. Et alors le vassal avoit quelques jours pour se préparer à l'y recevoir, ou ses deputez, et pour en faire enlever ses meubles et sa famille. Un hommage que j'ay rapporté cy-dessus, tiré de l'*Histoire des Evesques de Lodeve* [4], porte que le vassal estoit tenu de remettre sa forteresse au pouvoir de son seigneur en dedans dix jours après sa somonce. Le vassal même s'obligeoit, par la reconnoissance qu'il donnoit à son seigneur, de bien traiter son envoyé, et de ne pas souffrir qu'il lui fust fait aucune injure ou aucun dommage. Un titre de Bertrand de Saint-Amand, de l'an 1131 [5] : « Et quotiens nos ammonue- « ris per te, vel per nuncium tuum. reddemus supradictum « castrum, et in ammonitione non vetabimus, et ammonitori « damnum vel injuriam non inferemus, nec consilio nostro « inferetur. » J'ay leu un semblable hommage pour le château de Montdragon à l'archevesché d'Arles.

Les anciennes *Coûtumes de Catalogne* [7] expriment exactement ce que le vassal estoit obligé de faire après la *semonce* qui lui avoit esté faite de la part de son seigneur, de luy abandonner son château : qui estoit qu'en même temps il estoit tenu d'enlever tous ses meubles, non-seulement du château, mais encore de son enceinte. Puis le seigneur y estant entré, ou son depute, devoit faire monter deux ou trois de ses gens en la plus haute tour. et y faire crier à haute voix son nom et son cry, et alors le vassal devoit sortir du château et de son enceinte, ne pouvant y demeurer que par le consentement exprès du seigneur, si ce n'est qu'il n'eust aucun pourpris aux environs du château, où il pust se loger et se retirer : car autrement demeurant dans l'enceinte du château, il tomboit dans le crime de felonie, suivant cette coûtume. Quant au seigneur, il devoit mettre au château autant de gardes qu'il en faloit pour le défendre, et dix jours passez, le rendre au vassal. Et parce que ces coutumes n'ont pas encore esté publiées, il est à propos d'en rapporter icy les termes : « Si per lo senyor es demana postat al vassel « del sen castel, deu li esser donada per aquesta manera. Lo « vassel primerament gitara totes ses coses del castel, et de « tot le terme del castel, e ses tota contradictio e retencio, lo « castel delivrara al senyor, e intrat que sera lo senyor, ho « altres per el, en la fortalissi del castel, lo senyor fara puyar « II. o III. o aytans quant se volra, en lo plus alt de la torre, « los quas ab grans vous cridaran, e envocaran lo nom del

---

1. Hist. de Bearn. l. 6, c. 13, n. 2. — 2. Census et debita Bigorræ. — 3. Aux Preuv. de l'Hist. des D. de Bourg p. 67. — 4. L. 3, art. 60 . Wichbild, Magdeb. art. 8. — 5. L. 4, p. 204. — 6. L. 14, c. ult. — 7. P. 392.

1. Aux Preuv. de l'Hist. des Ducs de Bourg. p. 60. — 2. Plantavit. p. 275. — 3. Ch. 58. — 4. Page 274. — 5. Livre Nov. de l'archevesché d'Arles, fol. 34. — 6. Livre Nov. de l'archevesché d'Arles, fol. 33. — 7. Cap. 2.

« senyor. E adoncs lo vassel exsira de tot lo castel, e del
« terme ; car no deu remembrer aqui, si non aytant quant
« sera de volentat expressada del senyor ; si doncs lo vassel
« no avia aleu porpri a lou ° dintre lo terme del castel, en lo
« qual remanir poyria. En altra manera, quant lo vassel
« seria remanzut en lo terme del castel, no seria entes que
« agues donada postat, ans seria reputat bauzador, so es que
« auria feyte bauzia, segons costuma de Catalunya, e seria
« bauzador aytant de temps quo estaria et vigaria de donar
« plena postat. E lo senyor rezeben la postat, pauzaria fran-
« camente, e se nes tot en payament gardes en lo castel,
« aytant que necessari fossen à gardar lo dit castel ⁎⁎, o
« mudar enfre los x dies, en aytal cas, ne seria entes que lo
« vassel, è ques donada plena et liberal postat del castel, e
« en aytel cas ne correrien al senyor los x. dies, aytant pot
« que en cas quel vassel remangues en le terme del castel, o
« aytant por avo en cas quel vassel tornes enfre los termes
« abans de temps, mes se lahores commenssaren a correr los
« dies, quant lo vassel auria donada plena e liberal postat, e
« no sera tornat en los termes abans que temps sia. »

Ce qui est dit en ces *Coûtumes* que le seigneur devoit sortir
du château de son vassal après qu'il y auroit demeuré l'espace de dix jours, qui commençoient à courir de celuy auquel
il en avoit esté mis en pleine possession, regarde les usages
particuliers de la Catalogne ; car en d'autres *Coûtumes* le
seigneur pouvoit le retenir tant que sa guerre duroit, laquelle estant finie il avoit encore quarante jours pour en
sortir, et pour en retirer ses gens et ses meubles : ce qui est
exprimé dans l'acte d'hommage que Mathieu, duc de Lorraine, fit à Blanche, comtesse de Champagne, et à Thibaut,
son fils, l'an 1220, pour la châtellenie de Neufchâtel¹ : « Et
« eis juravi bona fide, et sine malo ingenio, quod quando-
« cumque et quotiescumque fuero requisitus ab ipsis, vel ex
« parte ipsorum, tradam eis, vel eorum mandato, dictum
« castrum, forteritiam videlicet et burgum, ut illi ponant de
« suis gentibus ad voluntatem suam. Ipsi autem infra XL
« dies, postquam de ossonio, vel de guerra sua liberati erunt,
« tenentur mihi reddere per juramentum suum castrum illud
« ita munitum, et in eo puncto in quo eis traditum fuerit
« bonafide.» Les mêmes termes se rencontrent une en semblable
reconnoissance de Guy de Châtillon, fils aîné de Gautier,
comte de Saint-Paul, pour ses forteresses de Champagne² :
« Dictus siquidem comes fecit jurare in animam suam quod
« infra XL dies postquam exierit de essonio suo, dictas forte-
« ritias mihi et Hugoni, fratri nostro, vel hæredibus nostris,
« in eodem statu, in quo easdem recepit, restituet bona fide. »
Dans le traité³ d'entre Eudes, duc de Bourgogne, et Estienne,
comte d'Auxonne, de l'an 1197, le duc s'oblige de rendre
Auxonne au comte « infra VII dies postquam dux negotium
« suum de castro et villa fecerit », ce qui fait voir que les
usages estoient differents pour cette sorte de fiefs.

Le seigneur ou ses deputez, estant entrez dans une pleine
possession du château du vassal, s'ils y trouvoient des vivres,
des meubles ou des provisions, ils pouvoient s'en servir avec
discretion, et autant qu'ils en avoient besoin pour eux et
pour leurs gardes, tant qu'ils retiendroient le château ; que s'ils
n'y trouvoient rien qui fust à l'usage de ceux qui estoient
establis pour sa garde, en ce cas ils estoient obligez de fournir
à la dépense, qui leur devoit estre renduë par le vassal. Les
*Coûtumes de Catalogne*⁴. « E si lo senyor, quant rechabra la
« postat del castel, troba negunes causas del vassel en so
« castel, o en le terme, lo senyor o les seves gardes poyron
« aqueles cauzes penre e despendre tempradament aytant que
« necessari sera, mentre que lo castel tenga. E si non troba
« res, o si troba cozo que non vaste a ops de les gardes,
« adoncs lo senyor, et seu, fara les despens, més en pero lo
« vassel est tengut de retre aqueles al senyor. »

Cecy estoit encore particulier à la Catalogne ; car de droit
commun et ordinaire la dépense de ceux qui gardoient le
château du vassal de la part du seigneur estoit à la charge
du seigneur. Philippes de Beaumanoir⁵ : « Se cil qui tient en
« baronie pense il forteresse de son home por estre garnie,
« ce ne doit pas estre au coust de son home. Car se il i met
« garnisons, ce doit estre du sien, et s'il y a prisonniers, il
« les doit fere garder du sien, et s'il empire de rien la forte-
« resse, il le doit refere. » La plûpart des titres toutefois
exceptent le foin et la paille du vassal, que le seigneur
n'estoit pas obligé de restituer s'il les avoit consumez tandis
qu'il avoit tenu son château. Le traité⁶ d'entre Estienne,

comte d'Auxonne, et Eudes, duc de Bourgogne, de l'an 1197 :
« Et si dux et sui in eadem villa aliquod damnum interim
« fecerint, præterquam de fœno et stramine, dux infra XL
« dies postquam submonitus fuerit, emendabit. » Un titre de
l'an 1216¹ : « Et hoc non obstante nos vel hæredes nostri, vel
« nostros, aliquod damnum, præterquam de fœno et stramine,
« ibi in rebus suis fieri contingeret, infra XL. dies postquam
« requisiti essemus damnum illud restaurabimus. » Pour ce
qui est du foin et de la paille, il semble que les vassaux
estoient obligez d'en fournir au seigneur en ses guerres, lorsqu'il se trouvoit en la maison du vassal. Un titre de l'an
1208² : « Si vero guerram habuerit, obedientiariam in aliquo,
« excepto fœno et palea, non gravabit. » Aussi ce tribut est
fort ancien, et est appelé *fodrum* dans les auteurs du moyen
temps, et estoit fourni généralement par tous les sujets du
prince, lorsqu'il venoit dans les villes, ou à ses envoyez et à
ses commissaires³. Frederic Iᵉʳ, empereur, appelle ce droit,
qui estoit dû aux empereurs, *fodrum regale*, en une de ses
patentes de l'an 1164⁴ : mais je réserve à en parler en une
autre occasion. Si le seigneur ne pouvoit consumer que le
foin et la paille du château, et de la place de son vassal, à
plus forte raison le vassal demeuroit en la jouïssance et en
la perception de ses droits qui lui estoient deus : c'est ce qui
est exprimé dans un titre de Pierre, vicomte de Castillon, de
l'an 1216⁵ : « Et hoc non obstante nos vel hæredes nostri, vel
« successores, redditus nostros de castro et de castellania
« Albæterræ et pertinentiis eorum libere et integre perci-
« piemus. »

Au surplus, le seigneur devoit user du château de son
vassal comme un bon seigneur, et un bon pere de famille, et
le luy rendre après que ses guerres ou ses affaires seroient
achevées, au même état qu'il luy avoit esté confié. Les loix
de Simon, comte de Montfort : « Et ipse comes, tanquam
« bonus dominus, in illo statu et valore in quo receperit
« tenetur reddere eisdem, sine diminutione, aut damno,
« peractis negotiis suis. » Un titre de l'an 1219⁶ : « Dominus
« Amalricus ita faciat de castro seu de castris et eadem
« teneat ut bonus dominus. » Il devoit faire en sorte qu'il ne
souffrit aucun dommage. Le traité de Raymond Garsie de
Navailles, de l'an 1205⁷ : « Dominus autem Gasto debet tenere
« castrum absque damno. » Il estoit obligé de le rendre et de
le restituer avec les mêmes artilleries, les mêmes armes, et
autres choses qui servoient à sa défense, qu'il y avoit trouvées.
Un titre de Roger, comte de Cominginges, de l'an 1211⁸ : « Et
« ipse et sui quando prædicta castra mihi reddent, eodem
« modo mihi munita et garnita reddent quomodo et invene-
« rint munita et garnita die receptionis, sine damno meo, vel
« meorum. » Enfin il le devoit rendre *sine fraude*, comme
parle la Chronique du Vigeois⁹ : *cum integritate*, comme dit
celle des evesques d'Auxerre¹⁰. Mais si le seigneur pour son
profit avoit fortifié et amélioré la forteresse qui lui avoit esté
confiée, le vassal n'estoit pas obligé de luy rendre les amélio-
rations, ainsi que le sire de Beaumanoir a observé en ces
termes : « Et s'il l'amende pour estre plus fort, ou plus fait
« pour son besoing, ses homes ne l'en est tenus à riens rendre.
« parce que ce ne fut pas fet por li, tout soit ce que il porfit
« l'en demeure. »

Voilà ce qui concerne les usages et la pratique lorsque le
vassal mettoit son château au pouvoir de son seigneur : mais
si sans aucune excuse légitime il dilaioit, ou refusoit de le délivrer, après que les semonces avoient esté faites dans l'ordre et la
part de son seigneur, alors le château tomboit en *commise*,
et estoit confisqué au profit du seigneur. Le traité de Raymond
Garcie de Navailles¹¹, dont j'ay parlé cy-devant : « Si tamen
« R. G. nollet tradere castrum domino Gastoni, quacumque
« hora exigeret, Raymundus Garsias, vel ejus successor, esset
« proditor et perjurus domini Gastonis, et totius sui generis ;
« et si dominus Gasto per vim posset postea habere castrum
« de Navalhes. nunquam teneretur reddere illud Raymundo
« Garsiæ, nec suo successori. » Rigord¹², en la *Vie de Philippes
Auguste*, en fournit un exemple en la personne du comte de
Bologne : « Petitt rex ab eo ut et traderet munitiones ; quas
« cum ei, contra jus et consuetudinem patriæ, denegasset,
« rex, congregato exercitu, accessit ad prædictum castrum,...
« et quarto die per vim cepit. » Henry Iᵉʳ, roy d'Angleterre,
en usa de la sorte à l'endroit de Renaud de Bailleul¹³ : « Qui
« fidelitatem regis reliquerat, eique poscenti ut domum suam
« de Mansione Renuardi redderet, superbe denegaverat. »

---

* [Lo *Constitutions de Cathalunya*, éd. de 1588, tom. I, pag. 351, porte *propri
alou*.] — ** [E si lo vassall o algu o alguns en nom seu empaizaran lo senyor, que
no puxa posar sufficientes guardas eu aquell castell.] — 1. Lib. Princ. Com. par
M. d'Hérouval. — 2. Lib. Princ. Com. par M. d'Hérouval. — 3. Preuv. de l'Hist.
de Vergy, p. 122. — 4. Ch. 2. — 5. Ch. 58. — 6. Gollut, l. 6, ch. 38.

1. Aux Preuv. de l'Hist. de Vergy, p. 151, des D. de Bourgog. p. 67. —
2. M Perard, en ses Mém. de Bourgog. p. 397, 329. — 3. S. Julien, aux Antiq. de
Mascon, p. 239. — 4. Apud Ughel, in Episc. Rozan. — 5. Reg. d'Angoulesme. —
6. Reg. de Carcassonne, fol. 16. — 7. Marca. — 8. Reg. de Carcassonne. — 9. Ch.
Voscense. — 10. Hist. Episc. Autis. p. 500. — 11. Hist. de Bearn. l. 6, c. 13,
n. 2. — 12. A. 1212. — 13. Order. Vit. l. 12, p. 840.

Comme encore à l'endroit de Hugues de Montfort, qu'il avoit fait sommer de lui rendre son château de Montfort[1] : « Ut « munitionem castri Montisfortis sibi redderet. » Car ces seigneurs n'ayant pas voulu deferer aux semonces du roy, leurs places furent assiegées, prises, et confisquées.

La confiscation toutefois ne suivoit pas à l'instant ce refus ; mais le seigneur estoit obligé de sommer son vassal en sa justice de reparer et d'amender le tort, et d'attendre un certain temps et limité : aprés lequel, si le vassal ne se mettoit pas en son devoir, le fief estoit déclaré confisqué au profit du seigneur. En la convention qui se fit entre Roger, évesque de Beauvais, et Francon, seigneur de Gerberoy, l'évesque fait cette promesse à Francon[2] : « Franco, non « tibi ero in damno de castello Gerboredo, ut tu illud perdas « me sciente, nisi contra me forisfeceris ; et si contra me « forisfeceris, postquam nomine hujus sacramenti emendare « te submonuero, aut per me, aut per meum missum, « duabus quadragesimis emendationem tuam expectabo ; « et si infra duas quadragesimas illud mihi emendaveris, « aut emendationem tuam accipiam, aut tibi perdonabo. Et « deinceps hanc ipsam convenientiam observabo, si contra « me et contra illos homines quos intromittere voluero, illud « ipsum castellum Gerboredum non defenderis, et si sacra- « menta quæ mihi jurasti, et convenientias quibus mecum « convenisti, per omnia in fidelitate mea mihi observaveris. » Il est aisé de voir que ce traité regarde le refus que le seigneur de Gerberoy pouvoit faire à l'évesque de Beauvais de lui rendre son château, et s'il le faisoit, l'évesque déclare qu'il attendra deux quarantaines, pour voir s'il ne reparera pas le tort et le refus, et ce suivant la loy des fiefs, qui ne souffroit pas que le seigneur entreprist rien sur son vassal, sous pretexte de quelque attentat que ce fust sur sa personne, ou les droits de sa seigneurie, qu'aprés quarante jours, pendant lesquels il estoit permis au vassal de se purger de ce que son seigneur l'accusoit ou de l'amender[3]. Il est encore parlé de cette quarantaine en un traité qui fut fait entre l'empereur Alexis Comnene et Boëmond, prince d'Antioche, dans l'*Alexiade* d'Anne Comnene[4], fille de cét empereur. Tant y a que c'est à cét usage qu'il faut rapporter ces termes de l'hommage de Geoffroy, vicomte de Chastelleraud, de l'an 1224, dont j'ay parlé cy-devant : « Ita quod si ego deficerem « de hoc faciendo (c'est à dire de rendre son château), « Dominus rex sine se mesfacere posset assignare ad quidquid « teneo de eo, et tenere in manu sua donec id esset emenda- « tum per judicium curiæ suæ. »

Comme le vassal confisquoit son fief au profit de son seigneur, par le refus qu'il faisoit de le mettre entre ses mains, de même le seigneur perdoit, non la tenue et la mouvance, mais la *reddition*, c'est à dire le droit d'obliger son vassal de luy rendre son château, lorsqu'il en auroit besoin, et ce s'il en usoit contre la coûtume, et contre la bonne foy qu'il estoit obligé de garder à son vassal. Par exemple, si le seigneur ne vouloit pas restituer à son vassal le château qu'il luy avoit confié, aprés que ses guerres estoient finies et achevées, alors si le vassal pouvoit le reprendre par la force des armes sur son seigneur, il estoit dispensé à l'avenir de cette charge. L'hommage de Raymond Garsie de Navailles à Gaston, vicomte de Bearn : « Si tamen « dominus Gasto, vel ejus successor, per suam malitiam « nollet reddere castrum Raymundo Garsiæ, vel ejus succes- « sori hæc facere volenti, et R. G. per vim posset recuperare « castrum , numquam postea teneretur reddere castrum « D. Gastoni, vel suo successori, et ipse Gasto cum suo suc- « cessore esset proditor et perjurus Raymundi Garsiæ et « totius sui generis. »

Philippes de Beaumanoir[1] rapporte plusieurs cas où le seigneur peut *mesfaire*, c'est à dire se rendre criminel envers son vassal, et entre autres s'il se faisoit rendre le château de son vassal, sous pretexte de guerre, quoy qu'il n'en eust point : « Comme s'il disoit : Je l'ay pris por moi aidier de « me guerre, et il n'avoit point de guerre ; dont apparoist-il « qu'il ne le feroit, fors por son home grever ; et aussi s'il « les prenoit pour mettre ses prisons, et il les y lessoit resi- « dens longuement. Et il le peut bien amender, si come il « les[2] bien oster de Baesques legerement, et mener le soe « prison ; en tel cas se mesferoit-il envers son home, et aussi « s'il faignoit qu'il en eust auscun mestier, et il avoit haine, « ou maintes fêtes à celi qui la forterece seroit ; ou s'il le « fesoit por ce qu'il vousist porcacier vilonie de se feme, « ou de sa fille, ou d'autre feme qui seroit en se garde ; en « tos ces cas se mesferoit-il. » Puis il ajoûte la voie que le vassal doit tenir en ces cas pour tirer raison de l'injure qui luy est faite par son seigneur, en ces termes : « Et si tost « come il font tex desavenans, et delaissie ne le veuroient « à la requeste de lor homes, si li homs le denonchoit au « roy, barons ne doit ja soffrir plet ordené entre le seigneur « et son home en tel cas : ainçois doist tantost fère savoir « por quel cause li sires a saisi la forterece de son home ; « et s'il voit qu'il l'ait saisie por resnable cause, ou par son « loyal besoing, on l'i doit soffrir : et se non, on l'en doit « oster, et rendre à son home, et li defendre sor quanques il « pot meffère, qu'il ne l'en preigne plus, se n'est por son « besoing cler et apparant. »

1. Id. p. 876. — 2. Louvet, aux Antiq. de Beauvais. — 3. Loisel, l. 5, des Instit. tit. 3, art. 51 . Pithon, sur la Coust. de Troies, art. 11, 12, 24 et 87 , Brodeau, sur la Coust. de Paris, art. 7. — 4. L. 13, p. 440.

1. Ch. 58. — 2. Sic in MS.

DE
IMPERATORUM
CONSTANTINOPOLITANORUM,

SEU

DE INFERIORIS ÆVI, VEL IMPERII,

UTI VOCANT,

NUMISMATIBUS,

DISSERTATIO.

DISSERTATIONIS

DE

IMPERATORUM CONSTANTINOPOLITANORUM NUMMIS

SYLLABUS.

I. Nummorum CP. cognitio necessaria.
II. Nummi Consulares.
III. Paria Consulum.
IV. Habitus Consularis.
V. Clavus.
VI. Subarmalis.
VII. Lorum.
VIII. Pallium.
IX. Lora feminarum Consularium.
X. Lora Imperatorum Occidentis.
XI. Forma Pallii Pontificii.
XII. Stolæ Sacerdotum.
XIII. Sceptrum Consulare.
XIV. Aquila imperii symbolum.
XV. Aquila Romanorum.
XVI. Aquila biceps quando invecta.
XVII. Aquila biceps in nummis Byzantinis.
XVIII. Aquila Occidentalis imperii.
XIX. Volumen vel Mappa.
XX. Acacia.
XXI. Nummi in quibus equi Imperatoribus appinguntur.
XXII. Nimbus.
XXIII. Consularis dignitas quando desiit.
XXIV. Cæsarea Insignia.
XXV. Camelaucium.
XXVI. Globus cruciger.
XXVII. Globus cruciger inter Insignia Imperatorum Occidentalium.
XXVIII. Labarum.
XXIX. Narthex.
XXX. De Codice Evangeliorum ab Imperatorum gestato.
XXXI. Crux in Nummis.
XXXII. Monogramma Christi.
XXXIII. De inscriptione IC. XC NIKA.
XXXIV. Christi effigies in Nummis.
XXXV. Nummi Zimisciani.
XXXVI. Quomodo Christus in Nummis effingitur.
XXXVII. Imperatores a Deo coronati.
XXXVIII. Deipara efficta in Nummis.
XXXIX. Sanctorum imagines in Nummis.
XL. Sancti Georgii imago in Nummis.
XLI. Imperatoris titulus omissus in Nummis Byzantinis.
XLII. Titulus DN. tributus Imperatoribus et Cæsaribus in Nummis.
XLIII. Despotæ titulus in Nummis.
XLIV. Flavii prænomen.
XLV. Titulus perpetui Augusti.
XLVI. Titulus Imperatoriæ et Tribuniciæ potestatis.
XLVII. Titulus Novi Constantini.
XLVIII. Nummi votivi.
XLIX. Nummus Constantini in quo exaratum, PLUR. NATAL.
L. Vota multa.
LI. Acclamatio πολυχρονίου.
LII. Anni Imperii Nummis adscripti.
LIII. Inscriptiones in medio Nummo.
LIV. Nomina Urbium in quibus cusi sunt, Nummis adscripta.
LV. De literis CONOB.
LVI. Eædem literæ in aliis Nummis quam iis qui Cpoli cusi sunt.
LVII. Eædem literæ in Nummis Francicis.
LVIII. Officinæ monetariæ Orientis.
LIX. Officinæ monetariæ Occidentis.
LX. Aliæ officinæ monetariæ.
LXI. Nummus Constantini M. explicatus.
LXII. Vetus Inscriptio nuper detecta.
LXIII. Nummi alii Constantini, in quibus exaratum *Francia, Alemannia*.
LXIV. Nummi in quibus vallum describitur.
LXV. Sapphyrus Constantii Imperatoris.
LXVI. Nummus Constantis in Britanniam transmittentis.
LXVII. Nummus Julii Silvani.
LXVIII. Nummus Bonifacii triumphum exhibens.
LXIX. Nummus Plac. Valentiniani, in quo expressus Petron. Maximus.
LXX. Nummus Justiniani in quo expressus Belisarius.
LXXI. Nummus Stilichonis.
LXXII. Nummi restituti et contorniati.
LXXIII. Nummus adulterinus Heraclii.
LXXIV. Ædes Anastaseos expressa in eo Nummo.
LXXV. Imperatores Constantinopolitani imberbes, barbati.
LXXVI. Nummi Imperatorum ex gente Palæologa.
LXXVII. Medalliæ Joannis et Constantini Palæologorum.
LXXVIII. Nummi Helenæ nomen præferentes.
LXXIX. Nummi utriusque Theodosii.
LXXX. Nummi utriusque Justini.
LXXXI. Nummi Constantini et Constantis ex familia Heracliana.
LXXXII. Numismata τρικέφαλα.
LXXXIII. Nummi Regum Gothicorum Italiæ.
LXXXIV. Nummi Exarchorum Ravennæ.
LXXXV. De barbaricis characteribus.
LXXXVI. Solidus aureus.
LXXXVII. Exagium.
LXXXVIII. Nomisma.
LXXXIX. Chrysinus.
XC. Hyperpyrum.
XCI. Talentum.
XCII. Byzantius.
XCIII. CPolitani Nummi.
XCIV. Nummi Imperatorum nomine donati.
XCV. Semissis.
XCVI. Tremissis.
XCVII. Tetarteron.
XCVIII. Miliarensis.
XCIX. Ceratium.
C. Follis.
CI. Follis majoris pretii.
CII. Obolus.
CIII. Leptum, quadrans, nummus.
CIV. Assarium.
CV. Στάμενα.
CVI. Aspri.
CVII. Centenionales. Majorinæ pecuniæ.
CVIII. Monetæ, Caucii, Quadratæ, etc., dictæ.
CIX. Scyphati.
CX. Χάραγμα, στατήρ, quævis pecunia.
CXI. Medallia.
CXII. Malliæ nostrates.
CXIII. Masculi.

DE
IMPERATORUM
CONSTANTINOPOLITANORUM,

SEU

DE INFERIORIS ÆVI, VEL IMPERII,

UTI VOCANT,

NUMISMATIBUS,

DISSERTATIO.

I.

NUMMORUM CONSTANTINOPOLITANORUM NECESSARIA COGNITIO.

Etsi tot viri eruditissimi et in re nummaria antiqua peritissimi de hac liberalium disciplinarum parte copiose hactenus disseruerint, ac luculentos de numismatum figuris et inscriptionibus ediderint commentarios, eos tamen quos inferioris vocant Imperii nummos, fere omnes neglexere, maxime qui post Heraclium regnavere imperatorum Constantinopolitanorum, tum quod male formatas figuras exhibeant, insulsasque, ne dicam ineptas, inscriptiones, tum etiam quod nihil in se fere contineant quod ad arguta illa et ingeniosa veterum numismatum ænigmata accedat. Verum quisquiliarum ejusmodi, quandoquidem postremam istam nummariam suppellectilem ita indigitant, doctiorum hominum studio minime videtur indigna cognitio. Licet enim exquisita illa in iis vix occurrant reconditioris eruditionis argumenta, quæ vetustiora numismata passim suppeditant, ac viris literatis divinationum et conjecturarum præbent occasiones, insunt aliquando tamen in istis quæ Œdipo indigeant, qui obscura præveque quantumvis edita pandat oracula, atque explicet. Fatendum deinde viliora ista numismata ad ævi quo formati sunt historiam conducere, ab iisque lumen interdum accendi scriptoribus byzantinis. Horum denique notitia ex sese nullam licet contineret utilitatem, aut certe haberet nihil quod distinere debeat liberalem et excultum literis animum, si non magni, aliquanti tamen interest agnoscere quorum sint principum, et a quibus cusa et formata quæ manibus versamus numismata, et characterum in aversa eorum facie vim vel percipere, vel saltem investigare ; quandoquidem nihil frustra in iis positum vel effictum licet arbitrari. Enimvero, ut in antiquioribus numismatibus, præteritorum seculorum felicem artium peritiam, ingeniorum acre judicium, et præclaras ac sagaces ænigmatum adinventiones demiramur ; ita in iis quæ ævi sunt sequioris et labentis Imperii, artificum inscitiam, literarum, atque mechanicarum perinde ac liberalium artium lapsum et interitum ; et quod stupendum, apud gentem cui literas et artes orbis debet, licebit deplorare. Licebit, inquam, male formatos ac cusos nummos intueri, pessime insuper effigiatos, barbaros inductos characteres, barbaras etiam ac utraque lingua mixtas persæpe inscriptiones, nullo denique fere genio vel ingenio expressas adversarum partium, si quæ habentur, figuras. Sed hæc sunt infimæ omnino ætatis numismatum ; nam ævo Constantini, et qui proxime successerunt augustorum, longe alia occurrit nummorum facies, ut qui et in figuris et ænigmatum descriptionibus vix prioribus cedant. In utroque porro ejusmodi numismatum genere, quæ ad stemmatum byzantinorum illustrationem delineari curavimus, explanando, haud inutilem forte operam nos collocaturos existimavimus, etsi cum qualemcumque divinandi præbent materiam in rebus per se obscuris ac incertis, nobismet conjecturis indulgendi facultatem arrogaremus. Quod quidem hac ratione ita visum est aggredi, ut quæ vel omnibus, vel pluribus ævi sequioris numismatibus conveniunt, in hac dissertatione explicarentur, ut ad eorum accedentibus inspectionem expeditior sit et figuras et characteres dignoscendi via quæ vero cuique propria sunt, post singula imperatorum stemmata brevioribus notis illustrarentur, in eo quod de familiis augustis byzantinis confecimus opere. Quæ igitur omnibus vel pluribus conveniunt, aut imperatorum effigies, vestes nempe et adjuncta dignitatum insignia ac symbola spectant; aut inscriptiones ab iis quæ in superioris ævi occurrunt nummis diversas; vel denique nummorum ipsorum novas et antiquis incognitas appellationes: quibus quidem observationibus quædam adjungenda duximus, quæ in nummis iisdem prolixiori indigent commentario, tum etiam de spuriis ac adulterinis, atque adeo de iis quos *Contorniatos* vocant. Ita quadripartitum opus adornandum nobis incumbit.

II.

NUMMI CONSULARES.

Atque ut ab augustorum figuris initium ducat instituta disputatio, ex nummis imperatoriis quidam consulares appellantur: in quibus scilicet imperatores aut cæsares consulari habitu effinguntur iisquibus consulatum gessere annis eusi: nam unicam consulatus dignitatem tanquam imperatoriæ majestatis προσθήκην, ut loquitur Libanius[1], semper ambleruñt augusti. Varie autem effictos cernimus. interdum enim *expressa thorace vultus imagine*, ut verbis utar Pollionis, cum stola consulari, sceptro aquiligero in dextra, et corona radiata qua caput cingitur. ut sunt nummi Aurelii Probi apud Tristanum[2], Constantii Chlori, cui pro lemmate, VIRTUS AUGG. et Constantini M., qui in cipo præfert. VOT. XX cususque est anno decimo vel decimo quinto Imperii · nam hisce annis consul fuit Constantinus. Ejusmodi etiam est nummus Crispi nobilissimi Cæsaris laurea præcincti, cum stola perinde consulari, et sceptro aquiligero, nulla anni consulatus nota. Ter autem consul fuit Crispus[3]: ac primo cum Licinio V., rursum cum Constantino II, denique cum Constantino III. Iis etiam forsan accensendi aliquot ex Licinianis, tametsi sceptrum non præferant. Simili denique figura exhibentur in nummis, non lusca quidem. sed plena facie, protomæ Tiberii Constantini. et Mauricii Tiberii, dextra volumen, læva sceptrum aquiligerum, Phocæ vero loco, sceptri crucem[4]. Philippici denique loco voluminis globum crucigerum tenentium[5]. Nam, etsi post Justinianum in Fastis consules non describantur, certum est tamen longe postea hanc dignitatem obtinuisse, uti mox dicturi sumus, et ad consularem dignitatem referendos videri nummos inferioris ætatis augustorum, in quibus consulari habitu exhibentur.

III.

PARIA CONSULUM EXPRESSA IN NUMMIS.

Interdum par consulum ἐπὶ τοῦ βήματος, ut est apud Themistium[6], seu pro tribunali sedentium. effictum conspicitur. Ita in nummo Constantis imperatoris æreo, majoris formæ. sedet ipse Constans celsior, caput nimbo vel lumine[7] circumdatus, cum binis consulibus, in tribunali, in cujus basi legitur hæc inscriptio. VOT. v., quæ arguit Felicianum et Titianum in eo exprimi, qui consulatum gerebant, cum Constantinus M. excessit 25 julii, quo pro Constante Augusto[8] vota quinquennaliorum soluta sunt: aut forte Ursum et Polemium, qui sequenti. Consules etiam Constantinum et Constantem repræsentat nummus alter[9] aureus, majoris perinde formæ, pro tribunali sedentes, caputque nimbo exornatos, quibus adstant figuræ duæ stolatæ, laureos ramos porrigentes, cum Christi monogrammate inter utriusque Augusti capita, et hac inscriptione, GLORIA REIPUBLICÆ, nam ter simul consulatum gessere, annis silicet 339-342-346. Maxime vero inter consulares insignis est nummus aureus Theodosii[10] junioris, in quo Theodosius ipse in sella sedet cum Placidio Valentiniano. Uterque autem habitu consulari dextra volumen, sinistra globum crucigerum tenet, ubi Valentinianus ut puer effingitur, adeo ut ad primum, quo Cæsaris, vel potius ad secundum ejus consulatum, quo Augusti nomen gessit, ut qui cum globo crucigero effingatur, imperii symbolo, referri debeat, cum ætatis annum sextum vel septimum vix tum attigisset. Eorumdem etiam Theodosii

---

1. In Consulat. Juliani. — 2. Tom. 3, p. 280. — 3. * Crispus et Licinius, an. 318; Crispus et Constantinus II, an. 321. Crispus et Constantinus III, an. 324. — 4. * Vide Bandurii Numismata, tom. 2, pag. 675. — 5. * Vide Bandur. ibid. pag. 808, in *Filepico*, seu *Philippico*. — 6 Orat. II, p. 234. — 7. * Apud Mediobarb. in Constante Tr Potest. IV, pag. 430, edit. Mediol 1730. — 8. * Anno 337. — 9. * Nummus regius. Vide Bandur. Numism. in Constante, tom. 1, pag. 340. — 10. * Consule Bandur. ibid. pag. 558.

et Valentiniani consulum imagines, in altero ipsius Theodosii, qui hunc excipit, ni fallor, habentur. Imperatorum denique paria exhibent perinde nummi Valentiniani senioris[1], Valentis, Gratiani, Valentiniani junioris, Theodosii, Maximi Tyranni, et Victoris, non ut consulum, sed ut imperatoriæ dignitatis consortium et collegarum: quod et indicat globus quem iis in nummis uterque expressus augustus dextra tenet. Nam nec Maximus, nec Victor filius consulatum una gessere, quorum alter ut puer in nummo effingitur.

IV.

HABITUS CONSULARIS.

Ex habitu igitur consulari nummos imperatorum consulares esse deprehendimus. Non de veterum reipublicæ romanæ, sed de citerioris ævi consulum ornatu ac veste hic sermo est, quorum insignia a priorum consulum insignibus si non diversa, saltem non prorsus eadem fuisse, in confesso esse debet. Notum ex scriptoribus priscorum consulum vestes fuisse togas pictas et palmatas, ac trabeas, quod pluribus docuere pridem criticorum filii, tametsi utrumne a se invicem diversæ fuerint, non plane definiunt. Certum pariter istius nomenclaturæ indumenta etiam consulibus sub constantinopolitanis imperatoribus adscribi. Sed cum veterum consulum imagines, sive in statuis, sive in numismatibus dignitatis istius insignium formam materiamque non ita prodant, ut res extra omnem controversiam habeatur, incertum manet an eadem fuerint quæ numismata ac diptycha consularia repræsentant. In iis quippe, maxime in diptychis, ubi habitus consularis universus plene conspicitur[2], Consules tunicis palmatis et togis pictis induti apparent, cui superfunditur fascia latior collum ambiens, cujus pars dextra strictior, a dextro humero recta circa pectus ultra genua descendit. ipsumque humerum ac brachium dextrum circumvolvens, sinistrum humerum amplectitur. explicans sese, latiorque sensim effecta, ac circa dorsum delapsa, rursum a dextro latere per umbilicum transversum agitur, et infimam sinistri brachii partem, qua manui illud conjungitur, involvit, reliqua fasciæ parte retro pendula. Ita quidem in Diptychis Leodiensi et Bituricensi ab Alexandro Wilthemio descriptis, quæ in Compendiensi apud Sirmondum ad Sidonium, et in numismatibus decussata tantum ad pectus cernitur, forte quod reliqua et inferior corporis pars in iis desit. Sed præstat hoc loco diptychon[3] aliud consulare eburneum (tametsi cujus consulis sit minime constet, cum nulla in eo habeatur inscriptio) ex gazophylacio regio describere, ea quæ est forma ac magnitudine, tum ut habitus consularis omnino percipiatur, tum quod quædam contineat, quæ in aliis diptychis non occurrunt. Nam consuli utrimque adstant figuræ muliebres habitu satis insolenti, præsertim quoad ornatum capitis, quarum quæ ad dextram est hastam vel bacillum tenet, altera clypeo læva innititur, seu illa Minerva vel Pallas sit, seu alia quævis dea, cum hisce figuris virtutes designari proclivi sit, ut in Julianæ imagine, de qua mox agemus, et ut ejusce ævi pictores ac sculptores solebant, quod præterea satis docent figuræ aliquot ejusmodi in Notitia Imperii Orientalis[4] descriptæ. Consul vero ipse dextram. qua mappam seu volumen tenet, non erigit, sed in gremio demissam habet.

V.

CLAVUS.

Fasciam istam veterum esse latum clavum quidam censent, qui apud Sosipatrum[5] *impurpurata vestis, id est* ἐμπόρφυρος ἐσθὴς καὶ ἔνηλος, appellatur, et senatorum proprius fuit, qui trabeis aliisque vestibus attexebatur, quas περιπορφύρους et φοινικοπορφύρους vocat alicubi Dio, ut πλατυπόρφυρα ἱμάτια Archippus apud Pollucem[6]: purpuræ quippe nomine limbos vestium donabant. Veteres Glossæ: Κυκλας, ἡ περὶ τὴν χλαμύδα κυκλοπορφύρα, *limbus.* Alibi: Πορφύρα ὑφασμένη, *clavus*. Gloss. S. Benedicti cap. de Vestimentis: *Clavi*, σημεία. *Clavare*, πορφυρῶσαι. Senator[7] in formula Rectoris provinciæ: « Chlamidis tuæ procul dubio clavos intende, quos scias « non inaniter positos. Hinc fit ut cum publicum agentes,

---

1 * Vide Mediobarbum, in Valentiniano seniore Trib. Pot. IV, ad an. 368. — 2. * Vide Senatorem Bonarotam, in Animadv. ad tria diptycha, cujus ectypa exstant in fine ipsius operis, *De antiquis vitris*. Bottarius. — 3. V. Tabell. 1. — 4. Cap. 130. — 5. L. 1. — 6. L. 7, c. 14. — 7. L. 6, ep. 24.

« purpuram cernerent, de vigore Principis semper admo-
« nerent. » Septima Synodus, can. 15. Οὐδὲ ἐκ σηρικῶν ὑφα-
σμάτων πεποικιλμένην ἐσθῆτα ἐπεδυτό τις, οὐδὲ προσετίθεσαν ἑτερόχροα
ἐπιβλήματα ἐν τοῖς ἀκροῖς τῶν ἱματίων. Sed *clavi* isti *purpurei*
limbos vestium proprie spectant, a quibus dictae ejusmodi
vestes *auroclavatae*, vel *auroclavae*, ut habet vetus interpres
Juvenalis[1] : unde recentiores Graeci vocem χρυσοκλαβαρικὸς
formarunt. Verum alii fuere postmodum senatorum et consulum *lati clavi*, quorum formam ita describit Acron ad illud
Horatii : « Praetextam et latum clavum . latum clavum pur-
« puram dicit quae in pectore extenditur senatorum. Graeci
« τὸν κολοβίωνα vocant. Usum ejus hodie retinent principes,
« injicientes vesti a cervice et pectus indumentum ex pur-
« pura, vel pellibus pretiosis muris Pontici, vel aliis, dum
« regio habitu prodeunt in publicum. » Ubi nemo non videt
graphice describi ac designari fasciam istam consularem
quae, ad collum convoluta, a cervice ad pectus descendens
colobii speciem referebat : quod tunicam absque manicis
fuisse testantur passim scriptores. Unde apud Ammianum[2] :
pectoralis illa tunica sine manicis texta, cujusmodi colobion
Acronis fuit, *regale indumentum* appellatur : non quod revera
Acronianus colobion esset tunica contexta absque manicis,
ut diaconorum fuit ; sed quod clavus, olim vesti adtextus.
deinde ab ea avulsus. ita ad collum et humeros circumvolveretur, et ad pectus defluerent, ut colobii revera speciem
praeberet. Clavos enim non modo purpuras vestium limbis
adtextas vocabant, sed et quasvis longiores fascias, ut *lin-
teorum clavos latissimos* dixit Ammianus[3], *mappas laticlavias*
Petronius Arbiter, *mantilia cocco clavata* Lampridius, in
Alexandro Severo. Clavos igitur intelligit Pacatus per *purpuras consulares*, cum, ut diximus eas vesti consulari olim
attexerentur, uti ea effingitur in nummo Augusti, quem
designavit Bizaeus[4] : quae neque multum discrepat ab ea qua
indutus conspicitur Maximianus cum radiato stemmate in
nummo argenteo, in cujus aversa facie scriptum : PAX
AUGG., nisi quod revera fascia latior collum ambiens, et
ante pectus defluens potius videtur. Atque hic quidem colobion, consulum proprius non omnino fuit, sed senatorum
omnium pacificus habitus, ut docet lex 1. Cod. Th. de
Habitu (14, 10.)[5] quo uti oportet intra urbem . « Nullus
« senatorum habitum sibi vindicet militarem, sed chla-
« mydis terrore deposito, quieta coloborum ac penularum
« induat vestimenta. » Tametsi consulum *colobiones* purpu-
reos fuisse, aut ex pretiosiori alio panno, par sit credere.

VI.

SUBARMALIS.

At cum inter vestes consulares alia occurrat apud scriptores aevi posterioris, quam *Subarmalis* nomenclatura donant,
videant eruditi an non ipsa eadem sit fascia, sic appellata,
quod sub *armis*, id est sub humeris, circumvolvat pectus,
uti effingitur : adeo ut fuerit quod ὡμοφόριον vocavit aetas
posterior. Valerianus quippe augustus sic Aurelianum compellat apud Vopiscum[6] « Cape igitur tibi pro rebus gestis
« tuis... togam praetextam, tunicam palmatam, togam pic-
« tam, subarmalem profundum, sellam eboratam : nam te
« consulem hodie designo, etc. » Ubi cum *subarmalis* postrema ex vestibus consularibus recenseatur, admodum probabile est eam esse quae caeteris superfundebatur. Neque
sane omnino a subarmali diversa fuit vestis illa quam *succinctorium* nuncupant, uti describitur ab Isidoro[7] : « Redimi-
« culum est quod succinctorium, sive bracile nuncupamus,
« quod dividens per cervicem, et a lateribus colli divisum.
« utrarumque alarum sinum ambit, atque hinc inde succin-
« git, ut constringens latitudinem vestiat corpus, atque
« conjungendo componat : hoc vulgo Bracile, quasi Brachiale
« vocant, quamvis nunc non brachiorum, sed renum sit
« cingulum. Succinctorium autem vocatum, quod, ut dictum
« est, sub brachiis ductum alarum sinum ambit, atque hinc
« inde succingit. » Quae quidem succinctorii vel bracilis
descriptio, si non subarmalis prorsus, saltem convenit *stolae*
ecclesiasticae, de qua mox agemus, descriptioni. *Subarmalem*
autem, non consulum duntaxat, sed et aliorum magistratuum pacificum fuisse habitum, ut pote in solemnibus
imperatorum processibus ac festis diebus utebantur, pridem
alii observarunt ex Spartiano, Trebellio Pollione, et Hero-
diano. Sed quod Casaubonus dixit fuisse sagum, seu milita-

rem togam sic dictam, quod sub armis fibula annecteretur,
vel sub armis rejiceretur, ex auctorum locis ab eo allatis id
confici nemo, opinor, dixerit. Neque etiam forte fidem apud
plerosque obtinebit, dum *profundum* appellari subarmalem
scribit, quasi ποδήρη, id est, *talarem*, cum hoc loco vox *profundus* videatur potius colorem denotare saturum, intensio-
rem, et subfuscum, ita ut idem sit *subarmalis*, qui Pollioni
cum purpura maura nuncupatur, id est, *ex purpura fusca* :
nam ita Graeci βαθὺ interdum usurpant, ut Hesychius, qui
καὶ τὸ μέγα, καὶ ὑψηλὸν, καὶ μέλαν significare ait. Hac notione
χλοερὸν βαθυύμενον, Paullus Silentiarius[1] *viridem colorem
saturum* appellat. Sic etiam βυσσὸν Graeci pro *profundo*,
perinde ac pro *bysso* seu *purpura* usurpant, atque adeo ἀντὶ
τῆς ὕσγης, ut habet idem Hesychius, sic ut *subarmalis profundus* fuerit ὑσγινοβαφὴς, *hysgino infectus*, ut loquitur Plinius. Quod vero *profundum* vocat Valerianus Imperator,
fundatum appellarunt scriptores aevi inferioris : nam vocem
hanc cum *tyria purpura*, aut *blatta* fere semper conjungit
Anastasius Bibliothecarius, uti alibi docemus[4]. Igitur *subarmalis profundus* fuerit, nostra quidem sententia, ex purpura
intensiore ac satura, atque adeo διβαφής.

VII (VI).

LORUM.

Sed quam haec aetas *clavum*, vel *subarmalem*, vel alia
nomenclatura dixit, fasciam illam consularem posterior
lorum appellavit, quod lori seu cinguli formam referret. Id
enim genus esse ornamenti, quod Silvestro summo pontifici
inter alia concessum aiunt a Constantino Magno, jam per-
suasum habetur. Ita enim Anastasius Bibliothecarius[3], ubi
de ejusdem Augusti donatione, ex codice Mazarino : « Deinde
« diadema, videlicet coronam capitis nostri, simulque phry-
« gium, necnon et superhumerale, videlicet lorum quod
« imperiale circumdare solet collum. Ubi Graeca habent :
ἅμα καὶ τὸ λῶρον, καὶ τὸ ὡμοφόριον, ὅπερ κυκλοῖ τὸν βασιλικὸν τράχηλον. Hic exclamat Laurentius Valla[4] : « Superhumerale
« ais esse lorum, nec quid sit lorum tenes. Non enim cingu-
« lum ex corio factum, quod dicitur Lorum, sentis circundari
« pro ornamento Caesaris collo : hinc est quod habenas et
« verbera vocamus lora. Quod si quando dicantur lora aurea,
« non nisi de habenis, quae auratae collo equi aut alterius
« pecudis circundari assolent, intelligi potest, quae te res, ut
« mea fert opinio. fefellit . et quum lorum circumdare collo
« Caesaris atque Silvestri vis, de homine, de imperatore, de
« summo pontifice equum aut asinum aut canem facis. » Ita
nugantur plerumque purae latinitatis ac veteris scientissimi,
dum in inferioris aetatis scriptorum salebras et quisquilias
incidunt. Sed indulgendum viro alioquin doctissimo, qui nec
quid esset *bannum* vel *lorum* in hac donatione ignorasse
debuit, cum totam vitam terendis melioribus libris insump-
sisset. Perperam vero *lorum* in Graeco distinguitur a *superhu-
merali*, quod unum idemque esse constat, satisque firmat
Anastasius. Scio pallii usum summis aliisque pontificibus
adscribi longe ante Silvestri atque adeo Constantini M.
aetatem : cum Anastasius[3] scribat Marcum PP. constituisse
« ut episcopus ostiensis qui consecrat episcopum urbis, pallio
« uteretur, et ab eodem episcopo urbis Romae consecraretur. »
Sed et auctor Ceremonialis Romani[4], quem Christophorum
Marcellum quidam nominant, ab ipso Lino ejus usum ac
originem auspicatur. Exstat porro hujusce ornamenti imperatorii nomenclaturae vestigium insigne apud Leonem Grammaticum in Basilio[5] : Εὐφρονίζεται καὶ ἐγκαινίζεται ἡ ἐκκλησία,
ἣν ἔκτισεν ὁ βασιλεὺς καὶ ἐκαλλώπισε κόσμῳ πολλῷ. παρὰ Φωτίου
Πατριάρχου, τοῦ βασιλέως ἐν τῇ αὐτῆς καινισμῷ λῶρον φορέσαντος,
καὶ χρήματα πολλὰ δόντος, « Dedicatur ecclesia quam excitavit
« imperator, ornatuque plurimo decoravit, a Photio patriar-
« cha, imperatore in ejus dedicatione lorum ferente, et multas
« pecunias erogante. » Est igitur *lorum* quod postea *pollium*
dictum est, quod consulum et imperatorum gestamen ac
habitus primum fuit. Graeci ὡμοφόριον appellavere, latini
superhumerale, qui ad humeros circumvolveretur, collumque
ambiret : unde τὸ κυκλοῦν τὸν τράχηλον ὡμοφόριον Matheo Blas-
tari, ὁ κύκλῳ περὶ τοὺς ὤμους ἔμπροσθέν τε καὶ ὄπισθεν περιβάλλεται,
ut habet Symeon Thessalonicensis[6]. et περιτραχήλιον dicitur
Germano patriarchae constantinopolitano, in Hist. Eccles.
Proinde ea appellatio indita consularibus ac pontificiis istis
ornamentis, quod haec aetas vestium segmenta *lora* appellaret,

---

1. Ad Satyr. 6. — 2. L. 14. — 3. L. 16. — 4. Ad Aug. dial. tab. 13. —
5. « Colobium differre a latoclavio probat Gothofredus, in Cod. Th. ex L. 19 et 23.
Bottarius. — 6. In Aurel. cap. 13. — 7. L. 19, Orig. c. 33.

1. In Descrip. S. Sophiae, part. 2, v. 227 — 2. In Gloss. — 3. P. 12. — 4. De
Donat Constant. — 5. In Marco. — 6. L. 1, sect 10. — 7. P. 472. — 8. Symeon
Thessalon. de Templo.

ipsasque vestes uno, duobus, tribus aut quinque segmentis distinctas, *monolores, dilores, trilores, et pentilores,* ut Vopiscus [1], quæ universim ἱμάτια λώρωτα vocat Achmes [2].

VIII (VII).

PALLIUM.

Simile porro consulari loro esse pallium pontificium ultro fatebitur, qui pallii Sancti Gregorii M. Papæ descriptionem apud Joannem Diaconum [3] in ejus Vita attentius expenderit. Ita enim effingitur, ut haud fere diversum fuisse a consulari loro prorsus evincatur : « Pallio, inquit, mediocri, a dextro « videlicet humero sub pectore super stomachum circulatim « deducto : deinde sursum per sinistrum humerum post « tergum deposito, cujus pars altera super eundem humerum « veniens, propria rectitudine, non per medium corporis, sed « ex latere pendet. » Ex qua descriptione colligit Angelus Rocca hanc minime convenire posse Gregorii imagini, quæ in ædicula Sancti-Andreæ Romæ conspicitur : cujusmodi etiam similes omnino pontificum romanorum complures effigies in sacris ejusdem civitatis ædibus haberi auctor est, in qua quidem imagine pallium Gregorii more latino factum reperitur. Unde colligit, pallium Gregorianum ejus fuisse formæ qua Græcorum pontificum fuit . hi enim, inquit, pro pallio fasciam quamdam seu zonam, latiorem sane ac longiorem quam stolam, sed instar stolæ collo imponunt : dextra tamen ejus pars multo est longior, et ad terram usque defluit, cujus pars major per sinistrum humerum post tergum rejicitur, ita vero ut crux una a tergo maneat, altera ad dextram, tertia ad sinistram appareat, quarta vero ad eam palli partemque ab humero sinistro pendet. Sed et alio loco pallii materiam describit idem Joannes Diaconus [4] : « Pallium ejus byssa « candente contextum nullis fuisse acubiis (acubus) « perforatum, sicut vetustissimis musis. vel picturis osten- « ditur. » Græcorum Homophorium ex lana, non ex lino, contextum fuisse scribit Isidorus Pelusiota [5]. Enimvero ad terram defluxisse patriarchale ὠμοφόριον satis innuit Zonaras. In Copronymo, dum illud Germani patriarchæ constantinopolitani ab Anastasio quodam inter eundum calcatum scribit. In hoc autem differt consulare lorum in Diptychis expressum a pallio pontificio, quod non modo collum lorum amplectatur, et ad pedes ante defluat, sed etiam a dextro latere circa umbilicum transversum agatur. lævaque manu extrema ejus ora sustentetur [6] : pallium vero pontificium etsi interdum ante et retro ad pedes defluit, interdum etiam pars anterior læva sustentatur pontificis, ut videre est in veteribus tabellis Græcanicis, quas ad illustrationem [hujusce dissertationis et] Historiæ Byzantinæ [hic in tabella 9] delineari curavimus. Pallium id genus consularis ornamenti appellatum nemo forsan mirabitur, qui consulum, in Diptychis, lorum inspexerit, quod sat latitudinis videtur habere, præsertim ubi genua ambit, ut pallii appellatione donari potuerit : cum vestem interiorem totum fere involvat et ambiat Et sane labente sæculo octavo apud Græcos Byzantinos id nominis habuit : μανδύαν enim dixerunt imperatorium istum ornatum qui humeros et scapulas ambit, in *rochi* seu *rocheti* episcopalis formam, ut observat Gretzerus ad Codinum [7] : ex quo stolæ nostratis species quædam ante defluit , ipsi *racho* adjuncta. Ῥοχον enim ad genua usque descendisse auctor est idem Codinus [8] : quo spectant ista ex glossario manuscripto regio [9] : Μανδύας, εἶδος ἱματίου ὅπερ καλεῖται λουρίκιον. Nisi vox postrema non λῶρον, sed ἐπιλωρίκιον, sagum silicet militare hoc loco significet, ut apud Leonem, in Tacticis [10], et alios tametsi ἐπιλουρίκιον civilibus etiam magistratibus non semel adscribat idem Codinus.

IX (VIII).

LORUM CONSULARIUM FEMINARUM.

Id quoque observatione non indignum prorsus existimo, quod non consules duntaxat, sed et *consulares feminas*, uti ab Ulpiano [11] consulum uxores vocantur, eodem ac simili pene perinde habitu usas quo conjuges, colligere sit ex iconismo, qui in vetustissimo Dioscoridis codice scripto habetur in bibliotheca Cæsarea, uti a Petro Lambecio [12], ejusdem curatore doctissimo, describitur : ubi μεγαλοψυχία et φρόνησις habitu muliebri illustrissimæ Julianæ, cujus nomen ibi exaratum legitur, assident : ipsa vero, fascia illa ampliori collum et humeros amplectente, et pectus attingente, exornata conspicitur, in hoc a consulari fascia diversa, quod ista muliebris sinistro brachio non aptetur. Fasciæ colorem non distinxit idem Lambecius, contentus observasse « in « medio octogono sedere in throno duabus aquilis suffulto, « feminam diademate regio, vestituque partim aureo, partim « cæruleo, et calceis rubris, instar imperatricis Constanti- « nopolitanæ exornatam. » Certe ex novella Justiniani [1], consulum uxores, quæ συνεκλάμπουσι ταῖς τῶν συνοικούντων ἀκτῖσι, *radiis maritorum coruscant*, eodem quo ii *schemate*, id est, ornatu donatas licet colligere. Ubi Julianus Antecessor [2], quod Justinianus σχῆμα, *honorem* vocat *consulariæ dignitatis*, et *maritales infulas*. (Scribit Lampridius in Heliogabalo [3], quasdam matronas consulares conjugii ornamentis fuisse donatas : idque veteres imperatores affinibus detulisse, et his maxime quæ nobilitatos maritos non habuerant, ne innobilitatæ remanerent.) Fuit autem Juliana, filia, ut recte conjicit idem Lambecius. Olybrii augusti ex Valentiniani III filia Placidia, et Areobindæ consulis uxor [4].

X.

LORA IMPERATORUM OCCIDENTIS.

Eidem muliebri Julianæ loro propemodum simile videtur illud quo usi sunt Occidentales imperatores. Exstat siquidem in codice Augustano libri Frederici II imperatoris *de Arte venandi per aves rapaces*, icon ejusdem imperatoris sedentis cum paludamento togæ superinjecto, dextra sceptrum liliatum tenentis. Supra togam vero pendet a collo fascia latior, gemmis et lapillis distincta, ad pedes, quæ balteo quodam ejusdem ferme latitudinis circa pectus constringitur, quem *fasciam pectoralem,* seu στηθόδεσμον possumus appellare, ut est in vett. Glossis. Figuram exhibuit editor, qui putat esse Manfredi regis Siciliæ, qui additamenta quædam parentis libro adjecit, hoc argumento, quod imberbis sit. cum allæ ejusdem imperatoris barbatæ. inquit, conspiciantur Nos vero non tam regium quam imperatorium esse ornamentum omnino censuerimus, quamquam regum etiam fuisse satis erinçunt ipse Petrus IV, rex Aragonum. de sui ipsius vestibus regiis scribit · ait enim iis superfusam stolam quæ etiam pectus ambiebat, hisce verbis Catalanicis [5] « E apres una dalmatica de drap vermell historiat « ab obres d'aur et ab fullatges : mas no i avia perles, ne « altres obres , perço que se apparella cuytadament ; et « daquest drap mateich una estola, que començà en lo muscle « esquerra, et traversa al costar dret, et puis er acincta « enfor̃n, e eran egualñts los caps de la estola , e un mani- « ples, et calces deldit drap sens sabates, etc. »

XI (IX).

FORMA PALLII PONTIFICII.

Ut porro procedente tempore pontificium pallium, apud Latinos præsertim, non fascia fuit libera ac sponte defluens, collumque circumdans, sed ad majorem sacra facientium pontificum commoditatem ita aptata, connexa, ac consuta, ut formam suam antiquam servaret, tribus acubus vel aciculis, quas et *spinas* aut *spinulas* vocabant, casulæ defixa, in anteriori et posteriori parte, et ad humerum sinistrum. in dextra enim acus non figitur : ita a Græcis augustis *lorum*, quod primitus liberum fuit, simpleoque fascia collo ac corpori circumfusa, postmodum ad majorem etiam commoditatem superiori vesti, quam, ut diximus, μανδύαν seu ῥόχγον nuncupabant, assutum est ; ita tamen ut lori veteris formam quadantenus servaret. Ut sane omnino deprehendere est in Michaelis et Manuelis Palæologi imperatorum figuris quas delineari curavimus [6] · in quibus non modo nescio quis ornatus collum ambiens describitur, ex quo stolæ seu largioris fasciæ species ante defluit : umbilicum vero circumcingit fascia alia latior margaritis et lapillis adornata. cum limbo ex opere Phrygio, unionibus perinde ac lapillis pretiosis distincto, ubique fasciam ambiente, cujus pars extrema sinistro imperatoris brachio sustentatur, ab eo, ut

---

1. In Aureliano, cap. 46. — 2. C. 220. — 3. L. 4, cap. 84. — 4. Id. c. 80 — 5. Lib. 1, epist. 136. — 6. Leo, Imp. Orac. 16, p 273. — 7. L. 3, c. 14. — 8. L. 14, n. 3. — 9. Cod. 1673 — 10. Cap. 6, n. 20. — 11. L. 1, D. de Senator. (9, 1.) — 12. Lambec. l. 2, Comm. de Cæsares Bibl. c. 8.

1. 105, cap. 2. — 2. Const. 98. — 3. Cap. 4. — 4. V. Tabell. 2. — 5. L. 3, c. 16, 33. — 6. * Tabell. 6, 7.

consulare lorum, pendula. Id genus imperatorii ornamenti διάδημα appellavit ætas posterior, quemadmodum tradit Codinus [1], ut quod vestes cæteras constringat.

XII (X).

STOLÆ SACERDOTUM.

Neque forsan aliunde stolas suas accepere christiani sacerdotes, regiis nempe ornamentis et indumentis donati subinde a principibus : cum et Theodosii junioris nummi aliquot a nobis descripti imperatorem eundem consulem simili stola ad pectus decussata repræsentent, ut et vetus tabella græcanica Michaelem et Gabrielem archangelos, loro quidem augustali decoratos, sed ad pectus decussato, illud etiam ambiente, et ad sinistram reflexo, quomodo denique imperator Constantinopolitanus effingitur in Leonis imperatoris Oraculis [2] : adeo ut inde colligere liceat stolam istam aliud non esse quam succinctorium, cujus supra meminimus. Quin etiam stola interdum nuncupatur ipsum archiepiscopale pallium : quod vulgo dicitur esse « ornamentum « ad modum stolæ sacerdotalis, crucibus intextum, super « alia ornamenta delatum, humeros ad instar coronæ pec- « tusque circumdans, ante dependens [3]. » Sane stolæ nomine pallium exerte donant Eadmerus, ubi de sancto Anselmo, archiepiscopo cantuariensi, Alexander II PP., in epistola ad Hugonem, archiepiscopum rotomagensem. et Landulfus de Sancto-Paulo, locis in Glossario nostro descriptis. Collum vero, perinde ac pallium, circumdat stola *ad interiora descendens*, inquit Stephanus Eduensis, decussatimque stringitur, ut consularis fascia, quam fortassis ἱερὰν στολήν vocat Themistius [4]. Nec scio an stola sacerdotalis, ut consularis, pectus olim amplexa sit, sinistro brachio circumfusa, uti in veteribus tabellis græcanicis homophorium episcoporum interdum delatum observavimus. cum id testari videatur manipulus, qui sinistrum sacerdotis brachium cingit, ita ut pars stolæ olim fuerit. et ab ea postea resecta. ad majorem sacra facientium sacerdotum commoditatem. Jacobus Cardinalis [5]. de Coronatione Bonifacii VIII PP :

..... Cubitum lævum cingitque maniplus.

Hisce omnibus addendum insuper, diaconos, apud Græcos, stolam (quam in humero sinistro pro more recepto gestant, ut docent Chrysostomus [6], Euchologium Græcorum [7] et vetus tabella græcanica [8], quam hic describi curavimus, in qua effictus est sanctus Stephanus. præterea Georgii Pachymeris effigies. quam ex codice manuscripto Augustano ejusdem historiæ descripsit Wolphius [9]). cum communicaturi erant, σταυροειδῶς præcingere ante et retro, ita tamen ut pectus ambiat, forma haud omnino diversa ab ea qua *lorum* gestari diximus, ut videre est in tabella, quam delineavit vir eruditissimus Jacobus Goarus [10].

XIII (XI).

CONSULARE SCEPTRUM.

De sceptro eburneo, vel aureo, dignitatis consularis perinde in nummis symbolo. nihil est quod hic dicamus. cum obvia sint quæ in hanc rem conferri possunt ; præstat tantum monere in consulis Anastasii sceptro, quod habetur in Diptycho Leodiensi, aquilam corolla laurea ambiri et includi, cui trina virorum capita imminent [11]. In Bituricensi aquila alis expansis circulum vel orbem amplectitur, in quo viri, imperatoris forte, effigies delineatur. Addo denique imperatorum numismata consularia videri, quotquot ejus modi sceptro in iis conspicui sunt : in quibus est medallio æreus Licinii, in gazophylacio canonicorum regularium Sanctæ-Genovefæ Parisiensis, cum inscriptione in aversa parte, JOVI CONSERVATORI, in quo palmata indutus conspicitur idem augustus. Verum desiit sensim gestamen istud consulare, primusque Phocas imperator pro sceptro aquilligero crucem assumpsit, ut ex nummis ejus docemur, in quibus consulari habitu effingitur, et cum volumine . quod cæteri fere deinceps augusti usurpavere tametsi postmo-

dum idem sceptrum gestasse Philippicum imperatorem ejus ostendant nummi.

XIV.

AQUILA IMPERII SYMBOLUM.

Hic porro disquirendum videtur an ab ejusmodi consularibus imperatorum sceptris, an vero a Romanorum veterum militaribus aquilligeris signis, in utriusque imperii symbolum, seu, uti vocant, armorum insignia, aquila transierit : quando etiam efficta biceps, et an revera apud Constantinopolitanos armorum seu insignium usus, saltem sub extrema tempora, obtinuerit : cum ad numismatum Byzantinorum historiam id prorsus pertineat, in quibus aquila interdum conspicitur, uti mox indicabimus. Aquilam pro regiæ ac supremæ dignitatis symbolo fere semper habitam palam est. Scribit Fulgentius [1] in præliis aquilam auream in signis bellicis sibi fecisse Jovem, hincque finxisse poetas ejusce avis ministerio rapuisse Ganymedem ; atque ideo fortassis scholiastes Cæsaris Germanici ad Arati Phænomena [2] aquilam *signum Jovis* appellavit. ut de ea longe antea dixerat Theocritus [3], Διὸς αἴσιος ἀιετὸς ὄρνις. Ζηνὸς που τόδε σῆμα. Aiunt [4] porro Jovem sibi hanc potissimum avem delegisse, quod dum adhuc in cunis esset in Creta insula, nectar eidem quotidie deferret aquila ex scopulis, ut ex oceano ambrosiam columbæ ; vel, ut alii volunt, quod felici aquilæ advolantis augurio victoriam contra Titanas esset consecutus ; vel sane quod aquila ζῶον βασιλικὸν, *animal regium* sit, uti appellatur ab Æschyli Scholiaste [5], et supremi imperii, quod in Jove finxere gentiles, ut est apud Dionysium Areopagitam, symbolum fuerit [6]. Hinc Clearchus Heracleensis tyrannus, cum se ab ipso Jove prodiisse populis vellet persuadere, aquilam, tanquam divinorum istorum natalium præcipuum argumentum, sibi præferri voluit [7]. Scribunt alii [8] Persarum reges aquilam hastæ longiori impositam, vexilli loco, in præliis extulisse ; atque inde Æschylum [9] non alio Xerxem Persarum regem, quam ἀετοῦ nomine indigitasse. Sed et Oseas propheta [10], de Nabuzardano Persarum regis (quem nudo regis nomine semper intelligit Scriptura sacra), legato ac duce verba faciens, hunc aquilæ comparat.

XV.

AQUILA ROMANORUM.

Aquilam porro a Persis accepisse Romanos, nolim pro certo statuere ; cum ab ipsis reipublicæ primordiis inter præcipua supremæ dignitatis insignia semper habita sit, tradatque Dionysius Halicarnassæus [11] hanc a Tuscis habuisse Romanos ; quibus post inita pacis fœdera regum suorum ornatus præcipuos misere, quos inter fuit sceptrum eburneum aquila insignitum, quod romani consules servavere deinceps tanquam præcipuum dignitatis suæ argumentum. Atque exinde aquila in signis militaribus præcipuum etiam fuit, unicumque fere, ex quo Marius, bello contra Cimbros, cæteris quibus hactenus usi erant in præliis Romani abrogatis, solam aquilam retinuit ; quæ quidem aurea erat, quomodo postea depicta est in imperatorum byzantinorum insignibus, et in sacrario perinde aureo solebat asservari [12].

XVI.

AQUILA BICEPS QUANDO INVECTA.

Quando vero biceps aquila invecta fuerit non planum est assequi. cum nec in imperatorum vel consulum nummis, nec in cæteris rei antiquariæ monumentis uspiam occurrat, præterquam in columna Trajani. Romæ, in qua militis clypeo inscripta visitur [13]. Sed priores byzantinos imperatores bicipitem aquilam, aut in sceptris consularibus, aut vestibus adtextam detulisse nondum advertimus. Scribit Guil-

---

1. Fulgent. lib. 1, Myth. p. 133. — 2 P. 127. — 3. Id. 17, v. 72. — 4. Mœro Byzant. apud Athen. l. 11 ; Lactant. l. 1, Fulgent.; Isid. l. 8, Orig. c. 3. 5. P. 61, 133. — 6. * Signum Jovis Olympii, quod Phidias elaboraverat, manu tenebat sceptrum, cui aquila super imposita erat, ut docet Pausanias, lib. 5, cap. 12. Bottarus. — 7 Memnon. — 8 Plut lib. 2, de Fort. Alex.; Justin. l. 16 ; Xenoph. l. 7, Cyrop.; Philostr. in Hero. — 9. In Persis, p. 135. — 10. C. 8. — 11. L. 3. — 12. Stewech. ad Veget l. 1, c. 23 . l. 2, c. 6 . Lipsius, ad Tacit. — 13. Lipsius, in Analect ad milit. Rom. p. 18.

lelmus Apuliensis, Romanum Diogenem, eo prælio quo a Turcis cæsus est, agnitum ab iis ex aquila aurea loricæ intexta, sed an bicipiti non indicat[1]:

> Indiciis aquilæ, quod plus dabat omnibus armis
> Aurea conspicuum loricæ innixa nitorem,
> Græcorum dominus cognoscitur.

Quidam Germanos bicipitem aquilam sibi adrogasse existimant, ex quo in clade Variana signa Romanorum et aquilæ duæ in eorum venere potestatem : tertia a signifero, priusquam in manus hostium veniret, in cruenta palude demersa, ut ait Florus[2] : quas quidem binas aquilas diis patriis in lucis ii suspenderint. Ulricus Huttenus[3] :

> Vindice ut Arminio, celeris prope rura Visurgis,
> Romanas acies miro Germania motu,
> Quintiliumque ducem conciderit, unde birostræ
> Contigerint aquilæ, traducti insignia regni,
> Excussumque jugum, non tantum hæc tempora nossent.

Non enim biceps est aquila, subdit Cuspianus[4], *ut imperitum vulgus credit, sed duæ simul, quarum altera alteram expansis alis obtegit, etc.* Sed hanc sententiam, cui adstipulatur Flaccus Illyricus, jure exagitat cardinalis Bellarminus[5], qui non duas aquilas in insignibus imperatores gerere, sed unam divisam in duo capita, ejusque rei causam esse, *quod imperium esset inter duos principes divisum, quorum alter in Occidente, alter in Oriente sedem habebat*. Cui quidem Bellarmini sententiæ consentanea sunt quæ habet Joannes Georgius Trissinus[6], poeta italicus, lib. 2, de Italia a Gothis liberata :

> Il grande imperio, ch'era un corpo solo,
> Avea due capi ; un ne l'antica Roma,
> Che reggeva i paesi occidentali,
> E l'altro nella nuova, che dal volgo
> S'appella la citta di Constantino.
> Questa era capo a tutto l'Oriente ;
> Onde l'aquila d'oro in campo rosso,
> Insegna imperial, poi si dipinse,
> E si dipinge con due teste ancora.

Sed hæ recentiorum conjecturæ ingenii potius acumine quam ipsa nituntur rei veritate, cum biceps aquila longe recentior videatur, præsertim apud Byzantinos : ut pote quæ unicps in insignibus gentilitiis Palæologorum Montferratensium descripta sit, qua imperium constantinopolitanum designatur ; deinde in effigie Constantini Palæologi, Michaelis imperatoris filii, quam initio hujus dissertationis describimus[7], pallium aquilis cum unico capite inspersum conspiciatur. Præterea in prioris Theodori Lascaris, ejusdemque Michaelis Palæologi, imperatorum, nummis, quos exhibuit Octavius Strada, si tamen genuini sunt, pulvilli quibus pedes insistunt, ejusmodi aquilis inspunguntur. Ita pariter in Michaelis Palæologi imperatoris pedibus substrato pulvillo ad utrumque latus uniceps effingitur aquila : in Andronici vero ad sinistrum dumtaxat, in his scilicet eorumdem Augustorum imaginibus quas ex codice Augustano historiæ Georgii Pachymeris, Nicephoro Gregoræ præmisit Hieronymus Wolphius.

XVII.

AQUILA BICEPS DESCRIPTA IN NUMMIS BYZANTINIS.

Idem tamen Octavius Strada Theodori Lascaris junioris nummum alium describit, in quo pulvillus aquilis bicipitibus exornatur : quomodo etiam effingitur a Wolphio ex eodem codice Augustano. Sed et Georgius Phranzes[3] solenne apparatum, quo Venetiis exceptus est Joannes Palæologus imperator, describens, ait nautarum qui navem qua ille vehebatur ducebant, pileos bicipitibus aquilis fuisse exornatos ; et in ipsius navigii puppi, binos exaratos leones, hosque inter aquilam bicipitem effictam. Testatur denique vir eruditissimus Ismael Bulialdus[9] etiamnum in eo palatio quod Constantini nomen servat, complura spectari scuta cum aquila bicipiti. Sed quod in eo quod binas hasce literas ΠΑ præfert, festum Paschatis designari putat, vix viro doctissimo assentiar, cum longe potius Palæologi nominis prima elementa videantur continere. Verum (quod omnem adimit controversiam) habemus præ manibus epistolam Demetrii Palæologi despotæ ad Carolum VI, Francorum regem, quam suo loco damus, cui adtextum est sigillum cereum papyro superfusum, in quo biceps aquila cum binis corollis effingitur : quæ quidem despotæ insignia hisce verbis describuntur in manuscripto *provinciali*, uti vocant, sub Carolo VII exarato : « Le roi depos de Roumenie, de gueules à l'aigle « d'or à deux testes abecquié et ampieté de senais. » Habentur etiam in eodem codice armorum insignia imperatoris constantinopolitani : « Le roi de Roumenie, de gueules à trois « (*leg*. quatre) lettres qu'on appelle B. d'or. » Alio loco : « L'empereur de Constantignoble porte de gueules à quatre « surcils (*leg*. fusils) d'or. » Describuntur etiam insignia imperatoris trapezuntini : L'empereur de Trapezonde, d'argent « à quatre faices de sable, au quartier de Constantinoble. » Ex quibus primo colligitur familiarum Augustarum insignia hic describi, Palæologæ scilicet, et Comnenæ, non vero Imperii Orientalis, quæ aquila aurea bicipiti in campo rubeo constabant ; deinde eos qui nigras tres campanulas Comnenis adscribunt[1] pro insignibus, vix fidem mereri, cum potior haberi debeat scriptorum horum Augustorum cœvo. Denique observationem meretur, quod Demetrius Palæologus non familiæ sed Imperii insignibus usus sit : quasi *aquilæ* propriæ fuerint despotarum quibus etiam horum vestes, pilei, ac cothurni interstinguebantur, ut auctor est Codinus[2]. Ex his igitur videtur omnino confici Byzantinos ævi posterioris augustos bicipitem detulisse aquilam, usosque perinde ac ceteras nationes, armorum insignibus. Quod ultimum firmat præterea Joannes Cantacuzenus[3], quo loco navalem Andronici Palæologi imperatoris ad Chiensem expeditionem proficiscentis apparatum commemorat : « Ἦν τε ἅμιλλα πολλὴ « τοῖς τριηράρχαις, ἑκάστου φιλονεικοῦντος πολυτελεῖς καὶ λαμπρότητι « παρασκευῆς τοὺς ἄλλους ὑπερβάλλεσθαι, καὶ τάτε ἄλλα ἐξηρτύοντο « πρὸς τὸ μεγαλοπρεπέστερον, καὶ τὰ πληρώματα ἐκόσμουν ἰδίως « παρασήμοις, ἕντε ὅπλοις καὶ ἀσπίσιν· ἦσαν γὰρ οὐ τυχόντων, ἀλλὰ « τῶν τε εὐγενῶν καὶ μεγάλα δυναμένων. Tum non levis tricrarchiis « contentio incidit, dum quilibet cæteros sumptuoso splen- « didoque apparatu superare nititur, et cum alia magnifice « instruit, tum classiariorum arma et clypeos suis insignibus « exornat ; nec enim de infima plebe, sed viri nobiles et « admodum copiosi erant. » Quibus quidem verbis belle describit eam majorum clypeorum seriem quæ in navium marginibus exponi solebat, nostrisque *pavesade* appellatur, ut ad Villharduinum olim monuimus. Quando vero insignium usus apud Byzantinos cœperit, vix definiri potest ; tametsi id plane constet, a Latinis hunc mutuatos, æque etiam ac sultanos seu Saracenicos et Turcicos principes, quorum arma ac insignia in antiquis provincialibus exarantur.

XVIII.

AQUILA OCCIDENTALIS IMPERII.

Neque proclivius est divinare quando occidentales augusti nigram aquilam pro imperii insigni usurparunt. Quis enim supini adeo ingenii est ut præstet fidem nuperis scriptoribus hac de re nugas vendentibus, atque adeo ipsum Joannem Villaneum audiat, scribentem Julium Cæsarem auream detulisse, Augustum et successores nigram, tandemque Constantinum Magnum bicipitem auream in scuto rubeo detulisse ? Quis eidem Villaneo[4], Chassaneo[5], et aliquot aliis assensum præbeat, nullo vade, tradentibus Carolum Magnum detulisse pro insignibus scutum bipartitum, parte altera dimidiata aquila nigra in campo aureo, altera liliis aureis in campo cæruleo effictis ? Quis denique Miramontii frontem patiatur[6], affirmantis hæcce insignia præferre veteres tabulas Caroli Magni, Ludovici Pii, et Caroli Calvi : quasi non longe alia sint horum augustorum cerea et aurea sigilla, in quibus ipsorum thoracibus effinguntur ? Quis Andreæ Favyno[7] et Varennæo credat, scribentibus Carolum Magnum detulisse pro insignibus auream aquilam in campo cæruleo ; nigram vero in campo aureo tum primum usurpatam ab Ottone, qui Saxoniæ ducum, a quibus ortum ducebat, insignium colores servare voluerit ? Aquilam sane signum et vexillum fuisse Imperii Occidentalis, Friderico I imperante, testatur Guntherus lib. 7, vers. 504, Ligurini :

> At qua cæsareæ. signum latiale, cohortis
> Regia fulget avis, magnorum densa virorum
> Agmina, ceu magni glomeravit viscera regni.

---

1. Lib. 1, de Gest. Norm. p. 23. — 2. Lib. 4, c. 12 ; Tacit. l. 4. — 3. In Carmine de German. non degeneri. — 4. In Cæsarib. — 5. De Translat. Imper. Rom. lib. 1, c. 7, § 2. — 6. Lib. 2, della Italia liberata da' Goti. — 7. Tabella 6. — 8. L. 2, c. 14, p. 133 (Concil. Florent. p. 7, edit. Labbei). — 9. In Not. ad Ducam, c. 37.

1. Ughell. in Episc. Croton. n. 45. — 2. De Off. c. 3. — 3. L. 2, c. 11. — 4. Lib. 1, c. 40 ; l. 4, c. 3. — 5. Concl. 17. — 6. De Cancellar. p. 29. — 7. Le Rey d'armes.

At de aquilæ colore nigro post Saxonicos augustos, verumne id sit, dubium facit Rigordus [1], quo loco describit Ottonis imperatoris in prælio bovinensi vexillum : « Ab opposita, « inquit, parte stabat Otho, in medio agminis confertissimi, « qui sibi pro vexillo erexerat aquilam deauratam super « draconem pendentem in pertica oblonga erecta in qua- « driga. » Ubi *draco* idem valet quod pannus oblongior, in quo depicta erat aquila aurea : nam *dracones* vexilla fore omnia scriptores appellasse in Glossario docuimus : tametsi Willelmus Brito veram draconis effigiem fuisse scribat [2] :

Erigit in carro palum, paloque draconem
Implicat, ut possit procul hinc atque inde videri,
Hauriat et ventos cauda tumefactus et alis,
Dentibus horrescens, rictusque patentis hiatu,
Quem super aurata volucer Jovis imminet ala.
Tota superficies cujus nitet aurea, solis
Æmula, quo jactat plus se splendoris habere.

At Chronicon Flandrense [3] draconis figuræ non meminit · «Il « y avoit au milieu du char une attache de vingt pieds de « haut, et y avoit dessus un aigle doré, de moult riche « ouvrage ; et avoit les ailes estendues bien longues, « et reluisoit si fort, qu'à peine on le pouvoit regarder. » Ex quibus sane colligi videtur posse aquilam non intextam panno alicui, sed sculptorio opere effictam fuisse. Fatendum tamen non inde plane evinci aquilam occidentalium augustorum fuisse auream in armorum insigniibus, licet ejusmodi fuerit in eorum vexillis, quod maxime docet Philippus *Mouskes*, in Historia Francorum manuscripta de Ottonis imp. in prælio bovinensi clypeo :

Quar il porte, ce n'est pas fable,
L'escut d'or à l'aigle de sable.

Præterea idem Chronicon Flandrense [4], ubi de Henrico VII luxemburgensi . « Et fut monté sur un grand destrier. et « avoit vestu un tornicle d'or *(tunicam auream)* à l'aiglenoir,... « et un chevalier chevauchoit devant lui, portant une lance « en un bichot de sa selle ; et pardessus avoit un aigle d'or. « qui les ailes avoit ouvertes, et suivoit les bannières, etc. » Sed ex hisce supra allatis patet omnino nondum ea tempestate usurpatam ab Occidentalibus bicipitem aquilam : proindeque in controversiam vocari posse, an jurisconsultum Marianum Socinum [5] jure refellat Carolus Molineus [6], scribentem occidentales imperatores bipartita insignia detulisse, in quorum parte altera dimidia aquila, in altera familiæ insignia descripta erant, usque ad Sigismundum imperatorem, qui cum orientalium augustorum videret inclinare potestatem, Saracenis ac Turcis undique eorum provincias invadentibus, primus aquilam integram ac bicipitem in insigniibus adscripserit, quod nec facere ausus fuerat Carolus Magnus, quantumvis potens ac bellicosus, ne Græcos irritaret. Huicce Socini de Sigismundi imperatoris aquilæ bicipitis usurpatione sententiæ favere videtur lemma adscriptum ejusdem augusti sigillo cereo, uti describitur a Marquardo Frehero [7]. ait enim in aversa parte circa aquilam hosce versiculos, nescio quid μυσταρίωδες sonantes, legi : « AQUILA « EZECHIELIS, SPONTE MISSA EST DE CELIS, VOLAT IPSA SINE « META, QUO NEC VATES NEC PROPHETA EVOLAVIT ALTIUS. » Ex quibus sane versibus satis apparet imperatoriam Occidentalium dignitatem, se demum imperante. ad summum decus et gloriæ culmen evectam innuere voluisse Sigismundum. Sed erudito scriptori gratiam aliam haberemus si ab biceps ista fuerit aquila nobis indicasset. Describit idem Freherus [8] sigillum aureum Caroli IV. imperatoris Sigismundi parentis, adfixum diplomati. quod ille de electione Imperii exaravit, et vulgo *Auream bullam* vocant, in quo imperator coronatus sedet in throno, ad cujus latera habentur bina scuta in quorum altero aquila, in altero leo effingitur. Ejusdem imperatoris simile sigillum effictum habetur apud Nicolaum Zyflesium [9], ubi aquila cum unico capite exhibetur, cum hac inscriptione. CAROLUS DEI GRACIA ROMANORUM REX SEMPER AUGUSTUS ET BOHEMIÆ REX. Verum cur nigra aquila ab occidentalibus augustis usurpata sit. hactenus incompertum, nisi eo colore effictam dicamus, quod is revera sit aquilæ melioris color, quam ἀετὸν μελανόστην et γέλανα vocant Græci, *valeriam* Latini, qui ideo *aquilam* nominarunt, a colore subfusco quem *aquilum* vocant [10] : de qua quidem aquilæ specie ita cecinit Jacobus Augustus Thuanus [11] :

Optima et ipsa æquans animis ingentibus illam
Corporis inferior quamvis sit mole, nec ungue
Aut rostro tantum valeat, digitisve ; sed ortus
Non mentita suos, animive oblita virilis,
Accipitres collata nothos facit. Hanc quoque nostri
Valeriam dicunt, Graii melanæëton, atrum
Quod referat rostro, pennisque, atque ungue colorem.

Atque hic quidem longiori forsan quam par erat de utriusque Imperii aquila observatione sumus digressi, quam tamen haud ingratam fore, vel omnino a proposito alienam, visuram iri speramus : cum et res Byzantinas quoquomodo illustret, et de Græcorum augustorum agat insigniibus, quæ subinde in familiis nostris Byzantinis effinguntur.

XIX (XII).

VOLUMEN, VEL MAPPA.

Ut igitur unde divertit, redeat oratio, quæri solet quid illud sit quod consules et imperatores gestant, dextra interdum, quandoque sinistra, chartaceo volumini simile. Id quidem non inferioris omnino ævi Augustis proprium fuit, cum in achata Sanctæ-Capellæ parisiensis, quem æri incidi curavit Tristanus, nescio quis cum volumine effingatur ; et Faustinæ et Antonini philosophi prostent nummi [1], quibus pro lemmate adscribitur, VOTA PUBLICA, ubi binæ stant figuræ muliebres, cum viri altera, stolata et palliata, quæ consulis videtur, tenentis dextra simile volumen ; alius præterea Aurelii Veri imperatoris, in quo duæ figuræ dexteræ jungunt, quæ videntur esse consulum, sinistra volumen perinde tenentium, cum hac inscriptione, CONCORDIÆ AUGUSTOR. TRIB. P. COS. II : alius etiam Commodi imperatoris, cum iisdem figuris, et inscriptione. PIETATI SENATUS COS. V. PP. ; denique alius ejusdem Aurelii Veri, in quo imperator et consul dextram Romæ galeatæ sedenti porrigit, sinistra volumen tenens, cum epigraphe, TR. P. VII. IMP. IV. COS. II. Ejusmodi etiam volumen in vetustissimis palliatorum, vel etiam togatorum (atque adeo mulierum), imaginibus sinistra teneri, apud Velserum [2] et Boissardum [3] passim observare est, quos ex conjectura duumviros esse idem Velserus, tametsi falso, opinatur. Exhibet præterea idem scriptor informe aliud στηθάριον, seu mavis thoracidam, viri pariter palliati, cum hocce volumine in sinistra manu. Sed et in codice vaticano scripto an. DC. XCIX. sanctus Petrus simile volumen sinistra tenens effingitur, ut et sanctus Paulus in Ottonis II sepulcro, apud Nicolaum Alemannum [4], in Dissertat. de Lateranensibus Parietinis. Exinde crebrius occurrit in Byzantinorum augustorum nummis, maxime in consulari Juliani cæsaris, qui pro inscriptione præfert, VIRTUS CÆSARIS, nam bis Cæsar consulatum gessit, an. 356 et 357 ; et in nummo aureo Theodosii junioris. in quo idem Theodosius et Valentinianus III habitu consulari effinguntur ; præsertim vero in diptychis consularibus, et fere semper in Tiberii, Mauricii, Phocæ, et Leonis Isauri nummis. Id vero gestamina mappam esse ludorum edendorum symbolum, quidam volunt : consules enim statim atque renuntiati fuerant, populo Circenses dare consueverant. Quæ quidem mappa in bituricensi diptycho explicata, in compendiensi et Leodiensi, et in omnibus nummis convoluta ac complicata effingitur, sic ut membranyo volumini similis fere sit : in regio vero ita efficta conspicitur, ut extrema in rotunditatem quandam complicata majora cernantur, quam qua manu dextra stringuntur : ut liquido appareat fuisse quiddam tractabile. Nescio an ipsa explicata censeatur esse in eodem diptycho mappa in binis figuris quæ sellæ lateribus adpinguntur, quarum singulæ binis manibus mappas explicatas tenent, in ludorum editionis symbolum : nisi forte eæ mappæ contineant nummorum certam quantitatem, qui efficti quodammodo conspiciuntur, ita ut ad consulum ὑπατίας seu missilia referri debeant. Mappam autem signum fuisse edendorum ludorum, et mappas dictos ipsos circenses apud Marcellinum comitem, Julianum Antecessorem, et Polemæum Silvium in Laterculo notum est : unde μαππάρθω, in glossis Basilicœn, dicebatur is qui projectam ab imperatore, vel consule, aut alio magistratu mappam excipiebat, significabaturque gladiatoribus dabat, quem *mapparium* vocant sanctus Chrysostomus [5], auctor Chronici Alexandrini, Scylitzes, Nicetas

---

1. In Phil. Aug. an. 1215. — 2. Lib. 11, vers. 25. — 3. C 45 — 4 Cap. 51. — 5. In cap. Cum contingat de furo comp. — 6. In Cons. Par. tit. 1, de Feud. n. 21. — 7 In Not. ad bullam Sigism post Petr. de Andlo, p. 585. — 8. In Not. ad lib. 2, Petri de Andlo, c. 5 ; V. Hœppingium, in tra. de Insign. cap. 6, part. 2. — 9. In S. Maximino Trevir. p. 63. — 10. Fest. — 11. L. 1, de Re accipitr.

1. Apud Bœum, post Augustini Dial. p. 43, 45, 50, 51. — 2. In Aug. Vindelic. p. 116, 228. — 3. In Antiq. Rom. part. 3, fig. 51, 147 ; part. 4, fig. 56, 57, 119, 123 ; part. 5, fig. 71, part. 6, fig. 29. — 4. Cap. 10, p. 86, 88. — 5. Orat. de Circo.

Choniates, et alii [1]. Quod si ita se res habet, dicendum perinde videretur a duumviris istis augustanis quorum ex Velsero supra meminimus datas, ut olim a consulibus romanis, civibus suis mappas. seu editos circenses : quod a vero absonum minime videri debet, cum amphitheatra ac circos suos habuisse nobiliores civitates constet. Sed cum sanctos Petrum et Paulum in vetustissimis picturis cum ejusmodi pariter voluminibus depictos deprehendamus, nescio an ea pro mappis circensium generatim usurpari debeant [2]. (Verum longe aliter se res habet quoad mappas consulum, quæ nihil aliud sunt quam mappulæ tergendo naso : quod docet omnino Theophylactus, in cap. 19. Actor. : Τὰ δὲ σιμικίνθια ἐν ταῖς χερσὶ κατέχουσι οἱ μὴ δυνάμενοι ὡράρια φορέσαι, οἷοί εἰσι οἱ φοροῦντες τὰς ὑπατικὰς στολὰς πρὸς τὸ ἀπομάττεσθαι τὰς ὑγρότητας τοῦ προσώπου. Eadem verba habet Œcumenius, in eadem Acta, ubi post στολὰς, addit, ἢ γουδία. Eo etiam spectant quæ leguntur in glossis Basilic. Ὀθονάρια καὶ ὀθόνια, ὑφάσματα ἐπιμήκη, ἃ καὶ ὡράρια παρά τινων λέγονται, ταῦτα δὲ οἱ παλαιοὶ [εἰς παλάτιον] εἰσιόντες συγκλητικοὶ ἐπιφερόμενοι, ἐν αὐτοῖς καὶ ἀπεμύττοντο καὶ ἀπέπτυον. CANGIUS IN ADDIT.)

XX (XIII).

ACACIA.

Certe, etsi primis Imperii sæculis mappam revera fuisse id consulum gestaminis concedatur, vel etiam codicillos consulares, quod quidam opinantur. seu magistratuum omnium qui res publicas tractabant, insigne, quod potissimum colligere est ex figuris adjunctis Notitiæ Imperii, in insignibus quæstoris, primicerii Notariorum, magistri Scriniorum, etc., id de veterum Romanorum aliorumque statuis, in quibus eadem in sinistris symbola conspiciuntur, dici non potest, quæ non chartaceorum voluminum, sed mappularum seu sudariorum complicatorum potius speciem referunt. Ut si longe aliud fuit extrema Græcia ; siquidem illud idemque sit, quod certe licet arbitrari, quanquam fortasse in aliquo immutatum. Acaciam enim vocabant recentiores, fuitque saccus ex panno purpureo confectus, codici similis, terra vel arena plenus, cujus arcanum sic prodit Codinus [3], ubi de imperatore : τὸν δέ γε σταυρὸν ἐν δεξιᾷ φέρει ἀεί· ἐν δὲ τῇ ἀριστερᾷ βλάτιον κώδικι ἔοικος, δεδεμένον μετὰ μενουλίου· ὁ βλάτιον ἔχει χῶμα ἐντὸς καὶ καλεῖται Ἀκακία, ὡς εἴπη μὲν ὅτι τὸν βασιλέα ταπεινὸν εἶναι ὡς θνητὸν, καὶ μὴ διὰ τὸ τῆς βασιλείας ὕψος ἐπαίρεσθαι καὶ μεγαλαυχεῖν. « Crucem in dextra semper portat, in sinistra « vero pannum sericum codici similem, ligatum mantili, « habetque intus terram vel arenam, et vocatur acacia : « quasi dicat illud imperatorem humilem esse ut mortalem, « neque propter Imperii fastigium efferri. neque se tumidum « jactare debere. » Eamdem acaciæ significationem adscribit Simeon Thessalonicensis. qui quod χῶμα Codinus, χοῦν, pulverem vocat : Μετὰ τὸ λαβεῖν τὸν σταυρὸν εἰς σύγμα τῆς εὐσεβείας, καὶ τὴν ἀκακίαν, ὅπερ χοῦς ἐστιν, σημαίνων τὸ φθαρτὸν τῆς ἀρχῆς, καὶ τὴν ἐκ τούτου ταπείνωσιν, etc. « Cruce in pietatis argumen- « tum. et Acacia suscepta, quæ pulvis est, imperii fragilita- « tem denotans, et quæ ex ea oritur, abjectionem, etc. » Hocce sane schemate acacia depingitur in Michaelis Palæologi imperatoris effigie, quam hic damus [*] : licet in aliis Theodori Lascaris junioris, ejusdem Michaelis, et Andronici senioris imaginibus, quas ex Codice Augustano Historiæ Georgii Pachymeris delineari curavit Hieronymus Wolphius, in voluminis speciem exhibeatur.

XXI (XIV).

NUMMI IN QUIBUS EQUI IMPERATORIBUS APPINGUNTUR.

Sed cum de mappis edendorum circensium symbolo supra quædam præmissa sint, ad eosdem etiam circenses, ac proinde ad consulares nummos referri videntur, qui equum ipsis augustis adpictum præferunt, quem habenis il dextra prehendunt. Tristanus [5] in Claudio existimat fortunam Imperii eo designari, seu potius ipsum Imperium, pro cujus symbolo equus semper habitus fuerit. Verum circenses datos denotari longe probabilius : nam et in diptychis Leodiensi et Bituricensi equos dextra ductos, quos inde Dextrarios nostri appellarunt, ad circenses ludos licet intueri, ab ipsis, a quibus edebantur, aurigis distributi. Quod præter Symmachum [1] satis innuit Capitolinus in Gordiano, ubi de ejus adhuc privati consulatu : « Equos siculos et cappadoces per- « mittentibus imperatoribus, factionibus divisit, et per hæc « populo satis carus, qui semper talibus commovetur. » Et Marcellinus comes, de consulatu Justiniani [2] : « Numerosos « præterea , phaleratosque in circo caballos jam donatis « quoque impertivit aurigis, una duntaxat, ultimaque mappa « insanienti populo denegata. » Ejusmodi porro cum equo nummos Claudii et Numeriani imperatorum exhibet idem vir eruditissimus. (Sed et descripsit Octavius Strada nummum Fl. Julii Constantii August., in quo effictus cernitur spiculum tenens, cum clypeo, cum quo circus exhibetur, equum adpictum habens, quem dextra per os prehendit, ex quo conjectura nostra firmatur. — CANGIUS IN ADDIT.) Alium Constantini nobilissimi cæsaris damus, cusum anno votorum vicennaliorum 20 qui pro lemmate BEATA TRANQUILLITAS præfert, ex qua quidem inscriptione perperam Constantino Magno afflictus videtur, cum cæsarea in dignitatem paulo ultra biennium tenuerit, Cæsar, quo pater augustus dictus est, anno renuntiatus, ipsoque post annos duos et tres menses exstincto, imperator pariter appellatus : ac proinde vota pro Vicennalibus Constantini M. cæsaris solvi non potuere, qui ad ejusdem dignitatis decennium non pervenerat : ex quo Constantini junioris esse par est credere, in cujus nummis eadem vota in cippo etiam exarata leguntur, sed cum additione JUN. quæ in hoc abest. Neque tamen Constantinus junior consulatum gessit hoc cæsareæ dignitatis votorum Vicennaliorum anno, qui in Christi 326 cadit, adeo ut ex hisce adpictis equis circenses in consulatibus non semper, sed in votorum nuncupatione interdum datos liceat colligere. Idem dicendum videtur de Crispi nobilissimi cæsaris nummo, anno pariter votorum Vicennaliorum cuso, quod consulis dignitatem etiam non obtinuit. Ita denique effingitur Jovianus in medallione, quem suo loco delineamus.

XXII (XV).

NIMBUS.

Circulis, sanctitatis apud nos indicibus, ambiri innuimus capita imperatorum Constantii ac Constantis, et Theodosii junioris, ac Placidii Valentiniani in eorum nummis consularibus. Qui quidem circuli videntur consularis dignitatis insignibus accenseri a Mamertino [3], in panegyrico Maximiano dicto : « Trabeæ vestræ triumphales, et sellæ cu- « rules, et hæc obsequiorum stipatio, et fulgor, et illa lux « divinum verticem claro orbe complectens, vestrorum sunt « ornamenta meritorum. » Nam quod Latini nimbum dicunt, alii lumen appellant, ut Servius, ad illud 2. Æneid., ubi de Pallade :

..... nimbo effulgens, et Gorgone sæva.

« Id est, inquit, nube divina · est enim fulvidum lumen, « quod capita deorum tinguit. » Ita etiam Honorius Augustodunensis [4] : « Lumina quæ circa capita sanctorum in « modum circuli depinguntur designant quod lumine æterni « splendoris coronati fruuntur. Idcirco vero secundum for- « mam rotundi scuti pinguntur, quia divina protectione, ut « scuto, nunc muniuntur. » De nimbo item rursum Servius, ad illud ex 3. Æneid. :

Et lunari in nimbo nox intempesta tenebat.

« Proprie, inquit, nimbus est qui deorum vel imperatorum « capita. quasi clara nebula nubere fingitur. » Et Isidorus [5] : « Lumen quod circa angelorum capita pingitur nimbus « vocatur : licet nimbus sit densitas nubis. » Sed et quod Anastasii consulis nummis utroque diptycho, Leodiensi scilicet ac Bituricensi, affingitur, in conchæ figuram radiatam, nimbus videtur. Ejusmodi igitur luminosis circulis capita sua ambiri augusti voluere, iis etiam postea consulibus communicatis, ut divinitatis speciem quamdam sibi asserrent, cum nimbis, seu claris nubibus, deos suos ita in picturis ac

---

1. Chron. Alex an. 876 ; Nicet. in Alex. lib. 3, n. 2 ; Seylitzes, etc. — 2. « Quæ in manibus apostolorum cernuntur, non utique mappæ , sed vere volumina sunt, tam in anaglyphicis quam in picturis cœmeteriorum, quæ volumina sæpe etiam revoluta et explicata apparent. Vide Romæ subterraneæ tabulas. Bottarius. — 3. De Off. c. 6, n 27. — 4. Tabella 6. — 5. Tom. 3, p. 191, 346.

1. L. 4, ep. 8. — 2. P. 60. — 3. N. 3. — 4. Lib. 1, c. 133. — 5. Lib. 19, c. 31.

tabellis ambirent [1]. Hinc tam frequens divinitatis, numinis, ac æternitatis, ab iis usurpata vocabula et epitheta, quibus plenæ sunt imperatorum leges, locis pridem ab aliis indicatis [2]. Verum hæc veniam aliquam merentur in augustis, quorum adeo ampla fuit potestas, si recentiorum imperatorum expendatur ambitio, qui hominum omnium vanissimi, ac omni facinorum genere contaminatissimi, provinciis etiam suis pene exuti, et intra Urbis mœnia, paucorumque circumjacentium oppidorum limites coerciti, sanctos sese a subditis, atque adeo ab ipsis Constantinopolitanis patriarchis cæterisque pontificibus compellari voluerunt, ut docemur ex Pachymere [3] : cum eundem titulum summo Romæ pontifici denegarent, quod tradit idem scriptor [4] : contra quam Magnus ipse Constantinus, qui *sanctum* se, vel certe *divum*, appellari prorsus renuit, ut tradit Juvencus. lib. 4. Historiæ Evangelicæ extremo :

Hæc mihi pax Christi tribuit, pax hæc mihi sæcli,
Quam fovet indulgens terræ regnator apertæ
Constantinus, adest cui gratia digna merenti.
Qui solus regum sacri sibi nominis horret
Imponi pondus, quo justis dignior actis
Æternam capiat divina in sæcula vitam.

Hinc formula compellationis vulgata, Δεσπότα μου ἅγιε, quam observare licet non semel in Rationali Peræquatorum sub Alexio Comneno exarato, Codino [5], et aliis scriptoribus Byzantinis. Jure igitur Isaacium Angelum suggillabat Fridericus I. imperator, ejus legatos alloquens [6] : « Dominus « vester sanctum se appellat : mirabilis est sanctitas quæ « sanctos viros, honestos, religiosos, benigne, utpote fideles « nuncios, in oscula pacis exceptos, in quorum ore non est « inventum mendacium, nec iniquitas, subito consuevit in- « carcerare, et fame ac nuditate usque ad mortem macerare. « Longe faciat a nobis Deus talem sanctitatem. »

XXIII.

CONSULARIS DIGNITAS QUANDO DESIIT.

Atque hæc quidem de consularis dignitatis insignibus: sed quando illa demum desierit apud Byzantinos, non omnino planum est. Illud constat consulum ordinariorum exstinctam dignitatem sub Justiniano, quam sibi solis asseruere postmodum imperatores ipsi, qui perinde, ac jam olim Vitellius, hac videntur ratione *consulis perpetui* titulum sibi adrogasse [7]. Quod et ipse Justinianus exerte ait [8] : « Τῷ μὲν βασιλεῖ διηνεκῶς « ὕπεστιν ὑπατεία, πᾶσι πόλεσί τε καὶ δήμοις καὶ ἔθνεσι, καὶ ἐφ' ἑκάσ- « της τὰ δοκοῦντα διανέμοντι προσέρχεται δὲ, ἡνίκα αὐτὸς νεύσειεν, ἡ « στολή. » Quibus quidem verbis hoc voluit Justinianus, ut vir doctissimus censet [9]. cum perpetuum consulatum imperator gerat. vi scilicet jus, quatenus omnibus civitatibus, populis, gentibusque seu provinciis, vel pro arbitrio jus reddit, vel imitatione consulum largitur munera, et subditis suis quæ collibitum est distribuit, stolam tamen consularem aliaque insignia principi accedere, cum ipse annuerit. Primus autem Gordianus imp. vestes consulares, *palmatam tunicam et togam pictam*, privatus suas fecit, ut auctor est Capitolinus. (Vetus inscriptio apud Aringh. lib. 3, c. 3, pag. 230, sic clauditur epitaphium cujusdam Draconi : « Depos. VII idus maias, Leone « juniore Aug. primum conss. » Post consulatum igitur Basilii junioris, qui solus magistratum iniit anno 14 Justiniani, Christi 541, nullus consul ordinarius creatus est : quod Justiniani avaritiæ adscribit Procopius [10] qui animi numerati sunt ab ejus consulatu, hac formula, *Post consulatum Basilii junioris* anno 1. 2, et sic deinceps, usque ad 25, qui incidit in annum quo Justinianus extinctus est. Tum enim Justinus Junior consulatum iniit , cujus solennem apparatum et *processum* pluribus descripsit Corripus [11], et quod vixit, hanc dignitatem sibi soli adseruit, annis ita recensitis, ut est apud Marium Aventicensem. *anno* 2. 3. 4, *etc., consulatus Justini junioris augusti*. In Chronico Alexandrino sic ejusdem recensentur anni, *anno* 1 *Justini*, *post consulatum Justini junioris solius*, et ita deinceps usque ad annum quo obiit. Verum adscriptis Novellis Justini constitutionibus, tum a Scrimgero, tum a Francisco Pithœo post Julianum Antecessorem editis,

subscriptiones in recensendis consulatus Justini annis nullatenus sibi cohærent, adeo ut mendis haud carere in plerisque liceat suspicari. Dehinc idem Tiberius imperium et consulatum excepit, ejusque anni hoc modo numerantur in eodem Chronico Alexandrino : « Ind. 12, Tiber. 2, post « consulatum Tiberii Novi Constantini iterum solius. » Deinde, anno secundo : « Anno Tiber. 2, post consulatum « Tiberii Novi Constantini iterum solius. » Deinde, *tertium solius*. Verum longe aliter anni imperii Tiberii Augusti exarati interdum leguntur. Quippe Pragmaticum ejusdem Tiberii *de Filiis colonorum*, editum ab eodem Pithœo, datum dicitur *anno octavo, et post consulatum ajus anno tertio*. Præterea vetus Scheda adscripta Collectaneo ex libris sancti Augustini ab Eugippio scripto, a viro doctissimo Joanne Mabillonio edita [1] : « Ego Petrus notarius Ecclesiæ Catholicæ Neapoli« tanæ. ut potui, emendavi sub die iduum decembrium, « imperatore domino nostro Tiberio Constantinopolis « augusti anno septimo, post consulatum ejusdem augusti « anno tertio, indictione quinta decima, obsidentibus Lango« bardis Neapolitanam civitatem. » Unde plane colligitur annos imperii auspicatum Tiberium a 7 sept. ind 8, an. 574, quo cæsar et Imperii successor dictus est a Justino. Eo mortuo Mauricius imperium iniit anno Christi 582, quo consul defuit, ut est in Chronico Alexandrino : « Ἰνδ. ἁ πρῶτος « ἐνιαυτὸς ἀνύπατος, καὶ ἐκ κοινοῦ δόγματος ἐγράφῃ. Μετὰ ὑπατείαν « Τιβερίου Κωνσταντίνου τοῦ τῆς θείας λήξεως ἔτους στέφγου. » Indictio prima, primus annus caruit consulibus : atque ex communi decreto scriptum est. Post consulatum divæ memoriæ Tiberii Constantini anno quarto. » At sequenti consulatum iniit Mauricius solus [2]. (Theophanes an. 2 ejusdem Mauricii : « Τούτῳ τῷ ἔτει μηνὶ Δεκεμβρίῳ ἰνδ. Β' ὑπατος ὁ « Βασιλεὺς προσχορεύεται, ἐπὶ πολλοὺς θησαυροὺς τῇ πόλει ἐδωρήσατο. » « Hoc anno mensis decembris die vigesimo indict. 2. impe- « rator consul est designatus, et multos thesauros urbi « largitus est. Legitur vetus inscriptio apud Reines. p. 660, quæ sic clauditur : « IMP. D. N. MAURITIO PP. AUGUSTO ANNO « III POST CONSULATUM EJUSDEM AN. II IND. IV. — CANGIUS « IN ADDIT ») Exhinc qui excepere Mauricii anni sic numerati, *anno* 2. 3, *etc.*, *post consulatum Mauricii augusti solius* : atque ita deinceps usque ad 20, quo a Phoca tyranno est interemptus. qui statim consulatum cum imperio adiit. Ejus autem primus imperii annus sic in Actis publicis consignatus est [3] : « Consule Phoca solo. » Secundus vero. « Post « consulatum Phocæ augusti » At tertius sic inscribitur : « Post consulatum Phocæ augusti secundum. » Deinde quartus: « Post consulatum Phocæ augusti secundum, » et sic deinceps usque ad octavum, qui inscriptus est, « Post consula- « tum Phocæ augusti sextum, » quo et neci datus est ab Heraclio. Sed cur primus Phocæ consulatus in tertium Imperii annum videatur rejici, cum consulatus ejusdem imperatoris primo et secundo mentio facta fuerit, fateor me non assequi. Exin idem Heraclius imperium auspicatus est indictione 14 octob. 7 a quo quidem die ad 13 januarii in publicis tabulis adscriptum tantum, « anno primo Heraclii « imperatoris. » Sed postea ab eodem die ad ultimum decembris decimæ quintæ indictionis additum, « Et consulatu « ejusdem religiosissimi domini nostri. » Nam licet, ait auctor Chronici Alexandrini, in publicum curru vectus non processerit, tibi tamen tempus ejus consulatui adscriptum est. Annus deinde secundus Heraclii sic notatus : « Secundo post « consulatum Heraclii augusti. » Mox a 22 januarii, quo filius Constantinus a patre dictus est imperator, indictione 2 statutum est [4] ut post verba ista solennia : « In nomine, *scribe- retur*, Imperii divorum dominorum nostrorum et benefi- « centissimorum Flavii Heraclii pissimi anno 3 post « consulatum ejus anno 2 et Flavii Novi Constantini a Deo « protecti filii ejus anno 1 semper augustorum et imperato- « rum » Descripsit Beda [5] Epistolam Honorii PP. ad Honorium Doroverensem ep., qua ita clauditur: « Data die tertia « iduum januarium (al. juniarum), imperantibus dominis « nostris , piissimis augustis , Heraclio anno vicesimo « quarto, post consulatum ejusdem anno vicesimo tertio, « atque Constantino filio ipsius anno vicesimo tertio, et « consulatus ejus anno tertio : sed et Heraclio felicissimo « cæsare item filio ejus anno tertio. indictione septima. » Id est, addit Beda, anno Dominicæ Incarnationis DCXXXIV : quæ quidem adscripta temporis nota, mendo haud videtur carere. Siquidem enim, quod prodit Theophanes, Heraclius novus Constantinus I januarii die, anno VII. Heraclii, Christi DCXVII consulatum iniit, et publice processit, idemque fratrem Heraclium, seu Heracleonam, cæsarem dixit, utrius-

---

1. « De nimbo, cujus mentionem hic facit Congius , videndus omnino liber cui titulus : *Sculture e piture estratte da cimiteri, etc* , tom. 3, pag. 88. Hoc nimbo ornantur capita nonnullorum heroum in Codicibus Vaticanis qui Virgilii opera continent. Bottarius. — 2. Filesac. l. 1, de Idololatr. Polit. c. 4. — 3. L. 5, c. 31 : lib. 10, c. 14, 29, 32. — 4. Id. l. 9, c. 5. — 5 De Off. c 4, n. 31, c. 8, n. 2. — 6. Tageno Patav. [ap. Freher-Strav. tom. 1, pag. 409]. — 7. Grut. 239, 1. — 8. Nov 105, § 4. — 9. P. Faber Sanjorian. — 10. In Anecdot. c 26, — 11. L. 4.

1. Tom. 2, Analect. 11. — 2 Beda, lib. 1, Hist. Eccl. cap. 24. — 3. Chr. Alex. — 4. Synodus VIII, Act 1. — 5. Edit. Chifflet. l. 2, capite 18.

que dignitatis non potuit esse annus tertius ; sed debuit esse decimus septimus. Mortuo Heraclio aug. Heraclius alter, qui et Constantinus nuncupatus est, vulgoque Constans vocatur a scriptoribus, ejusdem Heraclii, ex filio Heraclio juniore Novo Constantino nepos, imperatorium titulum adeptus mense junio indict. 14 post patris obitum sequenti indictione consularem dignitatem init. Exstat[1] enim epistola Theodori PP. ad Babolenum Bobiensem abbatem, « data quarto nonas « maii, imperii domini piissimi augusti Constantini anno « secundo, consulatus primo, indictione prima. » Unde colligitur, consulatum iniisse 1 januarii anno imperii 2 quod mense junio 15 indictionis inierat, cum tertius mense junio inciperet indictione eadem prima. (Synodus deinde sexta œcumenica inita dicitur Constantinopoli, « Constantino « (Pogonato) imperatore. an. 27, et post consulatum ejus an. « 13, Heraclio vero atque Tiberio ejus fratribus an. 22, indict. « 3. » Christi scilicet 680 : unde colligitur, patre superstite dictum imperatorem, a cujus morte illius consulatus putatur. — CANGIUS IN ADDIT.) Exinde Acta lib. a dæm. virg. an. 713 apud Baronium[2], consulatus Anastasii, seu Artemii imperatoris, mentionem agunt quorum initium ita concipitur . « Imperante domino nostro piissimo perpetuo augusto Anas- « tasio magno imperatore, anno primo. et post consulatum « ejusdem serenitatis anno primo, etc. » Concilium Romanum sub Gregorio II PP. an. 721, celebratum dicitur[3], in ejus præfatione, « imperante domino piissimo augusto Leone, a « Deo coronato. magno et pacifico imperatore, anno VI, post « consulatum vero ejus anno XVI, sed et Constantino Novo « imperatore ejus filio an. II mense aprili, indictione IV. » Ubi indubie delenda litera numeralis X, tametsi in subscriptione rursum reperiatur. Copronymus mortuo Leone parente anno 741 junii 18 consularem titulum pariter sibi adscripsit, quod præ cæteris testatur inscriptio Romanæ synodi actæ sub Zacharia PP. anno 744 mensis octobris 25 indict. 14 : « Imperante domino piissimo augusto Constantino impera- « tore, anno 26 post consulatum ejus anno quinto[4]. » Ubi annus imperii numeratur ab anno quo imperator a patre dictus est : consulatus vero ab eo quo in solidum augustus est factus eo exstincto. Sed consulatus Copronymi notam abesse ab aliis codicibus manuscriptis observat Baronius. Certe in epistolis ejusdem Zachariæ pontificis consulatus annus non adscribitur, sed tantum imperii initi ab prima inauguratione, et a patris obitu. hac formula : « Imperante « domino piissimo augusto, a Deo coronato, magno impera- « tore, anno 32 imperii ejus anno 11, indictione 5. » Ita Artabasdus arrepta post soceri Leonis mortem suprema dignitate consul etiam dictus est, quod docet inscriptio a nobis relata in filii Nicephori Elogio[5]. Leonem vero ipsum consularem dignitatem iniisse evincunt ejus nummi, in quibus cum loro et mappa, ejusdem dignitatis insignibus, effictus conspicitur[6] : cum aliquot alii qui eum excepere augusti, non cum mappa, sed cum loro tantum effingantur : ita tamen ut incertum maneat an revera consulis titulum sibi reservarint. (Denique in concilio Nicæno II illud initum dicitur : « Κωνσταντίνου καὶ Εἰρήνης τῆς αὐτοῦ μητρὸς ἔτους ὀγδόου « τῆς αὐτῶν ὑπατείας. » Ubi observandum etiam per Irenes ὑπατείαν imperii annum indigitari. — CANGIUS IN ADDIT.) Hæc necessario de consulari dignitate hoc loco inserenda duximus, ut cur consularia insignia sibi adrogarint in nummis suis sequioris ævi augusti, planum fieret.

XXIV (XVI).

CÆSAREA INSIGNIA.

Quæ quidem hactenus dicta sunt, augustorum aut cæsarum qui consulari dignitate florebant, vestes ac indumenta spectant. At cum alia cæsareæ atque imperatoriæ etiam majestatis in ævi sequioris nummis occurrant insignia, quæ vix aut raro habentur in eorum numismatibus qui Constantinum præcesserunt, de iis quædam perinde videntur præmittenda. Ut autem a cæsarum diadematibus initium ducatur, ex quo a Trojano, adscito ad imperium Hadriano, « divisa nomina « Cæsarum atque Augusti, inductumque in rempublicam, « uti duo seu plures summæ potentiæ, dissimiles, cognomento « ac potestate dispari essent, ut ait Aurelius Victor[7], si non « modo imperatorii muricis fulgore flagrarunt, » ut verbis utar Ammiani[8], sed et laurea et diademate donati sunt, quod

---

[1]. Ughell. tom. 4, Ital. sacr. p. 1331 ; Margarinus, in Bullario Casin. p. 2. — [2]. Baron. an. 713, n. 6. — [3]. Othlonus, lib 2, de Vita S. Bonif. c. 5. — [4]. Baron. an. 745, n. 23 ; Bullar. Casinense, tom. 2, p. 3. — [5]. In Stemmate Byzant. — [6]. Vide Gloss. in Consulatus. — [7]. Victor Schotti. — [8]. Lib 15, p. 49 ; Olympiod. p. 197.

ex eorum nummis colligitur, ubi interdum nuda fascia aut tænia caput cinguntur, ut Constantinus junior in eo qui inscriptionem præfert, PRINCIPI JUVENTUTIS : interdum corona radiata, ut Constantius Chlorus in compluribus, præterea Licinius junior in altero, cui inscriptum, VIRTUS EXERCIT. ; et Constantius Constantini M. filius in aureo, cujus aversa pars typo caret. Denique Juliani cæsaris caput, eodem quo is postmodum imperator usus est diademate duplici scilicet, margaritarum linea, cum lapillo ad frontem grandiori, exornatum exhibet ejusdem votorum quinquennaliorum nummus. Ex quibus prorsus evanescit viri doctissimi conjectura[1], qui cæsares diademate usos negat, quod contra evincit etiam Constantini Magni nummus ab ipsomet, Tristano, et Gretzero descriptus, in quo Crispus et Constantinus junior filii cum gemmato diademate effinguntur[2]. Et sane diadema cæsaribus tribuere Zonaram, Theophanem, Manassem, Glycam, et alios, a nobis[3] haud ita pridem est observatum ad Joinvillam, ubi plura de imperatorum ac regum coroniis congessimus : quod firmat præterea Eusebius[4]. Nam quod ex scriptoribus aliis diadema soli augusto fastigio vindicatur, id verum omnino : cum in augustis imperatoriæ, in cæsaribus cæsareæ dignitatis symbolum haberetur.

XXV (XVII).

CAMELAUCIUM.

Varias deinde diadematum species in imperatorum Constantinopolitanorum monetis, priscis haud cognitas, intueri licet ; in quibus præ cæteris illud conspicuum est quo Constantini et successorum capita teguntur. Calyptræ enim speciem præfert, qua totum caput ambitur, vel cassidis, apice. quem τοῦφαν vocabant. decoratæ. quam quidem ab ipso Constantino adinventam auctor est Polemæus Silvius in Laterculo . « Constantinus, inquit, senior, qui Christianæ « religionis ministros privilegiis communivit, diadema capiti « suo. propter refluentes de fronte propria capillos (pro qua « re saponis ejusdem cognominis ordinata confectio est) quo « constringerentur, invenit, cujus more hodie custoditur. » A Constantino igitur inductus istius diadematis usus ad posteros promanavit, non tamen ut gestatum est a Constantino, sed aliquanto diversi · quod ex illius numismatibus licet advertere, ac duobus potissimum, priore, cujus aversæ parti inscriptum. SOLI INVICTO COMITI : et altero in quo pro lemmate est, VICTORIÆ LÆTÆ PRINCIPUM. Præterquam enim, quod more cassidum. sub mento Constantinianum istud diadema alligatur, qui imminet apex diversus est ab eo qui postmodum eidem calyptræ superponitur in successorum imperatorum nummis, et qua ex iis primus Constans Constantini M. filius conspicuus effictus in eo numismate votivo, quod in typum scriptum exhibet, VOT. XXX. MULT. XL. cujusmodi qui subsecuti sunt augustos quos passim testantur eorum nummi. Sed cum de hocce diademate cæterisque fere ævi sequioris augustorum coroniis loco jam indicato copiose disseruerimus, his omissis juvat tantum monere posteriores augustos diademata sua fere semper cruce decorasse, cujus moris primus, ex nummis, auctor colligitur Justinus, quem secuti sunt Tiberius, Mauricius, Phocas, et cæteri quorum cruciferos omnes pridem collegerunt Lipsius et Gretzerus[5].

XXVI (XVIII).

GLOBUS CRUCIGER.

Sed et Globos cruce perinde insignitos gestant in iisdem imperatores christiani, quos prioris ævi augusti nudos deferebant, quibus se dominos orbis indicarent. « Pilam, inquit « Isidorus[6], in signo constituisse fertur Augustus, propter « nationes sibi in cuncto orbe subjectas, ut magis figuram « orbis ostenderet. » Idipsum præterea in nummis præstitit, in quibus orbem sive globum describi curavit : ex quo usus deinceps invaluit, ut aliquot ex iis qui subsecuti sunt imperatores in suis pariter monetis effingi se pariter voluerint cum globo in dextra, quo, ut diximus, universi orbis imperium adeptos se denotarent : hoc enim symbolo teretem terræ figuram semper adumbrarunt. Hinc Martianus Capella[7]

---

[1]. Spanheim. dissert. 8, p. 682. — [2]. * In museo Medicæo Florentiæ Constantini M. protome marmorea conspicitur diademate gemmato exornata. Bottarius. — [3]. Dissert. 24. — [4]. L. 1, de Vita Constant. c. 18. — [5]. In libr. de Cruce. — [6]. L. 18, c. 3. — [7]. L. 1.

« duos globosos orbes, quorum unus auro, electro altus præ-
« nitebat, dextra porrectiore corripuisse » Jovem fingit,
eoque habitu in deorum consistorio consedisse, quibus cœli
et terræ imperium designaretur. Ita auctor est Codinus[1]
stetisse Constantinopoli Jovis ejusdem statuam, quæ
globos tres dextra tenebat, qui tria, inquit, mundi climata
illius subdita dominatui indicarent. Narrat Ammianus[2]
« Maximiani statuam cæsaris Antiochiæ, locatam in vesti-
« bulo regiæ, amisisse repente sphæram æream formatam in
« speciem poli, quam gestabat. » Imperatores vero mundi se
dominos appellasse satis declarant Caracallæ et Didii
Juliani nummi, in quibus uterque globum manu gestat, cum
hac epigraphe, RECTOR ORBIS[3]. Et Constantius in obelisci
Romani inscriptione DOMINUS MUNDI dicitur, quam quidem
appellationem affectasse præ cæteris tradit Ammianus[4],
scribens « confestim a justitia ita declinasse intemperanter,
« ut æternitatem meam aliquoties subsereret ipse dictando,
« scribendoque propria manu orbis totius se dominum appel-
« laret. » Sic Juliano in vet. inscriptione idem titulus datus
legitur[5]; et apud eumdem Ammianum[6] Valentinianus *orbis
terrarum dominus* appellatur a quodam Theodosio magistro
militum. Scribit Basilius, Seleuciæ episcopus[7], qui imperatorum imagines aspiciunt, cum stupore demirari chlamydem
marino flore collucentem, ac diadema lapillorum lumine corus-
cans : tum, χεῖρα τῷ σφαιροειδεῖ σχήματι τοῦ κόσμου τὸν κύκλον τοῖς
δακτύλοις φέρειν νομιζομένην *manum denique, quæ orbem terrarum,
in modum sphæræ formatum, digitis gestare creditur*. Ejusmodi
globis in nummis effictis insistunt interdum victoriolæ,
laureas coronas porrigentes imperatori, interdum cruciculæ.
Sed posterioris istius usus notam ante Valentiniani tempora
in iisdem vix reperire est tametsi crucis figura variis in locis
impressa post Constantinum observetur : nisi ad Constantinum aut Constantium filium referenda sit gemma, cujus
ectypon exstat in Dactyliotheca[8] manuscripta Ludovici Chalucii, in qua insculptus globus cruciger, cum Α et Ω characteribus, qui Deo adscribi solent, qui, quod de Jove dixit
Orpheus[9], est ἀρχὴ πάντων, πάντοτε τελευτή, et hisce aliis in
circuitu, SAL. GEN. HUM. CONST.; id est, ut interpretatur
idem Chalucius, *Constantius, salus generis humani*, quomodo
in nummis indigitantur M. Lepidus, C. Cæsar, Galba, et
aliquot alii, nisi hæc ad crucem referri debeant. quod idem
censet, atque suadere videntur characteres CONST. globo
crucigero subjecti, quibus forte Constantinopolis intelligitur,
ut in primo nummo Justini junioris aureo, in quo pene similis
effingitur figura. In hoc porro nummo aureo Valentiniani,
quem descripsimus, sedet figura stolata et galeata, qua Roma
forsitan aut Constantinopolis adumbratur, sinistra hastam, dextra globum tenens, cui crux insistit. Exhinc crucigeros globos in utriusque Theodosii, et aliorum qui subjecti
sunt, numismatibus conspicimus. Quin et equestris Justiniani in Augustæo posita statua similem globum sinistra
continuit, ut exerte habet Procopius[10] : Ἔχει δὲ, inquit, οὔτε
ξίφος, οὔτε δοράτιον, οὔτε ἄλλο τῶν ὅπλων οὐδὲν. ἀλλὰ σταυρὸς αὐτῷ
ἐπὶ τοῦ πόλου ἐπίκειται, δι' οὗ δὴ τήν τε βασιλείαν καὶ τὸ τοῦ πολέμου
πεπόρισται κράτος, *non gladium, non hastam, aliudve gestat
armorum genus, sed crucem globo impositam, cujus opera
imperium ac belli victoriam adeptus est*. Similia ferme habent
Cedrenus, Suidas, Glycas, Codinus, et Georgius Pachymeres
in ejusdem statuæ descriptione manuscripta. Ac Suidas quidem de globi crucigeri istius significatu hæc commentatur :
Καὶ τῇ μὲν ἀριστερᾷ χειρὶ φέρει σφαῖραν, ἐμπεπηγότος τοῦ σταυροῦ
ἐν αὐτῇ, ὑποσημαίνοντος οὓς διὰ τῆς εἰς σταυρὸν πίστεως τῆς γῆς
ἐγκρατὴς ἐγέγονει· σφαῖρα μὲν γὰρ ἡ γῆ, διὰ τὸ σφαιροειδὲς τοῦ αὐτῆς
σχήματος, πίστις δὲ ὁ σταυρὸς, διὰ τὸν ἐν αὐτῷ σαρκὶ προσηλωθέντα
Θεόν. *Læva quidem manu globum tenet, cui crux infixa est, quæ
significat ipsum propter fidem in crucem, terræ dominum factum. Globus enim is terra est, propter rotundam ipsius figuram :
fides vero est ipsa crux, ob incarnatum Deum illi clavis affixum*.
(⁸ Sed et nec omittendum est Johannem grammaticum
Gazæum in descriptione tabellæ universi, globo crucem imposuisse, quam etiam describit versibus sat comptis, apud
Rutgersium, lib. 2. Var. Lect. cap. 7.)

XXVII (XIX).

GLOBUS CRUCIGER INTER INSIGNIA IMPERATOR. OCCID.

A Byzantinis et Orientalibus augustis transiit ad Occidentales globus iste cruciger : nam Carolus Calvus hunc sinistra

---

1. L. 1, c. ult. — 2. C. 51 : vide Knightonum, p. 2572. — 3. In Panth. —
4 Assertor Gall. Hist. S. Martin. de Camp. — 5. P. 196. — 6. Vol. 4, c. 266. —
7. In Histor. Nivern. p. 352. — 8. In Polon. l. 2. — 9. In relat. de Coronat. Reg.
Math. — 10. P. 131, 135 : Epist. Martini IV PP. tom. 5, Hist. Franc. p. 878. —
11. L. 2, c. 10 — 12 C. 207. — 13 10 Mercur. Gall. p. 94.

---

gestat in ejus imagine quam delineari curavit Steph. Baluzius, tametsi forte necdum imperator. Henrico II imperatori,
ut auctor est Glaber Rodulphus[1], sub annum 1013, Benedictus VIII PP. similem globum, a se vel inventum, vec compactum, obtulit : « Præcepit fabricari, *inquit ille*, quasi au-
« reum pomum, atque circumdari per quadrum pretiosissi-
« mis quibusque gemmis, ac desuper auream crucem inseri.
« Erat autem instar speciei hujus mundanæ molis, quæ
« videlicet in quadam rotunditate consistere perhibetur. ut
« dum siquidem illud respiceret princeps terreni imperii,
« foret ei documentum non aliter debere imperare vel mili-
« tare in mundo, quam ut dignus haberetur vivificæ crucis
« tueri vexillo. » Neque ab his absona habet de crucigeri
istius imperatorii symboli significatu Chronicon Flandriæ
vernaculum, ubi de coronatione imperatoris Henrici Luxem-
burgii, sub annum 1308 : « Et il mirent en la main senestre
« une pomme de fin or, et une croix dessus, en signifiance
« que la pomme, qui estoit toute ronde, signifie le monde, de
« quoi il estoit souverain gouverneur ; et la croix signifioit
« que toudis il eust la Passion Notre-Seigneur en mémoire. »
Similia etiam tradit Gotefridus Viterbiensis[2], qui globum
istum *pallam* appellatum scribit ; a teutonico forte *paloyan*,
quod orbem sonat : vel a gallico *balle :*

Aureus iste globus Pomum vel Palla vocatur,
Unde figuratum mundum gestare putatur,
Quando coronatur palla ferenda datur.

Infra :

Crux superest pomo cœli super insita dono, etc.
Crux et palla simul pariter connexa tenentur :
Hæc magis, illa minus parte reverenda videntur,
Hæc ferit, hæc sanat, hæc perit, illa manet.
Si mundana cupis pugno concludere regna,
Significata Crucis tibi sunt reverenter habenda ;
Servulus esto Dei. qui tua sceptra regit.

Atque hæc fuit utriusque, maxime Occidentalis, Imperii augustorum pietas, ut inter dignitatis suæ symbola crucem sibi
præferri, et globum, cui crux, in quam oculos defigerent,
insisteret, gestare voluerint. Narrat Conradus Uspergensis
Henrico V. in imperatorem electo tradidisse parentem *regalia vel imperialia insignia, crucem scilicet et lanceam, sceptrum, globum atque coronam*. Quem quidem globum crucigerum tenendi, ac imperatori cum inauguratur, porrigendi,
comiti palatino Rheni, ex bulla aurea Caroli IV imperatoris,
munus incumbit, qui ita novum augustum compellat :
« Accipito globum sphæricum, et omnes terræ nationes Ro-
« mano imperio subjicito. » Neque tamen imperatoribus proprius ac peculiaris fuit globus inter supremæ dignitatis
symbola ; nam et gestasse reges nostros, nudos tamen, testatur Roberti regis sigillum, apud Dominicum[4] et alios, ut
reges Angliæ Rogerus Hovedenus, Thomas Walsinghamus[5],
et Monstrelletus[6]. Etiam crucigeros detulisse Hierosolymi-
tanos reges scribit Coquillius[7] ; Poloniæ, Cromerus[8] ; Hungariæ, Jessenius[9] ; et Daniæ Hogembergius. Sed et *pomum
inter regum aragonensium insignia recensent Gesta Innocentii III PP.*[10], ut et Petrus ipse rex Aragonum in Chronico[11], quod de rebus a se gestis conscripsit. Sic autem describitur a Raimundo Montanerio[12], in Historia regum
Aragonum, ubi de coronatione Alphonsi regis : « E lo pom
« era d'aur, e havia al cap una flor ab peres precioses, è sobre
« la flor una creu molt ricament ordonada de peres precio-
« ses. » Octavianus Sangelasius in Viridario Honoris, ait
Carolum VIII post fugatum Alphonsum, Neapolim ingressum, *comme roy de France, de Cecille, et Ihérusalem, et qu'il
fist grant triomphe et excellence en habittement imperial nommé
et appellé auguste, et tenoit la pomme d'or ronde en sa main
droite, et à l'autre main son sceptre, etc.* At cum globus cruciger pro imperatorio præsertim symbolo hactenus habitus
sit, Franci nostri in regiarum pucliarum commutatione acta
anno 1614, cum coronam globo crucigero in apice decora-
tam, Hispanici regis armorum insignibus adpositam in Hispanorum tabernaculis conspexissent, in augusto isto commercio ulterius progredi recusaruut, donec amoveretur ; ne
hocce symbolo prærogativam aliquam in Francos sibi arro-
gare viderentur Hispani[13].

XXVIII (XX).

LABARUM.

In inferioris ævi præterea numismatibus vexillum militare, quod *labarum* appellant, ab ipsis principibus sæpe gestari ac teneri advertimus. Illud autem ita effictum est, ut pensilis pannus, fimbriis aliisque ornamentis instructus, et transversario, antennæ specie, ligno affixus, a suprema conti parte funiculis dependeat. Id porro et si non omnino nuperum, et ante Constantini ævum cognitum (cum istud cernatur in Hadriani et aliorum augustorum nummis inter Romanorum insignia militaria [1]. — C. in A.) labari tamen nomenclatura non nisi apud scriptores qui aut ipsius ætate, aut postea floruerunt, vix cognita vel usurpata ; adeo ut in dubio sit an Romanorum proprium vexillum fuerit, an vero illud fi a nationibus barbaris acceperint, quod postremum existimare prorsus licet. Nam quod aliquando in priorum imperatorum nummis effictum occurrat, non propterea existimandum est Romanorum fuisse ; sed ita in iis exhibetur, ut quibus id vexilli proprium fuit, gentes domitas fere semper denotet Prostant tria Augusti numismata [2], in quorum duobus figura nuda galeata dextra labarum, seu contum cum quadrato siparo fimbriato tenet, cum hocce lemmate : VOT SUSC PRO SAL ET RED IOM SACR.; id est : « Vota suscepta « pro salute et reditu Jovi optimo maximo sacrum. » Cusi nempe bini hi nummi dum Augustus bella cum Germanis gereret, de quibus actum ab eo triumphum, vel certe partam victoriam, indicat alter, in quo scuta germanica bina (cujusmodi visuntur in Vitellii, Domitiani, Antonini, et aliorum monetis) decussatim cum spiculis posita, medio inter utrumque stante labaro. Cui similes pene prostant (Claudii Drusi, Domitiani et Commodi [3] ; et alius — C. in A.) Domitiani cum inscriptione, DE GER [4]. Neque alia exprimitur figura in arcu triumphali Marii Avenionensi, in quo spolia de Cimbris, Germaniæ populis, effinguntur, cum eorundem vexillis et scutis [5]. Unde nuper detectum arcum illum triumphalem, tribus portis insignem, Remis urbe Galliarum celeberrima, a quodam ex iis augustis qui de Germanis victorias adepti sunt, erectum par est credere : in cujus quatuor μεσοστύλοις conspiciuntur rotundi clypei, in quibus effictum imperatoris caput, sed temporum injuria ita deformatum, ut cujus fuerit divinare non liceat. Supra clypeos qui in mediis duobus intercoluminiis describuntur efficta conspiciuntur bina labara, decussatim posita, quorum hastilibus, sub siparo, affixi sunt clypeoli alii cum imperatoris imagine. In extremis vero intercolumniis, loco labarorum describuntur bini caducei, decussatim pariter positi : ex quibus satis constat erectum arcum istum triumphalem pace post devictos Germanos consecuta. Sed an Julii Cæsaris, uti vult Bergerius [6], vel Juliani Parabatæ opus sit, quod innuere videtur vir clarissimus, cujus studio illius ectypon æri incisum hoc anno prodiit [7], non omnino quis definiat, tametsi et labari figura ante Constantinianæ familiæ tempora exstructum fuisse conjicere possimus, cum deinde Julianus, cum Germanos debellavit, nondum christianam religionem ejurasset, quod perfecit demum post Constantii mortem, in Illyrico. Ledæ enim imago satis prodit erectum arcum triumphalem ab imperatore gentile. At cum is recentioris ac minus probæ sit architecturæ, proindeque Augusti et priorum Romanorum principum germanicis victoriis adscribi vix possit, sub quibus illa tum maxime florebat , longe potius tribuendus videtur Probo imperatori, qui, ut auctor est Vopiscus [8], « cum ingenti exercitu Gallias petiit, quæ omnes, occiso Pos« thumio, turbatæ fuerant interfecto Aureliano, a Germanis « possessæ, *ubi* tanta prælia feliciter gessit, ut a barbaris « sexaginta per Gallias nobilissimas reciperet civitates (*quas* « *inter exstiterit Durocortorum Remorum*). Et quum jam in « nostra ripa, imo per omnes Gallias securi vagarentur, « cæsis prope quadringentis millibus qui Romanum occupa« verant solum, reliquias ultra Nicrum fluvium removit, etc. « *Mox subdit* nec cessatum esse unquam pugnari, quum quo« tidie ad eum barbarorum capita deferrentur, jam ad sin« gulos aureos singula, quamdiu reguli novem ex diversis « gentibus venirent, atque ad Probi pedes jacerent, quibus « ille primum obsides imperavit, qui statim dati sunt, deinde « frumentum, postremo etiam vaccas atque oves. » Qua quidem victoria pace reddita, coronas aureas Probo omnes Galliæ civitates obtulere, ut ipsemet in literis ad senatum scribit. (Exhinc cusi in Germanicæ istius victoriæ monumentum Probi imperatoris nummi, quibus inscriptum : VICTORIA GERMANICA, quique pro typo tropæum inter duos captivos præferunt. Sed et alter præclarus Probi nummus, a Patino [1] descriptus, imperatorem habitu militari stantem exhibet, sinistra scipionem tenentem, oculis in supplices captivos conversis, cum hac inscriptione : VICTORIOSO SEMPER, quomodo in epitaphio idem augustus VICTOR OMNIUM GENTIUM BARBARARUM appellatur, nam præter Germanos, Gotthos etiam et Sarmatas profligavit. — C. in A.) Unde admodum vero consentaneum ea tum tempestate a Remensibus arcum triumphalem erectum, in quo et victoriæ de Germanis per labarum et pax reddita per caduceos effingerentur. Pannonibus etiam in Hadriani nummo, et Armeniis tribuitur ejusmodi vexillum in binis aliis Antonini nummis [2], in quibus est figura stolata ac pileata humi procumbens, et dextram lacrymabundæ instar admovens oculis, cum clipeo ad genua et labaro juxta defixo, in quorum altero subjectum lemma, ARMEN. Præterea Sarmatis, in nummo ejusdem Antonini (et in altero M. Aurelii apud Patinum [3]) quibus subjecta inscriptio DE SARMATIS. Denique in nummo altero Vitellii gradivus effingitur, dextra hastam, sinistra labarum tenens, cum hisce characteribus : CONSENSUS EXERCITUUM ; cusus nempe videtur propter partas de Germanis victorias, de quibus etiam erecta in alio ejusdem imperatoris tropæa cernuntur, cum lemmate : GERM. CAPT. Ex quibus licet omnino conficere labarum non Romanorum proprium fuisse ab initio vexillum ; sed a gentibus domitis, Germanis, vel Armeniis, quorum fuit, in victoriarum ex iis adeptarum monumentum vexillis suis hos illud adscripsisse ; cum ex nummorum inspectione devictas provincias, arimis maxime quorum apud illos usus erat, denotari palam sit. Nolim porro pro vero præstare quod scribit auctor anonymus de Miraculis sancti Bertini [4], sequiore etiam sæculo, circa scilicet tempora Caroli Calvi. labari appellationem vexillis suis tribuisse Danos . « Pagani in « antefati collis cacumine principale vexillum, quod labarum « vocari fertur, alto stipiti pro terrore infixere. » Tametsi, uti labarum effingitur, Danorum fuisse vexillum indicare videatur auctor Encomii Emmæ reginæ [5] : « Erat, *inquit* « *ille, de Danis verba faciens*, eis vexillum, miri portenti, « quod. licet credam, posse esse incredibile lectori, tamen, « quia verum est, veræ inseram lectioni. Enimvero dum « esset simplicissimo candidissimoque intextum serico, nul« lius figuræ in eo inserta esset imago : tempore belli sem« per in eo videbatur corvus, ac si intextus, in victoria « suorum quasi hians, excutiensque alas, instabilisque pedi« bus, et suis devictis quietissimus, totoque demissus. » Eadem ferme de corvis istis habet Asserus [6], qui *reafau*, seu *reafan*, ut emendat Spelmannus, voce anglo saxonica id vexillum appellatum scribit, adeo ut incertum maneat an revera *labarum* voce danica ea imperatis dictum fuerit. Sed præsertim ita appellatum sub Constantino M. vexillum, in quo christianæ religioni initiatus, Christi monogramma (ne cribi curavit, quod τῶν ὅλων τιμιώτερον, *cæteris pretiosius et sanctius* haberi, imperatorem semper præcedere, a militibus adorari, et in prælis a fortioribus exercitus militibus ambiri et stipari præcepit, uti narrant scriptores ecclesiastici [7] : quos quidem. milites esse plerique autumant quos *præpositos laborum* vocat Codex Theodosianus, cum quod *labarum* Ambrosius, Prudentius, et alii, *laborum* appellent Sozomenus, glossæ veteres apud Turnebum [8], Acta secundæ synodi Nicænæ, et Aldhelmus [9]. Cum igitur labarum vexillum barbaricum fuerit, quod indicare videntur nummi, frustra de ejus nomenclatura hariolantur viri perreruditi, qui de signo hoc militari tam multa commentati sunt, ut iisce disquisitionibus tædeat immorari [10]. Illud autem passim in sequioris ætatis imperatorum nummis cum Christi monogrammate licet intueri : sed et in ipsius Constantini numismate [11], in cujus aversa parte effingitur cum Christi monogrammate supra siparum, in quo quidem tres globuli describuntur : labari vero hastile draconem premit, cum hac inscriptione : SPES PUBLICA ; infra : CONS.

---

1. Patin. in Thes Numism p. 162. — 2 Apud Biæum, p. 10, 17. — 3. Patin. in Thes. Numism p. 51, 175. — 4. Biæus, p. 31, 46. — 5. Josepn de la Pise. — 6. In Hist. Remensi. — 7. ° Marlot, Histor Metrop. Remens. — 8. Cap. 13.

1. In Thes Numism. p. 11. — 2 Biæus, p. 40, 46, 50. — 3. Biæus. p. 47 ; vide Patinum, p. 307, et in Thes. Num. p. 169. — 4. L. 2, c. 11, apud Mabillonium. — 5. P. 169, 170. — 6. De Reb. gest. Ælfredi, p. 10. — 7 Euseb. l. 2, Vitæ Const. c. 8 ; Sosom. l. 1, c. 4. — 8. L. 15, c. 16. — 9 Aldhel. de Laude. Virgin. — 10. Turneb. tobo cit., Baron. an. 312, n. 23 ; Dorleans, ad Tac., Fuller. l. 2, Misc. Sacr. c 1, 4, c. 12 ; Stowechius, ad Veget l. 3, c. 17 ; Grutzer, l. 1, de Sancta Cruce, c 4 ; Tristan. tom. 3, Comm. p. 484, Jacob. Gotofr. ad tit. Cod. de Præp. labor, etc. — 11. Apud Baron.

XXIX (XXI).

NARTHEX.

At quod veteres e Latinis perinde ac Byzantinis scriptoribus *labarum* vocabant, posteriores νάρθηκα, seu *ferulam*, appellavere : siquidem imperatorum idem fuit gestamen quod revera videtur, etsi postmodum non eadem omnino forma ac figura. Labarum quippe, uti observatum supra, quadratum fuit, ex panno aut serico confectum, Christi insignitum monogrammate; narthex vero ferulæ solidæ speciem prætulit, quæ paulo longior quam latior fuit. Unde medicos quosdam νάρθηκας libros suos nuncupasse monitum a nobis ad Alexiadem (quod libri speciem ferulæ omnino referant. Ejusmodi autem narthex præclare effingitur in bulla plumbea Balduini II, imperatoris Constantinopolitani, diplomati anni 1241 appensa : in qua Balduinus, imperatorio habitu sedens, dextra virgam tenet, in cujus parte superiori nescio quid quadratum oblongius eminet fimbria circumdatum, et ad extremos angulos globulis vel margaritis exornatum. Ab inferioribus vero angulis pendent vittæ, margaritis pariter distinctæ. Hastæ extremum claudit globulus, seu margarita grandior, cui minor insistit. Narthecem ipsum exteriorem exornat circulus ovali figura unionibus contextus[1]. At in narthecibus qui effinguntur in nummis apparent fere semper in quinquuncem disposita margaritæ ; ita ut liquido evincatur diu servatas labari figuræ, seu Christi monogrammatis reliquias. Scribit Codinus[2] moris esse utquando imperator gestat stemma, dextra crucem, sinistra νάρθηκα teneat. Simeon vero Thessalonicensis ferulam gestari ab imperatoribus tradit, in potestatis iis indultæ populo subditos castigandi symbolum : Καὶ ἔτι ῥάβδον λαμβάνει. οὐ βαρεῖαν τινα καὶ σκληρὰν, ἀλλ' ἐλαφρὰν καὶ μαλακὴν, διὰ τὸ παιδευτικὸν ἐν πραΰτητι. καὶ μὴ ὀργίδον καὶ σφαρτικὸν, μηδὲ συντρίβειν καὶ ἀφανίζειν. *Insuper etiam virgam assumit, non gravam quampiam et duram, sed levem et mollem, ut nimirum cum mansuetudine castiget non vero cum iracundia, aut quavis pernicie, neque aut confringat aut perdat.* Ita magistrorum aut pædagogorum ferulas arbitrati sunt sequiores Græci, quæ revera labara exstitere.

XXX (XXII).

DE CODICE EVANGELIORUM AB IMPERATORIBUS GESTATO.

Prostat nummus aureus Basilii imperatoris, apud Octavium Stradam[3] (neque enim hunc alibi videre contigit), in quo Evangeliorum codicem dextra et globum crucigerum sinistra gestat. Alium etiam aureum Constantini nomen præferentem descripsit, quem Porphyrogenito adscribit, cum sit Pogonati, ut ex aversa parte colligitur, ubi imperator codicem perinde sinistra ad pectus gerit : tametsi nolimus omnino præstare fidem exsculptoribus, cum existimari possit librum putasse, qui volumen fuit, ut in nummo Theophili aureo apud eundem describitur. Constat tamen interdum effictos imperatores cum Evangeliorum codicibus, tanquam constantis in fidem christianam animi argumento. Scribit quippe Porphyrogenitus[4] in avi vita, in quodam magni palatii triclinio a Basilio exædificato, quod Καινούργιον appellabant, expressum opere musivo in throno sedentem imperatorem operis conditorem, et conjugem Eudociam, imperatoriis indumentis amictos, et coronis redimitos, cum communibus liberis, quorum masculi τόμους ἐπιφερόμενοι conspiciebantur τὰς θείας ἐντολὰς, αἱ στοιχεῖν ἐπαιδεύοντο, παρέχοντας, *libros divina præcepta, quibus ipsi insistere edocebantur, continentes* : feminæ vero et ipsæ βίβλους τινὰς tenebant, νόμων θείων ἐχούσας περιοχὴν, *libros in quibus divinarum legum argumenta descripta erant,* quasi, inquit Porphyrogenitus, in animo habuerit artifex non tantum progeniem masculam, sed et femineam sacris literis initiatam et divinæ sapientiæ participem esse demonstrare. Atque hi quidem libri non alii forte erant ab Evangeliorum codicibus, cum in iis Christi præcepta continentur (nisi potius hisce verbis intellexerit Porphyrogenitus volumina illa quæ fere semper præ manibus gestabant principes Constantinopolitani uti supra docuimus. — C. in A.). Narrat auctor Chronici Alexandrini[5] Justinianum, excitata Victoriatorum seditione, in circum progres-

sum sedisse in tribunali gestantem manu sanctum Evangelium : ἀνῆλθεν ὁ βασιλεὺς εἰς τὸ ἱππικὸν ἐν τῷ ἰδίῳ καθίσματι βαστάζων τὸ ἅγιον εὐαγγέλιον. In manus scilicet Justinianus sumpserat Evangelii codicem, quo fortasse seditiosæ multitudini fidem faceret indultæ a se pro perperam ab ea perpetratis veniæ tactis scilicet sacrosanctis Evangeliis, quæ fuit semper apud christianos sacramentorum formula hisce verbis concepta, μὰ τὰς ἁγίας γραφὰς ταύτας, καὶ τὸν θεὸν τὸν λαλήσαντα δι' αὐτῶν, ut est in sexta synodo[1] (in Actis sancti Maximi Conf. p. 32. — C. in A.), et alibi passim. Evangelium tamen gestare solius presbyteri fuisse, neque id juris habuisse imperatorem contendit olim Maximus Monachus[2], in collatione habita in secretario cum principibus, ubi de imperatore, quem sacerdotis titulo donari non posse affirmabat : « Neque baptizat, neque chrismatis confectionem patrat, « neque facit episcopos, vel presbyteros aut diaconos. Neque « linit Ecclesias, neque iudicia sacerdotii fert, superhumerale « scilicet et Evangelium, quemadmodum imperii coronam « et purpuram. »

XXXI (XXIII).

CRUX IN NUMMIS.

Jam vero imperatorum Byzantinorum pietatis, si qua fuit in principibus qui scelerisus et cædibus supremam hanc dignitatem fere semper consequebantur, argumentum præcipuum fuit, quod crucem, vel Christi monogramma, nummis suis crebro adscriberent. Christi etiam ipsius, interdum et Deiparæ, atque adeo sanctorum imagines effingi curarent. Ac de cruce quidem ut aliquid dicamus, insignis est nummus ille æreus Constantini junioris tuu cæsaris in quo crux grandior inter duas figuras militares, tenentes signa militaria, conspicitur, cum hac inscriptione : GLORIA EXERCITUS. Ejusdem præterea cæsaris alter, in quo inscriptum : VICTORIA AUGUSTORUM. Et aurei alii Valentiniani senioris et Valentis, qui pro lemmate præferunt : RESTITUTOR REIPUBLICÆ. Habetur etiam Theodosii senioris alius æreus, in quo imperator captivum sinistra premit, cruce ad latus ejusdem augusti designata ; alius etiam in quo crux sola aversam partem occupat. Ad priorem referri potest quod scribit Theodoritus[3], Theodosium post inita aliquot cum Eugenio tyranno prælia, cum sui ea intermittere suaderent, donec collectis novis copiis auctiorem haberet exercitum, iis intulisse, Non esse committendum ut salutaris crux tantæ argueretur imbecillitatis, Herculeaque statuæ tantum tribueretur virtutis, cum ut crux in suo, ita illa in hostium exercitu antecederet. Occurrunt similes alii, maxime sequioris ævi, ubi passim in aversa parte crux habetur, quos inter præcipuus est aureus ille Olybrii augusti, in quo exhibetur idem augustus recto vultu, cum stemmate gemmato et crucigero, et hisce characteribus : DN. ANICIUS OLYBRIUS AUG. In aversæ vero partis medio crux nuda conspicitur, cum hac inscriptione, SALUS MUNDI. infra CONOB. Quin etiam in iconomachorum augustorum nummis crux ipsa passim conspicitur, quod mirum videri non debet, cum, licet in Servatoris et sanctorum imagines dire grassarentur, crucem tamen privatim et publice effingerent, colerentque, quod monuimus in nostra Constantinopoli christiana, ubi de imagine Chalces. Id præterea diserte firmat quod habetur in Epistola Michaelis et Theophili, imperatorum iconomachorum, ad Ludovicum imperatorem[4], de christianis imagines colentibus · « Primum « quidem vivificas et honorificas cruces de sacris templis « expellebant, et in eadem loca imagines statuebant, ponebantque lucernas coram eis, etc. » Nam etsi falsum sit ejusce ævi christianos cruces ab ædibus sacris abstraxisse, inde saltem colligitur iconomachos, abdicato cæterarum imaginum cultu, crucem coluisse : (quod sane diserte testatur scriptor, necdum editus, Vitæ sancti Stephani junioris, tradens Copronymum προτιθεμένων τοὺτε ζωηφόρῳ σώματος καὶ αἵματος τοῦ Χριστοῦ, τῶν τε ἀχράντων ξύλων ἐν οἷς Χριστὸς ὑπὲρ ἡμῶν χεῖρας ἐξέτεινεν, καὶ τῶν ἁγίων εὐαγγελίων, eo adegisse populum, ut sacrum imaginum cultum proscriberet. Id ipsum scribit Theophanes, ann. XXV ejusdem imperatoris. — C. in A.) Observare denique cruces cum duplici transversario stipite tum primum conspici in aureo nummo Constantini et Irenes matris, si genuinus est, qua sane forma effictas deinceps a Græcis satis declarant cum figuræ Græcanicæ veteres, tum quæ vivificæ ipsius crucis reliquas servant phylacteria, uti monuit jam olim Gretzerus, atque adeo a nobis observatum in Tractatu de Capite sancti Joannis Baptistæ. Sed cur

---

1. * Villehardouin, ed. Ducange, pag 320, 322. Recueil de chartes, ibid. pag. 4. —
2. De Off. c. 7, n. 37. — 3. Strada, p. 301, 305, 298. — 4. In Vita Basil. cap. 58. — 5. P. 780.

1. Act. 13, 14. — 2. Apud Anast. in Collectan. p. 123, et Baron. an. 656. — 3. L. 5, c 24. — 4. Baron. an. 824.

ita crux cum duplici transversario stipite, majore altero, altero minore, effingerentur, non omnino constat : vix enim eidem Gretzero[1] assentiar, qui inde cum fluxisse ritum putat, quod patriarchis hacce figura præferretur, quasi id recentioris moris non esset. Longe magis arridet eorum conjectura qui cruces istas duplices profluxisse volunt, ab iis quæ in nummis augustorum Byzantinorum descriptæ visuntur, quas imperator et augusta, sinistra alter, altera læva tenent, ita ut ita efflictæ sint, quasi uterque crucem tenuerit, imperator quidem majorem ac cum majore transversario stipite, augusta vero cum minore. Sed et triplici efflictam figura crucem dominicam apud Græcos observare est ex pictura Græcanica, quam ex gazophilacio RR. PP. canonicorum Sanctæ-Genovefæ Parisiensis delineari curavimus . constat autem illa quatuor tabellis, in quarum una[2] effinguntur sancta Parasceve, sancta Barbara, et sancta Marina, singulæ dextra crucem tenentes, sed diversa, ut dixi, forma. Nam sancta Parasceve crucem, sicut vulgo dicimus, *recruciatam*, seu in cruciculas in singulis brachiis desinentem . sancta Barbara crucem cum duplici stipite transversario; sancta denique Marina crucem nudam, nisi quod sub extrema globulis exornatur. In altera vero tabella[3], sancta Thecla et sancta Æcatherina cruces *recruciatas* perinde gestant : has inter medius stat sanctus Stephanus, diaconi habitu, stola in sinistrum humerum refusa, in qua ter vox ΑΓΙΟC scribitur[4].

XXXII (XXIV).

CHRISTI MONOGRAMMA IN NUMMIS.

In quibusdam vero nummis sæpe Christi monogramma describitur, quod ab ipso Constantino fluxisse ostendunt ejus nummi, in quorum medio exaratur cum figuris ibidem efflctis, in aureo præsertim, cui inscriptum : VICTORIA CONSTANTINI AUG. In alio vero, cassidi adscriptum visitur , quo firmatur quod tradit Eusebius hosce characteres κατὰ τοῦ χρανους detulisse Constantinum[5]. Constat autem Christi monogramma literis majusculis Græcis P. et X, invicem junctis ac implexis; quibus *compendio totum Christi nomen includitur*, ut est apud Primasium Africanum[6]. (Illud etiam ita describitur, a Lactantio in libro de Mortibus Persecutorum, cap. 44 : « Commonitus est in quiete Constantinus ut celeste « signum Dei notaret in scutis, atque ita prælium commit- « teret. Fecit ut jussus est, et transversa X litera summo « capite circumflexo, Christum in scutis notat. » Sic enim legendum pro *Christo*. Quod vero Lactantius ait Constantinum præcepisse ut milites scutis suis Christi monogramma inscriberent, id etiam ipsemet indicat Augustus in Epistola ad Saporem, regem Persarum, apud Theodoritum, lib. I. Hist. Eccles. cap. 25 : « Τοῦτον τὸν Θεὸν πρεσβεύω, οὗ τὸ σημεῖον ὁ τῷ « Θεῷ ἀνακείμενος μοῦ στρατὸς ὑπὲρ τῶν ὤμων φέρει. » Id ipsum scribit Sozomenus, lib. I, cap. 48, unde omnino conficitur non ad humeros detulisse Christi monogramma milites, sed in scutis, quæ ad sinistrum humerum deferebant, licet aliter idem Sozomenus de eodem augusto scribat : « Τὰ τούτων « ὅπλα τῷ συμβόλῳ τοῦ σταυροῦ κατεσήμαινε, » scuta nempe, uti exhibentur in tabella Justiniani M. quam delineari curavimus in Familiis augustis Byzantinis. — C. in Add.) Exhinc mos idem in successores derivavit, qui aut in labaro, aut in medio nummo ipso id monogramma descripsere. Præclarus autem ille est Constantii junioris cæsaris æreus in quo ipse vel Constantinus pater militari habitu stat, labarum dextra tenens, in cujus siparo descriptum Christi monogramma, victoria a tergo subsequente, et coronam ejus capiti imponente, cum hocce lemmate : HOC SIGNO VICTOR ERIS. In medio vero nummo idem monogramma exhibet Constantii imperatoris aureus cum A. et Ω. Decentii perinde cum iisdem characteribus, et inscriptione : SALUS DD NN AVG ET CÆS. : ut et Joviani, sed absque inscriptione (de quorum quidem characterum A. et Ω. Christi monogrammati adscriptorum vi ac significatu multa alii commentati sunt[7] : præterea Justæ Gratæ Honoriæ Augustæ, Severi Tyranni, etc. Habetur præterea ectypon gemmæ insignis in Ludovici Chalucii Dactyliotheca manuscripta[8] quæ est Sanctæ-Genovefæ Parisiensis, in qua insculptum Christi monogramma, cum hisce characteribus : SALV DOMI NOST AUG LUC. ; id est, ut interpretatur idem Chalucius : « *Salus Domini nostri Augusti « lucet.* » Cui quidem ectypo adjungenda alia nummorum Constantii et Decentii inscriptio, apud Cholium[1], in quorum aversa facie simile visitur monogramma, SAL. DD. NN. AVGG. L.VCET. Interdum præterea ita effictum erat Christi monogramma, ut crucem referret, cum P transversario stipite trajiceretur. At, quod mirari subit, non ætate duntaxat Constantini M. ejuscemodi Christi monogramma nosci ac describi cœpit, sed et longe antea ; cum exstet gemmæ insignis ectypon in laudata Ludovici Chalucii Dactyliotheca[2], cui insculptum Christi monogramma cum A. et Ω. ad latera, et hisce in circuitu characteribus, SAL DO N ALEX FIL LVCE, id est. *Solus Domini nostri Alexandri filii Mammææ lucet.* Sane, etsi gemmam hanc sub Alexandro Mammææ filio sculptam nolimus præstare, fieri tamen potest ut a viro christiano exarata fuerit, qui et ea ætate vixerit et ad Christum pro Alexandri imperii ac vitæ incolumitate preces fuderit , quomodo fere solebant christiani, ut satis indicant verba sancti Cypriani[3] ad Paternum proconsulem : « Nullos alios « deos novi, *inquit ille*, nisi unum et verum Deum, qui fecit « cœlum et terram, mare, et quæ in eis sunt omnia. Huic « Deo nos christiani deservimus, hunc deprecamur diebus « atque noctibus, pro nobis, et omnibus hominibus, et pro « incolumitate ipsorum imperatorum. » Sed ut verum fatear, fucum facit vox *Domini nostri*, quæ non est omnino istius sæculi. Simile porro monogramma in nummo Maxentii cæsaris observare est apud Cholium[4], ubi scriptum : VOT V MVLT XX VIC CÆ MAXE, i. victoria Cæsaris Maxentii. In alio ejusdem Maxentii, qui pro lemmate præfert, VOT V MVLT X, idem monogramma ex P. et X. implexis conficitur, quod sane stupendum, ut tum a principe christiani nominis hoste infensissimo usurpatum fuerit. Tametsi a paganis interdum notam hanc deorum suorum imaginibus adscriptam observare sit, ut in gemma, in qua Jovis, Appollinis, et Dianæ capita, ut in Deliorum nummis apud Goltzium[5], effinguntur, cum Christi monogramma Jovis capiti immineat, et hisce characteribus, VIVAS IN DEO F., id est, *vivas in Deo feliciter.* Profert idem Cholius nummum alium, in quo Christi monogramma quadruplex, vel quadrilatera forma conspicitur, cum hac inscriptione, PAX DOM N ÆTER, id est, *Pax Domini nostri æterna.*

XXXIII (XXV).

DE INSCRIPTIONE IC. XC. NIKA.

In quibusdam etiam inferioris maxime ævi nummi crux medium nummum occupat : cum hisce ad quatuor angulos characteribus, IC XC NI KA. Descripsit Gretzerus[6] diploma Fulcheri, patriarchæ hierosolymitani, et Amalrici, prioris ecclesiæ Sancti-Sepulcri , cui appensum fuisse testatur sigillum plumbeum, quod canonicorum ejusdem ecclesiæ fuisse ait, in cujus uno latere crux duplex, quam patriarchalem dicimus, effingitur, cum iisdem characteribus, $\frac{IC - XC}{NI \mid KA}$ n alio vero fabrica dominici sepulcri, cum hacce inscriptione , † SANCTISSIMI SEPULCHRI. (Scribit Christophorus Angelus, cap. 42. De hodiernorum Græc. statu, Græcos hodiernos nullam crucem agnoscere aut colere, nisi eam quæ hosce characteres præferat, Ἰησοῦς Χριστὸς Νικᾷ, sive, inquit, en ex argento, sive ex metallo, sive e lignis sit confecta, nam ταῦτα τὰ γράμματα ἀφιερεῖ ἐκεῖνον τὸν σταυρὸν τῷ Χριστῷ, σημαίνοντα ἐκεῖνον τὸν σταυρὸν, ὅτι ὁ Χριστὸς ἐσταυρώθη, διὰ τὰς ἁμαρτίας ἡμῶν, καὶ ἐνίκησε τὸν ἐχθρόν. — C. in Add.) Neque propria omnino Græcis augustis fuit ejusmodi inscriptio, cum et reges nostri in scutis, uti vocant, aureis hancce exarari voluerint, CHRISTUS VINCIT, CHRISTUS REGNAT, CHRISTUS IMPERAT : quibus quidem verbis conceptas fuisse *laudes* Carolo M. dictas Romæ, cum imperator coronatus est a Leone PP. auctor est Radulphus de Diceto[7] : « Christus « vincit, Christus regnat, Christus imperat, Karolo Augusto « a Deo coronato, magno et pacifico imperatori Romano vita « et victoria. » Sed et is fuit crucesignatorum et aliorum clamor militaris ». Prostat denique æreus nescio cujus imperatoris, cum stemmate et globo crucigero, et longiori cruce in dextra cum hocce lemmate, EN TουTONIKA. Quod illud ipsum est quod circa crucem inscriptum tradunt scriptores, quam in prælio contra Maxentium vidit Constantinus: a quo etiam clamorem militarem suum formavere Græci Byzantini, qui in Tacticis Leonis[9] ita conceptus legitur,

---

1. De Cruce, p. 1618. — 2. Tabella 11. — 3. Tabella 10. — 4. Vide Euchol. Goari, p. 447. — 5. L. 4, de Vita Const. c. 25 ; Baron. Fr. Angelon. p. 360. — 6. Primasius, in Apocal. lib, 4, c. 13. — 7. Roswed. ad Paulin. op. p 864. — 8. P. 5.

1. Du Choul, p. 171 — 2. Pag. 18. — 3. Acta S. Cyprian. — 4. P. 255. — 5. Insul Gr.; Tab. 18 , Gretz. tom. 1, l. 2, c. 38. — 6. In horto S. Cruc. part. 1. — 7. An. 801. — 8. Tageno Patav. p. 13 (414) ; Galfridus Monemuth. lib. 2, c. 5. — 9. C. 12, § 89 et 100.

Νίκη τοῦ σταυροῦ, seu, ut est apud Scylitzen¹, σταυρὸς νενίκηκε, quod scilicet crux a Constantino in cœlo conspecta victoriæ signum fuerit ; unde νικητικόν σημεῖον appellatur in inscriptione Græca quæ Nicææ legitur². (At eadem verba in ipsa cruce describuntur in figura quæ exarata conspicitur in codice manuscripto operum sancti Gregorii Nazianzeni Bibliothecæ regiæ. — C. in Add.)

XXXIV (XXVI).

CHRISTI EFFIGIES IN NUMMIS.

Jam vero quod ad Christi, vel Deiparæ et sanctorum effigies in nummis descriptas spectat, scribit Joannes Damascenus³ cusa a Constantino M. numismata, in quibus Christus cum crucis quam in cœlo viderat figura, una facie, ipse vero in altera, efficti conspiciebantur : Πρώτιστον καὶ ἐξαίρετον καλλιέρημα τῆς εἰς Χριστὸν τὴν ἀληθινὸν ἡμῶν θεὸν εὐσεβείας ἐγχαράττει τῷ βασιλικῷ τῆς πολιτείας νομίσματι, τότε οὐρανοφανές σημεῖον τοῦ σωτηρίου σταυροῦ, καὶ θεανδρικὸν Χριστοῦ χαρακτῆρα ἐν αὐτῷ μετὰ τοῦ ἰδίου ἀνετυπώσατο ἐνδεικνύντος τὴν τοῦ ἐπουρανίου βασιλέως αὐθεντίαν πρὸς τὸν ἐπίγειον γεγονυῖαν, etc. « Pietatis in Christum « verum Deum nostrum præcipuum argumentum fuit, quod « imperatorio ac publico numismati salutaris crucis quod « in cœlo viderat signum, Christique Dei hominis venerandam imaginem, cum sua ipsius impresserit, quo scilicet « cœlestis regis præ terreno majorem potentiam declararet. » Neque forte alia videtur moneta illa quam Constantino adscribit Joannes Damascenus. ab ea quam σωτηρίκιον vocat anonymus⁴, in Antiquitatibus Constantinopoleos, quod in ea Servator efficctus esset ἐν οἷς καὶ χαραγὴ Κωνσταντίνου ἡ λεγομένη σωτηρίκιος χίλια κεντηνάρια, etc. At cum inter tot qui ex Constantini supersunt nummis, nullus hactenus repertus sit in quo Christi imago effingatur, verendum maxime ne vox σωτηρίκιος referenda sit ad solum crucis typum in labaro aut alibi depictum, quem ipsum Christi vulgo appellasse veteres docuimus ad Paulum Silentiarium : nam et σωτήριον σταυρὸν appellabant, ut hoc etiam loco Damascenus : ut vero Synodus Trullana⁵, ζωοποιοῦ σταυροῦ σωτήριον. Primus autem qui Christi imaginem in nummis suis descripserit videtur Justinianus Rhinotmetus, cujus aureus habetur expressus apud Stradam⁶ et Chiffletium⁷, quem illi, ut et Occo, perperam Justiniano Magno attribuunt : is enim in priore facie Christum habet expressum, thorace tenus, dextra benedictionem impartiens, sinistra Evangeliorum codicem tenentem, cum inscriptione illa CRISTUS REX REGNANTIUM. In altera Justinianus ipse barbatus (quod Justiniani M. non esse evincit) cum stemmate crucigero. ac toro, quod supra descripsimus, cruci majori manum admovens effingitur, hisce characteribus in ora exaratis : DN JUSTINIANUS SERVUS CHRISTI. Exhinc efficta Christi simili modo ac inscriptione cernitur effigies in nummis Basilii et Constantini Porphyrogeniti.

XXXV (XXVII).

NUMMI ZIMISCIANI.

In primis vero Joannis Zimiscæ pietatem commendat quod refert Scylitzes⁸ eum nempe præcepisse ut in nummis et obolis Christi effingeretur imago, cum id antea neutiquam factum esset : προσέταξε δὲ καὶ ἐν τῷ νομίσματι, καὶ ἐν τῷ ὀβόλῳ εἰκόνα ἐγγράφεσθαι τοῦ Σωτῆρος, μὴ πρότερον τούτου γενομένου. Quæ quidem extrema Scylitzæ verba ita capienda esse supra allata conficiunt, ut Joannes Zimisces solum Christum in nummis primus describi curaverit, cum in altera et media eorum facie Græca hæc characteribus Romanis exararentur : JESVS CHRISTVS BASILEVS BASILEON. ἐγράφοντο δὲ, subdit ille, καὶ γράμματα Ρωμαϊστὶ ἐν θατέρῳ μέρει ὦδε πη διεξιόντα, ΙΕΣΟΥΣ ΧΡΙΣΤΟΣ ΒΑΣΙΛΕΥΣ ΒΑΣΙΛΕΩΝ. Proinde pro Zimisciana moneta haberi debet, in cujus facie altera Christi protome. in altera iidem characteres visuntur. Atque ejusmodi quidem nummi jure etiam σωτηρίκιοι appellari potuere, quos Græci recentiores Constantino Magno ex falso rumore, vel forsan ex imperitia, adscripserunt. Sed incertum omnino an ad hos Zimiscæ nummos referri debeant complusculi alii, qui nulla quidem imperatoris imagine conspicui, Christum, aut eadem qua in Zimiscianis, aut etiam forma alia, atque adeo alia etiam inscriptione effictum præferunt : quos iis adjungere visum est in stemmatibus nostris augustis Byzantinis, non quod revera Zimiscianos esse vellimus asserere, sed quod commodiori vel certiori loco collocari vix potuerint. Ejusmodi autem sunt qui Christi protomen cum inscriptione ΕΜΜΑΝΟΥΉΛ exhibent, cum iisdem quos Zimisciani habent characteribus, nisi quod in horum altero Crux in medio cum gradibus depingitur. In alio¹ describitur perinde crux, cum hisce ad angulos literis, IC XC NI KA. In alterius denique qui ΕΜΜΑΝΟΥΉΛ Christi figuræ adscriptum antica, in postica regum Adorationem cum binis columbulis præfert.

XXXVI (XXVIII).

QUOMODO CHRISTUS IN NUMMIS EFFINGITUR.

In istis porro nummis ita Christus effingitur, ut dextram protendat, binis extensis digitis, tanquam benedictionem impartiens, sinistra vero librum Evangelii teneat : « Divina « namque majestas, ut ait Durandus², Mimatensis episcopus, « depingitur quandoque cum libro clauso in manibus, quia « nemo inventus est aperire illum, nisi leo de tribu Juda; et « quandoque cum libro aperto, ut in illo quisque legat, quod « ipse est lux mundi, et via, veritas, ac vita, et liber vitæ. » Ita autem a Græcis depingi auctor est Allatius³ ; quod testatur etiam Paulus Silentiarius⁴ :

. . . . ἔοικε δὲ δάκτυλα τείνειν
Δεξιτερῆς, ἅτε μύθον ἀειζώοντα πιφαύσκων.
Λαιῇ βίβλον ἔχων ζαθέων ἐπίστορα μύθων,
Βίβλον ἀπαγγέλλουσαν ὅσα χρειομήτορι βουλῇ
Αὐτὸς ἄναξ ἐτέλεσσεν, ἐπὶ χθονὶ ταρσὸν ἐρείδων.

« Videtur autem dextræ digitos protendere, velut si sermo« nem immortalem annuntiaret, sinistra librum tenens, « sacros sermones narrantem, librum pandentem quæ utili « consilio rex ipse (Christus) peregit dum in terris ageret. » Interdum in tabellis Græcanicis, in apertis libri Evangelici foliis, interdum ad ipsa imaginis latera, descripti visuntur characteres græci Α. et Ω. designantes Christi divinitatem et humanitatem, ut testatur idem Allatius. Sed et plurimum cernuntur isti, IC XC., id est, Ἰησοῦς Χριστός. Christi vero nominis literarum contractio perantiqua est : illius siquidem meminit Clemens Alexandrinus⁵ : Τὸ δὲ ἰῶτα καὶ ἦτα τοὔνομα σημαίνει τὸ σωτήριον, ut et Epistola quæ Sancto Barnabæ adscribitur⁶, qui quidem characteres numerum XVIII conficiunt, de quo multa commentati sunt antiqui Patres, et quem Valentini hæretici sectatores ad sua de mundi duratione somnia traduxerunt, ut auctor est sanctus Epiphanius⁷. Sed hæc Christi nomen per IH. contractum spectant : in nummis autem ac veteribus tabellis fere semper per IC. XC. scribitur. In iis porro nummis Christus interdum stans effingitur, ut in præclaro iaspide, cujus ectypon ex musæo C. V. Claudii Hardii habetur in egregia illa Dactyliotheca manuscripta Ludovici Chalucii, in foro Ricomagensi Consiliarii Regii, quæ fuit magni Peirescii, deinde V. C. Petri Seguini, modo vero RR. PP. canonicorum regularium Sanctæ-Genovefæ Parisiensis. In eo Christus stans ad genua, dextram protendit binis extensis digitis, sinistra librum tenens, cum hisce characteribus ad latera : IC XC O ΕΛΕΉΜΩΝ. In altera facie insunt hi characteres (olim inscripti Christi statuæ ab Abgaro rege ad urbis Edessæ portam erectæ, ut auctor est Constantinus Porphyrogenitus, ubi de imagine Edessena — C. in Add.) : † ΧΕ Ο ΘC Ο ΕΙC CΕ ΕΛΠΙΖωΝ ΟΥΚ ΑΠΟΤΥΓΧΑΝΕΙ. Id est : « Jesus Christus est misericors. Christe Deus, Qui in « te sperat non frustratur. » In aliis nummis Christus in cathedra vel sella sedens effingitur, dextra pariter benedictionem impartiens, altera Evangelium tenens, ut est in veteri tabella⁶ Græcanica gazophylacii Sanctæ-Genovefæ Parisiensis, cujus ectypon hic damus (in qua utrimque adstant Deipara et Sanctus Joannes Baptista : quomodo similem tabellam describit, Sophronius patriarcha Hierosolymitanus, in Vita sanctorum Cyri et Joannis, in Synodo VII, act. 4. — C. in Add.). Ita sedentem Christum effictum non uno loco annotat Anastasius in Vitis summorum pontificum, ac in Sylvestro : Fastigium argenteum battutile, « quod habet in fronte Salvatorem sedentem in sella. » Et mox : « Item a tergo respiciens in absida Salvatorem seden« tem in throno. » Neque tantum in Græcanicis, sed et in

---

1. P. 572. — 2. Grut. 1060, 17. — 3. In Synodica ad Theophil. p. 112. — 4. P. 99, ed. Combef. — 5. C. 73. — 6. P. 265. — 7. Chifflet. de Lint. Sepulcr. p. 212. — 8. P. 683.

1. Tristan. in Antiq. p. 42. — 2. L. 1, Ration. c. 3, n. 12. — 3. L. 1, de Cens. utr. Eccl. c 6, n. 31. — 4. In Descr. S. Sophiæ, part. 2, v. 359. — 5. L. 6, Strom. — 6. C. 7. — 7. L. 1, adv. Hær. t. 2, n. 14. — 8. Tabella 8.

Venetorum ducum nummis, ita expressum Christum licet intueri, cum adscriptis solitis Græcis characteribus ιc. χc. adeo ut Veneti Byzantinis augustis potissimum addicti, eorum non mores duntaxat et habitus, sed et monetarum typos amplexi sunt. Prostat enim in gazophylacio eorundem RR. PP. canonicorum regularium Sanctæ-Genovefæ Parisiensis nummus argenteus P. Ziani ducis, qui ante annum 1200 vixit, in quo ipse ad dextram togatus et barbatus conspicitur, ad sinistram vero stat sanctus Marcus cum Evangelio, dextra vexillum duci porrigens. Inscriptio hos characteres

præfert P. ZIANI Υ VΕΝΕΤΙ. S. Μ. Habuere etiam Serviæ regum

nummi Christi similem figuram, prout expressam exhibemus in nummo Vrosci et Stephani, Serviæ regum, quem inter gentis Palæologæ nummos retulimus, tum quod habitu græcanico principes ii conspicui in illo sint, tum quod ad ejusdem stemma omnino pertineat. Jam vero qua forma a Græcis depingeretur Christus, docet Joannes Damascenus[1] : ait enim χαρακτηριζόμενον καθὼς οἱ ἀρχαῖοι ἱστορικοὶ διαγράφουσιν αὐτοῦ τὴν ἐκτύπωσιν, εὐήλικα, σύνοφρυν, εὐόφθαλμον, ἐπίρρινον, οὐλόθριξιν, ἐπίκυφον, εὔχροιον, γενειάδα μέλανα ἔχοντα, σιτόχρουν τῷ εἴδει κατὰ τὴν μητρῴαν ἐμφάνειαν, μακροδάκτυλον, εὔφρωνον, ἡδυλόγον, πρᾳότατον, ἥσυχον, μακρόθυμον, ἀνεξίκακον. « Depictum ea « forma qua a veteribus historicis describitur, præstanti « statura, superciliis junctis ac confusis, venustis oculis, « justo naso, crispa cæsarie, subcurvum, eleganti colore, « nigra barba, vultu coloris tritricei pro materna similitudine, « longis digitis, voce sonora, dulci eloquio, lenissimum, « quietum, longanimem, patientem » Ita etiam Christum effictum in basilica Sanctæ-Sophiæ Jerosolymis sua ætate testatur Antoninus monachus[2] : « Ibique remansit imago « (Christi) habens pedem pulchrum, modicum, subtilem, « naturam communem, pulchrum facie, capillum subanel- « latum, manum formosam, digitos longos : et quantum « imago designabat, cum in mundo esset, picta est, et posita « in ipso prætorio. » Christi capillos raros ac crispos fuisse apud Græcos constantem fuisse opinionem testatur præterea Theophanes[3] : Φασὶ δέ τινες τῶν ἱστορικῶν, ὅτι τὸ οὖλον καὶ ὀλιγότριχον σχῆμα ἐπὶ τοῦ Σωτῆρος οἰκειότερον ἐστίν. (Quod quidem hausit a Theodoro Lectore Eccl. 1. Sed et crinitum Christum depingi solitum observat præterea Petrus Comestor, in Hist. Eccl. ubi de Nazaræo : « Omni tempore, inquit, separationis « suæ novacula non transibat super caput ejus : unde forte « quidam pingunt Apostolos et Christum crinitos, non in re, « sed pro sanctitate. — C. in Add.) Sane in nummis non tam rari quam promissi effinguntur. Notandum porro in ejusmodi numismatibus potiorem haberi eam partem, atque pro antica accipi debere, quæ Christi protomen præfert : quod, præterquam quod id satis evincit divinæ majestatis dignitas, docent characteres ΚΕΒΟΗΘΕΙ, nummis Alexii et Manuelis Comnenorum in ea facie adscripti, qui, ut verum fatear, diu me torsere et ancipitem tenuere, ut pote in omnibus pessime formati[4]. Neque, opinor, ab hac difficultate expedissem me, nisi succurrisset opportune nummus æreus a It. P. Du Molinet, ex eodem PP. canonicorum regularium museo subministratus, in cujus antica, protome imperatoris crucem gestantis effingitur, in posticæ vero medio descripti leguntur characteres isti, etiam male formati : ΚΕΒΟΗΘΟΗΔΥΛΟ COV ΙΤΑΙΜΙΡΙ, sed ex quibus tandem conficitur legi debere. ΚΥΡΙΕ ΒΟΗΘΕΙ ΤΩ ΔΟΥΛΩ ΣΟΥ. Reliquorum vero characterum vim nondum percepi. Neque ipse doctissimus Salmasius[5] similem inscriptionem est assecutus in veteri alvei lusorii inscriptione, apud Gruterum[6] : Ο ΔΕ ΠΕΖΩΝ ΤΟΙC ΤΑ ΒΟΛΙΑ

IC | XC
—————ΚΕ ΒΟΙΘΙ ΤΟΥ ΕΓΡΑΨΑΝΤΟC ΑΦΚΑΙ ΠΕΖΟΝΤΕCΙC
ΝΙ | ΚΑ
ΤΑ ΒΟΛΙΑ. ΑΜΗΝ. Quæ verba ita constituenda putavit : ᾧδε παίζοντως ὡς τὰ βόλια, Ἰησοῦς Χριστὸς νικᾷ καὶ βοηθεῖ τοὺς γράψαντες αὐτὸν, καὶ παίζοντας ὡς τὰ βόλια. Ego vero ea sic legerim : οἱδὲ παίζοντες εἰς τὰ βόλια (λέγετε, dicite dum luditis) Ἰησοῦς Χριστὸς νικᾷ, καὶ βοήθει τοὺς γράψαντας αὐτὸν, καὶ παίζοντας εἰς τὰ βόλια. Utcumque sit de conjectura nostra, saltem ex his docemur cur in altera Comnenicorum nummorum facie imperatorum nomina tertio casu ponitur : totius enim inscriptionis sententia ita concipitur : ΚΥΡΙΕ ΒΟΗΘΕΙ ΑΛΕΞΙΩ, ΔΕCΠΟΤΗ, vel ΜΑΝΟΥΗΛ ΔΕCΠΟΤΗ, ΠΟΡΦΥΡΟΓΕΝΝΗΤΩ; *Deus adjuva Alexium despotam*, vel *Manuelem despotam Porphyrogenitum*. Cui quidem inscriptioni similis quodammodo est quæ in nummo Heraclii habetur, DEVS ADIVTA ROMANIS. Ita in cereis sigillis imperatorum Caroli M. Ludovici Pii, et Caroli Calvi, inscriptiones, simili sensu leguntur exaratæ : XRE PROTEGE CAROLVM, vel LVDOVICVM IMPERATOREM. (Fuit porro solemnis hæc imperatoribus fieri solita acclamatio, ut docemur ex sancto Athanasio, in Apologia ad Constantium aug. : Καὶ πᾶς ὁ λαὸς εὐθὺς μιᾷ φωνῇ ἐϐόα, Χριστὲ βοήθει Κωνσταντίῳ[1]. — C. in Add.) Sed et adnotat Scylitzes[2] Græcorum clamorem militarem hisce conflatum verbis, Χριστὲ βοήθει, qui in Leonis Tacticis[3] unico Βοήθει concipitur. In nummis vero Alexii Z pro Ξ in voce ΛΛΕΞΙΩ poni liceat advertere, quod in antiquioribus monumentis factitatum observavit haud ita pridem eruditus Spanhemius[4]. Nummum præterea alium argenteum damus, quem, quantum ex inscriptione conjicere est, Constantini Ducæ imperatoris esse opinamur. Præfert enim in altera facie Christum sedentem in cathedra, cum characteribus valde attritis ΚΕ-. . ΟC, qui, ni fallor, idem sonant quod in Comnenianis, ΚΥΡΙΕ ΒΟΗΘΕΙ. In altera Christus ipse stans, sinistra Evangelii codicem tenens, crucem porrigit Imperatori, cum hac inscriptione.... STANTIO DUX. Qui vero *Ducas* interdum Δούξ dicitur Scylitzæ.

XXXVII (XXIX).

IMPERATORES A DEO CORONATI.

Hac igitur figura Constantinus Ducas ab ipso Christo augustam dignitatem adeptum se testatur : a quo et coronatur una cum Eudocia conjuge Romanus Diogenes in diptycho eburneo, quod ære incidi curavimus[5]. Sic porro etiam in tabellis depingi solitos augustos Byzantinos testatur Joannes Euchaitarum metropolita[6], carmine εἰς στεφανωθέντας ὑπὸ Χριστοῦ :

Οὐ χεὶρ κραταιὰ τοὺς κραταιοὺς δεσπότας,
Ἔστεψε Χριστὸς, καὶ παρέσχε τὸ κράτος,
Non manus fortis fortes imperatores,
Sed Christus coronavit, ipseque imperium dedit.

Et mox, scribens hancce tabellam positam fuisse, a monachis Sosthenitis, in templo Sancti Michaëlis :

Οἱ γὰρ μοναχοὶ τῆς μονῆς τῆς τιμίας
Τοῦ Σωστενίτου τοῦδε τοῦ Πρωταγγέλου,
Πολλῶν τυχόντες δωρεῶν καὶ πλουσίων,
Ταύτην ἀμοιϐὴν τοῖς καλοῖς εὐεργέταις
Ἀντεισφέρουσιν, ἱστοροῦντες εὐτέχνως
Σε, Χριστὲ, τὸν στέφοντα τούτους ἐνθάδε.

« Quippe monachi venerandi monasterii Sancti-Michaelis « archangeli Sostenites, multis donati muneribus et divitiis, « vicem reddunt, pingentes artificiose te, Christe, istos coro- « nantem hoc in loco. » Atque ita effingi imperatores volebant, quo a Deo solo supremam se consecutos auctoritatem ostenderent. Facundus Hermianensis, de Theodosio Magno : « A sacratissimo ejus avo, ter beato et a Deo Magno « sceptra sumente Theodosio, etc. » Inde Θεόστεπτοι, *a Deo coronati* appellati, ut Copronymus in Zachariæ PP. Epistolis, Alexius Comnenus apud Annam[7] filiam, *Manuel* Comnenus apud Theorianum in Legat. et alii passim : quorum exemplo imperatores etiam Occidentis *a Deo coronati* appellati. Hinc Carolo M. imperatori acclamatum a Romanis testatur Eginhardus : « Carolo augusto a Deo coronato, magno et pacifico « Imperatori vita et victoria * » ; et in Antiquissimis Litaniis ex codice Ecclesiæ Arelatensis, « N. Regi excellentissimo, « magno et pacifico a Deo coronato vita et victoria. » Ita etiam Ludovicum Pium compellat Amalarius Fortunatus : « Gloriosissime imperator et magnificentissime, ac centies « invictissime, a Deo coronate, necnon et conservate et « conservande. » Sic alii deinceps Germaniæ augusti compellari amaverunt. Atque eo referri debent Alexii et Manuelis Comnenorum, de quibus supra egimus, nummi aurei in quibus manus de nube exiens eorum capitibus stemma imponit : ut scilicet Θεοστεπτους revera se indicarent : quod etiam a regibus nostris usurpatum colligere est ex tabella Caroli Calvi quam delineari curavit v. cl. Stephanus Baluzius[10].

---

1. Apophteg. Patr. in Macario num. 19. — 2. P. 781. — 3. C. 7, § 74. — 4. Diss. 2, de Præst. numm. — 5 Vide Tabellam 5. — 6. Joan. Euchait. p. 53. — 7. Lib. 13, p. 406. — 8. Chron. Farfens. p. 653. — 9. Crantz. in Metrop. l. 1, c. 10. l. 7, c. 5. — 10. In Not. ad Capitul.

1. In Synodica ad Theophil. Imp. p. 114 (Niceph. Cell. lib. 1, c. 40). — 2. Itiner. T. S. Antonini Mon. — 3. An. 6. Leon. M. p. 97, et apud Suid. col. 1. — 4. Spanheim. p. 750. Notæ ad Alexiad. — 5. Ad Histor. August. p. 407. — 6. Gruter 1040, 1.

XXXVIII (XXX).

DEIPARA EFFICTA IN NUMMIS.

Quantus autem erga Deiparam augustorum Byzantinorum cultus fuerit attigimus in Constantinopoli, cujus patrona ac tutatrix semper habita est, ex quo maxime a Constantino M. cidem est dicata Verum præter ea quæ in hanc rem congessimus ex scriptoribus, imperatorum ipsorum nummi id omnino declarant, in quorum æreis litera M cum subjecta litera Λ, *Mariam* seu Deiparam indubie denotat, quam in Anastasii a Dicori perinde æreis exaratam primum licet observare, a quo ad successores mos idem profluxit. Tanta vero quorundam emicuit erga sanctissimam Virginem observantia, ut eam in nummis suis repræsentari voluerint. Habetur enim Romani Diogenis aureus, in quo ab ipsa sacratissima Deipara diademate donatur, quod ei acceptum tulisse docet adscriptum lemma ΘΕΟΤΟC. ΡΩΜΑΝω DESP. Id est, Θεοτόκος Ρωμανῶ δεσπότῃ. Alium fermè similem perinde æreum exhibet Octavius Strada[1], qui quidem, ut opinor, haud diversus est ab eo quem ex V. C. et amicissimi D. *Du Mont*, senatorum Ambianensium decani meritissimi, gazophylacio descripsimus in Notis ad Alexiadem. Eo etiam æneus alter ab eodem Strada[2] descriptus, cujus facies una Deiparam Christum infantulum in sinu complectentem exhibet, cum solitis characteribus præpostero ordine collocatis. Yo. IH, qui alias mihi imposuerat, cum scribi debuerint ΜΡ. ΘV., id est, Μήτηρ Θεοῦ. In altera vero nummi facie habentur exarati in characteres ΘΗΚΟ ΡωΜΑΝω ΔΕCΠΟΤΗ τω ΔΙΟΓΕΝΕΙ, ubi indubie scriptum ΘΚΕ ΒΟΗΘΕΙ, ut in nummo alio aureo ejusdem Diogenis qu..m damus, ei in præclara illa Nicephori Botaneiatæ imperatoris iaspide quæ olim fuit Gasparis Monconisii Lierguli Lugdunensis, et Joanne Chiffletio, canonico Tornacensi juri publico, est anno 1661 donata, in qua efficta Deipara, utraque palma ante pectus extensa, quemadmodum etiam stans exhibetur in achate orientali apud eundem Chiffletium, cum bina inscriptione perpendiculari ab altera parte ΜΗΘΗΡ, ab altera ΘΕΟΥ, perinde ac in nummo æreo quem exhibemus inter Zimiscianos, et in alio Isaacii Angeli imperatoris. In iaspide vero habentur soliti characteres, ΜΡ. ΘΥ. In circulo autem, qui imaginem ambit, isti leguntur ΘΚΕ ΒΟΗΘΕΙ ΝΙΚΗΦΟΡω ΦΙΛΟΧΡΙCΤω ΔΕCΠΟΤΙ ΒΟΤΑΝΕΙΑΤΗ. Ubi binas priores voces non percipit vir eruditus, ut nec vim vocis δεσπότης, quæ imperatorum sequioris sæculi propria fuit, quod supra docuimus, cum putavit sculptam iaspidem post abdicatum a Botaneiata imperium. Nec tamen mirum si contracta hæcce vocabula et imposuere, cum male etiam exarata legantur, et, ut in Alevii et Manuelis Comnenorum nummis, quorum proxime meminimus, R Latinum pro B Græco habeatur. (Deiparæ in hæcce verba invocationem fieri solitam ab iis qui quovis morbo aut dolore afficiebantur, docet in primis Theophanes an 27 Copronymi : Καὶ εἶπων τις συμπάτων, ἢ ἀλγῶν, τὴν συνήθη Χριστανοῖς ἀνήκε φωνήν, τό, ΘΕΟΤΟ ΚΕ ΒΟΗ ΘΕΙ, ἢ παννυχενίου ἐφαψθῇ, ἢ ἐκκλησίαις προσεδρέυων, ὡς ἐχθρός τοῦ βασιλέως ἐκολάζετο. — C. in Add. Iaspidem porro ut singularem Historiæ Byzantinæ monumentum rursum exhibere operæ pretium duximus[3]. Jam vero Deiparam ita fere semper a Græcis depingi solitam docent Græcanicæ tabellæ, eaque in primis quam ex gazophylacio canonicorum Sanctæ-Genovefæ Parisiensis hic damus Interdum Christi effigies in scuto vel clypeo efficta ab ipsa Deipara utraque manu in sinu tenetur : ut in nummis ejusdem Romani Diogenis et Isaacii Angeli. Si enim apud Græcos maxime mos invaluit, ut sanctorum imagines in clypeis, seu tabellis orbicularibus, depingerentur[4], unde ἀσπίδας ὁμαλοὔσσας vocat Paulus Silentiarius, *scuta* Anastasius Bibliothecarius. Exstat locus insignis apud Scylitzen[5] in Romano Argyro de ejusmodi Deiparæ imaginem effingendi apud Græcos more ; ubi ait inventam fuisse in æde Blachernensi tabellam Deiparæ Christum ad pectus applicatum tenentis, quæ a Copronymo in istum usque diem per annos trecentos duraverat integra : Εὑρέθη εἰκῶν χλωραφική, σανίδιον, ἐπιστήλιον χρατοῦντος τῆς Θεοτόκου τὸν Κύριον καὶ Θεὸν ἡμῶν, etc. Aliter tamen interdum depictam, et ut Latini solent, in ulnis scilicet Christum gestantem Deiparam collisri videtur ex Theophane Cerameo[6], scribente in celeberrima illa D. Virginis imagine a sancto Luca depicta, et quam in Ὁδηγῶν monasterio asservatam et cultum alibi docemus, depictam hanc ἐν ταῖς ἱεραῖς ὠλέναις ἀγκαλίζουσαν τὸν Κύριον. Quomodo etiam describitur a Theodoro Studita in Iambis[7] :

Θείως τοκεύεις ὡς   Εν ἀσπόρῳ τρόπ Ω
Ἐκ σοῦ προῆθε τοῦ   Νέου πόλου φανὸ Σ
Ὁ τῶν Χερουβὶμ αἶ   Νος, ἢ πρὶν αἰτί Α
Τὴν νύκτα μειῶν τῆς   Ὁλης πλάνης παλα Ι
Ὀν ἀγκαλίζῃ καὶ   Μαλα γραπτὸν φερε Σ
Κρατούμενον σῇ θι   Οειῶς εἰκὼν Ι
Ὡς δεσπότην τὸ καὶ   Σὸν ὄντων υἱὲ Α

Id est ad verbum,

Divine paris tanquam seminis experte modo
Ex te prodiit novi cœli lumen,
Cherubinorum laus, prius causa,
Noctem imminuens totius erroris prisci,
Quem ulnis tenes, et valde pictum portas,
Mixtum tuæ Dei similiter imagini,
Tanquam dominum et tuum vere filium.

Diogeniano priori similes habentur aurei Joannis Comneni nummi, in quibus scilicet diadema excipit a Deipara, cum hisce characteribus, ιω ΔΕCΠΟΤ ; in facie vero altera effingitur Christus sedens. In altero ejusdem augusti Deipara crucem duplicem porrigit ipsi Joannni, cum lemmate ιω ΔΕCΠΟΤ supra caput, et ad latus Deiparæ ΘV. ΜΡ. In alio præterea in quo stat ipse Joannes cum narthece et globo crucigero, hisceque literis, ιω ΔΕCΠΟΤ ΠΟΡΦΥΡΟΓΕΝΝ. Aversa facies sacræ Virginis protomen præfert cum utroque brachio expanso, ut in aliis perinde inter Zimiscianos, et Manuelis, Andronici Tyranni, et Isaacii Angeli, et solitis characteribus, ΜΡ. ΘV. In alio denique ejusdem Manuelis Deipara Virgo stat facie lusca, brachiis pariter erectis, in precantis speciem quasi ad Deum preces funderet pro imperii vel urbis incolumitate. (Ita depictam in nova ecclesia a Basilio Macedone in palatio exstructa, testatur Photius in Oratione in ejus Encænia : Ἡ δὲ ἀπὸ τοῦ θυσιαστηρίου ἀνεγειρομένη ἅψις τῇ μορφῇ τῆς Παρθένου περιαστράπτεται, τὰς ἀχραντους χεῖρας ὑπὲρ ἡμῶν ἐξαπλώσης καὶ πραττομένης τῷ Βασιλεῖ τὴν σωτηρίαν, καὶ κατ' ἐχθρῶν ἀνδραγαθήματα. Manus vero extendere et expandere, τω χειρε ἐκτείνειν. ut est, apud sanctum Athanasium[1] in Apologia ad Constantium, et apud Eusebium[2] in Vita Constantini, solitos christianos inter precandum, testatur præ cæteris Tertullianus[3] in lib de Orat. et in Apolog. Joannes Geometra in Paradiso :

Εὐχόμενοι τανύουσι σοφοὶ χεῖρας, οἱ μὲν ἐφ' ὕψους,
Ὕψοσ' ἐπαιρόμενοι, οἱ δὲ κάτωθεν, etc.

Quomodo vero Deipara, dum adhuc in vivis erat, uti volunt, depicta fuerit, sat multis narrat Anonymus de imagine Chalcopratiana, quam Ῥωμαίαν appellabant, apud Lambecium[4]. — C. in Addit.)

XXXIX (XXXI).

SANCTORUM IMAGINES IN NUMMIS.

Neque Christum duntaxat aut sacram Deiparam in nummis suis expressere posteriores augusti Constantinopolitani, sed etiam sanctos quos potiori cultu venerabantur. Isaacii imperatoris binos nummos ex gazophylacio Sanctæ-Genovefæ Parisiensis protulimus, utrumque ex iis quos caucios, seu cavos, vocant, alterum æreum, argenteum alterum, paris magnitudinis, nisi quod adrosi fere sunt characteres, qui in æreo distincte leguntur. Stant in æreo figuræ duæ, prior Isaacii, imperatorio habitu, dextra crucem gestantis : altera Angeli, cum nimbo circa caput, crucem perinde longiorem dextra prehendentis, quam is imperatori porrigit. In nummi ora ac circulo exarati habentur minutiores isti characteres ICAAKIOC ΔΕCΠΟΤ. Supra crucem mediam, ΑΓΙΟC ΑΡ. Infra ad lævam X. ΜΙ. quibus intelligitur Ἀρχάγγελος, vel Ἀρχιστράτηγος Μιχαήλ, quem ut patronum sibi adsciverat Isaacii, ob Angeli, quod ei erat, cognomen. In convexa nummi parte Deipara sedet Christum puerulum in clypeo effictum, gremio complectens, cum characteribus solitis ΜΡ. ΘV. Ejusdem fere fabricæ monetariæ est nummus aureus quem ad Alexiadem descripsimus, præterquam quod manus de nube profecta diadema capiti imperatoris imponit. Cætera si non instar sunt ejus quem exhibemus, cum in figuris, tum in inscriptionibus, culpa est, ni fallor, illius a quo ectypon acceperamus : nam nummum ipsum inspicere non licuit.

---

[1] P. 318. — [2] P. 387. — [3] In tabella 3. Chron Orientale, p 126. — [4] Vide Glossar. nostrum, VV. *Scutum*, *Surtaria*. — [5] P. 729. — [6] Homil. 20. — [7] Theodor. Studita, in Iambis apud Gretzer, de Cruce

[1] P. 683. — [2] C. 15, l. 4. — [3] De Orat. c. 11, in Apolog. c. 30. — [4] L. 8, de Biblioth. Cæsar. p. 328.

Ensem tamen ab Angelo in eo porrigi imperatori observatum a nobis erat in magni Peirescii, qui nummum viderat, Adversariis. Unde ad id referendum videbatur, quod Scylitzes et Zonaras scribunt, Isaacium Comnenum, quod imperatoriam quam consecutus erat dignitatem, non Deo, sed propriæ virtuti adscriberet, in nummis imaginem suam stricto ense insculpendam curavisse : tametsi verendum ne qui primus ex iis id tradidit hallucinatus sit, ac imaginem sancti Georgii, quem cum diademate et stricto ense effingere solebant Græci, ut mox dicturi sumus, quæ forte expressa fuit in averso nummo , ipsius imperatoris esse putaverit : nam et in Manuelis Comneni monetis ita effingitur. (Meminit ipse Isaacius in Novella quæ descripta legitur in tomo 2 Juris Græco-Romani, aureorum seu νομισμάτων τῆς προτιμωμένης χαραγῆς τῆς βασιλείας αὐτοῦ. — C. in Add.) Ab hac porro expressa Isaacii Comneni, ensem tenentis, in nummis imagine, Spatiphori Italici Rocellæ marchiones [1], Schlafanni et Agulli comites, olim ex Acarnania vel Dalmatia profecti, eundem Isaacium gentis suæ, ac cognominis auctorem, levi sane fundamento, profitentur. Isaacii Angeli nummus alter argenteus in concava sui facie binas pariter exhibet figuras. Prior, quæ est imperatoris, dextra narthecem tenet ; altera, quæ est sancti alicujus, caput nimbo ornata, et sago militari induta, sinistram manum pectori admovet, et dextra narthecem imperatori porrigit. Characteres oræ dextræ adscripti. non modo minusculi, sed et pene omnino adrosi sunt, adeo ut aliud nihil expiscari fas fuerit, nisi quod similes videntur iis qui in æreo nummo exarantur. Ad sinistram vero, si bene conjicimus habetur : ΑΓΙΟC ΑΡ∴Τ∴C. Cætera assequi non potuimus. In altera et concava nummi facie sedet, ut in priori, Deipara cum Jesu infantulo, in sinu, solitis literis MP. ΘV.

XL (XXXII).

SANCTI GEORGII IMAGO IN NUMMIS.

In aliquot aliis Joannis et Manuelis Comnenorum nummis æreis effictum cernimus sanctum Georgium, quem μεγαλομάρτυρα vocant Græci, non tamen qua ab iis exhiberi solet specie. Hic enim προτομὴ sancti martyris, uti supra diximus, describitur, nudatum ensem, vel spiculum dextra, clypeum sinistra tenentis. Caput margaritarum linea seu unionibus distincto diademate, instar imperatoris, cingitur. In Manuelis nummo adscribuntur hi characteres O, in quo A minutulum includitur, quo ἅγιος vulgo contrahunt Græci, ΓΕ -ΠΟC, id est ἅγιος Γἑωργιος. Nec multum dispar est sancti Georgii figura quam habet Constantini cujusdam προκαθημένου sigillum apud Octavium Stradam [2], in quo stans habitu militari describitur, dextra spiculum tenens, sinistra clypeo, cruce insignito, ac humi defixo innixus, cum his characteribus : O ΑΓΙΟC ΓΕ. Verum Græci, a quibus immense cultus est, ἐφιππον, seu equitem. fere semper sanctum Georgium depingebant : quod eo habitu non semel, ut aiunt, in prælius adstitisse Græcis, ac pro iis dimicasse conspectus sit. Ita a Constantinopolitanis depictum auctores sunt Nicetas [3], Nicephorus Gregoras [4], Codinus [5], et alii.

XLI (XXXIII).

IMPERATORIS TITULUS OMISSUS IN NUMMIS BYZANTINIS.

Dissertationis hujusce initio, inferioris ævi, seu Constantinopolitanorum imperatorum numismata habere diximus quidpiam peculiare, quodque in superioris ætatis nummis vix reperitur, tum quoad principum ipsorum vestes ac gestamina, tum etiam quoad inscriptiones. At cum de priore hac parte copiose satis, ni fallor, actum sit, ut id quod inscriptiones spectat, eadem procedat methodo, instituti nostri ratio postulat. Ac primo quidem occurrit Spanhemii viri doctissimi observatio [6], a Constantinopolitanis augustis non plane omnino, quod velle videtur, sed crebro omissum in eorum nummis imperatoris titulum, exceptis forte Juliani æreis, in quibus solitum illud IMP. legitur. Constat sane imperatorium hunc titulum a Julio Cæsare in nummis haud receptum, nec ab

1. Jo. Bapt. Laurus, de Annulo pronubo Deiparæ. — 2. P. 361. — 3. In Man. l. 6, n. 5. — 4. J S. — 5. De Off. c. 6, n. 23 ; Dissert. 11, ad Joinvillam, p. 50, 51. — 6. Dissert. P

Augusti successoribus Tiberio, Caio, Claudio etiam, nisi rarius in iis admissum, ut de Tiberio et Claudio asseruit Suetonius, illos a prænomine imperatoris abstinuisse : adeo ut in magna nummorum copia, qui supersunt eorundem principum, vix semel tributum advertere sit. Unde etiam eorum exemplo neglectum ab aliis cæsaribus, ut Severo, Caracalla, Gallieno, et reliquis, quorum nummi frequentius eo carent prænomine.

XLII (XXXIV).

TITULUS DN. IMPERATORIBUS ET CÆSARIBUS TRIBUTUS IN NUMMIS.

Hujus autem loco successere apud Constantinopolitanos binæ istæ literæ, DN., id est Dominus noster, quæ in venerationis titulum a populis a quibus cudebantur videntur adscriptæ. Priores certe cæsares domini appellari omnino recusarunt : quod de Augusto, Tiberio, et Alexandro Severo exerte scriptores tradunt [1]. Neque tamen omnes intra modestiæ istius limites sese continuere, cum Plinius junior Trajanum, ad eum scribens, dominum semper compellet : et apud Lampridium [2], Antoninus Diadumenus de Opilio Macrino augusto patre verba faciens dominum nostrum et augustum vocet : ac in antiquis denique inscriptionibus [3], Decius Trajanus, Æmilianus, Valentinus, Gallienus et Diocletianus, et qui eos deinceps excepere, domini nostri dicantur. Sed vix ante Marcum Aurelium Carum, ejusmodi titulos nummis inscriptos observare est : cujus quidem aureus prostat cum hisce assentatoriis verbis : DEO ET DOMINO CARO AUG. Similes propemodum habentur Diocletiani, in quorum altero ista leguntur : DN. DIOCLETIANO BEATISSIMO ; in alio : FELICISSIMO SEN AUG. ; præterea Maximiani, cum hacce inscriptione : DN MAXIMIANO BEATISSIMO SEN AUG. Verum in hisce nummis tertio casu conceptæ ejusmodi inscriptiones satis declarant cusos a Constantio Chloro et Gal. Valerio Maximiano, quos ii adoptaverant, post abdicatum ab utroque imperium, quod VOX SENIORI suadet (quo modo dominum et parentem nostrum Diocletianum seniorem augustum adhuc superstitem appellant Constantinus et Licinius in lege 2 Cod. Th. de Censu, edita anno 313), vel certe post eorum excessum, cum istorum aliquot nummorum aversa pars, QVIES, REQVIES OPT. MERIT. vulgo præferat [4] ; quæ quidem inscriptio, ut in ipsius etiam Constantii nummis, mortuum augustum omnino significat. Lateres figlinos descripsit Baronius [5], ex basilica Vaticana veteri, in quibus exaratum legitur : DN CONSTANTINVS AVG. In aliis Constantini et Licinii nummis binæ istæ literæ DN in secundo casu exaratæ leguntur : DN CONSTANTINI AVG., ita ut subintelligatur vox moneta. In aliis Romuli, Licinii, Constantini juniorus, Constantis et subsequentium imperatorum in primo. Delatos eosdem honoris titulos cæsaribus ipsis probant nummi Crispi , Licinii junioris, Constantii, Decentii, Juliani, et aliorum [6]. Sed et ipsis imperatricibus. maxime vero Helenæ Constantii uxori, Constantini M. matri, attributos arguunt inscriptiones veteres, quarum altera, quæ Romæ legitur, hæc præfert : DOMINAE. NOSTRAE. FL. IVL. HELENAE, et [7]. In nummo Constantini filii ἀποθέωσιν continente exhibetur illa cum hisce characteribus, DN. MR., id est, domina nostra mater, ut quidam interpretantur. In æreo quem delineari curavimus, pro DN. omnino habetur VN., id est, forte, venerabilis: quo quidem titulo donatur in veteri inscriptione Neapolitana [8] : PIISSIMAE. AC. VENERABILI. DOMINAE. NOSTRAE. HELENAE. AVGVSTAE. MATRI. DOMINI. NOSTRI. VICTORIS. SEMPER. AVGVSTI. CONSTANTINI. ET. AVIÆ. DOMINORVM. NOSTRORVM. BEATISSIMORVM. CÆSARVM. ORDO. ET. POPVLVS. NEAPOLITANVS. Tradit auctor Chronici Alexandrini [9] Gratianum augustum Valeriam Severam matrem, quam Marinam vocat, δέσποιναν, seu dominam, appellasse. In alia denique inscriptione Maria Honorii augusti conjux eodem donatur titulo, DOMINO. NOSTRO. HONORIO. DOMINA. NOSTRA. MARIA. Carolum præterea Magnum, ut et summos Romanos pontifices eundem sibi arrogasse, probant veteres aliquot inscriptiones apud Nicolaum Alemannum, in Dissertatione de Lateranensibus Parietinis [10].

1. Sueton. Lamprid. — 2. In Diadum. — 3. Grut. 273, 5, 7 ; 274, 2 ; 275, 3, 4 ; 279, 1, etc. — 4. Occo, p. 508, 545, 549, 522, 523, 535, 536, 543, 544, 545. — 5. An. 324, n. 62. — 6. Occo, p. 540, 545, 555, 551, 556. — 7. Grut. 281, 1 ; 282, 4 ; 284, 6, 7, 8 ; 1080, 2 ; 234, 1 ; 287, 4. — 8. Grut. 284, 2. — 9. P. 702, 704. — 10. P. 42, 43, 110.

XLIII (XXXV).

DESPOTÆ TITULUS IMPP.

Ut porro *domini*, voce Latina, priores Byzantini imperatores, ita et posteriores, δεσπόται, Græco idiomate, cum Latinum tunc exolevisset penitus, appellari voluerunt, sicque in nummis inscribi. Habetur aureus Nicephori et Stauracii, in cujus facie altera effingitur ipse Nicephorus, cum hac inscriptione : NIKHΦOPOS BASIΛEV ; in aversa vero Stauracius, cum lemmate : STAVRACIB DESPOT. quasi ea ætate δεσπότου appellatio, βασιλέως, seu imperatoris appellationi cesserit · et Stauracius, licet εἰς βασιλέα a patriarcha Tarasio in Sophianæ Ecclesiæ ambone coronatus fuerit, patre superstite, eo titulo ipso parente dignitate se inferiorem testari voluerit. At aliquot ex subsequentibus augustis se in nummis δεσπότας inscripserunt, ut Constantinus, vel Michael Ducas, Nicephorus Botaniates, Romanus Diogenes, Alexius, Joannes, et Manuel Comneni, Isaacius Angelus, Alexius Angelus, et qui postea imperarunt augusti, qui hacce nomenclatura a subditis vulgo etiam ita compellabantur, cum adjectione sanctitatis, hac ratione, δεσπότα μου ἅγιε. Quinetiam ex iis quidam eundem titulum honoris causa proximioribus affinibus communicarunt, primusque, ni fallor, Michael Ducas avunculo, ut est apud Zonaram : quæ quidem honorifica appellatio in præcipuam palatii dignitatem postea transiit, quod alias adnotavimus [1].

XLIV (XXXVI).

FLAVII PRÆNOMEN.

Post expressas hasce DN literas, hæ FL. fere semper subsequuntur, quibus indicatur Flavii prænomen, quod sequioris ævi imperatores affectasse, sibique adseruisse eorum nummi satis declarant. Ac gens quidem Flavia, Romanorum stante republica, vix cognita fuit. Vespasianus[2] vero ejusque liberi Titus et Domitianus ex ea orti, imperatoriam adepti dignitatem, splendorem familiæ suæ perinde ac famam conciliavere : cui non modicum dedit incrementum Claudius imperator, qui ab ea genus arcessebat. Huic enim prænomen Flavii attribuit Pollio[3], qui vitam illius descripsit, ut vetus inscriptio a Panvinio relata : IMP. CAES. FL. CLAVDIO. PIO. FELICI, etc. Illud porro, etsi in Claudii nummis nequaquam legatur, ab eo ad Constantii Chlori, Claudii ex fratre neptis filii, transiisse familiam constat. Unde idem scriptor de Claudio verba faciens : « Ille, *inquit*, velut futurorum memor, « gentes Flavias, quæ Vespasiani et Titi. nolo autem dicere « Domitiani, fuerant, propagavit. » Istius igitur affinitatis jure Constantii nomen cum Flavii prænomine licet observare in antiquis inscriptionibus et aliquot illius nummis. Atque inde, non in ejusdem gentis duntaxat, sed et in cæteros ferme augustos Byzantinos, tanquam imperatoriæ dignitatis decus, traductum docent Stemmata nostra Byzantina. Nam, ut Constantino Magno, Constantii filio, proprium quodammodo fuerit, satis innuit Aurelius Victor, scribens *Urbis fanum atque basilicam Flavii* (Constantini) *meritis patres sacrasse, et per Africam sacerdotium decretum Flaviæ genti.* Primus porro Jovianus, post extinctam Constantii Chlori et Constantini M. familiam , id prænominis sibi arrogasse ostendunt ejus nummi, quod ab eorum successoribus deinceps factitatum. Quin et ipse Autharitus, Longobardorum rex, quo familiæ suæ lumen accenderet, Flavii etiam affectavit prænomen, quod fecere postmodum pariter qui eum in ista dignitate excepere [4], ipsique adeo, utrorumque exemplo , Gothici Hispaniæ reges, quod a Recaredo primo factitatum volunt quidam in Concilio Toletano III, ubi Flavii prænomen, ei attributum legitur[5]. Nec Romanorum augustis duntaxat, aut regibus Longobardorum vel Gothorum id prænominis proprium fuit, sed et a summis in republica viris, consulibus nempe, prætoribus, præsidibus, et viris clarissimis et patriciis , ævo ipsius Constantini , usurpatum docent Fasti Consulares (sanctus Athan. in Apol. 2 de fuga sua). veteres inscriptiones [6], et diptycha Leociense, Bituricense, et Compendiense, in quibus Philoxenus et Anastasius consules ordinarii Flavii prænomine donantur, adeo ut templo Flaviæ gentis, quod effictum cernitur in Titi nummo [1], recte conveniat ex eventu adscripta epigraphe, AETERNITATI FLAVIORVM, in quo etiam ludens Martialis [2], simili pene sententia hæc de gente Flavia vaticinatus est :

Manebit altum Flaviæ gentis decus
Cum sole et astris, cumque luce Romana.

Hocce tamen Flaviæ gentis templum a Domitiano excitatum tradit Suetonius [3]. Atque id forte causæ fuit cur scripserit Casaubonus Vespasianum et Titum, qui in censura sua amplissimos ordines variis bellis exhaustos suppleverant, et honestissimos quosque ex Italicis et provincialibus allegerant, eosdem communi Flaviarum gentium nomine appellari voluisse, easdemque gentes Flavias propagasse Claudium, atque in earum numerum novos patricios adscivisse, quasi jam tum prævidisset deferendum imperium uni ex illis gentibus orto. Verum hanc viri doctissimi sententiam merito suggillat Salmasius, cum ante Constantini tempora nemo ex supremis imperii magistratibus vel palatinis proceribus Flavii nomen usurpasse legatur : quod circa ea tempora viris patriciis ab imperatoribus indultum par est credere. Quando vero honorifica ista tandem *Flaviorum* nomenclatura ab augustis desierit usurpari, haud omnino constat. Hac certe non modo donantur Heraclius et Constantinus filius [4], sed et Leo Philosophus, in eorum Novellis[5]: ita ut posthæc viguisse aliquandiu liceat colligere. At quod Strada id prænominis ex Comnenis ac Angelis imperatoribus attribuit, atque adeo in posteriorum imperatorum nummis descriptum fingit, non indubitatam fidem apud plerosque obtinet ; tametsi constet apud Waddingum [6], ex manuscripto Cencii, camerarii Vaticanæ bibliothecæ, illud tribui Joanni Ducæ imperatori, sub ann. M CC XXXIII.

XLV (XXXVII).

TITULUS PERPETUI AUGUSTI.

Cæteri imperatorum Byzantinorum, maxime qui ante Leonem M. imperarunt, in nummis tituli, ab iis quos priores in suis sibi adscribunt augusti, vix discrepant. At tum primum advertimus pro hocce titulo, PIVS FELIX AVGVSTVS, qui per PF. solet efferri, hunc, PERPETVVS AVGVSTVS, poni, qui interdum et crebrius per duplex PP. scribitur (in aureo Constantii imperatoris quem delineari curavimus ex gazæo regio, etc. — C. in A.), in ejusdem Leonis aureis, qui hanc inscriptionem præferunt, DN. LEO. PERP. AVG. ut et in Zenonis, Basilisci et Phocæ. quæ in Anastasii, Justini, Justiniani, Tiberii, Heraclii, et aliquot aliorum, per duplex PP. contrahitur. Enimvero perpetuitatis titulus in inscriptionibus et numismatibus paulo recentioris est ævi. In inscriptione ad Urbinum, Constantius et Maximianus PERPETVI CÆSARES, in alia, Romæ ad arcum Septimii Severi, Valentinianus PERPETVVS AC FELIX SEMPER AVGVSTVS, in alia, circa Brixiam, idem Valentinianus, Valens, et Gratianus, PERPETVI PII FELICES SEMPER AVGVSTI dicuntur [7]. Apud Marium Mercatorem, ejus *Commonitorium* dicitur oblatum *piissimo principi Theodosio semper augusto.*

XLVI (XXXVIII).

TITULUS IMPERATORIÆ, ET TRIBUNICIÆ POTESTATIS, etc.

Neque omnino videntur abrogatæ solennes eæ in priorum imperatorum numismatibus et inscriptionibus epigraphæ, quæ imperatoriæ, vel tribuniciæ, aut consularis dignitatis exactos titulos denotant. Dedimus enim aureum Valentiniani senioris, in cujus aversa facie figura stolata ac galeata sedet, cum hisce characteribus : IMP XXXXII COS XVII PP. Prostant inscriptiones veteres [8] in quibus Constantinus M. PONT. MAX. TRIB. POT. COS. III. PP. indigitatur : in alia vero, PONT. MAX. TRI. P. XXIII. IMP. XXII. PP. Julianus. P. M IMP. VII. CONSS. III. ; Valentinianus idem senior et Valens, PONTIF. MAXIMVS TRIB. POT. VII. IMP. VI. CONS. II. ; Gratianus denique in eadem, ut et in alia inscriptione, perinde, PONTIF. MAXIMVS. TRIB. POT. III. IMP. II. CONS. PRIMVM. Atque hanc inscriptio-

---

[1]. In Not. ad Cinnam. p. 468. — 2. Suet. in Vesp. c. 4. — 3. In Claudio. — 4 Paul. Warnefr. l. 3, de Gest. Long. c. 16 ; Bullar. Casin tom. 2, pag. 1, etc , Regino, an. 547 , Baron. an. 744, n. 41. — 5. Bivarius, in Chr. Maxim. p. 73 ; Cliffiet, in Vindic. Hisp. p. 350. — 6. Grut. 1076, 2 ; 1023, 1 ; 431, 4 ; 412, 3 ; 282, 4 ; 1079, 14 ; 175, 5 ; 406, 1 ; 1053, 10 ; 1076, 2 ; 1054, 8 ; 402, 12 ; 392, 3.

[1]. Apud Bizum, p. 30. — 2. L. 9, ep. 2. — 3. In Domit. — 4. Jus Gr. Rom. p. 77, 83. — 5. Novellæ Leonis Imp. p. 430, edit. Scrimger. — 6. An. 1233, n. 10. — 7. Grut. 161, 3 ; 285, 8 , 1060, 8. — 8. Grut. 283, 1, 3 , 285, 1, 2, 3, 4 ; 160, 4 ; 1082, 13.

num[1] formulam a militum acclamationibus manasse pridem viri docti observarunt, ex rerum scilicet præclare gestarum, vel expeditionum bellicarum ab ipsismet imperatoribus, aut ab eorum legatis susceptarum numero, cum, ut ait Dio[2], semel tantum uno de bello id nomen liceret adsumere. Pontificis vero maximi titulum in nummis etiam sibi adrogasse Constantinum M. arguit ille a Spanhemio[3] descriptus in quo hi characteres exarati conspicuuntur, PMTRPPP COS IIII PROCOS. Ubi quare proconsularem dignitatem vel titulum sibi adrogarint imperatores disputat idem vir doctissimus. Cur autem pontifices maximi, imperatores christiani interdum appellari voluerint, notum ex Zozimo[4], qui tradit non modo Latii reges, sed et Romanorum imperatores hosce titulos sibi adrogasse, quos neque etiam primo ex christianis respuerint augusti Constantinus M., Valentinianus et Valens, quibus ex ritu veteri pontificium habitum a gentilibus pontificibus delatum et acceptum ait, sed recusatum a Gratiano, ἀθέμιτον εἶναι χριστιανῷ τὸ σχῆμα existimanti; vel quod de Leone M. imperatore dixit Facundus[5] Hermianensis episcopus, quia noverat, *quod post adventum Domini gentiles tantum principes imperium simul sacerdotiumque tenuerunt, judicavit non decere principem christianum quod fuit aliquando gentilium.* Jam vero cur Valentinianus *consul decimumseptimum* inscribatur, nemo opinor, attigit, cum semel hanc dignitatem cum filio inierit, adeo ut dicendum sit hæc in longioris vitæ ac imperii vota fuisse adscripta[6].

XLVII (XXXIX).

TITULUS NOVI CONSTANTINI.

Atque hæ quidem appellationes augustis omnibus fuere communes : at ex iis aliæ præ cæteris quosdam spectarunt. ut fuit illa *Novi Constantini*, quæ Tiberio, et Heraclio, Heraclii imperatoris filio, potissimum in nummis adscribitur, voce tamen, *Novi*, expuncta, propter numismatum exiguitatem. Quippe Justinus junior morbo correptus adoptatum Tiberium Cæsarem creavit, et Νέον Κωνσταντίνον, *Novum Constantinum* appellavit, ut est in Chronico Alexandrino[7] : ubi interdum, suppressa priori voce, nude *Tiberius Constantinus*, quo modo etiam in nummis ejusdem augusti, dicitur. Eadem perinde nomenclatura donatus est a patre Heraclio imperatore, Heraclius filius primogenitus : dictus enim *Heraclius Novus Constantinus*, non *junior*, uti habet interpres . quem errorem erravit etiam in Tiberio, quod præ cæteris arguit subscriptio Novellæ Heraclii[8]. quæ *data* legitur *VIII. kalend. maias Constantinopolitanorum dominorum nostrorum piissimorum perpet. augg. Heraclii anno VIIII, et Heraclii Novi Constantini filii ipsius anno VII*, ut et subscriptio diplomatis Honorii PP. apud Ughellum[9] in episcopis Bobiensibus. Neque tamen Tiberio et Heraclio peculiaris fuit hæc appellatio, nisi quod cognominia vice proprie videatur iis indita, Tiberi quidem a Justino prosocero. Heraclio vero juniori a parente, cum hanc cæteri fere audierint augusti. Marciano enim augusto *Novo Constantino* non semel acclamatum legimus in concilio Calchedonensi, act. 4 et 6 ; Justiniano, in Synodo sub Hormisda ; Justiniano, in concilio sub Mena, act. 5, Constantino Pogonato, in VI synodo, act. 8; et Constantino filio Irenes , in VII synodo, act. 7. Quinetiam postremi imperatores honorificam istam appellationem affectarunt, quod de Michaele Palæologo testatur inscriptio in æde Deiparæ Peribleptæ Constantinopoli, quam profert Leunclavius[10] . firmatque Georgius Pachymeres[11]. Sed et Constantinopolitani ex Francica gente imperatores videntur appellationem eandem usurpasse, quod præ cæteris docet Innocentius III[12], pontifex, qui Balduinum Flandrensem Constantinopolitanum *imperatorem* nude vocat. in epistola ad Namurcensem comitem : « Præterea, inquit, præsentibus vobis litteris innotescat, quod postquam illustris « memoriæ Constantinus imperator sub hostili custodia diem « clausit extremum, charissimus in Christo filius noster « Henricus, germanus ipsius Constantini frater, imperator « illustris, ab universo exercitu Latinorum unanimiter et « concorditer fuit in apicem Imperii sublimatus. » Nisi forte mendum sit, legendumque *Constantinopolitanus.*

1. Spanheim. diss. 8, p. 090. — 2. Lib. 60. — 3. P. 711. — 4. Lib. 4, p. 761, 37 — 5. Lib. 12, cap. 3. — 6. Ammian. lib 25. — 7. P 862, 864. — 8. Jus Gr. Rom. p. 83. — 9. Tom. 4, p 1325. — 10. In Pand. Turc. n. 54. — 11. L. 4, c. 21 , l. 13, c. 23. — 12. L. 9, epist. 47.

XLVIII (XL).

NUMMI VOTIVI.

Ex imperatoriis deinde nummis, votivi vulgo appellantur qui vota publica nuncupata, suscepta et soluta pro salute principis in inscriptionibus suis præferunt, vel quod iis quibus suscepta sunt annis cusi ac formati sint. Atque hi quidem, licet ævi inferioris nummorum, seu Constantinopolitanorum imperatorum, non omnino proprii fuerint, habent tamen qui ab iis cusi sunt quiddam peculiare quod in superioris ætatis principum nummis non occurrit. Quod quidem ut legenti planum fiat, lubet votorum istorum originem ab ipsis primordiis summatim repetere. Scribit Dio[1], Augusto, cum primum decennium exivisset, aliud quinquennium, atque eo circumacto, rursum aliud quinquennium, post decennium, ac eo finito aliud item decretum fuisse, ut continuatis decenniis per totam vitam, summam imperii obtinuerit. eamque ob causam posteriores quoque imperatores, licet non ad certum tempus. sed ad vitam imperium esset eis delatum, id deinceps observasse, ut singulis decenniis festum pro ejus renovatione agerent, quod etiam hodie fit, inquit ille. Ad quintum usque decennium Augusto oblatum ac decretum scribit idem Dio. Ex hinc cæteri deinceps augusti, exactis decenniis, principatum sibi confirmari senatusconsulto non petierunt. cum id non inviti retinerent, ut Augustus, sed ultro sibi assererent, quod de Tiberio idem scriptor commemorat, et ex eo Xiphilinus, qui subdit πανήγυριν δεκαετηρίδα, quam δεκαετοὺς πανήγυριν vocat Eusebius[2], exacto decennio celebrasse. Ita postmodum, eodem Dione auctore, Severus imperator imperii exacto decennio congiaria et annonas militibus distribuit, et populo circenses dedit. Ex hoc igitur recepto more decennalia singulis decenniis celebrata constat, quod præterea firmat Trebellius Pollio in Gallieno Salonino. Sed postmodum obtinuit ut vota publica pro decennalibus feliciter auspicandis et ineundis ederentur cujusque decennii initio, quod ex nummis potissimum Antonini Pii[3] colligimus, quorum alii PRIMI DECENNALIS, alii SECUNDI DECENNALES præferunt, alii VOTA SOL. DECEN. II. alii denique VOTA SVSCEP. DECEN. III. Ita tria decennalia inita ab Antonino Pio, qui annos 24 tantum imperavit. In gemma quam habet Dactyliotheca manuscripta Ludovici Chalucii, exstat figura sacrificantis specie, cum hisce characteribus, VOTA SVSC. VICE., id est, *Vota suscepta Vicennalium.* In aliis perinde nummis Antonini Philosophi[4] leguntur, PRIMI DECENNALES, et VOTA SVSC. DECENN. et VOTA SOL. DECENN. In nummis Commodi, VOTA DECENN. SVSC. In nummis denique Helvii Pertinacis, qui vix menses quatuor imperavit, VOT. DECENNAL. et in Pupieni Maximi, cujus imperium haud bienni fuit, VOTIS DECENNALIBUS, quæ totidem habentur in Severi Alexandri et Julii Philippi monetis[5]. nummorum alium Diocletiani, qui vicesimo imperii annum vix excessit, in quo scriptum, VOT. XXX. S. Habetur in ejusdem Chalucii Dactyliotheca[6] ectypon gemmæ, cui insculptum, VOT. XXX. S. DI., id est, *Vota Tricennaliorum suscepta, Diocletianus.* Præterea gemmæ alteri apud ectypon, quæ hosce characteres præfert MAXI. VOT. XXX. P., id est, *Maximianus, vota Tricennaliorum publica.* Ex quibus perspicuum fit vota decennalia vel decennaliorum suscepta cujusque decennii initio. Alii præterea nummi nude præferunt, VOTA PUBLICA, ut Lucillæ L. Veri uxoris, Hadriani, Septimii Severi, Caracallæ, Getæ, Macrini, Elagabali, et aliorum : in quibus omnibus sacrificium fere semper effingitur, quod vota ejusmodi pro salute principis et imperii felicitate, cum sacrificiis initio cujusque lustri aut decennii exsolverentur, ut monemus in nostra Constantinopoli, ubi de Tribunali novemdecim accubituum agimus. Atque hæc quidem obtinuere priusquam religionem christianam essent amplexati imperatores[8], a quibus, abrogatis in votis publicis sacrificiis, reliqua solemnitatis servata sunt, vel more excogitatæ, in quibus illa fuit, ut offerrentur imperatoribus ex more a magistratibus munera, certa nempe aureorum solidorum quantitas ab ipsis principibus definita. Exstat eam in rem insignis epistola Symmachi ad Valentinianum juniorem[9], in qua Valentinianus et Valenti *ob decennium minorem summam decretam : Gratianum, cum tertium lustrum ævi imperialis exigeret, parciore munificentia honoratum :* eidem denique Valentiniano *mille sexcentas auri libras decennalibus imperii fastus devotum ordinem promisisse. urbanis ponderibus conferendas. id est, trutinæ largioris examine.* (Quo etiam spectant ista

1. L. 53. — 2. In Orat. de Laudib. Const. — 3. Occo, p. 257, 264. — 4. Du Choul, p. 156. — 5. Erizzo, p. 452, 335, 336, 429, 430, 515. — 6. Du Choul, p. 253. — 7. P. 56. — 8. Petrus Faber, ad tit. 2, Orig. Jur. p. 764. — 9. L. 10, ep. 20.

DE INFERIORIS ÆVI NUMISMATIBUS.

Lactantii in lib. de Mort. Persecut., num. 31, ubi de Maximiano Galerio imperatore : « Quis ergo non bonis suis « eversus est, ut opes quæ sub imperio ejus fuerant, corrade« rentur ad votum, quod non erat celebraturus. » — C. in Add.). In hac etiam decennaliorum celebritate edebantur circenses, eximebantur rei de carceribus, agebantur Deo gratiarum actiones, et distribuebantur pecuniæ per civitates, ut testatur Eusebius [1]. Sed quæ singulis decenniis concipiebantur vota postea singulis quinquenniis sunt exsoluta, quod indicat loco laudato Symmachus. Indeque quinquennalium aut quinquennaliorum votorum inscriptiones in nummis manarunt, ita ut quinquennalium vel quinquennaliorum vota primo initæ dignitatis anno celebrata censeri debeant, decennaliorum post exactum quinquennium, vel ipso quinto exeunte anno, quindecinnaliorum exeunte decennio, vicennaliorum exeunte decimo-quinto dignitatis anno. Et ita deinceps. Alia enim sunt *vicennaliorum vota concepta*, alia *edita vicennalia*. Edebantur quippe vicennalia anno vicesimo imperii, vicennaliorum vota anno decimo, aut decimo-quinto. Verbi gratia, Constantinus Magnus vicennalia Romæ edidit ipso Constantino VII et Constantino Cæsare consulibus qui fuit imperii vicesimus annus, Christi 326, ut est apud Eusebium. Idacium et auctorem Chronici Alexandrini : Vota vero vicennaliorum acta imperii decimo-quinto, quod innuit Nazarius in Panegyrico ipsi Constantino dicto : « Quintum « decimum annum maximus princeps salutaris imperii degit, « sed auguramur jam vicennalia, et venturi fidem superio« rum felicitate sancimus. » Cumque eo anno agerentur quinquennalia Licinii junioris, Crispi et Constantini junioris, qui cæsarum dignitate cohonestati fuerant kal. mart. Sabino et Ruffino coss. anno Christi 316, hæc subdit : « Quinquen« nalia beatissimorum cæsarum occupatis in gaudiis habent, « sed in destinatis decenniis jam vota properantia et spes « volucres constiterunt, horum dehinc compotes propagabi« mus optabilis boni seriem. » Atque horum quidem una simulque cæsarum vota nuncupata crebro advertere est in eorum nummis, in quibus legitur : VOT. X. AUT XX. CÆSARVM NOSTRORVM : etsi interdum sua cuique vota inscripta, ut in nummo Constantini junioris, VOTA VICENNALIORVM : et in nummis Crispi, in cippo pro lemmate est : BEATA TRANQVILLITAS, et VIRTVS EXERCITVS, et VICTORIÆ LÆTÆ PRINCIPVM, in cippo, clypeo, et labaro descriptum legitur, VOT. XX. quæ quidem vicennaliorum Crispi vota, utpote exacta in ejusdem decennalibus, cadebant in vicennalia Constantini patris : quod indicat Porphyrius in Panegyrico, eidem augusto in ipsis vicennalibus dicto in quo dum metro ludit, in medio paginæ corpore, minio hosce characteres depinxit : AVG. XX. CÆ. X : id est : *Constantini augusti vicennalia, Cæsaris decennalia*. Ac de Crispo quidem :

.... Tu carmina prome
Vate Deo digna : aut si quod perferet audens
Majus opus nectens, mens tota mole subibit,
Spe pinget carmen, pangat si cœpta camena,
Compleat et versu variata decennia picto.
Ore secunda vovens sub certo limite metri.

Ubi secunda vota Crispi sunt vota vicennaliorum, de quibus alio loco :

Sancte pater, rector superum, vicennia læta
Augusto, et decies crescant solennia natis.

Et de Constantini vicennalibus :

.... Te tanto in carmine musa
Et tua de scriptis pingit vicennia metris.

Mox de votis Tricennaliorum :

Sæclis da, Constantine, serena
Tempora, summe pio tricennia suscipe voto.

Quæ quidem Constantini tricennaliorum vota concepta leguntur in nummo aureo, clypeo, quem tenet Victoria, inscripta, VOT. XXX. ubi pro lemmate est, VICTORIA CONSTANTINI AVG. Ad quam Constantini eo anno victoriam respexit idem poeta :

Augusto victore juvat rata reddere vota.

At cum nullam hoc anno victoriam ab hostibus adeptus Constantinus legatur, eam forte nummus iste spectaverit

quam paulo ante fuso Licinio retulerat anno Chr. 325 cum inde gloriosam *victoris* appellationem postmodum ambierit, ut testatur Eusebius [1], quamque nomini suo fere semper præposuit, ut est apud eundem scriptorem, auctorem Chronici Alexandrini, et alios. Nisi referri debeat ad victoriam illam quam se consecutum gloriabatur eo anno 326 quo vicennalia acta sunt, contra Ecclesiæ hostem, postquam episcopos in Concilio Nicæno invicem dissidentes in concordiam revocasset, ut auctor est idem Eusebius [2], adeo ut *victoriam Constantini* ut suam ac propriam in nummis inscribi voluerit. Ex prædictis etiam patet Crispum post edita cæsareæ dignitatis decennalia, quæ in kal. martias in nummis Constantini patris cadebant, ab eo sublatum. Tricennalia porro Constantinopoli edidit idem Constantinus 8 kal. aug. anno imperii tricesimo, ut est apud Idacium et auctorem Chronici Alexandrini : in quorum quidem celebratione panegyricum Constantino ex more dixit Eusebius cæsariensis, qui ejus Historiæ subjicitur, ut ipsemet testatur [3]. Constantinus vero filius Romæ vicennalia celebravit ipso Constantino IX et Juliano cæsare II coss. anno imperii vicesimo, Christi 357. Ita denique Arcadius anno imperii quinto, Valentiniano III et Eutropio coss. anno Christi 387. *Quinquennalia propria cum Theodosio Augusto patre suo editionibus ludisque celebrasse dicitur*, 17 kal. febr. apud Idacium et Marcellinum comitem. Sic etiam Theodosius Junior quinquennalia, apud auctorem Chronici Alexandrini; decennalia apud eundem Marcellinum, eodemque anno Honorius decennalia : tricennalia idem Honorius : tricennalia perinde Theodosius anno tricesimo imperii, Christi 430, ediderunt. Idem denique Theodosius, apud Marcellinum. anno Christi 489 *octava*, et anno 444 *nona quinquennalia edidit*. Quæ quidem ut singulis lustris edita quinquennalia, ita eorum nuncupata vota cujusque lustri initio, vel potius anno proxime ante exactum lustrum, prorsus evincunt nummi aliquot, ut ille Constantini Junioris cæsaris, in quo $\frac{x}{v}$ inscriptum in clypeo cum lemmate, ROMÆ ÆTERNÆ, nisi decennaliorum aut quindecinnaliorum vota intelligantur : alii Valentis et Gratiani, VOT XV. MVLT. XX. Præterea ex Nazarii Panegyrico videtur posse colligi eum in quinquennaliorum celebritate dictum fuisse : ut Incerti Panegyricum Maximiano et Constantino dictum, eo quo idem Constantinus Augustus appellatus est anno, proinde in quinquennaliorum votorum nuncupatione. Nam Constantino, quem *Orientem* imperatorem vocat, dictum insinuans ob *lætitiam* publicam, *qua ei Cæsari additum nomen imperii*, et ob *cœlestium nuptiarum festa* tum celebrata subdit : « Huic « voto propria nunc debetur oratio, quod semel factum, « futurum et sempiternum. » Et infra : « Restat ut ipsa illa « quæ separatim de virtutibus vestris locutus sum, sicut « huic voto congruit, in sermonis finem conjungam. » Erant igitur isti panegyrici *publica* populorum *vota*, quorum edendorum gratia deligebantur oratores diserti, qui in principum laudes excurrerent, et felicia lustra vel decennalia eis adprecarentur, ut in Nazarii laudato panegyrici loco vidimus, votis ipsis in nummis relatis, cum ipsa interdum felicitatis adprecatione, ut in inscriptione veteri, VOTIS VICENNALIB. FELICITER. Et in Alia in clypeo exarata, apud Boissardum [4], CÆSARVM DECENNALIA FELICITER. In alia apud Gruterum [5], VOTA FELICISSIMA OB REDITVM NVMERI. In nummo æreo Licinii junioris cæsaris, in corona laurea, VOT. X. FEL. XX.; et in aureo Constantis medaillone in quo exaratum, FELICIA DECENNALIA, et in clypeo, VOT. X. MVLT. XX. ubi felicia decennalia editam quoque ad vicennaliorum vota nuncupata. Neque hic edendorum panegyricorum in dignitatum natalibus mos proprius imperatoribus fuit : cum et in episcoporum cathedræ, seu miti episcopatus Natalibus, editi complures legantur apud Gregorium Nazianzenum, Nyssenum, Chrysostomum, Augustinum, Ennodium, Chrysologum, et alios, ut pridem annotatum a viris doctis [6].

XLIX (XLI)

NUMMUS CONSTANTINI, IN QUO EXARATUM, PLUR. NAT. FEL.

Ad has felicitatis adprecationes et vota pertinet etiam inscriptio illa quæ exarata legitur in Constantini M. cæsaris nummo, PLVR. NAT. FEL. id est. *Plures natales felices*. Is autem, si bene auguror, tum primus cusus videtur, cum

---

1. L. 8, c. 12, 20 ,1 , 1, de Vita Const. c. 44 ; l. 3, c. 21.

1. L. 2, de Vita Const. c. 40 ; l. 3, c. 58 ; l. 2, c. 45, 47. — 2. L. 3, c. 14. — 3. De Vita Const. l. 4, c. 46 — 4. L. 1 — 5. 22, 3 : 40, 7. — 6. Rosweid. ad Paulini, op. 16, Boland. ad 18 Januar., Sirmond. ad Ennod. etc.

nobilissimi cæsaris dignitatem consecutus est a Maximiano augusto et socero. Ejusmodi enim dignitatum, quæ ad imperatorium fastigium veluti gradus erant, dies natales celebrabantur ab omnibus, et fastis inscribebantur. Quod potissimum deprehendere licet ex kalendariis Philocali et Herwartii, et Laterculo Silvii, in quibus natales imperatorum et cæsarum describuntur, suis quique locis adnotati. In iis porro Constantini Magni natales tres adscripti leguntur : primus III kal. martii, alter prid. non. april., tertius denique VIII kal. aug. Ac primus quidem et tertius *dies augustorum* spectant, *qui vel lucis auspicia, vel ortus imperii protulerunt*, ut loquitur lex 2 Cod. Th. de Feriis. Prior igitur ad *genuinum*, uti vocatur a Silvio et in lege 17. Cod. Theod. de Proxim. Comit. etc. *Natalem* Constantini pertinet quo nempe est in lucem editus ; alter quo cæsar : tertius ad eum quo augustus creatus est. Cæsarem dictum Constantinum statim postquam Constantius pater augustus est renuntiatus, tradit exerte Aurelius Victor [1]. Constantius vero supremam adeptus est dignitatem kal. April. Diocletiano IX et Maximiano VIII coss. ut est apud Idacium. Quo quidem mense cæsar etiam dictus Constantinus, qui, eodem auctore, *levatus est augustus* VIII *kal. aug*. Qui proinde dies *natalis* est Constantini *purpuræ*, ut loquitur Silvius, ubi de natali imperii Valentiniani ; de quo quidem hæc habet Eumenius in Panegyrico eidem Constantino dicto : « Quamvis igitur ille FELICISSIMVS dies proxima « religione celebratus, imperii tui natalis habeatur, etc. » Constantinus igitur cæsar dictus est prid. non. april. cujus dignitatis natalis sic describitur ab eodem Silvio . « Prid. « (*non. april.*) natalis Constantini. circenses. » Unde colligitur, ut ex aliis hujusmodi kalendariorum locis, hisce natalibus editos quotannis ludos circenses. Plures igitur optaverit Constantino *natales felices*, id est, ut quo modo cæsar jam et nobilissimus dictus est, ita et deinceps augustus renuntietur, istiusque novæ ac supremæ dignitatis *natalis* Fastis perinde adscribatur. Natalium vero appellatione donatos dies quibus qui in dignitate quadam inauguratur, alibi pluribus docemus. Ad hæc etiam vota, adprecationes, vel potius publicas populorum acclamationes, referri potest inscriptio illa græca, barbarisque characteribus in medio nummo æreo Theophili imperatoris exarata, cujus geminum aureum habet Octavius Strada [2], ΘΕΟΦΙΛΕ AVGOVSTE TV NIKAS, id est, *Theophile auguste tu vincas*, ubi NIKAS pro NIKA.

L (XLII).

VOTA MULTA.

Obtinuit deinde ut non felicia duntaxat, sed et multa voverentur decennalia, ut in Constantini M. nummo, quo descriptum legitur, VOTIS MVLTIS X ; et in alio VOTIS V. MVLTIS X ; rursum in alio, X. MVLT. XX. Hinc crebræ ejusmodi fluxere formulæ ac inscriptiones in subsequentium imperatorum nummis, cum populi vota sua ad solam quinquennaliorum aut decennaliorum felicitatem nollent coercere, et si non pro æternitate, saltem pro vitæ et imperii diuturnitate, vota sua nuncuparent. Quo spectant ista Nazarii : « Verum « quid agimus vicenis aut jam tricenis annis circumscri- « bendo quæ jam æterna sentimus ? Ampliora sunt merita « principum quam optata votorum, quinimo in immensum « felicis cursus imperii, nec humanorum terminos curent, « qui semper divina meditentur. » Et ista Corripi de Laudibus Justini [3] :

Hinc vester primus feliciter excipit annus,
VOTAque PLVRA tuis celebret nova Roma triumphis.

Interdum denique ita populorum concipiebantur vota, ut *sicut* quinquennalia, sic decennalia feliciter exigerentur. hisce characteribus in nummis designata, SIC. X. SIC. XX. et SIC. XX. SIC. XXX. ; quam quidem votorum concipiendorum formulam in Constantii et Constantis fratris nummis tantum advertimus. Maxime vero, ac ut plurimum vota ista edebantur de decennio in decennium, ut supra observatum, quod etiam Byzantinorum augustorum nummi docent, in quibus passim exaratum legitur : VOT. X. MVLT. XX. VOT. XX. MVLT. XXX. etc. Exstant præterea bini Licinii imperatoris nummi, in quibus scriptum, VOT. XX., qui quidem annum dominationis fere post decimum quartum cæsus est, ut ait Victor, nisi dicamus cusos ineunte quindecennio. Desiere tandem adscribi nummis ejusmodi vota post exstinctam Theodosii familiam : tametsi in Majoriani numismate legimus, nulla quinquennaliorum aut decennaliorum mentione, VOTIS MVLTIS : quo spectant ista Sidonii [1] ad eundem Majorianum :

Sic te Sidonio recocta fuco,
Multos purpura vestiat per annos.
Sic lustro imperii perennis acto,
Quinquennalia fastibus dicentur.

Et in alio argenteo Justiniani, VOT MVLT HTI (forte pro ἔτη), quibus vocibus felicitatem, vel diuturnitatem imperii adprecabantur : ut hacce, FLOREAS, vel FLVREAS Baduelæ Italiæ regi , in ejus nummis. Cui quidem similis est illa quæ adscripta legitur Philocali Kalendario : VALENTINE FLOREAS IN DEO. VALENTINE VIVAS FLOREAS. VALENTINE VIVAS GAVDEAS. (Passio sancti Savini : « Et statim discesserunt omnes, « una voce dicentes : Auguste, tu vincas et cum diis floreas. » — C. in Add.) Istiusmodi adprecationis formulam usurpat Sosipater Charisius in epist. ad filium, Grammaticæ præfixa, quam sic claudit : « Valeas, floreas, vigeasque ævo longis- « simo, Fili, patri tuo carissime. » Utitur etiam non semel Alcuinus [2]. Et HRabanus Maurus ad Gregorium IV. PP [3] :

Ut valeas, vigeas sanus, et prospera captes,
Hic et in æternum regna superna metas.

(Denique sanctus Athanasius, in Apologia ad Constantinum imp. : Σὺ δὲ θεοφιλέστατε Αὔγουστε, ζήσειας πολλαῖς ἐτῶν περιόδοις. Sed et huc referri potest, vel certe ad hanc formulam, epigraphe Sallustii, nescio cujus, addita numismati apud Car. Patin. in Thes. Numism., PETRONI PLACEAS. Sed de votis decennalibus multa commentatus est vir singularis eruditionis, Henricus Norisius Veronensis , in Dissertatione chronologica de ejusmodi votis, in quam non inciderim, dum nostra in lucem primum prodiit. — Cang. in Add.)

LI (XLIII).

ACCLAMATIO Πολυχρονίου.

Atque inde forsan in diuturnioris etiam vitæ et imperii votum, acclamatum principibus Byzantinis Πολυχρόνιον, seu *multos annos*, quod tamen non nuperum : quo spectat inscriptio illa in nummo aureo Constantini Copronymi, C LEON P A MVLΘ, id est, ut interpretor, *Constantinus Leoni perpetuo augusto multos annos*. In alio litera θ deest. Qui quidem nummus, ut et hoc obiter adnotemus, cusus videtur quo Leonem filium corona ac diademate donavit Constantinus Copronymus, die festo Pentecostes anno 750. In antica enim facie Constantinus ipse imperatorio habitu effingitur, cum iis quos descripsimus characteribus. In nummi vero facie altera effinguntur iidem Constantinus et Leo , quorum nomina exhibent characteres Græci, CONSTANTINOS S. LEON O NEOS. Ubi cum Leo, Copronymi filius, ὁ Νέος dicatur, ut *minor* Adoni Vienneusi [4], qui revera infans erat, non video cur *major* dicatur in subscriptione Bullæ Stephani III PP. quem alii II nominant, pro monasterio Sandionysiano, quam post Doubletum et Sirmondum descripsit vir eruditissimus Joannes Mabillonius, unicum cum eo in archivo ejusdem monasterii in ipsis phyliris exaratam inspeximus non semel, quidquid dicat vir doctissimus [5], quæ sic habet : « Datum III « kal. martias, imperante domno piissimo augusto Constan- « tino, a Deo coronato, magno imperatore, anno decimo « octavo imperii ejus, sed et Leone majore ejus filio, anno « quarto indictione decima. » Nisi revera major filius Constantini aliorum respectu dicatur : quemadmodum apud Bedam, in Chron. lib. 1, cap. 11, Honorius augustus dicitur filius Theodosii minor respectu Arcadii, majoris Theodosii filii. Sed an hoc anno 757 alios habuerit filios Constantinus, ex scriptoribus Byzantinis non plane liquet.—Cang. in Add.) Deinde vereor ne hæc adscriptio diplomati temporis nota mendo careat. Cum enim Constantinus Copronymus imperium inierit post parentis obitum, 18 junii Ind. 9 an. Chr. 741, non potuit decimus octavus imperii annus incidere in indictionem decimam IV kal. mart., qui hoc anno 757 nec mense erat tantum decimus sextus. Neque id referri potest ad annum quo a patre Copronymus renuntiatus est imperator, qui fuit 720 ipso Paschatis die, 25 martii. Deinde cum Leo filius natus 25 januarii anno 750, ind. 3, et sequenti anno 751 die Pentecostes festo, qui incidit in 5 junii, ab Anastasio patriarcha diademate donatus fuerit, ut habet diserte Theophanes, hoc anno 757 IV kal. mart. Leonis Junioris imperii

---

1. In Epit. — 2. P 237. — 3. L. 4, vers. 140.

1. Carm. 13. — 2. Epist. 68, 74, 91, 112. — 3. Poem. 182. — 4. In Chron. — 5. Daniel Papebroch. in Propyleo ad tom. 2, April. n. 129.

annus erat sextus, necdum finitus. Fatendum tamen huicce subscriptioni, alterius epistolæ Pauli II PP. quæ exstat apud Rubeum, in Historia Ravennensi[1], subscriptionem convenire: sic enim clauditur: « Dat non. febr. imp. domino « plissimo augusto Constantino, a Deo coronato, magno imp., « anno ° XI et pacis ejus anno XX, sed et Leone, majore ejus « filio, anno VII, indictione XII, *ubi pro* XI. et pacis *legen- « dum videtur* XX et post coss. (*id est consulatum*) ejus anno « XX, etc. »; quæ quidem indictio in annum 759 cadit. Nodum solvent alii. De hac porro Πολυχρονίου formula ita sanctus Augustinus[2]: « Exhibes aliquam solennitatem amicis, audis « ibi et bene optantibus tibi, Multos annos vivas. » Et Leo III PP.[3] : « Reversus est ad murum civitatis Constantinopo- « litanæ, et cepit cum eis foris muros vocibus magnis « laudare (εὐφημεῖν) ac dicere, Constantinum magnum impe- « ratorem multos annos. » Synodus VIII[4]: Εὐθὺς γὰρ ὁ καθο- σιωμένος Νοτάριος εἶπέ, Πολλὰ ἔτη τῶν Βασιλέων. Denique Theophylactus Bulgariensis[5]: Προσκυνεῖ μὲν ὅπως ὁ πολίτης, καὶ μεγαλύνει, καὶ εὐφημεῖ, καὶ προσθήκην ἡμερῶν αἰτεῖται παρὰ τοῦ κράτιστος. Sed hæc vulgata et obvia; subdam tantum quæ de ejusmodi adprecationibus imperatoribus et patriarchis in Ecclesia fieri solitis habet Codex scriptus Bibliothecæ regiæ[6]. Ὅπως πολυχρονίζουσι τοὺς Βασιλεῖς καὶ τὸν Πατριάρχην ἐν τῇ μεγάλῃ ἐκκλησίᾳ κατὰ τὴν ἑορτὴν τοῦ Χριστοῦ Γεννήσεως, καὶ τῶν Φώτων, καὶ ἐν τῇ μεγάλῃ Παρασκευῇ. Πολυχρόνιον ποιήσαι ὁ Θεὸς τὴν κραταιὰν καὶ ἁγίαν βασιλείαν αὐτῶν εἰς πολλὰ ἔτη. Πολυχρόνιον ποιήσαι ὁ Θεὸς τὴν θεόσεπτον, θεοπρόβλητον, θεοδόξαστον κραταιὰν καὶ ἁγίαν βασιλείαν αὐτῶν εἰς πολλὰ ἔτη. Τὸν δεσπότην καὶ Ἀρχιερέα ἡμῶν Κύριε φύλαττε, λεγέται δὲ τρὶς, εἰς πολλὰ ἔτη, τρίς. Καὶ δὲ τὴν τράπεζαν εὔχονται οὕτως: Εἰς τὸ πολυχρόνιον ζωή, εἰρήνη, ὑγιεία. εὐόδωσον καὶ κατ' ἐχθρῶν νίκην τῶν κραταιῶν καὶ βασιλέων, εἰς τὸ πολυχρόνιον ζωή, ὑγιεία, καὶ σωτηρία τοῦ παναγιωτάτου ἡμῶν δεσπότου τοῦ οἰκουμενικοῦ Πατριάρχου, etc.

LII (XLIV).

ANNI IMPERII IN NUMMIS DESCRIPTI.

Ad nummorum præterea Byzantinorum inscriptiones pertinent adscripti in iis augustorum, quorum sunt, imperii anni, quod usurpatum in æreis Justini Thracis, Justiniani, Justini Junioris, Tiberii, Mauricii, Phocæ, Heraclii, et aliquot aliorum, observare est: neque enim in aureis et argenteis ulli reperiuntur exarati[7]. Scribuntur autem characteribus Romanis. Errare enim constat Alemannum[8], qui in nummis Justini et aliorum, στ Græcum ἐπίσημον, sex denotans scribi putavit, cum sit V barbarum, seu ut a Græco-barbaris tum effingi solebat, quod ex similibus nummorum inscriptionibus cuivis licet colligere. Quidam etiam indictionem præferunt, ut ille æreus Mauricii, in quo sub I litera, vel columna crucigera, exaratum, IND. II. Cum autem imperaverit Mauricius a decimo tertio augusti, indictione 15, anno Chr. 582, interfectusque fuerit a Phoca, 27 novemb. anno 602, indict. 6, cusam hanc monetam sequitur anno 583 vel 599, quibus incœptæ al. septembribus indictiones secundæ, eo regnante. Alius habetur perinde æreus Heraclii et Constantini, cui adscriptum, INDICT. XIII, quæ quidem indictio cadit in annum Chr. 625 et 640. Imperavit enim Heraclius ab anno 610 usque ad annum 641. (Nec desunt qui literas nummis cum urbis in qua cusi sunt nomine inscriptas annos imperii designare, ut alii monetariorum notas esse, putant, atque in iis supra laudatus Norisius, in Dissertatione de duobus nummis Diocletiani et Licinii, cap. 6, ubi longe etiam ante instauratam Constantinopolim annos imperii numismatibus adscriptos probat. — Cang. in Add.)

LIII (XLV).

INSCRIPTIONES GRÆCÆ, ET IN MEDIO NUMMO.

Enimvero vel inde colligitur Latinas literas diu Constantinopoli cultas, quod Imperatorum qui in media vivebant Græcia, et inter Græce loquentes conversabantur, Latinas inscriptiones præferant, usque ad Basilii Macedonis tempora, quibus tum primum Græcæ conspiciuntur, characteribus Latinis interdum etiam pro Græcis adhibitis. Sed et animadversionem aliquam exigit, quod in solis fere Basilii Macedo-

---

1. Hieron. Rubeus, lib. 5, initio, et in Concil. — 2. De Verb. Dom. serm. 39, c. 3. — 3. Ep. 4. — 4. Act. I. — 5. Instit. Reg p. 2, c. 14. — 6. 2023. — 7. Spanheim. p. 364. — 8. In Not. ad Procop. p. 42, 1 edit.

---

nis et ex ejus familia augustorum numismatibus, pars aversa, imperatorum quorum perinde sunt nomina et titulos, nulla adjuncta figura, in medio nummo contineat, quod in aliis factitatum nondum advertimus; quorum quidem titulorum vice, Joannes Zimisces hosce describi voluit, IESVS XRISTVS BASILEVS BASILEON, ut alibi observamus.

LIV (XLVI).

NOMINA URBIUM IN QUIBUS CUSI SUNT, NUMMIS ADSCRIPTA.

Jam vero, ut quod ad ejusmodi sequioris ævi numismatum inscriptiones spectat, absolvamus, adscriptos inferiori eorum posticæ parti characteres, urbium in quibus cusa fuere signantes nomina, tum primum in iis advertere licet: cum ante Maximianum et Diocletianum, vel Probum, vix id usurpatum observetur. Quos quidem characteres videtur intellexisse Auctor Queroli, ubi de solido : « Etiam hic distantia « quæritur in auro, vultus, ætas, et color, nobilitas, litera- « tura, PATRIA, gravitas, etc. » Erat autem in universo imperio officinarum monetariarum definitus numerus[1], cum alibi excudi monetæ vetarentur: quod a Constantino M. exerte statuitur[2]: « ut in monetis tantum nostris cudendæ « pecuniæ studium frequentetur. » Officinæ istæ *monetæ publicæ* et *fiscales* appellantur[3], habebantque suos officiales, de quibus attigimus quædam ad Joinvillam. Cum autem sub Constantino et successoribus bipertitum esset imperium, Orientemque et Occidentem contineret, statæ erant et definitæ in Oriente monetariæ officinæ in quibusdam civitatibus: quarum præcipua fuit Constantinopolitana, ex quo scilicet a Constantino Byzantium instauratum fuit. Monetam in duodecima regione statuit vetus ejusdem Urbis Descriptio; sed in dubium vocat Gyllius, officinane fuerit monetaria, an vero templum Junoni Monetæ sacrum. Sane vix est probabile sub Theodosio Juniore, seu, ut alii volunt, Honorio, sub quo exarata dicitur, stetisse in urbe christiana fana deorum gentilium, quæ tanto studio evertenda in aliis curarat Constantinus.

LV (XLVII).

DE LITERIS *CONOB*.

Varie autem monetam Constantinopolitanam designant nummi: interdum enim per nudum c., interdum per tres hos characteres. CON., interdum per hos quatuor, CONS. interdum denique, et ut plurimum, per hosce CONOB. et KONOB., quæ quidem notæ in nummis ipsius Constantini Magni, a quo urbs ipsa Constantinopolis condita est, et statuta in ea publica moneta, conspici incipiunt. Licet porro in eo ferme consentiant eruditi omnes per istud CONOB Constantinopolitanam monetam designari, de charactereum tamen vi ac significatu haud omnino ii conveniunt. Ac primum, jure Cedreni[4] explodunt sententiam, scribentis in Theodosio has literas quinque descriptas ἐν τοῖς Νικαρίοις, id est, in nummorum parte postica, in qua effingi solent Victoriarum imagines aut VOX VICTORIA exarari, hæcce verba significare[5]: « Civitates omnes nostræ obediant venerationi; quasi vero, ut cætera absurda omittantur, vox *venerationi* per B scriberetur apud Latinos, quia apud Græcos recentiores Βῆτα et V Latinum idem sonant. Legerat etiam forsan apud auctores qui de Notis scripserunt, O B, *obediens* denotare. Etsi enim in confesso sit apud omnes tribus prioribus literis urbis nomen efferri, de duabus aliis haud similiter constat. Primus autem Antonius Augustinus[6] dixit auri qualitatem hisce designari quod istius ævi scriptores *obryzum* appellant, id est coctum, examinatissimum ac purissimum, ita ut CONOB. Constantinopoli *obryzum*, vel *obryzatum*, vel denique *Constantinopolitanum obryzum* denotet: quæ quidem sententia ut cunque potest firmari ex iis qui de Notis scripsere. Quippe apud Magnonem et Paulum Diaconum, O B. *obriziacum* sonat; ut COMOB., *comitia obryziaca*, seu, ut habet Papias, *obrydiaca*, quod idem est: nam et *obrydium*, pro *obryzo*, legitur in Glossario Arabico-Latino. At cum ipsis Constantini M. nummis duntaxat argenteis ac æreis hæ literæ inscriptæ conspiciantur, omnino conficitur in iis *obryzum*, haud posse intelligi, cum de auro tantum usurpetur, de cujus vocis etymo

---

1. Cedr. in Theod. — 2. L 3, Cod. Th. de Falsa Monet. — 3. L. 1, Cod. tit. — 4. P. 322. — 5. Notæ Juris editæ cum velt. Gram. p. 1679. — 6. Ant. Aug. Dial. 7, p. 223.

ac notione multa commentatus est Salmasius[1]. Plerique igitur, fermeque omnes scriptores eo concessere, Ortelius scilicet, Occo[2], Gretzerus[3], Tristanus[4] Chiffletius[5], et alii, ut hisce characteribus CONOB. *Constantinopoli obsignatum*, ut COMOB. *Constantinopoli moneta obsignata*, designari existimarent ; quo modo etiam in Trevirensibus monetis vox *obsignata* scripta reperitur, TROB., TROBC., TROBS., TROBT., TROS. ; et in Aquiliensi Theodosii, M. AQOB. : in Leonis M. Thessalonicensi, THCOB., quæ in aliis nusquam occurrit. Vix tamen, ut dicatur quod res est, vocem *obsignare* alia notione usurpatam reperire est, quam pro σφραγίζειν, vel ἐπισφραγίζειν, et κατασφραγίζειν, ut est in glossis Græco-Latinis. Nam etsi *pecuniam obsignatam* dixerit Cicero[6], pecuniam sigillo obsignatam intellexit.

LVI (XLVIII).

EÆDEM LITERÆ IN ALIIS NUMMIS QUAM CONSTANTINOPOLI CUSIS.

At scrupulum injicit viro in re nummaria sat perito, apud Rudolphum Capellum, quod in nummis aliquot imperatorum vel tyrannorum Occidentis cædem literæ CON., aut CONOB., exarentur : verbi gratia in nummis Honorii, Attali, Joannis, Aviti, Jovini, Petronii Maximi. Eugenii, Majoriani. Romuli, Nepotis, Anthemii, Severi, et aliorum, quos nemo sanus Constantinopoli cusos dixerit : siquidem, aut cui partito ac diviso ultro imperio Romæ potestatis suæ et Occidentalis imperii sedem statuerant : aut qui in Gallis vel in Italia, alibive tyrannidem invaserant, proindeque nummos suos in civitate, cui non modo imperabant, sed quæ etiam adversas interdum partes tuerentur, suo nomine excudisse dici non possunt. Id etsi in confesso sit, sententiam tamen supra allatam. quæ pro indubitata haberi debet, nullo modo labefactat. De augustis quippe Romanis, qui cum Constantinopolitanis, partitis ultro imperii provinciis, Romæ sedem fixerant, illud licet augurari, amborum in utraque urbe cusa promiscue numismata, ad mutuæ consensionis, concordiæ, ac etiam benevolentiæ argumentum. De tyrannis vero ita existimari potest, quod cum totius imperii provinciarum, atque adeo urbis metropoleos se esse compotes populis vellent persuadere ; vel quod is tum invaluisset usus, ut characteres isti pro imperatoriarum monetarum præcipua nota haberentur, ne quid sibi videretur ad supremæ dignitatis symbola defuisse, his etiam insigniisse suas monetas.

LVII (XLIX).

EÆDEM LITERÆ IN NUMMIS FRANCICIS.

Neque enim imperatores Romani duntaxat, et augustæ dignitatis invasores, sed et quidam e Franciscis primæ stirpis regibus idem CONOB. suis perinde nummis aureis adscripsere, quo, ut olim censuimus, venerationem quandam *Mundi Dominis*, impertirent. eoque facto dignitate longe se iis inferiores ultro agnoscerent. quæ etiam fuit Petri Seguini, viri hac in re litterariæ parte scientissimi, sententia. Is enim, dum de commentationibus quas super Franciscis nostris nummis qui hosce characteres præferunt a nobis prolatæ sunt in XXIII. Dissertatione ad Joinvillam, invicem verba faceremus, conjecturam de iis allatam probare se omnino affirmabat. Primas autem in iis tenet præclarus ille aureus Theodeberti Austrasiæ, seu Francorum regis, Justiniano M. imperante cusus, quem in ea dissertatione quammultis pro virili explicare conati sumus. Ejusmodi etiam aureus alter quem, nescio quo fundamento, Childeberto I regi adscribit Buteroüs, nisi quod Lugduni cusum arguat Doccionis Monetarii nomen, quod in altero, quem profert, rursum reperitur . cum hisce characteribus, LVGDVNO FIT, eique civitati tum imperarit Childebertus. Habet autem nummus iste regis Francici pessime effigiatam imaginem, cum monetarii Doccionis nomine : in altera vero parte crucem, cum hisce characteribus, VICTORIA AVGVSTOR., et sub cruce, CONOB. Ejusdem, id est Francicæ ac pessimæ, fabricæ, est nummus alius perinde aureus a Paulo Petavio[7] senatore Parisiensi descriptus in veterum numismatum Gnorismate, in cujus utraque facie VICTVRIA AVG. exaratur, nullo certo indicio cui debeat adscribi principi. Verum quod allatam supra sententiam videtur aliquantum labefactare, est num-

mus aureus qui Childerici II et Chlotarii III. fratrum nomina præfert, cum characteribus CONOB. cruci subjectis. Cum enim sub annum 670 uterque vixerit, hac sane tempestate reges nostros cum imperatoribus Constantinopolitanis strictis adeo fœderibus devinctos, ut in eorum honorem nummos suos formarint, vix probari posse haud ægre concedi debet : præsertim cum jam dilabi inciperet augustorum potestas, Saracenis imperii provincias invadentibus ac usurpantibus. Unde quod supra de Romani vel Constantinopolitani imperii tyrannis observatum, dici etiam potest de Francicis nostris regibus, monetas suas, ut majorem iis conciliarent auctoritatem et usum, præcipuis imperatorum Constantinopolitanorum symbolis ac characteribus insignisse : cum alias *aurum gallicum minore æstimatione taxaretur*, ut est in Majoriani Novella. Quomodo vero ea ætate principes nostri erga Byzantinos augustos, ita proceres Francici, quibus cudendæ monetæ jus fuit, sese gessere erga reges ipsos, monetis suis cum regiæ monetæ symbolis, pondere ac forma, sed deteriori materia cusis, quo jam intra dominationis limites earum usus coercebatur, in totius regni partes diffunderet, quæ regiæ monetæ erat prerogativa. Hinc crebræ super procerum usurpatione regum nostrorum querelæ, ad ipsos etiam summos pontifices delatæ, quo anathemate ipso inhiberetur : cum *ex similitudinibus imaginum destruerentur, turbarentur ac vilificarentur* monetæ, ut habet Fridericus II imperator in Diplomate anni 1220, apud Willelmum Hedam[1]. (Hisce porro Francicis nummis adjungi potest alter aureus Recaredi, Wisigothorum in Hispania regis. in cujus antica effingitur protome regis ejusdem imberbis, cum diademate ex unionibus, et hac inscriptione : RECCAREDVS REX. In postica, globus cui crux pedata insistit, et ad ejus latera M et ::
V :: cum hac inscriptione, VICTORIA AVIOUV.;sub globo, CONOB.)

LVIII (L).

ALIÆ OFFICINÆ MONETARIÆ ORIENTIS.

Quod vero ad cæteras Orientis urbes pertinet in quibus erant officinæ monetariæ, has inter *Alexandriam* recenset Ammianus[2] : *Antiochiam* Lampridius[3] ; *Cyzicum* Sozomenus[4], et ex eo Nicephorus[5], qui complures in hac urbe tradunt exstitisse monetarios, qui περὶ τὴν τέχνην ἠσχόλητο τοῦ νομίσματος. Alexandrinam monetam præ cæteris spectat nummus ille æreus Justiniani in cujus aversa facie I. et B. inter Christi monogramma describuntur, cum subjectis hisce characteribus, ΑΛΕΞ., qui Alexandriæ cusum denotant, ubi major ecclesia dicata erat Joanni Baptistæ, qui per I. et B. indicatur. Ex quo enim Scrapidis fanum a christianis eversum est, Theodosio imperante, in ecclesiam Arcadio cognominem reformatum fuit, ut ait Sozomenus[6] est, *Arcadiana* dicta est), Sancto Præcursori sacram, cujus reliquiæ in hanc ædem, vel certe Alexandriam, illatæ postea anno quarto ejusdem Arcadii. Sed incertum an diversa fuerit ab τετραγώνῳ τοῦ ἁγίου Ἰωάννου ἐν Ἀλεξανδρείᾳ, quod anno Leonis M. octavo excidietum narrat Theophanes. Hujus porro Alexandrinæ ædis S. Præcursori dicatæ mentio est apud alios scriptores[7] laudatos in Dissertatione nostra de capite ejusdem sancti Joannis Baptistæ.

LIX (LI).

OFFICINÆ MONETARIÆ OCCIDENTIS.

At in ea imperii parte quæ Occidentis appellatione innotuit sex exstitere potissimum fabricæ monetariæ, ut docet Notitia Imperii. *Sciscia* scilicet in Pannonia, de qua urbe copiose egit Tristanus : *Aquileiæ*, et *Romæ* in Italia ; *Lugduni*, *Arelate*, et *Treveris* in Galliis[8] : quæ quidem ita distributæ erant, ut tres intra præfecti prætorio Italiæ, et totidem intra præfecti prætorio Galliarum jurisdictionis limites essent. Romæ monetam semper exstitisse notius est quam ut firmari debeat. Ad Aquileiensem referendam quidam putant Gratiani , Valentiniani, et Theodosii Constitutionem, qua pœna statitur in monetarum opifices qui se extraneis matrimonio jungebant[9]. Occurrunt plures nummi in quibus SIS. et SISC. describitur, quod ad Sisciam referri debere omnes putant. In

---

1. In l de Usur. et alibi. De modo usur, cap. 11. — 2. P. 566. — 3. Tom. 1, de Cruce, l. 2, c. 56. — 4. Tom. 3, p. 503. — 5. In Anast. — 6. Orat. pro Cluentio. — 7. In Gnorism p 13.

1. P. 333, edit. 1 ; Spicil. Achor. t. 11, p. 392. — 2. L. 22. — 3. In Sever. — 4. L. 5, c. 14. — 5. L. 10, c. 20. — 6. Sozom. l. 7, c. 45 ; Evagr. l. 3, c. 12 ; Rufin. l 2, Hist. Eccl. c. 27 — 7. Theoph. V. Valesium ad Evagrium, lib. 3, c. 12. — 8. Tristan. tom. 3, p. 284. — 9. L. 10, C. Th. de Murileg.

DE INFERIORIS ÆVI NUMISMATIBUS.

Gallicis monetis prima recensetur Lugdunensis in Notitia Imperii. Hujus mentio est in nummo æreo Juliani imperatoris a nobis descripto, in quo exaratum sub bove in eo effecto, LUGD. OFF S. Id est, in *Lugdunensi officina signata*, vel *Lugdunensis officina signavit*. Complures habentur in quibus Arelatensis moneta variis characteribus denotatur, Treverensem vero memorat Trebellius Pollio [1]: « Cusi sunt, *inquit*, « ejus (Victoriæ) nummi ærei, aurei, et argentei, quorum « hodieque forma exstat apud Treveres. » Ejusdem etiam mentio habetur in veteri inscriptione, ubi *Moneta Treverica* nuncupatur [2]. Infiniti propemodum prostant nummi qui hujusce fabricæ characteres exhibent, quod pridem observatum ab Ortelio [3].

LX (LII).

ALIÆ OFFICINÆ MONETARIÆ.

Verum præter recensitas monetas publicas, seu monetarias officinas, alias exstitisse non minus celebres, stante etiam ac imperante Constantiniana familia, ex nummis colligitur: quas inter exstitere Thessalonicensis, Carthaginiensis, Sirmiensis et Cyzicena. Ad Carthaginensem pertinere, vel certe ad monetas Africæ referri potest lex 3, Cod. Th., *de Falsa moneta*, quæ ad Tertullum PC. Africæ scribitur. Labente deinceps imperio, Nicææ et Nicomediæ in Bithynia monetæ publicæ exstitere, de quibus intelligenda perinde Constantini Constitutio ad Bithynos, l. I, cod. Cod., *de Muritegulis*. Conjicit denique Velserus fabricam monetariam exstitisse Augustæ Vindelicorum, ex hisce characteribus, qui Victoris imperatoris nummo inscribuntur, AVPS., quos quidem ita interpretatur : *Augustæ Vindelicorum pecunia signata*[4]. Pari etiam argumento *Ambiani* cusum præclarum illum Magnentii nummum æreum dicere licet qui in averse facie Christi monogramma præfert, cum hac inscriptione, SALVS DD NN AVG ET CÆS. et infra, AMB.; nam et in Galliis regnasse in confesso est ex scriptoribus omnibus. Ita in nummis Magni Maximi Tyranni, et filii Victoris, MDPS., *Mediolani pecuniam signatam*, interpretari haud absonum a vero fuerit: nam Maximus Italiam obtinebat cum a Theodosio fusus est, ac proinde Mediolani um [5]. Eædem etiam literæ occurrunt in nummis Arcadii et Honorii. Desiere porro ejusmodi officinarum monetariarum nomina monetis imperatorum adscribi post Michaelem, Theophili filium. Atque ut adscriptæ singulis numismatibus earundem officinarum notæ facilius a quibusvis percipiantur, visum est characteres ipsos cum eorum vi ac notione, quantum conjicere licuit, hocce loco subjicere secundum ordinem literarum :

ΛΛΕΞ. *Alexandriæ*. in nummo Justiniani.
AMB. forte *Ambiani*. Magnentii.
AMD.·. Constantini M.
ANT. *Antiochiæ*. Constantini M. Juliani.
ANTA. *Antiochiæ*. A. annus I imp. vel nota monetarii. Juliani, Eudoxiæ.
ANTB. *Antiochiæ*. ubi B. annus est imperii secundus, vel potius nota monetarii. Honorii, Heraclii.
ANTΓ. *Antiochiæ*. Γ. annus 3 imperii, vel nota monetarii. Valentiniani, Theodosii, Arcadii.
ANTE. *Antiochiæ*. E. annus 5 imperii, vel nota monetarii. Valentiniani.
ANTH. *Antiochiæ*. Valentiniani. H. nota monetarii, vel annus 8 imp.
ANTP. *Antiochiæ*. P. nota monetarii, vel *Antiochiæ percussa*. Valentiniani, Valentis, Honorii.
ANTS. *Antiochiæ signata*. Arcadii.
APLC. *Percussa Lugduni*. Magnentii. A nota monetarii [6].
AQ. *Aquileiæ*. Constantini M. Constantii, etc.
AQOB. *Aquileiæ obsignata*. Theodosii M.
AQPS. *Aquileiæ pecunia signata*, vel *percussa, signata*. Gratiani et Valentiniani junioris.
AQS. *Aquileiæ signata*. Constantini jun. et Constantis.
AQT. *Aquileiæ percussa*, ubi T. pro P. perperam sæpe scribitur. Constantini M. Constantini jun.
ASIS. *Sisciæ*. Constantini M. Licinii, Crispi, etc.
ATR. *Treveris*. Crispi, ubi A. ut et in præcedenti videtur esse nota monetarii.
Bl.·. Constantii Chlori.
BTR. *Treveris*. Crispi. B. nota monetarii.

BSIS. *Sisciæ*. Vetranionis. In aliis PSIS., id est, *percussa Sisciæ*, habetur. B. nota est monet.
C.·. Constantii Chlori.
CAR. *Carthagine*. Justiniani.
CΓ.·. Procopii.
CLC. *Cusa Lugduni*. Constantii.
COM. *Constantinopolitana moneta*. Theodosii.
COMOB. *Constantinopoli moneta obsignata*. Arcadii, Jovini, Placidiæ, Valentiniani, Majoriani, Severi.
CON. *Constantinopoli*. Constantini M., Joviani, Valentis, Theodosii, Anastasii.
CONA. *Constantinopoli*. Mauricii. } ubi A. Γ. et E. notæ sunt monetariorum.
CONΓ. *Constantinopoli*. Phocæ.
CONE. *Constantinopoli*. Phocæ.
CONOB. *Constantinopoli obsignata*. Hannibaliani, Valentiniani, Theodosii, etc.
CONS. *Constantinopoli*. Constantini M., Constantii.
CONSA. *Constantinopoli*, vel *Constantinopoli signata*. A nota monetarii. Juliani.
CONSΓ. *Constantinopoli*. Γ. nota monetarii. Arcadii.
CONSh. *Constantinopoli*. H. nota monet. Honorii.
CONSP. *Constantinopoli*. Valentiniani.
CONSPF. *Constantinopoli*. Γ. nota monet. Juliani. Vide Novellas Justini apud Pithœum, p. 241.
CONST. *Constantinopoli*. Constantii, Constantis, Valentis. Vide Novellas Scrimgeri, p. 427. 428.
D.·. Constantii Chlori.
EI.·. Constantii Chlori.
HERACL. *Heracleæ*. Juliani.
KAR. *Karthagine*. Justiniani.
KART. *Karthagine*. Justiniani.
KΛ. *Karthagine*. Constantini junioris.
KE. *Karthagine*. Constantii.
KONOB. *Constantinopoli obsignata*. Constantini M.
KONSA. *Constantinopoli*. A. nota monet. Constantii.
KONSAV. *Constantinopoli*. Constantii, Juliani.
KRTC. *Karthagine*. ubi C. pro S. Mauricii.
KRTS. *Karthagine signata*. Constantini Pogonati.
KYZ. *Cyzici*. Constantii Chlori. Justini, Mauricii, Phocæ.
KYZB. *Cyzici*. B. nota monet. Phocæ.
LUG. *Lugduni*. Constantii, Juliani, Julii Nepotis.
LUGD. *Lugduni*. Gratiani, Valentiniani jun.
LUGPS. *Lugduni pecunia signata*, vel *percussa, signata*. Valentiniani, Eugeni.
MDPS. *Mediolani pecunia signata*. Maximi. Victoris, Arcadii. Honorii.
MHR.·. Constantis.
MKV. *Moneta Carthaginensis*. V. nota monet. Constantini M. Licinii.
MNLB. *Moneta nova Lugduni* cusa. B. nota monetarii. Constantini M.
MOSTQ. *Moneta signata Treveris*. Q. nota monet. Nisi T. pro A. exaratum sit, ita ut *Aquileiæ signata* intelligatur. Constantini M. Licinii.
MOSTR. *Moneta signata Treveris*. Constantii Chlori.
N.·. Constantini M.
NHTA.·. Licinii.
NIC. *Nicomediæ*. Anastasii.
NIKO. *Nicomediæ*. Non Nicopoli, ut vult Alemannus. Justini, Mauricii.
NOS.·. Constantii Chlori.
PAQ. *Percussa Aquileiæ*. Constantini M.
PAR. *Percussa Arelate* Constantii.
PARL. *Percussa Arelate*. Constantini M., Licinii, Constantii.
PCON. *Percussa Constantinopoli*. Constantii.
POONST. *Percussa Constantinopoli*. Juliani.
PERP. *Pecunia Romæ percussa*. Constantini M.
PK. *Percussa Karthagine*. Justiniani.
PL. *Percussa Lugduni*. Crispi.
PLG. et PLC. *Percussa Lugduni*. Constantii Chlori.
PLM. *Percussa Lugduni*. M. nota monet. Constantini M.
PLN. *Percussa Lugduni*. N. nota monetarii. Constantii Chlori.
PR. *Percussa Romæ*. Constantii Chlori, Constantini M., Licinii, Constantii.
PROM. *Percussa Romæ*. Constantii.
PS. *Percussa Sisciæ*. Licinii.
PSIS. *Percussa Sisciæ*. Crispi, Vetranionis.
PTR. *Percussa Treveris*. Constantii Chlori, etc.
QA. pro AQ. *Aquileiæ*. Constantini jun.
R. *Romæ*. Constantini M, Constantii, Juliani.
RA. *Ravennæ*. Heraclii.
RAV. *Ravennæ*. Heraclii, Constantini.
RB. *Romæ*. Constantii. Nisi B. pro P. *percussa*.
RE.·. Theodosii.

---

[1]. In Victoria. — 2. Grut. 403, 3. — 3. Itiner. p. 64. — 4. Velser. l. 7, Rer. Vindel. p. 150. — 5. Eutrop Oros. etc. — 6 (* Ubi forsan leg ARLC. id est, *Arelate cusa*. Magnentius enim, ut dictum est supra, regnavit in Galliis. Vide mox Sar.)

RM. *Romæ.* Honorii, Severi.
RO. *Romæ.* Gratiani.
ROM. *Romæ.* Justini, Mauricii, Heraclii.
ROMB. *Romæ percussa.* B. pro P. Aviti.
ROMA. Joviani, Justiniani.
ROPS. *Romæ pecunia signata.* Honorii.
RP. *Romæ percussa.* Constantii Chlori, Constantini M.
RPS. *Romæ pecunia signata.* Magnentii.
RS *Romæ signata.* Licinii. Nepotiani.
RSLC. *Pecunia signata Lugduni.* Ubi R. pro P. Juliani.
RT. *Romæ percussa.* Ubi T. pro P. Constantii.
RVPS. *Ravennæ pecunia signata.* Honorii, Joannis.
S. *Sisciæ.* Constantini M.
SA. *Signata Antiochiæ.* Licinii.
SANB. *Signata Antiochiæ.* B. nota monet, vel annus 2 imperii Martiniani.
S. ARL. *Signata Arelate.* Constantini M.
SAR. *Signata Arelate.* Magnentii, Helenæ.
SC. *Signata Constantinopoli.* Arcadii.
SCON. *Signata Constantinopoli.* Constantii.
SCONS. *Signata Constantinopoli.* Juliani.
SE. *Sisciæ.* Constantii.
SIR. *Sirmii.* Constantini M, Licinii.
SIRM. *Sirmii.* Constantini jun., Joviani.
SIS. *Sisciæ.* Constantini M., Licinii, Constantii, Constantis.
SISCP. *Sisciæ percussa.* Gratiani.
SISPZ. *Sisciæ percussa.* Z. nota monet.
SMA. *Signata moneta Antiochiæ.* Juliani.
SMAB. *Signata moneta Antiochiæ.* B. nota monetarii. Constantini M.
SMAN. *Signata moneta Antiochiæ,* vel *sacra moneta Antiochena.* Constantini M., Constantii.
SMANT. *Signata moneta Antiochiæ.* Γ. nota monet., vel an. 3 imperii Theodosii.
SMANR. *Signata moneta Antiochiæ.* R. nota monetarii. Constantini M.
SMANS. *Sacra moneta Antiochiæ signata,* vel *signata moneta Antiochiæ.* S. nota Monetarii.
SMANT. *Signata moneta Antiochiæ.* Constantii.
SMANTE. *Signata moneta Antiochiæ.* E. nota monetarii. Constantii.
SMANTS. *Signata moneta Antiochiæ,* vel *sacra moneta Antiochiæ signata.* Constantini M.
SMAQ. *Signata moneta Aquileiæ.* Constantii, Gratiani, Arcadii.
SMAT. *Signata moneta Antiochiæ.* T. nota monet. Constantini M.
SMK. *Signata moneta Karthagine.* Licinii jun., Helenæ.
SMKA. *Signata moneta Karthagine.* Licinii jun.
SMKE. *Signata moneta Karthagine.* Constantini junioris, E. nota monet. Licinii.
SMKE. *Signata moneta Karthagine.* E. nota monet. Arcadii.
SMN. *Sacra moneta nova.* Licinii, Constantii.
SMNA. *Signata moneta nova Antiochiæ.* Martiani, Theodosii.
SMNC. *Signata moneta nova Constantinopoli.* Constantini M.
SMNΓ. *Sacra moneta nova.* Γ. nota monet. Licinii jun.
SMNKAB. *Signata moneta nova Karthagine.* B. nota monet. Theodosii.
SMNM. *Sacra,* vel *signata moneta nova.* M. nota forte monetarii. Crispi.
SMNS. *Sacra moneta nova signata.* Constantii.
SMRB. *Signata moneta Romæ.* B. nota monetarii. Gratiani.
SMRP. *Sacra moneta Romæ percussa.* Valentis.
SMRQ. Ubi R. pro A. *Signata moneta Aquileiæ.* Constantii, Valentiniani.
SMSISC. *Signata moneta Sisciæ.* Valentis.
SMTA. *Signata moneta.·.·.* Theodosii.
SMTES. *Signata moneta Thessalonicæ.* Valentiniani.
SMTR. *Signata moneta Treveris.* Maximi.
SMTRS. *Sacra moneta Treveris signata,* vel *signata moneta Treveris.* Constantii.
SMTS. *Signata moneta Treveris.* Constantini M., Valentiniani.
SMTSE. *Sacra moneta Treveris signata,* vel *signata moneta Thessalonicæ.* Delmatii.
ST. *Signata Treveris.* Constantini Chlori, Constantini M., etc.
STR. *Signata Treveris.* Constantini M., etc.
TAR. pro PAR. *Percussa Arelate.* Crispi.
TCON, pro PCON. *Percussa Constantinopoli.* Juliani, Gratiani, Valentiniani junioris.
TEC. *Thessalonicæ.* Justini.
TES. *Thessalonicæ.* Constantii, Constantis, Helenæ, Phocæ.
TESA. *Thessalonicæ.* Arcadii.
TH. *Thessalonicæ.* Constantii.

THEU. *Thessalonicæ urbe.* Justiniani, Tiberii, Mauricii.
THEUP. *Thessalonicæ urbe percussa.* Justini, Justiniani, Tiberii, Mauricii.
TI. forte *Treveris.* Constantini M.
TR. *Treveris.* Constantii.
TRMS. *Treveris moneta signata.* Jovini.
TRO. *Treveris obsignata.* Theodoræ, Constantini M., Constantii. (° Vide Patinum, p. 397.)
TROB. *Treveris obsignata.* Valentiniani junioris.
TROBC. *Treveris obsignata.* Valentiniani junioris.
TROBS. *Treveris obsignata.* Constantini M., Constantini junioris.
TROBT. *Treveris obsignata.* T. nota monetarii. Valentiniani, Gratiani.
TROS. *Treveris obsignata.* Constantini M.
TRP. *Treveris percussa.* Helenæ.
TRPS. *Treveris pecunia signata.* Valentiniani, Gratiani, Valentiniani jun.
TRS. *Treveris signata.* Constantini M., Constantini jun.
TS. *Treveris signata.* Licinii.
TSE. *Treveris signata.* E. nota monet. Constantis.
TSR. *Treveris signata.* R. nota monetarii, Constantini jun.
TT. pro PT. *percussa Treveris.* Constantini M.
XMTA.·.·. Theodosii.

LXI (LIII).

NUMMUS CONSTANTINI M. EXPLICATUS.

Diximus hujusce dissertationis initio in nummis quos delineamus, familiæ præsertim Constantinianæ, præclara haberi interdum ænigmata, quæ ad horum temporum historiam illustrandam non minime conducant, nosque ex iis aliqua quæ paulo fusioris sunt commentarii, in specimen delibaturos, reliquis, si quas exposcunt, brevibus notulis alio loco explicandis; deinde acturos de adulterinis, vel etiam incertis inferioris ævi numismatibus, ut nihil relinquatur intactum, quod ad hujusce rei nummariæ partis notitiam videatur pertinere. Ac primus quidem occurrit Constantini M. augusti nummus, qui in aversa parte Constantinum equestrem exhibet, cum hoc lemmate . GLORIA EXERCITVS GALLICANI. Cusus autem Treveris videtur, cum Constantinus, post Maxentium devictum, in Galliam reversus, in ea urbe aliquandiu constitit anno 313, ut ex aliquot Codicis Theodosiani Constitutionibus colligitur[1], et inde in inferiorem Germaniam transiit ob repentinos Francorum in Gallia motus, quos *exercitus Gallicani,* cujus *gloria* ibi prædicatur, ope compescuit[2].

LXII (LIV).

VETUS INSCRIPTIO NUPER DETECTA.

Atque hujus quidem nummi Constantinianei lemmatis occasione veterem inscriptionem hic lubet proponere, quæ nuper detecta in ecclesia monasterii Sanctorum Achii et Achecli. ordinis canonicorum regularium sancti Augustini, ad Ambianum, *exercitus Gallicani,* ni fallor, meminit, novumque et hactenus inauditum numen a Gallis, seu potius Belgis nostris, ex iis quæ πατρῷοι θεοί (Græcis scriptoribus, *municipes dii* Minucio Felici, *speciales,* Sidonio dicuntur, de quibus præ cæteris sanctus Athanasius in Orat. contra Gentes) *localiter,* ut verbo utar Ammiani[3], cultum indicat, quo locupletari potest viri docti Jacobi Sponii libellus de Ignotis atque obscuris quibusdam Diis. Sic autem illa concipitur :

PRO SALVTE ET
VICTORIA EXX G
APOLLINI ET VER
IVGODVMNO
TRIBVNALIA DVA
SETVDOGIVS ESVGGI
F. D. S. D.

Crebra est in nummis inscriptio[4]: VIRTVS EXERCITVS, GLORIA EXERCITVS : at SALVS EXERCITVS rarius habetur, tametsi in nummo Posthumi occurrat. Sic porro hoc loco legendum arbitror : « Pro salute et victoria exercitus Gallicani, *vel* exer-« cituum Galliæ » : siquidem geminata litera xx pluralem

---

1. L. 2. C Th. de Annon. l. 1. de Exact. — 2. Zozim. l. 2, p. 677 . Incert. Paneg. c. 21. — 3. Lib. 19, p. 150. — 4. Occo, p. 489.

DE INFERIORIS ÆVI NUMISMATIBUS.

arguat, ut in nummis in quibus exaratum: DEBELLATORI GENTT BARBARR. *Verjugodumni* numinis a *Gallis* culti, quod hic Apolini adjungitur, nulla, quod sciam, apud veteres memoria. Utrique autem *tribunalia dua* (sic pro *duo* usurpatum ab antiquis, ex Quintiliano et aliis docuimus [1]). *Setubogius Esuggi filius de suo dedit*. Ubi *tribunalia* videntur esse styiobatæ, in quibus Apollinis et Verjugodumni statuæ consistebant. Ita vetus inscriptio tribunalia diis erecta declarat: NVMINI. AVGVSTOR. DEO. VOLIANO. M. GEMEL. SECVNDVS. ET. C. SEDATVS. FLORVS. ACTOR. VICANOR. PORTENS. TRIBVNAL. CVM. LOCIS. EX. STIPE. CONLATA. POSVERVNT. Huc etiam forte spectat alia : P. AELIUS. VALERIANVS. HOC. VAS. DISOMVM. SIBI. ET. FELICITATI. POSVIT. ET. TRIBVNAL. EX. PERMISSV. PONTIF. PERFECIT. In qua quidem postrema inscriptione, *tribunal perfectum ex permissu pontificis*, vel *pontificum*, dicitur, quod e re sacra esset diis *tribunalia* erigere, quæ in hac quam edimus bina videntur, suo proinde unicuique numini adscripto, ita ut non dii σύμβωμοι, seu σύνθρονοι, ut est in veteri inscriptione, apud Boissardum [2], dici potuerint, licet σύννασι, utpote erectis in uno eodemque templo binis tribunalibus: tametsi aliquando σύννσοι κκ σύμβωμοι una simulque erant, ut dii illi quorum mentio est in veteri inscriptione in insula Delo nuper reperta.

LXIII (LV).

NUMMI ALII CONSTANTINI, IN QUIBUS EXARATUM, FRANCIA ET ALEMANNIA.

Binos exinde damus Alemanniæ et Franciæ debellatarum a Constantino indices nummos aureos. Superatos autem ac profligatos a Constantino Francos, passim personant historiæ ; sed vix antiquius ac illustrius monumentum reperire est in quo regionis ubi sedes fixere appellatio describatur: tum enim eam Germaniæ pactem incolebant quæ est Rheno contermina, atque adeo Cattorum provinciam. Unde vetus Juvenalis interpres [3], *Cattos gentem Germanorum*, seu *Francorum*, fuisse ait. Et Hieronymus [4], quæ *apud Historicos Germania*, quo ævo *Franciam* vocatam auctor est, quam *Francorum regionem* alibi vocat: unde *Germanicum* et *Francum* gentem eandem esse volunt veteres glossæ ex bibliotheca regia [5], Γερμκνικός, ὁ Φρχγκος. *Franciam* etiam dixit Julianus [6], ut et Claudianus [7]. Sed et sæculis posterioribus id nominis mansit Franconiæ, quam tum incolebant, quam Franciam nude vocat monachus sangallensis [8]. Quæ quidem appellatio tum Galliæ nostræ indita, cum Franci transmisso Rheno provincias gallicas inseaerunt. Tum enim Francia appellata est, quo quidem nomine primus usus videtur Gregorius Magnus [9], vetere nihilominus primæ eorum sedi remanente nomenclatura, quæ ad Novæ Franciæ discrimen, *Antiqua*, *Magna*, *Ulterior*, et *Orientalis* dicta : cum Gallia nostra, Francia Occidentalis, Citerior, Gallicana, Latina ac Romana vocaretur. Alter perinde aureus nummus ex gaza illustrissimi Colberti, eodem habitu, quo Franciam prior, devictam Alemanniam præfert: ex quo tandem conficit Cl. Spanheimius *Alemanos*, non *Alamannos*, appellatas eas gentes de quorum sedibus pluribus disseruit Philippus Cluverius [10].

LXIV (LVI).

NUMMI IN QUIBUS VALLUM DESCRIBITUR.

Binis Constantinianeis aureis tres alii ærei succedunt nummi, Licinii, Constantini, et Constantini junioris augustorum præferentes nomina, nova, et quæ in antiquioribus haud reperitur, figura conspicui. habentur enim in iis quatuor cantherii, quatuor aliis oppositi, in quorum superiori divaricatione insistit imperator. cum hac inscriptione, VIRT. EXERC. Iis porro *vallum* Romanorum describi putant ex quarto Varronis de lingua latina : « Vallum, *inquit*, vel « quod ea varicare nemo possit, vel quod singula ibi extrema « bacilla furcillata habent figuram literæ V », quam sane quaquaversum in nummo expressam cernere est. *Vallos* autem Romani appellabant stipites ac cippos quibus castra muniebantur, non acutos modo, sed bifurcos. Nam, ut est apud Suidam, Græci vallo ac aggeri conficiendo eos vallos

[1]. In Gloss. — 2. Part. 6, fig. 78 : Salmas. ad Inscript. Herod. p. 12 : Sponius, de Diis ignot. p. 87. — 3. Sat. 4. — 4. In Vita S. Hilarion. : Chron. an. 327. — 5. Cod. 2062. — 6. Or. 1. — 7. In 4 Cons. Stilich. l. 1. — 8 L. 1, c. 25 ; J. 2, c. 16. — 9. L. 6, ep. 33 ; Vide Gloss. — 10. In Germ. antiq. l 3, c. 4.

seligere solebant in quibus circumcirca multi magnique rami enati essent, Romani autem qui δύο κεράκις ή τρεις έχουσιν, qui *bicornes* essent aut *tricornes*, quomodo *bifurcos* aut *trium*, aut *cum plurimum quatuor ramorum vallos* fuisse, ait Livius [1]. Virgilius [2] :

Exacuunt alii vallos furcasque bicornes.

Et alibi :

Quadrifidasque sudes et acuto robore vallos.

Claudianus lib. 1, in Ruffinum :

Tum duplici fossa non exsuperabile vallum
Asperat alternis sudibus.

« Vallum, *ait Servius* [3], dicitur ipsa munitio : valli vero fustes « sunt quibus vallum munitur. » Willelmus Brito in Vocabul. manuscripto : « Vallus, li, est palus sic dictus, quod sit « validus. Unde vallum dicitur Concatenatio palorum circa « turrim. Unde scribitur in Conciso :

Est vallus palus circa turrim peracutus,
Mutua vallorum connexio sit tibi vallum.

Rursum :

Vinetus, vallus, sed vallum convenit urbi.

Sanctus Hieronymus [4] : « Nonne melius est brevi tempore « dimicare, ferre vallum, arma sumere, lassescere sub lorica, « et postea gaudere victorem, quam impatientia unius horæ « servire perpetuo, » Ut vero ipsi disponerentur *valli* belle explicat Cæsar [5] : « Truncis arborum, aut admodum firmis « ramis abscissis, atque horum dolabratis atque præacutis « cacuminibus, perpetuæ fossæ quinos pedes altæ ducebantur Huc illi stipites demissi, et ab imimo revincti, ne « revelli possent, ab ramis eminebant. Quini erant ordines « conjuncti inter se, atque implicati, quo qui intraverant se « ipsis acutissimis vallis induebant. Hos cippos appellabant. « Ante hos obliquis ordinibus in quincuncem dispositis, « scrobes in trium altitudinem pedum fodiebantur, paulatim « angustiore ad summum fastigio. Huc teretes stipites feminis crassitudine ab summo præacuti præusti demittebantur, « ita ut non amplius quatuor digitis ex terra eminerent. » Lubet etiam hoc loco valli descriptionem ex Ecclesiastica Bedæ Historia subnectere [6] : « Murus de lapidibus, vallum « vero, quo ad repellendam vim hostium castra muniuntur, « fit de cespitibus, quibus circumcisis e terra, velut murus « exstruitur altus super terram, ita ut inante sit fossa, de qua « levati sunt cespites, supra quem sudes de lignis fortissimis « præfiguntur. » (Sudes vero ejusmodi in vallis Græci σταυρους et σταυρώματα vocant [7]. — C. in A.) Quod vero exhiberi aiunt in summo vallo militem, qui corollam vallarem tenet, sane in tribus istis quos damus, et manibus versavimus, vallares istæ minime *habentur coronæ*, sed imperator ipse plaudatus globum sinistra tenens, dextram vero prætendens effingitur, tamquam castrorum ac valli præses, vel etiam *pater*. Certe *Matres Castrorum* augustas passim nominatas docent veteres inscriptiones et scriptores [8].

LXV (LVII).

SAPPHIRUS CONSTANTII IMP.

Constantii imperatoris, Constantini filii, nummis, eximiam gemmam, quæ ejusdem augusti Xiphianam venationem exhibet, subdidimus, quod ad ejus spectet historiam : cujus quidem interpretationem Marquardi Freheri, cui debetur, huicce dissertationi, quod in pauca folia contracta rarior sit, subjecimus.

LXVI (LVIII).

NUMMUS CONSTANTIS IN BRITTANIAM TRANSMITTENTIS.

Qui deinde primus inter Constantis nummos prodit, inscriptione perinde ac typo raritatem præfert : est enim ex iis quos

1. L. 33. — 2. 4, Georg. — 3. Ad 9, Æneid. — 4. Epist. 22. — 5. L. 7, de Bello Gall. c. 73. — 6. L. 1, c. 5. — 7. Thucid. 1. 6, 7. — 8. Capitol. Pollio. Gruter.

medalliones vocant. In hujus facie antica Constans imperator, in postica idem augustus militari habitu exhibetur, parmam lævo tenens, dextra hastam, quam in militem in aquas detrusum intorquet : nisi figura illa nuda aquis immersa Oceanum ipsum repræsentet, qui expansis ulnis Constantem in Britanniam transmittentem ultro excipiat. Victoria cum palma et lancea præ manibus proræ insistente, signisque militaribus ad puppim defixis, quibus subsequens intelligitur exercitus, cum hisce characteribus, supra, BONONIA, infra, OCEANEN. vel OCEANVS, nam extremæ literæ aliquatenus detritæ. Quibus quidem Bononia ad Oceanum in Morinis innuitur, ad Italicæ discrimen, aut illius quam ad Dravum fluvium statuunt geographi, quomodo non semel expressa urbium nomina in nummis haud ita pridem observavit vir singularis eruditionis, Spanhemius [1], qui et istum inspexerat in cimeliarchio regio : in quo quidem numismate trajectum Constantis in Britanniam designari in confesso est. Constans quippe devictis Francis Constantio IV, et Constante coss. uti testantur Socrates [2]. Sozomenus. Hieronymus, Idatius, et alii, sequente anno, Christi 343 Placido et Romulo coss. sæva hieme in Britanniam trajecit adversus Scotos et Pictos. ut innuere videtur Ammianus [3] : vel ut Libanius [4], quo rebellionem ibi enatam comprimeret, quam Constantis in Britanniam trajectionem attigit etiam Julius Firmicus, libro de Errore prophanarum religionum, ad Constantem ipsum scribens « Post excidia templorum in majus « Dei estis virtute provecti, vicistis hostes, propagastis im-« perium : et ut virtutibus vestris gloria major accederet, « mutato ac contempto temporum ordine, hieme, quod necdum « factum est aliquando, nec fiet, tumentes ac sævientes « undas calcastis Oceani : sub remis vestris incogniti jam « toris faciem Britannus expavit. » Annum vero et initæ istius in Britannos expeditionis tempus indicat omnino subscriptio legis 5 Cod. Th. de Extraord. quæ data dicitur VIII. kal. febr. Bononia. Placido et Romulo coss. Ex qua recte collegit Jacobus Gotofredus perperam Constantium præferre ejus auctorem, licet post Sigonium contra sentiat Tristanus [5], qui hunc nummum non viderat : adeo ut vel inde firmetur quod Firmicus et Ammianus tradunt, sæva hieme initam expeditionem. Sed et observationem exposcit quod ait idem Firmicus, sub remis Constantinis undam contremuisse, sic ut navigiis ramis instructis Oceanus enavigatus, quod secus fere ac hodie, dicatur : quod navis cui Constans insistit, in nummo descripta præterea declarat. Id etiam firmat Cæsar [6] transitum suum in Britanniam commemorans. « Tum rursus « æstus commutationem secutus remis contendit, ut eam « partem insulæ caperet qua optimum esse egressum supe-« riore ætate cognoverat »

LXVII (LIX).

NUMMUS JULII SILVANI.

Atque hic præclarus Constantis nummus admonet ut alterum, cujus meminit Arnoldus Ferronus, describamus, Julii Silvani, qui Gallo cæsare a Constantino occiso imperator in Gallia dictus, 28 imperii die a legionibus a quibus præsidium speraverat peremptus est. Licet enim nulla Silvani nomine insignita numismata proferant antiquarii, quodque a Goltzio refertur cum hac inscriptione, DN. FL. SIL-VANVS. P. F. AVG. incertæ fidei videatur Tristano, ob prænomen Flavii, quod sibi arrogasse Silvanum vix probabile esse censet, Constantinianæ familiæ proprium, ipsa aliquo superstite, testatur tamen Ferronus [7] effossa Burdigalæ ejusdem aliquot : sed quæ non ita describit, ut planum sit qui fuerint eorum typi : « Nuper, inquit, apud nos inventa vetera numis-« mata, etc... Sed et alia inventa numismata Silvani cum « Constantis cæsaris majore imagine : nam et hunc verisi-« mile est Aquitaniæ præfuisse. Nam cum apud Gallias « postea imperium affectaret, intra triginta dies exstinctum « legimus. »Ex quibus quidem videtur Ferronus existimasse cusos ejusmodi nummos Constante ipso superstite, in honorem fortè Silvani, qui in Galliis exercitibus præerat, licet et ipse Gallus esset, Boniti perinde Galli ducis filius . uti non semel ab imperatoribus factitatum constat. Nam si augusti titulo in iis donaretur, non dixisset postea imperium in Galliis arripuisse, nisi hæc Aquitaniæ præfecturam spectent. Quod si in iis Silvanus augustus nuncuparetur, existimari

posset, cum sibi a Constantio metuens, purpuram induisset, patrocinio sese tutari voluisse Constantis exstincti, cui superstiti copiarum dux militaverat, ita ut formata ejus in nummis imagine, et augusti ejusdem et peractæ sub eo militiæ memoria revocata, militum animos magis sibi conciliaret.

LXVIII (LX).

NUMMUS BONIFACII TRIUMPHUM EXHIBENS.

Præ cæteris autem numismatibus, maxime post ævum Constantini, quæ magnorum virorum vel fortissimorum ducum honori quodammodo dicata, ab ipsis augustis cusa sunt, non contemnendæ perinde raritatis est Placidii Valentiniani æreus medallio, quem ex regio Thesauro depromptum in eo opere exhibemus, in cujus antica facie idem conspicitur augustus cum diademate lapillis ac margaritis contexto, incisusque ad vultus latus ramus palmeus. Aversa autem Bonifacium triumphantis specie exhibet : quadrigæ enim insidet ille, militari habitu, στέφανόν τε δάφνης ἀναδησάμενος, καὶ πλάδον κρατῶν, non ἐν τῇ δεξιᾷ, ut triumphantem describit Zonaras [1], sed in sinistra ; qua præterea, ut est apud Valerium Maximum [2], triumphalis currus habenas retinet, dextra vero una cum corona laurea flagellum tenet. Currus ipse quo vehitur, et quem quatuor trahunt equi, juxta illud Nasonis [3],

Quatuor in niveis aureus ibis equis,

ἐς πύργου περιφεροῦς τρόπον, instar turris rotundæ confectus cernitur, uti triumphantium currum repræsentat idem Zonaras. In inferiori nummi parte quatuor describuntur monogrammata. Jam vero Bonifacius, quem ut virum bellicis artibus præclarum prædicat Prosper Aquitanus [4], γενναιότατον vocat Olympiodorus [5], tum primum inclaruit, cum Ataulphus Gothus Massiliam, celeberrimam in Gallus urbem, intercipere tentavit. Ejus enim consilio acriter obstitit Bonifacius, a quo vulneratus Ataulphus, vix salvus in sua se tentoria recepit, Massiliensibus Bonifacium liberatorem suum extollentibus ac prædicantibus, quod quidem gestum antequam Ataulpho nupta esset Placida. At exstinctis ipso Ataulpho [6] et Constantio augusto Placidiæ conjugibus, eidem augustæ, cum a fratre Honorio Constantinopolim relegata est. solus pene fidem servans, ex Africa, cui prætor præerat, pecuniam submisit, obsequia sua impendit, nihilque non egit, ut intermissam, si non amissam, recuperaret illa congustam dignitatem. Erat Bonifacius, inquit Olympiodorus, vir heroicus, qui cum multis sæpe gentibus barbaris strenue pugnavit, paucis interdum copiis adhibitis, interdum pluribus, nonnunquam vero et singulari certamine : atque, ut verbo absolvam, qui Africam a barbaris variisque nationibus provinciam hanc incursantibus liberavit. A Placidia deinde, quæ tum augustam receperat appellationem, ex Africa in Hispanias evocatus, anno 422, ut Castino, magistro militum, contra Vandalos bellum gerenti adesset, Castino socium habere dedignante, in Africam est reversus : quod reipublicæ multorum laborum et malorum sequentium initium fuit, ait Prosper. Actius quippe Bonifacium, quocum occultas fovebat simultates, cuique invidebat, ut potestatibus suæ potentiori æmulo, ad Placidiam detulit, quasi Africam omnem sibi asserere cogitaret ; addiditque verum deprehendi posse, si Romam acciretur. Præmiserat interim Aetius arcanas ad Bonifacium literas, per quas significabat insidiari sibi imperatoris matrem, et eripere vitam velle. Cum igitur accitus Bonifacius venire renuisset [8], missi sunt Mavortius, Galbio et Saonecis duces, qui bello cum Bonifacio contenderent : quibus cæsis, suffectus est Sigiswitus comes. Gesta hæc anno 427 [9], qua tum tempestate evocati ex Hispaniis a Bonifacio in auxilium Vandali in Africam trajecerunt, e qua non nisi sub Justiniano exacti sunt. Aetii interea dolo patefacto, Bonifacius a Placidia in Italiam revocatur. Venit ille, benigneque exceptus, et magistri militum dignitate, qua tum potiebatur Aetius, donatus est, anno 432. Scribit Procopius [10], et ex eo Theophanes [11], Bonifacium, priusquam in Italiam reverteretur, precibus ac promissis amplissimis Vandalos, ut ex Africa decederent, frustra persuadere conatum. cum recusantibus bello contendisse, et ab iis semel ac iterum bello superatum, ne amplius auxilia conquisiturum in Italiam trajecisse. Ingens exinde bellum inter Bonifacium re-

---

1. Diss. 9. — 2. L. 2, c. 10. — 3. L 20, init. — 4. Libanius, in Basil. — 5. Tom. 3, p. 620. — 6. L. 5, de Bello Gall. c. 8. — 7. In Consvet. Bardegal. l. 2, p. 248 ; Goltz. Thes.

1. Tom. 2, p. 31. — 2. L. 4, c. 1, n. 5. — 3 Ovid. 1, de Arte am. — 4. Chron. — 5. Apud Phot. p. 186. — 6. Olymp. p. 195. — 7. Idac. p. 16. — 8. Prosper. — 9. Jornand. p. 57, 113. — 10. L. 1, Vand. c. 3. — 11. P, 80.

ducem et Aetium gestum est ; initoque prælio, Aetius Bonifacium secum congredientem vulneravit illæsus, qui tertio post mense ex vulnere quo sauciatus fuerat interiit [1]. Insigne illud est quod refert Marcellinus Comes [2], Bonifacium morientem, Pelagiam uxorem suam, valde locupletem, nulli alteri, nisi Aetio, ut nuberet exhortatum [3]. Hæc necessario præmittenda fuere, ut non modo quis esset Bonifacius in medallione effictus agnosceremus, sed etiam quando nummus idem cusus est a Valentiniano : quod dubio procul post Bonifacii ex Africa reditum, et cum magister militum dictus est, factum existimare licet, non quod ante hæc tempora nullam aliam bellicam expeditionem susceperit, aut victoriam adeptus sit, ex quibus decerni eidem potuerit triumphus . quod prædicta refellunt ; sed quod a Valentiniano ætate paululum provectiori cusus videatur medallio, qui antea excudi non potuit, cum antequam idem Valentinianus augustus dictus esset a Theodosio juniore, anno 425, inter Placidiam augustam et Bonifacium bella intercederent. quæ circa annum 422 cœpta, non nisi decennio post sunt sopita : qua tempestate, reverso Bonifacio, Valentinianus, qui tum ætatis, quem in nummo præfert, annum decimum tertium attigerat, seu potius mater Placidia, viram de republica bene meritum, victoriis celeberrimum, innocentem, et per calumniam falso delatum, sibi demereri volens, hocce honoris et benevolentiæ symbolo exornavit. Sed quid denotent subjecta monogrammata, quorum tum primum, ni fallor, usus in nummis, fateor mihi prorsus ignotum, neque ipse forte Apollo divinet. Similem nummum, sed aureum, descripsit Octavius Strada [4], in hoc ab æreo nostro diversum, quod in aureo Bonifacii caput radiis cinctum appareat, currusque non ab equis, sed a cervis, trahatur, quo modo Helagabalum *processisse in publicum quatuor cervis junctis ingentibus*, scribit Lampridius : et in Aureliani augusti triumpho *currum exstitisse quatuor cervis junctum, qui fuisse dicebatur regis Gothorum*, Vopiscus [5] : nisi quod cornua esse existimavit Strada, palmæ fuerint equorum capitibus affixæ, ut in aliis conspicuntur [5], maxime Neronis, qui Euthymium præfert in aversa facie, et in eo quem in Honorio descripsimus, qui PANNONI NIKA, pro inscriptione præfert. Severus in Epistola ad Salviam [7] . « Scimus enim palmi-« geros bijuges, ubi e Circo recesserint, quietissime stabu-« lari. Illos non jugis formido, non ambiguæ palmæ sollici-« tant, sed demum pocatis adfixi præsepibus, timere jam « nesciunt hortatorem, etc. » Cervos autem ejusmodi πλητι-κέρωτας, *palmatos*, vocat Julius Capitolinus in Gordiano cap. 3 : quorum scilicet cornua natura finxit in palmas [5]. Monogrammata non omnino eadem sunt quæ in æreo, quæ ob nummi forsan exiguitatem haud bene expressit monetarius, aut minus percepit Strada.

LXIX (LXI).

NUMMUS PLAC. VALENTINIANI, IN QUO EXPRESSUS PETRON. MAXIMUS.

Non minoris raritatis est ejusdem Placidii Valentiniani prægrandis nummus alter æreus, quem ad Sidonium laudat Sirmondus [7], cujus antica facies Valentiniani vultum exhibet, cum solita inscriptione, DN. PLA. VALENTINIANVS. P. F. AVG. ; altera Petronium Maximum, senatorio, seu potius consulari habitu in sella sedentem, volumen dextra, lævascipionem cum aquila tenentem, nomine hinc inde adscripto, PETRONIVS MAXIMVS V. C. CONS. Quo quidem numismate Petronium Maximum consulem simili pene honore quo Bonifacium prosecutus est Valentinianus, quam ille accepti beneficii gratiam male tandem rependit. Eo autem imperatori bis dignitatem hanc obierat Maximus, ac primum anno 433, cum Theodosio ; iterum decennio post, cum Paterno : unde Tironi Prospero in Chronico Pithœano, *vir dicitur gemini consulatus et patriciæ dignitatis*. Ad alterutrum igitur referendus præclarus hic medallio, et forsan ad postremum.

LXX (LXII).

NUMMUS JUSTINIANI, IN QUO EXPRESSUS BELISARIUS.

Bonifaciano suppar propemodum est, quod Petri Gyllii [10] olim fuit, numisma (cujusmodi etiam complura a Genuensi nobile ad insulam Tabracam, Tunetensi littori proximam, inventa accepi a viro Cl. D. Hussono, consule Franciæ, qui ea vidit — C. in A.) *in cujus uno latere sculptus erat*, inquit ille, *Justinianus Belisarium excipiens triumphantem ; in altero, Belisarii imago*, cum hoc elogio, GLORIA ROMANORVM BELISARIVS. Effictus scilicet fuit in eo numisma Justinianus, quo modo fere tessellato seu musivo opere, in Chalces, quæ palatii Constantinopolitani vestibulum fuit, camera ac fornice, ut auctor est Procopius [1]. Ibi enim, ut is scriptor refert, Belisarius ad imperatorem redux cum exercitu integro exuvias ipsi offerebat, reges ac regna, et quidquid inter homines excellebat. In medio stabant imperator et Theodora augusta, ea uterque specie, ut summam lætitiam præ se ferrent, et festo victoriam celebrarent, captis suppliciterque accedentibus Vandalorum Gothorumque regibus insignem, circumstantibus senatoribus, festamque agentibus. Ita autem Belisarium in Circo except Justinianus, ut idem Procopius commemorat [2]. In istis porro justinianeis numismatibus aureis perinde ac argenteis effictum volunt Belisarium Cedrenus, Glycas, et Constantinus Manasses, ὁπλίτην ῥομφαίαν ἐσπασμένον, *armatum cum gladio stricto*.

LXXI (LXIII).

NUMMUS STILICHONIS.

Adjungine iis quæ modo descripsimus in virorum de republica bene meritorum honorem cusis numismatibus Stilichonis nummi debeant, dubium facit Philostorgius, scribens inter alia affectatæ ab eo tyrannidis argumenta illud fuisse, quod ausus etiam sit nummos cudere sola forma ab imperatoriis discrepantes [3] : Οὕτω δὲ κατέφωρον καὶ ἀδεᾶ τὴν τυραννίδα προσενεγκεῖν τὸν Στελίχωνα, ὡς καὶ νόμισμα, μορφῆς λειπούσης μονῆς κόψασθαι : « Ita aperte et confidenter tyrannidem affec-« tasse Stilichonem, ut etiam numisma, sola forma excepta, « cuderet. » Quæ de aureo nummo capienda suadet vox νόμισμα, solidis aureis ab ejusce ævi scriptoribus tribui solita. Voce vero μορφή habitus imperatorius intelligitur, quam *venerabilem formam* vocat lex 6. Cod. Th., *de Indulgentiis criminum*. Verum ab Honorio ejusmodi Stilichonis soceri nummos in rerum præclare gestarum monumentum cusos longe probabilius, cum Stilichoni suo nomine aliunde formandi occasio deesset ac prætextus, ejusceque rei in viris quantumlibet auctoritate apud imperatores pollentibus factitate nullum fere hactenus habeatur exemplum.

LXXII (LXIV).

NUMMI RESTITUTI ET CONTORNIATI.

Longe alterius generis sunt nummi aliquot, ad virorum illustrium, qui prioribus sæculis vixerant, revocandam memoriam cusi ab imperatoribus, quorum alii inde *revocati*, alii *contorniati*, ab Antiquariis appellantur [4]. Prioris generis multo plures habentur ab ipsomet Augusto et successoribus cusi, de quibus hic non est sermo : posterioris vero tum primum occurrunt post Constantini M. ævum, atque adeo circa Honorii tempora, in quibus primas tenet æreus ille medallio, in cujus antica parte idem Augustus *majori habitu faciei* effingitur, ut loquitur Constantinus M. in quadam constitutione [5], cum hac inscriptione, HONORIO AVGVSTO. in postica expressus conspicitur vir triumphantis specie, laurea curru cinctus, dextra flagellum, sinistra palmam tenens, curru quadrijugo vectus, cum inscriptione, EVTYMI NICA, ita ut pene geminus sit alterius medallionis, qui a Nerone primum cusus est, in quo altera facie ipse effingitur, cum inscriptione, IMP. NERO. CÆSAR. AVG. P. M. in altera, vir, eodem habitu quo supra, curru perinde quadrijugo vectus, cujus equi palmis ad capita insigniuntur, cum hisce characteribus, EVTYMVS *. Quinquidem eximius est Olympiæ victor *Euthymus* seu *Euthymus picta* Locrensis, de quo Plinius hæc ait [7] : « Euthymum Locrensem cuius vis sentiensque ejusdem ora-« culi jussu, et Jovis deorum summi astipulatu Euthymi « pycta, semper Olympiæ victor, et semel victus. » Euthymi istius insignis pugilis meminit præterea Ælianus [8] : hujus autem memoriam revocavit Nero, quod ille quadantenus inter certaminum deos præsides haberetur utpote consecra-

---

[1]. Idac. p 10. — [2]. P. 23. — [3]. Prosper, p. 205. — [4]. P 187. — [5]. In Aurelliano. — [6]. Biguus ad Ant. Aug. p. 20. — [7]. Tom. 5, Spicil. Acheriani, pag. 535. — [8]. Plin. lib. 0, cap. 32 (15). — [9]. Lib. 2, ep. 13. — [10]. Lib. 2, de Topogr. C. p. c. 12.

[1]. L. 1, de Æl. c, 10. — [2]. L. 2, Vand. c. 9. — [3]. Philostorg. l. 12, c. 1, n. 2. — [4]. Spanheim. diss. 1, p. 14. — [5]. L. 1, Cod. Th. Si quis solidi circ. etc. — [6]. Occo, p. 134 ; Morus, p. 20 : Constant. Landus, de Voter. Numism. p. 70. — [7]. L. 7, c. 47. — [8]. L. 7, Var. c. 47.

tus, quo modo fere Olympionicæ omnes apud Ethnicos pro Diis habebantur, ut auctor est Johannes Chrysostomus [1], ipseque Nero circi certamina plus æquo amaret : non vero, uti conjicit Constantius Landus, quod aurigationi impensius studuerit, ut de eo testatur Suetonius. Non enim Euthymius auriga, sed pugil, seu, ut a Plinio vocatur, *pycta*, qua etiam voce, eadem notione, utuntur Seneca et Tertullianus : curru vero vehitur, quemadmodum hieronicæ consueverant deduci coronati per medium stadium, triumphantium ac ovantium specie, palmam deferentes, quæ eorum propria erat [2]. Neronianum Euthymii medallionem revocavit seu recudit Trajanus imperator [3], in cujus facie altera ipse effingitur, cum hac inscriptione TRAIANVS P. F. AVG.; in altera simili habitu Euthymius, nisi quod flagellum dextra tenet, cum in Neroniano spiculum, sed perperam, eidem tribuatur; præterea in Neroniano binæ laureæ invicem colligatæ subsint currui, diductæ in latitudinem. In Trajaniano perinde inscribitur, ΕΥΘΥΜΙΝ̣S. Trajanianum servat Gazophylacium Regium. (Alterum præterea Trajani descripsit Car. Patinus, in *Thesauro Numismatum* [4], in quo stat Euthymius inter duos equos, utraque manu lauras tenens, cum hisce characteribus, EVTIMIVS. et infra, TYRIEI CAT.— C. in A.) Neronianum denique et Trajanianum revocavit etiam, uti diximus, Honorius Imperator [5] : sed Honorianus in inscriptione differt ab aliis, cum hæc verba partim exesa præferat, EVTIMI NICA. Quæ quidem eadem fermo sunt quæ præcones efferre solebant, cum quis victor existebat in certaminibus, ut apud Laertium [6], Νικᾷ Δεξίππος, et apud Xiphilinum in Nerone, Νέρων Καῖσαρ νικᾷ τὸν δὲ τὸν ἀγῶνα. Inde fluxit familiaris apud Græcos christianos formula, ΙC. XC. ΝΙΚΑ., et apud Latinos, CHRISTVS VINCIT, CHRISTVS REGNAT, CHRISTVS IMPERAT (cujusquidem postremi lemmatis, Χριστος βασιλεύει, in militaribus tesseris, meminit scholiastes sancti Gregorii Nazianzeni, pag. 35. — C. in A.), cum in victorias soli Deo adscriberent : ut et rursum illa *Græcorum*, post devictum a Constantino, virtute crucis quam in cœlo, vel in somniis, uti vult Lactantius, viderat, Maxentium, σταυρὸς νενίκηκε, de qua egimus. Hinc etiam forsan acclamationes populares ad imperatorem in circis, ΝΙΚΑ, *vince*, a qua famosa illa seditio sub Justiniano nomen accepit, quod esset τὸ σύνθημα τῶν δήμων, *tessera factionum*, ut auctor est Evagrius [7]. (Nam quibus illi favebant, hos acclamationes ista excitabant : quod præ cæteris testatur nummus ille a Carolo Patino in *Thesauro Numismatum* descriptus, pag. 208, in quo effingitur pugil nudus, flagrum dextra, palmam sinistra tenens, cum hac inscriptione, VRSE VINCAS. — C. in A.)

LXXIII (LXV).

NUMMUS ADULTERINUS HERACLII.

Exactis quæ dicenda erant de *contorniatis* nummis, operæ pretium videtur de Byzantinorum augustorum adulterinis quibusdam ac spuriis sermonem facere, quos rei nummariæ periti in suam supellectilem etiam admittunt, non quod revera ipsorum principum quorum effigies repræsentant esse existiment, sed quod saltem antiquioris sint ævi, et aliquid contineant in se dignum observatione. In iis eminet præ cæteris major medallio Heraclii cujus ectypon varie descripsere Lipsius, Octavius Strada, Patinus, Jacobus Oiselius, et alii. Habetur is aureus ac pulcherrimus in Gazophylacio Regio, ejus qua exhibuimus magnitudinis adeptæ ab eo crucis a Persis, ac in urbem regiam relatæ historiam referens : de qua breviter hoc loco videntur refricanda, quæ in hanc rem habent auctores, ut facilius non tam quod verum aut adulterinum subolet numisma, deprehendatur, quam inventoris consilium ac animus. Aiunt igitur beatam Helenam invenisse in Hierosolymitana urbe vivificis lignis, horum partem, cum clavis quibus Christi corpus confixum est, misisse ad Constantinum filium : alteram Macario, Hierosolymitano patriarchæ, auro inclusam servandam commendasse. Ita Theophanes anno 21 Constantini. Hierosolymis vero a Sarbaro et Persis captis, anno 5 Heraclii, sublata etiam vivifica ligna, et abducta sunt in Persidem, cum ipso Zacharia patriarcha. Verum haud multo post, Syroe Persarum rege, post Chosrois patris necem, cum Heraclio fœdus ineunte, institit potissimum Heraclius, ut vivifica ligna, quæ Hierosolymis in Persidem transtulerat Sarbarus, sibi redderentur : quod ultro pollicitus est Syroes, si uspiam possent inveniri. Exstinctis interea ipso Syroe, Chaboe, Hormisda et Hormisdæ filio, Persarum regibus, Sarbarus regnum persicum, Heraclio adjuvante, adeptus, pace cum Romanis constituta, Ægyptum atque Orientem omnem imperatori restituit : qui dum adhuc in Perside moraretur, ea uti erant cum primum capta sunt obsignata secum deferens, Hierosolymam perrexit, et Modesto patriarchæ ejusque clero monstravit. Ab iis vero integra adhuc sigilla offerebant sunt, intellectumque sanctissima hæc ligna neque prophanis ac pollutis manibus attrectata, neque ab illis omnino conspecta, eoque nomine actæ Deo gratiæ, et laudes persolutæ. Tum patriarcha clavem, quæ apud se remanserat, domo deferens, adorantibus universis, loculum aperuit. Post hæc erecta illic cruce, imperator eam illico Byzantium remisit : cui cum litaniis ex Blacherniano Deiparæ templo obviam processit Sergius patriarcha, et ad Sophianam Ecclesiam deducens, ibidem illam sustulit indictione 2, anno Christi 629, qui est decimus nonus Heraclii. Paulo post vero Heraclius ipse domum rediens, urbem ingressus est, curru vectus, quem elephanti quatuor trahebant, cum fausta omnium acclamatione, festis diebus ob victoriam celebratis. Hæc ferme Nicephorus patriarcha Constantinopolitanus in *Heraclii Vita* [1]. Theophanes autem in tota hac narratione Nicephoro haud usquequaque consentit. Quippe, eo auctore, Heraclius anno imperii decimo octavo, confecto persico bello, quod per annossex duraverat, inito cum Persis fœdere, septimo demum in urbem reversus, ab omnibus cum gaudio et tripudiis exceptus est. Anno vero subsequenti, vere ineunte, urbe profectus, venit Hierosolymam, et venerandis ac vivificis secum delatis lignis, grates Deo persolvit. Cumque in Syria usque ad vigesimum quartum imperii annum, qui est Christi 635, difficillimis bellis incubuisset, rebus quasi desperatis, venerandis iisdem secum inde asportatis lignis, Constantinopolim recessit. Ex Nicephoro igitur illata in urbem vivifica crux anno decimo nono Heraclii, quo Sarbarus regnum Persicum invasit. At cum paulo post tradat Heraclium in urbem reversum, videtur prorsus indicare missam vivificam crucem paulo antequam ex Oriente reverteretur, ubi totos fere sex annos secundo exagerat. Ita quod ait acta indictione secunda, referenda videntur ad annum quo crux recepta est a Persis, non quo relata est in urbem. Proinde ex Theophane, Heraclius sacra secum in urbem ligna asportavit. Quod si ita est, intelligi posset expressus in hoc numismate Heraclii triumphus, cum Constantinopolim rediit. At cum tradat Nicephorus remissam crucem ab Heraclio in Oriente adhuc degente, exceptamque a Sergio patriarcha, Heraclium vero aliquando post curru vectum, quem quatuor trahebant elephanti, urbem ingressum, videtur potius expressus in nummo triumphi apparatus referri deb.. e ad solennem Heraclii in urbem Hierosolymitanam ingressum : cum scilicet acceptam a Persis vivificam crucem in eam intulit, uti Nicephorus commemorat ; cum præterea non elephantis, sed quadrigis instructo curru effictus hic exhibeatur.

LXXIV (LXVI).

ÆDES ANASTASEOS EXPRESSA IN NUMMO HERACLII.

Nec scio an adpensæ ad trabem tres lampades templum ipsum quod a b. Helena Hierosolymis Anastaseos nomenclatura excitatum, et in eo reconditam vivificam crucem tradit Theophanes, non indicent. Nam in ædibus sacris appendebatur trabibus auro, argento, vel ære obductis, vel iis imponebantur luminaria, sive ædium parietibus essent infixæ, sive ex se liberæ, et a fornice catenulis aut funiculis pensiles. Ita porro de iis ædium sacrarum lampadibus Leo Ostiensis [2] : « Trabem quoque nihilominus fusilem ex ære « cum candelabris numero quinquaginta, in quibus utique « totidem cerei per festivitates præcipuas ponerentur, lam-« padibus subter in æreis uncis ex eadem trabe triginta sex « dependentibus. Quæ videlicet ærea trabes æreis æque bra-« chiis ac manibus sustentata, trabi ligne e, quam pulcher-« rime sculpsit, et auro colorumque fucis interim fecerat « Desiderius exornari, commissa est. » Agunt præterea de ejusmodi trabibus Petrus diaconus casinensis [3], Hariulphus [4], *Chronicon Atinense* [5], Bromptonus [6], et alii. Quod si ita se res habet, iique lychnuchi ædem Ἀναστάσεως referrent, ii forsan fuerint ad Christi sepulcrum appensi, quos sabbato sancto divinus accendebat ignis sub horam vespertinam, siquidem

---

1. Hom. 66, ad pop. Antioch. — 2. Petr. Faber, l. 2, Agon. c. 10, 11, 12, 25. — 3. Francisc. Angelon. in Hist. Aug. p. 113. — 4. P. 105. — 5. Petr. Faber Agonist. l. 2, c. 13. — 6. Diog. Laert. l. 6, in Diog. Synop. — 7. Evagr. l. 4, c. 13.

1. Niceph. CP. in Brev. — 2. L. 3, c. 31, al. 33. — 3. L. 4, c. 73. — 4. L. 2, c. 10 ; l. 3, c. 3. — 5. An. 1061. — 6. An. 19, W. Nothi.

συνήθες istud θαύμα, uti ejusmodi miracula vocat Anna Comnena, ea tempestate obtinuerit, de quo tam constans est apud scriptores qui deinceps floruerunt testimonium, ut mirum sit viros eruditos quæ de hac re ab iis proferuntur, in controversiam revocare. Primus sane qui ejus meminerit videtur fuisse Bernardus monachus, qui vixit an. 870 (ut testatur Willelmus Malmesburiensis), in *Itinerario Hierosolymitano*, edito a viro doctissimo Joanne Mabillonio [1], qui rem ut *consuetum prorsus miraculum* commemorat, adeo ut incertum sit quando cœperit et *an ante tempora Saracenorum fuerit*, inquit Idem Malmesburiensis [2]. Sed et perinde quando desierit minime constat, cum tantum ex *Chronico Andrensi*, anno 1177, adhuc hac tempestate visum colligere sit. Septem autem lampadas ibi appensas fuisse testatur Glaber Rodulfus [3]; at anonymus, *de locis sanctis*, ad triginta sex pependisse scribit [4]. Asservatam porro vivificam crucem in æde Resurrectionis longe ante Heraclium palam est: cum non modo ἐκκλησία ἁγίου σταυροῦ inde dicatur auctori *Chronici Alexandrini* [5], sed et qui crucem in ea servabat presbyter, *custos crucis* dicatur Victori Tunensi [6] in *Chronico*, σταυροφύλαξ Theophani [7], qui Joanni Moscho [8] σκευοφύλαξ τῆς ἁγίας Ἀναστάσεως. Quod sane muneris obibat, Francis nostris Hierosolymitanum regnum obtinentibus, *custodio sanctæ scilicet Crucis* titulo insignis, ejusdem ecclesiæ canonicus, particulæ scilicet ejusdem salutaris ligni quæ in ea ede asservabatur. Heraclius igitur recepta a Persis cruce, hanc in Anastasi recondidit [9], donec Constantinopolim relata est. Ita si Heraclii adventus in urbem Hierosolymitanam hic describitur, per lampadas in eo numismate expressas videtur innui ipsa Anastasis in quam illata sunt vivifica ligna: contra, si ejusdem augusti adventus in urbem regiam effingitur, extracta ex eadem Anastasi innuuntur: quam quidem ædem sacram a Modesto patriarcha reædificatam eodem imperante Heraclio tradit Antistes Tyrius [10].

LXXV (LXVII).

IMPERATORES CONSTANTINOPOLITANI IMBERBES. BARBATI.

Jam vero barba quæ lata et promissa Heraclio hic tribuitur, haud multum discrepat ab ea quam præferunt genuini ejus nummi, nisi quod in isto paulo promissior, contra quam tradit Cedrenus [11], scribens Heraclium, priusquam adeptus esset imperatoriæ dignitatem, barbam satam atque promissam nutrivisse, sed imperatorem factum, comam totondisse et barbam, quomodo, inquit, imperatores solent. Ejus verba sunt: Οὗτος ὁ Ἡράκλειος ἦν τὴν ἡλικίαν μεσήλιξ, εὐσθενής, εὔστερνος, εὐόφθαλμος, ὀλίγον ὑπόγλαυκος, ξανθὸς τὴν τρίχα, λευκὸς τὴν χροιάν, ἔχοντε πώγωνα πλατύν, καὶ πρὸς μῆκος ἐκκρεμῆ. ὁπηνίκα δὲ πρὸς τὸ τῆς βασιλείας ἦλθεν ἀξίωμα, εὐθέως ἐκείρετο τὴν κόμην καὶ τὸ γένειον τῷ βασιλικῷ σχήματι. « Fuit Heraclius statura medio- « cri, robustus, firmo pectore, oculis elegantibus, ac non « nihil cæsiis, fulvo crine, albus, barba lata atque prolixa. « Sed imperator factus extemplo comam totondit, ac mentum « rasit, qui est imperatorum habitus. » Quibus quidem verbis innuere videtur Cedrenus solos imperatores barbam decessorum more rasitasse, cæteros vero Græcos nutrivisse. Et sane ante Heraclium barbam rasisse imperatores testantur passim nummi, ipseque auctor *Chronici Alexandrini* [12] quo loco Justinianum describit, quem mentum rasum, ὡς οἱ Ῥωμαῖοι, habuisse ait. Verum ab Heraclii temporibus *moris fuit Orientalibus, tam Græcis quam aliis nationibus*, ut habet Antistes Tyrius [13], *barbas tanta cura et omni sollicitudine nutrire, pro summoque probro et majori quæ irrogari potuerit unguam ignominia reputare*, si *vel unus pilus quocumque casu sibi de barba cum injuria detraheretur*. Subdit deinde, *barbam ea diligentia conservasse Græcos tanquam argumentum viri, vultus gloriam, hominis præcipuam auctoritatem*: a quo eadem hausit verba Jacobus de Vitriaco [14]. Characteres, cum Græci tum Latini, non iidem omnino sunt in ejusmodi numismatis ectypis quæ ab aliis describuntur. tametsi haud multum diversi. Sed negotium facessit plerisque vox male exarata, ΛΟΛΟΘΕΤΗΟ. Quidam enim, ut Lipsius, legendum putavere ΛΟΓΟΘΕΤΗΟ, alii ΝΟΜΟΘΕΤΗΟ. Ego vero ΑΓΩΝΟΘΕΤΗΟ malim, quo vocabulo recentiores Græci ac Latini, ἀγωνιστήν, *pugilem*, vel *præliatorem* indigitabant, ut alibi [15] observamus.

[1] Cap. 10, tom. 4. SS. Ord. S. Bened. — [2] Vide Gloss. in *Cruæ.* — [3] L. 4, c. 6. — [4] Anonym. de Loc. SS. c. 1. — [5] In Constant. M. — [6] In Anast. — [7] P. 134. — [8] C. 48, 49. — [9] Gretzer. de Cruce, p. 2594. — [10] W. Tyrius, l. 4, c. 4. — [11] An. 4. Heracl. — [12] P. 860. — [13] W. Tyrius, l. 11, c. 4; Nicet. in Isaac. l. 1, n. 10. — [14] Lib. 1, c. 74. — [15] In Gloss.

Neque in hac voce duntaxat mendum occurrit: nam et voces ϹΙΔΗΡΑϹ, (ubi A pro Δ) et ΠΥΛΑϹ, (ubi Τ pro Υ, proclivi utrobique mendo habentur) perperam exarantur. Jam vero numisma istud non ejus esse antiquitatis quam Cuspinianus id adscribit, satis, opinor, ex prælibatis colligitur: quod præterea imperatoris habitus, et augustis Byzantinis prorsus insolens diadema arguit. Inscriptiones deinde Græcæ ac Latinæ ex sacris fere haustæ literis mixtim exaratæ ; lux etiam illa quæ Heraclii vultui affunditur, omnino indicant recentioris esse sculptoris alicujus inventum, qui divinæ crucis triumphum exprimere voluerit. Sic porro legendi sunt Græci characteres, ac in antica quidem, ΗΡΑΚΛΕΙΟϹ. ΕΝ. ΧΩ. ΤΩ. ΘΩ. ΠΙϹΤΟϹ. ΒΑϹΙΛεύς. ΚΑΙ. ΑΥΤΟκράτωρ. ΡΩμαίων, ΝΙΚΙΤΗϹ. ΚΑΙ. ΑΓΩΝΟΘΕΤΗϹ. ΑΕΙ. ΑΥΓΟΥϹΤΟϹ. In postica vero, ΔΟΞΑ. ΕΝ. ΥΨΙϹΤΟΙϹ ΧΩ. ΤΩ. ΘΕΩ. ΟΤΙ. ΔΙΕΡΡΑΞΕ. ΣΙΔΗΡΑϹ. ΠΥΛΑϹ. ΚΑΙ. ΗΛΕΥΘΕΡΩϹΕ. †. (i. σταυρὸν) ΑΓΙΟΝ. ΒΑϹΙλεύς. ΗΡΑΚΛΕιος. In Lipsiano æreo exarati præterea leguntur hi characteres Græci ad occiput Heraclii, ΑΓΙΟΛΙΝΙΟ. qui nihil sonant.

LXXVI (LXVII bis).

NUMMI IMPP. EX GENTE PALÆOLOGA.

Inter adulterinos nummos, binos etiam ex gente Palæologa exarari curavimus, alterum Joannis, alterum Constantini ultimi imperatoris Constantinopolitani, quos rei monetariæ antiquæ studiosi in numismatum augustorum serie vulgo reponunt, quod indubitatæ fere fidei post Angelos vix reperiantur. Nescio enim an pro genuinis haberi debeant Theodori Lascaris et Andronici Palæologi aurei qui ab Octavio Strada describuntur, quos vix crediderim fuisse tam elegantis formæ ac exhibentur. Utcumque sit de rei veritate, donec suppetant alii, etiam eos hic et in nostro de Familiis Augustis Byzantinis opere repræsentamus. Mirum sane videri debet quod extremi istius sæculi quod nostris proximum fuit imperatorum Byzantinorum nummi, atque adeo ex Lascarica. Palæologa, vel Cantacuzena gente vix occurrant. nam Theodori Lascaris, quos ibi damus, nummi, ex eodem Strada descripti sunt, penes quem fides erit. Atque id accidisse ex eo prorsus existimare licet, quod ut pessime formati neglecti fuerint ab antiquariis, vel quod a Turcis in proprias monetas conversi : nisi forte quidam ex iis quos Joanni et Manueli Comnenis adscripsimus Palæologorum fuerint ejusdem nomenclaturæ imperatorum, vel, quod longe potius existimaverim, quia postremi isti Constantinopolitani augusti in monetis suis effigies suas ac sua nomina non semper descripserint, proindeque eorum fuerint plerique quos inter Zimiscianos exhibuimus. Michaelis Palæologi nummorum aureorum meminit Georgius Pachymeres [1], aitque recepta a Latinis Constantinopoli, in postica facie, ejusdem urbis figuram effingi curasse, metalli probitate detrita. Sic ille, ubi de Andronico seniore : Ἀλλὰ καὶ τὸ νόμισμα διὰ τὴν χρείαν ἐκιβδηλεύετο, πρότερον μὲν γὰρ ἐπὶ Ἰωάννου τοῦ Δούκα, τὸ δίμοιρον τοῦ ταλάντου τῶν νομισμάτων, χρυσὸς ἦν ἀπέφθος. ὕστερον δὲ ἐπὶ Μιχαὴλ, τῆς Πόλεως ἁλούσης, διὰ τὰς τότε κατ' ἀνάγκην δόσεις, καὶ μᾶλλον πρὸς Ἰταλοὺς, μεταγράφατο μὲν τῶν παλαίων σημείων, τῆς Πόλεως χαρατομένης ὄπισθεν. Καθυφίετο δὲ τῆς εἰκοσιτέσσαρα γίνεσθαι. Μεταλλαξάντος δ' ἐκείνου, πρότερον μὲν εἰς δεκατέσσαρα περιέστη πρὸς δέκα. νῦν δὲ, ἀλλὰ καὶ ἐς' ἡμισείας τὸ ἀπεφθὸν καταμίγνυται. « Sed et moneta, ob ejus penuriam, adul- « terata est. Prius enim sub Joanne Duca nummi dimidium « ex puro auro coto seu obryzo erat. Postea vero Michael, « capta urbe, ut haberet unde largitiones necessarias, Italis « præsertim, faceret, primitus immutatis notis veteribus, urbis figu- « ram in postica facie expressit, detrita interim metalli « bonitate, eo usque ut e viginti quatuor partibus aurei « solidi, auri duntaxat puri novem essent, quindecim mis- « turæ sequioris. Post Michaelis mortem, primo quidem « decem partes auri purgati ad vitiosas quatuordecim « adjectæ sint: nunc vero ad dimidium purum aurum mis- « cetur. » Quæ porro hic dicuntur de urbis figura in nummis Michaelis effecta, pene nos impulere, ut ejus esse existimaremus nummum æreum, in quo imperator cum cruce et globo in altera facie, in altera vero urbis porta triplex, suis turribus et pinnaculis instructa visitur, cum adscripta subtus hac epigraphe, VICTORIA, in excepto urbis, atque adeo Francorum ab ea expulsorum symbolum. Sed erunt fortasse qui quo augustus ille cingitur diadema vix esse putent istius

[1] L. 12, c. 8.

quod Michael vixit ætatis. Prostat alius Andronici imperatoris aureus prægrandis, in quo urbs Constantinopolis muris suis circumducta exhibetur, Deipara pallium expandente, ac brachia super eam porrigente, tanquam urbis tutatrice ac πολιούχῳ. In altera, coram eadem beatissima Virgine in genua procumbit imperator, supra cujus caput inscriptum ΑΝΔΡΟΝΙΚΟC ΒΑCΙΛ, quæ quidem urbis expressa figura suadere potest esse Andronici senioris Palæologi, ita ut parentis monetarum figuras in suis etiam servarit : quod suadere imprimis potest Andronici in Deiparam cultus eximius. qui, ut tradit Pachymeres[1], post debellatum Alexium Philantropenum, in monasterium Hodegorum venit, et coram sacra Deiparæ imagine, toto fere corpore prostratus, adeptæ victoriæ gratias egit. Sed cum nummus isto sit ex iis quos caucios vocant, cujusmodi cusi habentur ex familia Comnena augustorum, Andronico Comneno Tyranno, interim dum lux alia affulgeat, adscripsimus. Scribit denique Raimundus Montanerius in Historia Catalanica regum Aragonensium Rogerium Florum magnum ducem ab Andronico seniore, cui cum Catalanis militabat, dictum, rogasse imperatorem ut militibus suis stipendia persolveret, eumque monetam cudi curasse probitate longe imminutam, quæ instar erat ducatorum Venetorum, argenteorum scilicet, quorum pretium erat octo denariorum barcinonensium : præterea minutiorem aliam monetam quæ trium denariorum erat, quamque perperam *vinciliens* appellatam ait, manifesto errore, pro *miliavision*. Ejus verba sunt[2] : « E com aquesta « pau lo feyta, lo megaduch dix à l'emperador que donas « paga à la companya, e l'emperador dix que faria, et feu « battre moneda en manera de ducat Venetia, que val. 8. « diners Barceloneses cascu. E axi ell feu ne fer que havien « nom vincilions. e non valia tres diners la hu : e volch que « correguessen per lo preu daquells qui valen 8. diners, e « mana a cascu que prenguessen dells Grechs cavall, o mul, « o mula, o altres. o altres coses que haguessen ops, e que « pagassen de quella moneda, e aço feu per mal vici, co es « que entras hoy e mala voluntat entre los pobles e la host : « que tantost que ell hach son entenimen de totes les guer- « res, volgra quels Franchs fossent tots morts, e fossen fora « del imperi. » Verum etsi hodie vix ulla obvia sint postremorum imperatorum, ex gente præsertim Palæologa, numismata, quibus monetariæ supellectilis studiosorum ἀρχεῖα locupletentur, damnum istud quodammodo resarciunt quæ supersunt eorum figuræ, ex quibus habitum imperatorium horum temporum. qui describitur a Codino et aliis[3], licet percipere. Quas inter præ cæteris insignes haberi debent Michaelis Palæologi, Theodoræ augustæ uxoris, et Constantini Porphyrogeniti filii imagines, quæ Constantinopoli in Deiparæ περιβλέπτου æde sacra conspiciuntur, quas delineari curavimus. In qua quidem tabella[4] Theodora effingitur cum τυμπανίῳ in capite, margaritis et lapillis distincto, uti Euphrosyne augusta, Alexii Angeli imperatoris uxor, apud Nicetam Choniatem[5]. Habetur alia haud absimilis ejusdem Michaelis imperatoris effigies descripta ab Hieronymo Wolphio[6], ex codice manuscripto Augustanæ Bibliothecæ Historiæ Georgii Pachymeris, cui diadema capiti impositum non omnino ejusdem est formæ quia in ea imagine a nobis descripta cernitur. Sed et quod *acaciam* vocant, voluminis speciem plane refert. Aliam præterea tabellam[7] damus Manuelis Palæologi et Helenæ augustæ, uxoris, ut et Joannis, Theodori, et Andronici filiorum effigies continentem. ex manuscripto Codice Operum Dionysii Areopagitæ, quem idem Manuel ad monasterium Sancti-Dionysii in Francia, ubi asservatur, per Manuelem Chrysoloram, legatum suum, misit, anno 1408, uti præfert eidem imagini subdita hicque descripta epigraphe, quam, ut ipsas effigies, beneficio viri humanissimi perinde ac doctissimi Joannis Mabillonii, sumus conscripti : Τὸ παρὸν βιβλίον ἀπεστάλη παρὰ τοῦ ὑψηλοτάτου Βασιλέως καὶ Αὐτοκράτορος Ῥωμαίων κυρίου Μανουὴλ τοῦ Παλαιολόγου, εἰς τὸ μοναστήριον τοῦ ἁγίου Διονυσίου τοῦ ἐν Παρισίοις τῆς Φραγγίας ἢ Γαλατίας ἀπὸ τῆς Κωνσταντινουπόλεως, δι' ἐμοῦ Μανουὴλ τοῦ Χρύσολωρᾶ πεμφθέντος πρέσβεως παρὰ τοῦ εἰρημένου Βασιλέως, ἔτει ἀπὸ κτίσεως κόσμου, ἑξακισχιλιοστῷ ἐννεακοσιοστῷ ἑξκαιδεκάτῳ. ἀπὸ σαρκώσεως δὲ τοῦ κυρίου, χιλιοστῷ τεσσαρακοσιοστῷ ὀγδόῳ. Ὅς τις εἰρημένος Βασιλεὺς, ἦλθε πρότερον εἰς τὸ Παρίσιον πρὸ ἐτῶν τεσσάρων.

1. Lib. 9, c. 13. — 2. Cap. 210. — 3. Leunclavius. in Pand. Turc c. 51. — 4. Tabella 6. — 5. In Alex. l. 4. n. 3. — 6. Ad Niceph. Gregor. edit. Basil. an. 1562. — 7. Tabella 7.

LXXVII (LXVIII).

MEDALLIÆ JOANNIS ET CONSTANTINI PALÆOLOG.

Spuriis igitur nummis, ut diximus, nummum accensemus, qui revera non est nummus Joannis Palæologi Manuelis filii, exoratum in medallionis formam a Victore Pisano[1]. cujusmodi complures alios sculptor ille egregius suæ ætatis atque etiam priorum sæculorum illustrium virorum imagines simili figura delineavit. Hanc autem Joannis, quam ex æreo illustrissimi comitis Joannis de Lazara Patavini, marchionis Nicolai filii, damus, sic commendat Paulus Jovius in epistola Italica ad Cosmum, ducem Florentinum, apud Georgium Vassarium[2] : « Oltra questo ho ancora una bellissima « medaglia di Giovianni Paleologo, imperadore de' Constan- « tinopoli, con quel bizarro capello alla Grecanica, che sole- « vano portare gl' imperadori, et fu fatta da esso Pisano in « Fiorenza, al tempo del concilio d'Eugenio, ove si trovo il « prefato l'imperador, ch'a per riverso la croce di Christo « sostentata da due mani, verbi grazia dalla Latina, et dalla « Greca. » Nummum denique[3] æreum expressivus Constantini Palæologi ultimi imperatoris ex museo ejusdem, cujus meminimus, comitis, super quo, ut spurio, multa multi commentati sunt. atque in iis Josephus Scaliger et Jacobus Gretzerus. Scaligeri dissertationem. quod in paucis foliis exarata rarior sit, nostræ subjecimus, omissa Gretzeriana, quod in spissioribus de cruce commentariis omnibus obvia sit.

LXXVIII (LXIX).

NUMMI HELENÆ NOMEN PRÆFERENTES.

Porro inter nummos quos exhibemus, vel qui in antiquariorum pinacothecis prostant, habentur aliquot, non incertæ quidem fidei, sed qui dubium præferant quibus sint adscribendi. seu, propter male formatas, detritas, vel denique contractas inscriptiones, vel interdum, quod nullam præferant, cujusmodi sunt non pauci ex inferioris omnino ævi nummis. Interdum etiam alii occurrunt, in quibus cum bini aut plures ejusdem nominis se se offerant augusti, vel augustæ, incertum manet utri debeant adscribi, in quibus maxime sunt Heleniani. Cum enim Helenæ augustæ nummi præferentes nomen ac titulos in eruditorum virorum gazophylaciis serventur complures, atque adeo in Regio octo ærei, non unius omnino figuræ vel ornatus, ac inscriptionis; vix tamen constans est, inter studiosos ejusce supellectilis nummariæ indagatores, cui debeant adscribi, matri-ne Constantini Magni, vel Juliani Parabatæ, vel etiam Crispi, si quæpiam fuit, conjugi. Matrem Helenam augustam renuntiatam, ejusque effigie cusos a Constantino filio aureos nummos testantur Eusebius[4], Sozomenus[5], Nicephorus[6], et Theophanes[7], qui monetam ὡς Βασιλίδι attribuisse aiunt. Ejusmodi autem Helenianos aureos Romæ anno 1398 repertos auctor est Thomas Walsinghamus[8] : « Sub hoc anno, *inquit*, Romæ reper- « tus est thesaurus Helenæ matris Constantini imperatoris, « sub quodam pariete ruinoso. Ipsa vero moneta aurea « signata fuit imaginibus dictæ dominæ, habens in circulo « nomen ejus scriptum : et valuit una petra xx. sol. de nos- « tra moneta. Cum quo thesauro postea papa fecit reædificari « Capitolium, et Castellum Sancti Angeli. » Est autem *petra*, ponderis Anglicani species, constans duodecim libris, ut libra quindecim unciis[9] : quæ quidem *petra* vulgo in lanipendiis etiamnum usurpatur. Enimvero aurei cujuslibet Helenæ nummi rariores sunt æreis, quorum perinde, ut diximus, inscriptiones, atque etiam capitis ornatus diversitatem quandam arguunt. A binorum quidem[10], qui hosce characteres præferunt, FL. HELENA AVGVSTA, in aversa vero facie. SECVRITAS REIPVBLICAE, prior, nitidissimus, Helenæ caput exhibet tectum nescio qua calyptra desuper reticulata, et in cassidis modum protensa, quæ aures ipsas ac capillos tegit, præterquam eos qui fronti superfunduntur. Ubi fortasse *mitræ*, vel *mitellæ*, quas crispantes vocat sanctus Hieronymus[11], *quibus vertex artabatur innoxius*, exprimuntur, vel *turriti alienis capillis vertices*, de quibus idem scriptor, et Tertullianus hisce verbis : « Affigitis præterea nescio quas « enormitates sutilium atque textilium capillamentorum, « nunc in galeri modum quasi vaginam capitis, et opercu-

1. (* Bottarius emendat, *Andrea Pisano*.) — 2. In Vitis Pictor. — 3. Tabella 4. — 4. L. 3, de Vita Const. c 46. — 5. L. 2, c. 1. — 6. L. 8, c. 31 — 7 An. 20. Const. — 8 P. 356. — 9. Fleta, l. 2, c. 12, § 4, cap 79, § 10. — 10. Vide Relat. de monte Libano. — 11. Epist. 10, 23 , Id. Epist. 7 ; Tertull. lib. de Cultu femin.

DE INFERIORIS ÆVI NUMISMATIBUS.

« lum verticis, nunc in cervicem retro suggestum. » Alter Helenam prodit duplici unionum linea caput cinctam, crinibus ad aurem contractis ac collectis, crispatis aliis fronti imminentibus, uti ferme omnes alii; ita tamen ut superior capitis pars tecta perinde videatur. In tertio qui pro lemmate habet, FL. HELENA AVGVSTA, et in postica, PROVIDENTIAE AVGG. Helenæ capitis pars superior tota reticulo videtur tecta, quod limbulo unionum linea exornato continetur: sic ut ad sinciput, ut ad aures, crinibus subsit limbulus, iis tantum circa frontem crispatis et annulatis exstantibus. Aliorum trium nummorum Helenæ nomen præferentium varius itidem in capite et capillis ornatus. His vulgo pro inscriptione est in antica facie, FL. IVL. HELENAE AVG. in postica vero, PAX PVBLICA. Ac prior quidem nescio quam diadematis speciem præfert, quæ ad sinciput latior, ad aures vero, ubi capilli in orbem contrahuntur, arctior, caput stringit: ita tamen ut qua latior est extra caput prominent, uti solent laureæ corollæ in augustorum nummis, crispatis crinibus frontem adornantibus. Diadema autem seu limbus, nisi capillorum contextus vel σειρὰ, uti vocat Naumachius, seu, uti dicimus, trecia sit, unionum serto in medio discernitur. Neque multum diversus est alter, nisi quod limbulus, qui, ut et prior, ad sinciput in duplex cornu evadit, rarioribus margaritis videtur distinctus. In tertio denique, cujusmodi binos alios servat Gazophylacium regium, Helenæ caput latiore diademate unionibus et lapillis distincto stringitur, capillis ad aurem contractis, et ad frontem crispatis eminentibus. Præter istos Helenæ nummos, altum aureum titulo et capitis ornatu prorsus diversum exhibent Octavius Strada, Tristanus[1] et Chiffletius[2]: is enim Helenam repræsentat absque ullo capitis ornatu, capillis tantum ad occiput collectis et nodatis, cum hac inscriptione, FL. HELENA MAX., seu, ut habet Strada, HELENA MAX., ut Chiffletius denique, HELENA FL. MAX., nisi legatur, FL. MAX. HELLNA. In aversa parte stella conspicitur. Ex hac igitur inscriptionum et habitus seu capitis ornatus diversitate tres Helenas confecit idem Chiffletius, quibus totidem istius modi nummorum species adscribit: ac eos quidem in quibus SECVRITAS describitur, Helenæ Constantini matri tribuit: alterum Helenæ Maximæ Crispi uxori; eos denique qui Flaviæ Juliæ Helenæ nomen præferunt. Helenæ Juliani imperatoris conjugi; atque id quidem levioris quantumlibet momenti argumentis stabilire nititur. At Wilthemius[3], quem Chiffletius Juliani uxori tribuit, Constantini matri adscribit, quod, ut ait, in nummi parte aversa crux efficta conspiciatur. Is est quem ex Helenianis quartum delineari curavimus, cujusmodi asservatur æreus in Gazophylacio regio, in quo quidem æreo ita crux efficta conspicitur, ut rectus stipes paulo versus figuram curvetur. Et sane si revera crux est, Juliani uxori haud potest adscribi, quæ, ut conjux, deorum cultui addicta, Isidis etiam effigie in nummis suis expressa conspicitur, ut censet Tristanus. Ita nummi quos idem scriptor, quem etiam secuti sumus in descriptione nummorum Constantii Chlori, Helenæ matri attribuit, neptis fuerint, seu Juliani uxoris. Nam et titulorum diversitas, diversarum augustarum nummos esse arguit. Ac titulorum quidem in eo varietas deprehenditur, quod priores tres nummi, FL. HELENAE AVGVSTAM, tres alii, FL. IVL. HELENAM, aureus denique Tristani et aliorum, FL. HELENAM MAX. appellent: esti ex veterum nummorum inspectione satis constet variatos interdum augustorum titulos, ita ut validum omnino ex hoc minime conficiatur argumentum. At in tribus posterioribus primo observare est Helenam Juliæ prænomine donari, quo modo in inscriptionibus[4] Helena Constantini mater: deinde inscriptionem secundo aut tertio casu poni, ita ut si cum secundo monetæ nomen subintelligatur, si cum tertio in Helenæ matris honorem cusos a filio Constantino nummos liceat suspicari, cui præterea PAX PUBLICA adscripta censeri potest, quod ea procurante, Ecclesiæ Christianæ, damnata in Nicæno concilio Ariana hæresi, pax revera reddita sit. Nam et anno 20 Constantini, quo illa a filio augusta appellata dicitur a Theophane, Nicæam synodum celebratam constat. Sed et non minime sententiam hanc firmant expressa in nummis istis diademata, cum coronatam a filio Constantino matrem Helenam tradat idem Theophanes, augustam renuntiatam Eusebius et alii. Nam in sexto nummo lapillis et margaritis distinctum diadema prorsus effingi videtur, nisi quod vittis caret. Sed quod dubium in hisce conjecturis ingerit, illud est potissimum, quod in omnibus ferme, iisque præsertim qui nitidiores sunt, augusta effingatur junior ac formosa, quod in Helenam mater vix quadrat, quæ anno vicesimo Constantini, cum augusta dicta est, et cusi ejus nomine sunt nummi, si Theophanem audimus, tum ætate provectior erat. De Flavia Helena Maxima, et an illa Crispi uxor fuerit, non minor est difficultas, quam attigimus in Crispi elogio. Utcumque sit de nummis istis Helenianis, quos una omnes Constantini Magni familiæ subjecimus, ut cuique liceat inspicienti quod arriserit statuere, id constat ex iis inditam a vulgo *sanctarum Helenarum* appellationibus omnibus ferme numismatibus augustorum Constantinopolitanorum ævi inferioris, maximeque iis quos ejusmodi rerum studiosi, propter male formatos characteres, aut vultus ipsos, vel quod nihil exquisitum contineant, solent aspernari. Quod inde forsan originem habuit, quod non Helenæ duntaxat, ut divis adscriptæ imagines, sed et crucigeros omnes nummos, sacri phylacterii aut encolpii vice, ad collum quilibet appenderet: unde nummorum ejusmodi plerosque videmus perforatos. Quod quidem etiam ante Constantinum obtinuisse observare est ex iis quæ in Anastasi Chiffletius[1] annotavit: tametsi id potissimum inter primum profluxisse censendum sit ex nummis Helenæ Romæ in ejus Thesauro inventis, quæ fortassis summus pontifex, quod feminæ de Ecclesia bene meritæ, distribuerit. Harum vero sanctæ Helenæ monetarum vim mire commendat Bosius[2], aitque præsens esse remedium adversus comitialem morbum.

LXXIX (LXX).

NUMMI UTRIUSQUE THEODOSII.

Qui Theodosii nomen præferunt et titulos nummi, seniori-ne an juniori adscribi debeant non perinde planum est definire: cum in iis vultuum delineatio non adeo sit exacta, priscorum nempe monetariorum intercidente, tum peritia ac arte, ut utrius sit liceat advertere. In iis tamen bini sunt aurei, quorum alter SALVS REIPVBLICÆ, alter, VOT. XXX. MVLT. XXXX., qui indubitate junioris sunt, qui post patrem consulem referat, ipsius Theodosii et Valentiniani, uti supra observatum, alter non nisi juniori attribui queat, cum senior anno imperii sexto-decimo obierit, ac proinde vicennalia non attigerit, quæ hic describuntur per vota triennaliorum. Cum vero bini isti nummi Theodosii protomen cum casside, spiculo, ac clypeo præferant, haud inani fortasse, tametsi vix prorsus certa conjectura, similis figuræ nummos juniori, cæteros in quibus figura lusca exprimitur augustus, seniori adscripsimus.

LXXX (LXXI).

NUMMI UTRIUSQUE JUSTINI.

Neque minor est difficultas in discernendis utriusque Justini, senioris scilicet seu Thracis, et junioris, qui ex Curopalata vulgo appellatur, nummis. Eos qui imperatorem plena facie exhibent cum camelaucio, clypeo, spiculo, vel globo, seniori adscripsimus, quod cum satis sint bene expressi aut formati, non ea nobis viderentur ætate cusi qua barbaries in orbem romanum invecta est, maxime ævo Justiniani et Justini nepotis, quod præ cæteris evincunt eorum nummi, pessime effigiati, siquidem Justini junioris sint quos ei adfluximus, lusca plerique facie, sed levi, fateor, conjectura: cum in iis qui plena facie sunt exstet æreus qui cusus annotatur Constantinopoli anno decimo imperii, quem vix attigit, cum anno nono, mense secundo exstinctum prodat Marcellinus comes, tametsi cusus dici potest decimo ineunte imperii. Qui vero Justini imperatoris nomina, eumque una cum uxore augusta in eadem sella sedentem, præferunt, indubitanter juniori attribuimus, cum in iis sint qui annum imperii quo cusi sunt duodecimum adscriptum habeant, adeo ut inde firmari possit annus imperii Justini junioris quo excessit, de quo controversia est apud veteres scriptores[3]. Ex eo etiam abunde docemur errare quosdam, tradentes in hisce nummis Justinum seniorem et Justinianum exhiberi, cum Justinianus cæsar sub annum Justini sextum, augustus vero mensibus quatuor ante ejusdem obitum renuntiatus sit, ac proinde collega imperii exhiberi non potuerit anno secundo imperii avunculi, uti præferunt ii nummi: qui præterea seniori non possunt adscribi, cum Euphemiam augustam superstitem Justino seniore conjuge exstinctam palam sit ex scriptoribus[4]. Deinde in his nummis uxor imperatori adjungitur anno imperii duodecimo, quem non attigit senior, sed

---

1. Tom. 3. — 2. In Anast. — 3. In Icon. Const. M. et Helenæ. — 4. Gruter.

1. In Anast. p. 269, 275, 276. — 2 Bosius, l. 15, de Sig. Eccl. sig. 68, c. 12. — 3. Vide Stemma Justini.

junior, cui Sophia uxor superstes fuit. Feminam esse quæ Justino adjungitur (nam in plerisque adeo sunt attritæ ac evanidæ effigies, ut certum aliquid super hac re elici vix queat) ostendit diversitas gestaminis: nam Justinus globum crucigerum dextra gerit, imperatrix vero crucem oblongiorem sceptri vice, non vero ramum aureum margaritis et unionibus distinctum, quomodo deferre solitas augustas senescente Græcia tradit Codinus [1]. Nam qui ex Octaviano Sada proferuntur ab Alemanno[2], male a scalptore descripti sunt, cum et in iis Justinus barbatus, et quæ adjungitur effigies veluti adolescentis effingantur : priori crux, alteri virga, in dextra, utrique vero in sinistra globus tribuantur ; cum Justinianus, quem exhiberi putat Idem Scriptor, non adolescens, sed plena jam ætate et cæsar et augustus dictus sit ; ita ut quos Alemanno inspiciendos præbuit Sada, non diversi sint ab iis nummi quos adscripsimus Justino juniori. Verum longe major est difficultas in enodandis aliquot aliis æreis, quos hisce subjunximus , hac tantummodo fulti ratione, quod ejusce ætatis videantur, cum ex characteribus qui in iis describuntur, licet in quibusdam sat perspicuis, vix quicquam divinari possit. In iis vero bini effinguntur imperatores, vel saltem imperator, cui adsidet augusta conjux, nam facies in omnibus (octo vidimus) ac vestes fere evanidæ sunt, uterque simul diademate conspicui globum crucigerum in medio sustentant ; altero dextra, altero sinistra bacillum seu sceptrum gestantibus. Omnes pene Thessalonicæ cusi characteres anomalos repræsentant, quidam hosce male formatos. VTLLVT—TSPP AVG. quidam, ASS—VNV V, alii—ACVCSC, alii—OSIAN alii denique—ALO9NO. In postica autem horum facie anni imperii adscribuntur IIV. IIIII. VI. et VII. adeo ut Justino Seniori et Justiniano adscribi vix debeant, cum Justinianus, ut diximus, anno Justini 6 aut 7 cæsar dictus sit ab avunculo, uti testatur Victor Tunnensis : « Post consulatum II Justini et Apionis, Justinus augustus « Justinianum nepotem suum ad senatorum supplicationem « invitus cæsarem facit. » Incidit autem consulatus Justini secundus in annum 524, quo Julii 9 imperii annum septimum inibat ; unde conficitur anno ejus quinto Justinianum ut avunculi collegam in nummis effingi non potuisse. Sed de hisce nævis lector ac inspector ipse per nos licet decernat. Iis præterea nummis duos aut tres alios æreos subjunximus, Justinoque adscripsimus, nulla alia ferme conjectura quam quod imperatorem et imperatricem exhibeant cum hisce characteribus, DN IV—AAΓ. et hisce, infra easdem effigies, VITA., in aversa vero facie K. cum hisce ANNO VIII. KAR. Unde colligitur Karthagine cusum fuisse, ac proinde saltem ante an. 698. quo in Saracenorum potestatem venit Carthago, Leontio imperante : nisi per IV. Justinianus Rhinotmetus intelligatur, antequam a Leontio imperio deturbatus fuisset. Tertium, nullis characteribus insignem, altera facie imperatorem, altera augustum exhiberet, quod eorumdem videantur ac priores, pariter subdidimus, ut liceat cuique perinde de iis judicium statuere.

LXXXI (LXXII).

NUMMI CONSTANTINI ET CONSTANT EX FAMILIA HERACLIANA.

Sed præ cœteris jure negotium facessunt Baronio, Gretzero, aliisque in re nummaria peritis viris, numismata aurea et argentea quæ CONSTANTINI ET CONSTANT. nomina præferunt, æreaque alia ejusdem typi nullis characteribus insignia, non una tamen omnia figura, sed diversa. Ac primum quidem ex iis quæ delineari curavimus æreis, altera facie, imperatoris cum promissa satis barba protomen exhibet ; altera columnam, vel litteram I. cum hisce characteribus, ANNO I. qui cusum anno imperii primo declarant. Bina ejusdem typi servat gazophylacium Sangenovefanum. Tria ejusdem alia aurea habentur in Regio, in quorum antica facie duorum pariter imperatorum sunt στρθϕεια, quorum prior cum promissa et lata barba, alter barbæ primam lanuginem indutus visitur, cum hisce characteribus, qui in quibusdam ex iis adeo minusculi et pessime formati, ut puncta potius dixeris quam literarum apices : DN CONSTANTIN S (alii habent ET) CONSTANTIC. In aversa parte crux habetur, gradibus insistens, cum inscriptione male pariter exarata : VICTORIA AVGVST. et CONOB. Ejusdem ferme typi binos aureos Regios, et argenteum unum gazophylacii Sanctæ Genovefæ damus : nisi quod imperatoris pogonati diademati crucigero additur

[1]. De Off. c. 17, n. 25. — [2]. Ad Procop. p. 42, 44, edit. 1.

nescio quæ calyptræ species, camelaucium forte, cum hisce characteribus, DN. CONSTANT. In postica crux altior globo insistit, ad cujus latera bini imperatores cum globis crucigeris stant, prior altior barbam, non tamen promissam, indutus, alter ut puerulus effinguntur, cum hisce characteribus, VICTORIA AVGVS. CONOB. ; ita ut in hocce nummo quatuor a se invicem diversos imperatores efficto par sit credere. Argenteum præterea delineamus, qui est ejusdem gazophylacii Sangenovefani , in cujus antica idem cum barba promissa imperatoris vultus , et cum simili, cujus mox meminimus, calyptra, ac globo crucigero, et hisce in circuitu characteribus pessime descriptis. VICTORIA AVGVST. In postica tres stant imperatores , cum stemmatibus et globis crucigeris : medius, altior, cum barba, non tamen promissa ; qui ad dexteram est, ut puerulus ; qui vero ad sinistram, medio altitudine cedens: infra. CONOB. Diversi alium aureum typi exhibemus, in quo tres consistunt imperatores: medius, et altior, cum promissa barba: qui ad dextram est, ut puer ; qui ad sinistram, ut adolescens efficti. In aversa facie crux insistens gradibus effingitur, cum eadem semper inscriptione, VICTORIA AVGVST. CONOB. Ejusdem typi prostat alter æreus, præterquam quod in aversa facie annus imperii vicesimus describitur, et Ravennæ cusus innuitur. Damus præterea æreos alios nullo conspicuos lemmate, quorum facies altera imperatoris cum barba promissa προτομην, altera literam majusculam M. cum tribus. ad latera et caput literæ, imperatorum στρθκ-ρίοις. Dellineari denique curavimus nummum æreum, in cujus latere altero imperator iste pogonatus , militari habitu , spiculum tenet, cum imperatore alio tunicato ad sinistram stante : in altero annus XXI designatur, quo cusus Constantinopoli. In alio perinde æreo ejusdem Ravennæ cuso, barbatus idem imperator captivum pede dextro proculcat. Atque hi omnes et similis pene typi pessime omnino effigiati sunt nummi, quos, tametsi alicujus ex Heracliana familia imperatoris ex numismatum istius ævi collatione esse pro certo haberi debeat, cui tamen adscribendi non plane constat. Cum enim is Constantinus dicatur, pluresque in eadem Heraclii gente occurrant hac nomenclatura augusti, vix tamen ex iis aliquis reperitur cui et typi et augustorum una ac simul imperantium qui in iis effinguntur numerus, et et adscriptæ denique imperii annorum notæ convenant. Nam ut numismatis auctor retegatur, necesse est ut demus aliquem Constantinum qui anno imperii primo ejus fuerit ætatis, ut barbam indusse sat promissam dicendus sit, uti exhibetur in primo numismate , in quo cum solus appareat et unicus, tunc temporis imperii collegam non habuisse colligitur. Necesse est præterea ut is Constantinus binos habuerit postea augustæ dignitatis collegas sat adultos, utpote pogonatos sub extremos imperii annos, quos ad vicesimum secundum produxisse quædam ex iis satis declarant, cum alia annos XV. XVII. XX. et XXI. præferant. Nec scio, uti mox observavimus, an in aliquot ex iis nummis interdum quatuor diversi efficti sint augusti, qui una imperaverint, quod ex argenteo potissimum, in quo ejus qui medius stat inter binos alios barba non tam promissa, ac est illius qui in antica describitur. Denique ut cujus sint istiusmodi nummi plene doceamur, necesse est ut aut filium qui ut patrius Constantinum effingi curaverit, aut fratrem collegam Constantem, aut certe Constantinum is habuerit : nam cum alterius istius augusti nomen haud omnino exaratum sit, incertum manet Constans-ne an vero Constantinus appellatus fuerit. Enimvero, ut expendamus cui ex Heracliana familia possint adscribi, primum quidem Heraclio juniori, qui et Constantinus nuncupatur in parentis Heraclii nummis, et apud scriptores, uti monemus infra, tribui non possunt ; siquidem is diebus centum et tribus post patris excessum tantum regnavit, licet ab eo imperator dictus et coronatus anno Christi 613, annos 28 et dimidium, imperasse dicatur. Quamvis enim filium habuerit Constantem, præterquam quod superstite patre ejus solius nomine ac effigie nulli formati nummi, anno imperii primo barbam induisse dici non potest, qui in cunis existens diademate donatus est. Heraclius porro junioris filius, cui et Constantini, cum imperator est appellatus, nomen a populo impositum dicitur, et quem a scriptoribus aliquot Constantem appellari monemus , revera annos regnavit vigintiseptem : adeo ut vicesimus secundus imperii annus in nummis istis descriptus convenire eidem queat. Deinde Constantinum Pogonatum filium habuit, præterea Heraclium et Tiberium liberos alios, quos forsan corona superstes donaverit, et in nummis secum effingi voluerit. At cum imperator dictus est anno 641, vix ætatis decimum excesserat, utpote natus anno 630. Atque ita primo imperii anno barbatus exhiberi non potuit. Neque vero quomodo Constantinum prioris filio convenire possint eadem numismata, omnino percipere licet. Favet sane promissa barba, a qua is cognomen accepit: favet quod ætate maturior imperium capessivit. Nam imberbem in Siciliam patris necem ulturum profectum aiunt, inde barbatum reversum, Πωγονάτου adeptum cognomen [1]. Favet quod Heraclium et Tiberium, fratres, vel quod filios duos habuerit, Justinianum Rhinotmetum, et Heraclium. Sed obstat quod imberbis dicatur fuisse primo imperii anno, quo is Constantinus barbam etiam promissam induerat; deinde quod anno imperii decimo septimo obierit, ac denique quod nullos *Constantini* aut *Constantis* nomine filios aut fratres habuerit. Quis igitur ita felix ut nodos istos intricatos solvat. Sane Pogonati parenti magis convenirent ejusmodi nummi, nisi obstaret annus imperii primus in iis adscriptus. in quibus plena jam ætate barbatus apparet : cum et *Constantinum* filium habuerit, imperii forsan collegam. etsi hac de re sileant scriptores · præterea *Heraclium et Tiberium*, quos saltem post patris excessum imperatores appellari voluisse plebem tradunt historici, quod fortasse etiam hac dignitate donati fuissent patre adhuc superstite : ut proinde in nummorum aureorum facie antica *Constantinum*, qui et *Constans* dictus, cum filio *Constantino* Pogonato ; in aversa vero *Heraclium* et *Tiberium* effictos par sit credere. Quid denique si nummus, qui primum imperii annum designat, eidem Pogonato attribuatur, cæteris Constantino parenti adscriptis, ut uterque barbam promissam induerit ? Sed cum in hisce difficultatibus fateamur ultro nos cum doctioribus cæcutire, aliis quibus otium erit, et felicior aura aspiraverit, has examinandas relinquimus ; ut Constanti tamen potius quam *Pogonato* filio ejusmodi nummos pogonatos attribuerimus, id potissimum causæ fuit quod ex iis qui Constantini nudum nomen præferunt, tres ejusdem typi æreos servet gazophylacium Sanctæ-Genovefæ Parisiensis, in quorum adversa parte subscriptæ hæ leguntur literæ, CRTS, quas sic interpretari licet, ut in Mauricii numismate. *Carthagina signata :* quod quidem si ita se res habet, nummi isti Constantiniani Copronymo non possunt adscribi, cum antea, Leontio scilicet imperante, Carthago in Saracenorum venisset potestatem · longe minus etiam Porphyrogenito Leonis Philosophi filio, cujus præterea nummorum facies diversa prorsus fuit.

LXXXII.

NUMISMATA ΤΡΙΚΕΦΑΛΑ.

Hoc porro loco observare licet numismata imperatorum, ex Heracliana maxime familia, quæ tria capita præferunt. τρικέφαλα appellari in artis notariæ formularum commentario, qui *τύπος τέχνης τῶν γραμμάτων* inscribitur, servaturque in Bibliotheca Regia, ex quo sententia excerpsit Salmasius [2]: Καὶ κατεβλήθησαν ἀπὸ τῶν σῶν χειρῶν εἰς τὰς χεῖράς μου τόσα νομίσματα τρικέφαλα. Ubi quæ hic τρικέφαλα, seu ὑπέρπυρα dicuntur ; unde monetas aureas fuisse licet conjicere. Neque forte alia fuere τρικέφαλα quæ in die sancto Paschatis a patriarcha Constantinopolitano dabantur, ut habet Balsamon [3] : ait quippe diebus catecheseon post dominicam τοῦ τελώνου, θυμιάματα, seu incensa, ἀντὶ ῥογῶν καὶ βαΐων, in festo Palmarum, seu βαΐων, cereos et cruces ; rursum magna feria quarta cereos et incensa ; denique in festo Paschatis ἀσπασμούς seu βαΐα dari. Quo loco Meursius τρικέφαλα, nescio quid *die Paschatis ια signum lætitiæ ob resurrectionem Dei trini populo dari solitum a patriarcha* interpretatur. Leo Allatius [4] qui Balsamonis verba refert, de vocis significatu prorsus silet. Sed cum *rogam*, quæ in hebdomadæ τῆς ἀπόκρεω pro more exhibebatur, in magnæ feriæ tertiæ anniversariam *rogam* rejectam fuisse scribat idem Balsamon, quod ex *Rogalius* se didicisse ait, seu libris in quibus nomina scripta erant eorum quibus erogabantur *rogæ*. videtur vero simile Balsamonis ætate *rogas* easdem distributas die Paschatis, atque adeo τρικέφαλα, id est, nummos aureos. Ἀσπασμούς autem hoc loco *oscula* interpretatur Allatius : sed vereor ne ἀσπασμός idem sit cum *roga*, quo modo *salutatio*, et *salutes* dixit Latinorum inferior ætas, ut suo loco docemus . id sane suadere videntur glossæ Gr. Lat. ἀσπασμός, salutatio, amplexus, *rogatura*. Ubi pro *rogatura* legendum forsan *roga, thura*, nempe donativum, et θυμίαμα, seu salutatio cum incenso. Neque enim apud Balsamonem, per τρικέφαλον, *tricipitem*, seu trisulcum cereum quem Græci τρικήριον vocant, intelligi velimus asserere, quem εἰς ὀδέων καὶ τύπον τῆς ἁγίας τριάδος formatum scribit Symeon Thessalonicensis [5], cum hac notione vox ista neutiquam reperiatur usurpata. Ut igitur olim

---
1. Joel. — 2. L. de Modo usur. p. 342. — 3. De Incens. Patriarch. die Catechesis. — 4. De Domin. et Hebd. Gr. c. 9. — 5. P. 223 , Gretzer. in Horto S. Cruc. part. 4, c. 21 , Goar. ad Euchol.

tricipitinam triumvirorum collegium appellavit Varro, quod eorum capita in una eademque nummi facie exarata essent, ita Byzantini numismata tribus imperatorum capitibus insignia τρικέφαλα nuncuparunt.

LXXXIII (LXXIII).

NUMMI REGUM GOTHICORUM ITALIÆ.

At cur Gothicorum regum Italiæ, qui sub Anastasio, utroque Justino et Justiniano floruere, nummos qui supersunt, aut quos videre contigit, eorundem augustorum nummis, in laudato nostro opere subjecerimus, juvat lectorem admonere. Ea vero potissimum causa fuit, quod horum plerique augustorum effigies et nomina præferant. in aversa vero parte regum istorum exarata nomina et titulos, quod, ut non ita pridem monuimus ad Joinvillam [1], Byzantinis principibus quodammodo obnoxii, hac Italiam conditione possiderent, ut ipsos tanquam supremos dominos agnoscerent, monetamque eorum imagine cuderent, nominibus suis iisdem tantummodo inscriptis. Ejusmodi igitur sunt qui Anastasii, Justini, et Justiniani effigies et nomina præferunt, cum horum regum nominibus : atque adeo, ni fallor. ærei complures [2], Justini, solius imagine et nomine insignes (qui ideo forte seniori, non juniori adscribi debuerant). qui in aversa parte monogrammata minuscula RD. aut similia habent : quod ex eo potissimum colligere licet, quod in nummi, qui Justini effigiem et nomen præfert, parte postica, circa idem monogramma, describatur hoc lemma, INVICTA ROMA, quod qui eorundem regum nomina et imagines repræsentant similem habeant inscriptionem, cum iisdem augustis imperantibus, Roma gothicis regibus pareret jam ab ipso Honorio, subquo in Alarici et Gothorum potestatem venit [3]. a Belisario ad Romanum imperium tandem revocata, Justino Cos. Ind. 8. Gothicorum Italiæ Regum monetarum meminit Additamentum secundum Burgundionum [4] . « De monetis solidorum « præcipimus custodire, ut omne aurum quodcunque pensa- « verit accipiatur, præter quatuor tantum monetas, Valenti- « niani, Genavensis, et Gothium, qui a tempore Alarici regis « adærati sunt, et Ardaricanos. Quod si quiscunque præter « istas quatuor monetas aurum pensatum non acceperit, « quod vendere volebat, non accepto pretio perdat. » Ubi monetæ *Gothium*, pro *Gothorum*, dicuntur. At, pro *Ardaricanos*, editio Tiliana [2] *Ardaricæ annos* præfert. Ardaricanos vero non alios esse existimare licet ab *Alaricanis*, et forte ita legendum. Alarici autem nummos aliquot vidi-buimus. Genavensis autem moneta hoc loco appellatur, quæ regum Burgundiorum fuit. et in urbe Genevesii cudebatur : nam Geneva regum Burgundiæ sedes fuit. et colligitur ex Fredegario [5]. Denique nummi Valentiniani iidem sunt quos Gundebadus in præfatione ad Legem Burgundionum *Romanos* vocat.

LXXXIV (LXXIV).

NUMMI EXARCHORUM RAVENNATUM.

Delineavimus denique nummos alios aliquot æreos Ravennenses, quos Ravennæ exarchorum esse, vel certe ab iis cusos existimavimus, ac proinde Mauricianis subjecimus, quo imperante exarchi isti potissimum floruere. In horum plerisque imago pectoralis effingitur feminæ, caput corona murali exornatæ, cum hac inscriptione, FELIX RAVENNA. In postica ejusdem urbis monogramma describitur, R., scilicet cui A implexum est et E. In aliis aquila cum aliis expansis conspicitur, imperii romani signum forsan effingens.

LXXXV (LXXV).

DE CHARACTERIBUS BARBARICIS.

Jam vero priusquam partem hanc de numismatibus Byzantinis absolvamus, præstat de immutata characterum forma, et quando barbaries in iis inducta fuerit, aliquid obiter observare. Inclinante enim imperio, ex quadratis et uncialibus literis, quæ olim obtinuerant, abolitæ aliquot, et vicissim novæ subrogatæ barbaricæ, quas incertum an a Gothis, barbarisque aliis nationibus acceperint cum Græci tum La-

---
1. Dissert. 23, p. 92. — 2. Constant. Landus, p. 135. — 3. Marius Aventic. — 4. § 6. — 5. § 7. — 6. Epit. c. 18, 31.

tini : an vero scalptorum aut scriptorum vitio, collabente pristina liberalium cæterarumque artium solertia, sensim id inductum existimari debeat. Atque eæ maxime in nummis imperatoris Justiniani conspici incipiunt : sub quo, et imperatoribus qui eum deinceps excepere, effusi undique barbari Romanum omne imperium pervaserunt. Tum quippe novi hi characteres in eorumdem augustorum nummis barbarica quadam efficti forma, et hactenus minime visa : idque præsertim licet intueri in characteribus latinis, B. D. E. M. N. T. V., qui semper nova et insolenti, imo barbara, figura efformantur, adeo ut non immerito Michael Μεθυστὴς imperator in epistola ad Nicolaum I PP.[1] linguam latinam, *barbaram et Scythicam* appellasse videri debeat, quam Græci ipsi, illius fere penitus ignari, perinde ac insignis elegantiæ, omnino deturparant. Neque apud Byzantinos duntaxat obtinuit hæcce scribendi ratio, sed et apud Gothicos in Italia reges, atque adeo apud Gallos seu Francos nostros, quod ex regum Franciæ monetis, veteribusque monumentis colligitur : sic ut Claudius Buterous[2] ex variis, quos in iis observarat, characteribus, novum inde alphabetum sibi conficiendum putaverit. Sed nihil, si non artium omnium, certe monetariæ præsertim, postremis hisce sæculis, interitum tantum arguit, quam pessime in nummis augustorum, aliisque, formatæ effigies. rudi adeo stylo, ut virorumne sint an feminarum non proclive sit conjicere. Quinetiam in plerisque characteres ipsi qui in circulis describuntur, punctorum potius quam literarum speciem præferunt, ita ut sæpe nobis divinandum fuerit, ut aliquid expiscaremur, quod sane non sine labore adhibitaque similis typi nummorum collatione exegimus : unde si alicubi a nobis erratum est in male adscriptis auctoribus suis numismatibus, ab ejusmodi quisquiliarum amatoribus veniam nos facile consecuturos confidimus.

LXXXVI (LXXVI).

SOLIDUS AUREUS.

Ex quatuor dissertationis hujus partibus, tribus hactenus exactis, quarta et postrema superest de monetarum Byzantinarum propriis appellationibus ; de quibus cum quædam etiam attigerint qui de numismaticis scripserunt, in iis quæ obvia, vel ab aliis dicta sunt, ita versari nobis visum est, ut ea levi calamo perstringamus, reliqua majori cum disquisitione investigari. Monetarum igitur aliæ majores, aliæ minores ; aliæ denique aureæ, aliæ argenteæ, aliæ æreæ : harum etiam interdum non una forma. Atque ut ab aureis ordiamur, *solidum* appellarunt, aureum nummum, nova nomenclatura, cum ante Diocletiani tempora vix receptam observaverit Josephus Scaliger[3] : ita ut incertum sit an Lampridius, qui Constantini M. ævo vixit, cum in Alexandro Severo hac voce usus est pro aureo, ut sui sæculi vocem usurparit. Serius etiam receptam innuit Isidorus[4], scribens « solidum apud Latinos alio nomine sextulam dici, quod de « iis sex unciæ compleantur, huncque vulgus aureum solidum « vocare. » Vetus Agrimensor[5] : « Veteres solidum, qui nunc « aureus dicitur, nuncupabant. » Sane Constantinum ipsum, et qui proxime successere, ita solidum æcepisse docent eorum Constitutiones[6]. Auctor Queroli, loco supra laudato, ut cæteros omittam : « Quid tam simile quam solidus solido ? Etiam « hic distantia quæritur in auro, vultus, ætas, et color, nobi-« litas, litteratura, patria, gravitas, atque ad scriptulos « quæritur in auro plus quam in homine. » Solidus autem Constantinianus fuit quaternorum scripulorum ita ut septem unciæ appenderet. Unde conficitur octoginta quatuor solidos in libram auri tum computatos, ut argenti libram veterem apud Plinium[7] et Celsum[8]. At postea Valentinianus[9] senior, aucto jam auri pretio, septuaginta duos solidos in libram auri accepto ferri voluit. quæ quidem libra *occidua* appellatur in actis Sancti Marcellini PP. et in Synodo Suessana, locis a Baronio[10], Scaligero, et aliis indicatis, quorum de vocis *occiduæ* nomenclatura variæ sunt sententiæ, quas expendit, sua etiam producit, Jacobus Gotofredus.

---

1. Nicol. 1. PP. Epist. 8. — 2. Pag. 379. — 3. De Re Nummaria, p. 52, 53. — 4. Lib. 16, Orig. c. 25. — 5. Pag. 332. — 6. L. 1, C. Th. Si quis solidi circul.; l. 1, de Ponder.. 1, de Falsa moneta , l. 2, de Conlat. ær. etc. D. l. 1, de Ponderat. — 7. L. 33, c. 9. — 8. Epist. ad Natal. et l. 5, c. 17. — 9. L. 13, eod. Cod. de Susceptor. — 10. An. 302.

LXXXVII (LXXVII).

EXAGIUM.

Solidi porro *exagium*, seu pondus, inter Honorii nummorum typos in nostro de Stemmatibus Byzantinis opere ex gazophylacio RR. PP. canonicor. regular. Sanctæ-Genovefæ Paris. delineari curavimus, ejusdem augusti nomine, et exagii appellatione inscriptum. Est autem *exagium* certæ ponderationis genus, inquit Cujacius. Hinc in glossis Græco-Latinis pro quavis pensatione sumitur : 'Ἐξάγιον, *pensatio*. Et ἐξαγιάζω, *examino*, *perpendo*. SVB EXAGIO PECORA VENDERE, in veteri inscriptione[1]. Cassianus[2] : « Sive illa quorum « pondus ac pretium ærugo vanitatis arrodens exagio senio-« rum adæquari non sinit. » Et Zeno Veronensis[3] : « Habetis « aginam, exagium facite, quemadmodum vultis ponderate. » Ab exagio formata vox *Exagella*, pro legitima et ad trutinam examinata parte hæreditatis, apud Ennodium[4], et *Exagellario titulo* relinquere vel possidere, id est pensato et æquato, in Regula Magistri[5]. Ad exagium vero solidi pertinet Novella Theodosii junioris et Valentiniani de pretio solidi : « De « ponderibus quoque ut fraus penitus amputetur, a nobis « aguntur exagia, quæ sub interminatione superius compre-« hensa sine fraude debeant custodiri. » Atque ea sunt exagia solidorum, quibus inscripta erant augustorum nomina, ut in Honorii exagio. Inde postmodum invaluit, ut id vocabuli pro ipso solidi pondere usurpatum fuerit, quia solidus sexta pars unciæ fuerit : ut apud Zonaram, scribentem Nicephorum Phocam imperatorem monetam imminuisse, cum hactenus quodvis numisma, id est, solidus aureus, exagium penderet, μέχρι ἐκείνου παντὸς νομίσματος ἐξάγιον σταθμὸν ἕλκοντος. Exagium igitur usurpatum pro solido, seu solidi pondere : ex quo Saladinus, libro de Ponderibus, solidum solo nomine differre ab exagio ait, ut et poeta inferioris ævi in Glossario laudatus[6] : atque hac notione passim occurrit apud Constantinum Africanum medicum[7], qui sub Alexio Comneno vixit. Exagii etiam crebra est mentio apud anonymum de Ponderibus Nicandro subjectum : ubi στάγιον scribitur, voce contracta ex στ', quæ ἒξ significat, et ἄγιον, licet non ab ἒξ deducatur, quod pridem ab aliis animadversum *. Hujus porro quod Honorii nomen præfert, et magni Peirescii, postea V. C. Achillis Harlæi, regii in supremo senatu parisiensi procuratoris, fuit, nunc est RR. PP. canonicorum Sanctæ-Genovefæ Parisiensis , et grana ex nostris..... appendit, figuram jam antea delineari curaverat Buterous[8].

LXXXVIII (LXXVIII).

NOMISMA.

Quod vero solidum Latini sequioris ævi, Græci perinde recentiores νόμισμα appellarunt, cujus quidem vocis varias notiones acute, ut solet, expendit Scaliger in posthumo de Re Nummaria libro. Quod enim Latinis pecuniæ singulæ nomine intelligitur, id Græcis νόμισμα dictum. Isidorus[10], de Solido : « Ipse quoque nomisma vocatur, pro eo quod nomi-« nibus principum effigiebusque signatur. » Unde postmodum etiam pro forma, charactere, ac typo nummi usurpatum, ut ex Philostrato[11], et aliis passim constat. Prudentius :

> En Cæsar agnoscit suum
> Numisma nummis inditum.

Concilium Francofordiense an. 794. cap. 5, de Denariis : « Si « autem nominis nostri nomisma habent, et mero sint argento, « etc. » Sed crebrius pro aureo, ut in Constantini Constitutione[12] : « Quicunque adulterina fecerit nomismata, « pœnam pro discretione sexus et conditionis sub diversitate « sustineat. » Gregorius Turonensis[13] : « Dantes multa « numismatis aurei millia pro redemptione sua. » Ita etiam passim Græci Byzantini , Philostorgius, auctor Chronici Alexandrini, Theophanes, Leo imp. Nicetas, Pachymeres, et alii sine numero.

---

1. Grut. 647, 6. — 2. Coll. 1, c. 22. — 3. Serm. ad Neoph. 6. — 4. In Vita B. Epiphan. Episc. Ticin. — 5. Reg. Magistri, c. 91. — 6. Poeta MS. — 7. Constant. Afric. in libris de Morbor. Curat. — 8. Alciat. l. 2, Parer. c. 23. — 9. But. in nummis Francic. — 10. Lib. 16, Orig. c. 25. — 11. Philostr. l. 1, de Vita Apoll. c 11. — 12. L. 1, Cod. Th. de Falsa moneta, etc. — 13. L. 4, Hist. c. 33, 37 ; Anon. l. 4, de Mirac. S. Ben. c. 26 : Aimoin. ser. de S. Bened.

LXXXIX (LXXIX).

CHRYSINUS.

Solidos deinde istos aureos χρυσίνους appellarunt iidem Græci recentiores. Glossæ Gr. Lat.: Χρύσινος, solidus. Phavorinus: Τὸ δὲ χρυσίνος μόνον ἀεὶ λέγεται, καὶ δηλοῖ νόμισμα τοῦ χρυσοῦ. Ita Constantinus Manasses Χρύσινον et νόμισμα confundit:

Χρυσίνου γὰρ ὁ μέδιμνος ἀπεμπολεῖτο.

Et mox:

Δώδεκα γὰρ τὸ χρύσεον τὸ νόμισμα μεδίμνων
Ἐκέλευσεν ἀντάξιον εἶναι τοῖς σιτωνοῦσι.

Qua etiam notione vocem hanc usurpant Synodus Chalcedonensis [1], Synesius [2], Palladius in Vita Chrysostomi [3], Dositheus [4], Leo Philos. imp. [5], Anna Comnena [6], Zonaras, Nicetas, Cinnamus et alii. Leunclavius [7]: « Chrysini Græcis « a Chryso dicuntur, ut ab auro nobis aurei: quod imitati « Turci, suos sive ducatos, quod nomen a Venetorum ducibus « profectum arbitror, sive sultaninos, ab altum vocavere « altum Ier. » Inde formata vox ἡμιχρύσινος, pro semisse aureo apud Michaelem Apostolium [8].

XC (LXXX).

HYPERPYRUM.

Ut porro a χρυσῷ, χρυσίνους, ita ab obryzo, quod ὑπέρπυρον vocabant, eadem nomenclatura aureos sive solidos dixerunt: est enim Grammaticis ὑπέρπυρος, *supra modum igni excalefactus*, quod obryzo potissimum adscribitur [9]. *Aurum coctum* vulgo in Cod. Theodosiano [10] et apud scriptores appellatur, quod ἄπεφθος χρυσὸς Themistio et Scholiasti Thucydidis dicitur, ἐξάπεφθος, Simocattæ, nisi legendum sit ἑξάπεφθος, aurum sexies coctum, sive *recoctum*, Anastasio Bibliothecario *antipepthon*: ita enim legendum in Leone III, uti in Glossario nostro monuimus. « Fecit aquamanus antipemto deauratas « paria duo »; ut apud Rainerum, de Inventione Reliquiarum Sanctorum Eutychetis et Acutii apud Ughellium: « Crucem « Domini ex auro purissimo fecit admirabili artificio com- « pactam, quod splandoclastum et antipeuton vocabatur. » Ubi *splandoclastum* vox hybrida videtur, composita nempe ex *splendor*, latina, et κλαστὸς, fractus, ut sit aurum ductile in laminas tenuatum; nam in Glossis veteribus manuscriptis Regiis, *obryzum* definitur *splendor auri*: ex qua quidem definitione ὑπέρπυρον appellari etiam potuit, quasi ὑπέρπυρρον, *aurum eximie rutilum*: nam obryzi color πυρρὸς dicitur apud veterem Scriptorem de Urinis [11]: Εἶτα τέτακται ὑπόπυρρον κελτικῷ χρυσῷ ἐοικὸς, καὶ μετ' αὐτὸ τὸ πυρρὸν ὀβρύζῳ εἰκασμένον χρυσῷ. Ubi aurum gallicum, quod *minoreæstimatione taxatum*, ait Novella Majoriani, et colore pallidiore fuit, obryzo, quod *rutilum* est, opponitur. Sanctus Hieronymus ait ista Esaiæ: « Pretiosior erit vir auro, et homo mundo obryzo », aquilam interpretatus esse obryzum, πυρρὸν, quod coloris optimi atque sanguinei est. Sanctus Audoenus, in Vita Sancti Eligii, episcopi Noviomensis: « Cum omnis census in unum collectus « regi pararetur ferendus, ac vellet domesticus simul et « monetarius adhuc aurum ipsum fornacis coctione purgare, « ut, juxta ritum, purissimum et rutilum aulæ regis præsen- « taretur metallum, etc. » Charta Karlomanni regis apud Beslium, in Regibus Aquitaniæ: « Trecentorum solidorum « auri ad purum excocti se noverit pœna mulctandum. » Neque aliud videtur χρυσίον πεπυρωμένον ἐκ πυρὸς, in Joannis Apocalypsi. Contra aurum quod e metallis eruitur, αὐτόματος, et ἄπυρος χρυσὸς dicitur Agatharchidæ. Ὑπερπύρων autem nomenclaturæ ante primam Francorum nostrorum in Syriam expeditionem mentionem fieri nondum advertimus. Ab iis enim ad hæc sacra bella profecturis, Constantinopolim adeuntibus, vel in Syria ipsa cum Græcis pacta agentibus, aut commercia, tum primum Hyperperorum auditum nomen, quod Græci idiomatis ignari varie depravatum extulere. Tudebodus [12] quippe *purpurati* dicuntur: « Et vendebant unius « aselli onus octo purpuratis, qui appretiati erant centum « viginti denariorum solidis. » Eadem habet Baldricus [13]. Sed

et Guibertus [1] *byzantios purpuratos* aureos fuisse omnino testatur: « Ut asini unius ex frumento sarcina octo eorum « byzanteorum pretio distraheretur, quos ibidem purpuratos « vocitant, qui centum viginti nummorum solidis æstima- « bantur. » At ὑπερπύρων apud Græcos nomen paulo serius occurrit, apud Theorianum [2] scilicet, qui Manuele imperante vixit, scholiastem Harmenopuli, Codinum [3], et aliquot alios. Willelmus Tyrius [4] vocem Græcam retinuit: « Viginti duo « millia hyperpyrorum, et tria millia marcarum argenti « examinatissimi dicebatur esse largitus. » Hanc etiam ita reddidit Sanctus Antoninus [5]. At postmodum invaluit ut *hyperperum* diceretur. Idem Antistes Tyrius paulo supra: « Dotis autem quantitas erat in centum millibus hyperpe- « rorum justi ponderis, etc. » *Yperperum* absque aspiratione dixerunt Innocentius Tertius [6], Thomas archidiaconus Salonensis [7], Vincentius Belvacensis [8], et aliquot Chartæ quæ descriptæ leguntur apud Guichenonum, in Bibliotheca Sebusiana [9], et in Probationibus Historiæ nostræ Gallo-Byzantinæ [10]: *Ysperos* denique, *Yperperos*, et *Perpera*, pactum initum inter Michaelem Palæologum et Genuenses, quod nos ibidem perinde descripsimus, in quo interdum duplici PP. designatur hæc moneta. Nam extremis hisce sæculis usus invaluerat, ut non jam *hyperpera*, sed *perpera* ejusmodi monetæ appellarentur. Ita enim hæc vox scripta reperitur apud eundem Innocentium III [11]. Rogerum Hovedenum [12], Guntherum in Historia Constantinopolitana [13], Joannem Lucium [14] in Historia Dalmatica et alios. Atque inde Franci nostri *perpre* dixerunt. Albericus [15], de Gotofredo Villharduino Achaiæ principe: « Ex quo rex Joannes venerat ad « partes illas, mittebat quolibet anno ducenta viginti millia « perpres ad conducendos auxiliarios. » Occurrit passim in Tabulis idiomate Gallico conscriptis, ut *perperi*, apud Mathæum Villaneum [16]. Ex qua corrupta nomenclatione nostri Franci Hierosolymitani *purpuratos* formarunt, cum *perpres* tum appellarentur eæ monetæ, voce haud multum abludente a *porpre*, uti ea ætate *purpuram* dicebant. Hyperperos autem aureos fuisse docet præterea pactum inter Michaelem Palæologum et Genuenses initum: « Yperperos aureos et turchi- « faros. » Et Charta Balduini II, imp. Constantinopolitani, an. 1248: « Comme nos aions emprunté des marcheans vint « et quatre mille perpres de or de droit pois de Constantino- « ble, etc. » Unde a Guiberto cum Byzantiis confunduntur. De hyperperorum pretio egere etiam supra laudati scriptores, Tudebodus, Baldricus, et Guibertus, qui singula hyperpyra valuisse tradunt viginti solidis denariorum. Et Hugo Plagon, in versione Gallica manuscripta Willelmi Tyrii, ait hyperpyrum valuisse septem solidis Parisiensium: « L'emperères dit « qu'il lui donnoit en mariage cent mille perpres d'or. C'est « une monnoie de Constantinople: une perpre valoit bien « sept sols de Parisis. Pardessus dit que si envoiroit dix « mille perpres pour les despens et la feste des noces. » Scribit Guntherus [17] hyperpyrum monetam fuisse auream, pretii unius fertonis: « Per totum annum ad quatuordecim otto « fisco regio persolvebat nummum aureum, qui perpre vocari « solet, ferdoni, id est, quartæ parti marcæ, æquivalens. » Vincentius Belvacensis ait quadringinta hyperperorum millia confecisse quinquaginta septem millia marcarum argenti [18]: « Terra soldani valebat ei quotidie 400 millia iperperi, id est, « 57 millia marcas argenti. » Verum, ut hæc omnia de hyperpyrorum pretio, de quo quædam attigit Scaliger [19], concilientur et comparentur, majoris esset otii, cum præsertim ejus diversitas ut plurimum ex vilitate vel augmento metalli secundum tempora oriatur. Hyperpyrum porro nota ui designari apud Harmenopuli scholiastem [20] pridem observatum ab eodem Scaligero, quo etiam νόμισμα designari in Rationali Persequutorum, quod manuscriptum ex Bibliotheca Regia legimus, censet Salmasius: quod certe vel ex eo liquet, quod septuaginta duo ui dicantur libram conficere, auri scilicet, uti de libra occidua supra diximus τὰ οβ′ ui ποιοῦσι λίτραν μίαν, τὰ ρ ui ποιοῦσι λίτραν μίαν καὶ ui κβ′ τὸ ἥμισυ τοῦ ui ἐστὶ τῆς λίτρας μέρος ρμθ′. Ibidem præterea nomisma seu solidus aureus dicitur conficere duodecim milliarenses argenteos: Τὰ δὲ μιλλιαρήσια ὀφείλεις λογαριάζειν δώδεκα τῷ ui ἐν πάσῃ δημοσίᾳ ἀπαιτήσει. Ab ejusce vero monetæ speciei pensitatione dicti olim *perpyrarii* quidam liberæ conditionis homines in regno Cyprio Lusinianorum [21], quod regi quindecim hyperpyra quotannis pensitare tenerentur. Verum

---

[1]. Act. 12. — [2]. Ep. 129. — [3]. Ed. V. C. Emer. Bigoti, p. 54. — [4]. L. 3. — [5]. In Tact. c. 8, § 15. — [6]. L. 11, etc. — [7]. In Pand. n. 18. — [8]. Ep. 56. — [9]. H. Steph. — [10]. L. 1, C. De Ponter. l. 4, de Auri publ. prosec. — [11]. Theophil. de Urinis, p. 31, edit. Frid. Morelli. — [12]. L. 2, p. 787. — [13]. P. 103.

[1]. L. 4, c. 5. — [2]. In Legat. — [3]. De Origin. p. 72; de Off. c. 5, n. 22. — [4]. L. 18, c. 22. — [5]. Tom. 3, tit. 19, c. 8, § 3. — [6]. L. 13, Ep. 36. — [7]. C. 26. — [8]. L. 31, c. 75, 143; l. 32, c. 46, 289. — [9]. P. 190. — [10]. P. 2, 10, 12, 13. — [11]. L. 13, ep. 155, 450, 462. — [12]. P. 503. — [13]. C. 18. — [14]. P. 477, 482. — [15]. MS. an. 1236 — [16]. L. 7, c. 73. — [17]. Gunther. c. 18. — [18]. L. 31, c. 143. — [19]. De Re Num. p. 63. — [20]. L. 1, tit. 15, § 3. — [21]. Loredan. in Hist. Cypr. l. 1 et 7, p. 8, 369.

addit Porcacchius [1] hyperpyra ejusmodi, valoris fuisse Marcelli argentei Veneti, cui consentit Leunclavius [2] ex relatione cujusdam Atheniensis. Quod si ita se res habet, consectaneum videtur hyperpyra ista Cypria argentea, non aurea fuisse. Tandem ex supra dictis doceri potest vir eruditus unde dicta sint *perpera*, in cujus vocis origine non minime hallucinatur [3].

XCI (LXXXI).

TALENTUM.

Talentum pro libra Annam Comnenam et scriptores Latinos ætatis inferioris, Theophanem vero anno nono Nicephori Generalis, pro centenario, seu centum librisdixisse, docuimus ad Alexiadem et in Glossario [4]. Sed et pro numismate, seu nummo aureo, usurpatum testatur Hesychius [5] : Τὸ δὲ λεπτὸν ἑξακισχιλιοστὸν Ταλάντου, ὅ ἐστι νόμισμα. Atque sic videtur accepisse idem Theophanes anno primo Michaelis Curopalatæ, quo loco scribit Michaelem militum provincialium, qui bello Bulgarico perierant, uxoribus concessisse πέντε τάλαντα χρυσίου, cum vix probabile sit de centenariis auri hæc intelligenda.

XCII (LXXXII).

BYZANTIUS.

Aureos istos imperatorum Constantinopolitanorum Latini scriptores fere semper *byzantiorum* nomine donant, Græcis ipsis prorsus incognito ex quo mirari contigit unde nostri vocem inusitatam, nec ævo suo receptam, usurparint, cum Byzantium ab ipsius Constantini ætate urbs Byzantium appellari. Baldricus Dolensis [6], Willelmus Malmesburiensis [7], et Guntherus [8] *byzantios*, a Byzantio seu Constantinopoli non denominatos duntaxat, sed et nummos aureos fuisse consentiunt. Hinc *byzantei aurei* apud Tudebodum [9], et *visantii aurei* in Capitulari Radelchisi [10], principis Beneventani, *bizantieti aurei*, apud Lambertum Ardensem [11], ut cæteros omittam. Charta Joannis Anthypati, patritii ducis Amalphitanorum, apud Ughellum [12] : « Insuper componere debeat illa persona « in cujus manibus hæc charta pervenerit auri solidos quin- « gentos byzantios. » Alia Sikelgaitæ Roberti Guiscardi uxoris, an. 6 Caluciæ Amalphiæ, ind. 2 : « Componat in supra- « scriptum episcopium auri solidos byzantios sexcentos. » Rursum alia, anni 1128 : « Tum componere pars infidelis ad « partem quæ firma steterit, auri solidos centum byzantios. » Ita *passim libræ byzanteæ*. Charta Athanasii, archiepiscopi Neapolitani, circa annum 987 « Componat vobis pœnæ « nomine auri libras duodecim byzanteas. » Charta denique Guillelmi, episcopi Nolani, an. 1128 « Insuper componat « vobis.... auri libras decem byzanteas. » Ad saracenicas deinde et turcicas monetas transiit byzantiorum nomen ; quos, ad Græcanicorum nummorum discrimen, *saracenatos byzantios* appellant plerique scriptorum mediæ ætatis, uti alias docuimus [13]. Neque tantum aureis monetis id vocabuli attributum, sed et argenteis, præsertim in Cyprio Lusinianorum regno. Exstat apud laudatum Ughellum [14] diploma Gregorii IX PP. in quo hæc habentur : « Byzanciorum albo- « rum mille et nonaginta duorum percipiendorum in reditibus « civitatis Paphensis et territorio ejus. Byzancios bonæ « platæ », id est, probi argenti, habet Charta Bermundi de Sancto-Martino Majoricensis, an. 1232, quia scilicet *Nunoni Sancii vendit aliquot alguerias pro mille et quingentis byzanciis bonæ platæ*. Unde colligitur præterea ejusmodi byzantios monetam fuisse Maurorum principum Hispanicorum. Hinc etiam percipere possunt heraldicæ scientiæ studiosi, cur in armorum insignibus globuli aurei et argentei *byzantiorum* donentur appellatione, cum qui alterius sunt coloris *tortelli* dicantur, quia videlicet nummos aureos et argenteos exhibent, quos *bezans* vulgo nos ipsi appellamus [15].

1. De Insul. — 2. Pand. — (* 3. Forte hic designatur P. Bertet, qui a *puerperio* hanc vocem derivat. Hallucinatur etiam Menagius in Etymol. Italo, v. Perpero, qui eam a *perpero*, id est *malo*, descendere autumat. Bottarius.) — 4. Vid. Glossar. — 5. In Κοθράντος. — 6. L. 1, Hist. Hier. — 7. L. 4. — 8. Hist. CP. c. 15. — 9. L. 4. — 10. Capit. Radelch. c. 20, 27. — 11. P. 463. — 12. Tom. 7, p. 394, 395, 405 ; Id. tom. 6, p. 427, 298. — 13. Diss 20, ad Joinvill. — 14. Tom. 7, p. 60. — 15. (* Itali vero *Bisante* illum appellarunt , de quo videsis Menag. in Etymol. Italo Bottarius.)

XCIII (LXXXIII).

CONSTANTINOPOLITANI NUMMI.

Quos denique byzantios plerique, ut duximus, vocant, interdum *solidos Constantinopolitanos* nuncupari in veteribus Tabulis, quas passim profert Ughellus [1], observare est. Amatus, Salernitanus episcopus, anno 1 Gaimarii principis, ind. 3, circa annum 990 : « Si taliter omnia supra dicta non « adimpleverimus.... componere obligavimus et meos succes- « sores vobis vestrisque hæredibus... quatuor millia solidos « Constantinopolitanos, etc. » Ita certe hoc loco habetur : verum, ne quid dissimulem, in plerisque chartis quas laudat aut describit Ughellus [2] vox *Constantinopolitani solidi* contracta fere semper legitur. Alia ejusdem Amati, ind. 5 : « Obligavi me... 500 auri solidos Constantin. » Alia Gisulphi, principis Salernitani, an. 17 principatus, indict. 14 . « Com- « ponat ipsi patruo et nepotibus eorum 50 aureos Constant. » In aliis *Constantini solidi* nuncupari videntur. Charta Petri, episcopi, Salernitani, circa ann. 882 : « Obligamus nos et « successores nostros ad componendum vobis... mille aureos « Constantinos. » Unde dubium relinquitur fuerint-ne eæ monetæ Constantini alicujus imperatoris. Charta Joannis, Barensis archiepiscopi, exarata *Constantino simulque cum eo regnante Romano Porphyrogenito filio ejus*, anno quarto ejusdem Constantini, mense januario, indictione ultima : « Vobis « obligamus pœnam comprehendi centum Constantini soli- « dos. » Alia Pandulphi, comitis Montis-Oderisii, an. 1027 : « Obligat se et successores suos ad observantiam sub pœna « mille solidorum Constantini. » Sed cum omnia penæ quæ descripsit Ughellus vetera diplomata , exscriptorum vel typographorum fortassis incuria, de qua is non semel queritur, cum omni accuratione minime edita constet, admodum probabile est exscriptores eosdem aut typographos literam *t*. ad *Constantin.*, quo Constantinopolitani solidi designabantur, adjecisse, cum existimarent aureos illos esse Constantini alicujus imperatoris.

XCIV (LXXXIV).

NUMMI IMPERATORUM NOMINIBUS DONATI.

Licet tamen fateri aureos byzantios eorum quorum erant imperatorum. vel imagines præferebant, nominibus persæpe donatos a scriptoribus. Nam ῥωμανάτους appellatos Romani Diogenis nummos testatur Anna Comnena [3], *romanatos* nostris, chartæ veteres Latin. equas ad ejus Alexiadem laudamus. Falco Beneventanus, an. 1130 : « Hortum suum vendiderat « sexaginta romanatos. » Et anno 1131 : « Monet ut illi sexa- « ginta romanatos redderet. » Bulla Alexandri III PP. an. 1179, apud Ughellum [4] : « Quadraginta et octo romanatos de « paradiso, et de altari tantum quod 24 unciarum auri com- « pleat. » Ita *constantinatos*, Constantini Ducæ. *michalatos*, Michaelis Ducæ , *manuelatos* denique Manuelis Comneni imperatoris nummos in veteri instrumento, et *manlat*, voce contracta, vocari apud Arnoldum Lubecensem ibidem annotavimus [5], et in Glossario. (Tradunt præterea continuator Theophanis, lib. 4, num. 22, et Symeon Logotheta, in Basilio, num. 15, eundem augustum, capessito imperio, ex pecunia in regiis thesauris post necem Michaelis discessoris inventa, τὸ νῦν σενσάτον καλούμενον cudi præcepisse, quæ quidem moneta aureæne fuerit non indicat, quanquam id verosimile, et illam esse in qua cum filio Constantino in solio sedet : nam σένσος, pro *sessu*, seu *solio*, usurpasse Græcos recentiores pluribus docemus in Glossario mediæ Græcitatis. — C. in A.)

XCV (LXXXV).

SEMISSIS.

Jam vero ut ad solidi partes, aliasque minutiores, vel minoris pretii monetas descendamus, quemadmodum *semissem*, dimidium solidum Latini, ita Græci Byzantini ἡμισυ eadem notione sæpe numero usurpant. Theophanes [6] ait Chaganum dixisse Romanos captivos redditurum se, si κατὰ ψυχήν, id

1 Tom. 7, p. 509. — 2 Tom 7, p. 514 ; ibid p. 504, 509, 511 ; tom. 6, p 844 ; tom. 8, p 302, 714, 718 ; tom. 7, p 501 ; tom. 7, p. 978 : tom. 6, p. 844. — 3. l. 3, Alex. p. 93. — 4. In Arch. Benev. — 5. Notæ ad Alex. p. 322, 401. — 6. In Maur. an. 18.

est *in singula capita*, unum νόμισμα daretur : Mauricio id abnuente, petiisse Chaganum saltem ἀνὰ ἡμισῦς λαβεῖν κατὰ ψυχήν. Rationale Peræquatorum sub Alexio Comneno exaratum : Τὸ μὲν νόμισμα, ἤτοι μονὰς, δύο ἡμίσεια ἀποτελεῖ. τοίνυν καὶ τὸ ἥμισυ ἀπὸ τῶν δύο ἐξέργεσθαι λέγομεν. Ita sane : nam vox semissis quibusvis monetis etiam convenit, argenteis nempe et æreis, perinde ac aureis, utpote pars dimidia cujusvis nummi. Hinc in aliquot æreis intimæ ætatis, in quibus nullum imperatoris adscriptum est nomen, in aversa parte, circa litteram majusculam M. legitur ϵΜΙϹΗϹ, qui quidem characteres *semissem* æreæ alterius monetæ esse indicant.

XCVI (LXXXVI).

TREMISSIS.

Ut porro *semissis* est dimidius solidus, ita *tremissis* tertia pars solidi dicitur, ut est apud Isidorum [1], ubi de Solido : « Hunc, ut diximus, vulgus aureum vocat, cujus tertiam « partem ideo dixerunt tremissem, eo quod solidum faciat ter « missus » : ubi insulsum etymon. Atque hujus quidem monetæ speciei mentionem tantum fieri apud mediæ ætatis scriptores, pridem observatum a Cujacio [2], Casaubono [3], Salmasio [4], et aliis. Lampridius auctor est ab Alexandro Severo primum aureos tremisses cusos : « Tuncque primum tremisses « aureorum formati sunt » Exhinc occurrunt passim *tremisses* apud inferioris ævi scriptores. ac præsertim in Concilio Carthaginensi IV, in Codice Theodosiano, et Justinianeo [5]. in legibus barbaricis antiquis, maxime in Ripuaria [6], ubi *tremissis* dicitur constare quatuor denariis, quia solidus est duodecim denariorum : præterea apud Gregorium M. [7]. Paulum Warnefridum [8], Leonem Ostiensem [9], et alios non semel. Hinc τρίμίσιον dixerunt Theophanes [10] et Leo Grammaticus [11] : ex quibus *trinisium* confecit Anastasius Bibliothecarius [12]. *Trientem* vero aureum apud Pollionem in Claudio, idem esse quod *tremissis* dicitur, pridem alii adnotarunt, quod et firmat Gregorius Turon. [13] : « Ad domum suam reversus, vidit ante « pedes suos aureum in similitudinem trientis : quo assum- « pto, pensatoque, unius solidi appensus est pondere. »

XCVII (LXXXVII).

TETARTERON.

Tradunt Scylitzes [14] et Zonaras [15] Nicephorum Phocam imperatorem monetas suas pondere imminuisse ; et cum ad ea usque tempora nummus omnis *exagium* penderet, id est, *solidum*, uti nam vocare accipi supra docuimus, τεταρτηρὸν invenisse, statuisseque, ut tributa graviore darentur, largitiones vero ac impensæ mutilato ac leviori numismate fierent. Ex quibus, redactam solidi pondus ad quartam partem quidam : quo modo *quartarios* vocat Lampridius [16] : alii solidum quarta legitimi ponderis parte imminutum volunt. Cui postremæ sententiæ favere videntur veteres Tabulæ Constantinopoli scriptæ anno 1064, proinde annis 450 post Phocæ interitum, apud Ughellum [17] : « Hic in urbe Cons- « tantinopoli obiit D. Joannes Cajetanus, ... et dimisit in « vestro episcopio sol. 3, et sol. 5 ad Sancto Erasmo defore, « toti sunt solidi 35 tetarteron. » Ubi moneta ista solidus dicitur cum adjectione *tetarteron*, ad discrimen aureorum solidorum legitimi ponderis, qui nude *solidi* ibi appellantur, quorum octo efficere dicantur 35 *solidos tetarteronum* : unde patet ejusmodi monetæ solidum quartam esse partem aliorum solidorum, aut paulo plus. nam si *tetarteron* fuit solidus quarta parte tantum constans, triginta duo solidum legitimi ponderis confecissent. Quod autem τετρατηρὸν Græci, contractius scriptores qui expeditionum Hierosolymitanarum historiam literis mandarunt *tartarones* vocant Albertus Aquensis [18] : « Imperator... ducentos byzantios aureos sibi dari jussit : « de moneta vero quæ dicitur tartaron, minduum unum exer- « citui illius erogavit. » Et alio loco : « Per singulas hebdo- « madas quatuor viri aureis byzantis onerati cum decem « modiis monetæ tartaron, de domo imperatoris duci mitte- « bantur, quibus milites sustentari possent. » Istiusmodi

[1]. L. 16, c. 25. — [2] Ad lib. 12, Cod. — [3]. Ad Lampr. — [4]. De Modo Usur. — [5] L. 2, C. de Erog. milit. ann.; l. 16, Cod. de Castr. eon. lib. 12 ; [1] 4. C. Th. De Milit. vest; [1] 2, Ne Comit. etc. — [6]. Tit. 23. — [7]. L. 9, ep. 29. — [8]. L. 5, c. 39. — [9]. L. 2, c. 8. — [10] P. 374. — [12]. In S. Salvestro et in Hist. de Exit. S. Martini. — [13]. Lib. 4, de Mirac. S. Martini, c. 30. — [14]. P. 658. — [15]. P. 162. — [16]. In Alexandro Severo. — [17]. Tom. 5, p 1505. — [18]. L. 1, c. 16; l. 2, c. 16. l. 8, c. 26.

monetæ idem alibi meminit, satisque innuit prorsus diversam fuisse ab aureis et byzantiis nummis, seu solidis ; quod firmat etiam Fulcherius Carnotensis [1], exerte scribens *tartarones* æreos fuisse : « Jussit imperator de auro suo et « argento, atque palliis, proceribus nostris dari, et peditibus « quoque fecit de nummis suis æneis, quos vocant Tartaro- « nes. » Neque nomenclatura alia donantur nummi isti ærei ab Orderico Vitali [2] : « Tartarones quippe quadratos ex cupro « nummos Thraces vocitant, de quibus in Thracia seu Bithy- « nia provinciales mercimonia sua, sicut phlippis aut « byzantiis, uctitant. » Erant igitur *Tartarones* ex monetarum illarum genere, quas τετραγώνους vocat novella Justiniani [3], cujusmodi, inquit Scaliger. sunt argentei nummuli, quos Græci ἄσπρους vocant, id est *albos*. Certe apud Tartaros vigere etiamnum istius appellationis memoriam, quod fortassis monetæ istae minutiores e Græcia in commerciis eo transierint, testari videtur Josephus Barbarus [4], in Itinerario ad Tanaim : siquidem *tetarti* istos esse, quod *tetarteri*. quod prorsus licet existimare. Ita porro ille sub an. 1436 : « Neque « hoc prætereundum videtur (cum mentionem nummi. quo- « modo tartaricio idiomate proferatur, hactenus fecerim) « tetarti proprie albus dicitur, et per hunc colorem, nummum « Tartari argenteum, qui alias albus est, intelligunt. Græci « etiam aspros suos albos vocant, Turci Akejen habent, « album nobis quoque, et Zagathiteng album item nomi- « nant. » Nec multum refert quod *tetarti* tartarici argentei sint, perinde ac aspri et albi Græcorum aut Turcorum, cum *tetarteri* aut *tetartera* Græcorum ex ære fuerint, quandoquidem id appellationis minutioribus monetis quibusvis tributum omnino pro certo sit.

XCVIII (LXXXVIII).

MILIARENSIS.

Enimvero constabat solidus, seu aureus byzantius, duodecim miliarensibus argenteis : miliarensis autem duobus ceratiis, ceratium denique duodecim follibus æreis, de quibus sigillatim dicendum. Inter augustorum Byzantinorum τὰ λεπτὰ, seu minutiores nummorum species, fuit illa argentea quam *miliarensium* appellatione vulgo indigitant scriptores : Græci vero μιλιαρίσιον et μιλιαρήσιον vocitant. Fuit autem miliarensis, nomismatis pars duodecima. Glossæ Basilicæn : Κατὰ νόμισμα λαμβάνει μιλιαρήσια ιβ', et Suidas, μιλιαρίσιον τὸ τοῦ νομίσματος δωδέκατον. uti restituunt viri docti, pro δέκατον. Constabat etiam miliarensis duobus ceratiis, ceratium vero duodecim follibus : scholiastes Basilicων [5] : Ἐν κεράτιον φόλλεις εἰσὶ δώδεκα, ἤτοι μιλιαρησίου ἥμισυ. Et vetus Rationale Peræquatorum, quod palaiα λογαριστὶ inscribitur in codice Regio [6] : Ἕως ὧδε ὀφείλεις ἀπαιτεῖν δικέρατον καὶ μόνον. ἀπὸ δὲ τοῦ ἡμίσεως καὶ ἕκτου, ἤτοι τῶν δύο φόλλεων τι, ὀφείλεις ἀπαιτεῖς καὶ ἐξάφολλον διὰ χαράγματος, λογαριάζειν δὲ δώδεκα μιλλιαρήσιον τῇ νομίσματι, ἤτοι τὸ μιλλιαρήσιον ἔχειν φόλλεις κθ' κατὰ τὴν παλαιὰν παράδοσιν τοῦ Λύγουστου Καίσαρος. Duobus etiam ceratiis valuisse miliarensem omnino indicat Cedrenus [7], scribens Chaganum postulasse ab imperatore pro singulis captivis quatuor ceratia, quæ duos, inquit, miliarenses conficiebant. Scholiastes Basilicων loco laudato : Τὰ οὖν ιβ'. κεράτιά εἰσι νομίσματος ἥμισυ. τὸ γὰρ ἀκέραιον νόμισμα ἔχει μιλιαρήσια δώδεκα, ἤτοι κεράτια κδ. Quod etiam firmatur a Theophane [8], scribente Leonem Isaurum lege sanxisse, ut in murorum urbis, qui terræ motu collapsi erant, reparationis sumptus singuli ex incolus *miliarensem* pensitarent, καὶ ἀπαιτοῦσιν κατὰ κεφαλὴν ὁλοκοτίνην τὸ μιλιαρίσιον. Mox addit ab eo deinceps tempore exsolvi solitam pro murorum refectione duorum ceratiorum pensitationem : Ἐντεῦθεν οὖν ἐπεκράτησεν ἡ συνήθεια δίδειν τὰ δύο κέρατια τοις διοικηταῖς. Quæ quidem pensitatio δικέρατον dicitur Cedreno, Zonaræ, Manassæ, Glycæ, et aliis. At quærunt viri docti quid sit ὁλοκοτίνιν apud Theophanem loco laudato, et isto Theodoriti in Hist. Eccl. [9] : Ὁ βασιλεὺς ἀπέστειλε πεντακοσίους ὁλοκοτίνους αὐτῷ εἰς δαπάνας, ubi vetus lectio χρυσίνους habet, quam sane vocem firmat Cedrenus, qui præfert hoc loco : Προσετάξαμεν τοῖς διοικηταῖς τῶν θεμάτων ἀπαιτεῖν εἰς τὸν κανόνα κατὰ νόμισμα μιλιαρίσιον ἕν. Ita ὁλοκοτίνιν, vel ὁλοκότινος, idem erit ac νόμισμα, *solidus*, uti redditur ab Epiphanio Scholastico, vel *nummus argenteus*, ut ab Anastasio in Historia Ecclesiastica, incerto licet etymo. Sed et idem fuit miliarensis cum argenteo. Rationale : Ἰστέον ὅτι δώδεκα μιλιαρήσια, ἢ δώδεκα ἄργυρα, τῷ νομίσματι λογαριάζονται εἰς Σύκπερον τοῦ Γενικοῦ. τὸ γὰρ μιλλιαρήσιον ἀντὶ ἀργύρου λογίζεται, τὸ δὲ ἄργυρον ἀντὶ μιλιαρισίου.

[1]. L 1, c. 4. — [2]. L. 10, p. 791, 702. — [3]. 105, c. 3. — [4]. P. 453. — [5] L. 25. — [6]. Cod. 1024. — [7]. An. 18, Mauric. — [8]. P. 345. Cedr. p. 458. — [9]. L. 7, c. 16.

Μιλιαρισίων vero mentio primum videtur facta sub Honorio, cum *scrinium a miliarensibus* sub dispositione comitis largitionum statuatur in Notitia utriusque Imperii. ejusdem augusti ævo edita : dein sub Justiniano, qui horum meminit in Novella 105. mox sub Mauricio apud Simocattam [1], sub Heraclio apud Theophanem et Cedrenum anno ejus duodedecimo, sub aliis demum apud Porphyrogenitum libro de Administrando Imperio [2], Leonem Grammaticum [3] in Leone Philosopho, Achmetem, et alios. Cedrenus [4] ἀπὸ τῆς μιλιτίας, ἤτοι στρατίας, *a militia* deducit, quod scilicet ea monetæ specie militum stipendia exsolverentur, cui sententiæ consentanea habent Glossæ Basilicων : Ἔστι δὲ ἕτερος φόλλις συναγόμενος ἐξ ἀργυρίων λεπτῶν ταῖς στρατιώταις διδομένων, καὶ διὰ τοῦτο μιλιαρίσιων καλουμένων. Sed quod subdit Cedrenus. Scipionem pecuniæ inopia laborantem, dum bella Romanos inter et Annibalem exardescebant, ejus usum adinvenisse, vix fidem meretur, cum miliarensium demum nomen auditum fuerit post instauratum a Constantino Byzantium [5]. Neque ab hac Cedreni sententia abludit Epiphanius [6], scribens miliarensium apud Romanos esse στρατιωτικὸν δῶμα, *militare stipendium*: seu, ut habent Glossæ Basilicωn, στρατιωτικὸν δῶρον. At his adversatur Josephus Scaliger [7] hoc potissimum nixus fundamento. quod si a militia vox hæc deduceretur, non *miliarensis*, sed *militarensis* hæc moneta nuncupari debuerit. Verum objectioni scaligerianæ id præsertim opponi potest, quod Græci Byzantini μιλίους appellabant quos Latini *milites*: quod ex Porphyrogenito et Anna Comnena præsertim colligitur, qui quos Latini magistros militum, unico vocabulo μαὶστρομιλίους appellant, uti ad Alexiadem monuimus. Sed ut incertum esse etiamon istud fatendum est, ita videant eruditi an majoris sit fidei illud quod præferunt Glossæ Basilicων [8], *miliaresia* scilicet sic nuncupata, quod libræ auri millesimam partem conficiant, quovis nomismate duodecim miliarensibus constante . Μιλιαρήσιον, τὸ χιλιοστὸν τῆς τοῦ χρυσίου λίτρας. ῥηθὲ γὰρ οἱ Ῥωμαῖοι τὰ χίλια καλοῦσι, καὶ οὕτω κατεκερμάτωσε τὸ πόσον τῆς λίτρας, ἵνα δὲ αὐτοῦ σώζηται τὰ χίλια μιλιαρήσια, ὥστε κατὰ νομίσματα λαγχάνει μιλιαρήσια ιδ'. Sed pro ιδ' legendum prorsus ιβ', supra enim diximus nomisma constitisse duodecim miliarensibus. Certe huic sententiæ vox *miliarensis* non repugnat, cum *miliarensem porticum*, quæ Romæ in Hortus Salustianis exstitit, appellet Vopiscus [9], quam *Millenariam* Suetonius [10]. Istius etiam monetæ usus transiit in Italiam : quippe apud Ughellum [11] in archiepiscopis Brundusinis, descriptum legitur Diploma Rogerii, Siciliæ regis. anni 1138, ex quo hæc sunt . « Concedimus præfato monasterio in terra « nostra Misanii villanos 80 demanios nostros, qui reddant « singulis annis in duabus datis centum quadraginta michalatos et centum miliarenses. » Ubi *michalati* perinde sunt Michaelis Ducæ imperatoris nomismata, seu solidi aurei, uti supra innuimus. Neque aliunde Provinciales nostri suos *millarenses* accepere : nam quod suspicatur Scaliger a quodam *Muley Rais*, Arabum principe, et in Hispania regnante denominatos, et ex Hispania in Galliam invectos, refutatione non eget : quandoquidem an in rerum natura princeps ille unquam fuerit, se nescire ultro fatetur. *Millarensium* vero *massiliensium* mentionem in veteribus Tabulis fieri comperio. Pactum initum inter Carolum comitem Provinciæ et Massilienses, art. 20 : « De prædictis monetis quæ fiunt in Massi« lia, habeat dominus comes duodecim denarios Massilien« sium minutorum tantum pro marcha argenti fini,...... et « eodem modo intelligitur de moneta Millarensium. » Horum etiam meminit diploma aliud, quo Berengerus Fredolus, Magalonensis episcopus, Monspeliensibus [12] cudendæ *monetæ millarensis dictæ* facultatem concedit, ad legem decem denariorum, in toto episcopatu et comitatu, etc. Exstat præterea Diploma aliud Guillelmi Gerundensis, sacristæ, an. 1268, in quo millarensium mentio fit : « Ita tamen quod de millarensi « a nobis et D. Infante Jacobo nobis concesso habendo de « quolibet maidino salis ad opus murorum construendorum « et reficiendorum, etc. » Sed an a *miliarensibus* minutiores apud nos monetæ quas *Liards* appellamus nomen et originem ducant, uti vult Pithœus [13], major est difficultas : cum existiment alii ita vocitatam monetam regum Angliæ in Aquitaniæ ducatu ab iis cusam : atque adeo contendant haud diversam a moneta aurea quam *nobilem rosatum* vulgo dicimus, et quam Regestum quod Brissonis vocant, testatur pendere quatuor denarios et sex grana. Addunt præterea Edwardum III, Angliæ regem, primum id genus monetæ fabricasse, quod etiam scribit Seldenus [14] : idque nominis

monetæ ejusmodi datum, *les hardis*, seu, ut tum efferebant, *li hardis*, deinde *liards*, quod in ea rex manu ensem nudatum tenens effingatur. Pulinus [1] tradit *liardorum* istorum alios fuisse aureos, alios argenteos, alios denique ex materia argento et ære conflata, quam *billonem* dicimus : appellationemque istam, quam certis quibusdam æreis monetis vulgo tribuimus, ab ea monetæ anglicæ specie deductam. Diploma quoddam anni 1400 pro monetis confundit *les hardis* et *les liards de France*, pro tribus denariis : in quo etiam mentio fit *des hardis morlans*, pro duobus denariis et obolo. *Milreis* aureos Lusitanicos a miliarensibus quidam etiam deducunt, vel certe eorum appellationem : quos Henischius [2] ideo censet appellatos quod mille *ræsis* constiterent : ræsum autem esse quintam partem ait *cruciferi*, sive unum obolum cum duabus quintis : cum 40 *ræsi* regalem conficiant. Vel ex his saltem conficitur viri doctissimi [3] evanescere conjecturam, qui monetam dictam *les ardis* gothicam esse credidit, atque inde *panes sordidos*, *ardinienses* dictos in Codice Theodosiano [4], quod singuli væinirent singulis ardinis, id est quadrantibus, quo modo Tolosanes etiamnum quartam partem assis vocant : adeo ut verba hæc, *qui nunc dicuntur sardinienses*, vel, uti legit, *ardinienses*, Aniano interpreti adscribat.

XCIX (LXXXIX).

CERATIUM.

Ut solidus duodecim miliarensibus argenteis, ita miliarensis constabat duobus ceratiis perinde argenteis : *Ceratium* vero duodecim follibus æreis, ut est in Legibus Georgicis [5], et apud Cedrenum [6], anno vicesimo quarto Leonis Isauri ; et si eumdem Cedrenum audimus, ab ipsius Numæ temporibus id genus monetæ obtinuit. Duo præterea ceratia miliarensem confecisse, atque inde δικέρατον dici scriptoribus, mox innuimus : quod firmat idem Cedrenus [7], anno decimo octavo Mauricii, qui quatuor ceratia duos miliarenses confecisse scribit, et Theophanes [8], anno octavo Nicephori Generalis, qui unica voce τετρακέρατον dixit quod Epiphanio τετράδραχμον dicitur, sexta scilicet solidi pars ; siquidem *drachma* idem est quod *ceratium*, pars nempe vicesima quarta solidi [9]. Proinde τετρακέρατος semissis fuit moneta illa argentea qua Heraclius *rogas* suas, seu largitiones, fecisse scribit auctor Chronici Alexandrini, anno illius quinto· Τούτῳ τῷ ἔτει γέγονεν ἀπὸ νόμου νόμισμα ἐξάγραμμον ἀργυροῦν, καὶ βασιλικαὶ ῥόγαι δι' αὐτοῦ γεγόνασι, καὶ κατὰ τὸ ἥμισυ τῆς ἀργαιότητος. « Hoc anno « numisma ex lege cusum est argenteum sex scripulorum, et « largitiones eo genere nummi factæ, ad semissem veteris « moris. » Ubi perperam interpres ἐξάγραμμον. *senis literis insignitum* reddidit : eχ. enim γράμμα idem quod *scripulus*, vel *scriptulus*, unde forte Græci nomen formarunt, quasi a voce *scribere* vox *scriptulus* ducatur, quod punctis olim, seu γράμμασι, notarentur nummi, quæ eorum pondera designarent. Isidorus [10] : « Scripulus sex siliquarum pondere constat ». Hic « apud Græcos gramma vocatur. » Glossæ Gr. Lat. : Γράμμα, ὁ σταθμὸς, *scripulum*. Glossæ Lat. Gr. : *Semuncia*, γράμματα δώδεκα. Ita apud Nicephorum στατὴρ dicitur esse τετράγραμμος, ut apud Cleopatram in tractatu de Ponderibus, τὸ ἀνάριον ἔχειν γράμματα δ'. Quanquam apud Hesychium legendum τετράδραχμος censet Scaliger ; quod firmat idem Cleopatræ liber, in quo ὁ στατὴρ ἔχειν δραχμὰς δ', et τετράδραχμον vocari dicitur. Apud Medicos et cæteros scriptores *ceratium* est ponderis species, de quo præter Isidorum [12], et auctorem de Ponderibus, qui Nicandro subjicitur, copiose egit Pisanus [13].

C (XC).

FOLLIS.

Follium autem ut monetæ minutioris crebra mentio est apud scriptores, etiam aliquot qui Constantini ævum præcesserunt, Lampridium [14], sanctum Augustinum [15], Evodium Uzatensem [16], et alios, adeo ut non omnino damnandus videatur

---

1. D. Poulin, au Traité des Monnoies de France. — 2. Lib. de asse, p. 217. — 3. Samuel Petitus, lib. 2, Obser. c. 11. — 4. L. 5, Cod. Th. de Annon. civic. — 5. Tit. 2, § 1 — 6. P. 458. — 7. P. 399. — 8. P. 412. — 9. (* Hinc *Crasia*, moneta argentea Florentiæ cusa, minimi pretii inter argenteas. Bottarius.) — 10. L. 16, c. 25. — 11. (* *Siliqua*, quod forma et figura corniculum referat, dicta est Græce κεράτιον ; unde Florentinæ monetæ , *crasia*, nomen processisse arbitror. Bottarius.) — 12. Isid. l. 16, c. 25. — 13. L. 3, de Numism. c. 1 et 2. — 14. In Elagab. — 15. l. 22, de Civ. Dei, c. 8 ; l. 3, Contra Crescon. c. 29 ; serm. 49, in Nov. — 16. Evod. l. 1, de Mir. S. Steph. c. 14.

---

1. L. 5, c. 14. — 2. Porph. De Adm. Imp. c. 43. — 3. P. 480 — 4. Cedr. p. 468. — 5. Anon. de Mirac. S. Anastasii Persæ. c. 1. — 6. Lib. de Ponder. — 7. P. 55. — 8. Gloss. Basil. p. 72 ; Petav. ad Epiph. — 9. In Aureliano. — 10. In Neron. c. 31. — 11. Tom. 9, p. 45. — 12. Apud Sammarth. in Episcop. Monspel. n. 31. — 13. Ad Leg. Salic. tit. 1. — 14. L. 2, de Mari clauso, c. 25.

auctor Rationalis Peræquatorum, qui ejusmodi monetis pretium inditum ab Augusto Cæsare scribit. Et certe Casaubonus[1] et Salmasius[2] ab ipsis Hebræis vel Chaldæis etymon perinde ac usum arcessunt. Ex quo exploditi idem Salmasius Epiphanium, qui *follem* per βαλάντιον reddit : tametsi annotetur in veteribus Glossis manuscriptis *nummos folles dici a sacculo quo conduntur*. Certe sacculus *follis* exerte appellatur apud Fredegarium Scholasticum, cap. 18, cujus lemma est « De Aureliano qui follem perdidit, » qui in ipso contextu *pera* dicitur. Folium vero alii erant argentei, alii ærei. Follem argenteum τετράδραχμον vocat Epiphanius. Unde idem fuerit quod τετραχέρατον, quod perinde quatuor drachmis constitit. De æreis hic agimus, quo modo intelliguntur a plerisque scriptorum Byzantinorum. Glossæ Græco-Latinæ : Φόλλις, *æs*. *Folles æris*, dixit Lampridius ; *follerales* Marcellinus comes, seu *follares*, ut præfert Sirmondi editio, quasi folles æreos : « Nummos quos Romani Teruncianos vocant, Græci follares, « Anastasius suo nomine figuratis placabilem plebi commu-« tationem distraxit. » Lectionem Sirmondi firmat Falco Beneventanus[3], ubi de Rogerio, rege Siciliæ: « Induxit etiam « tres follares æreos Romenisam unam appretiatos. « Græcam porro voci originem esse hic indicat Marcellinus, scilicet a φολις, φολίδος, *squama* : nam et φολίδα τοῦ χαλκοῦ dixit Hippocrates[4], quod scilicet *folles* instar squamæ æris essent. Atque ita nonnulli ex scriptoribus Græcis cum unico) habent. ut Procopius[5] : Διακοσίους ὀβόλους, οὓς φόλεις καλοῦσι. Sic denique Theophanes, et Cedrenus[6], anno vicesimo quarto Anastasii, idem et Zonaras, anno perinde vicesimo quarto Leonis Isauri. auctor Vitæ Sancti Auxentii[7], Glossæ Basilicων, Moschopulus, et alii. Φόλας dixit Harmenopulus[8], a φόλη, uti appellatur ab Epiphanio. Φόλλην dixit etiam Cedrenus, anno septimo Justini Thracis. cæteri *follem* habent. Vetus inscriptio[9] : IS. TVM. INFERET. POENAE. NOMINE. REIP. FOLLES. MILLE. Sic non semel in Codice Theodosiano[10]. Chronicon Alexandrinum, anno decimo sexto Heraclii : Ὁ γὰρ ἐγγὺς ὁ Σεισμὸς γ φόλλεων πιπρασκομένου τοῦ φορίου. αὐτὸς ἡ φόλλεων αὐτὸ ἡδούληθη ποίησαι : « quippe Joannes iste Sismus cum offula « tribus follibus distraheretur, ipse rem eo deducere conaba-« tur, uti octo follibus id fieret. » Alibi φόλεις habet. Sed missis reliquis scriptoribus, lubet tantum observare, quingentos folles ære s conficere libram argenti, ex L. 8, Cod. Th., de Pistoribus, quæ definit primam præturam expendere viginti quinque millia follium, et quinquaginta libras argenti ; secundam, viginti millia follium, et quadraginta libras argenti . tertiam denique, quindecim millia follium et triginta libras argenti. Quos vero *senos folles*, quibus libra porcinæ carnis æstimatur, vocat lex tertia, eodem Codice, de Suariis, ἐξάφολον appellat auctor Rationalis Peræquatorum, quo loco ait i. de Pondere nuncupatam additionem factam *dicerato* a Leone Isauro : Χρὴ δὲ γινώσκειν ὅτι τὸ ἐξάφολλον προσθήκη, ἐνεγένετο Λέοντος τοῦ Ἰσαύρου, a qua quidem superindictione ejusmodi tributum unico vocabulo ibidem non semel διεκρατοεξάφολλον appellatum. Apud Hispanos habetur moneta minutior, quam *solus* nomenclatura donant, et valere *coronato* seu *coronado*, esseque tertiam partem *blancæ*, scribit Sebastianus Cobarruvias. Sed quod addit vocem esse arabicam, vix el assentiar, nisi Arabes a Romanis acceperint, eamque ab Hispanos transmiserint.

CI (XCI).

FOLLIS MAJORIS PRETII.

Erant præterea folles alii majoris pretii quam ii de quibus egimus. Tradit Zozimus[11] « Constantinum M. describi jussisse magnatum possessiones, iisque tributum imposuisse quod *follem* nominavit, τέλος ἐπιτιθείς, ᾧ τινι φόλλιον αὐτῷ ἐπέθηκεν ὄνομα. Hinc *follem senatorium* vocat novella Majoriani de Indulgentiis debitorum. Neque tamen unus, sed duo pensitabantur a senatoribus folles, ex lege 2, Cod. Th., de Senatoribus , et l. 1 de Prætoribus. Cujusmodi autem esset *senatorius* iste *census*, uti appellabatur a Symmacho[12], docet vir illustris Hesychius Milesius, Historiarum libro sexto in Glossis Basilicων. Ait enim pro modo facultatum eam fuisse senatoriam pensitationem quam *follem* etiam appellatam innuit, qui variis constitit quantitatibus : a duabus enim auri libris ad octo processisse secundum dignitatis ac facultatum rationem : Ἔστι δὲ καὶ ἕτερος φόλλις διαφόρους ἔχων ποσό-

τητας· ἀπὸ γὰρ δύο χρυσίου λιτρῶν ἀρχόμενος, εἰς ὄκτω πρόεισι κατὰ τὴν ἀξίαν καὶ τὴν εὐπορίαν τῶν ἀπαιτουμένων. Addit deinde primæ dignitatis viros octo auri libras, secundæ quatuor, tertiæ denique duas pensitasse. Ex quibus primo percipimus, quod ait Zozimus *follem* propria nomenclatura appellatam senatoriam istam pensitationem, quam qui implere non valebant, saltem solidos præstare jubebantur ex lege 4, Cod. Th., de Senatoribus, etc. Sed et ex Hesychii verbis videtur follis iste idem fuisse cum libra auri. Nam lex secunda dicto titulo de Senatoribus, præcipit *duorum follium manere cunctos* (senatores) *indiscretam possessionem, etiamsi possessionem forte non habeant:* Hesychius vero cum *follem* dicit esse censum hominum locupletum, qui a duabus auri libris ad octo progrediebatur, habita facultatum ratione, consequi videtur, binos istos folles esse binas auri libras Hesychii. Proinde hac notione *folles* intelligendi in l. 2 et 3 Quorum appellat. non recip. l. 1 de Prætoribus, et l. 1 de Mensis oleariis, in Codice eodem Theodosiano. Et sane Glossæ Basilicων exerte dicunt *follem* esse σταθμὸν, seu libram vel pondus, quod appendit denarios 250, hoc est libras 82 et 6 uncias, denario computato pro una libra et tredecim unciis.

CII (XCII).

OBOLUS.

Obolos eosdem esse cum follibus æreis auctor est Procopius, in Anecdotis, quo loco scribit auri staterem, seu nomisma cum decem et ducentis obolis commutatum a nummulariis[1]. Unde de follibus intelligendus videtur Scylitzes[2], cum ait Joannem Tzimiscem imperatorem statuisse ut ἐν τῷ νομίσματι καὶ ἐν τῷ ὀβολῷ. Servatoris insculperetur imago, id est in aureis et æreis minutioribusque nummis. Memorat ibidem Procopius quendam Petrum Barsymen Syrum ἐπὶ τοῦ χαλκοῦ τραπέζης καθήμενον, ὃν τὴν περὶ τοὺς ὀβολοὺς κλοπὴν famosum, qui quidem ex iis erat quos collybistas, nummularios, et collectarios vocabant, Zonaras[3] τοὺς τὰ λεπτὰ νομίσματα πωλοῦντας, qui vendebant nummos, seu solidos aureos minutulis monetis permutabant, de quibus nummorum venditoribus agit Codex Theodosianus, l. un. Si quis circul. l. 1 et 2. Si quis pecun. conflaverit, et l. 1 de Ponderat.

CIII (XCIII).

LEPTUM, QUADRANS, NUMMUS.

Folles igitur ærei et oboli monetis minutioribus accensentur. At Hesychius τάλαντον, id est, solidum, dividit in λεπτά, νούμμους, κοδράντας, ἀσσάρια ; λεπτὸν apud Lucam[4], ὀβολὸν interpretatur Chrysostomus : Δαφιλὴς καὶ φιλότιμος ἡ, ἐκ τῶν δύο λεπτῶν ἐλεημοσύνη, τουτέστιν ἐκ τῶν δύο ὀβολῶν. Hesychius ait λεπτὸν esse ἑξακισχιλιοστὸν ταλάντου, ὅ ἐστι νόμισμα ἕν, Others autem esse quod κοδράντης, ἢ τὸ τέταρτον τῆς φόλλεως· alibi κοδράντην esse scribit λεπτὰ δύο, ex Evangelista[5] : Δὲ δύο λεπτὰ κοδράντης ὅ, ἤγουν νούμμια τρία. Unde conficit Scaliger solidum dividi εἰς κοδράντας 6000, εἰς λεπτὰ 12000, εἰς νούμμια 18000. Et sane τὰ λεπτὰ per νούμμια numerari docet Rationale Peræquatorum, in quo χαλκῶν νούμμιων crebra mentio occurrit. Ibi enim Alexius imperator statuit διὰ χαλκῶν νουμμίων ἀπαιτεῖσθαι τὰ λεπτὰ ψηφία τῶν τελουμένων δημοσίων, per æreos nummulos exigi minutos calculos, *qui in tributis penduntur* : et καταλογίζεσθαι τὰ νούμμια ἐπὶ τῶν τεσσάρων μιλιαρησίων τῷ νομίσματι, ὥστε χρεωστοῦνται ἡμισὺ νομίσματος δίδοναι μιλιαρήσια β΄ νουμμίων χαλκῶν. Ita νουμίον est minutissima moneta ærea, uti nummus usurpatur in Codice Theodosiano[6], et in Novella Theodosii et Valentiniani 25 : « Ne unquam intra septem millia nummorum solidus distra-« hatur, emptus e collectario septem millibus ducentis. » Et in Glossis manuscriptis regiis, νούμμος, ὁ νουμίον exponitur. Quod vero νουμίον alii, Hesychius interdum νόμισμα vocat, cum scilicet ait quadrantem νουμίσματα τρία confecisse. Ab ejusmodi *nummis* dictum fortassis *dinummium vectigal*, quod urbis Alexandrinæ singuli cives ad urbis onera pendebant[7]: quemadmodum in Glossis Lat. Gr. *binio* δίνουμμα esse dicitur.

---

1. Suidas, in ὀβολός, p. 111, ed. 1. — 2. Scyl. p. 689. — 3. Ad Syn. Trull. — 4. C. 22. — 5. Marc. 12, p. 59. — 6. L. 1, de Medic.; l. 1, de Pretio panis Ostiens. — 7. L. 2, Cod. Th., de Alex. pleb. primat.

1. Ad Lamprid. — 2. L. de Usur. c. 11, extr. Franciscus Francus in Elencho Cercopetaviano, p. 45 et seqq. — 3. Falco Beneven. an 1140. — 4. Hippocr. L. de Visu. — 5. Procop. in Anecd. — 6. Cedr. p. 458. — 7. Vita S. Auxent. n. 7. — 8. Harmenop in Georg. tit. 2, § 1 et 10. — 9. Grut. 810, 10. — 10. L. 3, de Veter; l. 3, de Pistor. — 11. L. 2, p. 692. — 12. L. 10, Ep. 60.

CIV (XCIV).

ASSARIUM.

Assarium præterea idem esse quod λεπτὸν auctor est Hesychius: 'Ἀσσάριον καὶ λεπτὸν ἕν εἰσιν, ἤγουν ἑξακισχιλιοστὸν ταλάντου, quo loco λεπτὸν cum quadrante confundit, qui est sexmillesima pars solidi, quo modo alibi etiam usurpat. Glossæ veteres ἀσσάριον, νουμμίον vertunt. Ita Suidæ ἀσσάρια, ὀδολοί, νομίσματα, et στάμενα, idem sonant, vel certe pro λεπτοῖς, seu minutioribus monetis confunduntur. Et in Glossis Græco-Latinis ἀσσάριον as esse dicitur, minimus nempe æris nummus, cum de numerata in ære pecunia agitur, ut observat Cujacius [1]. Sed et de vocis notione ac monetæ valore non sibi constant, Græculi isti : quippe in Glossis Regis manuscriptis [2] ἀσσάριον exponitur πεντανούμιον, ἢ δεκανούμιον, ita ut *assarium* confecerit quinque vel decem νουμία ærea, vel certe appenderit : nam ἀσσάριον pro pondere usurpat Cleopatra de Ponderibus, ubi τετράσσαρον Ἰταλικὸν unciam vocari ait. Apud Marcellum Empiricum de Ponderibus et mensuris, *tetrassarius semuncia* est : unde colligitur assem unciæ quadrantem habuisse.

CV (XCV).

ΣΤΑΜΕΝΑ.

Quod vero ad vocem στάμενα pertinet, a Græculis infimi ævi pro minutiore moneta usurpatam, videtur illam esse quam Odo de Diogilo *stamnam* vocat, proclivi mendo, pro *stamnam*, uti in Glossario monuimus. Is enim Ludovici VII, Francorum regis, per urbem Constantinopolitanam transitum enarrans, ait a Francis nostris, cum ad Græcorum terras accessissent, *monetas cupreas*, seu æreas, et *stammas* tum primum visas [3] : « Hic primo (*in Græcia*) cupream monetam « et stammas offendimus, et pro una earum quinque dena- « rios, et pro duodecim solidis marcam tristes dabamus. » Rursum alio loco [4] : « Ante Palatium, vel etiam in tentoriis, « habebamus congruum. si duraret. concambium, minus « quam duobus denariis stammam unam, et earum triginta « tres solidos propter marcam. » De vocis etymo non constat : nolim enim præstare ita nuncupatas, quod ex stanno ære forsan mixto conflatæ fuerint : nam στάγνον Græci, ut Latini recentiores *stamnum* et *stagnum*, appellant quod veteres *stannum*. *Nummi stagnei* habentur in Pandectis Florentinis, de quibus Cujacius [5]. Scio aliam accessi originem voci στάμενα ab Salmasio [6], quæ nescio an perinde ab omnibus probetur. Ait quippe τῶν ἱσταμένων voce proprie significari quæ fœnore dantur : ἵστασθαι enim esse fœnore accipere : præterea Pollucem [7] pro pecunia numerata etiam ἱστάμενα vocem usurpasse, hoc loco : Πέντε χρυσοῦ στατῆρας μνᾶν ἐδύναντο· οἱ γὰρ ἓν τοῖς ἱσταμένοις τῆς μνᾶς τὸ πέμπτον στατῆρα ὀνομάζουσι. Sed alii ἐν ἱσταμένοις, *in appensis* rectius, opinor, vertunt.

CVI (XCVI).

ASPRI.

Inter monetas minores argenteas occurrunt etiam eæ quas *aspros*, vel *aspra*, vocant Græci recentiores, cum qua collybistæ, seu *cambitores*, majorem tam argenteam quam auream commutare solent. Unde denarium *asprum* reddunt Glossæ Græco-Latinæ : Δηναρίου, λευκόν, *asprum* : ubi λευκὸν idem valet quod *album*, et quod *asprum*. Quo spectant ista Hesychii : Λεπταλέου. ἰσχνὸν λεπτὸν καὶ παχείας, λεῦκος ἐν νόμοις, τὰς δραχμὰς, λεπτιὰ μὲν τὰς ἐξωβόλους, παχείας δὲ τὰς πλέον ἐχούσας. Eadem habet Favorinus : ubi λεῦκον in nummis dici observat, idemque esse quod λεπτὸν, deinde drachmam esse, cui opponitur παχεῖα, quæ Achæis διδραχμον sonat, ut alibi observat. Notum porro Græcos ἀσπρὸν pro λεύκῳ etiam in colore usurpare [8]. Sed et inde nostri forte minutiores monetas suas argenteas *blancs* vocavere, nisi ii a nostris hauserint, ab argentei metalli scilicet colore. Quod vero ejusmodi minutioribus monetis majores permutarentur, *aspraturam*, κολλυβόν reddunt Glossæ veteres; est enim collybus quod pro pecuniæ permutatione datur, ut Collybistæ, qui majores pecunias

minoribus vendunt ac distrahunt. De his *aspris*, præ cæteris Vincentius Belvacensis [1] : « Etiam suum habet tributum « (*super*) tributarios terræ Anaph) ad minus quindecim « drachmas, seu asperos, qui bene valent triginta sterlingos. » Ubi aspri *drachmis* æquiparantur, ut in laudato Hesychii loco. Præterea Alexius Comnenus, in Rationali Peræquatorum : Τοῦτο γὰρ προστέταξεν ἡ Βασιλεία μου τὸ μὲν χάραγμα νόμισμα διὰ τραχέων ἄσπρων νομισμάτων ἀπαιτεῖσθαι, τὰ δὲ λεπτὰ ψηφία διὰ νουμίων χαλκῶν, καταλογίζεσθαι δὲ τὰ νουμία ἐπὶ τῶν τεσσάρων μιλιαρησίων τῷ νομίσματι, etc. Ubi ἄσπρα τραχέα sunt *aspri aspri*, recens cusi. non usu detriti : ut *asperi nummi* efferuntur a Suetonio [2], Persio [3], et aliis : unde etiam ejusmodi *aspris* datam nomenclaturam plerique censent. Ita in eodem Rationali, νομίσματα τραχέα habentur : Ἐπὶ δὲ ἀπαιτήσει τῶν νομισμάτων τὸ τραχὺ παλαιοῖν ἓν ἀπαιτεῖσθαι, βαρεῖαν ἐλογίζοντο τὴν ἀπαίτησιν. De asprorum duplici apud Turcos specie egit alicubi Leunclavius [4].

CVII (XCVII).

CENTENIONALES, MAJORINÆ PECUNIÆ.

Atque ista quidem quæ hactenus diximus minutiores inferioris ævi potissimum monetas fere spectant. verum sub Constantino, vel etiam decessoribus, aliæ fuere, atque in iis quas *centenionales* appellabant, quod centum æreos seu stipes conficerent, quarum usum, ut et *majorinarum*, a Constantio interdictum legere est in Codice Theodosiano [5], centenionales quidem propter nimiam sui exiguitatem, *majorinas* vero propter nimium pondus : tametsi centenionalium postmodum usus permissus fuerit ab Arcadio et Honorio [6]. Eorum enim prorsus repudianda videtur sententia qui centenionales cum centenariis aureis, quorum meminit Lampridius [7], confundunt, aureos conficiebant. confundunt ; cum revera centenionales *minutula*, ut loquitur Valerianus in Epistola ad Aurelianum, moneta fuerit, sicque nuncupata, quasi *centenio*, qui centum, ut *binio*, qui binis nummis constabat. Majorinæ vero pecuniæ mentio præterea occurrit in lege sexta de Falsa moneta eod. Cod. quæ ex argento et ære conflatam fuisse arguit. Pœna enim ibi indicitur in flaturariis qui majorinam pecuniam *separato argento ab ære purgant*. Alibi [8] *major moneta* dicitur, cujus quidem species fuit *decargyrus*, nisi eadem sit. Ita porro appellatam volunt [9], aut quod decima tantum ejus pars argentum esset, siquidem majorina pecunia ex argento et ære conflata, vel potius quod decem argenteis æstimaretur, quemadmodum denarium dixerunt Latini qui decem argenteis valeret : Græci vero δεκάργυλον, quod decem æreis æstimaretur, ita ut decargyrus species fuerit majoris pecuniæ, decem minutis argenteis æstimata.

CVIII (XCVIII).

MONETÆ, CAUCII, QUADRATÆ, etc., DICTÆ.

Minutioris ac pretii vilioris monetæ species quatuor recenset præterea novella Justiniani [10], qua consules in processibus publicis aureos nummos aut argenteos in populum deinceps spargere vetantur, ita tamen, ut ὀπαιία, seu missilia sua facere iis liceat, ἐν μιλιαρησίοις τὰ καὶ μήσοις, καὶ καυκίοις, καὶ τετραγώνοις συμμέτροις, καὶ τοῖς τοιούτοις. Id autem statuit Justinianus, quod sua ætate consules, perinde ac ipsi augusti. aureos et argenteos nummos missilium vice in populum spargere attentassent, contra quam jus eis erat, cum æs tantum spargere fas esset, quod exerte docet Marcellinus comes : « Marcianus augustus suis statuit edictis ut hi qui consules « fieri cupiebant, nihil æris in populum spargerent, sed « statutam pecuniam ad reparandum urbis aquæductum « dependerent. » Igitur monetæ in novella Justiniani memoratæ æreæ fuere ; quod tamen de miliarensibus dici non potest, cum eæ argenteæ fuerint, adeo ut Justinianus minutiores monetas sive argenteas, sive æreas, spargere consulibus concesserit. Quid vero per μῆλον intelligatur non constat ; quidam, ut Haloander et Scaliger [11], ita nuncupatam monetam istam putant quod *ovem*, quam Græci μῆλον vocant, vel *malum*, expressum haberet. At cum nulla hactenus ovis vel *mali* effigie signata imperatorum visa fuerit, jure ea exploditur sententia. Nec scio an probabilior videatur Cujacii et aliorum conjectura, scribentium ita dictam quod rotunditate sua

---

[1]. L. 7, Obs. c. 33. — [2]. Cod. 930. — [3]. Odo de Diogil. l. 3, de Profect. Lud. VII. in Or. — [4]. Lib. 4. — [5]. L. 11, Obser. c. 1 — [6]. L. de Usur. p. 581, 685. — [7]. L. 9, c. 6. — [8]. Chr Alex. p 724, 766, 781, 886 : Theophan. p. 141 ; Const. de adm. Imp, p. 117, etc., Vide Gloss.

[1]. Vincent. Belv. l. 30, c. 75. — [2]. In Ner. — [3]. Pers. sat. 3. — [4] Pand. Turc. n. 48. — [5]. L. 4 Si quis pec. confl. — [6]. L. 2, eod. tit. — [7]. In Elagab. — [8]. L. 2. Si quis pec. confl. — [9]. Jac. Gotofr. — [10]. 105, c. 2, § 3. — [11]. Epist. 204.

malum, seu pomum, referret, respectu alterius, quam τετρά-γωνον, seu *quadratam,* vocat Justinianus, cujusmodi, inquit Scaliger, nummulos turcicos videre est, quos *aspros* appellant, aut *tartaroves,* quos quadratos fuisse scribit Ordericus Vitalis [1]. *Caucios* vero ita dictos putat Cujacius quod *cauci,* seu caliculi ac scyphi instar, concavæ sint, jure explosa Haloandri, quam temere secutus est Meursius, sententia, existimantis ita nuncupatas quod in iis cauci, seu calicis figura repræsentaretur. Nummos concavos aureos, argenteos, etæreos imperatorum Constantinopolitanorum passim videre est, in quibus antica pars ea est quæ est convexa. De cauco vero et recepta ista apud Græcos Byzantinos et Latinos recentioris ævi nomenclatura, plura congessimus ad Alexiadem et in Glossario.

CIX (XCIX).

SCYPHATI.

Incertum autem an ad hanc monetæ Byzantinæ speciem referri debeant nummi quos *scyphatos* vocavit ætas inferior: quod a vero haud procul abesse binæ potissimum suadent conjecturæ. Primo quidem quod *scyphati* nummi videantur fuisse imperatorum Constantinopolitanorum ; deinde quod ita appellatos par sit credere quod *scyphi,* seu *cauci,* formam referrent : ita ut Itali, apud quos hæc potissimum obtinuit appellatio, quos Græci *caucios,* a *cauco,* ii *scyphatos,* a *scypho,* quod idem est cum *cauco,* nuncuparint, cum *cauci* vox apud illos insolens ac minus usitata tum esset. Jam vero ut *scyphati* imperatorum Byzantinorum nummi fuisse censeantur, facit Charta exarata imperantibus Constantino et Basilio fratribus anno mundi 6582 (Chr. 1024.) ind. 7, apud Ughellum [2], ex qua hæc excerpsimus. « Ut quia consuetudo est ut « fideles recognoscant dominum suum, et honorent de suis « bonis, per unumquemque annum scyphatos imperiali curiæ « persolvant. » Ex quibus saltem colligitur ejusmodi nummos in thesauros imperatoris illatos. In Italia vero ita postea nuncupatos Siculorum ex gente normannica principum aureos docet Chronicon Casinense [3], in quo *scyphati,* seu, ut habet editio Angeli a Nuce, *schyphati* vocantur, ut et Bulla Anacleti Antipapæ, et altera Innocentii II pro erectione Regni Siciliæ apud Baronium [4] : a quo profertur prætere charta alia Guillelmi. regis Siciliæ, ann. 1156, quæ ejusdem *scyphatos* aureos, in Apulia præsertim et Calabria, usum habuisse innuit, cum ibi *schifati de Apulia et Calabria* nominentur.

CX (C).

ΧΑΡΑΓΜΑ, ΣΤΑΤΗΡ.

Ut porro *pecuniam* Latini, sic Græci recentiores quasvis monetas signatas χαράγματα appellarunt ita usurpant Theophanes [5], Anna Comnena, Rationale Peræquatorum, Nicetas Choniates, Ducas, Codinus, Achmes, et alii. Sed et interdum στατῆρας vocant, quod nomen Atheniensium, Macedonum aliorumque monetis aureis vulgo tribuitur ; στατῆρα χρυσοῦ dixit Joannes Cinnamus, ἀργυρέους στατῆρας Nicetas. Et Procopius ait staterem aureum confecisse decem atque ducentos obolos. Theophylactus Simocatta στατῆρας μιλιαρισίων habet. Denique scribit Zonaras Nicephorum Phocam, cum invaluisset στατῆρα πάντα βασιλικὸν ἐκτύπωμα φέροντα ἰσάτιμον εἶναι τῷ ἄρτι κοπτομένῳ, sua νομίσματα aliorum præferri jussisse et Alexium imperatorem, cum pecuniæ inopia laboraret, τινὰ τῶν δημοσίων ἔργων τῶν χαλκουργημάτων destruxisse, et ex iis στατῆρας cudisse.

CXI (CI).

MEDALLIA.

At cur nostri non augustorum duntaxat, sed veteres etiam quosvis nummos omnes , quorum in commerciis nullus amplius usus, *medallias* appellent, inter eruditos controvertitur. Scaliger vocem esse arabicam putavit, quod etiamnum Arabes Christianorum monetas, quæ caput alicujus principis aut imaginem aliam præferunt, *methalias* nuncupent. Sic ille ad Eusebium [6]. « Προτομὴν nos vulgo medaliam vocamus, « Arabes etiam methalia . quod nescio quo commercio ab

« Arabibus ad Italos et Gallos delatum. Ita enim vocant « numismata christianorum, quæ expressum caput humanum « præferunt. » Sed non advertit vir doctissimus non ab Arabibus ad christianos, sed a christianis, seu Europæis, ad Arabes traductum fuisse id vocabuli : cuin in Italia et Gallia monetæ quævis *medalliæ* indigitarentur , communi et ab omnibus recepta quadam nomenclatura. Habetur enim Diploma Guillelmi D. Montispessulani an. 1103, in quo hæc leguntur: « Sextaílaricum dono vobis..... et tertium denarium « in Arquintali, et medallias, quas donant homines Montis-« pessulani et Longobardi pro Arquintali. Joffredus [1], in Historia Episcoporum Nicænsium, aliud descripsit anni 1136 in hæc conceptum verba : « Reddunt enim supradicti homi-« nes annuatim decem et octo denarios mergolienses, et « medallam, et quatuor sextarios avenæ. » Aliud præterea lingua Vasconica exaratum apud Marcam, in Historia Beneharnensi [2] vocem hanc monetis aureis adscribi ostendit, quas *Medailhes d'aur* vocat. Denique Willelmus Brito, Ordinis Fratrum Minorum, in vocabulario manuscripto [3] scribit *obolum* dici *medaliam, id est medietatem nummi.* A *medalia* efficta deinde vox *medaliata,* ut a solido *solidata,* a denario *denariata,* ad designandum *medalliæ* unius proventum, de qua voce diximus in Glossario. Neque porro omnino difficile est hujus appellationis rationem expiscari, cum ipsa semet offerat probabilis admodum conjectura ; monetas nempe ita vocitatas a *metallo,* quod *metail* nostri dicunt. e quo conflatæ sunt. Nemo enim ignorat antequam cuderentur monetæ, æs et argentum et magnitudine et certo pondere perpensum pro nummo datum esse, neque impressam metallo figuram, nisi ut ponderis quantitatem indicaret, ut ait Salmasius [4]. Sed et Paulus Venetus testatur sua etiamnum ætate in aliquot Indiæ provinciis levioribus metalli laminis peracta commercia. Atque inde Manilius *factum metallum,* quod Græcis ἐπίσημον dicitur, monetas signatas vocat, ad *infecti,* seu ἀσήμου discrimen :

Et facti mercator erit per utrinque metalli,
Alterum et alterius semper mutabit in usus.

Maxime vero posterioribus sæculis *metallum* appellarunt quasvis monetas, quod omnis pecunia signata tunc temporis, tam aurea quam argentea appenderetur, non numerarentur tantum, præsertim si usu esset detrita, adeo ut pro solo *metallo,* seu pro sola nummi materia acciperetur. Hinc quod *monetam usualem* alii , *metallum usuale* vocat Senator [5] : « Ut « figura vultus nostri metallis usualibus imprimatur. mone-« tamque facis de nostris temporibus futura sæcula commo-« nere. » Quinetiam ipsis interdum nummis inscripta vox *metallum* legitur. Servat enim Gazophylacium Regium bina numismata ærea, in altero, quod est Trajani, in corona laurea, MET. NOR. id est *metallum noricum,* exaratum conspicitur. Utriusque ectypon describit Buterous in libro de Nummis Francicis [6]. Sed et habentur alia, in quibus præterea vox eadem reperitur : complures enim prostant nummuli argentei Caroli M. in quorum parte altera crux effingitur, cum hæc inscriptione, CARLVS REX, in altera, in ipso nummo medio, MET ALLO. Habetur alius cum cruce, et hac inscriptione in circulo, METVLLO, et in averso medio, META LLVM. Alii etiam ejusmodi nummuli Ludovici Pii præferunt in medio, LVDO in altera parte crucem cum inscriptione in circulo, METALLUM. Alius ejusdem Ludovici nummulus argenteus vocem hanc exhibet in media parte aversa · in altera autem crucem cum hisce characteribus in circulo, † HLVDOVVICVS IMP. Prostant denique duo alii ejusdem imperatoris, qui in aversa sui parte monetarios typos, seu uti vocamus, *cuneos* binos et totidem marculos habent, cum hac voce, in circulo, METALLVM. Alter horum nummulorum in anticæ medio, LVDO VVIC. alter imperatoris caput, cum hac inscriptione, HLVDOVVICVS IMP. AVG. habent. Cum igitur monetæ istæ *metalli* præferrent vocabulum, inde forte accidit ut *metalli* nomine quævis monetæ a vulgo donarentur. ita ut quemadmodum in suis nummis, MONETA, vocem inscribebant Romani, ita ejusce ævi Franci vocem METALLVM describerent. Quæ quidem quibusvis monetis. eo magis videtur fuisse communis, quo non æreis duntaxat, sed

---

1. L. 10, p. 791. — 2 Tom. 7, p. 1301. — 3. L. 3, c. 56, al. 58. — 4. An. 1130, 1130, 1156 , Ughell. tom 8, p. 712 ; Vide Gloss. — 5. An. 2, Rhinotm. Anna, p. 128 . Nicet. in Man. l. 3, n. 6. — 6. Scaliger. ad Euseb. Jac. Gotofr. ad Cod. Th.

1. De Nicæa — 2. l. 5, c 13, n. 3. — 3. Joan. de Janua ; W. Brit. MS. — 4. De Usur, p. 330, 454, 460, 470. — 5. L. 6, Ep. 7. — 6. P. 103 ; Paul. Petav. in Gnorism.

argenteis tribuitur in hisce nummis. atque adeo aureis, siquidem exstitere etiam *medalliæ* aureæ uti supra observatum.

CXII (CII).

MALLIÆ NOSTRATES.

Quinetiam admodum vero proximum est, a *medalliis* effictum a nostris vocabulum *maille*, quod pro monetis ex quovis conflatis metallo usurpatum constat. Neque enim, quod plerique perperam opinantur, *malliæ* fuere semper monetæ minutiores, ac vilioris pretii, quomodo vocem hanc hodie usurpamus : cum ex antiquis tabulis et monumentis certum sit argenteis et aureis perinde attributam. In veteri quippe Regesto Communis Ambianensis, a Joanne Bargullo, ejusdem civitatis clerico, descripto anno 1453, complures recensentur, monetæ aureæ, quæ *malliæ* nomenclatura donantur, cum earum pretio : scilicet, *malliæ Ultrajectenses, malliæ Ernoldi, malliæ Moguntinæ* (de Mens) *et Bethunienses, malliæ Rheni, malliæ postulas, malliæ cum stellulis* (mailles à estoilletes), *malliæ treverenses* (mailles au bon trievron) *et malliæ au bon et mauvais t.*, id est, bono vel malo T. signatæ. Alias *mallias* recenset Robertus Cenalis[1] ævo suo notas, *mallias au chat, mallias au chien, et mallias de Horne*, seu hornenses. *Malliarum* vero *Florentinarum* nondum omnino exolevit appellatio. In Regesto Curiæ Monetariorum, quod *inter duos asseres* vulgò indigitant, fit mentio *malliarum Laudunensium*, quæ *mailles Lovisiennes* ibidem appellantur. Denique in regesto parlamenti, statuta Ludovici XI continente, ejusdem regis diploma describitur[2] anni 1468 pro *nobilitatione* loci *Cauda Vaccæ* dicti, ad Rupellam, in Caroli Cenomanensis comitis gratiam, tenendi a rege in quavis vassalli mutatione ad *malliam auream* pretii duorum denariorum aureorum. Hanc porro de malliarum nostratium appellatione sententiam attigit etiam supra laudatus Cenalis : « Illud, *inquit,* dici « potest, quod hi aurei nummi quos Gallice appellamus « *mailles*, non ab obolari traxere originem : imo potius ab « alia idiomatis nostri nomenclatura, quam dicimus *medail-* « *les*, eo quod principis nonnunquam alicujus nomen præfe- « rant. » Quibus postremis verbis satis etiam innuit sua ætate hanc obtinuisse sententiam de *medalliis*, quam ut suam protulit Scaliger. Scio quosdam existimasse *mallias* dictas a loricarum ferrearum maculis, quas *mailles* etiamnum dicimus, quod *malliæ* monetariæ, perinde ac loricariæ, quadratæ fuerint : quod quidem quam procul absit a vero, cuivis sani ingenii licet advertere.

CXIII (CIII).

MASCULI.

Alii præterea *mallias* putavere esse id genus nummos quos *masculos* vocant scriptores, ac præter veteres aliquot, ita ut propriæ fuerint comitum Pictavensium , ex hoc Goffridi Vindocinensis[3] loco : « Quod si trecentos solidos Pictaven- « sium masculorum vobis daret, etc. » Horum etiam mentio occurrit in Tabulario Angeriacensi[1], et in Tabulario Sancti-Stephani Lemovicensis in Charta anni 1081 : « Solidi ejusdem « monetæ masculinæ. » Et paulo ante, *solidi nummorum pictavinorum*. Unde percipere licet *masculinam* et *pictavinam* monetam eandem fuisse. Quæ quidem vox *masculina* in monetis admonet me ut viri pereruditi lapsum detegam, qui *generis diversi pecuniam* in Concilio Dusiacensi primo, et apud Hincmarum, de monetis aurea et argentea intelligendam existimavit, ita ut aurea mascula, argentea vero feminina moneta fuerit, quod ex sancto Augustino stabilire nititur : quasi hæc verba de pecudibus utriusque sexus non essent capienda, et apud recentiores perinde ac veteres *pecunia* non id sonet. Porro *masculi* dicuntur nummi pictavenses , non quod ii Pictavensium comitum proprii fuerint, sed quod ejusmodi nummi ita denominati ejus essent monetæ speciei quam *malliam* vocant, vel quod universim quasvis monetas *mallias* vocarent. Quocirca si quis ejusce ævi verba Goffridi gallico reddidisset idiomate, indubie dixisset, *trois cens sols de mailles Poitevines :* cum horum temporum scriptores ac commentarienses, qui latine chartas exarare solebant, efferre se debere voce alia quam *masculus* non arbitrarentur, quod ea propius accederet ad nostratem *masle*, quæ *masculum* sonat. Verum si quis *mallias* Pictavensium fuisse proprias obstinatius contenderet, nescio an hoc casu nomenclaturæ istius non esset accessenda origo ab oppido in Pictonibus, quod *Meille* vocant : cum ex iis fuerit, in quibus stante secunda regum nostrorum stirpe monetæ cuderentur, uti docent Capitula Caroli Calvi[2], ubi *Metulum* et *Matullum* appellaur : quod etiam firmant monetæ ipsæ Caroli M. in quibus vox METVLLO exarata legitur, uti annotatum supra. In aliis præterea ejusdem imperatoris nummis, quorum ectypon exhibuit Paulus Petavius senator Parisiensis[3] in anticæ CAROLVS, in posticæ vero medio, MEDOLVS, characteribus barbaris ac Gothicis voces descriptæ leguntur. Verum de postrema hac conjectura statuat quisque quod lubet[4]. Id certe in confesso esse debet, quod *malliarum* nomenclaturæ minutioribus monetis attribuant vulgo nostri ; id inde fluxisse , quod malliæ Pictavinæ fere semper minutissimæ fuerint : sed et anno 1329 cudi cœpisse *mallias* minutiores 18 *granorum legis argenti regii ad marcam*, ut est in veteri regesto Cameræ Computorum Parisiensis : ex quo necesse est monetas istas minutissimas ac vilis admodum pretii fuisse. Sed longe videtur probabilius *mallias* minutiores, seu *masculos* Pictavenses esse id genus monetæ quam *malliam pitam* dicimus, id est malliam Pictavinam. Nam *Pitæ* (*les Pites*) dicuntur minutiores monetæ Pictonum, quæ *Pictæ, Pictavinæ*, et *Pictavenses*, Gallice autem *Poitevins* passim in chartis appellantur : unde vox *Pitancia* et *Pictancia* deducta postmodum, quæ *Pictæ*, seu *Pictavinæ* unius valoris rem significat[5] : nam toto cœlo aberrant qui a Pittaciis etymon deducunt, quod in Glossario plenius probavimus. Hæ porro *Pitæ*, seu *Pictæ*, adeo minutæ erant, ut Willelmus Nangius[6], verba faciens de quadam ad oculi *caudam* seu angulum macula, eam dixerit fuisse *ad modum puncturæ pulicis rubeam, et latam sicut una Pictavina*.

---

1. F. 47. — 2. Tit 31, n. 12. — 3. In Gnorism. — 4. Reg. Noster, f. 204, 205. — 5. Vide Gloss. — 6. In S. Lud. p. 394.

1. De Mens. et Ponder. — 2. Vide Gloss. v. Moneta. — 3. L. 1, Ep. 20.

INDEX MONETARUM

(VIDE TOMUM QUINTUM).

TABULA I.

1 *Victuria Augs.* — *Victuria Augg.*
2 *Teudorici.* — Monogramma ejusdem regis.
3 *Eldeberti regis.* — Monogramma Christi. (Childeberti).
4 *Clotharius rex.* — *Victoria Gottica. Massilia.*
5 *Hildeber ..tus.* — *Chramnus. Conob.*
6 *Dominus Noster Mauricius Perpetuus Augustus.*—*Victoria Auggu.* (Augustorum) *Massilia.* XXI. *Conob.* (Solid. aur.).
7 *Dominus Noster Mauricius PP. AV.* — *Victoriai Augustorum Arelati.* VII *Conob.* . . . . (Triens.).
8 *D. N. Mauricus PP. AV.* — *Vienna de officina Laurenti.* Monogramma Christi A Ω.
9 *D. N. Theodebertus Victor* — *Victoria Auggg. Bona.* (ad Rhenum) *Conob.*
10 *D. N. Theodebertus Victor* — *Victoria Auggg. Conob.*
11 *Rex Theudubertus.* — Monogramma.
12 *Gunthachram rex.* — *Senonn civita.*
13 *Massilia.* — *Hildebertus rex. Massilia.*
14 *Childebertus rex.* — *Arelato civit.* Monogramma Christi Arelato.
15 *Clotarius rex.* — *Victuria Clotari. Massilia* XXI. (Sol. aur.).
16 *Clotha(lo)rius* — *Victuria Chlotari. Massilia.*
17 *Chlotarius rex.* — *Chlotarius rex. Massilia.*
18 *Theodorics.* — *Mettis.*
19 *Dagobertus rex.* — *Elegius. Massilia.* XXI. . . . (Sol. aur.).
20 *Dagobertus.* — *Masilia civit.*
21 *Chlothovechus rex.* — *Moneta Pal ati. Eligius.*
22 *Masilia* — *Cherebertus rex. Massilia.*
23 *Charibertus rex.* — *Banniaciaco fiit.*
24 *Leucosus Monetarius.* — *Charibertus rex.*
25 *Masilia.* — *Sigibertus rix. Massilia.*
26 *Masilia.* — *Sigibertus rex. Massilia.*
27 *Sigiber.* — . . . . VII. . . . . (Triens.)
28 *Childericus rex.* — *Masilia civitatis. Massilia.*
29 *Massilia.* — *Hildericus rex. Massilia.*
30 *Childericus rex.* — *Masilie civitatis. Massilia.*
31 *Dagobertus.* — *Rex Deus. Ucecia.*
32 *Childricus rex.* — *Chlotarius rex. Massilia Conob.*
33 *Teudirici.* — *Arastes.*
34 *Meroveus.* — *Mudulenus Monetarius. Cabillonno.*
35 *Choae fit.* — *Landigisilus Monetarius.*
36 *Ratio Lemovix.* — *Mariniano Monetarius Eglisiae.*

TABULA II.

1 *Rex Pipinus.* — *Lugdunum.*
2 *Rex Pipinus.* — . . . .
3 *Karolus.* . . . . — *Ucecia* . . . . (Caroli Magni).
4 *Carolus.* — *Rex Francorum* . . . . (ejusdem).
5 *Carlus rex Francorum* Monogramma *Caroli.* — *Mogontia.* . . . . (ejusdem).
6 Monogramma *Caroli.* — *Metullo.* . . . . (ejusdem).
7 *Carlomanni.* — *Arelatum* . . . . (Carlomanni).
8 *D. N. Hludovvicus Imp. Aug.* — *Munus divinum.* . . (Ludovici Pii).
9 *Hludovvicus Imp. Aug.* — *Arelatum* . . . . (ejusdem).
10 *Hludovvicus Imp. Aug.* — *Quentovicus* . . . . . . (ejusdem).
11 *Hludovvicus Imp.* — *Parisii.* . . . . (ejusdem).
12 *Ludovvic.* — *Metallum.* . . . . (ejusdem).
13 *Hludovvicus Imp.* — *XPistiana religio* . . . . . . (ejusdem).
14 *Hludovvicus Imp.* — *XPistiana religio* . . . . . . (ejusdem).
15 *Hludovvicus Imp.* — *XPistiana religio.* . . . . . . (ejusdem).
16 *Hludovvicus Imp.* — *XPistiana religio* . . . . . . (ejusdem).
17 *Hludovvicus Imp. Aug.* — *Metallum.* . . . . (ejusdem).
18 *Hludovvicus Imp.* — *Metallum.* . . . . (ejusdem).
19 *Carlus Rex.* — *Bituriges* . . . . (Caroli Calvi).
20 *Carlus rex Francorum.* — *XPistiana religio.* . . . (ejusdem).
21 Monogramma *Caroli. Imperator Agustus.* — *In Porto Triiecto* . . . . (ejusdem).
22 Monogramma *Caroli. Gratia dei rex.* — *Cinomanis cvitas.* . . . . (ejusdem).
23 Monogramma *Caroli. Gratia dei rex.* — *Aurelianis civits.* . . . . (ejusdem).
24 Monogramma *Caroli. Belgevacus civi.* — *Carolus rex Fran.* . . . . (ejusdem).

TABULA III.

1 Monogramma *Ludovici. Misericordia dei rex.* — *Turones civtas.* . . . . (Ludovici II. Balbi).
2 Monogramma *Caroli. Arila civis.* — *Carlemanus rex.* (Carlomanni).
3 *Hcarlemanus rex.* — *XPistiana religio* . . . . . . (ejusdem).
4 Monogramma *Caroli. Arela civis.* — *Carlus Imperator.* . . . . (Caroli Grossi).

5 *Karolus Imp.* — *XPistiana religio*.......... (ejusdem).
6 Monogramma Karoli. *Gratia di rex Odo.*—*Aurelianis civitas.*
7 Monogramma *Odo rex. Misericordia dei.* — *Blesianis castro.*
.... (Odonis).
8 *Odo. Gratia dei rex.* — *Limovicas civis*...... (ejusdem).
9 *Odo. Gratia dei rex.* — *Hemis civitas* .... (ejusdem).
10 Monogramma Caroli. *Metullo.* — *Carlus rex* Franciæ (Caroli Simplicis).
11 Monogr. Caroli. *Gratia di rex.* — *Qwentovvic* .. (ejusdem).
12 Monogr. Caroli *Gratia di rex.* — *Parisi civita.* . (ejusdem).
13 Monogr. Roberti. *Gratia dei rex.* — *Parisi cuita.* (Roberti).
14 Monogramma Rodolphi. *Gratia di rex.* — *Parisi civita.*
.... (Rodolphi).
15 Monogramma Rodolphi. *Gratia di rex.* — *Aurelianis ciuta.*
.... (ejusdem).
16 *Ludovic. Gratia di rex.* — *Parisi civita.* (Ludovici ultramarini).
17 *Lothairiux.* — *Parisi civita.*.............. (Lotharii).
18 *Loterius rex.* — Monogr. Lotharii *Biturices civit.* (ejusdem).
19 *Loterius rex.* — Monogr. Lotharii *Biturices civit.* (ejusdem).
20 *Lotarius rex* Burgundiæ. — *Cavilon ciut.* .... (ejusdem).
21 *Ludovicus rex.* — *Senonis urbs.*......... (Ludovici II).
22 *Ludovveus rex.* — *Lingonis civis* ... (Ludovici IV. aut V).
23 *Hlovvicus.* — *Lingonis cuis.* .... (ejusdem).
24 *Hludovicus* Imperator. — *Cavilonis civ* ...... (ejusdem).

TABULA IV.

1 *Pippinus rex.* — *Aquitaniorum.* (Pippini regis Aquitaniae).
2 *Pipinus. Metullo.* — *Pipinus rex Eqitaniorum*.. (ejusdem).
3 *Pippinus rex.* — *Aquitania*.................. (ejusdem).
4 *Rodulpo pius rx.* — *XPistiana religio.* Papia civitas. (Rodulphi II. reg. Burg. Transjur.).
5 Monogramma. *Lugdunus.* —*Conradus.* (Conradi pacif. reg. Burg.).
6 *Rodulfus.* — *Lugdunus. S.* (Rodolphi Nihilfecit reg Burg.).
7 *Rodulfus.* — *Lugdunus.*..................... (ejusdem).
8 *Boso gracia dei rex.* — *Vienna civis*.......... (Bosonis).
9 *Ludovicus Imp.* — *XPiana religio*......... (Ludovici cœci).
10 *Heinricus.* — *Lugdunus. S.*............. (Henrici aucupis).
11 *Hloharius Imp. Au.* — *XPistiana Religio.* (Lotharii imperatoris).
12 *Lutharius Imp.* — *XPistiana Religio.*.......... (ejusdem).
13 *Hlutharius Imp.* — *Mediomatricorum*........... (ejusdem).
14 *Hlotharius Imp. A.* — *Dorestatus*............. (ejusdem).
15 *Hlotharius rex.* — *XPistiana religio.* (Lotharii regis Lotharing.).
16 *Hlotharius rx.* — *Viridunum civis*............. (ejusdem).
17 *Karolus Gra. D. rex.* — *Argentina civita*..... (Caroli Calvi).
18 *Carlus rex.* — *Aquitania*...(Vide num. 3.) (Caroli Aquitan.).
19 *Hludovicus Pius.* — *Argentina cuita*....... (Ludov. Germ.).
20 *Arnuldus rex.* — *Mogoncie civitatis*............ (Arnulfi).
21 *Suindebad rex.* — *Camaracus civis*......... (Zwentebaldi).
22 *Ludovvicus rx.*— *Tullo*.................. (Ludov. Germ.).
23 *Ludovicus. Gratia di rex.* — *Mettis civitas.* (Ludov. ultramarini).
24 *Karolus D. G. rex.* — *Tullo*............. (Caroli simplicis).

TABULA V.

1 Monogramma Caroli. *Gratia di rex.* — *Mettis civitas.* (Caroli simplicis).
2 Monogramma Caroli. *Gratia di rex.* — *Mettis civitas.*
.... (ejusdem).
3 *Heinricus rex.* — *Argentina civits R. S.*.. (Henrici aucupis).
4 *Heinricus rex.* — *Viriduni*.................... (ejusdem).
5 *Otto rex pacificus.* — *Argentina civitas*... (Ottonis Magni).
6 Monogramma Caroli. *Gratia di rex.* — *Otto rex.* (Ottonis I. et Caroli ducis Lothar.).
7 *Henricus*..... — *Argentina*......... (Henrici II. Imperat.).
8 Monogramma Hugonis. *Gratia di dux.* — *Parisi civita.*
.... (Hugonis Capet.).
9 *Hugo dux. Gratia di rex.* — *Silvanectis.*....... (ejusdem).
10 *Rotbertus. Rex.* — *Parisius civitas.*.............. (Roberti).
11 *Hainricus rex* Α Ω. — *Paisius civitas*........ (Henrici 1).
12 *Hainricus rex* Α Ω. — *Parisius civitas*......... (ejusdem).
13 *Hinricus rex.* — *Cavilon ciutas* Burgundia....... (ejusdem).
14 *Philippus. Rex.* — *Parisius civitas*............ (Philippi I).
15 *Philippus rex* Α Ω. — *Paisius civitas*........ (ejusdem).
16 *Philippus rex.* — *Parisius civitas*.............. (ejusdem).
17 *Philippus. rex.* — *Parisius civitas*............ (ejusdem).
18 *Philippus rex* Α Ω. — *Pontis civis*............ (ejusdem).

19 *Philipus rex dei dextra.* — *Stampis castellum...* (ejusdem).
20 *Philippus rex dei dextra.* — *Stampis castellum..* (ejusdem).
21 *Philipus rex.* — *Cavilon civitas* Burgundia..... (ejusdem).
22 *Ludovicus. rex.* — *Parisi civis*............ (Ludovici VI).
23 *Ludovicus rex* Λ Ω. — *Pontisi civis.*. Ludovici VI aut VII).
24 *Ludovicus rex.* — *Aurelianis civitas*............ (ejusdem).

TABULA VI.

1 *Ludovicus rex.* — *Castrum Mat*..... (Ludovici VI aut VII).
2 *Ludovicus rex.* — *Sinelectis civ*.............. (eorumdem).
3 *Ludovicus. rex.* — *Castellum Stanpis*.......... (eorumdem).
4 *Ludovicus rex.* — *Urbs Biturica*.............. (eorumdem).
5 *Ludovicus rex.* — *Urbs Biturica*.............. (eorumdem).
6 *Philipus rex.* — *Urbs Biturica*.............. (Philippi II).
3 bis. *Philipus rex. Francorum.* — *Parisii civis*... (ejusdem).
4 bis. *Philipus rex. Francorum.* — *Arras civitas*... (ejusdem).
5 bis. *Philippus rex Francorum.* — *Seinthomer*.... (ejusdem).
8 *Philipus re.* — *Civitas Redonis*............. (ejusdem).
9 *Rex Filipus.* — *De Dolis*...................... (ejusdem).
10 *Philipus rex.* — *Scs Martinus*................ (ejusdem).
11 *Ludovicus rex Francorum.* — *Parisii civis.* (Ludovici VIII).
12 *Ludovicus rex. Francorum.* — *Parisii civis*..... (ejusdem).
13 Florin d'or. *Ludovicus dei gracia Francor. rex.* — *XPC. vincit XPC. regnat XPC. imperat.*....... (Ludovici IX).
14 Gros tournois. *Ludovicus rex. Bndictu sit nomen dni dei jhu XPi.* — *Turonus civis*.................. (ejusdem).
15 Denier tournois. *Ludovicus rex.*—*Turonus civis.*.(ejusdem).
16 Obole tournois. *Ludovicus rex.* — *Turonus civis.* (ejusdem).
17 Petit royal. *Philippus dei gratia Francorum rex.* — *XPC vincit,* etc........................... (Philippi III).
18 Gros tournois. *Philipus rex. Bndictum sit nomen dni nri dei jhu XPi.* — *Turonus civis*.............. (ejusdem).
19 Denier parisis. *Philipus rex. Francorum.* — *Parisii civis.*
.... (ejusdem).

TABULA VII.

1 Masse. *Philippus Dei gratia Franchorum rex.* — *XPC vincit XPC regnat XPC imperat*............... (Philippi IV).
2 Demi-masse *Philippus dei gratia.* — *Francorum rex.*
.... (ejusdem).
3 Florin d'or à la chaire. *Philippus dei gra Franchorum rex.* — *XPC vincit,* etc........................... (ejusdem).
4 Gros tournois. *Phlippus rex. Bndictum sit,* etc. — *Turonus civis.*..................................... (ejusdem).
5 Petit tournois, moitié du gros tournois. — *Philippus rex.* — *Bndictum sit,* etc. — *Turonus civis*.......... (ejusdem).
6 Maille tierce ou obole blanche.*Philippus rex.Bndictum sit,* etc. — *Turonus civis.*........................ (ejusdem).
7 Fort bourgeois. *Philipus rex.*—*Burgensis fortis.*(ejusdem).
8 Double bourgeois neuf. *Philippus Rex.* — *Burgensis. novus.*
.... (ejusdem).
9 Obole bourgeois neuf. *Philippus. rex.* — *Burgensis. novus.*
.... (ejusdem).
10 Double parisis. *Philippus. rex.* — *Moneta duplex. regalis.*
.... (ejusdem).
11 Double parisis. *Ph. r.* — *Mon. duplex regal.*.... (ejusdem).
12 Denier tournois. *Philippus. rex.* — *Turonus civis.* (ejusd.).
13 Parisis. *Regalis.* — *Crux liliis ornata*........... (ejusdem).
14 Parisis. *Philippus.* — *Turris cruce instructa*. (ejusdem).
15 Obole tournois. *Philippus rex.* — *Turonus civis.* (ejusdem).
16 Obole tournois. *Ludovicus rex.* — *Turonus civis.* (Ludovici X).
17 Aignel. *Ludovicus. rex. Agnus dei. qui tollis. peccata. mundi miserere nobis.* — *XPC vincit,* etc...... (ejusdem).
18 Aignel. *Philippus rex. Agn, di* etc. — *XPC vincit.* (Philippi V).
19 Aignel. *Karolus. rex. Agn. dei,* etc. — *Christus vincit.*
.... (Caroli IV).
20 Royal double d'or. *Kol rex Francor.* — *Christus vincit.*
.... (ejusdem).
21 Petit royal d'or. *Kol rex Francor.*—*Christus vincit.* (ejusd.).
22 Gros tournois. *Kharolus rex. Bndict.* etc. — *Turonus civis.*
.... (ejusdem).
23 Petit tournois. *Karolus rex. Bndict.* etc. — *Franchorum.*
.... (ejusdem).
24 Parisis. *Karolus rex. Franco.* — *Parisius civis.*. (ejusdem).
25 Tournois. *Karolus rex. Francorum*.......... (ejusdem).
26 Denier à la couronne. *Francorum rex. K.* — *Moneta nova.*
.... (ejusdem).

TABULA VIII.

1. Royal d'or. *Philippus rex Francorum. — XPC vincit XPC regnat XPC imperat*.................... (Philippi VI).
2. Parisis. *Philippus dei gratia Francorum rex. — XPC vincit XPC regnat XPC imperat*.................... (ejusdem).
3. Escu. *Philippus dei gratia Francorum rex. — XPC vincit XPC regnat XPC imperat*.................... (ejusdem).
4. Livre. *Philippus dei gratia Francorum rex. — XPC vincit XPC regnat XPC imperat*.................... (ejusdem).
5. Pavillon. *Philippus dei gratia Franchorum rex. — XPC vincit XPC regnat XPC imperat*.................... (ejusdem).
6. Couronne. *Philippus dei gratia rex Francorum.—XPC vincit XPC regnat XPC imperat*.................... (ejusdem).
7. Double royal. *Philippus dei gratia Francorum rex. — XPC vincit XPC regnat XPC imperat*.................... (ejusdem).
8. Ange ou Angle. *Philippus dei gratia Francorum rex.—XPC vincit XPC regnat XPC imperat*.................... (ejusdem).
9. Chaise. *Philippus dei gratia Francorum rex. — XPC vincit XPC regnat XPC imperat*.................... (ejusdem).
10. Florin George. *Philippus dei gratia Francorum rex.—XPC vincit XPC regnat XPC imperat*.................... (ejusdem).

TABULA IX.

1. Gros à la queue. *Benedictum sit nomen domini nostri dei Jhesu XPisti. Philippus rex. — Turonus civis*.. (ejusdem).
2. Gros blanc. *Benedictum sit nomen domini nostri dei Jhesu XPisti. Philippus rex Francorum.—Parisius civis argenti. Franco Phi*.................... (ejusdem).
3. Gros tournois. *Bnd. etc. Philippus rex. — Turonus civis*.................... (ejusdem).
4. Gros à la fleur de lys. *Benedictum sit nome domini nostri dei. Philippus rex. — Francorum*...... (ejusdem).
5. Blanc denier à la couronne. *Benedictum sit nome domini nostri dei. Philippus rex. — Francorum*... (ejusdem).
6. Double parisis. *Philippus rex Francorum.—Moneta duplex*. (ejusdem).
7. Double à la fleur de lys. *Philippus rex. — Moneta duplex*. (ejusdem).
8. Parisis. *Philippus rex Francorum. — Parisius civis*. (ejus.).
9. Petit parisis. *Philippus rex Francorum. — Parisius civis*. (ejusdem).
10. Tournois. *Philippus rex. — Turonus civis*.. (ejusdem).
11. Petit tournois. *Philippus rex — Turonus civis*.. (ejusdem).
12. Escu. *Johannes dei gratia. Francorum rex. — XPC vincit XPC regnat XPC imperat*.................... (Johannis).
13. Aignel. *Agnus dei qui tollis peccata mundi miserere nobis. Johannes rex. — XPC vincit XPC regnat XPC imperat*. (ejusdem).
14. Royal. *Johannes dei gratia Francorum rex. — XPC vincit XPC regnat XPC imperat*.................... (ejusdem).
15. Franc à cheval. *Johannes dei gratia Francorum rex.— XPC vincit XPC regnat XPC imperat*............ (ejusdem).
16. Gros tournois. *Benedictum sit nomen domini nostri dei Jhesu Christi. Johannes rex*. — *Turonus civis*.. (ejusdem).
17. Blanc à l'Estoile. *Benedictum sit nomen domini nostri dei Jhesu Christi. Johannes rex. — Francorum*... (ejusdem).
18. Blanc à trois fleurs de lys.—*Benedictum sit nomen domini nostri dei Jhesu Christi. Johannes dei gratia. — Francorum rex*.................... (ejusdem).
19. Gros blanc à la queue. *Benedictum sit nomen domini nostri dei Jhesu Christi. Johannes rex. — Turonus civis*.
.... (ejusdem).

TABULA X.

1. Gros blanc à la couronne. *Benedictum sit nomen domini nostri dei Jhesu Christi. Johannes dei gratia. — Francorum rex*.................... (ejusdem).
2. Blanc aux fleurs de lys. *Benedictum sit nomen domini nostri dei Jhesu Christi. Johannes dei gratia. — Francorum rex*.................... (ejusdem).
3. Blanc de 1361. *Benedictum sit nomen domini nostri dei Jhesu Christi. Johannes rex. — Turonus civis*.. (ejusdem).
4. Blanc à la couronne. *Johannes dei gratia. rex Francorum. — Benedictum sit nomen domini nostri Jhesu Christi*.
.... (ejusdem).
5. Blanc à la couronne. *Benedictum sit nomen domini nostri dei Jhesu Christi. Johannes dei gratia. — Francorum rex*.................... (ejusdem).
6. Gros blanc à la fleur de lys. *Johannes dei gratia Francorum rex. — Benedictum sit nomen domini nostri dei Jhesu Christi*.................... (ejusdem).
7. Double blanc à l'Estoile. *Benedictum sit nomen domini nostri dei Jhesu Christi. Johannes dei gratia. — Moneta duplex alba. Johannes Francorum rex*..... (ejusdem).
8. Double parisis noir. *Johannes Francorum. rex. — Moneta duplex*.................... (ejusdem).
9. Double tournois. *Johannes — rex. — Moneta duplex*.
.... (ejusdem).
10. Parisis. *Johannes rex. Francorum.—Parisius civis*. (ejusd.).
11. Tournois. *Johannes rex. — Turonus civis*.. (ejusdem).
12. Royal. *Karolus dei gracia Francorum rex. — XPC vincit XPC regnat XPC imperat*.................... (Caroli V).
13. Franc à cheval. *Karolus dei gracia Francorum rex. — XPC vincit XPC regnat XPC imperat*.......... (ejusdem).
14. Florin du Dauphiné. *Karolus Dalphinus V — S. Johannes Baptista*.................... (ejusdem).
15. Gros tournois. *Benedictum sit nomen domini nostri dei Jhesu Christi. Karolus rex. — Turonus civis*.. (ejusdem).
16. Blanc. *Karolus. dei gracia. Francorum rex. — Benedictum sit nomen domini nostri dei Jhesu Christi*. (ejusd.).
17. Double parisis. *Karolus rex. Francorum. — Parisius civis*.
.... (ejusdem).
18. Double parisis. *Karolus rex. — Moneta duplex*... (ejusdem).
19. Parisis. *Karolus rex. Francorum. — Parisius civis*. (ejusd.).

TABULA XI.

1. Escu heaume. *Karolus dei gracia Francorum rex. — XPC vincit XPC regnat XPC imperat*.................... (Caroli VI.)
2. Demi escu heaume. *Karolus dei gracia Francorum rex. — XPC vincit XPC regnat XPC imperat*....... (ejusdem).
3. Escu à la couronne. *Karolus dei gracia Francorum rex. — XPC vincit XPC regnat XPC imperat*..... (ejusdem).
4. Aignel. *Agnus dei qui tollis peccata mundi miserere nobis. XPC vincit XPC regnat XPC imperat*....... (ejusdem).
5. Parisis. *Karolus dei gracia Francorum rex. — XPC vincit XPC regnat XPC imperat*.................... (ejusdem).
6. Salut. *Karolus dei gracia Francorum rex.—XPC vincit XPC regnat XPC imperat*.................... (ejusdem).
7. Gros tournois de 1413. *Benedictum sit nomen domini. Karolus dei gratia Francorum rex. — Grossus Turonus*.
.... (ejusdem).
8. Blanc appelé gros de 1417. *Karolus Francorum rex.—Benedictum sit nomen domini*............ (ejusdem).
9. Demi gros. *Karolus Francorum rex. — Benedictum sit nomen domini*.................... (ejusdem).
10. Blanc à l'escu ou..... *Karolus Francorum rex.—Benedictum sit nomen domini*.................... (ejusdem).
11. Demi blanc à l'escu. *Karolus Francorum rex.—Benedictum sit nomen domini*.................... (ejusdem).
12. Double tournois. *Karolus Francorum rex.—Duplex turonus Francie*.................... (ejusdem).
13. Tournois. *Karolus rex Francorum. — Benedictum sit nomen domini*.................... (ejusdem).
14. Double tournois. *Karolus Francorum rex.—Moneta duplex*.
.... (ejusdem).
15. Denier tournois. *Karolus rex. — Turonus civis*.. (ejusdem).
16. Obole tournois. *Karolus rex. — Obolus civis*.... (ejusdem).

TABULA XII.

1. Salut. *Henricus dei gratia rex Anglie heres Francie.—XPC vincit XPC regnat XPC imperat*. (Henrici V. regis Angliae).
2. Florette (?) *Henricus rex Anglie heres Francie. — Benedictum sit nomen domini*.................... (ejusdem).
3. Salut. *Henricus dei gratia Francorum et Anglie rex. — XPC vincit XPC regnat XPC imperat*. (Henrici VI. regis Angliae).
4. Angelot. *Henricus Francorum et Anglie rex. — XPC vincit XPC regnat XPC imperat*.................... (ejusdem).
5. Franc à cheval. *Henricus dei gratia Francorum et Anglie rex. — XPC vincit XPC regnat XP Cimperat*.. (ejusdem).
6. Blanc. *Henricus. Francorum et Anglie rex. — Benedictum sit nomen domini. Henricus*.................... (ejusdem).
7. Demi blanc. *Henricus rex.—Benedictum sit nomen domini. Henricus rex*.................... (ejusdem).
8. Blanc. *Henricus Francorum rex. — Benedictum sit nomen domini*.................... (ejusdem).
9. Tournois. *Henricus rex. — Turonus Francie*.... (ejusdem).

10 Obole tournois. *Henricus rex. — Obolus civis*... (ejusdem).
11 Parisis. ⎫   ⎧ *Henricus. Francorum et Anglie rex.*
              ⎬ Niquets ⎨   *— Parisis civis*............ (ejusdem).
12 Parisis. ⎭   ⎩ *Henricus. Francorum et Anglie rex.*
                         — Parisius civis...... (ejusdem).
13 Royal. *Karolus dei gratia Francorum rex. — XPC vincit XPC regnat XPC imperat*.................. (Caroli VII).
14 Escu. *Karolus dei gracia Francorum rex.— XPC vincit XPC regnat XPC imperat*........................... (ejusdem)
15 Demi-escu. *Karolus dei gratia Francorum rex. — XPC vincit XPC regnat XPC imperat*.............. (ejusdem).
16 Gros d'argent. *Karolus dei gratia Francorum rex. — Benedictum sit nomen domini. Francia*............ (ejusdem).
17 Gros tournois (Jacques cœur). *Karolus Francorum rex. — Benedictum sit nomen domini*............... (ejusdem).
18 Grand blanc à l'escu. *Karolus Francorum rex. — Benedictum sit nomen domini*..................... (ejusdem).
19 Petit blanc à l'escu. *Karolus Francorum rex.—Benedictum sit nomen domini*........................ (ejusdem).
20 Double tournois. *Karolus Francorum rex.—Duplex Turonus Francie*..................................... (ejusdem).

TABULA XIII

1 Escu. *Ludovicus dei gratia Francorum rex. — XPC vincit XPC regnat XPC imperat*.............. (Ludovici XI).
2 Escu au soleil. *Ludovicus dei gratia Francorum rex.—XPC vincit XPC regnat XPC imperat*............ (ejusdem).
3 Angelot. *Ludovicus dei gratia Francorum rex.—XPC vincit regnat et imperat*...................... (ejusdem).
4 Gros d'argent. *Ludovicus dei gratia Francorum rex. — Benedictum sit nomen domini*............... (ejusdem).
5 Grand blanc. *Ludovicus Francorum rex. — Benedictum sit nomen domini*......................... (ejusdem).
6 Blanc au soleil. *Ludovicus Francorum rex. — Benedictum sit nomen domini*.................... (ejusdem).
7 Petit blanc au soleil. *Ludovicus Francorum rex. — Benedictum sit nomen domini*............. (ejusdem).
8 Parisis. *Ludovicus Francorum rex. Francia. — Parisius civis Francie*................................ (ejusdem).
9 Tournois. *Ludovicus Francorum rex. — Turonus civis*.................................. (ejusdem).
10 Hardit. *Ludovicus rex. — Benedictum sit nomen domini*.
11 Obole Parisis. *Ludovicus rex. — Obolus civis*.... (ejusdem).
12 Obole. *Ludov*....................................... (ejusdem).
13 Escu au soleil *Karolus dei gratia Francorum rex. — XPS vincit XPS regnat XPS imperat*........ (Caroli VIII).
14 Escu au soleil de Bretagne. *Karolus dei gratia Francorum rex. — XPS vincit XPS regnat XPS imperat*... (ejusdem).
15 Escu au soleil du Dauphiné. *Karolus dei gracia Francorum rex. XPS vincit XPS regnat XPS inperat*... (ejusdem).
16 Karolus. *Karolus Francorum rex. Karolus.—Benedictum sit nomen domini*........................... (ejusdem).
17 Petit Karolus. *Karolus Francorum rex. — Benedictum sit nomen domini*............................ (ejusdem).
18 Grand blanc. *Karolus Francorum rex. — Benedictum sit nomen domini*............................ (ejusdem).
19 Grand blanc au soleil. *Karolus Francorum rex. — Benedictum sit nomen domini*................. (ejusdem).
20 Petit blanc au soleil. *Karolus Francorum rex.—Benedictum sit nomen domini*..................... (ejusdem).
21 Hardit. *Karolus Francorum rex. — Benedictum sit nomen domini*...................................... (ejusdem).
22 Petit blanc du Dauphiné. *Karolus Francorum rex.— Benedictum sit nomen domini*..................... (ejusdem).
23 Liard du Dauphiné. *Karolus Francorum rex.— Benedictum sit nomen domini*......................... (ejusdem).

TABULA XIV.

1 Escu au soleil............................ (Ludovici XII).
2 Demi escu au soleil............................... (ejusdem).
3 Escu au porc aspic............................... (ejusdem).
4 (Médaille)....................................... (ejusdem).
5 Teston... (ejusdem).
6 Demi-teston...................................... (ejusdem).
7 Gros denier...................................... (ejusdem).
8 Blanc au porc aspic.............................. (ejusdem).
9 Grand blanc...................................... (ejusdem).
10 Denier à l L couronné........................... (ejusdem).
11 Liard... (ejusdem).
12 Tournois.. (ejusdem).

13 Escu à la croisette........................... (Francisci I).
14 Demi escu à la croisette....................... (ejusdem).
15 Escu au soleil................................. (ejusdem).
16 Demi escu au soleil............................ (ejusdem).
17 Demi escu au soleil............................ (ejusdem).
18 (Projet de monnaie d'or)....................... (ejusdem).
19 Escu aux salamandres........................... (ejusdem).
20 Escu... (ejusdem).

TABULA XV.

1 Teston... (ejusdem).
2 Teston... (ejusdem).
3 Teston... (ejusdem).
4 Demi-teston...................................... (ejusdem).
5 Grand blanc à la couronne........................ (ejusdem).
6 Douzain aux salamandres.......................... (ejusdem).
7 Douzain.. (ejusdem).
8 Double tournois.................................. (ejusdem).
9 Double du Dauphiné............................... (ejusdem).
10 Petit tournois.................................. (ejusdem).
11 Liard du Dauphiné............................... (ejusdem).
12 Petit liard..................................... (ejusdem).
13 Escu au soleil................................. (Henrici II).
14 (Projet de monnaie d'or)........................ (ejusdem).
15 Escu.. (ejusdem).
16 Demi-Escu....................................... (ejusdem).
17 Teston.. (ejusdem).
18 Teston.. (ejusdem).
19 Gros de Nesle................................... (ejusdem).
20 Douzain... (ejusdem).

TABULA XVI.

1 Teston avec les coins d'Henri II............ (Francisci II).
2 Escu.. (Caroli IX).
3 Gros teston...................................... (ejusdem).
4 Double sol Parisis............................... (ejusdem).
5 Sol Parisis au prix de trois blancs.............. (ejusdem).
6 Douzain.. (ejusdem).
7 Liard.. (ejusdem).
8 Demi-escu....................................... (Henrici III).
9 Franc d'argent................................... (ejusdem).
10 Demi-franc d'argent............................. (ejusdem).
11 Tiers de franc d'argent......................... (ejusdem).
12 Quart d'escu.................................... (ejusdem).
13 Demi-quart d'escu............................... (ejusdem).
14 Gros de Nesle................................... (ejusdem).
15 Douzain... (ejusdem).
16 Liard... (ejusdem).
17 Double tournois................................. (ejusdem).
18 Denier tournois................................. (ejusdem).

TABULA XVII.

1 Escu....................... (Caroli X. Cardinal. Borbon.).
2 Demi-franc....................................... (ejusdem).
3 Quart d'escu..................................... (ejusdem).
4 Demi-quart d'escu................................ (ejusdem).
5 Douzain.. (ejusdem).
6 Double tournois.................................. (ejusdem).
7 Liard.. (ejusdem).
8 Escu.. (Henrici IV).
9 Franc.. (ejusdem).
10 Demi-Escu....................................... (ejusdem).
11 Quart d'escu.................................... (ejusdem).
12 Huitième d'escu................................. (ejusdem).
13 Douzain... (ejusdem).
14 Double tournois................................. (ejusdem).
15 Denier tournois................................. (ejusdem).
16 Liard... (ejusdem).

TABULA XVIII.

1 Escu... (Ludovici XIII).
2 Louis d'or....................................... (ejusdem).
3 Demi louis d'or.................................. (ejusdem).
4 Franc.. (ejusdem).
5 Demi-franc....................................... (ejusdem).
6 Quart de franc................................... (ejusdem).

MONETARUM.

7 Huitième d'écu.............................. (ejusdem).
8 Louis d'argent ou écu blanc.............. (ejusdem).
9 Demi-écu blanc................................ (ejusdem).
10 Quart d'écu blanc............................ (ejusdem).
11 Huitième d'écu................................. (ejusdem).
12 Seizième d'écu................................. (ejusdem).
13 Douzain... (ejusdem).
14 Sixain.. (ejusdem).
15 Double tournois............................... (ejusdem).
16 Denier tournois................................ (ejusdem).

TABULA XIX.

1 Louis d'or... (Ludovici XIV).
2 Louis d'or... (ejusdem).
3 Louis d'or... (ejusdem).
4 Double louis d'or.............................. (ejusdem).
5 Louis d'argent ou écu blanc.............. (ejusdem).
6 Demi-lys d'argent.............................. (ejusdem).
7 Demi-louis d'argent........................... (ejusdem).
8 Louis d'argent................................... (ejusdem).
9 Seizième d'écu.................................. (ejusdem).
10 Quatre sous..................................... (ejusdem).
11 Trois sous.. (ejusdem).
12 .... (ejusdem).
13 .... (ejusdem).
14 Six blancs.. (ejusdem).
15 Trois blancs..................................... (ejusdem).
16 Trente deniers................................. (ejusdem).
17 Quinze deniers................................. (ejusdem).
18 Trente deniers................................. (ejusdem).
20 Double tournois................................ (ejusdem).
21 Denier tournois................................ (ejusdem).
22 Liard.. (ejusdem).
23 Liard.. (ejusdem).
24 Liard de Lyon................................... (ejusdem).

TABULA XX.

1 Louis d'or... (Ludovici XV).
2 Double louis d'or.............................. (ejusdem).
3 Louis d'or... (ejusdem).
4 Louis d'or... (ejusdem).
5 Demi-louis d'or.................................. (ejusdem).
6 Quart d'écu...................................... (ejusdem).
7 Écu... (ejusdem).
8 Ecu de six livres............................... (ejusdem).
9 Petit écu de trois livres.................... (ejusdem).
10 Ecu... (ejusdem).
11 Petit écu... (ejusdem).
12 Six liards.. (ejusdem).
13 Deux liards...................................... (ejusdem).
14 Liard... (ejusdem).

TABULA XXI.

1 Louis d'or... (Ludovici XVI).
2 Louis d'or... (ejusdem).
3 Louis d'or de 1793............................ (ejusdem).
4 Ecu de six livres............................... (ejusdem).
5 Ecu de trois livres de 1793............... (ejusdem).
6 Pièce de dix sous............................. (ejusdem).
7 Pièce de trente sous........................ (ejusdem).
8 Pièce de quinze sous........................ (ejusdem).
9 Sol.. (ejusdem).
10 Deux sous....................................... (ejusdem).
11 Deux liards...................................... (ejusdem).
12 Liard... (ejusdem).
13 Pièce de vingt-quatre livres............. (ejusdem).
14 Ecu de six livres............................. (ejusdem).
15 Deux sous....................................... (ejusdem).

TABULA XXII.

1 *Ariensis.*
2 *Raimund. — Albie civis.*
3 *Albiensis. — Raimund Bonafos.*
4 *Altisiodor.*
5 *Moneta. — Civium. Ambianensium.*
6 *Ambianis. — Civibus tuis. Pax.*
7 *Gratia dei comes. Fulco. — Andegavis civitas.*
8 *Gosfridus comis. — Urbs Aidecavis. Fulco.*
9 *Karolus comes. — Andegavensis.*

10 *Henricus rex. — Aquitanie.*
11 *Edwardus primo genitus regis* Angliae. *Princeps Aquitanie.*
12 *Karolus dux Aquitanie. —* XPC *vincit* XPC *regnat imperat.*
13 *Aurasici. — Princeps.*
14 *Ramundus dei gratia princeps Aurasicensis. —* XPIC *vincit* XPIC *regnat* XPIC *imperat.*
15 *Arelatensis. — Archi-episcopus.*
16 *S. Iohannes Baptista.—Stephanus Arelati Archiepiscopus.*
17 *Aras. — Philippus.*
18 *Peronia. — Philipus.*
19 *Hedua XPI civitas. — Moneta Sancti Nazarii.*
20 *Comes Auxone. — Benedictum sit nomen domini nostri. — Auxona obolus.*
21 *Philippus dux et comes. — Media anserna* (Auxonensis).
22 *Barri ducis. — Henricus comes.*
23 *S. Iohannes Baptista. — Robertus dux* (Barensis).
24 *Henricus episcopus. — Belvacensis. Karolus.*
25 *Centullo comes. — Onor Forcas. Pax* (Beneharnensis).
26 *Gasto dei gratia dominus Bearni. — Pax et honor Forquie Morlanis.*
27 *Moneta. — Bergensis.*
28 *Betune.*
29 *De Salve. — De Andusia.* Bernadus.
30 *Raimundus Rogerius Vicecomes. — Biterri civis.*

TABULA XXIII.

31 *Vuillelmo comes. — Brtvi-ges. (Bituriges).*
32 *Blesis castro.*
33 *Guido comes. — Blesis castro.*
34 *Renaldus comes. Bolonu. — Bolungne.*
35 *Conanus. — Redonis.*
36 *Iohannes dux. — Britannie.*
37 *Franciscus dei gracia Britonum dux — Deus in adjutorium meum intende.*
38 *Petrus Brucie. — dominus Hurecensis....*
39 *Burdeghila. — Guililmo.*
40 *Robertus dux Burgundie. — Divionensis.*
41 *S. Iohannes Baptista. — Eudes dux Burgundie.*
42 *Prima sedes. — Divionensis.*
43 *Moneta Hugonis. — Cabulo civitas.*
44 *Caturcis. — Civitas.*
45 *Guillelmus episcopus. — Cameracensis.*
46 *Petrus dei providencia episcopus et comes.—*XPC *Ihesu filius dei vivi miserere nobis* (Cameracensis).
47 *Henricus comes. — Pruvins castri.*
48 *Rogerius comes. — Carcassone civitas.*
49 *Stephanus de Sancere. — De Carenton. Moneta.*
50 *Cartis civitas* (Carnotensis).
51 *Karolus comes Cartis civitas.*
52 *Margareta domina. — Castri Mella.*
53 *Radulfus. De Dolis,* Deols.
54 *Guillellmus dominus. — Castri Radulfi.*
55 *Gaufridus episcopus. Pax. — Catalani civitas.*
56 *Erbertus. comes Cenomannis. — Signum dei vivi.*
57 *Moneta Cenomanensis. — Signum dei vivi.*
58 *Sancta Maria. — Urbs Arverna* (Claromontensis).
59 *Cluniaco cenobio. — Petrus et Paulus.*

TABULA XXIV.

60 *Gosso abbas. — Corbeie.*
61 *Madeus comes. — Crispetum. Crespi.*
62 *Iohannes dalphinus Viennensis. — Comes Albonis.*
63 *Guigo dalphinus Viennensis. — Et comes Albonis.*
64 *S. Iohannes Baptista. — Hugo dalphinus Viennensis.*
65 *S. Deodericus. — S. Deoda.*
66 *Simon-Saindiei.*
67 *Ave gratia plena. — Civitas Diensis.*
68 *Me Robertus. Comes. Drucas casta.*
69 (Duacensis)
70 *M. S. — Dunis castrum.*
71 *Radulfus vicecomes. — Castriduni.*
72 *Pastor Archiepiscopus. — Ebredunensis.*
73 *Onor S. Egidii. — Anfos.*
74 *Odo dominus. — Exolduni.*
75 *Ricardus rex. — Exolduni. moneta.*
76 *Elienor comitissa de. — Fauquenberge.*
77 (Flandrensis)
78 *Lile.*
79 *Rogerius Comes. — Fuxii.*
80 *Vapiensis. — Beate Marie.*
81 *Gosedus comes. — Giemis.*

82 *Wilelmus. comes. — Proencie.*
83 *Guingampi. — Stephanus comes.*
84 *Lodoicus. — Egolissime.*
85 *Lodoicus. — Egolissime.*
86 *Rogerus episcopus. — Philippus rex.* (Laudunensis).
87 *Rainaldus comes. — Ledonis Villaris. comes.*
88 *Lemovicensis. — Arthuri vicecomitis.*
89 *S. Marcialis. — Lemovicensis.*
90 *Guillelmus Episcopus. — Lingonensis.*
91 *Lodovensis Episcopus. — Fulcrannus.*

TABULA XXV.

92 *Mericort.*
93 *Thebaldus dux Lotoregie. — Moneta de Nancei.*
94 *Prima sedes — Galliarum* (Lugdunensis).
95 *Roberti Atrebates. — Domini de Magduno.*
96 *Ihesus. — Malisleo comes.*
97 *Ugo comes — Marchie.*
98 *Karolus filius regis francie. — Comes Marchie.*
99 *Sanctus Martinus. — Turonus civis.*
100 *Comes provincie. — Civitas Massilia.*
101 *Philipus rex. — Matiscon.*
102 *Sanctus Sebastianus. — Sanctus Medardus.*
103 *Burcardus episcopus — Civitas Meldis.*
104 *Stephanus episcopus. — Civitas Meldis.*
105 *Theoricus Episcopus Metensis. — Benedictum sit nomen domini nostri Jhesu XPi. Grosus Metes.*
106 *Narbona. — Ramund.* (Melgoriensis).
107 *Mimas civitas. — S. Privatus.*
108 *Ermengard. — Narbone civitas.*
109 *Comes Erveus. — Nivernis civitas.*
110 *Robertus comes. — Nivernensis.*
111 *Novi castri.*
112 *Renoldus episcopus. — Noviomus.*
113 *Guido comes. — Moneta santi. Pauli.*
114 *Perticensis.*
115 *Alfonsus comes. — Pictavie et Tholose.*
116 *Widoni comes. Pontivi. — Abbatisville.*
117 *Karolus comes primogenitus filius regis Francie. — Provincialis.*
118 *Robertus Iherusalem et Sicilie rex. — Comes Provincie.*

119 *Raimundus comes palacii. — Dux marchio* Provincie.
120 *Ludovicus comes. — Regitestensis.*
121 *Remensis nummus. — Gervasii. Archipraesulis.*
122 *Henricus. Archiepiscopus. — Remis civitas.*

TABULA XXVI.

123 *Anfours comes. — Riomensis.*
124 *Wilelmus. — Rotomagensis.*
125 *Richardus. — Rotomagus.*
126 *Ugo comes. — Rodes civi.*
127 *Iulus Cesar. — Sacrumcesari.*
128 *Iulius Cisar. — Stephanus comes.*
129 *Lodoicus. — Sticnas* (Sanctonensis).
130 *Sanctus Maiolus. — Silviniaco.*
131 *Iohannes de Claromonte. — Moneta Suessionis.*
132 *Gilelmo. — Tolosa civitas.*
133 *Ramon comes. — Tolosa civitas.*
134 *Margarita Derelicta Regis Sicilie. — Comes Tornodori.*
135 *Henricus comes. — Trecas civitas.*
136 *Sanctus Valerianus. — Tornucio castrum.*
137 *Ihens dux Borboni Trivoltii Dominus. — Date et dabitur vobis.*
138 *Petrus comes Clarimontis Trivoltii Dominus. — Dispersit dedit pauperibus.*
139 *Moneta Dragon. — Episcopus Tricastrinensis.*
140 *S. Iohannes Baptista. — Iohannes Episcopus Tricastrinensis.*
141 *Ramundus. — Turene Vicecomes.*
142 *Urbs Valentia. — S. Apollinaris.*
143 *Aimarus de Pictavio comes. — Valentiae et Diensis.*
144 *Sit laus deo et gloria. — Nicolaus Duchastelet. Sup. Vallis-Villaris.*
145 *Valencin.*
146 *Prothomartir. — Bisuntium.*
147 *S. Mauricius Vienna. — Maxima Galliarum.*
148 *Vindinis castro.*
149 *Iohannes comes. — Vindocinensis.*
150 *Alienor comitissa Viromendi. — S. Quintinus.*
151 *Virsione.*
152 *Godefridus de Brabantia. — Dominus Virsionis.*
153 *Episcopus. — Vivarii.*

INDEX MONOGRAMMATUM

(VIDE TOMUM QUINTUM).

Ubi post numerum littera posita est monogramma in hac editione additum significatur. Cetera ad libros quos Cangius in voce *Monogramma* laudavit expressimus.

MONOGRAMMATA PAPARUM.

1 Adriani I.
2 Paschalis I.
3 Nicolai I.
4 Xisti III.
5 Leonis III.
6 Ejusdem.

MONOGRAMMATA IMPERATORUM ET REGUM GERMANIÆ.

7 Karoli Magni.
8 Ejusdem.
9 Ludovici Pii.
10 Ejusdem.
11 Ejusdem.
12 Ejusdem.
13 Lotharii I.
13 a. Ejusdem, ex Alsatia Diplomatica tab. 10. Forte spurium.
14 Ejusdem.
15 Ejusdem.
16 Ludovici II.
16 a. Ejusdem, ex Murator. Antiq. Ital. tom. 6. col. 29. Forte spurium.
17 Ejusdem, in charta Beneventana.
18 Karoli II.
19 Karoli III.
20 Ejusdem.
21 Arnulfi.
21 a. Ejusdem, ex Brower. Annal. Trevir. tom. 1. pag. 436.
22 Ludovici III.
22 a. Chuonradi I. e Chronico Gottwicensi pag. 106.
23 Pro Henrici I. monogrammate Cangius dedit, non attendens chartarum, in quibus habetur, notas chronologicas, quarum prima apud Ughell. tom. 2. p. 205. est anni 1003. altera ibidem p. 207. anni 1015. tertia tom. 4. pag. 1007. anni 1014. Quae exstant in Metropol. Salisburg. tom. 2. pag. 591. et tom. 3. pag. 406. æque sunt monogrammata Henrici II.
23 a. b. Henrici I. monogrammata genuina e Chronico Gottwicensi pag. 140. et 141.
24 Ottonis I e chronico Gottwic. pag. 162.
24 a. Ejusdem ex eodem chron. Gottw. pag. 149.
24 b. Ejusdem e chronico Mindensi pag. 734.
25 Ottonis II. Loco monogrammatis in priore editione delineati, Ottonis I monogrammati 24, a, omnino similis, damus aliud ex chronico Gottwicensi pag 139.
26 Ejusdem.
27 Ottonis III. e chron. Mindensi pag. 736.
28 Ejusdem.
29 Ejusdem.
30 Henrici II. e Murator. Antiq. Ital. tom. 2. col. 37. Vide num. 23.
31 Ejusdem.
32 Conradi II.
32 a. Ejusdem ex Maderi Antiq. Brunsvic. pag. 218.
33 Ejusdem.
34 Ejusdem.
35 Henrici III. ex Cosma Pragens. pag. 42. edit. ann. 1607. in chron. Mind. pag. 739.
36 Ejusdem.
37 Ejusdem.
38 Henrici IV.
39 Ejusdem.
40 Henrici V.
40 a. Ejusdem, e chron. Gottwic. pag. 307.
41 Lotharii II.
42 Conradi III.
43 Friderici I.
44 Ejusdem.
45 Ejusdem.
46 Henrici VI.
47 Philippi.
47 a. Ejusdem e Metropoli Salisburg. tom. 3. pag. 361.
48 Ottonis IV.
49 Friderici II.

50 Guillelmi.
51 Rudolphi.
52 Adolphi.
53 Alberti.
53 a. Ludovici Bavari, e Baudisii Tabula.
53 b. Ejusdem ex eodem Baudisio.
54 Caroli IV.
54 a. Friderici III ex Baudisio.

MONOGRAMMATA SPURIA ALIQUOT REGUM FRANCIÆ.

55 Clodovei.
56 Chlotarii.
57 Dagoberti.
58 Pipini Senioris.

MONOGRAMMATA REGUM FRANCIÆ.

58 a. Chlotarii II. e Mabillon. Diplom. Supplem. pag. 169.
58 b. Clodovei e Natal. de Wailly Palæograph. tab. XI.
58 c. et d. Chlodovii et Nantechildae e Mabillon. Diplom. tabl. 18. num. 1.
59 Caroli Martelli. Spurium.
60 Ludovici II.
61 Ludovici III.
62 Karlomanni.
63 Odonis, e Mabill. Diplom. tab. 34. num. 2.
64 Karoli III.
65 Radulphi, e Mabill. Diplom. tab. 36. num. 1.
66 Ejusdem.
67 Ejusdem.
68 Ludovici IV.
69 Lotharii.
70 Ejusdem, e Mabillon. Diplom. tab. 37. num. 1.
71 Ejusdem.
72 Hugonis.
72 a. Ejusdem, e Mabillon. Diplom. tabl. 38. num. 1.
72 b. Ejusdem, e Nov. Tract. Diplom. tom. 3. pag. 671. tab. 68.
73 Roberti.
74 Ejusdem.
75 Ejusdem.
76 Ejusdem.
76 a. Ejusdem, e Nov. Tract. Diplom. tom. 3. pag. 671. tab. 68.
76 b. Ejusdem, e Mabillon. Diplom. tab. 38. num. 2.

77 Henrici I.
78 Ejusdem.
78 a. Ejusdem, e Mabillon. Diplom. tab. 39. num. 2.
79 Philippi I.
80 Ejusdem.
81 Ejusdem.
82 Ludovici VI.
83 Ludovici VII.
84 Ejusdem.
85 Ejusdem.
85 a. Ejusdem, e Mabillon. Diplom. tab. 42.
86 Philippi II.
87 Ludovici VIII.
88 Ejusdem.
89 Ludovici IX.
90 Ejusdem.
91 Philippi III.
92 Philippi IV.

MONOGRAMMATA ALIORUM REGUM.

93 Pipini I.
94 Pipini I. II. III.
95 Karoli.
96 Karlomanni.
97 Ejusdem.
98 Ludovici.
99 Karoli.
100 Zuentibaldi e Mabill. Diplom. tab. 35.
101 Bosonis.
102 Ludovici.
103 Conradi.
104 Ejusdem.
105 Ejusdem.
106 Rodulfi.
107 Ejusdem.
108 Ejusdem.
109 Widonis.
109 a. Ejusdem et 109. b. Lantberti e Murator. Antiq. Ital. tom. 1. pag. 287.
110 Berengarii.
111 Ejusdem.
112 Hugonis.
113 Lotharii e Murator. Antiq. Ital. tom. 2. pag. 470.
114 Ejusdem.
115 Ejusdem.
116 Ardoini.

MATIÈRES

CONTENUES DANS LE DIXIÈME VOLUME DU GLOSSARIUM

PARS PRIMA

	Pages.
INDICES.	
Index seu nomenclator scriptorum mediæ et infimæ latinitatis.....................	III
Auctores Græci in Glossario laudati........	LXXV
Opuscula et scripta ΑΔΕΣΠΟΤΑ, seu quorum scriptores anonymi, quæ in Glossario laudantur.............................	LXXVI
Scriptores vernaculi, Gallici, Italici, Hispanici, Anglici, etc........................	LXXXIV
Libri Latini manuscripti qui in Glossario laudantur, cum adnotatione ætatis eorumdem.................................	LXXXV
Acta, miracula, translationes, vitæ sanctorum, mss..................................	XCII
Scriptores Gallici vernaculi qui soluta oratione scripserunt, mss....	XCIII
Poetæ Gallici vernaculi veteres, mss........	XCIV
Tabularia, regesta	XCVI
Tabularia seu Chartularia ecclesiarum, monasteriorum, etc......................	XCX

	Pages.
Diplomata et veteres tabulas suppeditarunt præterea ex scriptoribus editis, præ cæteris, qui hic describuntur.................	CIV
Auctores et opera quorum lectiones emendantur in Glossario...................	CVIII
Indices ad Glossarium mediæ et infimæ latinitatis................................	CXVII
CARPENTERII Index rerum quæ non sunt ordine alphabetico dispositæ, vel quas in Glossario delitescere non autumaret lector...................................	CXCVIII
Extraits des Observations sur l'Histoire de saint Louis, escrite par Jean sire de Joinville.................................	CCXVII
Constantini, imp. Byzantini, numismatis argentei Expositio, Josephi Scaligeri Jul. Cæs. F. ex literis ill. v. Jos. Scaligeri ad marquardum Freherum.....................	CCXXXIX
Sapphirus Constantii imp. aug. exposita.....	CCXLII

PARS SECUNDA

Dissertations, ou réflexions sur l'histoire de saint Louis

TABLE DES DISSERTATIONS

		Pages.
I.	Des cottes d'armes ; et par occasion de l'origine des couleurs et des métaux dans les armoiries.	1
II.	Des plaits de la porte, et de la forme que nos rois observoient pour rendre la justice en personne.	8
III.	Du frerage et du parage.	11
IV.	Des assemblées solennelles des rois de France.	13
V.	Des cours et des festes solennelles des rois de France.	16
VI.	De l'origine et de l'usage des tournois.	19
VII.	Des armes à outrance, des joustes, de la table ronde, des behourds, et de la quintaine.	24
VIII.	De l'exercice de la chicane, et du jeu de paume à cheval.	29
IX.	Des chevaliers bannerets.	31
X.	Des gentilshommes de nom et d'armes.	35
XI.	Du cri d'armes.	38
XII.	De l'usage du cri d'armes.	44
XIII.	De la mouvance du comté de Champagne.	47
XIV.	Des comtes palatins de France.	49
XV.	De l'escarcelle et du bourdon des pèlerins de la Terre Sainte.	54
XVI.	Du nom et de la dignité de sultan, ou de souldan.	55
XVII.	Du mot de sale, et par occasion des lois et des terres saliques.	56
XVIII.	De l'oriflamme, et de la bannière de Saint-Denis.	59
XIX.	Du tourment des bernicles, et du cippus des anciens.	63
XX.	De la rançon de saint Louys.	65
XXI.	Des adoptions d'honneur en frères ; et par occasion des frères d'armes.	67
XXII.	Des adoptions d'honneur en fils, et par occasion de l'origine des chevaleries.	71
XXIII.	Suite de la dissertation précédente, touchant les adoptions d'honneur en fils, où deux monnoyes de Theodebert Ier et de Childebert II, rois d'Austrasie, sont expliquées.	
XXIV.	Des couronnes des rois de France de la première, seconde, et troisième race ; de celles des empereurs d'Orient et d'Occident ; des ducs, des comtes de France, et des grands de l'empire de Constantinople.	81
XXV.	De la communication des armoiries des familles, ou d'une partie accordée par les princes à diverses personnes, par forme de privilége ou de récompense.	87
XXVI.	Explication des inscriptions de la vraie Croix qui est en l'abbaye de Grandmont, et de celle qui est au monastère du mont Saint-Quentin en Picardie.	90
XXVII.	De la prééminence des rois de France au-dessus des autres rois de la terre ; et par occasion de quelques circonstances qui regardent le règne de Louys VII, roy de France.	93
XXVIII.	Du port Itius, ou Iccius.	96
XXIX.	Des guerres privées, et du droit de guerre par coutume.	100
XXX.	Des fiefs jurables et rendables.	109

Dissertatio de imperatorum Constantinopolitanorum, seu de inferioris ævi, vel Imperii, uti vocant, numismatibus. ... 121

Index Monetarum (vide tomum quintum)...... 165
Index Monogrammatum (vide tomum quintum).. 171

Niort. — Typographie de L. Favre.

ΜΙΧΑΗΛ ΕΝ ΧΡΙΣΤΩ ΤΩ
ΘΕΩ ΠΙΣΤΟΣ ΒΑΣΙΛΕΥΣ
ΚΑΙ ΑΥΤΟΚΡΑΤΩΡ
ΡΩΜΑΙΩΝ

ΚΩΝΣΤΑΝΤΙΝΟΣ
ΠΟΡΦΥΡΟΓΕΝΝΗΤΟΣ
ΚΟΜΝΗΝΟΣ
Ο ΠΑΛΑΙΟΛΟΓΟΣ

ΘΕΟΔΩΡΑ ΕΝ ΧΡΙΣΤΩ ΤΩ
ΘΕΩ ΠΙΣΤΗ ΒΑΣΙΛΙΣΣΑ
ΚΑΙ ΑΥΤΟΚΡΑΤΟΡΙΣΣΑ
ΡΩΜΑΙΩΝ Η ΚΟΜΝΗΝΗ

TAB VII

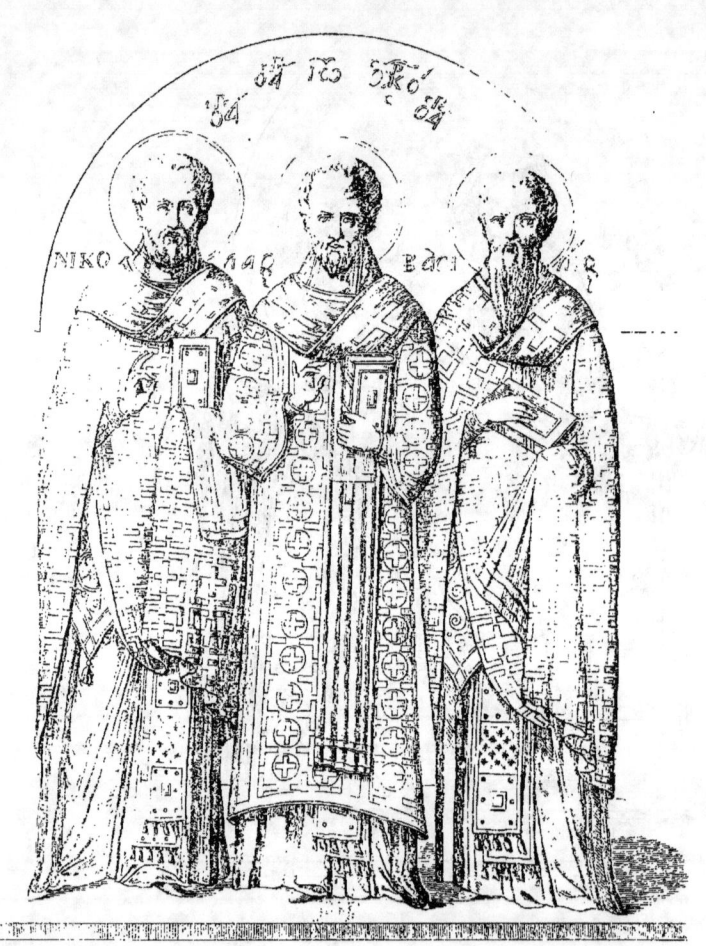

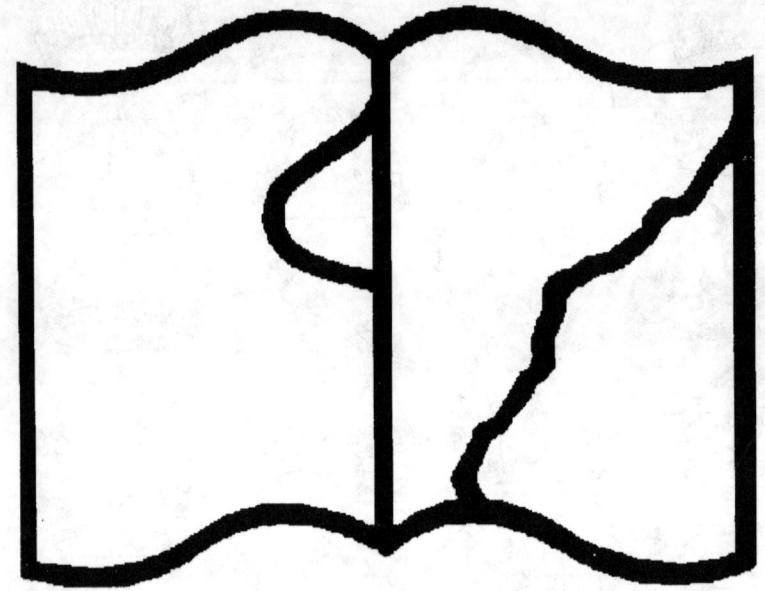

Texte détérioré - reliure défectueuse
NF Z 43-120-11

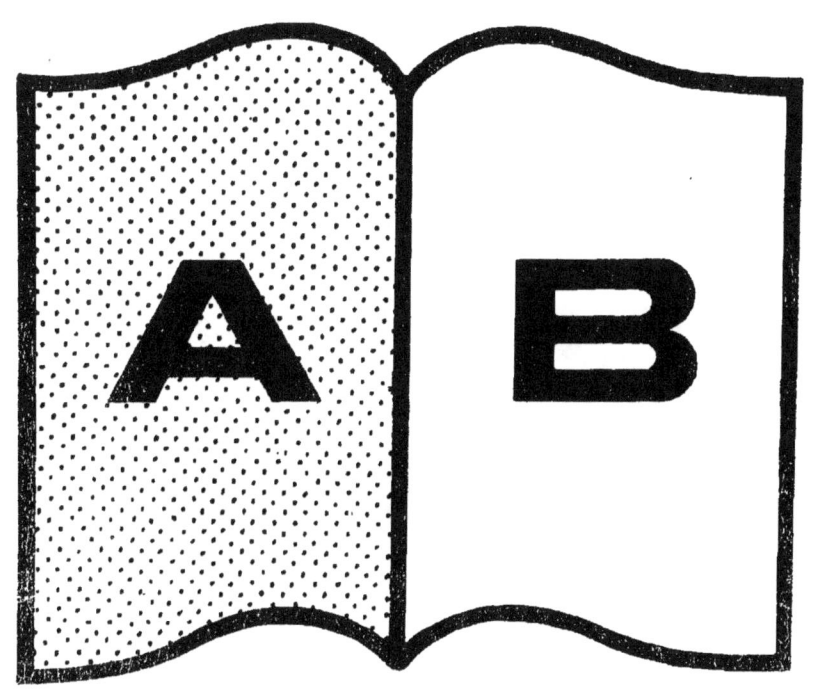

Contraste insuffisant

NF Z 43-120-14

www.ingramcontent.com/pod-product-compliance
Lightning Source LLC
Chambersburg PA
CBHW050904230426
43666CB00010B/2015